Enzyklopädie der Psychologie

ENZYKLOPÄDIE DER PSYCHOLOGIE

In Verbindung mit der
Deutschen Gesellschaft für Psychologie

herausgegeben von

Prof. Dr. Carl F. Graumann, Heidelberg
Prof. Dr. Martin Irle, Mannheim
Prof. Dr. Julius Kuhl, Osnabrück
Prof. Dr. Wolfgang Prinz, Bielefeld
Prof. Dr. Dr. h. c. Hans Thomae, Bonn
Prof. Dr. Franz E. Weinert, München

Themenbereich D

Praxisgebiete

Serie III

Wirtschafts-, Organisations- und Arbeitspsychologie

Band 3

Organisationspsychologie

Verlag für Psychologie · Dr. C. J. Hogrefe
Göttingen · Toronto · Zürich

Organisationspsychologie

Herausgegeben von

Prof. Dr. Erwin Roth, Salzburg

unter Mitarbeit von

Prof. Dr. Heinz Schuler, Stuttgart

und

Prof. Dr. Ansfried B. Weinert, Hamburg

Verlag für Psychologie · Dr. C. J. Hogrefe
Göttingen · Toronto · Zürich

Gesamtherstellung: Clausen & Bosse, Leck
Printed in Germany.
ISBN 3-8017-0518-8

Autorenverzeichnis

Dr. Andreas Alioth

Lehrstuhl für Arbeits- und Organisationspsychologie der ETH Zürich,
Nelkenstraße 11

CH-8092 Zürich

Dipl.-Psych. Conny Antoni

Lehrstuhl für Psychologie I
Schloß
Ehrenhof-Ost

D-6800 Mannheim

Dr. Elisabeth Ardelt

Institut für Psychologie der Universität Salzburg
Hellbrunnerstraße 34

A-5020 Salzburg

Prof. Dr. Hermann Brandstätter

Institut für Pädagogik und Psychologie der Universität Linz

A-4040 Linz / Donau

Dr. Rainer Buchner

Esch 276

A-5023 Salzburg

Prof. Dr. Walter Bungard

Lehrstuhl für Psychologie I
Schloß
Ehrenhof-Ost

D-6800 Mannheim

Prof. Dr. Konrad Daumenlang

Erziehungswissenschaftliche Hochschule
Rheinland-Pfalz
Abteilung Landau
Im Fort 7

D-6740 Landau / Pfalz

Dr. Helmut Dreesmann

Erziehungswissenschaftliche Hochschule
Rheinland-Pfalz
Abteilung Landau
Im Fort 7

D-6740 Landau / Pfalz

Prof. Dr. Klaus Faupel

Universität Salzburg
Senatsinstitut für Politikwissenschaft
Mühlbacherhofweg 6

A-5020 Salzburg

Prof. Dr. Joachim Franke

Wirtschafts- und Sozialwissenschaftliche Fakultät der Universität Erlangen-Nürnberg
Lehrstuhl für Psychologie im Sozialwissenschaftlichen Institut
Lange Gasse 20

D-8500 Nürnberg 1

Dipl.-Psych. Uwe Funke

Universität Hohenheim
Lehrstuhl für Psychologie
Institut 430
Schloß

D-7000 Stuttgart 70

Dr. Helmut Gachowetz

Forschungsinstitut für Organisationspsychologie der Universität Salzburg
Sigmund-Haffner-Gasse 18

A-5020 Salzburg

Prof. Dr. Diether Gebert

Lehrstuhl für Betriebswirtschaftslehre, Personalwesen und Führungslehre der Universität Bayreuth
Postfach 3008

D-8580 Bayreuth

Prof. Dr. Wolfgang Grunwald

Universität Lüneburg
FB Wirtschafts- und Sozialwissenschaften,
Arbeits- und Betriebspyschologie
Postfach 2440

D-2120 Lüneburg

Univ.Doz. Dr. Oswald Huber

Institut für Psychologie der Universität Salzburg
Hellbrunnerstraße 34

A-5020 Salzburg

Prof. Dr. Alfred Kieser

Lehrstuhl für Allgemeine Betriebswirtschaft und Organisation der Universität Mannheim
Schloß
Postfach 103462

D-6800 Mannheim

Dr. Volker Klein-Moddenborg

Institut für Psychologie der TH Darmstadt im Fachbereich Erziehungswissenschaften und Psychologie
Hochschulstraße 1

D-6100 Darmstadt

Prof. Dr. Uwe Kleinbeck

Bergische Universität
Gesamthochschule Wuppertal
Fach Psychologie
Gaußstraße 20

D-5600 Wuppertal 1

PD Dr. Torsten M. Kühlmann

Wirtschafts- und Sozialwissenschaftliche Fakultät der Universität
Erlangen-Nürnberg
Lehrstuhl für Psychologie im Sozialwissenschaftlichen Institut
Lange Gasse 20

D-8500 Nürnberg 1

Univ. Doz. Dr. Rainer Maderthaner

Institut für Psychologie der Universtität Wien
Abteilung für Allgemeine und Experimentelle Psychologie
Liebig-Gasse 5

A-1010 Wien

Prof. Dr. Oswald Neuberger

Universität Augsburg
Lehrstuhl für Psychologie I
Memmingerstraße 14

D-8900 Augsburg

Dipl.-Psych. Thomas Pape

Rudolf-Breitscheid-Straße 9

D-6000 Frankfurt/Main 56

Dr. Wolfgang Redel

Bayerische Beamtenfachhochschule
Fachbereich Allgemeine Innere Verwaltung
Postfach 1324

D-8670 Hof

Dr. Lutz von Rosenstiel

Institut für Psychologie der Universität München
Wirtschafts- und Organisationspsychologie
Leopoldstraße 13

D-8000 München 40

Prof. Dr. Erwin Roth

Institut für Psychologie der Universität Salzburg
Hellbrunnerstraße 34

A-5020 Salzburg

Prof. Dr. Bert Rürup

TH Darmstadt
Fachgebiet Volkswirtschaftslehre III
Fachbereich 1
Residenzschloß

D-6100 Darmstadt

Prof. Dr. Bruno Rüttinger

Institut für Psychologie der TH Darmstadt im Fachbereich Erziehungswissenschaften und Psychologie
Hochschulstraße 1

D-6100 Darmstadt

Prof. Dr. Gerhard Schnorr

Ordinarius an der Universität Innsbruck
Hauptstraße 10

A-6074 Rinn / Tirol

Prof. Dr. Heinz Schuler

Universität Hohenheim
Lehrstuhl für Psychologie
Institut 430
Schloß

D-7000 Stuttgart 70

Dr. Andreas Schwald

Guardinistraße 73

D-8000 München 70

Prof. Dr. Heinz Seifert

Institut für Pädagogik und Psychologie der Universität Linz

A-4040 Linz / Donau

Prof. Dr. Bernd Six

Bergische Universität
Gesamtschule Wuppertal
Fb. I Sozial- und Organisationspsychologie
Gaußstraße 20

D-5600 Wuppertal

Prof. Dr. Alexander Thomas

Institut für Psychologie der Universität Regensburg
Universitätsstraße 31

D-8400 Regensburg

Dipl. Ing. Dr. Norbert Troy

Lehrstuhl für Arbeits- und Organisationspsychologie der ETH Zürich
Nelkenstraße 11

CH-8092 Zürich

Prof. Dr. Eberhard Ulich

Lehrstuhl für Arbeits- und Organisationspsychologie der ETH Zürich
Nelkenstraße 11

CH-8092 Zürich

Prof. Dr. Ansfried B. Weinert

Universität der Bundeswehr Hamburg
Fachbereich Pädagogik
Holstenhofweg 85

D-2000 Hamburg 70

Prof. Dr. Bernhard Wilpert

TU Berlin
Institut für Psychologie
Dovestraße 1–5

D-1000 Berlin 10

Prof. Dr. Erich H. Witte

Psychologisches Institut I der Universität Hamburg
Von-Melle-Park 6

D-2000 Hamburg 13

Vorwort

Einen fachlichen Enzyklopädieband vorzubereiten, bedeutet, das gesicherte Wissen eines Bereiches systematisch geordnet darzustellen. Für den Bereich Organisationspsychologie gestaltet sich das schwierig, insofern in ihr als einer so jungen Disziplin noch vieles im Fluß ist. Nicht einmal über ihren Gegenstand läßt sich eine durchgehende Übereinstimmung erzielen. Dennoch kann in einer Enzyklopädie der Psychologie der Bereich Organisationspsychologie nicht fehlen, wird doch menschliches Handeln in vielfacher Weise durch Organisationen aller Art mitbestimmt und sind große gesellschaftliche Systeme schlechterdings ohne Organisationen nicht denkbar.

Faßt man deshalb pragmatisch – einem Vorschlag von Herrmann im Anschluß an Lakatos folgend – eine wissenschaftliche Disziplin als die Summe der mehr oder weniger verbundenen Forschungsprogramme aus diesem Bereich auf, ist durch deren Systematisierung ein erster Gestaltungsansatz gefunden. Da dieser Band aber nicht nur für Forscher, sondern auch für die Anwender organisationspsychologischen Wissens in der Praxis geschrieben wurde, schien es zweckmäßig, als zweiten Raster die in Organisationen auftretenden wichtigsten Probleme über die schier unüberschaubare Fülle des zu verarbeitenden Stoffes zu legen. Dabei hatte der Herausgeber wertvolle Hilfe durch viele Kollegen, denen ich aufrichtigen Dank schulde. Anläßlich der Eröffnung des Forschungsinstitutes für Organisationspsychologie der Universität Salzburg im April 1983 fand ein Symposium statt, das durch das österreichische Bundesministerium für Wissenschaft und Forschung unterstützt wurde. Teilnehmer daran waren: Prof. Dr. H. Bartenwerfer, Frankfurt; Prof. Dr. C. Becker-Carus, Münster; Prof. Dr. H. Brandstätter, Linz; Prof. Dr. K. Daumenlang, Landau; Prof. Dr. H. J. Harloff, Berlin; Prof. Dr. C. Graf Hoyos, München; Prof. Dr. M. Irle, Mannheim; Dipl.-Psych. Dr. U. Kleinbeck, Dortmund; Prof. Dr. H. Liebel, Bamberg; Univ. Doz. Dr. R. Maderthaner, Wien; Dr. H. Gachowetz, Salzburg; Dr. R. Buchner, Salzburg; Prof. Dr. O. Neuberger, Augsburg; Prof. Dr. L. v. Rosenstiel, München; Prof. Dr. B. Rüttinger, Darmstadt; Prof. Dr. H. Schmale, Hamburg; Prof. Dr. H. Schuler, Stuttgart; Prof. Dr. K. H. Seifert, Linz; Prof. Dr. B. Six, Landau; Prof. Dr. K.-H. Stapf, Tübingen; Prof. Dr. A. Thomas, Regensburg; Dr. I. Udris, Zürich; Prof. Dr. A. B. Weinert, Hamburg; Dipl.-Soz. G. Ziegler, Bamberg.

Das Symposium diente einer ersten Kontaktaufnahme mit und zwischen den möglichen Autoren des Bandes sowie der Sichtung und Strukturierung organisationspsychologischer Aufgaben und Arbeiten, sowie der Abgrenzung von

Arbeits- und Ingenieurpsychologie, zu denen gesonderte Bände der Enzyklopädie erscheinen. Die Ergebnisse dieses Symposiums bildeten die Grundlage für die Gestaltung dieses Bandes.

Im Anschluß daran bildete sich ein Redaktionskomitee bestehend aus den Professoren Schuler, Thomas (der dann wegen eines Auslandsaufenthaltes nicht immer mitarbeiten konnte) und Weinert, das an der weiteren Differenzierung und auch Einschränkung der Konzeption des Bandes wesentlichen Anteil hatte und für die Endfassung der Einzelbeiträge kritische Anregungen gab. Selbstverständlich bleibt die Verantwortung für Mängel der Konzeption und sicherlich auch empfindliche Lücken allein beim Herausgeber. Allgemeine Übereinkunft bei praktisch allen Beteiligten bestand darin, daß nicht nur wirtschaftliche Organisationen, insbesondere nicht nur Industriebetriebe in die Erwägungen einzubeziehen seien, auch wenn dort – schon historisch gesehen – der Großteil der Forschung geleistet worden ist. Weiterhin war einhellige Meinung, daß bei der Verflechtung organisationspsychologischer Fragestellungen in allgemeine gesellschaftliche Bezüge das Umfeld, in dem Organisationen existieren und sich behaupten müssen, in der Darstellung zu berücksichtigen sei.

Neben den selbstverständlichen Teilen einer Diskussion der einschlägigen Grundbegriffe und einer Darstellung der relevanten Theorien einschließlich ihrer Geschichte sind die Hauptteile des Bandes den Problemkreisen des Individuums und der Gruppen in Organisationen sowie natürlich Strukturen und Funktionen der Organisationen selbst gewidmet. Es war ein schwieriges Unterfangen, diesen Plan zu realisieren. Deshalb schulde ich auch allen Autoren Dank, die zum schlußendlichen Gelingen des Bandes beigetragen haben. Jedem in besonderer Weise: Jenen, die ihre Beiträge fristgerecht fertiggestellt haben und damit einen Aktualitätsverlust haben hinnehmen müssen; jenen, die relativ spät für andere eingesprungen sind und unter Zeitdruck arbeiten mußten; schließlich auch allen, die, wenn auch widerwillig, aber doch auf Änderungs- und vor allem Kürzungswünsche eingegangen sind.

Herzlichen Dank möchte ich auch den Mitgliedern meines Teams sagen, die in ständiger Bereitschaft um all die Dinge besorgt waren, ohne die ein solcher Band nicht zustandekommen kann: Manuela Hager, Reinhard Kastl und Hermine Mänzel.

Somit lege ich diesen Enzyklopädieband seinen Lesern und Benützern in der Hoffnung vor, daß er anregend sein möge zur Diskussion organisationswissenschaftlicher Fragestellungen und Methoden, hilfreich für die Bearbeitung organisationeller Probleme und auch beitrage zur Zusammenarbeit zwischen Theoretikern und Praktikern der Organisationspsychologie.

Salzburg, April 1989 Erwin Roth

Inhaltsverzeichnis

1. Organisationspsychologie – Historische Entwicklung und Perspektiven

Kapitel 1.1: Gegenstand, Geschichte und Trends der Organisationspsychologie
Von Erwin Roth

Kapitel 1.2: Organisationspsychologie in Gesellschaft, Wirtschaft und Verwaltung
Von Helmut Gachowetz

2. Rahmenbedingungen für Organisationen aus Politik und Gesellschaft

Kapitel 2.1: Politische und Soziale Systeme
Von Klaus Faupel

Kapitel 2.2: Wirtschaft
Von Bert Rürup

Kapitel 2.3: Recht
Von Gerhard Schnorr

Kapitel 2.4: Technologie und Organisation
Von Eberhard Ulich, Norbert Troy und Andreas Alioth

Kapitel 2.5: Arbeit und Freizeit
Von Konrad Daumenlang und Helmut Dreesmann

Kapitel 2.6: Menschenbild, Einstellungen, Normen und Werte
Von Bernhard Wilpert

Kapitel 2.7: Kulturelle Bedingungen
Von Alexander Thomas

3. Konzepte und Theorien

Kapitel 3.1: Organisationstheorien
Von Oswald Neuberger

Kapitel 3.2: Organisationspsychologisch relevante allgemeine Theorien
Von Andreas Schwald und Thomas Pape

4. Aufgabenfelder der Organisationspsychologie
4.1 Das Individuum in der Organisation

Kapitel 4.1.1: Berufseignungsdiagnostik
Von Heinz Schuler und Uwe Funke

Kapitel 4.1.2: Organisationspsychologisch relevante Aspekte der Kognitionspsychologie
Von Oswald Huber

Kapitel 4.1.3: Arbeitsmotivation und Arbeitszufriedenheit
Von Bernd Six und Uwe Kleinbeck

Kapitel 4.1.4: Leistungsbeurteilung
Von Heinz Schuler

Kapitel 4.1.5: Beanspruchung und Belastung
Von Conny Antoni und Walter Bungard

4.2 Gruppen und soziale Prozesse

Kapitel 4.2.1: Gruppenarten, -strukturen und -prozesse
Von Erich H. Witte und Elisabeth Ardelt

Kapitel 4.2.2: Kommunikationsprozesse
Von Rainer Maderthaner

Kapitel 4.2.3: Problemlösen und Entscheiden in Gruppen
Von Hermann Brandstätter

Kapitel 4.2.4: Soziale Konflikte
Von Wolfgang Grunwald und Wolfgang Redel

Kapitel 4.2.5: Führung und soziale Steuerung
Von Ansfried B. Weinert

4.3 Organisation

Kapitel 4.3.1: Aufgaben und Funktionen der Organisation
Von Alfred Kieser

Kapitel 4.3.2: Organisationsstrukturen
Von Rainer Buchner

Kapitel 4.3.3: Berufliche Entwicklung und berufliche Sozialisation
Von Karl Heinz Seifert

Kapitel 4.3.4: Organisationsdiagnose
Von Torsten M. Kühlmann und Joachim Franke

Kapitel 4.3.5: Innovation und Veränderung in Organisationen Von Lutz von Rosenstiel

Kapitel 4.3.6: Aus-, Fort- und Weiterbildung Von Bruno Rüttinger und Volker Klein-Moddenborg

5. Organisation und Umwelt

Kapitel 5.1: Mechanismen der Aufnahme bzw. Abwehr von Umwelteinflüssen durch die Organisation
Von Diether Gebert

Kapitel 5.2: Strategien des Einwirkens auf die Umwelt und die Enstehung von Gegenmacht
Von Diether Gebert

Kapitel 5.3: Massenmedien im Austauschprozeß zwischen Organisation und Umwelt
Von Diether Gebert

1.
Organisationspsychologie – Historische Entwicklung und Perspektiven

Kapitel 1.1

Gegenstand, Geschichte und Trends der Organisationspsychologie

Erwin Roth

1.1.1 Organisation: Begriff und Faktum

Das Wort „Organisation" sowie Ableitungen daraus und Zusammensetzungen damit werden in der Umgangssprache in vielerlei Bedeutungen gebraucht:

a) im Sinne des Organisierens als Tätigsein in zielgerichteter bzw. zweckbestimmter Planung, Koordination, Strukturierung und Rationalisierung auch individuellen, vor allem aber sozialen Handelns oder sozialer Ereignisse, und auch der damit erzielten Erfolge,

b) als Produkt von a) im Sinne eines sozialen Gebildes, in dem – unabhängig von bestimmten Einzelpersonen – geordnete Aufbau- und Ablaufprinzipien das Verhalten auf Dauer regeln,

c) als Verbum – neben der substantivierten Form von a) – als nicht immer legale, aber doch geschickte Beschaffung von Ressourcen,

d) in einer reflexiven Form als sich vereinigen zum Zwecke der Erreichung gemeinsamer Ziele bzw. der Durchsetzung gemeinsamer Interessen,

e) Organisiertheit wird auch als Grundprinzip alles Lebendigen in dem Sinne betrachtet, daß einzelne Organe aufeinander bezogen in einem als Einheit zu sehenden Organismus zusammenwirken; oder daß Teilprozesse zu einem sinnvollen Ganzen integriert werden (z. B. in der Organisation menschlicher Informationsverarbeitung).

Das Wort „Organisation" wurde erst im 18. Jahrhundert als Lehnwort aus dem Französischen ins Deutsche übernommen. Vorher waren allerdings deren griechische und lateinische Wurzeln als Fremdworte gebräuchlich. Etymologisch leitet es sich aus dem griechischen ὄργανον über das lateinische organum ab, das zunächst nur für „Werkzeug“ oder „Hilfsmittel“ stand. Aber schon in der Antike wurden viele Übertragungen gebildet, die von dem noch heute gebräuchlichen „Organ“ (im biologischen wie auch im rechtlichen Sinne) bis zu dem zusammenfassenden Titel „Organon“ für die logischen Schriften von Aristoteles reichten.

Diese ganze Bedeutungsvielfalt – und sie ist hier gewiß nicht vollständig wiedergegeben – geht als Vorwissen in die wissenschaftliche Analyse von Organisationen ein bzw. bildet eine wichtige Grundlage.

Bezüglich des Begriffes „Organisation“ als Gegenstand mehrerer wissenschaftlicher Disziplinen scheint es unmöglich, eine Einigung darüber herbeizuführen, wie er definitorisch zu fassen sei. Neuberger (1977, S. 12, 13) zählt allein 15 zum Teil stark divergierende Definitionen von Organisation auf. Die Liste ließe sich – u. a. mit Auffassungen der Autoren dieses Buches – leicht verlängern. Einigkeit besteht nur darüber, daß es unmöglich ist, alle Auffassungen von Organisationen aus verschiedenen wissenschaftlichen Disziplinen (Anthropologie, Betriebswissenschaften, Mathematik, Politikwissenschaft, Rechtswissenschaft, Sozialpsychologie, Soziologie) und alle Betrachtungsebenen (Individuen, Gruppen, Teilsysteme einzelner Organisationen, Organisationen selbst und Umwelt von Organisationen) in einer einzigen Definition zusammenzufassen.

Auch die Ziele der unter dem Namen Organisationspsychologie zusammengefaßten Forschungsprogramme helfen nicht weiter, weil sie entweder formuliert als „Optimierung von Aufbau und Ablaufstrukturen“ zu allgemein und damit nichtssagend sind oder weil sie als „Effektivität“, „Effizienz“, „Zufriedenheit“, „Überlebensfähigkeit“, „Vermeidung von Dysfunktionalitäten“ u. ä. zu sehr von situativen Bedingungen, Menschenbildern, Sozialstrukturen und gesellschaftlichen Wertsystemen abhängen.

Dennoch ist es – zumindest zum Zwecke der Kommunikation – erforderlich, jeweils zu explizieren, was mit dem Terminus „Organisation“ gemeint ist. Deshalb finden sich in Lehrbüchern fast immer auch Abschnitte über den Gegenstand der Organisationspsychologie. Spezielle und sehr differenzierte Überlegungen wurden von Franke (1978) und Greif (1978) vorgelegt. Die Diskussion darüber kann nicht detailliert, sondern nur in grober Zusammenfassung wiedergegeben werden. Organisationen wiesen demnach folgende Merkmale auf:

- Sie sind soziale Gebilde, durch Strukturen von Positionen und Rollen differenziert, wodurch Interaktionen auf Dauer geregelt werden.
- Als soziale Gebilde sozio-technische, sozio-ökonomische, sozio-kulturelle oder administrative Systeme bzw. Kombinationen daraus.

- Als „Systeme“ (Mengen von Elementen und Mengen von Relationen zwischen ihnen) sind Organisationen „offen“ (in materiellem, energetischem, informationellem und personellem Austausch mit ihrer Umwelt stehend) und „dynamisch“ (zum Zwecke der Zielerreichung und Einheitserhaltung sich entwickelnd).
- Möglich wird Organisation in diesem Sinn durch Planung, koordinierte personelle Interaktionen, Reflexion ablaufender Prozesse und prinzipiell möglicher Revidierbarkeit sowie Kontrollen ihrer Ergebnisse.
- Eine wichtige Unterscheidung ist die in formale (ein geordneter Satz von Regeln für das jeweilige System) und informale Organisationen, die wiederum in verschiedenen Bedeutungsvarianten auftreten können (vgl. Hoefert, 1985, S. 31 f.).
- Als weiteren wichtigen Unterschied gibt es verschiedene Aspekte des Organisationsbegriffes zu berücksichtigen:
  Institutionaler Organisationsbegriff (das soziale Gebilde, das soziotechnische System *ist* eine Organisation),
  instrumentaler Organisationsbegriff (das soziale Gebilde *hat* eine Organisation) und einen
  funktionalen Organisationsbegriff (Aufbau und Abläufe in diesem soziotechnischen System werden organisiert) (vgl. Staehle, 1973, S. 9).
- Schwierig wird die Betrachtung von Organisationen unter anderem dadurch, daß zwischen den üblicherweise isoliert betrachteten Abläufen mannigfaltige Wechselwirkungen bestehen, die in einer nicht nur im allgemeinen Sinne „systemischen“ Betrachtung, sondern auch in einer exakten Systemtheorie (vgl. Zinterhof, 1984) alle gleichzeitig in ein theoretisches Kalkül einbezogen werden müßten. Dadurch wird aber die Komplexität des Gegenstandes so hoch, daß er theoretisch kaum noch abbildbar ist.

Was im folgenden also jeweils unter dem Begriff „Organisation“ gemeint ist, kann sich nur aus dem jeweiligen Zusammenhang ergeben.

Als Faktum muß es „Organisation“ in allen Bedeutungsvarianten und in hoch differenzierter Weise schon vor den häufig zitierten Großtaten der Menschheit wie dem Bau der ägyptischen Pyramiden oder dem der großen chinesischen Mauer gegeben haben, denn es ist kaum denkbar, daß sie ohne leistungsfähige Organisationen aus dem Nichts entstanden sind.

Der Historiker Herbert Jankuhn (in Mann, 1976, S. 575 f.) stellt in seiner Beschreibung der Vorstufen städtischer Hochkulturen im Vorderen Orient zwei – in ihren Auswirkungen der industriellen Revolution in der Neuzeit vergleichbare – Ereignisse heraus, die sich noch in prähistorischer Zeit abgespielt haben müssen:

- die „neolitische Revolution“, als den Übergang der aneignenden Lebensweise der eiszeitlichen Jäger und Sammler zu der produzierenden Wirtschaftsweise nacheiszeitlicher „Bauern“ und
- die Entstehung städtischer Zentren, wobei unter „Stadt“ nicht nur die konzentrierte Siedlung oder der politisch-ökonomische und auch religiöse Mittelpunkt eines Landgebietes, sondern auch „als Ausdruck einer gegenüber der bäuerlichen Dorfgemeinde stark veränderten Sozialstruktur“ mit arbeitsteiligem Gewerbe begriffen wird.

Als eine der notwendigen Voraussetzungen nennt Jankuhn eine entwickelte Organisationsform.

Etwa gleichzeitig, also in der zweiten Hälfte des vierten vorchristlichen Jahrtausends, dürfte ein anderer Meilenstein in der Menschheitsentwicklung gesetzt worden sein: die Erfindung der Keilschrift, die sich ab der sumerischen Frühgeschichte rasch in den altorientalischen Kulturen ausbreitete. Sie gewann zwar „für die Weitergabe überlieferter geistiger Werte, religiöser Vorstellungen und literarischer Erzeugnisse... hervorragende Bedeutung“ (Orthmann, o. J., S. 13), ihr Entstehungszusammenhang war aber vermutlich ein anderer: Zahlreiche Belege sprechen dafür, daß „in der Frühzeit... die Schrift noch ausschließlich den Bedürfnissen einer das Wirtschaftsleben regelnden ‚Bürokratie‘ diente“. In ähnlicher Weise wie der Kunstgeschichtler Orthmann argumentiert der Historiker von Soden (1976, S. 536): „Sie bildeten riesige Wirtschaftskörper mit Tausenden von Bediensteten verschiedener Funktion. Die Tempel ohne irgendwelche Aufzeichnungen zu verwalten war auf die Dauer unmöglich. Man half sich zunächst gewiß mit dem Einkerben von Zahlzeichen in Wandplatten oder Täfelchen; auch ließen sich die Gegenstände durch Siegelabrollungen kennzeichnen. Aber auch das konnte wohl nicht verhindern, daß das Gedächtnis der Verwalter ständig überfordert war, wenn sie Ein- und Ausgänge von Korn, Öl und allem anderen im Kopf behalten sollten. So hat wahrscheinlich die Verzweiflung überlasteter Funktionäre eine der größten Erfindungen der Menschheit ausgelöst, die Erfindung einer Schrift.“

Voraussetzung für das Entstehen einer Hochkultur und ihrer Tradierung ist also „Organisation“. Leider lehren uns die Geschichtswissenschaften wenig Einzelheiten über das Entstehen, das Funktionieren und die Durchsetzung von Organisationen. Es ist aber zu hoffen, daß die in jüngster Zeit zu beobachtende verstärkte Zuwendung der Historiker zur Sozialgeschichte mehr Aufschluß bringt. Für den historisch interessierten Sozialwissenschaftler sind insbesondere die Geschichte der Arbeit (Eggebrecht et al., 1980) und des Managements (George, 1979) anregend.

Eine Geschichte der Organisation im engeren Sinne steht aber noch aus. Sie wäre nicht nur lehrreich, sondern könnte zu einer Integration der verschiedenen organisationswissenschaftlichen Disziplinen beitragen und eine eigene Identität begründen.

1.1.2 Historische Wurzeln und Entwicklung organisationspsychologischer Forschung

Unabhängig davon, ob man wie Quinn & Kahn (1967) die erste Verwendung des Terminus „Organisationspsychologie" Leavitt & Bass (1964) zuschreibt oder ob – worauf Irle (1983) hinweist – Twedt schon im Jahre 1951 in „industrial and organisational psychology" promoviert wurde (Twedt, 1965), gibt es die Bezeichnung für unseren Wissenschaftszweig erst seit wenigen Jahrzehnten. Freilich gab es Arbeiten über organisationspsychologische Inhalte schon früher, auch wenn sie meist nicht von Psychologen durchgeführt wurden. Über ihre Entwicklung informiert Neuberger (in diesem Bande), der seiner Darstellung organisationspsychologischer Theorien einen historischen Raster unterlegt.

Andere wissenschaftliche Disziplinen (wie vor allem die Betriebswissenschaften, die Organisationslehre, die Politologie und die Soziologie) haben Organisationen schon früher zum Gegenstand ihrer Forschungen gemacht, aber auch dies ändert nichts Wesentliches an der Tatsache, daß es sich dabei um Erscheinungen der jüngeren Wissenschaftsgeschichte handelt.

Nicht unter dem Namen, aber mit Inhalten, die heute den Organisationswissenschaften zugerechnet werden, gibt es eine reiche Tradition einschlägiger Bemühungen, die aber – wie schon gesagt – nicht systematisch aufgearbeitet ist. Berühmte Beispiele dafür sind Catos Lehrbuch der Landwirtschaft aus dem zweiten vorchristlichen Jahrhundert (Thielscher, 1963) oder Machiavellis Schrift „Il Principe" aus dem Anfang des 16. Jahrhunderts (Zorn, 1972). Es ist erstaunlich, wie aktuell beide Werke unter dem Blickwinkel heutiger Organisationspsychologie wirken.

Machiavelli thematisierte Fragen der Macht in einer Weise, wie sie in der zeitgenössischen organisationspsychologischen Literatur nicht angesprochen oder bestenfalls euphemistisch als „vertikale Gliederung von Organisationen" abgehandelt werden. Aber auch unter gegenwärtigen Bedingungen sind Organisationen ohne Machtausübung kaum vorstellbar.

Cato gibt neben genauen Anweisungen für die personelle und gerätemäßige Ausstattung und Belehrungen für den Acker- und Weinbau (einschließlich Kochrezepten!) z. B. auch eine genaue Stellenbeschreibung für einen Gutsverwalter. In sie eingebaut sind psychologische Empfehlungen, die ohne Schwierigkeit in unsere Sprache übersetzbar sind, wie z. B.:

Rationalität:	„Er soll keinen Eingeweidebeschauer, Vogelflugdeuter, Wahrsager, Chaldäer befragen wollen",
Mitbestimmung am Arbeitsplatz:	„Den Ochsenknechten laß teilweise ihren Willen, damit sie die Ochsen desto lieber pflegen", oder

positive Verstärkung:	„Für Wohlverhalten soll er Belohnung geben, damit andere Lust bekommen, richtig zu handeln“, aber auch
soziale Vorsorge:	„Der Sklavenschaft soll es nicht schlechtgehen, sie soll nicht frieren, sie soll nicht hungern“.

(Alle Zitate nach Thielscher, 1963, S. 39.)

Somit kann der älteste erhaltene lateinische Prosatext auch als organisationspsychologisches Dokument gesehen werden.

Trotz dieser frühen Behandlung unseres Themas gibt es natürlich auch einen guten Grund dafür, daß sich die Organisationswissenschaften erst seit etwa einem Jahrhundert zu entwickeln begannen. Ähnlich wie mit der neolithischen Revolution erzwang die Industrialisierung einen Organisationsschub, der menschliches Erleben und Verhalten in kaum zu überschätzender Weise beeinflußte. Interessanterweise ist auch sie mit einer rasch zunehmenden Urbanisierung verbunden.
Der bekannte amerikanische Ökonom Boulding beschrieb diesen Prozeß so: „Since about the 1870s there has been a worldwide increase in the number, size and power of organizations, expecially those whose activity is directed toward economic betterment of their members. So striking is the movement that it derserves the name of the organizational revolution.“ (Boulding, 1968, S. 202) Er beschränkt sich nicht auf Industriebetriebe, sondern schließt Gewerkschaften, Bauernverbände, berufsständische Vereinigungen und auch staatliche Verwaltungen in seine Analysen ein. Immer wieder diskutiert er dabei auch ethische Fragen, die um so lieber ausgeschlossen wurden, je strengerer Methodik sich organisationswissenschaftliche Autoren bedienten. (Vgl. z. B. die Kritik an Münsterberg, 1912, durch Rüegsegger, 1986, S. 73, 74.)

Mit dieser Entwicklung entstanden naturgemäß auch Probleme, die sozialwissenschaftliche Lösungsversuche stimulierten. In der Psychologie trat die Angewandte Psychologie auf den Plan. Namhafte Vertreter schon aus der ersten Generation der Schüler von Wundt, dessen Institutsgründung 1879 in Leipzig allgemein als die Geburtsstunde der modernen Psychologie bezeichnet wird, zählten zu ihren Begründern: James McKeen Catell, der auf eigenen Vorschlag hin Wundts erster Assistent war, begann sich schon in Leipzig mit individuellen Differenzen zu beschäftigen, was er verstärkt in den USA fortsetzte. Nach seiner (wegen pazifistischer Äußerungen erfolgten) Entlassung 1917 gründete er die „Psychological Corporation“, „eine Organisation zur Nutzbarmachung der Psychologie für industrielle und öffentliche Zwecke“ (Flugel, o. J., S. 174).

Stanley Hall, der nach seiner Rückkehr aus Leipzig 1883 das erste amerikanische Institut für Psychologie gegründet hat (Flugel, o. J., S. 272), und Ernst Neumann, auch er Wundt-Assistent und Institutsgründer in Zürich (Rüegsegger, 1986, S. 41), wendeten sich überwiegend der Pädagogischen Psychologie zu, gewannen aber für die Angewandte Psychologie insgesamt große Bedeutung.

Als im Zusammenhang wichtigstes Beispiel sei jedoch Hugo Münsterberg genannt, der sowohl in den USA als auch in Deutschland und in praktisch allen Bereichen, in denen zu jener Zeit Psychologie angewendet wurde, tätig war. Boring bespricht ihn (aus experimentalpsychologischer Sicht) sehr kritisch, konzediert aber immerhin, daß Münsterberg „in a sense founded applied psychology" (Boring, 1957, S. 428).

Im Jahr 1910 hielt er als Gastprofessor aus Harvard in Berlin zum ersten Male überhaupt ein vierstündiges Kolleg über Angewandte Psychologie. Darunter verstand er nach seinen eigenen Worten als „die drei Hauptteile der Angewandten Psychologie" die „Psychologie für die Aufgaben des Arztes, des Lehrers und des Strafrechtlers". Er fügte diesen eine „bisher wenig beachtete Einzelfrage aus jenem Gebiet der Angewandten Psychologie", nämlich die Bearbeitung wirtschaftspsychologischer Fragen hinzu und widmete allein diesem Aspekt sein aus dieser Vorlesung entstandenes Buch (Münsterberg, 1912, S. 111). Sein Ziel war, das psychologische Experiment planmäßig in den Dienst des Wirtschaftslebens zu stellen. Quasi als psychologische Seite der von dem Ingenieur Taylor eingeleiteten Bewegung der wissenschaftlichen Betriebsführung handelt er Personalauslese, Leistungsoptimierung durch Einüben, Arbeitszeit- und Pausengestaltung sowie – in heutiger Terminologie – Wirkungsforschung ab.

Als erste große Bewährungsprobe psychologischer Ausleseverfahren wird vielfach die Untersuchung aller amerikanischen Rekruten im Ersten Weltkrieg mit dem Army-Alpha- und dem Army-Beta-Test (Tyler, 1947) erachtet. Auch wenn ihre Erfolge heute skeptischer gesehen werden (Rüegsegger, 1986), bleibt als Verdienst und vor allem als Beispiel doch die Tatsache, daß diese Massenuntersuchungen zahlreiche Impulse sowohl differential- als auch sozialpsychologischer Untersuchungen gaben.

Dieses Verständnis von „Angewandter Psychologie" dominierte – wenn auch unter verschiedenen Namen wie z. B. Arbeits-, Betriebs-, Industrie-, Management- oder Wirtschaftspsychologie – um so mehr, je stärker sich Forensische, Pädagogische und Medizinische bzw. Klinische Psychologie zu eigenen Disziplinen mit spezifischen Methoden entwickelten. Zwar beschreibt Anastasi in ihrem erstmals 1964 erschienenen, einflußreichen Lehrbuch der Angewandten Psychologie noch den gesamten Kanon, differenziert und ergänzt durch Aspekte der Beratung, doch beinhaltet z. B. das seit 1917 erscheinende „Journal of Applied Psychology" fast ausschließlich Beiträge aus der Wirtschaftspsychologie. Entsprechend verlief die Entwicklung in Deutschland. Die schon erwähnte Geschichte der Angewandten Psychologie von 1900 bis 1940 (Rüegsegger, 1986) handelt ganz überwiegend die

Entwicklung der Anwendung von Psychologie, insbesondere in ihrer Form der Psychotechnik, in der Industrie ab.

Seit 1942 gab es in Deutschland eine Diplomordnung für Psychologie, in der auch ein Prüfungsfach „Angewandte Psychologie" vorgesehen war, das zwar Hofstätter (1977, S. 1) als „unbestimmtes Anhängsel" bezeichnet, aber überwiegend im Sinne der Arbeits- und Berufspsychologie interpretiert wurde. Dabei ist besonders bemerkenswert, daß – obwohl die Hauptimpulse und -entwicklungen der Angewandten Psychologie fast immer nach Deutschland und in die USA lokalisiert werden – das erste Lehrbuch über „Grundzüge der Angewandten Psychologie" die Übersetzung eines erstmals 1930 in Frankreich erschienenen Buches (Wallon, 1948), nach den Worten seines deutschen Herausgebers W. Witte „auf diesem Gebiet in Deutschland ein vollkommenes Vakuum" ausfüllte. Auch dieses Buch enthält, abgesehen von den letzten 20 Seiten, die forensischen Fragen gewidmet sind, nur Inhalte der traditionellen Arbeitspsychologie und diagnostische Verfahren.

Unter dem Namen „Psychotechnik", der erstmals 1903 von W. Stern geprägt wurde, den Dorsch (1963, S. 62) als Begründer der Angewandten Psychologie im deutschen Raum bezeichnet, erlebte diese Form angewandter Psychologie eine große Blüte. Der Name ist mißverständlich. Gemeint waren weder eine Psychologie der Technik noch eine Technik der Psychologie, sondern Münsterberg (1912) verstand darunter die Anwendung des jeweils verfügbaren psychologischen Wissens und der entwickelten Methoden auf Kultur und Gesellschaft überhaupt, also nicht nur auf die Wirtschaft, sondern auf Gesundheits-, Erziehungs- und Rechtswesen, aber auch auf Kunst und andere Wissenschaften. Freilich ist nicht zu übersehen, daß eine Lücke klaffte zwischen Anspruch und praktizierter Psychotechnik, die sich – wohl auch gezwungen durch die Anforderungen im Ersten Weltkrieg und die Notwendigkeit der Bewältigung der Kriegsfolgen – fast ausschließlich der Personalauslese und -ausbildung sowie der Analyse und Rationalisierung von Arbeitsplätzen bzw. -bedingungen gewidmet hat.

Angewandte Psychologie und Psychotechnik wurden vielfach als synonyme Begriffe gebraucht. Hier ist nicht der Ort, ihre Entwicklung abzuhandeln. Über sie berichtet zusammenfassend und übersichtlich Dorsch (1963). Sehr detailliert – wenn auch um die Entwicklung in Zürich zentriert – rekonstruierte Rüegsegger (1986) ihre Blütezeit und ihre Krise; eine gut dokumentierte, aber ausschließlich von marxistischen Positionen ausgehende Kritik der Psychotechnik findet sich bei Hinrichs (1981); einen Vergleich der Arbeitspsychologie in mehreren europäischen Ländern leisten de Wolff et. al. (1981). Mit diesem letztgenannten Buch wird auch klar, daß die Beschränkung auf die USA und Deutschland nur Akzentsetzungen sind in dem Versuch, die Entwicklung der Organisationspsychologie aus der Tradition der Angewandten Psychologie und der Psychotechnik im allgemeinen sowie der Arbeits-, Berufs- und Betriebspsychologie im besonderen aufzuzeigen.

1.1.3 Inhalte und wissenschaftssystematischer Ort der Organisationspsychologie

Aus den skizzierten verschiedenen Zweigen der vor allem arbeits- und betriebspsychologische Fragen bearbeitenden Angewandten Psychologie entwickelte sich die Organisationspsychologie im engeren Sinne. Gründe dafür mögen gewesen sein:

- daß scheinbar rein „betriebspsychologische Probleme in analoger Form auch in nicht-wirtschaftlichen Organisationen und Institutionen – in Behörden, Gewerkschaften und Verbänden, in Krankenhäusern und Gefängnissen – auftreten, dort ähnliche Ursachen haben und auch mit analogen Mitteln Lösungen zugeführt werden können". (Mayer, 1978, S. V)
- daß „Organisation allgegenwärtig und unausweichlich" ist: „Geburt, Erziehung, Ausbildung, Berufsarbeit, Freizeit, Krankheit und oft auch das Sterben spielen sich in sozialen Organisationen ab." (Neuberger, 1977, S. 12)
- daß die Kritik an der Angewandten Psychologie als allein im Dienste profitorientierter Wirtschaftsunternehmen stehend (Hinrichs, 1981) doch Wirkung zeigte und die Zuwendung zu nichtwirtschaftlichen Organisationen – sofern es Organisationen ohne wirtschaftlichen Aspekt überhaupt geben kann (vgl. Boulding, 1968) – als Rechtfertigung des eigenen Tuns empfunden wurde. Die Untersuchung solcher Organisationen bleibt aber heute noch eher die Ausnahme. Verwiesen sei aber auf das Handbuch von March (1965), das in je eigenen Beiträgen nicht nur neben wirtschaftlichen eine Reihe anderer Organisationen enthält, sondern in dem auch eine vergleichende Organisationsanalyse abgehandelt wird.

Die Herkunft der Organisationsforscher aus so vielen Arbeitsbereichen macht es verständlich, daß Leavitt & Bass (1964) noch feststellen mußten: „But despite the lively activity in the field, it is indeed true that many workers still speak different languages and read different journals."

Die Entwicklung verlief dann aber ungeheuer schnell. Fast gleichzeitig erschienen in den USA in der Mitte der 60er Jahre speziell der Organisationspsychologie gewidmete grundlegende Werke wie Argyris (1965), Bass (1965), Katz und Kahn (1966), Likert (1967). In der Bundesrepublik Deutschland folgten mit der zwar bedauerlichen, aber nun schon üblichen Verzögerung neben fachübergreifenden Werken wie Grochla (1973a, 1973b) meist spezielleren Themen gewidmete Monographien wie Gebert et al. (1974), Irle (1971), Kieser & Kubicek (1977), Mayer (1978), dessen Schule besonderen Einfluß gewann, Neuberger (1977) und von Rosenstiel et al. (1972), um nur einige wichtige Beispiele zu nennen. Schon kurze Zeit später konnte „Organisationspsychologie" als etabliertes Fach gelten, in dem zusammenfassende Darstellungen möglich und nötig wurden, z. B. Dunnette (1976) in den USA, Gebert & v. Rosenstiel (1981), Greif (1983) oder Weinert (1981, 2. Aufl. 1987) in Deutschland. So weisen Nicholson & Wall (1982, S. 8) darauf hin, daß Schein in der ersten Auflage seiner „ Organizational Psychology" das Gebiet als „new and in flux" bezeichnete, während er 15 Jahre später in der dritten Auflage (Schein, 1980) seiner Überzeugung Ausdruck verlieh „the field has arrived".

Welche Art von Forschungsprogrammen kennzeichnen nun dieses etablierte Fach? Eine zusammenfassende Darstellung kann anhand der Gliederung dieses Bandes erfolgen:

- Untersuchungen von Individuen als Mitgliedern der Organisation, insbesondere Auswahl, Ausbildung, Beratung, Beurteilung, Entwicklung und Motivation, Entlohnung, Ermüdung und Belastung, Arbeitszufriedenheit, Absentismus und Fluktuation. Damit zusammenhängende Fragen wurden seit den Anfängen der Angewandten Psychologie untersucht und bilden noch heute einen integrativen Bestandteil der Organisationspsychologie.

- Untersuchungen von Gruppen als Teilsystemen in Organisationen. Mit der Entwicklung vom „Scientific Management" zur „Human Relation"-Bewegung (vgl. Neuberger in diesem Band) verschob sich das Interesse vom einzelnen Organisationsmitglied weg hin zu sozialen Beziehungen in Gruppen als Determinanten individuellen Verhaltens. Verbunden damit waren Fragestellungen wie die nach (formellen und informellen) Gruppenstrukturen, nach Führungsstilen, Kommunikationsnetzen, Konflikten und Gruppennormen sowie nach Einstellungen. Wie berechtigt die Kritik an den Hawthorne-Untersuchungen (Roethlisberger & Dickson, 1939) bzw. an den aus ihren Ergebnissen gezogenen Schlußfolgerungen auch immer sein mag, die durch sie ausgelösten Forschungen bilden einen integrativen Bestandteil heutiger Organisationspsychologie. Zusammen mit der von Lewin initiierten „Gruppendynamik" entwickelten sich diese Ansätze zu einer Art Ideologie, die organisationspsychologische Praxis in den letzten zwei Jahrzehnten dominierte (vgl. Bales & Cohen, 1982, oder Sader et al., 1976).

- Organisation als Analyseeinheit wird – entsprechend der Mehrdeutigkeit des Organisationsbegriffes – ihrerseits unter mehreren Aspekten Gegenstand der Forschung. Einerseits sind fast alle gruppenpsychologischen Fragestellungen auch auf die Analyse von Organisationen übertragbar (wie entstehen und entwickeln sich Organisationen, wie verhalten sich Organisationen unter gegebenen Bedingungen, wie erleben und wie verhalten sich Menschen in bestimmten Organisationen. Andererseits erwachsen aus der Bearbeitung dieser Probleme neue Fragestellungen: Wie beeinflussen gegebene Organisationen das Geschehen in den Gruppen, welcher Eigendynamik folgen sie, wie unterscheiden sie sich u. a.

- Die Umwelt, in der Organisationen sich behaupten müssen, kann aus der Organisationspsychologie nicht ausgeklammert bleiben, auch wenn die Grenzen zwischen Organisation und ihrer Umwelt schwer zu ziehen sind. Für eine Diskussion dieser Frage sei auf Gebert & v. Rosenstiel (1981, S. 17f.) verwiesen. Hier kann nur darauf aufmerksam gemacht werden, daß widersprüchliche Auffassungen auch im vorliegenden Band nicht gelöst werden können. Z. B. beschreibt Faupel (2.1) im Anschluß an Luhmann, Münch und Parsons soziale Systeme als Menge sozialer Interaktionen oder Kommunikationen, die in einem Sinnzusammenhang stehen. Die Umwelt des Systems bilden dann die konkreten Personen, während andererseits gerade deren Zusammenschluß unter bestimmten Bedingungen als Organisation bezeichnet wird (z. B. Kühlmann und Franke [in diesem Band]). Die Wahrnehmung der Umwelt, insbesondere die ihrer Veränderungen durch die Organisation und das Bild der Organisation in der Umwelt („Image") bilden wichtige Voraussetzungen für die Verarbeitung von Umwelteinflüssen innerhalb der Organisation für das „Lernen" von Organisationen und ihrer Wirkung nach außen. Die gegenwärtig unter dem Schlagwort „Wertwandel" vielfach beschriebenen sozialen Prozesse sind ein gutes Beispiel dafür (vgl. Wilpert in diesem Band). Aber nicht nur Reaktion auf Umweltreize sollte das Verhalten von Organisationen bestimmen, sondern durch den systematischen Versuch, künftige Entwicklungen zu antizipieren, könnten Lösungen damit verbundener Probleme besser vorbereitet werden.

Dieser gewiß nicht vollständig aufgezählte, aber jedenfalls sehr breit gestreute Fragenkatalog der Organisationspsychologie darf aber nicht darüber hinwegtäuschen, daß jede einzelne Frage untrennbar verbunden ist mit einer Fülle weiterer Probleme, die hier nur deshalb nicht angesprochen sind, weil sie in den Bänden Arbeits-, Ingenieur- und Marktpsychologie dieser Enzyklopädie abgehandelt werden. Als sicher darf man aber annehmen, daß ihre analytisch und pragmatisch erzwungene Trennung in der Bearbeitung von Einzelproblemen sowohl im rein wissenschaftlichen als auch im praktischen Sinne überwunden werden muß, wenn diese Probleme optimal gelöst werden sollen.

Es bleiben noch Fragen nach der Ethik der Forschung und der Anwendung ihrer Ergebnisse. Ein Standpunkt, wie ihn Münsterberg (1912, S. 18f.) vertritt, nämlich „daß die wirtschaftliche Psychotechnik selbst es nicht mit der Untersuchung der Ziele, denen sie dient, zu tun hat", ist heute nicht mehr haltbar. Wie alle Wissenschaftler müssen auch Organisationspsychologen ihr Handeln in Forschung und Praxis unter ethischen Maximen selbst reflektieren und verantworten. Ein Kapitel über die Forschungsethik fehlt in diesem Bande nicht nur aus Platzgründen, sondern weil diese Fragen allgemeiner Natur sind und für die Psychologie insgesamt (z. B. von Schuler, 1980) diskutiert wurden. Wie kann nun die wissenschaftliche Disziplin „Organisationspsychologie", unter deren Namen diese Forschungsprogramme zusammengefaßt sind, gesehen werden?

- Sie ist zunächst nach der Unterscheidung von Herrmann (1976) „Domain-Forschung" in dem Sinne, daß Deskription und Explikation, aber auch Präskription für den umschriebenen Phänomenbereich durch eine Reihe wechselnder Theorien versucht werden. Unklar bleiben die Beziehungen zu anderen wissenschaftlichen Disziplinen, die ebenfalls den gleichen Phänomenbereich untersuchen, wobei Überschneidungen verständlicherweise nicht vermeidbar sind (vgl. z. B. Schierenbeck, 1981, der unter dem Titel „Grundzüge der Betriebswirtschaftslehre" eine Reihe von Kapiteln aufnimmt, die ebensogut mit „Organisationspsychologie" überschrieben werden könnten). Wünschbar wäre eine Entwicklung von multidisziplinärer zu interdisziplinärer Forschung. Schwierigkeiten dabei bereiten nicht nur die unterschiedlichen wissenschaftlichen Sprachen, sondern vor allem die zu erwartende hohe Komplexität.

- Organisationspsychologie wird zumeist als angewandte Wissenschaft bezeichnet. Dies sicher nicht nur ihrer Herkunft aus der Angewandten Psychologie wegen, sondern auch aus anderen guten Gründen: Ihre Fragestellungen werden vielfach aus in der Praxis zu lösenden Problemen abgeleitet und ihre Ziele liegen nicht in der Theoriebildung, sondern in direkten Handlungsanweisungen z. B. als menschengerechte Gestaltung von Aufbau und Ablaufstrukturen in Organisationen (vgl. Gebert u. v. Rosenstiel, 1981, S. 11 f., und Greif, 1983, S. 42 f.). Ohne auf die Diskussion über ihre Unterschiede und die möglichen Beziehungen zwischen Grundlagen- und angewandter Forschung bzw. zwischen Theorie und Praxis eingehen zu können (vgl. dazu Herrmann, 1979, oder Westmeyer, 1978), kann doch festgestellt werden, daß sich am Prinzip Münsterbergs (1912, S. 1): „es gilt von einer neuen Wissenschaft zu sprechen, die zwischen der Volkswirtschaft und der Laboratoriumspsychologie vermitteln soll", nicht viel geändert hat: Die Organisationspsychologen verwenden u. a. psychologische Theorien als Hintergrundwissen und wissenschaftliche Methoden als heuristische Prinzipien zur Lösung praktischer Probleme. Die Auswahl von Theorien kann dabei keineswegs auf die Sozialpsychologie beschränkt werden, wie es gelegentlich geschieht (vgl. Treuheit, 1977) oder (Lèvy-Leboyer, 1976, S. 57), die berichtet, daß, als sie 1971 (!) einem Verlag ein Buch über Organisationspsychologie anbot, sie überredet werden sollte, das Buch in „Sozialpsychologie der Unternehmung" umzubenennen. Auf den engen Zusammenhang mit der Differentiellen Psychologie wurde schon verwiesen; daß Theorien über Problemlösen und Entscheiden, über Wahrnehmen und Lernen oder über Motivation – um nur einige Beispiele aus der Allgemeinen Psychologie zu nennen – bei der Lösung organisationeller Probleme hilfreich sein können, wird kaum bezweifelt. Ebenso verhält es sich mit den anderen psychologischen Grunddisziplinen.

Dennoch wird sich die Organisationspsychologie nicht auf die Anwendung von Theorien anderer Grundlagendisziplinen beschränken können, sondern wird, wenn sie ihrer Aufgabenstellung gerecht werden will, eigene Grundlagenforschung mit eigener Theorienbildung betreiben müssen. Insofern kann sie nicht nur angewandte Wissenschaft sein.

Wünschenswert wären nicht nur Mini-Theorien über Teilaspekte einzelner Probleme, die (fast) beziehungslos nebeneinander stehen, sondern umfassendere Ansätze, in denen die Auffassung von Organisationen als Systeme nicht mehr nur eine Weise des Redens über sie bleibt, sondern ihren theoretischen Niederschlag findet. Schwierigkeiten entstehen dabei dadurch, daß der tradierte psychologische Methodenapparat – sowohl was experimentelle Designs als auch die üblichen statistischen Verfahren für die Auswertung der gewonnenen Daten betrifft – überwiegend von einfachen linearen Beziehungen unabhängiger Komponenten und deren additiver Verknüpfung ausgeht. Die Berücksichtigung der Interaktion in Varianzzerlegungsmodellen löst das Problem nicht. Ansätze zu einer Überwindung dieser Schwierigkeit in der Organisationspsychologie legen z. B. Hage (1982) und Jackson (1982) vor.

- Organisationspsychologie wurde bisher als Domain-Forschung, freilich mit nicht eindeutig zu definierenden Inhalten und mit unscharfen Grenzen einerseits, und als nicht nur angewandte, sondern auch andererseits als Grundlagenwissenschaft gekennzeichnet. Als wünschenswert wurden dabei interdisziplinäre Forschung und umfassendere Theorienbildung erachtet. Darin liegt ein Dilemma: Können die Organisationswissenschaften zu einer neuen Einheit zusammenwachsen, analog etwa zur gegenwärtig zu beobachtenden Entwicklung einer „Informationswissenschaft" aus Teilen der Informatik und der Psychologie, der Mathematik und der künstlichen Intelligenzforschung usw.? Oder kann sich die Organisationspsychologie im engeren Sinne nicht als Einheit erhalten, weil – wie Koch (1974, S. 29) für die Psychologie insgesamt fordert – sie sich in separate Forschungsbereiche aufgliedern muß? Oder, konkret formuliert, sind Arbeits- und Organisationspsychologie trennbar, wenn Arbeit immer auch organisierte Tätigkeit ist? Umgekehrt, wie sollen etwa die exakte Analyse von Mensch – Maschine – Systemen mit der Analyse von Wertsystemen, die einer Unternehmensphilosophie zugrunde liegen, theoretisch verknüpft werden? Ein Weg aus diesem Dilemma – hier integrierte einheitliche Organisationswissenschaft, da relativ voneinander unabhängig einzelne psychologische Forschungsbereiche – ist schwer zu finden.

- Von Organisationspsychologie als Wissenschaft, sei sie Grundlagen- oder angewandte Forschung, nicht zu trennen ist schließlich organisationspsychologische Praxis, soll diese nicht eine Art von Kunst werden. In dem Sinn, wie Gachowetz (in diesem Band) ausgeführt hat, muß Organisationspsychologie als Wissenschaft einerseits der Empirie und damit auch der Praxis verbunden, andererseits aber auch autonom bleiben in bezug auf Fragestellungen und Theorienbildung. Der praktische Organisationspsychologe wird wohl Ergebnisse der Forschung umsetzen, aber auch selbstverantwortlich diese an gegebene Randbedingungen anpassen und seinerseits Fragestellungen der Forschung anregen müssen.

Der beschriebene Stand unserer Wissenschaft, sowohl was Gegenstandsbestimmung als auch was Methoden und Theoriebildung betrifft, klingt nicht sehr befriedigend. Er kann es nicht nur wegen des erreichten Forschungsstandes, sondern aus prinzipiellen Gründen nicht sein. Organisationen als soziale Gebilde sind eingebunden in eine je konkrete soziokulturelle Situation und unterliegen dem technischen, ökonomischen und sozialen Wandel der Gesellschaft, deren Teilsystem sie sind. Analog dazu wird sich die Wissenschaft von Organisationen entwickeln müssen. Allgemeine Gesetzmäßigkeiten können nur einen eingeschränkten Gültigkeitsbereich haben und müssen ergänzt werden durch differentielle und Entwicklungsaspekte. Auch der prophetische Satz von Münsterberg (1912, S. 1) „Die Zeit, da die exakte Wirtschaftspsychologie sich als geschlossenes System wird darstellen lassen, liegt noch fern“ ist heute noch gültig.

Kapitel 1.2

Organisationspsychologie in Gesellschaft, Wirtschaft und Verwaltung

Helmut Gachowetz

Ziel dieses Beitrages ist, einige Beziehungen zwischen Organisationspsychologie und dem gesellschaftlichen Umfeld hervorzuheben. Da das inhaltliche Angebot der Organisationspsychologie in den Fachbeiträgen dieses Bandes dargelegt wird, wird darauf hier nicht eingegangen. Die erwähnte Zielsetzung impliziert kritische Reflexion, persönlichen Standpunkt und bei gegebenem Raum nur exemplarische Erläuterungen dargetaner Behauptungen.

1.2.1 Organisationspsychologie als Wissenschaft

1.2.1.1 Gesellschaftliche Bezüge

Wissenschaft als Institution zur Produktion von Wissen weist, abgesehen vom sozialen Grundkonsens, weitere wichtige gesellschaftliche Bezüge auf: Autonomie versus Fremdbestimmung, freier oder eingeschränkter Zugang sowohl zur Ausübung als auch zu den Ergebnissen usw. Darüber hinaus ergeben sich für die Organisationspsychologie zusätzliche gesellschaftliche Determinanten, deren Wurzeln sowohl außerhalb als auch innerhalb der Disziplin zu finden sind.

Da wäre zunächst einmal als essentielles Element des Gegenstandsbereiches die Organisation. Die gesellschaftlichen und politischen Determinanten der Entwicklung unterschiedlicher Formen von Organisationen werden von Faupel (in diesem Band) behandelt. Für hier nur soviel: Die Entwicklung einer Organisationspsychologie als Gebilde von Theorien über menschliches Erleben und Verhalten in Organisationen kann nicht unabhängig sein von den real existierenden Organisationsformen und den daraus hervorgehenden Bedingungen für das Verhalten der Menschen: Fluktuation kann nur dort untersucht werden, wo es überhaupt möglich ist, Organisationen zu verlassen. Einer der wenigen Autoren, die derartige Bedingungen für die Gültigkeit ihrer Überlegungen explizit formulieren, ist Scharmann (1986, S. 45): „Unsere Erörterungen beziehen sich nur auf Personenkreise, denen im Rahmen einer mehr oder minder liberalen Marktwirtschaft ein Mindestmaß an Freizügigkeit sowie ein möglichst unbehinderter Zugang zu einschlägigen Informationsquellen garantiert sind und die frei über ihr Einkommen bzw. Vermögen verfügen können."

Einen wesentlichen Einfluß auf die Theorieentwicklung in der Organisationspsychologie hat die Tatsache, daß ihre Ergebnisse an Organisationen rückgemeldet werden und somit mehr oder weniger den Gegenstand verändern (vgl. dazu auch Franke, 1978; Nicholson & Wall, 1982; Schuler & Stehle, 1982; Shimmin, 1982; Eckart & Hilke, 1986). So wird dem Human-Relations-Ansatz angekreidet, daß er nur kalmierend gedacht war. Dennoch wurden Bedürfnisse entdeckt, geweckt und zu befriedigen versucht, die durch die vorherrschende Organisationsrealität verkümmern mußten oder zumindest nicht systematisch nutzbar gemacht werden konnten. Werden aber ursprünglich systemfremde Faktoren (z. B. Bedürfnisse bestimmter Art) betont, so führt das zu Inkompatibilitäten, die unerbittlich nach Veränderung drängen: Mitarbeiter in ihrer „Selbstverwirklichung" zu fördern, sie an Entscheidungen zu beteiligen, ihre verborgenen Ressourcen (Kreativität, Entwicklungs- und Bildungsfähigkeit) zur Entfaltung zu bringen, verträgt sich auf die Dauer schlecht mit Organisationen, in denen Prinzipien der Machtkonzentration vorherrschen, in denen bei aller Humanität diese Ressourcen doch nur willkommen sind, wenn sie bestimmte unabdingbare und teilweise tabuisierte Systemfaktoren nicht in Frage stellen. Die dadurch entstehende Dynamisierung der Situation in Organisationen mit vielleicht zwar nicht substantiell neuen, aber in ihren Ausprägungen und Konfigurationen immer stärker oszillierenden Bedingungen muß von den notwendigerweise darauf reagierenden Psychologen durch Entwicklung neuer Ansätze bewältigt werden, ohne in Eklektizismus oder professionellen Dilletantismus abzurutschen.

Betrachten wir Organisationen als Einrichtungen zur Lösung von Problemen, die in einer bestimmten Gesellschaft auftreten, so ergeben sich daraus auch unterschiedliche Anforderungen an die Organisationspsychologie. Den daraus resultierenden Einfluß auf die Entwicklung höchst unterschiedlicher Theorien zeigt Cherns (1982) in folgender Tabelle:

Tab. 1: *Die Interaktion von Kontext, Problem, Modell und Reaktion (Cherns, 1982, S.29)*

Context	Problem	Model	Response
1. Rapid industrialization	Inexperienced workforce	Economic man	Scientific management
2. Wartime pressure for production	Fatigue	Machine man	Work and environmental design
3. Wartime rapid change in occupation structure	Allocation	Man as peg, task as hole	Testing – fitting man to job
4. Interwar social conflict	„Informal" organization	Emotional man	Human relations
4. Wartime rapid advance in technology	Misfets between man and technology	Man – machine system	Ergonomic design
6. Transition from planned to market economy	Adaptation to changing environment	Organization as open system	Contingency approach
7. Impact of advanced technology on mature systems	Misfit between organization and technology	Organization as sociotechnical system	Job and organization design
8. Educated society	Dissatisfaction with work	Complex man – hierarchy of needs	Job enrichment
9. Challenge to established authority	Industrial conflict	Organization as powersystem	Industrial democracy

Eng verbunden mit verschiedenen Problemen, denen eine Gesellschaft gegenübersteht, ist die Aktualisierung verschiedener Wertvorstellungen: Gehorsam, Disziplin, Anpassung werden abgelöst von Selbstverwirklichung, Autonomie, Unverletzlichkeit der Person usw. Diese Veränderungen machen auch nicht vor der Wissenschaft und schon gar nicht vor den Wissenschaftern halt! Sah Münsterberg (1912, S. 18) „die angewandte Wirtschaftspsychologie (als) vollkommen von der Vorstellung der wirtschaftlichen Ziele beherrscht" und sprach ihr jede Kompetenz bei der Bewertung dieser Ziele ab, so meinen Rosenstiel, Molt & Rüttinger (1972, S. 11), daß „nicht in der Leistungssteigerung, sondern in der Selbstentfaltung des Individuums in und durch Organisationen das normative Ziel der Organisationspsychologie gesehen werden (soll)". Am weitesten geht hier wohl Mayer (1978, S. VI), wenn er als letztes und eigentliches Anliegen der Organisationspsychologie „... die Rettung der Freiheit des einzelnen in einer organisierten Welt und Gesellschaft" sieht. Der Einfluß von Werthaltungen der Wissenschafter auf die Entwicklung der Organisationspsychologie wird auch gar nicht mehr bestritten, sondern als gegeben festgestellt (vgl. z. B. Cherns, 1982; de Wolff & Shimmin, 1981; Landy, 1982; Nicholson & Wall, 1982). Klein (1983) empfiehlt, die Werthaltungen des Forschers durch die Frage danach zu entdecken, was für ihn als veränderlich gilt und was er als gegeben annimmt.

Selbstverständlichkeiten gibt es tatsächlich viele: Organisationen sind nicht Selbstzweck; intrinsische Motivation ist besser als extrinsische; unerwünschte Phänomene haben stets negative Ursachen (Absentismus hat z. B. Streß, Unzufriedenheit usw. als Ursache und nicht Freisein von Angst); Theorie Y ist wahr, Theorie X ist falsch usw. Und obwohl die Untersuchung des Menschenbildes bei Führungskräften zur Erklärung des Verhaltens derselben für zweckmäßig angesehen wird (England, 1975; Weinert, 1984; Neubauer, 1986), vermißt Burgoyne (1981) die Anwendung desselben Prinzips bei den Wissenschaftern. Das Bild, das sich Wissenschafter vom Menschen und den Organisationen machen, ist jedoch genauso wie bei den Managern ein Produkt aus gesellschaftlicher Umwelt und individueller Eigenart und hat gravierende Auswirkungen auf ihre Schlußfolgerungen.

Die Organisationspsychologie steht auch in vielfältigen Beziehungen zu anderen Disziplinen, und innerhalb des Faches gibt es zudem konkurrierende theoretische Ansätze. Der Einfluß anderer Wissenschaften zeigt sich sowohl in der Übernahme von Modellen und Begriffen als auch in der Ausbildung ihres Selbstverständnisses und ihrer Denkformen. Die triumphalen Erfolge naturwissenschaftlichen Denkens hatten nachhaltige Auswirkungen auf die Gesellschaft, eine davon ist sein Einfluß auf das Denken in der Psychologie. Plädiert Münsterberg (1912) noch leidenschaftlich dafür, ihrem Beispiel zu folgen, so hat sich mittlerweile die Begeisterung für das konstruktivistisch-technomorphe Denken erheblich abgekühlt: Es wird dem systemisch-evolutionären Ansatz das Wort geredet (Malik, 1983). Klein (1983, S. 292) warnt allerdings vor einer oberflächlichen und eher appellativen Übernahme des Systemdenkens, das sie für ein „schwer greifbares und zugleich verführerisches Konzept“ hält, dessen Gebrauch zu ebenso falschen Analogien führen kann wie das technomorphe Denken. Es besteht hier nicht die Absicht, ein Urteil über die Eignung verschiedener Denkansätze für die Organisationspsychologie abzugeben. Aber die gerade jetzt immer häufiger vorgetragene Kritik an der Angemessenheit naturwissenschaftlicher Denkmodelle zur Untersuchung sozialer Systeme hat – zumindest soweit sie aus unserem Fach kommt – keineswegs ausschließlich „sachlogische“ Wurzeln: Zum ersten ist es ein Irrweg, den essentiellen Gehalt dieses Denkens allein aus seinen scheinbar restlos determinierten Produkten ableiten zu wollen. Zum zweiten ist der Nachvollzug und das Verstehen dieses Denkens vielfach gerade für Leute, die sich zur Psychologie hingezogen fühlen, oft mit erheblichen Schwierigkeiten verbunden. Es fällt uns allen leichter, etwas als unbrauchbar zu bezeichnen, als zuzugeben, daß wir es nicht verstehen. Ernster sind jedoch Argumente, die, auf ethischen oder religiösen Überzeugungen beruhend, eine selbst prinzipiell mögliche Anwendung naturwissenschaftlicher Denkansätze auf Mensch und Gesellschaft etwa deshalb ablehnen, weil dadurch die Idee von der menschlichen Freiheit und Verantwortbarkeit erschüttert wird. Und schließlich scheint die Gefahr groß zu sein, in einen gesellschaftlichen Sog der Wissenschafts- und Technikfeindlichkeit zu geraten, die aufgrund der Tatsache, daß wir mit den Errungenschaften der Naturwissenschaften (auf die wir als Individuen keinesfalls verzichten möchten) gesellschaftlich nicht fertig werden, bewirkt, daß man nun diese Denkansätze genauso unreflektiert verteufelt, wie sie zu früheren Zeiten enthusiastisch begrüßt wurden. Der Verführung durch den Zeitgeist ist schwer zu widerstehen. Zum Teil ist er wegen der sozialen Verwurzelung und biographischen Verfaßtheit auch des Wissenschafters schwer zu erkennen, zum anderen ist er ein wesentlicher Faktor für die Anerkennung der eigenen Arbeit durch die Gesellschaft.

Konkurrierende Ansätze innerhalb des Faches – etwa empirisch-experimenteller Ansatz versus Psychoanalyse – werden in hohem Maße über das Instrument des Publikationswesens gesteuert: Nur was beschrieben und allgemein zugänglich ist, kann für das Fach konstituierend sein. Über die Kontrolle der Publikationen und über die Notwendigkeit, sich mit dem Publizierten beschäftigen zu müssen, wird die Freiheit der Wissenschaft in beträchtlichem Ausmaß zum Privileg jener, die an den Entscheidungsknoten wissenschaftlicher Publikationsmöglichkeiten sitzen. Ob aber ein Denkansatz *überhaupt* zur Kenntnis genommen wird, darüber entscheidet auch wesentlich, in welcher Sprache er formuliert ist:

Münsterberg (1912) beklagt sich bitter, daß seine in Englisch publizierten Arbeiten im deutschen Sprachraum damals nicht existierten. Die durch den Zweiten Weltkrieg hervorgebrachten Umwälzungen haben auch mit sich gebracht, daß nun englische Publikationen das Fach dominieren. Die besonders auch in den Sozialwissenschaften glänzende Tradition französischen Denkens, um nur ein Beispiel zu nennen, wird für die Organisationspsychologie sicher viel zuwenig berücksichtigt.

Die konkreten Einzelleistungen der Organisationspsychologie für die Gesellschaft werden an vielen Stellen dieses Bandes deutlich gemacht, hier soll nur auf allgemeinere Aspekte eingegangen werden: Sie schafft gesellschaftliche Realität und produziert Legitimationsinstanzen für organisationales Handeln. Für die Charakterisierung ihrer realitätsschaffenden Funktion (vgl. dazu auch Hartmann, 1982) möchten wir uns der Metapher vom Sprachspiel bedienen. Dabei geht es darum, daß bestimmte Sprachregelungen die Realität schaffen, die sie dann untersuchen (vgl. Neuberger in diesem Band). Organisationspsychologen schaffen zunächst gemeinsam mit den Managern, neuerdings auch mit Rücksicht auf die Gewerkschaften, Sprachspiele, die in eine Art sozialpartnerschaftliche Organisationspsychologie zu führen scheinen. In Wechselwirkung mit der jeweiligen Organisationsrealität entwickeln sich mehr oder weniger fluktuierende Sprachmuster, die etwa folgenden Prinzipien entsprechen:

- Neubenennung von Begriffen ohne semantische Änderung (Mitarbeiter statt Untergebener, Einbindung statt Unterordnung).
- Neubenennung von Begriffen mit semantischer Änderung (Manager statt Vorgesetzter, Engagement statt Pflichtbewußtsein).

- Neue Begriffe (Unternehmenskultur, Organisationsentwicklung, Qualitätszirkel).
- Elimination von Begriffen (Disziplin, Gehorsam, Neid, Begeisterung, Arbeitsfreude...).

In dem Ausmaß, in dem neue oder auch in ihrer Bedeutung geänderte sprachliche Konzepte in den Alltag von Organisationen übernommen werden, ändert sich das Denken und Handeln der Menschen und somit auch die organisationale Realität.

Es gibt eine bedeutende Denkrichtung innerhalb der Organisationswissenschaften, die die Bedeutung von Organisationen nicht (nur) in der Erreichung bestimmter formulierter Ziele, sondern ganz wesentlich in der Schaffung von Legitimation und Sinngebung sieht (Luhmann, 1964; Berger & Luckmann, 1969; Wendtland, 1980). Daraus ergibt sich z. B., daß Management nur verstanden werden kann „als sinnmachender Prozeß, durch den Zuständen und Ereignissen menschliche Bedeutung zugeordnet werden kann" (Ulrich, 1983, S. 147). Vielfach wird davon ausgegangen, daß zu früheren Zeiten Legitimation und Sinngebungsprozesse unproblematisch waren und im wesentlichen durch die Religion repräsentiert worden sind (Margerison, 1978; Cherns, 1982). Was immer sonst noch die Ursachen für den Verlust alter Legitimationsbasen und Sinnerklärungen sein können, die Sozialwissenschaften (und damit auch die Organisationspsychologie) werden mit dafür verantwortlich gemacht (Cherns, 1982; Gross, 1984) und zugleich als die neue Religion der Gesellschaft bezeichnet (Hegner, 1979; Loveridge, 1981; Cherns, 1982. Auf die Entwicklung der Wissenschaften aus den Religionen weist Faupel in diesem Band hin). Die Sozialwissenschaften haben der Meinung, daß der letzte Sinn menschlicher Existenz und damit auch die Legitimationsbasis für menschliches Handeln im Menschen selbst zu finden sind, entscheidend zum Durchbruch verholfen. Daraus folgt, daß die Sozialwissenschaften nicht nur von gesellschaftlichen Werten abhängig sind, sondern auch Wertbasen schaffen und argumentativ untermauern: Die *gewollte* Form der Machtausübung besteht darin, „daß die Führungsperson zuvörderst daran interessiert ist, die Fähigkeiten, Talente und Anlagen ihrer Gruppenmitglieder aufzubauen, ihr Selbstvertrauen zu stärken, Motivation, Selbstkontrolle und Eigeninitiative zu entwickeln. Und dies steht unseren heutigen Organisationen und Unternehmen sicherlich eher an: Wie sonst könnte man Loyalität, Einbindung, Selbstverpflichtung, Interesse und Engagement auf seiten seiner Mitarbeiter erwarten, auf die die Organisation in Zukunft in so starkem Maße angewiesen sein wird?" (Weinert, in diesem Band). Hier werden Mittel der Machtausübung legitimiert, nicht weil sie „von Natur aus" die richtigen sind, sondern weil wir sie in unserer Gesellschaft so *wollen* und glauben, daß sie auch anerkannt werden. Dies zeigt sich wohl eindrucksvoll in der Tatsache, daß Loyalität, Einbindung, Engagement usw. in japanischen Unternehmen mit völlig anderen Mitteln erreicht werden: Unterordnung, eiserne Disziplin, Aufgabe eigener Interessen, Anerkennung der Firma als Sinn des Lebens usw.

Neben „corporate identity“ oder „esprit de corps“ (Be-Geisterung?) zeigt auch die immer größer werdende Bedeutung, die der Organisationskultur beigemessen wird (z. B. Sigl, 1986) die Fortsetzung der angedeuteten Entwicklung. Diese Begriffe werden auch von den Menschen in den Organisationen mit Freude aufgenommen, scheint sich dadurch doch (wieder?) die Möglichkeit abzuzeichnen, zu letzten Werten und Sinngebungen zu gelangen, sich die Zeit eines nicht selten zyniselnden Werteinterregnums einem Ende zuzuneigen. Will man den Begriff der Organisationskultur nun tatsächlich nicht so verstehen wie etwa ein Marketingkonzept statt für Waschmittel nun halt für Werte, so sollte man dabei nicht übersehen, daß die erfolgreichen Unternehmen, deren Kultur soviel euphorische Erwartung auslöst, auf einer im wesentlichen ungebrochenen gesamtgesellschaftlichen Kultur aufbauen, wie etwa in den USA oder in Japan. Dieses Konzept kann nicht allein in Qualitätszirkeln von Unternehmen entwickelt werden, sondern nur in einem gesellschaftlich-kulturellen Umfeld aufgehen, dessen Werte in einem langen Prozeß von kollektiven, an die Wurzeln der menschlichen Existenz rührenden emotionalen Grunderfahrungen von Freude und Leid gewachsen sind.

Es kommt aber auch vor, daß Wissenschaft und Gesellschaft dieselben blinden Flecke haben. Dies bezieht sich besonders auf das Phänomen der zeitlichen Begrenztheit menschlicher Existenz. Da Organisationen üblicherweise für die Ewigkeit gegründet werden (Heintel, 1979), sind sie hervorragend dazu geeignet, Projektionen menschlicher Sehnsucht nach Unsterblichkeit auf sich zu ziehen (vgl. dazu Weigand, 1985). Vielleicht fänden sonst nur schwer zu verstehende Handlungen einzelner Menschen wie das buchstäbliche Sterben für die gemeinsame Sache, aber auch die vielen kleinen Tode und Verzichte, ohne denen eine Organisation nicht lebensfähig wäre, darin eine mögliche Erklärung. Und auch die intensivere Motivation jener, die die Spuren ihrer irdischen Existenz tiefer in Organisationen einprägen können als „ihre Gruppenmitglieder“.

1.2.1.2 Organisationspsychologie in Wirtschaft und Verwaltung

Die Organisationspsychologie (bzw. ihre Vorläufer wie die angewandte Wirtschaftspsychologie oder die Betriebspsychologie) hat sich – im wesentlichen bis heute – als Anwendung von Ergebnissen der psychologischen Grundlagenforschung auf das Verhalten und Erleben von Menschen in Organisationen verstanden. Erst seit relativ kurzer Zeit sind Ansätze zu beobachten, die für die Rechtfertigung einer so benannten eigenständigen Disziplin von der Wurzel her andere Standpunkte beziehen. Es wird von der grundlegenden Organisiertheit allen menschlichen Erlebens und Handelns ausgehend eine Perspektive entworfen, die Organisationen als Ergebnis und Verdinglichung menschlicher Informationsverarbeitungsprozesse begreifbar machen (Franke, 1978).
Die bisherige Entwicklung jedoch wurde ganz wesentlich durch Ziele von außen bestimmt: „Die Wirtschaftspsychologie (kann) nicht energisch vorwärtskommen,

wenn nicht Nationalökonomen und ernst denkende Männer des Wirtschaftslebens selbst psychologische Fragen aufwerfen, die dann zu planmäßigen Untersuchungen der Psychologen führen mögen.“ (Münsterberg, 1912, S. VI). Da jedoch auch ernstdenkende Männer die unterschiedlichsten Fragen aufwerfen, je nachdem, welche Probleme sie gerade plagen, die Beantwortung dieser Fragen via Forschung aber Geld kostet, läßt sich aus diesen beiden Prämissen zugegebenerweise etwas salopp erklären, warum die Organisationspsychologie eine vielfach zersplitterte Psychologie des industriellen Großbetriebes ist. Zwei bis heute relativ unscharf gebliebene Grundprobleme heißen: Wie bekommt man die richtigen Leute und wie bringt man sie zum gewünschten Verhalten? Unscharf deshalb, weil für das erste (Personalwesen, Eignungsdiagnostik) die Fragen der Anforderungen (Hoyos, 1986), für das zweite die Fragen der Effizienz (Neuberger, 1983) noch nicht gelöst werden konnten.

Die Erwartungshaltung der Wirtschaftsleute gegenüber Psychologen ist geprägt von der Gewohnheit, (natur)wissenschaftliche Erkenntnisse in Form von Techniken geliefert zu bekommen. Es entstand das Bemühen, auch ohne eine den Naturwissenschaften vergleichbare theoretische Basis diesen Erwartungen zu entsprechen.

Vielfach wurden unreife wissenschaftliche Konzepte in Techniken (management by...) verpackt, „welche nicht nur in sich genommen von begrenztem Wert sind, sondern als Alternativen zu detaillierter Analyse gesehen wurden, welch letztere unser sozialwissenschaftliches Wissen leisten kann und soll.“ (Cherns, 1973, S. 52). Dieses Bemühen nach raschem Entsprechen der von außen gestellten Anforderungen hat auch zur Übernahme von Modellen aus Volkswirtschaften geführt, die auf dem freien Markt als erfolgreich galten (Taino & Santaleinen, 1984). Die übermächtige Orientierung an der Wirtschaft und ihren wechselnden Problemen scheint ein wesentlicher Faktor für die vielbeklagte Theorielosigkeit zu sein. Will die Organisationspsychologie mehr sein als nur angewandte Psychologie in Industriebetrieben, so kann sie sich von deren sicherlich gewichtigen, aber doch stets relativen Problemen nur emanzipieren, wenn ihre Wissenschafter den Mut haben, sich von diesen Problemen abzuwenden und allgemeine Theorien entwickeln, die nicht durch falsch verstandenes Empirie- und Praxisdenken, kaum daß sie zart zu sprießen beginnen, von einer Unmenge von Daten zugekleistert werden. Ansonsten werden wir uns wohl damit begnügen müssen, „Beruhigungspillen in Form von Fachausdrücken auszuteilen, durch die jedermann dann glaubt, der Sachen mächtig zu werden“ (Doderer, 1979, S. 1022). Ein diesbezüglich sattsam bekannter Satz Kurt Lewins wird offensichtlich um so weniger beherzigt, je häufiger er zitiert wird.

Die überwiegenden Gesprächspartner der Organisationspsychologen sind die Manager, weit abgeschlagen sind Betriebsräte und Administratoren. Die Mitarbeiter, deren Bedürfnissen angeblich das Hauptinteresse gilt, sind die Versuchspersonen. Dies zeigt sich zum Beispiel darin, daß Absentismus, Fluktuation usw. deshalb un-

tersucht wird, weil es ein Problem der Manager ist und sicher kein primäres der Untergebenen. Man weiß auch vieles über Motivation und Arbeitszufriedenheit bei den Untergebenen, aber relativ wenig darüber bei Vorgesetzten. Wohl auch deshalb, weil sie sich nicht so leicht untersuchen lassen (müssen).
Neuberger (1978) und neuerdings Taino & Santaleinen (1984) weisen darauf hin, daß Führungstheorien und ihre Überprüfung so angelegt sind, daß sie das Führungsverhalten als Schlüsselvariable des Organisationserfolges favorisieren. Auch der lange währende Kampf zwischen Eigenschaftstheorie oder Situationstheorie der Führung erscheint merkwürdig angesichts der Tatsache, daß schon Machiavelli zu Anfang des sechzehnten Jahrhunderts betont, daß Eigenschaften allein nicht den Führungserfolg erklären und auf die Bedeutung des percipierten Führungsstiles hinweist: „Jeder sieht, was du scheinst, und nur wenige fühlen, was du bist." (Machiavelli, 1972, S. 74). Das Abweichen von einem Eigenschaftsansatz erschüttert aber die Überzeugung der Führungskraft, sich doch wesentlich von ihren Leuten zu unterscheiden. Insoferne ist es vielleicht gar nicht so verwunderlich, daß Weinert (1984) gerade bei den unteren Führungskräften ein Menschenbild vorfand, das die Notwendigkeit der Führung der Untergebenen klar herausstreicht: Auf der untersten Führungsebene muß man seine Position noch täglich verteidigen, weiter oben kann man es sich schon eher leisten, ein Menschenbild mit „positiver Tendenz" zu pflegen. Der Assessment-Center-Ansatz mit seiner Renaissance der Vorstellungen von Führungsfähigkeiten unter Einbindung situativer Elemente scheint diese Problematik zu einer ausgewogenen Lösung zu führen.

Obwohl Manager den Psychologen oft sehr kritisch gegenüberstehen und ihrer Wissenschaft mangelnde Vorhersagekraft, Ideologiebefangenheit (Eccles, 1981), Ineffizienz (Dukes, 1981) oder auch uneinheitliche Aussagen (Scharmann, 1986) nachsagen, läßt sich eine Zunahme der Akzeptanz der Organisationspsychologie nicht übersehen (Friedrichs, 1980). Teilweise ist dies auf die Aufnahme psychologischer Inhalte in die Managementausbildung (Schein, 1967; zit. nach Gil & Bennis, 1968), teilweise auf die immer schwieriger werdenden Führungsaufgaben zurückzuführen, die immer mehr als Probleme der „Humanressourcen" erkannt werden.

Je mehr jedoch die Organisationspsychologie den Managern nützlich erscheint, desto suspekter wird sie den Gewerkschaftern. Natürlich gäbe es eine Menge von Aspekten, die auch für Gewerkschafter interessant und nutzbar wären (vgl. z. B. Stiegler, 1980). Dennoch bestehen geradezu Berührungsängste, deren Überwindung erst zaghaft angegangen wird. Wesentlich scheint, daß die Sprache der Psychologen sich von der der Gewerkschafter zur Zeit noch viel mehr unterscheidet als letztere von der der Manager. Ein Beispiel: Das „Ideal der Selbsterfüllung und Selbstverwirklichung durch Arbeit haben die Vertreter der Humanistischen Psychologie übernommen und unter die Leute gebracht, mit der Realität hat das nicht sehr viel zu tun. Aber was treibt sie denn nun in die Fabriken und Büros, die Arbeiter und vielen kleinen Angstellten? Doch bestimmt auch die Aussicht, Geld zu verdienen, um konsumieren zu können, jenes Stück Freiheit zu erlangen, das Leben außerhalb der Arbeit zu genießen." (List, 1986, S. 95). Auch die Vorstellungen von effektivem Führen scheinen zwischen Gewerkschaftern und Managern nicht so unterschiedlich zu sein: Zur Diskussion um eine neue Identität für die Gewerkschaften stellt Frad (1985, S. 3) unmißverständlich fest, daß entsprechende Leistungen für die Mitglieder nur eine schlagkräftige Organisation erbringen kann, und „Großorganisationen sind nur mit einer klaren Führungsstruktur schlagkräftig". Derartige Positionen lassen natürlich schnell den Schluß zu, den Gewerkschaftern gehe es lediglich um die Sicherung ihrer Macht: „Mehr Autonomie am Arbeitsplatz und mehr direkter Einfluß auf das betriebliche Geschehen bedeuten eben auch geringere Abhängigkeit des Einzelnen von der Vertretung seiner Interessen durch die Gewerkschaften. Es geht also..., auch um die Angst der Gewerkschaften vor Machtverlust." (Sievers & Lauterburg, 1980, S. 41f.). Nun, ein halbwegs standfester Gewerkschafter würde das nicht einmal bestreiten, sich auf die Legitimation durch seine Kollegen berufen und darauf verweisen, daß die von den Gewerkschaften erwirkten Verbesserungen rechtsverbindlichen Charakter haben, Organisationsentwicklung bei aller Wissenschaftlichkeit aber jederzeit wieder abgestellt werden kann. Genau wie das Management wissenschaftliche Unterstützung für seine Ziele erwartet, wird auch die Gewerkschaft sich gegenüber der Organisationspsychologie nur aufgeschlossen zeigen, wenn sie ihre Ziele dabei nicht gefährdet, sondern gefördert sieht. Ein guter Beleg dafür ist der vom Österreichischen Gewerkschaftsbund herausgegebene Überblick über moderne Managementstrategien (Baumgartner, Moritz & Worliczek, 1986), in dem die Vor- und Nachteile auch der Organisationspsychologie aus der Sicht der Arbeitnehmervertretung dargestellt werden.

Die öffentliche Verwaltung war bisher relativ selten Gegenstand organisationspsychologischer Forschung, ebenso wie etwa der Handel, das Gewerbe oder der Fremdenverkehr. Obwohl es in den drei letztgenannten Bereichen neben interessanten Fragestellungen auch die Möglichkeit gäbe, die Generalität der aus der Industrie entwickelten Ansätze zu prüfen, gibt es bisher kaum größere Forschungsaktivitäten. Die handlungsrelevanten Organisationen in diesen Bereichen sind meist zu klein, um Forschung zu finanzieren. Es kann jedoch gesagt werden, daß die derzeitige wirtschaftliche Situation, gekennzeichnet durch ein stärker werdendes Bewußtsein von der gesamtwirtschaftlichen Bedeutung der Klein- und Mittelbetriebe auch das Erkennen der Bedeutung des Humanfaktors in diesen Bereichen begünstigt.

Für die Verwaltung liegen die Dinge anders. Aufgrund der historischen Entwicklung dieser Institution und ihrer durch „allerhöchste" Instanzen der Gesellschaft legitimierte rein exekutive Funktion zur Sicherung gesetzesgemäßer Herrschaftsausübung entstand ein Ethos, das auf das ebenfalls durch Gesetze geregelte selbstbezogene Handeln in der Verwaltungsorganisation durchaus als Fundament einer Organisationskultur bestimmend im Sinne von selbstverständlich wirkte. Hier hat sich zweifelsfrei Grundlegendes geändert.

Dennoch sind Reste dieses Selbstverständnisses noch vorhanden und werden auch als Erklärung für die geringe Bereitschaft der Verwaltung, sich zum Gegenstand wissenschaftlicher Untersuchungen machen zu lassen, angeführt: Die Verwaltung befürchtet, „daß Zugeständnisse auf instrumentellem Gebiet dazu führen könnten, daß organisationsexterne Sachverständige aus Unkenntnis des Weisungs- und Wirkungszusammenhangs in der Organisation die emotionalen und symbolischen Bestandteile von Kooperation und Leistung überrollen könnten, die innerhalb der Organisation mindestens genauso ernst genommen werden wie die funktionsbezogenen Einrichtungen und Maßnahmen." (Hartmann, 1982, S. 480; vgl. dazu auch Hegner, 1979, S. 57f.). Eine nicht zu unterschätzende Rolle spielt die Verwaltung jedoch in ihrem Einfluß auf Einrichtungen der Wissenschaft und Forschung, soweit sie vom Staat betrieben werden und selbst Teil der öffentlichen Verwaltung sind.

Resümierend ist festzustellen: Die Organisationspsychologie als Wissenschaft muß sich aus der Bevormundung durch die Wirtschaft lösen, und zwar ohne verstärkt in eine solche durch die Gewerkschaften oder auch die öffentliche Verwaltung zu geraten. Sie soll versuchen, die Fragestellungen selbst zu entwickeln. Es wäre jedoch naiv anzunehmen, daß Forschung in Organisationen ohne Unterstützung durch deren Entscheidungsträger möglich wäre. Hier ergibt sich jedoch ein Dilemma zwischen Wissenschafter und Manager (Gewerkschafter, Administrator): Der Wissenschafter „sucht nach der richtigen Antwort, aber der Manager will sie am Donnerstag!" (Blackler & Shimmin, 1984, S. 76). Dieses Problem läßt sich nicht so lösen, daß Wissenschafter das Fach dadurch weiterzuentwickeln versuchen, daß sie aktuelle Probleme mit Hilfe ihrer Forschungsmethoden zu Problemen der Wissenschaft machen. Zwei Möglichkeiten bieten sich an: Nicht der Wissenschafter direkt löst die aktuellen Probleme in Organisationen, sondern der Organisationspsychologe in der Praxis. Für die Unterstützung der Forschung in und über Organisationen müssen die Entscheider in Gesellschaft, Wirtschaft und Verwaltung überzeugt werden, daß wissenschaftliche Problemlösungen durch Forschung auch in der Organisationspsychologie die Entwicklung von Theorien bedeutet, deren Umsetzung in praktische Anwendungen ebensoviel Zeit in Anspruch nehmen darf wie in den Naturwissenschaften und deren Technik.

1.2.2 Organisationspsychologie als Beruf

1.2.2.1 Gesellschaftliche Bezüge

Die berufliche Situation der Psychologen im allgemeinen und die der Arbeits-, Berufs- und Organisationspsychologen im besonderen wurde mehrfach dargelegt (vgl. z. B. Task Force, 1971; Hoyos, 1972; Brandtstädter & Bernitzke, 1978; Comelli, 1980; Klebl, 1985; Kornadt, 1985), woraus allein sich schon ein Hinweis auf die immer noch aktuelle Bedeutung dieser Frage ergibt. In der Bundesrepublik

Deutschland und in Österreich ist die Situation besonders dadurch gekennzeichnet, daß es im Gegensatz zu anderen Ländern keine gesetzlich geregelte Form der Berufsausübung gibt. Berufspolitische Fragen werden aber auch deshalb immer dringender zu lösen sein, weil der für lange Jahre traditionelle Berufsweg einer akademischen Laufbahn wegen der Personalsituation an den Universitäten und den steigenden Absolventenzahlen immer weniger aufnahmefähig wird (Roth, 1981; Kornadt, 1985). Nun haben zwar die Organisationspsychologen – vielfach auch aus ideologischen Gründen (Schein, 1973; de Wolff & Shimmin, 1981) – deutlich weniger zugenommen als z. B. die klinischen Psychologen. Sie befinden sich aber in starker beruflicher Konkurrenz mit anderen Professionen, welche teilweise wohletabliert sind (wie z. B. Betriebswirte, Juristen), teilweise selbst um ihre berufliche Institutionalisierung ringen, wie z. B. die Betriebspädagogen (Freimuth, 1986) oder die Organisatoren (Eiff, 1986): „Im Gegensatz zu den klinischen Tätigkeitsfeldern scheint im industriellen und wirtschaftlichen Bereich der Beruf des Psychologen an Eigenständigkeit zu verlieren" (Hoyos, 1972, S. 203), „der expandierende Bedarf... (ist) nicht von Psychologen, sondern von anderen wahrgenommen worden: z. B. im Bereich der Arbeitspsychologie von Wirtschaftswissenschaftern und Ingenieuren." (Kornadt, 1985, S. 7). Es sei noch darauf hingewiesen, daß bisher die Tätigkeit des Organisationspsychologen weder in der Berufsordnung des BDP noch im Entwurf des Psychologengesetzes des Berufsverbandes Österreichischer Psychologen entsprechend berücksichtigt wird.

Nun soll nicht der Eindruck entstehen, daß gesetzliche Regelungen der Berufsausübung die einzige Möglichkeit darstellen, einen Beruf zu institutionalisieren. Obgleich die Verrechtlichung menschlicher Handlungen in unserer Gesellschaft ein wichtiger Faktor ist, so ist sie doch eher das Endergebnis eines Prozesses, der zur Ausbildung einer Profession führt und sie in Form von generellen und abstrakten Normen, die das äußere Verhalten der Menschen regeln und mit Zwangsgewalt ausgestattet sind (= Gesetze), sozial verbindlich fixiert. Die Faktoren dieses Entwicklungsprozesses der Institutionalisierung eines Berufes sehen wir im wesentlichen in drei Arten von Interessen: Erstens die Interessen derjenigen, auf die sich die Leistungen des sich entwickelnden Berufes richten. Zum anderen die Interessen Angehöriger bereits instituionalisierter Berufe, die von dem sich neu entwickelnden Berufsbild berührt sein können. Und drittens die Interessen der Proponenten der neuen Profession, in unserem Fall die der Organisationspsychologen.

Was die Interessen der potentiellen Leistungsnehmer betrifft, so lassen sie sich allgemein dadurch charakterisieren, daß sichergestellt werden soll, aus einer honorierten Leistung einen angebbaren Nutzen zu erhalten und eine Schädigung des Leistungsnehmers nach Möglichkeit auszuschließen. Hinsichtlich der Organisationspsychologie ist für die Förderung einer Professionalisierung von dieser Seite her nicht viel zu erwarten, weil bei den relevanten gesellschaftlichen Kräften (z. B. Interessensvertretungen, gesetzgebenden Körperschaften, Behörden etc.) immer noch recht unklare Vorstellungen über möglichen Nutzen oder Schaden organisationspsychologischer Leistungen bestehen. Werden diese möglichen Leistungen des Organisationspsychologen gelegentlich einmal näher in Augenschein genommen, so stellt sich oft heraus, daß etwas angeboten wird, wovon jeder überzeugt ist, es im notwendigen Ausmaß selbst zu besitzen: Urteilskraft, Führungsfähigkeit, Kooperationsfähigkeit, Kommunikationsfähigkeit – kurz, gesunder Menschenverstand! Zudem verfügen, wie Klein (1983) hervorhebt, Organisationen über eigene institutionalisierte, wenn auch nicht immer optimale Methoden zur Lösung zwischenmenschlicher Probleme, das Angebot zur Hilfe kann als Entwertung der eigenen Verfahren aufgefaßt werden. Aber auch überbetriebliche Organisationen wie die Gewerkschaften zeigen keine besondere Neigung, Professionalisierungsbestrebungen zu unterstützen. Die Gewerkschaften sind strukturell vor allem an Problemen interessiert, die große Massen von Menschen betreffen. Dazu sind die bisher feststellbaren Auswirkungen und auch die Zahl der Psychologen oder gar Organisationspsychologen doch noch zu gering. Letztgenanntes Faktum erklärt sicherlich auch das geringe Interesse der politischen Entscheidungsträger an berufspolitischen Fragen unseres Faches. Der von jedem praktisch tätigen Organisationspsychologen feststellbare Bedarf an seinen spezifischen Leistungen tritt oft nicht „von selbst“ zu Tage wie z. B. bei einem Juristen (durch die fast vollständige Verrechtlichung des Lebens). Die Akzeptanz seines Angebotes an Problemlösungen entwickelt sich im allgemeinen erst nach einem irgendwie zustandegekommenen Kontakt, dann aber oft ganz beachtlich. Der daraus resultierende Nutzen (und erst recht ein allfälliger Schaden) bleibt aber meistens innerhalb der Organisation und wird nicht in den allgemeinen gesellschaftlichen Raum transportiert. Die Ergebnisse werden dann auch eher mit dem einzelnen Organisationspsychologen verbunden und nicht „der“ Organisationspsychologie zugeschrieben.

Organisationspsychologische Tätigkeiten werden nicht nur von Organisationspsychologen, sondern auch von einer Reihe anderer Personen ausgeübt, vielfach von Betriebswirten, teilweise auch von Juristen, Ingenieuren oder überhaupt nicht speziell ausgebildeten Personen. Eine Professionalisierung würde bedeuten, daß in letzter Konsequenz derartige Tätigkeiten nur mehr von Psychologen ausgeübt werden könnten. Damit soll angedeutet werden, daß Professionalisierung auch Kampf um einen „Markt“ bedeutet, der auch von anderen Berufsgruppen als zukunftsträchtig angesehen wird.

Es ist vergleichsweise leicht festzustellen, daß das gesellschaftliche Umfeld, in dem sich der Organisationspsychologe als Praktiker bewegt, nur geringe oder gar entgegengerichtete Interessen bezüglich einer Professionalisierung hat. Schwieriger ist es, die Interessen der Organisationspsychologen zu erkennen. Nicht zu Unrecht hört man des öfteren, daß sie nicht in der Lage seien, sich zu organisieren. Entsprechende Bemühungen stehen im deutschsprachigen Raum erst am Anfang, aber auch andere

Länder sind nicht viel weiter fortgeschritten (vgl. de Wolff & Shimmin, 1981; Shimmin, 1982; Blackler & Shimmin, 1984). Wenn auch die klinischen Psychologen in rechtlicher Hinsicht nicht weiter sind als alle anderen, so haben die einzelnen Therapieschulen doch gut etablierte Strukturen zur Heranführung an die Berufspraxis, die bei den Organistionspsychologen gänzlich fehlen. *Einen* Grund dafür sehen wir in den unterschiedlichen „Klientsystemen“: Klinische Psychologen beschäftigen sich im wesentlichen mit Einzelpersonen, die ihnen als relativ homogene Menge potentieller Klienten gegenüberstehen. Der Aufbau der Beratungsbeziehung geht relativ schnell vor sich, der Kliniker befindet sich in der Regel in einer dominanten Position gegenüber dem Hilfesuchenden. Wenn er sich für seine Tätigkeit Unterstützung sucht, ist der Weg zum Kollegen oder Lehrer von Klientenseite her nicht behindert: Das beginnt bei der Autonomie über seine Zeitplanung (Sprechstunden), setzt sich fort über eine lokal begrenzte Tätigkeit (keine Reisen), die Gefahr des Verlustes eines Klienten an Kollegen ist relativ gering und wegen schnellen Ersatzes leicht zu verschmerzen, und wenn er eine Bezugsgruppe zur Lösung seiner Probleme sucht, sind das nicht die Klienten, sondern es bleiben dafür nur die Kollegen übrig.

Anders sieht die Situation beim Organisationspsychologen aus. Ist er freiberuflich tätig, muß er nicht zu Einzelpersonen, sondern zu sozialen Systemen seine Beziehungen aufbauen. Bei diesem oft sehr langwierigen Prozeß, der sich jeweils sehr unterschiedlich gestalten kann, ist Hilfe von Kollegen oft schon aus zeitlichen und örtlichen Gründen gar nicht möglich, er muß allein mit der Situation fertig werden. Eine entsprechende Vertrauensbasis muß er sich individuell und zumeist gegenüber Personen erarbeiten, die eher ihn dominieren als umgekehrt (Rice, 1963). Dieses Vertrauen ist dann an seine Person gebunden und nicht so ohne weiteres zu kollektivieren. Es ist daher die Wahrscheinlichkeit hoch, daß seine Bezugsgruppe die Organisation ist, für die er arbeitet und nicht die Kollegen. Arbeitet der Organisationspsychologe als Mitglied in einer Organisation, so sind seine Interessen noch stärker an diese gebunden. Erstens muß er sich dort erst eine entsprechende Position erarbeiten, und zweitens ist er oft in Bereichen tätig, die nur zum Teil mit seinem Fach zu tun haben, zum oft größeren Teil mit anderen Aufgaben (vgl. z. B. Task Force, 1971; de Wolff & Shimmin, 1981). Will er in der Organisation Karriere machen, muß er die übliche Stabstätigkeit aufgeben und in die Linie überwechseln. Dies führt in den meisten Fällen zum völligen Verlust der Identität als Psychologe.

Den Organisationspsychologen fehlt eine corporate identity, und es scheint ihnen wesentlich leichter zu fallen, Organisationen dazu zu verhelfen als sich selbst. Sollten die Organisationspsychologen gesetzliche Regelungen für die Etablierung und Ausübung ihres Berufes anstreben, wäre es zweckmäßig, zunächst eine soziale Realität in Form von fachlichen Referenzgruppen zu entwickeln. De Wolff & Shimmin (1981) sehen dadurch folgende Vorteile:

- Entwicklung einer beruflichen Identität repräsentiert durch gemeinsame Werte und berufliche Standards.

- Entwicklung von gutgesteuerten institutionalisierten Ausbildungsprozeduren, die den Universitätsabgänger durch eine Phase der beruflichen Sozialisation an die Praxis heranführen. Dabei werden auch Rollenmodelle für professionelles Verhalten vermittelt (z. B. Aufbau und Beendigung von Auftragsbeziehungen, Präsentation).
- Entwickeln eines einigermaßen überschaubaren Leistungsangebotes zur Orientierung für die Klienten und zur Abgrenzung gegenüber anderen Professionen.
- Rückhalt für den Praktiker bei Loyalitäts- und Interessenskonflikten durch Formulierung professioneller Codices und ethischer Standards.
- Organisierter Erfahrungsaustausch und „updating" des Praktikerwissens.

1.2.2.2 Der Organisationspsychologe in Wirtschaft und Verwaltung

Über die Zahl der in Wirtschaft und Verwaltung tätigen Organisations- (Arbeits-, Wirtschafts-, Berufs-)psychologen herrscht Ungewißheit. Für die BRD werden sie mit etwa 1500–2000 geschätzt. Ein großer Teil davon arbeitet angestellt in der Arbeitsmarktverwaltung und in der Industrie, wesentlich weniger in Beraterfirmen, viele sind freiberuflich tätig (Comelli, 1980). Ihr Tätigkeitsbereich umfaßt etwa Fragen der Berufseignung, Training und Weiterbildung (hier besonders Führungs-, Kommunikations-, Kooperations- und Problemlösetraining), Personalbeurteilung und -entwicklung, Arbeitsgestaltung und neuerdings auch Organisationsentwicklung. Für ihre Arbeit benötigen sie neben der Ausbildung zum Psychologen noch Kenntnisse aus Arbeits- und Organisationsrecht, Betriebswirtschaftslehre, Ergonomie und Arbeitsorganisation, um nur die wichtigsten Bereiche zu nennen.
Die im Jahre 1965 vom Board of Professional Affairs der American Psychological Association installierte Arbeitsgruppe „Task Force on the practice of psychology in industry" hat in einer Reihe von Diskussionen mit 52 Psychologen (etwa 40 davon Praktiker, der Rest Wissenschafter), die Probleme der praktisch tätigen Organisationspsychologen analysiert. Als Themenkreise kristallisierten sich dabei im wesentlichen die Person des Psychologen bzw. seine Ausbildung und die Organisation als sein Arbeitsumfeld heraus.

Relativ selten wird die Frage gestellt, welche Voraussetzungen jemand für den Beruf des Psychologen mitbringen soll. Als einer der wenigen gibt Arnold (1981) einige Hinweise: Gute intellektuelle Fähigkeiten, breite Basis der Allgemeinbildung, Einfühlungsvermögen, reifes Urteilsvermögen, Objektivität, kurz also „ausreichende leibliche, geistige und sittliche Widerstandskraft" (S. 36). Speziell für den Organisationspsychologen werden hohe Kommunikationsfähigkeit und Durchsetzungsvermögen gefordert (Task Force, 1971; Saleh & Mc Neil, 1973). Diese sicherlich oft schwer erfaßbaren Fähigkeiten werden allerdings dem Organisationspsychologen während seiner akademischen Ausbildung nicht vermittelt. Dies hat zum einen den Grund darin, daß sich das Studium bisher nicht als Ausbildung zum Beruf, sondern als eine solche zu wissenschaftlichem Arbeiten und Denken im Sinne einer Berufsvorbereitung versteht. Zum anderen ist es so, daß an vielen Universitäten das Fach Organisationspsychologie gar nicht angeboten wird. Wegen der Schwierigkeit, einen Arbeitsplatz zu finden, wenden sich viele Absolventen einer Tätigkeit in Organisationen zu, die während ihres Studiums nie mit diesem Fachbereich in Berührung kamen. Gelingt es ihnen nicht, einen der ganz wenigen für Psychologen ausgewiesenen Berufe (vorwiegend in der Arbeitsmarktverwaltung zur Berufsberatung, weniger schon in der Industrie im Personalwesen) zu erlangen oder bei einem erfahrenen Kollegen die ersten beruflichen Schritte zu tun, sind sie in ihrer beruflichen Sozialisation völlig dem Erwartungsdruck der Organisation ausgesetzt, die sie aufnimmt.

Dieser Erwartungsdruck kommt in erster Linie von den Managern. Wegen der unterschiedlichen Sozialisation von Managern und Psychologen und dem, nun sagen wir einmal: sensiblen Verhältnis vieler Psychologen zu Autorität und Hierarchie ergeben sich hier entscheidende Probleme: Um als Organisationspsychologe erfolgreich arbeiten zu können, ist die Beachtung der hierarchischen Struktur von Organisationen unerläßlich. Ein weiterer Grundsatz ist, daß für die zufriedenstellende Bearbeitung allfälliger Schwierigkeiten mit dem Management, aber auch mit dem Betriebsrat, der Psychologe die Verantwortung übernehmen muß. Er muß zunächst die Sprache und Denkweise seiner Partner verstehen lernen, und dann über Kommunikationsfähigkeiten verfügen, seine Problemlöungsvorschläge so zu präsentieren, daß sie akzeptiert werden (Saleh & McNeil, 1973). Wichtig ist für den Psychologen auch zu wissen, warum er überhaupt in die Organisation aufgenommen oder als Berater herangezogen wird, denn die Motive sind vielfältiger Natur, weichen oft von den offen angegebenen ab und „das Spiel“ ist auf jeden Fall immer schon in Gang, wenn der Psychologe auf den Plan tritt (Selvini Palazzoli et al., 1984). In den meisten Fällen wird sich die Situation bereits kritisch zugespitzt haben, und der Psychologe wird „zugezogen, weil er Rat geben soll, möglichst rasch, mit wenig Aufwand, als Experte, der Klient holt ihn, weil ihn Probleme drücken, die er nicht lösen kann.“ (Heintel, 1979, S. 963) Aufgrund dieser meist noch recht diffus an ihn herangetragenen Erwartungen muß der Psychologe zu allererst *ein* Problem lösen: Nämlich sein eigenes, mit dieser Situation fertig zu werden. Und dabei wird er auch gleich zum Modell und Testfall für die Organisation: Hat er für sich selbst keine erfolgreiche Strategien, warum sollte die Organisation dann seinen Empfehlungen folgen? Der Psychologe kann dabei in eine arge Zwickmühle gelangen. Besteht er auf Lösungsstrategien, die den Werten der Organisation nicht entsprechen, so riskiert er den Abbruch der Beziehungen. Paßt er sich den Organisationswerten an und verzichtet auf seine Strategien, kann er keine effiziente Lösung herbeiführen, wenn diese Strategien die richtigen sind. Außerdem nimmt das Vertrauen der Entscheider in den Psychologen in dem Ausmaß ab, in dem sie glauben, ihn zur Annahme ihrer Ansichten manipulieren zu können (Burke, 1971). Er muß sich also in geeigneter Form durchzusetzen lernen, denn solange zwischen ihm und den Entscheidern keine Einigung über seine Lösungsstrategien erzielt wird, werden diese sie verhindern.

Manager sind in der Beurteilung von Erfolg und Mißerfolg im allgemeinen ergebnisorientiert und beachten weniger den Prozeß, auf dem dieses Ergebnis zustandekommt. Sie wollen auch vom Psychologen ein Ergebnis geliefert bekommen, das sich möglichst noch geldmäßig bewerten läßt. Der Psychologe sieht jedoch als Ziel seiner Arbeit die Prozesse, die in Organisationen ablaufen: *Ein* wichtiger Ansatzpunkt für die Lösung von Problemen ist das Verhalten der Menschen in den Organisationen. Um dieses verändern und somit beeinflussen zu können, steht ihm wegen seiner üblicherweise geringen Machtausstattung zunächst und konkret nur die Kontrolle über sein eigenes Verhalten zur Verfügung (Selvini Palazzoli et al., 1984). Er muß daher nicht nur seine Gesprächspartner in den Organisationen davon überzeugen, daß die Ergebnisse seiner Tätigkeit in geänderten Prozessen (z. B. Kommunikations-, Problemlöse-, Konflikt- oder Führungsverhalten) liegen, sondern dabei sein eigenes Verhalten als Modell und Werkzeug einzusetzen lernen. Dies bedarf einer ständigen Reflexion über seine Person, seine Gefühle, seine Erfahrungen und Reaktionen: Auch der Psychologe ist nicht davor gefeit, selektiv nur solche Probleme wahrzunehmen, für die er Lösungsstrategien parat hat, mit denen er in der Vergangenheit erfolgreich war.

Die Situation des Praktikers ist noch durch eine Vielzahl weiterer Dimensionen geprägt. Etwa dadurch, ob er als interner oder externer Berater tätig ist (vgl. z. B. Klein, 1983; Task Force, 1971; Comelli 1980), ob er Probleme mit langfristigen oder kurzfristigen Auswirkungen behandelt oder ob es sich um eher zentrale oder marginale Probleme dreht (Saleh & McNeil, 1973). Zusammen mit der Vielfalt unterschiedlicher inhaltlicher Aufgaben ergibt sich der Schluß, daß es eigentlich wenig Sinn hat, dies alles beschreiben zu wollen. Und es ist auch gar nicht notwendig, wenn gezeigt werden soll, daß für erfolgreiches Anwenden wissenschaftlicher Erkenntnisse nicht nur entsprechendes theoretisches Wissen und eine gesunde Portion von Alltagswissen, sondern auch Erfahrungen aus dem Feld, in dem man arbeiten will, notwendig sind. Diese Erfahrungen können durch eine praxisnahe Ausbildung an den Universitäten nur eingeschränkt vermittelt, keinesfalls jedoch ersetzt werden. Sie müssen, wohl zum Teil schmerzlich, zum Teil aber auch begleitet von Gefühlen der Freude, der Anerkennung und des Erfolges unweigerlich selbst gemacht werden. Im Idealfall begleitet, unterstützt und beraten von Kollegen, die diesen Weg schon längere Zeit gehen. Die Notwendigkeit der Systematisierung der beruflichen Ausbildung etwa durch die oben erwähnten fachlichen Referenzgruppen wird dadurch zusätzlich bekräftigt.

1.2.3. *Abschließende Überlegungen*

Die gesellschaftlichen Veränderungen haben es mit sich gebracht, daß auch die Wissenschafter selbst immer mehr unter Legitimationsdruck gelangen. Im Spannungsfeld pluralistischer Interessen versuchen sie die Frage zu lösen, welchen Interessen sie nun dienen sollen oder dürfen. Sozialwissenschafter glauben oft, ihre Verantwortung sei hier größer als die anderer Wissenschafter. Manche versuchen für sich diese Frage dadurch zu lösen, daß sie sich zur Unterstützung bestimmter Interessen bekennen, andere versuchen, möglichst vielen, manchmal auch einander entgegengesetzten gesellschaftlichen Kräften gerecht zu werden. Daß Wissen an sich einen Wert besitzt, möchten wir am Beispiel der Verhaltensforschung verdeutlichen: Wenn Leyhausen (1982) das Verhalten der Katzen untersucht, so geht daraus hervor, daß ihn nur dieses interessiert und nicht etwa die Probleme eines Dompteurs, wie er seine Löwen zu den gewünschten Leistungen bringt. Auch die Interessen der Löwen sind ihm egal. Dennoch können Dompteure und auch Katzenfreunde von ihm über das Verhalten dieser Tiere lernen, jeweils aus der sie interessierenden Sicht. Um so mehr, je mehr sie davon überzeugt sind, daß die Ergebnisse seines Forschens aus dem Interesse am Gegenstand und nicht aus anderen Interessen determiniert sind.

Als mögliche Alternative zu anderen Ansichten schlagen wir daher vor, daß die gesellschaftliche Legitimation der Organisationspsychologie als Wissenschaft primär durch den Wert des Strebens nach Wissen fundiert werde und nicht durch irgendwelche vordergründigen Zwecke oder Interessen, die einem sehr schnell die Sicht auf das Wesentliche verbauen können. Es sollte daher auch erlaubt sein, sich zu seinem Objekt auf Distanz zu begeben, ohne sich dafür ständig rechtfertigen oder der Weltfremdheit bezichtigen lassen zu müssen.

Wo bleibt aber dann die vielbeschworene Praxisrelevanz? Wo die Verantwortung für die von der Organisationspsychologie Betroffenen? Nun, zum einen ist ja mit dem oben Gesagten nicht ausgeschlossen, daß Organisationspsychologen an Universitäten und Forschungseinrichtungen sich um die Anwendung wissenschaftlicher Theorien kümmen dürfen, sich auch Anregungen zur Entwicklung von Hypothesen aus praktischem Handeln holen können.

Zum anderen ist nicht sicher, daß praktizierende Theoretiker und theoretisierende Praktiker Wissenschaft und Beruf substantiell zusammenführen können. Oft erleben sie sich eher als Konkurrenten, wobei der Wissenschafter durch seine häufig beamtete Position einen Wettbewerbsvorteil hat, der ihn dem Praktiker nicht sympathischer werden läßt. Es ist denn auch (zusätzlich zu anderen Gründen) die Begeisterung der Praktiker für eine engere Zusammenarbeit mit den Wissenschaftern nicht gerade überwältigend. Empirische Arbeiten zu Wünschen der Praktiker beeindrucken eher durch Prozentzahlen als durch die absolute Zahl der Untersuchten (vgl. z. B. Thomas, 1983). Zielführende Beiträge der Wissenschafter für eine Verbesserung der Situation bestehen im wesentlichen in der Bereitstellung von fundierten Theorien und im Angebot einer entsprechenden Lehre, die dem künftigen Praktiker verantwortbare Methoden der Problemlösung anbieten. Eine wichtige Aufgabe, die kaum in Ansätzen wahrgenommen wird, ist die Darstellung des Faches in der Öffentlichkeit durch die Wissenschafter. Wohl weil das ein bedeutender und sensibler Punkt ist, hat Popper (1984, S. 100) die Latte hoch gelegt: „Jeder Intellektuelle hat eine ganz spezielle Verantwortung. Er hat das Privileg und die Gelegenheit zu studieren. Dafür schuldet er seinen Mitmenschen (oder „der Gesellschaft"), die Ergebnisse seines Studiums in der einfachsten und klarsten und bescheidensten Form darzustellen. Das schlimmste – die Sünde gegen den heiligen Geist – ist, wenn die Intellektuellen es versuchen, sich ihren Mitmenschen gegenüber als große Propheten aufzuspielen und sie mit orakelnden Philosophien zu beeindrucken. Wer's nicht einfach und klar sagen kann, der soll schweigen und weiterarbeiten, bis er's klar sagen kann."

Die Verantwortung für das Handeln jedoch und somit für die von organisationspsychologischen Maßnahmen Betroffenen muß primär der Praktiker übernehmen. Dafür soll und muß er auch ethische Positionen beziehen, die aus dem Praxisfeld ableitbar sind. Eine den Wissenschaftern und Praktikern gemeinsame Berufsorganisation kann in Auseinandersetzung mit den gesellschaftlichen Kräften jene ethische Basis für das Handeln liefern, die wir nun einmal als Individuen allein nicht leisten können.

2.
Rahmenbedingungen für Organisationen aus Politik und Gesellschaft

Kapitel 2.1

Politische und Soziale Systeme

Klaus Faupel

2.1.1 Einführung

Es wäre eine reizvolle Aufgabe, der Frage nachzugehen, welchen Unterschied die verschiedenen Typen politischer Regime für die Arbeit der im jeweiligen Gesellschaftssystem operierenden Organisationen bedeuten. Wir bekämen es mit dem totalitären, dem autoritären und dem polykratischen Regime zu tun und bei letzterem mit dessen demokratischer Spielart. Persönliche Regime und vormoderne Regime, wie es sie auch heute noch gibt (Linz 1975, 252–264), könnten ausgeblendet werden.

Die verschiedenen Typen politischer Regime unterscheiden sich voneinander in zwei Hinsichten. Der eine Unterschied liegt im funktionalen Teilsystem *Politik*, hiernach „Politisches System" genannt. Er zeigt sich dort in der Herrschaftsstruktur und in der Willensbildung; es kommt darauf an, ob die Herrschaftsstruktur monistisch oder pluralistisch ist und die Willensbildung monopolisiert oder konkurrierend (Hättich 1967b, 41–46). Der zweite Unterschied manifestiert sich darin, ob es andere funktionale Teilsysteme gibt und ob das Politische System diesen einen mehr als bloß nominellen Spielraum läßt.

Die so definierten Unterschiede zwischen den verschiedenen Typen politischer Regime bedeuten nun Unterschiede auch für die in den jeweiligen Gesellschaftssystemen operierenden Handlungseinheiten. Die Individuen und die Gruppen sind für den vorliegenden Beitrag von keinem besonderen Interesse. Im Blick stehen hingegen die Organisationen. Sie sind es aber auch, die in den heutigen Gesellschaften den Großteil der Interaktionen tragen.

Zwar stößt man jedenfalls in einer demokratisch verfaßten differenzierten Gesellschaft mit jenen Systemen von Organisationen, mit denen man die funktionalen

Teilsysteme des Gesellschaftssystems überzieht, nirgends flächendeckend bis zur Grenze vor. Vielmehr gilt dort für das Gesellschaftssystem als Ganzes ebenso wie für dessen funktionale Teilsysteme, daß sie zwar Organisationen enthalten, diese aber transzendieren. Keines der wichtigen Funktionssysteme kann in die Einheit eines Organisationssystems gefaßt werden. Weder die Funktionssysteme für Politik und für Religion noch jene für Wirtschaft, Wissenschaft, Erziehung, Familienleben, medizinische Betreuung etc. vermögen jedenfalls in der demokratisch verfaßten differenzierten Gesellschaft ohne nichtorganisierte Aktivitäten auszukommen. Darin liegt ein Vorteil, weil der nichtorganisierte Teil des jeweiligen Systems die Möglichkeit behält, sich funktional weiter durchzudifferenzieren. Und der durchorganisierte Teil ist in der Lage, die Chancen der organisationstechnischen Rationalisierung voll zu nutzen (Luhmann 1981, 104–106).

Wahr ist aber auch, daß in den meisten funktionalen Teilsystemen sogar der demokratisch verfaßten differenzierten Gesellschaft der Großteil des sozialen Handelns und der sozialen Interaktion sich in formellen Organisationen abspielt. – Auf die Begrifflichkeit der Organisation braucht hier nicht eingegangen zu werden, weil dies an anderen Stellen des vorliegenden Bandes geschieht (4.3.1., 4.3.2.). – Diese Organisationen bewegen sich in der Umwelt eines primären funktionalen Teilsystems und oft auch in der Umwelt ausdifferenzierter funktionaler Subsysteme und/oder segmentärer Untergliederungen davon. Es kommt auch vor, daß Organisationen gleichzeitig in mehr als einem funktionalen Teilsystem oder Subsystem eines Teilsystems und damit in mehreren Umwelten operieren.

Den Organisationen, die zusammen im Politischen System den Großteil der politischen Interaktionen tragen, bietet sich eine ganz und gar verschiedene Organisationsumwelt dar, je nachdem, ob es sich dabei um das Politische System eines totalitären, eines autoritären oder eines polykratischen Regimes handelt. Und die übrigen funktionalen Teilsysteme bilden für die in ihnen tätigen Organisationen höchst unterschiedliche Organisationsumwelten, je nachdem, ob diese anderen funktionalen Teilsysteme mit dem Politischen System nach den Regeln eines totalitären, eines autoritären oder eines polykratischen Regimes verknüpft sind.

Die Organisationsumwelt, die sich den im Politischen System operierenden Organisationen je nach Regimetyp höchst unterschiedlich darbietet, hat für einen Band wie den vorliegenden nicht unbedingt die erste Priorität; das Politische System bildet überall ein Milieu mit ganz besonderen Eigenarten. Die Organisationsumwelten, die sich den die übrigen funktionalen Teilsysteme des Gesellschaftssystems bevölkernden Organisationen je nach Regimetyp höchst unterschiedlich darbieten, müßten, weil die hier zu gewinnenden Einsichten breitere Anwendung versprechen, mit Vorrang erschlossen werden.

Dies kann hier nicht in vollem Umfang geleistet werden. So ist die Wahl auf die demokratische Spielart des polykratischen Regimes gefallen. Dafür gibt es zwei Gründe.

Zum einen bezieht sich das meiste wissenschaftlich gesicherte Wissen, das man über Organisationen hat, auf Organisationen polykratisch verfaßter Gesellschaftssysteme. Zum anderen sind die so verfaßten Gesellschaftssysteme am höchsten differenziert, und ihre Abbildung eignet sich daher als Matrix, in der man die weniger differenzierten Formen in einem zweiten Durchgang abtragen kann. Polykratie ist die politische Verfassung der modernen, differenzierten Gesellschaft, so wie die differenzierte Gesellschaft das soziale Substrat der Polykratie bildet. – Die Demokratie hebt sich noch einmal dadurch ab, daß in der Tendenz die gesamte Bevölkerung am Politischen System teilnimmt und daß das Gleichheitsideal eine besondere Rolle spielt. – Arbeitet man an diesem Regimetyp das Problem ab, so ist damit zugleich auch der generelle Lösungsansatz gewonnen.

Die Organisationsumwelten, die in demokratisch-polykratisch verfaßten Gesellschaftssystemen das funktionale Teilsystem Politik in den übrigen funktionalen Teilsystemen teils herstellt, teils bestehen und entstehen läßt, sind eine Sache, die Verarbeitung dieser Reize durch die Organisationen ist eine andere Sache. Auf welche Weise die Reize, die in den verschiedenen funktionalen Teilsystemen die Organisationsumwelt den dort operierenden Organisationen darbietet, von diesen wahrgenommen und zu Vorgaben für die Selbststrukturierung und die Prozeßregelung verarbeitet werden, ist nicht mehr Gegenstand des vorliegenden Beitrages. Ebensowenig kann hier behandelt werden, mit welchen Mitteln in den verschiedenen funktionalen Teilsystemen die dort operierenden Organisationen ihrerseits in der Gegenrichtung die jeweilige Organisationsumwelt nach den eigenen Wünschen zu gestalten versuchen. Immerhin aber soll das Problem hier kurz ausformuliert werden. Die Sache hat zwei Facetten.

Soweit solche Versuche in der Organisationsumwelt selbst ansetzen, wird darauf an anderer Stelle des vorliegenden Bandes eingegangen (Gebert, 5.2., 5.3.). Organisationen können aber auch mit ihrer Einwirkung auf die Umwelt fundamentaler ansetzen und es nicht dabei bewenden lassen, gewisse naturwüchsige Aspekte der Organisationsumwelt zu verändern und gewisse Einwirkungen des Politischen Systems rückgängig zu machen oder abzublocken. Vielmehr mögen sie versuchen, in der Rückkoppelungsschleife dem Politischen System genau jene ordnungspolitischen, strukturpolitischen und prozeßpolitischen Vorgaben abzutrotzen oder zu entlokken, die sie sich selbst wünschen. Es ist wichtig, zu wissen, daß es diese Rückkoppelungsschleife gibt und daß es sich hier um ein größeres Arbeitsgebiet der Politikwissenschaft handelt.

2.1.2 Gesellschaftstheoretische Grundfragen

Soziale Systeme bestehen nicht aus Menschen, aus konkreten Personen, sondern aus *Interaktionen* (Münch 1976, 19f.) oder, in anderer Terminologie, *Kommunikationen* (Luhmann 1981, 20). Eine soziale Interaktion in diesem Sinne liegt vor, wenn zwei oder mehr Akteure ihr soziales Handeln wechselseitig an dessen Sinndeutung durch den oder die je anderen orientieren. Eine Menge sozialer Interaktionen, die in einem Sinnzusammenhang stehen (wissenschaftliche Diskussion, Markttausch, Freundschaft etc.), bildet dann ein soziales System (Luhmann 1972a, 115; *idem* 1971, 42; Münch 1976, 18–21). Die Interaktionen sind Selektionen aus einer unendlichen Vielfalt möglicher Handlungsweisen, und die immer wiederkehrende Selektion wird im wesentlichen durch generalisierte normative Erwartungen, nämlich Werte, Normen und Rollen, gesteuert (Münch 1976, 39–43, 46–50; Luhmann 1972b, 56–58; *idem* 1971, 42f.; *idem* 1972a, 83–89; Nunner-Winkler 1984, 401f.; Wilpert, unten, 2.6).

Das umfassendste aller sozialen Systeme ist das Gesellschaftssystem. Es ordnet alle möglichen Interaktionen zwischen Menschen (Luhmann 1981, 19; Münch 1976, 24–28; Parsons 1968, 461f.). Die Umwelt des Gesellschaftssystems, die *gesellschaftsexterne* Umwelt also, besteht aus den konkreten Menschen und der Natur (Luhmann 1981, 57, 138; Münch 1976, 36f.; Parsons 1968, 466–468). Innerhalb des Gesellschaftssystems können sich funktionale Teilsysteme ausdifferenzieren. Die durch die gesellschaftliche Entwicklung erzeugbare und manchenorts bis heute erzeugte Komplexität führt zur Ausbildung einer ganzen Reihe funktionaler Teilsysteme, von denen jene für Religion, Wissenschaft, Wirtschaft, Erziehung, Familienleben, medizinische Betreuung und Recht nur die wichtigsten sind (Luhmann 1981, 19; *idem* 1971, 205, 158). Den Prozeß, der diese Entwicklung trägt, bildet die *funktionale* Differenzierung (Luhmann 1981, 21, 50, 81; *idem* 1971, 148f., 219; *idem* 1972a, 190; Münch 1976, 28). Der Beitrag, den ein funktionales Teilsystem zum Ganzen leistet, bildet seine *Funktion.* Die Beziehungen, zu denen ein Teilsystem zu den übrigen Teilsystemen steht, liegen in seinen *Leistungen* (Münch 1976, 28; Luhmann 1981, 50, 81).

2.1.3 Funktion des Politischen Systems unter einem demokratischen Regime

2.1.3.1 Bestand

Wie alle anderen funktionalen Teilsysteme aktualisiert das Politische System die Gesellschaft aus einem ganz bestimmten Blickwinkel, in diesem Falle aus dem politischen. Für dieses Teilsystem bildet der gesamte Rest die Umwelt. Diese setzt sich zusammen aus der *gesellschaftsexternen* Umwelt, die wir oben schon als die Umwelt des gesamten Gesellschaftssystems kennengelernt haben, und der *gesellschaftsinternen* Umwelt, die aus den übrigen funktionalen Teilsystemen des Gesellschaftssystems besteht (Luhmann 1981, 19, 57, 138).

Das Politische System setzt sich aus der Gesamtheit der Interaktionen zusammen, deren gemeinsamer Sinn in der Herstellung kollektiv bindender Entscheidungen für alle funktionalen Teilsysteme des Gesellschaftssystems und in der Erzeugung gesellschaftlicher Macht besteht. Umfang und Zusammensetzung werden definiert durch einen ganz eigenen Komplex institutionalisierter normativer Erwartungen, also Werten, Normen und Rollen (Luhmann 1971, 154–156; *idem* 1981, 89f.; Münch 1982, 22; *idem* 1976, 60). Ein Teil der Werte und Normen ist in einem zweiten Schub der Differenzierung dadurch entstanden, daß die bestehenden Rollen des Politischen Systems sie als regulative Standards für die Operationen des Politischen Systems eigens erst ausagierten. In der Fähigkeit, die Kriterien für den Umgang mit der Umwelt selbst zu setzen und nach Bedarf zu verändern, drückt sich die Autonomie des Politischen Systems aus. Solange auf der anderen Seite eine gewisse Abhängigkeit von der Umwelt bestehen bleibt, kann man hier aber nicht von Autarkie sprechen (Luhmann 1971, 156f.).

Zu dem Gedanken, der diesem Konzept des Politischen Systems zugrunde liegt, gibt es andere Spielarten (Almond 1966; Easton 1965). – Auf diese bin ich an anderer Stelle bereits eingegangen (Faupel 1971 a; *idem* 1971 b). – Indes dürfte diese Fassung die größere Reichweite und Ordnungskraft besitzen. Dies hat nicht nur, aber auch damit zu tun, daß die primäre Funktion des Politischen Systems differenzierter als Formulierung von Prämissen für das Handeln hauptsächlich in den übrigen funktionalen Teilsystemen konzeptualisiert wird und daß das Übermittlungsproblem verfeinert gesehen wird.

Kollektiv bindende Entscheidungen sind zwar zumeist an bestimmte funktionale Teilsysteme adressiert, drücken aber den Willen des gesamten Gesellschaftssystems aus, wie er durch das Politische System formuliert worden ist. Kollektiv bindend ist eine solche Entscheidung aber erst dann, wenn es ihr gelingt, die Erwartungen der Betroffenen wirksam umzubilden und damit die Prämissen des weiteren Verhaltens zu verändern (Luhmann 1971, 158f.; *idem* 1981, 82; Münch 1976, 22). Bindende Wirkung kann man den Entscheidungen nur dadurch verschaffen, daß man sie auf Macht abstützt. Diese Macht fliegt dem Politischen System nicht zu; es hat sie vielmehr selbst zu erzeugen. Das Gewaltmonopol bildet hier nur den Stützpunkt, von dem aus man auch anderswo Machtbasen einrichtet und darüber hinaus auch andere funktionale Teilsysteme mit Macht versorgt (Luhmann 1971, 159f.). Überall und besonders im Verhältnis des Politischen Systems zu den übrigen funktionalen Teilsystemen dient die Macht als generalisiertes Kommunikationsmedium, das die Übertragung von Entscheidungsleistungen ermöglicht. Was die politische Macht betrifft, so versteht es sich, daß deren Verwendung durch eine normative Ordnung geregelt ist. Diese findet ihren Ausdruck in der Herrschaftsstruktur (Münch 1976, 90).

2.1.3.2 Wirkungsformen

Konkret werden in hochdifferenzierten Gesellschaften die kollektiv bindenden politischen Entscheidungen hauptsächlich in den Wirkungsformen *Recht* und *Geld* übertragen. Mit der Produktion von Recht nimmt das Politische System Veränderungen an jenem Bestand generalisierter normativer Erwartungen vor, der unter funktionalen Gesichtspunkten das Recht ausmacht und zu dem auch die Akteure aus den übrigen funktionalen Teilsystemen beitragen können. Aber auch das Budget wird durch das Politische System oft eingesetzt, um ein bestimmtes Verhalten zu bewirken, anzuregen oder zu erleichtern (Münch 1976, 61f.; Luhmann 1972a, 94–100; *idem* 1981, 81, 151). Ein dritter Teil der kollektiv bindenden Entscheidungen des Politischen Systems bedient sich zum Zwecke der Übertragung gewisser Grenzformen der Wirkungsarten Recht und Budget; hier werden die durch Regelung oder Steuerung zu erzeugenden Verhaltensweisen bzw. finanziellen Effekte durch das Politische System substituiert.

2.1.3.3 Ansatzbereiche: Meta-Ordnung, Ordnung, Struktur und Prozeß

Bei den kollektiv bindenden Entscheidungen des Politischen Systems, die über Recht, Budget oder Kombinationen daraus zur Geltung gebracht werden, lassen sich je nach Ansatz verschiedene Arten unterscheiden. In der vertikalen Gliederung kann man Meta-Ordnungspolitik, Ordnungspolitik, Strukturpolitik und Prozeßpolitik unterscheiden.

Es gibt kollektiv bindende Entscheidungen des Politischen Systems, die Geltung nicht für je ein bestimmtes funktionales Teilsystem haben, sondern mit Gültigkeit für alle funktionalen Teilsysteme des Gesellschaftssystems gewisse Grundverhältnisse regeln. Hier könnte man von *Meta-Ordnungspolitik* sprechen. Die kollektiv bindenden Entscheidungen, die unter diesem Titel zusammengefaßt sind, richten sich auf Materien, deren rechtliche Normierungen in demokratisch verfaßten differenzierten Gesellschaften im juristischen Diskurs als Gewissens-, Religions-, Meinungs-, Versammlungs- und Vereinigungsfreiheit, als Brief-, Post- und Fernmeldegeheimnis, als Eigentumsfreiheit und Erbrecht sowie als Unverletzlichkeit der Wohnung abgehandelt werden. Dort sind diese Rechte zwar in erster Linie Schutzrechte des einzelnen gegen den Staat, binden zugleich aber das staatliche Handeln in seiner Gesamtheit. Darüber hinaus können sie in die Privatrechtsordnung eingehen und Drittwirkung entfalten.

Vielleicht sollte aus der obigen Aufzählung die Eigentumsordnung gesondert erwähnt werden. Weil viele Dinge, deren der Mensch bedarf, nicht beliebig zur Verfügung stehen, müssen in jeder Gesellschaft Regelungen darüber vorhanden sein, wer worüber in welcher Form verfügt. Hier geht es im Detail um das Privateigentum an Konsumgütern und, wesentlich kritischer, die private Verfügung über Produktionsmittel, also über Boden und Kapital (Kerber 1986, 170f.; Watrin 1986, 174f.). Die Eigentumsordnung hat ihre Bedeutung nicht nur für das funktionale Teilsystem *Wirtschaft*, sondern darüber hinaus für etliche andere funktionale Teilsysteme und fällt so mit einem guten Teil in den Bereich der Meta-Ordnungspolitik.

Aus der obigen Aufzählung gesondert zu betrachten ist auch noch die *Vereinigungsfreiheit*, also das Recht, zur Erreichung eines bestimmten gemeinsamen Zwecks Vereine und Gesellschaften zu gründen. Die Dimensionen, an denen entlang die konkreten Regelungen dieser Materie variieren können, sind die Vielfalt der angebotenen Gesellschaftsformen, die Freiheit, zwischen ihnen zu wählen, die Freiheit der Regelung der Beziehungen innerhalb der Gesellschaft (Vertragsfreiheit) und der Umfang der Regelungen zum Schutze Dritter (Lutter 1986, 986f.; Hadding 1979). Im Rahmen der Meta-Ordnungspolitik interessieren allerdings nur jene Partien des Gesellschaftsrechtes, die für private Organisationen ohne Erwerbscharakter gelten. Von diesen operieren zwar etliche im Teilsystem Wirtschaft, und im Hinblick auf sie stellen die einschlägigen Bestimmungen des Gesellschaftsrechtes das Ergebnis staatlicher Ordnungspolitik für das Teilsystem Wirtschaft dar. Viele andere private Organisationen ohne Erwerbscharakter operieren hingegen in den nicht-wirtschaftlichen Teilsystemen, weshalb das Gesellschaftsrecht in einem wenn auch leicht eingeschränkten Sinne als Ergebnis der Meta-Ordnungspolitik zu betrachten ist. Einzelheiten finden sich in diesem Band (2.3).

An dieser Stelle nun muß erstmals gesprochen werden über die Adressaten der Meta-Ordnungspolitik, sofern sie in den verschiedenen nicht-wirtschaftlichen Teilsystemen von ihre Handlungsfähigkeit nach außen und ihre innere Organisation regelnden Vorschriften des Gesellschaftsrechts einheitlich betroffen sind. Konkret haben wir es hier mit *Personenverbänden* zu tun, und diese sind sorgfältig zu unterscheiden von den Unternehmensverbänden, die zwar ebenfalls private Organisationen ohne Erwerbscharakter sind, aber eindeutig in das Teilsystem *Wirtschaft* gehören.

Zu unterscheiden sind sie selbstverständlich auch von den im übrigen aus dem Gesellschaftsrecht herausfallenden Verbänden öffentlich-rechtlicher Körperschaften in der Art der Städtevereinigungen, der Vereinigungen von Rentenversicherungsträgern etc. (Kleps 1979, 178; Boettcher 1981, 543f.; Jöhr 1980b, 13; Haslinger 1978, 2; Thiemeyer 1985, 278).

In demokratisch verfaßten westlichen Systemen sind Personenverbände privatrechtlicher Natur. Neben den an dieser Stelle nicht interessierenden, weil im Teilsystem Wirtschaft operierenden Berufsverbänden, Gewerkschaften, Bauernverbänden, Handwerkerorganisationen und Vertretungen freier Berufe haben wir es hier mit gesellschaftlichen, religiösen, kulturellen, karitativen, sportlichen und anderen auf außerökonomischen Interessen beruhenden Verbänden zu tun. Man könnte letztere als „promotional groups“ von den Interessenverbänden abheben. Daß solche auf außerökonomischen Interessen beruhenden Personenverbände diese Interessen auch politisch geltend machen, wird im übrigen nicht verlangt (Kleps 1979, 179; Beyme 1968, 973, 978). Wo sie es tun, operieren sie im Politischen System.

Auf den weiter oben gelegenen Ebenen betreffen die kollektiv bindenden Entscheidungen des Politischen Systems die einzelnen funktionalen Teilsysteme eher spezifisch. Die Unterteilung in *Ordnungspolitik*, *Strukturpolitik* und *Prozeßpolitik* stammt zwar aus der Wirtschaftswissenschaft, ergibt aber für die übrigen funktionalen Teilsysteme durchaus einen guten Sinn.

In freier Interpretation könnte man sagen, daß es in der Ordnungspolitik generell darum geht, für die Rollen und Rollenkomplexe sowie für die Beziehungen zwischen ihnen das Grundmuster zu normieren und den Bereich der zulässigen Interaktionen abzustecken. Im wesentlichen handelt es sich darum, für die Interaktionen, die das betreffende Teilsystem ausmachen, Rahmenregelungen zu erlassen. Den dort tätigen Organisationen kann so der Spielraum für die Gestaltung der Binnenstruktur und der Außenbeziehungen eingeschränkt werden.

In einzelnen Teilsystemen mag es vorkommen, daß die Ordnung dadurch in die gewünschte Form gebracht wird, daß staatliche oder staatlich beauftragte Organisationen einen Teil der Interaktionen übernehmen. Im Grenzfall mag die organisierte Partie des Teilsystems durch Organisationen dieser Art ausgefüllt werden. Die schon vorhandenen Organisationen bekommen so Konkurrenz oder neue Partner.

Auf der nächsten Ebene haben wir die *Strukturpolitik*. Es geht darum, im Rahmen der ordnungspolitischen Vorgaben bei einem gegebenen funktionalen Teilsystem oder zwischen dessen Subsystemen die Gewichte und/oder die Beziehungen zu verschieben oder einzelne Subsysteme des funktionalen Teilsystems neu einzurichten. Hier können gewisse regulative Instrumente der Ordnungspolitik selektiv und punktuell eingesetzt werden. Oft wird auch das Medium Budget zur Geltung kommen. Die Sache mag so weit gehen, daß staatliche oder staatlich beauftragte Organisationen für einen Teil der Interaktionen auf Dauer eingesetzt werden. Im Grenzfall kann auch hier die organisierte Partie des je ins Visier genommenen Teilsystems oder Subsystems davon durch Organisationen dieser Herkunft auf Dauer ausgefüllt werden. – Die Organisationen werden von der Strukturpolitik weniger einheitlich, dafür aber gegebenenfalls massiver betroffen; das Milieu kann sich finanziell anreichern.

Auf der Ebene der *Prozeßpolitik* greift das Politische System durch kollektiv bindende Entscheidungen in den Ablauf der Interaktionen ein, oder es führt Komplexe von Interaktionen mittels staatlicher oder staatlich beauftragter Stellen je nach Bedarf selbst durch. Die Eingriffe mögen bei einzelnen Kategorien von Trägern, Subjekten also, ansetzen und die Gestalt von speziellen Regelungen, im Grenzfall Einzelbefehlen, ebenso annehmen wie die Form finanzieller Anreize. Die Eingriffe in die Interaktionen können aber auch an einzelnen Kategorien von Interaktionen festmachen und sie neu normieren oder finanziell belohnen. Oft dient die Prozeßpolitik dem Zweck, gewünschte Wirkungen herzustellen, die sich über Ordnungspolitik und Strukturpolitik aus grundsätzlichen oder praktischen Gründen nicht haben bewerkstelligen lassen. Hier mag es um gewährleistende oder fördernde Effekte, also um Schutz- bzw. Ausgleichswirkungen, gehen, aber ebenso um Niveausteuerung. In dem Maße, in dem in einem Teilsystem die organisierte Partie verstaatlicht ist, haben wir neben möglichen ordnungspolitischen oder strukturpolitischen Effekten auch noch direkte Prozeßsteuerung. – Was die Organisationen betrifft, so kann sich auch in diesen Fällen das Milieu finanziell anreichern, doch nimmt die Berechenbarkeit der Umwelt ab.

Nun unterscheiden sich Ordnungs-, Struktur- und Prozeßpolitik nicht nur durch ihre Ansatzpunkte, sondern auch in ihren Rhythmen. Grundlegende ordnungspolitische Entscheidungen sind eher selten fällig. Sehr viel häufiger handelt es sich um die Anpassung und Ausgestaltung einer gegebenen Ordnung. Die meiste Zeit über müssen die festgelegten Ordnungen nur durch Routineprozesse aufrechterhalten werden. In der Strukturpolitik haben wir häufiger Phasen der Intensität. Den schnellsten Rhythmus dürfte aber überall die Prozeßpolitik zeigen. Sie ist es, die das Politische System die meiste Zeit über unter Einsatz von Recht und Budget oder substituierend betreibt.

2.1.3.4 Stellung

Daß das Politische System für die funktionalen Teilsysteme ordnungspolitische, strukturpolitische und prozeßpolitische Vorgaben macht, bedeutet nicht, daß in den Systemen draußen die Ordnung und die Struktur zur Gänze durch Vorgaben des Politischen Systems bestimmt wäre, und heißt schon gar nicht, daß die Prozesse, die

Abläufe, durch politische Vorgaben festgelegt wären. Dies verhält sich nur in Extremfällen so, in Gesellschaftssystemen mit polykratischem Regime aber nicht (Hättich 1967b, 12f.; Luhmann 1981, 92). Dort wird ein guter Teil der Ordnung und auch der Struktur in den funktionalen Teilsystemen und deren Subsystemen in der Interaktion der Teilnehmer herausgearbeitet. Dies gilt in höherem Maße für die Struktur als für die Ordnung und gilt in noch höherem Maße für die Abläufe.

Zugleich muß aber festgestellt werden, daß die mit den Mitteln Recht und Budget zur Geltung gebrachten und letztlich machtgestützten bindenden Entscheidungen des Politischen Systems für die übrigen funktionalen Teilsysteme über die Zeit hinweg immer bedeutender geworden sind. Seit vielen Jahrzehnten findet in demokratisch verfaßten differenzierten Systemen mit marktwirtschaftlich dominierter Wirtschaftsordnung eine Expansion der Staatsaufgaben und, damit verbunden, der Staatstätigkeit statt. Diese Tendenz drückt sich aus in der zunehmenden Verrechtlichung weiter Bereiche des gesellschaftlichen Lebens, im Wachstum der öffentlichen Verwaltung und im Anstieg des Staatsanteils am obendrein wachsenden Bruttosozialprodukt (Aldrich 1979, 164, 169f., 171f., 192f.; Ronge 1973, 178–182; Bruder 1983, 268–270; Taylor 1983, Tab. 1.1.). Nicht nur, daß in den übrigen funktionalen Teilsystemen das Wachstum des durchorganisierten Bereichs durch die politische Stabilität, die das Politische System herstellt, und die ideologische Legitimität, die oft damit einhergeht, begünstigt wird (Aldrich 1979, 164–168; Jänicke 1986, 20): es ist als Gestalter der Organisationsumwelt allein schon unter dem finanziellen Gesichtspunkt immer wichtiger geworden.

Daß das Politische System für das Gesellschaftssystem als Ganzes eine bedeutende Funktion bereitstellt und daß es in bezug auf die anderen funktionalen Teilsysteme besondere Leistungen erbringt, setzt nicht voraus, daß es die Stellung einer Zentrale einnimmt, von der aus man alles einsehen könnte. – In der Tat funktionieren differenzierte Gesellschaftssysteme auch dann, wenn sich die Teilsysteme wechselseitig nicht durchschauen und berechnen können; in differenzierten Systemen bildet dies sogar den allgemeinen Fall. – Daß über die Zeit hinweg für das Gesellschaftssystem generell die Bedeutung des funktionalen Teilsystems *Politik* gewachsen ist, hat dies auch nicht zur Folge gehabt. Immerhin hängt das Politische System selbst von spezifischen Leistungen der übrigen funktionalen Teilsysteme ab. So kann es ganz gut im Verbund mit den übrigen Teilsystemen ein autonomes System unter autonomen Systemen bilden (Luhmann 1981, 83; Münch 1982, 102–109, 111f.). Das Politische System muß mit den übrigen funktionalen Teilsystemen um Einfluß konkurrieren. Eine differenzierte Gesellschaft kann durchaus ohne Spitze und ohne Zentrum funktionieren (Luhmann 1981, 22).

2.1.4 *Leistungen und Leistungsbereiche unter einem demokratischen Regime*

2.1.4.1 Vorblick

Damit kommen wir zur innergesellschaftlichen Umwelt des Politischen Systems. Auf alle funktionalen Teilsysteme, welche diese besiedeln, kann hier nicht eingegangen werden. Damit deutlich wird, daß das Politische System seine Reichweite von Funktionssystem zu Funktionssystem unterschiedlich einzurichten vermag, werden zum einen zwei polare Extreme herausgegriffen: das Teilsystem *Erziehung* und das *Religionssystem*. Das Funktionssystem *Wirtschaft* hingegen ist aus zwei Gründen ausgewählt worden. Einmal hat das Politische System hier mittlere Reichweite. Darüber hinaus bildet die Wirtschaft ein besonders wichtiges, an Formen reichhaltiges und nach Flächendeckung großes Teilsystem. „Reichweite" meint hier den Umfang, in dem für die in dem betreffenden Teilsystem operierenden Organisationen die Umwelt durch das Politische System gestaltet wird.

2.1.4.2 Wirtschaft

2.1.4.2.1 Allgemeines

Das funktionale Teilsystem *Wirtschaft* entwickelt sich um die Produktion, die Verteilung und den Konsum von Waren und Dienstleistungen herum. Die Produktion entsteht dadurch, daß nicht-dauerhafte Produktionsmittel wie Rohstoffe, Halbfabrikate, Energie etc. mit Dienstleistungen und Faktorleistungen (Arbeit, Nutzung von Grund und Boden, Nutzung dauerhafter Produktionsmittel) kombiniert werden (Haslinger 1978, 3; Woll 1978, 34f.; Parsons 1968, 464; Eisenstadt 1968, 410).

Die ursprüngliche Ausdifferenzierung des funktionalen Teilsystems *Wirtschaft*, die, wenn auch in abgeschwächter Form, heute nur noch in marktwirtschaftlich dominierten Wirtschaftsordnungen wiedererkannt werden kann, setzt mit der Entstehung von *Märkten* für Güter und Arbeitskraft ein, wobei sich das Geld zum allgemeinen Tauschmittel entwickelt. Sie bekommt einen Schub dadurch, daß sich die Produktion in der Gestalt von Großbetrieben ausdifferenziert (Luhmann 1971, 210; Tuchfeldt 1981, 327). Vor allem durch den Geldmechanismus bildet die Wirtschaft dann eigene Werte, Normen, Zwecke und Rationalitätskriterien aus. Diese entheben der Notwendigkeit, die wirtschaftsbezogenen Entscheidungen gesamtgesellschaftlich zu verantworten, und ermöglichen es, Abstraktion und Spezifikation zu steigern und darüber hinaus Möglichkeiten zu mobilisieren, die man nicht ständig auch politisch, rechtlich, technisch, moralisch, gefühlsmäßig etc. rechtfertigen muß (Luhmann 1971, 210f.). Fortan kann in diesem Bereich wesentlich mehr erfahren und bewirkt werden als vordem.

2.1.4.2.2 Adressaten

Die Tätigkeiten, die dieses Teilsystem ausmachen, werden von Menschen ausgeübt. Die organisatorischen Einheiten jedoch, die über die Durchführung wirtschaftlicher Aktivitäten entscheiden, die Wirtschaftssubjekte also, sind nicht unbedingt damit identisch. Vielmehr kann es sich dabei auch um Personenmehrheiten handeln. Nach dem Schwerpunkt der Tätigkeiten teilt man die Wirtschaftssubjekte in *Unternehmen, private Haushalte* und *öffentliche Haushalte* ein (Haslinger 1978, 2). – Auf die Wirtschaftssubjekte muß an dieser Stelle ein wenig ausführlicher eingegangen werden, als dies in dem der Wirtschaft gewidmeten Artikel des vorliegenden Bandes geschieht (2.2.), weil unter unserer Fragestellung die Vielfalt der konkreten Erscheinungsformen interessant ist.

Für Unternehmen ist es typisch, daß sie in erster Linie Güter produzieren. Welche Rolle die Absicht, Gewinne zu erzielen, spielt, hängt von der Wirtschaftsordnung ab; auch gibt es innerhalb marktwirtschaftlich dominierter Systeme Unternehmen, bei denen die Gewinnabsicht nicht die Hauptrolle spielt.

Was die gewinnorientierten Unternehmen betrifft, so sind neben dem Haupttyp auch die Produktivgenossenschaften zu erwähnen, obwohl sie ein gemeinwirtschaftliches Element enthalten (Boettcher 1981, 543 f.; Thiemayer 1985 b, 278). Was die übrigen anlangt, so haben wir es mit gemeinwirtschaftlichen Einzelwirtschaften von der Art der öffentlichen Unternehmen, der frei-gemeinwirtschaftlichen Unternehmen und der öffentlich-gebundenen Unternehmen zu tun. Öffentliche Unternehmen werden von der öffentlichen Hand getragen. Bei öffentlich-gebundenen Unternehmen kann die Trägerschaft auch privat sein, doch sind sie durch Sondergesetzgebung gezwungen, sich in bestimmten Hinsichten „gemeinwirtschaftlich", also praktisch wie öffentliche Unternehmen, zu verhalten. Frei-gemeinwirtschaftliche Unternehmen befinden sich in nicht-staatlicher Hand und widmen sich aus freiem Entschluß der Erfüllung öffentlicher Aufgaben; hier trifft man Selbsthilfebetriebe, also Genossenschaften bestimmter Art, an und daneben widmungswirtschaftliche Betriebe, die sich meistens unter Gewinnverzicht öffentlichen Aufgaben widmen, z. B. Krankenhauswirtschaft, freie Wohlfahrtsverbände, Rotes Kreuz etc. (Thiemayer 1981 a, 525 f.; *idem* 1985 a, 271 f.; Jöhr 1980 b, 13; Haslinger 1978, 2).

Private Haushalte, auf der individuellen Ebene aus Konsumenten bestehend, entscheiden in erster Linie über die Einkommensverwendung durch den Kauf von Gütern zu Konsumzwecken. Das Einkommen wird hauptsächlich dadurch erzielt, daß Arbeitskraft zur Verfügung gestellt wird. Zu dieser Kategorie rechnet man aber auch *private Organisationen ohne Erwerbscharakter.*

Letztere produzieren Dienstleistungen, zielen aber nicht auf Gewinn ab und stellen auch keine öffentlichen Haushalte dar. Konkret rechnet man dazu die aus der

Typologie der Verbände bekannten *Personenverbände* und von den ebenfalls dort geführten *Unternehmensverbänden* die Marktverbände und die Fachverbände.

Auf die *Personenverbände* ist weiter oben schon eingegangen worden. Sie bilden nämlich nur in der Nebeneigenschaft Wirtschaftssubjekte. Dies gilt ganz zwanglos für jene Personenverbände, die ihre Aufgabe in einem der nichtwirtschaftlichen Teilsysteme einschließlich des Politischen Systems sehen. Aber auch diejenigen Personenverbände, die hauptsächlich im Teilsystem *Wirtschaft* operieren, z.B. Gewerkschaften, Arbeitgeberverbände und Konsumentenorganisationen, sind dort keineswegs in ihrer Eigenschaft als private Organisationen ohne Erwerbscharakter und damit als Spielart der privaten Haushalte interessant, sondern wegen ihrer Stellung in der Wirtschaftsordnung und ihrer Rolle in der Wirtschaftspolitik. Sie waren daher dort zu behandeln, wo sie erstmals in einer wichtigen Eigenschaft auftraten: als Objekte der Meta-Ordnungspolitik. Sie müssen aber an dieser Stelle noch einmal erwähnt werden, weil sie eben auch Wirtschaftssubjekte, wenn auch keine wichtigen, darstellen und damit zu den Adressaten der grundlegenden wirtschaftlichen Ordnungsvorgaben des Politischen Systems gehören. Und Gewerkschaften, Arbeitgeberverbände sowie Konsumentenorganisationen werden ein drittes Mal auftreten, nämlich in wieder anderer Eigenschaft als Adressaten spezifischerer wirtschaftlicher Ordnungsvorgaben des Politischen Systems. – Gewerkschaftseigene Unternehmen fallen hier gänzlich heraus und gehören in die Wirtschaftssubjektkategorie *Unternehmen*.

Adressaten spezifischerer wirtschaftlicher Ordnungsvorgaben des Politischen Systems und nur in der Nebeneigenschaft Wirtschaftssubjekte sind auch die *Unternehmensverbände*. Im Unterschied zu Gewerkschaften, Arbeitgeberverbänden und Konsumentenorganisationen sind sie aber auf das funktionale Teilsystem *Wirtschaft* begrenzt und befinden sich außerhalb der Reichweite bereichsübergreifender Ordnungsvorgaben. Sie werden an dieser Stelle behandelt, weil sie im Rahmen des vorliegenden Beitrages erstmals in ihrer Eigenschaft als Wirtschaftssubjekte auftreten.

Von den Unternehmensverbänden gibt es zwei Arten. Die *Marktverbände* (z.B. Unternehmensgenossenschaften, Kartelle) sind primär innenorientiert und haben die Selbsthilfe zum Hauptzweck. Die *Fachverbände* sind zumeist auf Branchenebene angesiedelt und dienen nicht nur der Selbsthilfe, sondern auch der Interessenvertretung nach außen (Kleps 1979, 178; Boettcher 1981, 543f.; Thiemeyer 1985b, 278; Jöhr 1980b, 13; Haslinger 1978, 2).

Die nächste Kategorie von Wirtschaftssubjekten bilden die *öffentlichen Haushalte*. Aus der in der Typologie der Verbände geführten Großkategorie der Unternehmensverbände gehören hierher die als öffentlich-rechtliche Selbstverwaltungsorgane konstruierten *Kammern*. Hinzu kommen die ebenfalls aus dem Verbandswesen bekannten *Verbände öffentlich-rechtlicher Körperschaften* von der Art der Städtevereinigungen, der Vereinigung von Rentenversicherungsträgern etc. (Kleps 1979, 178). Den großen Block der öffentlichen Haushalte machen aber nicht diese dem Verbandswesen entstammenden Gebilde aus, sondern die Gebietskörperschaften und die Sozialversicherungsträger. Sie nehmen hoheitliche Aufgaben wahr und produzieren *öffentliche Güter*, die meistens ohne unmittelbare Gegenleistung abgegeben werden (Haslinger 1978, 2; Tuchfeldt 1980, 179).

2.1.4.2.3 Objektbereiche der Ordnungspolitik

2.1.4.2.3.1 Koordination

Weil die Arbeitsteilung differenziert ist und die Wege vom Produzenten zum Konsumenten sehr lang und unübersichtlich ausfallen, bildet die Koordination der Einzelpläne der Wirtschaftssubjekte ein größeres Problem (Rürup, unten, 2.2.1.; Tuchfeldt 1981, 327). Dieses Problem zu lösen, stehen überall prinzipiell drei Koordinationssysteme theoretisch zur Auswahl, praktisch zur je spezifischen Kombination zur Verfügung: die Marktwirtschaft, die zentrale Leitung und die Vereinbarung zwischen Interessengruppen (Jöhr 1980, 13).

Die Marktwirtschaft ist dadurch gekennzeichnet, daß das wirtschaftliche Geschehen dezentral durch die einzelnen Wirtschaftssubjekte geplant wird und daß die Koordination der Einzelpläne über *Märkte* erfolgt. Leitender Grundsatz ist das *Individualprinzip*. Die einzelnen Wirtschaftssubjekte können sich im wirtschaftlichen Bereich nach eigenem Belieben im Rahmen der privatrechtlichen und der strafrechtlichen Regeln entfalten. Die Gewinnung der Information ohne Preischarakter und jener mit Preischarakter erfolgt wechselseitig. Die Produktion orientiert sich an den Preisen, und die Distribution ist abhängig von der Produktion. Der Gewinn mit dem Risiko des Verlustes bildet den Anreiz zur wirtschaftlichen Betätigung. Es herrscht freier Marktzugang, und wo die Vertragsfreiheit nicht generell bestünde, müßte sie für das Teilsystem *Wirtschaft* eigens hergestellt werden (Gutmann 1978, 142; Tuchfeldt 1981, 332f.; Woll 1978, 46–48).

Im System der *Zentralverwaltungswirtschaft* spielt die Zentrale die Rolle des *Planträgers*, und die Koordination der Einzelpläne erfolgt über Befehle der obersten Planungsbehörde; diese entscheidet, was produziert werden soll, und legt damit auch fest, was konsumiert werden kann. Das Grundprinzip bildet das *Kollektivprinzip*, und es wird mit Hilfe des öffentlichen Rechts durchgesetzt. Die Information wird nicht dadurch gewonnen, daß die Wirtschaftssubjekte Informationen aussenden und von anderen Wirtschaftssubjekten solche erhalten und, nachdem sie diese verarbeitet haben, die weiteren Interaktionen gestalten. Vielmehr werden die Informationen über Bestände und Kapazitäten nach oben gemeldet und dort in jene

Befehle eingearbeitet, die in die Gegenrichtung fließen. Die Produktion richtet sich hauptsächlich nach den in den Befehlen angegebenen Mengengrößen und nicht nach den Preisen. Das Einkommen bildet sich unabhängig von der Produktion und nach Maßgabe zentraler Entscheidungen. Das Anreizsystem beruht auf Belohnungen und Strafen. Die Produktionsmittel befinden sich im *Staatseigentum* (öffentliches Eigentum oder Gemeineigentum). (Tuchfeldt 1981, 332–334; Woll 1978, 45f.).

Als drittes Koordinationssystem kann man die *Gruppenvereinbarung*, die Vereinbarung zwischen Interessengruppen, auffassen. Damit ist ein organisierter Interessenausgleich gemeint, der ausdrücklich die marktmäßige wie auch die behördliche Koordination ausschließen soll (Jöhr 1980b, 13; Tuchfeldt 1981, 338f.).

Marktwirtschaft und Zentralverwaltungswirtschaft sind ebenso wie die Gruppenvereinbarung Koordinationssysteme, die in keinem wirtschaftlichen System rein verwirklicht werden können. Vielmehr werden sie kombiniert, und in dem Mischungsverhältnis liegt die Grundentscheidung über das, was nach Beifügung einiger weiterer Elemente dann als je spezifische Wirtschafts*ordnung* entsteht (Tuchfeldt 1981, 327, 329, 334f.; Woll 1978, 48–50; Kantzenbach 1966, 68, 71).

An dieser Stelle sind nur die marktwirtschaftlich dominierten Wirtschaftsordnungen von Interesse. Auch muß hier ein flüchtiger Blick auf die Mischung der Koordinationssysteme und die ergänzenden Elemente genügen.

Die Mischung der Prinzipien drückt sich in der Gliederung nach Sektoren, in deren Untergliederung und in der Verteilung der Gewichte aus. Im privaten Sektor haben wir zunächst einmal die privaten Unternehmen und Haushalte, und hier regiert der Markt. Zum privaten Sektor gehören aber auch die in vielen konkreten wirtschaftlichen Systemen vorkommenden gemeinnützigen Einrichtungen, die aus dem Marktprinzip herausfallen und als so etwas wie ein karitatives Subsystem aufgefaßt werden können. Zum privaten Sektor gehört endlich der durch das Koordinationssystem der *Gruppenvereinbarung* dominierte Teil, der in den manchen konkreten marktwirtschaftlich dominierten Systemen anzutreffen ist.

Gemischt sind die Verhältnisse auch im öffentlichen Sektor. Dort haben wir nicht nur die Behörden im engeren Sinne, deren Verhalten nicht durch die Marktgesetze bestimmt ist. Auch ist die Sicht nicht nur auszuweiten auf den öffentlichen Sektor als überaus große Redistributionszentrale, die dem Wirtschaftskreislauf Mittel entzieht und in der Gestalt von Subventionen und Transferzahlungen wieder zuführt: eine Tätigkeit, an der sich die Sozialversicherungen beteiligen. Ein Teil des öffentlichen Sektors besteht sogar aus öffentlichen Unternehmen, die Waren und Dienstleistungen produzieren und zu diesem Zwecke investieren, Vorprodukte einkaufen, Gehälter zahlen etc., und diese sind vielfach schon näher am Markt.

Noch mehr gilt dies für die ebenfalls zum öffentlichen Sektor zu rechnenden staatlichen Eigentumsrechte, z. B. in der Gestalt von Beteiligungen, wie sie öffentliche Körperschaften aller Art an Unternehmen besitzen (Tuchfeldt 1981, 334 bis 338).

2.1.4.2.3.2 Organisation und Interaktion

Nachdem die je spezifische Mischung aus Koordinationsprinzipien festgelegt ist, wird die Wahl der Wirtschaftsordnung vollendet durch eine Reihe anderer Festlegungen. Von ihnen sind Wettbewerbsregelungen, Marktordnungen, Mitbestimmungsregelungen sowie Regelungen für die Bildung und Strukturierung von Organisationen, für die Interaktion zwischen den Sozialpartnern und für das Eigentum insbesondere an Produktionsmitteln nur die wichtigsten.

Marktwirtschaftlich dominierte Wirtschaftsordnungen können ja Variationen nicht nur nach dem Grad der partiellen Verstaatlichung oder nach der relativen Bedeutung des Koordinationssystems der Gruppenvereinbarung aufweisen. Vielmehr gibt es auch in einer ganzen Reihe anderer zentraler Bereiche Abwandlungen.

Solche Variationen finden sich z. B. in der Struktur der Märkte. Diese müssen nicht vollkommene Polypolmärkte darstellen, sondern können sich auch zu Oligopol- oder Monopolmärkten entwickeln. Hier muß durch Wettbewerbspolitik eine Wettbewerbsordnung verfügt und dauerhaft gesichert werden. Auf diese Weise kann man Beschränkungen der Wettbewerbsfreiheit und die durch sie bedingte Marktmacht bekämpfen (Gutmann 1978, 150).

Variieren kann in marktwirtschaftlich dominierten Wirtschaftsordnungen auch der Umfang, den die staatliche Investitionskontrolle annimmt. Hier muß das Verhältnis zwischen den zuständigen Teilen der Verwaltung und den Adressaten in der Wirtschaft eingeregelt werden.

Ein weiterer Bereich der Variation ergibt sich dadurch, daß bei bestehender Marktwirtschaft das Eigentum an Produktionsmitteln nicht unbedingt privat sein muß, sondern auch öffentlich sein kann (Marktsozialismus). Hier setzen jene Teile der Eigentumsordnung an, die nicht generell für alle funktionalen Teilsysteme von Bedeutung sind: die Bestimmungen über das Eigentum an Produktionsmitteln. Sie sind wichtig, weil sie zugleich auch die Zuteilung von Entscheidungskompetenzen regeln (Tuchfeldt 1981, 342–344; Andersen 1985, 1150). – Der in die Breite wirkende Teil der Eigentumsordnung ist oben im Bereich der Meta-Ordnungspolitik angesiedelt worden (Abschn. 2.1.3.3).

Was nun die Gestaltung der organisierten Partie der Wirtschaft betrifft, so ist ein Teil der Ordnungsvorgaben nicht speziell für das Teilsystem Wirtschaft, sondern generell für alle funktionalen Teilsysteme gemacht; aus diesem Grunde bin ich darauf oben im Zusammenhang mit der Meta-Ordnungspolitik eingegangen (Abschnitt 2.1.3.3). Sofern es unmittelbar darum geht, wirtschaftlichen Ertrag zu erzielen, gibt es aber für solche Erwerbsgesellschaften zumeist spezielle Organisationsformen, die im Handelsrecht niedergelegt sind (Schnorr, 2.3.2.2.3) und deren sich auch staatliche Unternehmen bedienen können. Andere Teile des staatlichen Sektors werden hingegen von Bestimmungen mit erfaßt, die nicht für alle funktionalen Teilsysteme gelten, aber auch nicht wirtschaftsspezifisch sind: vom Verwaltungsrecht und vom Dienstrecht des öffentlichen Dienstes (Schick 1979).

Wirtschaftsspezifisch wiederum sind die Materien, die mit dem sozialpartnerschaftlichen Zusammenwirken zu tun haben. Ein Teil der Materien ist auf der Ebene oberhalb der Unternehmen angesiedelt und wird „überbetrieblich" genannt. Der andere Teil liegt auf der Ebene der Unternehmen und Betriebe und führt die Bezeichnung „betrieblich".

Auf der letztgenannten Ebene dreht es sich um eine der beiden Formen der Mitbestimmung (vgl. Schnorr, 2.3.2.2.4). Theoretisch könnte man hier noch die Unternehmensebene und die Betriebsebene auseinanderhalten. Für unsere Zwecke aber genügt die zusammenfassende Feststellung, daß es bei der Mitbestimmung im Betrieb wesentlich um die Einwirkung auf die Planung und Steuerung betriebsinterner Dispositionen geht, nicht aber darum, Entscheidungen zu beeinflussen, welche die Marktbeziehungen des Unternehmens berühren. Konkret kann bereits hier nicht nur die Mitbestimmung am Arbeitsplatz, in der Arbeitsgruppe und für den Betrieb ins Spiel kommen, sondern auch die Mitbestimmung für mehrere Betriebe eines Gesamtunternehmens bzw. Konzerns (Gaugler 1978, 252; Hamm 1978, 261 f.). Regelungen über diese Materien können umfangreiche organisatorische Vorkehrungen zwingend machen und Organisationsabläufe auf eine gänzlich andere Basis stellen. – In gewissem Umfange bilden auch die Regelungen des individuellen Arbeitsrechts einen Teil der Wirtschaftsordnung (Kreutz 1976, 298).

Auf der überbetrieblichen Ebene (Schnorr, 2.3.2.2.4) bildet die Mitbestimmung nur eine Materie unter mehreren. Sie bedeutet hier Mitwirkung an Entscheidungen, die oberhalb der Unternehmensebene getroffen werden. Hineingewirkt werden kann in drei Bereiche. Die Einwirkungen können sich auf die staatliche Wirtschafts- und Sozialpolitik erstrecken, aber auch gewisse, zwar nicht vom Politischen System ausgehende, aber für Unternehmungen und Betriebe verbindliche Operations- und Handelnsregeln berühren. Besonders wichtig aber ist die Einwirkung auf solche unternehmensübergreifende Einrichtungen, die ihrerseits auf die Gestaltungs- und Entscheidungsmöglichkeiten in den Unternehmen bzw. Betrieben einzuwirken vermögen (Meinhold 1978, 271 f., 274). Wo überbetriebliche Mitbestimmung eingeführt wird, erfährt das Organisationssystem des funktionalen Teilsystems Wirtschaft oberhalb der Ebene der Unternehmen und eventuell innerhalb der Branchen noch einmal gesondert einen Schub. Dadurch kann sich die Umwelt, die das funktionale Teilsystem Wirtschaft den Wirtschaftssubjekten bietet, sehr stark verändern.

Nicht alle jener Festlegungen, mit denen eine je konkrete Wirtschaftsordnung fixiert wird, bilden kollektiv bindende Entscheidungen des Politischen Systems. Die Materien der überbetrieblichen Mitbestimmung dürften aber kaum irgendwo anders als durch solche Entscheidungen geregelt werden können. Welche Breite der Variation es gerade hier gibt und wie stark diese Materie politisiert ist, läßt sich an der Wirtschaftsordnungsprogrammatik des Demokratischen Sozialismus ablesen. Dieser setzt nicht auf revolutionäre Eingriffe in der Gestalt der Totalsozialisierung und der Totalplanung, wohl aber auf ein „Wirtschaftsdemokratie" genanntes Konzept. Durch einen Prozeß begrenzter differenzierter Gestaltungen sollen die Märkte funktionsfähiger gemacht und die Wirtschaft über die Mitbestimmung der abhängig Beschäftigten, die volkswirtschaftliche Rahmenplanung und die Kontrolle wirtschaftlicher Macht dann letztlich gemeinwohlorientiert gesteuert werden (Vilmar 1985, 1147f.; Meinhold 1978, 274f.).

Die Materien, die neben der überbetrieblichen Mitbestimmung die Ebene oberhalb der Unternehmen bevölkern, sind die Komplexe Koalition, Tarifvertrag, Schlichtung und Arbeitskampf. Hier sehen freiheitliche Regelungen das Koalitionsrecht als das Recht zur Bildung von Vereinigungen zur Wahrung und Förderung der Arbeits- und Wirtschaftsbedingungen vor. Neben der individuellen Koalitionsfreiheit von Arbeitnehmern und Arbeitgebern werden Koalitionen als solche (Gewerkschaften, Arbeitgeberverbände) in ihrer Stellung bestimmt und geschützt (Kreutz 1976, 298; Lohmann 1985, 41). Ein wichtiges Element der Koalitionsfreiheit bildet die Tarifautonomie, nach der Löhne, Gehälter und Arbeitsbedingungen ohne staatlichen Einfluß frei zwischen den Sozialpartnern im Rahmen der Tarifpolitik ausgehandelt werden. Für den Fall, daß Koalitionen sich über den Abschluß eines Tarifvertrages nicht zu einigen vermögen, kann es zum Arbeitskampf kommen, und um Arbeitskämpfe zu vermeiden, können Schlichtungsverfahren eingeführt werden (Lohmann 1985, 42; Kreutz 1976, 298). Bei allen diesen Materien hat das Politische System die Möglichkeit, mit seinen kollektiv bindenden Entscheidungen eine minimalistische Position zu beziehen, aber auch einen gewissen Spielraum, innerhalb dessen es sich von dieser Position fortzubewegen vermag.

Aus den in diesem Abschnitt behandelten und dem kollektiven Arbeitsrecht zugänglichen Materien ergibt sich je nachdem, wie die Regelungen im Detail ausfallen, die Stellung der Gewerkschaften. In der Tat hat in marktwirtschaftlich dominierten Systemen die Entwicklung dazu geführt, daß die Gewerkschaften zunehmend anerkannt und nicht nur in das wirtschaftliche, sondern auch in das gesellschaftliche und staatliche Gefüge der Industrienationen inkorporiert worden sind (Mintzel 1986, 1039; Deppe 1968, 1059). Diese Entwicklung hat sich in den einzelnen Ländern unterschiedlich stark ausgeprägt, doch bilden die Ausprägungen der einen wie der anderen Form ihrerseits wieder Elemente der Wirtschaftsordnungen, in deren Rahmen sie sich vollzogen haben.

2.1.4.2.3.3 Abschließende Bemerkungen

Schließlich wäre als wichtiges Element einer jeden marktwirtschaftlich dominierten Wirtschaftsordnung noch die Geldordnung zu erwähnen. Sie bildet zur Gänze ein Produkt des Politischen Systems. Von unmittelbarer Bedeutung ist sie aber nur für diejenigen Organisationen, die sich auf dem Kreditmarkt betätigen. Daher bleibt sie hier ausgeblendet.

Damit wären wir mit dem Thema Wirtschaftsordnung und mit der auf sie bezogenen Ordnungspolitik des Politischen Systems am Ende. Weit mehr als durch Strukturpolitik und Prozeßpolitik werden durch die Ordnungspolitik für die in diesem Teilsystem tätigen Organisationen die Rahmenbedingungen und damit die Organisationsumwelt gestaltet. Dies gilt auch deshalb, weil den einschlägigen bindenden Vorgaben des Politischen Systems durch die Wirtschaftsaufsicht, der Überwachungsmittel, Berichtigungsmittel und Sanktionsbefugnisse zur Verfügung stehen, Geltung verschafft werden kann (Schmidt 1980).

Der Durchgang durch die zu regelnden Materien hat gezeigt, daß große Teile der marktwirtschaftlich dominierten Wirtschaftsordnungen aus Normen bestehen, die mittels der bekannten Verfahren der staatlichen Rechtssetzung in Verfassungen, Gesetzen, Verordnungen etc. kodifiziert sind. Wir haben es hier mit gesetztem Recht zu tun. Auf der anderen Seite können bedeutende Teile der Wirtschaftsordnungen auch dadurch zustande kommen, daß die Wirtschaftssubjekte bzw. deren Verbände in einem politikfreien Raum selbst Verhaltensregeln entwickeln, damit die Koordination erleichtert werde. Dazu gehören insbesondere allgemeine Geschäftsbedingungen, Standesregeln bestimmter freier Berufe (Ärzte, Apotheker, Anwälte etc.) und das Gewohnheitsrecht. Die Wirtschaftsordnung setzt sich dann aus diesem gewachsenen und dem gesetzten Recht zusammen (Tuchfeldt 1981, 329). Insgesamt gilt aber, daß in Fragen der Wirtschaftsordnung das Politische System gar nicht die Wahl hat, abstinent zu bleiben und darauf zu verzichten, im Teilsystem *Wirtschaft* anderen als den Kriterien der ökonomischen Rationalität eine gewisse Geltung zu verschaffen (Münch 1982, 154, 168; Hättich 1967a, 182, 241–247, 252f.; Jänicke 1986, 19).

2.1.4.2.4 Strukturpolitik

Damit kommen wir von den Ordnungsfragen zu den Strukturfragen. Hier geht es um das Verhältnis, in dem wesentliche Teilbereiche einer Wirtschaft zueinander oder zur Gesamtheit der Wirtschaft stehen. Diese Teilbereiche können Wirtschafssektoren oder Branchen, Teilgebiete des gesamten Wirtschaftsraumes oder größere Gruppen von Produktionsfaktoren oder Konsumenten bilden. Es geht im wesentlichen um die Gliederung der gesamtwirtschaftlichen Produktionskapazität in sektoraler und in räumlicher Sicht (Kantzenbach 1966, 67f.; Tuchfeldt 1980, 179). Hier kann das Politische System in seiner Strukturpolitik ordnungspolitische Instrumente selektiv und punktuell einsetzen, aber auch budgetär durch Subventionen bestimmte Strukturveränderungen herbeiführen oder verlangsamen (Kantzenbach 1966, 70).

Auch für die Wirtschaftsstruktur gilt, daß zu jeder gegebenen Zeit die bestimmenden Größen nicht sämtlich aus dem Politischen System kommen. Auch Prozesse des Strukturwandels werden in der Regel einen guten Teil der Vorgaben aus dem Teilsystem *Wirtschaft* selbst beziehen. Beherrschend dürften die Vorgaben des Politischen Systems nur im Bereich der Infrastruktur sein.

Die Strukturpolitik, die das Politische System im Hinblick auf das wirtschaftliche Teilsystem betreibt, dürfte sich auf dort tätige Organisationen zumeist nur sektoral oder regional begrenzt und überdies hauptsächlich finanziell auswirken. Eine genaue Untersuchung muß hier unterbleiben.

2.1.4.2.5 Prozeßpolitik

Auf das Finanzielle begrenzt sein dürfte auch die Bedeutung, welche für die Organisationen des Teilsystems *Wirtschaft* die Prozeßpolitik des Politischen Systems hat. Auch hier würde eine genaue Untersuchung zu weit führen; einige allgemeine Hinweise dazu sind oben im Abschnitt 2.1.3.4 gegeben worden.

2.1.4.3 Religion

2.1.4.3.1 Funktion, Leistungen und Organisation des Religionssystems

Das funktionale Teilsystem *Religion* ist jenes soziale System, aus dem heraus sich die Wissenschaften, die Künste und auch normative Disziplinen wie Ethik und Rechtswissenschaft entwickelt haben und das auch heute noch in mancher Formulierung als Teil des kulturellen Subsystems, das zusammen mit dem politischen, dem wirtschaftlichen und dem gemeinschaftlichen Subsystem die Weite des Gesellschaftssystems ausfüllt (Parsons 1968, 468; Münch 1982, 171; Eisenstadt 1968, 410), vorkommt.

Sozialwissenschaftlich betrachtet, besteht die Funktion der Religion darin, Individuen und Gruppen mit einer sinngebenden Ausdeutung des individuellen wie des gesellschaftlichen Daseins zu versehen. Dabei wird eine übernatürliche Welt in der Gestalt einer symbolischen Realität aufgebaut und eine Bindung an sie hergestellt (Luckmann 1963, 36, 38f.; Maconi 1972, 623; Bellah 1968, 413; Gomez Caffarena

1972, 585). Mit der Kommunikation über diese symbolische Realität nun erfüllt das Religionssystem seine gesellschaftliche Funktion. Dieses System geistlicher Kommunikation kann man „Kirche" nennen. Damit ist freilich noch nichts darüber gesagt, ob und in welcher Form die so definierte Kirche auch organisiert und auf Dauer gestellt ist. Erforderlich hingegen ist ein gewisser Bestand an Ritualen (Luhmann 1977, 56). Auf diese Weise wird zu der die Symbolwelt beherrschenden Idee bzw. zu dem oder den übernatürlichen Wesen die Verbindung hergestellt und das Bekenntnis ausgedrückt (Gomez Caffarena 1972, 588; Maconi 1972, 624f.).

Von der *Funktion* des Religionssystems, die das Verhältnis dieses funktionalen Teilsystems zum Ganzen bestimmt, sind seine *Leistungen* zu unterscheiden (Luhmann 1977, 57f.; *idem* 1981, 81). Wird die Funktion erfüllt, so sind die Leistungen damit keineswegs automatisch erbracht; sie setzen voraus, daß die Funktion erfüllt wird, überbieten sie aber. Die Leistungen für andere Teilsysteme des Gesellschaftssystems kann man, systemtheoretische Sprachfreiheit in Anspruch nehmend, „Diakonie" nennen und die Leistungen zugunsten der außerhalb des Gesellschaftssystems liegenden personalen Systeme „Seelsorge". Die so definierte Diakonie nimmt sozialstrukturelle Probleme in personalisierter Form wahr und auf, und die Seelsorge in diesem Sinne befaßt sich mit den Eigenproblemen der personalen Systeme (Luhmann 1977, 57f.).

Nun kann mit zunehmender Differenzierung der gesellschaftlichen Verhältnisse die Leistung von Diakonie und Seelsorge, also von *Diensten*, in Konflikt zur Funktionserfüllung geraten. In solchen Lagen mag die *Reflexion* des Religionssystems in der Gestalt der Theologie in Gang kommen. Funktion, Leistung und Reflexion müssen nun nebeneinander erfüllt und miteinander verbunden werden. In dem Maße nun, in dem die Anforderungen auseinandergehen, mag sich die interne funktionale Differenzierung des Funktionssystems Religion nach Funktion, Leistung und Reflexion als Lösung des Vermittlungsproblems anbieten (Luhmann 1977, 58–64).

Jedenfalls kommt man in modernen Gesellschaften ganz ohne Organisation auch in diesem Bereich nicht aus. Ein Teil der Interaktionen wird in die Form einer Organisation gebracht. In großen volkskirchlichen Organisationen kann man grob drei Arten von Mitgliedern unterscheiden: rein rechnerische, zahlende Mitglieder, ferner aktive, zur geistlichen Kommunikation und Interaktion beitragende Mitglieder und schließlich Amtsträger, deren Status formal fixiert wird (Luhmann 1977, 300–304).

Sodann entsteht ein System von Rollen und Verfahren zur Regelung der Beziehungen zwischen den Menschen und der symbolisch konstruierten übernatürlichen Welt. Geregelt werden muß vielerlei: religiöse Praktiken, Praktiken der Verbreitung wahrer und der Unterdrückung falscher Lehren, Verfahren für die Rekrutierung,

Ausbildung und professionelle Sozialisation religiöser Spezialisten sowie die Grundlage, das Ausmaß, die Natur und die Struktur der Autorität zwischen religiösen Spezialisten etc. (Wilson 1968, 428).

Alles das erfolgt nicht in einem Prozeß, der das ganze funktionale Teilsystem *Religion* erfaßte. In modernen Gesellschaften ist das Religionssystem ja schon einmal segmentär differenziert. Man hat es immer mit einer Mehrzahl von Sekten, Denominationen und Kirchen im obigen Sinne zu tun. Sie bilden segmentäre Subsysteme im Religionssystem des jeweiligen Gesellschaftssystems (Luhmann 1977, 64f.). In differenzierten Gesellschaften ist ja auch das Religionssystem pluralistisch und nicht monistisch verfaßt.

2.1.4.3.2 Politisches System und Religionssystem

Polykratische und insbesondere demokratische Regime zeichnen sich nun dadurch aus, daß sie das funktionale Teilsystem Religion nicht zum Gegenstand irgendwelcher ordnungspolitischen, strukturpolitischen oder gar prozeßpolitischen Bemühungen machen. Eigens auf das funktionale Teilsystem Religion zugeschnittene Vorgaben gibt es allenfalls in dem Sinne, daß die Prinzipien der *Glaubensfreiheit* und der *Bekenntnisfreiheit* nicht nur gegen Beeinträchtigungen durch den Staat gesichert, sondern auch für den Umgang der religiösen Gemeinschaften miteinander maßgebend sind. Wenn man so will, mag man darin eine ordnungspolitische Vorgabe erkennen, die den religiösen Pluralismus sichert. In diesem Sinne freigestellt sind weitgehend auch kirchliche Laienorganisationen, karitative Organisationen und Hochschulen.

2.1.4.4 Erziehung

Mit der *Erziehung* im weiteren Sinne wird Wissen und werden Glaubenshaltungen übermittelt. Dieser Bereich ist im Zuge der Industrialisierung immer wichtiger geworden. Für immer größere Teile der Bevölkerung braucht man eine immer länger dauernde und immer spezialisiertere Ausbildung; auch ist es erforderlich, in besonderen Einrichtungen die Innovation zu organisieren.

Der Prozeß der kulturellen Übermittlung wird von Land zu Land unterschiedlich in die Organisation des Erziehungswesens übersetzt, und die konkrete Gestalt hängt von politischen und gesellschaftlichen Gegebenheiten ab. Es gibt aber auch eine Grundtendenz, und diese bedeutet Bürokratisierung und Spezialisierung im großen Stil (Clark 1968, 526, 528; J. W. Meyer 1978, 78f.).

Alle modernen Länder haben für die Primarschulphase die Schulpflicht eingeführt und dazu Lehrpläne, die darauf abzielen, die gesamte Bevölkerung mit jenen grundlegenden Schreib-, Lese- und Rechenfähigkeiten auszustatten, die für den Übergang in die Sekundarphase erforderlich sind. Zugleich dienen die Primarschulen als die wichtigsten Agenturen der Sozialisation jenseits der Familie (Clark 1968, 528).

Die Anforderungen der Wirtschaft und auch der Ruf nach mehr Gleichheit in den Bildungschancen haben überall zu einer Expansion des Erziehungswesens geführt. Die Systeme weisen von Land zu Land enorme Unterschiede auf. In Westeuropa jedenfalls führte bis zum Ende des Zweiten Weltkrieges nur ein einziger Typ der Sekundarschule, die im übrigen generell an eine relativ kurze, im Prinzip gemeinsame Primarschulphase für alle Schüler anschloß, eine Minderheit der Schüler zur Hochschulreife. Das Sekundarschulwesen selbst war differenziert, und die Mehrzahl der Schüler absolvierte bis zur Pflichtschulgrenze den Standardzweig (Thomas 1972, 818; Clark 1968, 529). In den USA allerdings war und ist die Pflichtschule über die Primarphase hinaus integriert (Clark 1968, 529). Seit den frühen fünfziger Jahren gibt es Bestrebungen, den wachsenden Qualifikationsbedarf der Wirtschaft und den Forderungen nach Chancengleichheit Rechnung zu tragen. In den wichtigsten europäischen Ländern ist man allerdings auf dem Wege zu Gesamtschulsystemen unterschiedlich weit gediehen (Thomas 1972, 819f.).

Primarschule und Sekundarschule befinden sich im wesentlichen in staatlicher Regie. Der private Sektor ist, von Land zu Land verschieden, quantitativ unbedeutend bis nicht vorhanden. Es gibt auch eine Reihe anderer Dimensionen, an denen entlang sich Variationen bewegen.

Zum Beispiel kann die Regelungskompetenz bei den Zentralregierungen liegen, aber auch über die Gebietskörperschaften hinweg dezentralisiert sein. Ist die Regelungskompetenz zentralisiert, so muß dies nicht unbedingt auch für die Verwaltung gelten. Vom Grad der Dezentralisierung in der Regelung wie in der Verwaltung hängt es ab, in welchem Umfang religiöse Gemeinschaften, politische Parteien, Lehrerverbände und Elternverbände ihre speziellen Interessen und Vorstellungen zur Geltung bringen können. Generell sind, wenn auch mit Abstufungen, die Systeme auf starke staatliche Kontrolle angelegt. Es gibt aber auch Tendenzen, den Konflikt zwischen staatlicher Zentralisierung und gesellschaftlicher Öffnung auf einer Mittellinie zu lösen (Clark 1968, 529, 514f.).

Die staatliche Kontrolle ist zwar generell auf Stärke ausgelegt, scheint aber in der Wirklichkeit diese Kraft nicht zu entfalten. Für die USA läßt sich beispielsweise sagen, daß das Geschehen im Klassenzimmer, insbesondere der Inhalt und die Methoden des Unterrichts, von der Kontrolle durch die Organisation, und zwar in bürokratischer wie in kollegialer Hinsicht, nur unzureichend erfaßt wird. Außerdem findet eine Erfolgskontrolle, eine Kontrolle des *Output*, kaum statt.

Diese Tendenz zeigt sich auch anderswo. Sie ist in Ländern mit pluralistischen Erziehungs- und Kontrollsystemen natürlich stärker ausgeprägt als in Ländern, die sich zentralisierter Systeme bedienen. Generell aber ist die Kontrolle der eigentlichen Arbeit durch die organisatorische Superstruktur im Erziehungswesen schwächer ausgeprägt als im organisierten Teil mancher anderen funktionalen Teilsysteme, und dies gilt für die Kontrolle schlechthin, nicht etwa nur für die Staatskontrolle. – Kontrolle bedeutet hier Überwachung und Koordination.

Vielmehr kann man sagen, daß die Erziehungsbürokratien Standardtypen von Lehrplänen und Lehrern benutzen, um Standardtypen von Absolventen zu produzieren, denen dann Plätze im wirtschaftlichen und im Schichtungssystem auf der Grundlage des nachgewiesenen Erziehungshintergrundes zugeteilt werden. Streng geregelt und gesteuert ist aber nur die Klassifikation der Absolventen. Die Vermittlung und der Erwerb der Fertigkeiten erfolgen, wie gesagt, weitgehend unkontrolliert (Meyer, J. W., 1978, 78–106).

Alles das gilt eigentlich in noch höherem Maße auf der Ebene der Hochschulen. Hier handelt es sich im wesentlichen um Universitäten, Technische Hochschulen, Spezialinstitute mit Universitätsrang, Pädagogische Hochschulen, Kirchliche Hochschulen sowie Kunst-, Musik- und Sporthochschulen.

Diese werden in vielen Ländern staatlich finanziert, bei gleichzeitiger Autonomie im akademischen Bereich. Es gibt aber Unterschiede, was die Zentralisierung der staatlichen Kompetenzen betrifft. Auch der Umfang, in dem staatliche Stellen in den Lehrbetrieb gestaltend einzugreifen vermögen, wechselt von Land zu Land. Sehr großer Autonomie erfreuen sich insbesondere die Universitäten in Großbritannien und den USA. In dem romanischen Ländern ist der Status der Hochschule durch die Zentralisierung und die Reichweite der staatlichen Kompetenzen außerordentlich eingeschränkt. Es versteht sich, daß der staatlichen Einwirkung überall dort enge Grenzen gesetzt sind, wo private Finanzierung oder sogar private Trägerschaft eine beträchtliche Rolle spielen, z. B. in den USA (Granzow 1968, 1274–1277; Clark 1968, 529f.). Aber auch dort, wo die staatliche Kontrolle auf Stärke ausgelegt ist, erfaßt sie letztlich das Unterrichtsgeschehen nur marginal. – Soweit im Hochschulbereich Forschung betrieben wird, bewegt man sich im funktionalen Teilsystem *Wissenschaft* und damit in einem ganz anderen Zusammenhang.

Zusammenfassend kann man sagen, daß im funktionalen Teilsystem *Erziehung*, wenn man einmal vom familiären Teil absieht, das Politische System mit seinen kollektiv bindenden Vorgaben die Ordnung und die Struktur zur Gänze beherrscht; eine Ausnahme bilden die USA, und dies auch im wesentlichen nur auf der Ebene der Hochschulerziehung. In der Prozeßsteuerung ergeben sich hingegen Unterschiede zwischen den verschiedenen Ebenen des Erziehungswesens. Insgesamt fällt sie nicht besonders stark aus, es sei denn als Mengensteuerung. Dem staatlichen Einfluß weitgehend entzogen ist die Familienerziehung.

Kapitel 2.2

Wirtschaft

Bert Rürup

2.2.1 Terminologische Grundlagen

Als *wirtschaftliches Handeln* können alle Maßnahmen und Entscheidungen angesehen werden, die sich auf den Gebrauch und Verbrauch *knapper* (selten, saures Bier ist selten aber nicht knapp) und damit *begehrter Mittel* erstrecken und letztlich darauf ausgerichtet sind, menschliche Bedürfnisse zu befriedigen, um damit die individuelle und / oder gesellschaftliche Wohlfahrt zu erhöhen.

Wirtschaften kann demnach bestehen

- im Gebrauch bzw. der Kombination von knappen Gütern und Leistungen (den Produktionsfaktoren) mit dem Ziel, andere knappe Mittel (Investitions-, Gebrauchs- und Verbrauchsgüter und Leistungen) bereitzustellen, d. h. zu *produzieren* oder
- in der Verwendung von Gütern und Leistungen zur Befriedigung von individuellen bzw. kollektiven Wünschen bzw. Bedürfnissen, d. h. im *Konsumieren*.

Bedürfnisse sind dabei nicht gleich Bedarf zu setzen. Zwischen *Bedürfnissen* als subjektiv empfundenen Mangellagen und dem Wunsch ihrer Beseitigung und ihrer Konkretisierung im *Bedarf* ist die Einkommensverteilung bzw. die Verfügbarkeit über Geld als dem wichtigsten Artikulationsmedium von Wünschen innerhalb des gesellschaftlichen Subsystems Wirtschaft zwischengeschaltet. Da Umfang und Intensität der menschlichen Bedürfnisse immer und überall größer sind als die Menge der Möglichkeiten ihrer Befriedigung, ist für wirtschaftliches Handeln konstitutiv, daß sowohl Produktion als auch Konsumtion „effizient" bzw. „wirtschaftlich" erfolgen (sollen), d. h. dem *„ökonomischen Prinzip"* entsprechen. Dieses ökonomische Prinzip kann darin bestehen,

- eines oder mehrere vorgegebene Ziele mit einem minimalen Mittelaufwand oder
- mit einem gegebenen Mittelaufwand eines oder mehrere Ziele maximal

zu realisieren. (Da es unmöglich ist, eine algebraische Funktion gleichzeitig zu minimieren und zu maximieren, ist eine maximale Zielrealisation bei minimalem Mitteleinsatz logisch nicht möglich.)

Wirtschaftssubjekte, d. h. Träger wirtschaftlicher Entscheidungen sind

- Unternehmen und Betriebe,
- private Haushalte sowie
- der Staat.

Im Gegensatz zum verbrauchenden Haushalt, dessen „ökonomisches Problem" in erster Linie darin besteht, seine (begrenzten) verfügbaren bzw. erzielbaren Mittel bestmöglich zur Befriedigung seiner Wünsche zu verwenden, sind Unternehmen und Betriebe durch die Bereitstellung von Gütern und Dienstleistungen gekennzeichnet.

Güter und Leistungen können unterschieden werden in *Sachgüter*,

- die in Form von *Investitionsgütern* zur Herstellung anderer Güter dienen (z. B. Werkzeuge, Maschinen, Betriebsanlagen) und als
- *Konsumgüter* der unmittelbaren Bedürfnisbefriedigung dienen. (Diese können sein *Gebrauchsgüter* – z. B. Autos, Farbfernsehgeräte –, die beim Konsum nicht untergehen oder im Zuge der Verwendung untergehende *Verbrauchsgüter*, z. B. Lebensmittel)

sowie in ebenfalls der unmittelbaren Bedürfnisbefriedigung dienenden *Dienstleistungen* mit den Unterformen der persönlichen (Leistungen von Ärzten oder Lehrern) und sachlichen (Kontoführung, Versicherungsschutz) Dienstleistungen.

In terminologischer Hinsicht unterscheiden sich Betriebe und Unternehmen dadurch, daß ein Betrieb ein Teil eines Unternehmens ist, in dem unter Beachtung des Prinzips der Wirtschaftlichkeit die Erstellung von Sachgütern und Dienstleistungen erfolgt (Produktionszentrum), während ein Unternehmen als Entscheidungszentrum anzusehen ist, dem auch mehrere Betriebe untergeordnet sein können und dessen Entscheidungen nach dem Rendite- bzw. Rentabilitätsprinzip (Gewinn zu Kapitaleinsatz) ausgerichtet sind. Betriebe und Unternehmen stehen mithin in einem Zweckmittelverhältnis, wobei der Zweck die Gewinnerzielung und das Mittel die Produktion von Gütern und Dienstleistungen ist.

Produktion bedeutet jede Kombination von Produktionsfaktoren (Arbeit, Kapital, Boden bzw. Natur) und von Dritten bezogenen Vorprodukten (Rohstoffe, Energie, Halbfabrikate etc.) zur Erstellung neuer Güter und Leistungen. (Der Verkauf eines Gutes durch einen Händler an den Endverbraucher ist eine produktive Leistung.)

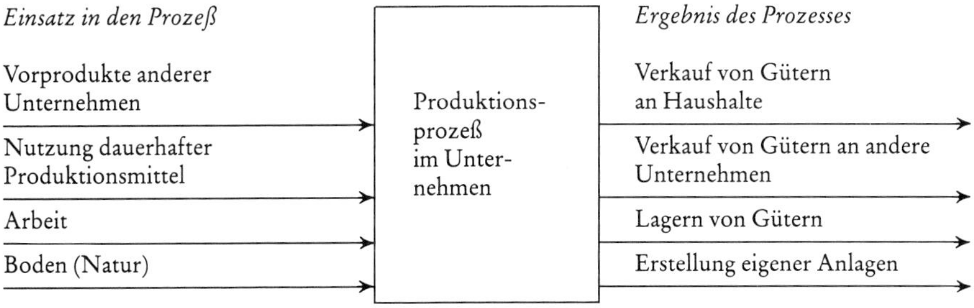

Abb. 1: Schema des Produktionsprozesses in einem Unternehmen (Quelle: Hübl, Meyer, Ströbele, 1975)

Die eingesetzten Vorprodukte lassen sich, wie alle Güter, wieder auf die Produktionsfaktoren Arbeit, Boden (Natur) und Kapital zurückführen.

Die Zusammenfassung der Produktionsleistungen aller Einzelbetriebe bzw. Unternehmen ergibt die gesamtwirtschaftliche bzw. volkswirtschaftliche Produktion. Stellt man sich die gesamte Volkswirtschaft als ein Riesenunternehmen vor, müssen sich Käufe und Verkäufe von Vorprodukten zu Null saldieren, und das Schema eines volkswirtschaftlichen Produktionsprozesses sieht wie folgt aus:

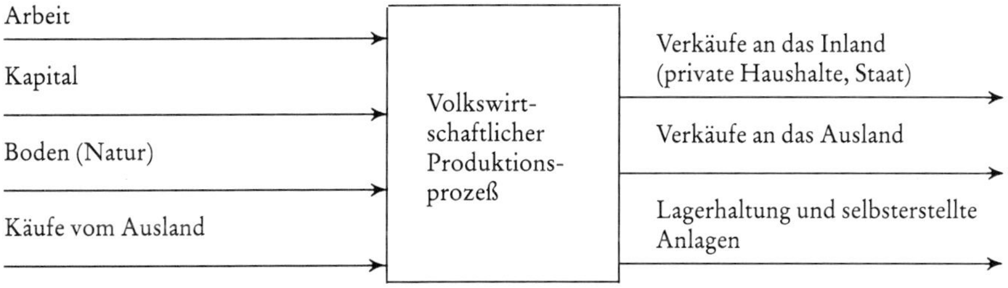

Abb. 2: Schema des volkswirtschaftlichen Produktionsprozesses (Quelle: Hübl, Meyer, Ströbele, 1975)

Die als Produktion bezeichnete Kombination von Produktionsfaktoren zur Erstellung neuer Güter und Leistungen kann nicht beliebig vorgenommen werden. Soll sie effizient sein, ist sie bestimmten technisch-ökonomischen Restriktionen unterworfen.

Diese Bedingungen, unter denen die zur Produktion erforderlichen Faktoren wirtschaftlich miteinander kombiniert werden können, werden als *Produktionsfunktionen* bezeichnet. Produktionsfunktionen beschreiben mithin die technisch-effizienten Faktorkombinationsmöglichkeiten. Üblicherweise werden diese funktionalen

Zusammenhänge zwischen Faktoreinsatz und Produktionsergebnis nach der Austauschbarkeit der Faktoren untereinander in zwei Kategorien unterteilt:

Sind die Produktionsfaktoren teilbar und gegeneinander austauschbar, spricht man von substitutionalen Produktionsfunktionen (z. B. ist es möglich, den gleichen Hektarertrag mit weniger Arbeitseinsatz aber mehr Kunstdünger zu erzielen bzw. einen steigenden Hektarertrag durch eine Vergrößerung der Saatgutmenge bei Konstanz aller anderen erforderlichen Produktionsfaktoren). Sind die Faktoren nicht gegeneinander austauschbar und / oder nicht teilbar, spricht man von *limitationalen* Produktionsfunktionen (so ist es z. B. nicht möglich, Schanzarbeiten dadurch zu beschleunigen, indem man bei Konstanz der Zahl der beschäftigten Arbeiter die Anzahl der Schaufeln erhöht).

Liegen substitutionale Produktionsfunktionen vor, d. h., ist es technisch möglich ein gleiches Ergebnis mit unterschiedlichen Faktoreinsatzmengen zu realisieren, so stellt sich für den Produzenten das Problem der Suche nach der *Minimalkostenkombination*. Dies ist die technisch mögliche Faktorkombination, die ein gegebenes Produktionsergebnis mit den geringsten Kosten (≙ in Geld bewertete Faktoreinsatzmengen zur Erstellung betrieblicher Leistungen, Faktoreinsatzmenge × Faktorpreis; z. B. Arbeitsstunden × Lohnsatz) realisiert.

Liegen dagegen limitationale Produktionsverhältnisse vor –, und steht eine Änderung des Produktionsverfahrens, der Produktionstechnik und damit der Produktionsfunktion nicht an – stellt sich für den Produzenten kein derartiges Wahl- bzw. Entscheidungsproblem; die technisch-effizienten Faktoreinsatzkombinationen sind zugleich auch immer die kostenminimalen.

Die Strukturen der wirtschaftlichen Entscheidungsprozesse in einem „typischen" Haushalt und einem „typischen" Unternehmen lassen sich wie in Abb. 3 und Abb. 4 darstellen:

In diesem Zusammenhang ist es wichtig darauf hinzuweisen, daß das Artikulationsmedium, die „Sprache" des gesellschaftlichen Subsystems „Wirtschaft" *Geld* ist. Ob etwas als Geld gilt, ist prinzipiell unabhängig von seiner stofflichen Beschaffenheit (Muscheln, Rinder, Zigaretten, Goldstücke und vieles mehr war einmal Geld und könnten es wieder werden), sondern davon, daß dieses Medium

- eine allgemeine Tauschmittelfunktion,
- eine allgemeine Rechenmittelfunktion und
- eine Wertaufbewahrungsfunktion

erfüllt.

Im ökonomischen Alltag unserer neuzeitlichen Industriestaaten unterscheidet man Bargeld (Banknoten und Münzen) und Buch- oder Giralgeld (stofflich nicht existente disponible Guthaben bzw. Einlagen beim Bankensystem).

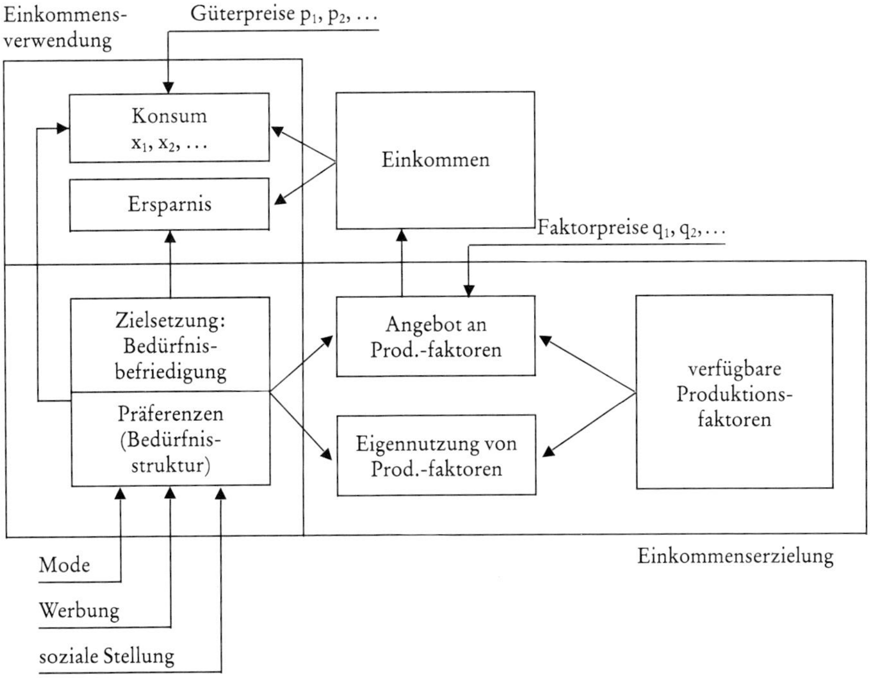

Abb. 3: Die Struktur des Entscheidungsprozesses des privaten Haushalts (Quelle: Hübl, Meyer, Ströbele, 1975)

Ökonomische Bedürfnisse werden über *Geld* offenbart bzw. über verfügbare Einkommen, über welches Haushalte und Unternehmen ihre Wünsche, ihre Präferenzen den jeweiligen Adressaten vermitteln können. Die „Wirtschaft" bzw. der „Markt" ist weitgehend blind gegenüber nicht mit kaufkräftigen Einkommen ausgestatteten Präferenzen. Daraus folgt, daß die Frage der (Ausgewogenheit bzw. Akzeptanz der) Einkommensverteilung mitentscheidend nicht nur für die ökonomische, sondern mehr noch für die soziopolitische Stabilität eines Landes (näheres hierzu s. S. 83 ff.) ist bzw. sein kann.

Da jede moderne Gesellschaft durch eine Vielzahl von verbrauchenden und produzierenden Einheiten, sprich Haushalten, Betrieben bzw. Unternehmen gekennzeichnet ist, hat jede Gesellschaft ein *zentrales Koordinations- bzw. Organisationsproblem* zu lösen, nämlich die Frage, wie die in den Millionen von Haushalten und Betrieben ablaufenden Entscheidungsprozesse so koordiniert werden können, daß es nicht zu einem Chaos kommt. D. h., es stellt sich die Frage nach der dieses Organisationsproblem lösenden Wirtschafts- und Gesellschaftsordnung, nach dem Wirtschaftssystem.

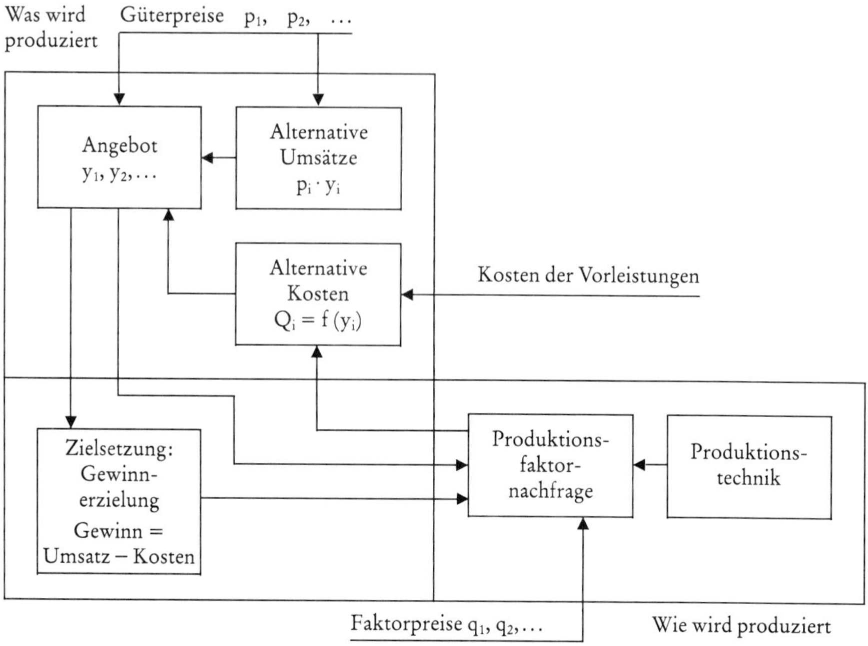

Abb. 4: Die Struktur des Entscheidungsprozesses des Unternehmens (Quelle: Hübl, Meyer, Ströbele, 1975)

Unter *Wirtschaftssystem* ist die Gesamtheit der Beziehungen zu verstehen, die zwischen ökonomische Aktivitäten entfaltenden Wirtschaftseinheiten bestehen.

Die Beziehungen bilden ein zusammenhängendes Interaktionsgefüge (ein Beziehungsnetz, einen Handlungskanon), welches durch die aufeinander bezogenen Verhaltensweisen (Entscheidungen, Handlungen) der Wirtschaftseinheiten zustande kommt. In zeitlicher Hinsicht resultiert daraus der Wirtschaftsprozeß: die fortlaufende Produktion, Verteilung und Verwendung von Gütern. Wirtschaftssysteme und -prozesse unterscheiden sich je nach der Art, wie die Verhaltensweisen der Wirtschaftseinheiten konditioniert und die Beziehungsnetze geordnet sind. Dies hängt ab von der Art und Weise, wie einerseits Informationen gewonnen, verarbeitet und weitergegeben, Entscheidungen gefällt, Pläne aufgestellt, koordiniert und durchgesetzt werden (Informations- und Entscheidungssystem) und wie andererseits die Wirtschaftseinheiten in ihrem Verhalten stimuliert und kontrolliert werden (Motivations- und Kontrollsystem):

- So kann die Kompetenz im ökonomischen Bereich Pläne aufzustellen, Entscheidungen zu treffen und sie in Handlungen umzusetzen (z. B. aufgrund von Eigentum i. S. von Verfügungs-, Kontroll- und Einkommensrechten), im Grundsatz auf alle Wirtschaftseinheiten verteilt oder nur bei wenigen konzentriert sein. Die entscheidungsnotwendigen Informationen können über den Marktmechanismus oder auf einem staatlichen Instanzenweg durch Anweisung und Rückmeldung übermittelt werden.

– Normalerweise müssen Wirtschaftseinheiten zur Leistung angespornt und in ihrem Verhalten kontrolliert werden, damit einzel- und gesamtwirtschaftliches Interesse im Einklang stehen. Leistungsstimulierend können sowohl materielle (Einkommen, Deputate) als auch immaterielle Anreize (Auszeichnungen, Mitverantwortung) sein. Die gewünschte Leistung läßt sich ferner durch Anordnung (Planauflagen) mit entsprechender Strafandrohung erzwingen. Die Verhaltenskontrolle kann schließlich von den Wirtschaftseinheiten (Kontrolle aus Selbstinteresse) oder vom Staat ausgehen (administrative Kontrolle).

Je nachdem wie diese Mechanismen beschaffen sind und im Wirtschaftsprozeß zusammenwirken, werden die ökonomischen Leistungskräfte im unterschiedlichen Maße mobilisiert, und das Wirtschaftsgeschehen läuft mehr oder weniger reibungslos und effizient ab.

Zur Klassifikation bzw. Typisierung von Wirtschaftsordnungen wird regelmäßig die Eigentumsordnung und die Freiwilligkeit bzw. Dezentralität von Investitionsentscheidungen herangezogen. Über die Leistungsfähigkeit im Sinne der Fähigkeit,

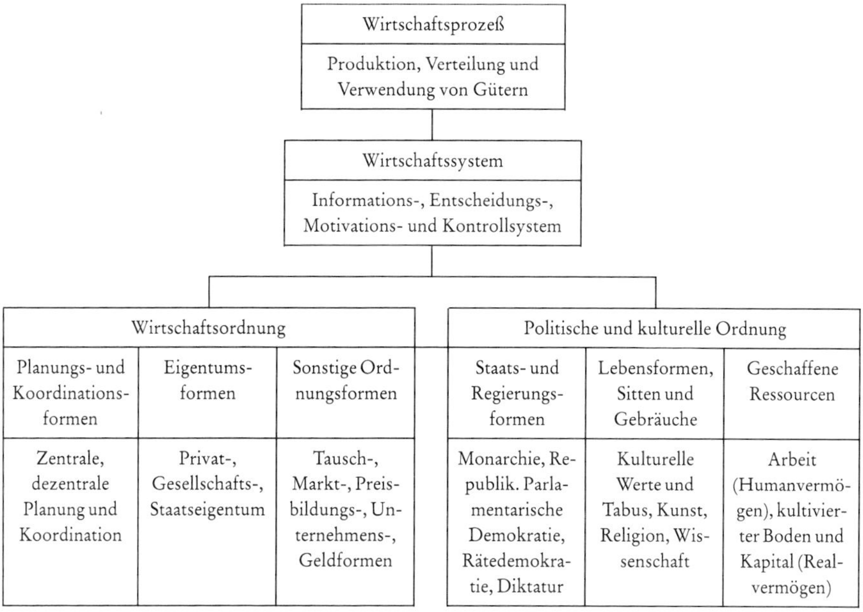

Abb. 5: Sozio-ökonomische Ordnungs- und Systemzusammenhänge (Quelle: Cassel, 1982)

materiellen Wohlstand zu gewährleisten, sagt eine solche Wirtschaftsordnungstypenbildung wenig aus.

Ein Markt im ökonomischen Sinne ist die Summe aller Beziehungen zwischen den Anbietern und Nachfragern einer Leistung, unabhängig davon, wo (ob auf dem Marktplatz oder im Kaufhaus) und wie (ob durch Feilschen oder über Telex) die Interaktionen stattfinden. Bei diesen Interaktionen hat man die

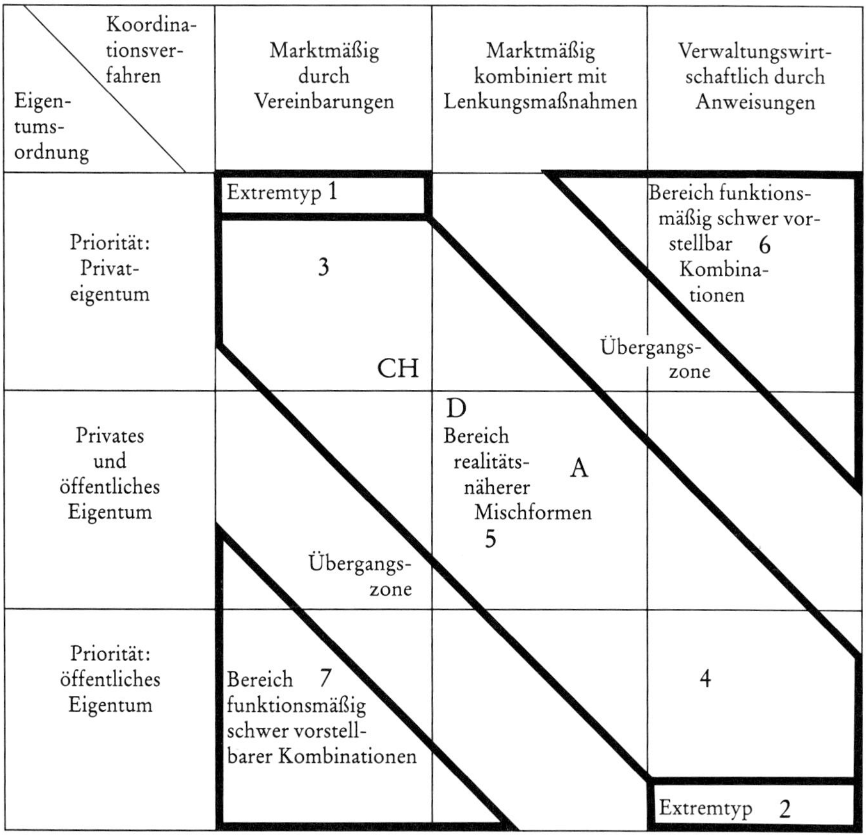

Bedeutung der Ziffern:
1: Total dezentral geplante Wirtschaft
2: Total zentral geplante Wirtschaft
3: Marktwirtschaft
4: Zentralverwaltungswirtschaft
5: Gelenkte Marktwirtschaft
6: Staatskapitalismus
7: Konkurrenzsozialismus

CH Schweiz
D Deutschland
A Österreich

Abb. 6: Extremtypen und Mischformen von Wirtschaftsordnungen (Quelle: M. Streit, 1982)

Nachfrager / Anbieter	einer	wenige	viele
einer	Bilaterales Monopol	Beschränktes Angebotsmonopol	Angebotsmonopol
wenige	Beschränktes Nachfragemonopol	Bilaterales Oligopol	Angebotsoligopol
viele	Nachfragemonopol	Nachfrageoligopol	Polypol

Abb. 7

- vertikalen, zwischen Käufer und Verkäufer ablaufenden *Austauschbeziehungen* und die
- horizontalen, zwischen den verschiedenen Anbietern bestehenden *Wettbewerbsbeziehungen* zu unterscheiden.

Eine Marktwirtschaft bzw. der Marktmechanismus beruht auf dem freiwilligen Eintritt in eines dieser Beziehungsgefüge, um aufgrund von wirtschaftlichen Überlegungen mit der Aufnahme von Austausch- und/oder Wettbewerbsbeziehungen (sei es als Käufer oder als Verkäufer) sein Nutzenniveau zu steigern.

Je nach der Zahl der Anbieter und Nachfrager, d. h. nach der konkreten Ausgestaltung der Austausch- und Wettbewerbsbeziehungen, gelangt man zu verschiedenen *Marktformen* mit ihren unterschiedlichen Potentialen von Marktmacht der Anbieter oder Nachfrager (s. Abb. 7).

Verringert sich im Laufe der Zeit die Zahl der Anbieter auf einem Markt (z. B. dem Zigarettenmarkt) – sei es durch die Liquidation oder den Zusammenschluß von Unternehmen oder das Wachsen der Marktanteile der großen Anbieter – spricht man von *Konzentration*.

2.2.2 Empirische Befunde: Die sozioökonomische Entwicklung der Bundesrepublik Deutschland, Österreichs und der Schweiz in der Nachkriegszeit

Eine quantitative Abbildung der „Wirtschaft" geht zweckmäßigerweise von der ‚Volkswirtschaftlichen Gesamtrechnung' aus. Dies ist eine zahlenmäßige Darstellung der makroökonomisch relevanten Transaktionen zwischen den wirtschaftenden Einheiten eines Landes sowie zwischen ihnen und der Außenwelt. Aus diesen Daten und signifikanten gesellschaftlichen Fakten und Trends (Bevölkerung, Arbeit und Bildung, Lebensstandard etc.) lassen sich dann die folgenden wichtigen sozioökonomischen Entwicklungen und Strukturbeschreibungen ableiten.

In den ersten beiden Abschnitten dieses Kapitels erfolgt eine kurze Analyse einiger Charakteristika des gesellschaftlichen Umfeldes, soweit sie für dessen Interpretation oder relevante ökonomische Trends wichtig sind. Im dritten Abschnitt werden rein ökonomische Größen und deren Entwicklung dargestellt; im vierten Abschnitt werden einige wichtige „soziale Indikatoren" behandelt, die über den Bereich der Wirtschaft i.e.S. hinausgehen.

2.2.2.1 Demographische Entwicklung und Altersstruktur

Die Gesamtbevölkerung der Bundesrepublik Deutschland (D) und Österreichs (A) sowie der Schweiz (CH) wuchs in den 60er Jahren, deutlich langsamer noch bis Mitte der 70er Jahre und blieb danach konstant bzw. ging sogar leicht zurück. Die größte Wachstumsrate hatte dabei die Schweiz, deren Einwohnerzahl in den letzten 20 Jahren um insgesamt 18 % zunahm (A: 7 %, D: 10 %).
Signifikant und für die weitere wirtschaftliche, soziale und kulturelle Entwicklung von großer Bedeutung sind die Veränderungen in der Altersstruktur. Es zeigt sich sowohl eine relative und absolute Abnahme der jugendlichen Bevölkerung (in Tab. 1 dargestellt als prozentualer Anteil der unter 15jährigen an der Gesamtbevölkerung) als auch eine starke Zunahme des Anteiles älterer Bürger. Dieser Trend ist in Österreich am geringsten ausgeprägt.

Tab. 1: *Bevölkerungsstruktur*

			1960	1970	1980
Österreich	Gesamtbevölkerung (Mio)		7,05	7,39	7,51
	% der Bevölkerung	unter 15 Jahren	22	24	21
		über 65 Jahren	12	14	15
		von 16 bis 64 Jahren	66	62	64
Schweiz			5,36	6,27	6,31
			23	23	19
			10	12	14
			67	65	67
Deutschland			55,43	60,92	61,52
			22	23	18
			11	13	16
			67	64	66

Quelle: Stat. Jahrbücher versch. Jahrgänge

Quelle: Stat. Jahrbücher für die Bundesrepublik Deutschland, Wiesbaden
1982, S. 626, Anhang 2, Tabelle 2.1 Internationale Übersichten
1970, S. 30* Internationale Übersichten, Tabelle C.4 Bevölkerung nach dem Alter
1960, S. 29* Internationale Übersichten, Tabelle C.3 Bevölkerung nach dem Alter

2.2.2.2 Bildung und Erwerbstätigkeit

Eine Analyse der Gesamtzahl der Schüler und Studenten zeigt im Bildungsbereich – in Analogie zur demographischen Entwicklung bzw. deren Ausprägung und Folge – ein stetiges Anwachsen der Schülerzahlen bis zum Ende der 70er Jahre und ein deutliches Abflachen danach. Die Studentenzahlen steigen weiter und werden erst in mehreren Jahren abfallen.

Verwendet man die Standardklassifikation der UNESCO, um den ‚Bildungsgrad' der Staatsbürger eines Landes zumindest in seinen Veränderungen und anhand einer Ordinalskala meßbar zu machen, zeigt sich eine langfristig eindeutige und stabile Tendenz (siehe Tab. 2).

Die UNESCO-Klassifikation erfolgt nicht nach Schularten, sondern nach Bildungsbereichen: Diese reichen vom Primärbereich, entsprechend einer schulischen Grundausbildung zwischen vier und sechs Jahren, bis zum Tertiärbereich, in dem alle Ausbildungsgänge erfaßt sind, die nach Erfüllung der allgemeinen Schulzeit absolviert werden.

In den untersuchten Ländern verschiebt sich das Bildungsniveau eindeutig nach oben. Der Erfolg der mannigfaltigen Bemühungen um eine bessere Ausbildung auch für die breiteren Bevölkerungsschichten zeigt sich besonders Ende der 70er Jahre in Österreich und Deutschland mit einer deutlichen Zunahme im Sekundärbereich und einem überproportionalen Zuwachs bei den tertiären Ausbildungsgängen. Auch in der Schweiz ist eine stetige Entwicklung zu erkennen, die zwar Anfang der 70er Jahre schon weit fortgeschritten war, dann jedoch im primären und sekundären Bereich stagnierte und lediglich in den höherwertigen Ausbildungsgängen noch eine kräftige Steigerung erfuhr.

Tab. 2: *Schüler und Studenten nach Bildungsbereichen; nach Standardklassifikation des Bildungswesens der UNESCO*

		1971		1979	
		insges.	weibl.	insges.	weibl.
Österreich	Gesamtzahl (1000)	1294	648	1266	612
	davon in (%) Primär	71	70	33	33
	Sekundär	24	27	57	59
	Tertiär	5	3	10	8
Schweiz	Gesamtzahl (1000)	1052	473	1012	477
	Primär	49	54	50	51
	Sekundär	47	44	42	44
	Tertiär	4	2	8	5
Deutschland	Gesamtzahl (1000)	11581	5416	10749	5223
	Primär	56	59	28	28
	Sekundär	39	38	61	63
	Tertiär	5	3	11	9

Quelle: Statistisches Jahrbuch, verschiedene Jahrgänge, eigene Berechnungen

Insgesamt spiegeln sich diese Entwicklungen auch in der steigenden Anzahl der Schülerinnen / Studentinnen mit qualifizierter Schulbildung wider. Differenzierend muß allerdings festgehalten werden, daß zwar der weibliche Teil der Bevölkerung auch an dem verbesserten Bildungsangebot partizipiert hat und die Differenz zum durchschnittlichen männlichen Bildungsgrad geschmolzen ist, gleichwohl ist eine solche Differenz immer noch eindeutig zu erkennen. Wenn z. B. 1965 2 % aller Frauen in Österreich einen Bildungsabschluß des tertiären Bereichs anstrebten, so wuchs dieser Wert für 1979 auf 8 %, der Anteil der ,Tertiär'-Abschlüsse bei Männern erhöhte sich aber gleichzeitig auf 11 %. Ein direkter Ländervergleich zeigt, daß die Bemühungen um eine Höherqualifizierung der Bevölkerung in der Bundesrepublik Deutschland, dicht gefolgt von Österreich, nominell die deutlichsten Erfolge hatte; die Schweiz folgt mit deutlichem Abstand, dieses Land weist zwar einen gut besetzten Bereich der höheren Qualifikationen, ebenso aber auch noch einen sehr breiten primären Bildungssektor auf.

Parallel mit dem Anstieg der Gesamtbevölkerung nahm die Anzahl der Erwerbstätigen bis in die 70er Jahre zu, ging dann – induziert vom Konjunktureinbruch – im Zuge der 1. Ölpreiskrise 1973 zurück, um danach langsam weiter anzusteigen und in den 80er Jahren erneut zu stagnieren, bzw. zurückzugehen. Besonders ausgeprägt traf und trifft dies für die Bundesrepublik Deutschland zu.

Als erwerbstätig werden üblicherweise alle Personen angesehen, die eine unmittelbar oder mittelbar auf Einkommenserzielung ausgerichtete Tätigkeit ausüben, unabhängig von der Bedeutung des Ertrages dieser Tätigkeit für ihren Lebensunterhalt und ohne Rücksicht auf die von ihnen tatsächlich geleistete Arbeitszeit. Dies impliziert zum einen, daß Erwerbslose (Arbeitslose in den gängigen Statistiken) nicht mit erfaßt werden, ausländische Arbeitnehmer aber mit einbezogen sind.

Bei der Erwerbsquote werden die Anzahl der Erwerbspersonen, d. h. Erwerbstätige *und* Erwerbslose, in Beziehung gesetzt zur Gesamtzahl der Erwerbspersonen, der unselbständig Beschäftigten oder zur Wohnbevölkerung.

Ausweislich der Schweizer Erwerbsquote (43 % für 1960, 47 % für 1981) ergibt sich – im Gegensatz zur Bundesrepublik Deutschland und zu Österreich –, daß die Zahl der Erwerbspersonen, hier nahezu entsprechend der Erwerbstätigkeit (siehe Arbeitslosigkeit, Abschnitt 5) insgesamt doch schneller zunahm als die Gesamtbevölkerung.
Differenziert man die Erwerbsquote nach dem Geschlecht, zeigt sich ein interessanter Befund: Die Erwerbsquote der Männer bleibt nahezu konstant – mit leicht steigender Tendenz in Österreich und der Schweiz, mit leicht fallender Tendenz in der Bundesrepublik – die Relation der Arbeitsplatzbesitzer und -sucher bei den Frauen steigt dagegen überall tendenziell an, verhält sich aber prozyklisch zur Konjunktur, d. h. bei schlechter Gesamtlage der Wirtschaft sinkt sie wieder ab.

Weitere sozioökonomisch wichtige Trends zeigen sich bei einer Analyse der Beschäftigungsentwicklung nach Sektoren (vgl. Tab. 3). Sektorentheorien unterschei-

Tab. 3: *Erwerbstätigkeit*

	Österreich							Schweiz							Deutschland						
	Erwerbs-tätige (Mio)	Erwerbsquote (%) insges.	männl.	weibl.	% d. Erwerbstät. arbeiten in Land., Forst., Fisch.	Prod.	Sonst.														
1960	3,62	51	66	39				2,33	43	64	24				26,65	47,7	64	33			
1970	3,03	41	53	30	1974 13,0	30,3	56,7	3,00	48	64	32	1974 7,7	37,7	54,6	26,8	44	59	30	1974 7,4	47,3	45,3
1981	3,15	42	54	31	10,1	39,2	30,7	3,06	47			7,0	39,3	53,7	27,99	45	59	33	5,2	43,0	51,8

Quelle: Statistische Jahrbücher, versch. Jahrgänge und eigene Berechnungen
1983, S. 646 Internat. Übersichten Tab. 41 Bevölkerung nach Erwerbstätigkeit und
1983, S. 629 Internat. Übersichten Tab. 2.1 Zusammenfassende Übersicht
1972, S. 41* Internat. Übersichten Tab. G.1 Bevölkerung nach Erwerbstätigkeit
1962, S. 39* Internat. Übersichten Tab. D.1 Bevölkerung nach Erwerbstätigkeit
und OECD Economic Surveys, div. Jahrgänge, Paris, Austria, Switzerland

den in der Regel den primären, sekundären und tertiären Sektor. Der primäre Sektor umfaßt in erster Linie die „Urproduktion", d. h. die Landwirtschaft und den Bergbau, der sekundäre Sektor das produzierende Gewerbe und die gesamte Industrie, während alle Dienstleistungsbereiche wie Handel, Banken, Versicherungen (und der Staat) zum tertiären Sektor zusammengefaßt werden.

Wie in allen hochentwickelten und wachsenden Volkswirtschaften zeigt sich ein deutlicher Rückgang der Beschäftigten im Agrar- und Bergbaubereich, ein deutliches Wachstum der Anzahl der Erwerbstätigen im sekundären Sektor bis zu einem bestimmten Entwicklungsniveau der Volkswirtschaft (für Deutschland ca. 1965) und danach ein leichter Rückgang zugunsten eines weiteren starken Anstiegs des tertiären Bereichs, der bis dahin nur unterproportional zunahm.

Die Wirkungskette beginnt hier bei einem mit sich entwickelnder Wirtschaft steigenden Pro-Kopf-Einkommen und somit zunehmenden Verbrauchsmöglichkeiten. Die Verbrauchsgewohnheiten verlagern sich weg von den sogenannten inferioren Gütern (deren Verbrauch mit steigendem Einkommen abnimmt, z. B. Kartoffeln) hin zu – ehemaligen – „Luxus"-Gütern (Surfbrettern). Parallel dazu werden arbeitsintensive durch kapitalintensive Wirtschaftszweige „verdrängt", die technische Entwicklung schreitet voran und die außenwirtschaftliche Verflechtung wird größer. Um diesen stetigen Strukturwandel ohne „Wachstumsschmerzen" und größere Fehlallokationen (d. h. nicht zukunftsgerechte Produktionsfaktorkombinationen) vonstatten gehen zu lassen, bedurfte und bedarf es einer zielgerichteten, konsequenten Wachstums- und Strukturpolitik durch den Staat. Um den augenblicklichen Entwicklungsstand dieses Umbruchs zu verdeutlichen, gibt Tabelle 4 den prozentualen Anteil der in verschiedenen Bereichen arbeitenden Erwerbstätigen für 1981 wieder:

Tab. 4: *Beschäftigung in verschiedenen Sektoren, 1981*

	% der Erwerbstätigen in der Land- und Forstwirtschaft	Produktion*	Sonstiges
Österreich	8,8	39,5	51,7
Schweiz	7,0	39,3	53,7
Deutschland	5,5	43,5	51,0

Quelle: OECD Economic Surveys, Febr. 84, Paris.

* Entsprechend der in der OECD gebräuchlichen Definition: mining, manufacturing, construction, utilities (electricy, gas, water).

2.2.2.3 Gesamtwirtschaftliche Entwicklung

Der heute (noch) gebräuchlichste Indikator zur Beurteilung des Wohlstandes und der Leistungsfähigkeit einer Volkswirtschaft ist die aggregierte Größe (Brutto-)Sozialprodukt (BSP), die ein Maß für das Ergebnis der ökonomischen Aktivität einer

Volkswirtschaft innerhalb einer vorgegebenen Periode darstellt. Das BSP entspricht dem Wert aller in dieser Periode hergestellten, in Geldeinheiten bewerteten Güter (Waren und Dienstleistungen) abzüglich des Wertes der Güter, die bei der Produktion verbraucht wurden.

1) Zur Ermittlung des *Sozialproduktes* dient in erster Linie die Volkswirtschaftliche Gesamtrechnung (VGR). In ihr werden nach Abschluß einer Wirtschaftsperiode, d. h. ex post i. d. R. ein Jahr innerhalb eines geschlossenen Kontensystems Entstehung, Verteilung und Verwendung des Sozialproduktes sowie die makroökonomisch relevanten Transaktionen zwischen den wirtschaftlichen Einheiten eines Landes, den Sektoren bzw. Branchen sowie zwischen diesen und der Außenwelt erfaßt und dargestellt. Durch die Analyse der so abgebildeten Zusammenhänge läßt sich eine zukunftsorientierte Prognose (ex-ante-Rechnung) erstellen. Eine Übersicht über die Entwicklung des (nominalen) Bruttosozialprodukts zu jeweiligen Preisen in Österreich, der Schweiz und der Bundesrepublik Deutschland zeigt nachstehende Tabelle 5:

Tab. 5: *Bruttosozialprodukt (in Mrd. Landeswährung).*

	1960	1970	1980	1981
Österreich	161,3	372,2	999,0	1058,3
Schweiz	36,7	93,9	177,3	194,5
Deutschland	303,0	679,0	1484,2	1543,1

Quelle: OECD, Economic Surveys: Austria, Switzerland, Germany, versch. Jahrgänge.

In den drei Ländern verlief die Entwicklung des BSP im großen und ganzen parallel. Relativiert wird dieser Befund, wenn man die jeweilige Kaufkraft miteinander vergleicht. Durch eine Eliminierung der Inflation (Steigerung des Preisniveaus), ausgehend von einem Basisjahr (→ Deflationierung des nominalen BSP), erhält man das *reale* Bruttosozialprodukt. Hier ergeben sich wesentlich geringere Wachstumsraten, die ab Ende der 70er Jahre gegen Null strebten bzw. sogar negative Werte annahmen.

Die Wachstumsrate des realen BSP gilt als der „klassische" Maßstab für Wachstum und Wohlfahrt einer Volkswirtschaft. Dahinter verbirgt sich die Vorstellung, daß ein steigendes Sozialprodukt eine höhere Bedürfnisbefriedigung der Menschen ermögliche, d. h., daß jede Ausweitung der Güterproduktion von einer Zunahme der gesamtwirtschaftlichen Wohlfahrt begleitet ist. Gegen diese Art der eindimensionalen, materiellen Wohlfahrtsmessung werden seit geraumer Zeit prinzipielle Einwände erhoben:

– soziale Kosten und wohlfahrtsbeeinträchtigende Umweltbelastungen werden nicht berücksichtigt bzw. die Heilung von Umweltschäden (z. B. Gewässersanierung) gilt – da mit der Entstehung von Einkommen verbunden – als gesamtwirtschaftliche Wohlfahrtssteigerung;

- öffentliche Güter werden falsch oder gar nicht bewertet, da für sie meist keine Marktpreise existieren;
- Veränderungen der Lebensbedingungen (Entwicklung der effektiven Arbeitszeit) werden nicht berücksichtigt;
- Aussagen über die Verteilung des Zuwachses werden nicht getroffen;
- die qualitative Zusammensetzung des BSP wird nicht aufgeschlüsselt (für die Steigerung des BSP ist es gleichgültig, ob dies durch die Produktion von Napalmbomben oder Biokost geschieht).

Zu diesen Einwänden qualitativer Art kommt eine quantitative Kritik hinzu; denn der Bereich der Schattenwirtschaft (z. B. Schwarzarbeit, Selbstversorgung, Nachbarschaftshilfe) aber auch Hausfrauentätigkeit wird nicht erfaßt.

Diese „Mängel" führten zu der Forderung, das reine Sozialproduktkonzept zu einem multidimensionalen System sozialer Indikatoren auszubauen.

Betrachtet man die Verwendungsseite des BSP, erhält man folgenden funktionalen Zusammenhang:

Privater Verbrauch	
+ Staatsverbrauch	a) Zivil b) Verteidigung
+ Investitionen (private und staatliche)	a) Anlagen b) Vorratsänderung
+ Außenbeitrag	= Ausfuhr ./. Einfuhr
= BSP	

2) Der *private Verbrauch* bzw. Konsum entspricht dem Teil des den privaten Wirtschaftssubjekten zur Verfügung stehenden Einkommens, der zur aktuellen Bedürfnisbefriedigung verwendet wird.

Für die Erklärung des zeitlichen Verlaufes privater Konsumausgaben ist den verfügbaren Einkommen der privaten Haushalte eine Schlüsselrolle zuzuschreiben. Ein Vergleich der Entwicklungen beider Größen zeigt beim privaten Verbrauch eine gleichgerichtete (zeitlich verzögerte) Reaktion auf Änderungen des verfügbaren Einkommens.

Tab. 6: *Privater Verbrauch (in Mrd. Landeswährung).*

	1960	1970	1980	1981
Österreich	96,6	208,7	552,0	595,7
Schweiz	23,0	53,3	108,0	115,8
Deutschland	171,8	367,6	834,7	874,1

Quelle: vgl. Tab. 1.

3) Die Residualgröße zwischen Einkommen und Konsum ist das *Sparen*. Sparen schafft durch Verzicht auf gegenwärtigen Verbrauch Voraussetzungen für die Vermehrung des Faktors Kapital und damit für die Produktions-, Einkommens- und Verbrauchsmöglichkeiten in der Zukunft.

4) Die im Investitionsvolumen erfaßten Kapitalgüter stellen ausschließlich Sachinvestitionen dar, welche nach ihrer Verwendungsart in Anlageinvestitionen (Ausrüstungs- und Bauinvestitionen) sowie in Vorratsinvestitionen eingeteilt werden. Der gesamte Zuwachs an Kapitalgütern entspricht der Bruttoinvestition; der Teil, der dem Ersatz der durch Verschleiß oder Veralterung ausgeschiedenen Produktionsmittel dient, ist die Re- bzw. Ersatzinvestition, während die Differenz zwischen Brutto- und Reinvestition, die Nettoinvestition, die Veränderung der im Kapitalstock verkörperten Produktionskapazität zum Ausdruck bringt.

Das Verhältnis von Nettoinvestition und Bruttoinvestition, bzw. die relative Veränderung in der Zeit, der Gütegrad des volkswirtschaftlichen Kapitalstocks, gibt Auskunft über dessen Modernität; je größer dieser ist, desto moderner i. S. von technisch leistungsfähiger ist der gesamtwirtschaftliche Kapitalstock.

Nicht gesondert ausgewiesen werden in der VGR die öffentlichen Investitionen. Sie haben einen wesentlich geringeren Umfang als private Investitionen und bestehen aus dem Erwerb von Anlagegütern, da der Staat keine Vorratsinvestitionen wie ein Unternehmen tätigt.

Tabelle 7 (siehe folgende Seite) zeigt, daß das Investitionsvolumen parallel der Entwicklung des Bruttosozialproduktes gestiegen ist und seit Ende der 70er Jahre ebenfalls rückläufige Tendenzen aufweist. Die hohen positiven Bestandsveränderungen sind ein Indiz für eine unternehmensinterne Vorratshaltung.

5) Der gesamtwirtschaftliche Verbrauch gliedert sich in den Verbrauch der privaten Haushalte und den Staatsverbrauch auf. Unters Staatsverbrauch sind die Aufwendungen der öffentlichen Hände für Verwaltungstätigkeiten zu verstehen, die ohne spezielles Entgelt (z. B. Gebühren, Beiträge) geleistet werden. (Neben den Leistungen der Sozialversicherungen, der Sozialhilfe usw. zählt – konventions-

Tab. 7: *Bruttoanlageinvestitionen (in Mrd. Landeswährung), Bestandsveränderungen.*

	1960	1970	1980	1981
Österreich	37,7	99,7	250,2	263,6
	+ 9,1	+ 9,3	+ 38,1	+ 12,3
Schweiz	8,7	25,0	40,5	44,9
	+ 1,0	+ 4,3	+ 5,8	+ 3,3
Deutschland	73,6	173,7	338,0	339,3
	+ 8,9	+ 15,4	+ 17,5	− 1,4

Quelle: Vgl. Tab. 1.

bedingt – auch der Erwerb von militärischen Bauten und dauerhaften militärischen Ausrüstungen [laufende Ausgaben für Verteidigungszwecke] zum Staatsverbrauch.)

Der (im Vergleich zum BSP) überproportional gestiegene Staatsverbrauch ist in erster Linie ein Zeichen für die Zunahme der sozialen Sicherung durch den Staat sowie für ein gewachsenes Angebot öffentlicher Dienstleistungen (z. B. im Bildungswesen). Ferner ist darauf hinzuweisen, daß der Staatsverbrauch zu einem wesentlichen Teil aus den Folgekosten vorher getätigter staatlicher Investitionen besteht, so daß diese Größe nicht unabhängig von der öffentlichen Investitionstätigkeit ist.

Tab. 8: *Öffentlicher Verbrauch (in Mrd.Landeswährung).*

	1960	1970	1980	1981
Österreich	20,8	53,6	178,0	194,8
Schweiz	3,7	9,6	22,0	23,5
Deutschland	40,8	108,1	298,4	319,8

Quelle: vgl. Tab. 1.

6) Der *Außenbeitrag* ist der Saldo zwischen der Ausfuhr und der Einfuhr von Waren und Dienstleistungen. Als Ausfuhr und Einfuhr gelten alle Waren- und Dienstleistungsumsätze mit Wirtschaftseinheiten, die ihren ständigen Sitz (Wohnsitz) außerhalb des entsprechenden Bundes- bzw. Landgebietes haben. Eine Volkswirtschaft kommt ohne Außenhandel nur dann aus, wenn sie völlig autark ist – was wohl nie der Fall sein dürfte. Die Intensität des Außenhandels ist abhängig von der Ausstattung eines Landes mit benötigten Rohstoffen und dem politischen Wunsch über eine Beteiligung am Welthandel bzw. der internationalen Arbeitsteilung Wachstum und Beschäftigung zu steigern. Diese Außenhandelsintensität (bzw. -abhängigkeit) schlägt sich in der Höhe der Exporte bzw. Importe einer Volkswirtschaft im Vergleich zum BSP nieder.

Tab. 9: *Außenbeitrag*

	1960	1970	1980	1981
Österreich	38,7	113,6	386,6	442,9
	– 40,9	– 112,7	– 405,9	– 451,1
	– 2,2	+ 0,9	– 19,3	– 8,2
Schweiz	11,8	34,6	73,8	83,2
	– 10,8	– 32,9	– 72,8	– 76,1
	0,2	1,7	1,0	7,1
Deutschland	60,7	152,7	431,6	496,1
	– 52,8	– 138,4	– 435,9	– 484,7
	7,9	14,3	– 4,3	11,4

Export
– Import

= Außenbeitrag (in Mrd. Landeswährung)

Quelle: Vgl. Tab. 1.

Die Höhe des Außenbeitrags gibt Aufschluß über die Ausgeglichenheit der wirtschaftlichen Außenbeziehungen und über den Grad der Abhängigkeit von anderen Ländern.
Binnenwirtschaftlich gesehen kann ein hoher positiver Außenbeitrag über die durch den Export verdienten Einkommen unter Umständen zum Entstehen einer importierten Inflation beitragen. Im Gegensatz dazu bedeutet ein negativer Außenbeitrag eine Verringerung des Volkseinkommens der betreffenden Volkswirtschaft und kann – da Importe finanziert werden müssen – zum Abbau von Währungsreserven oder zu Auslandsverschuldung führen.

7) Ex post systematisch erfaßt und geordnet werden alle ökonomischen Transaktionen zwischen Inländern und Ausländern in der *Zahlungsbilanz*.

Von einem *Aktivsaldo* der Zahlungsbilanz bzw. einer ihrer Teilbilanzen spricht man dann, wenn die Zahlungseingänge größer sind als die Zahlungsausgänge, andernfalls liegt ein *Passivsaldo* vor.

In der *Handelsbilanz* werden die Werte aller in einem Jahr exportierten und importierten Waren erfaßt und einander gegenübergestellt.

Die *Dienstleistungsbilanz* erfaßt alle Zahlungen inländischer (= Dienstleistungsimport) oder ausländischer (= Dienstleistungsexport) Wirtschaftssubjekte für immaterielle Güter (z. B. Zins- und Dividendenzahlungen), Kauf ausländischer Patente oder Verkauf inländischer Patente an Ausländer und Ausgaben für den bzw. Einnahmen aus dem grenzüberschreitenden Tourismus.

Zahlungsbilanz

		Einnahmen (credit)	Ausgaben (debet)	
Grundbilanz	Leistungsbilanz	Warenexport	Warenimport	Handelsbilanz
Grundbilanz	Leistungsbilanz	Dienstleistungsexport	Dienstleistungsimport	Dienstleistungsbilanz
Grundbilanz	Leistungsbilanz	empfangene unentgeltliche Übertragungen	unentgeltliche Leistungen	Übertragungsbilanz
Grundbilanz		langfristiger Kapitalimport	langfristiger Kapitalexport	Kapitalverkehrsbilanz
		kurzfristiger Kapitalimport	kurzfristiger Kapitalexport	Kapitalverkehrsbilanz
		Devisenabfluß Goldexport	Devisenzufluß Goldimport	Devisenbilanz
		Saldo aus ungeklärten Posten, z.B. Lieferantenkredite, Warenvorauszahl.		Ungeklärte Beiträge

Abb. 8: (Quelle: Külp, 1978)

In der *Übertragungsbilanz* werden die vom Inland empfangenen oder geleisteten „unentgeltlichen“ Transaktionen verbucht (z. B. Reparationszahlungen, unentgeltliche Entwicklungshilfe, Geldüberweisungen der Gastarbeiter an ihre Familien im Ausland und Beiträge an internationale Organisationen).
Handels-, Dienstleistungs- und Übertragungsbilanz ergeben zusammen die *Leistungsbilanz*. Der Saldo aus Handels- und Dienstleistungsbilanz (ohne Übertragungsbilanz) wird als *Außenbeitrag* bezeichnet.

Die *Kapitalbilanz* umfaßt alle in einem Jahr entstandenen Veränderungen der Forderungen und Verbindlichkeiten der inländischen Wertschöpfungssubjekte gegenüber ausländischer Wirtschaftseinheiten. Kapitalexporte (Importe) erhöhen (verringern) die inländischen Forderungen gegenüber dem Ausland bzw. bauen inländische Verpflichtungen ab. Nach der Fristigkeit der Forderungen und Verbindlichkeiten unterscheidet man noch den kurzfristigen und langfristigen Kapitalverkehr.

In der *Devisenbilanz* schließlich schlagen sich die Wertänderungen der „Währungsreserven“ bei der Zentralbank eines Landes als Ergebnis der verschiedenen außenwirtschaftlichen Transaktionen nieder. „Währungsreserven“ sind vor allem Gold und fremde konvertible Währungen (Devisen), aber auch alle Mittel, mit denen man Verpflichtungen gegenüber dem Ausland begleichen kann, also auch das auf Konventionen begründete internationale Papiergeld, die „Sonderziehungsrechte“. Im Unterschied zur Kapitalbilanz werden in der Devisenbilanz nur die jährlichen Veränderungen von Forderungen und Verpflichtungen der Zentralbank, nicht aber der Privaten erfaßt.

Da die gesamte Zahlungsbilanz immer ausgeglichen sein muß, kann sich ein Zahlungsbilanzungleichgewicht immer nur auf eine oder mehrere Teilbilanzen beziehen.

Aus diesem Grund gibt es verschiedene Definitionen des *Außenwirtschaftlichen Gleichgewichtes*. Die wichtigsten sind;

1) Außenwirtschaftliches Gleichgewicht liegt vor, wenn der Saldo der Devisenbilanz Null ist, die Währungsreserven in der betrachteten Periode also unverändert geblieben sind.

2) Außenwirtschaftliches Gleichgewicht ist dann gegeben, wenn der Saldo der Leistungsbilanz Null ist, da Export und Import von Waren und Dienstleistungen sowie der Übertragungssaldo sich gerade ausgleichen.

Da die Aufnahme und Intensivierung außenwirtschaftlicher Beziehungen üblicherweise mit positiven Beschäftigungseffekten und materiellen Wohlfahrtsvorteilen der beteiligten Länder verbunden ist, zählt der Abbau von internationalen Handelshemmnissen, die Liberalisierung des Außenhandels zum gängigen Bestandteil im Katalog der wirtschaftspolitischen Ziele westlicher (aber auch neuerdings östlicher) Industriestaaten.

Die Erkenntnis, daß ein größerer Markt eine bessere Arbeitsteilung und kostengünstigere Massenproduktion erlaubt, führte – in Verbindung mit der Idee einer politischen Annäherung bzw. Integration – zur Gründung der europäischen Gemeinschaft (EG).

Die EG ist die Sammelbezeichnung für die

- europäische Gemeinschaft für Kohle und Stahl (EGKS, Montanunion)
- die europäische Wirtschaftsgemeinschaft (EWG)
- die europäische Atomgemeinschaft (EAG, Euratom).

9) Von Interesse ist es, in diesem Zusammenhang einen Blick auf die *Einkommensverteilung* der betrachteten Länder zu werfen. Als Maßstäbe für die Einkommensverteilung werden üblicherweise benutzt:

die *Lohnquote* als Indikator für die funktionale Einkommensverteilung, d. h. die Verteilung des Volkseinkommens auf die Produktionsfaktoren Arbeit und Kapital und

der Gini-Koeffizient bzw. die *Lorenzkurve* als statistisches Abbild der quellenunabhängigen Verteilung der Einkommen auf Individuen oder Haushalte.

Die Bruttolohnquote wird definiert als „Bruttoeinkommen aus unselbständiger Tätigkeit" dividiert durch das „Volkseinkommen" und gibt an, wie viele Prozente des Volkseinkommens auf Einkommen aus nichtselbständiger Tätigkeit entfallen. Die Nettolohnquote, d. h. die um Steuern und Sozialabgaben gekürzten Lohneinkommen, dividiert durch das Volkseinkommen, nahm die folgende Entwicklung:

Tab. 10: *Einkommensverteilung in Mrd. Landeswährung*

		NSP zu Faktorkosten in Mrd. Landeswährung	Einkommen aus unselbständiger Arbeit	Einkommen aus Unternehmertätigkeit und Vermögen
1960	Österreich	125,04	74,44	50,6
	Schweiz	31,29	19,59	11,7
	Deutschland	235,7	144,75	90,95
1970	Österreich	274,9	175,82	99,08
	Schweiz	77,55	48,97	28,58
	Deutschland	530,4	360,6	169,8
1980	Österreich	744,43	545,02	199,41
	Schweiz	149,73	102,76	46,97
	Deutschland	1147,9	841,7	306,2
1981	Österreich	782,71	587,69	195,02
	Schweiz	164,14	111,48	52,66
	Deutschland	1185,9	881,2	304,7

Quelle: Internationale Monatszahlen 10/83 und 1/72, eigene Berechnung.

Die Zeitreihen der (Brutto- und Netto-)Lohnquotenentwicklung fast aller Staaten legen auf den ersten Blick den Schluß nahe, die Verteilung habe sich stark zugunsten der Arbeitnehmer geändert. Aus ihnen aber eine tatsächliche strukturelle Besserstellung der Arbeitnehmer zu schließen, ist unzulässig, denn diese Entwicklung spiegelt die Veränderung unbereinigter Lohnquoten wider (Vergleich der tatsächlichen, absoluten Summen von Volkseinkommen und Löhnen etc.). Dieses Verteilungsmaß ist aber für einen zeitlichen Längsvergleich der Einkommensentwicklung ungeeignet, da bei diesem Vergleich Veränderungen der Beschäftigungsstruktur während des Betrachtungszeitraumes unberücksichtigt bleiben.

Berücksichtigt man den Wandel der Beschäftigungsstruktur (Rückgang der Anzahl der Landwirte, Unternehmenskonzentration, Zunahme ausländischer Arbeitnehmer etc.), indem man die Lohnquote entsprechend „beschäftigtenstrukturbereinigt", d. h. auf eine für den Betrachtungszeitraum konstante Beschäftigungsstruktur umrechnet, zeigt sich, daß die so bereinigten Lohnquoten tendenziell gesunken bzw. bemerkenswert konstant geblieben sind, d. h. der durchschnittliche relative Anspruch eines Arbeitsnehmers an das Sozialprodukt sich statistisch kaum verändert hat.

Aber auch eine so bereinigte Lohnquote ist nicht geeignet, fundierte Aussagen über die (Veränderung der) Verteilungssituation der Arbeitnehmer zu machen. Denn die Lohnquote als funktionales Verteilungsmaß kann Veränderung der Querverteilung, d. h. die Bedeutung von Nichtlohneinkommen wie Mieten, Pachten, Dividenden und Zinsen (z. B. aufgrund einer erfolgreichen Vermögensbildungspolitik) nicht abbilden.

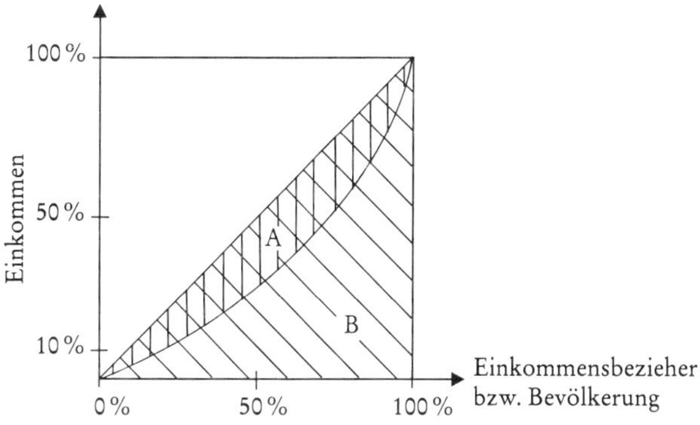

Abb. 9

Zur Beschreibung der quellenunabhängigen Einkommens- (und / oder Vermögens)-verteilung bzw. -konzentration bedient man sich meistens der *Lorenzkurve* bzw. des *Gini-Koeffizienten.*

Konstruiert wird die Lorenzkurve (genannt nach ihrem „Erfinder"), indem alle Einkommensbezieher (Personen oder Haushalte) nach der Größe der Einkommen geordnet, in Prozentanteilen untergliedert werden und beginnend mit den niedersten Einkommen auf der Abszisse eines Koordinatenkreuzes aufgetragen werden. Auf der Ordinate werden die entsprechenden Prozentanteile am Gesamteinkommen zugeordnet.

Jeder Punkt auf der Lorenzkurve gibt also an, welchen Prozentanteil am Gesamteinkommen der jeweilige Prozentsatz der Bevölkerung erhält. Die Diagonale entspricht der völligen Gleichverteilung.

Grafisch läßt sich der Gini-Koeffizient als Verhältnis der durch die Lorenzkurve und die eingezeichnete Diagonale begrenzte Fläche (A) im Verhältnis zur Gesamtfläche des Dreiecks unter der Diagonalen (B) darstellen. Demnach ist der Gini-Koeffizient (G) bei Gleichverteilung der Einkommen gleich Null, weil die Fläche (A) zur Diagonalen geworden ist. Bei extremer Ungleichheit, wenn das gesamte Volkseinkommen an nur eine Person geht, ist G gleich eins, weil Fläche A gleich groß wie Fläche B ist.

Die Vermögensverteilung ist in allen Ländern (regelmäßig) weit unausgewogener bzw. ungleicher als die der Einkommen.

Weitere zum Verständnis der Entwicklung und des Standes einer Volkswirtschaft notwendige Maßzahlen werden in den folgenden Abschnitten vorgestellt. Die Steigerung der Arbeitsproduktivität (Bruttoinlandsprodukt : Summe der gesamtwirtschaftlich geleisteten Arbeitsstunden) ist ein Maß für die Wirtschaftlichkeit, mit der in einer Volkswirtschaft produziert wird. Der Anstieg der Produktivität kann sich sowohl auf eine bessere Ausbildung der Arbeitskräfte wie insbesondere und vor allem auf Verbesserungen von Produktionsanlagen gründen; in der Entwicklung der Arbeitsproduktivität manifestiert sich der technische Fortschritt. In hochentwickelten Industrienationen liegen die durchschnittlichen Steigerungsraten zwischen 2%–4% p.a. Deutlich darüber steigen sie nur bei im Industrialisierungsprozeß (take off) begriffenen Ländern. So steigt die Arbeitsproduktivität in Österreich und der Bundesrepublik Deutschland jahresdurchschnittlich um ca. 3,5%; in der Schweiz liegt das Produktivitätswachstum etwas niedriger, da der Anteil der Dienstleistungsbetriebe höher ist, deren Produktivität in der Regel langsamer zunimmt als die in Industriebetrieben.

Zur Beurteilung der Kaufkraft bzw. deren Veränderung werden Preisindices verwendet. Ein unverändertes Mengengerüst, ein sog. Warenkorb, wird mit dem in verschiedenen Perioden beobachteten Preisen multipliziert und aus diesem Produkt auf die Veränderungen der Kaufkraft infolge der Preisveränderungen geschlossen. Um eine Vergleichbarkeit zu gewährleisten, werden die Gesamtwerte durch den jeweiligen Wert der Basisperiode dividiert, so daß Indexreihen entstehen. Der Prozeß des dauernden Kaufkraftverlustes des Geldes (= Anstieg der Preisindices) wird als Inflation bezeichnet.

Das am weitesten verbreitete, gleichwohl nur relativ umfassendes, verbrauchernahes Inflationsmaß (es fehlen die Kosten unentgeltlicher öffentlicher Leistungen) ist der Preisindex für die Lebenshaltung. Hier wird die Entwicklung der Preise für einen als repräsentativ angesehenen (etwa alle 7–8 Jahre an die geänderten Verbrauchsgewohnheiten anzupassenden) „Warenkorb" (umfaßt z. Z. knapp 800 Güter und Leistungen) anhand von Wirtschaftsrechnungen einer repräsentativen Auswahl von Haushalten ermittelt.

Der Anstieg der Lebenshaltungskosten gemittelt über die letzten 20 Jahre weist in der Bundesrepublik Deutschland mit etwa 3,9% den geringsten Wert auf, während in der Schweiz bzw. Österreich ein etwa um einen halben bzw. ganzen Prozentsatz höherer Kaufkraftverlust hingenommen werden mußte. Allerdings vermochte sich die Schweiz in der Zeit international sehr hoher Inflationsraten (2. Hälfte der 70er

Tab. 11: *Index der Lebenshaltung (1976 = 100).*

		1960	1970	1980	1981
Lebenshaltung	Österreich	45,6	65,5	120,5	135,7
	Schweiz	48,6	67,9	110,3	124,1
	Deutschland	55,0	71,2	117,0	130,5

Quelle: Stat. Jahrb. 1983, 1968 und eigene Berechnungen

Jahre) dem allgemeinen Trend zu entziehen und beeindruckte mit besonders niedrigen Raten um 2,5 %.

Die Beteiligung der öffentlichen Hand an der Wirtschaft eines Landes macht die wirtschaftspolitischen und sozialen Leistungsmöglichkeiten des Staates deutlich. Die Staats(ausgaben)quote als Maßeinheit gibt das Verhältnis von Ausgaben der Gebietskörperschaften zum BSP an und drückt die Inanspruchnahme der gesamten Volkswirtschaft durch den staatlichen Sektor bzw. die staatliche Umverteilungsaktivität aus. Die höchste Staatsquote (nur Gebietskörperschaften) der drei betrachteten Länder weist Österreich mit etwa 40 % (BRD: 25 %, CH: 39 %) auf.

Im Bereich der Sozialausgaben weist die Statistik bedeutende Unterschiede des staatlichen Engagements aus. Wertet man das relative Volumen staatlicher Sozialausgaben als Beitrag zu sozialer Sicherung des einzelnen sowie zur Stabilisierung des sozialen Friedens, so weist hier die Bundesrepublik Deutschland einen deutliche Vorsprung auf.

Tab. 12: *Sozialleistungen.*

	1960	1970	1980	1981
Österreich	21,9	32,4	28,2	27,5
Schweiz	9,3	19,0	24,0	23,3
Deutschland	28,4	30,1	35,9	31,1

Quelle: Stat. Jahrb. verschiedener Jahrgänge und eigene Berechnungen

Als Staatsverschuldung bezeichnet man alle Kreditgeschäfte mit dem Staat als Kreditnehmer. Sie kann zur kurzfristigen Überbrückung von Liquiditätsengpässen dienen oder der Finanzierung längerfristiger Projekte bzw. Deckungslücken dienen. Während die „klassische" Finanzpolitik den jährlichen Ausgleich des Staatshaushalts verlangte, ist es gegenwärtig üblich,

- Investitionen, deren soziale Nutzen die Kosten mit der Zeit überschreiten über Kredite zu finanzieren, sowie
- über eine Variation der kreditfinanzierten Staatsausgaben eine bewußte Konjunktursteuerung zu praktizieren.

Tab. 13: *Staatsverschuldung absolut in Mrd. Landeswährung.*

	1960	1970	1980	1981
Österreich	19,8	73,9	370,1	–
Schweiz	6,2	21,8	45,9	49,1
Deutschland	26,2	121	460,9	534,1

Quelle: Stat. Jahrb. verschiedener Jahrgänge.

2.2.2.4 Entwicklung ausgewählter Sozialindikatoren

Bei Sozialindikatoren handelt es sich um zumeist nichtmonetäre Meßzahlen, die die Auswirkungen wirtschaftlicher Tätigkeiten auf sozial-relevante Zielbereiche messen sollen. Bis in die 60er Jahre hinein wurde Wohlfahrt fast ausschließlich als materieller Wohlstand im Sinne eines wachsenden Sozialproduktes und damit eines steigenden individuell-materiellen Lebensstandards verstanden.

Aufgrund der oben skizzierten Mängel des Sozialproduktes als Wohlfahrtsindikator und aufkommender Kritik nicht nur an der üblichen Wachstumsmessung sondern auch an der bisher ausschließlich quantitativen Betrachtungsweise ergab sich die Forderung, auch qualitatives Wachstum zu operationalisieren und als Informationsinstrument bei wirtschafts- und gesellschaftspolitischen Entscheidungen einzusetzen. Eine das gewonnene Datenmaterial ergänzende Sozialberichterstattung sollte entsprechende Bestandsaufnahmen ermöglichen und auch sozialen Wandel abbildbar und überprüfbar machen.

Die Sozialindikatoren sollen neben objektiv feststellbaren Tatbeständen (z. B. Säuglingssterblichkeit) auch Phänomene subjektiven Wohlbefindens (Arbeitszufriedenheit) erfassen, um den Begriff der Lebensqualität mit konkreten Inhalten zu füllen und abbildbar zu machen. Inzwischen wurden eine Reihe von geschlossenen Systemen sozialer Indikatoren entwickelt, so wird z. B. von der OECD ein umfassender Rahmen mit acht Hauptzielbereichen verwendet. Diese sind;

a) Bildung

b) Gesundheit

c) Arbeit und Qualität des Arbeitslebens

d) Zeitbudget und Freizeit

e) Verfügung über Sachgüter und Dienstleistungen

f) physische Umwelt

g) persönliche Freiheitsrechte und Rechtswesen

h) Qualität des Lebens in der Gemeinde.

Diese Bereiche werden in Hauptziele aufgegliedert (z. B. Erhöhung der sozialen Mobilität als ein Hauptziel des Bereiches ‚Leben in der Gemeinde'), weiter in Unterziele divisionalisiert und erst auf der nächsten, vierten Stufe als Konstrukt eines sozialen Indikators operationalisiert.

Bei allen Indikator-Systemen stellt sowohl die Auswahl als auch die Gewichtung der verschiedenen Indikatoren eine Wertung von Zuständen und Entwicklungen dar und ist damit schon eine politisch relevante Entscheidung, womit auch erklärbar wird, daß sich die Frage der Vollständigkeit eines Systems von sozialen Indikatoren nicht objektiv beantworten läßt. Da es nicht Aufgabe dieses Artikels sein kann, die vorhandenen Systeme zu bewerten, bzw. einen eigenen Ansatz vorzustellen oder gar eine erschöpfende komparative Bewertung des sozialen Wandels vorzunehmen, sollen hier nur an Hand einiger exemplarischer Zeitreihen einige ins Auge fallende Tendenzen aufgezeigt werden.

Ergänzend zum Thema Arbeit und aussagekräftig in bezug auf das „Klima" zwischen den Tarifparteien – indirekt auch charakteristisch für das Arbeitsklima und, wenn auch mit Einschränkungen, für die Arbeitszufriedenheit – ist die Entwicklung der Streikausfalltage.

Es ist bekannt, daß die Schweiz hier mit weitem Abstand vor Österreich und der Bundesrepublik den ausgeprägtesten „sozialen Frieden" aufweist; bemerkenswert ist aber, daß auch dort in bestimmten Jahren die Anzahl der Streikausfalltage aufgrund von gravierenden Tarifauseinandersetzungen ähnlich wie in anderen Ländern bis zum 50fachen über dem sonst üblichen Durchschnitt liegt. Im übrigen zeigt sich in allen Ländern, daß die Zahl der Ausfalltage eine steigende Tendenz aufweist.

Soziale Indikatoren, welche die Entwicklungen auf dem Gesundheitssektor widerspiegeln, deuten auf eine bessere – aber lange hinter der eigentlich aufgrund des rasch anwachsenden materiellen Wohlstandes zurückbleibende – gesundheitliche Versorgung der Bevölkerung. Zudem zeigen die hier üblicherweise verwendeten Meßzahlen widersprüchliche Entwicklungen im internationalen Vergleich. Festzuhalten bleibt (als Resultat der Vermehrung der Krankenhausbetten und Erhöhung der Ärztedichte = Ärzte je 1000 Einwohner) eine allgemeine Steigerung der Lebenserwartung und eine drastische Verminderung der Säuglingssterblichkeit, in Deutschland und Österreich auf gleichem Niveau mit einigem Rückstand nach der Schweiz.

Ferner ist zu konstatieren, daß keine direkte Proportionalität zwischen den Ausgaben der verschiedenen Länder für den Gesundheitssektor und der Qualität der entsprechenden medizinischen Versorgung bzw. des Gesundheitszustandes der Bevölkerung des jeweiligen Landes besteht.

Tab. 14: *Säuglingssterblichkeit*

Gestorbene im 1. Lebensjahr je 1000 Lebendgeborene	1960	1980
Österreich	37,5	14,1
Schweiz	21,1	8,5
Deutschland	33,8	12,6

Quelle: Stat. Jahrb. verschiedener Jahrgänge.

Tab. 15: *Lebenserwartung*

Lebenserwartung mit 0 Jahren		1960	1980
Österreich	m	65	68,9
	w	71	76,1
Schweiz	m	69,5	74,4
	w	74,8	79,1
Deutschland	m	66,9	69,4
	w	72,4	76,1

Quelle: Stat. Jahrb. verschiedener Jahrgänge.

Eine der wichtigsten neueren Wohlfahrtsindikatoren, die Umweltqualität, kann mangels Datenmaterial aus der Vergangenheit in ihrer Entwicklung nicht dargestellt werden.

Bemerkenswerterweise besteht aber insgesamt eine positive Korrelation zwischen nahezu allen erfaßten wohlfahrtsrelevanten Lebensbereichen und der Steigerung des Sozialproduktes, wenngleich mit der Erhöhung des materiellen Lebensstandards jedoch kein anderer Bereich schritthalten konnte. Dieses Hinterherhinken der Entwicklung der Sozialindikatoren hinter dem Wirtschaftswachstum vergangener Jahrzehnte demonstriert die Notwendigkeit, zur Messung der Lebensqualität neben die Sozialproduktrechnung ein System mehrdimensionaler sozialer Wohlfahrtsindikatoren zu setzen. Es erweist sich weiterhin, daß die Heterogenität bestimmter Sachverhalte einer Gesamtaggregation der Indikatoren entgegensteht und jeder Bereich einzeln betrachtet werden sollte. Dies führt zwar zu einer erschwerten Handhabbarkeit, erhält aber die zur Analyse unabdingbare Trennschärfe des Datenmaterials. Durch die in den letzten Jahren eingetretenen Strukturkrisen einzelner Wirtschaftsbereiche, die verstärkte Arbeitslosigkeit und andere Probleme besteht allerdings die Gefahr einer erneuten verstärkten Ausrichtung der politischen Diskussion auf das – unidimensionale – quantitative Wirtschaftswachstum.

2.2.3 Ziele, Instrumente und Träger der Wirtschaftspolitik

Wirtschaftspolitik kann als die Summe aller Aktivitäten von gesellschaftlich relevanten Institutionen, den Trägern der Wirtschaftspolitik, definiert werden, die darauf ausgerichtet sind, die – in aller Regel nicht widerspruchsfrei – aus dem Gemeinwohlpostulat und den gesellschaftlichen Grundwerten

- Freiheit
- Gerechtigkeit

- Sicherheit
- Fortschritt

abgeleiteten wirtschaftspolitischen Ziele zu realisieren.

Da es ein „interessenunabhängiges" Gemeinwohl nicht gibt, sondern das Gemeinwohl in demokratischen Gesellschaften immer als die Diagonale des Parallelogramms der jeweiligen wirkmächtigen politischen Kräfte (G. v. Eynern) aufzufassen ist, ist eine inhaltliche Operationalisierung und Quantifizierung der einzelnen wirtschaftspolitischen Ziele situationsbedingt, d. h. nicht ohne Rekurs auf die jeweiligen vorherrschenden Interessen bzw. Ideologien möglich und mithin wandelbar.

Das Spektrum der möglichen Maßnahmen, das wirtschaftspolitische Instrumentarium, ist zu breit gefächert, um es erschöpfend enumerativ aufzuzählen; es reicht von der Informationspolitik über Appelle, monetäre Belohnungen und Bestrafungen bis hin zu Geboten und Verboten.

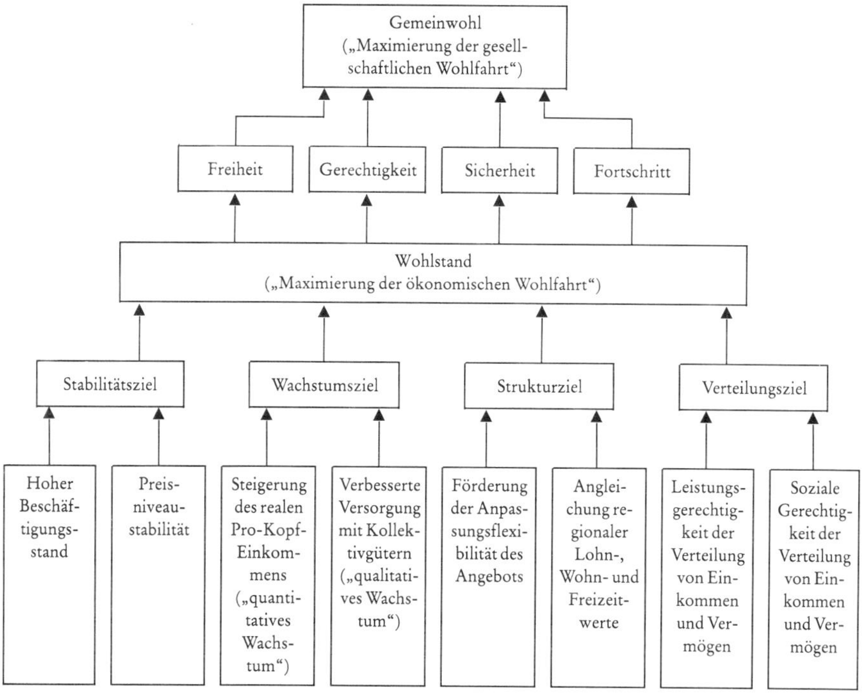

Abb. 10: Gesellschaftliche Grundwerte und wirtschaftspolitische Ziele (Quelle: Cassel, 1982)

Da die verschiedenen wirtschaftspolitischen Ziele nicht immer miteinander harmonieren (wie z. B. außenwirtschaftliches Gleichgewicht und Preisniveaustabilität) oder neutral sind (d. h. ihre Realisation sich gegenseitig nicht beeinträchtigt), sondern auch miteinander konfligieren können, (so verhindert z. B. eine Vollbeschäftigungsgarantie den für ein hohes Wirtschaftswachstum erforderlichen Strukturwandel) besteht das *theoretisch-technokratische* Problem der Wirtschaftspolitik darin, solche Instrumente zur Realisation eines wirtschaftspolitischen Ziels zu erfinden,

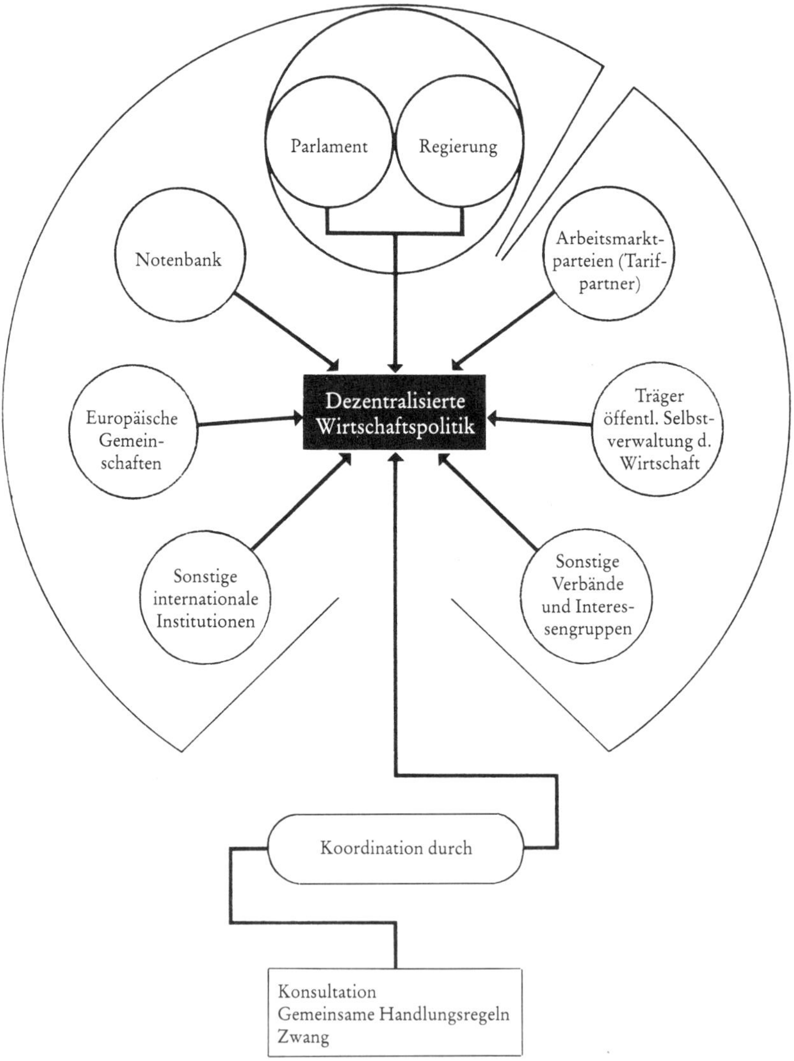

Abb. 11: (Quelle: Streit, Umbach, Bartlsperger, 1980)

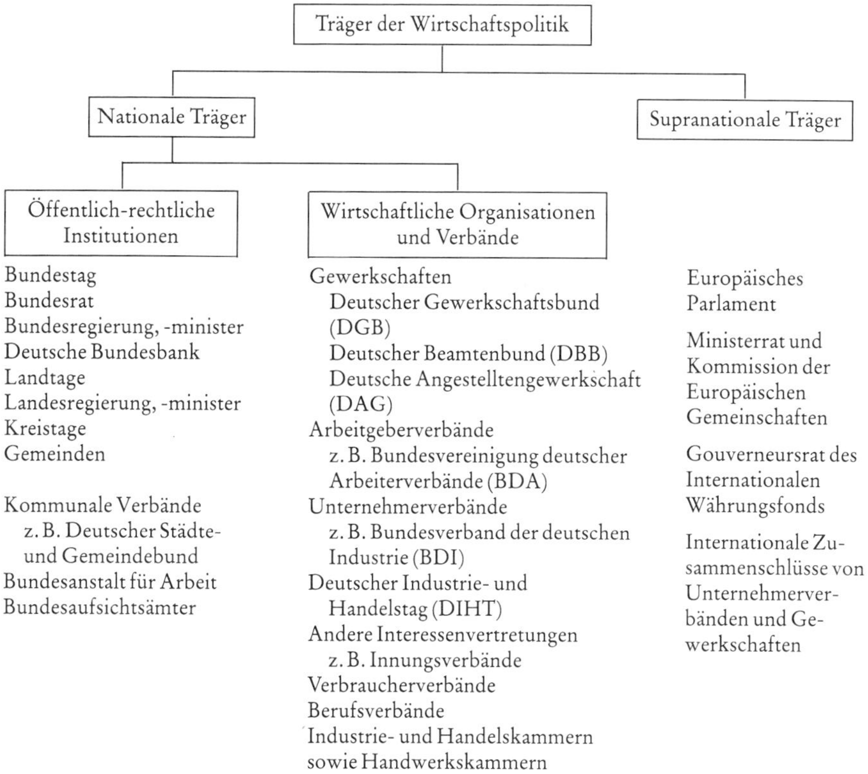

Abb. 12: Quelle: Poser, 1984

bzw. einzusetzen, die bezogen auf das angestrebte Ziel wirksam sind, nicht aber zu unerwünschten Nebenwirkungen bei anderen Zielen führen, bzw. geeignet sind, etwaige Zielkonflikte zu minimieren.

Gesellschaftlich relevanter aber als dieses technische Problem ist der Umstand bzw. das *politisch-programmatische* Problem, daß es in Demokratien westlicher Prägung kein monolithisches Entscheidungszentrum gibt, sondern daß wirtschaftspolitische Maßnahmen immer das Ergebnis eines bargaining bzw. clearings der relevanten gesellschaftlichen Kräfte sind.

Und da es keine wirtschaftspolitische Maßnahme gibt, bei deren Einsatz Partikularinteressen nicht verletzt würden (Mindestreserveerhöhungen verringern die Gewinnchancen des Bankensystems; Investitionsprämien verändern die Verteilungsrelationen zugunsten der Unternehmer etc.), ist der politische Willensbildungsprozeß in pluralistischen Demokratien hinsichtlich Instrumentenauswahl und Dosierung notwendigerweise durch mannigfaltige Verzögerungen und – aus den divergierenden Partialinteressen resultierenden – Blockierungen gekennzeichnet.

Die Interessen- und Machtpluralität der Träger der Wirtschaftspolitik (siehe hier z. B. die obige Synopse der Träger der Wirtschaftspolitik der Bundesrepublik Deutschland) läßt den Schluß zu, daß, wenn Defizite der Wirtschaftspolitik zu konstatieren sind, d. h. Verletzungen bzw. „Nichtheilungen“ von wirtschaftspolitischen Zielen, dies in aller Regel nicht das Resultat eines Instrumentendefizites ist, sondern Ergebnis der pluralistischen politischen Willensbildung sein dürfte. Das heißt, ein großer Teil der wirtschaftlichen bzw. wirtschaftspolitischen Defizienzen ist der Preis für die politisch-pluralistische Freiheit.

Kapitel 2.3

Recht

Gerhard Schnorr

Juristische Abkürzungen

ABGB:	österreichisches Allgemeines Bürgerliches Gesetzbuch
BGB:	deutsches Bürgerliches Gesetzbuch
BGBl.:	Bundesgesetzblatt
BV:	Schweizer Bundesverfassung vom 29.5.1874
B-VG:	österreichisches Bundes-Verfassungsgesetz vom 1.10.1929
GG:	Grundgesetz für die Bundesrepublik Deutschland vom 23.5.1949
HGB:	deutsches und österreichisches Handelsgesetzbuch
OR:	Schweizer Obligationenrecht
RGBl.:	Reichsgesetzblatt
StGG 1867:	österreichisches Staatsgrundgesetz vom 21.12.1867
WV:	Verfassung des Deutschen Reichs (Weimarer Verfassung) vom 11.8.1919
ZGB:	Schweizer Zivilgesetzbuch

2.3.1 Organisation und Rechtsordnung im allgemeinen

2.3.1.1 Abgrenzungsfragen

Die Bedeutung des Rechts für die Organisation stößt auf definitorische Schwierigkeiten. Es gibt nämlich keinen allgemeingültigen, interdisziplinär verwendbaren Begriff der Organisation (Risse 1973; Lehmann 1973). Sowohl die Sozialwissenschaften als auch die Psychologie gehen insofern von einem sehr weiten, funktional verstandenen Begriff der Organisation aus, als sie nicht nur der formalen, sondern auch der informalen Organisation Relevanz als Erkenntnisobjekt beimessen. Die formale Organisation ist dadurch gekennzeichnet, daß sie auf Ziele gerichtet ist, die dem Individuum übergeordnet, also gemeinwohlorientiert sind. Sie lassen sich in der Regel mit normativen Methoden erfassen. Die informale Organisation dagegen ist durch ein Verhalten bestimmt, das in Gemeinschaft mit anderen individuelle Wünsche und Erwartungen verfolgt. Da insoweit jedes Sozialverhalten zugleich den Organisationsbegriff erfüllen kann, läßt sich informale Organisation nur empirisch feststellen (Ziegler 1973; König 1973). Für das Recht sind solche Definitionen zu unspezifisch. Als normativer Erscheinungsform der Gesellschaft sind der rechtlichen Regelung nur *formale Organisationen* zugänglich. Dementsprechend hat sich auch die Rechtswissenschaft als Normwissenschaft nur mit rechtserheblichen formalen Organisationen zu befassen.

Hinzu kommt zwecks intrasystematischer Abgrenzung der Rechtsordnungsinhalte, daß von rechtserheblichen Organisationen nur dann gesprochen werden kann, wenn sie als *Institutionen* in Erscheinung treten. Jeder Vertrag, jedes familienrechtliche Verhalten etwa der Eltern, überhaupt jede Rechtsausübung kann als Mittel der Organisation dienen. Dennoch wäre es aus intrasystematischen Gründen nicht haltbar, das Vertragsrecht, das Familienrecht, das Handelsrecht usw. als Organisationsrecht zu bezeichnen. Wohl aber sind die auf Vertrag beruhende offene Handelsgesellschaft, die Aktiengesellschaft oder der Verein Organisationen im Rechtssinne, weil sie als solche in ihrer institutionalisierten Form in Erscheinung treten. Ein signifikantes Beispiel, diesen Unterschied klarzumachen, bietet die Arbeitsorganisation. Bei der Organisation der wirtschaftlichen Zielsetzung, der Produktionsvorgänge und des Arbeitsablaufs in einem Unternehmen hat der Unternehmer auf Grund seines Eigentumsrechts volle Entscheidungsfreiheit. Selbst wenn man die Unternehmensorganisation als formale Organisation im sozialwissenschaftlichen Sinne bezeichnet, fehlt ihr doch ein solcher Grad an rechtserheblicher Institutionalisierung, daß man sie nicht als Organisation im Rechtssinne werten kann. Anders ist die rechtliche Situation, wenn die organisatorischen Entscheidungen des Unternehmers Auswirkungen auf die soziale Lage der Arbeitnehmer des Betriebes haben, z. B. im Hinblick auf die Entlohnungsmethoden, die betriebliche Arbeitszeit oder die Erfordernisse einer menschengerechten Arbeitsgestaltung. Insoweit gelangen gesetzlich geregelte Mitwirkungsbefugnisse der Belegschaftsvertretungen gegenüber den Maßnahmen des Unternehmers zur Wirksamkeit. Insoweit ist daher die Unternehmensorganisation in Form der sog. gesetzlichen Betriebsverfassung institutionalisiert und wird damit zur Organisation im Rechtssinne.

Ein drittes Spezifikum rechtserheblicher Organisation ist neben der Formalisierungs- und der Institutionalisierungsprämisse die Unterscheidung in *öffentlich-rechtliche* und *privatrechtliche Organisation. Öffentlich-rechtliche Organisation* ist vom Gemeinwohlgedanken einer konfliktfreien Gesellschaft beherrscht und daher *Zwangsorganisation.* Sie umfaßt die Verfassung der Staatsgewalt, das Staatsrecht, einerseits und die Verfolgung der Staatsziele im Einzelfall, das Verwaltungsrecht, andererseits. Die *privatrechtliche Organisation* dagegen ist vom Eigennutzgedanken geleitet. Hier bietet die Rechtsordnung nur *Organisationsmodelle* an, unter denen die Rechtsgenossen wählen, die sie aber in gewissen Grenzen auch atypisch gestalten können. Die Funktion des Rechts im Bereich privatrechtlicher Organisation erstreckt sich einerseits auf die Beschränkung der Übermacht institutionalisierter Organisationen gegenüber ihren Trägern oder Mitgliedern und andererseits auf den Vertrauensschutz Dritter, die – wie etwa Gläubiger oder Nutznießer – mit diesen Organisationen in rechtliche Berührung geraten, denen aber der Einblick in deren innere Funktionsweise versagt ist.

2.3.1.2 Rechtliche Garantien der Organisationsfreiheit

Die Freiheit zur Organisation ist durch nationale und internationale Grundrechte gewährleistet. Dabei kommen vom rechtlichen Standpunkt wiederum nur formale, institutionalisierte Arten der Organisation in Betracht (vgl. oben 2.3.1.1). Wenn man die verfassungsgesetzlichen Gewährleistungen der Rechtsordnungen im deutschsprachigen Raum überblickt, so lassen sich organisatorische Grundrechte allgemeiner Natur von solchen spezifischer Art unterscheiden. Allgemeiner Natur ist das *Grundrecht der Vereinsfreiheit*. Es gewährleistet die Freiheit, Vereinigungen aller Art zu gründen, ihnen nach freier Wahl beizutreten und sich in ihnen zu betätigen (Art. 9 Abs. 1 GG; Art. 12 StGG 1867; Art. 56 BV). Insoweit ist die Vereinsfreiheit in erster Linie ein sog. individuelles Grundrecht, d. h. es gewährleistet jedem einzelnen Rechtsgenossen das Recht, sich mit anderen zu organisieren und zu betätigen. Die jetzt herrschende Interpretation in Rechtslehre und Judikatur sieht jedoch in der Vereinsfreiheit darüberhinaus auch ein kollektives Grundrecht, d. h. es gibt der Vereinigung als solcher einen Anspruch auf Existenz und wesensgemäße Betätigung im Rahmen rechtlicher Zulässigkeit. (Zu den rechtlichen Grenzen kollektiver Betätigungsfreiheit vgl. weiter unten 2.3.1.3). Die Argumentation für den kollektiven Grundrechtscharakter der Vereinsfreiheit besteht darin, daß das individuelle Grundrecht vom Staat ausgehöhlt werden könnte, wenn nicht auch die Vereinigung selbst in Existenz und Funktion geschützt würde und daher mangels eines solchen Schutzes jederzeit und aus beliebigen Gründen aufgelöst werden könnte.

Während sich das Grundrecht der Vereinsfreiheit auf organisatorische Zusammenschlüsse zur Verfolgung permanenter Zwecke bezieht, gewährleistet das *Grundrecht der Versammlungsfreiheit* die Freiheit des Zusammenschlusses zu vorübergehenden oder einmaligen Zwecken (Art. 8 GG; Art. 12 StGG 1867; in der Schweiz ist die Versammlungsfreiheit nicht ausdrücklich in der Bundesverfassung gewährleistet. Soweit es sich um Vereinsversammlungen handelt, ist sie ohnehin durch die Vereinsfreiheit gedeckt. Im übrigen wird die Versammlungsfreiheit in der Schweiz seit der Entscheidung des Schweizerischen Bundesgerichts [BGE 96 I, 219] als ein präpositives, von der Schweizer Verfassung stillschweigend rezipiertes Grundrecht angesehen, das im demokratischen Staat für eine freie Willensbildung unerläßlich ist). Unter den Schutz der Versammlungsfreiheit fallen auch Demonstrationen und Protestaktionen, soweit sie nicht gegen die allgemeine Rechtsordnung verstoßen. (Zu den rechtlichen Grenzen vgl. weiter unten 2.3.1.3).

Neben diesen allgemeinen Grundrechten der Organisationsfreiheit enthalten manche Verfassungen spezifische Organisationsrechte, die zur Erreichung besonderer gesellschaftsrelevanter Zwecke gewährleistet werden. Dies gilt einmal für die verfassungsrechtliche Gewährleistung des freien Zusammenschlusses zu *Religionsgesellschaften*, den Schutz der gemeinsamen öffentlichen Religionsausübung und der Autonomie der Religionsgesellschaften selbst (Art. 137 WV, der durch Art. 140 GG zum Bestandteil des GG erklärt wurde; Art. 15 StGG 1867; Art. 50 BV). Auch bei diesen Gewährleistungen wird deutlich, daß es sich um eine Kombination von individuellem und kollektivem Grundrecht handelt; denn zum einen wird das individuelle Recht zum Beitritt zu Religionsgesellschaften, zum anderen deren kollektives Recht auf Existenz und Religionsausübung garantiert. In der BRD ist außerdem das Recht der Gewerkschaften und der Arbeitgebervereinigungen zur *Sozialpartnerschaft*, die sog. *Koalitionsfreiheit*, speziell gewährleistet (Art. 9 Abs. 3 GG: „Das Recht, zur Wahrung und Förderung der Arbeits- und Wirtschaftsbedingungen Vereinigungen zu bilden, ist für jedermann und für alle Berufe gewährleistet. Abreden, die dieses Recht einschränken oder zu behindern suchen, sind nichtig, hierauf gerichtete Maßnahmen sind rechtswidrig"). Auch hier nehmen Rechtslehre und Judikatur ein Doppelgrundrecht an, indem es einmal das Recht eines jeden einzelnen gewährleistet, sich zu organisieren, und indem es zum anderen als kollektives Grundrecht Bestand und Funktionen der Sozialpartner mit allen ihren wesenseigenen Konnex- und Komplementärinstituten wie Tarifverträge (Kollektivverträge), autonome Schlichtung und Freiheit zum Arbeitskampf schützt. In Österreich und in der Schweiz fehlen solche speziellen Grundrechte der Sozialpartnerschaft, jedoch werden sie dort als integrierender Bestandteil der allgemeinen Vereinsfreiheit angesehen. Ob dies freilich dem hervorragenden gesellschaftspolitischen Stellenwert der Sozialpartner als intermediärer Mächte zwischen der individuellen Privatsphäre und der Machtsphäre des Staates gerecht wird, erscheint fraglich (vgl. Floretta & Strasser 1963; Schnorr 1969, 47 ff.). Der seit dem Jahr 1979 vorliegende Entwurf einer neuen Schweizer Bundesverfassung enthält in seinen Art. 27 und 28 besondere verfassungsgesetzliche Regelungen der Kollektivverträge, der Betriebsvereinbarungen und des Rechts zu kollektiven Kampfmaßnahmen als soziale Grundrechte. (Ähnlich schon jetzt Art. 39 und 40 der italienischen Staatsverfassung von 1947). Noch nicht befriedigend verfassungsgesetzlich gewährleistet ist das *Mitbestimmungsrecht* der Arbeitnehmervertretungen in den Betrieben gegenüber Maßnahmen der Betriebsleitung, das ebenfalls als ein gesellschaftspolitisch hervorragendes Recht der formalen Organisation angesehen werden muß. Obwohl es bereits als sog. soziales Grundrecht in Art. 165 der Verfassung des Deutschen Reiches von 1919 (Weimarer Verfassung) verankert war, findet es sich heute nur sehr selten in den Staatsverfassungen, so vor allem in Art. 46 der italienischen Verfassung von 1947. Der Entwurf einer neuen Schweizer Bundesverfassung hat es in seinem Art. 29 als Auftrag an den Gesetzgeber ausgestaltet, das Mitbestimmungsrecht gesetzlich zu regeln.

Der Bestand der nationalen Grundrechte ist durch *internationale Abkommen* gesichert, die vor allem im Rahmen der UN und des Europarates ausgearbeitet wurden und diejenigen Staaten binden, die sie ratifiziert haben. Von Bedeutung für die Organisationsfreiheit sind der UN-Pakt über bürgerliche und politische Rechte vom 19.12.1966 (Art. 21: Versammlungsfreiheit; Art. 22: Vereinsfreiheit; Art. 18: Religions- und Weltanschauungsgemeinschaften) und die Europäische Menschenrechtskonvention (Art. 11: Versammlungs- und Vereinsfreiheit; Art. 9: Religions- und Weltanschauungsgemeinschaften). Auch die nicht als Abkommen rechtsverbindliche Allgemeine Erklärung der Menschenrechte der UN proklamiert in Art. 20 die Versammlungs- und Vereinsfreiheit und in Art. 18 das Recht des Zusammenschlusses zu Religions- und Weltanschauungsgemeinschaften als allgemeine Menschenrechte. Besondere Bedeutung kommt auf internationaler Ebene der Gewährleistung des Bestandes und der Funktionen der Gewerkschaften und der Arbeitgebervereinigungen sowie ihrer Konnex- und Komplementärinstitute, vor allem des Kollektivvertrages und des Streikrechts, zu. Der internationale Schutz gilt dabei ganz besonders der Unabhängigkeit der Sozialpartnerschaft von staatlicher Bevormundung. Zu nennen sind: Art. 22 des UN-Paktes über bürgerliche und politische Rechte; Art. 8 des UN-Paktes über wirtschaftliche, soziale und kulturelle Rechte vom 19. 12. 1966; Art. 11 der Europäischen Menschenrechtskonvention; Art. 5 und 6 der Europäischen Sozialcharta; das ILO-Übereinkommen Nr. 87 über die Vereinigungsfreiheit und den Schutz des Vereinigungsrechtes vom 9. 7. 1948; das ILO-Übereinkommen Nr. 98 über die Anwendung der Grundsätze des Vereinigungsrechtes und des Rechtes zu Kollektivverhandlungen vom 1. 7. 1949.

2.3.1.3 Schranken der Organisationsfreiheit

Die verfassungsgesetzlich und international gewährleistete Organisationsfreiheit unterliegt bestimmten rechtlichen Schranken, deren Ziel es ist, ihren Einklang mit anderen Freiheiten herzustellen. Solche Schranken können sehr unterschiedlicher Natur sein.

Viele Staatsverfassungen gewährleisten die Vereins- und Versammlungsfreiheit nur ihren *eigenen Staatsangehörigen* (sog. *Bürgerrecht* im Gegensatz zum allgemeinen Menschenrecht), so auch die Verfassungen der BRD, Österreichs und der Schweiz. Das bedeutet, daß Ausländer weitergehenden Beschränkungen der Vereins- und Versammlungsfreiheit unterworfen werden können als die betreffenden Staatsbürger. Das sieht zunächst wie ein Widerspruch zu den oben 2.3.1.2 erwähnten internationalen Abkommen aus, durch die die Vertragsstaaten verpflichtet werden, die Vereins- und Versammlungsfreiheit auf ihren Territorien als allgemeines Menschenrecht anzuerkennen. Demgegenüber ist zu beachten, daß alle diese internationalen Abkommen eine sog. Klausel des *ordre public* enthalten, die die Vertragsstaaten berechtigt, gesetzliche Einschränkungen dieser Grundrechte vorzusehen, soweit dies aus Gründen des Schutzes der Rechte und Freiheiten anderer, des Schutzes der öffentlichen Sicherheit und Ordnung, der Staatssicherheit, der Volksgesundheit oder der Sittlichkeit notwendig und in einer demokratischen Gesellschaft üblich ist. (Vgl. neben den oben 2.3.1.2 genannten Einzelbestimmungen die Generalklausel des ordre public in Art. 31 der Europäischen Sozialcharta sowie Art. 16 der Europäischen Menschenrechtskonvention, der die Vertragsstaaten ausdrücklich ermächtigt, die politische Tätigkeit von Ausländern in Vereinigungen und Versammlungen Beschränkungen zu unterwerfen). Namentlich der Vorbehalt der öffentlichen Ordnung und Sicherheit und der Staatssicherheit lassen es gerechtfertigt erscheinen, die Organisationsfreiheit von Ausländern anderen Voraussetzungen zu unterwerfen als diejenigen von Inländern. Eine Ausnahme vom Bürgerrechtsprinzip besteht für die Koalitionsfreiheit (Sozialpartnerschaft) in der Bundesrepublik Deutschland. Sie ist schon durch Art. 9 Abs. 3 GG als allgemeines Menschenrecht („jedermann") ausgestaltet, so daß ausländische Arbeitnehmer die gleiche Gewerkschaftsfreiheit und ausländische Arbeitgeber die gleiche Verbandsfreiheit genießen wie Inländer.

Eine weitere Schranke der Organisationsfreiheit ergibt sich aus dem *allgemeinen Gesetzesvorbehalt*, unter dem diese Grundrechte im allgemeinen stehen. Der Verfassungsgesetzgeber selbst ermächtigt den verfassungsabhängigen „einfachen" Gesetzgeber, Voraussetzungen und Durchführung der Organisationsbildung näher zu regeln. Nur zweierlei darf der einfache Gesetzgeber nicht, damit die Organisationsfreiheit nicht illusorisch wird. Er darf nicht bestimmte Organisationen selektiv beschränken oder verbieten, sondern muß für alle Organisationen oder ihre Unterarten gleiche gesetzliche Bedingungen schaffen, und er darf in der Wahl der gesetzlichen Mittel nicht so weit gehen, daß der Wesensgehalt des betreffenden Grundrechts angetastet würde, daß also von diesem ein materieller Freiheitsinhalt nicht mehr übrig bleibt. Das wäre im Extremfall gegeben, wenn der Gesetzgeber jede Organisationsbildung einem staatlichen Konzessionssystem unterwerfen würde. In der Bundesrepublik Deutschland normiert Art. 19 Abs. 1 und 2 GG ausdrücklich einen solchen absoluten Kernbereichsschutz aller Grundrechte. In anderen Staaten hat ihn die Judikatur aus der Funktion der Grundrechte gefolgert.

In der Bundesrepublik Deutschland ist die *Vereinsfreiheit* im engeren Sinne einschließlich der Koalitionsfreiheit keinem Gesetzesvorbehalt unterworfen. Wohl aber errichtet die Verfassung selbst *qualifizierte Grundrechtsschranken*, deren Zweck es ist, staatsgefährdende Mißbräuche der Vereinsfreiheit zu verhindern. Einmal sind Vereinigungen, deren Zwecke oder deren Tätigkeit den Strafgesetzen zuwiderlaufen oder die sich gegen die verfassungsmäßige Ordnung oder gegen den Gedanken der Völkerverständigung richten, gemäß Art. 9 Abs. 2 GG verboten. Dieses Verbot wird gemäß § 3 des Vereinsgesetzes allerdings erst dann wirksam, wenn es durch die zuständige Vereinsbehörde konstitutiv festgestellt wurde. Zum anderen verwirken Vereinigungen gemäß Art. 18 GG das Grundrecht der Vereinigungsfreiheit, wenn sie es zum Kampfe gegen die freiheitliche demokratische Grundordnung mißbrauchen. Diese Verwirkung hat die Wirkung eines Vereinsverbotes. Sie wird jedoch ebenfalls erst effizient, wenn sie vom Bundesverfassungsgericht durch eine konstitutiv wirkende Entscheidung festgestellt wurde. Ein spezielles Verbotsverfahren besteht nach Art. 21 GG gegenüber verfassungswidrigen politischen Parteien. Art. 21 Abs. 2 GG versteht darunter politische Parteien, die nach ihren Zielen oder nach dem Verhalten ihrer Anhänger darauf ausgehen, die freiheitliche demokratische Grundordnung zu beeinträchtigen oder zu beseitigen oder den Bestand der Bundesrepublik Deutschland zu gefährden. Auch hier wird das Verbot erst durch eine Entscheidung des Bundesverfassungsgerichts wirksam. Im Verhältnis dieser verfassungsrechtlichen Vorschriften zueinander ist zu beachten, daß das Vereinsverbot nach Art. 9 Abs. 2 GG gegenüber der Grundrechtsverwirkung nach Art. 18 GG und dem Parteienverbot nach Art. 21 GG die weitergehende Norm ist. Jenes untersagt – neben der strafrechts- und völkerrechtswidrigen Vereinigung – jede verfassungswidrige Vereinigung und zwar schon dann, wenn der objektive Tatbestand der Verfassungswidrigkeit vorliegt, diese knüpfen Verwirkung und Verbot an die Voraussetzung, daß bestimmte grundlegende Werte der Verfassung – Demokratie, Freiheit, staatliche Souveränität – tangiert werden, und überdies nur dann, wenn subjektiv der Vorsatz vorhanden ist, diese Werte zu beeinträchtigen oder zu beseitigen. Schließlich erscheint als eine Besonderheit der deutschen Verfassung, daß sich gemäß Art. 9 Abs. 3 Satz 3 GG polizeiliche und militärische Notstandsmaßnahmen nicht gegen Arbeitskämpfe (Streiks und Aussperrungen) der Sozialpartner richten dürfen. Selbst im Kriegsfall könnte daher eine Lahmlegung der Rüstungsindustrie durch Streiks nicht verhindert werden, sofern diese ihre Ursache in der Forderung nach besseren Arbeitsbedingungen haben.

2.3.1.4 Rechtsquellen

Die *staatliche Organisation* wird in erster Linie durch die Staatsverfassungen bestimmt. Sie legen die Institutionen staatlichen Handelns und ihre Zuständigkeiten fest und sind zugleich Einsatznorm für alle anderen organisatorischen Rechtsvorschriften. Im deutschsprachigen Raum sind diese Staatsverfassungen das *Grundgesetz für die Bundesrepublik Deutschland* (GG) vom 23. 5. 1949, das *österreichische Bundes-Verfassungsgesetz* (B-VG) vom 1. 10. 1920 in der Fassung vom 7. 12. 1929 mit zahlreichen ergänzenden Bundesverfassungsgesetzen und die *Schweizer Bundesverfassung* (BV) vom 29. 5. 1874 in der letzten Fassung vom 24. 6. 1983.

Privatrechtliche Organisationen unterliegen den für sie geltenden allgemeinen Gesetzen. Die oben (2.3.1.2) dargelegte verfassungsgesetzlich gewährleistete Organisationsfreiheit bedeutet nicht, daß sich privatrechtliche Organisationen im rechtsfreien Raum befinden. Vielmehr muß zwischen Bildung, Existenz und Funktion einerseits und konkreter Betätigung privatrechtlicher Organisationen andererseits unterschieden werden. Lediglich Bildung, Existenz und Funktion sind gegen willkürliche Eingriffe staatlicher Gewalt verfassungsgesetzlich geschützt. Dagegen ist die konkrete Betätigung der allgemeinen Rechtsordnung unterworfen. Hierbei ist wiederum zwischen den *Verwaltungsvorschriften* und den *Privatrechtsbestimmungen* des Organisationsrechts zu unterscheiden. Jene sollen in Durchführung der verfassungsgesetzlichen Gesetzesvorbehalte (vgl. oben 2.3.1.3) die behördliche Kontrolle über die Rechtmäßigkeit privatrechtlicher Organisationen ermöglichen. Diese regeln Struktur und rechtliches Verhalten dieser Organisationen. Im einzelnen gilt folgendes:

2.3.1.4.1 Verwaltungsvorschriften des Organisationsrechts

Prinzipiell ist zwischen dem *Anmeldungsgrundsatz* und dem *Überwachungsgrundsatz* zu unterscheiden. Nach dem *Anmeldungsgrundsatz* ist die Vereinigung oder Versammlung bei der zuständigen Behörde anzumelden. Diese soll hierdurch in die Lage versetzt werden, von vornherein die Rechtmäßigkeit der Organisationsbildung zu prüfen. Unterläßt die Behörde den Einspruch gegen die Organisationsbildung, so entsteht für die Organisation ein subjektives öffentliches Recht auf Existenz und satzungsgemäße Betätigung. Der Anmeldungsgrundsatz besteht in Österreich gemäß dem Vereinsgesetz 1951 (BGBl. 1951/233) und dem Versammlungsgesetz 1953 (BGBl. 1953/98) sowie in den meisten Kantonen der Schweiz. Beim *Überwachungsgrundsatz* ist eine behördliche Anmeldung oder Genehmigung nicht vorgesehen, die Organisationsbildung ist also völlig frei. Aber die zuständigen Behörden haben die Organisationen von Amts wegen auf ihre Rechtmäßigkeit zu überwachen und gegebenenfalls die oben (2.3.1.3) erläuterten Verbotsverfahren einzuleiten. Dieser Grundsatz besteht in der Bundesrepublik Deutschland gemäß dem Vereinsgesetz vom 5.8.1964 (BGBl. III 2180-1) und dem Versammlungsgesetz vom 15.11.1978 (BGBl. III 2180-4), hier mit Ausnahme von Versammlungen unter freiem Himmel, die dem Anmeldungsgrundsatz unterliegen.

Daneben bestehen *verwaltungsrechtliche Sondervorschriften* für Organisationen mit spezifischen gesellschaftspolitischen Aufgaben. Dies betrifft einmal die *politischen Parteien*, deren Rechtsstellung in der Bundesrepublik Deutschland und in Österreich durch *Parteiengesetze* geregelt ist (BRD: Parteiengesetz in der Fassung vom 15.2.1984, BGBl. III 112-1; Österreich: Parteiengesetz vom 2.7.1975, BGBl. 1975/404). Der Regelungsinhalt weist hierbei prinzipielle Unterschiede auf. Während das österreichische Gesetz in erster Linie eine Gewährleistung des Parteienpluralismus bezweckt, zielt das deutsche Parteiengesetz durch die Festlegung eines spezifischen Begriffs der politischen Partei in § 2 in erster Linie auf eine Selektion repräsentativer politischer Organisationen zum Zwecke effizienterer politischer Willensbildung und auf eine innere Demokratisierung der politischen Parteien ab. Eine Besonderheit der österreichischen Rechtsordnung ist es, daß auch die *Religionsgesellschaften* und die Erfassung aller Erwerbstätigen in *berufsständischen Zwangsorganisationen* speziellen Verwaltungsgesetzen unterliegen. (Vgl. vor allem das Gesetz vom 20.5.1874 betr. die gesetzliche Anerkennung von Religionsgesellschaften, RGBl. 1874/68, und für die berufsständischen Zwangsorganisationen die verschiedenen „Kammergesetze“, darunter das Arbeiterkammergesetz vom 19.5.1954, BGBl. 1954/105, und das Bundesgesetz vom 24.7.1946 betr. die Errichtung von Kammern der gewerblichen Wirtschaft – Handelskammergesetz, – BGBl. 1946/182).

2.3.1.4.2 *Privatrechtliche Vorschriften des Organisationsrechts*

Die privatrechtlichen Vorschriften des Organisationsrechts befinden sich vor allem in den Zivilgesetzbüchern, den Handelsgesetzbüchern und den handelsrechtlichen Nebengesetzen. Sie werden bei den Rechtsformen des Privatrechts unten 2.3.2.2 näher erläutert werden.

2.3.2 *Rechtsformen der Organisation*

Unter den Rechtsformen der Organisation sind die prinzipiellen Strukturprinzipien institutionalisierter Organisationen (vgl. oben 2.3.1.1.) zu verstehen, die das Recht festlegt oder zur Verfügung stellt. Dabei ist zwischen den Rechtsformen im öffentlichen Recht und denjenigen im Privatrecht zu unterscheiden. Das öffentliche Recht ist durch ein gesetzlich bedingtes Unterordnungsverhältnis der Rechtsgenossen unter die staatliche Hoheitsgewalt gekennzeichnet. Die Rechtsformen öffentlichrechtlicher Organisation, insbes. im Verfassungs- und Verwaltungsrecht, sind daher von dem Bestreben beherrscht, staatliche Hoheitsgewalt für die Rechtsgenossen berechenbar und durchschaubar zu machen. Daraus folgt, daß sie prinzipiell zwingend, also nicht disponibel sind. Der Zweck des durch Koordination der Rechtsgenossen untereinander gekennzeichneten Privatrechts ist es dagegen, für die unterschiedlichen individuellen Verhaltensziele optimale Organisationsformen zur Verfügung zu stellen. Daher sind die Rechtsformen der Organisation im Privatrecht durch eine weitgehende Disponibilität charakterisiert. Diese kommt in zweierlei Gestalt zum Ausdruck: Für das gleiche Verhaltensziel stehen meistens mehrere Organisationsmodelle zur Verfügung. So hat etwa ein Gewerbetreibender die Wahl, ob er sein gewerbliches Unternehmen als Einzelkaufmann, in der Form einer Personengesellschaft (z.B. OHG) oder in Form einer Kapitalgesellschaft (AG, GmbH) betreiben will. Zum anderen sind diese privatrechtlichen Organisationsmodelle nicht absolut zwingend, sondern lassen sich bis zu einem gewissen Grade kombinieren und damit in ihrem Modellcharakter vermehren. Ein typisches Beispiel ist die Kombination handelsrechtlicher Personengesellschaften (offene Handelsgesellschaft, Kommanditgesellschaft) mit einer Kapitalgesellschaft zur GmbH & Co KG. Diese Kombinationsmöglichkeiten finden nur dort ihre Schranken, wo sie die Rechtsordnung in der Gestalt der Gesetzgebung oder der Gesetzesinterpretation durch die Judikatur zum Schutze Dritter begrenzt.

2.3.2.1 Rechtsformen im öffentlichen Recht

2.3.2.1.1 Staatliche Organisation

Da die staatliche Organisation sehr stark von der jeweiligen Staatsverfassung und ihrer politischen Funktionsweise abhängt, besitzt sie im Detail eine große Variationsbreite. Diese läßt sich aber auf Grund formaler Kriterien auf bestimmte Klassifikationen reduzieren, wobei 3 Kriterien als Parameter in Betracht kommen:

die äußere Erscheinungsform der Herrschaft, d. h. die Frage, wer die Souveränität im Staat besitzt (eigentliche *Staatsformenlehre*);

die innere Verteilung der Herrschaft auf verschiedene Machtträger (*Regierungslehre*);

der Grad der Zentralisierung oder Dezentralisierung staatlicher Macht (*Föderalismuslehre*).

Als vierter Parameter käme an sich auch die *faktische Machtverteilung in der Politik* in Betracht. Verwiesen sei etwa auf die verschiedenen Kombinationsmöglichkeiten parteipolitischer Regierungsbildung vom Einparteienstaat über den Zweiparteienstaat zur Koalitionsregierung und zur Konzentrationsregierung (Allparteienregierung) oder auf die politischen Zweckbündnisse zwischen politischen (Regierungs-) parteien und kollektiven Interessenvertretungen, vor allem auf der Ebene der Sozialpartner. Verwiesen sei auch auf die politische Rolle der außerparlamentarischen Opposition namentlich in Staaten, die das repräsentative Prinzip des Regierens überbewerten und das plebiszitäre Element zu sehr vernachlässigen (z. B. APO in der BRD Ende der 60er Jahre). Solche faktische Machtverteilung läßt sich aber nur sehr bedingt formalisieren und bildet daher schon den Übergang vom Recht zur Politik. (Vgl. unten Kap. 2.3.3.3.1 „Politische und Soziale Systeme").

In der *Staatsformenlehre* werden nach quantitativen Merkmalen drei Organisationsmöglichkeiten unterschieden: die Monarchie als Souveränität eines einzelnen, die Aristokratie als Souveränität einer – meist elitären – Minderheit und die Demokratie als die Souveränität des Volkes bzw. seiner Mehrheit. Dagegen ist die auf Aristoteles zurückgehende qualitative Unterscheidung in gute und schlechte Staatsformen (Monarchie – Tyrannis, Aristokratie – Oligarchie, Demokratie – Ochlokratie) kaum mehr gebräuchlich.

Die *Regierungslehre* erhielt ihre rechtstheoretische Ausformung durch das Gewaltenteilungsprinzip John Lockes (1690) und Montesquieues (1748). Ursprünglich handelte es sich um eine ideologische Reaktion auf die Machtkonzentration der absoluten Monarchie. Das Gewaltenteilungsprinzip war daher formalisiert durch die *Gewaltentrennung*, die der Aufteilung der Staatsgewalt auf getrennte Funktionen der Gesetzgebung, der Gesetzesvollziehung und der Rechtsprechung Ausschließlichkeitscharakter beimaß, und durch die *Gewaltenbalance*, die die gegenseitige Hemmung der Gewalten durch gegenseitige Kontrolle zum Schutze von Freiräumen der Bürger als essentiell ansah. Heute sind diese Prinzipien in den Staatsverfassungen nur lückenhaft geregelt und durch die Staatenpraxis vielfach durchbrochen (Hesse 1982, 183 ff.). Hinzu kommt, daß neu entstandene politische Gewalten wie etwa die politischen Parteien oder berufsständische Zwangsorganisationen (z. B. die Berufskammern in Österreich) in dieses formale System nicht adäquat eingeordnet werden können. Unter Regierungslehre werden daher gegenwärtig nicht so sehr die formalen Grundsätze der Gewaltenteilung als vor allem die *Alternativen des funktionellen Zusammenwirkens der verschiedenen Gewalten* bei der politischen Willensbildung verstanden. Anknüpfungspunkt ist die Unterscheidung in verfassungsgesetzlich etablierte monokratische Regierungsformen einerseits und polykratische Regierungsformen andererseits. Jene sind dadurch gekennzeichnet, daß die Teilgewalten mehr oder weniger von einem einzigen obersten Organ der politischen Willensbildung abhängig sind. Nur dieses oberste Organ wird unmittelbar vom Volk gewählt. Die polykratischen Regierungsformen sind dadurch gekennzeichnet, daß mehrere direkt gewählte oberste Organe bestehen, deren Zusammenwirken für die politische Willensbildung erforderlich ist (siehe Schema).

Tab. 1: *Regierungsformen*

Monokratische Regierungsform: Parlamentarische Demokratie

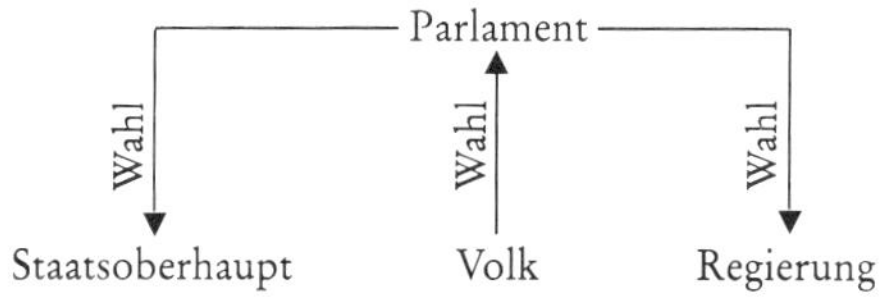

Polykratische Regierungsform: Präsidialdemokratie

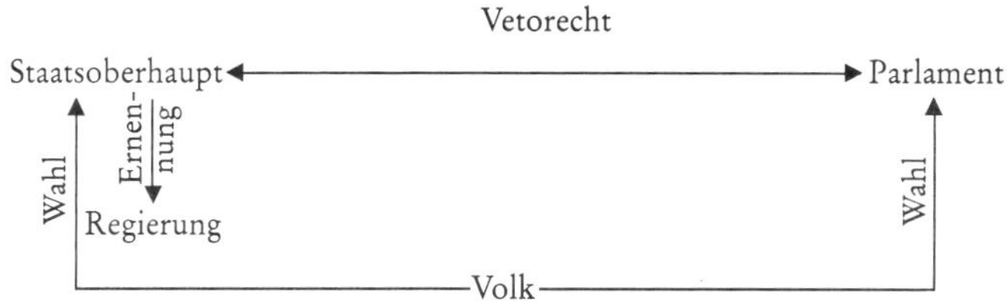

Mischform:

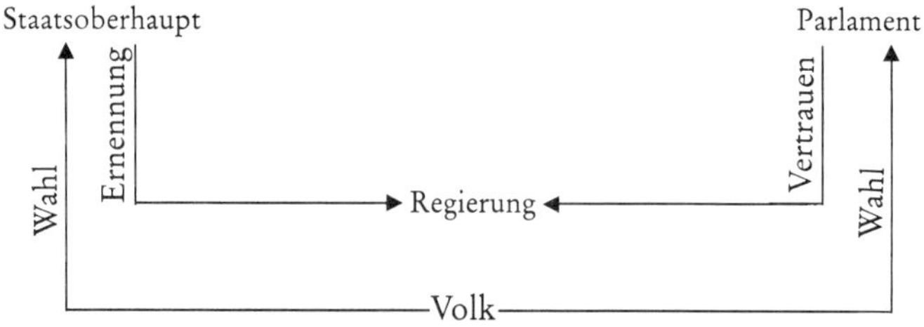

Gegenstand der *Föderalismuslehre* ist die vertikale Dezentralisation staatlicher Hoheitsrechte. Danach ist der verfassungsgesetzliche Einheitsstaat vom verfassungsgesetzlichen Bundesstaat zu unterscheiden. Die Gliederung des *Einheitsstaates* erschöpft sich in der Dekonzentration von Verwaltungsfunktionen auf unselbständige, hierarchisch weisungsgebundene Behörden. Beim *Bundesstaat* findet dagegen eine Teilung der souveränen Hoheitsgewalt zwischen einem Gesamtstaat („Bund", „Vereinigte Staaten", „Schweizer Eidgenossenschaft") und rechtlich wie politisch selbständigen Gliedstaaten („Länder", „Kantone") statt. Mindestanforderungen an den Bundesstaat sind eine eigene Personalhoheit, eine eigene Territorialhoheit und eine eigene Gesetzgebungs- und Vollziehungsgewalt der Gliedstaaten. Im einzelnen weist die verfassungsgesetzliche Struktur der Bundesstaaten eine außerordentlich große Variationsbreite auf. Eine brauchbare Unterteilung ist die Einteilung in *unitarische* und *föderative* Bundesstaaten.

Typische Unterscheidungskriterien sind die Kompetenz-Kompetenz, d. h. die Zuständigkeit, zu bestimmen, welche Zuständigkeiten der Gesamtstaat und welche die Gliedstaaten haben sollen, die Finanzhoheit, d. h. die Zuständigkeit, über die Einhebung und Zuweisung der Budgetmittel an Gesamtstaat und Gliedstaaten zu bestimmen, und die außenpolitische Souveränität, d. h. die Zuständigkeit der Gliedstaaten, auf Gebieten, auf denen ihnen nach innen Souveränitätsrechte zustehen, auch mit fremden Staaten völkerrechtliche Verträge abschließen zu können. Stehen diese Zuständigkeiten den Gliedstaaten zu oder können sie zumindest ohne deren gleichberechtigte Mitbestimmung vom Gesamtstaat nicht ausgeübt werden, so handelt es sich um einen föderativen Bundesstaat; stehen sie ausschließlich dem Gesamtstaat zu, so handelt es sich um einen unitarischen Bundesstaat. Hinzu kommt als weiteres Unterscheidungsmerkmal, in welchem Umfang die Gesamtstaatsverfassung den Gliedstaaten den Inhalt ihrer Verfassungen vorschreibt. Selbst unter Berücksichtigung der außerordentlichen organisatorischen Variationsbreite bundesstaatlicher Verfassungen neigen die Verfassungen der Bundesrepublik Deutschland und der Schweiz, aber auch der USA, dem föderativen Bundesstaat und diejenige Österreichs dem unitarischen Bundesstaat zu.

2.3.2.1.2 *Verwaltungsorganisation*

Die Verwaltung gehört zur gesetzesvollziehenden Gewalt, soweit es sich nicht um Streitentscheidung oder Gestaltung privater Rechtsverhältnisse durch die Rechtsprechung handelt. Die tragenden Rechtsgrundsätze der Verwaltungsorganisation sind jedoch nur lückenhaft durch Gesetze festgelegt. Sie wurden weitgehend durch Judikatur und Rechtstheorie entwickelt (vgl. Forsthoff 1973; Adamovich & Funk 1984). Dagegen sind die Details der Verwaltungsorganisation wie Behördenaufbau, Behördenzuständigkeit, Aufsichtsrechte, Rechtsmittelweg in zahlreichen Einzelgesetzen des materiellen Verwaltungsrechts geregelt (z. B. Polizeirecht, Staatsbürgerschaftsrecht, Marktordnungsgesetze und sonstige Wirtschaftsgesetze, Arbeitsmarktgesetze, Schulgesetze, Steuergesetze usw.). Hinzu kommen Gesetze, die das Verfahren vor den Verwaltungsbehörden regeln (in der BRD das Verwaltungsverfahrensgesetz, das Verwaltungsvollstreckungsgesetz und das Verwaltungszustellungsgesetz; in Österreich das Allgemeine Verwaltungsverfahrensgesetz, das Verwaltungsstrafgesetz, das Verwaltungsvollstreckungsgesetz, das Zustellungsgesetz, das Dienstrechtsverfahrensgesetz und das Agrarverfahrensgesetz). Diese Zersplitterung der organisatorischen Verwaltungsvorschriften hat seinen Grund in dem Bestreben des Gesetzgebers, die jeweilige Organisation der zu regelnden Materie adäquat anzupassen. Hier sollen jedoch nur die *tragenden Grundsätze der Verwaltungsorganisation* dargelegt werden.

Verwaltungsbegriff: Er wird je nach dem rechtsphilosophischen Standort zur Rechtsordnung unterschiedlich definiert. Nach dem in der Bundesrepublik Deutschland und in der Schweiz herrschenden *materiellen Verwaltungsbegriff* ist Verwaltung jede Tätigkeit des Staates zur Erfüllung seiner Zwecke, soweit es sich nicht um Gesetzgebung oder Rechtsprechung handelt. Dieser Verwaltungsbegriff räumt dem Verwaltungsträger einen relativ weiten Ermessensspielraum in der Wahl der Mittel zur Erreichung der Staatsziele ein. Der in Österreich herrschende *formelle Verwaltungsbegriff* bezeichnet dagegen als Verwaltung den Tätigkeitsbereich der weisungsgebundenen Staatsorgane in Vollziehung der Gesetze. Hier ist der Ermessensspielraum eingeschränkt einmal durch die Gesetzesbindung der Behörden auch bei der Anwendung der Mittel zur Erreichung der Staatsziele und zum anderen durch eine hierarchische Weisungsgebundenheit der untergeordneten Behörden gegenüber den Aufsichtsbehörden, die in Art. 20 Abs. 1 B-VG zur zwingenden Verfassungsnorm erhoben wurde. Die tägliche Verwaltungspraxis besteht in Österreich in der Tat zum größten Teil in der Ausführung von Weisungen (Erlaßflut!), so daß eine wirkliche selbständige und verantwortliche Verwaltungstätigkeit nur die Bundes- bzw. Landesministerien entfalten.

Legalitätsprinzip: In allen Rechtsstaaten ist der Verwaltungstätigkeit als gesetzesvollziehender Staatsgewalt wesenseigen, daß sie nur auf Grund eines Gesetzes und nur im Rahmen der gesetzlichen Ermächtigung ausgeübt werden darf. Dazu gehört auch, daß das ermächtigende Gesetz den Inhalt des spezifischen Verwaltungshandelns für den Staatsbürger kalkulierbar umreißt. Diesbezügliche Verfassungsbestimmungen enthalten Art. 20 Abs. 3 GG und Art. 18 B-VG.

Organisationsgewalt: Ähnlich dem Verwaltungsbegriff ist auch der Inhalt der Organisationsgewalt in eine materielle und eine formelle Definition unterschieden. Unter Organisationsgewalt wird die Befugnis verstanden, die zur Erreichung der Staatsziele erforderliche Behördenorganisation zu schaffen. Der vor allem in der Bundesrepublik Deutschland herrschende *materielle Begriff* der Organisationsgewalt besagt, daß jedes Ressort auch ohne gesetzliche Ermächtigung befugt und verpflichtet ist, die zur Vollziehung der ihm übertragenen gesetzlichen Aufgaben notwendige behördliche Organisation zu schaffen. Hier ist also die Organisationsgewalt dem materiellen Verwaltungsrecht immanent. Der in Österreich herrschende *formelle Begriff* der Organisationsgewalt dagegen erfordert es, daß die zur Vollziehung der gesetzlichen Verwaltungsaufgaben notwendige Behördenorganisation durch Gesetz oder auf Grund eines Gesetzes errichtet wird, jedenfalls soweit diese Organisation dem Bürger gegenüber in Erscheinung tritt. Hier gehört die Organisationsgewalt zum Monopol des Gesetzgebers.

Ressortprinzip: Es bedeutet einen durchgehenden hierarchischen Behördenaufbau für die einzelnen Materien des Verwaltungsrechts, wobei sich die Behördenzuständigkeit in aller Regel danach orientiert, welchem Fachministerium die betreffende Verwaltungsmaterie zugewiesen ist. Gemäß dem materiellen Begriff der Organisationsgewalt erfolgt die Ressortverteilung in der Bundesrepublik Deutschland durch interministerielle Geschäftsverteilung, in Österreich dagegen auf Grund des formellen Begriffs der Organisationsgewalt durch das Bundesministeriengesetz 1973 in der letzten Fassung vom 13. 2. 1986. Das Ressortprinzip ist im allgemeinen dreigliedrig, wobei die untere Behörde erstinstanzlich entscheidet und die Mittelbehörde sowie die Oberbehörde (in der Regel, aber nicht notwendigerweise das zuständige Fachministerium) als Aufsichts- und Rechtsmittelinstanzen zuständig sind. Im Bundesstaat besteht die Besonderheit, daß als erstinstanzliche und Mittelbehörden auch beim Vollzug von Bundesgesetzen die Behörden der Gliedstaaten fungieren (sog. mittelbare Bundesverwaltung), soweit nicht die betreffende Bundesverfassung einen eigenen mehrstufigen Aufbau von Bundesbehörden zuläßt. (Vgl. im einzelnen Art. 83 – 91 GG; Art. 102, 103, 105 B-VG).

Selbstverwaltung: Die Selbstverwaltung ist zu einem außerordentlich wichtigen und vielschichtigen Faktor der Verwaltungsorganisation geworden. Ihre heutige Form geht auf die vom Reichsfreiherrn von Stein geschaffene preußische Städteordnung vom 19. 11. 1808 zurück. Angesichts ihrer historischen Bedingtheit und ihrer gesellschaftspolitischen Dynamik wirft sie eine große Anzahl juristischer Probleme begrifflicher und struktureller Art auf (vgl. Weber 1967). Hier können nur die wichtigsten Grundlinien aufgezeigt werden. Für die Selbstverwaltung ist jedenfalls wesentlich, daß staatliche Verwaltungsaufgaben auf selbständige, rechtsfähige, aus der Staatsverwaltung ausgegliederte Rechtsträger, sog. *juristische Personen des öffentlichen Rechts*, delegiert werden. Im Gegensatz zur *Dekonzentration* der Staatsgewalt auf die hierarchisch geordneten Instanzen innerhalb des Ressortprinzips haben wir es hier mit einer *Dezentralisierung* der Staatsgewalt zu tun. Die Selbstverwaltung wird daher auch häufig als *mittelbare Staatsverwaltung* bezeichnet. Sie soll infolge ihrer spezifischen Bürgernähe eine Mittlerstellung zwischen Staat und freier Gesellschaft einnehmen. Da sie aber ihrem Gegenstand nach staatsbezogene Verwaltung ist, sind ihre Einrichtung und Aufgaben nicht frei, sondern unterliegen dem Legalitätsprinzip. Das bedeutet dreierlei: Selbstverwaltungsträger können nur durch Gesetz im Rahmen verfassungsgesetzlicher Zulässigkeit geschaffen werden; ihre Aufgaben sind durch Gesetz festzulegen, jenseits ihrer gesetzlichen Aufgaben sind sie handlungsunfähig; sie unterliegen hinsichtlich der Gesetzmäßigkeit ihres Handelns behördlicher Aufsicht. Vielfach ist mit der Selbstverwaltung auf Grund gesetzlicher Delegation ein internes Rechtsetzungsrecht verbunden. Wir sprechen dann von *Autonomie* (z. B. die Verordnungsbefugnis der Gemeinden). Im übrigen werden die Selbstverwaltungsträger in verschiedener Weise eingeteilt. Auf Grund ihrer Substanz ist zwischen personenbezogenen, d. h. auf Mitgliedschaft beruhenden, sachbezogenen, d. h. auf Sachwaltereigenschaft beruhenden, und zweckbezogenen juristischen Personen des öffentlichen Rechts zu unterscheiden. Je nach dem sind daher *Körperschaften*, *Anstalten* und *Stiftungen* (in Österreich Fonds) des öffentlichen Rechts zu unterscheiden. Eine andere Differenzierung betrifft den Wirkungsbereich namentlich der Körperschaften des öffentlichen Rechts. Dieser kann territorial definiert sein, was vor allem auf die Gemeinden als wichtigste territorial gegliederte Körperschaften des öffentlichen Rechts mit Selbstverwaltung zutrifft. Er kann aber auch mehr oder weniger unabhängig von einer territorialen Gliederung vom Gegenstand her bestimmt sein. Dies gilt besonders für die Sozialversicherungsträger und die staatlichen Universitäten, aber auch für zahlreiche Arten der sog. wirtschaftlichen und sozialen Selbstverwaltung, ganz besonders in Österreich für die Berufskammern, die Körperschaften des öffentlichen Rechts mit gesetzlicher Zwangsmitgliedschaft sind (vor allem Kammern für Arbeiter und Angestellte und Kammern der gewerblichen Wirtschaft als die Hauptträger wirtschaftlicher und sozialer Selbstverwaltung). Damit ist aber bereits eine begriffliche Grauzone erreicht; denn auch der Abschluß von Kollektivverträgen (Tarifverträgen) durch frei gebildete Gewerkschaften und Arbeitgebervereinigungen wird heutzutage als Ausübung sozialer Selbstverwaltung oder sozialer Autonomie bezeichnet. Dennoch muß man sich im klaren sein, daß es sich hierbei nicht um eine staatlich delegierte und beaufsichtigte Verwaltungstätigkeit im Sinne des klassischen Selbstverwaltungsbegriffs, sondern um den Gebrauch der verfassungsgesetzlich gewährleisteten kollektiven Vereinigungsfreiheit in dem oben (2.3.1.2) beschriebenen Sinne handelt.

2.3.2.1.3 Gerichtsorganisation

Einzelheiten der Gerichtsorganisation, insbesondere hinsichtlich der Instanzenzüge, der Zuständigkeiten und – im Bundesstaat – hinsichtlich der Regelungskompetenz der Gerichtsorganisation zwischen Gesamtstaat und Gliedstaaten, sind in den nationalen Rechtsordnungen sehr unterschiedlich geregelt. Darauf kann im Rahmen dieses räumlich beschränkten Überblicks nicht eingegangen werden. Wir müssen uns auf die Rechtsgrundsätze beschränken, die allen freiheitlich-demokratischen Rechtsordnungen wesenseigen sind. Es handelt sich um folgende Rechtsgrundsätze:

Gesetzmäßigkeitsprinzip: Gerichte können nur durch Gesetz auf Grund verfassungsgesetzlicher Ermächtigung errichtet werden. Hier gibt es also keine freie Organisationsgewalt der Regierung oder des zuständigen Ministers. Dies kommt zudem in allen Staatsverfassungen in dem verfassungsrechtlich gewährleisteten Grundrecht auf den „gesetzlichen Richter" zum Ausdruck. In der Bundesrepublik Deutschland ist die stark in einzelne Zweige gegliederte Gerichtsorganisation schon durch die Art. 92 – 101 GG verfassungsgesetzlich detailliert vorausbestimmt (Verfassungsgerichtsbarkeit, Verwaltungsgerichtsbarkeit, Finanzgerichtsbarkeit, Zivilgerichtsbarkeit, Arbeitsgerichtsbarkeit, Sozialgerichtsbarkeit, Patentgerichtsbarkeit, Disziplinargerichtsbarkeit für Beamte). Einzelheiten der Organisation und der Zuständigkeit sind in besonderen Gesetzen geregelt, so vor allem im Gesetz über das Bundesverfassungsgericht in der Fassung vom 12.12.1985 (BGBl. III 1104-1), in der Verwaltungsgerichtsordnung vom 21.1.1960 (BGBl. III 340-1), im Gerichtsverfassungsgesetz in der Fassung vom 9.5.1975 (BGBl. III 300-2), im Arbeitsgerichtsgesetz in der Fassung vom 2.7.1979 (BGBl. III 320-1) und im Sozialgerichtsgesetz vom 3.9.1953 in der Fassung vom 23.9.1975 (BGBl. I S. 2535). In Österreich bestimmt Art. 83 B-VG, daß Verfassung und Zuständigkeit der Gerichte eines Bundesgesetzes bedürfen. Nähere organisatorische Ausführungsbestimmungen enthalten das Gerichtsorganisationsgesetz vom 27.11.1896 (RGBl. 1896/217), die Jurisdiktionsnorm vom 1.8.1895 (RGBl. 1895/111) und das Gesetz über den Obersten Gerichtshof vom 19.6.1968 (BGBl. 1968/328). Detaillierte verfassungsgesetzliche Organisations- und Zuständigkeitsvorschriften bestehen in Österreich für die Verwaltungsgerichtsbarkeit (Art. 129 – 136 B-VG) und für die Verfassungsgerichtsbarkeit (Art. 137 - 148 B-VG). Ausführungsvorschriften hierzu enthalten das Verwaltungsgerichtshofgesetz 1985 (BGBl. 1985/10) und das Verfassungsgerichtshofgesetz 1953 (BGBl. 1953/85). In der Schweiz ist die Gerichtsorganisation durch Art. 64 Abs. 3 BV in die Zuständigkeit der Kantone gelegt, jedoch wurde durch die Art. 106 – 114 BV ein Bundesgericht errichtet, das vor allem zur Entscheidung überkantonaler Rechtsfragen und zur Wahrung einer einheitlichen eidgenössischen Rechtsprechung berufen ist.

Unabhängigkeitsprinzip: Dieses spielt in allen freiheitlich-demokratischen Staatsverfassungen eine zentrale Rolle. Recht kann nur dann objektiv nach Maßgabe der Gesetze und der Gerechtigkeit gesprochen werden, wenn die Richter weisungsungebunden, interessenneutral und gegen Diskriminierungen aus Anlaß ihrer richterlichen Tätigkeit geschützt sind. Daher sehen die Verfassungen und zum Teil die sie ausführenden Bestimmungen der Richter(dienst-)gesetze die Trennung von Justiz und Verwaltung (z. B. Art. 20 Abs. 2 GG; Art. 94 B-VG), die Weisungsunabhängigkeit, Unabsetzbarkeit und Unversetzbarkeit der Richter – letzteres außer als Folge disziplinarrechtlicher oder notwendiger gerichtsorganisatorischer Maßnahmen – (z. B. Art. 97 GG; Art. 87, 88 B-VG) sowie die Beschränkung beruflicher oder gewerblicher Nebentätigkeiten der Richter (z. B. Art. 108 Abs. 2 und 3 BV) vor.

Gerichtliche Kontrolle der Staatsgewalt: Namentlich im deutschsprachigen Bereich hat sich – durch österreichische und preußische historische Vorbilder angeregt – das Prinzip durchgesetzt, daß auch die Ausübung der Staatsgewalt der gerichtlichen Kontrolle auf ihre Rechtmäßigkeit zu unterwerfen ist. Daraus hat sich die organisatorische Parallelität von *ordentlicher Gerichtsbarkeit* und *öffentlich-rechtlicher Gerichtsbarkeit* entwickelt. Erstere entscheidet über zivilrechtliche Streitigkeiten und sonstige zivilrechtliche Angelegenheiten der Bürger und Rechtsgenossen, wobei im weiteren Sinne auch die zivilrechtlichen Sondergerichtsbarkeiten wie etwa die Arbeitsgerichtsbarkeit hierzu zählen. Die öffentlich-rechtliche Gerichtsbarkeit kontrolliert einerseits die Gesetzmäßigkeit des Behördenhandelns (*Verwaltungsgerichtsbarkeit*) und andererseits die Konformität sowohl des Behördenhandelns als auch der staatlichen Rechtsetzung mit der Staatsverfassung (*Verfassungsgerichtsbarkeit*). Eine Besonderheit in Österreich ist die *Volksanwaltschaft* (Art. 148 a – 148 j B-VG; Volksanwaltschaftsgesetz 1982, BGBl. 1982/433). Sie ist eine unabhängige und weisungsungebundene Kontrollinstanz gegenüber der Verwaltung außerhalb des Verwaltungsgerichtsverfahrens, kann aber nur Empfehlungen erteilen, hat also im Gegensatz zum Verwaltungsgerichtshof keine Entscheidungsbefugnis. Das rechtspolitische Motiv ihrer Errichtung war es vor allem, auch denjenigen Bürgern einen Schutz vor Fehlentscheidungen der Behörden zu gewähren, die das verhältnismäßig umständliche Verwaltungsgerichtsverfahren scheuen.

2.3.2.2 Rechtsformen im Privatrecht

Wie schon erwähnt wurde, stellt das Privatrecht im wesentlichen Organisationsmodelle zur Verfügung, die zwar verschiedenen Zwecken angepaßt sind, die aber den Organisatoren einen breiten Dispositionsspielraum lassen. In einer groben Übersicht können diese Organisationsmodelle nach folgenden Gesichtspunkten gegliedert werden:

Rechtsstellung: Hier sind Vereinigungen *mit eigener Rechtsfähigkeit* (juristische Personen des Privatrechts) und Vereinigungen *ohne eigene Rechtsfähigkeit* zu unterscheiden. Vereinigungen mit eigener Rechtsfähigkeit können als solche Träger von Rechten und Pflichten sein; sie sind durch ihre Organe selbständig handlungsfähig; sie haben eigenes Vermögen, das unabhängig vom Vermögen ihrer Mitglieder haftet; sie können klagen und verklagt werden. Da die juristische Person jedoch lediglich die Fiktion einer Rechtspersönlichkeit ist, muß sie bestimmte im Gesetz vorgesehene *Organe* haben, die ihrerseits aus gewählten oder ernannten natürlichen Personen bestehen. Diese handeln als gesetzliche Vertreter der juristischen Person in deren Namen und auf deren Rechnung. Nicht rechtsfähige Vereinigungen dagegen können nur durch ihre Mitglieder gemeinsam handeln; sie haben kein eigenes Vermögen, sondern für ihre Schuldverpflichtungen haften alle Mitglieder mit ihrem Privatvermögen; sie können als solche nicht klagen oder verklagt werden, sondern aktiv- und passivlegitimiert vor Gericht sind wiederum nur alle Mitglieder gemeinsam. Eine Mittelstellung bilden die *Personengesellschaften des Handelsrechts* (offene Handelsgesellschaften „OHG", in der Schweiz Kollektivgesellschaften genannt, und Kommanditgesellschaften „KG"). Auch sie sind zwar nicht rechtsfähig, aber sie können trotzdem unter ihrer Firma klagen und verklagt werden. Sie haben ein eigenes Gesellschaftsvermögen, das unabhängig vom Privatvermögen der Gesellschafter für Gesellschaftsschulden haftet. Allerdings schließt dies die zusätzliche Haftung des Privatvermögens der Gesellschafter für Gesellschaftsschulden nicht aus.

Zweck: Der Zweck des organisierten Zusammenwirkens von Menschen kann an sich beliebiger Natur, vor allem sowohl ideeller als auch wirtschaftlicher Natur sein. Hierfür stellt das allgemeine bürgerliche Recht verschiedene Organisationsformen zur Verfügung. Daneben bestehen spezielle Zwecke, für die das Recht spezifische Organisationsformen bereit hält. Die wichtigsten sind einmal das organisatorische Zusammenwirken zum Zwecke wirtschaftlicher Ertragserzielung. Hierfür hat das *Handelsrecht* besondere handelsrechtliche Gesellschaften geregelt. Zum anderen hat das sozialpartnerschaftliche Zusammenwirken zum Zwecke der kollektiven Regelung der Arbeitsbedingungen erhebliche Bedeutung erlangt. Hierfür wurden vom *Arbeitsrecht* besondere Rechtsformen der Organisation geschaffen.

Struktur: Für die Typik der Organisationsmodelle im Privatrecht ist weiteres entscheidend, ob ihre Struktur stärker personenbezogen oder stärker kapitalbezogen, d. h. ob das kooperative Mitspracherecht der Beteiligten vom persönlichen Einsatz oder von der Höhe der Kapitalbeteiligung geprägt ist. Danach unterscheidet man namentlich im Handelsrecht zwischen *Personengesellschaften* und *Kapitalgesellschaften.*

Erscheinungsbild: Eine im Gesetzesrecht nur unvollkommen ausgeprägte, in der Rechtspraxis aber bedeutende Unterscheidung ist diejenige in *Außengesellschaften* und *Innengesellschaften.* Jede Art von privatrechtlicher Vereinigung hat an sich zwei Seiten: Einmal besteht zwischen den Mitgliedern ein wie auch immer geartetes vertragliches Band, das die Mitwirkung der einzelnen an der Erreichung des gemeinsamen Zweckes gewährleisten soll. Das ist das Innenverhältnis. Zum anderen treten die Beteiligten Dritten gegenüber als Vereinigung in Erscheinung, sei es als erkennbare Personenmehrheit oder durch gemeinsam gewählte Organe. Das ist das Außenverhältnis. Der Idealtyp des Rechts geht davon aus, daß Innen- und Außenverhältnis in ihrem Erscheinungsbild identisch sind. Die Praxis hat nun aber Gesellschaftsformen herausgebildet, die nur im Innenverhältnis korporative Merkmale aufweisen, während nach außen eine Einzelperson, u. U. zugleich in Vollmacht der anderen Beteiligten in Erscheinung tritt. Solche Gesellschaftsformen sind häufig dann anzutreffen, wenn nur das innere Zusammenwirken von wirtschaftlicher Bedeutung ist, während es für den Dritten, der schuldrechtliche Beziehungen anknüpft, wirtschaftlich gleichgültig ist, wer hinte seinem Vertragspartner steht. Prototypen solcher Innengesellschaften sind die stille Gesellschaft im Handelsrecht und die Arbeitsgruppe (sog. Eigengruppe) mit Dienstverschaffungsvertrag durch den Gruppenleiter im Arbeitsrecht.

2.3.2.2.1 Gemeinschaften und Gesellschaften

Beiden Organisationsformen ist gemeinsam, daß sie nicht rechtsfähig sind. Träger von Rechten und Pflichten sind daher alle Mitglieder gemeinsam. Rechte und Pflichten können – auch im Wege der Klage – nur von allen bzw. gegen alle Mitglieder, nicht aber gegen die Gemeinschaft oder Gesellschaft als solche geltend gemacht werden.

Der Unterschied zwischen beiden Organisationsformen liegt im Innenverhältnis, d. h. im Verhältnis der Mitglieder zueinander. Unter einer *Gemeinschaft* versteht das Gesetz die bloße Tatsache, daß mehreren Personen ein gemeinsames Recht an einem Gegenstand zusteht, z. B. das Eigentum mehrerer an einem Grundstück, ein gemeinsames Wassernutzungsrecht oder das Urheberrecht an einem gemeinsam geschaffenen Werk, mit gewissen gesetzlichen Modifikationen auch die Erbengemeinschaft. Hier kommt es also weder auf den Rechtsgrund der Entstehung noch auf den Zweck der Gemeinschaft an. Allein die Tatsache ihres Bestehens ist rechtserheblich, mag dieses nun auf Vertrag (z. B. gemeinsamer Erwerb eines Grundstücks), auf Gesetz (z. B. Erbengemeinschaft) oder auf Zufall (z. B. gemeinsames Finden einer Sache) beruhen. Infolgedessen ist die Gemeinschaft an rechnerisch ermittelbaren Bruchteilen (sog. Bruchteilsgemeinschaft) orientiert und jeder Teilhaber kann frei über seinen Anteil verfügen, ihn insbesondere veräußern oder verpfänden, soweit dadurch das Stammvermögen oder die Rechte der anderen Teilhaber nicht beeinträchtigt werden. (So kann der Wohnungseigentümer zwar nicht das Grundstück, an dem er einen Anteil hat, verkaufen, wohl aber seine Wohnung samt dem ideellen Anteil am gemeinsamen Grundstück). Die *Gesellschaft* (in Österreich irreführenderweise Erwerbsgesellschaft) ist dagegen durch die Erreichung eines gemeinsamen wirtschaftlichen oder ideellen Zweckes gekennzeichnet, zu deren Mitwirkung sich die Beteiligten vertraglich verpflichtet haben. Rechtsgrundlage der Gesellschaft ist daher stets ein Gesellschaftsvertrag. Die Erfolgsorientiertheit der Gesellschaft setzt eine engere Bindung der Gesellschafter voraus. Daher besteht keine Verfügungsfreiheit über die einzelnen Gesellschaftsanteile, und das Gesellschaftsvermögen kann nur durch einhellige Willenserklärungen aller Gesellschafter berechtigt und verpflichtet werden. Inwieweit jeder Gesellschafter über seinen Anteil hinaus für alle Gesellschaftsschulden (gesamtschuldnerische Haftung) oder nur für seinen Anteil haftet, ist in den einzelnen Rechtsordnungen unterschiedlich geregelt.

Rechtsquellen: §§ 741 – 758 (Gemeinschaft), §§ 705 –740 (Gesellschaft) BGB; §§ 825 – 849 (Gemeinschaft), §§ 1175 – 1216 (Gesellschaft) ABGB; Art. 530 – 551 OR.

2.3.2.2.2 Vereine

Auch der Verein hat eine personalistische, körperschaftliche Struktur; er besteht aus Mitgliedern. Während aber der Bestand der Gesellschaft (vgl. oben 2.3.2.2.1) auf Grund ihrer erfolgsorientierten vertraglichen Rechtsgrundlage an die ursprünglich Beteiligten gebunden ist, ihr Ausscheiden also im allgemeinen die Auflösung der Gesellschaft zur Folge hat, ist der Bestand des Vereins unabhängig von einem Mitgliederwechsel. Im Gegensatz zur personell beschränkten Gesellschaft eignet sich daher der Verein für große Mitgliederzahlen. Jedoch sagt der juristische Vereinsbegriff nichts über die gesellschaftspolitische Bedeutung eines Vereins aus; denn auch die Gewerkschaften, Arbeitgebervereinigungen und politischen Parteien sind – juristisch betrachtet – privatrechtliche Vereine. (Vgl. aber zur staatsrechtlichen Funktion der politischen Parteien bei der politischen Willensbildung oben 2.3.1.4.1.). Auf Grund der Unabhängigkeit des Vereinsbestandes von der Persönlichkeit der Mitglieder ist auch die innere Struktur eine andere: Der Verein handelt nach außen nicht durch seine Mitglieder, sondern durch gewählte oder bestellte Organe.

Nach österreichischem und Schweizer Recht besitzt der Verein kraft Gesetzes Rechtsfähigkeit. Er ist also juristische Person des Privatrechts und kann unter seinem Namen Träger von Rechten und Pflichten sein sowie klagen und verklagt werden (§ 26 ABGB; Art. 60 ZGB). Nach deutschem Recht sind Vereine zunächst nicht rechtsfähig und daher formal den Gesellschaften gleichgestellt. Sie erlangen aber Rechtsfähigkeit durch die konstitutiv wirkende Eintragung in ein beim Amtsgericht zu führendes Vereinsregister (§§ 21, 54 BGB). Diese an sich schon unpraktische Regelung war zur Zeit der Entstehung des BGB Ende des 19. Jahrhunderts politisch motiviert. Man wollte durch das relativ umständliche Eintragungsverfahren den Gewerkschaften und den politischen Parteien Entstehung und Betätigung erschweren. Die Judikatur hat jedoch im Wege richterlicher Rechtsfortbildung die Rechtsstellung nichtrechtsfähiger Vereine weitestgehend den eingetragenen rechtsfähigen Vereinen angeglichen, was vor allem den noch immer nichtrechtsfähigen Gewerkschaften und politischen Parteien zugute gekommen ist (vgl. Hübner 1985, 136 – 143).

Nicht einheitlich ist die Frage geregelt, ob der Vereinszweck eine rechtliche Relevanz hat. In der Schweiz sind nur solche Personenvereinigungen als Vereine im Sinne des Privatrechts zugelassen, die keine wirtschaftlichen Zwecke für ihre Mitglieder verfolgen (sog. Idealvereine, Art. 60 Abs. 1 ZGB). Personenvereinigungen zu wirtschaftlichen Zwecken müssen sich handelsrechtlicher Organisationsformen bedienen (Art. 59 Abs. 2 ZGB). Allerdings wird von der herrschenden Judikatur und Literatur der Begriff des nichtwirtschaftlichen Zweckes sehr weit definiert. So gilt es noch als ideeller Zweck, wenn der Verein wirtschaftliche Leistungen für außenstehende Dritte erbringt, was bei Wohltätigkeitsvereinen der Fall ist. Auch darf ein Verein ein nach kaufmännischer Art geführtes Unternehmen betreiben, wenn dies zur Verfolgung seiner ideellen Ziele erforderlich ist, wie z. B. die Unterhaltung von Verkaufsstellen durch einen Kunstförderungsverein (Art. 61 Abs. 2 ZGB). Die nicht zulässige wirtschaftliche Betätigung des Vereins beschränkt sich daher auf die unmittelbare Erringung wirtschaftlicher Vorteile für die Mitglieder durch den Vereinszweck. (Vgl. Meier-Hayoz & Forstmoser 1974, 258 – 261). Ähnlich ist die Rechtslage im deutschen Recht (Hübner 1985, 110 – 112). Hier sind aber wirtschaftliche Vereine unter der Voraussetzung zulässig, daß ihnen der wirtschaftliche Zweck durch einen Behördenakt verliehen wird (sog. Konzessionssystem; § 22 BGB). In Österreich gibt es, abgesehen von Sondervorschriften für Versicherungsvereine, keine Qualifizierung der Vereinszwecke, soweit es sich um nach dem Vereinsgesetz 1951 (vgl. oben 2.3.1.4.1) erlaubte Vereine handelt.

Rechtsquellen: §§ 21 – 79 BGB; § 26 ABGB; Art. 60 – 79 ZGB.

2.3.2.2.3 Organisationsformen des Handelsrechts

Wesentliche Charakteristik des Handelsrechts ist die Unterscheidung zwischen personenbezogenen und kapitalbezogenen Organisationsformen. Die *personenbezogenen Gesellschaften* sind durchweg nicht rechtsfähig, wobei bei der Offenen Handelsgesellschaft alle Gesellschafter haften, bei der Kommanditgesellschaft mindestens ein Gesellschafter, der komplementär, mit seinem ganzen Vermögen für die Schulden der Gesellschaft haftet. Die Kommanditgesellschaft bildet insofern schon den Übergang zur Kapitalgesellschaft, als sie neben den Komplementären Gesellschafter, „Kommanditisten“, aufweist, die lediglich kapitalmäßig beteiligt sind, nur bis zur Höhe ihres Kapitalanteils haften und keine Befugnis zur Mitentscheidung in Gesellschaftsangelegenheiten haben. Gewinnbeteiligung ist für alle Gesellschafter gegeben. Rechtliche Verantwortlichkeit der Gesellschafter mangels Rechtsfähigkeit der Gesellschaft selbst, persönliche Haftung und erfolgsorientierte wirtschaftliche Zielsetzung bewirken eine starke Akzentuierung der persönlichen Entscheidungsmacht der Gesellschafter bei der Geschäftsführung, die Einstimmigkeit aller Gesellschafter erfordert, sofern die Geschäftsführungsbefugnis nicht abweichend durch den Gesellschaftsvertrag geregelt ist, was das Gesetz zuläßt. Bei den *Kapitalgesellschaften* (Aktiengesellschaft, Gesellschaft mit beschränkter Haftung, Genossenschaft) dagegen bleiben die Gesellschafter weitgehend anonym. Hier tritt die Kapitalausstattung der Gesellschaft mittels Erwerb von Kapitalanteilen durch die Gesellschafter in den Vordergrund. Diese Kapitalanteile sind weitgehend verkehrsfähig, d. h. sie können veräußert werden. Die Kapitalgesellschaften sind rechtsfähig; die Haftung ist auf das Gesellschaftsvermögen beschränkt. Die Entscheidungsmacht liegt im wesentlichen in den Händen eines von den Gesellschaftern gewählten, sonst aber von ihnen unabhängigen Managements, während die in einer Generalversammlung vereinigten Gesellschafter lediglich im Wege von Mehrheitsbeschlüssen grundsätzliche Fragen entscheiden, die die Substanz der Gesellschaft betreffen, z. B. die Umwandlung in eine andere Gesellschaftsform oder die Fusion mit anderen Gesellschaften. In der Praxis wurden zahlreiche *atypische*, vom Gesetz immerhin geduldete *Organisationsformen* entwickelt, deren Zweck es im wesentlichen ist, entweder die Vorteile der persönlichen Entscheidungsmacht bei der Personengesellschaft mit denjenigen der Haftungsbeschränkung bei Kapitalgesellschaften zu verbinden oder wirtschaftliche Macht im Wettbewerb zu konzentrieren oder zu konsolidieren. So entstanden einerseits die Einmann-GmbH bzw. die GmbH & Co. KG. Bei ihr bleibt zwar ein einzelner Unternehmer entscheidungsbefugter Geschäftsführer, er nutzt aber zugleich die Haftungsbeschränkung auf das Vermögen der Kapitalgesellschaft (bei der GmbH & Co. KG ist die GmbH haftender Komplementär), um sich der persönlichen Haftung aus seiner Geschäftstätigkeit zu entziehen. Andererseits wird durch Konzernverträge oder Kartellabsprachen zu erreichen versucht, daß mehrere selbständige Unternehmen unter einheitlicher Leitung oder im Wege finanzieller Beherrschung wirtschaftliche Machtpositionen einnehmen oder daß Märkte unter wenige Unternehmen aufgeteilt, Preise zu Lasten der Verbraucher einheitlich geregelt werden u. ä. In den letzten Jahrzehnten wurde jedoch versucht, durch Kartellgesetze solche wirtschaftliche Machtpositionen, die dem freien Wettbewerb schaden, zu begrenzen.

Der Zweck der gesellschaftsrechtlichen Vorschriften des Handelsrechts ist es vor allem, die Funktionsfähigkeit dieser Gesellschaften den Erfordernissen des Handelsverkehrs anzupassen und ihre Gestion für den Außenstehenden durchschaubar zu machen. Diesem Zweck dienen die Pflicht zur Eintragung dieser Gesellschaften und ihrer wichtigsten strukturellen Elemente in öffentliche Handelsregister (Publizitätsgrundsatz) und die Unbeschränktheit und Unbeschränkbarkeit der Vertretungsmacht ihrer Gesellschafter bzw. ihrer Organe im Rechtsverkehr (Vertrauensgrundsatz).

Rechtsquellen: §§ 105 – 177, 335 – 342 HGB für Personengesellschaften (für die BRD und Österreich annähernd gleichlautend); spezielle Gesetze für Aktiengesellschaften, Gesellschaften mit beschränkter Haftung und Genossenschaften; Art. 552 – 926 OR für Personen- und Kapitalgesellschaften in der Schweiz; Kartellgesetze vom 24.9.1980 (BRD „Gesetz gegen Wettbewerbsbeschränkungen“), vom 22.11.1972 (Österreich), vom 20.12.1962 (Schweiz).

2.3.2.2.4 Organisationsformen des Arbeitsrechts

Die Organisationsformen des Arbeitsrechts sind durch die Sozialpartnerschaft motiviert. Ihr Ziel ist es, durch das Zusammenwirken der Interessenvertretungen der Arbeitnehmer und der Arbeitgeber angemessene Arbeitsbedingungen mit genereller Geltung und rechtsverbindlicher (sog. normativer) Wirkung zu schaffen sowie die Übermacht des Arbeitgebers im Betrieb auf ein sachnotwendiges Maß zu begrenzen (sog. kollektives Arbeitsrecht). Im Gegensatz zu anderen Staaten, vor allem zu Großbritannien und den USA, sind die sozialpartnerschaftlichen Organisationsformen im deutschsprachigen Raum durch Gesetz festgelegt. Ein „Erkämpfen" von Mitwirkungsrechten der Arbeitnehmerschaft gibt es infolgedessen nicht, was wesentlich zum sozialen Frieden beiträgt.

Es muß zwischen der überbetrieblichen und der betrieblichen Ebene der Sozialpartnerschaft unterschieden werden.

Auf *überbetrieblicher Ebene* sind die frei gebildeten Gewerkschaften und Arbeitgebervereinigungen (in Österreich außerdem die öffentlich-rechtlichen Berufskammern der Arbeitnehmer und der Arbeitgeber, sog. gesetzliche Interessenvertretungen) die Institutionen der Sozialpartnerschaft. Ihre gesetzliche Aufgabe ist es, durch Vertrag untereinander Arbeitsbedingungen aller Art zu schaffen, die die Arbeitsverhältnisse der Parteien der Individualarbeitsverträge normativ, d. h. unabdingbar und unmittelbar gestalten. Die Bezeichnung dieser Verträge ist unterschiedlich, und zwar in der BRD „Tarifvertrag", in Österreich „Kollektivvertrag" und in der Schweiz „Gesamtarbeitsvertrag".

Auf *betrieblicher Ebene* bilden der Arbeitgeber und die von der Belegschaft des Betriebes nach bestimmten gesetzlichen Vorschriften zu wählende Betriebsvertretung („Betriebsrat") die Institutionen der Sozialpartnerschaft. Das Instrumentarium sind hierbei verschieden abgestufte Mitwirkungsrechte der Betriebsvertretung gegenüber betrieblichen Maßnahmen des Arbeitgebers. Soweit es sich dabei um die generelle Gestaltung betrieblicher Arbeitsbedingungen handelt (sog. soziale Angelegenheiten wie z. B. Arbeitsordnung, betriebliche Arbeitszeit, Disziplinarordnungen, Arbeitsüberwachungssysteme, Entlohnungsmethoden), wird die Mitwirkung ebenfalls durch den Abschluß kollektiver, normativ wirkender Verträge, sog. Betriebsvereinbarungen, zwischen Arbeitgeber und Betriebsrat ausgeübt. Unter bestimmten gesetzlichen Voraussetzungen ist der Abschluß einer Betriebsvereinbarung Wirksamkeitsvoraussetzung für die vom Arbeitgeber geplante Maßnahme, wodurch das Mitwirkungsrecht des Betriebsrates zur gleichberechtigten Mitbestimmung gesteigert wird. In anderen betrieblichen Angelegenheiten allgemeiner, personeller oder wirtschaftlicher Art sehen die einschlägigen gesetzlichen Vorschriften in ihrer Intensität unterschiedlich abgestufte Mitwirkungsrechte der Betriebsvertretung vor. Sie reichen vom bloßen Recht auf Information über Kontroll- und Interventionsbefugnisse und Beratungen ohne rechtsverbindliche Wirkung bis zur echten Mitbestimmung, bei der – namentlich bei Personalentscheidungen – die Maßnahme des Arbeitgebers zu ihrer Wirksamkeit der vorherigen Zustimmung des Betriebsrates bedarf. Damit die Mitbestimmung nicht zum betriebsorganisatorischen Hemmschuh wird, sehen die gesetzlichen Vorschriften entweder generell oder für bestimmte Angelegenheiten den Zwangsschiedsspruch einer unabhängigen Instanz vor, wenn es zwischen Arbeitgeber und Betriebsvertretung zu keiner Einigung kommt. Der Zwangsschiedsspruch ersetzt also eine erforderliche, aber verweigerte Zustimmung eines der betrieblichen Sozialpartner.

In der Bundesrepublik Deutschland besteht außerdem eine Sonderregelung der paritätischen Mitbestimmung der Arbeitnehmerschaft in den Aufsichtsräten der großen Kapitalgesellschaften.

Rechtsquellen: Tarifvertragsgesetz vom 9.4.1949, Betriebsverfassungsgesetz vom 15.1.1972, Gesetz über die Mitbestimmung der Arbeitnehmer in den Aufsichtsräten und Vorständen (sog. Montanindustrie-Mitbestimmungsgesetz) vom 21.5.1951, Mitbestimmungsgesetz vom 4.5.1976 (BRD); Arbeitsverfassungsgesetz vom 14.12.1973 (Österreich); Art. 356 – 358 OR (Schweiz. Hier ist nur der Gesamtarbeitsvertrag gesetzlich geregelt; für die Organisation der betrieblichen Sozialpartnerschaft gibt es noch keine gesetzliche Regelung; ein im Oktober 1983 bei der auftraggebenden Nationalratskommission eingereichter Gesetzesentwurf einer Expertenkommission weicht erheblich von der deutschen und österreichischen Regelung ab und enthält lediglich rudimentäre Rahmenbestimmungen für eine vertraglich zu gestaltende betriebliche Sozialpartnerschaft).

Kapitel 2.4

Technologie und Organisation

*Eberhard Ulich *, Norbert Troy (†) und Andreas Alioth **

2.4.1 Entwicklungen in der Arbeitsgesellschaft

Die sich beschleunigenden technologischen Entwicklungen konfrontieren den Menschen offenbar in immer kürzer werdenden Zeitintervallen mit veränderten oder gänzlich neuen Arbeitsbedingungen. Dies geht aus dem in Abbildung 1 (s. folgende Seite) dargestellten Überblick über die Zeitdauer wichtiger Entwicklungsetappen der Technik deutlich hervor.

Im Zeitalter des Handwerks und der Manufaktur war eine Beschäftigung mit den psychischen Aspekten der Arbeitstätigkeit "...nicht zwingend. Betrachtet man den Arbeitsinhalt jener Epoche, so wird deutlich, daß er im heutigen Sinne durch Anforderungsvielfalt und Freiheitsgrade gekennzeichnet war" (Timpe 1984, 248).

Ohne im einzelnen den Ursachen nachgehen zu wollen, lassen sich im Frühkapitalismus der Neuzeit Veränderungen der Gesellschaftsordnung feststellen, die vor allem eine weitgehende Zerstörung der handwerklichen Berufsstände mit sich bringen. „Mit dem technischen Fortschritt in den Produktionsstätten wuchs der Anteil des Sachapparates (der ‚konstanten' Kapitalquote), nahm der verhältnismäßige Anteil der menschlichen Arbeitskräfte (der ‚variablen' Kapitalquote) ab. Damit aber wurde der Kleinbetrieb abgelöst, mit ihm das patriarchalische Arbeitsverhältnis zerstört, der gelernte Fabrikhandwerker mehr und mehr durch angelernte und ungelernte Arbeiter ersetzt" (Michel 1953, 22).

In der zweiten Hälfte des 18. Jahrhunderts führte die erste industrielle Revolution – von England ausgehend – zu tiefgreifenden wirtschaftlich-technischen und sozialen Umwälzungen. Mit dieser industriellen Revolution sind die Einführung der Maschi-

* In Erinnerung an Norbert Troy, der das Erscheinen dieses Beitrages nicht mehr erlebte.

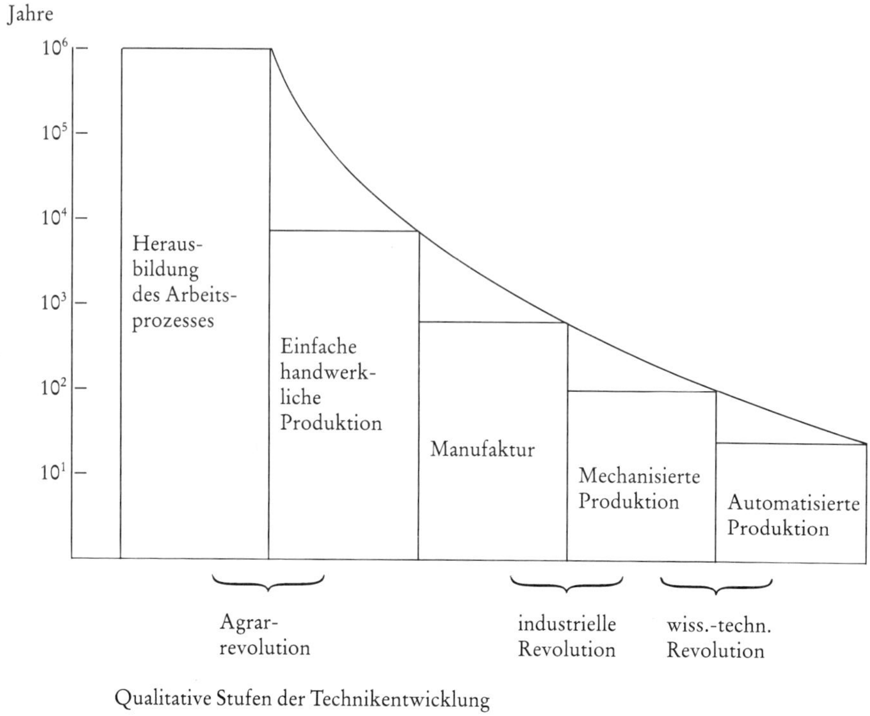

Abb. 1: Zeitdauer wichtiger Entwicklungsetappen der Technik (aus: TIMPE 1984)

nenarbeit und die Begründung der neuzeitlichen Fabrik verbunden (1769 erste Fabrik im neuzeitlichen Sinne von Arkwright). In Spinnereien und Webereien setzen sich gegen Ende des 18. Jahrhunderts die Spinnmaschine und der mechanische Webstuhl (Cartwright 1786) durch. Vor allem die Entwicklung der Dampfmaschine – die seit Ende des 18. Jahrhunderts mit Werkzeugmaschinen verbunden werden kann – hatte zahlreiche Veränderungen, z. B. im Bergbau, in der Textil- und Eisenindustrie zur Folge. Mit den Antriebsmaschinen war zugleich eine die Konzentration von Betriebsstätten und Zentralisierung von Entscheidungen fördernde Wirkung verbunden, die erst mit der Erfindung des Elektromotors wieder überwindbar wurde. „Diese Entwicklung, daß der technische Fortschritt zunächst konzentrierende und dann dekonzentrierende Wirkung entfaltet, wiederholt sich bis in unsere Zeit" (Schott 1969, 1014).

Im übrigen führte die Konzentration technisch aufwendiger und teurer Maschinen auch zu einer Zentralisierung der den Beschäftigten an diesen Maschinen verbleibenden Verrichtungen. „Die mit der industriellen Revolution verbundene Reduzierung der körperlichen Anforderungen, die Einschränkung der Arbeitstätigkeit auf einfache, stets gleichartige Handgriffe u. a. führte zu einer Simplifikation der Arbeitstätigkeit bei hoher Produktivität" (Timpe 1984, 249).

Der entscheidende Schritt, mit dem derartige Formen der Arbeitsorganisation für Jahrzehnte festgeschrieben wurden, erfolgte jedoch erst mit der Verknüpfung von Produktionstechnologien und Transportsystemen, auf dem Hintergrund der von Taylor (1911) systematisierten Konzepte der Arbeitsteilung. Menschliche Arbeitskraft wurde „partiell und unter Inkaufnahme eines großen Elastizitätsverlusts durch eine starre, zentrale Technik ersetzt..., die die Arbeits- und Organisationsstruktur determinierte" (Staudt und Hüsch 1984, 18). Die Entwicklung von Fließbandanlagen – häufig als zweite industrielle Revolution bezeichnet – führte schließlich zu einer systematischen Trennung von Kopf- und Handarbeit und zu taktgebundener Verrichtungszentralisierung. Damit wurde zugleich eine Arbeitsform geschaffen, die infolge extremer Teilung und ständiger Wiederholung minimale Anforderungen an die Qualifikation des Arbeiters stellt, wodurch dessen Anlernzeit auf ein Minimum reduziert und der Arbeiter selbst jederzeit austauschbar wird.

Mögliche Folgen extremer Arbeitsteiligkeit von Produktionsprozessen für Persönlichkeitsentwicklung und Qualifikation waren schon von Adam Smith zur Zeit der ersten industriellen Revolution beobachtet und beschrieben worden: „Jemand, der tagtäglich nur wenige einfache Handgriffe ausführt, die zudem immer das gleiche oder ein ähnliches Ergebnis haben, hat keinerlei Gelegenheit, sich im Denken zu üben. Denn da Hindernisse nicht auftreten, braucht er sich auch über deren Beseitigung keine Gedanken zu machen. So ist es ganz natürlich, daß er verlernt, seinen Verstand zu gebrauchen, und so stumpfsinnig und einfältig wird, wie es ein menschliches Wesen nur eben werden kann. Solch geistige Trägheit macht ihn nicht nur unfähig, Gefallen an einer vernünftigen Unterhaltung zu finden oder sich daran zu beteiligen, sie stumpft ihn auch gegenüber differenzierten Empfindungen (...) ab, so daß er auch seine gesunde Urteilsfähigkeit vielen Dingen gegenüber, selbst jenen des täglichen Lebens, verliert" (Smith 1776, zitiert nach Recktenwald 1976, S. 122f.).

Weder diese frühen Beobachtungen von Adam Smith noch die Analysen von Karl Marx oder die Untersuchungen von Hoxie für die US-Kommission zur Prüfung der Verhältnisse in der Industrie (vgl. Frey 1920) haben zu verhindern vermocht, daß das tayloristische Prinzip der Trennung von ‚Denken' und ‚Ausführung' zu einem die Organisationslehre weithin bestimmenden Konzept verfeinert wurde.

Gegen dieses Konzept haben Arbeits- und Sozialpsychologen schon bald Position bezogen. Interessant sind in diesem Zusammenhang die Äußerungen von Lewin (1920) über die „zwei verschiedenen Gesichter der Arbeit". Das eine Gesicht der Arbeit sei „Mühe, Last, Kraftaufwand"; dieses Gesicht zeige die Arbeit lediglich als Mittel zum Zweck des Lebensunterhalts, „ein Ding ohne eigenen Lebenswert" – „darum Arbeit so kurz und so bequem wie möglich" (a.a.O., 11). Das andere Gesicht der Arbeit zeige deren nicht instrumentellen Charakter; in diesem Zusammenhang ist die Rede vom „Lebenswert" der Arbeit, die eben selbst Leben sei. „Darum will man die Arbeit reich und weit, vielgestaltig und nicht krüppelhaft beengt... Der Fortschritt der Arbeitsweise gehe also nicht auf möglichste Verkürzung der Arbeitszeit, sondern auf Steigerung des Lebenswertes der Arbeit, mache sie reich und menschenwürdiger" (a.a.O., 12). Im übrigen sei der Taylorismus „eine Methode, die sozialistisch auch dann nicht zu rechtfertigen ist, wenn an die Stelle des industriellen Unternehmens die an einer hohen Produktion interessierte Gemeinschaft tritt" (Lewin 1920, 18).

Wunderlich (1925) ging in seiner experimentellen Untersuchung über „Die Einwirkung einförmiger zwangsläufiger Arbeit auf die Persönlichkeitsstruktur" davon aus, „daß vollkommen rationalisierte Tätigkeiten, wie die an automatischen Maschinen und am Taylorband... psychologisch und sozialpolitisch zu bedenkende psychische Folgeerscheinungen nach sich ziehen" (a.a.O., 6). Aus seinen Befunden zog er u.a den Schluß: „Diese Maßnahmen laufen aber alle auf Entpersönlichung des Arbeiters hinaus" (Wunderlich 1925, 50).

Mit Bezug auf diese und andere Arbeiten konnte Eliasberg (1926, 100) darauf verweisen, daß die „Psychotechnik... mit Recht den dilettantischen psychologischen Aufputz des Taylorismus kritisiert" habe. Einige Jahre später postulierte Lipmann in seinem Lehrbuch der Arbeitswissenschaft noch einmal explizit, „daß dem Arbeiter die Gestaltung seiner Arbeit, die Wahl der Arbeitsmittel und Arbeitsmethoden in möglichst hohem Grade überlassen bleiben soll, und daß dieses Prinzip nur aufgrund streng begründbarer wirtschaftlicher Erwägungen durchbrochen werden soll" (Lipmann 1932, 191). An anderer Stelle heißt es schließlich: „‚Arbeitsfreude' im eigentlichen Sinne des Wortes gibt es nur da, wo der Arbeiter eine zielgerichtete Tätigkeit zu verrichten hat, deren Ziel oder deren Ablauf er autonom bestimmen oder regulieren kann..." (a.a.O., 387).

Als Ergebnis dieser Entwicklung konstatierte Friedmann (1953, 265ff.) einerseits eine „weltweite Tendenz des Verfalls ganzheitlicher Berufe", andererseits einen zunehmenden „Bedarf der Industrie an immer vollkommeneren Maschinen" und – damit verbunden – neuen qualifizierten Berufen, allerdings nur für einen relativ kleinen Anteil der Beschäftigten.
Die durch tayloristische Konzepte bestimmten Arbeitsformen weisen im übrigen nach Kern und Schumann (1970a, 66) folgende Merkmale auf: „Repetitive Teilarbeit ist sich nicht selbst genügende, restriktive und in ihren sozialen Bezügen verkümmerte Arbeit – sie unterwirft den Arbeiter dem Diktat eines fremden Willens; hindert ihn an der Ausbildung und Entfaltung von Kenntnissen und manuellen Fertigkeiten; bindet ihn an einen Arbeitsprozeß, der seine physischen und psychischen Reserven auszehrt; ersetzt lebendige Kooperation durch soziale Isolierung."

Bereits wenige Jahrzehnte nach der Entwicklung von Systemen zur arbeitsteiligen industriellen Massenproduktion wurde mit der Automatisierung eine qualitativ neue Entwicklungsstufe eingeleitet. Einige Autoren sprechen in diesem Zusammenhang vom Beginn einer wissenschaftlich-technischen Revolution (vgl. Abbildung 1).

Eine frühe Aussage über damit intendierte oder angenommene Veränderungen der Stellung des Menschen im Produktionsprozeß findet sich im sogenannten ersten

Hauptsatz von Dolezalek (zitiert nach Krömer 1968, 14 f.): „Automatisierung bedeutet die Befreiung des Menschen von der Durchführung immer wiederkehrender gleichartiger geistiger oder manueller Verrichtungen und seine Lösung aus der zeitlichen Bindung an den Rhythmus der technischen Einrichtung." Damit stellt sich u. a. die Frage nach den Veränderungen der erforderlichen Qualifikationen und der aus dem Produktionsprozeß und dessen Bewältigung resultierenden Belastungen. Aufgrund empirischer Untersuchungen in amerikanischen Industriebetrieben und einiger zusätzlicher Annahmen hat Bright (1958) den Versuch unternommen, Veränderungen der Tätigkeitsanforderungen für das Bedienungspersonal über insgesamt 17 Mechanisierungsstufen zu beschreiben. Dabei fällt auf, daß die Anforderungen – zum Beispiel an allgemeines Wissen und Können, Ausbildung und Erfahrung – zunächst ansteigen, mit fortschreitender Mechanisierung bzw. Automatisierung jedoch wieder abfallen. Von Blauner (1964) wurde demgegenüber angenommen, daß zunehmende Automatisierung der Fertigungsprozesse mit steigenden Anforderungen an die Qualifikation der Beschäftigten verbunden ist. Kern und Schumann (1970b, 318) konstatieren denn auch, „daß Entwicklungsgesetze dieser Art den tatsächlichen Verlauf in unzulässiger Weise vereinfachen. Sie enthalten zwar richtige Elemente, berücksichtigen aber nur bestimmte Arbeitssituationen, ohne der Differenziertheit des Spektrums industrieller Arbeitsformen Rechnung zu tragen".

Neben der von Kern und Schumann (1970a) selbst konstatierten Polarisierung der Tätigkeitsanforderungen war mit dieser ersten Phase der Automatisierung eine deutliche Verstärkung des Trends zu zentralisierten Organisationsstrukturen verbunden. So führte etwa die Einrichtung zentraler EDV-Abteilungen – zumindest in Großbetrieben – häufig zu neuen Formen der Arbeitsteilung und Verrichtungszentralisierung.

Nur etwa zwei Jahrzehnte nach dem Einsetzen der Automatisierung wurde um 1970 mit der Mikroelektronik wiederum eine qualitativ neue Entwicklungsstufe eingeleitet, die verschiedentlich als dritte industrielle Revolution bezeichnet wird.

Diese Entwicklung provoziert zugleich neuartige Fragen nach dem Selbstverständnis des Menschen und dessen Maschinenverständnis als Teil seiner selbst. „Die Entwicklung des Computers greift deshalb so dramatisch in das Selbstbild des Menschen ein, weil Eigenschaften und Verhaltensweisen, die vormals nur dem lebendigen Vermögen des Menschen zugeordnet wurden, nun in der Maschine objektive Gestalt angenommen, sich als Teilbereich menschlichen Denkens verselbständigt haben" (Bammé, Baumgartner und Großmann 1985, 3).

Eines der wichtigsten Merkmale dieser Entwicklung ist die Entstehung einer Vielfalt von Möglichkeiten der Entkoppelung von Mensch-Mensch- und Mensch-Maschine-Systemen. „Das Entkopplungspotential neuer Technologien läßt Weiterungen zu, hebt traditionelle Zwänge auf und eröffnet Optionen für flexible Arbeitsverhältnisse und die Individualisierung von Arbeitszeitstrukturen in einem Umfang, der bisher nicht vorstellbar war" (Staudt 1982, 64). Damit entstehen für die Arbeits- und Organisationspsychologie neuartige Fragestellungen, deren Beantwortung um so dringlicher ist als die Technologie selbst weder die Ablauf- noch die Aufbauorganisation zwingend determiniert. So bestehen auf der einen Seite durchaus Möglichkeiten, neue Kombinationen von „advanced technology and skilled production work" (Martin 1984 a) zu realisieren (vgl. dazu Ulich 1985). Auf der anderen Seite bestehen aber auch vielfältige Möglichkeiten, „die Technologie so zu entwickeln, daß von vornherein Lösungen entstehen, die der Herauslösung des Menschen aus dem unmittelbaren Produktionsprozeß dienen" (Timpe 1984, 253). Damit wird die Technologie zu einer Option, deren je unterschiedliche Nutzung mit möglicherweise dramatischen Folgen für die Stellung des Menschen im Produktionsprozeß verbunden ist. „The problem is that those who design applications and those who prove them currently make little or no effort to anticipate their human effects. Thus positive organizational effects are as likely to be accidental as are negative ones" (Walton 1982, 6).

Für die Arbeits- und Organisationspsychologie ist dies zugleich eine Aufforderung, Kriterien für die Gestaltung von Arbeitstätigkeiten zu benennen und den Einsatz der Technik danach zu bewerten. Wir haben an anderer Stelle den Versuch unternommen, die uns besonders bedeutsam erscheinenden Kriterien in einer Definition zusammenzufassen:

„Als human werden Arbeitstätigkeiten bezeichnet, die die psychophysische Gesundheit der Arbeitstätigen nicht schädigen, ihr psychosoziales Wohlbefinden nicht – oder allenfalls vorübergehend – beeinträchtigen, ihren Bedürfnissen und Qualifikationen entsprechen, individuelle und/oder kollektive Einflußnahme auf Arbeitsbedingungen und Arbeitssysteme ermöglichen und zur Entwicklung ihrer Persönlichkeit im Sinne der Entfaltung ihrer Potentiale und der Förderung ihrer Kompetenzen beizutragen vermögen" (Ulich 1982, 1985 a). Mit dieser Definition ist zugleich ein Menschenbild zum Ausdruck gebracht, das die Subjektposition des Menschen im Arbeitsprozeß betont.

2.4.2 Menschenbilder und Rationalisierungsstrategien

Spätestens mit der Analyse von Schein (1980) ist deutlich geworden, daß Strukturen von Unternehmen häufig und weitgehend eine Konsequenz von Annahmen über ‚den' Menschen, sogenannten Menschenbildern, sind. Dies kann insofern nicht überraschen als die Strukturierung eines Unternehmens u. a. den Zweck hat, die Tätigkeiten der in ihm beschäftigten Menschen festzulegen und auf das Unternehmensziel hin zu koordinieren. Daß der Grad der vertikalen und horizontalen Arbeitsteilung, der Grad der Hierarchisierung und Spezialisierung von Annahmen über die Fähigkeiten und Bedürfnisse der verfügbaren Personen geprägt oder zumindest beeinflußt wird, ist gegenwärtig in den Diskussionen über alternative Arbeits- und Organisationsstrukturen deutlich erkennbar.

Seit dem Beginn dieses Jahrhunderts haben wir es im wesentlichen mit vier Menschenbildern zu tun, die die Strukturierung von Unternehmen in sehr unterschiedlicher Weise beeinflussen. Die Vorstellung vom Menschen als ‚economic man' basiert auf der Annahme, der sogenannte Durchschnittsmensch sei in erster Linie durch monetäre Anreize motiviert und handle nach der Maxime des größten Gewinns. Da die ökonomischen Anreize vom Unternehmen gesteuert werden, ist der Mensch innerhalb der Organisation Objekt, das durch die Organisation manipuliert und kontrolliert wird. Da das Unternehmen als technisches System aufgefaßt wird, wird auch Führen vorwiegend als technischer Vorgang begriffen. Die Folgen für die Struktur von Unternehmen sind u. a. weitgehende Arbeitsteilung, individuelle Anreizsysteme, kleine Leitungsspannen, sorgfältige Stellenbeschreibungen, straffe Hierarchie und Zentralisierung der Entscheidungsstrukturen. Es ist offensichtlich, daß es sich dabei zugleich um eine Realisierung tayloristischer Konzepte von Aufbau- und Ablaufstrukturen handelt. Das tayloristische Prinzip der ‚Trennung von Denken und Tun' findet seinen Niederschlag darüber hinaus vor allem im Verständnis von Rationalisierung als Fragmentierung von Arbeitstätigkeiten (vgl. Abbildung 2).

Kopfarbeit	*Handarbeit*	*Kopfarbeit*
Planung und Vorbereitung	Aus- führung	Wartung und Kontrolle

Abb. 2: Die klassische Fragmentierung der Arbeitstätigkeit (aus: ULICH 1983 b)

Das auf den Ansätzen der Human-Relations-Bewegung beruhende Menschenbild des ‚social man' nimmt an, ‚der' Mensch sei in erster Linie durch soziale Bedürfnisse motiviert und werde besonders von den sozialen Normen seiner Arbeitsgruppe bestimmt. Da im übrigen als Folge der industriellen Revolution die Arbeit sinnentleert sei, müsse durch die Ermöglichung entsprechender sozialer Beziehungen ein Ersatz geschaffen werden. Da das Unternehmen vorwiegend als soziales System verstanden wird, wird auch Führen als sozialer Vorgang begriffen. Der Sorge für Entwicklung und Pflege harmonischer zwischenmenschlicher Beziehungen und der Förderung von Teamarbeit sollte besondere Aufmerksamkeit geschenkt werden. Für die Struktur des Unternehmens hatte dies – und haben begrenzte Vorstellungen von Organisationsentwicklung auch heutzutage – zur Folge, daß Informations- und Kommunikationsprozessen innerhalb der Organisation besondere Beachtung geschenkt wurde, daß Aufbau und Förderung von Arbeitsgruppen systematisch betrieben,

Übereinstimmung von formaler und informaler Organisation angestrebt und Gruppenanreizsysteme anstelle von individuellen Anreizsystemen gesetzt wurden. Trennung von Kopf- und Handarbeit – so etwa auch die Funktion des Fließbandes als ‚mechanischer Führer' (Treinen 1956, 77) – und die fragmentierende Rationalisierungsstrategie, wurden nicht in Frage gestellt. Lediglich kompensatorisch wurde nach Möglichkeiten der Verbesserung der Kommunikation gesucht, beim Fließband etwa durch die Konstruktion halbkreis- oder achtförmiger Anlagen (vgl. Ulich et al. 1973). Tatsächlich zeigt sich aber, daß bei starren Fließbandsystemen eine Änderung der sozialen Organisation ohne Veränderung technologischer Konzepte nur sehr begrenzt realisierbar ist.

Das dritte Menschenbild, das im vorliegenden Zusammenhang eine Rolle spielt, ist das des von Schein (1980) so genannten ‚self actualizing man'. Es geht davon aus, daß ‚der' Mensch nach Autonomie und Selbstkontrolle strebt. Dadurch wird der Mensch innerhalb des Unternehmens aktiv, wird Subjekt seiner eigenen Handlungen, deren Ergebnisse auch von ihm selbst überprüft werden. Das Unternehmen wird als soziotechnisches System verstanden. Dies hat zur Folge, daß Optimierungsprozesse im Sinne einer ‚joint optimization' oder eines ‚best match' (Susman 1976) das soziotechnische System insgesamt betreffen müssen, weil andernfalls nur suboptimale Lösungen erreichbar sind. Für die Unternehmensstruktur bedeutet die Akzeptanz eines derartigen Menschenbildes die Aufhebung extremer Arbeitsteilung durch Verbindung von vorbereitenden, instandhaltenden und kontrollierenden mit ausführenden Tätigkeitselementen zu ganzheitlichen Aufgaben im Sinne einer integrierenden Rationalisierungsstrategie (vgl. Abbildung 3).

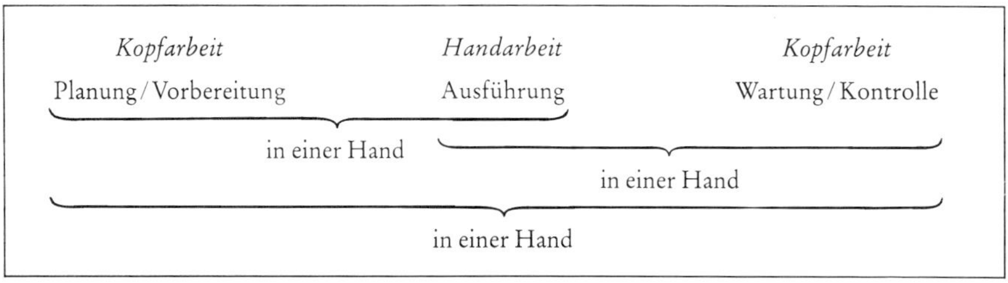

Abb. 3: Möglichkeiten der systematischen Integration von Kopf- und Handarbeit (aus: ULICH 1983 b)

Dazu gehören auch die Schaffung flacher Hierarchien und dezentralisierter Entscheidungsstrukturen, die Möglichkeiten der Mitbestimmung am Arbeitsplatz einschließen. Für solche Strukturen sind rigide Stellenbeschreibungen und vorwiegend oder ausschließlich ökonomische Anreizsysteme eher hinderlich.

Vermehrt wird nun seit einiger Zeit darauf hingewiesen, daß es „keine generell gültigen Handlungsalternativen und kein generell gültiges Bild vom Menschen gibt, sondern lediglich Abbilder von in konkreten Situationen handelnden Menschen“ (Staehle 1980, 1312). Das mit dieser Erfahrung verknüpfte Konzept des ‚complex man‘ geht zunächst davon aus, daß die einseitige Betonung der ökonomischen Bedürfnisse im Bild des ‚economic man‘ ebenso wie die einseitige Betonung der sozialen Bedürfnisse im Bild des ‚social man‘ unzulässige Vereinfachungen darstellen. Vielmehr bestehen in bezug auf die Arbeit vielfältige Bedürfnisse, die interindividuell variieren und auch intraindividuellen Variationen über die Zeit unterliegen. Für die Struktur von Unternehmen bedeutet die Anerkennung interindividueller Differenzen einen teilweisen Verzicht auf generelle Lösungen, ein hohes Maß an Flexibilität sowie die Schaffung von Möglichkeiten zur Individualisierung von Arbeitstätigkeiten entsprechend den Prinzipien der differentiellen und dynamischen Arbeitsgestaltung (Ulich 1978, 1983 a). Darüber hinaus gilt das, was vorher über Mitbestimmung am Arbeitsplatz, dezentralisierte Entscheidungsstrukturen, Stellenbeschreibungen und ökonomische Anreizsysteme gesagt wurde, mutatis mutandis auch hier.

Im übrigen können wir der Feststellung von Lichtman und Hunt (1971, 271) zustimmen, daß eine Organisationstheorie nicht besser sein kann als die Annahmen, die sie über die menschliche Persönlichkeit macht.

2.4.3 Strategien der Arbeits- und Organisationsgestaltung

Gerade die neueren Technologien machen deutlich, daß für den Technikeinsatz und die Gestaltung von Arbeitsabläufen Spielraum bleibt oder sogar neue Spielräume entstehen. So geht Gerum (1981, 183) davon aus, daß für praktisch alle relevanten Merkmale von Arbeitssituationen „bei gegebenem technischen Wissen Gestaltungsspielräume und Wahlmöglichkeiten bestehen“. Im Falle der Computertechnologie können „bei gleicher Aufgabenstellung verschiedene Geräte zur Wahl stehen, Anwendungssoftware und Betriebssysteme unterschiedlich ausgelegt sein, Bediener- und Benutzerregeln selbst bei gleicher Hard- und Software alternativ formulierbar sein“.

Das Konzept eines technologischen Determinismus verhindert demgegenüber die Wahrnehmung der gerade mit der mikroelektronischen Technologie gegebenen Optionen mit der Folge der weiteren Einschränkung von Handlungsspielräumen für die Beschäftigten.

Vorfindbare Alternativen des Einsatzes von interaktiven Computersystemen zeigen aber, daß bei erweiterten Zielsetzungen z. T. gänzlich andersartige Arbeitssysteme entstehen können. Dies trifft besonders dann zu, wenn die entsprechenden Projekte nicht nur technische Verbesserungen und traditionelle Rationalisierungsziele zum Gegenstand haben, sondern zugleich Ziele wie Flexibilität der Organisation und Förderung der Humanressourcen angestrebt werden. In der Regel setzt dies allerdings einen Entscheid der verantwortlichen Stellen für eine bestimmte ‚Organisationsphilosophie' und einen reflektierten Technikeinsatz voraus.

Damit stellt sich die Frage nach den Strategien der Arbeitsgestaltung. An anderer Stelle (Ulich 1980) haben wir eine Unterscheidung nach eher korrektiven, präventiven und prospektiven Strategien vorgenommen:

Es kann beinahe als Alltagserfahrung bezeichnet werden, daß Arbeitssysteme und Arbeitsabläufe nach ihrer Installation irgendwelchen menschlichen Besonderheiten angepaßt werden müssen. Derartige Vorgänge bezeichnen wir als korrektive Arbeitsgestaltung. Korrektive Arbeitsgestaltung wird immer dann notwendig, wenn ergonomische, physiologische, psychologische, sicherheitstechnische oder rechtliche Erfordernisse von Planern, Konstrukteuren, Anlagenherstellern oder Organisatoren nicht oder nicht angemessen berücksichtigt worden sind.

Derartige korrektive Arbeitsgestaltung ist – sofern sie hinreichend wirksam sein soll – nicht selten mit erheblichem ökonomischem Aufwand verbunden; ihre Unterlassung kann andererseits unter Umständen erhebliche Beeinträchtigungen oder Schädigungen der physischen und/oder psychischen Gesundheit bewirken. Im ersten Fall haben die Betriebe, im zweiten Fall die betroffenen Arbeitnehmer und die Volkswirtschaft die Folgen zu tragen. Beide Arten von Folgen können aber vermieden oder doch erheblich vermindert werden, wenn korrektive Arbeitsgestaltung wo immer möglich durch präventive Arbeitsgestaltung ersetzt wird.

Präventive Arbeitsgestaltung meint die Berücksichtigung arbeitswissenschaftlicher Konzepte und Regeln bereits im Stadium des Entwurfs von Arbeitssystemen und Arbeitsabläufen, bedeutet also gedankliche Vorwegnahme möglicher Beeinträchtigungen der Gesundheit und des Wohlbefindens spätestens zu dem Zeitpunkt, in dem die Funktionsteilung zwischen Mensch und Maschine festgelegt wird. Die Forderung nach Schaffung persönlichkeitsförderlicher Arbeitstätigkeiten verlangt darüber hinaus eine Vorgehensweise, die wir als prospektive Arbeitsgestaltung bezeichnen. Prospektive Arbeitsgestaltung meint die bewußte Vorwegnahme von Möglichkeiten der Persönlichkeitsentwicklung im Stadium der Planung bzw. des Entwurfs – oder auch: der Neustrukturierung – von Arbeitssystemen durch Schaffung objektiver Handlungsspielräume, die von den Beschäftigten in unterschiedlicher Weise genutzt werden können. Damit stellt sich zugleich die Frage nach den Möglichkeiten der Berücksichtigung interindividueller Differenzen. Die Tatsache solcher Differenzen sollte Konstrukteure, Planer, Arbeitsvorbereiter und Organisatoren dazu anregen, Arbeitssysteme so flexibel wie möglich zu gestalten, damit individuelle Arbeitsweisen auch realisiert werden können.

Davon abzuheben ist das Prinzip der Differentiellen Arbeitsgestaltung. Dieses Prinzip meint das gleichzeitige Angebot verschiedener Arbeitssysteme, zwischen denen die Arbeitenden wählen können (Ulich 1978, 1983a) und soll dazu beitragen, eine optimale Entwicklung der Persönlichkeit in der Auseinandersetzung mit der Arbeitstätigkeit auf dem Hintergrund interindividueller Differenzen zu gewährleisten. Damit dies tatsächlich geschehen und Prozessen der Persönlichkeitsentwicklung Rechnung getragen werden kann, bedarf das Prinzip der differentiellen Arbeitsgestaltung der Ergänzung durch das Prinzip der dynamischen Arbeitsgestaltung. Damit ist die Möglichkeit der Erweiterung bestehender oder der Schaffung neuer Arbeitssysteme gemeint sowie die Möglichkeit des Wechsels zwischen verschiedenen Systemen.

Im Fall der computerunterstützten Büroarbeit scheint bisher der korrektive Ansatz vorgeherrscht zu haben. Üblicherweise erfolgt nämlich die Entwicklung offenbar „von innen nach außen". Das heißt, „...man geht aus von der Hardware, entwirft Software dafür, fügt als letztes noch eine Benutzerschnittstelle hinzu und fragt sich ganz zum Schluß, wozu ein solches System auch benutzt werden kann" (Fischer 1983, 34). Es ist offensichtlich, daß mit dieser Vorgehensweise vielfältige nachträgliche Korrekturen erforderlich werden und daß ein solcher Entwicklungsprozeß auch in diametralem Gegensatz steht zu den Konzepten soziotechnischer Systemgestaltung, wie sie etwa von Emery und Thorsrud (1982) für industrielle Fertigungsprozesse formuliert worden sind. Auch für computerunterstützte Büroarbeit gilt das Postulat, daß die vorherrschende Entwicklungsrichtung abzulösen ist „durch einen Prozeß, in dem Systeme ‚von außen nach innen' entwickelt werden" (Fischer, a.a.O.) – d.h. am Anfang wird das soziotechnische System, in das das Computer-System einzubetten ist, analysiert bzw. konzipiert; erst daran anschließend werden die geeignete Hard- und Sorftware beschafft bzw. angepaßt oder neu entwickelt.

Die Planung des Einsatzes von Technik im Arbeitsprozeß kann also unter verschiedenen Gesichtspunkten erfolgen. Im Falle der prospektiven Arbeitsgestaltung steht nicht die Technik selbst, sondern die menschliche Arbeitstätigkeit im Vordergrund. Die Frage nach den wünschbaren Tätigkeiten und damit die Konzeption des dem Einzelnen sowie den Organisationseinheiten zugeordneten Tätigkeitsspielraums stellen in diesem Rahmen Eingangsgrößen der technischen Planung dar. Mit dieser Vorgehensweise kann am ehesten verhindert werden, daß Organisationsstrukturen als „ungeplante Konsequenz des Entwurfs des technischen Systems" (Clark 1972, 11) entstehen.

Bei einseitig technikorientierten Vorgehensweisen resultieren demgegenüber nicht selten Arbeitsaufgaben, die bezeichnenderweise als ‚Resttätigkeiten' beschrieben werden. Damit sind Formen des Zusammenwirkens von Mensch und Maschine angesprochen, die dem Menschen die Rolle eines Lückenbüßers im technischen System zuweisen. Derartige Vorgehensweisen finden sich nicht nur im Bereich der computerunterstützten Fertigung wie z.B. beim Einsatz von Industrierobotern (vgl. Benz-Overhage et al. 1981) oder bei manchen Überwachungssystemen, sondern auch im Bereich der computerunterstützten Büroarbeit. Gerade hier wird auch deutlich, daß Softwaregestaltung immer auch Arbeitsgestaltung bedeutet und daß die Entwicklung von Software zu einem die Struktur von Organisationen bestimmenden Element werden kann.

2.4.4 Technologische Rahmenbedingungen

Zwar ist der Einsatz von Technologie nicht unabhängig von der Aufgabe, doch bestehen immer – vermehrt noch mit der Einführung mikroelektronischer Technologien – Wahlmöglichkeiten mit entsprechend unterschiedlichen Wirkungen auf Handlungs- und Gestaltungsspielräume (vgl. Butera und Thurman 1984, Martin 1984 b, Trist 1981, Ulich 1980, 1985 a).

Dabei spielen die Prozeßverkettung von Teilprozessen, die Verkoppelung von Mensch und Maschine und die Produktdistanz zwischen Mensch und Arbeitsergebnis eine bedeutsame Rolle (Alioth 1986).

Mit Prozeßverkettung ist das Ausmaß gemeint, in dem einzelne (Teil-)Prozesse mit dem gesamten Produktionsprozeß verkettet sind. Bei hohem Verkettungsgrad – etwa bei der Linienfertigung oder bei starker Vermaschung der Prozesse wie beim Werkstattprinzip bzw. bei analogen Formen der Büroarbeit – ist der einzelne bzw. die einzelne organisatorische Einheit abhängig vom gesamten Prozeß. Damit werden auch den Handlungs- und Gestaltungsspielräumen Grenzen gesetzt. Sind die Arbeitsabläufe jedoch technisch so organisiert, daß relativ unabhängige Teilprozesse entstehen, die modulartig miteinander vernetzt sind, und daß Störungen in einem Bereich sich nicht unmittelbar auf den sich anschließenden Bereich übertragen, werden in der einzelnen organisatorischen Einheit auch eher Freiheitsgrade bezüglich der Steuerung und Regulierung des Arbeitsprozesses vorhanden sein.

Beispiele für eine solche modulartige Organisation sind markt- oder produktorientierte Sachbearbeiter-Gruppen sowie technologische Gruppen zur Fertigung von Teilefamilien. Bei der Linienfertigung läßt sich eine Reduzierung der Verkettung durch Einführung von Puffern und dezentralen Lagern erreichen.

Der Zusammenhang zwischen der Prozeßverkettung und den Eingriffsmöglichkeiten ist in Abbildung 4 schematisch dargestellt.

Der Grad der Verkoppelung von Mensch und Maschine bezeichnet das Ausmaß, in dem der Mensch zur Erfüllung seiner Aufgabe an die Maschine gebunden ist. In einer groben Rasterung können folgende Stufen unterschieden werden: eine vollständige Verkoppelung im Sinne einer hochgradigen Maschinenbindung liegt dann vor, wenn der Mensch in seinen Bewegungsabläufen und Zeitvorgaben von der Maschine ge-

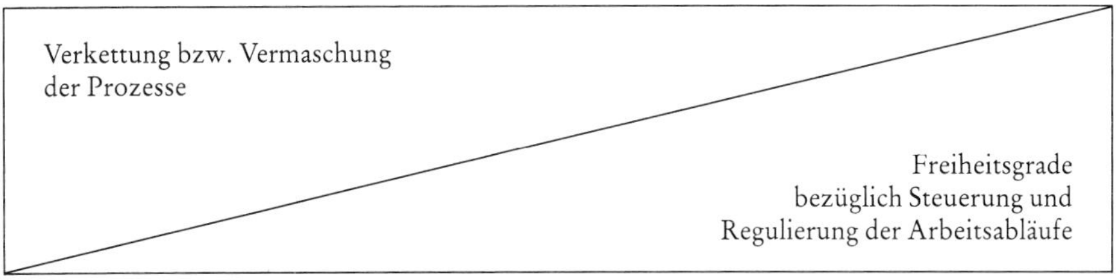

Abb. 4: Schematische Darstellung des Zusammenhangs von technischer Prozeßverkettung und menschlichen Eingriffsmöglichkeiten

führt wird. In diesem Fall – der in typischer Weise durch die Fließbandarbeit charakterisiert ist – kann sich der Arbeitstätige allenfalls dadurch Spielraum verschaffen, daß er die Maschinenbindung z. B. durch Störungen kurzfristig aufhebt.

Eine nächste Stufe im Sinne abnehmender Maschinenbindung läßt sich so beschreiben, daß die Verkoppelung von Mensch und Maschine für die Arbeitsausführung zwar erforderlich ist, aber unterbrochen werden kann. Beispiele dafür sind die Arbeit an einer Werkzeugmaschine oder am Dateneingabeplatz. Hier bestehen zwar Spielräume, etwa hinsichtlich der Nutzung der Arbeitszeit, aber der Arbeitsablauf selbst ist nicht beeinflußbar.

Ein Abbau derartiger enger Verkoppelungen zwischen Mensch und Maschine kann durch Maßnahmen der Aufgabenerweiterung bewirkt werden. So wurde z. B. von Triebe (1977, 1981) nachgewiesen, daß bei der kompletten Montage von Motoren, die üblicherweise arbeitsteilig am Fließband montiert werden, auch interindividuell unterschiedliche Vorgehensweisen möglich sind, ohne daß damit notwendigerweise Unterschiede in der Effizienz erkennbar werden. Ähnliche Ergebnisse finden sich neuerdings in den Untersuchungen von Ackermann (1986; Ackermann und Nievergelt 1985) über Individualisierungsmöglichkeiten bei computerunterstützter Büroarbeit.

Eine noch weiter entkoppelte Beziehung ist schließlich dann gegeben, wenn Teile von Prozessen oder vollständige Prozesse automatisch ablaufen und der Mensch vorwiegend prozeßunterstützende Funktionen (Vorbereitung, Überwachung etc.) wahrzunehmen hat, die er zeitlich mehr oder weniger unabhängig vom Maschinentakt ausführen kann. Um nicht verkoppelte Tätigkeit handelt es sich selbstverständlich auch bei Tätigkeiten, die rein manuell ausgeführt werden oder bei denen Maschinen nur zeitweise als Hilfsmittel eingesetzt werden.

Mit zunehmendem Grad der Entkoppelung nehmen Handlungs- und Gestaltungsspielräume in doppeltem Sinne zu: dadurch daß die Arbeitstätigkeiten mehr Spielraum aufweisen, hat auch der Vorgesetzte mehr Spielraum für die Wahrnehmung seiner Leitungsfunktion. Dieser Zusammenhang ist in Abbildung 5 schematisch dargestellt.

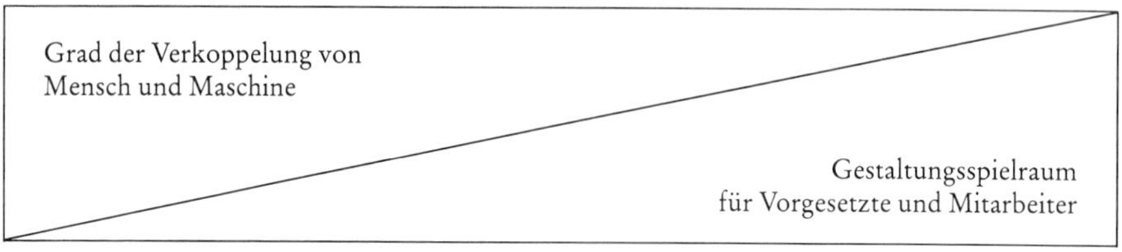

Abb. 5: Schematische Darstellung des Zusammenhangs zwischen Verkoppelung von Mensch und Maschine sowie Gestaltungsspielraum für Vorgesetzte und Mitarbeiter

Mit Produktdistanz soll die psychologische Distanz zwischen dem Beschäftigten und dem von ihm hergestellten Produkt bzw. Zwischenprodukt bezeichnet werden. Beim Herstellen oder Bearbeiten von Produktelementen, deren Zweckbestimmung und Funktion aus dem eigenen Arbeitszusammenhang nicht direkt zu erschließen ist, muß eine relativ große psychologische Distanz zum Produkt angenommen werden. Wenn hingegen aus dem eigenen Arbeitszusammenhang ein fertiges Produkt bzw. ein in sich geschlossenes Arbeitsergebnis – z. B. auch ein funktions- und prüffähiges Teilprodukt – entsteht, wird das Ergebnis subjektiv erfahrbar, womit Produktnähe entsteht. Über das Ausmaß der Produktnähe bzw. Produktdistanz wird weitgehend bei der Planung und Gestaltung des technischen Systems entschieden.

Durch die Produktdistanz wird die Motivationssituation der Mitarbeiter nachhaltig beeinflußt. Mit zunehmender Produktnähe erhält die Aufgabe gleichzeitig auch Zielcharakter. Damit wird es für den Arbeitstätigen möglich, Arbeitsergebnis und Ziel auch qualitativ zu vergleichen und aus allfälligen Abweichungen zu lernen. Wenn also ein fertiges, sichtbares Produkt oder ein funktions- und prüffähiges Teilprodukt Ziel der Aufgabenbewältigung ist, wird Aufgabenorientierung (im Sinne von Emery 1959) eher entstehen, als wenn die Aufgabe bezüglich ihres Zieles erklärungs- bzw. begründungsbedürftig ist. Dieser Zusammenhang ist in Abbildung 6 schematisch dargestellt.

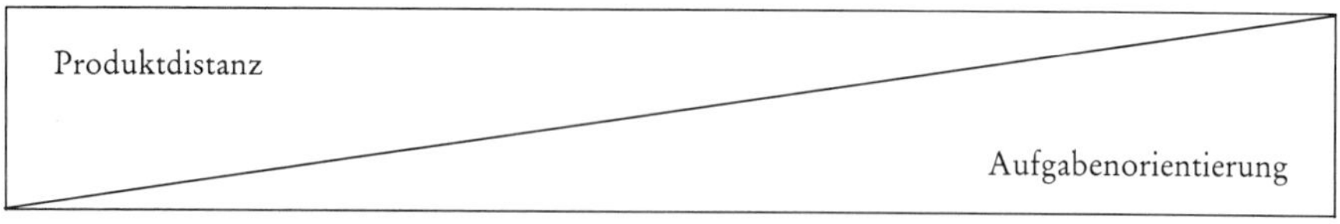

Abb. 6: Schematische Darstellung des Zusammenhangs von Produktdistanz und Aufgabenorientierung

2.4.5 Technologie als Option

Die Frage der organisationalen Einbettung von Technik gehört zu den zentralen Themenbereichen der Gestaltung des Technikeinsatzes. Gerade auch für diesen Aspekt ist das Konzept der Technologie als Option bedeutsam. Als Beispiel für unnötig einschränkende technikorientierte Planungen soll hier die zentralisierte Textverarbeitung angesprochen werden.

Die Einrichtung von zentralen Schreibdiensten mit elektronischen Textverarbeitungssystemen geht vom Ziel einer maximalen Auslastung der verfügbaren Technik aus. Damit die technischen Systeme möglichst während der gesamten täglichen Arbeitszeit genützt werden, wird die Tätigkeit der Schreibkräfte entmischt und auf das Schreiben reduziert. Die damit verbundene „‚Homogenisierung' der Arbeitsbeanspruchung führt zu einer eher höheren Gesamtbeanspruchung, denn sowohl die physische (statische) als auch die psychische Beanspruchung (Müdigkeit, Erschöpfungsgefühl) wird im Vergleich zu gemischten Tätigkeiten stärker empfunden" (Jacobi, Lullies und Weltz 1980, 29). Diese Ansätze der Entmischung von Tätigkeiten und der Weiterentwicklung arbeitsteiliger Organisationsstrukturen sind die Konsequenz einer bestimmten Strategie, Technik einzusetzen.

Die fragmentierende Rationalisierungsstrategie führt bei der Einführung computergestützter Büroarbeit zu Arbeitsaufgaben vom Typ der Datenerfassung. Hier wird die (Langzeit-)Speicherung und Verarbeitung von Informationen dem Computer übertragen. Der Beschäftigte wird damit zum Bediener des technischen Systems, in das er nach einem einfachen Reiz-Reaktions-Muster Informationen eingibt. Speicherung und Verarbeitung der eingegebenen Informationen erfolgen nach ihm zumeist unbekannten Regeln innerhalb des technischen Systems, ohne daß er darauf Einfluß nehmen kann.

Ein typisches Beispiel für die Realisierung der fragmentierenden Rationalisierungsstrategie bei computerunterstützter Büroarbeit wird in einer Untersuchung von Aschwanden und Zimmermann (1984) berichtet:

„In der Abteilung für Zahlungsverkehr mit Schweizerfranken werden sämtliche Ein- und Auszahlungen verbucht. Die eingehenden Belege werden zuerst von der Arbeitsvorbereitung bearbeitet, danach von Datentypistinnen ins Computersystem geschrieben; kontrolliert wird von der dritten Unterabteilung."

Die integrierende Rationalisierungsstrategie führt demgegenüber zu Arbeitsaufgaben vom Typ der Dialogtätigkeit. Hier liefert der Computer dem Benutzer die von ihm gewünschten Informationen zur eigenen weiteren Verarbeitung. Vergleichs-, Beurteilungs- und Entscheidungsprozesse verbleiben damit beim Benutzer des technischen Systems.

Auch für die integrierende Rationalisierungsstrategie läßt sich der Untersuchung von Aschwanden und Zimmermann ein Beispiel entnehmen:

„Das Projekt des neuen Katalogisiersystems sieht vor, daß der Bibliothekar seine Einreihung und Notizen auf dem Bildschirm so frei wie früher auf der Katalogkarte gestalten kann. Der ganze Bildschirm steht ihm zur Dateneingabe zur Verfügung, die Felddefinition (z. B. ist das nun ein Titel, der Verfasser oder der Herausgeber) wird durch nachträgliche Delimiter (Feldbegrenzer) bestimmt. Diese Entwicklung der EDV-Unterstützung für eine Bibliothek, die über frühere Batch-Verarbeitung mit Datatypistinnen und heutige Titelerfassung über Bildschirm mit komplizierter, EDV-angepaßter Codierung verläuft, wird im Betrieb ausdrücklich als ‚Rückkehr zu natürlicher Bibliothekarsarbeit' festgehalten."

Es ist offensichtlich, daß im Fall der Arbeitsaufgabe vom Typ der Datenerfassung spezifische Qualifikationen nicht erforderlich sind, sieht man ab von Fingerfertigkeit, Ausdauer oder visuellem Wahrnehmungsvermögen. Im Fall der Arbeitsaufgabe vom Typ der Dialogtätigkeit werden demgegenüber fachliche Qualifikationen nach wie vor – oder sogar: vermehrt – gefordert.

Von entscheidender Bedeutung ist die Erkenntnis, daß „bei der Gestaltung von Stellen im Benutzerbereich computerunterstützter Informationstechnologien ein erheblicher Gestaltungsspielraum besteht, der es dem Systemgestalter und Organisator erlaubt, sehr unterschiedliche Arbeitsbedingungen zu schaffen" (Kieser und Kubicek 1977, 373).

Welche Möglichkeiten für die Gestaltung von Arbeits- und Organisationsstrukturen konkret bestehen können, läßt sich am Beispiel eines großen schweizerischen Unternehmens aufzeigen, in dem es um die Einführung eines Personal-Informationssystems ging. Dabei stand auch die Frage nach unterschiedlichen Möglichkeiten der Strukturierung von Arbeitsaufgaben und Arbeitsabläufen zur Diskussion. Aufgrund sorgfältiger Analysen wurden sechs mögliche Varianten gefunden, von denen fünf mit dem geplanten EDV-System voll abdeckbar waren. Die sechste Variante hätte eine zusätzliche Verbindung von Stellen durch lokale Netzwerke verlangt (vgl. Tabelle 1).

Entgegen verschiedenen Annahmen nimmt der Spielraum für die Gestaltung organisationaler Strukturen mit den neueren technologischen Entwicklungen deutlich zu. So können Informatikmittel sowohl zum Zwecke der weitergehenden Zentralisierung – und das heißt zumeist auch: Bürokratisierung – eingesetzt werden, als auch zur Erhaltung bzw. Wiedergewinnung dezentraler Strukturen. Das bedeutet, daß der Einsatz computergestützter Arbeitssysteme Grundsatzentscheide im Sinne der Formulierung einer Unternehmens-‚Philosophie' voraussetzt. Werden solche Entscheide nicht oder nicht rechtzeitig getroffen, läuft ein Unternehmen Gefahr, daß sich seine Organisation ungeplant und unvorhergesehen als Konsequenz einer technologisch bzw. technisch bestimmten Struktur entwickelt.

Tab. 1: *Varianten der Organisations- und Arbeitsgestaltung mit dem geplanten Personal-Informationssystem (aus: Troy, Baitsch und Katz, 1986)*

	Variante 1	Variante 2	Variante 3	Variante 4	Variante 5	Variante 6
Organisatorische Veränderung	**Strukturanpassungen innnerhalb des Funktionsbereiches**				**Funktionsbereichsübergreifende Strukturanpassungen**	
Veränderungs-ebene	Einzelarbeitsplatz	Teile einer Gruppe (z.B. Unter-abteilung Präsenzdaten)	Gesamtgruppe (z.B. Unter-abteilung Präsenzdaten)	Abteilungen übergreifend (z.B. Vereinigung von Gehalt/Lohn und Daten-verwaltung)	Neustrukturierung zu integriertem Personaldienst und -administration (zentral)	Neustrukturierung zu integriertem Personaldienst und -administration (dezentral)
Arbeits-gestaltungs-maßnahmen	Tätigkeiten wie bisher, zusätzlich Einblick in mehr Information zwecks verbesser-ter Auskunfts-gebung	Zusammenlegung von (z.B.) Ausbil-dungsdaten und allgemeinen Daten, Sonderfälle wie bisher separat	Ausbildungs- und allgemeine Daten sowie Sonderfälle werden von der Gruppe bearbeitet, evtl. in Rotation	Mehrere Mitarbei-ter bearbeiten zusammen einen bestimmten Mitar-beiterkreis in allen Lohn- und Zeit-fragen	Vollintegrierte Administrations-stellen in den Personaldienst-gruppen	Vollintegrierte Administration, z.B. werksweise zugeordnet. Kleine zentrale Verwaltung
Konsequenzen für die Arbeitstätig-keiten	Erhöhte Transparenz	Aufgaben-erweiterung, evtl. -bereicherung	Aufgaben-bereicherung	Polyvalente Arbeit, evtl. teilautonome Gruppen	Polyvalenz, evtl. Rotation	Polyvalente Ar-beit, teilautonome Gruppen, Kun-dennähe
EDV-System	Mit dem geplanten System weitgehend abdeckbar ohne wesentliche Änderungen					...im Daten-verbund mit local area networks

2.4.6 Das Konzept der soziotechnischen Systemgestaltung

Organisation und Technologie werden üblicherweise mehr oder weniger unabhängig voneinander konzipiert und zwar in der Regel in folgender Abfolge: Zuerst wird der Arbeitsprozeß, sei es ein Produktionsprozeß oder ein administrativer Ablauf, idealtypisch nach technologischen und ökonomischen Gesichtspunkten geplant und danach wird für diesen Arbeitsprozeß die Organisation entworfen (vgl. Abschnitt 2.4.3).

Somit werden die organisationalen Wahlmöglichkeiten weitgehend in der technologischen Planung bestimmt. Dies ist aber den zuständigen Experten häufig kaum bewußt, da ihnen z. B. die Probleme der täglichen Führungsarbeit zumeist nur ungenügend vertraut sind. Ein derartiges Vorgehen bei der Gestaltung von Arbeitssystemen und Organisationsstrukturen kann dementsprechend nur suboptimale Lösungen erbringen. So werden beispielsweise dadurch, daß der Arbeitsprozeß idealtypisch geplant wird, Schwankungen und Störungen, die in der täglichen Arbeit den Normalfall bilden, als Ausnahme behandelt. Schließlich nehmen auf diese Weise technologische Rahmenbedingungen wie die oben aufgeführten – Verkettungsgrad, Verkoppelungsgrad, Produktdistanz – den Charakter technischer Sachzwänge an.

Da es für den technisch-organisatorischen Ablauf tatsächlich aber kaum je den einen besten Weg gibt (Christensen 1976, Ulich 1978), sondern in der Regel – und vermehrt duch fortgeschrittene Technologie – auch technologische Wahlmöglichkeiten bestehen (vgl. Abschnitt 2.4.5), sollten im Hinblick auf eine arbeits- und führungsmäßig wünschbare Organisation vermehrt auch Alternativen geprüft werden (Herbst 1974, Trist 1981). Das Konzept soziotechnischer Systemgestaltung liefert Ansatzpunkte für eine gemeinsame Optimierung des sozialen und des technischen Systems bzw. von Organisation und Technologie. Im hier vorliegenden Zusammenhang sind folgende Prinzipien soziotechnischer Systemgestaltung von Bedeutung (Emery und Trist 1960; Susman 1976; Alioth 1980, Emery und Thorsrud 1982):

1) *Bildung von relativ unabhängigen Organisationseinheiten*
   Die Unabhängigkeit kann organisatorisch verstanden werden, z. B. im Sinne der Bildung von Arbeitsbereichen, denen als kleinster Organisationseinheit ganzheitliche Aufgaben übertragen werden. Tatsächlich muß sie aber zunächst technisch gelöst werden, indem z. B. der Produktionsprozeß in relativ unabhängige (Teil-)Prozesse untergliedert wird, die nicht direkt verkettet, sondern modulartig vernetzt sind (vgl. Abschnitt 2.4.4).

2) *Einheit von Produkt und Organisation*
   Das Arbeitsprodukt sollte einer Organisationseinheit eindeutig zuordenbar sein. Der technisch-organisatorische Ablauf muß also so gestaltet werden, daß das Ar-

beitsergebnis qualitativ und quantitativ auf die Organisationseinheit rückführbar ist. Inputelemente bzw. Störfaktoren, die von anderen Stellen produziert worden sind, müssen als solche identifizierbar sein. Die Einheit von Arbeitsprodukt und Organisationseinheit ist eine motivationale Voraussetzung für die Orientierung auf eine gemeinsame Aufgabe hin und findet ihren Ausdruck in geringer Produktdistanz.

3) *Innerer Aufgabenzusammenhang in einer Organisationseinheit*
Eine weitere Voraussetzung für die Orientierung auf eine gemeinsame Aufgabe hin ist der innere Zusammenhang der Arbeitsaufgaben in einer Organisationseinheit. Ein solcher Zusammenhang ist beispielsweise gegeben, wenn in einer Organisationseinheit unterschiedlich aufeinander abgestimmte Aufgaben ausgeführt werden müssen, die wiederholt gegenseitige Unterstützung erfordern. Zu den Voraussetzungen gegenseitiger Unterstützung gehört etwa die Möglichkeit, den Arbeitsplatz zu verlassen, was zugleich einen Verzicht auf starre Mensch-Maschine-Verkoppelung bedeutet.

4) *Selbstregulation von Schwankungen und Störungen*
Relativ unabhängige Organisationseinheiten mit innerem Aufgabenzusammenhang sind eine Voraussetzung dafür, daß Schwankungen und Störungen dort aufgefangen und reguliert werden können, wo sie entstehen, so daß sie nicht mehr unkontrolliert von einer Organisationseinheit auf die andere übertragen werden. Dies erhöht die ‚Kontrollmöglichkeiten' von Vorgesetzten und Mitarbeitern erheblich, so daß die Ungewißheiten bezüglich Schwankungen und Störungen, die aus dem organisationalen Kontext entstehen, weitgehend ausgeschaltet werden können. Darüber hinaus können Schwankungen, die aus der Arbeitsausführung entstehen, schneller bzw. flexibler ausgeglichen werden (vgl. Emery und Thorsrud 1982).

5) *Grenzregulation durch den Vorgesetzten*
Wenn von der technisch-organisatorischen Seite her die Voraussetzungen für selbstregulierende, relativ unabhängige Organisationseinheiten geschaffen sind, so bleibt es die Aufgabe des Vorgesetzten, Selbstregulation und Unabhängigkeit im organisationalen Kontext zu gewährleisten. Er muß also sein Augenmerk hauptsächlich auf die Beziehungen und Verknüpfungen der ihm unterstellten Organisationseinheiten mit anderen Stellen in der Organisation legen, um Schwankungen und Störungen sowie anderweitige Eingriffe ‚abpuffern' zu können. Direkte Eingriffe der Vorgesetzten in die Arbeit des einzelnen sind somit nicht mehr nötig.

2.4.7 Größe als Rahmenbedingung für Technikeinsatz und Arbeitsgestaltung

Folgt man dem Konzept von Veen (1984), so ist die Organisationsstruktur zumindest teilweise Ergebnis der Bemühungen, die Ungewißheiten unter Kontrolle zu bringen, die aus der Größe, der Technologie und der Umgebung resultieren. Im vorliegenden Zusammenhang wird die Größe von Unternehmen als Rahmenbedingung für Technikeinsatz und Arbeitsgestaltung behandelt. Wegen ihrer besonderen und – zumindest von der Arbeitswissenschaft – vernachlässigten Bedeutung gilt dabei den Klein- und Mittelbetrieben besondere Aufmerksamkeit.

Die Arbeitswissenschaft beginnt erst neuerdings, Klein- und Mittelbetriebe als Gegenstand ihrer Forschung zu entdecken. Einerseits erscheint dies umso erstaunlicher als die weit überwiegende Mehrzahl der Erwerbstätigen in Klein- und Mittelbetrieben beschäftigt ist. Andererseits wird die Konzentration arbeitswissenschaftlicher Forschung auf Großbetriebe dadurch erklärbar, daß Arbeitsteilung, Monotonie und Entfremdung in Zusammenhang mit industrieller Massenproduktion Fragen entstehen ließen, die offensichtlich und dringend der Beantwortung bedurften. Eine Folge dieser einseitigen Orientierung der Arbeitswissenschaft ist jedenfalls, daß in bezug auf die Arbeitswelt der Klein- und Mittelbetriebe ein ernstzunehmendes Forschungsdefizit besteht.

Das derzeit an einigen Orten entstehende arbeitswissenschaftliche Interesse an Klein- und Mittelbetrieben ist offenbar in der Erkenntnis begründet, daß die gegenwärtige technologische Entwicklung gerade auch für solche Unternehmen neuartige Gestaltungsspielräume schafft, deren adäquate Nutzung durch arbeitswissenschaftliche Konzepte der Analyse, Bewertung und Gestaltung von Arbeitstätigkeiten und Arbeitssystemen gefördert werden kann.

So kommen denn auch die Verfasser einer neuen Untersuchung über „Die Größe der Kleinen" zu dem Ergebnis, daß die „Verschiebung des öffentlichen Interesses von den größeren Einheiten (big is efficient) zu den kleineren Einheiten (small is beautiful)" mit einigen objektiven Entwicklungen zusammenhängt und „zumindest teilweise auch ökonomisch begründbar (small is efficient) sein" dürfte (Aiginger und Tichy 1985, 151). Zu den objektiven Entwicklungen gehören neben den veränderten Marktanforderungen vor allem auch die neuen Möglichkeiten der Anwendung computerunterstützter Fertigungssysteme in kleineren Betriebseinheiten.

Wenn auch, wie aus dieser Studie und anderweitigen Erfahrungen hervorgeht, die Streuung zwischen befriedigendem und unbefriedigendem Betriebsergebnis ebenso wie die Streuung zwischen guten und schlechten Arbeitsbedingungen mit abnehmender Betriebsgröße zunimmt, so gilt doch – zumindest für die in dieser Studie untersuchten österreichischen Verhältnisse –, „daß mittlere wirtschaftliche Einheiten die höchste Effizienz, und kleinere und mittlere Einheiten die höchste Rentabilität aufweisen“ (Aiginger und Tichy 1985, 144).[1,2]

In diesem Zusammenhang bedürfen offenbar einige Ansätze der klassischen Organisationslehre dringend der Überprüfung. So bezeichnen Peters und Waterman (1983) in ihrer Untersuchung über amerikanische Spitzenunternehmen ihre Beobachtungen über die Größe der einzelnen Werke als „geradezu verblüffend“. Unter Hinweis darauf, „daß die besseren Unternehmen ihre kleineren Werke, nicht die größeren, für die effizientesten hielten“, geben sie für größere Unternehmen eine Richtgröße an, die eine Gliederung in Betriebsstätten mit nicht mehr als 500 Beschäftigten vorsieht (Peters und Waterman 1983, 311 ff.). Auch die Autoren der neueren österreichischen Untersuchung bezeichnen ihre eigenen und jüngste deutsche Ergebnisse als „außerordentlich überraschend“: „Hier zeigt sich nämlich, daß in bezug auf die technische Effizienz die kleineren Mittelbetriebe den Großbetrieben stets überlegen sind, daß aber Großunternehmen dann die höchste technische Effizienz haben, wenn sie kleinbetrieblich organisiert sind“ (Aiginger und Tichy 1985, 85).

Immer deutlicher erkennbar wird auch die Innovationsfähigkeit gerade der kleineren und mittleren Unternehmen. „Vielleicht im Gegensatz zur allgemeinen Meinung sind vielfach die Mittelbetriebe Ausgangspunkt bahnbrechender Neuerungen“ (Leumann 1984, 8). Untersuchungen aus verschiedenen Ländern stimmen darin überein, daß kleinere und mittlere Unternehmen vor allem in der Innovationsphase überlegen sind, größere Unternehmen dagegen in der Produktion von großen Serien und im Massenvertrieb. Dies wird u. a. darauf zurückgeführt, daß in kleineren Unternehmen Entwicklungen häufig in engem Kontakt mit Kunden – also am Markt orientiert – erfolgen und daß Entwicklungs- und Verkaufsabteilungen enger zusammenarbeiten als dies in größeren Unternehmen häufig der Fall ist. „Kleinere Firmen forschen effizienter, ihr Anteil an der Innovation ist daher größer als ihr Anteil an den Forschungs- und Entwicklungsausgaben, und sie versuchen, alle Innovationen sofort zu vermarkten“ (Aiginger und Tichy 1985, 108).

Im übrigen zeigen neuere Beobachtungen von Quinn (1985, 29), daß innovative Großunternehmen „mit Entwicklungsarbeit im Garagenstil... der hochinteraktiven und -motivierenden Lernumgebung von kleinen Firmen so nahe wie möglich“ zu kommen versuchen.

1 Effizienz wird hier verstanden als Nettoproduktionswert je Beschäftigten.

2 Für die mit zunehmender Größe der wirtschaftlichen Einheit abnehmende Rentabilität gibt es „auch in der deutschen und amerikanischen Literatur einige Anhaltspunkte, doch scheint insbesondere in der BRD der Befund wesentlich umstrittener und in Japan aller Wahrscheinlichkeit nach unzutreffend zu sein“. Möglicherweise ist also „...die Frage Groß- versus Kleinunternehmen von nationalen und organisatorischen Bedingungen nicht unbeeinflußt...“ (Aiginger und Tichy 1985, 149).

In der österreichischen Studie wird allerdings auch darauf hingewiesen, daß das technische Wissen in kleineren Betrieben zumeist auf das unmittelbare Tätigkeitsfeld beschränkt ist und Entwicklungen häufig nur „auf Druck von außen" erfolgen.

Interessanterweise leisten die kleineren und mittleren Betriebe auch einen besonderen – und möglicherweise kaum hinreichend gewürdigten – Beitrag zur Ausbildung von Berufsleuten. Die großen Betriebe bilden im Mittel offenbar nur etwa die Hälfte der von ihnen benötigten Fachkräfte selbst aus. Die Gründe für diesen Qualifikationstransfer von kleineren in größere Betriebe können einerseits in den, in größeren Betrieben oft besseren, Lohnbedingungen gesucht werden, andererseits in den, in kleineren Betrieben oft schlechteren, Weiterbildungsmöglichkeiten, auf die kürzlich auch Leumann (1984) hingewiesen hat.

Allerdings wird in kleineren Betrieben häufig interessantere und vielfältigere Arbeit angeboten, während in größeren Betrieben als Ergebnis betrieblicher Rationalisierungsmaßnahmen vielfach standardisierte Arbeitsabläufe mit eher geringen Anforderungen an die Qualifikation der Beschäftigten entstanden sind. „Der geringere Mitarbeiterstab verringert die innerbetriebliche Spezialisierung. Die Überschaubarkeit der Organisation verhindert das Gefühl der Isolierung und Anonymität" (Leumann 1984, 17). Daß hier systematische Zusammenhänge bestehen, geht aus verschiedenen Untersuchungen über Stellenspezialisierung und Größe der Organisation hervor (vgl. Abbildung 7).

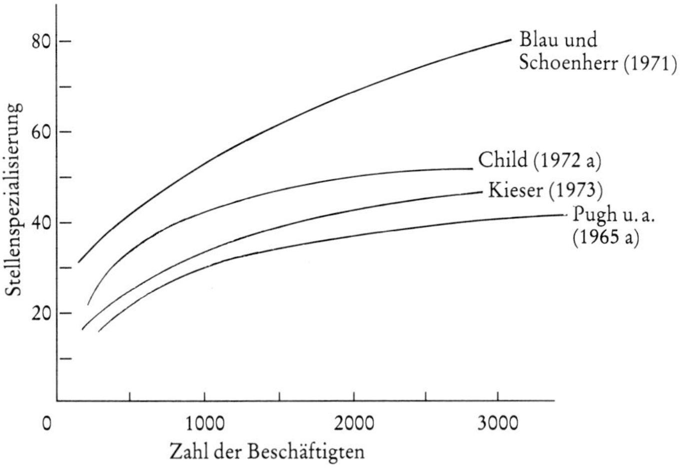

Abb. 7: Stellenspezialisierung als Funktion der Organisationsgröße für verschiedene Stichproben in USA, Großbritannien und der BRD (aus: KIESER und KUBICEK 1977, 227)

Im Zusammenhang mit den für die zukünftige Entwicklung entscheidenden neuen, flexiblen Produktionstechniken werden insbesondere auch für Klein- und Mittelbetriebe soziotechnische Gestaltungsansätze an Bedeutung zunehmen. Schließlich ist in kleineren und mittleren Betrieben „der Produktionsprozeß der strukturbestimmende Faktor“ (Staehle 1985, 505). Einige neuere Publikationen weisen auf entsprechende Strategien hin.

So berichten Pöchhacker und Lackinger (1984) über ein erfolgreiches Beispiel der Einführung teilautonomer Fertigungszellen unter Einbeziehung von NC- und CNC-Maschinen. Dieses Beispiel stimmt sehr weitgehend überein mit dem von Gauderon (1984) beschriebenen Konzept der autonomen Fertigungsinseln. Dabei sollen auf der einen Seite größere Handlungs- und Entscheidungsspielräume, Höherqualifikationen und bessere Bezahlung zu mehr Autonomie und attraktiveren Arbeitsplätzen führen; auf der anderen Seite sollen einfachere Steuerung, verringerte Warte- und Durchlaufzeiten, geringere Fluktuation und bessere Qualität zu insgesamt höherer Flexibilität und Produktivität beitragen. Auch für Klein- und Mittelbetriebe stellt sich damit die Frage nach den Möglichkeiten einer neuen Kombination von fortgeschrittener Technologie und qualifizierter Produktionsarbeit.

Kapitel 2.5

Arbeit und Freizeit

Konrad Daumenlang und Helmut Dreesmann

2.5.1 Einleitung und Begriffsbestimmung

In Deutschland streikten im Jahre 1984 Metallarbeiter und Drucker mit dem Ziel, die wöchentliche Arbeitszeit von 40 Stunden auf 35 Stunden zu reduzieren. Diese Bemühungen zur Verkürzung der Arbeitszeit blicken auf eine lange Tradition zurück: betrug die effektive Arbeitszeit eines Industriearbeiters 1850 pro Woche 85 Stunden, so verringerte sie sich 1910 auf 59 Stunden und 1940 auf 49 Stunden (Scheuch, 1969, 738). 1959 wurde in der Bundesrepublik die 5-Tage-Woche eingeführt. Die seit diesem Zeitpunkt zunehmende Arbeitszeitverkürzung wurde vom Institut für Arbeitsmarkt und Berufsforschung untersucht. Danach beträgt für die Gesamtwirtschaft im Jahre 1983 die durchschnittliche tatsächliche Wochenarbeitszeit 32 Stunden (Die Zeit, 27, 1984).

Die kontinuierliche Verringerung der Arbeitszeit scheint mit einer kontinuierlichen Vermehrung der Freizeit gekoppelt zu sein. Reigrotzki (1956) hält deshalb eine explizite definitorische Festlegung des Freizeitbegriffes für überflüssig, da ja ohnehin jeder wisse, was damit gemeint sei.

Die komplementäre Stellung der Freizeit gegenüber der Arbeit schlägt sich in jenen Definitionen nieder, die sie lediglich als Residualkategorie betrachten. Diese Subtraktionsdefinitionen, wonach vom Tagesablauf alle Zeiten in Abzug gebracht werden, die man jeweils nicht zur Freizeit rechnet und so zur verbleibenden Freizeit gelangt, führten zu keinem befriedigenden Ergebnis, da sich verschiedene Tätigkeiten sowohl der Arbeitszeit wie auch der Freizeit zuordnen lassen oder bei „semileisure“ keiner von beiden.

Auch inhaltlich ist es problematisch, über den Begriff Arbeit eine Definition der Freizeit zu versuchen. Ist Arbeit der „Prozeß der Auseinandersetzung mit Arbeitsaufgaben, in dessen Verlauf Qualifikationen zur Bewältigung dieser Aufgaben eingesetzt und aktiviert werden" (Fricke, 1975, 34), so ergibt sich daraus kein prinzipieller Gegensatz zu Tätigkeiten in der Freizeit. Tokarski (1979) hebt derartige Versuche, Freizeit im Gefolge der Arbeit zu definieren, als „negative" Definitionen von jenen „positiven" ab, die Freizeit als ein eigenständiges Phänomen fassen.

Freizeit als die Zeit zu begreifen, über die „ohne Sachzwang individuell disponiert und nach persönlichen Wünschen verfügt werden kann" (Schelsky, 1957, 327), scheint zunächst plausibel zu sein. Angesichts etwa der durch die technologische Entwicklung möglichen dezentralisierten Bildschirmarbeit, ist diese Definition jedoch nicht mehr präzise genug. Subjektive Fassungen des Freizeitbegriffs überwinden einige der definitorischen Probleme: Freizeit ist das, was der Einzelne als solche empfindet. Diese Definitionen verzichten auf feste Zuordnungen von Tätigkeiten zu einer Kategorie und betonen die freie Disponierbarkeit des Verhaltens. Angesichts der Überlegungen zum Arbeitsbegriff (z. B. Schmale, 1983) rücken diese Definitionen jedoch in die Nähe von Leerformeln. Für die Forschung liegt das Problem in der zureichenden Operationalisierung des zentralen Begriffes vor dem (fehlenden) Hintergrund einer ausgearbeiteten Theorie.

2.5.2 Historische und gegenwärtige Perspektiven

Gewichtet man die beiden Begriffe Arbeit und Freizeit, so erhält in unserer Gesellschaft die Arbeit traditionell den höheren Stellenwert. Die Bewertung einer Person orientiert sich in hohem Maße an der Arbeit, die sie verrichtet. Zum Verhältnis Arbeit und Freizeit lassen sich jedoch gravierende historische Veränderungen und kulturspezifische Unterschiede feststellen. So wurde im chinesischen Taoismus Müßiggang als das Rechte und Vernünftige gepriesen. Die griechisch-aristotelische Auffassung begriff Muße als höchsten Lebenszweck, während Sklaven die Arbeit zu verrichten hatten. Allerdings ist in diesem Fall Muße nicht mit Nichtstun gleichzusetzen. In der Nikomachischen Ethik ist nach Aristoteles die Mußezeit charakterisiert durch Genußleben, der Politik und der Wissenschaft gewidmetes Leben. Im Mittelalter zeichnete sich das Kirchenjahr durch hundertfünfzig Feiertage aus. Erst die lutheranisch-calvinistisch-puritanische Denkweise verteufelte den Müßiggang: „Nicht Muße und Genuß, sondern nur Handeln dient nach dem Willen Gottes zur Mehrung seines Ruhms. Zeitvergeudung ist demnach die erste und prinzipiell schwerste aller Sünden" (Max Weber, 1963, 166). Diese „Religion der Arbeit" trug den industriellen Aufschwung der letzten hundert Jahre (vgl. Nahrstedt, 1972; Hammerich, 1974; Opaschowski, 1976).

Im gleichen Zeitraum gewann Freizeit aber zunehmend an gesellschaftspolitischer Bedeutung (Nahrstedt, 1986):

- Freizeit wurde für den Arbeitnehmer zum Zeichen für Aufstieg und Fortschritt.
- Erhöhte psychische und physische Beanspruchung erzwangen längere Erholungszeiten.
- Seit den 60er Jahren werden zunehmend mehr Arbeitskräfte im sekundären Produktionssektor freigesetzt als im tertiären Dienstleistungsbereich eingestellt werden können. Arbeitszeitverkürzung soll Stellen schaffen.
- Die Alternativbewegung der 70er Jahre bewirkte einen Wertwechsel hinsichtlich Arbeit und Freizeit.
- Die zunehmende Arbeitszeitverkürzung ließ mehr „freie Zeit" entstehen.

Gegenwärtig steht Freizeit im Schnittpunkt zweier miteinander konkurrierender Sichtweisen: Aus der Geschichte der Arbeiterbewegung her gesehen bedeutet Freizeit einen Emanzipationsgewinn, wobei aber immer noch die Erwerbstätigkeit den Angelpunkt der Lebensplanung darstellt. Zum anderen wird Freizeit als Öffnung gesehen hin zu einer zunehmenden „Zeitsouveränität" (Teriet, 1978), in welcher die traditionelle Trennung von Arbeit und Freizeit in ganzheitlichen Lebensformen einer „Gegengesellschaft" aufgehoben sind (Hollstein, 1981; Tokarski u. Schmitz-Scherzer, 1985). Nahrstedt (1986) erwartet eine Synthese, in deren Zuge es zu einer Neubewertung von Spaß, Spiel, Kommunikation und Geselligkeit kommt, aber auch zu einer Neudefinition von (selbstorganisierter) Arbeit.

2.5.3 Beschreibung des Freizeitverhaltens

Die Zeitbudgetforschung untersucht Art, Abfolge und/oder Dauer der Tätigkeiten von Individuen innerhalb einer festgelegten Zeitspanne. Sie war von Strumilin in der Sowjetunion in den 20er Jahren entwickelt worden bei dem Versuch, Arbeit und Freizeit politisch zu planen. Die heutige Analyse des Zeitbudgets erfolgt meist nach folgenden Kategorien (vgl. Gransow und Gransow, 1983):

1) Arbeitszeit
2) Arbeitsgebundene Zeit, die jedoch nicht direkt zur Arbeitszeit gehört (z. B. Wegzeiten)
3) Zeit für hauswirtschaftliche Tätigkeiten
4) Zeitaufwand für Pflege, Betreuung und Erziehung der Kinder sowie Betreuung erwachsener Personen
5) Zeitaufwand für die Befriedigung vorwiegend physiologischer Bedürfnisse (Schlaf, Ernährung, Körperpflege)

6) Freizeit im eigentlichen Sinn, d.h. Zeit für Entspannung, Hobbies, Sport.

Als Einzelaspekte der Freizeit wurden besonders untersucht: Freizeitaktivitäten, Freizeitinteressen, Umfang der Freizeit (vgl. die Veröffentlichungen von EMNID, DIVO, Allensbach, BAT u. a.).

Für Freizeitaktivitäten steht dem durchschnittlichen Bundesbürger heute über 60 % mehr Zeit zur Verfügung als vor 30 Jahren (Opaschowski, 1983): 1952 blieben als Freizeit neben Arbeit, Schlaf usw. täglich 2 Stunden und 33 Minuten, 1980 bereits 4 Stunden und 6 Minuten. EMNID (1976 bzw. 1982) berichtet, daß die Zunahme der effektiven Freizeit nicht für alle Altersstufen in gleichem Maße gilt: Der Anteil der Freizeit an Werktagen z. B. verringerte sich für die Altersgruppe der 35 – 44jährigen von 1976 bis 1982 um 13 %, an Samstagen gar um 24 % (vgl. Spiegel, 1983, Bd. II, S. 12).

Ein besonderes Problem stellt dabei die Zeitnot berufstätiger Frauen dar (Müller-Wichmann, 1985). Scheuch (1977) diagnostizierte sogar eine geradezu dramatische Auseinanderentwicklung des Verhältnisses von Arbeit und Freizeit über die verschiedenen Berufsgruppen hinweg. So lassen sich für Angestellte in Führungspositionen, Selbständige und freiberuflich Tätige Arbeitszeiten von 50 und mehr Stunden pro Woche ermitteln (Opaschowski, 1983). Dem hält Kluth (cit. Külp / Müller, 1973, 23) die „soziale Hochstapelei des Keine-Zeit-habens" entgegen. Andere empirische Erhebungen, auf die sich u. a. Eichler (1979) und Schmedtper (1978) berufen, sowie die Arbeiten von Ferge u. a. (1972) und Szalai (1972) weisen nach, daß „higher status white collar workers have more, usually significantly more, free time than the unskilled" (Ferge u. a., 1972, 600).

Szalai (1972) lieferte mit der internationalen Studie „The use of Time. Daily activities of urban and suburban populations in twelve countries" Daten für eine vergleichende Analyse (vgl. auch die Shell-Studien „Jugend in Europa", 1977, 1981). Kritisch ist zu vermerken, daß die in Zeitbudgetforschungen „minuziös registrierten Tätigkeiten den Sinn des Freizeitverhaltens nicht abspiegeln" (Converse, 1968, zit. nach Huck, 1980, 10). Außerdem rangieren Erhebungen der Freizeitaktivitäten zumeist auf rein deskriptiver Ebene und sind zum Teil aufgrund unterschiedlicher Rahmenbedingungen nur schwer vergleichbar.

2.5.4 Ansätze zu einer Theorie der Freizeit

Theoretische Ansätze zur Freizeit und speziell zum Verhältnis zwischen Arbeit und Freizeit sind zumeist dadurch zu charakterisieren, daß Freizeit überwiegend als eine Reaktion auf das Primat der Arbeit betrachtet wird. Im Mittelpunkt steht hier die

Regeneration, verbunden mit Aspekten der Psychohygiene, um den Belastungen der Arbeitswelt gewachsen zu sein. Häufig liegt, auch unausgesprochen, die These zugrunde, daß Lohnarbeit stets Entfremdung bedeutet, Freizeit stets Selbstverwirklichung.

Als Komponenten einer Theorie der Freizeit können die sog. Funktionen der Freizeit aufgefaßt werden (Opaschowski, 1976):

1) Erholung (vgl. Bd. 1, Arbeitspsychologie);
2) Kompensation (Freizeit als Ausgleich von Mängeln und unbefriedigten Bedürfnissen);
3) Katharsis (Abreaktion von unterdrückten Emotionen und psychischen Spannungen);
4) Ventil (Abfuhr von überschüssiger und angestauter Energie).

Im folgenden wird die Relation zwischen Arbeit und Freizeit im Hinblick auf die individuelle Entfaltung betrachtet:

5) Konsum (Verbrauch als Gegensatz zur Arbeit);
6) Kontrast (Freizeit als Gegensatz zur Arbeit);
7) Kongruenz (Freizeit als arbeitsähnlicher Bereich);
8) Reduktion (Restriktionen in der Arbeit führen zu einer Reduktion der Freizeitaktivitäten);
9) Generalisation (Freizeit als Bereich, in dem das in der Arbeit erworbene Verhaltensrepertoire reproduziert wird);
10) Identität (Freizeit ist der Bereich, in dem ein Inviduum das tut, was es auch in der Arbeit tun würde);
11) Neutralität (zwischen Arbeit und Freizeit besteht kein Zusammenhang).

Für sich genommen, können die Funktionen nicht den Anspruch erheben, hinreichende Bestimmungsstücke einer Theorie der Freizeit zu sein. Drei der Aussagen über die Beziehung zwischen Arbeit und Freizeit haben dennoch als Kompensations-, Generalisations- und Neutralitätstheorie größere Beachtung gefunden.

Andere theoretische Ansätze gehen von den Kriterien einer als erfolgreich erlebten Freizeit aus. So muß nach Kaplan (1960) die Freizeit:

1) das Gefühl vermitteln, zu irgend etwas zu gehören;
2) ein Gefühl der eigenen Individualität entwickeln;

3) zwischen verschiedenen Funktionen des Individuums (z. B. Arbeit und Freizeit) vermitteln;

4) der Gemeinschaft und dem einzelnen nützlich sein;

5) keine negativen Erlebnisse vermitteln;

6) schöpferische Kräfte des einzelnen freilegen.

Lehr (1961) rückt Aspekte der Personalisation und Sozialisation bei der Betrachtung der Freizeit in den Vordergrund. Sie unterscheidet persönlichkeitspsychologische, sozial- und entwicklungspsychologische Determinanten des Freizeitverhaltens. In persönlichkeitspsychologischer Hinsicht kann Freizeit für den einzelnen bedeuten:

1) die Chance zur Verwirklichung bisher nicht realisierter Möglichkeiten;

2) die Möglichkeit zur Bestätigung des eigenen Selbst;

3) die Möglichkeit entweder der Bestätigung oder der Erhöhung des eigenen sozialen Prestiges;

4) die Möglichkeit zu einer Flucht in eine zweite, als „eigentlich" empfundene Wirklichkeit;

5) einem Gegenpol zur Arbeit und ein echtes Auspendeln und Ausschwingen.

Weitere Konzeptionen des Freizeitverhaltens benutzen als Bezugspunkt Merkmale der Persönlichkeit (Angleitner, 1977), die soziale Rolle (Hanhardt, 1964) oder sozio-demographische Variablen (Scheuch, 1977). Schmitz-Scherzer (1974, S. 117ff.) entwirft ein „Determinationskonzept", in dem er auf der Basis empirischer Befunde psychologische, physiologische, gesellschaftliche, soziale und sozio-demographische Determinanten mit dem „Inhalt" des Freizeitbereichs, d. h. den Freizeitinteressen, dem Freizeitverhalten und dem Freizeiterleben verknüpft. Die Determinanten korrelieren jedoch untereinander und stehen in einer mehr oder weniger engen Beziehung zur Freizeit, so daß ihre relative Bedeutsamkeit kaum zu bestimmen ist.

Angesichts der beklagten zunehmenden „Sinnentleerung" des Berufes gewinnt der Ansatz von Havighurst und Feigenbaum (1959) neue Bedeutung, da er von der These ausgeht, daß Freizeit die Funktionen der Arbeit übernimmt, wodurch Freizeit den Beruf gleichsam ersetzen könne (vgl. Chorherr, 1980). Freizeit müßte

1) für eine Teilnahme am sozialen Leben sorgen;

2) Möglichkeiten zu interessantem Erleben und schöpferischem Ausdruck der Persönlichkeit bieten;

3) für eine regelmäßige und routinemäßige Gestaltung der Lebenstätigkeit des einzelnen sorgen;

4) eine Quelle der Selbstachtung und der Achtung anderer sein.

Die Unterschiedlichkeit der Ansätze läßt deutlich werden, daß Freizeit eher als Rahmenbegriff zu verstehen ist, der verschiedene Strukturen aufweisen kann und daß von den zukünftigen Forschungsansätzen eine relativierte und offene Auffassung von Freizeit zu fordern ist (vgl. Schmitz-Scherzer, 1974, S. 142). Das impliziert ebenso ein Abrücken von isolierenden und polarisierenden Gegensätzen zwischen Arbeit und Freizeit als auch die Notwendigkeit von Strukturanalysen, die das gesamte Zeitbudget eines Menschen umfassen (Aßmann u. a., 1977; Gorz, 1980; Huber, 1982).

2.5.5 *Empirische Befunde*

Von relativ globaler Fragestellung gehen die empirischen Arbeiten aus, welche insbesondere die Kompensations-, Neutralitäts- und die Generalisationsthese (Lüdtke, 1972; Staines, 1980; Fröhlich, 1978) überprüften. Am ehesten wird dabei die Neutralitätsthese gestützt, wonach – mit den eingesetzten experimentellen Designs und der vorgenommenen Art der Operationalisierung der Begriffe – kein genereller Zusammenhang zwischen Arbeit und Freizeit aufzeigbar ist. Mehr Aufschluß geben jedoch Untersuchungen, die zum Zusammenhang von Arbeit und Freizeit die Wirkung von Moderatorvariablen postulieren. Als solche wurden u. a. ausgewählt:

1) zentrales Lebensinteresse
2) Arbeitszufriedenheit
3) Merkmale der Arbeit
4) Schichtarbeit
5) Persönlichkeit
6) sozio-ökonomische Bedingungen

Dubin et al. (1976) bezogen die Arbeitsorientiertheit als *zentrales Lebensinteresse* (1) ein. Die Generalisationsthese konnte bestätigt werden bei einer hohen Arbeitsorientiertheit, wie sie u. a. bei Ärzten und Selbständigen zu finden ist. Die Kompensationsthese fand Unterstützung bei niedriger Arbeitsorientiertheit, die sich vorwiegend bei ungelernten Arbeitern fand. Bei gelernten Arbeitern und Angestellten der unteren Ebene bestätigte sich die Neutralitätsthese, wenn eine instrumentelle Arbeitsorientierung vorhanden war (vgl. Hecker und Grunwald, 1981). Parker und Smith (1978) folgern, daß sich bei einfacher repetitiver Arbeit die Neutralitäts- oder Kompensationsthese bestätigt, während bei neutraler Arbeit eher die Neutralitätsthese und bei kreativer Arbeit die Generalisationsthese Gültigkeit hat (vgl. Wunderer und Grunwald, 1980).

Zum Zusammenhang zwischen *Arbeitszufriedenheit* (2) und Freizeit findet Lehr (1961), daß zufriedene männliche Angestellte eher repetitive Freizeitaktivitäten bevorzugen, während unzufriedene sich Hobbies intensiver zuwenden. Mit Bezug auf berufstätige Frauen kommt Lehr (1969) zu dem Schluß, daß mit dem Beruf zufriedene Frauen die Freizeit stärker als frei verfügbar erleben als mit dem Beruf unzufriedene Frauen; erstere erleben überdies die Freizeit positiver und sind aktiver. Unklar sind die Befunde, ob Arbeitszufriedenheit durch Freizeitzufriedenheit ersetzt werden kann und in welchem Ausmaß Lebenszufriedenheit aus der Freizeit geschöpft werden kann (Lefkowitz, 1979).

Bezüglich der für das Arbeit-Freizeit-Verhältnis relevanten *Merkmale der Arbeit* (3) unterscheidet Tokarski (1979) restriktive von nicht-restriktiver Arbeit und findet unterschiedliche Verhaltensmuster bei den jeweils ausübenden Personen. „Während die Freizeitgestaltung bei nicht-restriktiver Arbeit in ihrem komplementären Verhältnis auf überwiegend kongruente, teilweise sogar identische Zusammenhänge hinweist, muß für restriktive Arbeitssituationen nach Art der Restriktivität differenziert werden. So deutet die Freizeitgestaltung von Individuen bei Tätigkeiten mit körperlich-nervlichen Belastungen auf eine Einschränkung der Freizeitmöglichkeiten hin, wohingegen Individuen, die Tätigkeiten mit körperlicher Beanspruchung ausüben, sowohl kongruente als auch kompensatorische Elemente in ihrer Freizeitgestaltung aufweisen" (S. 218).

Das Erleben der Arbeitsbedingungen, wie der Arbeitstätigkeit, Bezahlung, Kollegen und der Entwicklungsmöglichkeiten, steht nach Hecker und Grunwald (1981) in recht engem Zusammenhang mit der „Allgemeinen Lebenszufriedenheit". Es wäre also falsch, davon auszugehen, daß der Arbeitssektor sich mehr und mehr zu einem Bereich entwickelt, aus dem sich das Individuum mit seinen Selbstverwirklichungsansprüchen zurückzieht. Dies gilt um so mehr, als in dieser Studie das Erleben der Freizeit kaum mit der allgemeinen Lebenszufriedenheit zusammenhängt (vgl. Vredenburgh und Sheridan, 1979).

Meissner (1971) findet bei Angehörigen eines holzverarbeitenden Betriebes, daß Arbeiter mit weniger ausgeprägten Arbeitszwängen und weniger eingeschränkten Möglichkeiten sozialer Kommunikation am Arbeitsplatz auch außerhalb der Arbeit zu erweiterter Soziabilität tendierten, während Arbeiter mit technologisch stark gebundenen Tätigkeiten und eingeschränkten Möglichkeiten sozialer Kontaktnahme am Arbeitsplatz auch außerhalb der Arbeit zu eingeschränkter Soziabilität neigten.

Eine Reihe von Befunden in der Literatur belegen, daß eine höhere Autonomie und Entscheidungsbefugnis am Arbeitsplatz zusammenhängt mit einem intensiveren Kontakt zu Berufskollegen in der Freizeit (Parker, 1965). Eine starke materielle Orientierung der Arbeitnehmer scheint dagegen eher soziale Kontakte zu Arbeitskollegen in der Freizeit zu behindern (Großkurth et al., 1973). Nach Walton (1972) ergibt sich als Folge der Einführung teilautonomer Arbeitsgruppen, Arbeitsplatzwechsel und andere organisatorische Veränderungen, bei den Arbeitern eine Zunahme an Partizipation an kommunalen Angelegenheiten und gesellschaftlichen Ereignissen. Argyris (1959) fand bei Arbeitern mit vielseitigeren Arbeitsanforderungen und hoher Qualifikation eine aktivere, produktivere und kreativere Freizeitgestaltung (vgl. Kornhauser, 1965). Wippler (1968) wies in seiner Studie stärker auftretende dynamisch-expressive Tätigkeiten in der Freizeit bei Individuen mit hohen und besonders intellektuellen Anforderungen nach (vgl. Schleicher, 1973).

Manche Arbeitsbedingungen wirken über die Beeinträchtigung der Gesundheit in die Freizeit hinein. Studien zum Zusammenhang von Arbeitsverhalten und physischer und psychischer Gesundheit zeigen, daß montone, verarmte und starken Zwängen unterliegende Arbeit mit verstärkten Krankheitssymptomen verbunden ist. Arbeiter, die in ihrem Dispositionsspielraum, Tempo und Arbeitsmethoden zu bestimmen, stark eingeegnt sind und keine Möglichkeiten haben, unterschiedliche Fähigkeiten bei der Arbeit einzusetzen, reagieren eher mit psychosomatischen Symptomen und Depressionen (Frese, 1978). Nebenwirkungen eines Medikaments zur Stärkung der Sehkraft der Arbeitnehmer in einer Uhrenfabrik führten zu bestimmten Formen der Schlappheit und Müdigkeit am Abend (vgl. Rinderspacher, 1984).

Häufig thematisiert wird die Wirkung von *Schichtarbeit* (4) auf die Freizeitgestaltung. Allgemein ist davon auszugehen, daß Schichtarbeiter beträchtliche Benachteiligungen im psychologischen und sozialen Bereich hinzunehmen haben (vgl. Ulich und Baitsch, 1979) und auch ihr näheres soziales Umfeld betroffen ist (Nachreiner et al., 1982). Wie sich aus einer Analyse verschiedener Schichtsysteme ergab, erreicht kein Schichtsystem den freizeitlichen Nutzwert, wie das normale Tagesarbeitssystem (Baer, 1982; Ernst et al., 1983; Nachreiner et al., 1982). Die Nutzbarkeit der Zeit an den Wochentagen in den Abendstunden, die „normalerweise" arbeitsfrei sind, wird wegen der vielfältigen sozialen Angebote am höchsten eingeschätzt. An den beiden Tagen des Wochenendes weist die Zeit bereits in den Morgenstunden eine hohe Nutzbarkeit auf und die Abendstunden besitzen deshalb keine ausgeprägte Spitze mehr. Die Kennzeichnung unserer Gesellschaft als Abend- bzw. Wochenendgesellschaft scheint daher berechtigt. Aufgrund dieses Sachverhaltes sind Mittags- und Spätschichten an Wochentagen besonders ungünstige zeitliche Voraussetzungen für soziale Kontakte. Abend- und Nachtschichten sind für die Schlafzeit ebenfalls besonders ungünstig, erscheinen dem Arbeitnehmer aber dennoch für die Freizeit als relativ günstig (Knauth et al., 1981).

Der Einfluß der *Persönlichkeit* (5) auf die Arbeit-Freizeit-Beziehung dokumentiert sich in einer Untersuchung an 883 Niederländern. Variablen des persönlichen und sozialen Hintergrundes – Bildung, Einkommen, sozialer Status bzw. Berufsprestige – stellen dabei die besten Prädiktoren für das Freizeitverhalten dar. Variablen der Arbeitssituation, Arbeitsaufgabe, Arbeitserfahrung und Karriere erklärten demgegenüber nur einen vergleichsweise geringen Anteil der Varianz des Freizeitverhaltens. Ähnlich argumentiert Scheuch (1977), daß nämlich nur sehr wenige Soziodemographia genügen, um das Freizeitverhalten eines Individuums weitgehend prognostizieren zu können. Starke Determinationskraft schreibt er dabei dem Alter, der Schulbildung, der Rolle „berufstätig" und der Rolle Hausfrau zu. Mittlere Determinationskraft kommt dem Geschlecht, der Berufsart oder der Wohnung zu, während Einkommen oder Autobesitz die Freizeitgestaltung nur geringfügig determinieren. Einerseits mag es sicherlich richtig sein, daß eine höhere Schulbildung mit einem größeren Spektrum der unternommenen Freizeitaktivitäten zusammenhängt (vgl. Vagt, 1976), andererseits erklären derartige sozio-demographische Variablen weniger die Freizeit, als daß sie Indikatoren für die soziale Situation eines Individuums sind und diese beschreiben. Tokarski (1979) folgert, daß derartige personale und soziale Daten nur im Zusammenwirken mit der Art und dem Erleben der Arbeit die Freizeit erklären können. Dem entspricht auch, daß mit psychometrischen Verfahren (MMPI, FPI) gemessene Persönlichkeitsvariablen und der Rekurs auf Theorien der Persönlichkeit keine brauchbaren Resultate zur Arbeit-Freizeit-Beziehung brachten (vgl. Angleitner, 1977).

In der amerikanischen Freizeitliteratur wird nachhaltig die These des Zusammenhanges zwischen psychischer Gesundheit und Freizeit vertreten (Farina, 1965; O'Morrow, 1970; Brooks und Elliot, 1971; Havighurst, 1974; Havighurst und Feigenbaum, 1959). Ebenso verweisen Brennecke und Amick (1971), Martin (1969) sowie Gray und Greben (1974) auf psychische Beeinträchtigungen hin, die mit dem Unvermögen zu positiven Freizeitaktivitäten einhergehen. Sofern nicht die Befunde der entwicklungspsychologischen Forschung über optimale Umweltbedingungen als Belege herangezogen werden, liegen jedoch nur wenige Erkenntnisse dazu vor.

Zum Teil lassen sich die oben referierten Befunde auch als *sozio-ökonomische Einflüsse* (6) auf den Zusammenhang Arbeit-Freizeit interpretieren. Folgt man Miksch (1972), so scheint jedoch die Beziehung zwischen dem Einkommen und der Freizeitgestaltung stärker zu sein als Scheuch dies annahm. Wo am meisten verdient wird und der für die Freizeit verfügbare Teil des Einkommens am höchsten ist, kumulieren die Freizeitaktivitäten und wird die Freizeit am intensivsten verbracht. Damit zum Teil zusammenhängend läßt sich ebenfalls feststellen, daß die Wohnungsgröße mit der Freizeitgestaltung zusammenhängt. Familien mit geringerem Wohnraum tendieren zugleich zu eingeschränkterer Freizeitbeschäftigung (Schwippert, 1973; Andritzky, 1977).

Fragt man, welche Zusammenhänge oder Wirkungen sich zwischen Arbeit und Freizeit ergeben, wenn man von der Sicht der Freizeitgestaltung aus argumentiert, so ist man weitgehend auf Spekulationen angewiesen. Die oben referierten Befunde machen letztlich deutlich, daß Arbeit und Freizeit nicht voneinander trennbar sind, sondern in interaktiver Wechselbeziehung zueinander stehen (vgl. Ber. d. Europ. Stiftung zur Verbesserung der Lebens- und Arbeitsbed., 1983). Die dazu relevanten Faktoren konnten nur ausschnittweise angesprochen werden, zumal der Forschungsstand insgesamt als karg zu bezeichnen ist.

2.5.6 Entwicklungstendenzen

Es ist davon auszugehen, daß die Arbeitszeit sich weiter vermindern und die Freizeit zunehmen wird, gleich ob es sich dabei um Reduzierungen der Lebens-, Jahres- oder Wochenarbeitszeit handelt. Gleichzeitig wird mit einer zunehmenden Flexibilisierung der Arbeitszeitgestaltung zu rechnen sein, die die individuellen Dispositionsmöglichkeiten erhöht (Nollen, 1982, Yankelovich u. Lefkowitz, 1982). Opaschowski (1983) folgert aus seinen Untersuchungsergebnissen, daß die Arbeit ihren Mythos verloren und die traditionelle Berufsethik sich überlebt habe. Geblieben sei aber der Wunsch nach sinnvoller Selbstverwirklichung und Erbringung von Leistung sowohl in der Arbeit wie in der Freizeit (vgl. auch Tokarski u. Schmitz-Scherzer, 1985). Aber auf die Frage nach Merkmalen, die für die Kindererziehung als wichtig erachtet werden, rangieren solche ganz oben, die eher dem Freizeitbereich zuzuordnen sind, wie etwa Lebensfreude, Aufgeschlossenheit und Kontaktfreude. Anforderungen, die der Arbeitswelt zuzuordnen sind, wie Fleiß, Pflichterfüllung, Selbstbeherrschung, nehmen demgegenüber in der Wertigkeit für die Erziehung relativ untergeordnete Positionen ein. Wie rapide der Wandel voranschreitet, zeigt der Vergleich zweier Untersuchungen: 1976 schätzten von bundesdeutschen Berufstätigen 48 % den Beruf und 38 % die Freizeit als besonders wichtig ein (Bargel, 1979). 1981 ließ Opaschowski (1983) eine repräsentative Stichprobe der berufstätigen Bevölkerung auf einer Rating-Skala einschätzen, was ihnen im Leben wichtig ist. 75 % stuften die Freizeit als sehr wichtig oder äußerst wichtig ein, während nur 43 % diese Bewertung für die Arbeit abgaben.

Der zunehmende Wandel von einer arbeits- zu einer freizeitorientierten Einstellung verläuft dennoch nicht reibungslos. Die zunehmende Sinnentleerung des Berufs geht für viele noch nicht einher mit einer gleichzeitigen Sinnerfüllung durch die Freizeit. Zu der Personalisation und Identitätsgewinnung durch die Arbeit (Schmale, 1983) gibt es in der Freizeit noch keine ausreichende Alternative. Die Bedeutung einer als sinnvoll erlebten Tätigkeit für den Erhalt persönlicher Identität und sozialer Beziehungen haben aber bereits Jahoda und Lazarsfeld in ihrer klassischen Studie über „Die Arbeitslosen von Marienthal“ nachgewiesen. Neuere Untersuchungen über das Problem der Arbeitslosigkeit, besonders bei Jugendlichen, bestätigen diesen Befund (Roberts, 1983). Hier liegt ein breites Aufgabenfeld der in der Bundesrepublik erst in den Anfängen steckenden Freizeitpädagogik und Freizeitberatung (Grunow-Lutter, 1983; Nahrstedt, 1986). Das Spektrum der Zielsetzungen dieser Disziplinen reicht vom Hinführen zu sozialer, kultureller und kommunikativer Handlungskompetenz (Opaschowski, 1976; Czerwenka-Wenkstetten, 1982) bis zu emanzipatorischer Erkenntnis, die auf die Befreiung von Bevormundung, Abhängigkeit und Herrschaftsausübung ausgerichtet ist (Teichgräber, 1983). Nach Nahrstedt (1983) läßt sich Freizeitpädagogik verstehen als Zusammenfassung der Lernprozesse, die gerichtet sind 1. auf eine Qualifizierung des Verhaltens in der eigentlichen Freizeit und 2. auf eine Qualifizierung des Verhaltens in allen anderen Zeitbereichen, damit z. B. auch auf die Stärkung der Fähigkeit zur Veränderung der Verhältnisse am Arbeitsplatz und zur gesellschaftspolitischen Innovation mit Hilfe der eigentlichen Schulbildung. Auf der konkreten Ebene lassen sich Ansätze zur Freizeitberatung und Animation unterscheiden. In Anlehnung an das in den USA fest etablierte „leisure counseling“ werden hierzulande erste Versuche gemacht, mit der Freizeitberatung im Freizeit- und Alltagsbereich Ratsuchende in einer Art Kurzzeitpädagogik dabei zu unterstützen, selbstbestimmtes Handeln und sinnvolles Gestalten aller Lebensbereiche zu erlernen. Unter Bezug auf ein integratives Konzept von Arbeit und Freizeit wird die Freizeitberatung zunehmend als Teil einer umfassenderen Laufbahnberatung betrachtet (Bloland, 1984; McDaniels, 1984a; Peevy, 1984; Super, 1984; Scheller, 1987). Bei der Animation geht es hingegen eher darum, in offenen Situationsfeldern Eigenaktivitäten und Handlungsinitiative entwickeln zu helfen.

Ein gegenwärtig zentrales Thema ist die *freie Eigenarbeit*. Sie umfaßt alle selbstbestimmten produktiven Tätigkeiten zur eigenen Versorgung oder zur Schaffung von Dingen, die man sich sonst nicht leisten kann sowie soziale Leistungen, wie Kinder- oder Altenbetreuung. Freie Eigenarbeit kann über weite Strecken sowohl den Begriff „Freizeit“ wie den Begriff „arbeitslos“ ersetzen und in der Wortwahl andeuten, daß es nicht die Arbeit ist, die fehlt, sondern die Bezahlung. Die Übergänge zur bezahlten, nicht organisierten und damit verbotenen Arbeit sind allerdings fließend (vgl. die Schattenwirtschaft). Eigenarbeit, ob bezahlt oder nicht, kann für die ausübenden Personen verschiedene Funktionen und Bedeutungen haben. Jenseits der ökonomischen Aspekte liegt die Attraktivität u. a. darin, daß es im allgemeinen ganzheitliche, gesellige und befriedigende Beschäftigungen sind, in denen man sich besser verwirklichen kann als an einem normalen Arbeitsplatz. Die Trennung von Hand- und Kopfarbeit ist aufgehoben und der Rahmen, in dem die Arbeit stattfindet, ist klein und überschaubar und oft von persönlichen Beziehungen bestimmt (vgl. Gershuny, 1981; Gorz, 1983).

Eine zweite zukunftsweisende und sich mit der freien Eigenarbeit überlappende Freizeiterscheinung sind *Selbsthilfegruppen* im sozialen Bereich und im Gesundheitswesen (Sommer und Ernst, 1977). Sowohl Initiativen, die Kinder oder körperlich Behinderte versorgen, als auch Selbsthilfegruppen für Alkoholiker, Mager- bzw. Fettsüchtige, Drogen- oder Glücksspielabhängige zählen dazu. Ihre erfolgreiche Arbeit stellt nicht nur die Organisation des offiziellen Versorgungsnetzes in Frage, sondern zeichnet auch ein neues Verhältnis zwischen staatlicher Daseinsvorsorge und Eigeninitiative. Zur Gemeinwesenarbeit sind u. a. die Vielzahl von Bürgerinitiativen zu rechnen, die auf die Gestaltung ihrer näheren und weiteren Umwelt Einfluß zu nehmen suchen. Ihre Arbeit gilt damit der primären Prävention, d. h. dem Abbau bzw. der Verhinderung krankmachender Faktoren in der Umwelt.

Als dritte zukunftsweisende Perspektive kann die *freizeitkulturelle Bildung* gelten. Um den gesellschaftlichen Auswirkungen der Mikroelektronik zu begegnen, schlug 1982 der Club of Rome ein Modell des „life long learning“ vor, bei dem sich Arbeit, Freizeitbeschäftigung und Fortbildung ein ganzes Leben lang abwechseln sollten. Damit war u. a. gemeint, ohne zwangsläufige Bindung an Beruf und ökonomische Verwertung, Weiterbildung auf der Basis von Freiwilligkeit und Spaß zu betreiben. Kommunikation, Geselligkeit, Kreativität, Persönlichkeitsbildung und Autonomieerweiterung sollten im Mittelpunkt stehen. Ähnliche Gedanken verbinden sich mit dem Konzept „Freizeitkulturelle Bildung“, das 1978 von der Deutschen Gesellschaft für Freizeit verabschiedet wurde. Um die hier angestrebte „freizeitorientierte, vorrangig die Kreativität, die Kommunikation und die Partizipation fördernde Bildung“ (S. 3) zu realisieren, bedarf es jedoch örtlich breit gestreuter Möglichkeiten zum Lernen. Dem entspricht auch die Vorstellung von der Pluralität der Lernorte des Deutschen Bildungsrates (1974). Lernen läßt sich in der Zukunft nicht mehr nur auf die traditionellen Orte wie Schule, Lehrwerkstatt oder Betrieb begrenzen, sondern diese bedürfen der Ergänzung durch Lernorte im Wohnumfeld, in den Stadtteilen und Innenstädten. Deren einschränkende Gestalt beklagen Andritzky (1977), Kohl (1976), Mitscherlich (1970), Probst (1982) und Schwippert (1973). Projekte, etwa zur „selbstorganisierten Freizeitkultur im Wohnumfeld“ (Nahrstedt et al., 1984) bemühen sich, hier neue Handlungsumfelder zu öffnen.

Kennzeichnend für die zukünftige Entwicklung scheint auch die in den wissenschaftlichen Arbeiten abzulesende Hinwendung zu konkreteren Fragestellungen in speziellen Problembereichen zu sein. Das spiegelt sich auch in den in zunehmender Zahl erscheinenden wissenschaftlichen Publikationsorganen wieder, etwa „Journal of Leisure Studies“ oder „Freizeitpädagogik“. Zu nennen sind in diesem Zusammenhang auch die Arbeiten der „World Leisure and Recreation Association“, des „European Center for Leisure and Education“ und auf den Freizeitkongressen der Deutschen Gesellschaft für Freizeit.

Kapitel 2.6

Menschenbild, Einstellungen, Normen und Werte

Bernhard Wilpert

2.6.1 Menschenbild und Wertwandel

2.6.1.1 Zum Stand der Wertforschung

2.6.1.1.1 Kontext

Anfang der 70-iger, und weiter verschärft zu Anfang der 80-iger Jahre, beobachtet man in praktisch allen westlichen Industrieländern eine lebhafte öffentliche Diskussion über Wandel, Umbruch, ja Verfall tradierter Wertorientierungen. Phänotypisch sichtbare Veränderungen der Lebens- und Interaktionsformen, die man als Bedrohung des status quo erlebt, werden hier offensichtlich als Symptome zugrundeliegender Wertveränderungen und durch diese induzierter Verhaltensänderungen gedeutet: individuelle Werthaltungen und ihre Veränderung als Ursachenprinzip sozialen Wandels.

Es soll hier nicht auf das schier unlösbare gesellschaftstheoretische Problem eingegangen werden, wo Ursache, wo Wirkung zu suchen sind (Klages u. Kmieciak, 1979). Vielmehr ist der Hinweis darauf angebracht, daß diese Diskussionen vor dem Hintergrund ökonomischer Wachstumskrisen, bedrohter Energieversorgung und wachsender Umweltprobleme, Bildungsnot und struktureller Arbeitslosigkeit, technischer Neuerungen größten Ausmaßes und schwer abzuschätzender Folgewirkungen, sowie einer wachsenden Resignation angesichts der überwältigenden Entwicklungsprobleme der Dritten Welt ablaufen. Sie verdichten sich zu einer umfassenden Orientierungs- und Sinnkrise (Kmieciak 1979). Die Frage, die sich uns hier stellt, ist weniger die nach der angemessenen Deutung sich aufdrängender Merkmale einer Zeitepoche als vielmehr die Rolle von Wertorientierungen und ihren Veränderungen für das Verhalten in und von Organisationen sowie umgekehrt die Auswirkungen organisatorischer Gestaltungsoptionen auf individuelle Werthaltungen.

2.6.1.1.2 Historische Ansätze psychologischer Wertforschung

Die psychologische Wertforschung ist fast so alt wie die wissenschaftliche Psychologie selbst (Wilpert 1965; Stiksrud 1979). Zu Ende des letzten und zu Beginn unseres Jahrhunderts sind es vor allem Meinong (1894), von Ehrenfels (1897/98) und Kreibig (1902), die die erste Phase psychologischer Wertforschung einleiten. Sie teilen den hohen Geltungsanspruch ihrer Theorien, der die Grenzen fachpsychologischer Fragestellungen übersteigt und die allgemeine Wertphilosophie, Ethik, Ästhetik und volkswirtschaftliche Werttheorien mit umschließt. Werterlebnisse sind für sie ‚emotionale Elemente' und eng mit dem Handeln des Individuums als Folge ihrer motivierenden Kraft verbunden.

Erfolgten ihre Untersuchungen weitgehend im Rückgriff auf psychologisch-phänomenologische und begriffslogische Analysen, so beginnt unter dem Einfluß der Würzburger Schule Haering (1912) erstmals, Wertfragen experimentell anzugehen. Werterlebnisse bleiben auch hier letztlich „unableitbare Urphänomene" (Messer 1914) i. S. der Elementenpsychologie.

Mit seinem Werk „Lebensformen" entwickelte Spranger (1911, 9. Auflage 1966) einen persönlichkeitspsychologischen Ansatz, der die psychologische Wertforschung bis in jüngere Zeit hinein beeinflussen sollte (Allport et al. 1951; Stiksrud, 1979). Nach ihm lassen sich sechs Idealtypen möglicher Wertausrichtung unterscheiden, denen in mehr oder minder prägnanter Weise Persönlichkeitstypen mit unterschiedlicher Hauptausrichtung an sechs „Kulturwerten" entsprechen: der theoretische (Kulturwert: Wahrheit), ökonomische (Nützlichkeit), ästhetische (Form oder Harmonie), soziale (Liebe), politische (Macht) und religiöse (mystische Einheit) Idealtypus (Roth, 1972).

Mit Lewins Topologie (1936) und Köhlers „The Place of Value in a World of Facts" (1938) tritt die gestalpsychologische Wertforschung in ihre fruchtbarste Phase. Grundlegend für beide ist das psychologische Feld (oder der Lebensraum), in dem sich phänomenale Zusammenhänge mit ihnen entsprechenden positiven oder negativen Gefordertheiten (Valenzen) bilden. Werte sind Geforderheitserlebnisse in phänomenalen Zusammenhängen; ähnlich Wertheimer (1935): „Leerstellen" in „Systemen", die bestimmte Ergänzungen verlangen und andere als ‚unpassend', ‚unrichtig' oder ‚unangebracht' ausscheiden.

Neofunktionalistische Forschungsansätze der vierziger und fünfziger Jahre knüpfen dann wieder an experimentelle Vorgehensweisen an (zusammenfassend: Tajfel 1957). Sie versuchen theoretische Modelle der Reizverarbeitung in Wahrnehmungsprozessen zu entwickeln und die Faktoren zu ermitteln, die über die aktuellen Reizgegebenheiten hinaus die Wahrnehmung beeinflussen (z. B. Wertigkeit von Objekten und Symbolen).

Den hier knapp bezeichneten Entwicklungslinien psychologischer Wertforschung gemeinsam ist die Thematisierung des Wertproblems als Wert*erleben* des Individuums, das in enger Beziehung zum Handeln i. S. seiner motivationalen Grundlagen steht. Soziale Aspekte, bis hin zu gesamtgesellschaftlichen Dimensionen, treten mit umfassenderen Theorieansätzen in den Vordergrund, welche die organismische Selbstbeschränkung traditioneller psychologischer Betrachtungsweisen (Graumann 1974) überschreiten.

2.6.1.1.3 Sozialwissenschaftliche Ansätze

Im Rahmen ökonomischer Betrachtungsweisen ist Wert eine Objekteigenschaft, d. h. ein Merkmal, das den Objekten selbst zukommt und die Grundlage zum Tausch mit Gütern ähnlicher Wertigkeit bildet. Eine solche Objektbezogenheit des Wertverständnisses dürfte eine theoretische Begründung in der Güterlehre der Scholastik finden (Oerter 1970/1978). Die völlige Ausblendung des wertenden Individuums ließ sich, wie verschiedene Autoren deutlich machen (z. B. Kmieciak, 1979, Steinmann et al., 1979), auch in der Nationalökonomie nicht konsequent aufrechterhalten. Die Ergänzung durch das Konzept individuellen Nutzens macht deutlich, daß das wertende, vergleichend wägende und auswählende Individuum notwendig auch in ökonomische Ansätze zur Werttheorie einbezogen werden muß.

Diese Betrachtungsweise, die Werten eine die Objekt- und Handlungswelt im Hinblick auf eine Präferenzordnung strukturierende Funktion zuschreibt, wurde stark durch kulturanthropologische Ansätze mitgeprägt. So sprechen Kluckhohn und Strodtbeck (1961, 10) von Wertorientierungen als „komplexen aber eindeutig strukturierten Prinzipien, die aus dem transaktionalen Zusammenwirken (interplay) dreier analytisch unterscheidbarer, wertender (evaluativer) Prozeßelemente entstehen: den kognitiven, affektiven und direktiven Elementen". Für diesen Ansatz konstitutiv ist, daß derartige ‚Präferenzmodelle" (Scholl-Schaaf, 1975) zwar subjektiv verankert, aber für Gruppen und ganze Kulturen kennzeichnend sein können. Inhalte der Rangordnungen mögen kulturell verschieden sein, die Komponenten und das Prinzip der Rangordnung jedoch werden als pankulturelle Universale betrachtet. Mit dem Hinweis auf die direktive Komponente von Werten wird hier nochmals die handlungsleitende Funktion von Werten hervorgehoben.

Hellpach (1953), anknüpfend an die großen Traditionen deutscher Kulturpsychologie, kommt in seinem anspruchsvollen Bemühen, Kulturerscheinungen systematisch zu fassen, zu dem Schluß, daß Werten im Kulturgeschehen eine zentrale Rolle zukommt. ‚Kulturwerte' oder ‚Leitwerte' i. S. ‚platonischer', d. h. vom direkten Erleben relativ entfernter Vorstellungen, stellen für ihn schlechthin das dynamische Prinzip von Kulturen dar. Der Leitwert einer Kulturgemeinschaft impliziert „die Zuordnung ihrer Lebensäußerung zu einer Vorstellung, die als seinsrelevant und dem Dasein sinn- und richtungsgebend angesehen wird. Der Leitwert bezeichnet eine kulturspezifische Grundorientierung von verhaltens-, lebens- und institutionenprägender Kraft“ (Wilpert, 1965). Nach Hellpach wurde in der Neuzeit der mittelalterliche Kulturwert der Jenseitsorientierung durch den der Vernunft abgelöst.

Konkreter und damit institutions- und organisationspsychologisch auch unmittelbarer relevant wird der Ansatz der Sozialanthropologie vorwiegend britischer Provenienz (zusammenfassend: Firth, 1953). Die Institution als „organisches System menschlicher Betätigung“ wird von Malinowski (1951) im Rahmen seiner Funktionstheorie der Kultur als kleinste kulturelle Einheit betrachtet. Sie wird verstanden als Gruppe von Menschen, die durch ein gemeinsames Interesse verbunden, „den Regeln ihrer Tradition oder ihres Abkommens folgen“, wobei der Wert (hier: gemeinsames Interesse) gesehen wird als „Hauptmotiv organisierter menschlicher Anstrengungen, als das Prinzip, wodurch Menschen veranlaßt werden, zusammenzuarbeiten“. Zweck der Institution ist letztendlich die kollektiv ermöglichte Befriedigung (biologischer, sozialer oder geistiger) Bedürfnisse, in deren Dienst sich Werte stellen.

Der kurze Überblick über verschiedene psychologische Traditionen und sozialwissenschaftliche Ansätze zeigt die Spannweite des Begriffsverständnisses von Wert, die eine allgemeinverbindliche Fassung über alle Einzelwissenschaften hinweg nicht erwarten läßt. Definitionen von Wert und damit auch Abgrenzungen zu verwandten, oft synonym verwendeten Konzepten (Wertorientierung, Werthaltung, Einstellung etc., hierzu: Roth, 1967; Rokeach, 1973; Westmeyer, 1983) können daher einer gewissen Willkürlichkeit nicht entsagen. Als eine Begriffsfassung, die gleichzeitig den Konzeptcharakter und die personale Verankerung des Wertphänomens betont und außerdem eine größere Zahl verschiedener Auffassungen für die Zwecke unserer Darstellung bestmöglich abdeckt, scheint uns die von Kmieciak (1976) zu gelten: Wert wird verstanden als ein „kulturell- und sozialdeterminiertes (und geltendes), dynamisches, ichzentrales, selbstkonstitutives Ordnungskonzept als Orientierungsleitlinie, die den Systeminput einer Person (Wahrnehmung) selektiv organisiert und akzentuiert sowie ihren Output (Verhalten) reguliert, mithin eine ichdirigierte aktive Planung und Ausrichtung des Verhaltens über verschiedene Situationen hinweg ermöglicht.“

Mit dieser Definition zwar nicht voll zur Deckung zu bringen, aber für die weitere Behandlung von Wertfragen doch wesentlich, ist die Mehrebenenperspektive Oldemeyers (1979), der auf einer Primärebene als Vorstufe des Wertens spontane Zu- und Abneigungen, auf einer Sekundärebene „Güterwerte“ i. S. von Objekt-bezogenen Wertqualitäten unterscheidet. Auf einer dritten Ebene nennt er dann die „Orientierungswerte“ i. S. von Idealen, an denen sich Menschen orientieren. Es liegt nahe, Güterwerte wie Rokeach (1973) als Instrumentalwerte und Orientierungswerte als Terminalwerte zu betrachten, von denen letztere (z. B. Höflichkeit) nicht nur mittelbaren sondern aus sich selbst heraus Wertcharakter besitzen (Freiheit, Demokratie). Darüber hinausgehende Analyseebenen Oldemeyers (Wertprinzipien, philosophische Reflektion) können an dieser Stelle vernachlässigt werden.

2.6.1.2 Menschenbilder als Wert- und Verhalten-induzierende Bezugssysteme

2.6.1.2.1 Explizite Leitbilder

Jede Kulturkritik ist, ob bewußt oder nicht, ein Versuch, eine Utopie des menschlichen Daseins zu entwickeln (Meimberg, 1979). Explizite Menschenbilder als Zielvorstellungen und Leitbilder menschlicher Existenz sind in diesem Sinn Utopien mit daseinsgestaltender Intention. Sie sind Ausdruck des Wünschens- und Erstrebenswerten und somit den oben bezeichneten Orientierungswerten zuzuordnen.

In Auseinandersetzung mit tradierten Vorstellungen über die Natur des Menschen in seiner sozialen und gesellschaftlichen Umwelt während des industriellen Zeitalters entwickelt Trist (1976) als Gegenbild die seiner Auffassung nach für die postindustrielle Ära notwendige Zielvorstellung, die er in kulturellen Werten, organisatorischen Philosophien und sozialökologischen Strategien faßt. Für die Zwecke dieses Bandes stellt diese Gegenüberstellung den bislang wohl umfassendsten (wenn auch nicht in allen Einzelheiten konsistenten) einschlägigen Versuch dar, explizite Zielvorstellungen für die Gestaltung humaner Lebens- und Organisationsbedingungen für die Zukunft zu formulieren. Er sei daher beispielhaft in Vertretung anderer (z. B. Arendt, 1956; Argyris, 1964) aufgeführt (Tabelle 1, folgende Seite).

Von solchen expliziten, normativen Leit- und Menschenbildern, die, wie wir am Beispiel des Versuchs von Trist sehen, oft aus einer kulturkritischen Position kommend sowohl individuelle als auch soziale und gesellschaftliche Lebensvollzüge betreffen, sind implizite Menschenbilder abzuheben.

2.6.1.2.2 Implizite Menschenbilder

Unter impliziten Menschenbildern verstehen wir relativ homogene Ensembles von Grundannahmen und Vermutungen über die Natur des Menschen, seine Bedürfnisse und Verhaltensweisen, die nicht unbedingt bewußt sein, sondern häufig aus dem Verhalten ihrer Träger und Merkmalen oder Struktureigenschaften von Organisationen abgeleitet werden müssen. Man kann ihnen im Alltagsverhalten den Status naiver Persönlichkeitstheorien zuschreiben. Versuche einer wissenschaftlichen Ableitung solcher impliziter Menschenbilder sind häufig unternommen worden (zusammenfassend: Knowles u. Saxberg, 1967; Staehle 1980a, b; Weinert, 1984). Verschiedene Facetten des Verhaltens oder von Organisationen werden in solchen Ableitungsprozessen zu „zugrundeliegenden“ Menschenbildern verdichtet und das

Tab. 1: *Orientierungswerte (nach Trist, 1976).*

Industrielle Ära	Postindustrielle Ära
Kulturelle Werte	
1) Leistung	Selbstverwirklichung
2) Selbstkontrolle	Selbstausdruck
3) Unabhängigkeit	Interdependenz
4) Erleiden von Mühsal	Kapazität zur Freude
Organisationsphilosophie	
5) Mechanistische Formen	Organische Formen
6) Rivalitätsbeziehungen	Kooperationsbeziehungen
7) Getrennte Ziele	Verbundene Ziele
8) Eigene Ressourcen als Privateigentum gesehen	Eigene Ressourcen als gesellschaftliches Eigentum gesehen
Sozialökonomische Strategien	
9) Krisen-reaktiv	Krisen-antizipativ
10) Spezifische Maßnahmen	Umfassende Maßnahmen
11) Zustimmung verlangend	Partizipation verlangend
12) Konfliktminimierend	Konfliktkonfrontierend
13) Kurzer Planungshorizont	Langer Planungshorizont
14) Detaillierte Zentralkontrolle	Generelle Zentralkontrolle
15) Kleine örtliche Regierungseinheiten	Umfassendere örtliche Regierungseinheiten
16) Standardisierte Verwaltung	Innovative Verwaltung
17) Getrennte Dienstleistungen	Koordinierte Dienstleistungen

Resultat ist eine begrenzte Anzahl von Typen mehr oder minder homogener Merkmalskonstellationen.

Beispiele solcher Typologien sind die vier von Schein (1974, 1965: 1980; s. auch Staehle 1973, 1975, 1980a, b) identifizierten Menschenbilder (der rational-ökonomische Typus, der soziale, der selbst-aktualisierende und der komplexe Mensch) oder die McGregors (1960, 1970) Analysen zugrundegelegten Menschenbilder, die in den Theorien „X" und „Y" des Managements als handlungsleitend angesehen werden. Gerade letztgenannte Typologie hat in aller Welt eine große Popularität erlangt, weil sie aufgrund ihrer eingängigen und plausiblen Erklärungsmuster so offenkundig praxisrelevant zu sein scheint. Das Bild des Menschen vom Typus „X" (ebenso wie das des rationalökonomischen homo oeconomicus) reflektiert den typischerweise angeboren faulen, verantwortungsscheuen Mitarbeiter, der nur durch straffe Lenkung und materielle Anreize zu motivieren ist. Im Gegensatz dazu der Mensch vom Typus „Y": von sich aus fleißig, selbstmotiviert, verantwortungssuchend braucht nur fördernde Arbeitsbedingungen und ein partizipatives Klima, um sein Engagement zu induzieren. Der Vollständigkeit halber sei nur noch auf verschiedene weitere Versuche der erschließenden Rekonstruktion derartiger Typologien verwiesen: Downs (1957/1968), March und Simon (1958, 1977), Rieff (1961), Likert (1961/1972), Massie (1965), Miles (1965), Pugh (1966), Campbell et al. (1970), Hill et al. (1974), Leavitt (1972/1979), Ouchi (1981). In kritischer Auseinandersetzung mit dem spekulativen, erschließenden Vorgehen früherer Forscher versucht Weinert (1984) in jüngster Zeit die naiven Persönlichkeitstheorien impliziten Menschenbilder bei Führungskräften direkt empirisch erfassend zu verifizieren.

Implizite Menschenbilder kommen dem menschlichen Bedürfnis nach Ordnung und Reduktion der Vielfalt und Komplexität der Alltagserscheinungen entgegen, das sich in allen Bemühungen um das Erstellen idealtypischer Ordnungen ausdrükken dürfte. Es handelt sich hier um hochstandardisierte Schemata der Wahrnehmung von Gruppen („die Arbeitnehmer"), die aufgrund ihrer Zusammenhangs-stiftenden Wirkungen Systemcharakter (Witte, 1960) aufweisen: zu einer spezifisch strukturierten Wahrnehmung anderer Personen (kognitiver Aspekt) gehören bestimmte Verhaltens- und Reaktionsweisen i. S. ihrer erlebten Gefordertheit oder Angemessenheit (konativer Aspekt), die in der Regel durch affektive Einfärbungen begleitet werden (affektiver Aspekt) (Irle, 1975; Rosenstiel v. et al. 1975)

2.6.1.2.3 Folgen für das Verhalten in / von Organisationen

Der wissenschaftliche Versuch nun, implizite Menschenbilder aus dem Verhalten und organisationsstrukturellen Merkmalen zu erschließen und in Typologien festzuschreiben, dürfte unbeabsichtigte Nebenwirkungen in unterschiedliche Richtungen zur Folge haben. Zum einen kann vermutet werden, daß derart fixierte Typologien je nach ihrem Plausibilitätsgrad auf potentielle Träger solcher Menschenbilder rückwirken, die gesellschaftliche Verbreitung eines gegebenen Modells beschleunigen und bereits bestehende implizite Vorstellungen weiter verfestigen. Zum andern ist denkbar, daß der jeweilig vorliegende Versuch „sich nicht mit der Beschreibung von Eigenschaften des Menschen bescheidet (Deskription), sondern auch Wertlehre in pragmatischer Absicht ist (Präskription)" (Staehle, 1980:198). Menschenbilder werden zu expliziten Orientierungswerten, Leitbildern, die Führungsverhalten und Organisationsdesign beeinflussen sollen. Und schließlich wäre zu fragen, inwieweit Menschenbilder zur Verteidigung bestimmter Gruppeninteressen oder eines gesellschaftlichen status quo instrumentalisiert werden (Hartfiel, 1968).

Man hat unter verschiedenen Gesichtspunkten vor den dysfunktionalen Wirkungen derartiger Menschenbilder gewarnt: auf ihre oft unzulässige Ausschnitthaftigkeit und Begrenztheit verwiesen (Moldenauer und Grunwald, 1978), sie als „sich selbst erfüllende Prophezeiungen" apostrophiert (Merton, 1957) und die Schwierigkeit ihrer Widerlegung („Körnchen Wahrheit") betont (Lilge, 1980). Dennoch kann kaum bezweifelt werden, daß sie die Wirklichkeit von Organisationen maßgeblich beeinflussen, vornehmlich durch das Setzen von Standards und Erfolgskriterien sowie durch die Legitimation von als selbstverständlich vermittelten und schwer zu hinterfragenden Strukturen und Verfahrensweisen.

2.6.1.3 Arbeitsbezogene Werthaltungen

Besonders bedeutsam für das Funktionieren von Organisationen dürften arbeitsbezogene Werthaltungen und ihre Verteilung in der erwerbsfähigen Bevölkerung sein, weil sie in enger Beziehung zu ihrem Teilnahme- und Leistungsverhalten in Arbeitsorganisationen stehen.

2.6.1.3.1 Bedeutung der Arbeit

Einer der einflußreichsten Ansätze zur Erfassung der Bedeutung, die Arbeit und Arbeiten für Individuen und – aggregiert – für soziale Gruppen besitzen, wurde von Dubin entwickelt (1956). Er wurde in vielen Folgestudien repliziert (Dubin et al., 1976). Ausgehend von der Erfahrung, daß die Lebensvollzüge Erwachsener in mehrere Lebensbereiche segmentiert sind, vermutet er, daß diese unterschiedliche Bedeutung und Zentralität für das Individuum besitzen in dem Sinne, daß Individuen einen Bereich anderen gegenüber mehr oder weniger bevorzugen („expressed preference for a given locale or situation in carrying out an activity", Dubin et al., 1976, 282). Die von Dubin und in seiner Nachfolge durchgeführten empirischen Arbeiten belegen, daß die Anzahl der Arbeitnehmer, die Arbeit im Vergleich zu nichtberuflichen Bereichen als ihr zentrales Lebensinteresse angeben, abhängig ist von ihrer Berufsgruppenzugehörigkeit, Bedingungen der Arbeit und Arbeitsorganisation, ihrem sozialen Status, dem Alter und Geschlecht. Außerdem zeigen sich enge Zusammenhänge zwischen dem „Central Life Interest (CLI)-Wert" und der Bindung an die Arbeitsorganisation und ihrer Bewertung (Dubin et al., 1975, 1976).

Neben der damit belegten unterschiedlichen Rangstellung von Arbeit im Vergleich zu anderen Lebensbereichen zeigen eine Fülle empirischer Arbeiten Unterschiede in der individuellen Bewertung der in der Arbeitsorganisation gegebenen Chancen zur Aktivierung und Aktualisierung motivierten Handelns (zusammenfassend: Herzberg et al., 1959; von Rosenstiel, 1975; Lawler, 1977): Menschen suchen differentiell neben ökonomischen (Bezahlung) auch inhaltliche (Interessantheit, Nutzung eigener Fähigkeiten) und soziale Bedürfnisse (Kontakt, Sicherheit) zu befriedigen. Umfassende Forschungen, die sich mit international vergleichender Intention mit Problemen der Zentralität von Arbeit, arbeitsbezogenen Werthaltungen und Normvorstellungen und ihren Implikationen für das Verhalten von Arbeitnehmern befassen, sind seit Anfang der 70-iger Jahre im Gange, die Publikation ihrer Ergebnisse stehen aber noch aus, wenn man von einigen vorläufigen Teilveröffentlichungen absieht (Super, 1970; Seifert und Bergmann, 1983; MOW, 1981, 1987; Ruiz Quintanilla, 1984; Ruiz Quintanilla und Wilpert, 1985).

2.6.1.3.2 Wertwandel

Der Frage, ob sich Orientierungswerte und ihnen entsprechende Präferenzordnungen in der Bevölkerung westlicher Industrienationen tatsächlich verändern, ist man seit Anfang der 70-iger Jahre verstärkt empirisch forschend – meist auf dem Umfragenweg – nachgegangen. Die wohl am meisten diskutierte These ist dabei die eines spürbaren und stetigen intergenerationellen Wandels von materialistischen (auf Ordnung, ökonomische Stabilität, Sicherheit abhebenden) zu postmaterialistischen (auf Selbstverwirklichung, Mitbestimmung, ökologische Bedürfnisse, eine humane Gesellschaft abhebenden) Wertorientierungen (Inglehart, 1977, 1981). Zentrale Erklärungsprinzipien dieses anhand von Befragungsergebnissen erhobenen Wertwandels sind die Sozialisations- und Mangelhypothese. Nach ersterer entstehen Wertorientierungen in der Jugendzeit und bleiben danach weitgehend stabil. Die Mangelhypothese besagt in Anlehnung an Maslows (1954) Bedürfnishierarchie, daß bei relativer Sättigung niederer Bedürfnisse (materialistischer) eine größere Wertigkeit höherer (postmaterialistischer) entsteht. Ingleharts Thesen werden inzwischen aus methodologischen und theoretischen Überlegungen als wenig stichhaltig angesehen (etwa: Jagodzinski, 1983; Böltken und Jagodzinski, 1983; Baethge et al., 1983; zusammenfassend: Müller-Rommel, 1983).

Unbeschadet der fortbestehenden gegensätzlichen Auffassungen über Umfang, Inhalt und Betroffenengruppen dieses Wandels sowie der Angemessenheit seiner methodischen Erfassung wird vielseits ein Wertwandel weg von „Fügsamkeit und Folgebereitschaft gegenüber fremdgesetzten Ordnungs- und Leistungserwartungen" hin zu Werten, „welche die Geltendmachung von Selbstentfaltungsbedürfnissen und Bedürfnissen nach selbstbezogenen Erfüllungserlebnissen begünstigen" beschrieben (Klages, 1983: 341; ähnlich: Engfer et al., 1983; Hermann, 1982; Noelle-Neumann, 1978; Scholl-Schaaf, 1975; Yankelovich, 1978). Beck (1984: 55) spricht in diesem Zusammenhang von einem „Schub der ‚Individualisierung' von Lebenslagen und Lebenswegen (und darauf bezogenen Orientierungen)". Implikationen dieses Schubes sind u. a.: Aufwertung der Familien- und Primärbeziehungen, Veränderung zur Verausgabung von Arbeitskraft, Notwendigkeit zur Veränderung von Anreizsystemen und Neugestaltung von Arbeitsorganisationen.

Ruiz Quintanilla (1984; Ähnlich: Udris, 1979; Bartelt, 1982; Strümpel und Klipstein, 1984) bezweifelt zwar die enge Verbindung von veränderten Präferenzen und Erwartungshaltungen gegenüber Arbeitsplatzmerkmalen, (die er durchaus auch konstatiert) und damit einhergehender Verringerung der Leistungsbereitschaft, dennoch stellt auch er eindeutig intergenerationelle Unterschiede bei arbeitsbezogenen Pflichtorientierungen und Chancenorientierungen (z. B. Arbeit als Chance der Selbstverwirklichung) fest. – Die Frage, was derartige Veränderungen in Wert- und Präferenzstrukturen der Bevölkerung für Organisationen bedeuten, soll weiter unten (Teil 5) wieder aufgegriffen werden.

2.6.1.4 Wichtige Operationalisierungsansätze

Stiksrud (1979) und Westmeyer (1983) haben in begriffs- und methodenkritischen Analysen darauf hingewiesen, daß ein zentrales Problem der Wertmessung die vorgängig notwendige Klärung ist, ob Wert im Kontext des jeweiligen Theorieansatzes als ein Konzept oder als reales Ereignis (Werterleben) verstanden wird. Hinzu kommen auch die bereits oben angesprochenen Probleme der Abgrenzung des Wertbegriffs von oft synonym verwandten Begriffen wie Interesse, Überzeugung, Meinung, Bedürfnis, wie sie sich im Zusammenhang mit Einstellungsmessungen und Meinungsumfragen zu Wertproblemen notwendig ergeben. Angesichts der Heterogenität unterschiedlichen Wertverständnisses kann es daher nicht verwundern, daß eine große Vielfalt methodischer Vorgehensweisen Eingang in die Forschungspraxis gefunden haben.

Eine vorzügliche Systematik gängiger Verfahren zur Messung von Einstellungen und Werthaltungen findet sich bei Silberer (1983). Obwohl sie sich weitgehend an den spezifischen Problemen der Konsumforschung orientiert, kann hier darauf verwiesen werden.

2.6.1.5 Praxisimplikationen

2.6.1.5.1 Gesellschaftliche Evolution

Beck (1984) entwickelt ausgehend von dem oben gekennzeichneten Wandel des traditionell status- und konsumorientierten Wertsystems und des ihn begleitenden „Zerbröckelns“ des herkömmlichen Fortschrittskonsens das Panorama einer „kulturellen Evolution der Arbeit“. Im Kern dieser Evolution steht nach seiner Auffassung die „Wende nach Innen“ (Individualisierungsschub), in dessen Gefolge persönlicher Erfolg weniger ausschließlich am beruflichen Erfolg gemessen wird, obwohl in scheinbarem Widerspruch hierzu ökonomische Sicherheit (Einkommen aus bezahlter Arbeit) zur zentralen Voraussetzung eben jener Individualisierung gesehen wird. Entsprechend verschärfen wachsende Beschäftigungswünsche auch die Abhängigkeit des einzelnen von bezahlter Tätigkeit, was angesichts der Einführung neuer Techniken und des diese begleitenden Fortfalls von Arbeitsplätzen sowie verlängerter Lebenserwartung zu einer Intensivierung der Arbeitslosigkeitsproblematik führen dürfte. Ein solcher Entwicklungsprozeß muß in Verbindung mit weiteren angebbaren Entwicklungstrends notwendig Folgen haben für Organisationsstrategien ebenso wie für erziehungs- und sozialpolitische Maßnahmen.

2.6.1.5.2 *Erziehung*

Trotz Fortbestehens beruflicher Beziehungen lassen sich vielfältige Veränderungen der geforderten inhaltlichen Tätigkeitsanforderungen und damit der verlangten Qualifikationen nachweisen (Dozentenfachgruppe Arbeits- und Organisationspsychologie, 1983). Fortschreitende Verknappung von Arbeitsmöglichkeiten und Ausweitung von Beschäftigungswünschen (vor allem auch weiblicher erwerbsfähiger Personen) und arbeitspolitische Maßnahmen zur Umverteilung von Arbeit (Arbeitszeitverkürzungen) tun das ihre dazu, sowohl unserem allgemeinen Bildungs- als auch dem beruflichen Aus- und Weiterbildungswesen entsprechende Herausforderungen zu stellen. Stichwortartig seien einige Problemkreise benannt, die sich in kommenden Jahrzehnten als Brennpunkte notwendiger pädagogischer Neuorientierung erweisen dürften:

- Wachsende Bedeutung außerberuflicher Freiräume und entsprechende Zurüstung der Individuen, kreativ damit umzugehen;
- Redefinition der Rolle der Arbeit im Lebenszyklus der Individuen;
- Förderung beruflicher Mobilitätsbereitschaft und entsprechende Fort- und Weiterbildungschancen;
- Entwicklung einer Technologie-Psychologie und -Pädagogik des Umgangs mit neuen Techniken in Alltag und Beruf.

2.6.1.5.3 *Organisationsstrategien*

Unterstellt man den Trend zu einer Individualisierung der Erwartungshaltungen an Arbeit wie er oben beschrieben wurde, so stellen sich mit ihm auch für die Gestaltung von Arbeitsorganisationen eine Reihe von neuen Anforderungen, für die praktikable Lösungen noch keineswegs gefunden oder allseits akzeptiert sind (Beck, 1984):

- Eine notwendige Entkoppelung der betrieblichen Anreiz- und Belohnungssysteme von der herkömmlichen ausschließlichen Bindung an das Gehalt bei gleichzeitiger Garantie eines auskömmlichen Einkommens;
- Einstellung des Arbeitsplätzeangebots entsprechend individuellerer Erwartungen und Ansprüche: Pluralisierung bzw. Individualisierung von Arbeits- und Beschäftigungsverhältnissen;
- Eine Individualisierung dürfte mit Prozessen der Entsolidarisierung der Arbeitnehmer einhergehen, welche die Gewerkschaften vor völlig neue Probleme der Interessenartikulation und -durchsetzung stellt; von daher die Notwendigkeit, neue Formen der Gruppenverantwortlichkeit zu erproben (z. B. semi-autonome Arbeitsgruppen, Quality Circles);

- Im Interesse der Vermeidung sozialer und ökonomischer Dysfunktionen dürfte gerade der Prozeß der Einführung neuer Technologien auch neue Formen der Beteiligung erforderlich machen, die über herkömmliche Strukturen und Prozesse der Mitbestimmung zu Gewinnbeteiligung und neuen Formen des Arbeitnehmereigentums an Produktionsmitteln reichen werden.
- Nutzung und Auswertung der technikimmanenten Flexibilität im Sinne der Ausrichtung auf individuelle Bedürfnisse und Erwartungen an Arbeitsinhalte und -bedingungen.

2.6.1.5.4 Sozialpolitische Maßnahmen

In dem Maße, in dem Verdienstarbeit (trotz ihrer fortbestehenden Funktion zur Existenzsicherung oder gar aufgewerteten symbolischen Bedeutung zur Selbstverwirklichung) ihren zentralen Stellenwert für die Identitätsbildung verliert, in dem Maße wird gesellschaftliche Arbeit auch ihre Funktion als wichtigster Verteilungsmechanismus für gesellschaftliche Güter und Chancen verlieren. Gesellschaften können aber ohne derartige Mechanismen nicht bestehen. Alternative Verteilungsmodelle sind hier gefordert, für die entsprechende Strukturmodelle noch nicht einmal in Ansätzen entwickelt sind. Die Konzeption, Entwicklung und Implementation solcher Modelle verlangt interdisziplinäre Kreativität, in der sich organisationspsychologisches Wissen und gesellschaftstheoretische Vorstellungskraft verbünden müssen. Ähnlich argumentiert Beck (1984: 61), wenn er vom Widerspruch zwischen dem offenbar omnipotenten menschlichen Gestaltungspotential und der Unfähigkeit spricht, dieses zur eigenen Überlebenssicherung einzusetzen. „Dies bedeutet: das Aufdecken und Umsetzen der Möglichkeiten einer *grundlegenden Selbstkorrektur* des industriellen „Fortschritts“ ... durch neue Verlaufs- und Beteiligungsformen, neue Arbeitsstrukturen für Modernisierungsprozesse, dürfte eine, vielleicht sogar die zentrale Aufgabe an der Wende ins 21. Jahrhundert werden.“

2.6.2 Normen

2.6.2.1 Definition und Merkmale sozialer Normen

2.6.2.1.1 Definition

Für den Zweck dieses Kapitels wollen wir soziale Normen auffassen als *Regulative für das Verhalten von wenigstens zwei interagierenden Akteuren*, wobei diese Akteure sowohl Individuen oder auch Gruppen / Organisationen / Institutionen sein mögen. Diese Definition setzt sich mit ihrem eindeutigen Bezug auf soziale Interaktionen in einem „Verhältnis der Gegenseitigkeit“ (König, 1971) ab von anderen gängigen einzelwissenschaftlichen Gebrauchsweisen, etwa der Theologie, Philosophie, Jurisprudenz, Technik, Statistik (hierzu: Brandt und Köhler, 1972). Normen schreiben in diesem Sinne ein bestimmtes Verhalten vor oder bestimmen Verhaltensspielräume (Moch und Seashore, 1981). Ihnen entsprechen also Verhaltenserwartungen, die sich letztlich an Wertvorstellungen orientieren. (Sherif, 1963).

2.6.2.1.2 Allgemeine Merkmalsdimensionen

Soziale Rollen sind aufgrund der ihnen zugeordneten Verhaltenserwartungen als Verhaltensregulative den sozialen Normen funktional äquivalent. Für beide lassen sich die gleichen allgemeinen Beschreibungsdimensionen verwenden. So unterscheidet Neuberger (1976) bei Rollen mehrere Dimensionen, die hier im Hinblick auf Normen interpretiert werden:

- Verpflichtungscharakter.
  Hiermit ist der Verbindlichkeitsgrad einer Norm gemeint, deren zugeordnete Verhaltenserwartungen nach Dahrendorf (1959) eingeteilt werden können in Muß-, Soll- und Kannerwartungen, welche die Bandbreite des geforderten Verhaltens betreffen.

- Identifikationsgrad.
  Er bezeichnet das Ausmaß der Akzeptanz einer Norm durch die Interaktionspartner, die von völliger und selbstverständlicher Übernahme bis zu ihrer Negierung reichen kann.

- Allgemeinheitsgrad.
  Damit ist das Maß der Spezifizierung von Normen im Hinblick auf ihre Gültigkeit in spezifischen Situationen oder als allgemeine, oft vage Verhaltensaufforderung für eine Vielzahl von Situationen gemeint (z. B. in der Betriebsverfassung: obligatorische Mitbestimmung des Betriebsrates bei der Festsetzung der betrieblichen Arbeitszeit im Gegensatz zum Friedenspflichtgebot).

- Bekanntheitsgrad.
  Er bezeichnet die Öffentlichkeit von Verhaltenserwartungen, die von fast absoluter Unzugänglichkeit etwa im Intimbereich zu jedermann zugänglicher Codifizierung einer Rechtsnorm reichen kann, wobei grundsätzliche Zugänglichkeit freilich nicht immer empirisch anzutreffender Bekanntheit in der Bevölkerung zu entsprechen braucht.

- Reichweite.
  Hierbei geht es um das unterschiedliche Ausmaß, in dem Normen verschiedenste Lebensbereiche oder Gruppen und Organisationen/Institutionen durchdringen. Als Beispiel wären etwa die grundgesetzlichen Rechtsnormen mit ihrem umfassenden Gültigkeitsanspruch im Vergleich zu allfälligen Gemeindeverordnungen zu sehen.

- Konsens.
  Da die meisten Normen mehr oder minder interpretationsfähig und -bedürftig sind, läßt sich als weitere Beschreibungsdimension der Übereinstimmungsgrad der Interaktionspartner hinsichtlich der Interpretation einer gegebenen Norm identifizieren.

2.6.2.1.3 Typen sozialer Normen

Collett (1977) gibt in Abhebung vom Begriff des Naturgesetzes zwei Bedingungen an, unter denen von sozialen Normen gesprochen werden kann:

1) Brechbarkeit, d. h. sie müssen prinzipiell überschreitbar sein;

2) Veränderbarkeit, d. h. es muß prinzipiell möglich sein, alternative normative Regelungen zu entwickeln.

Die meisten der vielfachen Versuche, zu einer Klassifikation von sozialen Normen zu gelangen (zusammenfassend: Brandt und Köhler, 1972), orientieren sich an einem oder mehreren der unter 2.6.2.1.2 beschriebenen Merkmalsdimensionen. Daneben kommen jedoch auch Aspekte des inhaltlichen Bezugs von sozialen Normen, der Rigidität ihnen zugeordneter Sanktionen oder ihrer Entstehungsart (z. B. Tradition, legislative Akte) zum Tragen.

Unter Bezugnahme auf Sumner (1906/1940) unterscheidet König (1971) in einem Versuch, Differenzierungsmöglichkeiten für verschiedene Normensysteme zu finden, zwischen Brauch (folkways), Sitte (mores) und Recht. *Brauch* wird als relativ stabile Verhaltenstraditionen und ihnen entsprechende Verhaltenserwartungen aufgefaßt, die ihre Legitimität von dem weitgehend impliziten Konsens kultureller Selbstverständlichkeiten der Träger erhalten. In den meisten Fällen ist es nicht einfach, die spezifischen rationalen Wurzeln solcher „habitueller Kultursedimente" aufzudecken. Im Fall ihrer Nichtbeachtung sind meist nur schwache Sanktionen zu erwarten. Tradition (Shils, 1981), Brauchtum, Konvention und Etikette dürften ihnen zugerechnet werden. *Sitte* folgt demgegenüber einem intensiveren und systematischeren (moralischen) Anspruch, obwohl auch sie meist aufgrund von Habitualisierung befolgt wird. Als explizit formulierte Verhaltensregeln zeichnet sie ein höherer (rationalerer) Bewußtseinsgrad aus und ihre Einhaltung wird von der Gesamtheit der sie pflegenden Gruppe/Institution oder von den dafür bestimmten Mitgliedern überwacht und mit schärferen Sanktionen durchgesetzt (Mißbilligung, Mahnung, Ächtung, Boykott). Öffentliches Moralbewußtsein und Gewohnheitsrecht stehen im Vorfeld zum gesetzten *Recht* als seiner Intention nach rationalster und systematischster Form eines sozialen Normengefüges, dessen Setzung ein staatliches Monopol ist und durch spezialisierte Menschenstäbe überwacht und durchgesetzt wird. Weitere Versuche zu Normtypologien zu kommen, erörtert Korthals-Beyerlein (1979: 67 ff.).

2.6.2.2 Funktionen sozialer Normen

In einem allgemeinen Sinn sichern Normen eine gewisse Vorhersagbarkeit der sozialen Interaktion und bewirken damit unmittelbar für die Akteure eine Reduktion der ansonsten zu erwartenden unüberschaubaren Komplexität (Orientierungsfunktion). Damit einhergehend ermöglichen sie Effizienz der Kommunikation und den reibungslosen Ablauf sozialer Prozesse indem sie die Auftretenswahrscheinlichkeit von Mißverständnissen reduzieren, die im Einzelfall existenzbedrohend werden können, etwa bei Nichtbeachtung von Verkehrsregeln (Kommunikationsfunktion). Die Übertretung sozialer Normen verdeutlicht eine weitere Funktion: sie ermöglichen eine überindividuell geltende Bewertung und Legitimierung tatsächlich auftretenden Verhaltens (Legitimationsfunktion). Normengerechtes Verhalten bedeutet, daß entsprechende Verhaltensweisen nicht voll dem einzelnen Verhaltensträger angerechnet werden können, sie werden damit quasi zur unpersönlichen Instanz, die den einzelnen vor individuellen Übergriffen schützt (Schutzfunktion, Thibaut und Kelley, 1959).

Gruppen, Organisationen und Institutionen können als Systeme verschiedener ineinandergreifender Regelsysteme und durch sie geregelten Verhaltens begriffen werden (Cyert und MacCrimmon, 1968; Moch und Seashore, 1981). Damit sichern Normen die Kohäsion und die Homogenität sozialer Institutionen (Homogenisierungsfunktion, Festinger, 1950; Blau, 1955). Und schließlich hat Shils (1981) darauf hingewiesen, daß es nicht zuletzt die überindividuell bestehenden Normen sind, die intergenerationell traditionsstiftend wirken und damit zur Herausbildung kultureller Identitäten beitragen (Identitätsfunktion).

Diese Einzelfunktionen übergreifend ließe sich sagen, daß soziale Normen letztendlich als zentrale Mechanismen in der Verwirklichung von Werten wirken (Wertverwirklichungsfunktion).

2.6.2.3 Normengenese und Normenübernahme

Während zur Entstehung sozialer Normen in experimentellen Kleingruppen z. T. nun bereits klassische Untersuchungen vorliegen (etwa: Sherif, 1936), ist die Frage nach ihrer Entstehung in Großgruppen (Kulturen, Gesellschaften, Minoritäten, Institutionen) durchaus offen (Ewert, 1970). Einigkeit besteht jedoch dahingehend, daß die individuelle Übernahme von Normen sozial vermittelt ist (Zigler und Child, 1969; Brandt und Köhler, 1972). Beispielhaft seien einige der für Zwecke dieses Beitrags als besonders relevant anzusehenden Sozialisationsumwelten aufgeführt.

2.6.2.3.1 Kultur

Es darf angenommen werden, daß arbeitsrelevante Normen – etwa Leistungsnormen, Fleiß, Unterordnung und Gehorsam gegenüber Höherstehenden – bereits in früher Kindheit über Sozialisationseinflüsse der unmittelbaren Familienumwelt vermittelt werden. Ein bevorzugtes Paradigma stellt hier die Erforschung von Erziehungsstilen dar, die sicherlich kulturell mitgeprägt sind. So zeigten Barry et al. (1959), daß die vorherrschenden ökonomischen Subsistenztechniken einer Gesellschaft (Landbau, Tierzucht, Jagen, Fischen) mit der unterschiedlichen Betonung verschiedener Erziehungsstile einhergingen. Nahrungsmittelhortende Gesellschaften betonen Verantwortlichkeit, Gehorsam, Unterordnung, während eher fischende und jagende Kulturen mehr auf Leistungsnormen, Selbstverantwortung und Unabhängigkeit achten. Hinsichtlich der elterlichen Erziehungsstile in industrialisierten Ländern läßt sich eine eindeutige Zuordnung zum Niveau des wirtschaftlichen Entwicklungsstandes nicht vornehmen, aber gewichtige Unterschiede wurden festgestellt (Ewert, 1970; Lukesch, 1976). Dabei ist freilich offen, inwieweit es sich hier um zeitversetzte Phasenunterschiede innergesellschaftlicher Änderungsprozesse oder genuin interkulturelle Unterschiede handelt.

2.6.2.3.2 Soziographische Faktoren

Unbeschadet der kritischen Einwände, die gegenüber der Nutzung des Schichtbegriffs in der sozialwissenschaftlichen Forschung vorgebracht wurden (beispielhaft: Jaide, 1966), läßt sich anhand einer Fülle empirischer Befunde eine innergesellschaftliche Varianz der Lebenslagen aufzeigen (Wiegand und Zapf, 1982), die auch unterschiedliche Lernumwelten für Kinder konstituieren. Diese Lernumwelten sind offensichtlich stark durch das elterliche Ausbildungsniveau und die Art beruflicher Tätigkeit mitgeprägt (Kohn, 1959; 1963; Kohn & Schooler, 1983): Eltern mit beruflichen Tätigkeiten hohen Autonomiegrades und inhaltlicher Komplexität betonen in der Erziehung ihrer Kinder Unabhängigkeit und umgekehrt: Eltern mit hoher Konformität der Arbeit betonen Unterordnung und Konformität: Normvorstellungen mit direkten Folgen für Arbeitsorganisationen.

Paralleluntersuchungen in acht Ländern (MOW, 1981, 1985, 1987) über die Internalisierung arbeitsbezogener Normen haben einheitlich in allen Ländern den engen Zusammenhang zwischen biographischem Alter der Arbeitnehmer und der Normauffassung nachgewiesen, daß Arbeiten im wesentlichen eine Pflicht des Menschen ist. Jüngere Arbeitnehmer teilen diese Auffassung viel weniger, sie betonen dagegen soziale Normen, die von Arbeitsbedingungen Chancen der Selbstverwirklichung fordern. Im Rahmen des deutschen Samples (Ruiz Quintanilla, 1984) konnten darüber hinaus signifikante Unterschiede der Normenorientierung festgestellt werden hinsichtlich

- Kindheitsort: städtisch – ländlich (hohe Betonung der Selbstverwirklichungsnormen vs. niedere);
- Geschlecht: Frauen signifikant mehr chancenorientiert.

2.6.2.3.3 Organisationen, Institutionen

Neben der Familie, und diese im Verlauf des individuellen Lebens zunehmend ersetzend, sind es vor allem Organisationen, die das Lernumfeld für die Vermittlung und Aneignung sozialer Normen darstellen. Van Maanen (1976) spricht hier von Organisationaler Sozialisation als dem „Prozeß, durch den eine Person die Werte, Normen und erforderlichen Verhaltensweisen lernt, die es ihm erlauben, als Mitglied an der Organisation teilzunehmen" (67).

2.6.2.3.3.1 Erziehungsinstitutionen, Arbeitsorganisationen

Kindergarten, Schule und Hochschule als Einrichtungen des allgemeinen Bildungswesens und spezieller: Einrichtungen beruflicher Aus- und Weiterbildung erheben den Anspruch gezielter Vermittlung von berufsrelevanten Kompetenzen und Normen. Organisationale Sozialisation setzt sich darüber hinaus jedoch fort in jeder beliebigen Arbeitsorganisation, in die ein Arbeitnehmer eintritt, denn mit jeder neuen Position, die in einem sozialen System eingenommen wird, hat der jeweilige Positionsinhaber die spezifischen normativen Erwartungen neu zu erlernen, die an ihn herangetragen werden.

Der Sozialisationseinfluß von Organisationen allgemein kann verstanden werden als die sukzessive Aneignung immer neuer Rollen (Brim, 1966). Dabei werden jeweils auch Normenerwartungen gelernt, die rollenübergreifend sind, etwa hinsichtlich Umgangsformen, persönlich erforderlichem Einsatz bei Aufgaben, Genauigkeit, Unterordnung. Das je spezifische Gepräge einer Organisation, ihr Klima und ihre Organisationsform sowie ihr zugehöriges „Ethos" ist dabei, wie Umbach (1979) für verschiedene Schulen zeigt, für die Vermittlung unterschiedlicher Normen im Sozialisationsprozeß von entscheidender Bedeutung. Ähnliches wurde für studentische Anpassungsweisen an hochschulspezifische Strukturen und die Aneignung von Techniken, sie zu unterlaufen, gezeigt (Bargel et al., 1975; zusammenfassend: Huber, 1980).

Mit Caplow (1964) kann man verallgemeinernd sagen, daß alle Organisationen ein mehr oder minder harter Kern von Erwartungen über angemessene Werte, Motive und Verhaltensweisen kennzeichnet: ein normatives System, das auf einer organisationsspezifischen Ideologie, einem ‚Mythos' (Gouldner, 1954) aufbaut. Solche Systeme haben eine Binnen- und eine Außenfunktion: Bindung der Mitglieder an die Organisation und Einbindung der Organisation in weitere Umweltzusammenhänge. Crozier (1963) geht noch weiter und betrachtet Organisationen insgesamt als Systeme, deren Subsysteme (Management, Vorarbeiter, Arbeiter etc.) nach bestimmten Spielregeln interagieren, wobei die einzelnen Gruppen quasi als eigene Subkulturen besondere Ideologien über die Angemessenheit bestimmten Verhaltens entwickeln.

2.6.2.3.3.2 Berufe

Scharmann (1956, 1961) hat die geistesgeschichtlichen und ethischen Grundlagen und Voraussetzungen in der Entstehung des Berufsgedankens dargestellt und gezeigt, daß „der Berufsbegriff neben seinen heute vorherrschenden ökonomischen und sozialen Aspekten noch immer die ursprünglich wesenseigentümlichen religiös-vocativen und ethisch-bildungsmäßigen Merkmale“ beibehält (1961 : 294). Darüber hinaus verweist er darauf, daß Berufsideologien sich „als Bestandteil der jeweiligen umgreifenden Wirtschaftsgesinnung und Produktionsordnung entwickeln“ (297). Unsere Produktionsordnung unterliegt, wie Veränderungen der zahlenmäßigen Besetzungen einzelner Berufe belegen, sicher einem beschleunigten Wandlungsprozeß, andererseits zeigt sich gerade in der globalen Struktur der Berufsgliederung unserer Gesellschaft eine relativ hohe Konstanz (Mertens, 1980). Diese Konstanz dürfte vor allem auch die berufsethischen Normen betreffen, wie sie traditionellen akademischen Berufen eignen: Arzt, Anwalt, Richter, Lehrerberuf aber auch Beamten oder traditionellen Handwerksberufen. Höhe der erforderlichen Kompetenz und Professionalisierungsgrad scheinen hier Hand in Hand zu gehen mit der Herausbildung spezifischer ethischer Ansprüche an die Ausübung beruflicher Tätigkeit.

2.6.2.3.4 Religiöse Gruppierungen / Organisationen

Zumindest im judäo-christlichen Kulturkreis haben religiöse Überlieferungen und von ihnen abgeleitete Lehrmeinungen kirchlicher Gruppierungen normstiftende Intentionen und Wirkungen gehabt. Dies ließe sich für arbeitsethische Grundvorstellungen über die vom Menschen zu leistende Arbeit auch unter widrigen Verhältnissen vom alten Testament (Genesis 3, 17 – 19) her verfolgen und könnte fortgeführt werden in einer Betrachtung reformatorischer Aussagen über die Funktion der Ansammlung von Besitz und Reichtum bis hin zu dem bei Thomas von Aquin anknüpfenden Wiederaufleben der katholischen Soziallehre zu Ende des 19. Jahrhunderts. Besonders die Sozialenzykliken von Leo XIII (Rerum Novarum, 1891), Pius XI (Quadragesimo Anno, 1931) und Johannes Paul II (Laborem Exercens, 1981) sind entschiedene Versuche, die Welt der Arbeit und das Verhältnis der dort relevanten Akteure durch normative Aussagen zu beeinflussen. Sie beziehen sich auf Aspekte wie die Gestaltung von Arbeitsbedingungen, Regeln zur angemessenen Lohnfindung, der Rolle des Eigentums und die Stellung von Gewerkschaften.

2.6.2.3.5 Arbeitgeber-, Arbeitnehmerorganisationen

Der Bereich der Arbeitsbeziehungen (Industrial Relations) kann geradezu als Paradebeispiel für das Entstehen und die Durchsetzung von (kollektiv-vertraglichen und rechtlichen) Normen angesehen werden. Neuloh (1985) unterscheidet vier Phasen in der historischen Entwicklung der deutschen Arbeitsbeziehungen, deren jede durch eine Leitnorm gekennzeichnet werden kann, die für das Verhalten in und von Organisationen schwergewichtig zum Tragen kamen:

- Phase 1: Distribution *sozialer Innovationen* zum Ende des 19. Jahrhunderts mit der Anerkennung der Gewerkschaften als Verhandlungspartner und der versuchsweisen Einführung von Arbeitnehmervertretungen.
- Phase 2: Ablösung traditionaler betrieblicher Herrschaftsstrukturen (Patriarchalismus) durch Grundsätze der *ökonomischen Rationalität*: Herausbildung fester Beziehungen zwischen Lohn und Leistung, ‚wissenschaftliches Management'.
- Phase 3: Auftreten des Staats als dritter Akteur neben Arbeitgebern und Arbeitnehmern und Einführung des *Sozialprinzips* (Sozialversicherung und Sozialschutz).
- Phase 4: Allmähliche Durchsetzung des *Humanprinzips* in den Arbeitsbeziehungen (Gruppenarbeit statt Fließband, Autonomieausweitung).

Es liegt auf der Hand, daß in diesem Prozeß Normenstiftung und -veränderung größten Ausmaßes stattfinden, deren Akzeptanz durch die Akteure von ihrer zum jeweiligen Entscheidungszeitpunkt bestehenden Verhandlungsmacht abhängt. Die systematische und international vergleichende Messung von kollektivvertraglichen und rechtlichen Normen zur Mitbestimmung in 12 Ländern hat erwiesen, daß der normativ vorgeschriebene Grad der Beteiligung (de jure Partizipation) einer der besten Prädikatoren tatsächlichen Partizipationsverhaltens (de facto) darstellt (IDE, 1981).

2.6.2.3.6 Parteien, Bewegungen

Im Hinblick auf die Setzung rechtlicher Normen mit Relevanz für Institutionen und Organisationen spielen in unserer Gesellschaft fraglos die politischen Parteien eine große Rolle, die im System der parlamentarischen Demokratie Kanalfunktionen für die Artikulation und Befriedigung von sozialen, politischen und wirtschaftlichen Interessen durch legislative Akte übernommen haben. Daneben entstehen jedoch zunehmend mehr Konkurrenten: soziale Bewegungen, die durch die Beeinflussung der öffentlichen Meinung ganz offensichtlich in einem Maße normstiftend wirken (Bürgerinitiativen, Tierschutz-, Verbraucher-, Öko-, Friedensbewegung), daß auch Parteien und Parlamente ihnen Rechnung tragen müssen.

2.6.2.3.7 Technologische Randbedingungen

Technische Neuerungen beschwören bereits die Vision einer neuen industriellen (mikroelektronischen, informationstechnologischen) Revolution (Friedrichs und Schaff, 1982). Ohne daß man im einzelnen wüßte, welche spezifischen Folgen dieses technischen Wandels für Arbeit und gesellschaftliche Institutionen zu erwarten sind, so kann man doch davon ausgehen, daß sie mehrere Ebenen betreffen werden (Dozentenfachgruppe, 1983):

- die individuelle Ebene aufgrund der Veränderung von Arbeitsinhalten und entsprechenden Änderungen der Qualifikationsanforderungen;
- die betriebliche, organisatorische Ebene durch neue Formen der Arbeitsteilung, neue Informations- und Kommunikationsmöglichkeiten, veränderte Einfluß- und Machtstrukturen;
- die gesellschaftliche Ebene wegen der bereits oben angedeuteten Strukturveränderungen des Arbeitsmarktes, der notwendigen Neuverteilung von Arbeitschancen und des Anpassungsdrucks im Bildungswesen.

Technischer Wandel wird hier in ursächlichem Bezug zu sozialem Wandel gesehen. Es ist unmittelbar einleuchtend, daß diese Veränderungen, (von denen angenommen wird, sie würden Anfang der 90-iger Jahre jeden zweiten Arbeitsplatz in Industrienationen betreffen), von einem Wandel der in Arbeitsorganisationen derzeit gültigen Normensystemen begleitet sein wird. Um nur einige der voraussichtlich betroffenen Regeln und Normvorstellungen zu benennen: Arbeitszeitnormen, normative Vorstellungen über Arbeitsorte, Angemessenheit (equity) der Arbeit-Entlohnungsrelation, Kontrollbedarf, Entscheidungszuständigkeit.

2.6.2.4 Normen und Arbeitsorganisationen

Ein integratives organisationstheoretisches Modell, das sich auch für die analytische Betrachtung des Zusammenhangs von Normen und Organisationen anbietet, haben Cyert und MacCrimmon (1968) entwickelt. Sie unterscheiden als die wesentlichsten Organisationselemente: Organisationsmitglieder, Organisationsziele, Organisationsrollen (definiert als ‚sets von Programmen und Begrenzungen') und Organisations-Umwelt einschließlich ihrer kulturellen, sozialen, politischen, rechtlichen, ökonomischen und technologischen Einflüsse.

Die Domainwahl einer Organisation (Miles et al., 1974) entscheidet nicht nur über die zentralen Ziele einer Organisation, sondern auch über ihre Einbindung in eine spezielle Organisations-Umwelt (Lieferanten, Zielgruppen, Gewerkschaften etc.), deren normativen Erwartungen sie im Interesse ihres Überlebens Rechnung tragen muß (Thompson, 1967). Ebenso scheinen Organisationen, die für ihre Betätigung die gleiche Domäne gewählt haben, ein gemeinsames Bezugssystem angemessener und erwarteter Verhaltensrepertoires zu entwickeln (Pugh, 1966), das Stinchcombe (1965) als sektorenspezifische ‚Prägung' interpretiert, die selbst dann fortbesteht, wenn sich Umweltbedingungen zu wandeln beginnen.

In Anlehnung an Evans (1966) Konzept des ‚Rollensets' beschreiben Cyert und MacCrimmon (1968) drei Kategorien zentraler Bezugsorganisationen, die für die Fokalorganisation normenstiftende Funktion haben: rivalisierende Organisationen mit gleichen oder substituierbaren Produkten, Komplementärorganisationen mit die Fokalorganisation unterstützenden Funktionen (z. B. Erziehungseinrichtungen) und Organisationen mit gleicher Mitgliedschaft (z. B. Arbeitsorganisationen und Gewerkschaften), die teils rivalisierend, teils komplementär-kooperativ wirken können (als vergleichbare Kategorisierung nach Interaktionsbeziehungen s. Endruweit, 1981).

Eine große Bedeutung für den Normenimport in Organisationen haben ihre Mitglieder. Insofern als die im Arbeitsmarkt rekrutierten Organisationsmitglieder an unter Abschnitt 2.6.2.3 beschriebenen gesellschaftlichen oder berufsethischen Normvorstellungen teilhaben, ist zu erwarten, daß die Mitglieder diese auch als Verhaltenserwartungen in die Organisation mit einbringen. Von besonderem Gewicht scheinen hier jedoch vor allem auch die Normvorstellungen der Führungseliten in Organisationen zu sein (Schon, 1971). Pfeffer (1981) hat darauf hingewiesen, daß es zu den wichtigsten Führungsfunktionen gehört, die Aktivitäten der Organisation dadurch zu legitimieren, daß über die Entwicklung und Aufrechterhaltung von gemeinsamen Bedeutungssystemen, Sprachregelungen, Formen betrieblicher Übung und Tradition so etwas entsteht wie organisationsspezifische kulturelle Kraft (vgl. auch Gabele et al., 1977, zu kultureller Prägung der Wert- und Normvorstellungen von Führungskräften: England, 1975).

2.6.2.5 Normenkonflikt und Lösungsstrategien

Die organisatorische Rollenstruktur als die Gesamtheit der in einer Organisation gültigen, (Organisations-) zielgerichteten Programme (Verhaltensspezifikationen) für die Organisationsmitglieder (Cyert und MacCrimmon, 1968) dürfte der wesentlichste Kristallisationspunkt intra-organisatorischer Normenkonflikte sein. Daneben gilt es, die interorganisatorischen Normenkonflikte zu unterscheiden, die aus möglichen Antinomien organisationsspezifischer Normen und Umwelterwartungen entstehen.

2.6.2.5.1 Intra-organisatorische Normenkonflikte

Rollenprogramme sind Erwartungen der Organisation an den Rollenträger (Gouldner, 1960), der reziprok für seine Leistungen entsprechende Belohnung von der Organisation erwartet. Beide Erwartungssets in Übereinstimmung, oder richtiger: zu einer optimalen Paßform zu bringen, bildet das klassische Problem, inner-organisatorische Normenkonflikte zu lösen. Wechselseitige Adaption von Rollenträger und Organisation, gezielte Personalauslese oder Sozialisationsmaßnahmen seitens der Organisation, Umstrukturierung der Rollenstrukturen und Organisationsentwicklungsmaßnahmen sowie inner-organisatorische Subgruppenbildung mit diese begleitenden Solidarisierungs- und Aushandlungsprozessen (Crozier, 1963) sind die wohl gebräuchlichsten Möglichkeiten, diese Art von Normenkonflikten zu lösen. Ein Schritt in Richtung inter-organisationaler Lösung intra-organisationaler Konflikte stellt der Versuch der externen Koalitionssuche dar. Er ist dann gegeben, wenn etwa das Bestehen von Doppelmitgliedschaften (Betriebs- und Gewerkschaftszugehörigkeit) dazu genutzt wird, innerbetriebliche Normenkonflikte durch Mobilisierung externen Drucks oder durch die Inanspruchnahme von Schiedsstellen (Einigungsstellen, Gerichte etc.) zu lösen. Ähnlich gelagert wäre der Konflikt zwischen Geschäftsleitung und professionellen Subgruppen der Belegschaft etwa im Fall unvereinbarer betriebswirtschaftlicher und sicherheitstechnischer bzw. berufsethischer Normen, wenn sich Sicherheitsingenieure an die Öffentlichkeit wenden, um durch Druck der öffentlichen Meinung ihre Normenvorstellungen innerbetrieblich durchzusetzen.

2.6.2.5.2 *Inter-organisatorische Normenkonflikte*

Die hier einzuordnenden Konflikte betreffen die Normen, die den Austausch zwischen Organisationen und ihrer Umwelt regeln (zusammenfassend: Starbuck, 1976), Gesetztes Recht (z. B. Gesellschafts- und Patentrecht, Betriebsverfassung), Planungen und Erlasse von Gebietskörperschaften (etwa: Gewerbesteuer), soziale Normen über die Zulässigkeit von Organisationsmaßnahmen (etwa zu: Zwischenhandel, Preis- und Personalpolitik, Wettbewerb, Werbung, inner-organisatorische Kontrolle, Geheimhaltung). Neben der Anpassung an solche Umwelt-bestimmten Normen besteht die Möglichkeit, allfällige Konflikte durch gezielte Beeinflussung der Umwelt zu regeln. Diese Möglichkeit besteht auf zwei Ebenen:

- der Ebene der *makro-sozialen Umwelt* durch Einflußnahme auf Regierung und Kontrolleinrichtungen, Beeinflussung der Gesetzgebung durch Lobbies oder Informationskontrolle, Beeinflussung der öffentlichen Meinung;
- der Ebene der *mikro-sozialen Umwelt* durch interorganisatorische Koalitionen und Kooperationsbeziehungen (einschließlich vertraglicher Abmachungen) und durch ‚Einverleibung‘ konkurrierender Organisationen.

2.6.2.5.3 *Entwicklungstrends*

Es kann hier nicht darum gehen, mit dem Anspruch hoher Eintretenswahrscheinlichkeit mittel- oder gar langfristige Prognosen über künftige, Normen-relevante gesellschaftliche Entwicklungsverläufe zu wagen. Vielmehr sollen einige Vermutungen über Bedingungen geäußert werden, die sich in Ansätzen bereits heute abzeichnen und einen gewissen Rahmen für organisationspsychologische Fragestellungen im Übergang zum 21. Jahrhundert darstellen dürften. Sie beziehen sich teils auf Handlungszwänge des Staates als zentrale ordnungspolitische Instanz und teils auf sich wandelnde Normvorstellungen der arbeitsfähigen Bevölkerung und ihrer Interessenvertretungen.

Staatliche Instanzen werden nicht umhinkommen, im Interesse der Systemstabilisierung neuartige Mechanismen der Umverteilung knapper Ressourcen und der gegenwärtigen Lastenverteilung zu entwickeln. Zu den knapper werdenden Ressourcen gehört offensichtlich bereits zur Mitte der 80-iger Jahre die Verfügbarkeit von *Arbeit*. Herkömmliche Normvorstellungen über Arbeitszeit, Arbeitsort, angemessene Entgelte und u. U. gar darüber, was als gesellschaftliche und entgeltwürdige Arbeit anzusehen ist, werden damit aufs schärfste herausgefordert und einem beachtenswerten Wandlungsdruck ausgesetzt. Arbeitsorganisationen werden sich darauf einzustellen haben. Ähnliches gilt für die Verteilung der Lasten, die im Zusammenhang mit der Ökokrise auf einen Lastenausgleich unter gesellschaftlichen Akteuren drängen (Dierkes, 1976). Schließlich sei vermutet, daß Druck der öffentlichen Meinung ebenso wie die notwendige Kontrolle der Umweltbelastungen es nahelegen werden, neue Formen und Normen für die Berichtspflichten von Arbeitsorganisationen zu entwickeln, die Prinzipien des Social Accounting ebenso gerecht werden wie der Erfassung externaler Kosten. Die mit diesen Beispielen gekennzeichneten Handlungszwänge staatlicher Instanzen dürften in erster Linie über Normen der Rechtssatzung eingelöst werden, für deren Mitgestaltung organisationspsychologische Kompetenz bislang kaum genutzt, wenn überhaupt entwikkelt, so doch gefordert sind.

Arbeitnehmerseitig induzierte Normveränderungen hinsichtlich der Qualität von Arbeitsplätzen, der Mitbeteiligung, des Miteigentums an Produktionsmitteln und der Gewinnbeteiligung ebenso wie hinsichtlich des Führungsstils in Organisationen stellen eine weitere Herkunftsrichtung vermutlichen Änderungsdrucks dar, der darauf drängt, die Rollenstruktur von Arbeitsorganisationen im oben beschriebenen Sinne (Cyert und March, 1968) neu zu ordnen. Als weiterer hier zu nennender Einflußfaktor in Richtung neuer Rollenaufteilungen und der mit ihnen implizierten Regelungs- und Erwartungshaltungen wären die wachsenden Ansprüche berufstätiger Frauen auf Gleichbehandlung in der Arbeitswelt hinsichtlich ihrer Teilnahme am Arbeitsmarkt und ihrer Fortkommenschancen zu nennen. Hier entsteht für Arbeitgeber und Gewerkschaften eine neue Handlungsnorm. Neue Prinzipien der Personalpolitik, der Personalförderung (Aus- und Weiterbildung) und der Leitvorstellungen über die angemessenen Inhalte von Tarifverträgen werden hier einschlägig. Gerade im Zusammenhang mit der Einführung neuer Techniken dürfte das bislang recht stabile System der Arbeitsbeziehungen und seine Interaktionsregeln neuen Belastungen ausgesetzt werden (Hetzler, 1985), da mit der hier implizierten betriebsnäheren Aushandlung von Vereinbarungen eine Entsolidarisierung der Arbeitnehmerschaft einhergehen und damit die Gewerkschaften in einen völlig neuen Handlungskontext stellen könnte.

2.6.3 Einstellungen

Die lapidare Feststellung in einer der gründlichsten einschlägigen Abhandlungen, bei Einstellungen handele es sich um eines der Schlüsselkonzepte der Sozialpsychologie (McGuire, 1969, 136; ähnlich: Stapf, 1982), drängt notwendig die Frage auf, inwiefern Einstellungen auch für Organisationen Rahmenbedingungen setzende Relevanz haben. Im folgenden soll dieser Frage nach einer theoretischen Bestimmung des Einstellungskonzeptes, des Zusammenhangs von Einstellung und Verhalten sowie der Verwandtschaft der Einstellung zu ähnlichen Konzepten, durch eine Erörterung der wichtigsten Einstellungsträger und ihrer Bedeutsamkeit für Organisationen als Einstellungsobjekte nachgegangen werden. Eine Betrachtung von Entwicklungsperspektiven der Veränderung organisationsrelevanter Einstellungen schließt diesen Beitrag ab. Für eine Darstellung der vielfältigen Operationalisierungsbemühungen und Maßnahmen sowie der theoretischen Ansätze zu Entstehung und Änderung von Einstellungen, die diesen Beitrag sprengen würden, sei der Leser auf die wichtigsten einschlägigen Publikationen jüngeren Datums verwiesen (Petermann 1980a, Trommsdorf und Schuster 1981, Stapf 1982, Silberer 1983).

2.6.3.1 Einstellungskonzept und -modelle

Der theoretische Stellenwert der Einstellung als zentrales Konzept psychologischer Theorienbildung und Forschung gewinnt seinen besonderen Rang mit der plausiblen Mutmaßung, daß Einstellungen in engem Bezug zu sozialem Verhalten des Individuums stünden. Dabei mag hier vorerst einmal offen bleiben, ob und wie Einstellungen Verhalten determinieren und inwieweit von einer Einstellungs-Verhaltens-Konsistenz ausgegangen werden kann. Die oben genannte Mußmaßung macht jedoch die lange, wenn auch wechselhafte, Geschichte der Einstellung als Forschungsobjekt der Psychologie ebenso verständlich wie die vielfältigen Versuche, Einstellungen zu definieren (für beides vergl. Allport 1935, Roth 1967, McGuire 1969, Six 1980). In den theoretischen Bemühungen zur Klärung des Einstellungskonzepts lassen sich im wesentlichen zwei Grundorientierungen unterscheiden (Stapf 1982), eine *behavioristische*, die Einstellungen als „Reaktionsweisen (‚responses‘) behandelt, d. h.... die meist verbalen Reaktionen auf ein Einstellungsobjekt als eigenständiges Verhalten“ betrachtet (Eyferth und Kreppner 1968, 1342) und eine *kognitivistische*: Einstellungen verstanden als „erlernte, relativ überdauernde Wahrnehmungsorientierungen und Reaktions- bzw. Handlungsbereitschaften; sie sind verhaltenswirksam und dabei explizit evaluativ, d. h. bewertend auf eine Klasse sozialer Aspekte bezogen... In beiden Fällen stehen für die empirische Forschung die (bewertenden) Reaktionen des Individuums gegenüber dem Einstellungsobjekt im Blickpunkt, aus dem die sozialen Einstellungen entweder erschlossen oder direkt erfaßt werden“ (Stapf 1982, 78 – 79). Im Fall des kognitivistischen Konzepts handelt es sich bei der sozialen Einstellung um ein theoretisches, explikatives Konstrukt (Herrmann 1969) i. S. einer Disposition, der Erklärungsvermögen (als intervenierende Variable) sowohl in sozial- als auch persönlichkeitspsychologischen Problembereichen zugeschrieben wird.

Die analytische Unterscheidung von kognitiven, affektiven und Verhaltenstendenzattributen (conative) von Einstellungen fand relativ früh Befürworter (Krech und Crutchfield, 1948; Harding et al., 1954). Aufgrund der hohen Interkorrelation der drei Komponenten kann diesem Modell trotz seiner weitläufigen Akzeptanz heute wenig Aussagekraft zugebilligt werden (Ostrom 1969). Ein zweiter Ansatz, inhaltlich bestimmte Einstellungsdimensionen zu identifizieren (z. B. religiöser Konservatismus, politischer Konservatismus, affektive Haltungen gegenüber Minoritäten (Hartmann und Wakenhut, 1972), dürfte gerade aufgrund seiner Intention, universal gültige Dimensionen zu ermitteln, trotz gewisser Erfolge eine vergleichsweise geringe Verbreitung gefunden haben. Konsequent empfiehlt daher Six (1980) für die weitere Forschung eine Selbstbeschränkung auf problem- und situationsspezifische Einstellungsattribute, die vor allem im Zusammenhang mit dem Problem der Einstellungs-Verhaltenskonsistenz relevant zu sein scheinen.

2.6.3.2 Einstellung und Verhalten

Die o. g. plausible Vermutung einer engen Einstellungs-Verhaltenskonsistenz erwies sich bald als trügerisch (im Überblick: Wicker, 1969; Deutscher, 1973; Six, 1975; Benninghaus, 1976). Unter Beibehaltung der Grundannahme eines, wie auch immer gearteten, Zusammenhangs von Einstellung und Verhalten verlagert sich die Forschung zunehmend auf die Klärung der Bedingungsstrukturen, die Konsistenz oder Inkonsistenz beider Untersuchungsgegenstände erklären könnten. Die Analyse situativer Kontingenzen der Einstellungs-Verhaltens-Relation tritt damit in das Zentrum der Aufmerksamkeit. Hierzu unterscheidet Six (1980) vier theoretische Grundmodelle:

1) *Einfache Relationsmodelle* wie etwa die duale Einstellungstheorie von Rokeach (1968), nach der Verhalten aus der Einstellung gegenüber der je gegebenen Situation und der Einstellung gegenüber dem Einstellungsgegenstand resultiert.

2) *Interaktionsmodelle* und *Modelle bedingter Konsistenz*, die vor allem dazu übergehen, soziale Einflußfaktoren (Bezugsgruppen, soziale Erwartungen und ihre moderierende Wirkung auf die Einstellungs-Verhaltensbeziehung) in Betracht ziehen.

3) Das *Verhaltensvorhersagemodell* von Fishbein (1967, Ajzen und Fishbein 1973), das Verhalten bzw. Verhaltens*absicht* als Funktion der Einstellung zu einem *bestimmten* Verhaltensakt, den je gegebenen normativen Erwartungen von Bezugsgruppen gegenüber dem Verhaltensakt und der Konformitätsbereitschaft des Individuums zu den sozialen Erwartungen versteht.

4) *Strukturanalytische Modelle*, die theoriegeleitet auf pfadanalytischem Wege die Kausalzusammenhänge von Einstellungs- und Verhaltensvariablen zu erfassen suchen (Upshaw 1980). In einem Überblick über Arbeiten, in denen explizit der Rolle von Kontingenzfaktoren in der Beeinflussung der Einstellungs-Verhaltens-(absichts)-Relation nachgegangen wurde, nennt Six (1980) auf der Seite der (verbalen) Einstellungen:

   - Urteilssicherheit des Individuums gegenüber dem Einstellungsgegenstand.
   - Zentralität der Einstellung i. S. der subjektiven Wichtigkeit oder Bedeutsamkeit des Einstellungsgegenstands.
   - Intensität der Einstellung, etwa als subjektive Überzeugungsstärke der Einstellung.
   - Ichbeteiligung bei der Urteilsabgabe.
   - Spezifität der Einstellung verstanden als Grad der Focussierung auf begrenzte Einstellungsgegenstände.

Auf der Seite des beobachteten Verhaltens (zur Problematik des Verhaltens als theoretisches Konzept s. Herrmann 1973) lassen sich ebenfalls eine Reihe von Faktoren benennen, welche die gemessene Einstellungs-Verhaltens-Relation beeinflussen:

- Realisierbarkeitsgrad eines bestimmten Verhaltensaktes, d. h. die zur Durchführung des Verhaltens erforderlichen Anstrengungen (etwa abhängig vom Grad der Habitualisierung, Neuartigkeit).
- Spezifität des beobachteten Verhaltens verstanden als das Ausmaß, in dem das Abstraktionsniveau der Verhaltensbeobachtung mit der Art der Einstellungsmessung korrespondiert.
- Selbstverpflichtung i. S. einer quasivertraglichen Zusage zu einem bestimmten Verhalten.

Unter Aspekten der Suche nach situationsspezifischen Faktoren, die beeinflussend auf die Einstellungs-Verhaltens-Beziehung einwirken, können die hier bezeichneten Variablen als vorläufige Beiträge zu einer Dimensionalisierung einer Situationstaxonomie verstanden werden.

2.6.3.3 Verwandte Konzepte

Die beachtliche Bandbreite von Begriffen, die teils synonym, teils eng verwandt mit dem der Einstellung sind, hat Roth (1967) versucht aufzuarbeiten. Für unseren Zweck dürften aufgrund ihrer Forschungs- und Praxisrelevanz vor allem vier bedeutsam sein: Meinung, Vorurteil, Stereotyp und Image. In Ermangelung eines umfassenden Theorieansatzes, der diesen Begriffen ihren theoretischen Zusammenhang untereinander zuweist, muß jedem Begriffsklärungsversuch notwendig eine gewisse Willkürlichkeit anhaften.

Unbeschadet des in Umgangssprache und wissenschaftlichen Publikationen oft synonymen Gebrauchs der Begriffe Einstellung und Meinung soll hier *Meinung* als „das Fürwahrhalten von etwas verstanden (werden), das nicht hinreichend begründet oder bewiesen ist“ (Süllwold 1969, 467). Der wertende Aspekt tritt hier hinter dem kognitiven zurück, obwohl auch den meisten Meinungsäußerungen eine gewisse Wertung nicht abzusprechen sein dürfte (Hofstätter 1949).

Umgekehrt tritt beim Gebrauch des Begriffes *Vorurteil* der negativ wertende Charakter eines relativ unbegründeten Fürwahrhaltens in den Vordergrund, dessen Bedeutung für das Zusammenleben von Menschen von Roth angesichts seiner praktischen Auswirkungen „geradezu ungeheuerlich“ genannt wird (1967, 55).

Auf die uneindeutige Verwendung des Begriffs *Stereotyp* haben Sodhi und Bergius (1953) verwiesen. Sie unterscheiden den Stereotyp vom (Vor-) urteil als seiner Tendenz nach starre, unveränderliche, von der Wirklichkeit weit entfernte, dennoch betont wertende Beurteilung sozialer Gruppen. Ähnlich Newcomb: „hochstandardisierte Wahrnehmungen aller zu einer Klasse gehörigen Objekte, besonders einer Klasse von Menschen“ (1959, 143).

Die phänomenologische Ganzheitlichkeit des Erlebens wird mit dem Begriff *Image* eines Wahrnehmungsobjektes (Firma, Produkt) betont, dessen wissenschaftliche Bearbeitung von Trommsdorf (1980) nachgezeichnet wird. Bildhafte Geschlossenheit und Prägnanz des Image als Eindruckssystem, das in seinen Einzelaspekten einen hohen Organisationsgrad aufweist (Bergler 1963), werden als Merkmale dieses Konzepts gesehen, die vor allem in der Werbe- und Marktpsychologie eine große Rolle spielen.

Insgesamt zeigt sich die Schwierigkeit, verwandte Konzepte von dem der Einstellung eindeutig abzugrenzen. Dies ist sicherlich auf den o. g. Theoriedefizit mit zurückzuführen. Alle behandelten Konzepte teilen jedoch in unterschiedlichem Ausmaß den Systemcharakter ihrer Zusammenhangsqualität von Wahrnehmung, Bewerten und Handeln, wo „jedes Element mit jedem in wechselseitiger Relation steht und in dem sie sich gegenseitig bedingen“ (Roth 1967, 36): eine geradezu klassische Definition des Bezugssystems in der Psychologie.

2.6.3.4 Einstellungen zu Organisationen

Angesichts der Ubiquität von Organisationen überrascht, daß in einer Auflistung der psychologischen Bereiche, in denen Einstellungsforschung unerläßlich ist, die Organisationspsychologie nicht ausdrücklich genannt wird (Petermann 1980b, 10).

Daß Einstellungen sehr wohl Lebensfähigkeit und Funktionieren von Organisationen maßgeblich beeinflussen, soll anhand ausgewählter Klassen von Einstellungsträgern aufgezeigt werden.

Potentielle Organisationsmitglieder

Obwohl im einzelnen nicht empirisch geklärt ist, welche Rolle Einstellungen bei der Entscheidung von Individuen spielen, in einer bestimmten Organisation Mitglied zu werden (Weinert 1981), so weist die Empirie über allgemeine Berufs- und Organisationsmobilität (Busch 1973) und eine Reihe theoretischer Ansätze zur Berufs- und Organisationswahl Einstellungskonzepten einen hohen Stellenwert zu (zur Berufswahl, Überblick: Seifert 1977). Dies gilt hinsichtlich der Organisationswahl für die „Theorie subjektiver Faktoren" von Behling, Labovitz und Gainer (1968), die das Organisationsimage einbezieht, ebenso wie für Vrooms Valenz-Instrumentalitäts-Erwartungstheorie (1964, 1966), bei der Einstellungen (Valenzen) des Individuums eine kritische Funktion zukommen. Dies dürfte nicht nur für die Wahl von Arbeitsorganisationen, sondern auch für die Wahl von Interessens- und Freizeitorganisationen Gültigkeit haben: Gewerkschaften, Parteien, Mieterbünde, Bürgerinitiativen, Sportvereine etc., die einzeln oder in ihrer Gesamtheit unser gesellschaftliches Leben wesentlich beeinflussen.

Organisationsmitglieder

Neuberger (1980) hat die Konvergenz der Urteile von Mitgliedern einer Organisation, d. h. deren subjektive Verarbeitung der „objektiven" Organisationssituation, als *Organisationsklima* und Einstellung zur Organisation charakterisiert, das eng mit der Arbeitszufriedenheit (Einstellung zur eigenen Arbeit) korreliert und nachweislich für Leistungserbringung, Fluktuation und Absentismus Folgen hat (Rosenstiel v. 1975). Zweifelsohne gehören hierher auch die „Mythen und Sagen", die einer Organisation nach innen und außen eine eigene Identität und Rationalität des Handelns vermitteln (Clark 1972, Jönsson und Lundin 1977). Daß es neben der Erhebung von Organisationsklimadaten von Mitgliedern der Organisation allgemein sinnvoll sein kann, auch bestimmte Mitgliedsgruppen herauszugreifen und Klimadaten zu erheben, zeigen die insgesamt positiven Erfahrungen mit der Erhebung von Investitionsneigungen der Unternehmer (Geschäftsklima-Index, Nerb 1975). Eine andere international vergleichende Forschungslinie – vergleichende Führungs- und Managementforschung – hat aufgezeigt, daß kulturell oder gesellschaftlich bedingte Grundeinstellungen von Führungskräften (etwa gegenüber angemessenem Managementhandeln, allgemeinmenschlichen Anlagen und Fähigkeiten oder Führungsverhalten) sich zwischen Ländern / Kulturen signifikant unterscheiden (Haire, Ghiselli und Porter 1966, Heller und Wilpert 1981, Hofstede 1980). Es kann daher vermutet werden, daß solche kulturell / gesellschaftlich bedingten Einstellungen auch das Verhalten der Organisationsmitglieder und die Strukturierung von Arbeitsprozessen beeinflussen.

Interessenten: Kunden, Verbraucher, Klienten, Anhänger

Einstellungen und Erwartungen der Konsumenten zur Wirtschaftslage und ihrer weiteren Entwicklung bezeichnet man als *Konsumklima*, ein Begriff, der innerhalb der Nationalökonomie das Vordringen auch psychologischer Betrachtungsweisen signalisiert (Katona 1975, Kuß 1980). In regelmäßigen Abständen werden in Ländern der EG jährlich mehrmals entsprechende Erhebungen bei repräsentativen Bevölkerungsstichproben durchgeführt und zu einem „Index der Konsumentenstimmungen" zusammengefaßt, der sich für die Prognose gesamtwirtschaftlicher Entwicklungen als hilfreich erwiesen hat (Kuß 1980).

Während es sich beim Konsumklima um relativ globale Einstellungen und Handlungsabsichten im Zusammenhang mit der Wirtschaftslage allgemein handelt, sind firmen- oder produktspezifische Einstellungen als „Firmen"- oder „Produktloyalität" unmittelbarer relevant für Organisationen. Loyalität bezeichnet hier das positive Gefühl der Verbundenheit mit einem sozialen Objekt, wobei dieses Sentiment mit darüber entscheidet, wie sich das Individuum im Fall der Unzufriedenheit mit dem Objekt verhält, durch Protestartikulation oder Abwanderung (Hirschmann 1974). Es liegt auf der Hand, daß hier auch das jeweilige Image von Organisationen / Produktion und damit wichtige Aspekte der Beziehung zwischen Organisationen (bzw. deren Produkten oder Dienstleistungen) und ihren Klienten / Kunden / Anhängern angesprochen sind, die für die Entwicklung und den Fortbestand der Organisation ausschlaggebend sein können (zur Parteienloyalität bzw. -identifikation s. Kaase 1980). Wichtige Faktoren, welche die spezifischen Grundorientierungen von Klienten und ihre Umgangsweise mit Dienstleistungsorganisationen beeinflussen, sind neben der Schichtzugehörigkeit oder dem Bildungsstand (Grunow, Hegner und Kaufmann 1978) auch die kulturelle Herkunft (Danet, 1981). Boulding (1956) schließlich weist dem öffentlichen Image über Organisationen eine geradezu Organisations-konstitutive Bedeutung zu: bestimmte Organisationsformen können nicht entstehen (etwa: Großkonzerne), ohne daß entsprechende gesellschaftliche Vorstellungen (Bilder) über Anordnung und Angemessenheit von Arbeitsprozessen vorgängig bestehen. Hier erhält der Imagebegriff, der oben eher deskriptiv gebraucht wurde, eine neue konzeptionelle Bestimmung i. S. einer „geistigen Konstruktion" der Wirklichkeit (Herzlich, 1975).

2.6.3.5 Ausblick

Der Antwortversuch auf die Frage, wie gegenwärtig beobachtbare Veränderungstendenzen sozialer Einstellungen zu Organisationen die Rahmenbedingungen für das künftige Verhalten gegenüber / in / von Organisationen verändern könnten, ist ein Prognoseversuch und beinhaltet notgedrungen eine Reihe von Unsicherheiten. Dennoch sei der Versuch gewagt, denn die Wahrscheinlichkeit ist ausreichend groß, daß wenigstens drei Entwicklungstendenzen wegen ihrer Praxisbedeutung auch künftige Inhalte und Orientierungen der Organisationspsychologie maßgeblich beeinflussen dürften:

- Trend zur Überschaubarkeit
- wachsende Partizipationsansprüche
- zunehmende Ansprüche weiblicher Arbeitnehmer auf Gleichbehandlung.

Trend zur Überschaubarkeit

Die zahlenmäßige Zunahme ‚alternativer' Arbeitsorganisationen und des ‚informellen Sektors' mögen als Indizien dieses Trends genommen werden: Rothschild-Whitt (1979) schätzt für die USA mindestens 5000, Huber (1980) für die Bundesrepublik 11000 alternative Projekte, die teils vollzeitlich, teils nebenamtlich als „Dualprojekte" von ihren Mitgliedern betrieben werden. Erhebliche Wachstumsraten werden darüber hinaus der ‚informellen Ökonomie' i. S. der Eigenarbeit im privaten Haushaltsbereich, der Tätigkeit in nicht-Profit-orientierten Gruppen oder der Schattenwirtschaft (Frey 1980 und Rürup, in diesem Band) angeschrieben. Zwar ist nicht von der Hand zu weisen, daß es sich hier z. T. auch um Reaktionen auf ökonomische Krisen handelt. Aber die beobachtbare Abwendung von unüberschaubaren zentralistischen Großorganisationen der Markt- und Staatswirtschaft zu überschaubareren Formen eigenbestimmter Wertschöpfung signalisiert vermutlich auch die zunehmende Tendenz, die eigene Identität im Kontext kleinerer Arbeitsorganisationen zu suchen (Joerges 1983). Hier wächst der Organisationspsychologie ein Tätigkeitsfeld zu, für das sie bislang höchst unzulänglich zugerüstet ist.

Wachsende Partizipationsansprüche

„Partizipation wird überall dort zu einem Problem, wo Diskrepanzen entstehen zwischen dem Wunsch auf größere Entscheidungsbeteiligung und ihren realen Verwirklichungsmöglichkeiten" (Dozentenfachgruppe 1983, 62). Es kann nun darüber kaum Zweifel bestehen, daß hier benannte Diskrepanzen in verschiedensten Bereichen unserer Gesellschaft aufbrechen. Die Spannungen zwischen Erwartungshaltungen und entsprechenden Verwirklichungschancen zeigen sich im öffentlichen und privatwirtschaftlichen Bereich bei Mitgliedern der Arbeitsorganisationen ebenso wie bei deren Interessenten (Klienten, Kunden etc.). Bei Mitgliedern stehen in erster Linie Fragen zur Diskussion, die der Betriebsverfassung und dem Personalvertretungsrecht zugehören. Bei Interessenten sind es vor allem Fragen der Mitwirkung an Produkt- und Servicegestaltung. Für beide Herkunftsrichtungen sich verändernder Ansprüche und Haltungen Betroffener fehlen weitgehend organisationsstrukturelle Konzeptionen, um die Widersprüche aufheben zu können. Die Organisationspsychologie ist hierzu ihren Beitrag, von wenigen tastenden Versuchen abgesehen, schuldig geblieben.

Weibliche Arbeitnehmer und Gleichbehandlungsforderungen

Seit Ende des zweiten Weltkriegs haben sich die Beschäftigungsraten weiblicher Arbeitnehmer in den meisten westlichen Industrienationen drastisch erhöht. Wenngleich dieser Trend nun seine natürlichen Grenzen zu finden scheint, so ist angesichts knapper werdender Arbeitsplätze allgemein davon dennoch keine Arbeitsmarktentlastung zu erwarten. Dazuhin ist die Ungleichbehandlung von Frauen auf dem Arbeitsmarkt hinsichtlich der Qualität der Arbeitsplätze und der effektiven Entlohnung vielfach belegt (BMJFG 1980). Es durfte mithin nicht ausbleiben, daß zunehmend lautstärker die Forderung auf Abbau der evidenten Diskriminierung hörbar wurde (Janssen-Jurreit 1979). Umso bedauerlicher ist, daß die psychologische Forschung hinsichtlich der Erforschung der besonderen Situation der Frau als Arbeitnehmerin einen eklatanten blinden Fleck aufweist (Bamberg und Mohr 1982). Insgesamt wird man vermuten dürfen, daß langfristig hier Haltungsänderungen die derzeitigen Handlungsbedingungen für Organisationen verändern werden. Die mehrfach bereits geforderte Gleichverteilung von Arbeitsplätzen aller Hierarchieebenen, von Berufen, Parlamentssitzen und sonstigen Vertretungsorganen entsprechend der Geschlechterzusammensetzung der Bevölkerung bis hin zur Forderung reiner Frauenparteien oder wenigstens -fraktionen sind Ausdruck der Veränderung von Einstellungen, der man zunehmend Aufmerksamkeit wird widmen müssen. ‚Affirmative Action' und ‚Equal Opportunity' als Regierungsprogramm, in den Vereinigten Staaten längst Gegenstand der öffentlichen Diskussion, stellt auch unsere Öffentlichkeit, und mit ihr unsere Wissenschaft, vor neue Aufgabenfelder.

Kapitel 2.7

Kulturelle Bedingungen

Alexander Thomas

2.7.1. Kulturelle Bedingtheit der Organisationspsychologie

Jede Art von Handeln, das nationale und kulturelle Grenzen überschreitet und das Ziele unter fremdkulturellen Bedingungen zu erreichen versucht, ist interkulturellen Determinanten ausgesetzt. Dies trifft auch für das Handeln in Organisationen zu. Selbstverständlich ist auch das Handeln innerhalb der eigenen nationalen Grenzen von kulturellen Einflußfaktoren bestimmt, doch werden diese selten bewußt, und sie bereiten keine Probleme, da eigenkulturelle Determinanten zu den nicht weiter reflektierten Selbstverständlichkeiten gehören. Ein Bewußtsein für kulturelle Bedingungen des Handelns entsteht oft erst dann, wenn die fremdkulturellen Determinanten so einflußreich werden, daß die gewohnten Handlungsstrategien versagen oder zumindest zu unbefriedigenden Ergebnissen führen.

Mit zunehmender Internationalität der Güterproduktion, des Handels und der Dienstleistungen, mit zunehmender multinationaler Verflechtung von Wirtschaft, Technik, Wissenschaft und Politik wird auch die Berücksichtigung interkultureller Bedingungsfaktoren des Handelns immer bedeutsamer. Von dieser Entwicklung ist die Organisationspsychologie in zweifacher Weise betroffen. Zum einen entstammt sie als Teilgebiet der wissenschaftlichen Psychologie der abendländischen, europäisch-angloamerikanischen Kulturtradition und unterliegt somit spezifischen kulturellen Determinanten, und zum anderen hat sie sich mit den interkulturellen Einflußfaktoren auf das Erleben und Handeln des Menschen in Arbeits- und Betriebsorganisationen wissenschaftlich zu befassen.

Psychologie, und somit auch Organisationspsychologie, ist kein Produkt kulturübergreifenden oder kulturvergleichenden, sondern kulturspezifischen Denkens. Theorien, Methoden und Forschungsresultate der Psychologie, respektive Organisationspsychologie, sind nur mit größter Vorsicht und oft überhaupt nicht auf andere, außereuropäische Kulturen zu übertragen. Selbst wenn auch heute noch viele Psychologen ihre Forschungsergebnisse so darstellen und behandeln, als wären es universell gültige Erkenntnisse über menschliches Denken und Verhalten, so hat die kulturvergleichende psychologische Forschung eindeutig belegt, daß kulturelle Faktoren um so wirksamer sind, je weniger das zu untersuchende psychische Phänomen von phylogenetisch-biologischen Determinanten abhängt.

„Für die kulturvergleichende Psychologie ist es eine Binsenweisheit, daß jede Kultur bestimmt ist von ökologischen, biologischen, politischen und sozio-kulturellen (emotionalen) Faktoren. Auf einer gewissen Stufe der kulturvergleichenden Analyse läßt sich ein kulturrelativistischer Standpunkt ebenso wenig umgehen wie die Tatsache, daß jedes Individuum ein einmaliges biologisches und jede Kultur ein einmaliges soziologisches Experiment darstellt. (...) Die kulturvergleichende Psychologie sollte sich aber immer bewußt sein, daß die rudimentären und fruchtbaren Dimensionen interpersonaler Strukturen unvermeidbar bis zu den Uranfängen menschlicher Existenz zurückreichen, als nämlich die grundlegenden Handlungsmotive noch ihre ursprüngliche, arterhaltende Funktion besaßen. Was wir heute an kulturübergreifenden Aspekten im Verhalten vorfinden, sind lediglich Überreste des längst Vergangenen. Sie sind zwar noch wirksam, aber ihre „wahre Natur“ ist inzwischen verborgen und farbenfroh ausgeschmückt durch verschiedene Formen der Sozialisation, der Stammeskulte, Sitten und Gebräuche in den unterschiedlichen Kulturen, und sie erscheinen etwas „zivilisierter“. Im Kern beständen aber zwischen den Kulturen keine wesensmäßigen Unterschiede, wenn man den psychischen Phänomenen mit den geschärften Instrumenten anspruchsvoller Methodologie zu Leibe rückte“ (Lonner 1980, S. 195).

Wenn es demnach auch prinzipiell möglich erscheint, bis zu den grundlegenden, allen kulturellen Überformungen gemeinsamen Konstanten menschlichen Denkens und Handelns vorzustoßen, so muß man in Anbetracht der gegenwärtigen Forschungslage in theoretischer und methodischer Hinsicht feststellen, daß die Psychologie noch weit davon entfernt ist, wissenschaftlich gesicherte Universalien erfassen zu können.

Für den Bereich des menschlichen Handelns und Erlebens unter den Bedingungen von Organisationen, die als ein System von Wechselwirkungen zwischen Technologie, Organisationsstrukturen und Personen verstanden werden, kann die kulturvergleichende Psychologie gegenwärtig folgendes leisten:

1) Wenn wir mit Herskovits (1948) konstatieren, „Culture is the man-made part of the human environment“ (S. 17), dann sollte die kulturvergleichende Forschung zeigen können, wie und warum spezifische Organisationen als Produkte einer bestimmten kulturellen Entwicklung entstanden sind.

2) Bezeichnet man Kultur als Handlungsfeld, dessen Inhalte vom Menschen geschaffen wurden zur Befriedigung spezifischer Bedürfnisse und das zugleich Handlungsziele bietet und deren Bewertung ermöglicht (Boesch 1980), dann müßte kulturvergleichende psychologische Forschung zeigen, wie entstandene oder von außen eingeführte Formen der Arbeitsorganisation einerseits das individuelle Handeln bestimmen und andererseits wieder durch dieses verändert werden.

3) Schließlich sollte eine kulturvergleichende Betrachtung organisationspsychologischer Probleme vor falschen Verallgemeinerungen bewahren. Eine zweckrationale Organisationsstruktur, die in einer bestimmten Kultur zu befriedigenden Zielerreichungen führt, kann unter veränderten kulturellen Bedingungen gegenteilige Resultate hervorbringen.

Die Behandlung organisationspsychologischer Probleme muß mit zunehmender Internationalisierung der wirtschaftlichen, politischen und sozialen Verflechtungen zweifellos zukünftig in stärkerem Maße auf kulturspezifische Rahmenbedingungen Rücksicht nehmen. Die kulturvergleichende Forschung (Überblicksartikel: Barrett et al. 1976, Hofstede 1980, Tannenbaum 1980, Bhagat et al. 1982) ist kritisch zu überprüfen, ob sie die dazu notwendigen Erkenntnisse bereitstellen kann.

2.7.2 Legitimation der Berücksichtigung interkultureller Handlungsbedingungen

Besteht das oberste Ziel aller Organisationen darin, effektiv zu sein, d. h. mit einem Minimum an Aufwand die gesetzten Ziele auf einem möglichst hohen Niveau zu erreichen, dann muß geklärt werden, welchen Beitrag die Berücksichtigung interkultureller Rahmenbedingungen dazu leistet.

Wenn individuelles und soziales Verhalten kulturell determiniert ist, dann trifft dies auch für kollektives Verhalten von Menschen in Organisationen zu, ob es sich nun um geplantes oder spontanes Verhalten handelt. Organisationen entwickeln ihre eigene „Subkultur" mit einer oft sehr spezifischen handlungsdeterminierenden Funktion, die ihr selbst und dem Verhalten ihrer Mitglieder auch gegenüber anderen Organisationen ein eigenes Gepräge gibt. Da die individuelle Identifikation mit den Organisationszielen, der wirksame Einsatz von Mitteln der Zielerreichung und die zutreffende Bewertung des erreichten Ergebnisses von den kulturellen Besonderheiten der Organisation mitbestimmt sind, erhöht eine genaue Kenntnis dieser Wechselwirkungen die Effektivität der Organisation. Dies wird um so dringlicher, je stärker sich die unterschiedlichen familiären, beruflichen, regionalen und nationalen Kulturen der Mitglieder einer Organisation in dieser organisationsspezifischen Subkultur niederschlagen.

Für multinational tätige Organisationen ist eine Berücksichtigung kultureller Handlungsdeterminanten schon deshalb unerläßlich, weil ähnliche Aufgaben (wie Güterproduktion, Ressourcenverteilung, Schulung und Ausbildung) unter verschiedenen Umweltbedingungen einem unterschiedlichen Funktionsablauf unterliegen und eine entsprechend angepaßte Organisationsstruktur erfordern. Inzwischen hat sich auf allen Gebieten der internationalen Zusammenarbeit (z. B. Entwicklungshilfe, Nord-Süd-Dialog, Technologietransfer) die Konvergenztheorie (Harbison & Myers 1959; Kerr et al. 1964), die von einem sich beschleunigenden Abbau bestehender kultureller Unterschiede und einer zunehmenden Ähnlichkeit der verschiedenen Kulturen ausging, als fasch erwiesen. Offene Systemtheorien und Kontingenztheorien (Pugh & Hickson 1976) scheinen besser geeignet, die zu erwartenden Entwicklungen im interkulturellen Beziehungsgeflecht vorhersagen zu können. Der Einfluß kultureller Faktoren auf das Geschehen in und zwischen Organisationen wird heute zwar von keinem Forscher mehr geleugnet, doch erliegen noch viele der Versuchung, Forschungsergebnisse und daraus gezogene Schlußfolgerungen von einer Kultur auf eine andere zu übertragen.

Einen gerafften Überblick über grundlegende Beiträge zur Entwicklung einer allgemeinen Theorie von Kultur und Organisationen, wie sie von verschiedenen Wissenschaften (Soziologie, kulturvergleichende Psychologie, Kulturanthropologie, vergleichende Politikwissenschaft und vergleichende Wirtschaftswissenschaft) geliefert wurden, gibt Hofstede (1980, b). Für die Organisationspsychologie sind von Bedeutung die Beiträge der kulturvergleichenden Psychologie, soweit sie sich mit Organisationsproblemen in verschiedenen Kulturen direkt befassen und psychologische Phänomene behandeln, wie z. B. Leistungsmotivation, Konformität, Führungsstile, die mittelbar in Organisationsprobleme hineinreichen. In den folgenden Abschnitten werden grundlegende Theorien der Organisationspsychologie unter kulturvergleichenden Gesichtspunkten diskutiert.

2.7.3 Organisationstheorien und implizite Menschenbilder

In allen Kulturen und zu allen Zeiten waren Organisationen mit der Umwandlung von Energien und Stoffen in Produkte und Dienstleistungen beschäftigt, die den Menschen das Leben sichern und ihnen das Leben angenehmer machen sollten. Zur Erstellung von Produkten und Dienstleistungen bedarf es der koordinierten und geordneten Zusammenarbeit von Menschen mit unterschiedlichen Zielen, Bedürfnissen und Fähigkeiten. Organisationen, die das leisten, benötigen eine innere Struktur (Hierarchie, Autorität) und Mittel zur Rekrutierung von Mitarbeitern, deren Sozialisierung auf das angestrebte Ziel hin und deren Motivierung zum Einsatz aller ihnen verfügbaren zieldienlichen Kräfte. Wenn hier auch gemeinsame Merkmale aller Organisationen anklingen, so stellen sich doch die konkreten organisationspsychologischen Probleme bei der Gestaltung menschlicher Arbeitsleistungen von Gesellschaft zu Gesellschaft, Nation zu Nation und Kultur zu Kultur anders.

Obwohl in den westlichen Industrienationen noch immer die Modernisierungstheorie und das Bürokratiekonzept von Max Weber (1952, 1972) mit seinen Idealen der Rationalität, Autorität, Machtkompetenz, Formalisierung und Kodifizierung großes Ansehen genießt, sind in den letzten 30 Jahren bedeutsame Alternativkonzepte entwickelt und praktiziert worden (Mayo 1945, Blake & Mouton 1964, Lawrence & Lorsch 1967, Bennis & Slater 1968, Bennis 1969, Miles 1975, Katz & Kahn 1978). Diese Organisationstheorien gehen aus von Werten und Menschenbildern wie dem Streben nach Befriedigung sozialer Bedürfnisse, Selbstverwirklichung, Partizipation, Selbstverantwortung, Zielorientierung, der Wirkung eines dynamischen Wechselverhältnissen zwischen Individuum – Organisation – Umwelt u. ä., was in der Praxis zu recht verschiedenen organisatorischen Handlungen und Entscheidungen führt, obwohl diese Grundgedanken alle der abendländischen Kulturtradition entstammen.

Unter kulturvergleichenden Aspekten stellt sich nun die Frage nach der Existenz allgemeingültiger oder kulturspezifischer Organisationsmodelle. Erst die fortgeschrittene Entwicklung von Organisationstheorien (z. B. Pugh et al. 1963, Landsberger 1970) machte es möglich, organisationsstrukturelle Komponenten zu identifizieren, zu isolieren und so zu operationalisieren, daß ihre Wirksamkeit unter verschiedenen kulturellen Bedingungen empirisch geprüft werden konnte. In einer Untersuchung in siebzig industriellen Produktionsorganisationen in drei Ländern (USA, Kanada und Großbritannien) fanden Hickson et al. (1977) stabile Beziehungen zwischen sog. Kontextvariablen der Organisation wie Organisationsgröße, Grad der Abhängigkeit von anderen Organisationen und technologischer Entwicklungsstand einerseits und strukturellen Merkmalen der Arbeitsorganisation wie Formalisierung, Spezialisierung und Autonomie andererseits. Ihre weitreichenden Schlußfolgerungen aus den Befunden lauten: gleichgültig, ob es sich um eine asiatische, europäische oder nordamerikanische Kultur handelt, eine große Organisation mit vielen Angestellten wird eine Produktionssteigerung nur erreichen können durch Spezialisierung ihrer Aktivitäten, durch Formalisierung der Anweisungs- und Kontrollmaßnahmen und durch Reduzierung ihres Autonomiegrades, d. h. sie wird immer abhängiger von Rohstofflieferanten, Zulieferern und Kunden. Selbst wenn Organisationen in einer Kultur weniger formalisiert erscheinen als in einer anderen, dann unterliegen auch in dieser Kultur größere Organisationen einem höheren Grad an Formalisierung als kleinere Einheiten. Die Richtung ebenso wie die Stärke der gefundenen Abhängigkeitsbeziehungen werden als konstant angesehen. Entsprechend diesem funktionalistischen Ansatz werden immer dann konstante Wirkungen zu beobachten sein, wenn bestimmte zielführende Entscheidungen (z. B. Produktionssteigerung) unter gegebenen Bedingungen (z. B. Organisationsgröße), unabhängig von spezifischen kulturellen Einflußfaktoren getroffen werden. Allerdings blieb dieses Konzept nicht ohne Widerspruch.

In der kulturvergleichenden Organisationstheorie und Managementtheorie bzw. -forschung nehmen in jüngster Zeit mehr aktionistische und handlungstheoretische Ansätze an Bedeutung zu. Sie gehen von der Grundüberlegung aus, daß Organisationsstrukturen und zielorientierte Ablaufprozesse das Resultat von erwartungsgesteuerten Entscheidungen und koordinierten Handlungen von Individuen und Gruppen sind, die spezifischen impliziten Wertkonzepten, Menschen- und Weltbildern folgen.

So analysierte und verglich Kassem (1977) amerikanische und europäische Organisationstheorien und fand, daß sie sich deutlich voneinander unterscheiden. Während die amerikanischen Organisationstheorien, besonders im Verlauf der „Human Relation"- und „Human Resources"-Bewegung, eher ziel- und mitarbeiterorientiert und psychologisch-funktional konzipiert sind, zeichnen sich die europäischen Organisationstheorien durch eine Betonung von Organisationsstruktur und Organisationstechnologie sowie makrosozial-struktureller Komponenten aus.

Inzwischen liegen eine Fülle von kulturvergleichenden Studien über arbeits- und organisationsbezogene Einstellungen, Wertkonzepte und Menschenbilder vor, die sich auf Befragungen von Managern und Unternehmensmitarbeitern stützen. So fanden Haire et al. (1966) in einer Studie mit mehreren tausend Managern aus 14 Nationen, daß ⅔ der beobachteten Varianz in den Wertmustern auf nationalen bzw. kulturellen Unterschieden und nur ⅓ auf individuellen Differenzen basieren. Die gewonnenen Daten dienten dazu, auf der Grundlage der gefundenen Ähnlichkeiten in den Wertkonzepten von Managern vier Kulturregionen zu identifizieren (Nord- und Südeuropa, Angloamerika und Entwicklungsländer, wobei Japan nicht eingeordnet werden konnte). Greenwood (1971) konnte zeigen, daß nicht nur Manager in Ländern, die geographisch nahe beieinander liegen und sprachlich verwandt sind, ähnliche Wertkonzepte verfolgen, sondern auch solche aus Ländern mit einem vergleichbaren Industrialisierungsgrad. Studien von England (1976) und Whitely/England (1977), die im Unterschied zu den Befunden von Haire (1966) eine stärkere Abhängigkeit der Wertkonzepte von individuellen Differenzen aufwiesen, zeigten auch, daß neben der nationalen Kultur offensichtlich der Industrialisierungsgrad ein bedeutsamer Faktor für das persönliche Wertesystem bei Managern ist. Hinsichtlich der Stichprobenerhebung und Datenkontrolle sind bei diesen Untersuchungen methodische Bedenken angebracht.

Für arbeitsbezogene Wertvorstellungen ist zweifellos die in 40 Nationen mit über 60000 Personen von Hofstede (1980, a) durchgeführte Studie richtungweisend. Kulturelle Unterschiede in den Wertvorstellungen von Managern ließen sich nach vier Hauptdimensionen hin kategorisieren: Machtdistanz (Grad der Akzeptanz ungleicher Machtverteilung in Organisationen), Vermeidung von Unsicherheit (Grad der durch unklare Situationsdefinition hervorgerufenen Unsicherheit und entsprechende Vermeidungsstrategien mit Tendenzen zur Formalisierung), Individualismus vs. Kollektivismus und Maskulinität (Grad der Bedeutung sog. maskuliner Werte wie Selbstbehauptung, Durchsetzungsvermögen, materielles Gewinnstreben, Unabhängigkeit u. ä.). Neben einer Gruppierung der untersuchten Nationen nach kultureller Ähnlichkeit an Hand der vier Dimensionen kommt Hofstede zu dem Schluß, daß die Managementtheorien und die daraus resultierenden organisationsbezogenen Entscheidungen und Handlungsweisen kulturabhängig sind.

Schon Pizam et al. (1977) konnten im Anschluß an Kelly et al. (1973) kulturelle Unterschiede in den Wertvorstellungen und Verhaltensweisen von amerikanischen Managern nachweisen, die in der zweiten Generation in den USA leben, aber aus dem Kaukasus, dem Nahen Osten bzw. Japan stammten. Kulturelle Unterschiede scheinen somit noch über Generationen hinweg nachzuwirken.

Beim gegenwärtigen Forschungsstand ist festzustellen, daß zwischen den Kulturen erhebliche Unterschiede in den Wertkonzepten und den davon beeinflußten Organisationspraktiken bestehen. Gleichzeitig lassen sich klassenähnliche Einstellungsmuster und Wertkonzepte ausmachen, die duch kulturübergreifende Merkmale charakterisiert werden können. Was noch fehlt sind Kenntnisse, wie sich über Wert- und Einstellungsähnlichkeiten ein kulturübergreifender Zusammenhang herstellen läßt. Noch ist unklar, wie die Beschaffenheit spezifischer sozioökonomischer Umwelten, organisatorischer Umwelten (z. B. Organisationsgröße und -klima), die Beschaffenheit von Aufgabenumwelten (Zielsetzungs- und Zielbewertungsfaktoren) und die gesellschaftliche Umwelt (z. B. politische, makrosoziale Umwelt) sich gegenseitig beeinflussen, das Managementverhalten bestimmen und selbst kulturspezifisch determiniert sind. In einer vergleichenden Studie über die Einstellungen und Wertvorstellungen von Managern in deutschen und englischen Firmen (Budde et al. 1982) wurde, bezugnehmend auf schon gewonnenen Erkenntnissen über kulturspezifische Einflußfaktoren, den Wechselbeziehungen zwischen den verschiedenen Einflußfaktoren auf das Managerverhalten und ihren kulturellen Abhängigkeiten zwar erheblich mehr Bedeutung zugemessen als in früheren Studien, doch ließen sich auch hier noch keine eindeutigen Kausalbeziehungen nachweisen. Immerhin scheint das Stadium eines rigorosen Universalismus bzw. Kulturrelativismus überwunden zu sein, was sich auch in einer zunehmenden Anzahl kritischer Analysen des Forschungsstandes mit zukunftsweisenden Konzepten für weitere Forschungen niederschlägt (Schreyögg 1976, Roberts 1977 und Bhagat et al. 1982).

2.7.4 Führungsverhalten

Entsprechend der großen Bedeutung, die Führungstheorien und Führungspraktiken in der Managementforschung und Organisationspsychologie einnehmen, hat sich auch die kulturvergleichende Forschung mit diesen Themen ausführlich beschäftigt. Gibt es einen einheitlichen Führungsstil, der mit hoher Effektivität in allen Ländern und Kulturen einsetzbar ist, oder lassen sich doch zumindest Ländergruppen finden, in denen ein einheitlicher Führungsstil erfolgreich praktiziert werden kann? So lautet eine der grundlegenden Fragestellungen.

Es gibt inzwischen eine Fülle von Untersuchungen, die zumindest der Tendenz nach die Kulturabhängigkeit des Führungsverhaltens belegen (Barrett u. Bass 1970, Meade 1970 a, 1970 b, Peterson 1972, Boseman u. Simonetti 1973, Blunt 1973, Klauss u. Bass 1974 u. a.). Eine nicht unerhebliche Anzahl an kulturvergleichenden Studien kommt jedoch auch zu gegenteiligen Ergebnissen (Ajiferuke u. Boddewyn 1970, Slocum u. Topichak 1972, Richards et al. 1973 u. a.). Zweifellos sind diese unterschiedlichen Resultate begründet durch Divergenzen in der Bedeutungszuschreibung und Verwendung grundlegender Begriffe wie Führung, Partizipation, Kultur u. ä., im Fehlen eines theoretischen Bezugsrahmens, in der Vernachlässigung intervenierender und situativen Einflußvariablen, in Ungenauigkeiten in der Bildung der Untersuchungsstichproben und der Definition der Kriteriumsvariablen. So konnten z. B. Van Fleet u. Al-Tuhaih (1979) sehr wohl kulturabhängige Variationen hinsichtlich des als wünschenswert erachteten Führungsverhaltens (normativer Aspekt) nachweisen, obwohl die Wahrnehmung des tatsächlich praktizierten Führungsverhaltens keine kulturabhängigen Variationen aufwies. Wie wichtig eine differenzierte und präzise theoretische Klärung des zugrundeliegenden Führungsbegriffs vor Untersuchungsbeginn ist, zeigt auch eine Untersuchung von Bennett (1977) mit philippinischen und Hong-Kong-chinesischen Managern in Filialen amerikanischer Banken. Führungsverhalten, das dem Konzept des „initiating structure" (Leistungsaspekt) folgt, scheint demnach weniger von kulturellen Faktoren beeinflußt als das Konzept des „consideration" (personorientierter Aspekt).

Das größte Interesse haben Untersuchungen zum autoritären vs. demokratischen Führungsverhalten gefunden und zum Grad der Partizipationsbereitschaft zwischen Führungskräften und Untergebenen.

So zeigte z. B. Orpen (1980), daß zwischen schwarzen und weißen Angestellten in südafrikanischen Handelsfirmen hinsichtlich ihrer Einstellung zu verschiedenen Formen der Mitbestimmung keine kulturbedingten Unterschiede bestanden. So wünschten sich alle mehr Einfluß, und die Höhe des Unterschiedes zwischen wahrgenommenem und erwünschtem Einfluß war für beide Gruppen der zuverlässigste Prädiktor für Arbeitsmotivation und Zufriedenheit. Deutliche Unterschiede in der Art der erwünschten Mitentscheidung zeigten sich aber zwischen den Angehörigen verschiedener Ebenen der Organisationshierarchie.

Eine Bestätigung für die kulturunabhängige einstellungs- und verhaltensbestimmende Funktion der Führungsaufgaben auf den verschiedenen Ebenen der Führungshierarchie ergab die Untersuchung von Anderson (1983). Führungskräfte in neuseeländischen Unternehmen, die in ihrer kulturellen Herkunft variierten, zeigten keine Unterschiede in ihrem Führungsverhalten. Die kulturelle Abstammung stand in keiner Beziehung zur Führungsleistung, zum Grad der Arbeitszufriedenheit, zur Führer-Untergebenen- bzw. Führer-Vorgesetzten-Beziehung und zu den erlebten Intergruppenbeziehungen in der Führungsmannschaft. Demgegenüber zeigten Mitglieder der oberen Führungsschicht eine deutlich bessere Übereinstimmung zwischen der Eigen- und Fremdbeurteilung der Führungsleistung als die Mitglieder der mittleren Führungsschicht.

In den klassischen Untersuchungen von Haire, Ghiselli u. Porter (1966) hatte sich bei Führungskräften aus 14 Ländern gezeigt, daß bei ihnen einerseits eine universelle Übereinstimmung darin besteht, anweisungsorientierte Führungskonzepte zu favorisieren, da sie ihre Mitarbeiter für unfähig hielten, Eigeninitiative zu ergreifen und selbständiges Führungsverhalten zu zeigen, die Manager aber andererseits Formen des partizipativen Führungsstils guthießen und teilweise auch praktizierten. Womöglich resultiert dieses Ergebnis aus einem internationalen, durch anglo-amerikanische Managementschulen entwickelten und von multinationalen Konzernen verbreiteten Trend zum partizipativen, personorientierten Führungsstil, dem die mehr international als national orientierten Manager großer Firmen (gerade sie sind in den Untersuchungen die bevorzugten Auskunftspersonen) folgen.

Untersuchungen, die sich auf viele Länder erstrecken, müssen notgedrungen mit einem einfachen, leicht anwendbaren und standardisierten Methodeninventar vorliebnehmen. Wie viele wirksame intervenierende Variable dabei übersehen bzw. gar nicht erst geprüft werden, zeigt eine Untersuchung von Stephens (1981), die auf früheren kulturvergleichenden Studien über die kulturelle Abhängigkeit des Führungsverhaltens in den USA und in Peru aufbauend zu dem Schluß kommt, daß die Erfassung so wichtiger kulturspezifischer Einflußfaktoren wie fehlendes Vertrauen in die Zuverlässigkeit und Loyalität der Mitarbeiter oder die gesellschaftlich-kulturell bedingten Klassenunterschiede zwischen Managern und Untergebenen zu anderen Ergebnissen und Interpretationen der gefundenen Zusammenhänge führen muß.

Wenn oft angenommen wird, daß sich Länder und Kulturen im Grad an Autoritarismus unterscheiden, z. B. in der Türkei herrsche kulturbedingt ein autoritäreres Führungsprinzip als in den USA, so haben die Studien von Kagitcibasi (1970) gezeigt, daß gerade in der Türkei autoritäre Familienstrukturen verbunden sind mit einem hohen Grad sozialer Akzeptanz und emotionaler Nähe, wohingegen in den USA autoritäres Verhalten mit sozialer Ablehnung und emotionaler Distanz und Kälte in Beziehung steht. Autoritäre soziale Beziehungsstrukturen können somit unter Berücksichtigung ihrer Einbettung in eine spzifische kulturelle Umwelt völlig verschiedene Bewertungen erfahren.

Kulturvergleichende Untersuchungen zur Bedeutung und Funktion von Führungsstilen und Mitbestimmungsmodellen, favorisiert und praktiziert von Managern aus unterschiedlichen Kulturen in verschiedenen Ländern, haben gezeigt, daß zwischen einheimischen und amerikanischen Managern in amerikanischen Tochtergesellschaften in Südamerika und Asien keine Unterschiede bestehen (Negandhi & Prasad 1971). Dies kann zurückgeführt werden auf ein einheitliches, den Organisationszielen angepaßtes Selektionsverfahren bei der Rekrutierung der Manager, auf ein gemeinsames Managementtraining oder auf die von Rus (1970) und Kavčič, Rus u. Tannenbaum (1971) gefundene positive Beziehung zwischen der Effektivität der Organisation und dem von Managern und Arbeitern erlebten Grad an Einfluß und Mitbestimmungsmöglichkeit. Noch einen Schritt weiter gehen Inkeles & Smith (1974), die aus ihren Forschungen den Schluß ziehen, daß eine auf wirtschaftliche Effektivität ausgerichtete Organisation (Fabrik oder Behörde) kulturunabhängig allgemeine zieldienliche Verhaltenseigenschaften, Denkmuster, Wertkonzepte und Handlungsmuster verstärkt und somit einen starken Anpassungsdruck auf zieldiskrepante kulturelle Erscheinungen ausübt. Somit wären Organisationsstrukturen und Verhaltensweisen von Organisationsmitgliedern nicht einfach nur als von kulturellen Einflußfaktoren abhängig zu betrachten, sondern selbst als Teil der jeweiligen Kultur auch als kulturprägend anzusehen. Die kulturellen Entwicklungen und der soziale Wandel in sogenannten Schwellenländern bieten genügend Beispiele für diese Wechselwirkungen.

Die zukünftige kulturvergleichende Forschung zum Führungsverhalten wird die wissenschaftliche Begründung dafür zu liefern haben, daß eine Organisation als eine integrierte Einheit in einer sozialen Gemeinschaft (Schicht, Nation, Kultur) und nicht als isolierter subkultureller Fremdkörper (z. B. gewinnorientierte Tochtergesellschaft eines multinationalen ausländischen Konzerns) umso effektiver geführt werden kann, je besser es den Führungskräften gelingt, das dynamische Wechselspiel zwischen kulturbedingten Wert- und Normvorstellungen und Handlungsgewohnheiten der Mitarbeiter und den durch organisationsstrukturelle Anforderungen bedingten Verhaltenszwängen aufeinander abzustimmen.

2.7.5 *Arbeitsmotivation und Arbeitszufriedenheit*

Kulturvergleichende Untersuchungen zur Arbeitsmotivation und Arbeitszufriedenheit entstanden u. a. aus dem Interesse der Motivationsforscher, ihre motivationspsychologischen Konzepte (Maslow, 1954) und besonders leistungsmotivationspsychologischen Theorien (Mc Clelland, 1961) auf kulturunabhängige Gültigkeit hin zu überprüfen. Zudem sind nationale und multinationale Organisationen mit einem multikulturellen Mitarbeiterstab interessiert zu erfahren, wie sich die Arbeitsmotivation und Arbeitszufriedenheit ihrer Mitarbeiter steigern läßt.

Wenn der erlebte Grad an Arbeitszufriedenheit abhängig ist von der Höhe der erlebten Diskrepanzen zwischen den an den Arbeitsprozeß und seine Folgen gestellten Erwartungen und dem, was im Arbeitsprozeß erlebt und durch die Arbeit geschaffen wird, dann stellt die individuelle Motivationsstruktur eine bedeutsame Einflußvariable dar. Unabhängig von der Annahme der universellen Gültigkeit der anthropologischen Konstante, daß der Mensch generell nach Selbstverwirklichung strebt, wird man entsprechend der Bedürfnishierarchie von Maslow (1954) unterscheiden müssen zwischen der auf das reine Überleben und Sichern der Grundbedürfnisbefriedigung gerichteten Arbeitsmotivation bei der überwiegenden Mehrheit der Weltbevölkerung und den höheren Bedürfnissen der Menschen in hochindustrialisierten Gesellschaften wie Gewinnung von Ichstärke, sozialer Wertschätzung und Selbstverwirklichung durch die Arbeit. Es ist allerdings enttäuschend, wie auch Bhagat u. McQuaid (1982) bemerken, daß dieser grundlegende Unterschied in den vorliegenden kulturvergleichenden Studien weitgehend ignoriert wird. Wenn auch anzunehmen ist, daß kulturspezifische Wertvorstellungen, Traditionen, soziale Normen u. ä. die Motivstruktur und damit die Arbeitsmotivation der Bevölkerung eines Landes beeinflussen, so darf nicht übersehen werden, daß wirtschaftliche Ressourcen, technologischer Entwicklungsstand und der Partizipationsgrad der Bevölkerung am wirtschaftlichen Geschehen Arbeitsmotivation und Arbeitszufriedenheit sicher ebenso stark determinieren. Wenn eine Untersuchung von Slocum u. Topichak (1972) über die Arbeitszufriedenheit bei Arbeitern in amerikanischen und mexikanischen Fabriken, die von ihrer technischen Ausrüstung, ihren Produktionszielen und ihrer Organisationsstruktur her als vergleichbar angesehen werden können, zeigt, daß die mexikanischen Arbeiter zufriedener waren als ihre amerikanischen Kollegen, so ist es unbefriedigend, diesen Unterschied einfach als kulturbedingt zu interpretieren. Mit Bezug auf Untersuchungen von Zurcher et al. (1965) liegt es vielmehr nahe, die beobachteten Unterschiede mit einer eher partikularistischen Wertorientierung der Mexikaner gegenüber einer eher universalistischen Wertorientierung der Amerikaner zu erklären oder die Resultate zurückzuführen auf unterschiedliche nationale ökonomische Standards, die das individuelle Bezugssystem für Arbeitszufriedenheit festlegen.

Nach einem von Bhagat und McQuaid (1982) gegebenen Überblick über ausgewählte kulturvergleichende Studien zur Arbeitsmotivation in Anlehnung an McClellands Leistungsmotivationstheorie (1961) scheint eine universelle Beziehung zu bestehen zwischen dem ökonomischen Entwicklungsstand eines Landes und dem in seiner Bevölkerung verbreiteten Leistungsmotivationsniveau. Dieses Resultat konnte auch in Untersuchungen von Melikian et al. (1971) und Hines (1974) unter Verwendung nichtprojektiver Meßverfahren bestätigt werden. Allerdings leiden alle diese Untersuchungen an einer zu globalen Konzeption des Leistungsmotivationsbegriffs, an einer Vernachlässigung leistungsanregender oder leistungsbehindernder Kontextbedingungen, wie sie die kulturspezifischen Handlungsdeterminanten darstellen. Wenn in anglo-amerikanischen Kulturen unter Leistung vornehmlich schulischer und wirtschaftlicher Erfolg verstanden wird, so kann in anderen Kulturen unter Leistung eher Erfolg in interpersonalen und familiären Beziehungen subsumiert werden. Nach Maehar (1977) und Bhagat (1979) ist anzunehmen, daß kulturelle, soziale und ökonomische Kontextbedingungen bestimmte Formen der Leistungsmotivation begünstigen und verstärken, die sich dann in der Arbeitsmotivation ausdrücken. In mehreren Feld- und Laborstudien konnte Aronoff (1967, 1971) zeigen, wie eine Reihe von sozialen, medizinischen und kulturellen Faktoren einerseits die Persönlichkeitsstruktur der Mitglieder einer geschlossenen kulturellen Einheit (auf einer westindischen Insel) verändern und sich andererseits durch die dabei sich entwickelnden Veränderungskräfte traditionelle Arbeitseinstellungen und Arbeitsverfahren modifizieren. Bevor die kulturvergleichende Forschung solche Differenzierungen vornehmen kann, müßte allerdings erst einmal eine Taxonomie von arbeitsbezogenen Werten unter Berücksichtigung organisationsstruktureller Bedingungen entwickelt sein.

Die kulturvergleichenden Studien zur Arbeitszufriedenheit konzentrieren sich auf die Erfassung der Zusammenhänge zwischen dem Grad der Zufriedenheit und einzelnen Arbeitsbedingungen und Arbeitswirkungen (wie z. B. Position in der Organisationshierarchie, Ausbildungsniveau, Lebensalter und Dienstalter, Einstellung zur Arbeit, Bezahlung, Macht und Einfluß, sozialer Status und Art der Tätigkeit), allerdings meist ohne explizite theoretische Fundierung.

Tannenbaum (1980, S. 308–316) schließt seinen Überblick über diese Studien mit der Feststellung, daß Arbeitstätigkeiten, die mit einem gewissen Grad an Autorität und Einfluß verbunden sind und in denen die Chance besteht, eigene Fähigkeiten zu erproben, Neues zu erlernen und den Arbeitsrhythmus mitzubestimmen, generell zufriedenstellender sind als solche, in denen all dies nicht möglich ist. Die Bedeutung und Wirksamkeit, die den einzelnen Faktoren zukommt, ist allerdings davon abhängig, was den einzelnen bzw. spezifischen sozialen Gruppen unter gegebenen kulturellen Bedingungen als erstrebenswertes und erreichbares Handlungsziel erscheint. Die von Orpen (1974, 1978) an weißen und schwarzen Arbeitern in südafrikanischen Fabriken auf der Grundlage der Herzbergschen Zweifaktorentheorie der Arbeitszufriedenheit (Herzberg 1959) und Solimans Arbeitsumwelttheorie (Soliman 1970) durchgeführten Vergleichsstudien zeigten, daß eine intrinsische Motivation nur dann entsteht, wenn im Arbeitsvollzug und unter den gegebenen Arbeitsbedingungen Möglichkeiten der Bedürfnisbefriedigung bestehen. Die gegebene Arbeitssituation wird allerdings auf dem Hintergrund des individuellen Bezugssystems für Arbeitszufriedenheit als Handlungsmöglichkeit zur Erreichung eines befriedigenden Gesamtzustandes bewertet, wobei dieses Bezugssystem wiederum von kulturellen Einflußfaktoren bestimmt ist. Zudem hat die Studie gezeigt, daß der Grad der Anpassung der Arbeiter an westliche (anglo-amerikanische) arbeitsbezogene Wertestandards einen bedeutsamen Faktor bei der Entwicklung einer positiven Beziehung zwischen Arbeitszufriedenheit und Arbeitsleistung darstellt. Die Annahme einer generell gültigen Beziehung zwischen hoher Arbeitsleistung, hoher Arbeitszufriedenheit und allgemeiner Lebensfreude entpuppt sich bei genauerer Untersuchung als ethnozentristisches Artefakt, basierend auf der impliziten Annahme, daß bezahlte Arbeit für alle Menschen einen zentralen Lebensinhalt darstellt.

2.7.6 Training zum interkulturellen Handeln

Neben dem wissenschaftlichen Interesse an den Ergebnissen der kulturvergleichenden Erforschung organisationspsychologischer Theorien und der Wirksamkeit kulturspezifischer Einflußfaktoren auf das menschliche Handeln und Erleben unter arbeitsorganisatorischen Bedingungen gibt es ein sehr pragmatisches Interesse: Wie lassen sich aufgrund der gewonnenen Resultate effektive Trainingsverfahren zur Vorbereitung von Auslandsmitarbeitern entwickeln? Gibt es optimale Trainingsmethoden, die unabhängig vom kulturellen Hintergrund der Führungskräfte einsetzbar sind? Wie muß ein Managementtraining für Auslandsmitarbeiter beschaffen sein, das die fremdkulturellen Besonderheiten im Ausland berücksichtigt und die Arbeitsleistung steigern hilft? Aus der von Landis & Brislin (1983) vorgelegten Zusammenstellung und kritischen Analyse der Trainingsziel-Konzepte, der praktizierten Trainingsmethoden, der Evaluierungsbefunde und der Entwicklung trainingsbegleitender Forschungen geht hervor, daß der in den 60er und Anfang der 70er Jahre vorherrschende Optimismus verfehlt war, mit einigen Stunden Sensibilisierungstraining für fremdkulturelle Handlungs- und Denkgewohnheiten die Anpassungsprobleme („cultural shock") von Auslandsmitarbeitern beseitigen und ihre soziale Handlungskompetenz im Umgang mit den Menschen des Gastlandes optimieren zu können. Inzwischen ist unbestritten, daß nur fundierte Analysen der komplexen Wechselwirkungen zwischen Arbeitsauftrag, Zielen der entsendenden Organisation, den Mitarbeitern im Gastland (counterparts), den kulturellen, politischen und wirtschaftlichen Rahmenbedingungen im Heimat- und Gastland und schließlich der Persönlichkeit des Auslandsmitarbeiters zum Ziel führen. Wegen der Komplexität dieser, die Arbeitsleistung beeinflussenden Faktoren haben Überprüfungen der Trainingswirksamkeit selten zu befriedigenden Resultaten geführt.

Wie Redden (1976) und Detweiler (1980) zeigten, gibt es empirisch gesicherte Belege für den Zusammenhang zwischen Arbeitserfolg im Ausland und spezifischen Persönlichkeitseigenschaften und Fähigkeiten. Übereinstimmend wird festgestellt, daß kognitive Flexibilität, Variabilität in den sozialen Handlungs- und Beziehungsmustern und das Fehlen ethnozentristischer Denk- und Einstellungsmuster nicht nur den Anpassungsprozeß erleichtern, sondern auch die Arbeitseffektivität erhöhen, vorausgesetzt, daß keine unkontrollierbaren Situationsfaktoren dem entgegenwirken. Hawes & Kealey (1980) betonen darüber hinaus noch die Fähigkeit und Bereitschaft zum Kontakt mit den Bewohnern des Gastlandes, schon um Unzufriedenheit durch das Fehlen sozialer Beziehungen im Gastland zu vermeiden, wie das von Ivancevich (1969) bei mittleren Managern in Übersee nachgewiesen worden war. Weiterhin sind bedeutsam Aufgeschlossenheit für die Gastkultur, Respekt und Toleranz gegenüber kulturfremden Denk- und Lebensgewohnheiten und ein gewisses Maß an Empathiefähigkeit, das sich in einem vertieften geistigen Eindringen und Einfühlen in die Denk- und Erlebniswelt der Menschen des Gastlandes ausdrückt.

Beim Training interkultureller Handlungskompetenz bedient man sich aller bekannten Lehr- und Lernmethoden, vom einfachen Vortrag über die Simulation fremdkultureller Handlungsmuster im Rollenspiel bis hin zum „Cultural Assimilator", einem kulturspezifischen Lernprogramm, das den Lernenden mit typischen Reaktionsmustern, Einstellungen und Wertkonzepten der Gastkultur konfrontiert und ihm die Unterschiede zur eigenen Kultur erklärt, um so kulturangepaßte Wahrnehmungs- und Urteilsmuster aufzubauen (Fiedler et al. 1971).

Bei der zukünftigen Entwicklung von interkulturellen Trainigsprogrammen wird man neben den persönlichkeitsspezifischen Faktoren stärker die schwer kontrollierbaren situativen Arbeitsbedingungen, traditionsbedingten Machtstrukturen, sozialen Abhängigkeiten, sozialen Interaktionsstrukturen u. ä. berücksichtigen müssen, die das Leistungsergebnis oft mehr beeinflussen als mangelndes Einfühlungsvermögen in die Gastkultur. Zudem bewirken das Verhalten des Auslandsmitarbeiters und die Resultate seiner Arbeitstätigkeit Veränderungen im Denken und Handeln der ausländischen Mitarbeiter, die in extremen Formen bis zur kulturellen Entfremdung reichen können. Da solche potentiellen Veränderungen das Arbeitsfeld einschränken und modifizieren können, müssen sie berücksichtigt und in das vorbereitende Training mit einbezogen werden.

Auch das interkulturelle Training für den Arbeitseinsatz von Auslandsmitarbeitern leidet gegenwärtig noch unter den bekannten Theorieschwächen in der Arbeits- und Organisationspsychologie (Weinert 1987) und dem Mangel an gesicherten Erkenntnissen und Konzepten zur Erfassung kulturspezifischer Einflußfaktoren auf arbeitsbezogenes Handeln in Organisationen.

2.7.7 Bedeutung interkultureller Bedingungen für Organisationen

Organisationsstrukturen, die dynamischen Prozesse in Organisationen und das Handeln und Erleben einzelner Mitarbeiter sind zweifellos von kulturspezifischen Faktoren bestimmt. Die kulturvergleichende Organisationspsychologie hat zwar deutliche Unterschiede zwischen Menschen verschiedener Kulturen nachgewiesen, doch leidet sie wie alle kulturvergleichende Forschung darunter, daß bisher keine

Präzisierung des Begriffs „Kultur" gelungen ist. Erkenntnisfortschritte sind aber nur dann zu erwarten, wenn schon zu Beginn einer kulturvergleichenden Untersuchung die kulturspezifischen Einflußfaktoren genauer spezifiziert werden (Bhagat et al. 1982, S. 675).

Aus der Bestimmung von Kultur als Handlungsfeld lassen sich vielleicht zukünftig die organisationspsychologisch relevanten Differenzierungen gewinnen: „Kultur ist ein Handlungsfeld, dessen Inhalte von vom Menschen geschaffenen oder genutzten Objekten bis zu Institutionen und Ideen oder ‚Mythen' reichen. Als Handlungsfeld bietet die Kultur Handlungsmöglichkeiten, stellt aber auch Handlungsbedingungen: Sie bietet Ziele an, die mit bestimmten Mitteln erreichbar sind, setzt zugleich aber auch Grenzen des möglichen oder ‚richtigen' Handelns. Der einzelne steht zu diesem Feld immer in einer zwiespältigen Beziehung: Er fügt sich ein, genießt es, paßt sich an, aber, im Kleinen oder Großen, rebelliert er auch, sucht Grenzen zu erweitern, Vorhandenes zu transformieren, zu ergänzen oder zu ersetzen" (Boesch, 1980, S. 17).

Die kulturvergleichenden Organisationsuntersuchungen leiden darunter, daß die Auswahl der zu vergleichenden Kulturen, der zu untersuchenden Probanden, der verwandten Methoden und der Untersuchungsablauf selten auf Resultaten ethnographischer Studien in der untersuchten Kultur aufbauen. Sie folgen weniger einer theoriegeleiteten Untersuchungsstrategie, sondern vollziehen sich nach dem Prinzip, sich bietende Gelegenheiten zu nutzen. Viele kulturvergleichende Studien (z. B. über Arbeitszufriedenheit, Arbeitseinstellung, Führungsfähigkeiten usw.) sind oft nur ein Nebenprodukt von Organisationsstudien mit völlig anderen Zielsetzungen. Wenn z. B. ein Unternehmen ein Personalauswahlverfahren auch in seinen ausländischen Tochtergesellschaften evaluiert, dann fallen Daten an, aus denen schnell eine „kulturvergleichende Studie" entwickelt werden kann, ohne eine wissenschaftliche Begründung für die Wahl der Untersuchungsvariablen geben zu können (siehe dazu z. B. Pareek & Keshote 1981 und mehrere Artikel in Weinshall 1977).

Die Schwächen der Erforschung interkultureller Organisationsbedingungen sind mitbedingt durch den Mangel an eindeutigen und überprüften Konzepten zur Erfassung organisationspsychologischer Basisphänomene (wie Führung, Arbeitszufriedenheit, Arbeitsmotivation, Arbeitsleistung, Partizipation usw.) und die ungelösten Probleme der kulturvergleichenden Forschung (kulturelle Repräsentativität der Stichprobe, kulturelle Äquivalenz der untersuchten Variablen, interkulturell vergleichbare Meß- und Untersuchungsverfahren usw.). Mit zunehmender Internationalisierung des politischen, wirtschaftlichen und sozialen Handelns werden gesicherte Erkenntnisse über kulturelle Determinanten von Arbeitsorganisationen immer dringender benötigt, um zuverlässige Prognosen über Arbeitsverlaufsprozesse und ihre Wirkungen machen und darauf aufbauend effektiv entscheiden und planen zu können.

Bedingt durch die immer komplexer werdenden internationalen wirtschaftlichen Verflechtungen und die steigenden Ansprüche an die Qualifikation der Auslandsmitarbeiter und die Qualität ihrer Arbeitsleistung bekommt die Berücksichtigung kultureller Einflußfaktoren und Bedingungen im Organisationsmanagement ein zunehmend stärkeres Gewicht. Die Gewinnung, Auswahl und Schulung der für eine Auslandstätigkeit geeigneten Mitarbeiter, aber auch ihre Betreuung und weitere Qualifizierung während der Auslandstätigkeit ist ohne Rückgriff auf kulturvergleichende und intrakulturelle Studien und ihre Ergebnisse nicht mehr zu leisten. Nur die Qualifizierung organisationspsychologischer Grundlagenforschung in Verbindung mit einer verbesserten kulturvergleichenden Methodologie (z. B. Sicherung der kulturellen Äquivalenz der zu vergleichenden Variablen) auf der einen Seite, die gesammelte, analysierte und interpretierte Praxiserfahrung und das systematisierte Expertenwissen von auslandserfahrenen Mitarbeitern und Führungskräften auf der anderen Seite und eine Integration der Resultate aus beiden Erkenntnisquellen kann den wissenschaftlichen und praktischen Anforderungen des interkulturellen Handelns gerecht werden.

3.
Konzepte und Theorien

Kapitel 3.1

Organisationstheorien

Oswald Neuberger

3.1.1 Einleitung: Definitionen und Leistungen von „Organisation"

Im eingebürgerten Begriff der „Betriebspsychologie" hat sich die Psychologie auf erwerbswirtschaftliche Unternehmen eingeengt; die Tatsache, daß sich unser ganzes Leben von der Geburt bis zum Tod in Organisationen abspielt – seien es Kliniken, Kindergärten, Schulen, Betriebe, Behörden, Armeen, Parteien, Kirchen... –, hat dem umfassenderen Begriff der „Organisationspsychologie" zu rascher Verbreitung verholfen. Dabei wird häufig – auch die Bandtitel der vorliegenden Enzyklopädie belegen dies – zwischen „Organisations"- und „Arbeits-Psychologie" getrennt – als ob „Arbeit" unabhängig von „Organisation" untersucht werden könnte. Arbeit ist immer schon „organisiert" in einem doppelten Sinn: sie findet *in Organisationen* statt, also in gesellschaftlichen Gebilden, und ist nach überlieferten gesellschafts- und zeittypischen Mustern und/oder zielbezogen und konsequent *organisiert*. Diese Differenzierung zwischen „Organisation sein" und „organisiert sein" ist eine erste Akzentsetzung, die verschiedene Auffassungen von „Organisationspsychologie" bestimmen und ganz unterschiedliche Forschungsansätze nahelegen kann: Wird Organisation als „sozialer Körper" (Gebilde, System) untersucht, so stehen die *strukturellen* Aufbauprinzipien integrierter Ganzheiten im Mittelpunkt; geht es aber ums „Anordnen der Teile", so daß die Organisation zum wirksamen Organon (Werkzeug, Instrument, „Apparat") wird, dann interessieren die *funktionalen* ergebnisbezogenen Koordinations- und Steuerungsmechanismen.

Die Körper- oder Organismus-Analogie begündet eine Organisations-Theorie (d. h. im ursprünglichen Sinn des Wortes Theorie: eine Schau), in der sich Blickwinkel und Standort des Betrachters zeigen. Es ist die Aufgabe dieses Kapitels, eine Über-Sicht über solche An-Sichten zu geben. Organisation ist – wie Seele, Motivation, Intelligenz usw. – ein isolierter Begriff, der im Gebrauch seine Bedeutung offenbart; um diese Gebräuche geht es im folgenden.

Die Allgegenwart und Unausweichlichkeit von Organisation wird überschattet von der Ambivalenz der Einschätzung: Dem einen gilt sie als Garant von Synergie und Fortschritt und als Voraussetzung für die Entfaltung der produktiven menschlichen Kräfte, der andere verteufelt sie als Wurzel und Symbol von Einengung, Entfremdung und Fremdbestimmung. Hinter diesen Bewertungsunterschieden verbergen sich An-Schauungen verschiedener Wirkungen:

Stellt man die effiziente Produktion von *Gütern und Dienstleistungen* in den Mittelpunkt, so ist Organisation eine unabdingbare Voraussetzung; betrachtet man dagegen als abhängige Variable die „Herstellung" von *Persönlichkeit* (Identität), dann kann es durch Organisation zur Deformation und Blockierung von Entwicklungspotenzen kommen.

Es wäre jedoch verkürzend, sich auf diese beiden Konsequenzen zu beschränken: In und durch Organisation(en) werden nämlich noch weitere Wirkungen hervorgerufen, die jeweils ganz andere Theorien nahelegen: Organisation „produziert" und/ oder verändert bzw. vernichtet auch

- Motivation (Aktivierung, Lebens- und Arbeitsfreude, Spontaneität, Impulsivität);
- Beziehungen (Möglichkeiten und Formen der unmittelbaren Begegnung, Zusammenarbeit);
- Macht, Abhängigkeit, Einfluß, Hierarchie, Status;
- Sinn, kognitive Ordnung und Welterklärung, Legitimation für bestimmte Weisen des Tätigseins;
- gesellschaftliche Umwelt (Strukturen, „Kräfte", Konflikte, Ordnungen wie Recht, Kultur, Wirtschaft);
- physische Umwelt, natürliche Ressourcen, Infrastruktur für die produzierten Güter (wie Straßen, Kraftwerke, Mülldeponien, Städte).

Wer Organisation nur unter dem Blickwinkel der Outputsteigerung betrachtet, dem entgeht, daß unausweichlich mit jeder Gestaltungsmaßnahme gleichzeitig auch Beziehungen, Motivation, Macht, Persönlichkeit, Umwelt... verändert werden. Weil aber die Wirkungen von Organisation aus diesen sehr unterschiedlichen Perspektiven bewertet werden können, ist zu erwarten, daß – wie bei stark wirksamen Medikamenten – eine rein technologisch optimale Lösung wegen ihrer „Neben"-Wirkungen in anderen Ziel- oder Wertbereichen nicht akzeptabel ist.

Im folgenden werde ich nach einem synoptischen Überblick über die Geschichte der Organisationsforschung fünf Ansätze, die mir für die Organisationspsychologie besonders bedeutsam erscheinen, etwas näher darstellen: das Scientific Management, den Bürokratie-Ansatz, den Human-Relations-Ansatz, systemtheoretische Konzeptionen und die verhaltenswissenschaftliche Entscheidungstheorie.

Sozusagen quer zur historischen Betrachtungsweise liegt die dann folgende Reflexion von „Metaphern der Organisationstheorien" (s. Kap. 3). Sie wird nach einem systematisierenden Überblick an drei Beispielen illustriert: Weil Organisation als eine Verschränkung von Struktur, Handlung und Symbolisierung gesehen wird, werden abschließend drei Forschungsrichtungen, die sich jeweils auf einen dieser Aspekte konzentrieren, erörtert.

3.1.2 Geschichte der Organisationstheorie

3.1.2.1 Überblick

Das Verständnis heutiger Auffassungen über Organisation erhellt sich, wenn die verschiedenen Strömungen der Organisationstheorie auf ihre Wurzeln zurückverfolgt werden. Konzeptionen der Organisation entstehen nicht in plötzlichen schöpferischen Akten als individuelle Leistung, sie sind vielmehr Kulturprodukte und haben dementsprechend eine jahrtausendalte und wechselvolle Geschichte. Organisationen (und das Reden über sie) haben sich in Abhängigkeit von den jeweiligen politökonomischen und kulturellen Bedingungen geändert (einen organisations*losen* Zustand hat es nie gegeben). In einer Sklavenhaltergesellschaft gibt es andere Organisationsformen als in merkantilistischen Systemen und in Wirtschaftsordnungen mit hochentwickelter Technologie und internationaler Verflechtung. Auch heute sind Organisationen (und die Theorien über sie) Ausdruck und Widerspiegelung derartiger Grundlagen. Organisationsprinzipien haben immer eine Doppelfunktion: Sie sind zugleich (praxeologische) Gestaltungsempfehlungen und ideologische Erklärungen (Rechtfertigungen) einer bestehenden Praxis. Die Grundgedanken des Organisierens lassen sich als Metaphern verstehen: Bildhafte Vorstellungen eines Gegenstandsbereichs werden auf einen andersartigen übertragen, um aus der kreativen Spannung, die duch die nur partielle Gültigkeit des Bildes entsteht, Anregungen und Deutungen zu gewinnen (s. Morgan 1980): Maschinen-Modell, Organismus-Modell und andere Metaphern (s. dazu unten) können als Ordnungskategorien herangezogen werden. Diese Metaphern sind nicht zufällig, sondern – wie gesagt – in enger Verbindung mit soziokulturellen Entwicklungen zu sehen. Es bestehen (heute) mehrere metaphorische Konzeptionen nebeneinander, die sich nicht harmonisieren lassen, sondern sich widersprechen; in den Vorstellungen kommen – wie bei Bild-Übertragungen nicht anders zu erwarten – nur Teil-Ansichten zur Geltung. Die Analyse solcher Ur-Bilder von Organisation läßt erkennen, daß sie jeweils bestimmte Themen betonen und andere vernachlässigen. Man könnte z. B. zeigen, daß die oben diskutierten Leistungen von Organisationen (Güter- und Geld-, Macht-, Sinn-, Beziehungs-, Motivations-, Umwelt-, Persönlichkeitsproduktion) in den verschiedenen Organisations-Modellen unterschiedliches Gewicht haben.

Ich werde dies im folgenden in einer kurzen Darstellung geschichtlich bedeutsamer Entwicklungen der Organisationstheorie illustrieren, indem ich einige Ansätze herausgreife. Einen umfassenderen Überblick über die Genealogie der Organisationstheorie gibt Tab. 1, in der die wichtigsten Ansätze chronologisch geordnet nebeneinandergestellt sind. Die Darstellung spricht für sich selbst und braucht nicht näher erläutert zu werden. Auf die einzelnen Theoriesysteme werde ich im Verlauf der Ausführungen (allerdings mit unterschiedlichem Gewicht) eingehen.

Zunächst sollen aber die für die Organisationspsychologie vermutlich einflußreichsten Theoriegruppen kurz skizziert werden, nämlich

- das Scientific Management (Taylor)
- der Bürokratie- bzw. Struktur-Ansatz (Weber)
- das Human-Relations-Konzept (Roethlisberger)
- die funktionalistische Systemtheorie (Parsons, Luhmann)
- die verhaltenswissenschaftliche Entscheidungstheorie (Barnard, Simon, March).

3.1.2.2 Scientific Management (Taylor)

Der Anfang der Geschichte der Organisationstheorie wird meist auf den Beginn dieses Jahrhunderts datiert. Das ist natürlich äußerst willkürlich, betrachtet man die großartigen organisatorischen Leistungen, die in früheren Zeiten vollbracht wurden (z. B. beim Bau der Pyramiden, bei der Eroberung und Verwaltung des chinesischen oder des römischen Reichs, bei der Ausbreitung der katholischen Kirche, bei der Verwaltung des Fuggerschen Imperiums usw. (s. George, 1972). Welch hohen Stand die quasi-industrielle Fließproduktion schon im Mittelalter erreicht hatte, belegt George (1972, S. 37f.) am Beispiel des venezianischen „Arsenals", dem es möglich war, innerhalb weniger Stunden eine Galeere zu bauen und auszurüsten.

Trotz der Vorläufer, die seine wichtigsten Ideen vorweggenommen hatten (v. a. Adam Smith und Babbage), gilt der amerikanische Ingenieur F. W. Taylor als der Begründer des „Scientific Management" (1903, 1911). Schon dieses Markenzeichen verrät Herkunft und Haltung. Beabsichtigt und entwickelt wurde eine *naturwissenschaftliche* Organisationstheorie, die der Maschinen-Metapher und der Vorstellung der technischen Machbarkeit verpflichtet war. Organisationen wurden als mechanische Kunstprodukte gesehen, die nach Prinzipien rationaler und systematischer ingenieurwissenschaftlicher Analyse entworfen und perfektioniert werden sollten.

Ausgangspunkt ist die Überzeugung, daß es v. a. um die leistungsoptimale Gestaltung von *Arbeit* gehe: ein rein technisches Problem! Unberücksichtigt bleibt dabei, daß das Ergbnis dieser Arbeit vermarktet wird, d. h. über das Medium Geld im Tausch Mehrwert erzielt wird, der einer ebenfalls „wissenschaftlichen" Aufteilung auf die Produzenten entzogen ist.

Taylor hat durch langjährige und ausgedehnte Zeit- und Bewegungsstudien, Optimierung der Werkzeug-, Arbeitsumfeld- und Pausengestaltung, Vorschläge zur Personalauslese, individuell leistungsbezogene Entlohnungssysteme und nicht zuletzt durch ein funktionales Mehrlinien-Führungssystem althergebrachte Übung und ungeprüftes Erfahrungswissen durch systematisch erprobte rationale Neukonzeption zu ersetzen gesucht.

Seine Vorschläge fanden nicht zuletzt deshalb weltweite Resonanz, weil infolge standardisierter Massenproduktion für rapide wachsende Märkte und verschärfte Konkurrenz kostengünstige rationelle Produktion zum ersten Gebot wurde und wenig qualifizierte Arbeitskräfte in großem Umfang vorhanden waren. Das Funktionsmeister-System ist ein aufschlußreiches Indiz für die Abhängigkeit seiner Vorschläge von den gegebenen Bedingungen:

Weil in den USA kaum – wie z. B. in Deutschland – hochqualifizierte Meister verfügbar waren und eine entsprechende Ausbildung zu langwierig und kostspielig gewesen wäre, führte Taylor die Arbeitsteilung konsequent in den Führungsbereich fort und installierte in der Leitung einer Werkstatt acht verschiedene „Meister", je einen für Aufsicht, Instandhaltung, Zeit und Kosten, Verrichtung, Geschwindigkeit, Prüfung und Unterweisung! Gewollte oder ungewollte Folge einer solchen Funktionsteilung war u. a. eine Entmachtung der untersten Führungsschicht und die Diffusion von Kompetenz und Macht in „Stäbe" und das höhere Management.

Taylor sah den Arbeiter als kostbaren Produktionsfaktor, mit dem sorgfältig umzugehen war und dessen Hauptinteresse – wie das des Arbeitgebers – Einkommenserzielung war. Der Arbeiter mußte deshalb aus den schädlichen (weil leistungsdämpfenden) Gruppenbeziehungen herausgelöst werden und, wenn er für eine bestimmte Arbeit als „geeignet" ausgelesen worden war, lernen, als Individuum allein (ohne Gewerkschaft) seine Interessen als „economic man" zu verfolgen. Als gehorsames, den gesicherten Ratschlägen neutraler Wissenschaftler vertrauendes und unmündiges Ausführungsorgan hatte er aufs genaueste den „einen besten Weg" der Arbeitsausführung zu praktizieren, was seine Arbeit zugleich erleichtern und op-

Tab. 1: *Eine Genealogie der Organisationstheorien (vgl. Burrell & Morgan 1979, S. 124) (auf die stärker umrandeten Ansätze wird im Text näher eingegangen).*

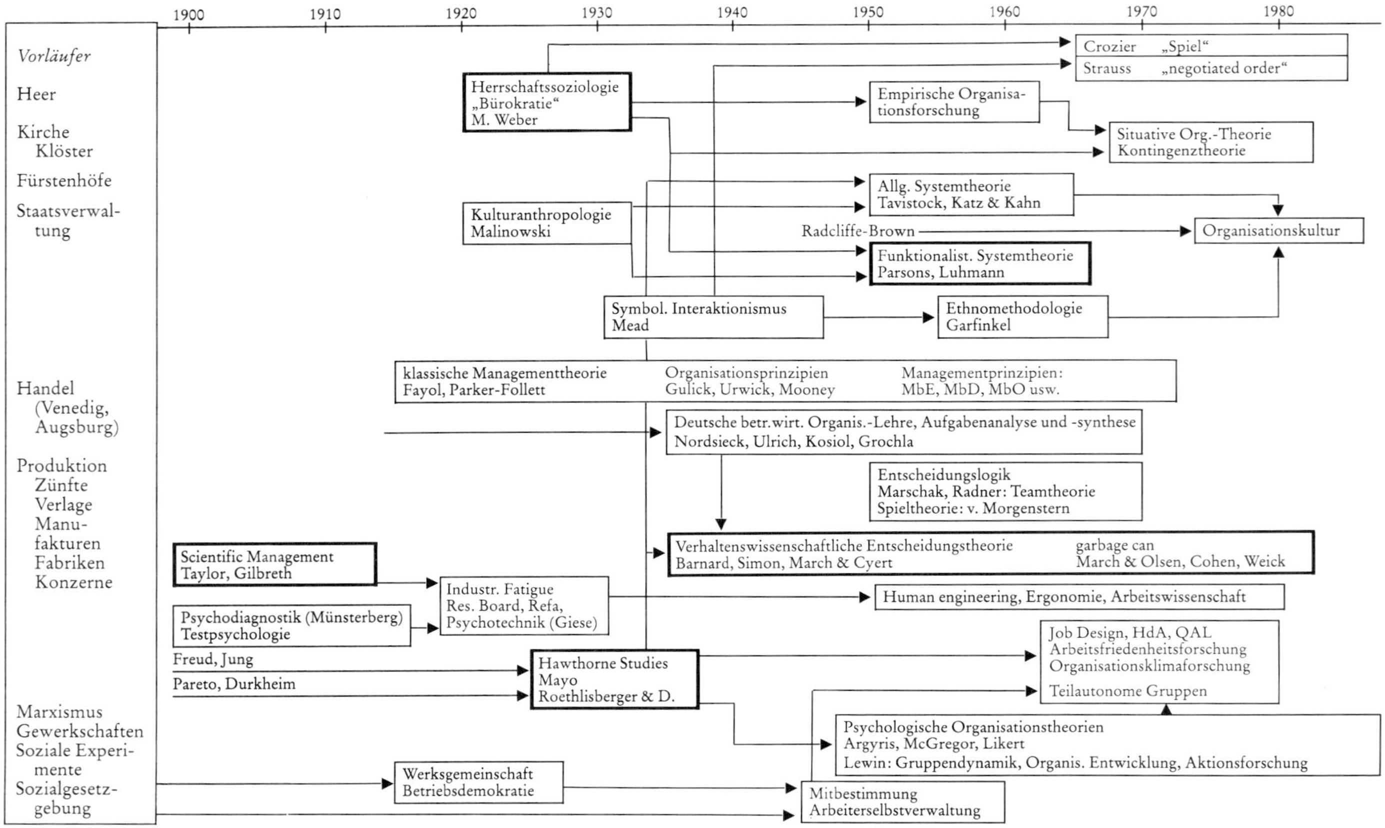

timieren sollte. Die Trennung von Denken und Tun als eine intrapsychische Arbeitsteilung markieren die Maschinisierung und Instrumentalisierung des Arbeiters, durch die *eine* Möglichkeit menschlicher Produktivität (s. Bamme u. a. 1983) verabsolutiert wurde.

Bezogen auf die oben genannten „Produkte“ von Organisationen läßt sich in einer Kurzcharakterisierung festhalten:

„Macht“ wird nicht thematisiert, weil alle Prozesse ‚wissenschaftlich‘ und damit interessenneutral geplant und eingerichtet werden; „Beziehungen“ werden durch die angestrebte Individualisierung gezielt abgebaut; „Identität“ ist durch Standardisierung und Gehorsam aufs bloße Funktionieren reduziert; „Sinn“ verengt sich auf Einkommenssteigerung und Mehrleistung; gesellschaftliche und materielle „Umwelt“ bleiben weitgehend unberücksichtigt; erstes und wichtigstes Ziel ist die effiziente Produktion von „Gütern“!

3.1.2.3 Bürokratie- oder Struktur-Ansatz (Weber)

Wie im Scientific Management ist auch im zeitlich fast parallelen Bürokratieansatz das Ziel der Organisation primär die optimale, d. h. rationale Arbeitsausführung. Der einzelne Funktionsträger wird „ohne Ansehen der Person“ als „Rädchen ins Getriebe“ (den „Apparat“!) eingepaßt. Wenn dies gelingt, dann kann man mit Weber (1972, S. 128) feststellen:

> „Die rein bürokratische... Verwaltung ist nach allen Erfahrungen die an Präzision, Stetigkeit, Disziplin, Straffheit und Verläßlichkeit, also: Berechenbarkeit für den Herrn wie für die Interessenten, Intensität und Extensität der Leistung, formal universeller Anwendbarkeit auf alle Aufgaben, rein *technisch* zum Höchstmaß der Leistung vervollkommenbare, in all diesen Bedeutungen: formal *rationalste* Form der Herrschaftsausübung.“

Weber nutzte als methodisches Instrument seiner Herrschaftssoziologie, in deren Rahmen er das Bürokratie-Modell entwickelte, die *idealtypische* Begriffsbildung, der es nicht um die Beschreibung der vorgefundenen Wirklichkeit (etwa der preußischen Staatsverwaltung) ging, sondern um das Zuendedenken des Annahmen-Kerns, so daß sich im Ideal-Typus die „konsequente Einheit möglichst vollständiger *Sinn*adäquanz“ zeigt (1972, S. 10).

Damit ist angedeutet, daß Webers *verstehende* Soziologie nicht naturwissenschaftliche Kausalerklärungen anstrebte, sondern die sinnhafte Deutung sozialen Handelns. Handeln ist dann sozial, „wenn es dem gemeinten *Sinn* nach auf das Verhalten *anderer* bezogen wird und daran in seinem Ablauf orientiert ist“ (1972, S. 1). Dieses Verstehen und Orientieren setzt den Glauben an die Legitimität der Ordnung, ihre „Geltung“ voraus (und nicht bloße Zweckmäßigkeitskalküle oder äußere opportunistische Konformität). „Geltung“ kann soziales Handeln haben kraft Tradition, kraft „affektuellen“ und „wertrationalen“ Glaubens sowie „kraft positiver Satzung, an deren Legalität geglaubt wird“ (1972, S. 19) (sei diese Ordnung nun vereinbart – „paktiert“ – oder legitim „oktroyiert“).

Als rationalste Form legaler Herrschaftsausübung sieht Weber die *Bürokratie*, für die er mehrere (und an verschiedenen Stellen unterschiedliche) Strukturprinzipien nennt, z. B.

- Arbeitsteilung (Amt, Stelle, geregelte Kompetenz),
- Verbeamtung (hauptberuflich, festbesoldet, Arbeitsplatzgarantie),
- Hierarchie der Ämter (Über- und Unterordnungsbeziehungen der Stellen),
- generell gültige Regeln und Normen,
- „Aktenmäßigkeit“ (Schriftform aller Vorgänge).

Die Organisation (= Bürokratie) ist für die nicht-bürokratische Spitze ein fungibler Herrschafts-Apparat, mit dem sie ihre Interessen durchsetzt. Weber versteht die bürokratische Organisation – ganz anders als z. B. das Scientific Management – als *Macht*-Instrument.

Es interessieren bei dieser Zielsetzung bestimmte Konsequenzen oder „Produkte“ nicht:

- z. B. ob und wie der einzelne „Funktionär“ in seiner Persönlichkeit verkürzt oder deformiert wird;
- ob die unmittelbaren Sozialbeziehungen durch Normierung und Standardisierung verkümmern und anonymisiert werden;
- welche Zwecke (Güter und Leistungen) produziert werden, solange nur die dazu nötigen Entscheidungen *formal* legal gefallen sind;
- welche Folgerungen für die gesellschaftliche Verfassung aus der Existenz solcher Apparate resultieren;
- ob über die leidenschafts- und interesselose Wahrnehmung der Aufgaben nicht auch noch andere Motivationen nötig oder befriedigt werden;
- wie mit den natürlichen Ressourcen umgegangen wird.

Webers idealtypische Charakterisierung der Bürokratie darf nicht dahingehend mißverstanden werden, daß er – wie ihm manchmal vorgeworfen wird – blind gewesen wäre für die „Dysfunktionen“ dieser Form von Organisation (die später von Selznick 1949, Gouldner 1954, Merton 1968 so differenziert beschrieben worden sind).

Die bürokratische Organisation ist eine rational geplante Veranstaltung, deren mechanistische Konstruktionsprinzipien mit denen verglichen werden können, die etwa ein Ingenieur beherzigt, wenn er eine Maschine entwirft. Er wird sich dabei für die Funktionsweise einzelner Teile oder Aggregate interessieren und die komplexe Aufgabe in Unteraufgaben zerlegen, er wird nach „objektiven" Erkenntnissen suchen, erkannte Ideallösungen perfektionierend installieren (programmieren) und dafür sorgen, daß Ersatzteile verfügbar sind und leicht ausgetauscht werden können (standardisieren), seine Überlegungen und Pläne dokumentieren usw.... Ich habe in der Tab. 2 einige solcher „Prinzipien" zusammengestellt und jeweils die erhofften Wirkungen gegenübergestellt. Zugleich habe ich aber auch „unintendierte Wirkungen" (Dysfunktionen) notiert sowie die Gegenmaßnahmen aufgeführt, die üblicherweise zur Bekämpfung der Neben-Wirkungen ergriffen werden – wobei es einige „Therapien" gibt, die Breitbandwirkung haben und für viele Fehlentwicklungen gleichzeitig als Abhilfe gelten.

Die Abbildung soll deutlich machen, daß die Probleme bürokratischer Organisation nicht „Betriebsunfälle" sind, die auf mangelhafte Planung zurückgeführt werden können, sondern strukturell angelegte und damit unausweichliche Widersprüche ausdrücken. Werden solche ungewollten Effekte nun wiederum mit den Mitteln der Bürokratie bekämpft, dann entstehen jene bürokratischen „circuli vitiosi" oder – wie Crozier sie nennt – kontraintuitiven perversen Effekte, die in der Literatur immer wieder beschrieben werden (s. Merton 1936, Selznick 1949, Gouldner 1954, Crozier 1964, Argyris 1957 und Türk 1976). Als Beispiel sei – aus Türk 1976, S. 161 entnommen – ein hypothetischer „Differenzierungszirkel" beschrieben:

„Eine steigende funktionale Differenzierung von Systemen erhöht ihre Störanfälligkeit; dieser Störanfälligkeit versucht man dadurch zu begegnen, daß man weitere Subsysteme schafft, die sich mit diesen ‚Störungen' zu befassen haben, d. h. sie kontrollieren sollen. Das wiederum bedeutet aber eine zusätzliche Steigerung der Differenziertheit und somit gestiegene Störanfälligkeit usw. Dieses Phänomen wird deutlich, wenn man sich vorstellt, wie leicht moderne Großorganisationen (Flughafen: Streik der Fluglotsen) oder die Organisation komplexer Großstädte funktionsunfähig gemacht werden können (man denke nur an einen Stromausfall)."

3.1.2.4 Human-Relations-Ansatz (Mayo, Roethlisberger)

Die sog. Hawthorne-Studien, die unter der Leitung von Mayo bei der Western Electric zwischen 1927 und 1932 durchgeführt wurden und über die Whitehead 1938 und vor allem Roethlisberger & Dickson 1939 zusammenfassend berichteten, sind Marksteine der empirischen Sozialforschung, weil in ihnen alle damals bekannten Methoden (Experiment, Beobachtung, Befragung) unter Praxisbedingungen erfolgreich angewandt wurden. Aber nicht wegen des Methodenspektrums, sondern wegen der Interpretationen der Befunde gelten die Hawthorne Studies als Aus-

Tab. 2: *Prinzipien der Organisationsgestaltung – und ihre Folgen.*

Organisationsprinzip	Beabsichtigte Wirkungen	Unbeabsichtigte Wirkungen	Gegenmaßnahmen
1) Objektivieren	Versachlichen; eindeutig, präzise, meßbar machen; Mehrdeutigkeit beseitigen	Einengung, Gleichschaltung, Schablonisierung; Unterbindung von Abweichungen; Sterilität	Teamarbeit; kooperative Führung
2) Differenzieren a) sachlich	Vereinfachen; zerlegen in überschaubare und handhabbare Einheiten; spezialisieren; reduzieren auf das „Wesentliche"; Abgrenzen	Verlust von Sinn, Bedeutung, Ganzheitlichkeit, Zusammenhang; Atomisierung, Zersplitterung; Simplifizierung; Unterforderung	Information; Teamarbeit; Projekt-Management; Task forces
b) sozial	Isolieren; trennen; teilen; vereinzeln; individualisieren	Anonymität; Entsolidarisierung; Entwicklung von Einzelinteressen, Blindheit, Egoismus	
3) Vereinheitlichen	Normieren, formalisieren, standardisieren, kategorisieren; Unterschiede beseitigen; abstrahieren	Konformitätsdruck, Schematismus, Starrheit, Unflexibilität; bürokratische Gleichmacherei; Unpersönlichkeit; Identitätsverlust	Dezentralisieren; Ergebnisverantwortung übertragen
4) Routinisieren	Entlasten; zur Gewohnheit und Selbstverständlichkeit machen	Absinken von Initiative und Kreativität; Unterforderung; Sinnentleerung; Ritualismus	Sonderaufgaben übertragen; rotieren; Organisationsentwicklung
5) Rationalisieren	Konsequenten Zielbezug herstellen; sparsam und mit möglichst großem Wirkungsgrad handeln; Ökonomisieren (monetäre Ziele)	Intoleranz gegenüber „Umwegen" und anderen Zielen; Blickverengung auf ökonomische Ziele	Experimentelle Projekte; unvereinbare Zielkriterien vorgeben
6) Perfektionieren	Vollständigkeit anstreben; alle Eventualitäten erfassen; Allgemeingültigkeit suchen; der Umweltkomplexität entsprechen	Überforderung, Unübersichtlichkeit; Perfektionssucht; Kostenprogression; Handlungsfähigkeit	Management by Objectives; Überbelastung mit Aufgaben; Kostenverantwortung übertragen; unter Zeitdruck setzen

Führungs-Grundsätze/-Philosophie: Personalisieren, moralisieren

Führungsstil Motivation Information Zielsetzung Kontr

7) Offenlegen	Entmystifizieren; transparent und überprüfbar machen; Bekanntheit sichern	Vertraulichkeit verletzen; Legitimationsdruck schaffen; Konflikt- und Störanfälligkeit	Geeignetes Informationswesen schaffen; Formalisieren
8) Zentralisieren	Einheitlichkeit der Lenkung; Schnelligkeit der Entscheidung; Abhängigkeit von Ressourcen herstellen	Schwerfälligkeit; Störbarkeit; Entmündigung; Einseitigkeit; Abhängigkeit; Unterdrückung; Desinteresse; Widerstand	Dezentralisieren; Delegieren; Matrix-Organisation; Formalisieren
9) Stabilisieren	Dauerregelungen schaffen; Verläßlichkeit und Planbarkeit sichern; verbindlich festlegen; legalisieren; der subjektiven Beliebigkeit und Willkür entziehen	Erstarrung, mangelnde Dynamik; Ausblenden von Alternativen; Veraltung; Verselbständigung; Fixierung; Senkung der Anpassungsfähigkeit	Delegieren; Schulen; Herausfordern (Personalentwicklung); Motivation; überlappende Zuständigkeit (Matrix)
10) Instrumentalisieren	Gehorsame Ausführungsorgane sichern; permanentem Rechtfertigungs- und Begründungszwang entgehen; passiv halten; (fremd-)gesetzten Zielen unterordnen	Schweijkismus; Dienst nach Vorschrift; sinkende Problemlösefähigkeit und -motivation; Ritualisierung; Kadavergehorsam; Trägheit; Apathie	Delegieren; Eigenaktivität belohnen; gekreuzte Loyalität erzwingen
11) Abgrenzen	Einflüsse ausblenden; Überschaubarkeit und Kontrollierbarkeit sichern; Einflüsse neutralisieren	Entwicklungen fernhalten; Selbstisolierung; Veraltung; Inzucht	Schulung, Mobilität; Rotation; Teamarbeit

gangspunkt einer Theorietradition von großem Einfluß (vor allem auf die sog. psychologischen Organisationstheorien). In gewisser Weise sind die aus diesen Studien abgeleiteten Grundideen der Human Relations eine Gegenbewegung gegen die mechanistischen früheren Auffassungen, die als „Organisation ohne Menschen" charakterisiert wurden; die Human Relations fielen ins andere Extrem: sie betrachteten „Menschen ohne Organisation" (s. Bennis 1966).

In den Hawthorne-Werken war bei Produktivitätsexperimenten, die ganz in tayloristischer Tradition standen („Korreliert die Beleuchtungsstärke mit der Leistung?"), gefunden worden, daß die Arbeitnehmer offensichtlich nicht nur auf die Veränderung der physischen Arbeitsbedingungen reagierten; auch die Qualität der unmittelbaren Sozialbeziehungen (zu Kollegen und Vorgesetzten), das System inner- und außerbetrieblicher Normen und Werte sowie die persönliche Biographie des einzelnen Arbeitnehmers erwiesen sich als bedeutsam.

Die Stringenz der Schlußfolgerungen aus den empirischen Befunden ist bis heute umstritten; es wird den Autoren der Studie eine voreingenommene Kausalattribuierung der Befunde vorgeworfen: Der Begriff *Hawthorne-Effekt* steht als Fachausdruck für Placebo-Wirkungen sozialwissenschaftlicher Untersuchungen, denn in der Tatsache einer Untersuchung sehen Arbeitnehmer die Bekundung von Wertschätzung und Interesse – und *dies* ist es, was verhaltensändernd wirkt (nicht etwa einzelne Variationen des Führungsstils oder des Bezahlungsschemas)!

In der aus Roethlisberger & Dickson (1939, S. 327) entnommenen Abb. 1 ist das Grundmodell der in konzentrischen Kreisen angeordneten Einflußgrößen erkennbar. Im Mittelpunkt steht die *individuelle* Reaktion (A–D); sie wird durch unmittelbare innerbetriebliche (G, H), allgemein persönliche (E, F) und außerbetriebliche (J) Erfahrungen bestimmt. Insofern sind die Hawthorne-Interpreten Begründer und Vorläufer der später dominierenden offenen Systemtheorien mit ihrer Betonung von Umwelt-, Austausch- und Einbettungsbeziehungen zur Umwelt. Einfache Ursache-Wirkungs-Zusammenhänge werden abgelöst durch komplexere Interessenzuordnungs- und Mehrfachdetermination.

Arbeitnehmer sind Produkte oder Opfer der Einflüsse, die auf sie wirken; aber sie sind nicht hilflos ausgeliefert, sondern setzen sich zur Wehr, weil sie unveräußerliche Ansprüche oder Bedürfnisse (z. B. nach Achtung, Anerkennung, Sicherheit, Kontakt usw.) haben und nicht allein nach Einkommensmaximierung streben. Der „formalen" Organisation mit ihren „sachlogisch" geplanten apersonalen Abläufen und Beziehungen setzen sie eine „informelle" Organisation entgegen, mit der sie ihre Anliegen schützen und durchsetzen. Wenn die menschlichen Bedürfnisse unbefriedigt bleiben, reagieren die Arbeitnehmer mit Leistungszurückhaltung, Beschwerden, Krankheit, Unzufriedenheit...

Aufgabe des Managements ist es, dafür zu sorgen, daß durch die Pflege der menschlichen Beziehungen (Human Relations) der irrationale Protest der Arbeitnehmer vermieden und ihre Energie in produktive Bahnen gelenkt wird. Die paternalistische Management-Orientierung der Human Relations kommt darin zum Ausdruck, daß keinerlei strukturelle Veränderungen vorgeschlagen werden, die den Arbeitnehmern eigene Rechtspositionen gewähren (wie das etwa schon vor der Jahrhundertwende Abbé in den Zeiss-Werken veranlaßt hatte). Durch Beachtung der menschlichen Belange sollte vielmehr der Sand aus dem Getriebe genommen werden, ohne daß das Getriebe selbst neu konstruiert worden wäre. Entsprechend der impliziten Logik, daß zufriedene Arbeiter mehr leisten, wurden Managementpraktiken entwickelt, wie den Irrationalitäten der Arbeiter Rechnung zu tragen sei. Braverman (1974) nennt die Human-Relations-Praktiker die Wartungsmannschaft für die menschliche Maschinerie, die der Taylorismus geschaffen hat. Der bis heute ungebrochene Boom der Ratschläge, wie man mit Arbeitern umzugehen habe, nahm damals einen steilen Aufschwung – nicht zuletzt auch deshalb, weil in den USA zur Kontrolle der auskommenden Gewerkschaftsbewegung die „kooperative Führung" entwickelt wurde: durch einen freundlichen und vertrauensvollen Umgang miteinander sollte der außerbetrieblichen Intervention der Boden entzogen werden (s. Bendix, 1960).

Untersucht man, welche Organisationsleistungen in der Human-Relations-Schule betont und welche vernachlässigt wurden, so zeigt sich folgendes Bild:

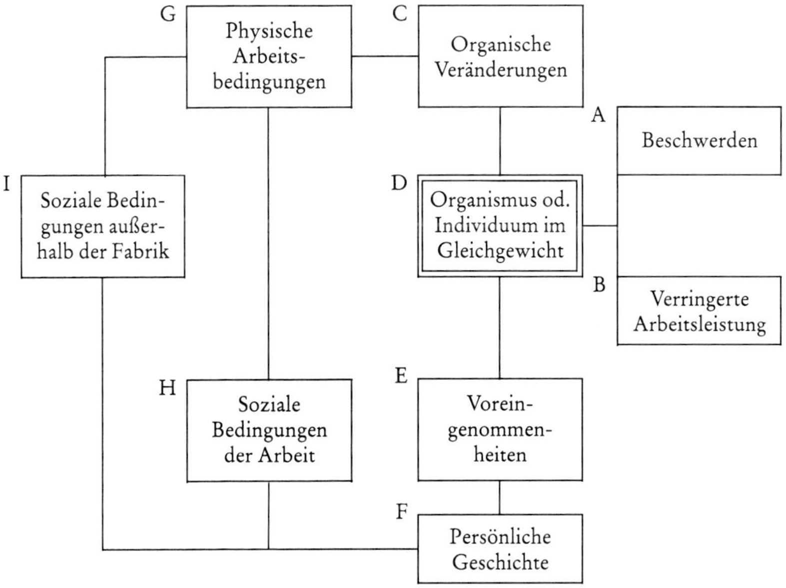

Abb. 1: Einflußgrößen auf individuelles Verhalten in Organisationen

Die formale Organisation läßt die Persönlichkeit des Arbeitnehmers verkümmern und verarmen; ganz im Unterschied zu Taylors Empfehlung der Zerschlagung der Gruppensolidarität werden die informellen Beziehungen als Allheilmittel propagiert. Auch der HR-Bewegung geht es letztlich um Leistung – aber mit einem menschlichen Gesicht. Die Sinn- und Legitimationsproduktion betont die Verantwortung der Manager für die Gestaltung einer menschengerechten Ordnung, die Machtproblematik bleibt dabei völlig ausgeklammert. Im Unterschied zur nivellierenden Pauschalmotivation des Bürokratieansatzes werden zahlreiche individuelle Bedürfnisse entdeckt und durch Eingehen auf den Einzelfall befriedigt. Die Unternehmung hat für die Psychohygiene der Gesellschaft eine wichtige Funktion, weil sie die Anomie der industriellen Gesellschaft durch familienartige Arbeitsgruppen bekämpfen kann. Der physischen Umweltgestaltung ist Beachtung zu schenken, sie wird aber relativiert durch die hohe Bedeutung der sozialen und personalen Bedürfnisse des arbeitenden Menschen.

3.1.2.5 Systemtheoretische Ansätze (Bertalanffy, Parsons, Luhmann)

Unter dem Oberbegriff der „Systemtheorie" verbergen sich sehr unterschiedliche Ansätze, die von mathematisch-ingenieurwissenschaftlichen bis hin zu phänomenologischen Konzeptionen reichen. Das allen Varianten Gemeinsame scheint darin zu liegen, daß

- an die Stelle elementarisierender Detailanalysen *ganzheitliche* (holistische) Betrachtungsweisen treten;
- in besonderem Maße Abhängigkeiten von und Austauschbeziehungen mit der Umwelt berücksichtigt werden;
- das System als Ganzes bestimmte Ziele, Bedürfnisse oder „funktionale Imperative" verfolgt oder zu erfüllen hat (z. B. „Überleben", „Reduktion von Komplexität");
- interne wie Umwelt-Beziehungen durch eine bestimmte *Struktur* (als spezifischer Relation zwischen den Elementen) ausgezeichnet sind;
- sich Prozesse und Strukturen (systemintern wie -extern) dynamisch stabilisieren (z. B. „Homöostase", „Fließgleichgewicht").

Auf die Organisationstheorie haben vor allem zwei unterschiedliche Ansätze Einfluß gewonnen, auf die im folgenden kurz eingegangen werden soll, nämlich die technisch-verdinglichende „Theorie offener Systeme", die auf die „Allgemeine Systemtheorie" von v. Bertalanffy (1968) zurückgeht, und der phänomenologische, interpretative soziologische Ansatz, für den sich Systeme durch Sinnzuschreibung konstituieren (s. a. Wollnik 1978).

Für die „materialistische" Variante der Systemtheorie gilt als exemplarische Betrachtungsperspektive das Organismus-Modell der Biologie, das v. Bertalanffy zur allgemeinen Konzeption „offener Systeme" erweiterte. Für „offene Systeme" gelten die oben genannten Bestimmungsstücke in objektivistischer Konkretisierung, insbesondere werden die Austauschbeziehungen mit der Umwelt als Bestands- und Funktionsvoraussetzungen betont und als (quasi-stationäres) „Fließgleichgewicht" charakterisiert, die „Äquifinalität" hervorgehoben (gleiche Endzustände – Gleichgewichte – können aus verschiedenen Anfangszuständen erreicht werden), durch Selektion und Rückmeldung von Information erfolgt eine Systemerneuerung und durch funktionale Spezialisierung wird das System zwar leistungsfähiger, aber auch starrer („progressive Mechanisierung").

Die enge Verbindung zu funktionalen Analysen wird verständlich, wenn man die Gleichgewichtssicherung als zentrales Systemproblem erkennt, so daß es für das System (überlebens-)entscheidend ist, vorbeugend oder rückwirkend alle Störungen des Fließgleichgewichts zu beherrschen oder zu beseitigen. Oberstes Systemziel ist somit „Bestand" (Überleben), zu dessen Gewährleistung eine Reihe weiterer inhaltlicher Ziele oder Bedürfnisse postuliert werden, die für das *ganze* System gültig sind (für wirtschaftliche Unternehmen z. B. Gewinnerzielung).

In der Organisationstheorie haben in diesem Zusammenhang zwei Ansätze der „dinglichen" offenen Systemtheorie Beachtung gefunden, die von psychologisch orientierten Autoren vertreten wurden (bei denen auch der Einfluß der Hawthorne-Betrachtungsweise unverkennbar ist):

- das Konzept sozio-technischer Systeme der Tavistock-Gruppe in England und
- das Organisationsmodell von Katz & Kahn (1966) in den USA.

Als Mitglieder des (auch psychoanalytisch geprägten) Tavistock-Instituts fanden Trist & Bamforth (1951) bei ihrer Untersuchung der Auswirkungen neuer Kohleförderungs-Verfahren im britischen Bergbau, daß „rein technische" Produktionsumstellungen gravierende Veränderungen des sozialen Gefüges nach sich zogen, die von hoher Outputrelevanz waren. Diese Erkenntnis, die auch in anderen Zusammenhängen erhärtet und vertieft wurde (s. etwa Rice 1958, 1963, und Miller & Rice 1967, Emery & Trist 1965, 1972), führte zur Forderung nach ganzheitlicher Betrachtung, bei der grundsätzlich die Verwobenheit technischer, ökonomischer und sozialer Aspekte und ihre Einbettung in bestimmte Umweltkonstellationen zu berücksichtigen ist.

Auch das Organisationsmodell von Katz & Kahn ist der Organismus-Analogie verpflichtet. In Fortführung und Anwendung der oben schon genannten Merkmale offener Systeme differenzieren sie fünf Subsysteme der Organisation, die jeweils für konkrete Problemstellungen verantwortlich sind:

1) Produktion (Transformation, Arbeitsausführung);

2) Unterstützung (Beschaffung des Inputs, Absatz des Outputs, gezielte Beeinflussung der Umwelt);

3) Erhaltung (Bestandssicherung durch das Gewinnen, Auslesen, Motivieren, Belohnen... von Personal);

4) Anpassung (Reaktion auf Umweltveränderungen);

5) Führung (Steuerung, Koordination und Kontrolle der anderen Subsysteme).

Jedes der Subsysteme (in denen das AGIL-Schema von Parsons [1959] – s. u. – wiederzuerkennen ist) hat seine eigene Dynamik und seine Mechanismen, die beschrieben werden. Auf der Basis der Subsystem-Einteilung läßt sich eine Organisationstypologie entwickeln; „adaptive Organisationen" z. B. produzieren und verwerten (Veränderungs-)Wissen. Negative Entropie ist als Bedingung des Überlebens Energieverbrauch zur internen Stabilisierung und Strukturierung; wird dafür zuviel Energie eingesetzt, wird die Organisation ineffizient; ineffektiv ist eine Organisation, wenn die Gegenleistungen, die die Organisation aktivieren und konsumieren kann, zu gering werden.

Eine ganz andere Tradition als die konkret-empirische „Theorie offener Systeme" hat die *soziologische Systemtheorie*, die auf die Phänomenologie, die verstehende Soziologie bzw. soziologische Handlungstheorie (v. a. M. Webers) zurückgeführt werden kann. Während die objektivierende System-Theorie Organisationen aus der Distanz des Beobachters und als dingliche Objekte analysiert, ist für die phänomenologische Systemtheorie Organisation nicht duch Objekte (Maschinen, Budgets, Personalstärken, Arbeitsplätze etc.) konstituiert, sondern durch *Bedeutungen*, die *symbolisch* vermittelt werden: Ein Objekt oder Ereignis kann für verschiedene Organisationsmitglieder etwas ganz Unterschiedliches *bedeuten*. Wie der Kulturanthropologe einen fremden Stamm erst dann versteht (!), wenn er den Sinn (!) der einzelnen Handlungen, Gegenstände, Rituale etc. erkannt hat, so muß auch der Organisationsforscher die Perspektive des Handelnden einnehmen und den gemeinten Sinn der Aktionen nachvollziehen lernen. Dabei ist vorauszusetzen, daß dieser Sinn zwar in der Handlung zum Ausdruck kommt, aber auf normative gesellschaftliche Muster zurückgeht, die in der Tätigkeit des einzelnen aktiviert werden.

Parsons, der – beeinflußt v. a. durch M. Weber – als der wichtigste Vertreter der funktionalistischen Systemtheorie gilt, führt darauf auch die Möglichkeit von *Ordnung* in einer Gesellschaft zurück, die ansonsten durch ein Chaos unüberschaubarer und unlenkbarer individueller Möglichkeiten und Ziele gekennzeichnet wäre. Orientierungen und Handlungen sind zwar kulturell geprägt, aber notwendig selektiv und kontingent (auch anders möglich). Durch die Verschränkung mit den Perspektiven und Handlungen anderer erfolgt jedoch eine Verringerung der Möglichkeiten, die zu stabilen „Mustern", Programmen, Konventionen etc. verdichtet und institutionalisiert werden.

Das „Kultursystem" als das Insgesamt der symbolisch vermittelten und institutionalisierten Werte, Normen, Überzeugungen, Bewertungen, Einstellungen, Haltungen etc. durchdringt sowohl das „Personsystem" (die sozial vermittelten individuellen Bedürfnisse und Fähigkeiten) wie das „Sozialsystem" (als die Orientierungen, die gemeinsames Handeln regulieren). Ein Sozialsystem erhält demnach Struktur (Ordnung) durch die „institutionalisierten Muster normativer Kultur" (Parsons, 1976, S. 168).

„Jedes soziale System ist vier unabhängigen funktionalen Imperativen oder ‚Problemen' unterworfen, mit denen es angemessen fertig werden muß, wenn Gleichgewicht und / oder fortdauernde Existenz des Systems gewährleistet sein sollen" (Parsons, 1959, S. 16):

- Anpassung (die Herstellung von Beziehungen zur äußeren Umwelt),
- Zielerreichung (die Definition von Endzuständen und die Mobilisierung von Ressourcen, damit sie erreicht werden),
- Integration (Sicherung der internen Konsistenz, Koordination und Konfliktfreiheit),
- Strukturerhaltung (Bewahrung der Ordnung, der „institutionalisierten Muster normativer Kultur").

(Nach den englischen Anfangsbuchstaben der vier Erfordernisse – Adaption, Goal Achievement, Integration, Latency – wird diese Aufstellung meist als AGIL-Schema bezeichnet.)

Luhmann hat den durch starre Koppelungen gekennzeichneten Parsonsschen Strukturfunktionalismus zum Äquivalenzfunktionalismus weiterentwickelt, der ein bestimmtes Bezugsproblem mit *verschiedenen* wirkungsgleichen (äquivalenten) Phänomenen in Beziehung setzt und somit durch die Konkurrenz verschiedener Möglichkeiten alternative, d. h. durch einander ersetzbare Deutungen erlaubt.

Für Luhmann ist ein soziales System „ein Sinnzusammenhang von Handlungen ..., die aufeinander verweisen und sich von einer Umwelt nicht dazugehöriger Handlungen abgrenzen lassen" (1974, S. 115). Ein System ist damit grundsätzlich durch eine Innen-Außen-Differenzierung als Komplexitätsgefälle gekennzeichnet, denn die Systemumwelt ist weitaus komplexer als das System selbst (und zudem „kontingent“). Es ist zentrales Problem eines Systems, diese Komplexität (und Kontingenz) zu bewältigen. Dies geschieht durch den „Doppelprozeß“ der Komplexitätsreduktion und -steigerung. Luhmann (1980, S. 1066) stellt in diesem Zusammenhang eine Beziehung zum Begriffspaar Diskriminierung – Generalisierung der Lerntheorie her.

Jede Handlung, jede Umwelterfassung setzen unausweichlich Selektion und Reduktion voraus; durch Steigerung der Eigenkomplexität ist ein System in der Lage, erhöhte Umweltkomplexität zu verarbeiten. Reduktion von (Umwelt-)Komplexität und Steigerung von (Eigen-)Komplexität müssen *stabilisiert* werden, d. h. die Möglichkeit des Anders-Seins muß (vorübergehend) ausgeblendet werden, weil bei ständiger Vergegenwärtigung von Komplexität und Kontingenz ein System nicht handlungsfähig wäre.

In eigenständiger Interpretation von Luhmann hat Türk (1976) eine Reihe von Steuerungsstrategien aufgeführt, die die genannten Leistungen vollbringen helfen (s. a. Wollnik, 1978, S. 97ff.):

Subjektivierung thematisiert bestimmte Umweltausschnitte, wählt sie als relevant aus, vereinfacht oder „übersetzt“ sie in den Interpretationsrahmen des Handelnden: nur noch bestimmte Probleme werden wahrgenommen, betrachtet und bearbeitet.

Abgrenzung stabilisiert die Innen-Außen-Differenz, verhindert übermäßige Systemausdehnung, ermöglicht durch Grenzziehung und -kontrolle interne Spezialisierung und Komplizierung und ist die Voraussetzung für die Bildung von Identität des Systems. Dies erfordert, daß die im System maßgeblichen Erwartungen *generalisiert* und *stabilisiert* werden, und zwar *zeitlich* (durch Bildung von Normen, an denen festgehalten wird, selbst wenn sie verletzt werden), *sachlich* (durch Bildung von Rollen, d. h. person- und situationsunabhängiger Verhaltenszumutungen) und *sozial* (durch Institutionalisierung, d. h. Verpflichtung auf Zustimmung).

Jener Teil der Erwartungen, der die Mitgliedschaftsbedingungen in einem sozialen System definiert, ist *formalisiert*. Damit ist sichergestellt, daß diese Basiserwartungen allgemein als Entscheidungsprämissen akzeptiert werden, daß ihre Kontinuität auch nach außen hin gewährleistet ist und sie dennoch – weil durch eine Normierungsentscheidung entstanden – auch verändert werden können, d. h. nicht für immer unausweichlich gelten. Eine besondere Rolle spielt dabei die

Objektivierung, die als „Eigenstabilisierung“ des Systems gegenüber seinen „Trägern“ aufgefaßt werden kann und die Identitätswerdung beider (das „Aufgehen“ der Person in der Organisation) verhindert. Die Organisation „vergegenständlicht“ sich, es findet nur eine „Partialinklusion“ der Handelnden statt, die in bestimmtem Umfang Abweichung und Distanzierung erlaubt. Damit wird auch eine „Pauschalmotivation“ gewährleistet, die der Handelnde durch seine Systemmitgliedschaft zusagt, so daß nicht durch individualisierte Anreize Leistungsbeiträge stimuliert werden müssen.

Neben diesen „Hauptstrategien“ lassen sich noch zusätzliche Steuerungsstrategien unterscheiden, z. B.:
Differenzierung (Steigerung der Eigenkomplexität durch interne Strukturbildung), *Standardisierung* (Vereinfachung, Vereinheitlichung, Habitualisierung), *Absorption* (Hereinnahme oder Weiterbehandlung: Toleranz, Indifferenz, Verschleierung, Verdrängung), *Adaptation* (Anpassungsleistungen durch Umfangs- oder Inhaltsvariation) und *Koordination*, z. B. durch Internalisierung von Werthaltungen oder Steuerung durch Vorgesetzte (auf die analoge Diskussion dieser Strategien in der Organisationsstruktur-Diskussion wird unten eingegangen).

Aus organisationspsychologischer Perspektive sind besonders die „pathologischen“ Zustände und Prozesse interessant, die Türk (1976, S. 108 ff.) diagnostiziert und die er als Folgen mißlungener Bewältigungsversuche der Systemprobleme (Reduktion der Umweltkomplexität durch erhöhte Eigenkomplexität und Stabilisierung dieser Leistung durch Eigen- und Umweltkontingenz) ansieht.

Türk unterscheidet drei Grundmuster:

- *Überkomplizierung:* Die *Produktion* von Eigenkomplexität und -kontingenz übersteigt das kognitive Komplexitätsniveau der Handelnden (und ist insofern ein relationaler Begriff, weil er auf das Verarbeitungsniveau der einzelnen Person bezogen ist).

  Als wichtigste Varianten der Überkomplizierung erscheinen:

  - strukturelle Überbelastung (Überforderung, z. B. durch zu große Aufgaben-, Beziehungs-, Normenvielfalt, vielschichtige und undurchschaubare Hierarchie, fehlende Weiterbildung, zu große Kontrollspannen, Überbeanspruchung der Grenzstellen zwischen Subsystemen oder System und Umwelt),

  - strukturelle Ambivalenz (gemeint ist wohl eher: Ambiguität), z. B. Informationsmangel über Handlungsmöglichkeiten und -folgen, Unklarheit der Verhaltensansprüche und -bewertungen durch andere, in Fluß geratene Aufgaben- und Verantwortungsabgrenzungen, lange Zeitspannen bis zu Rückmeldungen...

  - strukturelle Widersprüchlichkeit („Rollenkonflikte“: widersprüchliche Handlungs-, Anspruchs-, Bewertungsmuster, Knappheit an Ressourcen, Streben nach Subsystemen-Autonomie, Auseinanderfallen der Ziele der Subsysteme...).

- *Übersteuerung:* Die *Reduktion* von Komplexität und Kontingenz läßt Potentiale ungenutzt.

  Es werden ebenfalls drei Formen unterschieden:

  - strukturelle Simplizität (Niveau-Senkung, Unterforderung, z. B. durch Monotonie, mangelnde Aufgabenvielfalt und -abwechslung, geringe Schwierigkeit, eingeengte Handlungs- und Interpretationsspielräume...),
  - strukturelle Rigidität (Streuungs-Minderung: Anforderungen sind im Sinne genauer Entsprechung formuliert, Abweichungen werden kaum toleriert; wenn Spielräume auf Null reduziert sind, stellen sich Starrheit, Enge, Beschränkung ein),
  - strukturelle Repressivität (Unterdrückung nicht benötigter bzw. nicht geforderter Elemente personaler Handlungspotentiale: Nur ein geringer Teil der Potenzen wird abverlangt, aus dem Spektrum der Handlungsmöglichkeiten einer Person werden bestimmte Bereiche „gelöscht" oder „verboten" und wesentliche Möglichkeiten der Selbstaktualisierung werden „abgeschnitten".

- *Überstabilisierung:* Die prinzipielle Kontingenz sozialen Handelns, die stets die Möglichkeit des Andersseins und -tuns gegenwärtig hält, wird „ausgeblendet". Zwei Erscheinungsformen werden diskutiert:
  - Verselbständigung: Auf menschliches Handeln zurückzuführende und darum kontingente Strukturen und Prozesse werden als „naturnotwendig", zwangsläufig, gesetzesmäßig determiniert erlebt. Die Produkte menschlichen Handelns erscheinen „entfremdet" und treten dem einzelnen, der selbst zum Objekt wird, als unabweisbare Forderungen gegenüber (z. B. das Recht des Managements, allein die Ziele zu bestimmen, die Unterordnung der Ausbildungsinhalte unter Kapitalverwertungsabsichten, die Naturgesetzlichkeit von Rangordnungen, das totale Aufgehen in Rollen...),
  - Verdinglichung: Realität wird nur Sachen oder Dingen zugeschrieben; Subjektivität, Sinn, Emotionen etc. gelten als unzugänglich, unnötig, unerwünscht; Produkte haben Vorrang vor Menschen (es gibt „das Betriebsziel", den Sachzwang der Technologie, Vorschriften sind Vorschriften...).

Diese in der Konstitution sozialer Systeme angelegten (und nicht personal oder intentional „verschuldeten") Probleme äußern sich nach Türk in den unterschiedlichsten Störungen, Krisen und Verlusten der Orientierung, Motivation, Identität, Konformität, Abstimmung, Etablierung und Kooperation und verursachen damit nicht nur psychische „Kosten", sondern auch soziale und Herrschafts-Kosten. Auf diese Weise lassen sich Erscheinungen, die in der klassischen industriepsychologischen Forschung personalisiert wurden oder aus der Mikroperspektive der Kleingruppe behandelt wurden, aus einem übergreifenden und strukturellen Gesichtspunkt analysieren.

Allerdings ist dabei zugleich die Problematik systemtheoretischer Konzeptionen zu erörtern: Sie sind an grundsätzlichen, aufs *ganze* System bezogenen Aussagen orientiert und haben eine relativ große Distanz zur empirischen Forschung.

Wollnik (1978, S. 101) moniert in diesem Zusammenhang „... unscharfe oder überabstrakte und dadurch wenig instruktive Problembezüge und entsprechend sibyllinische Argumentationen". Die holistische Perspektive übergeht allzu leicht das Problem der Bestimmung der *Umwelt* des Systems und – bei Sinnsystemen – die Frage der Entstehung solcher Sinnpositionen und -systeme. Auch die „funktionalen Imperative" (Systemziele, -probleme, -bedürfnisse) bleiben – außer bei Luhmann – häufig dem Organismus-Modell verpflichtet; sie können als ergänzungsfähige Heuristiken gesehen werden, die für das Verständnis (!) von Erscheinungen und Wirkungen in sozialen Systemen genutzt werden können. Der früher oft geäußerte Vorwurf, systemtheoretische Konzeptionen verschlössen sich der Untersuchung von Phänomenen wie Macht, Konflikt und Wandel, läßt sich, was die Konzeption anbelangt, nicht aufrechterhalten, wenngleich die funktionalistische Perspektive (s. dazu unten) dominierend ist.

Abschließend soll noch auf den Beitrag der Systemtheorie zu den „Produkten" von Organisation – s. S. 206 – eingegangen werden. Es ist dabei zwischen den beiden behandelten Richtungen zu differenzieren: Für die „materialistische" Systemtheorie sind die Ausführungen relevant, die oben schon zum Maschinen- und Organismus-Modell gemacht wurden. Anders ist es bei den phänomenologischen Systemkonzeptionen. Parsons' sog. AGIL-Schema macht deutlich, daß neben Zielerreichung (G) und Anpassung an die Umwelt (A) auch noch die interne Integration (I) und die Aufrechterhaltung der normativen Strukturen (L) als funktionale Imperative zu erfüllen sind. Die Luhmannsche Erweiterung des Struktur- zum Äquivalenzfunktionalismus betont als allgemeines Systemproblem Komplexitätsreduktion und -aufbau. Dieses Programm läßt sich – wie am Beispiel der Türkschen Analyse vorgeführt – in verschieden konstituierten Systemen (Person-, Interaktions-, Organisationssystem) mit je eigenen Leistungen konkretisieren. Damit kann der phänomenologische systemtheoretische Ansatz als der allgemeinste, aber auch abstrakteste bezeichnet werden.

3.1.2.6 Verhaltenswissenschaftliche Entscheidungstheorie (Barnard, Simon, March)

Als Ausgangspunkt dieser Richtung wird im allgemeinen die Arbeit Barnards (1938 bzw. 1970) bezeichnet. Diese Datierung ist etwas willkürlich, denn Barnard ist stark durch die „Systemtheoretiker" der sog. Harvard-Gruppe (v. a. Henderson und Mayo) geprägt, was auch in seiner konstruktiven Verarbeitung der Deutungen der Hawthorne-Studien sichtbar wird (besonders im Stellenwert, den individuelle Motive und informale Organisation in seinem Werk haben).

Barnard geht in seinem systematisch aufgebauten, aber dennoch subjektiv wertenden, essayistischen Text, der für die amerikanische Organisationstheorie außerordentlich einflußreich wurde, von einem modern wirkenden Organisationsbegriff aus, bei dem er nicht die Zusammenfassung von *Personen*, sondern von *Handlungen* in den Mittelpunkt stellte: Die formale Organisation betrachtet er „als System bewußt koordinierter Handlungen oder Kräfte von zwei oder mehr Personen" (1970, S. 71) oder ein „unpersönliches System koordinierter Anstrengungen" (S. 87) bzw. – unter Betonung des funktionalen Aspekts – als „ein System kooperativer Handlungen, dessen Funktionen erstens in der Schaffung, zweitens in der Umwandlung und drittens im Tausch von Vorteilen bestehen" (S. 199).

Als einzigen Maßstab erkennt er die „Überlebensfähigkeit" oder Bestands- und Gleichgewichtssicherung an; Voraussetzung dafür ist, daß die Organisation sowohl wirksam (effektiv) wie leistungsfähig (effizient) ist, also sowohl (objektive) Ziele erreicht, wie auch für die Mitwirkenden befriedigend ist, d. h. genügend Individuen zur Mit-Arbeit gewinnt (S. 62). Damit Individuen im kooperativen System der Organisation mitwirken, muß diese „Anreize" zur Verfügung stellen können (die sie u. a. durch ihre „Wirksamkeit" – Effektivität – erwirbt) und in der Lage sein, die Dienste (oder „Beiträge") der einzelnen so zu vergelten, daß diese aus der Teilnahme einen „Reingewinn" ziehen (S. 80). Dieser als Anreiz-Beitrags-Theorie bekannt gewordene Ansatz ist die Wurzel der späteren Tausch- und Equity-Theorien der Organisationspsychologie.

Diese Bezugnahme auf *individuelle* Kalküle und Entscheidungen ist charakteristisch für Barnard und die von ihm beeinflußte Richtung. Obgleich Barnard nicht müde wird zu betonen, daß formale Organisationen unpersönliche Beziehungs-Systeme koordinierter Handlungen sind, gilt für ihn dennoch, „... daß es keine Theorie kooperativer Systeme oder Organisationen ... geben kann, die die psychologischen Antriebe des menschlichen Verhaltens nicht berücksichtigt" (S. 24). Dabei ist jeder Mitwirkende (Barnard bevorzugt diesen Ausdruck gegenüber „Mitglied") eine „Doppelpersönlichkeit" (S. 82), weil er sich einerseits den Gesetzen der formalen Organisation zu beugen hat und als „Organisations-Persönlichkeit" lediglich eine bestimmte Funktion (Rolle) wahrnimmt, andererseits aber einmalige Persönlichkeit mit all ihren einzigartigen Erfahrungen, Wünschen, Gewohnheiten usw. bleibt. Der Führungsfunktion kommt bei den spannungsgeladenen Synthesen der Organisation (Person–Funktion, Wirksamkeit–Leistungsfähigkeit) eine besondere Verantwortung zu – und Barnard brachte diese Bedeutung auch durch den Titel seines Buchs („The functions of the executive") zum Ausdruck. Barnard hat – wie erwähnt – die amerikanische Organisationsforschung auf vielfältige Weise angeregt; besonderer Einfluß wird ihm auf eine Gruppe von Forschern zugeschrieben, die am Carnegie Institute of Technology gearbeitet haben: Simon, March und Cyert.

Simon erwähnt in seinem wegweisenden ersten Buch („Administrative Behavior. A study of decision making processes in administrative organizations", 1947) mehrfach die Anstöße, die er von Barnard erhalten hat. Simons Arbeit ist zunächst eine schonungslose Abrechnung mit der klassischen Management-Theorie (nach Art Fayols), die über Urwick, Gulick, Mooney u. a. in den USA bekannt geworden war. Diese Richtung, die von ehemaligen Führungskräften oder Organisationsberatern getragen war, konzentrierte sich auf die Aufstellung und Verteidigung immer neuer „Organisationsprinzipien“ (Arbeitsteilung, Autorität, Disziplin, Einheit der Leitung und Auftragserteilung... usw.) (s. auch Abb. 2). Simon verwarf diesen Ansatz, weil die Prinzipien willkürlich, widersprüchlich, unprüfbar und nichts als hochtrabende Platitüden seien. Simon geht davon aus, daß die Leitung (Administration) eines Unternehmens die rationale Verfolgung von Zielen impliziert. Rationales Handeln – das die klassische Modellfigur der ökonomischen Theorie, den homo oeconomicus, auszeichnet – hält er für praktisch unmöglich.

Die Forderungen objektiver Rationalität (vollständige Kenntnis der Alternativen und ihrer Folgen, eindeutige Präferenzordnung, Diskriminationsfähigkeit und Reaktionsschnelligkeit, Existenz von eindeutigen Entscheidungsregeln, wie z. B. „Maximierung des Nutzens“...) können grundsätzlich nicht erfüllt werden. Simon führte deshalb das Konzept der „begrenzten“ Rationalität ein und vertrat die These, daß Entscheider nicht maximieren, sondern sich bei Erreichen eines bestimmten Anspruchsniveaus „zufriedengeben“. In diesem Sinn führte Simon auch Barnards „Anreiz-Beitrags-Ansatz“ fort und nutzte im Konzept des „Akzeptanz-Bereichs“ der Autorität auch dessen Idee der „Indifferenz-Zone“, die durch die Mitwirkungsentscheidung der Person in der formalen Organisation geschaffen wird.

Die von Barnard und Simon forcierte individualisierende und „motivationale“ Betrachtungsweise wird fortgeführt in March & Simons schmalem Buch „Organizations“ (1958), in dem empirische Befunde – vor allem der allgemein- und sozialpsychologischen Forschung – in spekulativen Hypothesensystemen verknüpft und in Kästchen-mit-Pfeilen-Bildern dargestellt werden, ohne daß sich die Autoren um konsistente Operationalisierungen ihrer Konzepte bemühen oder gar ihr Aussagensystem einer empirischen Prüfung unterziehen. Für die Organisationspsychologie bedeutet diese Arbeit dennoch einen Meilenstein, weil in ihr mit großer Resonanz Konzepte, Befunde und Methoden der empirischen Verhaltenswissenschaften in die organisationstheoretische Diskussion eingeführt wurden.

Auch in Cyert & Marchs „A behavioral theory of the firm“ (1963) wird die theoretische Analyse des Entscheidungsverhaltens fortgesetzt, wobei diesmal die *Unternehmung* als Bezugsrahmen gewählt wird. Sie wird als eine *Koalition* von Eigentümern, Managern, Arbeitnehmern, Kunden etc. vorgestellt. Diese Gruppen wirken am Unternehmen nur solange mit, wie ihre Beteiligung für sie Vorteile verspricht, mehr Vorteile, als in anderweitigen Engagements zu erwarten wären. Die verschiedenen Koalitionäre haben zum Teil sehr unterschiedliche Interessen und Zielvorstellungen; damit das Unternehmen handlungsfähig wird, müssen Kompromisse erzielt werden (indem z. B. bestimmten Gruppen Verzichte oder Leistungen durch Seitenzahlungen erstattet werden). Konflikte werden nicht aus der Welt geschafft, sondern durch Quasi-Lösungen vorübergehend stillgelegt. Die von der Kerngruppe proklamierten Ziele der Organisation werden auf der Basis komplexer und unsicherer Informationen (z. B. über Konkurrenz- und Nachfrageverhalten, Kostenentwicklung usw.) formuliert. Weil prinzipiell nicht alle Daten beschaffbar sind, die für eine rationale Entscheidung nötig wären, werden Entscheidungsregeln oder Standardverfahrensweisen eingesetzt; auf generellem Niveau etwa gilt: „Vermeide Unsicherheit!“, „Halte dich an die Regeln!“, „Nutze einfache Regeln!“. Auf spezifischer Ebene werden Vorschriften zur Aufgabendurchführung, laufende Unterlagen und Berichte, Informationshandhabungs-Regeln und Pläne genutzt (1963, S. 102ff.). Bei „begrenzter Rationalität“ und „Satisfaktions-Strategie“ werden somit erfahrungsbewährte Vorgehensweisen verankert und eingehalten.

Aus den bisherigen Ausführungen ist deutlich geworden, daß die verhaltenswissenschaftliche Entscheidungstheorie von einem Organisations-Verständnis ausgeht, das nicht statische oder strukturelle Merkmale des *Organisation-Seins*, sondern vielmehr das *Organisieren oder Organisiert-Sein* von Abläufen in den Mittelpunkt stellt. Charakteristisch ist die Relativierung der klassischen Rationalitätsmaßnahmen zugunsten einer „realistischeren“ Sicht. Diese Zielsetzung haben March und seine Kollegen in weiteren Arbeiten verfolgt, die später in einem Sammelband (March & Olsen, 1976) zusammengefaßt wurden. Zentraler verbindender Begriff ist „Mehrdeutigkeit“ (Ambiguität): gegenüber den Grundannahmen der Theorie organisatorischer Entscheidungen wird die Position vertreten, daß Ziele und Präferenzen unklar und widersprüchlich, Informationen über die Umwelt, die Handlungsalternativen und ihre Konsequenzen unsicher und unvollständig sein können, der Prozeß der Aggregation individueller Entscheidungen zu Organisationsentscheidungen undurchschaubar ist und eindeutige und konsistente Entscheidungsregeln nicht vorhanden sind. Der scheinbar geschlossene Zyklus des Organisationshandelns (s. Abb. 4) kann an jeder Übergangsposition unterbrochen sein:

- Was Personen wissen und wollen, braucht sich nicht in ihren Handlungen auszudrücken;
- individuelles Handeln muß sich nicht in Entscheidungen der Organisation niederschlagen;
- organisatorische Entscheidungen haben möglicherweise keine umweltverändernden Wirkungen und

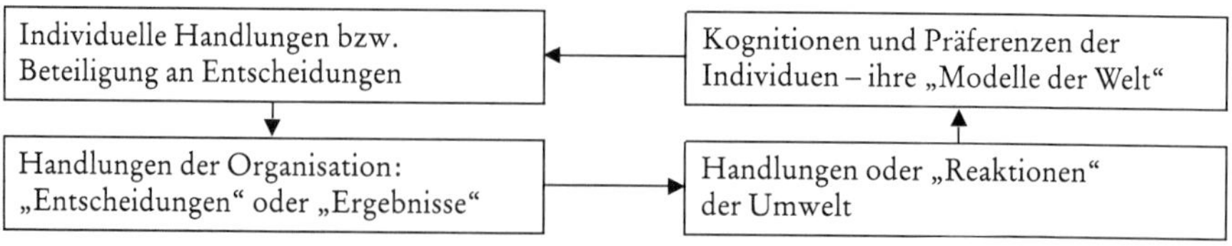

Abb. 2: Der vollständige Entscheidungszyklus (nach March & Olsen 1976, S. 13).

– die individuellen Überzeugungen werden nicht bedingt durch Umwelteinflüsse determiniert.

Mehrdeutigkeit besteht sowohl hinsichtlich der „Fakten" (die je nach Standpunkt anders wahrgenommen und bewertet werden) wie auch der Verursachung von Wirkungen (die möglicherweise nicht Ergebnis *absichtlichen* Handelns sind und nicht *mit Notwendigkeit* so und nicht anders auftreten mußten). Was in Organisationen geschieht, kann in vielen Fällen durch ein „zufälliges" Zusammentreffen von Ereignissen erklärt werden und hängt davon ab, *wer* an welchen Entscheidungen beteiligt ist und wie Organisationen Erfahrungen verarbeiten („lernen") und zu ihren Zielen kommen. Mit diesen Überlegungen, die zum Teil eher Problemskizzen als ausgearbeitete Lösungen sind, wird ein Schlaglicht auf die „übliche" Organisationstheorie geworfen, in der wichtige Grundannahmen (z. B.: Die Organisation hat Ziele, sie handelt rational, sie wird durch Umwelteinflüsse konstruktiv verändert) radikal in Frage gestellt werden, so daß die unreflektierte Voraussetzungsfülle sichtbar wird.

In ihrem *„Mülleimer-Modell"* der Organisation formulieren Cohen, March & Olsen (1972 bzw. 1976) eine Alternative zum herkömmlichen Paradigma rationalen Handelns in Organisationen. Sie gehen davon aus, daß in vielen Fällen (z. B. – aber keineswegs allein – in Universitäten und Schulen) Entscheidungen durch ein „zufälliges Zusammenfließen" von vier relativ unabhängigen „Strömen" zustande kommen, nämlich

- aktuelle drängende Probleme, die gelöst werden müssen;
- Lösungen, die verfügbar sind (z. B. vorhandene Verfahren, Anlagen, Personal);
- Organisationsmitglieder, die Zeit und Energie investieren können und
- Gelegenheiten für Entscheidungen.

Wenn bei irgendeiner Entscheidungsgelegenheit (z. B. einer Sitzung) bestimmte Personen zusammenkommen, so kann es vorkommen, daß einzelne für irgendwelche Lieblingsideen („Lösungen") Anwendungsmöglichkeiten („Probleme") suchen, umdeuten oder schaffen, und dafür sorgen, daß entsprechende Beschlüsse gefaßt werden.

„Je geringer die organisatorische Regulierung der vier Ströme, je weniger Erfahrungswissen über die Situation und je höher die Arbeitsbelastung der Beteiligten, desto wichtiger wird das Timing der vier Ströme für einen Entscheidungsprozeß und sein Ergebnis. D. h. Prozeß und Ergebnis werden weniger durch den Typ und die Eigenart der Entscheidungsgelegenheit bestimmt als durch die zur selben Zeitperiode vorhandenen Probleme, Lösungen, Energien und anderen Entscheidungsgelegenheiten (1976, S. 32).

Auf der Basis weniger simpler Annahmen formulieren die Autoren Hypothesen und testen sie in einer Computersimulation. Zu Aussagen über „Mülleimer-Entscheidungen" gehören z. B. unter anderem, daß Entscheidungen um so oberflächlicher getroffen werden, je größer die Arbeitsbelastung ist; daß Probleme, die später zur Behandlung kommen, weniger häufig gelöst werden; daß für unwichtige Fragen Lösungen erarbeitet werden, während wichtige durch Warten auf günstigere Gelegenheiten oder durch Ankoppeln an andere Fälle, die leicht zu entscheiden sind, quasi „aus Versehen" erledigt werden.

Die eher aphoristischen Anmerkungen und Empfehlungen von March und seinen Mitautoren markieren einen Ansatz der Organisationsforschung, der sich nicht mehr zufriedengibt mit den akribischen Detailverbesserungen an Planzeichnungen einer „rationalen" Wirklichkeit – die es nicht gibt (s. dazu v. a.: Weick 1985). Dabei gerät die durch March repräsentierte Richtung in ein Dilemma, das dem der Psychoanalyse ähnlich ist: einer über weite Strecken irrationalen Wirklichkeit dennoch Ordnung und damit rationale Erklärbarkeit zu unterstellen. Die Etikettierung als *verhaltenswissenschaftliche* Organisationsforschung macht dabei dreierlei deutlich:

- Zum einen werden Organisationen als *Artefakte*, als von Menschen mit intendierter Rationalität geschaffene Kulturprodukte und nicht als gesetzmäßige Entfaltungen von Naturphänomenen (wie etwa Organismen) gesehen;
- zum anderen ist menschliches Verhalten (Handeln) durch Widersprüchlichkeit, Unbestimmtheit, Kontext- und Zeitabhängigkeit gekennzeichnet und damit nicht bruchlos in die stimmige Systematik konsequent rationaler Entwürfe einzupassen;
- für die Organisationspsychologie schließlich ist das reduktionistische Programm dieser Forschungsrichtung interessant. Sie nimmt Strukturen, aggregierte und ganzheitliche Merkmale als Endpunkt, nicht aber als Gegenstand der Analyse; dieser ist vielmehr das Tun und Lassen von Menschen in zwar formalisierten, aber locker verbundenen (Weick 1976), umweltabhängigen und interessegeleiteten Handlungs- und Entscheidungssystemen, deren interne Differenziertheit *auch* durch politische und ideologische Koordinationsmechanismen und nicht allein durch technologisch-strukturelle Steuerung zu beherrschen ist.

Bezogen auf die oben (s. S. 206) genannten „Produkte" ist zur verhaltenswissenschaftlichen Entscheidungsforschung zu sagen, daß sie sich – wie ihre Benennung ja schon verdeutlicht – auf das Zustandekommen von *Entscheidungen* konzentriert. Diese rein formale Gegenstandsbestimmung läßt die *Inhalte* der Entscheidungen offen, ob sie sich nun auf Güter, Leistungen, Strategien, Regeln, Umweltveränderungen etc. beziehen. Durch ihr Entscheidungsverhalten „produzieren" Organisationen Irrationalität, die durch sekundäre Mechanismen (z. B. „standard operating procedures", Quasi-Konfliktlösung, Mülleimer-Situationen) begrenzt und bewältigt werden muß. Die heroischen Annahmen über die Persönlichkeit, die für die klassische Entscheidungstheorie typisch sind, werden relativiert, aber dennoch wird intendierte Rationalität (beim Anreiz-Beitrags-Kalkül) unterstellt und gefördert. Macht, Sinn, Umwelt-Beziehungen werden als Ausgangsdaten für Entscheidungen genutzt; es wird jedoch nicht systematisch darüber reflektiert, wie durch die Entscheidungen diese Variablen inhaltlich verändert werden.

3.1.3 Metaphern der Organisationstheorie

3.1.3.1 Überblick

Eine Darstellung der Organisationstheorie, die an der historischen Aufeinanderfolge der einzelnen Schulen orientiert ist, läuft Gefahr, über der scheinbaren Vielfalt der Perspektiven eine mögliche Konstanz der Grundannahmen zu übersehen. Der geschichtliche Ablauf ist deshalb durch einen systematischen Vergleich zu ergänzen.

Als Raster für eine solche Gegenüberstellung eignet sich ein Analyseschema, das Burrell & Morgan (1979) entwickelt haben. Sie gehen davon aus, daß jede sozialwissenschaftliche Theorie immer auch eine Aussage über eine bestimmte Wissenschaftstheorie und Gesellschaftstheorie ist. Für die Zwecke ihrer global orientierenden Klassifikation ordnen sie wissenschaftstheoretische Aussagen auf dem Kontinuum „objektiv - subjektiv", für gesellschaftstheoretische wählen sie die Dimension „Ordnung / Stabilität vs. Konflikt / Wandel".

Die Subjektiv-Objektiv-Einteilung gründen sie auf die Positionen, die sozialwissenschaftliche Aussagen zu vier wissenschaftstheoretischen Kernproblemen einnehmen:

Ontologie: *Realismus* (Es gibt eine personunabhängige, objektiv existierende Welt) vs. die Verneinung dieser Position im *Nominalismus*.

Erkenntnistheorie: *Positivismus* (In der Welt „da draußen" gibt es Regelmäßigkeiten, deren Gesetzesartigkeit aus der Perspektive des unbeteiligten und neutralen Beobachters erfaßt werden kann) vs. die Verneinung dieser Annahmen im *Anti-Positivismus*.

Menschliche Natur: *Determinismus*: Menschliches Handeln ist durch Anlage, Biographie und Umwelt determiniert, es gibt keine Autonomie und keinen „freien Willen" – wie das etwa der *Voluntarismus* behauptet.

Methodologie: Allgemeingültige Gesetzmäßigkeiten des sozialen Handelns können formuliert und verifiziert/falsifiziert werden; gegen diesen *nomothetischen* Anspruch wendet sich die These, daß allein *idiographisches* Vorgehen möglich ist, das die Subjektivität, Einmaligkeit und Unvorhersagbarkeit menschlichen Handelns betont.

Die jeweils erstgenannten Positionen markieren – zusammengefaßt – den „objektiven“ Pol des Kontinuums, während der andere Pol die „subjektive“ Extremvariante ausmacht.

Die Auffassungen über die Gesellschaft werden ähnlich übergreifend klassifiziert; die thematischen Akzentsetzungen gehen aus der folgenden Gegenüberstellung hervor (s. Burrell & Morgan, 1979, S. 13 u. 18):

Geregelte Ordnung	*Radikale Veränderung*
Stabilität, Status quo,	Wandel
Integration	Konflikt
Funktionale Koordination	Zerfall, Widersprüche
Konsens	Zwang, Herrschaft
Solidarität	Emanzipation
Wirklichkeit	Möglichkeit

Aus den beiden Grunddimensionen bilden Burrell & Morgan ein Vierfelderschema, in das sie die vorliegenden sozialwissenschaftlichen (und organisationstheoretischen) Theorien einordnen (s. Abb. 3):

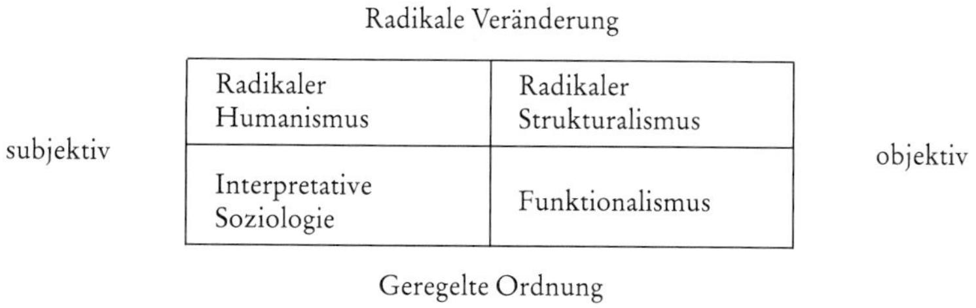

Abb. 3:

Die wichtigsten derzeitigen Ansätze der Organisationstheorie ordnen die Autoren einem einzigen Quadranten zu, dem Funktionalismus; die anderen Perspektiven sind auffallend selten vertreten.

Als *„funktionalistisch“* werden alle Ansätze eingestuft, die davon ausgehen, daß personunabhängige soziale „Fakten“ (Durkheim) existieren, deren gesetzmäßiges Zustandekommen, Leistungen und Wirkungen vom neutral-unbeteiligten Wissenschaftler analysiert werden können. Webers bürokratischer „Apparat“, Taylors naturwissenschaftliches Maschinenmodell, die informale Organisation der Human Relations, die Konzeptionen der „materialistischen“ Systemtheorie und die Nachweise begrenzt rationalen Handelns der verhaltenswissenschaftlichen Entscheidungstheorie gehören hierher.

Die *„interpretative“* Perspektive ist ebenfalls als Soziologie der „geregelten Ordnung“ anzusehen, weil sie die Welt so untersucht, „wie sie ist“. Im Unterschied zum Funktionalismus betont sie ausdrücklich die phänomenologische Vergegenwärtigung der Wirklichkeit, deren Ordnung eine subjektive und intersubjektive Leistung ist, die von jedem einzelnen erlernt und vollzogen werden muß. Ethnomethodologische Ansätze und der phänomenologische symbolische Interaktionismus sind Vertreter dieser Richtung.

Der *„radikale Humanismus“* ist zwar auch der subjektiven Perspektive verpflichtet, versteht sich aber als Fundamentalkritik der bestehenden Verhältnisse, deren Schein entlarvt und deren bewußtseinsprägende entfremdende Konsequenzen durchschaut werden müssen. Die Auffassungen des jungen Marx und der „Kritischen Theorie“ der Frankfurter Schule werden diesem Paradigma zugeordnet.

Beim *„radikalen Strukturalismus“* schließlich wird von der Existenz objektiver gesellschaftlicher Strukturen ausgegangen, in denen sich die jeweils herrschenden Kräfte und Klassen konkretisiert haben. Die immanenten Widersprüche in diesen Strukturen sind der Motor der unausweichlichen Veränderung. Der orthodoxe Marxismus wird als Vertreter dieser Orientierung genannt.

Folgt man der Auffassung, daß sich Wissenschaft nicht im Abbilden und Durchschauen der „Wirklichkeit“ erschöpft, sondern aktives und selektives Wahrnehmen und Gestalten ist, dann wird die Frage wichtig, welche *Paradigmata* (Kuhn 1962) Wissenschaftler benutzen, um ihre Bemühungen um Erkenntnisse und Aussagen zu organisieren. Was in bestimmten Phasen der Wissenschaft als Orthodoxie gilt, spiegelt dominante Welt-Anschauungen wider. Da soziale Wirklichkeit sich nicht unmittelbar und eindeutig aufdrängt, vielmehr ihre Herstellung, Erfassung und Deutung *aktive* Leistungen sind, kommt es – ähnlich wie bei der Hypothesentheorie der Wahrnehmung (Bruner & Postman 1951) – darauf an, jene Hin-Sichten zu entschlüsseln, die dem unausweichlichen Filtern, Akzentuieren und Organisieren beim Erklären und Verstehen der sozialen Welt zugrunde liegen.

Morgan (1980) schlägt als Heuristik vor, unterhalb der globalen Ebene der Paradigmata auf einer zweiten konkreteren Ebene der „Metaphern“ nach jenen Bildern oder Modellvorstellungen zu fragen, die einzelne wissenschaftliche Schulen oder Ansätze voneinander abheben. Metaphern sind für ihn kreative „Kreuzungen von Bildern“ (1980, S. 610); indem ein Gegenstandsbereich (A) aus der Perspektive eines anderen (B) gesehen und mit dessen formalen und inhaltlichen Bestimmungen gedeutet wird, erschließt sich das „Wesen“ von A in einer ganz bestimmten Weise. Wer einen Boxer als „Tiger im Ring“ bezeichnet, weiß natürlich, daß er kein Tier mit gestreiftem Fell, scharfen Zähnen und Klauen ist, aber er drückt damit die Angriffslust, Gefährlichkeit, Eleganz, Wucht, den „Killerinstinkt“ usw. des Boxers aus!

In ähnlicher Weise werden durch den Gebrauch von Metaphern in der Organisationstheorie Vor-Entscheidungen getroffen, weil sie die Sichtweise festlegen, mit der Phänomene betrachtet werden; damit wird die Auffassung strukturiert (in sinnvollen Zusammenhängen geordnet), es werden bestimmte Informationen selegiert und andere ignoriert und bestimmte Wahrnehmungen betont bzw. ins Zentrum gerückt.

An die Stelle der obigen „genealogischen“ Darstellung der Organisationstheorien (s. Tab. 1) hätte auch eine „Metaphern-Geschichte“ treten können, denn die verschiedenen historischen Ansätze verwenden je eigene Metaphern. Um den Umkreis dieser „Bildersprache“ zu skizzieren, seien einige Zusammenfassungen zitiert:

„Metaphern gibt es in der Organisationstheorie in Hülle und Fülle: Organisationen werden abwechselnd als Anarchien (Cohen und March 1974), Schaukeln (Hedberg, Nystrom und Starbuck 1967), Raumstationen (Weick 1977), Mülltonnen (Cohen, March und Olsen 1972), Eingeborenenstämme (Turner 1977), Tintenfische (Geertz 1973), Marktplätze (Georgiou 1973) und Datenverarbeitungsanlagen (Borovits und Segev 1977) beschrieben“ (Weick 1985, S. 72).

„Wir haben ferner vorgeschlagen, daß Sie sich Ihre Organisation als Orchester, als verstellbaren Tisch, als Satz von nur schwach vertretenen Annahmen, als Mülltonne, als Schaukel, als organisierte Anarchie, als Zuchtfarm, als Baseball-Spiel, als Statuen-Ausstellung und so weiter vorstellen sollten“ (Weick 1985, S. 343).

„Das Skelett, der Katalog, die Uhr, der Thermostat, die Kerzenflamme, das Lenkgeschoß, der in einer Umwelt lebende Körper, das Aquarium im Gleichgewicht und das kontrollierte System sind die vorherrschenden Bilder, die die Theorie uns anbietet als Modelle zum Verständnis von Organisationen (Boulding 1968)“ (Greenfield 1984, S. 147).

Für die vier grundlegenden Paradigmata, die in Abb. 3 gegenübergestellt wurden, haben Burrell & Morgan (1979), Morgan (1980) und Morgan, Frost & Pondy (1983) jeweils charakteristische Metaphern ausfindig gemacht, von denen einige in der Abb. 4 lokalisiert sind und auf die im folgenden jeweils kurz eingegangen werden soll.

Organisationstheoretiker, die der *Maschinen-Metapher* anhängen, verstehen und untersuchen Organisationen als rational konstruierte, auf definierte Zwecke bezogene Instrumente (s. Weber, Fayol, Taylor). Aufbau und Funktionen müssen transparent, objektiv bestimmbar und in ihrer Wirkungsweise berechenbar sein. Als Maschinen müssen sie verläßlich programmierbar sein, ihre Teile müssen austauschbar (sozusagen wartungs- und reparaturfreundlich) sein. Diese mechanistischen Konstruktionserfordernisse sind im einzelnen oben (s. Tab. 1) ausgeführt worden.

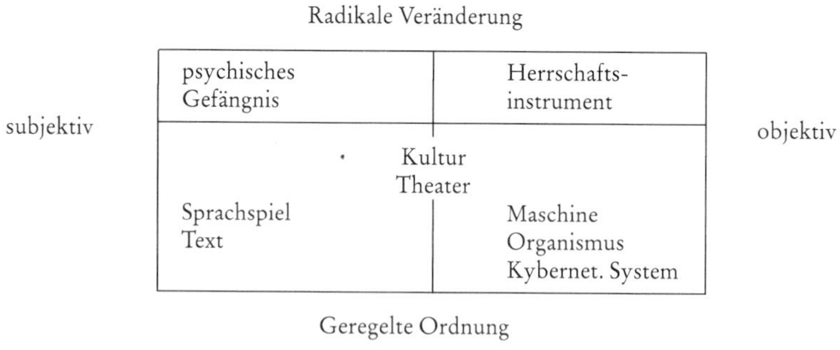

Abb. 4:

Das *Maschinen-Modell* inspiriert bestimmte Suchstrategien und lenkt die Aufmerksamkeit auf Phänomene, die ansonsten unbeachtet blieben. Jede Hinsicht ist jedoch zugleich eine Wegsicht: Das Maschinen-Modell ist blind für alles Subjektive, Emotionale, für Eigenleben, Interessengebundenheit, Selbständigkeit, Sinnsuche usw. Werden derartige Phänomene nicht durch selektive Aufmerksamkeit von vorneherein ausgefiltert, dann ist die übliche Reaktion – wie bei den bürokratischen circuli vitiosi illustriert – ihnen mit mechanischen Mitteln zu begegnen (Steigerung der Differenzierung, Perfektionierung der Programmierung, Auswechseln oder „Neukonstruktion" bestimmter Teile...).

Das *Organismus-Bild* produziert andere Einsichten und Einseitigkeiten: Die Organisation wird gesehen in ihrer Umweltabhängigkeit, sie ist auf „Stoffwechsel" mit ihrer Umwelt angewiesen (Input – Throughput – Output), muß interne und externe Fließgleichgewichte beachten und ist ständigen Existenzgefährdungen unterworfen, wenn sie wichtige Bedürfnisse oder Erfordernisse nicht erfüllt. Sie ist gegenüber der Umwelt abgegrenzt und als selbständige Erscheinung identifizierbar, die eine eigene Struktur (Anatomie, Morphologie) besitzt und bestimmte Entwicklungsphasen durchmacht. Die Organismusbetrachtung blendet weitgehend aus, daß Organisationen willkürliche Kunstprodukte sind und ihre Funktionsweisen keiner naturwissenschaftlichen unbeeinflußbaren Gesetzmäßigkeit unterworfen sind. Viel stärker als in lebenden Organismen sind Subsysteme nur locker miteinander verkoppelt (Weick, 1976).

Eine evolutionstheoretische Betrachtung, die Entwicklung durch die Produktion von Varietäten und deren Auslese durch eine „feindliche" Umwelt erklärt (Giesen 1980), wird zwar epochalen Veränderungen von Organisations-Typen gerecht (s. Kieser 1983), kann aber kurzfristig radikale Umstellungen nicht erklären. Darüber hinaus verhindert die „Partialinklusion" (Luhmann 1964) der Mitglieder – die außerhalb (und in ?) der Organisation ein Eigenleben führen – jene nahtlose Einbindung und totale Vereinnahmung des einzelnen, die durch die Glied- oder Organ-Metapher nahegelegt wird.

Eine Verbindung von Organismus- und Maschinen-Bild wird im Bild des *„Kybernetischen Systems"* vollzogen, bei dem mit naturwissenschaftlichen Methoden die systematische Fremd- und Selbststeuerung von Ganzheiten erklärt werden soll. Wie bei den zugrundeliegenden Metaphern wird auch hier die Sichtweise des distanzierten Beobachters eingenommen, dem es darum geht, geplante und identifizierbare Endzustände zu prognostizieren oder gar herbeizuführen. Phänomenologische Kategorien (wie Sinn, Reflexion, Lebenswelt) können in ein derartiges Denkschema nur schwer integriert werden. „Störungen", die den Weg zum Ziel beeinträchtigen, werden technokratisch beseitigt, anstatt daß sie als Impulse zur Systemänderung betrachtet werden; Überleben und Funktionieren sind die obersten Werte.

„Kultur“ und „Theater“ sind zwei Metaphern, die auf die Grenzlinie zwischen subjektiven und objektiven Ansätzen geschrieben sind (s. Abb. 4), weil in ihnen Elemente beider Ausrichtungen enthalten sind.

Die *Kultur*-Analogie geht u. a. davon aus, daß Organisationen gleichsam „Miniatur-Gesellschaften“ sind, mit je eigener Sprache, Geschichte, Mythen, Zeremonien, Wertsystemen usw. Die „Kultur“ eines Unternehmens drückt sich in allen Aspekten ihres Lebens aus, nicht etwa nur in bestimmten Verhaltensnormen. Viele Gebräuche, Rituale, Tabus sind nur verständlich und in ihrer Bedeutung nachvollziehbar, wenn man die historisch vermittelte Sinngebung kennt. Andererseits kann die Existenz bestimmter Institutionen und Werte auch funktionalistisch interpretiert und genutzt werden. Der Funktionalismus hat seine historischen Wurzeln in der Kulturanthropologie Malinowskis und Radcliff-Browns, die die Existenz aller gesellschaftlichen Strukturen und Praktiken im Hinblick auf ihren Beitrag für das Funktionieren des Gesamtsystems betrachteten.

Die *Theater*- (bzw. *Drama*- oder *Spiel*-)Metapher rückt in den Mittelpunkt, daß soziale Ereignisse im allgemeinen, aber speziell in Organisationen „inszeniert“ sind: Es gibt Drehbücher, Regieanweisungen, Rollen, ein Publikum, Regisseure und Kritiker, Verhalten auf der Bühne und in den Kulissen... Auch in Organisationen findet sich nicht nur zweckrational programmiertes, sondern auch einstudiertes, auf Effekt und Eindruck bedachtes Verhalten: „There is no business *without* showbusiness“ (Morgan u. a. 1983, S. 20, s. a. Thompson 1961, S. 138-151). Es werden viele „Spiele“ aufgeführt, deren Dramaturgie dem Insider bekannt ist (s. a. Harré, 1981); die Deklamationen vor dem Publikum dürfen nicht mit den persönlichen Haltungen und Absichten verwechselt werden; erbitterte Auseinandersetzungen auf der Bühne täuschen über einvernehmliche Kumpanei „off-stage“ hinweg (und umgekehrt); Routiniers spielen ihre Rolle, ohne sich innerlich zu beteiligen, und die Komparsen wissen vielfach nicht, bei welchem Spiel sie eigentlich mitmachen...

Die „Kultur-“ und die „Spiele“-Metapher werden unten (S. 241 ff. u. 245 ff.) als zwei exemplarische Ansätze noch ausführlicher diskutiert werden.

Während bei diesen beiden Modellen auch allgemeingültige Regeln, offizielle Botschaften und objektive Wirkungen identifiziert werden können, ist dies bei den Eintragungen im „interpretativen“ Quadranten (s. Abb. 3 u. 4) anders. Bei Organisationen als *„Sprachspielen“* und *„Texten“* kommt viel stärker die *individuelle* Deutungs- und Gestaltungsleistung zum Ausdruck. Es wird z. B. untersucht, wie bestimmte Sprachregelungen die Wirklichkeit schaffen, die sie zu beschreiben vorgeben (etwa am Beispiel des Managements mit seiner Rhetorik von Rationalität, Effizienz, Kontrolle, Sachlichkeit, Delegation, Verantwortung...) (s. z. B. Riley 1983, Evered 1983, Hirsch & Andrews 1983). Von den Mitgliedern werden Organisationen wie „Texte“ gelesen, interpretiert und in die je eigene subjektive Welt übersetzt: Was in Organisationen geschieht, muß gedeutet werden, wobei es nicht nur auf die Inhalte, sondern auch auf die Strukturen der Diskurse ankommt. In den vielfältigen nachträglichen Rationalisierungen wird „Sinn“ gefunden und gemacht (denn jeder „Leser“ ist zugleich auch „Autor“).

Menschen in Organisationen können nicht nur verstanden werden als „Rädchen im Getriebe“, als „Organe“ oder „Glieder“, als „Regelstrecke“ oder „Rollenspieler“, sondern auch als Sinnsucher und Sinnproduzenten. Subjektive Sinnzuschreibungen können dem einzelnen die schlüssige Deutung seiner Wirklichkeit vermitteln; er lebt aber ständig in der Gefahr, sich in einer Welt des Scheins einzurichten und die Manipulation, der er erliegt, nicht zu erkennen. Diese Möglichkeit wird in der Metapher des *„psychischen Gefängnisses“* symbolisiert. Seinen wahren Bedürfnissen entfremdet lebt der einzelne im falschen Bewußtsein, Herr der Geschehnisse zu sein und merkt nicht, daß er nicht Handelnder, sondern nur Marionette ist: das Gefängnis ist nicht um ihn herum, sondern in ihm und deshalb kann er ihm nicht entkommen. Kompromißloses Hinterfragen und Umwerten der Werte erlauben es, zum eigentlichen Kern vorzudringen und den Fetischcharakter der zentralen Gottheiten (Leistung, Erfolg, Aufstieg, Effizienz, Arbeitszufriedenheit usw.) zu durchschauen. Einer solchen Orientierung, der es – s. o. – um das Eigentliche und das Mögliche geht, müssen die Methoden der empirisch-analytischen Sozialforschung, die sich mit der Beschreibung und Ordnung des Bestehenden begnügen, von vorneherein verdächtig und unangemessen erscheinen, als ein Beitrag zur Stabilisierung der Täuschung.

Ebenso der Kritik und Veränderung verpflichtet wie der „radikale Humanismus“ ist der „radikale Strukturalismus“ – mit dem Unterschied, daß der Strukturalismus von der objektiven Existenz sozialer Strukturen ausgeht, die nicht nur gemäß dem aufklärerischen Programm des Humanismus durch Entlarvung bloßgestellt und durch solidarisches Handeln verändert werden können; sie gehen vielmehr an ihren eigenen immanenten Widersprüchen zugrunde. In der Metapher des *„Herrschaftsapparats“* werden Organisationen als Instrumente der Ausbeutung und Unterdrückung verstanden. Die vorhandene Ordnung ist nicht – wie es bei einer Oberflächenbetrachtung erscheinen mag – Ergebnis rationaler Planung oder evolutionärer Anpassung, sondern Produkt von Zwang und Machtausübung. Die Einsicht in den Unterdrükkungs- und Ausbeutungszusammenhang kann allerdings kaum aus der Untersuchung einer einzigen Organisation entstehen, sondern muß abgeleitet werden aus der polit- oder sozio-ökonomischen Analyse des Gesamtsystems. Was in der einzelnen Organisation noch konsequent und rational erscheinen mag, wird bei dieser Gesamtbetrachtung als irrational und widersprüchlich entlarvt (z. B. die Gleichzeitigkeit von Planung und Chaos, Rationalisierung und Verschwendung, privatem Reichtum und gesellschaftlicher Armut, Vermehrung von Kapital und Entleerung der Arbeit...). Eine Organisationsanalyse, die diese dialektischen Widersprüche erkennt (s. Benson 1977, Aram 1976) muß sich naturgemäß der Indienstnahme zur

„realistischen" Beschreibung und zur effizienten Rationalisierung verschließen. Sie wird viel eher der Tatsache nachspüren, daß sich trotz bester subjektiver Absichten zur Demokratisierung von Herrschaft das „eiserne Gesetz der Oligarchie" aufzwingt (Michels 1925), daß der „rein technisch" höchst effiziente Herrschaftsapparat der Bürokratie manifeste und latente Dysfunktionen entwickelt, die ihn schwerfällig, aufwendig, rigide und intransparent werden lassen, daß Organisationen nicht nur als Inkarnationen der Rationalität, sondern auch als „organisierte Anarchien" (March & Olsen 1976) beschrieben werden können, daß sich bei bestimmten „rationalen" Entwicklungen – voraussagbar – Katastrophen ereignen (Thom 1982).

Es ist hier aus Platzgründen unumgänglich, aus den zahlreichen Ansätzen eine Auswahl zu treffen, die natürlich eine subjektive Akzentsetzung darstellt, weil sie primär aus der Perspektive möglicher organisationspsychologischer Relevanz getroffen wurde (so werden z. B. keine mathematischen, spiel- oder teamtheoretischen Ansätze berücksichtigt) (s. Frese 1983, S. 150–189).

Bezogen auf die oben diskutierten Metaphern werden drei verschiedene Richtungen herausgegriffen, nämlich ein strukturfunktionalistischer Ansatz (die sog. „situative Organisationstheorie"), der „Negotiated order"- bzw. „Spiel"- und schließlich der „Kultur"-Ansatz. Das Organisationsphänomen wird damit aus drei verschiedenen Blickwinkeln analysiert, einem strukturellen, handlungstheoretischen und symbolischen.

3.1.3.2 Struktur, Handlung, Symbolisierung: Perspektiven der organisationstheoretischen Forschung

3.1.3.2.1 Die „Situative Organisationstheorie": Bedingungen und Folgen der Organisations-Struktur

Diese auch „Kontingenz-Theorie" genannte Richtung ist im Sinn der oben dargestellten Paradigmen ein Musterfall eines funktionalistischen Ansatzes. Sie ist

- objektivistisch bzw. realistisch, weil sie davon ausgeht, daß Umweltbedingungen, Organisationsstrukturen und Wirkungen als konkrete personunabhängige Fakten zu erfassen sind;
- positivistisch, weil Zusammenhänge vorausgesetzt bzw. gesucht werden, die mit den Methoden der empirisch-analytischen Sozialforschung überprüft werden können;
- deterministisch, weil die Einflußrichtung Situation → Struktur → Verhalten → Ergebnis unterstellt wird, und sie ist schließlich
- nomothetisch, weil allgemeingültige Gesetzeserkenntnisse erwartet werden.

Dieser Ansatz hat seinen Namen von der Grundthese, daß es nicht eine einzige Gestaltungsform für Organisationen gebe, die sich unter allen Bedingungen als überlegen erweise. Es seien vielmehr – abhängig von situativen Bedingungen – jeweils verschiedene Organisationsstrukturen erfolgreich (wegen dieser Bedingtheits-Annahme firmiert der Ansatz als „Kontingenz-Theorie“). Die Kernstruktur der Argumentation ist in Abb. 5 dargestellt.

Zur empirischen Prüfung dieser Kernthese ist es natürlich nötig, für jede Variablenklasse Operationalisierungen und Meßvorschriften zu entwickeln. Am weitesten sind diese Bemühungen von der sog. Aston-Gruppe englischer Organisationsforscher getrieben worden (s. Pugh & Hickson 1976 I u. II, Child 1973).

Im Unterschied zur Erfassung von „Situation“ und „Struktur“ ist allerdings den Variablen „Verhalten“ und „Effizienz“ vergleichsweise weniger Aufmerksamkeit gewidmet worden.

Als (interne und externe) situative Determinanten der Organisation wurden vor allem untersucht: Größe, Technologie, Rechtsform und Eigentumsverhältnisse, Marktverhältnisse (Differenziertheit, Komplexität, Dynamik).

Bei der Erfassung der Organisationsstruktur haben sich die Autoren an der Bürokratie-Analyse Webers orientiert und die folgenden Gruppen von Strukturvariablen mit einer Vielzahl verschiedener Skalen erfaßt:

1) Spezialisierung (Arbeitsteilung)
2) Standardisierung (Programmierung, Anwendung von Regeln und Routinen)
3) Formalisierung (Aktenmäßigkeit, Schriftlichkeit)
4) Zentralisierung der Entscheidungen (Kompetenzverteilung) und
5) Konfiguration (Hierarchie, Positionsgefüge, Gestalt der Über- und Unterordnungsbeziehungen).

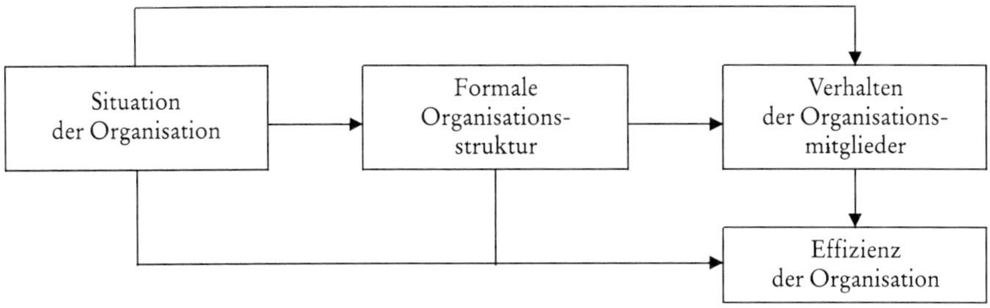

Abb. 5: Das Programm der Vergleichenden Organisationsforschung

Bei diesen Strukturvariablen handelt es sich – mit Ausnahme der „Spezialisierung" – um Mechanismen der „strukturellen" Koordination, die eingesetzt werden, um die Probleme arbeitsteiliger Kooperation zu bewältigen (s. a. Kieser & Kubicek 1983, S. 112 - 132, und Poensgen 1980). Gegenüber hierarchischen Weisungen, Programmen bzw. Plänen und der dezentralen Selbstabstimmung als den Hauptinstrumenten *struktureller* Steuerung werden *nicht-strukturelle* Mechanismen (wie etwa Indoktrination, gezielte Personalauswahl, „politics" etc.) praktisch nicht berücksichtigt.

Die empirischen Studien der situativen Organisationstheorie führten zur Identifikation von drei orthogonalen Strukturdimensionen: Strukturierung der Aktivitäten (Programmierung, Formalisierung), Entscheidungszentralisation und Linienkontrolle des Arbeitsflusses. In dem dadurch aufgespannten dreidimensionalen Raum lassen sich die empirisch vorfindbaren Organisationen lokalisieren (wenngleich Dimensionszahl und Orthogonalität nicht unbestritten blieben, s. Child 1973, Wollnik 1980). Entscheidender als die Struktur- und die Situationsbestimmung (bei der – mit Ausnahme der Variable Größe – die Kontroversen über die angemessene Operationalisierung nicht beigelegt werden konnten) ist die Analyse der *Beziehungen* zwischen Situation und Struktur (über die Beziehungen zu „Verhalten" und „Effizienz" liegen relativ wenig Studien vor). Wollnik hat 1980 333 Ergebnisse aus 82 Studien zusammengetragen und analysiert. Er resümiert u. a., daß es

„neben einigen Größeneffekten, die überwiegend trivial anmuten bzw. auch analytisch herleitbar sind ... nur noch bei der Wirkung der Aufgabenkomplexität auf die Arbeitsautonomie einen Zusammenhang gibt, der durch mehr als drei gleichlautende Resultate ohne Gegenbefund erhärtet ist; daß schließlich nur in 34 von 61 Zellen, in denen mehr als ein Befund vermerkt ist, gleichlautende Ergebnisse vorliegen, so daß von einem klaren Bild der Beziehungen zwischen Kontextfaktoren und Organisationsdimensionen nicht die Rede sein kann" (1980, Sp. 610).

Diese inkonsistenten Befunde können auf ungeeignete Maße und unzulängliche Stichproben zurückgeführt werden, aber eine solche Kritik würde nur einladen, mit meßtechnischen Verbesserungen das alte Programm zu perfektionieren, anstatt es grundsätzlich in Frage zu stellen. In der Literatur (Kieser & Kubicek, 1983, 1978; Frese, 1980, Crozier & Friedberg, 1979, Schreyögg 1978) finden sich dazu folgende Kritikpunkte: Der situative Ansatz ist theorielos (gibt keine begründete Anleitung für die Auswahl von Situations- oder Strukturdimensionen und begünstigt damit das buchstäblich wahllose Zusammentragen von möglichen Indikatoren). Er beschränkt sich auf die Ermittlung empirischer Regelmäßigkeiten; verwechselt Korrelation mit Kausalität und unterliegt dem naturalistischen Fehlschluß, daß das, was (häufig) ist, auch so sein *muß*; mit seiner Konzentration auf Querschnitts- („Schnappschuß"-)Designs vernachlässigt er historische Verläufe und zementiert bestehende Verhältnisse. Die Faszination der Datenmengen und immer raffinierterer statistischer Auswertungsverfahren ließen die Reflexion über Datenqualität –

nicht zuletzt auf dem Hintergrund fragloser Objektivitätsannahmen, die zur Verdinglichung des Gegenstands führten – verkümmern.

Die situative Organisationstheorie kann trotz (oder wegen?) der immensen Forschungsarbeit, die in sie investiert wurde, als eine Sackgasse bezeichnet werden, in die methodengläubiges Datensammeln und -korrelieren geführt hat.

3.1.3.2.2 „Negotiated order" und „Spiele"

Ein großer Teil der Organisationstheorie – insbesondere die klassische Bürokratie- und die System-Theorie – geht davon aus, daß unpersönliche formale Strukturen (Ordnungen, Regeln) existieren und das Verhalten der betroffenen Menschen diktieren. Diese Strukturen werden (gerade bei der empirischen Organisationsforschung) als gegenständlich und dauerhaft vorgestellt, so als ob sie eine von Personen und ihrem Verhalten unabhängige Existenz führten.

Gegenüber dieser verdinglichenden Perspektive, die den einzelnen zum „Opfer" des Systems und zum Rädchen im Getriebe werden läßt, stellt der „Symbolische Interaktionismus", der auf Mead und die phänomenologisch-verstehende Tradition der Sozialwissenschaften zurückzuführen ist, eine Gegenposition dar:

„Der symbolische Interaktionismus ist eine nützliche und reizvolle Ansicht des sozialen Lebens. Er geht von einem humanistischen Standpunkt aus, demzufolge Menschen ihre verstandesmäßigen und symbolisierenden Fähigkeiten gebrauchen, die Umstände flexibel interpretieren und sich ihnen anpassen je nachdem, zu welcher Definition der Situation sie gelangt sind. Er akzeptiert und erlaubt bewußtes Denken, bevor gehandelt wird, ausdrücklichen Widerstand gegen programmiertes Verhalten, den Mangel an perfekter Übereinstimmung zwischen Person und Rolle und unausgesprochene Ambivalenz gegenüber gefordertem oder erwartetem Verhalten. Er verweist auf die Wirkung, die Menschen aufeinander haben und mit der sie geradezu ihr Menschsein gegenseitig prägen. Er betont die große Rolle von Kultur, Symbolen und Sinnsystemen beim Hervorrufen und Verändern von Verhalten. Er bietet anschauliche und oft farbige Bilder vieler menschlicher Dramen, die sich in der Gesellschaft ereignen" (Kanter, 1972, S. 77).

Die Existenz von verfestigten Strukturen wird nicht geleugnet, aber mehr als ihr Bestand interessieren ihr Entstehen und ihre Veränderung. Strukturen sind Konstruktionen handelnder Personen, und zwar in einem doppelten Sinn: sozial, weil sie *miteinander* aufgebaut werden und sachlich, weil sie Verschiedenes *zusammenstellen*; solche Ordnungen können nicht wie ein Skelett der Handlung für sich untersucht werden, sondern äußern sich im *Vollzug* des gemeinsamen Handelns (so daß – was auch Radcliff-Brown als Kulturanthropologe betont hat – Aufbau und Ordnung eines Systems nur untersucht werden können, wenn es „in Betrieb ist", „funktioniert"). Die „Theorie der ausgehandelten Ordnung", die maßgeblich von Chicagoer Medizin-Soziologen gestaltet wurde, hebt diesen Aspekt besonders deutlich hervor:

„...Ordnung ist etwas, an dem Mitglieder jeder Gesellschaft, jeder Organisation arbeiten müssen. Denn die gemeinsamen Übereinkünfte, die bindenden Verträge – die den Grund legen für erwartungsgetreue, überraschungsfreie, selbstverständliche, geordnete Regelmäßigkeit – sind nicht bindend und allgemein für alle Zeiten – alle gelten unter einer Zeitklausel... Kurzum, die Grundlagen konzentrierter Aktion (sozialer Ordnung) müssen ständig erneuert bzw. wie oben bemerkt, ausgearbeitet werden" (Strauss u. a. 1963, S. 148).

Auch Ranson, Hinings, Greenwood (1980) versuchen die unfruchtbare Gegenüberstellung von „strukturalistischen" und „interaktionistischen" Erklärungsansätzen zu überwinden; die ersteren meinen mit „Struktur" das verselbständigte Gerüst von Vorschriften, Regeln und Rangordnungen, die anderen dagegen die im unmittelbaren Umgang ausgehandelte Regelmäßigkeit der Interaktionen. Die Autoren betrachten Struktur als ein komplexes Mittel der Steuerung, das in Interaktionen erzeugt und bestätigt wird und zugleich diese Interaktionen prägt: „Strukturen sind konstituiert und konstituieren" (S. 3). Strukturen erscheinen dabei nicht als neutrale, sachliche Beziehungs- und Handlungsregelung, sondern als Herrschaftsinstrumente.

Charakteristisch für den „Negotiated-order"-Ansatz ist somit, daß er die Handelnden als aktive und selbstbewußte Personen sieht; die voluntaristische Gestaltung wird der deterministischen Fremdbestimmung durch „das System" gegenübergestellt. Die soziale Wirklichkeit ist nicht „an sich" und „fertig" vorhanden, sondern befindet sich in einem fortwährenden Prozeß der Veränderung; sie wird nicht nur jeweils subjektiv gedeutet, sondern in den Interaktionen hergestellt, bestätigt bzw. umgestaltet. Was gelten soll und was „man" tun muß, steht nicht ein für allemal und für alle fest, sondern wird je nach Lage der Dinge immer neu ausgehandelt. Diese Zeit- und Kontextabhängigkeit bedeutet, daß Ordnungen – und Organisationen sind geordnete Handlungssysteme – auf (vorübergehendem) Konsens der miteinander Handelnden beruhen.

Strauss und seine Kollegen haben bevorzugt Krankenhäuser, Heilanstalten, Einrichtungen der Gesundheitsfürsorge usw. untersucht und in oft plastischen Dokumentationen herausgearbeitet, wie – unabhängig von oder entgegen den vorhandenen formalen Regeln – die verschiedenen „Professionen" Status und Autonomie beanspruchen, wie sie Ideologien, Vorrechte und Vollmachten entwickeln, wie „Drecks-Arbeit" zurückgewiesen wird, Fehler bei der Arbeit geregelt oder verschleiert, moralische Standards bei der Arbeit beachtet werden usw. (s. Day & Day, 1977, S. 128).

Die realitätsnahe Schilderung des Arbeitsalltags, der Tricks und Gegengeschäfte, des „impression management" und der Vertuschungen, der Kleinkriege und Statuskämpfe, der stillschweigenden Abmachungen und Bedürfnisse zeigt, daß soziale Systeme nicht wegen, sondern trotz ihrer formalen Struktur und Regelung hand-

Konstrukts Organisation, indem sie die subjektiven Deutungen der Organisationsmitglieder zu Mittelwerten aggregiert und in voneinander unabhängige Dimensionen zerlegt (etwa das Ausmaß an Kunden-, Resultats-, Technik-, Markt-, Personal-, Kosten- etc. -orientierung, s. Kobi & Wüthrich 1985, Pümpin 1984) oder in polaren Dimensionen erlebter Strukturierung, Autonomie, emotionalem Ton, Leistungsorientierung, Integration, Belohnungshöhe und -fairneß, Innovation und Entwicklungsbereitschaft, Hierarchisierung und Kontrolle (s. Neuberger 1980).

Diese Beschreibungskategorien werden dann als stabile Charakteristika der Organisation ausgegeben und zum (Profil-)Vergleich verschiedener Organisationen als Ganzheiten herangezogen (s. Jones & James 1979).

Zu der Perspektive: „Die Organisation *hat* eine Kultur" gehört auch der oben schon skizzierte „negotiated-order-Ansatz", der betont, daß Organisationen im wesentlichen ausgehandelte Wissens- und Regelsysteme sind. Jedes Organisationsmitglied hat zu lernen, nach welcher „Grammatik" bzw. nach welchen Regeln, Drehbüchern das Geschehen abläuft. Die Kenntnis dieser „Spiel-Regeln" erlaubt es Handelnden wie Beobachtern, Vorgehensweisen, Ereignisse und Ergebnisse zu verstehen, zu rekonstruieren, zu prognostizieren und sich selbst aktiv und kompetent zu beteiligen – was z. B. bei Organisations-Entwicklungs-Interventionen bedeutsam ist.

Vorhandene (formelle *wie* informelle) Regeln üben jedoch kein unerbittliches Verhaltensdiktat aus. Wie schon bemerkt, gehört besondere Regelkenntnis dazu, um zu wissen, wann auf welche Regeln zurückgegriffen werden kann, wann sie gedehnt oder verwässert, bestritten, ignoriert oder demonstrativ angewandt werden müssen oder können (s. Day & Day 1977, S. 130).

Der zweite Ansatz („Eine Organisation *ist* eine Kultur") versteht Unternehmen als Mini-Gesellschaften, deren spezifischer Charakter in ihren Symbolisierungen, Interaktionsstrukturen und Objektivierungen zum Ausdruck kommt: Jede Organisation hat ihre eigene Geschichte (Mythen, Legenden, Anekdoten, Traditionsbildungen), ihre Sprache (Jargon, Mottos, Slogans, Witze), ihre Rituale und Zeremonien (z. B. bei der Einführung und Verabschiedung von Mitarbeitern, bei Konferenzen, Vorstandsbesuchen, Entgeltdifferenzierungen usw.) und ihre eigenen Artefakte (Abzeichen, Statussymbole, Architektur, Ehrungen, Preise etc.). Alle diese Elemente haben zwar (manifeste und latente) *technische* (d. h. für deklarierte Ziele funktionale) Konsequenzen, aber auch wichtige *expressive* Konsequenzen, die z. T. offensichtlich sind (Jubiläen und Ehrungen drücken Dank und Anerkennung aus), z. T. aber erst erschlossen werden müssen (s. die an die anderen Teilnehmer adressierten Disziplinierungs-, Sozialisations- und Legitimationsfunktionen von Auszeichnungen). Auf diese Weise kann untersucht werden, was z. B. mit den als *symbolische* Aktivitäten betrachteten Personalbeurteilungsverfahren, OE-Interventionen, Tarifverhandlungen, Managementtrainings etc. verfolgt wird oder erreicht wird (s. dazu auch die einzelnen Beiträge von Pondy et al. 1983). Selbst die formale Organisationsstruktur als solche läßt sich aus dieser Perspektive nicht als ein effizienter Koordinationsmechanismus, sondern als Verkörperung der in der sozialen Umwelt vorherrschenden Institutionalisierungen auffassen, um Legitimation, Ressourcen, Stabilität und gesteigerte Überlebenschancen zu gewinnen (s. Meyer & Rowan 1977).

Obgleich die verschiedenen Ansätze, die der Kultur-Metapher zugeordnet werden können, unterschiedliche Akzente setzen, kann es als gemeinsames Anliegen betrachtet werden, Organisationen nicht so sehr als objektive, stabile Gebilde mit eigener Gesetzlichkeit zu verstehen, sondern als Sinnsysteme, die menschliche Interaktionen regeln, aus ihnen entstehen und sie verändern. Deshalb kommt subjektiven Interpretationen durch die Mitglieder und ihrem expressiven Verhalten ein hoher Stellenwert zu: Sie versuchen, *Sinn* zu erkennen, zu „machen" und auszudrükken.

Untersuchungsverfahren können sich dann nicht mehr auf die Perspektive des distanzierten, neutralen außenstehenden Beobachters stützen und die Erhebung quasi (dinglich) vorhandener Aspekte (wie Hierarchie, Spezialisierung, Formalisierung etc.) anstreben, sondern müssen sich Verfahren bedienen, wie sie z. B. in der Ethnologie und Phänomenologie entwickelt wurden. Nicht mehr Durchschnittsmeinungen und Regelmäßigkeiten stehen im Vordergrund, sondern auffällige Abweichungen, *verschiedenartige* Erscheinungsformen oder Problemlösungen, der Bezugsrahmen der Handelnden selbst (der Blickwinkel und die Sprache der „Eingeborenen" – s. Gregory 1983); man interessiert sich für die „Selbstverständlichkeiten" (wie sie etwa in ethnomethodologischen Bruchexperimenten, bei der Beobachtung der Erfahrungen des Sozialisationsprozesses neuer Mitglieder, in der Analyse von innerorganisatorischen Blasphemien, Tabus, Regelverstößen zum Ausdruck kommen), die Suche nach latenten und unintendierten Wirkungen von Praktiken und Ritualen, Reaktionen auf kritische Ereignisse in der Firmengeschichte bzw. die Art der Rekonstruktion der Firmengeschichte (ihre Helden und Mythen), Sub-Kulturen der Eltern-Kultur (s. Martin & Siehl 1983).

Kultur ist „die erlernte Weise, Erfahrungen zu verarbeiten" (Gregory 1983, S. 364) bzw. „erlernte Problemlösungen" (Schein, 1984, S. 8) – wobei die „Probleme" eben nicht nur Effizienz oder Rentabilität, sondern auch Umgang mit Macht und Konflikten, Aufbau von Beziehungen und Zusammenhalt, Formung von Personen, Gesellschaften und Umwelten, Vermittlung von Sinn und Sicherung von Bestand usw. sind. Es ist verständlich, daß bei einer derart weiten Fassung des Bezugsproblems der Ruf nach einer „starken" Kultur (Deal & Kennedy 1982), die die Produktivität eines Unternehmens sichern soll, sowohl undifferenziert wie einseitig erscheint. Zum einen ist eine „starke" (homogene, kohärente, stabile, durchdringende) Kultur immer gleichzeitig stabilisierend und damit innovationsfeindlich (s. Trist & Beyer 1984, Gregory 1983), zum anderen ist es unwahrscheinlich, daß – wenn nicht nur die Perspektive des Managements eingenommen wird (aber vermutlich auch schon bei dieser) – die heterogenen und bestenfalls locker verbundenen Zielsetzungen oder Leistungen eines Systems zugunsten *einer* Gestaltungsrichtung verändert werden können, ohne daß gleichzeitig ungewollte Wirkungen in anderen Bereichen gesetzt werden. Die „Kulturpolitik der Unternehmung" (Bleicher 1984) erinnert an das Programm der Human Relations, in dem ja auch versucht wurde, durch Berücksichtigung der informalen Organisation (dem Vorläufer von „Organisationskultur") den „rationalen" Zielsetzungen des Managements effizienter Rechnung zu tragen. Eine angewandte Wissenschaft wie die Organisationspsychologie sollte sich aber nicht einseitig in den Dienst *einer* Interessensrichtung stellen lassen und ihr Handlungsempfehlungen liefern; abgesehen von der Parteinahme wären beim derzeitigen Erkenntnisstand diese Ratschläge auch wenig fundiert und lückenhaft begründet, weil – wie gerade der Organisationskultur-Ansatz deutlich macht – weite Bereiche der Organisationswirklichkeit erst noch aufzuhellen sind.

Die Parallele des Organisationskultur- zum Human-Relations-Ansatz kann noch weitergeführt werden: beide werden genutzt, um dem Management effektivere Einflußmöglichkeiten zu erschließen. Es ist jedoch fraglich, ob es möglich ist, Kultur, die ja ein nur locker verkoppeltes facettenreiches System ist, zu „managen". Gemeint ist wohl die Aufforderung, verschiedene Konkretisierungen von Kultur (ziel-)bewußt zu nutzen (z. B. bestimmte Rituale, Sprachformen, Symbole, Bräuche, Feiern, Kleiderordnungen...).

Es soll abschließend versucht werden, aus einer funktionalistischen Perspektive gewollte und ungewollte Beiträge unternehmerischer „Kulturpolitik" zu skizzieren (s. dazu auch Martin & Siehl 1983, Fine 1984; Smircich 1983; Schein 1984; Trice & Beyer 1984; Martin & Siehl 1983): Kulturelle Elemente

- interpretieren die Vergangenheit und formulieren Zukunftserwartungen,
- symbolisieren Selbstverständnis, „Mission", Auftrag, Sendung, (corporate identity), ziehen und verteidigen Systemgrenzen, demonstrieren Einheit und Geschlossenheit („Familien"),
- wirken gemeinschaftsbildend, integrierend,
- dienen als Indoktrinations-Mechanismen zur nichtstrukturellen Koordination und Steuerung (s. die sog. „clan control" bei Ouchi 1980 und Wilkins & Ouchi 1983, Kieser & Kubicek 1983),
- schreiben bestimmte Methoden, Werte und Verfahren fest und wirken stabilisierend und vereinfachend,

- übermitteln einen großen Umfang an Informationen mit relativ wenig Symbolen,
- zwingen zu öffentlicher Selbstverpflichtung (beim „Mitmachen" von Bräuchen und Akzeptieren von Werten) und üben damit Konformitätsdruck aus,
- vermitteln Orientierung, interpretieren Wirklichkeit, stiften Sinn, ordnen die ansonsten chaotische Umwelt,
- bestätigen und begründen bestehende Ordnungen,
- verschleiern grundlegende Konflikte und Spannungen und lenken die Aufmerksamkeit um auf gemeinsame Aktivitäten und gelungene Harmonisierung,
- legitimieren bestehende Macht- und Statusstrukturen,
- können inspirieren, begeistern, motivieren.

Da diese Beiträge auf „weiche" Weise, gleichsam von selbst, unterschwellig und ohne physischen Zwang geleistet werden, versteht es sich, daß die Macher-Mentalität der Manager sie zu instrumentalisieren sucht.

Kapitel 3.2

Organisationspsychologisch relevante allgemeine Theorien

Andreas Schwald und Thomas Pape

3.2.1 Betrachtungsweisen von Systemen

„Unter einem System versteht man ganz allgemein eine Menge von Elementen und die Menge von Relationen, die zwischen diesen bestehen“ (Adam 1970).

Diese und ähnliche Definitionen (Czayka 1974) betonen die Systemstruktur (d. h. die Beziehungen zwischen den Elementen) und sehen von anderen Systemeigenschaften ab, insbesondere vom Zweck eines Systems, den Bewertungskriterien für die Erfüllung des Zwecks und von den Beziehungen zwischen einem System und seiner Umgebung.

Abhängig vom jeweils verfolgten Zweck kann man einen Gegenstand ganz verschieden betrachten. Eine Person kann aufgefaßt werden als biologisches System enormer Komplexität, als Individuum in einer Kleingruppe oder als Element eines politischen Systems. Der jeweilige Zweck bestimmt die Betrachtungsweise und die Abgrenzung des Systems, d. h. die Menge der Elemente sowie ihre relevanten Attribute und Beziehungen. Da im allgemeinen konkurrierende Einzelziele verfolgt werden, sind unterschiedliche Sichtweisen zu unterscheiden und aufeinander abzustimmen.

Insbesondere kann man:

1) ein System als abgeschlossenes System für sich allein betrachten oder als offenes System, das mit seiner Umgebung in Beziehung steht.
2) die statischen Eigenschaften oder das dynamische Verhalten (Wirkungszusammenhänge zwischen den Systemkomponenten sowie zwischen dem System und seiner Umgebung) untersuchen.

3) verschiedene Betrachtungsweisen bzw. Abstraktionsstufen unterscheiden, d. h. ein Untersystem oder das übergeordnete Gesamtsystem betrachten.

Ein offenes System hat bestimmte Randelemente (die Schnittstelle), über die es Eingabe (Materie, Energie, Information) von seiner Umgebung empfängt oder Ausgabe an seine Umgebung abgibt. Die Umgebung eines Systems umfaßt nicht nur die Schnittstelle, sondern alle Elemente und Beziehungen außerhalb des Systems, welche die Wechselwirkungen über die Schnittstelle beeinflussen.

Zum Beispiel besteht bei einem Gespräch zwischen Menschen der gemeinsame Interpretationskontext aus der Kenntnis der Sprache und der Situation des Gesprächspartners.

In realen (offenen) Systemen ist die Einbettung eines Systems in seine Umgebung in der Regel mit einem Anpassungsprozeß verknüpft. Bestimmte Höflichkeitsformen haben z. B. den Sinn, die Einstellung auf den Gesprächspartner zu erleichtern.

Die globale Sicht eines Systems betrifft Gesamteigenschaften und die Gesamtstruktur, nicht die Struktur und Eigenschaften von Komponenten. Beispiele dafür sind die „Komplexität" und die „Entropie" eines Informationssystems oder Indikatoren zur Wirtschaftslage wie die Inflationsrate und die Arbeitslosenzahl.

Die lokale Sicht betrifft eine Systemkomponente (die ein Untersystem sein kann) und ihre Umgebung, z. B. den Absolventen einer Fachschule auf Stellungsuche.

Die allgemeine Systemtheorie (siehe unten) geht davon aus, daß globale Aussagen über ein System möglich sind, die sich nicht direkt aus lokalen Aussagen ableiten lassen. Bei lokaler Betrachtungsweise werden oft die Neben- und Fernwirkungen einer Systemveränderung nur unvollständig erfaßt.

Wichtig für die Beschreibung und den Vergleich von Systemen ist der Begriff eines Modells: ein Modell stellt gewisse Elemente und Relationen eines anderen Systems dar, welche für eine bestimmte Betrachtungsweise wichtig sind. Auch einen Sachverhalt, auf den eine Theorie angewandt wird, nennt man ein Modell für diese Theorie. Ein rechnergestütztes Simulationsmodell kann aufgefaßt werden als ein Modell für die Realität, ein Bauplan als Modell für ein Haus, eine Uhr als Modell für die Konvention zur Zeitmessung.

3.2.2 *Eigenschaften komplexer Informationssysteme*

Die wissenschaftliche, gesellschaftliche und technische Entwicklung hat zu einem so umfangreichen Bestand an Faktenkenntnissen, methodischem Wissen und technischem Können geführt, daß es für eine Einzelperson nicht mehr möglich ist, sich alle Kenntnisse auch nur einer Disziplin anzueignen und zu erhalten. Auch große Organisationen haben mitunter Schwierigkeiten, sich alle für ihre Zwecke relevanten Informationen zu verschaffen und auf dem laufenden zu halten.

Ein komplexes Informationssystem kann charakterisiert werden durch die Eigenschaft, daß es von einer Person nicht vollständig verstanden werden kann. Als typische Beispiele seien das Gesetzwerk eines Staates, das Wissen des Fachs Psychologie oder eine (rechnergestützte) Datenbank aller zugelassenen Arzneimittel mit geeigneten Auswertungsprogrammen genannt. Komplexität ist nur teilweise durch Mengenprobleme zu begründen – ein Telefonbuch kann von einer Person vollständig verstanden werden –, sondern hauptsächlich durch die Vielfalt von Beziehungen, die in einem System existieren und die zu seinem Verständnis erfaßt werden müssen.

Diese Vielfalt kann entstehen durch:

- die reiche innere Struktur eines Systems (viele verschiedenartige Komponenten, zwischen denen verschiedenartige Beziehungen bestehen).
- eine große Anzahl von Benutzern und indirekt Betroffenen, die verschiedene Interessen vertreten, nicht die gleichen Kenntnisse haben und das System in unterschiedlicher Weise benutzen.
- Lange Entwicklungs- und Verwendungsdauer, welche die Anpassung des Systems an die Änderungen der Systemumgebung (z. B. andere Gesetze, Wissen in anderen Fächern) und an die Änderungen der Realität, welche das Informationssystem beschreibt, notwendig machen.

Daher sind bei der Entwicklung und Verwendung solcher Systeme

- konkurrierende Teilziele und konträre Bewertungskriterien zu berücksichtigen,
- arbeitsteiliges Vorgehen in organisierten Personengruppen notwendig und
- verschiedene zielgruppenspezifische Beschreibungen des Systems erforderlich.

Diese Probleme führen zu dem „Teufelskreis der Spezialisierung“ genannten Zusammenhang:

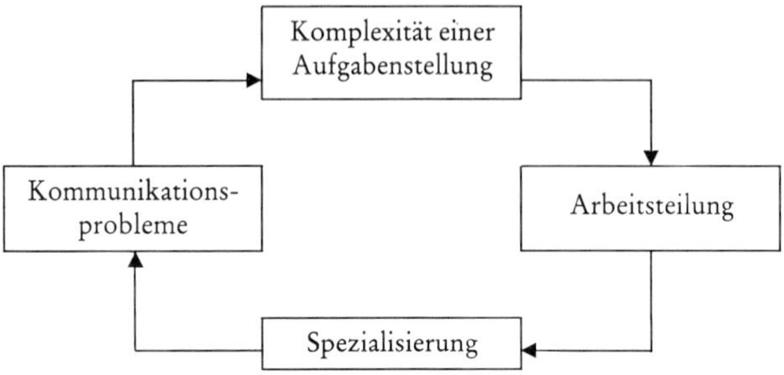

Abb. 1: Teufelskreis der Spezialisierung.

Spezialisierung führt nicht nur zu Verständigungsschwierigkeiten, sondern auch zu Konkurrenzsituationen, welche die Kommunikationsbereitschaft mindern. Diese Konkurrenz kann (z. B. im Wettbewerb zwischen Firmen) erwünscht sein; zwischen den Einheiten eines Unternehmens oder bei der Zusammenarbeit mehrerer Institutionen in Großprojekten stellt die Überwindung dieser Kommunikationsbarrieren hohe Anforderungen an den einzelnen und an die organisatorischen Regelungen.

Strukturierungsmaßnahmen auf mehreren Ebenen können zur Milderung dieser Probleme beitragen:

- Organisatorische Regelungen zur Klarstellung der Rollen der Beteiligten,
- Systemstruktur, welche die Notwendigkeit zur Kommunikation zwischen Systemkomponenten einschränkt (relative Selbständigkeit der Untersysteme),
- systematisches Vorgehen bei der Erstellung und bei der Nutzung des Informationssystems,
- Förderung der Kommunikation zwischen den Beteiligten.

Diese Forderungen gelten nicht nur für den Zeitraum der Ausarbeitung bzw. Entwicklung eines Informationssystems, sondern während der ganzen Nutzungsdauer eines solchen, da die Realität, welche das Informationssystem beschreibt, und die Art seiner Benutzung sich im Lauf der Zeit ändern.

Eine Einzelperson (oder eine organisierte Personengruppe), die ein Informationssystem mit solchen Eigenschaften benutzt, muß für den jeweils verfolgten Zweck nur bestimmte Aspekte oder Teile des Informationssystems verstehen (Beispiele: Handwerker, der die Steuererklärung ausfüllt; Dozent, der eine Einführungsvorlesung hält). Ihre Leistung besteht u. a. darin, die relevanten Informationen zu finden und für die jeweilige Situation anzuwenden – d. h. in Beziehung zu bringen mit ganz anderen Informationssystemen (z. B. dem Vorwissen der Hörer) und in menschliches Handeln umzusetzen.

Dörner (1979) berichtet vom Verhalten von Versuchspersonen beim Umgang mit großen Informationssystemen (psychologische Experimente anhand von Simulationsmodellen) und nennt folgende typische Verhaltensmängel:

- Unfähigkeit, allgemeine Ziele zu konkretisieren sowie Zielkonflikte zu erkennen und auszugleichen,
- Mängel im Prozeß der Hypothesenbildung, insbesondere zu starke Vereinfachung bei reduktiven Hypothesen,
- mangelnde Analyse von Neben- und Fernwirkungen,
- Einkapselung in einen Schwerpunktbereich,
- Unterschätzung der Dynamik eines Systems,
- Bestreben, alles selbst zu machen.

Dörner (1979) vermutet, daß „die Verfügung über viele und abstrakte Schemata für die Kategorisierung von Sachverhalten“ wichtig für die Hypothesenbildung sei. „Allgemeine Schemata solcher Art sind Strukturideen wie ‚Regelkreis‘, ‚Machthierarchie‘, ‚Kommunikationsstruktur‘, ‚Informationsflußlinien‘ usw.“

3.2.3 Formale Theorien

Das Bemühen um allgemein gültiges, sicheres Wissen und um genaue Begriffe hat zur Entwicklung formaler Theorien geführt, die auf ganz verschiedene Sachverhalte anwendbar sind. Diese Denkrichtung kann als komplementär zum Denken in Bildern und Gestalten aufgefaßt werden. Sie wurzelt in einer alten Tradition und hat nach den Erfolgen der mathematisch orientierten Naturwissenschaften auch in den Geisteswissenschaften an Bedeutung gewonnen. Auch die Grundlagen der Mathematik selbst wurden in den letzten 150 Jahren axiomatisiert und formalisiert mit dem Ziel, alle für die Gültigkeit eines Satzes in einer Theorie notwendigen Voraussetzungen explizit sichtbar zu machen. Die daraus resultierende Beweistheorie, vor allem die formalen Logikkalküle, waren eine wesentliche und direkte Voraussetzung für die Entwicklung der modernen Rechentechnik und der Informatik.

Nach Kleene (1964) führen folgende Abstraktionsschritte von einer nicht formalisierten zu einer formalen Theorie:

1) Die Axiome werden festgelegt, d. h. eine Teilmenge der Aussagen der Theorie, aus der sich alle anderen Aussagen ableiten lassen, wird ausgewählt.
2) Die Ableitungsregeln werden unabhängig von der Bedeutung der einzelnen Wörter (Symbole) und Aussagen definiert.

3) Völlige Abstraktion von der Bedeutung aller Symbole. Alle Bedingungen für den Gebrauch der Symbole werden explizit angegeben.

In einer formalen Theorie sind alle Aussagen gültig (bzw. sind beweisbar), die unter der Verwendung der Ableitungsregeln aus den Axiomen abgeleitet werden können. Die Gültigkeit eines Satzes ist also völlig unabhängig von seiner Bedeutung. Ein Beweis erfolgt durch eine exakt geregelte Symbolmanipulation, durch „Rechenoperationen". Die Forderung nach der Evidenz eines Axioms kann in einer formalen Theorie nicht beantwortet werden, wohl aber in einem Modell bzw. in einer Anwendung der Theorie. Von B. Russel stammt die Formulierung: „Mathematics can be defined as the subject in which we never know what we are talking about, nor whether what we are saying is true."

Analoges gilt für die Ausführung von Programmen auf einem Computer. Die Information wird binär codiert (d. h. mit Hilfe von zwei Werten dargestellt). Für die Codierung von Buchstaben und anderen Schriftzeichen wird gewöhnlich ein Byte (Folge von acht Binärzeichen) verwendet. Ein Rechner „versteht" nicht, was er tut, so wie ein Auto nicht „versteht", wohin es fährt.

Das von Kleene (1964) angegebene Axiomsystem für die Elementarmathematik umfaßt 21 Axiome und Schlußregeln, darunter den aus der Aristotelischen Logik bekannten modus ponens (wenn B aus A folgt und wenn A gilt, dann gilt B) und arithmetische Axiome (z. B. $x + 0 = x$).

Der Hauptzweck der Formalisierung einer Theorie ist die Sicherheit des Schließens in der Theorie, insbesondere das Explizitmachen der stillschweigenden Voraussetzungen von Behauptungen. In vielen Fällen wird die möglichst allgemeine Anwendbarkeit einer Theorie angestrebt. Die Formalisierung ist auch eine Voraussetzung für die Automatisierung. Ein Programm, das auf einem Digitalrechner ausgeführt wird, ist ein formales Modell gewisser Eigenschaften der „realen Welt". Seine Ausführung ist unabhängig von der Interpretation der Ein- und Ausgabedaten durch den Benutzer. Eine formale Theorie ist um so „interessanter", je mehr nichttriviale Aussagen sie enthält und je größer ihr Anwendungsbereich ist.

Die Anwendung einer formalen Theorie auf Sachverhalte der realen Welt ist prinzipiell problematisch. Es ist in vielen Fällen nicht klar, ob es mit der Theorie gelingt, alle für den jeweiligen Zweck wesentlichen Eigenschaften vollständig zu erfassen. Auch kann für einen konkreten Anwendungsfall der Genauigkeitsanspruch, der in der formalen Theorie gilt, nicht immer für die Objekte und Relationen des Anwendungsbereichs aufrechterhalten werden. Außerdem können die Grenzen, in denen die Anwendung einer formalen Theorie zweckmäßig ist, in der Regel nicht genau bestimmt werden.

Beispiel:
Die Anwendung der ebenen Geometrie auf die Landvermessung bedeutet eine Idealisierung in doppelter Hinsicht. Die Erdoberfläche ist lokal gesehen sicher nirgendwo vollständig eben. Global gesehen hat sie (näherungsweise) die Gestalt einer Kugeloberfläche.

Trotzdem ist die Anwendung dieser Theorie für viele Zwecke sinnvoll, da die Resultate hinreichend genau, zuverlässig und nachvollziehbar sind. Die Zweckmäßigkeit der Verwendung der ebenen Geometrie oder einer anderen Projektion der Erdoberfläche auf eine (als Ebene angenommene) Landkarte ist abhängig von der Größe des dargestellten Gebietes und von der erforderlichen Genauigkeit.

Eine formale Theorie ist oft auf eine große Anzahl ganz unterschiedlicher Sachverhalte anwendbar, sie ist aber per se nicht allgemein in dem Sinn, daß sie immer eine Ordnung und eine sinnvolle Gesamtinterpretation einer großen Menge von Teilaussagen mit neuen inhaltlichen Aussagen gewährleistet. Formalisierung ist kein Ausweg aus dem „Teufelskreis der Spezialisierung", auch wenn man die Logik und die Mengenlehre als allgemeinen Rahmen des begrifflichen Denkens betrachten kann.

Bertalanffy (1962) bescheinigt der Mathematik zwar enorme Erfolge in den Naturwissenschaften und in technischen Disziplinen, bezeichnet aber mathematische Modelle für Gesellschaftswissenschaften als „oversimplification" und fragt, ob so ein Modell „strips actual events to the bones or cuts away vital parts of their anatomy".

Die im Beitrag „Organisationsdiagnose" erläuterten Organisationsmaße sind Beispiele für die Anwendung (sehr einfacher) mathematischer Methoden auf ein sogenanntes „schlecht definiertes" Problem.

3.2.4 Grundlegende Strukturmodelle

3.2.4.1 Mengen und Relationen

Die Mengenlehre faßt eine Menge als (endliche oder unendliche) Gesamtheit von unterscheidbaren Elementen auf, von deren Beschaffenheit zunächst ebenso abstrahiert wird wie von den Beziehungen zwischen den Elementen.

Beispiele von Mengen:

- die Wahrheitswerte TRUE und FALSE,
- die natürlichen Zahlen (eine unendliche Menge),

- die Bewohner der Stadt Salzburg,
- die Menge der Paare von Wahrheitswerten (TRUE, TRUE),(FALSE, FALSE), (TRUE, FALSE) und (FALSE, TRUE),
- die leere Menge, die kein Element enthält.

Zur Strukturbildung auf Mengen dienen Relationen und Operationen. Eine zweistellige (allgemein n-stellige) Operation über einer Menge ist eine Teilmenge der Paare von Elementen (allgemein n-tupel von Elementen).

Beispiele:

Die Relation „gleich" kann für die natürlichen Zahlen definiert werden als die Menge der Paare (0,0), (1,1), (2,2)... Ein Beispiel einer dreistelligen Relation ist „zwischen" für natürliche Zahlen: die Menge aller Tripel (i, j, k) mit $i < j$ und $j < k$.

Eine Operation (oder Funktion) ist eine Abbildung zwischen Mengen. Sie kann auch aufgefaßt werden als eine Aktion, welche aus einem vorhandenen Wert einen neuen erzeugt.

Beispiel:

Die charakteristische Funktion CF einer Untermenge aus einer Grundmenge M ist die Abbildung

$$M \rightarrow (\text{TRUE, FALSE})$$

mit CF(x) = TRUE, falls x Element der Untermenge ist,
und CF(x) = FALSE, falls x nicht Element der Untermenge ist.

Eine Untermenge kann aufgezählt oder durch ein Attribut definiert werden.

Beispiele:

- (1,4,9,25), eine Untermenge der natürlichen Zahlen
- die Bewohner Salzburgs, die in Salzburg geboren sind
- die durch 3 teilbaren Zahlen (eine unendliche Teilmenge der ganzen Zahlen).

Die Grundoperationen der Mengenlehre sind Vereinigung (*„or"*), Durchschnitt (*„and"*) und Komplement (*„not"*).

Für eine Menge M mit Untermengen M1 und M2 (deren charakteristische Funktionen seien CM1 bzw. CM2) sind diese Operationen definiert wie folgt:
x ist Element von M1 *or* M2 genau dann, wenn CM1(x) = TRUE oder CM2(x) = TRUE gilt.

x ist Element von M1 *and* M2 genau dann, wenn CM1(x) = TRUE und auch CM2(x) = TRUE gilt.

x ist Element von *not* M1 genau dann, wenn CM1(x) = FALSE gilt.

Die in Abbildungen verwendete Notation, ein Diagramm aus Kästchen und Pfeilen zusammenzusetzen, ist eine informelle Anwendung dieser Konzepte. Ein Kästchen steht für einen Begriff (eine Teilmenge oder Komponente des betrachteten Systems), seine Berandung symbolisiert die Abgrenzung des Begriffsumfangs. Die Pfeile stehen für Relationen oder Operationen, in Abb. 1 für „bewirkt".

3.2.4.2 Graphen

Ein gerichteter Graph ist eine Menge M mit einer zweistelligen Relation über M. Die Elemente von M werden Knoten, die Elemente der Relation Kanten genannt.

Beispiel:

M = (Wien, Salzburg, München, Mailand)

K = ((Wien, Salzburg), (München, Salzburg), (München, Wien), (Mailand, München), (Salzburg, Mailand))

Zur Darstellung von Graphen werden oft Punkte (Knoten) und Pfeile (Kanten) verwendet, für das obige Beispiel etwa

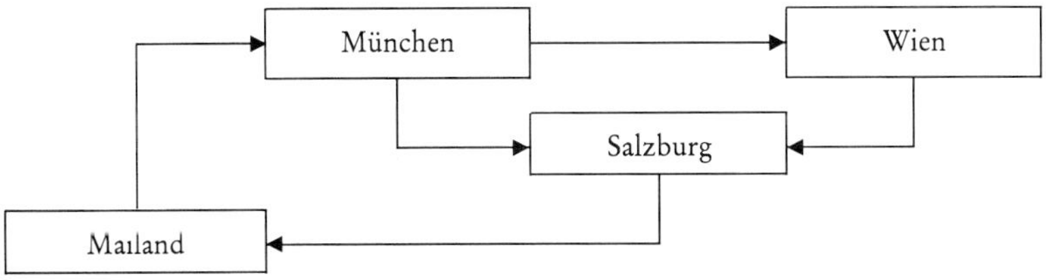

Abb. 2: Knoten und Kanten eines Graphen.

Die Graphentheorie untersucht lokale und globale Eigenschaften von Graphen, z. B. die möglichen Wege (Kantenfolgen) zwischen zwei Knoten, den Zusammenhang zwischen Teilgraphen oder das Vorkommen von „Kreisen" (geschlossene Kantenfolgen, in Abb. 2 z. B. die Kantenfolge (Salzburg, Mailand), (Mailand, München), (München, Salzburg).

In einem bewerteten Graphen sind den Kanten Werte zugeordnet, die z. B. als Länge oder als Kapazität interpretiert werden können. Typische Anwendungen der

Graphentheorie sind die Untersuchung von Transportnetzen (z. B. auf Grenzkapazität) und die Planung komplexer Arbeitsabläufe mit Netzplänen. In einem Netzplan symbolisieren die Kanten die Durchführung einzelner Arbeiten, die Knoten die Fertigstellung von Zwischenprodukten.

Eine spezielle Klasse von Graphen sind die Hierarchien. Eine Hierarchie ist eine zweistellige Relation, die (als Kantenmenge eines Graphen aufgefaßt) keinen Kreis enthält.

Ein Baum ist ein gerichteter Graph, dessen Kantenmenge eine Hierarchie bildet und für den gilt:

Anzahl der Knoten = Anzahl der Kanten + 1

In einer Hierarchie H über einer Menge M kann man verschiedene Ebenen unterscheiden:

Die Ebene 0 besteht aus allen Elementen m aus M, für die es kein „übergeordnetes" Element gibt, d. h. es gibt für kein u aus M ein Paar (u, m) aus H. Die Ebene i für $i > 0$ besteht aus allen Elementen m aus M, die nicht zu einer Ebene $j < i$ gehören und für die es mindestens ein (u, m) aus H gibt, dessen u zu einer Ebene j mit $j < i$ gehört. Hierarische Strukturierung ist grundlegend für unsere Begriffsbildung: die Beziehung zwischen einem Ganzen und seinen Teilen (z. B. Familie–Person, Haus–Stockwerk–Zimmer) bildet eine Baumstruktur. Auch Vorrangregeln (z. B. D-, Eil- und Personenzug) führen zu hierarchischen Strukturen. Der Graph in Abb. 2 enthält Kreise, ist daher keine Hierarchie.

3.2.4.3 Generierende Systeme

Generierende Systeme basieren auf Regeln, welche Klassen von Objekten beschreiben. Objekte werden duch das Einsetzen von Werten für Variable bzw. für Parameter (z. B. die Textlücken eines Formulars) generiert.

Die Grammatik einer formalen Sprache ist ein generierendes System. Sie kann beschrieben werden durch eine Menge von Regeln der Gestalt L → R, wobei L und R Ausdrücke über einem Alphabet sind, welches aus Basiszeichen und syntaktischen Variablen besteht. Eine ausgezeichnete Variable dient als Basis für die Generierung von Sätzen durch die Anwendung der Regeln. Durch (mehrfache) Anwendung von Regeln erhält man einen „Satz", der nur aus Basiszeichen besteht.

Beispiel: Regelsystem einer sehr einfachen Sprache.

Aussage → Subjekt Prädikat Objekt
Subjekt → Otto / Ottilie
Prädikat → mag / verabscheut

Objekt → Tiere / Veranstaltungen
Tiere → Hunde / Katzen / Mäuse
Veranstaltungen → Konzerte / Ausflüge / Kegelabende

Syntaktische Variable dieser Grammatik sind: Aussage, Subjekt, Prädikat, Objekt, Tiere, Veranstaltungen. Die übrigen Wörter sind die Basiszeichen, aus denen Aussagen gebildet werden können.

Einen Satz dieser Sprache erhält man durch folgende Ableitung:

Aussage → Subjekt Prädikat Objekt → Ottilie Prädikat Objekt → Ottilie Prädikat Veranstaltungen → Ottilie Prädikat Ausflüge → Ottilie mag Ausflüge.

„Ottilie mag Tiere" oder „Otto Prädikat Konzerte" sind keine Sätze dieser Sprache, da sie syntaktische Variable enthalten.

Ein Regelsystem gestattet die Beschreibung einer unendlichen Menge von Sätzen mit einer endlichen Menge von Regeln. Eine Erweiterung des obigen Regelsystems um die Regel

Aussage → Aussage und Prädikat Objekt

ermöglicht die Ableitung beliebig langer Sätze wie z. B. „Otto mag Kegelabende und verabscheut Mäuse und mag Hunde und verabscheut Kegelabende..."

Ein inhaltlicher Widerspruch ist kein Verstoß gegen diese Regeln. In Expertensystemen (siehe unten) verwendet man neben Regeln obiger Gestalt auch sog. „Fakten" als Axiome, das sind Aussagen, welche unabhängig von Bedingungen gelten. Dies entspricht der unterschiedlichen Zielsetzung: Obiges Regelsystem soll die syntaktisch korrekten Sätze beschreiben; ein Expertensystem soll Fragen aus einem klar abgegrenzten Sachgebiet beantworten bzw. aus den (bekannten) Fakten ableiten.

Bekannte Beispiele generierender Systeme sind Formulare. Auch organisatorische Regelungen, welche einer untergeordneten Instanz Entscheidungsfreiheit im Rahmen allgemeiner Vorschriften gewähren, oder Rahmenverträge können als Beispiele generierender Systeme aufgefaßt werden.

Zusammenfassung:

Die obigen Beispiele grundlegender Strukturmodelle zeigen, wie in formalen Theorien Strukturen beschrieben werden. Eigenschaften solcher Strukturen sind nicht aus der Betrachtung eines Beispiels (das kann zur Formulierung von Problemen und Hypothesen sehr nützlich sein), sondern aus den definierenden Eigenschaften und evt. weiteren Voraussetzungen abzuleiten. Die mathematischen Begriffe können als Präzisierung der umgangssprachlichen Begriffe aufgefaßt werden, die zur Formalisierung und bei der Anwendung einer formalen Theorie notwendig ist.

3.2.5 Allgemeine Systemtheorie und mathematische Modelle

In den letzten Jahrzehnten gab es eine Vielzahl von Bemühungen, über die Logik und die Mathematik hinaus Theorien zu entwickeln, die auf eine sehr große Klasse von realen Systemen anwendbar und auch als Rahmen für interdisziplinäre Arbeit geeignet sein sollen. Beispiele dafür sind die Kybernetik, die Informatik und die allgemeine Systemtheorie. Die Systemtechnik wendet diese allgemeinen Theorien an für Großprojekte, in denen Fachleute verschiedener Disziplinen zusammenarbeiten. In den folgenden Abschnitten sollen die Grundkonzepte der allgemeinen Systemtheorie und der Kybernetik skizziert werden.

Bertalanffy (1972) beschreibt den Gegenstand der allgemeinen Systemtheorie: „Es gibt Modelle, Prinzipien und Gesetze, die für allgemeine Systeme oder Unterklassen von solchen gelten, unabhängig von der besonderen Art der Systeme, der Natur ihrer Komponenten und der Beziehungen oder den Kräften zwischen diesen. (...) Die „Allgemeine Systemtheorie" ist ein logisch-mathematisches Gebiet, dessen Aufgabe die Formulierung und Ableitung jener allgemeiner Prinzipien ist, die für „Systeme" schlechthin gelten. Auf diesem Wege sind exakte Formulierungen von Systemeigenschaften möglich, wie zum Beispiel Ganzheit und Summe, Differenzierung, progressive Mechanisierung, Zentralisierung, hierarchische Ordnung, Finalität und Äquifinalität usw. – das heißt Charakteristiken, die in allen Wissenschaften vorkommen, die sich mit Systemen beschäftigen und so deren logische Homologie bedingen."

Dieses „systems movement" (Checkland 1981) zeitigte Auswirkungen in vielen Forschungsbereichen, in technischen Anwendungen (Systemtechnik) und auch in der Politik, z. B. durch die Artikulierung ökologischer Probleme, die auf einer ganzheitlichen Sicht der menschlichen Gesellschaft und ihrer Umwelt beruht. Im Mittelpunkt des Interesses stehen also „problems of organized complexity" (Bertalanffy 1962), die in einer mechanistischen Weltsicht ignoriert werden, bzw. die Explikation der Artistotelischen Aussage, daß das Ganze mehr ist als die Summe seiner Teile.

3.2.5.1 Wichtige Konzepte der allgemeinen Systemtheorie

1) Ganzheit und Unabhängigkeit:

Ein System verhält sich ganzheitlich (kohärent), wenn eine Änderung an einem Systemteil auch Änderungen an allen anderen Teilen des Systems bewirkt. Zwei Systemteile sind voneinander unabhängig, wenn eine Änderung in einem Teil keine Auswirkungen im anderen hat.

Ganzheitliches Verhalten beruht auf Beziehungen zwischen den Teilen eines Systems. „No sensible method of measuring wholeness and independence yet exists. Nevertheless... a useful qualitative notion" (Hall 1956).

Beispiel:

Fieber als ganzheitliche Reaktion des Körpers auf die Erkrankung eines Organs.

2) Wachstum:

Zur Beschreibung von Wachstumsvorgängen gibt es einfache mathematische Modelle (z. B. exponentielles Wachstum). Die Betrachtung des relativen Wachstums von Systemkomponenten führt zu Modellen, welche das Verhalten von Konkurrenten beschreiben. Ein Spezialfall von Wachstumsprozessen sind stabile Zustände, die sich aus dem Gleichgewicht mehrerer Wachstumsprozesse ergeben („steady state", Fließgleichgewicht).

Beispiele:

Stoffwechselvorgänge und Wachstum über längere Zeiträume. Besonders bekannt wurde das „Weltmodell" des Club of Rome (Meadow 1972), welches mögliche Entwicklungen der Erdbevölkerung abhängig von der Verfügbarkeit von Rohstoffen u. a. Einflußgrößen modelliert.

3) Progressive Aufspaltung und Systematisierung:

Die zeitlichen Veränderungen in einem System können zur Zunahme oder Abnahme seiner Ganzheit (d. h. zum Entstehen bzw. Vergehen von Beziehungen zwischen den Elementen des Systems) führen. Die Zunahme der Unabhängigkeit von Systemteilen (durch Zerfall oder durch Wachstum) wird als progressive Aufspaltung bezeichnet, die Zunahme der Ganzheit (durch das Entstehen neuer Beziehungen) als progressive Systematisierung.

Beispiel:

Die Eheschließung begründet eine neue Familie und lockert die Beziehungen zu den Eltern und Geschwistern.

4) Zentralisierung:

Ein zentralisiertes System enthält eine Komponente, den führenden Teil („leading part"), die eine dominierende Rolle für das Verhalten des Gesamtsystems spielt. Eine geringe Änderung im führenden Teil bewirkt in allen anderen Teilen des Systems erhebliche Änderungen.

Die Entwicklung eines Embryos ist ein Beispiel für progressive Aufspaltung durch Zellteilung, für Zentralisierung durch die Entwicklung der Gehirnfunktionen und für progressive Systematisierung durch die Ausbildung des Nervensystems.

5) Anpassungsfähige Systeme:

Bei lebenden Systemen „we observe an amazing order, organization, maintenance in continuing change, regulation und apparent teleology" (Bertalanffy 1962).

Als generelle Konzepte werden in der allgemeinen Systemtheorie die Finalität und die Äquifinalität formuliert, d. h. die Orientierung eines Systems auf das Erreichen eines bestimmten Ziels bzw. das simultane Erreichen mehrerer Ziele. In der Biologie wird als allgemeines Ziel oft das Überleben der Art oder des Individuums postuliert. Für technische Systeme sind in der Regel bestimmte Optimierungsziele vorgegeben, z. B. das Heizen einer Wohnung mit möglichst geringem Energieverbrauch.

Die Stabilisierung von Systemeigenschaften (z. B. der Körpertemperatur warmblütiger Tiere, des Personalstandes eines Unternehmens) kann auch Anpassung an die sich ändernde Umgebung des (offenen) Systems erfordern. Ein System ist mit seiner Umgebung kompatibel, wenn die Umgebung das Erreichen des Systemzwecks nicht behindert oder unmöglich macht und wenn das System in seiner Umgebung keine unerwünschten Effekte (die mit den Zielen anderer Systeme in Konflikt stehen) verursacht.

3.2.5.2 Mathematische Modelle

Für viele Konzepte der allgemeinen Systemtheorie wurden mathematische Modelle entwickelt, z. B. können statische Strukturen mit Hilfe von Graphen, Zustandsübergänge in diskreten Systemen als Operationen auf algebraischen Strukturen modelliert werden. Das Verhalten kontinuierlicher Systeme (insbesondere die zeitliche Entwicklung von Systemzuständen) wird durch Systeme von Differentialgleichungen beschrieben. Bei der Anwendung solcher Modelle ist zu beachten, daß manche Begriffe sich für eine Quantifizierung nicht eignen bzw. eine Quantifizierung nur für eine spezielle Klasse von Systemen zulassen. Die Begriffe Komplexität und Entropie sind Beispiele dafür. „Komplexität" ist ein Begriff, für den eine Messung anhand eines einfach zu quantifizierenden Merkmals (z. B. der Länge eines Textes) offensichtlich unzureichend bleibt. Die Verwendung von Meßgrößen als Indikatoren für Komplexität kann zweckmäßig sein, wenn es begründete Annahmen für die „Güte" der Meßgrößen gibt.

Der Begriff der Entropie ist in der Thermodynamik und in der Informationstheorie genau definiert. Seine Verallgemeinerung auf Informationssysteme als „Maß der Unstrukturiertheit" (Belady 1976) hat qualitativen Charakter, da die quantitativen Indikatoren (z. B. Arbeitszeit für das Durchführen einer Änderung) nicht nur vom betrachteten Informationssystem abhängen. Beispielsweise besteht der Aufwand für die Änderung eines Gesetzes nur zum geringsten Teil in der Formulierung und Publikation des modifizierten Gesetzestextes.

Die Anwendung mathematischer Modelle zur Beschreibung und zur rechnergestützten Simulation von Systemen hat in vielen Fällen nicht den Zweck, genaue quantitative Resultate zu liefern, sondern einen Überblick über das Systemverhalten zu liefern, der mit anderen Methoden nur mit ungleich höherem Aufwand oder gar nicht erreichbar wäre. Insbesondere helfen mathematische Modelle bei der Abschätzung der Fernwirkungen von Entwicklungstendenzen in komplexen Systemen.

Die genaue mathematische Modellierung erfordert schon für recht einfache Sachverhalte (z. B. Betrieb eines Lebensmittelgeschäfts) einen sehr aufwendigen mathematischen Apparat und viele Vereinfachungen. Die Verwendung von Zufallsgrößen (z. B. für den Absatz eines Produkts) ist eine Technik zur Quantifizierung von Größen, deren Kausalzusammenhang im Modell nicht erfaßt werden kann. Es zeigt sich, daß stark vernetzte Modelle gegenüber vielen lokalen Veränderungen sehr robust sind (stabiles Systemverhalten). Andererseits können geringe Veränderungen zu irreversiblen Zustandsübergängen führen (Analogon: Schwerkraft wirkt auf eine Kugel, die in einer Mulde oder auf einem Grat rollt).

Wesentlich ist die Validation von Simulationsmodellen, d. h. die Prüfung ihres Prognosewerts anhand von Beispielen, die nicht für die Kalibrierung des Modells verwendet wurden. Für das obige Beispiel könnte die Validierung durch die die Beobachtung von Lebensmittelgeschäften über längere Zeiträume und den Vergleich der Betriebsergebnisse mit denen des Modells geschehen. Dabei müssen die Modellannahmen für diese Betriebe zutreffen, die Zufallsgrößen sind durch die empirischen Werte zu ersetzen.

Das Verständnis des Modells und der für seine Anwendung notwendigen Abstraktionen ist zur Beurteilung der Modellresultate notwendig, und die Gefahr der naiven oder falschen Interpretation der Resultate von Simulationsmodellen („Computergläubigkeit") sollte nicht unterschätzt werden. Den prinzipiellen Vorbehalt gegen mathematische Modelle, daß sie von wesentlichen Eigenschaften des betrachteten Gegenstands abstrahieren, kann man jedoch getrost auf alle Bemühungen des menschlichen Denkens verallgemeinern.

3.2.6 Kybernetik

Die Kybernetik untersucht Steuerungs- und Regelungsmechanismen, wie sie in technischen, biologischen und sozialen Systemen auftreten. Einfache Beispiele dafür sind die Regelung der Raumtemperatur mittels Thermostat, die von Pawlow untersuchten bedingten Reflexe bei Hunden und die Verkehrsmeldungen im Rundfunk.

Die Komponenten eines Systems werden (im Sinn des Behaviorismus) als „schwarze Kästen" aufgefaßt, über deren innere Struktur nichts bekannt ist. Sie empfangen und senden Nachrichten über eine Schnittstelle (Eingänge und Ausgänge). Die Anpassung des Verhaltens einer Systemkomponente an geänderte Umweltbedingungen wird als Lernen bezeichnet. Dabei wird von den inneren Eigenschaften der Systemkomponente abstrahiert, nicht deren Existenz bestritten.

Das von A. Turing vorgeschlagene Gedankenexperiment zur Frage, ob Maschinen denken können, verdeutlicht diese Auffassung. Wenn ein Mensch über einen Fernschreiber ein Wechselgespräch führt und dabei (mit beliebig großem Aufwand) nicht unterscheiden kann, ob sein Partner ein Mensch oder ein Automat ist, dann ist dieser Partner als ein denkfähiges Wesen aufzufassen.

3.2.6.1 Lernende Automaten

Die Auffassung, daß ein Lernvorgang nur nach seinem von außen sichtbaren Verlauf zu beschreiben ist, wird als unzureichend kritisiert. Ein „intelligentes" Wesen verwendet ein internes Modell der Außenwelt und reagiert „optimal" nach gewissen Zielkriterien. Das einfachste Beispiel eines Lernvorgans ist die Rückkopplung, d. h. das Zurückführen eines Teils der Ausgangsgröße eines Systems als Eingangsgröße. Positive Rückkopplung verstärkt Änderungstrends für eine Ausgangsgröße, negative Rückkopplung stabilisiert die Ausgangsgröße. Negative Rückkopplung ist sehr häufig bei der Stabilisierung von Gleichgewichten in biologischen und technischen Systemen zu beobachten.

Beispiel:

Eine Unterhaltung in einem lärmerfüllten Saal muß mit besonders lauter Stimme geführt werden. Dadurch wird der allgemeine Lärm weiter gesteigert (positive Rückkopplung). Negative Rückkopplung liegt vor, wenn die Unterhaltung unterbrochen wird, bis der Lärm auf ein erträgliches Maß zurückgegangen ist.

Das Lernen eines Automaten hat zwei Voraussetzungen:

- ein „Gedächtnis", in dem frühere „Erfahrungen" abgelegt werden können, und

- die Vorgabe einer Bewertungs- bzw. Zielfunktion, welche als Kriterium für das optimale Verhalten dient und die Anpassung des Außenverhaltens steuert.

Beispiel:

Ein Prozeßrechner soll die Temperatur in einem Kessel regeln.

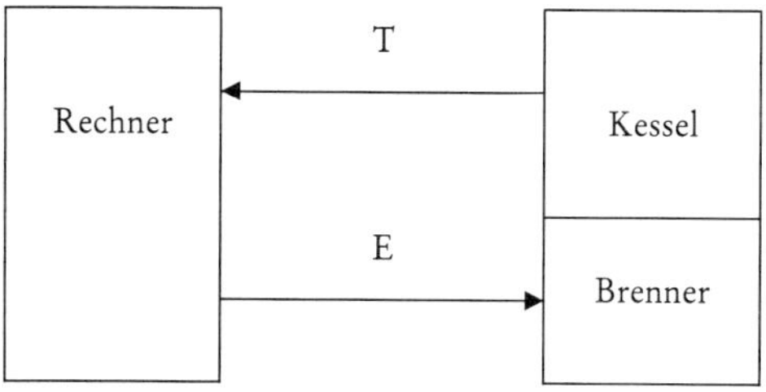

T = Temperatur im Kessel
E = Einstellung des Brenners

Abb. 3: Regelungsaufgabe.

Als Zielfunktion für die Regelung kann eine feste Solltemperatur vorgegeben sein oder eine andere Zielfunktion, die von früher gemessenen Temperaturwerten, vom Brennstoffvorrat und von anderen Größen abhängen kann. Die Neuberechnung der Zielfunktion (aus im Rechner gespeicherten Werten) bei jedem Regelungszyklus führt zu optimalem Verhalten bezüglich dieser Zielfunktion. Durch den Einsatz generierender Techniken kann auch die Rechenvorschrift für die Zielfunktion geändert werden.

Ein in der Psychologie bekannt gewordenes lernendes Programm ist J. Weizenbaums „Eliza", das einen Dialog zwischen einer Person und einem Computer in englischer Sprache abwickelt. Nach Weizenbaum (1976) besteht es aus einem Analyseprogramm für englische Sätze und einem „Skript" für eine bestimmte Gesprächssituation (Regeln, die für die Situation spezifisch sind).

Der Autor berichtet : „For my first experiment, I gave Eliza a script designed to permit it to play (I should really say parody) the role of a Rogerian psychotherapist engaged in an initial interview with a patient. The Rogerian psychotherapist is relatively easy to imitate because much of his technique consists of drawing his patient out by reflecting the patient's statements back to him."

Das Programm, das sich sehr gut zu Demonstrationen eignete, wurde bald berühmt. Die Reaktionen entsprachen jedoch nicht den Erwartungen des Autors. „The shock I experienced as Eliza became widely known und „played" were due principally to three distinct events.

1) A number of practicing psychiatrists seriously believed the Eliza computer program could grow into a nearly completely automatic form of psychotherapy...

2) I was startled to see how quickly and how very deeply people conversing with Eliza became emotionally involved with the computer und how unequivocally they anthropomorphized it...

3) Another widespread, and to me surprising, reaction to the Eliza program was the spread of a belief that it demonstrated a general solution to the problem of computer understanding of natural language."

3.2.7 Wissensbasierte Systeme

Die Künstliche Intelligenz (KI) ist als Forschungsgebiet der Informatik und ihrer Anwendungsbereiche sehr aktuell. Frühe, spektakuläre Einzelerfolge (z. B. Schachprogramme, Weizenbaums Eliza), die unrealistische Erwartungen weckten (analog zu den Erwartungen an den Computer als „Elektronengehirn") wurden durch Projekte mit bescheideneren Zielen abgelöst, welche zu Programmsystemen führten, die in Forschung und Industrie mit Erfolg eingesetzt werden.

Die Grundlagenforschung – weitgehendes Nachvollziehen menschlicher Denkvorgänge durch Computer – steht vor schwierigen Problemen, welche die (dem menschlichen Gehirn analoge) Darstellung von Wissen und die assoziative Art des menschlichen Wahrnehmens und Problemlösens betreffen. Die von KI-Forschern als Schlüsselproblem bezeichnete „database of common sense" ist derzeit nicht in Sicht.

Die wichtigsten KI-Teildisziplinen sind:

- Expertensysteme (Hayes-Roth 1983)
- Sprachverarbeitung für natürliche Sprachen (Tennant 1981)
- Bildverstehen (Levine 1985)
- Robotik (Scott 1985)
- Deduktionssysteme (Wos 1985)

3.2.7.1 Expertensysteme

Nach Puppe (1986) sind Expertensysteme Computerprogramme, die Fähigkeiten von Experten simulieren sollen. Dazu gehören:

- ein Problem verstehen und lösen,
- die Lösung erklären,
- Wissen erwerben und strukturieren.

Außerdem sollte ein solches System seine Kompetenz einschätzen und Randgebiete überblicken können.

Während bei den meisten DV-Anwendungen die Resultate nach einer festen Rechenvorschrift aus den Eingabedaten berechnet werden, soll ein Expertensystem Fragen aus seinem Kompetenzbereich beantworten. Dazu braucht es bereichsunabhängige Problemlösungsmethoden (z. B. die Regeln der Aussagenlogik), bereichsspezifisches Expertenwissen (Fakten, Schlußregeln, Heuristiken) und fallspezifische Daten.

Solche Systeme werden auch für Anwendungsbereiche mit „schlecht definierten" Fragestellungen (z. B. medizinische Diagnostik, Planen von Experimenten) eingesetzt, bei denen es für die Auswahl einer Lösung (z. B. eine Diagnose aufgrund weniger Symptome, der nächste Zug einer Schachpartie) mehrere Möglichkeiten gibt; die in der jeweiligen Situation aussichtsreichste (z. B. nach einer Punktewertung) wird ausgewählt bzw. vorgeschlagen.

Puppe (1986) nennt vier allgemeine Problemklassen für Expertensysteme:

- Diagnostik
  Wiedererkennen eines bekannten Musters (Systemzustands) aus gegebenen oder zu suchenden Symptomen (Meßwerten),
- Design
  Suchen eines Objekts, das gewissen Anforderungen genügt (z. B. Stundenplan, Konfiguration einer Rechenanlage),
- Planung
  Suche einer Folge von Aktionen zum Erreichen eines Endzustands,
- Simulation
  Berechnung der vollständigen Auswirkung von Ereignissen (z. B. Wettervorhersage),

und folgende Kriterien für geeignete Anwendungsbereiche:

- gut abgrenzbares (kein Allgemeinwissen erforderliches) und überschaubares (kleines) Gebiet,
- hauptsächlich heuristisches Wissen vorhanden (algorithmisches Wissen läßt sich anders besser, kausales Wissen (noch) unzureichend darstellen),
- Verfügbarkeit von Expertenwissen und gute Testmöglichkeiten (kooperative Experten, Fachliteratur),
- einfach verbalisierbare Eingabe und Ausgabe (keine komplizierte Sensorik oder Motorik und kein Gebrauch der natürlichen Sprache).

3.2.7.2 Beispiel: Eheanbahnung

Die folgende Skizze eines „Expertensystems" gibt Regeln zur Ermittlung zusammenpassender Partner an, die auf einer Personenbeschreibung aufbauen.

Die Personenbeschreibung umfaßt folgende Merkmale: Geschlecht, Familienstand, Alter, Größe, Gewicht, Zu- und Abneigungen (Kegelabende, Hausmusik, Tanzen, Wandern, Katzen, Sexfilme, Sauerkraut)

Regeln:

1) Zwei Personen haben gleiche Interessen, wenn sie mindestens eine Zuneigung gemeinsam haben.
2) Zwei Personen sind gegensätzlich, wenn mindestens eine Zuneigung des einen eine Abneigung des anderen ist.
3) Zwei Personen sind verwandte Seelen, wenn sie gleiche Interessen haben und nicht gegensätzlich sind.
4) Zwei Personen sind Partner, wenn sie verwandte Seelen sind und ihr Altersunterschied kleiner als 30 Jahre ist.
6) Zwei Personen sind Heiratskandidaten, wenn sie Partner mit unterschiedlichem Geschlecht und beide nicht verheiratet sind.
7) Ernsthafte Kandidaten sind Heiratskandidaten, deren Altersunterschied kleiner als 5 Jahre ist.

Diese Regeln besagen, daß Otto (männlich, ledig, 30 J., 199 cm, 105 kg, mag Wandern und Hausmusik) und Ottilie (weiblich, Witwe, 72 J., 158 cm, 52 kg, mag Hausmusik und Sauerkraut, verabscheut Katzen) verwandte Seelen, aber keine Heiratskandidaten sind.

Verbesserungen dieses „Expertensystems" müßten von einer sorgfältigen Wahl der Merkmale ausgehen. Die Regeln sollten eine Gewichtung der Merkmale zwecks

Reihung möglicher Kandidaten umfassen. Offensichtlich ist die Brauchbarkeit des Systems von der Größe und Aktualität der Datenbasis (Beschreibung der Heiratskandidaten) abhängig.

Das System könnte „lernen" durch die Analyse von Persönlichkeitsmerkmalen (und anderen Bedingungen), die bei geglückten bzw. bei gescheiterten Ehen häufig sind und daraus neue Regeln (z. B. überbrückbare Unterschiede) ableiten.

3.2.7.3 Anwendung in der Psychologie

Diese betrifft die Simulation des menschlichen Verhaltens, wobei dieser Ansatz nicht unumstritten ist. Es stellt sich das Problem, den innerpsychischen Ablauf im Menschen durch Vorgänge im Computer darzustellen.

Es ist vor allem die Arbeitsgruppe um H. Simon zu nennen, der die Idee verfolgte, die einzelnen Schritte menschlichen Problemlösungsverhaltens systematisch zu beobachten. Aus diesen Beobachtungen wurden strukturierte Schrittfolgen abgeleitet, die dann in Form von Flußdiagrammen protokolliert wurden (Newell, Shaw & Simon, 1958 und 1959).

Die Arbeitsgruppe von H. Simon befaßte sich vornehmlich mit der Simulation von Denkvorgängen. Simon selber hat Programme entwickelt, die einen Computer zum Schachspiel befähigen. Andere Mitarbeiter haben Simulationsmodelle für Preis und Output-Determinanten (für industrielle Produktion) entwickelt. Durch Übersetzung von psychologischen Begriffen in die Sprache der Informatik konnten theoretische Modelle entwickelt und durch Computerprogramme simuliert werden, die Verhaltensmuster von Menschen erklären können.

Das Umfeld dieser Forschergruppe hat dazu beigetragen, daß sie sich dem Problemlösungsverhalten in Wirtschaftsunternehmen zuwandten. Hierbei ist dann ein Vergleich zwischen Psychologie, Informatik und Mikroökonomie entstanden. Bemerkenswert an diesem Ansatz ist, daß hierdurch Theorien entwickelt wurden, deren Geltungsbereich relativ eng und spezifisch ist. Andererseits lassen sich jedoch mit einer hohen Treffsicherheit Vorhersagen ableiten.

Abb. 4 (s. folgende Seite) zeigt den schematischen Ablauf eines Problemlösungsprozesses in Anlehnung an Newell & Simon (1972). Diese Abbildung zeigt die Zusammenhänge zwischen dem Aufgabenrahmen, dem Problemraum und der kognitiven Informationsstruktur. Die Abbildung veranschaulicht die Formalstruktur eines Problemlösungsprozesses. Aus dem problemrelevanten Umweltausschnitt (Aufgabenrahmen) entwickelt das Individuum über den Prozeß der Input-Übertragung seinen subjektiven Problemraum, der das kognitive Modell der Entscheidungssitua-

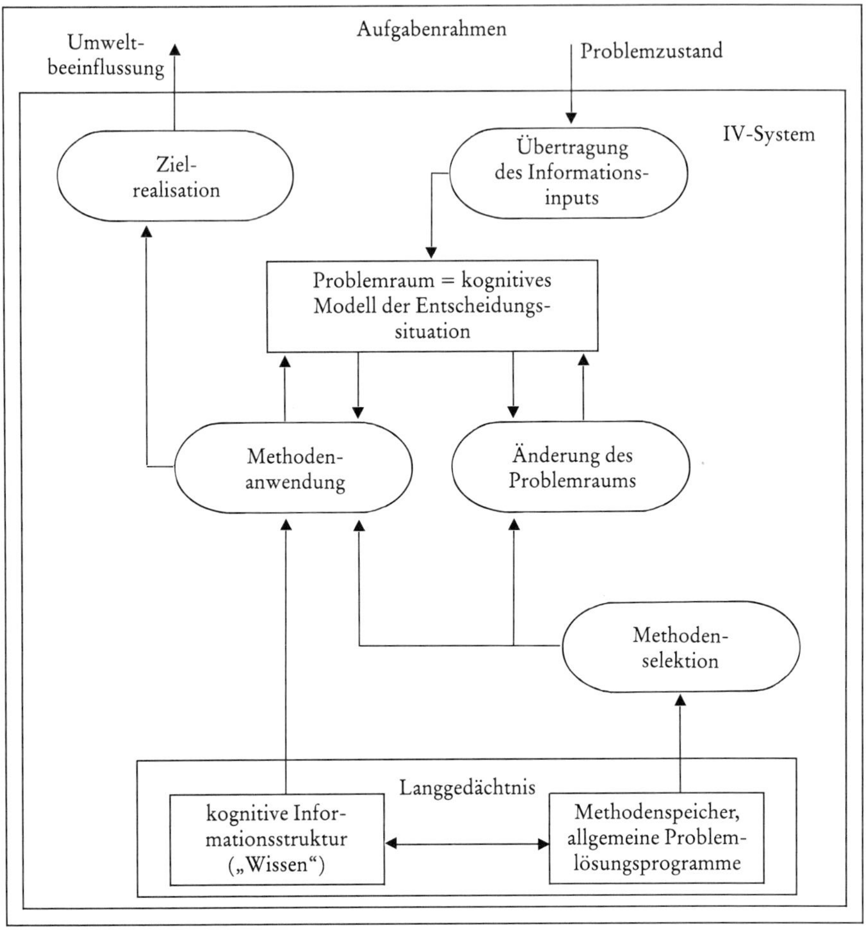

Abb. 4: Schematischer Ablauf eines Problemlösungsprozesses.

tion umfaßt. Mit der Problemformulierung ist auch die Wahl einer Lösungsmethode verbunden, die als Element der kognitiven Informationsstruktur im Langzeitgedächtnis gespeichert ist.

3.2.7.4 Optimierungsprobleme

In unserem täglichen Leben müssen wir immer wieder eine Wahl zwischen verschiedenen Alternativen treffen. Das trifft für eine Hausfrau, die sich beim Einkauf von Äpfeln für eine bestimmte Sorte entscheidet, ebenso zu wie für den Industriemanager, der sich für eine Verteilung seines Etats auf die einzelnen Kostenarten entscheiden muß, oder den Ingenieur, der bei der Planung einer Anlage die Wahl zwischen verschiedenen technischen Alternativen trifft.

Gewöhnlich werden solche Entscheidungen intuitiv nach einer persönlich-subjektiven Bewertung der Alternativen getroffen. Daß dabei erhebliche Abweichungen zwischen der subjektiven Bewertung und der objektiven Wertfindung bestehen können, zeigen die Gewohnheiten bei der Auswahl von Lottozahlen – die Kombination (1, 2, 3, 4, 5, 6, 7) ist gleich wahrscheinlich wie das Geburtsdatum eines Verwandten oder irgendeine andere Kombination von sieben Zahlen zwischen 1 und 49.

Eine in einem objektiven Sinn „optimale" Bewertung von Alternativen muß von Kriterien ausgehen, die reproduzierbar sind (Beispiel: Geschmacksprüfung). Für eine quantitative Bewertung müssen auch quantitative Kriterien (Beispiel: Preis, Ausbeute eines chemischen Prozesses) verwendet werden.

Ein Optimierungsproblem liegt vor, wenn es eine Bewertungsfunktion für alle möglichen Alternativen mit skalarem Ergebnis gibt. (Bewertung mit mehreren unvergleichbaren Zielen werden nicht als Optimierungsaufgaben bezeichnet.) Weiterhin müssen alle möglichen Alternativen bei der Formulierung des Problems vollständig beschrieben werden. In der Regel wird jede Alternative in der Form eines Eigenschaftsvektors des untersuchten Objekts beschrieben.

Beispiel:

Bei einem chemischen Prozeß beschreibt der Eigenschaftsvektor die Anlagen- und Prozeßparameter. Dabei ist zu beachten, daß der Vektor alle Komponenten (z. B. Dauer, Druck, Temperatur) enthält, die die Bewertungsfunktion (z. B. Ausbeute) beeinflussen können. Durch die Angabe von Randbedingungen (z. B. Maximaldruck) wird die Menge der möglichen Alternativen eingeschränkt.

Die Optimierungsaufgabe besteht darin, unter den realisierbaren Alternativen eine herauszufinden, die einen optimalen (maximalen oder minimalen) Wert der Bewertungsfunktion liefert. Ein gutes Optimierungsverfahren soll zuverlässige Ergebnisse mit wenig Aufwand liefern. In alle praktischen Optimierungsprobleme gehen in irgendeiner Weise geschätzte oder gemessene Parameter ein, die fehlerbehaftet sind. Das Ergebnis sollte gegenüber diesen Fehlern stabil sein, d. h. seine Optimalitätseigenschaften zumindest in guter Näherung nicht verlieren. In allen praktischen Anwendungen sollte man daher die Stabilität der Lösung überprüfen.

Aus betriebsspezifischen Gründen kann es unmöglich sein, gezielte Messungen in einer laufenden Produktionsanlage durchzuführen und die Prozeßparameter einem Optimierungsplan folgend zu variieren. Dieses Problem ist in der Praxis der Produktionsanlagenoptimierung häufig zu beachten. Um auch in diesen Fällen zu einem Optimum zu gelangen, wendet man folgende Technik des „Lernens" an: Bei normalem Betriebsablauf ist davon auszugehen, daß nach einer gewissen Zeit ein repräsentativer Querschnitt über die realisierbaren Zustände der Anlage gewonnen wurde. Durch gezieltes Suchen in dem Informationssystem, das diese Betriebsdaten speichert, durch Simulation und durch statistische Auswertungen ist es dann möglich, bessere realisierbare Einstellungen (bei gegebenen Randbedingungen) zu finden. Auch für diese Zustände wird die Zielgröße „Ausbeute" gemessen und registriert – damit werden die Einstellungen der Optimierung selbst zum Inhalt des Informationssystems. Auf diese Weise durchläuft das Gesamtsystem bestehend aus Informationssystem und Auswerte- bzw. Simulationsprogrammen einen „Lernprozeß", der auf einer abstrakten Ebene das wiedergibt, was normalerweise mit Betriebserfahrung bezeichnet wird.

3.2.7.5 Zusammenfassung

Es gibt derzeit schon eine größere Anzahl von Expertensystemen, die in verschiedenen Anwendungsgebieten mit Erfolg verwendet werden und bessere Trefferquoten erzielen als menschliche Experten. Bestimmte Anwendungen (z. B. Entwurf komplexer Schaltkreise) sind nur mit Rechnerunterstützung praktikabel. In vielen Fällen erfordert die Konzeption eines wissensbasierten Systems ein sehr gründliches Durchdenken des Aufgabenbereichs (Definition von Merkmalen und Aufstellen von Regeln) und trägt so zur Klärung von Problemen bei. Auch können die Daten des Informationssystems oft für zusätzliche Auswertungen verwendet werden.

Als Schwächen der derzeitigen Expertensysteme bezeichnet Puppe (1986) den Mangel an Lernfähigkeit und Erklärungsfähigkeit, die fehlende oder ungenügende Repräsentation von kausalem Wissen und die oft schwer zu bedienende oder umständliche Benutzerschnittstelle. Die adäquate Darstellung kausalen Wissens über Aufbau, Funktion und Zweck von technischen und biologischen Systemen wird von vielen Forschern als Voraussetzung für die Überwindung dieser Probleme betrachtet. Dreyfus (1985) weist darauf hin, daß das menschliche Denken in vielen Bereichen mit Modellen arbeitet, welche „keine abstrakten expliziten deskriptiven Schemata sind, die formale Merkmale benutzen, sondern mit mehr oder weniger allgemein anerkannten konkreten Präzedenzfällen, die ohne irgendwelche Merkmale auskommen" und betont „den entscheidenden Punkt, daß Intelligenz in einem Zusammenhang stehen muß und deshalb nicht vom übrigen menschlichen Leben getrennt werden kann."

3.2.8 Problemlösen

Die Frage nach dem „Wie" des menschlichen Problemlösens hat eine lange Tradition in der Psychologie. Es sind vor allem Arbeiten von Duncker und Wertheimer zum „produktiven Denken" zu nennen. Ein kurzer Abriß der geschichtlichen Entwicklung dieses Forschungszweiges findet sich in Funke (1985).

Begünstigt durch die technischen Neuerungen im Computerbereich entwickelte sich seit den siebziger Jahren ein neuer Forschungsstrang: das Problemlösen in hochkomplexen computersimulierten Realitätsausschnitten. Hier sind vor allem die Arbeiten der Gruppe um D. Dörner (vgl. Dörner et al., 1983 und die darin zitierte Literatur sowie Funke, 1985 und die dort zitierte Literatur) innovativ gewesen. Vor allem die Lohausen-Studie fand – auch in weiten Bereichen der Öffentlichkeit – Aufmerksamkeit.

Bei diesem Experiment hatten die Versuchspersonen die Aufgabe, als Oberbürgermeister von Lohausen an der Lohe die Geschicke dieser fiktiven Kleinstadt in acht Sitzungen am Computerterminal für den Zeitraum von zehn Jahren zu steuern.

Das Programm Lohausen enthält mehr als 2000 Variablen, die nach einer bestimmten Systematik miteinander verknüpft sind. Die Versuchspersonen werden mit diesem komplexen und intransparenten System konfrontiert, wobei ihr Verhalten unter psychologischen Perspektiven beobachtet wird. Zielsetzung ist es gewesen, „etwas über die Bedingungen und Formen des Handelns in Unbestimmtheit und Komplexität zu erfahren. Zu diesem Zweck haben wir 48 Versuchspersonen über eine ziemlich lange Zeitstrecke systematisch beobachtet und die vielfältigen Ergebnisse dieser Beobachtungen ausgewertet." (Dörner et al., 1983, Seite 15)

Die Ergebnisse dieser Studie deuten darauf hin, daß es verschiedene Faktoren gibt, die eine erfolgreiche Steuerung eines so komplexen Simulationsmodells behindern.

Es läßt sich beobachten, daß eine Konkretisierung der Zielsetzung für das eigene Handeln nur unzureichend vorgenommen wird und Oberziele nicht genügend in Teilziele aufgeschlüsselt werden. So ist Handeln zum Teil stark pragmatisch, d. h. man reagiert auf Dinge, auf die man mehr oder weniger zufällig stößt. Ein Bestandteil komplexer Systeme ist es, daß mehrere Zielsetzungen, die sich auch gegenseitig beeinflussen, koordiniert werden müssen. Beobachtbar war, daß die Zusammenhänge verschiedener Zielsetzungen von den Versuchspersonen nicht bemerkt wurden, so daß keine Koordination vorgenommen werden konnte, was zu verheerenden Einbrüchen in den Systemen führen kann. Ein anderer Faktor bei der Steuerung komplexer Systeme ist die Situationsanalyse des Modells, d. h. es müssen Annahmen darüber gebildet werden, welche Variablen in dem System von Bedeutung sind und wie sie mit anderen Variablen zusammenhängen. Wichtig hierbei ist die systematische Hypothesenbildung und deren Überprüfung, damit die sensiblen Modellparameter gefunden werden. Wichtigste Fehlerursachen sind hierbei die Unterschätzung der Dynamik exponentieller Entwicklungen, die Präferenz sich auf einen als relevant erkannten Schwerpunkt festzulegen (ohne weiter auf die anderen zu achten) und die Neigung, über kurzfristige Störeinflüsse langfristig wirksame Aspekte zu „vergessen".

Eine dritte Gruppe von Störfaktoren liegt in der angemessenen Auswahl von Steuerungshandlungen. Durch eine unzureichende oder nicht zutreffende Hypothesenbildung über das System werden die Neben- und die langfristigen Auswirkungen der eigenen Entscheidungen falsch beurteilt oder gar nicht bemerkt. Werden dann im Verlauf der Systemsteuerung die Auswirkungen früherer Entscheidungen sichtbar, werden reaktiv korrigierende Maßnahmen notwendig, die leicht zu einer falschen Dosierung der Maßnahmen führen, die dann eine langfristige Verfolgung der eigentlichen Zielsetzung sehr erschweren oder gar unmöglich machen. Eine ausführliche Beschreibung der hier kurz angerissenen Faktoren findet sich in Dörner (1979).

Eine kritische Würdigung dieses Forschungsansatzes sowie eine Beschreibung der bisher vorgenommenen Weiterentwicklungen findet sich bei Funke (1984 & 1985). Eine zufriedenstellende Beantwortung der Frage nach dem „Wie" des menschlichen Problemlösens wird beinhalten, daß die bei Hussy (1985) genannten Bestimmungsstücke für den Umgang mit hochkomplexen computersimulierten Realitätsausschnitten (Personenmerkmale: Traits und States; Systemmerkmale: statische und dynamische; Merkmale der Untersuchungssituation: Systemrepräsentation, Transparenz und andere situative Faktoren) systematisch untersucht werden, sodaß aus den Einzelbefunden – vergleichbar zu einem Puzzle – ein Gesamtbefund aggregiert wird.

3.2.9 Zusammenfassung

Allgemeine formale Theorien können als Rahmen des menschlichen Denkens aufgefaßt werden, spezielle Strukturmodelle als Bausteine des Problemlösens. Beide sind wesentlich für die Kommunikation zwischen Vertretern verschiedener Spezialdisziplinen, die sich nicht nur durch ihre Kenntnisse und Fachsprachen unterscheiden, sondern oft auch durch ihre allgemeine Betrachtungsweise und durch ihre Interessenlage.

Dieses Problem der unterschiedlichen Interpretationskontexte bzw. der stillschweigenden Voraussetzungen einer Aussage wird in formalen Theorien durch das Explizitmachen aller geltenden Voraussetzungen und Regeln gelöst. Die damit gewonnene Sicherheit wird erkauft durch das Problem der Anwendbarkeit einer formalen Theorie.

Die fortschreitende Spezialisierung, die das Anwachsen der Wissensmenge begleitet, führt zur Verringerung oder zum Verlust des Gesamtverständnisses großer Systeme. Es reicht nicht aus, die fundierten Einzelaussagen von Experten in den Kontext eines allgemeinen Rahmens (z. B. der Rechtsnormen) einzuordnen. Inhaltliche Abstimmung zwischen den unterschiedlichen Betrachtungsweisen, die ein Ganzes aus den Teilsichten bilden soll, erfordert intensive interdisziplinäre Zusammenarbeit, die evtl. auch die Modifikation von Einzelzielen und von Bewertungskriterien in Interesse des Ganzen erfordert.

Die laufenden Forschungsarbeiten im Bereich der künstlichen Intelligenz stehen vor analogen Problemen. Expertensysteme sind „Spezialisten" mit oft beachtlichen Fähigkeiten; sie sind kein Ersatz für die interdisziplinäre Zusammenarbeit (die ihrerseits solides Fachwissen voraussetzt), sondern machen dieses Zusammenwirken zwischen verschiedenen Betrachtungsweisen und Interessen noch dringender. Durch rasche und zuverlässige Bereitstellung von Information können rechnergestützte Informationssysteme dabei Hilfe leisten.

Die Anzahl der pro Jahr in der Bundesrepublik Deutschland zu besetzenden Arbeitsplätze wird von Brandstätter (1982) auf 2,3 Millionen geschätzt. Nach einer 1983 durchgeführten Befragung bei 120 deutschen Unternehmen (Schulz, Schuler & Stehle 1985) lag die durchschnittliche Relation angebotener Stellen zu Bewerbern bei 7 : 1, so daß die Zahl personeller Einzelentscheidungen (ausschließlich bezogen auf Neueinstellungen) mit etwa 16 Millionen jährlich angenommen werden kann. In den meisten Fällen beschränkt sich die Auswahl auf die Sichtung der schriftlichen Bewerbungsunterlagen bzw. auf zusätzlich geführte Vorstellungsgespräche. Die Beteiligungsquote von Psychologen beträgt selbst dann nicht mehr als 10,2 %, wenn man sie auf diejenigen Eignungsuntersuchungen bezieht, bei denen genuin psychologische Verfahren – Persönlichkeits-, Leistungs- und Intelligenztests – eingesetzt werden.

Während von Kritikern argumentiert wird, Psychologen als Diagnostiker beschränkten ihren theoretischen und methodologischen Eifer auf die pragmatisch-technische Seite des Begutachtungsproblems (Hartmann, Haubl, Neuberger, Peltzer & Wakenhut 1984), legt die relativ geringe Beteiligung von Psychologen an der betrieblichen Personalauswahl eher den Schluß nahe, die Psychologen hätten es versäumt, sich einen kompetenzentsprechenden Tätigkeitsanteil zu verschaffen und überließen einen Großteil dieses wachsenden Aufgabenfeldes Verwendergruppen, die den ökonomisch-sozialtechnischen Zielen des Diagnostizierens noch stärkere Priorität einräumen als Psychologen.

Bezüglich der moralischen Vertretbarkeit der Eignungsdiagnostik im Rahmen der Personalauswahl wird sich jeder Psychologe Rechenschaft ablegen müssen, ob er das „bürgerlich-liberale“ Gerechtigkeitsprinzip gutheißt, knappe Ressourcen – Arbeitsplätze und damit auch sozioökonomische Positionen – nach Leistung zuzuteilen (genauer: nach bloß prognostizierter Leistung, was die Entscheidung noch erschwert), ob er außerdem die konkreten Diagnosezwecke (darunter auch die Ziele der betreffenden Organisation) unterstützen möchte, und ob schließlich die mutmaßliche Wirkung des diagnostischen Prozesses und seiner Konsequenzen auf die einbezogenen Personen verantwortbar ist – sei es als ausdrückliche Bejahung oder auch nur als Ergebnis des Abwägens mit der Bewertung alternativer Handlungsweisen.

Man mag sich, beunruhigt etwa durch die Antinomie zwischen Selektion und autonomer Entscheidung (Pulver, Lang & Schmid 1978), Gedanken über Verbesserungsmöglichkeiten oder über grundsätzliche Alternativen zur psychologischen Diagnostik machen. Unangemessen wäre es allerdings, Berufseignungsdiagnostik allein mit ganz bestimmten – etwa ökonomischen – Zielsetzungen zu identifizieren, deren Prävalenz man der Personalauswahl in Wirtschaftsunternehmen unterstellen mag. Prinzipiell sind eignungsdiagnostische Methoden nichts weiter als Optimierungsverfahren, die für eine Vielfalt von Zielsetzungen nutzbar gemacht werden können. Zu bewerten und zu rechtfertigen sind vielmehr diese Ziele und die voraussehbaren Konsequenzen des Methodeneinsatzes.

4.1.1.2 Methodische Entwicklungen in der Eignungsdiagnostik

Unter welchem Blickwinkel man Eignungsdiagnostik auch betrachten mag, auf jeden Fall muß sie möglichst genaue und aussagekräftige Ergebnisse liefern. Die hierfür notwendigen mathematischen Meßmodelle sowie darauf bezogene statistische Verfahrensvorschriften für die Erstellung und Qualitätsprüfung psychodiagnostischer Instrumente werden in der Disziplin der psychologischen Testtheorie entwikkelt. Ausführlichere testtheoretische Darstellungen finden sich z. B. in Lord & Novick (1968), Fischer (1974), Wottawa (1980) sowie in Diagnostik- und Methoden-Bänden dieser Enzyklopädie (Groffmann & Michel 1982, Feger & Bredenkamp 1983). Vorgehensweisen bei der Konstruktion diagnostischer Verfahren beschreibt z. B. Lienert (1969). Eine Überblicksdarstellung der Gütekriterien und spezifischer eignungsdiagnostischer Methodenaspekte, deren Behandlung hier auf einige neuere Entwicklungen beschränkt werden muß, geben z. B. Schneider und Schmitt (1986) sowie Cascio (1987).

4.1.1.2.1 Metaanalyse und Validitätsgeneralisierung

Metaanalysen sind Verfahren zur quantitativen Kumulation und statistischen Analyse der empirischen Ergebnisse einer größeren Zahl vergleichbarer Einzelstudien. Ihr Anwendungsgebiet ist die statistische Absicherung von übergreifenden Aussagen über einen bestimmten Forschungsbereich. Diese Verfahren erlauben es, den großen Stichprobenumfang einer Summe von Einzelstudien nutzbar zu machen, wobei die Teststärke erhöht und Stichprobenfehler reduziert werden. Unter den verschiedenen Verfahren der Metaanalyse (Übersicht bei Fricke & Treinies 1985) haben insbesondere Verfahren zur Schätzung von Gesamteffekten (Glass, McGaw & Smith 1981) und zur Schätzung von Gesamtkorrelationskoeffizienten (Hunter, Schmidt & Jackson 1982) Interesse gefunden.

Unter Validitätsgeneralisierung versteht man die erstmals von Schmidt & Hunter (1977) vorgeschlagene praktische Anwendung metaanalytischer Techniken auf Validitätsdaten eignungsdiagnostischer Verfahren, wobei unter Validität als dem bedeutsamsten Gütekriterium „... die Angemessenheit, Bedeutsamkeit und Brauchbarkeit der speziellen Schlußfolgerungen, die aus Testwerten gezogen werden“ (American Psychological Association, 1985, S. 9, Übers. d. Verf.) verstanden wird. Geprüft wird bei der Validitätsgeneralisierung, inwieweit der in einer speziellen Anwendungssituation für ein eignungsdiagnostisches Verfahren nachgewiesene Validitätskoeffizient (Korrelationskoeffizient zwischen eignungsdiagnotischem Meßwert und einem Kriterium beruflicher Leistung) auf andere Anwendungssituationen generalisiert werden darf. Die zuvor überwiegend akzeptierte Position der Situationsspezifität besagt, daß Faktoren, die die Arbeitssituation jeweils speziell kennzeichnen, für die festgestellte Variationsbreite von Validitätskoeffizienten – selbst zwischen Studien mit identischen oder sehr ähnlichen Prädiktoren und Kriterien (vgl. Ghiselli 1966, 1973) – verantwortlich seien. Als Folge dieser Annahme erschien die Validität eines eignungsdiagnostischen Verfahrens für jede Anwendungssituation gesondert als nachweisbedürftig. Im Ansatz der Validitätsgeneralisierung dagegen wird ein großer Teil der Varianz von Validitätskoeffizienten für einen bestimmten Prädiktor oder Prädiktortyp bei einem bestimmten Kriterium oder Kriterientyp auf Artefakte zurückgeführt und Generalisierbarkeit über Arbeitsplätze und Berufe hinweg postuliert. Artefaktkorrekturen sind daher der Kern des Validitätsgeneralisierungsansatzes. Sie können erfolgen für den Stichprobenfehler und die Unterschiede zwischen Studien hinsichtlich Prädiktor-, Kriterienreliabilität und Streuungseinschränkungen. Danach lassen sich ein mittlerer korrigierter Validitätskoeffizient und das entsprechende Konfidenzintervall als Kennzeichen der insgesamten Validität bestimmen. Als Kriterium für die sichere Generalisierbarkeit der Validität gilt ein noch brauchbarer Wert an der Untergrenze des Konfidenzintervalls. Der Grad der Situationsspezifität wird aus dem prozentualen Anteil der durch Artefakte nicht erklärbaren Varianz und aus der Weite des Konfidenzintervalls ersichtlich. Zur Übertragung der Validität eines generalisierbaren eignungsdiagnostischen Verfahrens müßte dann lediglich durch eine sehr einfache Form der Arbeitsanalyse (Cornelius, Schmidt & Carron 1984) festgestellt werden, daß der neue Arbeitsplatz zum Generalisierungsbereich gehört.

Der ermittelte Prozentsatz artefaktbedingter Varianz liegt in einer Reihe von Studien – mehrheitlich zu kognitiven Fähigkeitstests – zwischen 50 % und 70 % (Cascio 1987). Damit sind auch Grenzen für den möglichen Einfluß von Moderatorvariablen (Situations- und Personenvariablen) aufgezeigt. Unterschiedliche Varianten der Generalisierungsmethode führten bisher zu vergleichbaren Ergebnissen (Burke, Raju & Pearlman 1986), dasselbe gilt für unterschiedliche Kriterien der Generalisierbarkeit (Sackett, Harris & Orr 1986). Nachdem der Ansatz mittlerweile einen gewissen Paradigmenwechsel in der amerikanischen eignungsdiagnostischen Forschung bewirkt hat, und sich die Erkenntnis durchzusetzen beginnt, daß auch gute Einzelstudien artefaktbelasteter sind als korrigierte mittlere Validitätskoeffizienten, zeichnen sich Kompromißpositionen über den Stellenwert der Validitätsgeneralisierung insgesamt und die verbleibende Bedeutung situationsspezifischer Faktoren ab. Eine Zwischenbilanz und Zusammenstellung der wichtigsten Argumente pro und contra findet sich bei Schmidt et al. (1985). Es gibt ernstzunehmende Warnungen davor, daß der Ansatz in der Praxis als Alibi für die Verwendung invalider Verfahren oder Vorgehensweisen benutzt werden und die bisherigen empirischen Ansätze durch die Abwertung von Einzelstudien entmutigen könnte. Sicherlich sollte aber die sich mit der Validitätsgeneralisierung ergebende Chance zur Entwicklung einer breiteren theoretischen Basis für die Eignungsdiagnostik und einer Verbesserung der Sicherheit und Systematik von Ergebnissen dieses Forschungsgebiets genutzt werden.

4.1.1.2.2 Probabilistische Testmodelle

Obwohl mittlerweile im Bereich der Testtheorie neue, probabilistische Testmodelle favorisiert werden, dominiert in der eignungsdiagnostischen Forschung und Praxis nach wie vor das seit Beginn dieses Jahrhunderts entwickelte Modell der „klassischen Testtheorie“. Konstruktion und Analyse eignungsdiagnostischer Verfahren sind bisher weitgehend auf der Basis dieses Modells erfolgt, und umfassende Änderungen dieser Praxis sind kurzfristig nicht zu erwarten. Der probabilistischen Testtheorie werden jedoch meßtheoretische und praktische Vorteile gegenüber der klassischen Testtheorie zugeschrieben. Anwendungsbezogene Darstellungen finden sich z. B. bei Hulin, Drasgow & Parsons (1983) oder Hambleton & Swaminathan (1985). Als besonders vorteilhaft für eignungsdiagnostische Fragestellungen wird u. a. hervorgehoben (Guion & Ironson 1983), daß bei probabilistischen Testmodellen die Itemparamter und die Personenparameter (die Kenngrößen für die jeweilige Aufgabe und die Person) stichprobenunabhängig sind, daß der Standardmeßfehler die Meßgenauigkeit für jeden Personenwert spezifisch angibt, daß nichtparallele Tests vergleichbar gemacht werden können und Antwortmuster auswertbar sind. Daraus ergeben sich Anwendungsmöglichkeiten u. a. im adaptiven Testen, adaptiven Messen (vergleichbare Meßinstrumente mit unterschiedlichen Differenzierungsbereichen), bei der Analyse von Itemverzerrungen (item bias) und der Testfairneß sowie für Kriterienanalysen.

Bei adaptiven oder „tailored“ Tests (vgl. Hornke 1982, Weiss 1983) werden dem Kandidaten nur die für ihn angemessenen Items präsentiert, er soll also – im Falle eines Fähigkeitstests – weder mit zu einfachen Aufgaben gelangweilt, noch mit zu schwierigen überfordert werden. Neben Zeit- und Belastungsersparnis für den Probanden und den Testleiter ergeben sich theoretisch auch Genauigkeitsvorteile bei dieser Methode. Die aus diesem Vorgehen folgende Besonderheit, daß die Testpersonen jeweils unterschiedliche Aufgaben mit unterschiedlicher Schwierigkeit bearbeiten, läßt sich am ehesten mit probabilistischen Testmodellen bewältigen. Am weitesten fortgeschritten ist die praktische Erprobung solcher Ansätze im militärischen Bereich bei der Auswahl Dienstfreiwilliger (Wiskoff 1986).

Der Einsatz probabilistischer Modelle ist durch methodische und praktische Schwierigkeiten (z. B. Wottawa 1980, Michel & Conrad 1982, Guion & Ironson 1983, Hambleton & Swaminathan 1985) zur Zeit noch erschwert. Diskutiert wird z. B., inwieweit für eignungsdiagnostische Zwecke die Bedingung der Eindimensionalität probabilistischer Verfahren angemessen ist. Technisch gesehen sind u. a. die Parametermodell-Wahl und die Wahl des Schätzverfahrens teilweise unbestimmt, die Robustheit der Modelle gegen Voraussetzungsverletzungen zu wenig untersucht und die Prüfverfahren auf Modellkonformität noch unbefriedigend.

Durch die restriktiven Annahmen bleiben die Modellforderungen für verschiedene Praxisbereiche unerfüllbar. Es werden wesentlich größere Stichproben benötigt als im klassischen Modell, sowie meist mehrere aufeinanderfolgende Konstruktionsphasen notwendig. Der Rechenaufwand ist sehr hoch, jedoch mit speziellen Computerprogrammen (s. Guion & Ironson 1983) zu bewältigen. Die praktischen Probleme sind zumindest in größeren Projekten lösbar. Pragmatisch wird dabei nicht selten die parallele Verwendung des klassischen und des probabilistischen Modells empfohlen und auf die Notwendigkeit von Reliabilitäts- und v. a. Validitätsstudien hingewiesen.

4.1.1.2.3 Computereinsatz in der Eignungsdiagnostik

Der Computereinsatz in der Eignungsdiagnostik erstreckt sich von den früher ausschließlich verwendbaren Großrechnern (vgl. Eckardt 1977a) heute über Mehrplatz-Testsysteme auf der Basis vernetzter Personalcomputer (Wildgrube 1986) und einzelne Personalcomputer (Booth 1986) bis zu programmierbaren Taschenrechnern (Hornke 1982). Computer übernehmen dabei die Funktionen der Testauswahl, Testdurchführung, Datenaufnahme und -auswertung, Ergebnisanalyse sowie der Ergebnisinterpretation bzw. der Empfehlung von Entscheidungen, wenn auch ein System, das alle Funktionen erfüllt, bisher aussteht (Bartram & Bayliss 1984). Während für Forschungszwecke und in Großorganisationen wie der Bundesanstalt für Arbeit und der Bundeswehr schon seit längerem automatische Datenauswertungen sowie die entscheidungsbezogene Aufbereitung mit statistischen Verfahren (siehe Abschnitt 4.1.1.5.3) betrieben wird und auch automatische verbale Testinterpretationen kommerziell angeboten werden (Eckardt 1977a), ist die computergestützte Testdurchführung bisher weniger verbreitet. Im Praxiseinsatz steht noch die Übertragung standardisierter Papier- und Bleistift-Tests für die Computer-Darbietung im Vordergrund, wobei die Notwendigkeit der Neuvalidierung und evtl. -normierung noch nicht immer beachtet wird. Die Entwicklung adaptiver Tests, die die Möglichkeiten der Computer-Testdurchführung besser nutzen, wird verstärkt betrieben. Die Attraktivität des Computereinsatzes in der Eignungsdiagnostik liegt darüber hinaus in den zusätzlichen Möglichkeiten der Itemvorgabe, z. B. neuer graphischer Darstellungen (Cory, Rimland & Bryson 1977), der Response-Registrierung, wobei durch Computer die Erhebung neuer Parameter wie z. B. Latenzzeit möglich wird, sowie bei entsprechender Gestaltung auch die Aufzeichnung von Lösungswegen und kognitiven Prozessen (Bürli 1975, Bartram & Bayliss 1984). Hinzu kommen die organisatorischen und finanziellen Vorteile der on-line Registrierung von Antworten, der unverzüglichen Ergebnisausgabe, der automatischen Datenakkumulation, Normierung und eventuell Validierung. Nach Bartram & Bayliss (1984) und Wildgrube (1986) zeigen sich überwiegend positive Einstellungen der Probanden gegenüber der neuen Testsituation. Akzeptanz bei den Diagnostikern selbst ist dagegen nicht immer gegeben (Eckardt 1977a). Ethische und rechtliche Bedingungen spricht Booth (1986) an.

4.1.1.3 Tätigkeitsanforderungen und beruflicher Erfolg

Den logischen wie empirischen Referenzrahmen für eine merkmalsbezogene Erfolgsprognose bilden die Bestimmung der Berufs-, Arbeits- oder Tätigkeitsanforderungen sowie die Festlegung von Kriterien, die als Indikatoren beruflichen Erfolgs gewertet werden können. Unzulänglichkeiten in den beiden Konstrukten „Anforderung" und „Erfolg" begrenzen die Möglichkeit von Eignungsdiagnosen sowohl in bezug auf ihre Validität als auch im Sinne ihrer Rechtfertigung.

4.1.1.3.1 Anforderungen

Wenn Eignung als Beziehungsbegriff verstanden wird, so setzt die Zuordnung von Personen und Tätigkeiten Beschreibungsbegriffe voraus, die es erlauben, die beiden Systeme operational zu verknüpfen. Während die Charakteristika beruflicher Arbeit in verschiedener Weise beschrieben werden können, hat die psychologische Anforderungsanalyse die Aufgabe, Arbeit in Termini des Verhaltens zu definieren, das zu ihrer Ausführung erforderlich ist, und damit die „beiden Welten" (Dunnette 1976) zusammenzuführen. Als die Grundaufgaben der Anforderungsanalyse zum Zwecke der Eignungsdiagnostik ergeben sich damit: Beschreibung der Arbeitstätigkeit, Auswahl korrespondierender Personmerkmale und Verknüpfung der beiden Beschreibungsebenen (Hoyos 1986). Die letztgenannte Aufgabe ist die schwierigste, und mehr als Näherungslösungen liegen noch nicht vor.

Ein möglicher Weg der Zuordnung dieser Beschreibungsebenen besteht in der Einstufung durch Experten. Dieser Weg wurde bei der Konstruktion des FAA, der deutschen Version des amerikanischen PAQ, beschritten (Frieling & Hoyos 1978). Aus einer gleichzeitig entwickelten Auflistung von 59 prinzipiell arbeitsrelevanten Personmerkmalen (52 Fähigkeitsmerkmale, betreffend Wahrnehmung, Psychomotorik, körperliche Leistungsfähigkeit, Gedächtnis, Intelligenz, Temperament, sowie 7 Interessen) stuften die Experten die mutmaßliche Bedeutung jedes Personmerkmals für jedes Tätigkeitselement ein (Frieling 1977). Zur Bestimmung der für einen bestimmten Arbeitsplatz erforderlichen Fähigkeiten und Interessen werden dessen Tätigkeitselemente mit einem standardisierten Fragebogen erhoben und anschließend mit der Matrix aus den Experteneinschätzungen verknüpft (Matrixdarstellung bei Brandstätter 1982).

Andere arbeitsanalytische Vorgehensweisen und Verhaltenstaxonomien sowie die Prinzipien der Validierung dieser Analyseverfahren werden bei Dunnette (1976) beschrieben. Beachtung dürfte in nächster Zeit besonders der taxonomische Ansatz von Fleishman und Mitarbeitern finden (Fleischman & Quaintance 1984). Die von dieser Gruppe erarbeitete Merkmalsliste enthält ebenfalls 52 Fähigkeitsmerkmale. Weitere Listen ähnlichen Umfangs werden von Peterson & Bownas (1982) aufgeführt. Erst in den Anfangsüberlegungen stehen Versuche, arbeitsanalytische Verhaltenstaxonomien auch auf Kompetenzen auszudehnen, die mit der Berufstätigkeit erworben werden (Hoyos 1986). Mathematisch formulierte Gütekriterien werden an Verfahren der Anforderungsanalyse bislang nicht angelegt.

Während die Aufmerksamkeit in den vergangenen Jahren auf die vergleichende Prüfung verschiedener konkurrierender Analyseverfahren gerichtet war, und die Meinung vorherrschte, die Methoden müßten weiter verfeinert werden, um die Tätigkeiten noch detaillierter zu erfassen, hat hier ein Wandel eingesetzt. Zunächst wurden Ergebnisse vorgelegt, die zeigten, daß mit einfachen Einschätzungen durch Experten die gleichen Resultate erzielbar sind wie mit aufwendig konstruierten Verfahren (Cornelius, Schmidt & Carron 1984). Andere Studien demonstrierten die unterschiedliche Tauglichkeit und praktische Brauchbarkeit verschiedener Verfahren für unterschiedliche Einsatzzwecke. Als Konsequenz ergab sich ein Plädoyer für die Verwendung nicht einer einzelnen Methode, sondern einer Verfahrenskombination (zusammenfassend siehe Zedeck & Cascio 1984). Eine Variante der Critical Incident-Technik (Flanagan 1954) in diese Kombination aufzunehmen, hat sich in vielen Fällen bewährt.

Eine neue Situation ergibt sich auch für die Arbeitsanalyse durch die Studien zur Validitätsgeneralisierung (s. Abschnitt 4.1.1.2.1). Diese Forschungsarbeiten (Schmidt, Hunter & Pearlman 1981) lassen den Schluß zu, daß sich Unterschiede zwischen Arbeitsplätzen, die gemeinsamen Berufsgruppen angehören, kaum auf die Validität von Testverfahren niederschlagen, jedenfalls dann nicht, wenn es sich um kognitive Fähigkeitstests handelt. Das bedeutet, daß zu Validierungszwecken relativ breite Kategorien der Anforderungsanalyse ausreichen, und kann eine Erklärung dafür liefern, weshalb einfache Verfahren ähnliche Ergebnisse erbringen wie differenzierte. Diese Konsequenz gilt natürlich nur in bezug auf die Eignungsdiagnostik, sie gilt nicht für andere Anwendungsbereiche, etwa die Verwendung von Arbeitsanalysen als Grundlage der Arbeitsgestaltung.

Ein anderer Weg, die Eignungsanforderungen für eine Berufstätigkeit zu ermitteln, als die hier beschriebene Durchführung von Tätigkeitsanalysen besteht in der psychologischen Untersuchung von Berufsausübenden. Dabei werden entweder repräsentative Gruppen oder Extremgruppen der an den fraglichen Arbeitsplätzen tätigen Personen bezüglich mutmaßlich relevanter Eignungsmerkmale untersucht (der Verfahrensauswahl liegen also zumindest intuitive Anforderungsanalysen zugrunde). Aus der Kovariation der Merkmalsausprägungen mit dem Tätigkeitserfolg lassen sich Entscheidungen über die Verfahrensauswahl und Gewichtungen der Einzelmerkmale ableiten. Freilich läuft man mit dieser Vorgehensweise Gefahr, Merkmalsausprägungen für eine *Voraussetzung* der Berufstätigkeit zu halten, die in Wahrheit auch deren *Konsequenz* sein können. Die beste, wenngleich zeitaufwendige Möglichkeit, diese Gefahr zu umgehen, besteht darin, die Bewährungskontrollen nach einem angemessenen Zeitraum an den vor Berufseintritt untersuchten Personen durchzuführen (Jäger 1970). Vielfach wird sich eine Kombination von Anforderungsanalyse und Extremgruppenmethode als Vorgehensweise empfehlen.

4.1.1.3.2 Kriterien beruflichen Erfolgs

Wenn mittels eines eignungsdiagnostischen Verfahrens der Berufserfolg prognostiziert werden soll, so ist dies nur möglich und sinnvoll, wenn für den Erfolg eines oder verschiedene operationale Maße angegeben werden können. Diese Maße müssen verschiedene Voraussetzungen erfüllen: Sie müssen sinngemäß die Zielsetzungen von Berufstätigkeit und Auslese repräsentieren, also konstrukt- oder inhaltlich valide sein. Sie müssen reliabel genug erhoben werden können, also mit möglichst wenig Meßfehleranteilen. Sie müssen zwischen den Personen differenzieren. Sie müssen frei von Kontamination sein (Gegenbeispiel ist die spätere Beurteilung durch den Vorgesetzten, der auch das Einstellungsgespräch geführt hat). Weitere Anforderungen an die Kriterien sind Praktikabilität, Ökonomie und Akzeptabilität.

Praktische Verwendung findet eine Vielfalt von Kriterien, darunter vor allem Leistungsmaße (Landy & Farr 1983). Ein System der Kategorisierung von Leistungskriterien bietet Smith (1976) an. Das am häufigsten verwendete Leistungskriterium ist die Vorgesetztenbeurteilung (die zur Zeit in der Literatur präferierte Skala für die Vorgesetztenbeurteilung ist die durch Verhaltensbeispiele markierte Einstufungsskala; übrigens werden auch zur Festlegung der Beurteilungsaspekte Anforderungsanalysen eingesetzt). Auch Indikatoren der Karriereentwicklung finden, v. a. bei Führungskräften, als Kriterien Verwendung (Thornton & Byham 1982). Daneben ist im Prinzip jede andere Zielsetzung im Arbeitsleben, die sich operationalisieren läßt, als Kriterium verwendbar, z. B. Arbeitszufriedenheit, körperliche und seelische Gesundheit, soziale Integration, Verminderung von Fluktuation und Arbeitsunfällen.

Ausbildungsleistungen sind (mit kognitiven Leistungstests) zumeist besser prognostizierbar als Berufsleistungen (Ghiselli 1966, Hunter & Hunter 1984). Die meisten Untersuchungen zur Validierung eignungsdiagnostischer Instrumente begnügen sich mit Einmalmessungen an einzelnen Kriterien; Mehrfachmessungen werden jedoch zunehmend als wichtig erachtet. Knoblauch (1986) gibt ein Beispiel für die Validierung eines biographischen Fragebogens an einem dynamischen Kriterium, d. h. am Leistungsverlauf über 8 Meßzeitpunkte. Wenn man nicht nur ein singuläres Ziel im Auge hat, z. B. allein die Arbeitszufriedenheit oder die quantitative Leistung, ist die Formulierung multipler Kriterien erforderlich, die kombiniert oder unabhängig voneinander den Prädiktoren gegenübergestellt werden können. Aber auch bei Beschränkung auf eine Zieldimension empfiehlt sich im Hinblick auf Relevanz und psychometrische Qualität der Messung die Verwendung mehrerer Kriterienmaße (vgl. Schuler & Schmitt, 1987).

Für genauere Ausführungen kann auf den Beitrag „Leistungsbeurteilung“ in diesem Band verwiesen werden.

4.1.1.4 Eignungsdiagnostische Verfahren

In den folgenden Abschnitten werden die wichtigsten eignungsdiagnostischen Verfahrenstypen im wesentlichen hinsichtlich ihrer Validität erörtert. Zur Orientierung über Einzelverfahren und deren Einsatzmöglichkeiten muß auf die Spezialliteratur verwiesen werden, insbesondere auf die Diagnostik-Bände dieser Enzyklopädie und speziell für Testverfahren auf Brickenkamp (1975 und 1983), sowie auf die Testzentrale des BDP. Die Zeitschrift Diagnostica bietet laufend Besprechungen von Testverfahren an.

Die Aufgabe, die Ergebnisse der bisher zu eignungsdiagnostischen Verfahren angestellten Untersuchungen bewertend zusammenzufassen, ist heute – trotz des gestiegenen Umfangs der vorliegenden Information – einfacher als sie es es noch vor wenigen Jahren war. In diesem Zeitraum wurden Methoden zur Integration vielfältiger Einzelinformationen entwickelt, die ganz wesentlich zur Bildung kumulativer Wissensbestände beitragen. Innerhalb der folgenden knappen Darstellung der diagnostischen Instrumente werden vorzugsweise die Ergebnisse derartiger metaanalytischer Datenkombinationen referiert. Sie zeigen, daß bedeutsame Unterschiede bezüglich der Validität zwischen den einzelnen Verfahren existieren, die in aller Regel zugunsten derjenigen Instrumente ausfallen, in deren Konstruktion und Anwendung ein höheres Maß an Aufwand, Sorgfalt und Sachkenntnis investiert wurde.

Bei der Interpretation von Kennwerten der empirischen Validität aus verschiedenen Untersuchungen sind Bedingungen des Einzelfalls in Rechnung zu stellen, die nicht wirklich aus jedem Untersuchungsbericht ersichtlich werden, darunter vor allem die Durchführung von Minderungskorrekturen. Nachdem sich zeigen läßt, daß unkorrigierte Koeffizienten in den meisten Fällen eine grobe Unterschätzung der Validität bedeuten (Bobko 1983), werden in neueren Arbeiten gewöhnlich Werte berichtet, die bezüglich der Streuungsreduktion und der Kriterienunreliabilität korrigiert sind. Auch bei den im weiteren berichteten Metaanalysen sind diese Korrekturen berücksichtigt.

Bei der Weiterentwicklung bewährter eignungsdiagnostischer Verfahren, stärker aber noch bei der Entwicklung neuer Methoden, ist eine Verbesserung des Kontakts von Forschung und Praxis und deren gegenseitige Befruchtung zu erkennen – ein

Beispiel dafür ist die multiple Beurteilungsmethode Assessment Center. Gleichzeitig kann allerdings gerade dieses Verfahren auch als Beispiel dafür gelten, daß bei augenscheinlichem praktischem Erfolg die konzeptuelle Klärung und methodische Kontrolle in erheblichen Rückstand gegenüber der Anwendung kommen kann.

4.1.1.4.1 Bewerbungsunterlagen und Zeugnisse

Die am häufigsten genutzte Informationsquelle sind die Bewerbungsunterlagen. Gewöhnlich geben sie Aufschluß über die Erfüllung formeller Qualifikationsanforderungen wie Bildungsabschluß und Berufserfahrung. Daneben enthalten sie Elemente der Selbst- und Fremdbeurteilung. Unter der Annahme längerfristiger Verhaltenskonsistenz sollten daraus Prognosen des künftigen beruflichen Erfolgs ableitbar sein.

Die zahlenmäßig relativ geringe empirische Forschung weist die Urteilsbildung aus den Bewerbungsunterlagen als wenig reliabel aus (Reilly & Chao 1982). Die Auswertung der Information erfolgt gewöhnlich wenig systematisch; auch in der psychologischen Literatur liegen kaum geprüfte Vorschläge zur Auswertungssystematik vor (Ausnahmen nennen Zedeck & Cascio 1984). Im Unterschied zum Interview ist der Prozeß der Eindrucksbildung aus Bewerbungsunterlagen noch wenig erforscht. Die über die Bewerber gezogenen Schlüsse erstrecken sich üblicherweise auf „charakterliche" und intellektuelle Merkmale, auf soziale Kompetenz, berufsrelevante Fähigkeiten und Fertigkeiten sowie auf motivationale Aspekte wie das Interesse an der angebotenen Tätigkeit (vgl. Cascio 1987). Bei der Urteilsbildung scheinen Geschlecht (Cascio 1987) und Hautfarbe (Reilly & Chao 1982) eine Rolle zu spielen. Schuler & Berger (1979) fanden einen starken Einfluß emotionaler Urteilskomponenten sowie der physischen Attraktivität der Bewerber auf die Einstellungsentscheidung, wenn der Bewerbung Fotos beigefügt waren.

Soweit frühere und künftige Berufstätigkeit sich nicht in hohem Maße gleichen (Zedeck & Cascio 1984), ist die prognostische Validität der Schlüsse aus Bewerbungsunterlagen recht gering: Reilly & Chao (1982) nennen als Durchschnittswert aus 10 Untersuchungen $r = 0.14$. Getrennt nach den Erfolgskriterien „Vorgesetztenbeurteilung" bzw. „Kündigung" ergeben sich $r = 0.18$ bzw. $r = 0.08$. Höhere Werte werden in Einzelfällen berichtet, in denen Erweiterung und (Teil-)Standardisierung der Informationssammlung, beispielsweise durch schriftliche oder telefonische Erkundigung bei früheren Arbeitgebern, möglich war. Vertrauliche Referenzschreiben dürften von höherem Informationswert sein als offene (Muchinsky 1986).

Enthalten Bewerbungsunterlagen Schul- und Examenszeugnisse, so liegen zumindest damit Daten relativ hoher Reliabilität vor (im Durchschnitt etwa $r = 0.80$). Noten haben den Vorzug einfacher Verrechenbarkeit mit Erfolgskriterien, wenngleich die Berücksichtigung unterschiedlicher Ausbildungsabschlüsse die Verwendung in manchen Fällen erschwert. Gleichwohl ist ihre prognostische Validität, bezogen auf die meisten Berufe, nicht hoch: Die Sammelreferate von O'Leary (1980) und von Reilly & Chao (1982) nennen r = 0.17 bzw. r = 0.20 als durchschnittliche Koeffizienten, die Metaanalyse von Samson, Graue, Weinstein & Walberg (1984) resultiert in einem gewichteten Mittelwert aus 209 Korrelationskoeffizienten von r = 0.15.

Deutlich höher als die genannten Werte liegen Prognosen nur dort, wo sie sich auf Lern- und Ausbildungsleistungen beziehen: Die Validität der Abiturnoten zur Prognose des Physikums im Medizinstudium beträgt r = 0.43 (Fay 1986). Bei Brandstätter (1970) und bei Funke (1986) ermöglichen die Schulnoten jeweils die beste Voraussage der Ausbildungsleistung als Rechtspfleger bzw. naturwissenschaftlicher Laborant. In einer Längsschnittstudie zur Ausbildung in mechanisch-technischen Berufen (Schuler, Barthel & Fünfgelt 1984) korrelierten die Schulnoten zu r = 0.67 mit der theoretischen Ausbildungsleistung. Das größte Gewicht kam dabei der Mathematiknote zu, die in Untersuchungen von Althoff (1986) sogar die einzige Zeugnisnote von prognostischem Wert für Ausbildungsleistungen im öffentlichen Dienst war. Eine auf der Basis von 61 Einzelstudien und einer Gesamtpersonenzahl von N = 30 122 durchgeführte Metaanalyse ergab als durchschnittlichen Prognosekoeffizient für die Studienleistung r = 0.46, für den Erfolg in der Berufsausbildung r = 0.37 (Baron-Boldt, Schuler & Funke 1988).

4.1.1.4.2 Interview

Das Interview oder Vorstellungs- bzw. Einstellungsgespräch ist nach der Sichtung der Bewerbungsunterlagen die verbreitetste Methode der Personalauswahl in deutschen Unternehmen (Schulz et al. 1985). Einer Erhebung von Miner & Miner (1978) zufolge wird es von 56 % der befragten amerikanischen Unternehmen als das wichtigste Selektionsinstrument bezeichnet. Nur 2 % der von Miner & Miner befragten Unternehmen hatten allerdings jemals die Validität ihrer Interviews geprüft. Dies könnte die Diskrepanz zwischen subjektiver Wertschätzung und empirischer Bewährung erklären, die bei keiner anderen Methode so ausgeprägt ist wie beim Interview.

Einstellungsinterviews werden in freier oder teilstrukturierter, seltener in vollstrukturierter Form geführt. Fragen zu bisherigen Berufserfahrungen und zum Ausbildungshintergrund werden gewöhnlich zur Erkundung biographischer Fakten und deren subjektiver Verarbeitung gestellt und stellen außerdem die Basis von Schlußfolgerungen über mutmaßlich erfolgsrelevante Merkmale (etwa Selbstbewußtsein und Leistungsmotivation) dar. Die Konstruktvalidität der damit gewonnenen Eindrucksurteile dürfte gering sein, zumal die Reliabilität der Eigenschaftseinschätzungen nur um r = 0.50 liegt (Trost 1986).

Reilly & Chao (1982) geben als durchschnittlichen Koeffizienten der prognostischen Validität r = 0.19 an und beziehen sich dabei auf 12 Einzelstudien, wovon einige bereits methodische Verbesserungen enthalten wie sie im folgenden noch zu erwähnen sind. Auch von Schmitt (1976), Webster (1982) und Arvey & Campion (1982) werden Reliabilität und Validität des Interviews bei großer Streuung als im Mittel gering bezeichnet. Die Metaanalyse von Hunter & Hunter (1984) bezieht insgesamt 15 einzelne Studien ein; der Mittelwert aus 10 Untersuchungen, deren Kriterium in einer Vorgesetztenbeurteilung bestand, beträgt r = 0.14; für 5 Studien mit dem Kriterium Beförderung errechnen Hunter & Hunter r = 0.08. Die Ergebnisse bislang unveröffentlichter umfangreicherer Metaanalysen, die von Hunter und Hirsh (1987) referiert werden, weisen darauf hin, daß die Validität unter günstigen Bedingungen deutlich höher sein kann, und legen nahe, den Wert von r = .14 als inkrementelle Validität des Interviews zu interpretieren.

Tendenziell geringer, nämlich kaum über der Zufallswahrscheinlichkeit, ist die Vorhersageleistung der aus Interviews gewonnenen Eindrücke für Studienleistungen. Aus Untersuchungen zur Zulassung zum Medizinstudium liegen allerdings Anhaltspunkte dafür vor, daß die Studienleistungen im klinischen Teil der Ausbildung aufgrund von Interviews etwas besser vorhergesagt werden können als die im vorklinischen Teil (Trost 1986). Da für Schulnoten und kognitive Leistungstests das Umgekehrte gilt, könnte hierin ein gewisser Nutzen von Auswahlgesprächen begründet sein.

Hakel (1982) kritisiert viele der Validitätsstudien als methodisch unzulänglich. In der Tat ist noch zu wenig geklärt, welcher Teil der Varianz zwischen den Untersuchungsergebnissen als Stichprobenfehler zu interpretieren ist und welcher auf psychologisch relevante Besonderheiten zurückgeht. Beispielsweise könnte die Prognosekraft des Interviews von der Art der Tätigkeit abhängen – während etwa die Neigung der Bewerber zu positiver Selbstdarstellung für die Aufgabe eines Buchhalters eine Quelle von Urteilsfehlern darstellen dürfte, könnte sie ein inhaltlich und damit auch prognostisch valides Verhaltensmerkmal bei Verkäufern sein. Solche Vermutungen bedürfen allerdings der Überprüfung und gelten prinzipiell auch für andere eignungsdiagnostische Verfahren. Auch hieran wird wieder die bislang unzulängliche Klärung des Zusammenhangs von Tätigkeitsmerkmalen resp. -anforderungen, Personmerkmalen und Erfolgskriterien deutlich. Das von Praktikern gelegentlich vorgebrachte Argument, das Interview werde ja nur zusätzlich zu valideren Instrumenten verwendet, übersieht, daß die Kombination eines validen mit einem weniger validen Verfahren bei nicht optimaler Gewichtung die Validität der Gesamtentscheidung vermindert.

Verschiedene neuere Arbeiten zum Interview, darunter die von Schmitt (1976), Arvey & Campion (1982), Hakel (1982), Webster (1982) und Kompa (1984), untersuchen den Prozeß der Urteilsbildung und Entscheidungsfindung im Interview und bemühen sich um Vorschläge zur Verbesserung sowohl der Erforschung als auch der praktischen Anwendung des Verfahrens. Namentlich Schmitt (1976) und Webster (1982) schlagen eine informationstheoretische Interpretation der Urteilsbildung und des interaktiven Prozesses der gegenseitigen Steuerung im Interview vor.

Einige zentrale Thesen, die sich aus den Analysen des Interviewprozesses ableiten lassen, sind folgende:

- frühe Eindrücke im Gespräch haben für die weitere Informationsverarbeitung dominierendes Gewicht und steuern das Verhalten der Interaktionspartner
- negative Information wird relativ überbewertet (evtl. als Gegengewicht zur erwarteten Selbstdarstellungstendenz des Gesprächspartners, vielleicht auch weil fälschliche Bewerberablehnung im Gegensatz zu fälschlicher Bewerbereinstellung nicht sanktioniert wird)
- die Bedeutung der Informations-Kongruenz wird überschätzt. Interviewer attribuieren ihr Bedürfnis zur Komplexitätsreduktion external als Notwendigkeit, sich konsistent zu verhalten
- Interviewern ist die Art ihrer Urteilsbildung weitgehend unbekannt, und sie überschätzen die Validität ihrer Schlüsse (möglicherweise in Verwechslung mit subjektiver Sicherheit oder Reliabilität)
- sozialer Streß vermindert die Verarbeitungskapazität zumindest bei einem Teil der Interviewer und führt bei diesen u. a. dazu, daß sie mehr sprechen als der Interviewte.

Darüber hinaus können viele weitere Effekte als Fehlerquellen wirksam werden, die in der Literatur zur sozialen Urteilsbildung beschrieben werden (vgl. z. B. Brandstätter 1983).

Dazu kommen häufig geringes Wissen der Interviewer um die Arbeitsanforderungen und wenig Rückmeldung über die Konsequenzen ihrer Entscheidungen. All dies begünstigt die Ausbildung abergläubischen Verhaltens, wie es beispielsweise in der Überbewertung einzelner Verhaltenselemente oder Äußerlichkeiten zum Ausdruck kommt.

Als eine Auswahl von Möglichkeiten der Verbesserung des Interviews, die sich aus den angesprochenen Defiziten ableiten lassen, können folgende genannt werden (ihre Berücksichtigung hat sich teilweise bereits empirisch bewährt, wobei die Ergebnisse allerdings keineswegs eindeutig sind, vgl. Latham, Saari, Pursell & Campion 1980, Schwab & Heneman 1969, Zedeck & Cascio 1984):

- anforderungsbezogene Gestaltung der Interviews (incl. der Verwendung kleinerer Arbeitsproben im Gespräch)

- Strukturierung des Interviewverlaufs und der Fragenabfolge
- Verwendung validierter Items (beispielsweise aus biographischen Fragebogen)
- Trennung von Informationssammlung und Entscheidung
- Einsatz mehrerer unabhängiger und kompetenter Beurteiler.

Untersuchungen des Interviewers als zentrale Variable des Interviewprozesses weisen auf erhebliche interindividuelle Differenzen sowohl in der Gesprächsführung als auch in der Urteilskompetenz hin. Die Ergebnisse bezüglich der Trainierbarkeit des Interviewverhaltens sind uneinheitlich (Webster 1982), die diesbezüglichen Möglichkeiten dürften aber noch nicht ausgeschöpft sein (Cascio 1987). Lorenzo (1984) konstatiert einen Erfahrungstransfer bei Assessment Center-Beurteilern auf andere Beurteilungssituationen. Laufende Validitätskontrollen dürften schon allein durch den Zwang zur Fixierung der Interviewergebnisse von Nutzen sein, indem sie Rückkopplungskorrektive in Gang setzen.

4.1.1.4.3 Biographische Fragebogen

Biographische Daten umfassen den Gesamtbereich demographischer Gegebenheiten, Erfahrungen und Einstellungen einer Person. Ihre kontrollierte und standardisierte Erhebung erfolgt mit psychometrisch abgesicherten, also nach den Regeln der Testkonstruktion erstellten Fragebogen. Die grundlegende psychologische Annahme ist dabei, daß zukünftiges Arbeitsverhalten und zukünftiger Berufserfolg sich aus vergangenem Verhalten und Erfahrung, bzw. deren subjektiver Verarbeitung und Wiedergabe, prognostizieren lassen.

Bei biographischen Fragebogen, die als eignungsdiagnostische Methode Verwendung finden, handelt es sich um standardisierte Selbstbeschreibungen, die im wesentlichen eine systematische Zusammenfassung dessen darstellen, was Bewerbungsunterlagen und Einstellungsinterview an prognostisch relevanter Information enthalten. Von konventionellen Personalfragebogen unterscheiden sie sich gewöhnlich durch ihren Umfang, gelegentlich auch durch die angesprochenen Erfahrungsbereiche, vor allem aber durch ihre empirische Validierung.

Biographische Fragebogen werden gelegentlich als eine Form von Persönlichkeitstests angesprochen, unterscheiden sich aber von diesen sowohl durch konkretere, meist erfahrungsbezogene Frageformulierungen als auch dadurch, daß biographische Items den Befragten persönlich als bedeutsamer und transparenter erscheinen als Fragen in Persönlichkeitstests (Keßler 1982). Darüber hinaus erfolgt die Validierung biographischer Fragebogen meist auf Itembasis, was zu einer guten Anpassung an die jeweilige Stichprobe, aber zu verminderter Generalisierbarkeit führt; hieraus ergibt sich das Erfordernis organisationsspezifischer Validierung und relativ häufiger Überprüfung während längerer Verwendungsdauer. Während bei der Mehrzahl der verwendeten biographischen Fragebogen die Auswahl der Fragen bei relativ geringer expliziter Bezugnahme auf die Tätigkeitsanforderungen mittels Extremgruppenvergleichs erfolgte (Stehle 1986), spricht prinzipiell nichts gegen eine stärker anforderungsbezogene Vorgehensweise (Savage 1986).

Als eignungsdiagnostisches Verfahren haben biographische Fragebogen – insbesondere in den Vereinigten Staaten – eine lange Tradition, während sie im deutschen Sprachraum bis vor kurzem im wesentlichen auf den Gebrauch in der klinischen Psychologie beschränkt waren (Jäger 1978; biographische Analysen in der pädagogischen Diagnostik werden bei Jäger 1985 referiert). Owens (1976) datiert den ersten als Auswahlverfahren verwendeten Fragebogen auf das Jahr 1894. In den zwanziger Jahren wurde von amerikanischen Versicherungsgesellschaften ein gemeinsames Institut zur Personalauswahl gegründet, das als wichtigste Methode bis heute biographische Fragebogen verwendet; dadurch wurden Untersuchungen über längere Zeiträume ermöglicht (Brown 1978). Vor allem die Auswahl von Außendienstmitarbeitern wurde zur Domäne dieses Verfahrens, daneben wurde es aber auch bei gewerblichen und kaufmännischen Arbeitnehmern eingesetzt sowie zur Prognose des beruflichen Erfolgs von Führungskräften (Rawls & Rawls 1974). Vielfache und dabei häufig erfolgreiche Anwendung fanden biographische Fragebogen auch im militärischen Bereich, z. B. zur Auswahl von Tauchern für das Sealab-Projekt (Helmreich, Bakeman & Radloff 1973).

Beginnend Ende der fünfziger Jahre und mit einem Schwerpunkt Mitte der sechziger Jahre, wurde in den Vereinigten Staaten eine Vielzahl von Studien zur Analyse und Anwendung biographischer Fragebogen bei Angehörigen wissenschaftlicher Berufe durchgeführt (zusammenfassend Funke & Schuler 1986a). Die Studien erstreckten sich u. a. auf Forschungs- und Entwicklungspersonal der NASA, der chemisch-pharmazeutischen Industrie und des Maschinenbaus. Verglichen mit anderen Auswahlverfahren, ergab sich für diese Methode häufig eine relativ hohe prognostische Validität von $r = 0.30$ bis 0.60, gemessen an verschiedenen Erfolgskriterien wie Arbeitsleistung, „Kreativität", Sozialverhalten und Betriebstreue. Albright & Glennon (1961) fanden, daß mittels biographischer Items zwischen „reinen Forschern" und solchen Wissenschaftlern unterschieden werden kann, die auch im Forschungsmanagement einsetzbar sind. Als Ergebnis einer Metaanalyse von 50 Studien haben sich biographische Fragebogen mit einer durchschnittlichen korrigierten Validität von 0.47 als validester Prädiktor für wissenschaftliche Leistungen erwiesen (Funke, Krauß, Schuler & Stapf 1987).

Etwas niedriger, aber doch höher als für die meisten konkurrierenden Verfahren, liegen die durchschnittlichen Validitätswerte, die von neueren Sammelreferaten genannt werden. Reilly & Chao (1982) geben als Durchschnitt von 44 Einzelwerten $r = 0.35$ an, wobei gemessen am Kriterium Produktivität die höchsten ($r = 0.46$), an der Beschäftigungsdauer die relativ niedrigsten Koeffizienten (r = 0.32) errechnet wurden. Die Metaanalyse von Hunter & Hunter (1984) resultiert in einem Wert von r = 0.37, gemessen an der Leistungsbeurteilung durch Vorgesetzte, und r = 0.26, wenn die Prognose an der späteren Beförderung gemessen wird. Schmitt, Gooding, Noe & Kirsch (1984) kommen für das Kriterium Leistungsbeurteilung auf r = 0.32, für das Gehalt auf r = 0.52 und für die Beförderung auf r = 0.33, während sich für Ausbildungsleistungen nur eine mäßige (r = 0.23) und für die Beschäftigungsdauer praktisch keine Validität findet. Hinter diesen Durchschnittswerten verbergen sich erhebliche Unterschiede zwischen den verschiedenen beruflichen Tätigkeiten.

Als bislang unbefriedigend müssen die bisherigen Ergebnisse zur Konstruktvalidität biographischer Fragebogen bezeichnet werden. Versuche zur faktorenanalytischen Bearbeitung biographischer Datensätze zeigen, daß sich relativ stabile und plausibel interpretierbare Faktoren finden lassen (Owens 1976, Knoblauch 1986); eine Theorie biographischer Daten jedoch, aus der sich z. B. ableiten ließe, in welchem Kontext die biographischen Faktoren oder Datenkonfigurationen Berufserfolg erklären und welchen Einfluß sie auf Erfolg bzw. Mißerfolg haben, ist nicht in Sicht. Das umfassend angelegte „developmental-integrative model“ von Owens & Schoenfeldt (1979) beinhaltet hierfür bisher zu unspezifische Hypothesen. Erste Versuche, zur Konstruktaufklärung gleichzeitig mit biographischen Fragebogen Testverfahren anzuwenden, bestärken die Vermutung, daß sich biographische Daten auf ähnliche Konstrukte reduzieren lassen wie Persönlichkeits-, Einstellungs- und Interessentests (Funke & Schuler 1986 b).

Weiterer Erforschung bedarf auch die Frage der Akzeptabilität biographischer Fragebogen bei den Betroffenen. Von den verschiedenen Lebensbereichen, auf die sich die ins Deutsche übertragenen amerikanischen Fragebogen beziehen, scheinen die Bereiche „Gesundheit“, „Familie“ und „finanzielle Verhältnisse“ weniger akzeptiert zu werden als Bereiche, die augenscheinlicher auf berufliches Verhalten bezogen sind (Stehle 1983).

4.1.1.4.4 Psychologische Tests

„Ein Test ist ein standardisiertes, routinemäßig anwendbares Verfahren zur Messung individueller Verhaltensmerkmale, aus denen Schlüsse auf Eigenschaften der betreffenden Person oder auf ihr Verhalten in anderen Situationen gezogen werden können“ (Brandstätter 1979, S. 82). In der wissenschaftlich kontrollierten Eignungsdiagnostik sind psychologische Testverfahren die am häufigsten verwendeten Instrumente (Schmidt & Hunter 1981, Brambring 1983). Ursache dafür ist nicht nur die lange Tradition des Testens (Herrmann 1966), speziell zur Messung der Intelligenz (Roth, Oswald & Daumenlang 1980), sondern vor allem die hochentwickelte Methodologie der Testkonstruktion (Lienert 1969). Wenn psychologische Tests heute im Begriff sind, durch eine Vielfalt anderer Verfahren ergänzt, in manchen Bereichen sogar abgelöst zu werden, darf nicht übersehen werden, daß die Theorie und Technik des Testens methodische Standards auch für alle anderen diagnostischen Verfahren setzt. Der Begriff Test wird deshalb oft auch als Sammelbezeichnung für alle Prüfverfahren verwendet, die nach testtheoretischen Prinzipien konstruiert sind.

Die Standardisierung psychologischer Testverfahren bezieht sich auf ihren Inhalt, auf die Durchführung und auf die Auswertung. Im Vergleich zu anderen Verfahrenstypen ist damit die Grundlage hoher Objektivität, also geringen Einflusses subjektiver Beobachtungs- und Urteilsfehler, gegeben. Im Unterschied beispielsweise zum Einstellungsinterview sind beim Test Durchführung und Urteilsbildung getrennt, und der Verfahrensablauf ist voll strukturiert.

Zahl und Vielfalt von Tests, die zu Eignungsdiagnosen verwendet werden, sind groß. Von den mehr als 3000 bei Sweetland und Keyser (1983) verzeichneten Testverfahren wird ein Kern von mehreren hundert routinemäßig, ein weiterer Teil versuchsweise und in Einzelfällen für berufliche Auswahl- und Beratungszwecke eingesetzt. Tests werden nach einer Vielfalt formaler Aspekte (z. B. Grad der Standardisierung, Art des provozierten Verhaltens, Komplexität des Verfahrens) und inhaltlich-funktionaler Aspekte (z. B. Intelligenz, Motivation, motorische Fähigkeiten) kategorisiert (vgl. z. B. Schneider, Heim & Wacker 1975).

In der Berufseignungsdiagnostik Verwendung finden vor allem Tests der allgemeinen Intelligenz und ihrer Komponenten, Tests zur Prüfung allgemeiner Fähigkeiten wie Aufmerksamkeit und Konzentrationsleistung, Tests sensorischer und motorischer Funktionen sowie Tests, die spezielle Leistungen wie technisches Verständnis erfassen. Dazu kommen Persönlichkeitstest, zu denen auch Interessen- und Motivationstests gerechnet werden, in der Mehrzahl in der Form von Fragebogenverfahren, seltener als projektive Methoden (Wehner & Durchholz 1980). Was bisher nicht vorliegt, sind generell brauchbare Zuordnungen von Tätigkeiten und Testverfahren. Die Entscheidung im Einzelfall dürfte häufig zu nicht-optimalen Verfahrensanwendungen führen.

Brambring (1983) hat Umfragen über die Anwendungshäufigkeit psychologischer Testverfahren in Privatunternehmen und in Behörden und verwandten Einrichtungen (Bundesanstalt für Arbeit, Bundeswehr, Berufsförderungswerke, technische Überwachungsvereine) durchgeführt. Seinen Aufstellungen zufolge gehören zu den meistverwendeten Eignungstests: Intelligenz-Struktur-Test (Amthauer 1970), Leistungs-Prüf-System (Horn 1962), Aufmerksamkeits-Belastungs-Test d2 (Brickenkamp 1972), Mechanisch-technischer Verständnis-Test (Lienert 1964), Differentieller Wissens-Test (Jäger 1969), Freiburger Persönlichkeitsinventar (Fahrenberg, Selg & Hampel 1973) und Berufs-Interessen-Test (Irle 1955). In neueren Jahren werden bevorzugt Tests zur Messung spezieller Persönlichkeits- und Fähigkeitsmerkmale entwickelt, die entsprechend geringere Verwendungshäufigkeit aufweisen.

Daneben werden von verschiedenen Wirtschaftsunternehmen und Forschungsinstituten, vor allem aber der Bundesanstalt für Arbeit und der Bundeswehr, eigene Testverfahren entwickelt und in großem Umfang angewandt. Ein Beispiel hierfür ist die Testbatterie EUB, die vom Psychologischen Dienst der Bundesanstalt für Arbeit bei Haupt- und Realschülern zur Unterstützung der Berufsberatung verwendet wird (Engelbrecht 1975). In der aktuellen Version besteht das Verfahren aus 8 Leistungstests zur Erfassung von 6 Einzelfähigkeiten, aus 12 Selbstbeurteilungs- und 12 Interessenskalen. Die Leistungsergebnisse jedes Ratsuchenden werden zu den Ergebnissen von Personen in Beziehung gesetzt, die 15 verschiedenen Berufsbereichen angehören. Außerdem werden auf dem Auswertungsbogen Berufsvorschläge ausgedruckt, die auf den Ergebnissen eines Vergleichs des Interessenprofils des Ratsuchenden mit den Interessenprofilen von Berufsvertretern beruhen (Engelbrecht, Dietz & Markert, 1982). Inzwischen sind über 400000 Ratsuchende mit der Testserie untersucht worden. Dem Testbefundinterpretationsprogramm liegen die Ergebnisse von Nachbefragungen an rund 140000 früher untersuchten Probanden über ihren weiteren Berufsverlauf zugrunde.

Ein anderes Beispiel für eine zielgruppenspezifisch konstruierte Testbatterie ist der „Test für medizinische Studiengänge“ (TMS), der vom Institut für Test- und Begabungsforschung der Studienstiftung des deutschen Volkes entwickelt wurde (Bartussek, Raatz & Stapf 1986). Der nach einer mehrjährigen Erprobungsphase seit 1986 als ergänzendes Verfahren zur Zulassung zum Studium der Human-, Tier- und Zahnmedizin eingesetzte Test erfaßt mit 9 Subtests ausschließlich kognitive Fähigkeitsaspekte. Gemessen an der Vorhersage der ärztlichen Vorprüfung leistet der TMS annähernd das gleiche wie die Abiturnote, die prognostische Validität beträgt etwa $r = 0.40$. Ungefähr in dieser Höhe sind auch die beiden Prädiktoren korreliert. Daraus ergibt sich sowohl ein Validitätszuwachs bei Verwendung beider Verfahren wie eine beträchtliche Verschiebung der Anwärter-Rangreihen („Paternoster-Effekt“) gegenüber der ausschließlichen Berücksichtigung der Abiturnoten (Fay 1986). Als besonders valide erwiesen sich diejenigen Subtests, die Bewertung und Verarbeitung komplexer mathematischer, naturwissenschaftlicher und medizinischer Informationen erfordern. Zur Frage der Trainierbarkeit dieses Tests sowie zur Rechtfertigung seines Einsatzes s. Trost (1985), wo sich auch eine kritische Diskussion der in diesem Kontext gelegentlich geforderten „prozeßorientierten Diagnostik“ findet.

Es liegt eine sehr große Zahl von Untersuchungen der Validität psychologischer Tests vor, insbesondere solcher, die der Sammelkategorie „kognitive Fähigkeitstests“ zugerechnet werden (zur Vielfalt der Intelligenz- und Fähigkeitskonstrukte s. Jäger 1986). Ihr Hauptergebnis ist, daß es praktisch keinen Beruf gibt, für den Maße intellektueller Fähigkeiten nicht zur Leistungsprognose beitragen könnten. Dabei lassen sich Ausbildungsleistungen besser vorhersagen als andere Kriterien der Berufsleistung.

Ghiselli (1966, 1973) gab in Zusammenstellungen der Validität von Intelligenztests für verschiedene Berufsgruppen Werte von durchschnittlich r = 0.42 (Kriterium: Ausbildungsleistung) bzw. r = 0.20 (Kriterium: Berufsleistung; Zusammenfassung durch Hunter & Hunter 1984) an. Hunter & Hunter (1984) berichten eine Reanalyse von Ghisellis Daten, die sie um die Streuungsreduktion und um die mangelnde Kriterienreliabilität korrigierten, und kommen auf Werte zwischen r = 0.27 und r = 0.61, bemessen auf die Berufsleistung. Ihrer Aufstellung nach gelingt die Prognose um so besser, je höher die Komplexität der Leistungsanforderungen ist. Den umgekehrten Zusammenhang finden Hunter & Hunter für psychomotorische Fähigkeiten. Die gleichen Beziehungen zwischen Validität von Subtests und Aufgabenkomplexität zeigen sie am Beispiel der vom U. S. Employment Service verwendeten Testbatterie GATB. Während Brambring (1983) den Median der Validitätskoeffizienten für dieses Verfahren mit r = 0.36 referiert, kommen Hunter & Hunter (1984) auf einen korrigierten Durchschnittswert von r = 0.53 bei einer geringen Streubreite für die verschiedenen Tätigkeitsgruppen zwischen r = 0.49 und r = 0.59.

Bezogen auf das Kriterium Ausbildungsleistung, ergaben mehrere Studien von Schmidt, Hunter und Mitarbeitern, daß mit keinem bekannten Berufsklassifikationsschema Tätigkeiten so gruppiert werden konnten, daß kognitive Fähigkeitstests signifikante Validitätsdifferenzen zeigten. Im Durchschnitt über alle Berufe geben Hunter & Hunter (1984) die Validität für Ausbildungserfolg mit r = 0.54 an, für Berufserfolg mit r = 0.45. Nicht alle Metaanalysen kommen allerdings zu gleichhohen Werten: Auf der Basis anderer Studien, aber im Prinzip gleicher Methoden, kommen Schmitt et al. (1984) für die durchschnittliche Validität von Intelligenztests nur auf r = 0.25, bezogen allerdings auf die Kriterien Leistungsbeurteilung und Beförderung, die schwieriger zu prognostizieren sind als Ausbildungserfolg.

Niedriger als für Leistungstests ist die Validität von Persönlichkeitstests. Schmitt et al. (1984) beziffern die durchschnittliche Validität auf r = 0.15 und liegen damit, wie die meisten anderen Studien, noch etwas unter den von Ghiselli (1973) berichteten Werten um r = 0.20 Für projektive Tests geben Reilly & Chao (1982) die durchschnittliche Validität aus 5 Studien mit r = 0.18 an. Die Validitäten von Interessentests bezogen auf Erfolgskriterien liegen zumeist noch etwas darunter. Dabei ist jedoch zu bedenken, daß Interessentests häufiger zu Beratungs- als zu Selektionszwecken Verwendung finden (v. Rosenstiel 1979), und daß das hier angemessene Kriterium weniger die Berufsleistung als die Zufriedenheit mit der seinerzeit getroffenen Berufswahl ist.

4.1.1.4.5 Arbeitsproben

Unter Arbeitsproben werden standardisierte Aufgaben verstanden, die inhaltlich valide und erkennbar äquivalente Stichproben des erfolgsrelevanten beruflichen Verhaltens darstellen. Ihre Entwicklung geht auf die deutsche Eignungsdiagnostik der zwanziger Jahre zurück (Giese 1924). Die Abgrenzung von Arbeitsproben gegenüber Tests ist schwierig und wird uneinheitlich gehandhabt: Gelegentlich wird von Arbeitsprobe nur dann gesprochen, wenn es sich um motorische Aufgaben handelt, häufig werden Arbeitsproben als Tests bezeichnet, sobald sie in standardisierter und normierter Form vorliegen. Dementsprechend findet sich in der englischsprachigen Literatur häufig die Bezeichnung „work sample test" (z. B. bei Robertson und Kandola 1982). Im Rahmen des Konzepts der „praktischen Intelligenz" wurde kürzlich von Jäger und Mitarbeitern eine größere Anzahl von Aufgaben mit quasi Arbeitsprobencharakter zusammengestellt bzw. weiterentwickelt (Sperber, Wörpel, Jäger & Pfister 1985).

Die Konstruktion von Arbeitsproben erfolgt weitgehend nach den gleichen Prinzipien wie die psychologischer Tests. Der wesentliche Unterschied ist, daß man, soweit möglich, darauf verzichtet, die Arbeitstätigkeiten in für deren erfolgreiche Ausführung erforderliche Personmerkmale zu übersetzen. Anstelle eines „Anzeichens" (Testverhalten) oder einer „Prädisposition" (Eigenschaft) wird von einer komplexen Verhaltensstichprobe auf ähnliches künftiges Verhalten geschlossen (Wernimont & Campbell 1968). Dies sollte umso besser gelingen, je ähnlicher Prädiktor und Kriterium einander sind.

Dementsprechend sind die empirisch bestimmten Validitätskoeffizienten dort am höchsten, wo als Kriterien wiederum Arbeitsproben verwendet werden (Robertson & Kandola 1982). Mag in diesem Fall auch der Idee der „Punkt-zu-Punkt-Zuordnung" zwischen Prädiktor und Kriterium (Asher und Sciarrino 1974) am besten entsprochen werden, so wird man den hierbei erhaltenen Koeffizienten doch eher als einen der Reliabilität interpretieren. Gemessen an beruflicher Leistung (Vorgesetzten-Beurteilung), ergibt sich aus dem Sammelreferat von Asher & Sciarrino (1974) für „motorische Arbeitsproben" höhere Validität als für „verbale Arbeitsproben". Umgekehrt ermöglichen verbale Arbeitsproben bessere Prognosen, wenn als Kriterium die Ausbildungsleistung gewählt wird. Ähnliche Angaben finden sich bei Robertson & Kandola (1982), die jeweils vier Arten von Arbeitsproben und Kriterien unterscheiden. Hohe Korrelationen ergeben sich danach für die Beziehungen zwischen psychomotorischen Aufgaben und Arbeitsleistung ($r = 0.50$), mittlere zwischen Gruppendiskussionen und Karriereindikatoren ($r = 0.33$). Die Metaanalyse von Schmitt et al. (1984) resultiert in einem durchschnittlichen Validitätskoeffizienten von $r = 0.38$.

Neben der relativ hohen Validität wird die Akzeptanz von Arbeitsproben seitens der Betroffenen hervorgehoben (Robertson & Kandola 1982) – vermutlich aufgrund ihrer Augenscheingültigkeit sowie der in ihnen enthaltenen Information über Arbeitsanforderungen. Dies scheint der Selbstselektion entgegenzukommen: In einer Studie von Downs, Farr & Colbeck (1978) wurde allen Bewerbern im Anschluß an eine Arbeitsprobe die Anstellung zur Probe angeboten; von den in der Arbeitsprobe

Leistungsstärksten nahmen 91 % das Angebot an, von den Leistungsschwächsten nur 23 %. Auch konnte in mehreren Untersuchungen gezeigt werden, daß bei Verwendung von Arbeitsproben mit geringerem „adverse impact" – prozentual geringerer Zurückweisung der Angehörigen von Minoritätengruppen – zu rechnen ist als beim Einsatz von Fähigkeitstests (Cascio 1987). Naheliegend ist die Verwendung von Arbeitsproben auch als Trainierbarkeits- oder Lernfähigkeitstest (Downs et al. 1978; Siegel 1978). Die Konstruktion eines kompletten Auswahlverfahrens auf Arbeitsproben-Basis demonstrieren Schmitt & Ostroff (1986). Konsistente Belege der Überlegenheit gegenüber der konventionellen Durchführung stehen allerdings noch aus. Anleihen bei der klinischen Verhaltensdiagnostik (Schaller & Schmidtke 1983) könnten hier von Nutzen sein.

Den Vorzügen von Arbeitsproben steht ein relativ hoher Aufwand in der Konstruktion gegenüber, wenn sie auf dem üblichen testtheoretischen Weg erstellt werden. Oft ist die Zahl der Items geringer als bei Tests und ihre Unabhängigkeit nur beschränkt gegeben (z. B. bei praktisch-technischen Montageaufgaben). Geht man von der Richtigkeit der theoretischen Argumentation ihrer Proponenten aus, so müßte die Generalisierbarkeit der Validität von Arbeitsproben wesentlich geringer sein als die von Fähigkeitstests. Auch der Vorzug der Augenscheingültigkeit beschränkt sich auf die Verwendung als Simulation der in Frage stehenden Tätigkeit. Darüberhinaus ist mit einer rascheren Verminderung der Validitätskoeffizienten im zeitlichen Verlauf zu rechnen.

Neuerdings werden Arbeitsproben vielfach zur Simulation von Führungsaufgaben eingesetzt, zumeist in der multiplen Form sogenannter Assessment Centers (vgl. den nächsten Abschnitt). Für drei der verbreitetsten Einzelverfahren – führerlose Gruppendiskussion, Postkorbübung und Wirtschaftsspiele (Business Games) – stellt Cascio (1987) Bewährungsdaten zusammen, die durchschnittlich bei etwa $r = 0.25$ bis 0.30 liegen.

Speziell die Verwendung von Arbeitsproben im Assessment Center gibt Anlaß, darauf hinzuweisen, daß der Verzicht auf psychologische Konstrukte zugunsten einer Punkt-zu-Punkt-Zuordnung von Tätigkeits- und Aufgabenelementen besonders bei komplexeren Tätigkeiten die Gefahr bringen würde, mit oberflächlichen Äquivalenzen auf Kosten tatsächlich relevanter Eignungsdimensionen zu arbeiten.

4.1.1.4.6 Assessment Center

Ein Assessment Center ist eine Kombination mehrerer unterschiedlicher Einzelmethoden zu einem Verfahrenssystem, das zur Einschätzung aktueller Kompetenzen wie zur Prognose künftiger beruflicher Entwicklung und Bewährung Verwendung findet. Stets nehmen mehrere Personen gleichzeitig an einem solchen multiplen Beurteilungsverfahren teil, und die Einschätzungen werden von mehreren unabhängigen Beurteilern, zumeist Führungskräften und Psychologen, vorgenommen. Als Einzelmethoden werden vorwiegend Arbeitsproben (Gruppendiskussionen, Planspiele und Aufgabensimulationen, Präsentations- und Vortragsübungen) sowie Interviews, Rollenspiele und psychologische Tests eingesetzt.

Multiple Beurteilungs- und Prognoseverfahren dieses Typus finden zur Zeit rapide praktische Verbreitung und nachhaltiges wissenschaftliches Interesse (für eine detaillierte Übersicht vgl. Thornton & Byham 1982 sowie Schuler & Stehle 1987). Ursprünglich in Deutschland zur Offiziersauswahl, später in England und in den Vereinigten Staaten eingesetzt, wird die Assessment Center-Technik heute überwiegend in Wirtschaftsunternehmen, zunehmend aber auch in Verwaltungsorganisationen, als Instrument zur Auswahl von Führungskräften und zur Bestimmung des individuellen Entwicklungspotentials und Förderungsbedarfs genutzt. Zu den weiteren faktischen oder möglichen Einsatzbereichen gehört die Verwendung als Beurteilungsverfahren, zur Teamentwicklung, Arbeitsplatzgestaltung und zur Information der Teilnehmer über Tätigkeitsanforderungen, als Instrument der Trainingsbedarfsanalyse sowie zur Berufsberatung und zur Einschätzung beruflicher Rehabilitation. Daraus ergeben sich Einsatzmöglichkeiten für eine Vielfalt von Berufen, Arbeitsplätzen und Tätigkeitsbereichen, die bislang kaum genutzt wurden.

Charakteristisch für den Beurteilungsprozeß in einem Assessment Center ist, daß die Beurteiler anhand vorgegebener Skalen – zumeist Einstufungsskalen oder Checklisten – beobachtbares Verhalten registrieren, seltener direkt Eigenschaftszuschreibungen vornehmen oder Bewährungswahrscheinlichkeiten einschätzen. Im Anschluß an die Gesamtdurchführung, mitunter auch nach jeweils einem oder mehreren Einzelverfahren, findet eine Beurteilerkonferenz zur Diskussion der Einzelbeobachtungen und -einschätzungen sowie zur Formulierung von Gesamtbeurteilungen und Handlungsempfehlungen statt. Die interindividuelle Urteilskonkordanz liegt üblicherweise zwischen 0.60 und 0.90. Ob die „klinische" Kombination der Einzelurteile (Wiggins 1973) einer mechanischen Kombination überlegen ist, ist zweifelhaft (Sackett & Wilson 1982), zumindest was die Prognoseleistung anbetrifft. Andere Funktionen des gemeinsamen Urteilsprozesses sind allerdings durch die statistische Datenkombination nicht ersetzbar. Seit der Veröffentlichung der „Management-Progress Study" von Bray & Grant (1966) wird die prognostische Validität der Assessment Center-Methode als relativ hoch eingeschätzt. Für eine Gruppe von 422 Personen konnten in dieser Längsschnitt-Untersuchung die diagnostischen Daten verdeckt gehalten werden, um die Kontamination von Prädiktoren und Kriterien zu vermeiden. Für verschiedene Subgruppen und gemessen an verschiedenen Bewährungskriterien wurden Validitätskoeffizienten zwischen $r = 0.33$ und $r = 0.71$ errechnet. Zu berücksichtigen ist dabei, daß in dieser klassischen Studie mehrere psychologische Tests mitverwendet wurden, die erheblich zur Gesamtvalidität beigetragen haben, während in neuerer Zeit überwiegend oder ausschließlich Arbeitsproben Verwendung finden.

Inzwischen liegt eine große Zahl von Untersuchungen zur prognostischen Validität des Assessment Centers vor (vgl. Thornton & Byham 1982 sowie Maukisch 1986). Die Metaanalyse von Schmitt et al. (1984), die 21 Studien einbezieht, kommt auf eine durchschnittliche prognostische Validität von r = 0.40; Hunter & Hunter (1984) errechnen metaanalytisch aus 22 Arbeiten r = 0.45. In der bisher umfangreichsten Reanalyse wurden von Thornton, Gaugler, Rosenthal & Bentson (1987) 50 Assessment Center-Studien mit insgesamt 107 Validitätskoeffizienten gemeinsam und getrennt nach verschiedenen Kategorien und Moderatorvariablen verrechnet. Als Resultat ergeben sich ein mittlerer korrigierter Validitätskoeffizient von r = 0.37 (Streubreite der Einzelwerte von − 0.25 bis + 0.78) und Hinweise sowohl auf Situationsspezifität als auch auf Validitätsgeneralisierung. Zu den Moderatorvariablen, die sich begünstigend auf die Validität auswirken, gehören die Anzahl der verwendeten Aufgaben und die Teilnahme von Psychologen als Beurteiler.

Vergleichsweise wenig geklärt ist die Frage der Konstruktvalidität von Assessment Center-Verfahren: Es liegen weder Maße für die Äquivalenz des beobachteten mit dem zu prognostizierenden Verhalten vor, noch bezüglich der Anregungsbedingungen. Auch welche Dimensionen der Beurteilung die wirklich relevanten sind, muß noch als weitgehend ungeklärt gelten. Sackett & Dreher (1982) zeigen, daß konvergente und diskriminante Validität im Sinne von Campbell & Fiske unzulänglich gegeben sind: Beurteilungen verschiedener Merkmale innerhalb der gleichen Übung sind höher korreliert als Beurteilungen jeweils gleicher Merkmale über verschiedene Übungen hinweg. Zedeck & Cascio (1984) schlagen deshalb vor, Dimensionen, Ratings und Beurteilerdiskussionen lediglich als Mittel zur Strukturierung der Beobachtungen zu verstehen. Aus dem Gegensatz von ungeklärter Konstruktvalidität, mäßiger Standardisierung der Aufgaben (v. a. der Gruppenaufgaben) und unzulänglicher Normierung (als sehr bescheidener Ersatz für Testnormen werden die Urteile auf die Gruppe als Referenzrahmen bezogen) einerseits und der immerhin mittelhohen prognostischen Validität andererseits läßt sich der Schluß ziehen, daß mit der theoretischen und methodischen Weiterentwicklung der Verfahren noch ein erheblicher Spielraum für eine Erhöhung der prognostischen Leistung gegeben ist.

Die Akzeptanz von Assessment Center-Verfahren bei Verwendern wie Teilnehmern kann als hoch gelten. Verglichen mit anderen eignungsdiagnostischen Prozeduren, ist man bereit, einen erheblichen organisatorischen, zeitlichen und finanziellen Aufwand in Kauf zu nehmen. Sowohl über Teilnehmer wie über Beurteiler wird berichtet, daß sie die Methode als Gelegenheit zu gründlicherer, systematischerer und differenzierterer Beobachtung und Selbstbeobachtung im sozialen Vergleich schätzen als dies im alltäglichen Berufsleben möglich wäre. Zum Teil mag diese Zustimmung auf die vordergründige „Augenscheingültigkeit“ der Aufgaben zurückzuführen sein, auf die Äquivalenz der Stereotypanteile von Teilnehmer-Beurteilung und späteren personellen Entscheidungen sowie auf andere latente Funktionen des Verfahrens. Darüber hinaus scheinen jedoch diese multiplen Beurteilungsprozeduren einigen Erfordernissen aus der Sicht der Teilnehmer, insbesondere bezüglich Transparenz, nachvollziehbarer Urteilskommunikation und Information über Tätigkeitsanforderungen, besser gerecht zu werden als viele konventionelle eignungsdiagnostische Methoden (vgl. Schuler & Stehle 1983).

Demgegenüber sind einige Gefahren nicht zu übersehen, die mit der schnellen Verbreitung und Kommerzialisierung des Verfahrens, besonders in seiner „laiendiagnostischen" Variante, gegeben sind: Dazu gehören mangelnde Rücksicht auf unterschiedliche Belastbarkeit der Teilnehmer und auf die Wahrung ihrer persönlichen Sphäre. Dazu gehört auch die Gefahr der (Selbst-)Abstempelung als „Versager" bei mangelnder Vorauswahl und unangemessener Akzentuierung des Verfahrens sowie durch unzulängliche Urteilskommunikation und fehlende anschließende Beratung. Eine angemessene Vorbereitung der Beurteiler auf den gesamten Verfahrensprozeß und seine Einbindung in ein Gesamtprogramm der Mitarbeiterentwicklung ist dringend geboten.

4.1.1.4.7 Weitere Verfahren

Über die im einzelnen besprochenen Methoden hinaus wird eine ganze Reihe weiterer Quellen genutzt, um tatsächlich oder auch nur vermeintlich erfolgsrelevante Informationen über Personen zu sammeln. Dazu gehört beispielsweise die *Probezeit*, die, wo durchführbar, einen der validesten Prädiktoren späteren Berufserfolgs darstellt und auch den Bewerbern Einblick in Tätigkeit und Organisation gibt. Ihre Validität wird von Hunter & Hunter (1984) mit $r = 0.44$ angegeben. In etwa gleicher Höhe liegen auch die Regelbeurteilungen beruflicher Leistung durch Vorgesetzte und Kollegen ($r = 0.43$ nach Schmitt et al. 1984).

Gering dürfte im allgemeinen die Validität von *Selbstbeurteilungen* sein: Reilly & Chao (1982) beziffern sie auf $r = 0.15$; Hunter & Hunter (1984) zeigen an verschiedenen Untersuchungen, daß in einem Forschungskontext zwar mittlere oder gar hohe Koeffizienten erwartet werden können, im Berufskontext dagegen kaum valide Schlüsse möglich sind. Starke Situationsabhängigkeit wird auch in der Metaanalyse von Mabe & West (1982) konstatiert, die darüber hinaus auch differentielle Gültigkeit nach persönlichen Merkmalen auffinden: Höhere Validität ist demnach eher bei hoher Intelligenz, hohem Leistungsniveau und internaler Kontrollüberzeugung zu erwarten als bei jeweils gegenteiliger Merkmalsausprägung.

Zur Brauchbarkeit *ausdrucksdiagnostischer Methoden* gibt es kaum methodisch akzeptable Untersuchungen. Obwohl die intuitive Diagnose von Mimik, Gestik und Körperhaltung speziell im Einstellungsgespräch ein Thema ist, das in die „Bewerberratgeber" Eingang gefunden hat, gibt es bislang keinen Anhaltspunkt dafür, daß auf dieser Basis systematisch valide Schlüsse auf den späteren Berufserfolg gezogen werden könnten. Nicht besser ist es um die wissenschaftliche Legitimation der Graphologie bestellt: Obwohl vor der Einstellung höherer Führungskräfte in etwa einem Drittel der Fälle graphologische Gutachten eingeholt werden (Schulz et al. 1985), gibt es praktisch keine empirischen Belege für die Brauchbarkeit dieses Verfahrens in der Berufseignungsdiagnostik. Klimoski & Rafaeli (1983) referieren die geringe Zahl von Untersuchungen, die zu dieser Frage vorliegen. Mit einer einzigen Ausnahme geben diese Arbeiten, deren methodische Qualität allerdings größtenteils zu wünschen übrig läßt, keinen Hinweis auf Prognoseleistungen von überzufälliger Trefferhäufigkeit. Ursachen der verbreiteten Überschätzung der Graphologie in Praktikerkreisen könnten die mangelnde Berücksichtigung der Basisrate (weitgehende Vorselektion) und die Gleichsetzung von Reliabilität mit Validität sein.

4.1.1.5 Modelle personeller Entscheidungen

Ziel psychologischer Eignungsdiagnostik ist es, Entscheidungen über die Zuordnung von Personen zu vorgegebenen Klassen (Arbeitsplätze, Ausbildungsprogramme usw.) auf der Basis prognostizierter Eignung zu treffen. Dabei wird der diagnostische Prozeß über die Deskription psychologischer Merkmale oder die Prognose von Kriterien hinaus bis zur Entscheidung weitergeführt. Wenn auch im weitesten Sinne alle „indikatoren- oder prädiktorengeleiteten personenbezogenen Maßnahmen" (Hartmann 1980) personelle Entscheidungen sind, bezieht man sich in der Berufseignungsdiagnostik zumeist auf die klassischen Funktionen, Personen für bestimmte Arbeitsplätze auszuwählen bzw. zurückzuweisen (Selektion), sie ohne Zurückweisung jeweils einer von mehreren ordenbaren Arbeitsplatzalternativen aufgrund univariater Daten zuzuweisen (Plazierung) oder sie mit Hilfe multivariater Prädiktoren verschiedenen nicht ordenbaren Arbeitsplätzen zuzuordnen (Klassifikation). Eine Präzisierung dieser unscharfen Abgrenzung wurde von Cronbach & Gleser (1965) durch die Unterscheidung von sechs Aspekten erreicht, deren Kombination insgesamt 64 Arten personeller Entscheidungen definiert: Grundsätzlich zu differenzieren ist zwischen systematisierbaren, mit statistischen Verfahren durchführbaren Entscheidungen (institutionelle Entscheidungen) und unsystematisierbaren Einzelentscheidungen. Weitere wichtige Aspekte personeller Entscheidungen sind Ablehnung von Bewerbern, Verwendung uni- vs. multivariater Daten sowie die Quotenbeschränkung bei der Zuordnung, die spezielle Optimierung erfordert (Brandstätter 1982). Daneben kann die Entscheidungssituation durch einen einzigen Untersuchungsdurchgang mit endgültiger Entscheidung oder durch die Aufeinanderfolge mehrerer Entscheidungsschritte (sequential strategy) und durch eines oder mehrere treatments pro Person gekennzeichnet sein.

Die Zuordnungsentscheidung wird zwar unter Berücksichtigung der Eignung getroffen, es können in sie jedoch zusätzliche eignungsfremde, z. B. institutionelle, Gesichtspunkte wie Personalbedarf und Arbeitsmarktlage eingehen (Jäger 1970), was Zuordnungskompromisse und die Ablehnung prinzipiell Geeigneter zur Folge haben kann. Verschiedene Modelle personeller Entscheidungen sind durch unterschiedliche Schwerpunkte im Hinblick auf den Entscheidungsprozeß gekennzeichnet. Das *Zuordnungs- und Veränderungsmodell* betrifft eine Entscheidung nicht innerhalb der Eignungsdiagnostik, sondern über sie, und zwar darüber, ob sie im speziellen Fall überhaupt als sinnvolle Vorgehensweise anzusehen ist. Unter *Expertenmodell* wird hier verstanden, daß der personelle Entscheidungsprozeß vom Personalexperten unter weitgehendem Verzicht auf empirisch-statistische Methoden vollzogen wird. Im *Präzisionsmodell* steht die möglichst genaue Kriterienvorhersage durch die Verwendung statistischer Zuordnungs- und Prognoseverfahren sowie die Präzision der Entscheidung mit dem Ziel der Maximierung von Richtigzuordnungen im Mittelpunkt. Diese Betrachtungsweise wird im *Nutzenmodell* durch die Berücksichtigung des Gewinns unterschiedlicher Entscheidungsergebnisse und die Strategie, den durchschnittlichen Gewinn über eine Reihe ähnlicher Entscheidungen zu maximieren, ergänzt.

4.1.1.5.1 Zuordnungs- und Veränderungsmodell

Personalbezogene Maßnahmen sind unter Zuordnungs- und Veränderungsstrategien (Pawlik 1982, Maukisch 1978) subsumierbar. Zuordnungsstrategien umfassen die möglichst optimale Zuordnung von Personen und Arbeitsplätzen (bzw. Ausbildungsgängen usw.), entweder als Personalauswahl, bei der für einen bestimmten Arbeitsplatz die geeignetste Person zu finden ist, oder z. B. als Berufsberatung mit der Aufgabe, für eine bestimmte Person die geeignetsten Berufswege aufzuzeigen. Veränderungsstrategien sind auf eine Modifikation der betreffenden Personen (z. B. Training, Verhaltenssteuerung) oder der sie umgebenden Situation (Arbeitsplatz, Organisation) ausgerichtet. Voraussetzungen für die sinnvolle Anwendung einer Zuordnungsstrategie sind u. a. eine ausreichende Streuung in den Kriterien, eine regelhafte Beziehung zwischen Kriterien und Prädiktoren sowie – selbstverständlich – die Existenz potentiell geeigneter Bewerber. Hingegen spricht leichte Trainierbarkeit der individuellen Voraussetzungen in derselben Situation für die Bevorzugung einer Modifikationsstrategie. Fundierte Entscheidungen zwischen Auswahl- und Trainingsmaßnahmen sind bisher erschwert durch die schwache Wissensbasis im Hinblick auf anforderungs- und merkmalsspezifische Trainierbarkeit.

In der Praxis stellt sich die Alternative „Training statt Auswahl“ kaum. In speziellen Fällen kann zwar eine gewisse Ersetzbarkeit von Auswahl durch Training gegeben sein, jedoch mit der Gefahr einer Beeinträchtigung des Gesamtnutzens, der sich aus den Nutzenanteilen für Auswahl, Training und weitere Maßnahmen additiv oder multiplikativ zusammensetzt (Schmidt, Hunter & Pearlman 1982a). Man stößt hier schnell an die Grenzen des Vertretbaren, wenn aufgrund reduzierter Eignungsdiagnostik das mittlere Fähigkeitsniveau soweit absinkt, daß die Trainings-Konzeptionen scheitern (Beispiele bei Schmidt & Hunter 1981). Am besten werden daher beide Strategien in sequentieller Weise kombiniert.

4.1.1.5.2 Experten-Modell

Eine Vielzahl personeller Entscheidungen wird von Experten auf der Grundlage von Fachwissen, Erfahrung und Intuition getroffen, unter Verzicht auf formalisierte, empirisch-statistisch abgesicherte Verarbeitungs- und Entscheidungsregeln. Die dieser „klinischen Urteilsbildung" zugrunde liegenden impliziten Regeln wurden mit verschiedenen methodischen Ansätzen untersucht, eine Zusammenstellung im Rahmen der diagnostischen Urteilsbildung gibt Jäger (1982). Im Bereich der Eignungsdiagnostik konnte z. B. Waltert (1977) die intuitiven Regeln bei Auswahlentscheidungen in der Schweizerischen Luftverkehrsschule darstellen. Prozeßanalysen von Entscheidungsverläufen bei Experten und ihre Darstellung in Form von Ablaufplänen wurden von Wottawa (1984) beschrieben. Eine Anwendung auf Entscheidungsprozesse in der Personalberatung, die u. a. den geringen Nutzungsgrad der vorhandenen diagnostischen Information illustriert, liegt von Jochmann (1984) vor.

Die „klinische" Urteilsbildung ist einer „statistischen" Urteilsbildung mit der Anwendung abgesicherter Berechnungsvorschriften vielfach als – zumindest im Durchschnitt – unterlegen nachgewiesen worden (Übersichten bei Wiggins 1973 und Jäger 1982). Als beste Strategie erwies sich, in die mechanische Datenkombination der statistischen Urteilsbildung neben mechanisch (durch standardisierte Verfahren) auch klinisch erhobene Daten zu integrieren. Vergleichbare Ergebnisse fand Borman (1982) bei Assessment Center-Prognosen. Die verbreiteten Profilvergleiche nach Augenschein sind dagegen eine klinische Kombination mechanisch-standardisiert erhobener Daten. Die geringe Leistungsfähigkeit „klinischer" Urteilsbildung drückt sich z. B. aus in Einstellungsempfehlungen von Experten, die mit der späteren Vorgesetztenbeurteilung im Durchschnitt nur zu 0.17 korrelierten (Reilly & Chao 1982). Die starke Streuung der in dieser Übersichtsarbeit zusammengefaßten Einzelkorrelationen könnte außerdem ein Hinweis darauf sein, daß es unter Experten interindividuell recht unterschiedliche und bisher kaum erforschte Diagnosekompetenzen gibt.

Das Expertenmodell verdankt seine Anwendung weniger der Präzision seiner Ergebnisse, als vielmehr speziellen einschränkenden Gegebenheiten des eignungsdiagnostischen Auftrags (vgl. Jäger 1970), insbesondere dem Fehlen spezifischer Anforderungsinformationen und Leistungsdaten, validierter eignungsdiagnostischer Verfahren und ausreichender Probandenzahlen. Auf die Grenzen eines formalisierten Vorgehens unter den besonderen Bedingungen einer Berufsberatungssituation weist Eckardt (1977b) hin. Generell dürfte die Beteiligung mehrerer Experten die

Entscheidung verbessern (vgl. Abschnitt 4.1.1.4.2 und 4.1.1.4.6). Weiterhin ist die Integration standardisierter Information mit Sicherheit günstig. In systematischer Form geschieht dies z. B. bei der Anwendung des Verfahrens der synthetischen Validierung auf Einzelfälle. Am Ende des eignungsdiagnostischen Prozesses kann – durchaus nicht nur im Falle „klinischer" Urteilsbildung – ein Eignungsgutachten (vgl. Bundesanstalt für Arbeit 1985) stehen, das eine zusammenfassende Darstellung des diagnostischen Prozesses, seiner Ergebnisse und der daraus folgenden Entscheidung bietet. Grundsätzliche Fragen psychologischer Begutachtung und Diagnostik werden bei Hartmann & Haubl (1984) diskutiert.

4.1.1.5.3 Präzisionsmodell

Bei personellen Entscheidungen auf empirisch-statistischer Basis wird auf die individuellen Daten eine Entscheidungsstrategie bzw. Zuordnungsregel angewandt, die die Bedingungen für die Einordnung des Bewerbers in eine von mehreren Klassen angibt (vgl. Maukisch 1978, Janke 1982). Dabei wird die kontinuierlich vorliegende Information kategorial betrachtet, da für Personalentscheidungen Klassenzuordnungen von überwiegendem Interesse sind. Ziel der Zuordnungsregel ist meist die Maximierung von Richtig- und die Minimierung von Falschzuordnungen. Meist liegen mehrere Prädiktoren vor, die zuvor mittels multivariater statistischer Prognose- und Verarbeitungsverfahren (vgl. Cooley & Lohnes 1971, Moosbrugger 1978) entscheidungsreif aufbereitet werden müssen. Dabei werden Zuordnungskennwerte berechnet – beispielsweise mittels multipler Regressionsgleichung prognostizierte Kriterienwerte – auf die wiederum die Zuordnungsregel angewandt wird. Personelle Entscheidungen sind somit in vielen Fällen zweistufige Prozesse aus Datenverdichtung zu einer Kriterien- oder Erfolgsprognose und aus einer regelgeleiteten Entscheidung.

Die Angemessenheit bestimmter Zuordnungsregeln sowie Prognose- und Verarbeitungsverfahren ist abhängig von formalen und inhaltlichen Gegebenheiten der Entscheidungssituation. Im Falle einfacher Selektion läßt sich unter Verwendung des bivariaten Streuungsdiagramms von Prädiktor und Kriterium als Zuordnungsregel unschwer eine kritische Grenze ermitteln, die der Bewerber überschreiten muß, um angenommen zu werden. Eine sequentielle Entscheidungsstrategie multipler Hürden liegt vor, wenn z. B. durch verschiedene Vorauswahlschritte vor einer endgültigen Entscheidung nacheinander unterschiedliche kritische Grenzen zur Anwendung kommen (vgl. Cronbach & Gleser 1965). Für multivariate Daten ist bei Verzicht auf vorhergehende Datenkombination die Verwendung multipler cut-offs (Schwellenwerte) notwendig. Multiple cut-offs sind dann angebracht, wenn eine Basiskompetenz in jedem Prädiktor erforderlich ist, die gegenseitige Kompensation von Prädiktorwerten also nicht zugelassen werden kann. Unpraktikabel wird die Berechnung von cut-offs jedoch für mehr als drei Prädiktoren (Cascio 1987).

Die grundlegenden Prognosemodelle für Selektion und Plazierung sind lineare Modelle. Der prognostizierte Kriterienwert ergibt sich dabei als Summe der mit speziellen Gewichten versehenen einzelnen Prädiktoren, wodurch sich die Prädiktoren untereinander kompensieren können. Standardmäßig verwendet wird die multiple Regression, bei der an einer Personenstichprobe die optimalen Gewichte bestimmt werden. Auf diese Weise lassen sich Einzelverfahren zu Auswahlbatterien kombinieren. Lineare Modelle, insbesondere die multiple Regression, werden für personelle Entscheidungen überwiegend als sehr effiziente und flexible Methode angesehen (Wiggins 1973, Guion 1976, Brandstätter 1982, Cascio 1987). Selbst starke Vereinfachungen durch die Verwendung von Einheitsgewichten anstatt errechneter Optimalgewichte sind unter bestimmten Bedingungen, v. a. in Fällen häufiger Populationsveränderungen oder kleiner Ausgangsstichproben, erfolgreich (Cascio 1987). Weitere Gewichtungsmöglichkeiten diskutieren Tenopyr & Oeltjen (1982). Methodische Verfeinerungen durch die Verwendung nichtlinearer Modelle haben sich dagegen bisher kaum bewährt (Wiggins 1973, Dunnette & Borman 1979).

Liegen bei personellen Entscheidungen nicht-ordenbare Klassen vor, so sind für die Zuordnung spezielle Klassifikationsverfahren erforderlich. Ein Überblick findet sich bei Janke (1982). Multiple Regressionen sind auch hier einsetzbar: als „absolute Vorhersage", wobei für den Bewerber bezüglich jeder möglichen Klasse der Kriterienwert prognostiziert wird, oder als „differentielle Vorhersage", die die Zuordnung dadurch erleichtert, daß sie Kriteriendifferenzen zwischen verschiedenen Klassen prognostiziert (Wiggins 1973). Ein anderer methodischer Ansatz sind Profilmethoden, die Ähnlichkeitsbestimmungen zwischen Bewerberprofil und Gruppenprofilen („Idealprofil", „Anforderungsprofil") beinhalten. Da einfache korrelative Ansätze u. a. auf die Berücksichtigung des Niveaus der Profile verzichten und einfache Distanzmaße u. a. die Konfiguration vernachlässigen, sind nur multivariate Ähnlichkeits- oder Distanzbestimmungen methodisch befriedigend. Eine gewisse Verbreitung hat das Centour-Verfahren (Rulon, Tiedemann, Tatsuoka & Langmuir 1967) gefunden. Zuordnungsentscheidungen lassen sich hierauf aufbauen, indem für den Bewerber die Wahrscheinlichkeit berechnet wird, mit der er den verschiedenen Klassen angehört. Zur Kritik an dieser Vorgehensweise siehe Wottawa (1980) und Brandstätter (1982). Ein alternatives Verarbeitungsverfahren ist die Diskriminanzanalyse, durch die nach Ermittlung der Diskriminanzfunktionen für die Bewerber Diskriminanzwerte berechnet werden können, die zur Zuordnung verwendbar sind.

Eine Reihe weiterer Prognose- und Verarbeitungsverfahren wurde für personelle Entscheidungen empfohlen, aber bisher selten angewandt, z. B. für ordenbare Klassen die weighted application blank- und die reciprocal average prediction-Methode (Weiss 1976) als relativ robuste und voraussetzungslose Prognoseverfahren. Für nicht ordenbare Klassen sind u. a. das King Grid (Jäger 1970), Bayes-Statistik (Wottawa 1980) sowie nichtparametrische und konfigurale Verfahren (Brandstätter 1969,

Krauth & Lienert 1973, Janke 1982) empfohlen worden. Für konfigurale Verfahren kommen Guion (1976) und Dunnette & Borman (1979) jedoch zu ebenso pessimistischen Einschätzungen wie für nichtlineare Regressionstechniken. Eine besonders schwierige Bedingung stellt die Quotenvorgabe bei der Zuordnung zu nicht-ordenbaren Klassen („Klassifikation von Gruppen") dar, bei der mehrere Personen auf mehrere Arbeitsplätze optimal zu verteilen sind. Unter dieser Bedingung – die beispielsweise durch Fairneß-Erwägungen eintreten kann, vgl. 4.1.1.6.3 – sind nicht alle Bewerber nach Besteignung zuordenbar. Eine einfache Lösungsmöglichkeit für nach Bedeutsamkeit ordenbare Arbeitsplätze mit bekannten Minimalqualifikationen ist das „cut-and-fit"-Modell (vgl. Cascio 1987), ein sukzessiver Selektionsvorgang, bei dem mit den bedeutsamsten Arbeitsplätzen begonnen wird. Eine mathematisch fundiertere Lösung unter Verwendung der Schätzung des erwarteten Nutzens für jeden Bewerber auf jedem Arbeitsplatz erlaubt die lineare Optimierung (vgl. Brandstätter 1982).

Umfangreiche Systeme personeller Entscheidungen erfordern große Datenmengen, Bewerberzahlen und aufwendige programmiertechnische Vorarbeiten. Systeme dieser Art finden in Wirtschaftsorganisationen zur Zeit wenig Zuspruch (Guion 1976, Zedeck & Cascio 1984), was auf die genannten Gründe, aber auch auf die Ausrichtung der Personalpolitik der Organisation, die Karrierevorstellungen von Bewerbern und sozialpsychologische wie sozialpolitische Akzeptanzfragen zurückgehen dürfte.

4.1.1.5.4 Nutzen-Modell

Relativ unabhängig von betriebswirtschaftlichen Modellen haben sich in der Psychologie Methoden der Nutzenschätzung entwickelt. Von Einfluß bis heute ist die Ausarbeitung von Taylor & Russel (1939), die es – unter den Prämissen der klassischen Testtheorie – ermöglicht, die Quote richtiger personeller Entscheidungen anzugeben, wenn die Validität des verwendeten Verfahrens, die Quote Geeigneter in der Ausgangspopulation und die Selektionsquote bekannt sind.

Brogden (1949) sowie Cronbach & Gleser (1965) schlugen ein zweites klassisches Modell der Nutzenschätzung vor, das aufbaut auf der Transformation der durchschnittlichen Testleistung in den *finanziellen Wert* der damit korrespondierenden Berufsleistung und darüber hinaus die Auswahlkosten mitberücksichtigt. Erst die Arbeit von Schmidt, Hunter, McKenzie & Muldrow (1979) vermochte jedoch diesem Modell durch praktikable Vorschläge zur Erfassung der notwendigen Eingangsgrößen zu breiterer Anwendung zu verhelfen.

Für die bei diesem Modell notwendige Erhebung der Standardabweichung der Leistung, gemessen in Geldeinheiten (SDy), existieren – vergleichbar dem „Kriterienproblem" der Eignungsdiagnostik – bisher nur Teillösungen. Nachdem sich der

Rückgriff auf betriebswirtschaftliche Kostenrechnungssysteme als unpraktikabel erwiesen hat, werden gegenwärtig Expertenschätzungen favorisiert. Brandstätter (1969) hatte dazu bereits ein Verfahren vorgeschlagen, das auf einer Verhältnisschätzung der Leistung beruht. Schmidt et al. (1979) führten ein Verfahren zur direkten Schätzung des Geldwerts der Jahresleistung von Mitarbeitern ein. Aus Erfahrungen mit dieser Methode abgeleitet, postulierten Hunter & Schmidt (1982), daß SDy in den meisten Fällen 40 % bis 70 % des Jahresgehalts beträgt.

Schon in frühen Nutzenkalkulationen (vgl. Cronbach & Gleser 1965) wurde darauf hingewiesen, daß der Nutzen psychologischer Eignungsdiagnostik bisher meist unterschätzt wurde. Boudreau (in Druck) berichtet von 39 bisher bekannten Nutzenschätzungen, in denen sich in jedem Fall ein erheblicher finanzieller Nettonutzen ergab, selbst für weniger valide Verfahren wie das traditionelle Interview. Vergleiche von Auswahlverfahren gingen dabei jeweils zugunsten des valideren Verfahrens aus, trotz dessen oft wesentlich höherer Kosten. Während der Nettonutzen in empirischen Studien bereits Millionenhöhe erreichen kann (z. B. Cascio & Ramos 1986), ergab eine Hochrechnung von Schmidt et al. (1979) für den öffentlichen Dienst in den USA einen Nutzenzuwachs in Milliardenhöhe.

Trotz der konzeptionellen Ähnlichkeit mit betriebswirtschaftlichen Investitionsmodellen konnten psychologische Nutzenmodelle in der Vergangenheit nicht aus der Isolation gegenüber anderen finanziellen Entscheidungsprozessen in Organisationen herausgeführt werden. Während das Modell von Brogden (1949) im Grunde genommen bereits einer statischen Gewinnvergleichsrechnung entsprach, wurde es daher von Boudreau (1983) mit dem Kapitalwertmodell der dynamischen Investitionsrechnung kombiniert, das als bestes Verfahren zur Überprüfung von Einzelinvestitionen gilt. In der Zwischenzeit wurde eine Reihe zusätzlicher Erweiterungen des Modells vorgeschlagen, z. B. zur Einbeziehung jährlich wiederholter Auswahlprozesse, von Effekten der Personalbeschaffung bzw. -anwerbung und der innerbetrieblichen Mobilität (zusammenfassend Boudreau, in Druck).

Auch der Anwendungsbereich der Nutzenmodelle wurde erweitert. Landy, Farr & Jacobs (1982) beispielsweise nahmen eine Kalkulation des Nutzens von Leistungsrückmeldungen vor, und Schmidt et al. (1982) zeigten, daß Nutzenschätzungen auf alle Maßnahmen anwendbar sind, deren Ziel eine Leistungssteigerung der „behandelten“ Gruppen ist (z. B. durch Fortbildungsveranstaltungen).

Soweit es gelingt, auch andere als ökonomische Nutzensaspekte kalkulierbar zu machen, können auch diese in eine Gesamtbewertung aufgenommen werden. Eine Möglichkeit, Nutzen und Kosten eignungsdiagnostischer Prozeduren auch für die Bewerber zu berechnen und damit in systematischer Form in die Bewertung personeller Entscheidungen aufzunehmen, wurde bisher noch nicht aufgezeigt.

4.1.1.6 Eignungsdiagnostik aus der Sicht des Bewerbers

Als Methoden sind die Verfahren der psychologischen Eignungsdiagnostik und das mit ihnen verbundene statistische und epistemologische Instrumentarium im Prinzip verwendungsneutral. Welchen Zielen sie dienen, ist primär eine Frage der Werthaltungen und der Möglichkeiten, Verwendungsentscheidungen durchzusetzen, erst sekundär eine Frage auch der Methoden selbst insoweit, als sie in einem gewissen Maße zieloptimierend konstruiert werden können. So wird ein großer Teil der eignungsdiagnostischen Untersuchungen in der Bundesrepublik Deutschland nicht als betriebliche Auswahldiagnostik, sondern als „berufswahlunterstützende Eignungsdiagnostik" durch den Psychologischen Dienst der Bundesanstalt für Arbeit durchgeführt. Diese Verwendung kommt zwar auch wirtschaftlichen Zielen zugute, steht aber zumindest gleichrangig auch im Dienste des Individuums (Eckardt & Hilke 1986). Gleichwohl finden hierfür größtenteils dieselben eignungsdiagnostischen Methoden Verwendung wie zur betrieblichen Personalauswahl (Brambring 1983).

Auch die in privatwirtschaftlichen und öffentlichen Unternehmen praktizierte Eignungsdiagnostik muß nicht notwendigerweise allein im Dienst der Ziele der Organisation stehen, sondern kann und sollte sich auch an den Zielen der betroffenen Personen orientieren (darauf wurde oftmals hingewiesen, z. B. Jäger 1970, Maukisch 1978). Brandstätter (1982) bietet Vorschläge an, wie Arbeitgeber und Arbeitnehmer personelle Entscheidungen partnerschaftlich als gemeinsame Problemlösung auffassen könnten.

Was die Verantwortung für die Probanden betrifft, könnte ein Kontraktmodell, wie es für die Beziehung zwischen Versuchsleiter und Versuchsperson in der ethischen Betrachtung psychologischer Forschung vorgeschlagen wurde (Schuler 1980), Ausgangspunkt für Überlegungen sein, die durchaus noch im Rahmen konventioneller Diagnostik liegen. Utopischer für den Selektionsfall – dagegen durchaus nicht für den Beratungsfall (Eckardt & Hilke 1986) – ist ein Diskursmodell im Sinne von Habermas, wie von Hartmann (1984) propagiert.

Daß der Konvergenz der Interessen Grenzen gesetzt sind, ergibt sich nicht nur aus der Prävalenz ökonomischer Ziele auf seiten der auswählenden Organisationen, sondern auch aus der unterschiedlichen Logik statistischer Prognosen und individueller Erwartungen: Derjenige, der aus großen Bewerberzahlen auszuwählen hat, trifft rationale Entscheidungen, wenn er sich an Erwartungswerten orientiert – für ihn ist die prognostische Validität das entscheidende Datum. Eine Person, die vor einer beruflichen Entscheidung steht, bezieht demgegenüber Ansporn und Kraft aus der Zuversicht, die künftige Aufgabe auch dann zu meistern, wenn die Prädiktoren dies als nicht sehr wahrscheinlich ausweisen; ihr Ziel ist nicht, daß der Beste gewinnen möge, und schon gar nicht, daß derjenige gewinnt, für den sich eine höhere statistische Chance errechnen läßt, später der Bessere zu sein – ihr Ziel ist, selbst die Ausleseprozedur zu überstehen. Ihre eigene Einschätzung ihrer Bewährungswahrscheinlichkeit und ihr subjektiver Nutzen der Entscheidungsalternativen ist zudem abhängig von den verfügbaren Alternativen und damit u. a. auch von der Arbeitsmarktlage.

Wenig psychologische Forschung gibt es bislang zur Frage, wie berufliche Entscheidungen aus der Perspektive von Stellungsuchenden aussehen, wie eignungsdiagnostische Verfahren von ihnen eingeschätzt und wie Auswahlsituationen erlebt werden. Rechtliche und berufsständische Regelungen könnten sich mit Gewinn hierauf beziehen.

4.1.1.6.1 Individuelle Organisationswahl

Verglichen mit dem Forschungsaufwand, der personellen Entscheidungen aus der Sicht der Organisation gewidmet wird, hat die Entscheidung von Individuen, Organisationen beizutreten, kaum Beachtung gefunden. Die Theorien der Berufswahl (Seifert im gleichen Band) konnten hierfür bisher nicht nutzbar gemacht werden, und auch von der verbreiteten Praxis der Berufsberatung ging noch kein Anstoß zur Untersuchung dieser Frage aus.

Wanous (1980) beschreibt die Entscheidung für eine Organisation als Ergebnis eines Vergleichsprozesses zwischen den Bedürfnissen eines Individuums und der diesbezüglichen Befriedigungskapazität des Organisationsklimas (analog zum organisationsseitigen Vergleich zwischen Tätigkeitsanforderungen und Fähigkeiten). Er stützt sich dabei auf die Wert-Erwartungs-Theorie, derzufolge der Aufwand, einer Organisation beizutreten, sich aus der Multiplikation ihrer Attraktivität mit der subjekten Wahrscheinlichkeit ergibt, aufgenommen zu werden. Neben widersprüchlichen Ergebnissen hierzu kann Wanous auch auf eine eigene Arbeit verweisen, die diese Annahme belegt: Während die Korrelation zwischen der Attraktivität einer bestimmten Wirtschaftsschule für die Bewerber und deren Anstrengung, aufgenommen zu werden, $r = 0.52$ betrug, erhöhte sich die Korrelation für das Produkt aus Attraktivität und Erwartung (Wahrscheinlichkeit, aufgenommen zu werden) mit der unternommenen Anstrengung auf $r = 0.71$.

Graham (1976) macht den Versuch, die Selbstbildtheorie der Berufswahl von Super auf die Organisationswahl zu übertragen. Die individuelle Wahl einer Organisation ist nach dieser Theorie abhängig von der Kongruenz zwischen wichtigen Facetten des Selbstbilds und entsprechenden der Organisation zugeschriebenen Merkmalen, enthält also damit, anders als die Theorie von Wanous (1980), auch Eignungsaspekte. Harriot (in Druck) beschreibt den Einstellungsvorgang als interaktiven Entscheidungsprozeß zwischen Individuum und Organisation. Weitere Theorien der Organisationswahl referiert Weinert (1981).

Brandstätters Forderung (1982), mit der gründlichen Information von Bewerbern ein Gegengewicht zur eignungsdiagnostischen Informationsbeschaffung seitens der Organisation zu setzen, bezieht sich nicht nur auf die üblicherweise kommunizierten Aufgaben- und Organisationsmerkmale, sondern auch auf fundierte und möglichst standardisierte Information, wie sie mittels der psychologischen Organisationsdiagnostik (Brandstätter 1978, Franke und Kühlmann in diesem Band) erhoben werden kann. Dabei ist vor allem an diejenigen Kennwerte von Organisationen zu denken, die für das Wohlbefinden ihrer Mitglieder von besonderer Bedeutung sind (v. Rosenstiel 1985).

Unter dem Stichwort *„Realistic Job Preview"* wurden Untersuchungen zur Frage durchgeführt, welche Effekte von einer offeneren Information über die Arbeitsbedingungen zu erwarten sind. Erste Arbeiten hatten den Schluß nahegelegt, damit relativ unabhängig von der Art der Informationspräsentation die Arbeitszufriedenheit, die Verpflichtung gegenüber der Organisation und auch die Leistung zu verbessern (Wanous 1980). Demgegenüber spricht eine Zusammenfassung von Reilly, Brown, Blood & Malatesta (1981) eher für geringe Effekte; Betriebstreue scheint die noch am verläßlichsten beeinflußbare Variable zu sein. Die Metaanalyse von Premack & Wanous (1985) kommt zu dem Ergebnis, daß daneben auch mit erhöhter Verpflichtung gegenüber der Organisation gerechnet werden kann; die deutliche Verminderung anfänglicher Erwartungen scheint demgegenüber nur in Einzelfällen die Selbstselektion zu beeinflussen. Viele methodische Probleme, darunter die Definition dessen, was als „realistisch" zu gelten hat, sind allerdings noch nicht befriedigend gelöst. Colarelli (1984) fand geringere Kündigungsraten, wenn die Information durch Kollegen erfolgte, als wenn schriftlich informiert wurde. Neuerdings wird „RJP" auch unter gruppendynamischen und attributionstheoretischen Aspekten erörtert (Zedeck & Cascio 1984). Strunz (1987) beschreibt ein Verfahren der *realistischen Tätigkeitsbeschreibung*, das in ein Assessment Center integriert ist.

Die Forschung zum Einstellungsinterview hat gezeigt, daß der Interviewer eine wesentliche Determinante der Annahme eines Einstellungsangebots durch den Bewerber ist. Für andere Selektionsverfahren stehen konsistente Ergebnisse noch aus (Rynes, Heneman & Schwab 1980). Harriot (in Druck) beschreibt den Einstellungsvorgang als interaktiven Entscheidungsprozeß zwischen Individuum und Organisation.

4.1.1.6.2 Erleben eignungsdiagnostischer Situationen

Über das Situations- und Selbsterleben von Probanden im Verlauf des diagnostischen Prozesses (vgl. Spitznagel 1982) sowie über ihre Bewertung der Gesamtsituation und einzelner eignungsdiagnostischer Verfahren ist wenig bekannt. Eine Untersuchung von Schmidt, Greenthal, Hunter, Berner & Seaton (1977), kommt zu dem Ergebnis, daß Arbeitsproben gegenüber Tests bevorzugt werden. Rynes et al. (1980) referieren

Arbeiten zur Bewertung von Interviewern durch Bewerber. Das Vorstellungsgespräch erwies sich bei Fruhner und Schuler (1987) als präferierte Auswahlmethode, während Losverfahren und Schriftprobe am stärksten abgelehnt wurden. Dodd (1977) berichtet über positive Einstellungen der Teilnehmer zum Assessment Center.

Eine wesentliche Quelle der Kritik an der psychologischen Eignungsdiagnostik (Pulver et al. 1978, Haney 1981) scheint das Unbehagen an einer Gestaltung diagnostischer Situationen zu sein, die ausschließlich an organisationalen Durchführungsbedingungen, nicht aber am Erleben der Probanden orientiert ist. Allein auf dem Wege weiterer „technischer" Verbesserungen der diagnostischen Methoden dürfte der Kritik deshalb nicht zu begegnen sein. Ein Programm zur Erforschung des Erlebens eignungsdiagnostischer Situationen wurde von Schuler & Stehle (1983) vorgeschlagen. Zur Untersuchung derjenigen Aspekte, die eignungsdiagnostische Situationen mutmaßlich zu sozial akzeptablen Situationen machen, wurde eine Zusammenfassung zu vier Dimensionen der Situationsgestaltung vorgeschlagen: Information über die zur Selbstselektion relevanten Charakteristika von Arbeitsplatz und Organisation; (repräsentative) Partizipation an der Entwicklung und Verwendung eignungsdiagnostischer Instrumente; Transparenz der Verfahrensdurchführung und des diagnostischen Schlusses; Ergebniskommunikation in rücksichtsvoller, verständlicher und nachvollziehbarer Form. Die Weiterentwicklung eignungsdiagnostischer Verfahrensweisen in Richtung auf jeden dieser vier Aspekte „sozialer Validität" könnte dazu beitragen, die Berufseignungsdiagnostik an das allgemeine Verständnis organisationspsychologischen Handelns, von dem sie sich nach verbreitetem Eindruck entfernt hat, wieder heranzuführen.

4.1.1.6.3 Fairneß

In der amerikanischen Diskussion über die Akzeptabilität eignungsdiagnostischer Maßnahmen steht ein anderer Aspekt im Vordergrund, nämlich die Frage, inwieweit bei personellen Entscheidungen bestimmte soziale Gruppen benachteiligt werden, zumeist als „Fairneß" bezeichnet. Gefordert wird von den staatlich verordneten Regeln zur Personalselektion (Equal Employment Opportunity Commission 1978) eine Überprüfung von Selektionsverfahren auf mögliche Differenzen in der Validität für die Angehörigen von „Minoritätsgruppen" – in erster Linie Farbige und Frauen – und die Angehörigen der Nichtminorität. Damit soll verhindert werden, daß durch ein Auswahlverfahren mehr Angehörige dieser Gruppen zurückgewiesen werden, als es ihrer Kriterienleistung entsprechen würde. Ein Verfahren gilt prima vista als suspekt, wenn der relative Anteil Ausgewählter aus einer unterprivilegierten Gruppe geringer ist als 80 % des Anteils der Nichtminorität.

Die hierzu angestellten Untersuchungen zeigen nun aber, daß eine Benachteiligung von Minoritäten bei Anwendung gleicher Testverfahren und gleicher Verarbeitungs- und Prognoseverfahren in aller Regel nicht erfolgt und daß mit zunehmender Validität auch die Quote angenommener Minoritätsangehöriger steigt (zusammenfassende Darstellung bei Schmitt & Noe 1986). Allerdings ist das statistische Selektionsmodell, auf das die EEOC-Richtlinien implizit Bezug nehmen, nicht das einzige sinnvoll anwendbare Modell (Möbus 1978). Es hätte sogar, wie Ledvinka, Markos & Ladd (1982) demonstrieren, den unerwünschten Effekt, daß eine laufend abnehmende Zahl von Minoritätsangehörigen eingestellt würde. Versteht man unter „Fairneß“ nicht „gleiche Chancen für alle Individuen, für die gleiche Leistung prognostiziert wird“, sondern „Gleichbehandlung“ oder eine Kombination beider Prinzipien, so ist der Auswahl eine (bevorzugende) Quoten-Regelung zugrunde zu legen. Dies ist eine politische Frage, ebenso wie die der Definition von Gruppen, denen „Fairneß“ im Selektionsverfahren zugesichert werden soll (vgl. Trost 1985). Statistische Selektionsmodelle und Simulationsrechnungen können nicht mehr als aufklärende Unterstützung leisten – die Maßnahmen selbst beruhen auf Wertentscheidungen. Wenn 96% einer Gruppe befragter farbiger Jugendlicher glauben, durch Testverfahren benachteiligt zu werden (Haney 1981), so ist das ein weiterer Hinweis darauf, daß allein mit technischen Verbesserungen die Akzeptabilität von Tests nicht erhöht werden kann, geschweige denn sozialpolitische Probleme zu lösen sind.

Eine Diskussion der Fairneß-Frage hat, bezogen auf den Bereich der beruflichen Auswahlentscheidungen, im deutschen Sprachraum bisher kaum stattgefunden. Im Rahmen der pädagogischen Diagnostik, speziell bezogen auf Studien-Zulassungstests, wurde dagegen schon eine Reihe von Untersuchungen durchgeführt. Wottawa & Amelang (1980) fanden keine Benachteiligung von Angehörigen niedriger sozialer Schichten bei der Auswahl nach Abiturnoten und kognitiven Leistungstests für verschiedene Studiengänge, sondern tendenziell sogar eine Bevorzugung dieser Gruppe. Bartussek et al. (1984) kamen zum Ergebnis, daß durch die Auswahl zum Medizinstudium aufgrund von Testwerten eine geringere Benachteiligung einer der beiden Geschlechtsgruppen – und zwar der männlichen Bewerber – erfolgt als durch die Auswahl mittels Abiturnoten oder einer Noten-Kombination. Für die Gruppierungsmerkmale soziale Herkunft, schulische Vorbildung und praktische Vorerfahrung fand sich keine unterschiedliche Beziehung zwischen den Prädiktoren und der ärztlichen Vorprüfung als Kriterium. Bei Trost (1985) werden weitere Untersuchungen zur Hochschulzulassung referiert, auch findet sich dort eine Erörterung verschiedener methodischer Schwierigkeiten, „Unfairneß“ definitiv auszuschließen.

4.1.1.6.4 Rechtliche Bestimmungen

Gesetzliche Bestimmungen, die sich unmittelbar auf die psychologische Eignungsdiagnostik beziehen, gibt es in der Bundesrepublik nicht. Lediglich Beteiligungsrechte bei personellen Entscheidungen sind durch das Betriebsverfassungsgesetz geregelt (Eberbach 1981, Fitting, Auffahrt & Kaiser 1984). Über allgemeine Rechtsbedingungen psychologischer Diagnostik liegt mit dem Artikel von Schumacher &

Schumacher-Merz (1982) eine ausführliche Darstellung im Rahmen der Enzyklopädie vor, die über verfassungs-, verwaltungs-, zivil- und strafrechtliche Aspekte des Diagnostizierens informiert. Für Regelungen im vorliegenden Kontext wird im folgenden vor allem auf die Arbeiten von Schmid (1971) und Herberger (1984) Bezug genommen. Über rechtliche Grundsätze der Gutachtenerstellung informiert eine Schrift des Psychologischen Dienstes der Bundesanstalt für Arbeit (Bundesanstalt für Arbeit 1985).

Zum Schutz gegen das Eindringen in die Privatsphäre bezieht sich die Rechtsprechung auf Artikel 1 des Grundgesetzes. Gegen manche der aus eignungsdiagnostischen Verfahren gezogenen Schlüsse ist hieraus ein Schutzrecht abzuleiten. Die Einwilligung eines Bewerbers ist einzuholen, wobei der Diagnostiker nach dem „wirklichen Willen" des Untersuchten zu forschen hat. Ohne Einverständnis des Bewerbers ist es z. B. unzulässig, ein graphologisches Gutachten über ihn einzuholen. Die Übersendung eines handschriftlichen Lebenslaufs kann jedoch als „konkludentes Einverständnis" interpretiert werden. Voraussetzung einer rechtswirksamen Einwilligung ist gewöhnlich, daß die eignungsdiagnostischen Verfahren in ihren wesentlichen Grundzügen (dazu gehört auch die Art der geprüften Merkmale) erklärt werden.

Die eignungsdiagnostische Untersuchung muß von einer Person durchgeführt oder verantwortet werden, die über die hierfür erforderliche fachliche Kompetenz verfügt; gewöhnlich ist dies nur bei Diplom-Psychologen erfüllt. Der Untersuchung muß ein sachlich begründeter Anlaß zugrunde liegen. Sie hat sich auf Arbeitsleistung, Arbeitsverhalten und „Arbeitscharakter" zu beschränken. Ausnahmen werden dort gesehen, wo persönliche Merkmale nicht vom Arbeitsverhalten zu trennen sind, z. B. bei Führungskräften. In den USA gilt als Nachweis des Tätigkeitsbezugs die Durchführung einer adäquaten Anforderungsanalyse. Von dieser Regelung sind auch Einstellungsinterviews nicht ausgenommen, für die auch in der Bundesrepublik Deutschland gilt, daß Fragen an den Bewerber in Bezug zur Tätigkeit zu stehen haben. Auf Fragen, die hiervon abweichen, darf der Bewerber wahrheitswidrige Antworten geben, ohne sich dem Vorwurf der arglistigen Täuschung auszusetzen. Im Unterschied zu ihren amerikanischen Kollegen nehmen deutsche Richter bislang nicht Bezug auf das Konzept der Validität und begnügen sich somit mit einem vorwissenschaftlichen Verständnis personeller Entscheidungen.

Sofern die Durchführung eignungsdiagnostischer Untersuchungen durch einen Diplom-Psychologen erfolgt, ist dieser hinsichtlich der ihm durch die Testperson anvertrauten Tatsachen zur Verschwiegenheit verpflichtet (§ 203 StGB). Die eigenständigen wertenden Begutachtungen der Psychologen selbst, die die Aussage über eine Eignung oder Nichteignung des Bewerbers enthält, verletzen die Schweigepflicht nicht, die auch gegenüber dem Auftraggeber der eignungsdiagnostischen Untersuchung besteht.

Der Betriebsrat in Wirtschaftsunternehmen und der Personalrat im öffentlichen Dienst vertreten in erster Linie die Belange der bereits im Betrieb tätigen Arbeitnehmer. Daraus leitet sich ab, daß bei der Festlegung der Auswahlmethoden kein echtes Mitbestimmungsrecht besteht (Begründung bei Scholz, 1981, der auch über Fragen der Schweigepflicht informiert). Zustimmungspflichtig sind allerdings Personalfragebogen (ob biographische Fragebogen als solche gelten, ist noch klärungsbedürftig) und auch fragebogenähnliche Auflistungen im Rahmen eines strukturierten Interviews. Ob Arbeitsanalysen, bei denen die Stelleninhaber nicht über die eigene Person, sondern über ihre Tätigkeit befragt werden, unter die Regelung für Personalfragebogen fallen, ist nicht definitiv entschieden.

Berufsrechtliche Leitsätze für die Verwendung psychodiagnostischer Verfahren wurden formuliert durch das Testkuratorium der Föderation Deutscher Psychologenvereinigungen und durch den Berufsverband Deutscher Psychologen in den *Richtlinien für den Einsatz und Vertrieb psychologischer Testverfahren* und den *Richtlinien für den Einsatz elektronischer Datenverarbeitung in der psychologischen Diagnostik* (Föderation Deutscher Psychologenvereinigungen 1986) sowie in der *Berufsordnung für Psychologen* (Berufsverband Deutscher Psychologen 1986).

Kapitel 4.1.2

Organisationspsychologisch relevante Aspekte der Kognitionspsychologie[1]

Oswald Huber

4.1.2.1 Wahrnehmung

Die Wahrnehmung von Menschen, Situationen etc. in Organisationen folgt den allgemeinen Gesetzen der Wahrnehmung, und die bekannten Fehlermöglichkeiten (z. B. Kontexteffekt, Betriebsblindheit, usw.) treten auch hier auf. Eine psychologische Wahrnehmungstheorie muß in der Lage sein, den Prozeß von der Reizung der Sinnesrezeptoren durch physikalische Stimuli bis zum Erkennen der Bedeutung des Wahrgenommenen (inklusive der Wahrnehmungsfehler, -verzerrungen etc.) zu erklären. Eine derartige generelle Wahrnehmungstheorie existiert zwar derzeit noch nicht, doch zeichnen sich die großen Linien einer solchen Theorie ab. Diese großen Linien seien im Folgenden kurz skizziert, wobei ich mich auf die visuelle Wahrnehmung konzentriere. In diesem Bereich hat es in den letzten zehn Jahren grundlegend neue theoretische Entwicklungen gegeben. Einen umfassenden Überblick über den gegenwärtigen Stand der Forschung liefert Pinker (1984).

Unser visuelles Wahrnehmungssystem muß mit einer Reihe von Schwierigkeiten fertig werden, z. B.: Die dreidimensionale Wirklichkeit muß aus einem zweidimensionalen Netzhautbild rekonstruiert werden. Teile eines zu erkennenden Gegenstandes können auf dem Netzhautbild verdeckt sein, sei es von anderen Gegenständen oder von Teilen des zu erkennenden Objektes selbst. Die Gegenstände sind verschieden scharf abgebildet. Schatten, Spiegelungen, Oberflächenstrukturen, etc. können das Erkennen zusätzlich erschweren.

Die traditionellen Theorien der Objekterkennung (z. B. Schablonentheorie, Merkmalsanalyse (feature analysis)) erweisen sich zur Überwindung dieser Schwierigkeiten als untauglich.

[1] Ich danke H. Gachowetz und E. Roth für eine Reihe wertvoller Anregungen und Hinweise.

Der derzeit vielversprechendste Ansatz zur visuellen Wahrnehmung ist der von Marr (1982). Dieser Ansatz unterscheidet zwei globale Verarbeitungsprozesse: Am Beginn steht der datengetriebene Prozeß der *visuellen Perzeption*, daran schließt der erwartungsgetriebene Prozeß der *visuellen Kognition* an. Das Ergebnis und der Ablauf des Prozesses der visuellen Perzeption ist von den Sinnesdaten und allgemeinen Verarbeitungsprinzipien bestimmt. Dieser Prozeß extrahiert Information aus den eingehenden Daten, jedoch ohne spezielle Annahmen über die wahrgenommenen Objekte zu machen. Der Prozeß der visuellen Kognition verarbeitet die eingehende Information, so, daß sie mit den im Langzeitgedächtnis gespeicherten Inhalten verglichen werden kann. Dieser Prozeß ist erwartungsgetrieben, d. h. er verwendet auch spezielles Wissen und Annahmen über die Objekte.

Die Schnittstelle zwischen diesen beiden globalen Prozessen bildet die *2½-D Skizze*[1]. Sie ist das Endprodukt der visuellen Perzeption und der Ausgangspunkt der visuellen Kognition. Die 2½-D Skizze ist eine Repräsentation der visuellen Information *aus der momentanen Sicht des Betrachters* in Form eines Koordinatensystems von Zellen. Jede derartige Zelle enthält Information über die räumliche Orientierung der an dieser Stelle befindlichen Oberfläche, ihre subjektive Entfernung vom Betrachter, und Konturen. Die 2½-D Skizze faßt also in *einer* Repräsentation die umfangreichste Information zusammen, welche eine datengetriebene Analyse liefern kann. Bei der Konstruktion der 2½-D Skizze kommen u. a. Prozesse zu Einsatz, welche Kanten, Linien, Flecken, etc. erkennen, Gruppierungs- und Selektionsprozesse, die z. B. kurze Linienstückchen zu größeren Kurven zusammenfassen, und Prozesse, welche Information über die Orientierung und Entfernung einer Oberfläche liefern.

Um die Information aus der 2½-D Skizze mit dem Gedächtnisinhalt vergleichen zu können, muß der Prozeß der visuellen Kognition zunächst ein Koordinatensystem konstruieren, das *nicht* auf den momentanen Blickwinkel des Betrachters bezogen ist, sondern auf das (noch unerkannte) Objekt. Dann muß der Prozeß erkennen, wie die Teile des Objektes in diesem Koordinatensystem angeordnet sind, und schließlich muß diese Anordnung mit den im Gedächnis gespeicherten Schemata verglichen werden.

Eine ausführliche Darstellung dieses wahrnehmungstheoretischen Ansatzes und seiner offenen Probleme bringt Pinker (1984).

Es scheint mir zum Abschluß dieses Abschnittes doch der Erwähnung wert, daß gewisse generelle Aspekte des skizzierten Wahrnehmungsprozesses Entsprechungen in einem anderen Wahrnehmungsbereich haben, nämlich bei der Erkennung gesprochener Sprache, vgl. dazu z. B. Winograd (1983), eine knappe Darstellung findet man bei Wimmer & Perner (1979). Auch hier werden die elementaren Informationen (Schallinformationenen in verschiedenen Frequenzbereichen) zunächst in einem datengetriebenen Gruppierungs- und Selektionsprozeß zu Schallmustern zusammengefaßt, wobei diese – den Lauten entsprechende – Schallmuster (Phoneme)

[1] Mit dem Begriff „Skizze" hier und auch im folgenden Abschnitt ist natürlich nicht eine graphische Darstellung gemeint, wie es der anschaulich gewählte Name nahelegen könnte, sondern eine (beliebige) symbolische Repräsentation.

vermutlich angeboren sind (vgl. z. B. Eimas, 1985; Eimas & Miller, 1981). Erst diese Schallmuster werden dann in einem – komplizierten – erwartungsgetriebenen Prozeß weiterverarbeitet.

Diese Entsprechung legt die Vermutung nahe, daß es sich bei der globalen Abfolge – datengetriebener Perzeptionsprozeß und erwartungsgetriebener Kognitionsprozeß – möglicherweise um ein generelles Prinzip von Wahrnehmungsprozessen handelt. Die Kombination aus Daten- und Erwartungsgetriebenheit ermöglicht uns eine rasche und – wenigstens im Normalfall – zuverlässige Wahrnehmung unserer Umwelt. Erwartungen, Hypothesen, etc. sind für das Erkennen zwar notwendig, sie allein determinieren jedoch nicht, was wahrgenommen wird. Wir sind z. B. durchaus in der Lage, nicht nur überraschende und unerwartete Information zu erkennen, sondern auch dazu, unbekannte Objekte wahrzunehmen und als unbekannt zu identifizieren. Letzteres wäre bei einem ausschließlich erwartungsgetriebenen Wahrnehmungsprozeß nicht möglich.

Diese Wahrnehmungstheorie ist mit vielen für die Praxis wichtigen Resultaten zumindestens gut vereinbar (vgl. dazu z. B. Jahnke, 1975; Schiff, 1980). So u. a. mit der Tatsache, daß wir in unserem visuellen Alltag kaum schwerwiegenden verhaltensrelevanten Täuschungen bei der Wahrnehmung von Objekten unterliegen. Wenn wir einen Schreibtisch sehen, ist eben normalerweise auch einer da, und nicht ein Loch im Fußboden. Hier ist das Ergebnis der datengetriebenen Analyseprozesse in der Regel so eindeutig, daß Fehlinterpretationen bei der erwartungsgetriebenen Bedeutungsanalyse unwahrscheinlich sind.

Je weniger eindeutig die Daten allerdings sind, desto determinierender wird die Rolle der erwartungsgetriebenen Prozesse. Die Kontextabhängigkeit der Wahrnehmung (z. B. wird die 2½ D-Skizze eines nicht deutlich erkennbaren Gegenstandes in einer Küche als Dosenöffner interpretiert, in einer Werkstatt dagegen als Schraubenschlüssel) ist dadurch erklärbar, daß je nach aktuellem Kontext zunächst einmal unterschiedliche Standardmodelle aus dem Langzeitgedächtnis für die Interpretation aktiviert werden. Analoges gilt für unterschiedliche Verhaltens- und Absichtskontexte. Die objektiv gleiche Situation – genauer: die gleiche 2½ D-Skizze – z. B. einer Straße wird im Prozeß der visuellen Kognition sehr verschieden interpretiert, je nachdem, ob die wahrnehmende Person die Absicht hat, einen Passanten zu interviewen oder Essen zu gehen.

Unterschiedliche persönliche Standardmodelle (z. B. aufgrund der individuellen Lerngeschichte) können bei verschiedenen Personen zu andersartigen Interpretationen ein-und-derselben Wahrnehmungssituation führen, auch wenn der Wahrnehmungskontext bei allen Personen der gleiche ist. Hierzu gibt es viele Belege z. B. aus dem Bereich der sozialen Wahrnehmung oder der Personenwahrnehmung. So ist etwa der als angemessen wahrgenommene räumliche Abstand zwischen zwei nicht miteinander intimen Kommunikationspartnern in verschiedenen (Sub)Kulturen verschieden groß, was bei deren Kommunikation zu unangenehmen Konsequenzen führen kann (vgl. dazu z. B. Scherer & Wallbott (1979).

Die wahrgenommenen Eigenschaften von Wahrnehmungsobjekten bilden die Grundlage für Kategorisierungen, Wertungen, Absichtszuschreibungen, usf. Bei nicht eindeutig identifizierbaren Eigenschaften beeinflussen derartige Kategorisierungen, Wertungen, etc. die visuelle Kognition. Ein-und-derselbe Tonfall eines Vorgesetzten z. B. kann als durchaus freundlich wahrgenommen werden, aber auch als ironisch/süffisant, je nachdem, welche Absichten dem Sprecher zugeschrieben werden.

Das menschliche Wahrnehmungssystem kann in wesentlichen Aspekten wegen seiner großen Funktionstüchtigkeit durchaus als Vorbild für Wahrnehmungsprozesse auch in Organisationen dienen. Der wesentliche Aspekt scheint mir zu sein, daß man die notwendigen erwartungsgesteuerten Prozesse so einbaut, daß sie Information nicht ausschließen, die nicht der Erwartung entspricht.

4.1.2.2 Aufmerksamkeit

Die Theorie der Aufmerksamkeit beschäftigt sich mit dem Phänomen, daß wir offensichtlich eine beschränkte Informationsverarbeitungskapazität haben. So können Menschen üblicherweise nicht einen schwierigen Vertragstext lesen und verstehen, und gleichzeitig eine anspruchsvolle Konversation führen. Die Frage ist, worauf diese Kapazitätsbeschränkung beruht.

Zum Problem der selektiven Aufmerksamkeit haben sich schon seit längerem zwei Theorien herauskristallisiert:

Die erste Theorie (vgl. z. B. Treisman, 1969) nimmt eine beschränkte Verarbeitungskapazität an, die von verschiedenen Informationskanälen gleichzeitig benutzt werden kann. Die beschränkte Kapazität muß auf die konkurrierenden Kanäle aufgeteilt werden, d. h. wenn man sich auf einen Kanal konzentriert (z. B. Lesen und Verstehen des Vertragstextes), dann muß die Verarbeitung auf anderen Kanälen eingeschränkt werden (wodurch z. B. die Konversation im Raum zu einem Hintergrundgeräusch absinkt). Dies genügt aber, um auch die anderen Kanäle daraufhin kontrollieren zu können, ob ihnen mehr Aufmerksamkeit zugewendet werden muß (z. B. weil der eigene Name genannt wird, oder weil Brandgeruch aus der Lüftung strömt).

Die andere Theorie (vgl. z. B. Norman, 1968, 1976) geht davon aus, daß die Verarbeitungskapazität ausreicht, um Daten auf allen Kanälen soweit vollständig zu verarbeiten, daß sie erkannt werden können. Erst dann wird selegiert. Der berühmte „Flaschenhals“ liegt bei diesem Modell in der Unmöglichkeit, alle diese Resultate speichern und abrufen zu können.

Beide Theorien können empirische Resultate vorweisen, die sie bewähren (und damit die andere falsifizieren), so daß eine eindeutige Entscheidung für eine der beiden derzeit nicht möglich erscheint. Zusätzliche Komplikationen ergeben sich daraus, daß Theorien entwickelt wurden, die multiple Quellen der Verarbeitungskapazität annehmen, die für verschiedene Aufgabenarten zuständig sind. In verschiedenen Untersuchungen (z. B. Wickens & Kessel, 1980, vgl. Posner & McLeod, 1982) ergab sich die Interferenz zwischen zwei Aufgaben durch die kognitiven Operationen, die von *beiden* beansprucht wurden. Wenn die Aufgaben so abgeändert wurden, daß diese gemeinsame Beanspruchung reduziert wurde, verminderte sich auch die Interferenz. Stimmen diese Theorien, dann müssen die Modelle modifiziert werden, welche nur eine einzige gemeinsame Quelle der Verarbeitungskapazität annehmen (z. B. Norman & Bobrow, 1975).

Kahnemann (1973) entwickelte ein Modell der Aufmerksamkeitszuordnung, das eine beschränkte Aufmerksamkeit annimmt, die aber sehr flexibel aufgeteilt werden kann. Je nach der momentanen Aufteilungspolitik kann die Aufmerksamkeit mehr oder weniger selektiv sein, d. h. ein Mensch kann z. B. seine gesamte Aufmerksamkeit auf eine einzige Aktivität konzentrieren, oder aber auf mehrere Aktivitäten aufteilen. Strategien zur Aufteilung können z. B. gelernte oder angeborene Regeln sein (z. B.: Gib acht, wenn Dein Name genannt wird), oder sich aus den momentanen Handlungsintentionen ergeben (Ich möchte mich auf den Vertragstext konzentrieren). Auch die (subjektive) Schwierigkeit einer Aufgabe beeinflußt die Zuordnung, üblicherweise wird schwierigeren Aufgaben mehr Aufmerksamkeit gewidmet.

Sehr ausführlich setzt sich Kantowitz (1985) mit dem Problem der selektiven Aufmerksamkeit und der Beschränkung der Informationsverarbeitungskapazität auseinander, insbesondere auch im Zusammenhang mit dem Konzept der Verarbeitungsphasen.

Eine Möglichkeit, die z. T. scheinbar einander widersprechenden Resultate in einer Theorie zu vereinen, ist die folgende (vgl. Posner & McLeod, 1982):
Unterschiedliche Aufgaben beanspruchen unterschiedliche Mengen (und möglicherweise Typen) von Kapazität, entsprechend viel bzw. wenig bleibt für andere Aufgaben übrig. Wieviel Kapazität ein Prozeß beansprucht, hängt u. a. davon ab, wie gut dieser Prozeß bereits gelernt oder automatisiert ist. Automatisierte Prozesse bestehen in einer Aktivierung einer gelernten Sequenz von Handlungen aus dem Langzeitgedächtnis. Ist ein vollautomatisierter Prozeß einmal aktiviert, läuft er ohne zentrale Kontrolle ab (und beansprucht daher bei der Ausführung auch kaum

Kapazität), vgl. dazu z. B. Shiffrin & Schneider (1977), Logan (1979), Hacker (1980), Oesterreich (1981).

Spelke, Hirst & Neisser (1976) z. B. konnten experimentell demonstrieren, wie bei zunehmender Automatisierung einer Tätigkeit die Interferenz mit anderen Tätigkeiten abnimmt. Die Vpn hatten zwei Aufgaben durchzuführen: Einen Text leise zu lesen und zu verstehen, und gleichzeitig Worte nach Diktat niederzuschreiben. Während diese Kombination für die Vpn am Anfang sehr schwierig war, und die Lesegeschwindigkeit stark reduziert wurde, konnten die Vpn nach sechs Trainingswochen mit normaler Geschwindigkeit lesen (und verstehen). Nach einem weiteren Training konnten die Vpn sogar die diktierten Wörter aus dem Gedächtnis wiedergeben.

Automatische Prozesse (siehe z. B. Schneider & Shiffrin, 1977) haben spezifische Eigenschaften:

1) Sie brauchen wenig Kapazität, können daher parallel verarbeitet werden.

2) Damit ein Prozeß automatisiert wird, ist extensives Training notwendig.

3) Sie sind nicht einfach zu modifizieren.

4) Die einzelnen Teilprozesse sind dem Ausführenden kaum bewußt.

5) Das Bewußtmachen automatisierter Prozesse kann ihren Ablauf erheblich stören.

Aus den Ergebnissen der Forschung zur Aufmerksamkeit ergeben sich vielfältige Konsequenzen für die Organisationspsychologie:

Der Begriff der „Arbeitsbelastung“ („workload“) wird zwar verschieden definiert und operationalisiert, hängt aber zumindestens eng zusammen mit dem Ausmaß an Aufmerksamkeit und damit an Verarbeitungskapazität, das eine bestimmte Tätigkeit erfordert (vgl. z. B. Wickens & Kramer, 1985). Der Handelnde paßt dabei seine Tätigkeit (z. B. die Anzahl der verschiedenen Ziele, die er bei einer Kontrollaufgabe zu optimieren sucht) der momentanen Belastung an (vgl. den Überblick bei Wikkens, 1984; Wickens & Kramer, 1985). Ist zu viel freie Kapazität verfügbar, z. B. weil die Prozesse weitestgehend automatisiert sind, ist der Handelnde gezwungen, sich zusätzlich zu stimulieren (Radiohören, Tagträumen, etc.), wenn er allzu unangenehme Langeweile verhindern möchte. Dabei besteht natürlich die Gefahr, daß diese zusätzliche Stimulierung von der eigentlichen Aufgabe zu sehr ablenkt.

Die Analyse von automatisierten Prozessen und darauf aufbauende Vorschläge zur Verbesserung dürften in vielen Fällen für einen Außenstehenden leichter sein, einerseits weil automatisierte Prozesse eben nicht bewußt ablaufen, und zum anderen, weil eine subjektive Analyse den Ablauf zerstören würde (s. o.), was während der Analyse nicht unbedingt erwünscht ist.

4.1.2.3 *Problemlösen*

Unter der Bezeichnung „Problemlösen“ werden höchst unterschiedliche kognitive Aktivitäten zusammengefaßt und erforscht, z. B. das Lösen einer Aufgabe aus einem Intelligenztest, Schachspielen, eine aus mehreren Entscheidungsalternativen (z. B. Standorten für das Fabriksgebäude) auszuwählen, ein Anagramm zu enträtseln, eine (simulierte) Stadt zu regieren, aus sechs Streichhölzern vier gleichseitige Dreiecke zu konstruieren, einen Witz zu erfinden, einen Roman zu verfassen, die Ursache für einen Produktionsabfall herauszufinden, usf.

Grundkonzepte

Auf sehr allgemeinem Niveau läßt sich das Gemeinsame von Problemen folgendermaßen charakterisieren (vgl. z. B. Dörner, 1976; Klix, 1971; Newell & Simon, 1972; Roth, 1984 a; Simon, 1979):

1) Es besteht ein (unerwünschter) *Anfangszustand* (Ist-Zustand), z. B. die Startposition der Figuren auf dem Spielbrett, oder die momentane Lage der zu regierenden Stadt; und
2) ein erwünschter *Zielzustand* (Soll-Zustand), z. B. eine der vielen Schachmatt-Positionen.
3) Der Problemlöser weiß nicht im voraus, wie er vom Anfangs- in den Zielzustand kommt.

Ein *Operator* ist eine Aktivität zur Veränderung von Zuständen. Beim Schachspiel z. B. bilden die legalen Züge der Schachfiguren die elementaren Operatoren; bei der Auswahl eines aus einer Menge von mehreren Entscheidungsalternativen sind u. a. folgende Operatoren relevant: Suche nach Beurteilungskriterien, Gewichtung der Beurteilungskriterien, Selektion des subjektiv wichtigsten Kriteriums, Bewertung der Alternativen nach diesem wichtigsten Kriterium.

Üblicherweise genügt die Anwendung *eines* Operators nicht, um den Anfangszustand in den Zielzustand zu transformieren. Daher müssen meistens Sequenzen von (nicht notwendigerweise verschiedenen) Operatoren appliziert werden. Die Realisierung eines Operators generiert einen *Zwischenzustand* (Intermediärer Zustand). Wenn der Problemlöser die in Frage kommenden Operatoren bereits in seinem Handlungsrepertoire zur Verfügung hat (wie z. B. ein guter Schachspieler die legalen Züge, oder ein Mathematiker die Schlußregeln zum Ableiten mathematisch/logischer Theoreme), besteht seine Aufgabe „lediglich“ darin, *eine* oder *die* Sequenz von Operatoren zu finden, die vom Anfangs- zum Zielzustand führt. Bei neuen Problemen oder Problemtypen besteht die Hauptschwierigkeit darin, brauchbare Operatoren zu (er)finden.

Die Zustände (Anfangs-, Ziel-, Zwischenzustände) definieren zusammen mit den Operatoren den *Problemraum*, wobei die Operatoren als Pfade angesehen werden können, die von einem Zustand zu einem andern führen. Ein Problem zu lösen heißt dann, einen Weg vom Anfangszustand zum Zielzustand durch den Problemraum zu finden. In bestimmten Zuständen kann nur eine Untermenge der Operatoren anwendbar sein. Das Wissen über derartige Beschränkungen ist im Problemraum inkorporiert.

Bei einigermaßen komplizierten Problemen ist der subjektive Problemraum ein u. U. nur sehr kleiner Ausschnitt des objektiv möglichen (z. B. beim Schach). Dafür sind die Beschränkungen unserer Informationsverarbeitungskapazität verantwortlich, aber auch fehlende Information kann eine Ursache sein.

Die *Repräsentation* eines Problems betrifft die Art und Weise, wie der Problemlöser den Problemraum gestaltet, d. h. was er als Zustand auffaßt, durch welche Merkmale Zustände charakterisiert werden, welche Darstellungsart (Code) gewählt wird (z. B. verbal, visuell, räumliches Modell, etc.), welche Operatoren es gibt, welche Bedingungen und Beschränkungen für ihre Anwendung bestehen, etc. Wie ein Problem repräsentiert wird, kann die Lösung eines Problems erleichtern oder erschweren. Darauf werde ich weiter unten eingehen.

Es ist wichtig, zwischen der Simulation der Anwendung eines Operators im Problemraum und der tatsächlichen Ausführung dieses Operators zu unterscheiden. Die kognitive Repräsentation des Problemraums ermöglicht es uns, die Konsequenzen eines bestimmten Operators (z. B. eines bestimmten Zuges im Schach) zu testen, *bevor* wir in der realen Welt irreversible Aktionen setzen.

In den meisten Zuständen des Problemraumes können mehrere Operatoren eingesetzt werden. Der Problemlöser muß daher auf irgendeine Weise einen auswählen. Auf die vielfältigen Strategien zur Operatorselektion kann hier nicht näher eingegangen werden. Als Beispiel erwähnt sei nur die Ziel-Mittel-Analyse: Dabei vergleicht der Problemlöser seinen momentanen Zustand mit dem angestrebten Zielzustand, und analysiert die Differenzen zwischen beiden. Diese Differenzen werden im Hinblick darauf geordnet, wie dringlich ihre Beseitigung für die Erreichung des Zielzustandes erscheint. Dann versucht der Problemlöser, die wichtigste Differenz mit Hilfe eines der verfügbaren Operatoren zu reduzieren. Kann keiner der Operatoren eingesetzt werden, wird als *Zwischenziel* (Teilziel) ein Zustand angestrebt, in dem dieser Operator angewendet werden kann, usw. Eine extensive Analyse des Problemlösens mit Hilfe der Ziel-Mittel-Analyse findet man bei Newell & Simon (1972), eine Zusammenfassung empirischer Ergebnisse z. B. bei Greeno (1978).

Evaluationsprozesse spielen nicht nur bei der Operatorauswahl eine große Rolle (z. B. die Evaluation der Diskrepanz zwischen einem (anvisierten) Zustand und dem

Zielzustand; die Einschätzung der subjektiven Wahrscheinlichkeit, mit einem bestimmten Operator einen bestimmten Zustand zu erreichen, usw.), sondern auch bei der Erfolgskontrolle.

Dörner (1984) beschreibt den globalen Ablauf des Problemlöseprozesses folgendermaßen:

Von der Problemstellung ausgehend wird zunächst im Gedächtnis nach vorhandenen Operatoren gesucht. Hat man damit keinen direkten Erfolg, kann im Gedächtnis nach einer brauchbaren analogen Problemstruktur gesucht werden. Bei diesem Prozeß spielen neben dem Analogieschluß Abstraktionsprozesse eine wichtige Rolle. Ist diese Suche im Gedächtnis erfolgreich, kann ein Lösungsweg im Problemraum gesucht werden (Aktionsplanung). Ist kein Problemraum verfügbar, muß erst eine Repräsentation konstruiert werden (Auf- bzw. Umbau der Gedächtnisstruktur). Dies geschieht in einer Phase der Exploration und Informationssammlung.

Am weitaus intensivsten erforscht wurde bisher die Phase der Aktionsplanung, d. h. der Konstruktion einer Sequenz von Operatoren, die vom Anfangs- zum Zielzustand führen. Hier seien als Beispiele nur einige Untersuchungen zu verschiedenen Gegenstandsbereichen angeführt: Die Türme von Hanoi (Klix, 1971; Simon, 1975), Kryptarithmetic (Newell & Simon, 1972), Missionare und Kannibalen (Thomas, 1974), geometrische Probleme (Lewis & Anderson, 1985), physikalische Probleme (Chi, Feltovich & Glaser, 1981), Begriffsbildung (Gregg & Simon, 1967), logisches Beweisen (Dörner, 1974), Analogieschlüsse (Klix & Van der Meer, 1978; Sternberg, z. B. 1977), Entscheidungen (Huber, 1982), Aufgaben aus dem Raven-Test (Putz-Osterloh, 1981), usf.

Probleme können nach verschiedenen Gesichtspunkten klassifiziert werden, vgl. z. B. Aebli (1981), Dörner (1979) und Greeno (1978). Die „klassische" und wohl populärste Typologie geht auf Reitman (1965) zurück. Probleme werden klassifiziert, je nachdem, ob der Anfangszustand und der Zielzustand für den Problemlöser klar oder nicht klar genug definiert ist, und ob die Operatoren hoch oder niedrig verfügbar (bekannt und in der Ausführung – z. B. einer motorischen Aktivität – beherrscht) sind. Aus den durch die Kombination dieser drei Bestimmungsmerkmale definierten Problemtypen seien nur einzelne Beispiele herausgegriffen:

Der wohl am besten untersuchte Problemtyp ist der mit gut definiertem Anfangs- und Zielzustand, und hoch verfügbaren Operatoren. Beispiele sind (vorausgesetzt, der Problemlöser hat Erfahrung mit dem jeweiligen Sachgebiet): Schach, GO, die Türme von Hanoi, das Beweisen logico-mathematischer Theoreme, etc. Bei diesem Problemtyp muß der Problemlöser „lediglich" die für die konkrete Problemstellung richtigen Operatoren in der richtigen Reihenfolge anwenden. Probleme mit nicht klar definiertem Anfangszustand sind Diagnoseprobleme. Der Abteilungsleiter einer Druckerei weiß z. B. zwar, daß bei einer der Maschinen die Druckleistung deutlich abgefallen ist, aber er hat vorläufig noch nicht genug Informationen über die Situation (= Anfangszustand), um zu wissen, woran das liegt. Das eigentliche Problem besteht hier (zunächst) darin, die relevanten Merkmale des Anfangszustandes herauszufinden. Ist dies geschehen, kann die Störung u. U. mit Routinemaßnahmen beseitigt werden. Ein typisches Beispiel für ein Problem mit nicht klar definiertem Zielzustand ist das Schreiben eines Buches. Am Anfang des Prozesses besteht über viele relevante Details des Zielzustandes keine Klarheit. So weiß der Autor z. B. zu Beginn im wesentlichen nur das grobe Thema, und daß es ein möglichst gutes Buch werden soll. Alles andere aber wird erst im Laufe des Prozesses deutlich. Bei einem solchen Problemlöseprozeß muß immer wieder entschieden werden, ob der erreichte Zustand schon als endgültiger Zielzustand akzeptiert werden kann oder nicht.

Vermutlich lassen sich wohl alle Probleme mehr oder weniger leicht in eine dieser Kategorien einordnen. Alltagsprobleme müssen dabei aber häufig erst in Teilprobleme zerlegt werden, die dann kategorisiert werden können. Das Problem z. B., die Normalleistung bei einer bestimmten Maschine wiederherzustellen ist einerseits ein Diagnoseproblem, aber an die Diagnose müssen weitere Problemlöseschritte anschließen (z. B. Suche nach geeigneten Operatoren).

Um ein Problem lösen zu können, sind mehr oder weniger umfangreiche Kenntnisse notwendig. Dabei wird zwischen zwei Typen von Wissen unterschieden[1]:

Deklaratives Wissen ist das Wissen über Fakten in einem Gegenstandsbereich (Wissen, daß). Im Problembereich „Kochen" wäre dies das Wissen über Nahrungsmittel und ihre Eigenschaften, Gewürze, etc.

Prozedurales Wissen betrifft die Kontrolle der kognitiven oder motorischen Aktionen (Wissen, wie). Prozedurales Wissen im Kontext des Problemlösens beinhaltet Operatoren, Sequenzen von Operatoren, Problemlösestrategien, Suchstrategien, etc. Im Bereich „Kochen" gehören zum prozeduralen Wissen z. B. Rezepte, oder das Wissen, wie man einen Hasen häutet und ausnimmt.

[1] Während in der Künstlichen-Intelligenz-Forschung die Bedeutung der Unterscheidung dieser beiden Wissensbereiche wieder in Frage gestellt wird (weil sie formal ineinander überführbar sind), sprechen eine Reihe von Argumenten dafür, sie in der Psychologie aufrechtzuerhalten. Oswald & Gadenne (1984) diskutieren diese Frage ausführlich. Eines der Hauptargumente für die Relevanz dieser Unterscheidung in der Psychologie ist, daß vorhandenes prozedurales Wissen häufig das Handeln einer Person beeinflußt, ohne daß diese Person in der Lage ist, sich ihr Handlungswissen ins Bewußtsein zu rufen, oder gar es anderen zu erklären. Beispiele sind die Verwendung grammatikalischer Regeln beim Sprechen, die Anwendung bestimmter Heuristiken beim Entscheiden, etc.

In beiden Wissensbereichen ist Wissen enthalten, das mit Werten und Normen zu tun hat. Weicks Auffassung einer Organisation als Körper von Gedanken (body of thought) und als Mengen von Denkpraktiken (sets of thinking practices) (Weick, 1979) scheint – wenigstens ungefähr – der Unterscheidung von deklarativem und prozeduralem Wissen zu entsprechen.

Das prozedurale Wissen ist häufig nicht oder nicht mehr als deklaratives Wissen zugänglich. Beispiele sind die grammatikalischen Regeln, die ein Mensch verwendet, auch wenn er sie nie als Schulwissen erfahren hat, oder automatisierte Prozesse. Doch bestehen zwischen den beiden Wissensbereichen Übergangsmöglichkeiten, und ein Teil des prozeduralen Wissens ist auch als deklaratives Wissen verfügbar. So ist es z. B. sehr wohl möglich, zu lehren und zu lernen, wie man ein Gulasch kocht, ein Textverarbeitungsprogramm benützt, usw.

Komplexes Problemlösen

Dörner (vgl. insbesondere Dörner et al., 1983) kritisiert an der traditionellen Problemlöseforschung, daß sie hauptsächlich gut definierte Probleme untersucht, in denen sich die Problemlöser nur mit statischen und gering komplexen Systemen auseinanderzusetzen haben. Ein typisches Beispiel sind die bekannten Türme von Hanoi, bei denen dem Problemlöser alle Problembestandteile voll bekannt sind (Anfangs-, Zielzustand, Operatoren, Bedingungen und Beschränkungen der Operatoranwendung), er weiß auch jederzeit genau, wie seine momentane Lage ist, d. h. in welchem Zwischenzustand er sich befindet.

Viele Alltagsprobleme dagegen sind wesentlich komplexer: Sie sind gekennzeichnet durch eine unvollständige Informationsbasis über die Situation, in der man handeln muß, und oft müssen mehrere – unklar definierte – Ziele zugleich angestrebt werden. Darüber hinaus sind viele Problemsituationen im Alltag dynamisch, nicht statisch, d. h. die Situation ändert sich *auch* unabhängig vom Problemlöser, z. B. wenn er gar nichts tut. Die Zahl der Variablen, die kontrolliert werden müssen, ist bei komplexen Problemen größer, und die Variablen sind miteinander vernetzt, d. h. die Veränderung einer Variablen zieht Veränderungen bei anderen Variablen nach sich. Komplexe Probleme haben häufig auch eine geringe Transparenz, d. h. der Problemlöser verfügt (zunächst) nicht über alle problemrelevanten Informationen und/oder ist nicht in der Lage, diese zu überblicken. Eine ausführliche Diskussion verschiedener Aspekte der Komplexität findet man z. B. bei Funke (1984), Hussy (1985) und Mackinnon & Wearing (1980).

Die umfangreichste und bekannteste Untersuchung zum komplexen Problemlösen ist die Lohhausen-Studie (Dörner et al., 1983). Hier mußten die Vpn über 10 (simulierte) Jahre die im Computer simulierte Stadt „Lohhausen“ als mit großer Machtfülle ausgestatteter Bürgermeister regieren. Das zu steuernde System umfaßt ca.

2000 Variablen, die vielfältig miteinander vernetzt sind. Der Problemlöser hat die Möglichkeit, über 17 Handlungsvariablen in das System einzugreifen.

Dörner et al. integrieren ihre Ergebnisse in ein theoretisches Modell des Problemlösens in komplexen Situationen, das im Folgenden kurz skizziert sei:

Wenn der Problemlöser bereits Variablen des Systems kennt, die für das Gesamtziel (Wohlergehen der Einwohner von Lohhausen) kritisch sind (z. B. Wohnraum pro Einwohner, Produktivität der Uhrenfabrik), werden diese auf Abweichungen vom Sollwert abgefragt. Sind noch keine kritischen Variablen bekannt, wird versucht, das Gesamtziel in handhabbare Teilziele (Sollwerte von kritischen Variablen) zu zerlegen, dabei spielen z. B. Operatoren wie die Komponenten- und die Dependenzanalyse eine Rolle. Wenn mit Hilfe dieser Prozesse eine Reihe von Sollwertabweichungen auf kritischen Variablen gefunden sind, wird festgelegt (z. B. nach Dringlichkeit), in welcher Reihenfolge sie bearbeitet werden sollen. Schließlich versucht der Problemlöser der Reihe nach, Einwirkungsmöglichkeiten für diese abweichenden Variablen zu finden. Auch hier spielen Operatoren wie Komponenten- und Dependenzanalysen eine wichtige Rolle. Dieses Vorgehen zeigt durchaus Parallelen zur vorher besprochenen Ziel-Mittel-Analyse.

Neben dieser zentralen Fragestellung nach dem Prozeß des Problemlösens greifen Dörner et al. noch weitere Fragestellungen auf, z. B. die sonst weitestgehend vernachlässigte emotionale Einbettung des Problemlöseprozesses (etwa im Zusammenhang mit den negativen Emotionen bei einem drohenden Mißerfolg), und die Unterschiede im Verhalten von guten und schlechten Problemlösern.

Weitere Untersuchungen zum komplexen Problemlösen stammen u. a. von Putz-Osterloh & Lüer (1981) und Hussy (1985), außerhalb des deutschen Sprachraumes von Mackinnon & Wearing (1980) und Voss et al. (1983). Funke (1984) setzt sich kritisch mit der gegenwärtigen westdeutschen Problemlöseforschung auseinander.

Schwierigkeiten beim Problemlösen

Schwierigkeiten beim Lösen eines Problems können bei jedem Aspekt des Problemlöseprozesses auftreten. Ich will hier nur einige Beispiele anführen:

Fehlendes, nicht verfügbares oder fehlerhaftes Wissen kann den Lösungsprozeß behindern. Dies gilt sowohl für das prozedurale als auch für das deklarative Wissen.

Die Art der Repräsentation kann die Lösung eines Problems erleichtern oder erschweren, je nachdem, ob sie z. B. die für die Lösung relevanten Aspekte überhaupt enthält, ob diese relevanten Aspekte durch irrelevante verdeckt werden oder nicht, wie leicht die in der Repräsentation enthaltene Information verarbeitet werden kann, usw. So ist es z. B. für die meisten Menschen leichter, ein geometrisches Problem in einer graphischen Darstellung zu lösen als in einer algebraischen. Untersuchungen von Chi, Feltovich & Glaser (1981), und Larkin et al. (1980) haben z. B. ergeben, daß Problemlöser, die mit der Problemmaterie vertraut sind, abstrakte – d. h. von lösungsirrelevanten Details bereinigte – Repräsentationen konstruieren, während Anfänger in ihre Repräsentation Details der konkreten Problemformulierung einbauen, die für die Lösung unwichtig sind. Verschiedene Formulierungen ein-und-desselben Problems (Problem-Isomorphe, vgl. Aschenbrenner, 1981; Hayes & Simon, 1976; Simon, 1978) können zu unterschiedlichen Repräsentationen und damit zu u. U. sehr verändertem Lösungsverhalten führen. Der Lerntransfer von einer isomorphen Problemformulierung zur anderen funktioniert nicht immer (z. B. Greeno, 1974, und Hayes & Simon, 1976). Eine wichtige Frage bei der Repräsentation betrifft den Auflösungsgrad (Dörner, 1979), mit dem ein Problem bearbeitet wird. Es geht dabei darum, ob ein Problem in seine kleinsten Komponenten zerlegt betrachtet wird, oder ob man diese Komponenten zu größeren Komplexen (Superzeichen) zusammenfaßt. Ein Computerprogramm z. B. kann auf der Ebene einzelner Befehle analysiert werden, oder auf der Ebene von größeren, inhaltlich definierten Programmabschnitten. Die Auswahl des richtigen Auflösungsgrades im jeweiligen Abschnitt des Problemlöseprozesses kann für die Lösung entscheidend sein. Banerji (1983) konnte nachweisen, daß bei bestimmten Problemtypen (z. B. bei dem bekannten Rubik-Würfel) eine Lösung auf der Ebene elementarer Operatoren mit Heuristiken wie z. B. der Ziel-Mittel-Analyse nicht möglich ist, sondern daß eine Ebene von Makro-Operatoren aus Sequenzen von elementaren Operatoren notwendig ist (vgl. dazu Korf, 1985). Problemlöser, die über viel Erfahrung in einem bestimmten Gegenstandsbereich verfügen, verwenden komplexere Repräsentationen und Operatoren als Anfänger. So analysieren Schachexperten eine Spielsituation nicht auf dem Niveau einzelner Figuren, sondern arbeiten mit Konfigurationen von Figuren als Einheiten, und haben Makrooperatoren in ihrem Repertoire, vgl. z. B. Simon & Gilmartin (1973). Analoge Ergebnisse gibt es aus dem Bereich des Programmierens (McKeithen et al., 1981), des GO Spieles (Reitman, 1976) und des Lösens physikalischer Probleme (Larkin et al., 1980).

All dies zeigt, wie die Repräsentation eines Problems die Lösung erschweren oder auch erleichtern kann.

Schon lange bekannt und untersucht sind funktionale Gebundenheit und unnötige Gebote und Verbote als Gründe für Schwierigkeiten beim Problemlösen.

Funktionale Gebundenheit ist die Tendenz, Werkzeuge, etc., nur mit ihrem altgewohnten Verwendungszweck zu verbinden, und andere Verwendungsmöglichkeiten zu übersehen. Ein klassisches Experiment dazu berichtet Duncker (1935), dessen Grundidee ich hier nur vereinfacht skizzieren will: Den Vpn wurde die Aufgabe gestellt, eine Kerze an einer hölzernen Tür anzubringen und anzuzünden. Dazu erhielten sie folgende Gegenstände: eine Kerze, ein Briefchen mit Streichhölzern, eine Schachtel und Reißnägel. Die Lösung besteht darin, die Schachtel mit einigen Reißnägeln an der Tür zu befestigen und sie als Plattform für die Kerze zu benützen. Wenn sich die Reißnägel in der Schachtel befanden, erreichten die Vpn die Lösung weniger leicht, als wenn die Reißnägel neben der leeren Schachtel lagen. Für die Vpn im ersten Fall war die Schachtel in höherem Ausmaß an ihre Funktion als Behälter gebunden. Es war für sie daher schwieriger, den neuen ungewohnten Verwendungszweck zu entdecken.

Unnötige Gebote und Verbote. Häufig bauen Problemlöser in ihre Problem-Repräsentation zusätzliche Einschränkungen ein, die in Wirklichkeit gar nicht existieren, und erschweren oder verhindern dadurch den Lösungsprozeß. Dies läßt sich bereits an einfachen Denksportaufgaben zeigen. Die Vp erhält z. B. die Aufgabe, aus sechs Münzen ein Kreuz zu legen, und zwar so, daß jeder Balken aus vier Münzen besteht. Die meisten Vpn gehen dabei zunächst fälschlicherweise davon aus, daß alle Münzen in einer Ebene liegen müssen, obwohl in der Instruktion keine diesbezügliche Anweisung formuliert wird. Die Lösung besteht darin, im Schnittpunkt der Balken zwei Münzen aufeinander zu legen.

Der Einfluß von Emotionen auf Denken, Lernen und Problemlösen wird schon lange untersucht, insbesondere von der Pädagogischen Psychologie, die sich hauptsächlich auf negative Emotionen (z. B. Angst) konzentriert. Es ist interessant, daß auch positive Emotionen kognitive Prozesse beeinflussen. Isen et al. (1982) fassen einige Ergebnisse aus der Entscheidungsforschung zusammen. Isen & Means (1983) versetzten eine experimentelle Gruppe von Vpn in positive Stimmung. Diese Vpn brauchten weniger Zeit für ihre Entscheidung und nützten auch weniger Information aus. Dörner (1974) untersuchte die Verwendung von Ableitungsregeln beim logischen Schließen. Er beobachtete eine Zunahme von Fehlern in Phasen des Prozesses, in denen die Vpn überzeugt waren, daß sie den Zielzustand bald erreichen würden. Dörner et al. (1983) postulieren eine Notfallsreaktion des kognitiven Systems, wenn sich der Problemlöser in eine kritische Situation manövriert hat, und sich deshalb in einem negativen emotionalen Zustand (Angst, Ärger, Hoffnungslosigkeit) befindet.

Problemlösehilfen

So zahlreich die Ursachen für Schwierigkeiten beim Problemlösen sein können, so vielfältig sind auch die Möglichkeiten für Problemlösehilfen. Ich will hier nur einige Beispiele anführen:

Der Problemlöser kann einmal dadurch unterstützt werden, daß man ihm problemrelevantes Wissen nutzbar macht. Dabei geht es nicht nur um das Sachwissen in einem Gegenstandsbereich (deklaratives Wissen), sondern insbesondere um das prozedurale Wissen, also um Methoden zur Optimierung des Problemlöseprozesses. Diese Methoden können z.B. Lösungsstrategien beinhalten, etwa optimale Strategien für Entscheidungen unter Risiko, Eröffnungszüge beim Schach, Gliederungsgesichtspunkte bei einem Mitarbeitergespräch, Methoden zum Ideenfinden, etc. Sie können aber auch die Metaebene betreffen, z.B. Methoden zur Planung eines Lösungsprozesses oder allgemeine Methoden zur Kreativitätssteigerung. Ebenso wichtig sind die Methoden zur Aufbereitung der zu verarbeitenden Information, Beispiele sind die vielfältigen Visualisierungstechniken oder die übersichtliche Zusammenfassung der für eine Entscheidung relevanten Information in Form einer Entscheidungsmatrix (Alternativen-mal-Kriterien-Matrix). Derartige Techniken helfen, eine Repräsentation des Problemes zu konstruieren, welche die Weiterverarbeitung der Information erleichtert. Ein anderer Aspekt bei der Verbesserung der Repräsentation betrifft das Aufzeigen von Strukturanalogien, welche die Übersetzung eines neuen Problems in ein anderes ermöglichen, dessen Lösung bereits geklärt ist.

Eine ganze Reihe von Methoden wurde entwickelt, um die Ideenproduktion anzuregen, z.B. Brainstorming (Osborn, 1963) (in Gruppen oder einzeln), Synectics (Gordon, 1961), einen Überblick findet man z.B. bei Franke (1975) oder Rickards (1974). Ziel dieser Methoden ist es, zunächst einmal möglichst viel Ideen zu produzieren; die brauchbaren können dann immer noch von den Unbrauchbaren getrennt werden.

Aebli (1981) kondensiert aus den Ergebnissen der Kognitionspsychologie eine Reihe von allgemeinen Hinweisen zur Verbesserung des Problemlöseverhaltens:

1) Definiere die Schwierigkeit, fasse sie sprachlich, begrifflich, wenn du kannst, sonst vergegenwärtige sie dir in einer anschaulichen Form. Diese Regel soll also an dem Punkt einsetzen, wo das Problem noch nicht klar und präzis formuliert ist.

2) Wenn sich die Schwierigkeit im alltäglichen Handeln und Erleben eingestellt hat, beginne damit, sie in der Sprache des Alltags zu fassen. Damit ist gemeint, daß man über die weiteren und reicheren Begriffe der Alltagssprache zu breiteren Bereichen des Handelns und Denkens Zugang gewinnt, als wenn man durch eine sehr spezialisierte Sprache (z.B. einer wissenschaftlichen Disziplin) gleich auf die entsprechenden Denkschemata eingeschränkt wird.

3) Formuliere das Problem mit Hilfe der schärfsten begrifflichen Mittel, die dir zur Verfügung stehen. Hier geht es (auch) um die möglichst klare Definition des Ziel- und des Anfangszustandes.

4) Verschaffe dir den bestmöglichsten Überblick über die Gegebenheiten des Problems. In diesem Punkt soll der Problemlöser sich z.B. klarmachen, welche Ressourcen ihm zur Verfügung stehen, wie er Information beschaffen kann, über welches problemrelevante Wissen er verfügt, usw.

5) Kennzeichne das Problem. In diesem Schritt soll herausgefunden werden, um welchen Typ von Problem es sich handelt. Der Zweck ist nicht eine Typisierung des Problems selbst, sondern die Typisierung hilft, das Problem zu präzisieren.

6) Suche die geeignete Repräsentation für das Problem. Da über das Problem der Problemrepräsentation schon oben gesprochen wurde, brauche ich darauf nicht weiter einzugehen.

7) Präzisiere deine Frage. Die Präzisierung der Frage hilft beim Abruf von Lösungsstrategien und Heuristiken und bei der Konstruktion einer Lösung.

8) Arbeite nicht nur vom Anfangszustand zum Zielzustand nach vorwärts, sondern ebenso vom Zielzustand zum Anfangszustand nach rückwärts. Diese Strategie ist z. B. bei Problemen nützlich, bei denen eine Sequenz von Operatoren vom Anfangs- zum Zielzustand gesucht wird (z. B. beim logisch/mathematischen Beweisen), wird aber spontan von vielen Vpn nicht angewendet.

9) Überprüfe den Fortschritt deiner Lösung. Diese bewußte Kontrolle auf der Metaebene hilft, das eigene Problemlöseverhalten zu analysieren, zu kritisieren und zu verbessern.

10) Gehe auf Holzwegen nur so weit als nötig zurück. Es ist nicht sinnvoll, bei einem Lösungsweg, der sich als falsch erwiesen hat, sofort alles zu verwerfen und wieder ganz von vorne zu beginnen. Auch ein insgesamt falscher Lösungsweg kann sehr brauchbare Teile enthalten.

11) Benutze alle Daten.

12) Wenn du eine Aufgabe nicht lösen kannst, suche eine verwandte Aufgabe, eine speziellere oder eine allgemeinere. Es geht hier um die Ausnützung von Analogien, und um den Transfer von Lösungswegen.

13) Wenn du ein Problem gelöst hast, gehe nicht zur Tagesordnung über, sondern blicke auf die Problemlösung zurück und versuche, aus ihr zu lernen. Dies kann z. B. für den Transfer von Lösungswegen bei späteren Problemen nützlich sein.

Problemlösen in Organisationen bedeutet häufig Problemlösen in Gruppen. Für die Gruppenleistung sind dann nicht nur die Einzelleistungen der Mitglieder relevant, sondern auch die Eigenheiten der Gruppe (Gruppenstruktur und -leitung, Umgang mit Kritik, Informationsverteilung, etc.), und die Eigenarten des zu lösenden Problems. Da Problemlösen in Gruppen ohnehin im Kapitel von Brandstätter behandelt wird (Kapitel 4.2.3), gehe ich hier nicht weiter darauf ein.

Das Spektrum von speziellen und eher allgemeinen Problemlösehilfen ist sehr vielfältig und praktisch unüberschaubar. Es reicht von den schon aufgezählten Verfahren bis zu umfangreichen interdisziplinären Problemlösekursen (z. B. Rubinstein, 1980). Für spezielle Probleme gibt es ausgefeilte Routinen, die dem Problemlöser die Aufgabe weitestgehend abnehmen, ein Beispiel sind Prüflisten zur Fehlersuche bei diagnostischen Problemen. Leider sind die meisten Problemlösehilfen empirisch zu wenig evaluiert. Ausnahmen sind u. a. bestimmte Maßnahmen bei der Berufs- und Laufbahnberatung (z. B. Aschenbrenner, Jaus & Villani, 1980), vgl. zu diesem

Thema auch Oliver (1979). Gut empirisch evaluiert ist auch das Brainstorming unter verschiedenen Bedingungen. Insbesondere wurden die Ergebnisse von echten Gruppen denen von Einzelproblemlösern gegenübergestellt, deren Ergebnisse zu Nominalgruppenergebnissen kombiniert wurden (vgl. z. B. Barkowski, Lamm & Schwinger, 1982; Grossmann, 1984). Nominalgruppen erweisen sich dabei in einer Reihe von Bedingungen besser als echte Gruppen, z. B. bei Ad-hoc-Gruppen, Gruppen von gut bekannten Personen, oder bei „heißen" Themen. Gerade die Resultate der Brainstorming-Forschung beweisen die Notwendigkeit und den Wert der empirischen Evaluierung.

Problemlösekapazität von Organisationen

Organisationen können mehr oder weniger gut in der Lage sein, Probleme zu lösen. Dies ist mit „Problemlösekapazität" gemeint. Die Problemlösekapazität hängt von einer Reihe von Faktoren ab, vgl. z. B. Franke (1975), Neuberger (Kapitel 3.1), z. B.:

- Problemlösekapazität der Mitarbeiter
- Auswahl und Zusammensetzung des Mitarbeiterstabes bzw. von Problemlösegruppen (z. B. möglichst breite Streuung von Wissen, Einstellungen, etc.)
- Art des Informationsflusses (sowohl intern als auch extern)
- Verstärkersystem (beabsichtigtes und tatsächliches; z. B.: Werden Mitarbeiter, welche Vorschläge machen, de facto mit Mehrarbeit bestraft?)
- Freiraum der Problemlöser (zum Herumprobieren, Experimentieren, Grundlagenforschung; d. h. sind problemrelevante Aktivitäten zugelassen, deren Rentabilität nicht unmittelbar einsichtig ist?)
- Verwendung von Problemlösehilfen (z. B. Brainstorming, parallele Problemlösegruppen, Visualisierungstechniken, etc.)
- Aspekte der Führung (allgemein und in Problemlösegruppen)
- Aspekte der Organisationskultur (welche Werte und Normen gelten innerhalb der Organisation, über welches prozedurale und deklarative Wissen verfügt die Organisation, etc.)
- Reflexion, Evaluierung und Verbesserung der eigenen Problemlöseverfahren

Es wäre zu wünschen, daß das Konzept der Problemlösekapazität präzisiert und ausgearbeitet wird, und die Einflußfaktoren systematisch untersucht werden.

4.1.2.4 *Entscheiden*

In Organisationen werden sowohl individuelle Entscheidungen als auch Gruppenentscheidungen getroffen. Ich konzentriere mich hier jedoch auf individuelle Entscheidungen, weil Gruppenentscheidungen Thema des Kapitels von Brandstätter sind (Kapitel 4.2.3). Auch auf die Theorie der sozialen Wahlen (social choice theory) – d. i. die (formale) theoretische Analyse von Gruppenentscheidungsregeln (z. B. Majoritätsregel) – gehe ich nicht weiter ein, vgl. dazu z. B. Fishburn (1973) und Niemi & Riker (1976).

Grundkonzepte

In der Entscheidungsforschung werden Entscheidungsprobleme üblicherweise mit Hilfe der folgenden Komponenten analysiert, vgl. z. B. Lee (1971, 1977), Raiffa (1968, 1973). Diese Komponenten treten in verschiedenen Modellen z. T. in unterschiedlicher Kombination und unter verschiedenen Namen auf.

Handlungsalternativen (courses of action) sind die Handlungs- oder Wahlmöglichkeiten, die sich dem Entscheider bieten. Ein Firmenleiter steht z. B. vor der Wahl, Büroräume für seine Verkaufsrepräsentanz in einer bestimmten Stadt anzumieten. Ein Immobilienmakler bietet ihm vier Bürokomplexe zur Auswahl an. Der Betriebsleiter hat (mindestens) die folgenden Handlungsalternativen: Er kann den Komplex A mieten, oder B, oder C, oder D, oder er kann noch weiter suchen. Von einer Entscheidungssituation spricht man allgemein dann, wenn mindestens zwei Handlungsalternativen zur Auswahl stehen.

Jede Handlungsalternative zieht bestimmte *Konsequenzen* (outcomes) nach sich. Wenn der Bürokomplex A angemietet wird, mag z. B. eine Konsequenz sein, daß für die Kunden ausreichend Parkraum zur Verfügung steht, eine andere, daß eine räumliche Erweiterung der Büros voraussichtlich möglich ist, usw. Konsequenzen sind mehr oder weniger erwünscht. Da sie in der Regel erst in der Zukunft eintreten, sind sie oft – aus den verschiedensten Gründen – mit *Unsicherheit* verbunden. Ob die Vorstellungen über die zukünftigen Erweiterungsmöglichkeiten später auch den Realitäten entsprechen, hängt von einer Reihe unsicherer Faktoren ab, z. B. ob derzeit vermietete Räumlichkeiten frei werden, etc.

Der Entscheider versucht mit seiner Entscheidung, eines oder mehrere *Ziele* (objectives, goals) zu erreichen: Die Repräsentanz soll für die Kunden attraktiv sein, sie soll repräsentativ sein, sie soll gute Arbeitsbedingungen bieten, usf. Ziele können zueinander in Widerspruch stehen, hierarchisch gegliedert sein, usw.

Kriterien (attributes, dimensions) sind Merkmale (Eigenschaften) der Konsequenzen, die für Ziele relevant sind. So könnten z. B. für das Ziel, attraktiv für die Kunden zu sein, u. a. folgende Kriterien bedeutsam sein: Parkmöglichkeit, gute Erreichbarkeit, Lage, Art des Gebäudes, etc. Kriterien sind Mengen oder Vektoren von (mindestens zwei) Aspekten. So besteht das Kriterium „Art des Gebäudes" u. a. aus den Aspekten: komfortables Bürohaus, Einfamilienhaus, spartanisches Mehrzweckgebäude, Nebengebäude einer Fabrik, usw. Eine Handlungsalternative enthält von jedem Kriterium genau einen Aspekt. Ein Ziel legt nicht nur fest, welche Kriterien für die Entscheidung wichtig sind, sondern auch, welche Aspekte bzw. Bereiche von Aspekten erwünscht sind. Ziele und Kriterien können eher global oder sehr spezifisch formuliert sein.

Wenn das Entscheidungsproblem strukturiert ist, d. h. wenn festgelegt wurde, welche Handlungsalternativen zur Verfügung stehen, welche Konsequenzen zu erwarten sind, welche Ziele erreicht werden sollen, und welche Kriterien relevant sind, dann können die Konsequenzen *evaluiert* werden:

Die *subjektive Wahrscheinlichkeit* einer Konsequenz gibt an, für wie sicher der Entscheider ihr Eintreten hält.

Der *subjektive Wert* (Nutzen, utility) einer Konsequenz ist ein Maß dafür, wie erwünscht dem Entscheider diese Konsequenz ist. Der subjektive Wert einer Konsequenz (z. B. Attraktivität für die Kunden) kann dabei entweder global abgeschätzt werden, oder aber er wird zunächst im Hinblick auf einzelne Kriterien bewertet (z. B.: Größe des Parkplatzes, Erreichbarkeit, etc.). Diese kriterienweisen Bewertungen werden dann zusammengefaßt (z. B. mit Hilfe eines multiattributiven Utility Modells).

Der *subjektive Gesamtwert* einer Handlungsalternative wird mit einer Entscheidungsregel aus den subjektiven Wahrscheinlichkeiten und Werten der Konsequenzen bestimmt. Meist wird als Regel die Subjectively-Expected-Utility-Regel (SEU-Regel, Subjektive-Erwartungswert-Regel) verwendet. Danach ergibt sich der Gesamtwert einer Alternative aus der Gleichung:

$W(A) = \Sigma_i w(K_i) \times p(K_i)$.

Dabei bedeutet: $W(A)$...Gesamtwert der Alternative A,
$w(K_i)$...subjektiver Wert der Konsequenz K_i,
$p(K_i)$...subjektive Wahrscheinlichkeit für das Eintreten der Konsequenz K_i.
Summiert wird über alle Konsequenzen $i = 1,...,n$.

Wahlregel (decision rule): Gewählt wird die Handlungsalternative mit dem höchsten Gesamtwert.

Probleme beim Entscheiden können durch Schwierigkeiten und Unklarheiten bei den einzelnen Komponenten entstehen. Entscheider sind sich oft über ihre Ziele nicht völlig klar, haben Schwierigkeiten mit unvereinbaren Zielen, können oft keine Zielhierarchie entwickeln, vermischen relevante mit irrelevanten Kriterien, etc. Probleme ergeben sich oft auch bei der Evaluierung, z. B. weil es objektiv schwierig ist, etwa die Wahrscheinlichkeit dafür einzuschätzen, daß sich ein bestimmtes Produkt auch noch in drei Jahren gut verkaufen läßt. Derartige Probleme treten natürlich besonders bei komplexen, zunächst wenig strukturierten Entscheidungen auf, zu denen viele (nichtroutinemäßige) Wahlen im beruflichen oder privaten Alltag gehören. Sie können dazu führen, daß der Entscheider das Problem allzusehr vereinfacht, und deshalb für ihn wichtige Aspekte vernachlässigt.

Entscheider können sich bei den einzelnen Komponenten stark unterscheiden. Verschiedene Personen können unterschiedliche Ziele anstreben, andere Kriterien für relevant halten, die Wahrscheinlichkeiten völlig anders einschätzen, die gleiche Konsequenz unterschiedlich bewerten, usw. All dies ist vom Standpunkt der Entscheidungstheorie aus völlig akzeptabel, sofern nur bestimmte Formalkriterien (z. B. die Transitivität der subjektiven Werte) nicht verletzt werden.

In der Entscheidungstheorie werden zwei Typen von Theorien unterschieden: *Deskriptive* und *präskriptive* (normative) Theorien. Die letzteren haben das Ziel, Werkzeuge zu erarbeiten, die dem Entscheider eine möglichst gute Entscheidung ermöglichen. Deskriptive Entscheidungstheorien entwickeln psychologische Theorien darüber, wie Menschen tatsächlich eine Entscheidung treffen. Beide Typen von Theorien sind für die Organisationspsychologie relevant: Deskriptive Theorien zur Erklärung und Beschreibung des tatsächlichen Entscheidungsverhaltens, präskriptive zu seiner Verbesserung.

Deskriptive Entscheidungsforschung

In der traditionellen Entscheidungstheorie ging man davon aus, daß Modelle wie das SEU-Modell, das Additive-Utility-Modell, etc. nicht nur präskriptive Theorien sind, sondern auch (idealisierte) deskriptive Modelle des Entscheidungsverhaltens (vgl. z. B. Lee, 1971, 1977). Diese Ansicht ist nach heutigem Forschungsstand nicht mehr haltbar, auch wenn sich das noch nicht überall herumgesprochen hat. Das SEU-, Additive-Utility- und ähnliche Modelle sind als deskriptive Theorien in einer Reihe von Experimenten falsifiziert worden. Sie wären aber auch dann als psychologische Modelle unbefriedigend, wenn sie die Input-Output Beziehung adäquat abbilden würden, weil sie den *Prozeß* der Entscheidungsfindung überhaupt nicht erfassen. Einen kritischen Überblick über diese Modelle und ihren empirischen Status findet man bei Huber (1982). Neuere Entwicklungen werden z. B. in den folgenden Übersichtsartikeln dargestellt: Einhorn & Hogarth (1981), Jungermann (1977), Payne (1985), Pitz & Sachs (1984) und Slovic, Fischhoff & Lichtenstein (1977), speziell für den Bereich der Konsumentenentscheidung in Bettman (1979). Ich kann hier nur wenige Schwerpunkte herausgreifen.

Die „kognitive Wende“ in der Entscheidungsforschung brachte die Konzentration des Interesses auf den *Prozeß* der Entscheidungsfindung. Es wird versucht, das Entscheidungsverhalten mit Hilfe einfacher Heuristiken zu erklären. Ein Beispiel für einfache Entscheidungsheuristiken ist das folgende: Der Entscheider greift bei jeder Alternative die unangenehmste Konsequenz heraus. Er schätzt die subjektive Wahrscheinlichkeit dieser unangenehmsten Konsequenz, und wählt diejenige Handlungsalternative, bei der die unangenehmste Konsequenz die geringste Wahrscheinlichkeit hat.

Eine Zusammenstellung und Analyse einfacher Entscheidungsheuristiken bringen Aschenbrenner (1981), Huber (1982) und Svenson (1979). Neben der Entscheidungsheuristik als Entscheidungsregel rücken aber auch andere Teilprozesse in den Mittelpunkt des Interesses, z. B. die Informationssuche, Bewertung, Repräsentation des Entscheidungsproblems, usw. Auch Phasenmodelle wurden und werden postuliert, z. B. Kahnemann & Tversky (1979) und Montgomery (1983). Jedoch ist die Definition von klar identifizierbaren Phasen bisher nicht gelungen, Entscheider scheinen z. B. Phasen nach momentanem Bedarf zu mischen (vgl. dazu z. B. Huber, 1982). Ein allgemein akzeptiertes Prozeßmodell der Entscheidung existiert derzeit nicht.

Ein gut abgesichertes Ergebnis der neueren Entscheidungsforschung ist die Abhängigkeit des Entscheidungsprozesses von Charakteristiken der Entscheidungssituation, vgl. Huber (1982), Payne (1982, 1985), Pitz & Sachs (1984), Svenson (1979). Entscheider scheinen den Entscheidungsprozeß (z. B. die verwendete Heuristik) den besonderen Gegebenheiten der Entscheidungssituation anzupassen. So verläuft der Prozeß üblicherweise anders, wenn zwei oder wenn viele Alternativen zur Auswahl stehen. Im letzteren Fall treffen die Entscheider zunächst eine grobe Vorauswahl aus den angebotenen Alternativen. Dabei werden nur die wichtigsten Kriterien berücksichtigt, und Alternativen ausgeschieden, die auf (mindestens) einem dieser wichtigsten Kriterien nicht akzeptabel sind. Erst wenn die Zahl der Alternativen auf zwei oder drei reduziert ist, werden die Alternativen in der engeren Wahl genauer betrachtet und miteinander verglichen. Andere wichtige Situationsvariablen sind z. B. die Art und Weise, wie die Information dargeboten wird (z. B. alle Alternativen gleichzeitig oder nacheinander), die Qualität der Information (z. B. numerische Information oder verbale Beschreibung), die Vertrautheit oder Neuheit der Aufgabe, die Art der geforderten Reaktion (Wahl oder Bewertung) usw. Diese Ergebnisse haben Konsequenzen für die Praxis, weil die Kenntnis der Einflußfaktoren die Möglichkeit zur gezielten Beeinflussung des Prozesses bietet. Daneben haben sie aber auch theoretische Relevanz, weil eine (zukünftige) allgemeine Entscheidungstheorie die Wirkung dieser Aufgabenvariablen auch erklären können muß.

Wichtige Ergebnisse der Entscheidungsforschung betreffen mögliche systematische Fehler beim Schätzen von subjektiven Wahrscheinlichkeiten und beim Fällen von

Urteilen, die auf solchen subjektiven Wahrscheinlichkeiten basieren. Kahnemann & Tversky (vgl. z. B. Kahnemann, Slovic & Tversky, 1982) haben herausgefunden, daß Menschen dabei bestimmte Heuristiken verwenden. Ich greife hier nur zwei heraus:

Die *Heuristik der Repräsentativität* wird eingesetzt, wenn Urteile auf der Basis von Wahrscheinlichkeiten gefällt werden müssen. Beispiele sind Kategorisierungen (z. B.: Herr X. Y. ist auf einer Reihe von Eigenschaften beschrieben. Die Vp muß ihre Wahrscheinlichkeit dafür angeben, daß Herr X. Y. Bauer, Vertreter, Pilot, Bibliothekar, etc. ist) oder das Schätzen von (z. B. bedingten) Wahrscheinlichkeiten (z. B.: Welche Reihenfolge von Knaben (K) oder Mädchen (M) bei einer Serie von sechs aufeinanderfolgenden Geburten in einer bestimmten Klinik ist größer, die Sequenz „KKKMMM" oder die Sequenz „KMMKMK"?). Kahnemann & Tversky argumentieren, daß bei solchen Urteilen ausschlaggebend ist, für wie repräsentativ das in Frage stehende Element für die Kategorie bzw. den erzeugenden Prozeß eingeschätzt wird. So ist die Sequenz „KMMKMK" für die meisten Menschen eher repräsentativ für einen Zufallsprozeß als die Sequenz „KKKMMM". Sie wird daher auch meist als die wahrscheinlichere eingeschätzt. Häufig wird bei derartigen Urteilen wichtige Information ignoriert (z. B., daß die statistische Wahrscheinlichkeit für beide Sequenzen gleich ist), so daß es zu typischen Fehlurteilen kommt.

Die *Heuristik der Verfügbarkeit* spielt eine Rolle, wenn Wahrscheinlichkeiten oder Häufigkeiten geschätzt werden müssen. Für wie wahrscheinlich ein bestimmtes Ereignis gehalten wird (z. B. daß eine Maschine der Marke X ausfällt), hängt davon ab, wie leicht man Beispiele für dieses Ereignis im Langzeitgedächtnis findet. Je leichter und rascher Beispielsfälle verfügbar sind, desto höher wird die Wahrscheinlichkeit dieses Ereignisses eingeschätzt.

Kahnemann & Tversky haben in einer Serie von Untersuchungen die Wirksamkeit dieser (und anderer) Heuristiken demonstriert, einen brauchbaren Überblick über diese Arbeiten bietet Kahnemann, Slovic & Tversky (1982). Freilich ist die Generalität und auch der theoretische Status dieses Ansatzes nicht unumstritten. So ist die Generalität der Heuristik der Repräsentativität nicht gegeben, wenn der Urteilende in dem in Frage stehenden Sachgebiet Experte ist, oder wenn die gegebene Information relevant ist. Auf diese Untersuchungen kann hier nicht näher eingegangen werden, vgl. z. B. Fischhoff (1983) und Wallsten (1983), eine kritische Diskussion findet man auch bei Laske (1985).

Entscheidungen in Organisationen

Entscheidungen in Organisationen können (u. a.) eingeteilt werden in routinisierte (programmierte) und nichtroutinisierte (nichtprogrammierte) (March & Simon, 1970). Bei routinisierten Entscheidungen bleibt dem Entscheider wenig oder gar kein Spielraum, der Entscheidungsprozeß ist vorstrukturiert. Hier erhebt sich das Problem der Kontrolle, d. h. es muß überprüft werden, ob die Ausführenden die vorgegebene Prozedur den Anordnungen gemäß ausführen. Nichtroutinisierte Entscheidungen betreffen in der Regel wichtige Angelegenheiten, und sind meistens an einen höheren Status in der Hierarchie gebunden. Freilich gibt es zwischen den beiden Extremen fließende Übergänge. So können z. B. die zu verfolgenden Ziele „von oben" vorgegeben sein – etwa im Sinne des management by objectives –, der Entscheider hat aber relative Freiheit, wie er diese Ziele erreicht.

Auch Entscheider in hohen Positionen sind bei nichtroutinisierten Entscheidungen in Organisationen einer Reihe von Beschränkungen ausgesetzt, verursacht durch die interne Struktur der Organisation und die Außenwelt (vgl. z. B. Lock, 1983; Weeks & Whimster, 1985). Ich führe nur die wichtigsten an:

Der mögliche Einfluß des Entscheiders ist eingeschränkt, z. B. räumlich (er kann nur für den Bezirk X Entscheidungen treffen) oder auch zeitlich.

Er muß bei seiner Entscheidung die besonderen Gegebenheiten in der betreffenden Organisation berücksichtigen (z. B. den verfügbaren Maschinenpark).

Die Information (z. B. über die Außenwelt, über Ressourcen) ist unsicher und/oder beschränkt.

Der Entscheider fällt seine Wahl in einem sozialen Feld. Er muß sich mit der Frage zumindestens auseinandersetzen, inwieweit er Konsequenzen im sozialen Feld (z. B. Verärgerung bei einem ranggleichen Abteilungsleiter) bei der Beurteilung der Handlungsalternativen berücksichtigt oder nicht.

Wesentliche Einschränkungen können im Zusammenhang mit Zielen und Werten bestehen, sowohl was die Ziele der Organisation als auch die des Entscheiders betrifft. Ziele in Organisationen können unklar definiert sein, einander widersprechen, manche Ziele dürfen nicht offen verfolgt werden, sondern nur verschleiert, Ziele der Organisation können in Konflikt mit den privaten Zielen des Entscheiders stehen, usw.

Schwierigkeiten bei den Zielen wirken sich zwangsläufig auf die Bewertungen aus, aber auch bei klaren Zielen können Bewertungen u. U. nicht mit der gewünschten Genauigkeit gemessen werden. Einschränkungen können sich auch aus den vorhergesehenen Schwierigkeiten bei der Realisierung einer Entscheidung ergeben. Eine Handlungsalternative wird z. B. deswegen verworfen, weil sie gegenüber der Personalvertretung nicht durchgesetzt werden kann.

Trotz dieser Beschränkungen des Entscheiders wird von ihm gefordert, eine möglichst rationale Entscheidung zu treffen. Der Begriff der *Rationalität* spielt eine wichtige Rolle in der präskriptiven Entscheidungstheorie. Eine Entscheidung ist dann rational, wenn sie mit den Werten und Zielen des Entscheiders übereinstimmt, und mit Hilfe eines formal optimalen Entscheidungsmodelles (z. B. des SEU-Modells bei Entscheidungen unter Risiko) getroffen wurde. Freilich hilft dieser allgemeine Begriff der Rationalität für die praktische Arbeit relativ wenig, weil er die Beschränkungen der Informationsverarbeitungskapazität nicht berücksichtigt. In diesem Zusammenhang wird zunehmend klar, daß Rationalität nur in Übereinstimmung mit der jeweiligen Situation, der kognitiven Kapazität und den Beschränkungen des Entscheiders zu definieren ist, vgl. dazu Jungermann (1983), und Simons Begriff der beschränkten Rationalität (Simon, 1957). Ob z. B. eine bestimmte Entscheidungsregel in einer bestimmten Entscheidungssituation mehr oder weniger rational ist, hängt z. B. von der zur Verfügung stehenden Zeit und dem von der Sache her gerechtfertigten Aufwand ab, aber auch von den Kapazitätsbeschränkungen des Entscheiders, und davon, ob er diese Regel kennt und akzeptiert (vgl. Huber, 1984).

Rationalität wird häufig in Verbindung gebracht mit Objektivität, d. h. dem Fehlen von Subjektivität, insbesondere bei der Bewertung. Daher wird oft versucht, die Objektivität von Bewertungen z. B. dadurch zu erreichen, daß man „objektive Größen" einführt (z. B. Kosten), allgemein anerkannte Wertungen verwendet, oder die Bewertung (anerkannten) Experten überläßt. Keine dieser Maßnahmen kann das Problem der Objektivität allerdings lösen. Es gibt keine objektive Instanz, welche z. B. festlegt, welches Gewicht den Kosten im Rahmen einer mehrdimensionalen Bewertung zukommt, und mit Hilfe welcher Funktion die objektiven Größen in Skalenwerte für die Bewertung umgesetzt werden sollen. Daß auch Experten zu sehr unterschiedlichen Bewertungen kommen können, zeigen z. B. die Diskussionen über die Schätzungen der (subjektiven) Wahrscheinlichkeit von Unfällen von Atomkraftwerken. Ein Gruppenkonsens löst zwar das Problem der Objektivität ebenfalls nicht, kann es aber in der Gruppe (z. B. Organisation) entschärfen oder scheinbar lösen. Derartige, von der Gruppe allgemein akzeptierte Bewertungen, können innerhalb der Gruppe durchaus den Charakter der Objektivität annehmen.

Für spezielle Entscheidungsprobleme in Organisationen haben sich eigene Forschungsbereiche entwickelt, auf die ich hier nicht eingehen will. Als Beispiele seien nur die Personalauslese erwähnt (vgl. z. B. Zedek & Cascio, 1984; Swann, 1985), oder die Berufs- und Laufbahnentscheidungen (vgl. z. B. Pitz & Harren, 1980; Huber & Potocnik, 1986).

Entscheidungshilfen

Die Frage nach der Rationalität kann man auch etwas anders formulieren, nämlich, was eigentlich eine gute Entscheidung ist. Es liegt nahe, eine Entscheidung nach ihrem Ergebnis zu bewerten. Eine Entscheidung, z. B. ein bestimmtes Produkt auf den Markt zu bringen, wäre eben dann gut, wenn dieses Produkt den erwarteten Gewinn bringt.

Die Bewertung der Qualität einer Entscheidung nur auf der Basis ihres Ergebnisses erweist sich aber aus einer Reihe von Gründen als untauglich, vgl. z. B. Huber & Potocnik (1986). Das Ergebnis hängt ja nicht nur von der Qualität der Entscheidung ab, sondern auch von Faktoren außerhalb der Kontrolle des Entscheiders, z. B. Glück/Pech oder unvorhersehbaren Ereignissen. So kann auch ein mittelmäßiges Produkt durchaus gute Verkaufszahlen erreichen, wenn z. B. das Produkt des Marktführers überraschend ausfällt, weil seine Fertigungsanlagen durch einen Großbrand vernichtet werden. Darüber hinaus wird das Ergebnis wenigstens zum Teil vom Verhalten des Entscheiders oder der Organisation bei der Realisierung der Wahl beeinflußt. Ein gutes Produkt kann z. B. durch eine halbherzige Werbekampagne oder schlampige Fertigung gehandikapt werden.

Diese und noch andere Gründe haben zu der allgemeinen Übereinstimmung darüber geführt, daß – zumindestens bei einer einzelnen Entscheidung – das Ergebnis nicht als Kriterium für die Beurteilung der Qualität dieser Entscheidung akzeptiert werden kann.

Die Evaluierung der Entscheidungsgüte muß daher den Prozeß der Entscheidungsfindung einbeziehen. Kriterien für die Bewertung der Qualität des Entscheidungsprozesses sind z. B. (Janis & Mann, 1977; Pitz & Harren, 1980):

Möglichst große Bandbreite der Alternativen,

möglichst klare und vollständige Zieldefinition,

möglichst vollständige Auflistung positiver und negativer Konsequenzen,

möglichst viel relevante Information hoher Qualität,

möglichst korrekte und konsistente Informationsverarbeitung,

Verwendung einer angemessenen Entscheidungsregel (z. B. SEU),

Planung der Realisierung der Entscheidung.

Im Rahmen der präskriptiven Entscheidungstheorie wurden eine Reihe von Entscheidungshilfen entwickelt, die den Entscheider unterstützen sollen, sein Entscheidungsverhalten in bezug auf die erwähnten Qualitätskriterien zu verbessern.

Ein großer Bereich von Entscheidungshilfen besteht in der Vermittlung von prozeduralem Wissen für den Entscheidungsprozeß, sei es in Form von Kursen oder von Büchern. Sehr bekannt ist z. B. das Modell Kepner-Tregoe (Kepner & Tregoe, 1974).

Bei der anderen Gruppe von Entscheidungshilfen interagiert ein Entscheidungsfachmann mit einem Klienten (Einzelperson, Gruppe, Organisation). Jungermann (1981) unterscheidet dabei generell zwischen Entscheidungstherapie, Entscheidungsberatung und Entscheidungsanalyse.

Entscheidungstherapeutische Ansätze gehen in der Regel von einer tiefergehenden Persönlichkeitsstörung aus. Die Arbeit mit dem Klienten beschränkt sich nicht auf ein einzelnes Entscheidungsproblem, sondern es wird versucht, das generelle Entscheidungs- und Problemlöseverhalten zu verbessern.

Entscheidungsberatungsansätze zielen im Unterschied dazu auf die Lösung *eines* konkreten Entscheidungsproblems, ähnliches gilt für die Entscheidungsanalyse. Der Unterschied liegt darin, daß sich die Entscheidungsanalyse mehr auf die hochformalisierten und komplexen Modelle der normativen Entscheidungstheorie stützt. Deswegen wird die Entscheidungsberatung *eher* bei individuellen Entscheidungsproblemen eingesetzt, z. B. in der Geburtenplanung (Beach, Townes, Campbell & Keating, 1976), in der Beratung zum Schwangerschaftsabbruch (Jungermann, Franke & Schneider, 1981), und in der Berufs- und Laufbahnwahlberatung (Huber & Potocnik, 1986). Die Entscheidungsanalyse (z. B. Lock, 1983; Von Winterfeldt, 1980, 1983) erfordert einen entsprechend höheren Aufwand und ist deshalb insbesondere für wichtige Entscheidungen in Organisationen geeignet. Sie wird in großem Umfang in Wirtschaft, Politik, Militär und Medizin eingesetzt (vgl. z. B. Slovic, Fischhoff & Lichtenstein, 1977; Einhorn & Hogarth, 1981; Humphreys, Svenson & Vari, 1983; Pitz & Sachs, 1984).

Bei allen Ansätzen wird das Entscheidungsproblem in überschaubare Schritte zerlegt, und so für den Ratsuchenden (Individuum oder Organisation) leichter bearbeitbar.
Der Klient wird insbesondere bei den folgenden Schritten unterstützt, vgl. z. B. Humphreys & Berkely (1983, 1985), Janis & Mann (1977), Pitz (1983), Wheeler & Janis (1980) und Wisudha (1985):

Klärung der Ziele,

Strukturierung des Problems (Liste der Alternativen, welche Konsequenzen, welche unsicheren Ereignisse, welche Kriterien),

Beschaffung von Information,

übersichtliche Aufbereitung der Information,

Entscheidungsregel,

Bewertung (Meßverfahren für subjektiven Wert, subjektive Wahrscheinlichkeit, Gewichtung der Kriterien)

In der Entscheidungsberatung und -analyse werden nicht nur die Werkzeuge der Entscheidungstheorie angewendet (Strukturieren, Messung, etc.), sondern auch Techniken aus den unterschiedlichsten Bereichen und Richtungen der psychologischen Beratung und Therapie, z. B. gesprächstherapeutische (z. B. Aktives Zuhören, Paraphrasieren und Verbalisierung emotionaler Inhalte bei der Elizitierung von Werten und Zielen), verhaltenstherapeutische (z. B. Verstärkung, Lernen am Modell), Kreativitätstechniken (z. B. Brainstorming) und psychodynamische (z. B. Bewußtmachen von Rationalisierungen, Psychodrama über zukünftige Konsequenzen). Einen sehr breiten Überblick über Techniken der Entscheidungsberatung und -analyse bietet Horan (1979).

Zunehmend werden interaktive Computerprogramme als Entscheidungshilfen bedeutsam. Ein Beispiel ist die spezialisierte Weiterentwicklung des MAUD-Programms (deutschsprachige Bearbeitung siehe MAUD 4 (1983)).

Lock (1983) diskutiert eine Reihe von institutionellen Schwierigkeiten bei der Durchführung von Entscheidungsanalysen in Organisationen, und Möglichkeiten, sie zu überwinden. Dazu gehören z. B., daß es oft nicht ganz einfach ist, zu identifizieren, wer eigentlich der Entscheider ist, und daß Entscheidungspunkte schwierig auszumachen sind. Ziele werden selten explizit gemacht, oft vage und unscharf belassen, und sind fast immer veränderbar. Der Entscheidungsanalytiker kann sich außerdem leicht als Figur in diversen Machtspielen wiederfinden.

Die Entscheidungsberatung und -analyse soll und kann dem Klienten natürlich nicht die Entscheidung abnehmen. Die Werkzeuge des Entscheidungsberaters bzw. -analytikers ermöglichen es ihm, den Prozeß der Entscheidungsfindung für den Klienten durchschaubarer zu machen, und die Entscheidung optimaler zu gestalten

Für die Entwicklung von Entscheidungshilfen ist eine möglichst genaue Kenntnis des (nichtunterstützten) Entscheidungsverhaltens sehr nützlich, da man dann gezielt bei Schwachstellen eingreifen kann. So zeigt sich auch in diesem Bereich, daß kognitionspsychologische Grundlagenforschung und anwendungsorientierte Forschung keineswegs unvereinbare Gegensätze sein müssen, sondern einander ergänzen.

Kapitel 4.1.3

Arbeitsmotivation und Arbeitszufriedenheit

Bernd Six und Uwe Kleinbeck

4.1.3.1 Übersicht

Menschliche Arbeit ist in westlichen, hochindustrialisierten Ländern primär organisierte Arbeit von Arbeitnehmern und Arbeitnehmerinnen, die in Organisationen und Institutionen abgeleistet wird. Arbeitsmotivation und Arbeitszufriedenheit werden in soziotechnischen Systemen, neben vielen anderen organisationsinternen wie organisationsexternen Bedingungen, zu Einflußgrößen, die als wichtige Stabilisatoren und Promotoren zur Funktionsfähigkeit eben dieser Organisationen und Institutionen beitragen.

Wir sind in den folgenden Kapiteln einem Ausschnitt des Organisationsverhaltens – dem Verhalten *von* Organisationen und *in* Organisationen – unter dem Aspekt der Arbeitsmotivation und Arbeitszufriedenheit in der Weise gefolgt, daß wir, von der Effektivität der Organisationen (Kap. 4.1.3.2) ausgehend, deren Einfluß auf die Arbeitsmotivation und Arbeitsleistung der Organisationsmitglieder als genuines Organisationsinteresse akzeptieren. Wir sind uns dabei der Tatsache bewußt, daß dies keine optimalen Voraussetzungen für hohe Arbeitsmotivation und Arbeitszufriedenheit schafft. Nach wie vor besteht das primäre Interesse von Organisationen und Institutionen in der Steigerung der Leistungsfähigkeit der Organisation, die u. a. über motivationale Beeinflussung der Organisationsmitglieder erreicht werden soll. (Kap. 4.1.3.3)

Die Bindung der Mitarbeiter an Organisationen und Institutionen beginnt dabei bereits mit der Berufswahl (Kap. 4.1.3.4) und setzt sich fort beim Eintritt in je spezifische Arbeitswelten (Kap. 4.1.3.5). Daß es erhebliche Bindungsschwächen gibt, die individuell nur allzuoft und allzugut nachvollziehbar sind, zeigt Kap. 4.1.3.6 über Fehlzeiten, auf die an späterer Stelle (Kap. 4.1.3.12.2) im Zusammenhang mit den Korrelaten der Arbeitszufriedenheit noch einmal eingegangen wird.

Arbeitsmotivation ist dabei weder allein durch Merkmale der Organisationsstruktur noch durch unterschiedlich ausgeprägte, persönliche Motive beeinflußt, wie in Kap. 4.1.3.7 über die Wechselwirkung von Organisationsstruktur und Motiven gezeigt wird. In welcher Weise und in welchem Umfang Motivationsprogramme Veränderungen im Arbeitsverhalten bewirken können, diskutiert Kap. 4.1.3.8.

Daß Arbeitszufriedenheit individuell ein „Endziel" und organisationsbezogen nur ein „mittelbares" Ziel ist, beinhaltet bereits den Konfliktstoff in der Auseinandersetzung um die Verantwortung für ihre Etablierung und ihren Erhalt. Daß Arbeitszufriedenheit als Konzept (Kap. 4.1.3.9) zu einem Forschungsprogramm geworden ist, das sich u. E. seinem Gegenstand mühsam, aber merklich zu nähern beginnt, macht Kap. 4.1.3.10 deutlich. Dies zeigen auch die neueren theoretischen Arbeiten (Kap. 4.1.3.11), die, bei all ihren Schwächen, in ihrer Gesamtkonzeption jedoch Rahmenbedingungen vorgeben, in denen sich Arbeitsplatzsituationen und Arbeitsplatzbedingungen wiederfinden, so wie sie sich, nach einigen noch zu leistenden „Übersetzungsarbeiten", im Organisationsalltag zeigen.

Anhand der drei von uns ausgewählten, zentralen Korrelate der Arbeitszufriedenheit (Arbeitsleistung, Absentismus und Fluktuation) soll exemplarisch gezeigt werden (Kap. 4.1.3.12), daß es an der Zeit ist, sich nun endgültig von jenen Mythen der Organisations- und Forschungspraxis zu verabschieden, die immer noch der Vorstellung verhaftet sind, Korrelationsstudien lieferten theorie- und praxisrelevante Informationen. Deutlich wird aber auch, daß die hier inzwischen vorliegenden Forschungsstrategien ein theoretisch wie empirisch beachtliches Qualitätsniveau erreicht haben, von dem zu erwarten ist, daß es in praxeologische Programme und Strategien umgesetzt werden wird. Bei aller kritischen Diskussion gibt es u. E. auch nicht den geringsten Anlaß, auf solche Konzepte wie Arbeitsmotivation und Arbeitszufriedenheit (Kap. 4.1.3.13) zu verzichten.

4.1.3.2 Arbeitsmotivation als Bestimmungsstück der Effektivität von Organisationen

Die Effektivität von Organisationen hängt von ihrer Fähigkeit ab, die Faktoren ihrer Umgebung (einschließlich der technologischen Entwicklung) und die Organisationsstruktur mit den persönlichen Merkmalen ihrer Mitglieder sowie deren sozialem Gefüge erfolgreich zu einer zielorientierten Einheit zu verbinden. Dabei müssen als Kriterien zur Bemessung der Effektivität der wirtschaftliche Gewinn von Organisationen, aber gleichermaßen auch das Ausmaß, in dem sie ihre Mitglieder befriedigt, sowie das Ausmaß ihres Wertes für die Gesellschaft, in der sie ihre Leistung erbringt, berücksichtigt werden.

In diesem Kontext wird der Arbeitsmotivation als einer der Bedingungen für die Effektivität von Organisationen eine doppelte Rolle zugewiesen. Zum einen spiegelt sich in ihrer Ausprägung das Resultat der *Auswirkungen von Organisationsfaktoren.* Je nach der jeweiligen Ausgestaltung der Organisationsstruktur kann sich Motivation mehr oder weniger gut entfalten. Zum anderen wird sie zur wesentlichen *Voraussetzung* für den wirtschaftlichen Gewinn, wenn man unterstellt, daß ihre wechselnden Ausprägungen positiv mit individuellen Leistungen korrelieren, aus denen sich ja die Leistung der Gesamtorganisation zusammensetzt.

Individuelle Arbeitsmotivation wird damit als ein bestimmender Faktor der Arbeitsleistung in Organisationen postuliert. Dabei wird die Höhe der Arbeitsmotivation als abhängige Größe auch von Organisationsmerkmalen gesehen. Die Gültigkeit dieser Aussagen konnte in der Arbeitspsychologie vielfach belegt werden (Steers 1984; Lawler 1973; Porter, Lawler & Hackman, 1975; Steers & Porter, 1983; Vroom, 1964).

Zur Darstellung der direkten Auswirkungen von unterschiedlichen Motivationszuständen auf die Leistung entwickelten E. A. Locke und seine Mitarbeiter (Locke et al. 1980) ein Modell, in dem individuelle Zielsetzungen eine zentrale Rolle spielen. Dieses Modell steht im Mittelpunkt des ersten Abschnitts. Ein zweiter Abschnitt beschäftigt sich mit den Beziehungen zwischen der Arbeitsmotivation und dem Grad der Bindung an eine Organisation. Eingeschlossen sind dabei die Phase des Eintritts in eine Organisation, das Engagement für die Organisationsziele und die daraus resultierende Anwesenheitsmotivation.

Die vorliegenden Erkenntnisse zu den Bedingungen und Auswirkungen der Arbeitsmotivation erlauben es, einige Gestaltungsmaßnahmen zur Verbesserung der Arbeitsmotivation in Organisationen abzuleiten.

4.1.3.3 Die Wirkung der Arbeitsmotivation auf die Leistung

Die Leistung von Personen in Organisationen nimmt mit steigender Motivation zu. Diese Annahme von Locke et al. (1968) konnte in nahezu 100 Untersuchungen als gültig belegt werden. Bezogen auf das in der Regel benutzte Experimentalparadigma kann man aus den vorliegenden Studien den konkreten Schluß ziehen: Je höher die Leistungsziele angesetzt werden, desto höher fällt die unter der Anleitung dieser Ziele erbrachte Leistung aus. Um die persönlichen Handlungsziele in zielorientiertes Handeln umzusetzen, bedarf es in der Regel einer zeitlich überdauernden *Zielbindung*. Ihr Ausprägungsgrad bestimmt den Handlungserfolg mit.

Als Ziel gilt dabei nach Locke et al. (1981, S. 126) das, „what an individual is trying to accomplish is the object or aim of an action." Ziele regulieren menschliche Handlungen gemäß den Aussagen dieses Modells direkt. Sie erreichen ihren Einfluß auf Leistungen durch das Ausrichten von Aufmerksamkeit, durch das Mobilisieren von Anstrengungen, sowie durch Erhöhung der Ausdauer und eventuell durch die Entwicklung von neuen Handlungsstrategien.

Da Ziele in Arbeitsorganisationen in den meisten Fällen über eine gewisse Zeit hin aufrechterhalten werden müssen, kommt es im Verlaufe der zielorientierten Handlungsausführung darauf an, das Ziel in seiner ursprünglichen Form zu bewahren und die Handlungen entsprechend an dieses Ziel zu binden.

Daß Variationen der Zielbindung und Zielausdauer vorkommen, konnte in einer Reihe von Studien (Steers & Porter, 1974) beobachtet werden. Sie lassen sich nahezu vollständig auf die Wirksamkeit von sechs Verursachungsfaktoren zurückführen:

1) Eine konsistente Befundlage belegt die stärkere Wirkung von *spezifischen* gegenüber *unspezifischen* Zielen (Locke et al. 1981). Solche Ergebnisse sind insofern leicht verständlich, weil durch spezifische Ziele sowohl Unklarheiten gegenüber der Aufgabenstellung als auch die Suche nach angemessenen Verhaltensweisen auf ein Minimum reduziert werden können.

2) In einer Zielsetzungssituation werden die Aufgaben im Sinne einer Schwierigkeitserhöhung verändert, um dadurch die Motivation zu steigern. Dieser Sachverhalt weist Ähnlichkeit mit den bekannten Ergebnissen von Hillgruber (1912) und Ach (1935) auf, die zur Formulierung des Schwierigkeitsgesetzes der Motivation geführt hatten. Dies besagt, daß „die Schwierigkeit einer Tätigkeit... das Motiv für eine stärkere Willensanspannung bzw. Aufmerksamkeitskonzentration in dem Sinne" ist, „daß mit der Schwierigkeitssteigerung die Willensanspannung triebartig zunimmt" (Ach, 1935, S. 346). Die Gleichsetzung des Schwierigkeitsgesetzes der Motivation mit den Postulaten des Zielsetzungsmodells funktioniert natürlich nur, wenn mit der Schwierigkeitssteigerung keine neuen Anforderungen aus der Aufgabe an bisher nicht eingesetzte und gegebenenfalls auch nicht vorhandene Fähigkeiten entstehen.

3) Die Wirksamkeit von Zielsetzungen wird auch entscheidend von der *Rückmeldung* der Handlungsergebnisse bzw. -Zwischenergebnisse mitbestimmt. Sie kann dabei zwei Funktionen erfüllen: einmal wirkt sie richtunggebend im Sinne einer Information über den aktuellen Handlungsstand bezogen auf das intendierte Ziel; damit hält sie natürlich implizit auch Informationen für Bewertungen bereit, die im Sinne einer Erfolgs- bzw. Mißerfolgsrückmeldung interpretiert werden können. So wird die Anstrengungsbereitschaft der Mitarbeiter auf das Ziel hin ausgerichtet. Spezifische Rückmeldungen zeigen sich den eher unspezifischen in ihrer zielbindenden Wirkung überlegen.

4) Aufgabenziele steuern das Verhalten nur in dem Maße, in dem sie von den Mitarbeitern persönlich *akzeptiert* werden. Gemäß dieser Überlegung reicht es zur Garantie einer zeitüberdauernden Zielverfolgung nicht aus, wenn Führungskräfte ihren Mitarbeitern von außen Ziele setzen. Sie müssen dabei vor allem darauf achten, daß diese Ziele von denen, die sie durch ihre Handlungen erreichen sollen, auch persönlich akzeptiert werden. Ein Übersehen dieser Voraussetzungen kann gut gemeinte Management-By-Objectives (MBO-Programme) zum Scheitern verurteilen.

5) Eine von Steers (1975) entdeckte Beziehung zwischen Zielbindung und *Leistungsmotiv* konnten Kleinbeck, Schmidt & Carlsen (1985) bestätigen. Sie beobach-

teten die Auswirkung unterschiedlicher Ausprägungsgrade des Leistungsmotivs bei wiederholter Ausführung einer motorischen Aufgabe. Die eher erfolgszuversichtlichen Personen steigerten ihre Leistung während der gesamten Dauer des Versuchs, wenn höhere Ziele gesetzt wurden, selbst wenn sie dabei erfahren mußten, daß sie die hohen Ziele nicht erreichen konnten. Ganz anders verhielten sich die eher Mißerfolgsängstlichen. Sie steigerten nur anfänglich ihre Leistung mit Zielerhöhungen. Mit zunehmender Untersuchungsdauer lösten sie ihre Zielbindung und erhöhten ihre Leistung nicht mehr mit höheren Zielsetzungen.

6) Wirksame Steigerungen der Zielbindung lassen sich bekanntermaßen auch durch geeignete *Belohnungssysteme* herbeiführen. Empirische Unterstützung dieser leicht nachvollziehbaren Aussage lieferten Locke et al. (1980). Sie zogen aus den Ergebnissen einer Reihe von Feldstudien zwei Schlußfolgerungen:

a) Finanzielle Belohnungen wirken an sich motivationsfördernd,

b) das Motivationspotential finanzieller Belohnungen erreicht sein Maximum in Kombination mit Zielsetzungen.

Geld als Belohnung für die Arbeit entfaltet offenbar seine Wirkung in erster Linie durch eine Stärkung der Zielbindung, durch die dann zielorientierte Handlungen über längere Zeit hinweg aufrechterhalten werden können.

Zielsetzungsbedingte Leistungsveränderungen können sich sowohl in der Handlungs*menge* als auch in der Handlungs*güte* auswirken. Spricht man mit den Handlungszielen lediglich die Handlungsmenge an, so kann es zwar auf der einen Seite zu einer mengenbezogenen Leistungssteigerung kommen, die Güte der Leistungen kann sich dabei jedoch möglicherweise verschlechtern. Ein solcher *Menge-Güte-Austausch* ist in der experimentellen Arbeits- und Organisationspsychologie sowohl in Feld- als auch in Laborstudien häufig beobachtet worden (s. z. B. Kleinbeck, 1985). Wie man weiterhin zeigen kann, findet ein solcher Austausch vor allem dann statt, wenn die vorhandene Leistungskapazität an ihre Grenzen stößt. Sie reicht dann zwar noch aus, um eine Mengensteigerung zu produzieren, kann dies aber nur auf Kosten der Gütereduktion aufrechterhalten (Schmidt, Kleinbeck & Schmitz, 1985). Ähnliche Austauschbeziehungen lassen sich beobachten, wenn zwei verschiedene Aufgaben gleichzeitig bearbeitet werden müssen. In solchen Fällen kann es leicht zu einem *Leistungsaustausch* kommen, bei dem motivationsbedingte Leistungsverbesserungen bei der einen Aufgabe durch gleichzeitige Leistungsminderung bei einer anderen Aufgabe ausgeglichen werden (Schmidt, Kleinbeck & Brockman, 1984).

Die mit solchen Leistungs-Austausch-Prozessen verbundenen Gefahren liegen auf der Hand. Sie fordern dazu heraus,

a) die Grenzen der Leistungskapazität zu erkennen und zu berücksichtigen, sodaß Überbeanspruchungen verhindert werden und

b) eine einseitige Betonung von Leistungsmenge oder Leistungsgüte zu verhindern, wenn dadurch Austauschprozesse der beschriebenen Art in Gang gesetzt werden sollten.

Die Wirkung einer Zielsetzung auf die Leistung kann nachhaltig durch andere Zielsetzungen beeinflußt werden, wenn diese leistungskonkurrierende Züge aufweisen. Wenn z. B. ein Mitarbeiter in einer Organisation das persönliche Ziel verfolgen will, gute Beziehungen zu seinen Arbeitskollegen zu haben, so kann das bei gleichzeitiger leistungsbezogener Zielsetzung einen Konflikt auslösen, nämlich dann, wenn die Arbeitskollegen die soziale Beziehung deshalb für gestört halten, weil der Kollege zu wenig oder zu viel leistet. Beide Zielsetzungen lassen sich dann nicht gleichzeitig ausführen. In einer solchen Situation kommt es darauf an, welche Zielsetzung sich gegenüber der konkurrierenden durchzusetzen vermag. Das Anwachsen leistungsbezogener Motivation führt gemäß den vorliegenden Befunden zu Leistungssteigerungen. Da alle psychischen Leistungsvoraussetzungen lediglich über eine begrenzte Leistungskapazität verfügen dürften, muß die *Motivations-Leistungs-Funktion* an einer solchen Grenze ihre Steigung mindern und dann ganz verlieren, da an der Leistungsgrenze weitere Motivationssteigerungen wirkungslos bleiben müssen.

Die psychologische Literatur enthält an einigen Stellen Hinweise auf eine kurvilineare Beziehung zwischen Motivation und Leistung. Aufgrund der aus diesen Hinweisen ableitbaren Annahmen kommt es von einer bestimmten Ausprägung der Motivation an bei weiteren Motivationssteigerungen zu einem Leistungsabfall. Diese Annahmen erscheinen jedoch nur verständlich, wenn man einen logischen Fehlschluß ihrer Vertreter unterstellt. Eine Zielsetzung, die von einer handelnden Person akzeptiert wird und an die sie sich gebunden fühlt, kann nicht der Anlaß für eine Leistungsverschlechterung der zielbezogenen Handlung sein. Mögliche Erklärungen für scheinbare Beobachtungen einer kurvilinearen Beziehung zwischen Motivation und Leistung dürften am ehesten aus nachlassender Zielbindung resultieren. Wenn zunehmende Motivation zu Zielakzeptanz und Zielbindung führt, dann liegt die Vermutung nahe, daß die Motivationsveränderungen aus inhaltlich anderen Quellen gespeist werden als es aufgrund der Zielinhalte zu erwarten wäre.

Die Motivation zur Leistung kann nach den vorliegenden Befunden damit als wesentlicher Garant für ein effektives Handeln von Organisationen angesehen werden. Ob hohe Motivation auch immer mit hoher Arbeitszufriedenheit einhergeht, konnte in diesem Abschnitt nicht geklärt werden. Eine Antwort auf diese Frage wird im Abschnitt 4.1.3.11 vorgetragen. Doch bei der Behandlung der Bedingungen für Arbeitszufriedenheit und ihrer Beziehung zur Arbeitsmotivation bleibt noch ein wichtiger Bereich zu betrachten, in dem eine starke Beeinflussung der Organisationseffekte durch unterschiedliche Motivationszustände zu vermuten ist.

Wie zahlreich Untersuchungsberichte der Arbeitspsychologie belegen (s. u. a. Vroom, 1964; Steers, 1984), beeinflußt die Motivation eine Reihe von effektivitätssteuernden Entscheidungen von Personen. Das beginnt mit der Entscheidung einer Person, eine bestimmte Position in einer Organisation einnehmen zu wollen (Wahl einer Arbeitstätigkeit, Berufswahl) und endet bei Entscheidungen, in Zweifelsfällen Engagement für die Organisation zu zeigen.

4.1.3.4 Motivation und Berufswahl

Die Motivation von Personen in Kontakt mit der Arbeitswelt wirkt sich zum ersten Mal bei der Planung der Berufswahl und der anschließenden beruflichen Entwicklung aus. Dieser Sachverhalt stellt die Organisationspsychologie vor die Aufgabe, den Berufssuchenden zu helfen, solche Arbeitstätigkeiten zu finden, bei deren Ausübung sie den Gesamtbereich und das volle Ausmaß ihrer Fähigkeiten und Interessen einsetzen können, wobei zur gleichen Zeit der Personalbedarf der nachfragenden Arbeitsorganisation berücksichtigt werden muß. Die Arbeitsmarktlage hat dabei natürlich einen entscheidenden Einfluß auf die Wahlmöglichkeiten.

Zum Verständnis des Prozesses, der einer individuellen Entscheidung für eine von mehreren Handlungsalternativen vorausläuft, erweist sich der in Abb. 1 dargestellte motivationspsychologische Erklärungsrahmen als nützlich.

Berufsentscheidungen werden von einem Vorsatz eingeleitet, der u. U. über längere Zeit heranreift. Er kann für einige Zeit weiterexistieren, ohne direkt handlungswirksam zu sein, bevor sich eine konkrete Entscheidungshandlung zeigt. McClelland (1965), Mahone (1960), Morris (1966) und Kleinbeck (1975) konnten zeigen, wie die erlebte Erfolgswahrscheinlichkeit oder auch die Schwierigkeit von Berufen gemeinsam mit dem Leistungsmotiv die Ausbildung von Berufspräferenzen steuern. Personen mit einem stark ausgeprägten Leistungsmotiv wählen in der Regel schwierigere Berufe als solche mit einem schwächeren Motiv oder mit einem wiederum stärker ausgeprägten Meidenmotiv. Während McClelland (1955, 1965) die Tatsache hervorhebt, daß sich die von hochleistungsmotivierten Personen gewählten Berufe durch ihre unternehmerischen Anforderungen auszeichnen, die von ihren Inhabern eine realistische Risikobereitschaft verlangen (Verantwortung für das Auslösen von Entscheidungen, individuelle Verantwortlichkeit und aufgabenbezogene Rückmeldung), fanden die übrigen Autoren (Minor & Neel, 1958; Burnstein, 1963; Morris,

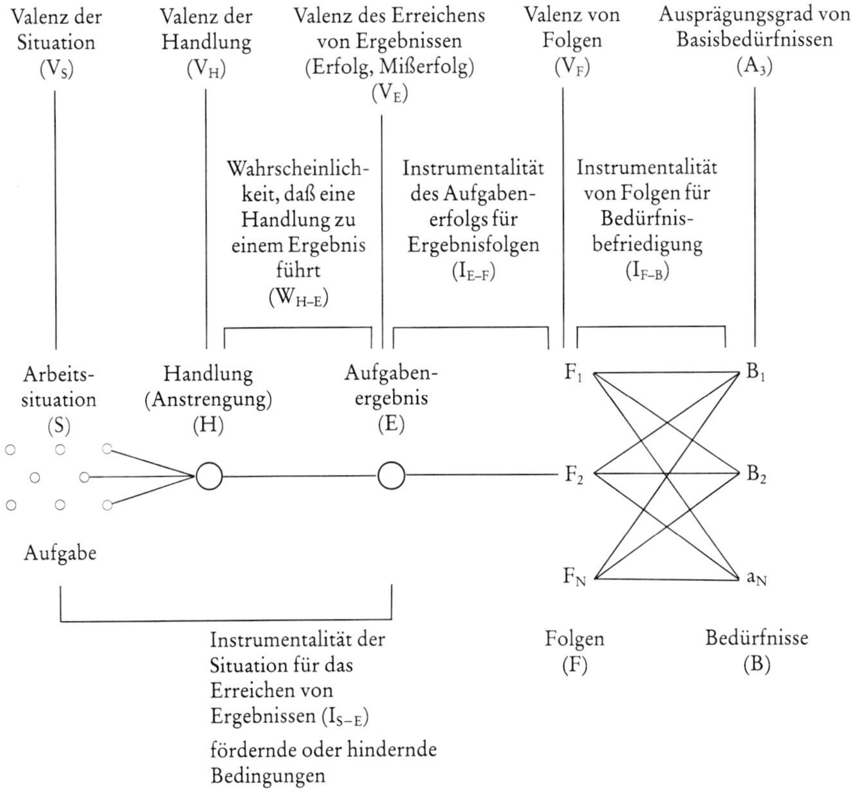

Abb. 1: Begriffsraster für die Variablen des Arbeitsmotivationsmodells.

1966; Mahone, 1960) eine Bevorzugung subjektiv und objektiv schwieriger Berufe durch erfolgszuversichtliche Personen, verglichen mit den eher mißerfolgsängstlichen.

Bei dem Versuch, die Vroomsche Instrumentalitätstheorie am Beispiel der Berufsentscheidungen einer Bewährungsprobe zu unterziehen, konnte Sonntag (1975) eine bemerkenswerte Entdeckung machen. Für eine ausgewählte Gruppe von Berufen (Krankenschwester, Vertreter, Sozialpädagoge, Bankkaufmann, Manager, Grundschullehrer) ließ er von 51 Realschülern Präferenzen einschätzen. Die dabei je Person entstehende Rangreihe von Präferenzen verglich er mit einer Rangreihe, die aufgrund von Valenzkalkulationen zustandegekommen war. Er hatte die Instrumentalität aller Berufe für insgesamt 8 Folgen erfragt, 4 sehr angenehme Folgen, die die Schüler gern erreichen wollten, und 4 sehr unangenehme Folgen, die die Schüler mit Nachdruck zu meiden trachteten. Er berechnete dann mit Hilfe der Theorie von Vroom die individuellen Valenzwerte, indem er einmal alle 8, dann die 4 positiven und die 4 negativen Folgen getrennt einbezog. Er konnte nachweisen, daß die empirisch bestimmten Differenzwerte zwischen den direkt erfragten Valenzen (Welchen Beruf schätzen Sie persönlich am meisten?) und den mit Hilfe der theoretisch abgeleiteten Variablen ermittelten (Instrumentalität des Berufs für die Folgen und Valenz der Folgen) sich bedeutsam von einer Zufallsverteilung unterschieden.

Für alle 8 Folgen ergab sich ein chi^2 von 26.15 (Fg 5; $p < 0.05$). Dieser Wert ist vor allem begründet durch die Wirksamkeit der negativen Folgen, die man durch die bestimmten Berufe zu vermeiden hoffte ($chi^2 = 31.38$; Fg 5; $p < 0.05$). Für die positiven Folgen wichen die Differenzen zwischen den direkten Präferenzen und den kalkulierten nicht bedeutsam von einer zufälligen Differenzverteilung ab ($chi^2 = 7.47$; Fg 5; $p < 0.05$). Die Befunde (siehe Abb. 2) deuten auf eine Meidenstrategie bei der Ausbildung der Berufspräferenzen dieser Untersuchungsgruppe hin. Ihre Mitglieder entscheiden sich für solche Berufe, mit denen sie die Erwartung verbanden, negative Folgen zu vermeiden. Sie entschieden sich für „das kleinere Übel".

Die Befunde zur Leistungsmotivationstheorie und zur Vroomschen Theorie zeigen die Bedeutung motivationaler Variablen für Berufsentscheidungen auf. Motivationspsychologische Erklärungsansätze bieten sich stärker als alle anderen theoretischen Modelle (siehe Kleinbeck, 1975; Scheller, 1976; Bender-Szymanski, 1976; Seifert, 1977) als Ausgangspunkt für weitere Bemühungen um ein Verständnis für berufliche Entscheidungen an. Weiterentwicklungen müssen sich auf eine Berücksichtigung zusätzlicher individuell relevanter Themenbereiche der Entscheidungsfindung und auf die Verbesserung von Methoden zur Registrierung der theoriebedeutsamen Variablen konzentrieren.

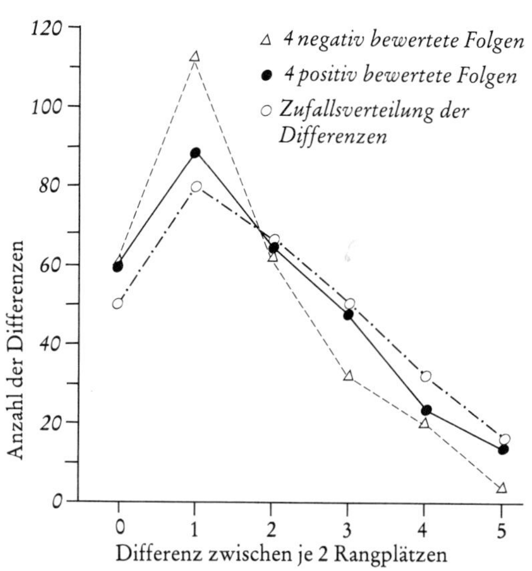

Abb. 2: Häufigkeit von Differenzen zwischen direkten und theoriespezifisch kalkulierten Rangreihen von Präferenzurteilen.

4.1.3.5 *Die Wirkung der Arbeitsmotivation auf die Mitarbeiterbindung an die Organisation*

Menschen bei der Arbeit treffen Entscheidungen, setzen ihre Leistungsvoraussetzungen zur Bewältigung der Arbeitsaufgaben ein und erleben Zufriedenheit oder Unzufriedenheit mit den verschiedenen Bedingungen, die ihre Arbeit charakterisieren. Zum Verständnis all dieser Sachverhalte kann die Motivationspsychologie beitragen.

Aus einer Reihe unterschiedlicher motivationspsychologischer Ansätze (siehe Heckhausen, 1980; Campbell & Pritchard, 1976; Kleinbeck, 1980) kommt dabei der Erwartung x Wert-Konzeption des Handelns die größte Erklärungskraft zu. Sie gehört nicht nur zu den am meisten untersuchten Erklärungsansätzen, sondern zeichnet sich auch durch eine hohe Intergrationskraft zur Aufnahme von Befunden anderer „konkurrierender“ Ansätze aus; gemeint ist hier ihre erweiterte leistungsthematische Fassung, wie sie z. B. von Heckhausen (1977, 1980) und Kleinbeck (1980) vorgestellt wird. Die Überlegungen dieser Autoren fassen wichtige Beiträge der Instrumentalitätstheorie von Vroom (1964) und der Leistungsmotivationstheorie von Atkinson (1964) zusammen. Sie gründen ihre Überlegungen auf vier Begriffe, deren Verknüpfung die Grundlage für Handlungs- und Entscheidungserklärungen liefern. Es handelt sich dabei um die Begriffe

Situation	Handlung	Ergebnis	Folgen

Die Grundbegriffe sind durch Erwartungen miteinander verknüpft. Ergebnisse enthalten Informationen darüber, welche Folgen sie mit mehr oder weniger großer Sicherheit nach sich ziehen. Diese Erwartungen, daß ein Ergebnis eine bestimmte Folge nach sich zieht, werden nach Vroom (1964) als Instrumentalität von Ergebnissen für Folgen beschrieben. Ergebnisse verfügen damit über einen instrumentellen Wert, der um so größer wird, je sicherer eine bestimmte Folge als direkte Konsequenz eines Ergebnisses erwartet wird. Vroom hat auch den Gedanken einer negativen Instrumentalität von Ergebnissen eingebracht. Er zielt damit auf den Sachverhalt ab, bei dem das Auftreten eines Ergebnisses mit mehr oder weniger großer Sicherheit das Auftreten einer bestimmten Folge verhindert. Im Anschluß an diese Überlegungen kann der ansonsten theoretisch nicht denkbare Fall eintreten, daß eine negativ bewertete Folge und eine negative Instrumentalität aufeinandertreffen. Damit wird die Valenz eines Ergebnisses mit negativer Instrumentalität für eine negative Folge positiv; das Ergebnis erhält einen positiven Aufforderungscharakter. Man kann durch ein solches Ergebnis eine Folge vermeiden, deren Antizipation mit negativer Bewertung verbunden ist.

Folgen sind von persönlichen Wertvorstellungen belegt. Sie werden von Personen als wünschenswert oder abschreckend erlebt und rufen angenehme oder unangenehme Emotionen hervor. Die persönliche Wertung wird in Anlehnung an Lewin und Vroom traditionellerweise als „Valenz" bezeichnet. Die Valenz eines Ergebnisses (V_E) setzt sich damit zusammen aus dem Wert von Folgen der im folgenden als Valenz (Anreiz) von Folgen beschrieben wird (V_F) und aus der Instrumentalität eines Ergebnisses für Folgen ($I_{E\text{-}F}$).

$$V_E = (V_F \times I_{E\text{-}F})$$

Die Beziehung wird auf Vorschlag von Vroom als Multiplikation konstruiert. Von dieser Valenz der Ergebnisse hängt nun die Entscheidung für eine Handlung ab.

Hinzu kommt als zweite handlungsbestimmende Größe wiederum eine Erwartungskomponente; sie wird beschrieben als subjektive Wahrscheinlichkeit, die man einer Handlung bezüglich des durch sie angestrebten Erfolges zumißt. Diese Erfolgswahrscheinlichkeit findet ihre klarste Operationalisierung in der Leistungsmotivationstheorie. Sie ist inhaltlich immer eng angebunden an die Inhalte der Folgen, die sich nach erfolgreich erbrachten Ergebnissen einstellen. Die Wertigkeit von Handlungen oder deren Valenz (V_H) hängt somit ab von der Valenz von Ergebnissen (V_E) und der Wahrscheinlichkeit, durch eine Handlung diese Ergebnisse zu erreichen ($W_{H\text{-}E}$).

$$V_H = (V_E \times W_{H\text{-}E})$$

Der Wert von Handlungen kann jedoch nicht losgelöst gesehen werden von der situativen Einbettung, in der Handlungen ablaufen. So kann man sich Variationen der Förderlichkeit oder Hinderlichkeit von Situationen für das Auftreten von Ergebnissen vorstellen, die für Handlungen einen öffnenden oder einen eingrenzenden Rahmen bilden. Dieser Sachverhalt kann am Beispiel einer beruflichen Entscheidung illustriert werden. In einer Region beruflicher Monostruktur kann der Bereich möglicher Handlungsalternativen als stark eingegrenzt betrachtet werden. Durch die Vorgegebenheiten der Situation ist die Wahrscheinlichkeit, einen bestimmten Beruf zu erreichen, von vornherein sehr groß, während sie für alternative Berufe von vornherein sehr gering ist. Diese Erwartung, mit der in einer Umgebung von Personen Ergebnisse ohne handelndes Eingreifen dieser Personen entstehen, soll auch hier als Instrumentalität bezeichnet werden, als Instrumentalität, mit der eine Situation zu Ergebnissen führt.

Je stärker diese Instrumentalität ausgeprägt ist, desto geringer wird der Handlungsspielraum für die betroffenen Personen. Bei fehlender Instrumentalität von Situationen für Ergebnisse muß die Handlung einer Person maximal verantwortlich für das erreichte Ergebnis sein. Das heißt, die Erfolgswahrscheinlichkeit der Handlung hängt total ab von der Tüchtigkeit und Anstrengungsbereitschaft der handelnden Person. Dies sind die Grundvoraussetzungen für das Entstehen von intrinsischer

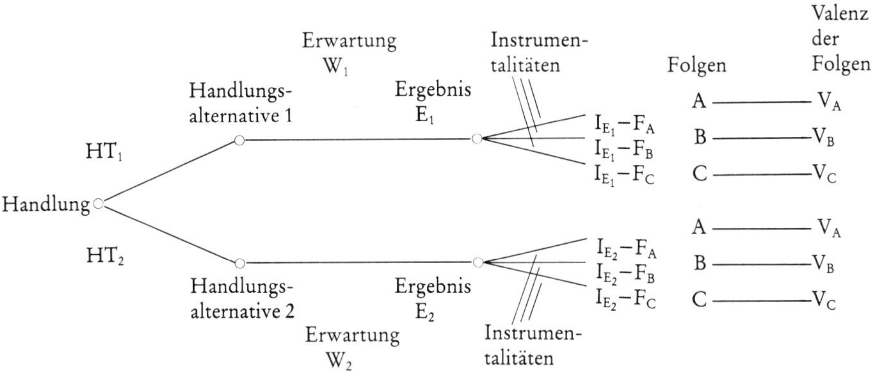

Abb. 3: Die Komponenten des Motivationsmodells von Vroom (1964).

Motivation, die sich aus der Ausführung der Handlung selbst ergibt, denn in diesem Fall spiegelt ein Handlungsergebnis direkt die zu seinem Erreichen ausgeführte Handlung wider. Die Handlungsergebnisse sind unter aktiver Kontrolle der eigenverantwortlich ausgeführten Handlungen entstanden.

In der Regel sind mit einer Handlung bzw. einem Handlungsergebnis mehrere Folgen verknüpft. Sie können thematisch unterschiedlich sein und zu gleicher Zeit eintreten, aber auch zeitlich versetzt erfolgen und dann im besonderen Fall inhaltlich einem Thema zuzuordnen sein (siehe Abb. 3).

Dieser Tatsache trägt das Modell dadurch Rechnung, daß es die Produkte aus Erwartungen und Valenzen über unterschiedlich definierte Folgen aufsummiert. Die Valenz eines Arbeitsergebnisses resultiert damit aus der Summe der Produkte aus den Valenzen mehrerer Folgen und den Instrumentalitätswerten des Ergebnisses für die Folgen, wobei die Valenzen der Folgen sich aus dem Ausprägungsgrad von Bedürfnissen oder Motiven bestimmen. Im folgenden Beispiel sind einmal die resultierenden Handlungstendenzen in Abhängigkeit von drei Folgenvalenzen und den entsprechenden Instrumentalitäten und Erwartungen zusammengestellt (Tab. 1, s. folgende Seite).

Machtthematische, anschlußthematische und leistungsthematische Folgen gehen mit hypothetischen Valenzen in die Kalkulationen ein, die auf einer Skala mit den Endpunkten von − 10 bis + 10 liegen können. Die machtthematische Valenz einer Folge mit dem Wert + 10 zeigt an, daß die entsprechende Folge höchsten Einfluß verspricht. Zum Beispiel erreicht jemand in einem Betrieb eine Position, in der er die Aufgaben eines oder mehrerer Mitarbeiter festlegt oder kontrolliert. Eine negative machtthematische Valenz läßt im Gegensatz dazu Folgen erwarten, durch die man nicht nur keinen Einfluß erhält, sondern eher Beeinflussung durch andere befürchten muß. Ähnliches gilt auch für die beiden anderen Inhaltsbereiche. Eine anschlußthematische

Tab. 1: *Beispiel zur Berechnung der Stärken von Handlungstendenzen für hohe und niedrige Leistungsergebnisse bei drei hypothetischen Personen.*

	Valenz der Folgen			Instrumentalität der Ergebnisse für die Folgen			Valenz der Ergebnisse	Erwartung	Stärke der Handlungstendenzen
	MT	AT	LT	MT	AT	LT			
Person 1									
hohe Leistungsergebnisse	−10	1	10	0.1	1.0	0.5	5.00	0.20	1.00
niedrige Leistungsergebnisse	−10	1	10	−0.1	0.1	−0.5	−3.9	0.70	−2.73
Person 2									
hohe Leistungsergebnisse	5	10	1	0.1	1.0	0.5	11.0	0.20	2.20
niedrige Leistungsergebnisse	5	10	1	−0.1	0.1	−0.5	0.0	0.70	0.00
Person 3									
hohe Leistungsergebnisse	10	−1	−1	0.1	1.0	0.5	−0.5	0.20	−0.10
niedrige Leistungsergebnisse	10	−1	−1	−0.1	0.1	−0.5	−0.5	0.70	−0.42

MT = machtthematisch; AT = anschlußthematisch; LT = leistungsthematisch

Folge mit positiver Valenz besteht darin, daß erwünschter Sozialkontakt stattfinden kann, der im Falle negativer Valenzen von Folgen eher verhindert oder aufgelöst wird. Das Erleben der eigenen Tüchtigkeit in der Auseinandersetzung mit einer Aufgabe macht die positive Valenz einer leistungsthematischen Folge aus. Sie wird dann negativ, wenn man befürchten muß, die eigene Untüchtigkeit zu erkennen.

Die Valenzen der Folgen sind innerhalb einer Person konstant, unterscheiden sich aber zwischen Personen. Diese thematisch aufgegliederten Folgenvalenzen werden nun mit gleichthematischen Instrumentalitäten eines oder mehrerer Ergebnisse für die jeweiligen Folgen in Beziehung gesetzt. Die Instrumentalitäten können Werte zwischen −1 und +1 annehmen; sie sind für gleiche Ergebnisse bei verschiedenen Personen in der Regel konstant, unterscheiden sich aber bei verschiedenen Ergebnissen.

Mit Hilfe dieser beiden Variablen können die Ergebnisvalenzen kalkuliert werden; wenn man die erhaltenen Werte noch mit einer Erwartung (zwischen 0 und 1) gewichtet, die mit eine Handlung in Bezug auf ein angestrebtes Ergebnis verknüpft ist, dann ergibt sich ein Wert für die Stärke der Handlungsmotivation einer Person bei einem bestimmten zu erwartenden Ergebnis. Das Rechenbeispiel ist detailliert in Kleinbeck & Schmidt (1976) beschrieben.

4.1.3.6 *Motivationspsychologische Bestimmungsstücke von Fehlzeiten*

Hinweise aus der Literatur (Nicholson, 1977; Steers & Rhodes, 1978) verweisen darauf, daß motivationspsychologisch wirksame Arbeitsbedingungen in Interaktion mit persönlichen Einstellungen zu motivational gesteuerten Abwesenheitszeiten führen können. Die Auswirkungen von Abwesenheitsmotivation müssen sich nicht unbedingt in reiner Form zeigen, sondern sie können verdeckt z. B. in der Verlängerung von Krankheitszeiten zum Ausdruck kommen oder in der Überbetonung von Symptomen leichter Erkrankungen, die normalerweise für eine Arbeitsausführung nicht hinderlich sind. In einer ersten Formulierung des Modells postulierten Hackman & Oldham (1976) eine Abhängigkeit betrieblicher Fehlzeiten von den Modellvariablen. Man kann demnach erwarten, daß die gleichen Bestimmungsstücke, die zu hoher intrinsischer Motivation führen, in gleicher Weise mit einer niedrigen Fehlzeitenquote einhergehen. Diese Beziehungen sollten sich umso stärker zeigen, je ausgeprägter die Moderatorvariable Selbstentfaltungsbedürfnis bzw. Leistungsmotiv ausfällt.

Die Anwesenheitsmotivation und damit im Zusammenhang die tatsächliche Anwesenheitsquote sollte umso höher liegen, je höher die Kerndimensionen der Arbeitssituation eingestuft werden. Nun ist bekannt, daß sich das Modell von Hackman & Oldham in erster Linie auf den leistungsthematischen Aspekt von Person-Umwelt-Bezügen konzentriert. Für die Erklärung von Fehlzeiten – ein sicherlich nicht eindimensional beschreibbares Phänomen – (vgl. 4.1.3.12.2) macht sich diese Tatsache natürlich einschränkend bemerkbar. Das Modell dürfte unter solchen Umständen seine Erklärungskraft verlieren, unter denen Fehlzeiten nur geringe Instrumentalität für leistungsthematische Handlungsergebnisfolgen aufweisen. Dagegen müßten sich die Variablen des Modells von Hackman & Oldham dann in der erwarteten Beziehung zu den Fehlzeiten wiederfinden lassen, wenn die leistungsthematische Instrumentalität von Fehlzeiten hoch eingestuft wird. Natürlich ist auch bei einer so postulierten Beziehung eine Wirkung des thematisch angemessenen Motivs zu erwarten. Aus einer Fragebogenaktion in einem Industriebetrieb standen Kleinbeck, Schmidt, Donis & Ballé (1983) Informationen über die Ausprägungen des Leistungsmotivs sowie zum Modell von Hackman & Oldham und zur leistungsthematischen Instrumentalität von Fehlzeiten zur Verfügung. Aufgrund der vorgetragenen Überlegungen konnte erwartet werden, daß die leistungsthematischen Anregungsgehalte der Arbeitssituation, wie sie auch im Motivationspotential der Arbeit (MPA) zum Ausdruck kommen, moderiert durch die Ausprägung des Leistungsmotivs, vor allem dann im Zusammenhang mit der Fehlzeitenproblematik stehen, wenn die leistungsthematische Instrumentalität von Fehlzeiten hoch eingestuft wird. Vor allem für diesen Fall ist zu erwarten, daß der leistungsthematische Anregungsgehalt bei Personen mit einem hohen Leistungsmotiv mit niedrigen Fehlzeiten einhergeht. Die gleiche Gruppe sollte mehr Fehlzeiten produzieren, wenn der leistungsthematische Anregungsgehalt der Arbeitssituation als niedrig beurteilt wird. Für die Gruppe mit niedrigem Leistungsmotiv ergeben sich keine eindeutigen Vorhersagen. Bei niedriger leistungsthematischer Instrumentalität des Fehlens sollten sich keine systematischen Beziehungen zwischen leistungsthematischen Person- sowie Situationsvariablen und den Fehlzeiten einstellen. Die Ergebnisse zu diesen Hypothesen sind in Abbildung 4 enthalten.

Eine Varianzanalyse der Daten zeigt einen signifikanten Effekt der dreifachen Wechselwirkung von leistungsthematischer Instrumentalität des Fehlens, des Motivationspotentials der Arbeitssituation (MPA) und des Leistungsmotivs. In diesem Ergebnis wird deutlich, daß Motivationspotential der Arbeitssituation und Leistungsmotiv auf andere Weise mit dem Fehlzeitenmaß in Verbindung stehen, wenn die leistungsthematische Instrumentalität des Fehlens unterschiedlich eingestuft wird.

Abbildung 4 zeigt einen theoretisch interpretierbaren Zusammenhang: Wenn Personen der Meinung sind, daß Fehlen das Erreichen leistungsthematischer Ziele behin-

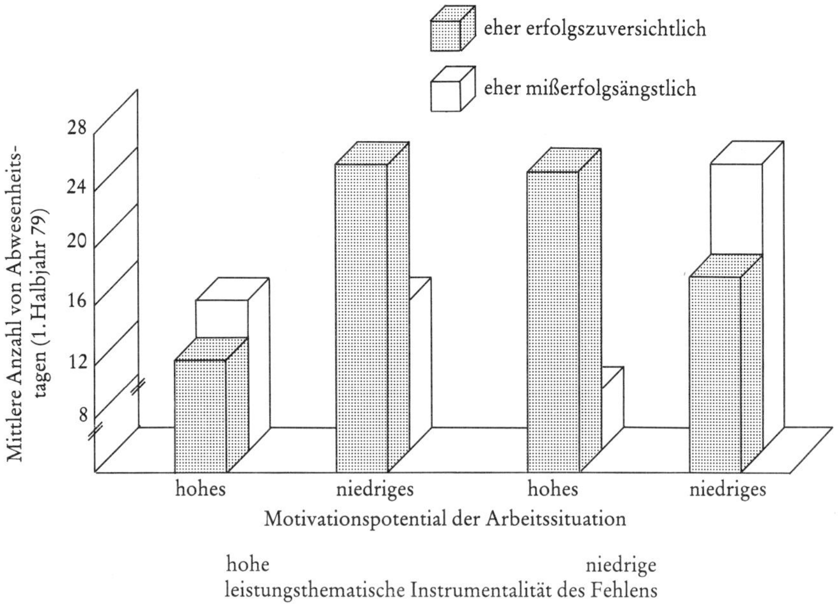

Abb. 4: Mittlere Anzahl von Abwesenheitstagen (1. Halbjahr 79) in Abhängigkeit vom Ausprägungsgrad der leistungsthematischen Instrumentalität des Fehlens, des Motivationspotentials der Arbeitssituation und des Leistungsmotivs.

dert, so zeigen sie dann wenige Fehltage, wenn sie ihren Arbeitsplatz für motivational anregend halten und ihr Leistungsmotiv hoch ausgeprägt ist. Die Anzahl der Fehlzeitentage verdoppelt sich hier in Abhängigkeit von der Einschätzung des Motivationspotentials der Arbeitssituation. Die Gruppe mit der niedrigeren Motivausprägung produziert eine mittlere Anzahl von Fehltagen, denn für die Mitglieder macht es keinen Unterschied, ob sie das Motivationspotential dieser Gruppe ihrer Arbeit höher oder niedriger einstufen, jedenfalls ergibt sich daraus keine veränderte Beziehung zu den Fehlzeiten. Ganz anders liegen die Verhältnisse in der Personengruppe mit niedriger Einschätzung der leistungsthematischen Instrumentalität des Fehlens. Die Personen in dieser Gruppe glauben nicht daran, daß Fehlen das Erreichen leistungsthematischer Ziele beeinflußt. Bei dieser Gruppe liegt es ja auch nahe anzunehmen, daß sich ihre Mitglieder gar nicht für das Erreichen leistungsthematischer Ziele interessieren. In diesem Falle waren, wie bereits weiter oben erwähnt, keine Erwartungen systematischer Beziehungen abzuleiten. Um so mehr verwundern die deutlichen Unterschiede, die für diese Gruppe in den Ergebnissen sichtbar werden. Vor allem die Personen mit dem eher niedrigen Leistungsmotiv weisen unterschiedliche Fehlzeiten auf, je nachdem, ob sie das Motivationspotential der Arbeitssituation hoch oder niedrig einschätzen. Gerade bei niedrigem Motivationspotential haben sie die größte Fehlzeitenanzahl, während sie die insgesamt geringste Anzahl von Fehlzeiten bei hohem Motivationspotential aufweisen. Sie verhalten sich also hier ähnlich wie die Gruppe mit hohem Leistungsmotiv unter der Bedingung hoher leistungsthematischer Instrumentalität.

4.1.3.7 Arbeitsmotivation als Resultat der Wechselwirkung von Organisationsstruktur und persönlichen Motiven

Die vorliegenden Befunde belegen eindeutig, wie wirksam unterschiedliche Motivationszustände das Arbeitshandeln und -erleben beeinflussen können. Deshalb ist es nur verständlich, wenn Organisationen sich ein Wissen darüber verschaffen wollen, unter welchen Bedingungen die Motivation von Mitarbeitern sich so entwickelt, daß sie im Sinne der Organisationsziele wirksam wird und zugleich individuelles Wohlbefinden fördert.

Eindrucksvolle Beweise für die Wechselwirkung zwischen Motiven und situativen Anregungsgehalten lieferte Litwin (1970), als er drei Betriebe untersuchte, die sich durch ihre Möglichkeiten zur Befriedigung von drei Motiven deutlich unterschieden. In einem der Betriebe (A) existierten Bedingungen, durch die das Machtmotiv der Mitarbeiter angeregt wurde, in einem zweiten Betrieb (B) herrschten Anregungsbedingungen für das soziale Anschlußmotiv vor; der dritte Betrieb (C) war eher leistungsorientiert organisiert. Litwins Hypothesen, daß bei thematischer Übereinstimmung von betrieblichen Anreizstrukturen und Motiven der Mitarbeiter ein optimales betriebliches Leistungsniveau erzielt wird, wurden weitgehend bestätigt. Die besten Leistungsergebnisse produzierten die Angehörigen der Firma C, in der durch Einflüsse des Organisationsklimas das Leistungsmotiv stark angeregt wurde. Organisation B zeigte die geringste Leistung. Andrews (1967) berichtete über Untersuchungen in zwei Firmen, von denen die eine als leistungsorientiert, die andere mehr durch machtthematische Anreizstrukturen beschrieben werden konnte. Die Manager aus der leistungsorientierten Firma zeigten ein höheres Leistungsmotiv als die in der machtorientierten Firma. Andrews fand weiterhin eine positive Korrelation zwischen dem Leistungsmotiv einer Person und ihrer innerbetrieblichen Karriere in der leistungsorientierten Firma, jedoch eine negative Beziehung zwischen den entsprechenden Größen im machtthematischen Betrieb. Umgekehrt konnte auch beobachtet werden, daß Personen mit hohem Machtmotiv in der machtorientierten Firma gefördert wurden, nicht jedoch in der eher auf leistungsthematische Anreize eingestellten Betriebsorganisation. Die leistungsorientierte Firma war die erfolgreichere der beiden.

Damit zeigt sich in dieser Untersuchung eine negative Wirkung des Machtmotivs auf betriebliche Leistungen. Dieser Zusammenhang ist jedoch nicht typisch. In anderen Untersuchungen deutete sich an, daß erfolgreiche Manager gewöhnlich zumindest eine mittlere Machtmotivausprägung aufweisen, die zusammen mit dem hohen Leistungsmotiv den Erfolg bewirkt (Barrett & Franke, 1971; Cummin, 1967; Wainer & Rubin, 1969). Das ist auch verständlich, weil es einem Manager nur wenig nützt, den richtigen Weg zu wissen, auf dem ein Problem gelöst werden kann, wenn er nicht zugleich auch Strategien zur Durchsetzung seiner Ideen anwendet.

Ähnliche Befunde konnte Kock (1974) vorstellen. Seine Ergebnisse zeigen – konsistent mit den Daten von Litwin – die niedrige Beziehung zwischen dem Anschlußmotiv und betrieblichen Erfolgskriterien. Ebenso ergibt sich ein enger Zusammenhang zwischen dem Leistungsmotivkennwert und der betrieblichen Entwicklung. Anders als bei den bisher berichteten Arbeiten zeigt sich jedoch eine positive Beziehung zwischen dem machtthematischen Kennwert und dem Firmenerfolg. Deswegen charakterisiert Kock die unternehmerische Tüchtigkeit als bedingt durch folgende Motivlage: hohe Leistungsmotiviertheit, geringes Kontaktbedürfnis, und starkes Machtstreben. Von sieben Firmen, in denen das Verhältnis von Anschluß-, Leistungs- und Machtmotiv zugunsten des Anschlußmotivs ausfiel, existierten fünf zum Ende der Untersuchung nicht mehr. Sie fusionierten oder stellten aus unterschiedlichen Gründen die Produktion ein.

Laborexperimentelle Unterstützung erhielten diese Ergebnisse durch Arbeiten von French (1958), die auf diesem Gebiet mit ihren Untersuchungen über die Wirkung der Interaktion zwischen personspezifischen und situativen Faktoren auf den Aufgabenerfolg Pionierarbeit leistete. Sie ging davon aus, daß eine experimentelle Aufgabe unterschiedlich bewertet werden würde, wenn man Personen mit zwei voneinander verschiedenen Motiven dazu heranzöge. Aufgrund der unterschiedlichen Aufgabenbewertung sollten die Motivgruppen sich dann auch in vorhersagbarer Weise unterschiedlich verhalten. Um diese Vermutungen zu prüfen, bildete French zwei Motivgruppen. In der einen faßte sie die Personen mit einem Leistungsmotiv zusammen, das oberhalb des Medians der Verteilung der Leistungsmotivwerte lag und deren Anschlußmotivwert unterhalb des Medians der Anschlußmotivwerte angelagert war. Diese Personengruppe nannte sie die eher leistungsmotivierten. Der eher anschlußmotivierten Gruppe zugeordnet wurden jene Personen, deren Anschlußmotiv oberhalb und deren Leistungsmotiv unterhalb des Medians der je zugehörigen Verteilung lag. Diese Gruppen wurden mit vier Varianten der Grundsituation konfrontiert.

A) Sie wurden instruiert, individuell für sich zu arbeiten.

B) Sie wurden zur Gruppenarbeit aufgefordert, mußten jedoch zum Schluß ein individuell zuschreibbares Ergebnis liefern.

C) Sie wurden wie unter A) instruiert, erhielten jedoch zusätzlich eine aufgabenbezogene Rückmeldung.

D) Instruktionen wie unter B), zusätzliche aufgabenbezogene Rückmeldung und zusätzliche sozialthematische Rückmeldung.

Daraus ergab sich der folgende Untersuchungsplan, der zugleich mit den Ergebnissen dargestellt ist. Höhere Punktwerte stehen dabei für höhere Leistung.

Die Ergebnisse zeigen klar die Wirkung der Personvariablen, die ganz besonders in der Interaktion mit beiden Aufgabenvariablen zum Ausdruck kommt.

Während leistungsmotivierte Personen bei aufgabenbezogener Rückmeldung mehr leisten als anschlußmotivierte und mehr als ebenfalls leistungsmotivierte bei sozialthematischer Rückmeldung, schaffen die anschlußmotivierten dann am meisten, wenn sie in der Gruppenarbeit sozialthematisch bekräftigt werden. Die

Tab. 2: *Leistungskennwerte von Personen mit stärkerer Ausprägung des Leistungs- bzw. Anschlußmotivs in Abhängigkeit vom leistungs- bzw. anschlußtheoretischen Anregungsgehalt der Aufgabensituation.*

Aufgabenvariablen		Personvariablen	
		Leistungsmotiv	Anschlußmotiv
aufgabenbezogene Rückmeldung	Gruppenarbeit	40.50	29.12
	Einzelarbeit	39.38	25.12
sozialthematische Rückmeldung	Gruppenarbeit	29.25	38.38
	Einzelarbeit	30.87	31.50

Ergebnisse der Leistungsmotivierten bleiben ohne Einfluß durch die Gruppen- und Einzelsituation. Dagegen deutet sich die Tendenz an, daß Anschlußmotivierte unter der Gruppenarbeit mehr leisten als unter der Bedingung der Einzelarbeit.

Hackman (1977) erweiterte die Bedingungsstruktur der Arbeitsmotivation um eine organisationsstrukturelle Variable. Neben den konkreten Arbeitsplatzcharakteristika und einem Motiv nach Selbstentfaltung beschreibt er eine mechanistische Organisationsstruktur, die auf ein System hinweisen soll, bei dem Macht und Autorität an der Spitze zusammengefaßt sind, mit klar definierten und kontrollierten organisatorischen Regeln und Verfahrensweisen. Demgegenüber ist eine organische Struktur eher dezentralisiert und flach. Die einzelnen Personen auf niedrigeren Führungspositionen können ihre Arbeit auf eine Art und Weise gestalten, die nicht notwendig mit den Regeln und Verfahrensweisen in anderen Abteilungen gleichgeschaltet ist – solange die übergeordneten Organisationsziele durch diese Variation nicht in Frage gestellt werden.

4.1.3.8 Motivationspsychologische Arbeitsgestaltung

Unterschiedliche Stufen der Arbeitsmotivation bewirken nicht nur unterschiedliche Abstufungen der Arbeitsleistung, die ggf. getrennt nach Arbeitsmenge und -güte beschrieben werden muß, sie ist auch verantwortlich zu machen für Unterschiede in den Fehl- bzw. Anwesenheitszeiten, beim Sicherheitsverhalten, in der Arbeitszufriedenheit und in der Persönlichkeitsentwicklung der einzelnen Mitarbeiter.

Während Leistung, Fehlzeiten und Arbeitssicherheit direkt auf die Effektivität der Arbeit einwirken, besteht zwischen Arbeitszufriedenheit, Persönlichkeitsentwicklung und dem Arbeitserfolg ein weniger direkter Zusammenhang.

Alle Faktoren hängen jedoch jeder auf seine Weise eindeutig in ihrer Variation von der Arbeitsmotivation ab. Sie sind deshalb in der Regel die Ausgangspunkte für das Bemühen von Organisationen, die Motivation ihrer Mitarbeiter zu fördern.

Eine solche Förderung kann gemäß den Ergebnissen der Organisationspsychologie auf einer Reihe von Ebenen erfolgen:

- Arbeitsstrukturierung
- Zielsetzung
- Geld

- Arbeitsorganisation
- Motiväenderung

Wenngleich einige Befunde dafür sprechen, daß die stärkste Leistungsbeeinflussung vom Geld als Motivationsfaktor ausgeht, so darf doch die Bedeutung der übrigen Variablen nicht unterschätzt werden. Sie bewirken zwar für sich genommen eher Veränderungen von Erleben und Einstellungen, aber in Kombination mit anderen Faktoren, z. B. auch mit Geld, tragen sie wesentliches zu erwünschten und unerwünschten Leistungsvariationen bei.

In der Regel beginnt der Ablauf von Motivationsprogrammen mit einer gründlichen Analyse der Arbeitssituation, bei der Leistungsmaße festgelegt werden, die das erwünschte Verhalten beschreiben. Daraufhin werden dann die existierenden Arten von Motivierungsmaßnahmen durchgemustert, um entweder die eine richtige auszusuchen, oder um eine Kombination einzelner Teile aus verschiedenen Maßnahmearten zu einem Maßnahmenbündel zusammenzustellen. Im Anschluß an die realistische Gestaltung der Motivationsbedingungen wird das Arbeitsverhalten erneut beobachtet und bewertet, wodurch ebenfalls eine Einschätzung der Effektivität der Arbeitsgestaltung ermöglicht wird. Diese Einschätzung dient dann entweder als Bestätigung für die realisierte Gestaltung oder sie gibt Anlaß und konkrete Hinweise für die Ableitung weiterer Maßnahmen der Motivationsförderung.

Einige Hinweise für Handlungshilfen zur Motivationsförderung wurden in Form von Leitlinien bereits zusammengestellt (Kleinbeck, Schmidt & Rutenfranz, 1984; Porter, Lawler & Hackman, 1975; Steers, 1984). Obwohl deren Gültigkeit in der Regel durch empirische Studien nachgewiesen wurden, sind im Einzelfall Konstellationen von Variablen denkbar, die durch Validierungsuntersuchungen nicht abgedeckt sind. In diesen Fällen ist es angebracht, die Durchführung der angezeigten Maßnahmen mit quasi-experimentellen Anordnungen zu verknüpfen, um die empirische Validierung nachzuholen.

4.1.3.9 Arbeitszufriedenheit – Ein Konzept und seine unendliche Geschichte

Die Ergebnisse der über 50-jährigen Forschungsgeschichte auf dem Gebiet der Arbeitszufriedenheit sind in Bibliographien, Gesamtdarstellungen und Sammelreferaten hinreichend gut belegt. Um nur einige der wichtigsten und umfangsreichsten Quellen an dieser Stelle zu nennen, sei auf die Monographie von Herzberg, Mausner, Peterson & Campbell (1957) verwiesen, die bereits 1975 Arbeiten aufführen. Robinson (1956; zit. nach Ronan, 1970) berichtet jährlich über Publikationen zur

Arbeitszufriedenheit im Personal and Guidance Journal und Locke (1976) schätzte bis zum Erscheinen seines umfangreichen Handbuchartikels die Zahl der Arbeiten auf 3350. Neben der umfangreichen Bibliographie von Walsh & Birkin (1979) informieren die Übersichtsartikel von Locke (1984) und Thierry & Koopman-Iwema (1984) in kondensierter Form über den Stand der Forschung. Extensive Darstellungen finden sich in den Buchpublikationen von Bruggemann, Groskurth & Ulich (1975), Fischer (1985), Katzell, Yankelovitch, Fein, Ornati & Nash (1975), Neuberger (1974 a, 1985) und Vroom (1964). Eine zweiteilige Bibliographie zur Arbeitszufriedenheit mit Literatur aus deutschsprachigen Ländern liegt seit April 1986 seitens der Zentralstelle für Psychologische Information und Dokumentation an der Universität Trier vor. Die zahlreichen Meßinstrumente zur Erfassung von Arbeitszufriedenheit sind, mit zum Teil ausführlichen Kommentaren und kritischen Anmerkungen, bei Cook, Hepworth, Wall & Warr (1981), Karg & Staehle (1982), Neuberger (1974 b), Price (1972) und Robinson, Athanasiou & Head (1969) dokumentiert.

Ein umfassendes historisches Verständnis der Forschungen auf dem Gebiet der Arbeitszufriedenheit ist wohl kaum ohne eine fundamentale Kenntnis der Sozialgeschichte der Arbeit und der Industrialisierung, einschließlich der Entwicklungen der sozialwissenschaftlichen Methodenarsenale, zu erzielen. Derartige ebenso gründliche wie grundlegende Arbeiten finden sich jedoch nur sehr vereinzelt (vgl. z. B. Meyer, 1982, Groskurth & Volpert, 1975, Walter-Busch, 1977), so daß in der Regel die „Kurz-Geschichte" der Arbeitszufriedenheitsforschung da einsetzt, wo erstmalig empirische Untersuchungen über Art und Ausmaß der Arbeitszufriedenheit vorgelegt worden sind. Demgemäß wird der Beginn der Forschungen zum Problem der Arbeitszufriedenheit mit den Arbeiten von Roethlisberger & Dickson (1939) angesetzt, die gegen Ende der 20er Jahre dieses Jahrhunderts über einen Zeitraum von ca. 12 Jahren in den Hawthorne-Werken der Western Electric Company in Cicero, Illinois u. a. auch die Arbeitszufriedenheit untersuchten. Die Prominenz dieser zahlreichen Einzeluntersuchungen, ebenso überschätzt wie heftig kritisiert (vgl. u. a. Carey, 1967, Franke & Kaul, 1978, Landsberger 1958, Sykes 1965), resultiert zum einen aus dem Fehlen vergleichbarer Studien, so daß der „solo status" einen nicht unerheblichen Anteil an der zugeschriebenen Bedeutsamkeit erklärt, zum anderen bleibt den Autoren das Verdienst, als Kontrastprogramm zum Taylorismus ein Forschungsprogramm (Human-Relations Bewegung) vorgelegt zu haben, das zumindest seiner Intention nach individuelle und arbeitsgruppenspezifische Bedürfnisse der Arbeitnehmer betont.

1935 erschien dann die erste Studie, die sich ausschließlich mit der Untersuchung von Arbeitszufriedenheit beschäftigte. Hoppock (1935) befragte darin u. a. 500 Lehrer aus 51 städtischen und ländlichen Gemeinden mit ca. 200 Fragen zu ihrer Arbeitszufriedenheit und kombinierte die erhaltenen Ergebnisse der Zufriedenheitsscores mit soziographischen und psychographischen Merkmalen, wonach z. B.

die Gruppe der Zufriedeneren im Durchschnitt 7,5 Jahre älter waren als die Unzufriedenen, in geringerem Maße emotionale Fehlanpassungen berichteten und sich erfolgreicher einstuften, während die Unzufriedenen deutlich häufiger über Monotonie und Müdigkeit bei ihrer Arbeit klagten. In einer 1933 durchgeführten Studie mit 351 erwachsenen Arbeitnehmern, von denen sich 15 % als unzufrieden mit ihrer Arbeit einstuften, konnte er zeigen, daß zwischen der Berufsgruppenzugehörigkeit und dem Ausmaß der erlebten Zufriedenheit in der Weise ein Zusammenhang bestand, daß diejenigen, die einer höheren Berufsgruppe angehörten auch diejenigen waren, die höhere Arbeitszufriedenheitswerte aufwiesen – ein Resultat, das zwar mehrfach repliziert wurde, jedoch mehr als nur eine Interpretation zuläßt.

Massenumfragen zur Arbeitszufriedenheit belegen die zunehmende Relevanz, die dieser Variablen als Einflußgröße zugesprochen werden (vgl. hierzu die bei Bellows, 1951, gemachten Angaben). In den 50er Jahren sind es dann vor allem drei Arbeiten, die nachhaltig die Forschungen auf diesem Gebiet beeinflußt haben. Zum einen die von Schaffer (1953) vorgelegte Arbeit zur Untersuchung individueller Bedürfnisse, die, ausgehend von 12 Grundbedürfnissen, belegt, daß bereits die Befriedigung der beiden wichtigsten – individuell unterschiedlichen – Grundbedürfnisse zur Vorhersage einer generellen Arbeitszufriedenheit ausreicht. Zum anderen die im Anschluß an die von Herzberg et al. (1957) erstellte Monographie zur Arbeitszufriedenheit von Herzberg, Mausner & Snyderman (1959) entwickelte Zwei-Faktoren-Theorie (vgl. Kap. 4.1.3.11.), wonach die Befriedigung zweier Bedürfnisse (Hygiene-Bedürfnisse und Motivations-Bedürfnisse), die sich aus der Realisierung unterschiedlicher Ansprüche an die Arbeitssituation zusammensetzen, zur Reduktion der Arbeitsunzufriedenheit (Hygiene-Faktoren) bzw. zur Erhöhung der Arbeitszufriedenheit (Motivations-Faktoren) führen. Der dritte, für die weitere Forschung wichtige Beitrag, ist das von Brayfield & Crockett (1955) vorgelegte Sammelreferat über den Zusammenhang von Arbeitseinstellungen und Arbeitsleistung. Die dort berichteten minimalen Zusammenhänge zwischen Arbeitseinstellung und Arbeitsleistung haben immer wieder zu Untersuchungen angeregt (vgl. Kap. 4.1.3.12.1.). Ob es allerdings der zeitraubenden Anstrengung der Erstellung eines Sammelreferates bedurft hätte, um festzustellen, daß: „Perhaps the most significant conclusion to be drawn from this survey of the literature is that the industrial situation is a complex one“ (Brayfield & Crockett, 1955, 422), darf füglich bezweifelt werden.

Bevor im nächsten Abschnitt auf unterschiedliche Definitionsansätze eingegangen wird, sollen einige der Überlegungen vorangestellt werden, die dazu geführt haben, daß das Konzept „Arbeitszufriedenheit“ in seiner praktischen, theoretischen und empirischen Relevanz immer skeptischer eingeschätzt wird.

„Die wichtigste Entscheidung betrifft die Frage, ob Arbeitszufriedenheit als ein empirisch begründetes oder zu prüfendes Konzept sinnvoll ist oder nicht“ (Fischer, 1985, 13). Angesichts der Publikationsflut und ihrer wenig eindeutigen Befunde scheint es eher ratsam, das Konzept zu „verschrotten". Wenn uns diese Empfehlung als zu voreilig und verfrüht erscheint, dann nicht zuletzt deshalb, weil damit eine Leerstelle im Erklärungs- und Beschreibungsinventar der Arbeits-, Betriebs- und Organisationspsychologie entstehen würde, die die individuellen Selbstdefinitionen in ihrer subjektiven Verarbeitung für den zentralen Lebensbereich des Arbeitsplatzes unausgefüllt ließe. Daß dieses Konzept in den Verdacht einer wenig brauchbaren Variable gelangte, liegt nicht zuletzt an der intensiven Forschung auf dem Gebiet der Arbeitszufriedenheit. Die immer mikroskopischer werdenden Einzeluntersuchungen rekurrieren vielfach immer noch auf einen der Alltagssprache entlehnten Globalbegriff, der angesichts der elaborierten Forschungsstrategien unangemessen weit blieb. Die zahlreichen dimensionsanalytischen Untersuchungen zum Konzept der Arbeitszufriedenheit sollten aber mehr denn je als Hinweise dafür gewertet werden, daß Arbeitszufriedenheit nur unter Bezug auf ein bestimmtes Instrumentarium, in Relation zu bestimmten Arbeitssituationen und unter Berücksichtigung der individuellen Bezugssysteme wie der gesellschaftlichen Bedingungen untersucht werden kann. Wir plädieren damit nicht für monströse Untersuchungsbedingungen, sondern für eine zurückhaltendere Interpretation der Befunde, die sich der spezifischen Ausgangsbedingungen bewußt ist.

Die angesichts hoher Fehlzeiten, Unfallraten und Fluktuationsraten empfundenen hohen Zufriedenheitswerte mit der eigenen Arbeit sind zu Recht als Beleg verwendet worden, das Konzept der Arbeitszufriedenheit als Artefakt einzustufen (Wiendieck, 1980), was nichts anderes besagen will, als daß zwischen den Indikatoren für Arbeitszufriedenheit (in der Regel den verwendeten Meßinstrumenten) und dem Indizierten ein Mißverhältnis besteht, das neben einem Validitätsproblem der Erhebungsverfahren mehr noch ein Indiz für eine inadäquate Forschungspraxis ist.

Wenn z. B. einerseits

- im Zeitraum von 1972–1978 bei N = 4709 Personen der durchschnittliche Prozentsatz der „Zufriedenen" mit 87,9 % angegeben wird (Weaver, 1980) oder
- Szilagyi & Wallace (1983, 69) auf eine Untersuchung verweisen können, in der im Zeitraum von 1958–1980 das Minimum an „Zufriedenen" bei 81 % und das Maximum bei 92 % lag,
- Bunz et al. (1973) bei 2451 vollberufstätigen Arbeitnehmern in der BRD ermittelten, daß 92 % die Zusammenarbeit und die Kontakte mit anderen Mitarbeitern als „sehr zufrieden" und „zufrieden" einstuften (die vergleichbaren Zahlen für „Betriebsklima" und „Arbeitsplatzbedingungen" betragen je 86 %) – weitere Belege finden sich bei Bruggemann et al. 1975, Neuberger, 1985 und Wiendieck 1980. Wenn jedoch andererseits
- nach einer Untersuchung von Kahn (1972) durchschnittlich nur 43 % der „white-collar-workers" und nur 24 % der „blue-collar-workers" ihren gleichen Beruf

noch einmal ergreifen würden, – im Gegensatz zu Professoren (zu 93 %), Juristen (zu 83 %) und Journalisten (zu 82 %) –, dann sind derartige Befragungsergebnisse sehr wohl erklärungsbedürftig.

Galliker (1979) stellt z. B. in diesem Zusammenhang fest, daß bei unstrukturierten Interviews die Zahl der Äußerungen, die zu einer kritischeren Bewertung des Arbeitsplatzes kommen, zunimmt – ein Bewußtwerdungsprozeß, der durch herkömmliche standardisierte Fragebögen eher unterdrückt als gefördert wird. Neuberger (1985) und Wiendieck (1980) haben die Liste der möglichen Störgrößen systematisiert, die zu einer Artefaktbildung bezüglich der Antwortmuster auf Arbeitszufriedenheits-Befragungen beitragen können: Dazu zählen u. a.

- der Zweifel an der Anonymität der Befragung, die eher positive Antworten evoziert, um möglichen negativen Konsequenzen aus dem Weg zu gehen;
- die relativ global formulierten Items, die zu bilanzierenden Antworten verleiten, die vor allem im Rückblick positiver ausfallen und die zahlreichen einzelnen Konflikte und Ärgernisse im Alltag „unter den Tisch fallen lassen";
- das Bestreben, ein positives Selbstbild aufrechtzuerhalten;
- die Senkung des Anspruchs an die Arbeitssituation;
- hohe Arbeitszufriedenheit als „erfolgreicher, restruktiver Sozialisationsprozeß, in dessen Verlauf man nur jene Bedürfnisse und Ziele entwickelt hat, die im Rahmen der vom sozialen System zugewiesenen Position befriedigt werden können" (Wiendieck, 1980, 212).

Die neueren Forschungsprogramme der Arbeits-, Betriebs- und Organisationspsychologie weisen zunehmend darauf hin, daß die Kritik (vgl. auch Meyer 1982, Nord 1977) ernst genommen wird. So werden einerseits stärker solche Ansätze favorisiert, die die individuellen Differenzen beim Erleben von Arbeitszufriedenheit berücksichtigen (Schneider 1985) und die Person × Situation Interaktion am Arbeitsplatz stärker thematisiert (Schneider, 1985), ein Trend, der auch dadurch verdeutlicht wird, daß Untersuchungen eines lange in Vergessenheit geratenen Konzepts, das des Organisationsklimas, in den letzten Jahren deutlich mehr Aufmerksamkeit geschenkt wird (vgl. hierzu u. a. Conrad & Sydow, 1984, Rosenstiel et al. 1983). Verstärkt wendet man sich auch in den letzten Jahren Untersuchungen zu, in denen die Auswirkungen von unterschiedlichen Organisationsstrukturen auf Arbeitseinstellungen und Arbeitsverhalten Berücksichtigung finden (vgl. u. a. Cummings 1982, Dalton et al. 1980, Berger & Cummings, 1979).

4.1.3.10 Die Interpretationsvarianten der Arbeitszufriedenheit

Wie bei vielen anderen zentralen sozialwissenschaftlichen Konzepten scheint das Haupthindernis für ein adäquates Verständnis in dem Anspruch der Rezipienten zu liegen, einen kanonisierten Begriff vorgelegt zu bekommen, der kontextfreie Gültigkeit besitzt. Konzepte sind aber von ihren theoretischen, empirischen und methodischen Kontexten abhängig und die kritische Frage kann nur heißen, ob im gewählten Kontext ein brauchbares Konstrukt verwendet worden ist.

Einzelne Defintionen ohne Bezug auf bestimmte Forschungsprogramme sind nichts anderes als Versuche, ein begriffliches Vorverständnis zu erzeugen und sollten auch nicht anders verstanden werden.

Auch die zahlreichen Klassifikationsversuche des Konzepts der Arbeitszufriedenheit verdienen es nicht, gegeneinander ausgespielt zu werden, sondern sind ihrer Funktion nach Orientierungs- und Systematisierungshilfen, die als solche auch genutzt werden sollten.

Im Prinzip lassen sich aufgrund der vorliegenden Literatur Einzeldefinitionen, dimensionsanalytische Ansätze und Klassifikationsansätze unterscheiden.

a) Einzeldefinitionen ohne expliziten Bezug auf theoretische Ansätze der Arbeitszufriedenheit finden sich dabei sowohl in den historisch frühen Arbeiten wie auch in neueren Publikationen. Daß diese Definitionen kaum mehr als Begriffsexplikationen und nicht selten nur elaboriertere Umschreibungen sind (analytische Definitionen) wird z. B. in Hoppocks (1935, 47) Formulierung deutlich: Arbeitszufriedenheit ist „eine Kombination psychologischer, physiologischer und situativer Bedingungen, die die Person zu der ehrlichen Äußerung veranlassen: Ich bin mit meiner Arbeit zufrieden". Eher noch globaler fällt die Kennzeichnung bei Smith et al. (1969, 6) aus: „Job satisfactions are feelings or affective responses to facets of the situation." Daß es offensichtlich verschiedene Formen der Arbeitszufriedenheit gibt, machen die Autoren bei der nachfolgenden Darstellung der Entwicklung ihres Fragebogens (JDI) deutlich. Umgangssprachlich formuliert ist auch die Omnibus-Definition von Thierry & Koopman-Iwema (1984, 154) für die Arbeitszufriedenheit das „Ausmaß des Wohlbefindens, das bei der Arbeit oder in der Arbeitssituation erfahren wird" darstellt.

In zahlreichen anderen Definitionsansätzen werden zur Kennzeichnung der Arbeitszufriedenheit Umschreibungen mit Hilfe anderer sozialwissenschaftlicher Termini versucht, die jedoch hinsichtlich ihrer Präzision kaum mehr Vorteile aufweisen, so daß auch diese Definitionsansätze über die Etablierung eines Vorverständnisses nicht hinausgehen. So verwenden z. B. Blum & Naylor (1968, 365) das

Einstellungskonzept als Bezugsgröße: „Arbeitszufriedenheit ist das Ergebnis verschiedener Einstellungen, die ein Angestellter zu seiner Arbeit, den darauf bezogenen Faktoren und dem Leben allgemein hat." Auf die Problematik des Einstellungsbegriffs (vgl. Six & Schäfer, 1985) und seine „fatalen Folgen" für den Begriff der Arbeitszufriedenheit geht u. a. Meyer (1982) in seiner kritischen Darstellung ausführlich ein.

Anstelle von Einstellungen werden häufig Wertvorstellungen oder Werthaltungen als Definitionsbestandteile verwendet. In der Definition von Locke (1976, 1307; 1984, 103) wird auf derartige individuelle Wertvorstellungen Bezug genommen: „Arbeitszufriedenheit resultiert aus der Wahrnehmung, daß die eigene Arbeit die für wichtig gehaltenen arbeitsbezogenen Werte erfüllt oder ihre Erfüllung erlaubt, vorausgesetzt, daß diese Werte nach Art und Ausmaß mit den eigenen Bedürfnissen vereinbar sind" (Locke, 1976, 1307).

Wanous & Lawler (1972) haben in ihrer Untersuchung insgesamt neun verschiedene (operationale) Definitionen der Arbeitszufriedenheit unterschieden. Die einzelnen Maßzahlen, die diesen Operationalisierungen der Arbeitszufriedenheit zugeordnet werden, sind unterschiedlich differenzierte Summen der Facetten der Arbeitssituation, die sich dadurch unterscheiden, ob z. B. die Facetten der Arbeitssituation in ihrer individuellen Bedeutsamkeit gewichtet werden, ob von einer generellen Beurteilung der Facetten ausgegangen wird, oder ob beurteilt werden soll, wie die derzeitige Arbeitssituation ist. In einem Teil der Definitionen werden die erlebten Diskrepanzen (gewichtet und ungewichtet) berücksichtigt, die zwischen der Arbeitssituation, so wie sie ist und zwischen der Arbeitssituation, wie sie sein sollte oder wie man sie sich wünschen würde, bestehen. Daß die so ermittelten Maßzahlen für die Arbeitszufriedenheit nur mäßig miteinander korrelieren, sollte nicht verwundern, da jeweils andere Beurteilungsaspekte dominant sind.

b) Die dimensionsanalytischen Untersuchungen der Arbeitszufriedenheit sind vielfach auf die zahlreichen Instrumente der Erfassung von Arbeitszufriedenheit mit Hilfe von Fragebögen bezogen. An dieser Stelle sollen deshalb exemplarisch nur diejenigen Dimensionen genannt werden, die belegen, wie differenziert im einzelnen die globale Arbeitszufriedenheit aufgefächert worden ist, wobei die individuellen Antwortmuster dann noch einmal eine implizite Gewichtung dieser einzelnen Aspekte enthalten, die bei der üblichen gruppenbezogenen Auswertung nicht berücksichtigt werden.

Welche Aspekte von Arbeitszufriedenheit unterschieden werden, zeigen vor allem die meist faktorenanalytisch gewonnenen Dimensionen der Arbeitszufriedenheits-Fragebögen. Nach der subjektiven Einschätzung von Staw (1984, 631) im Annual Review of Psychology sind im amerikanischen Bereich vor allem drei Erhebungsinstrumente breit akzeptiert worden:

1) Der Minnesota Satisfaction Questionnaire von Weiss et al. (1967) als globales Maß der Arbeitszufriedenheit, 2) der Job Description Index von Smith et al. (1969), der fünf Zufriedenheitsbereiche abfragt: Arbeit, Bezahlung, Beförderung, Führung und Kollegen, 3) der Facet-specific Job Satisfaction Fragebogen von Quinn & Staines (1979), in dem nach Arbeitsbedingungen (comfort), Arbeitsanforderungen (challenge), Bezahlung, Mitarbeitern, Ausstattung des Arbeitsplatzes (resource adequacy) und Beförderung gefragt wird.

Die beiden wichtigsten deutschsprachigen Fragebögen enthalten folgende Fragegruppe: Kollegen, Vorgesetzter, Tätigkeit, Arbeitsbedingungen, Organisation und Leistung, Entwicklung, Bezahlung (ABB von Neuberger & Allerbeck, 1978) bzw. Fragen zu Fähigkeiten, Führungsstil, Bezahlung, spontane Arbeitszufriedenheit, Aufstieg, Resignation, Belastung und Streß, Möglichkeiten zu verantwortlicher, autonomer Tätigkeit im SAZ (Fischer & Lück, 1972, in der Revision von Fischer 1985). In enger Anlehnung an die Untersuchungen von Herzberg et al. (1959) unterscheidet Pleitner (1981) insgesamt 10 Faktoren: Arbeitsleistung, Anerkennung/Ansehen, Art der Tätigkeit, Verantwortung und Kompetenzen, Entwicklungsmöglichkeiten, Unternehmensorganisation und -führung, Kontrolle/Macht, Einkommen/Einkünfte, menschliche Beziehungen/Kontakte, Arbeits-/Tätigkeitsbedingungen.

Neuberger (1974 a, 163) und Ronan (1970, 2) haben auf der Basis zahlreicher Dimensionsanalysen vergleichbare Merkmalslisten aufgestellt, auf deren Wiedergabe wir hier verzichten. Statt dessen sollen anschließend die beiden bei Vroom (1964, 102–103) und bei Weinert (1981, 305) tabellarisch aufgeführten Dimensionen gegenübergestellt werden, wobei deutlich wird, wie groß letztendlich die Übereinstimmung der dimensionsanalytischen Facetten ist, was jedoch nicht besagen soll, damit sei das Konzept der Arbeitszufriedenheit eindeutig repräsentiert; vielleicht spiegeln derartige Übereinstimmungen auch nur die homogenen Vorstellungen der „scientific community" wider:

Tab. 3

Vroom 1964	*Weinert 1981*
Organisation und Organisationsleitung	Organisation und Organisationsleitung
Beförderungsmöglichkeiten	Beförderungsmöglichkeiten
die Arbeit selbst	die Arbeit selbst
Führung	Supervision bzw. Führungsstil
finanzielle Belohnungen	finanzielle und nicht-finanzielle Be- und Entlohnung
Arbeitsbedingungen	Arbeitsbedingungen
Mitarbeiter	Mitarbeiter
–	Anerkennung

Ähnliche Aufstellungen bei Locke (1976, 1984) sind jedoch, bei aller gebotenen Skepsis, auch ein Hinweis darauf, daß die pessimistische „Konfusion der Terminologie" oder die Verunglimpfung des Arbeitszufriedenheits-Konstrukts als „throw-away"-Variable – zumindest was ihre inhaltliche Struktur betrifft – unangemessen ist. Der Kanon an Gemeinsamkeiten scheint doch wohl größer zu sein als allgemein im Selbstverständnis verankert.

c) Die im folgenden dargestellten Klassifikationsansätze sind insofern „unsystematisch" als sie keinen gemeinsamen Klassifikationsaspekt haben. Sie sollen als ein Interpretationsraster verstanden werden, das man an Definitionen und Konzeptionen von Arbeitszufriedenheiten, aber auch an theoretische und empirische Untersuchungen anlegen kann, um deren Stellenwert deutlicher kennzeichnen zu können.

Neuberger & Allerbeck (1978, 11–15) haben die vorliegenden definitorischen Versuche danach klassifiziert, ob Arbeitszufriedenheit: 1) operational, 2) als Bedürfnisbefriedigung, 3) als (aufgehobene) Soll–Ist–Differenz, 4) als das Erreichen bestimmter Werte, 5) als angenehmer personimmanenter Zustand bzw. affektive Bewertungs-Reaktion, 6) als Gleichgewichtszustand, 7) als Ergebnis komplexer Informationsverarbeitungsprozesse, 8) als Erwartungshaltung, 9) als Einstellung zur Arbeit bzw. zu Aspekten der Arbeitssituation definiert wird. Mehr noch als seine Bedeutung für die Klassifikation von Definitionen ist diese Klassifikation zur Beurteilung der theoretischen Ausgangsannahmen wichtig, die in den jeweiligen Modellen zur Arbeitszufriedenheit (Kap. 10) gemacht werden. Dies gilt in gleicher Weise für die Aufstellung von Gebert & Rosenstiel (1981, 64), in denen verschiedene Konzeptionen der Arbeitszufriedenheit gegenübergestellt werden (s. Tab. 4).

Von den Typologien zur Arbeitszufriedenheit (vgl. z.B. Herzberg et al. 1959, Gaugler et al. 1984, Kudera et al. 1979) soll an dieser Stelle nur das Modell von Bruggemann et al. (1975) in seiner schematischen Darstellung wiedergegeben werden, das deutlich macht, wie aufgrund unterschiedlicher individueller Verarbeitungsprozesse qualitativ extrem unterschiedliche Formen der Arbeitszufriedenheit resultieren können.

Tab. 4

Bedürfnisorientiert	⟷	Anreizorientiert
(motivations / personorientiert / situationsorientiert)		
Einzel AZ	⟷	Gesamt AZ
AZ als vorübergehender (passagerer Zustand)	⟷	AZ als zeitlich stabile Reaktion
vergangenheitsorientiert	⟷	zukunftsorientiert.

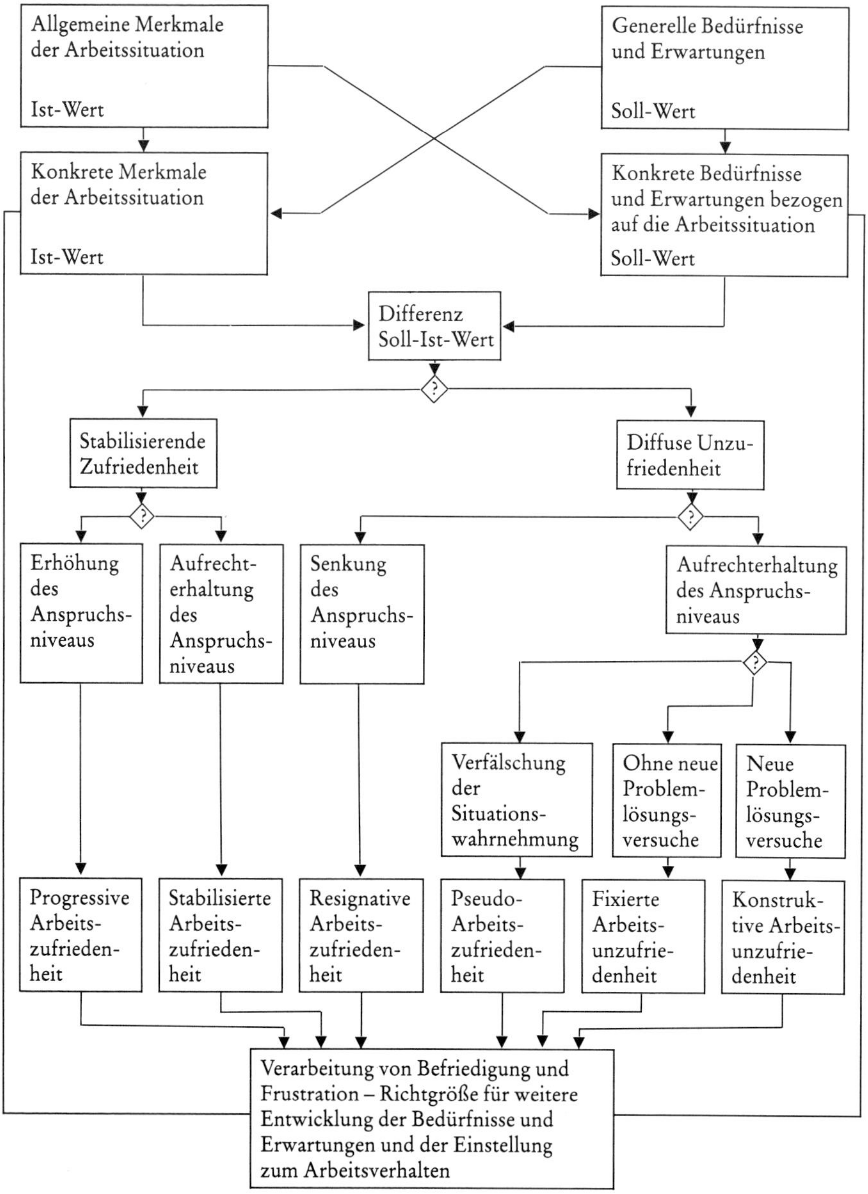

Abb. 5: Typen der Arbeitszufriedenheit, nach Bruggemann et al. 1975.

Nach den Funktionen, welche das Konstrukt AZ oder aber auch AZ-Modelle im Forschungsprozeß haben können, orientiert sich die u. E. besonders wichtige Klassifikation von Thierry & Koopman-Iwema (1984, 154). Danach kann AZ 1. als Resultat eines Verhaltensprozesses konzipiert sein und ist damit das Endprodukt eines angestrebten und gewollten Zustandes, 2. als Änderungspotential, das sich auf Rollenverhalten oder auf die Anstrengungsbereitschaft auswirkt, 3. als Zielvorstellung, die realisiert oder vermieden wird, 4. als Wirkungsgröße z. B. auf Abwesenheit, Fluktuation und Gesundheit.

Jenseits der üblichen Differenzierung von AZ als abhängiger oder unabhängiger Variablen, als Ursache bzw. Determinante oder als Effekt bzw. Wirkung anderer Variablen werden in dieser Differenzierung weitere Momente der AZ berücksichtigt. Die Versuche der Abgrenzung des Konzepts der AZ von solchen Konzepten wie Berufszufriedenheit, Betriebsklima, „morale", Entfremdung, Unternehmenskultur oder Organisationsklima (vgl. hierzu Bruggemann et al. 1975, Fischer, 1985, Rosenstiel et al. 1983, Conrad & Sydow, 1984) sind u. E. weitaus weniger hilfreich als meist angenommen. Da die jeweils paarweise zu vergleichenden Konzepte zumindest an ihren „Rändern" unscharf sind, wird es ohnehin konzeptuelle Überlappungen geben und die empirischen Vergleiche, wie sie z. B. bei Conrad & Sydow (1983, 168f.) vorgenommen werden, belegen mit ihren relativ geringen Korrelationen zwischen Maßen der AZ und des Organisationsklimas diese nicht sehr ergiebigen Vergleichsprozesse.

Auch die von Payne et al. (1976) dazu vorgelegte Facettenanalyse, bei der drei Facetten (*Analyseeinheit:* für AZ das Individuum, für die Organisation die kollektive Einheit; *Analyseelement:* für AZ die Arbeit, für das Organisationsklima die Organisation; *die Art der Messung:* bei der AZ evaluativ, bei der Erfassung des Organisationsklimas deskriptiv) unterschieden werden, führt zwar zu einer systematischen Ableitung von acht Konzepten (vgl. Abb. 6, folgende Seite), inwieweit jedoch allein schon die Unterscheidung der Art der Messung in deskriptiv und evaluativ angesichts der vorliegenden Fragebögen zur Erfassung des Organisationsklimas stringent durchgehalten werden kann, ist mehr als zweifelhaft.

Wir verzichten auf den üblicherweise sich an dieser Stelle anschließenden Abschnitt über die Messung der Arbeitszufriedenheit. Zum einen deshalb, weil die überwiegende Zahl der Meßinstrumente Fragebögen sind, deren generelle Problematik auch in der Anwendung auf die Erfassung der AZ bestehen bleibt, zum anderen, da die Verfahren selbst gut dokumentiert sind (vgl. Kap. 4.1.3.9.), wobei noch einmal auf die ausführliche Zusammenstellung bei Cook et al. (1981) hingewiesen wird, in der unter dem Titel „The Experience of Work" 249 Maße, einschließlich der Meßinstrumente zur generellen und speziellen Erfassung von AZ mit Verweis auf Anwendungen und Ergebnisse im Umgang mit diesen Meßinstrumenten und der Wiedergabe der einzelnen Skalen, vorgestellt werden. In den Arbeiten von Neuberger & Aller-

Konzept	A	B	C	D	E	F	G	H
Erhebungs-einheit	Individuum	Individuum	Individuum	Individuum	Soziales Kollektiv (aggregiert)	Soziales Kollektiv (aggregiert)	Soziales Kollektiv (aggregiert)	Soziales Kollektiv (aggregiert)
Untersuchungs-einheit	Arbeits-platz	Arbeits-platz	Organisation (ohne Subsystem)	Organisation (ohne Subsystem)	Arbeits-platz	Arbeits-platz	Organisation (ohne Subsystem)	Organisation (ohne Subsystem)
Eigenschaft des Maßes	Affektiv	Deskriptiv	Affektiv	Deskriptiv	Affektiv	Deskriptiv	Affektiv	Deskriptiv
	Arbeits-zufriedenheit	Wahrgenommene Arbeitssituation (perceived job characteristics)	Zufriedenheit mit der Organisation	Wahrgenommene Organisation (perceived organizational characteristics)	Rollenmoral (role moral)	Rollenklima (role climate)	Organisationsmoral (organizational morale)	Organisationsklima

Abb. 6: Facettenanalytisches Schema zur Trennung von AZ und Organisationsklima, nach Payne et al. (1976).

beck (1978) und Fischer (1985) wird ausführlich die Entwicklung derartiger Meßinstrumente (der Arbeitsbeschreibungsbogen, ABB bzw. die Skala zur Messung der Arbeitszufriedenheit, SAZ) bis hin zu ihrer standardisierten Endform beschrieben.

4.1.3.11 Theorien der Arbeitszufriedenheit

Mit nur sehr wenigen Ausnahmen sind sämtliche theoretischen Ansätze zur Arbeitszufriedenheit in ihrer Grundkonzeption motivationale Theorien. Sei es, daß sie als Motivationstheorien mit einem generellen Anspruch auf Probleme der Arbeitsmotivation und Arbeitszufriedenheit (z. B. Maslow, 1954) übertragen worden sind oder daß sie als Theorien der Arbeitsmotivation (z. B. Vroom, 1964) konzipiert wurden und sich auch als Theorien der Arbeitszufriedenheit interpretieren lassen oder als spezielle Theorien der Arbeitszufriedenheit entwickelt worden sind (vgl. Bruggemann et al. 1975), die auf motivationalen Konzepten basieren. Auch die häufig anzutreffende Klassifikation in Prozeß- und Inhaltstheorien (nach einem Vorschlag von Campbell et al. 1970) wird, als Einteilung von Motivationstheorien, auf Theorien der Arbeitszufriedenheit angewendet, wobei nicht selten die akzentuierend gemeinte Unterscheidung zu Gunsten einer kategorialen Differenzierung mehr schadet als nutzt. Nach Durchsicht der vorliegenden Literatur muß die Selbstverständlichkeit erstaunen, wonach die theoretische Positionierung der Theorien der Arbeitszufriedenheit insgesamt zur Klasse der Motivationstheorie zugerechnet wird, wobei die hier vorgenommene Unterscheidung in allgemeine Motivationstheorien, Theorien der Arbeitsmotivation und spezielle Theorien der Arbeitszufriedenheit den jeweiligen Ursprungsort dieser Theorien markieren soll. Nur sehr sporadisch gibt es Hinweise auf theoretische Ansätze, die eine Theorie der Arbeitszufriedenheit aus einer Theorie der Organisation, der Arbeit oder des Organisations- bzw. Betriebsklimas entwickeln. Wir sehen einen Grund für diese auffallend theoretische Monokultur in dem primären Interesse an dem Zusammenhang zwischen Motivation und Handlung, zwischen Arbeitszufriedenheit und Arbeitsleistung. Diese unterstellte Beziehung zwischen individuellen Motivationsprozessen und den individuellen Handlungsabläufen machte alternative Theorien, die auf anderen Konzepten basieren könnten, wie z. B. Wert, Rolle, Ichbeteiligung oder Karriereplanung weniger attraktiv.

Im folgenden werden die einzelnen Theorien der Arbeitszufriedenheit nur kursorisch vorgestellt, wobei wir auch der Vollständigkeit halber diejenigen Theorien mit auflisten, die primär Theorien der Motivation oder der Arbeitsmotivation sind. Primär geschieht dies deshalb, weil eine eindeutige Grenzziehung zwischen diesen theoretischen Ansätzen in der Literatur nicht vorgenommen wird und derzeit auch nicht sinnvoll erscheint.

Bereits an dieser Stelle sei darauf aufmerksam gemacht, daß trotz aller Unterschiede in der Variablenkonzeption derartiger Theorien und der Art der Verknüpfung ihrer Variablen, die meisten theoretischen Ansätze nicht als direkte Konkurrenten angesehen werden sollten, da sie sich meist nur dadurch unterscheiden, daß sie schwerpunktmäßig unterschiedliche Problembereiche der Arbeitszufriedenheit thematisieren. Sie allerdings, wie dies Zink (1979, 83) in Anlehnung an Lawler & Suttle (1973), zu einem Gesamt- oder Globalmodell zu verknüpfen, erscheint aufgrund der dann doch allzu divergenten Terminologie und ihrer unterschiedlichen Abstraktionsebenen ein Maß an Kongruenz zu unterstellen, das sie unseres Erachtens nicht besitzen. Sie bleiben, zumindest partiell, inkompatibel und sind nicht die Steckmodule einer Supertheorie.

Einzeldarstellung der Theorien zur Arbeitszufriedenheit

Die in den Lehrbüchern und Gesamtdarstellungen zur Arbeitszufriedenheit immer wieder angebotenen Motivationsmodelle von Maslow (1954), Herzberg et al. (1959) und Alderfer (1972) verdienen u. E. ihre Beachtung nur noch als historische Quellen; zumindest Maslow (1954) und Herzberg et al. (1959) haben sicher für die AZ-Forschung stimulierend gewirkt und zahlreiche Arbeiten angeregt, inzwischen sollten sie angesichts der neueren Entwicklung jedoch nurmehr als Vorläufer und nicht als „Konkurrenten" der derzeitigen Modelle eingestuft werden.

1) Das hierarchische Motivationsmodell von Maslow (1954) ordnet insgesamt fünf Bedürfnisklassen in der Weise an, daß die Motivinhalte der nächsthöheren Ebene erst dann aktualisiert werden, wenn die Bedürfnisse vorangegangener Ebenen befriedigt sind. Die basale, unterste Ebene markieren die Physiologischen Bedürfnisse, es folgen Sicherheitsbedürfnisse, Zugehörigkeits- und Liebesbedürfnisse, Achtungsbedürfnisse und die Bedürfnisse nach Selbstverwirklichung. Bedürfnisse unterer Ebenen verlieren genausowenig ihre Relevanz, wenn sie befriedigt sind wie Bedürfnisse höherer Ebenen auch bereits dann thematisiert werden, wenn die Bedürfnisse der unteren Ebenen noch nicht vollständig befriedigt sind.

Daß die empirische Überprüfung der Aufeinanderfolge der Bedürfnisse im Bereich der Arbeitsmotivation und Arbeitszufriedenheit nicht bestätigt werden konnte (vgl. z.B. Hall & Nougaim, 1968, Lawler & Suttle, 1972; zusammenfassend Wahba & Bridwell, 1976), von sog. „partiellen" Bestätigungen abgesehen, liegt zum einen an der globalen Charakterisierung der einzelnen Bedürfnisse und der Schwierigkeit ihrer Operationalisierung, zum anderen sicher aber auch an der aufwendigen Überprüfungstechnik, die letztlich jahrelange Längsschnittuntersuchungen zu sein hätten. Für eine ausführliche Darstellung und Kritik sei auf Bruggemann et al. 1975, Locke, 1976, Salancik & Pfeffer, 1977, Walter-Busch, 1977 verwiesen.

2) Die E.R.G.-Theorie von Alderfer (1972) postuliert nur noch drei Bedürfnisklassen, deren Beziehungen untereinander nicht mehr durch die relativ eindeutigen Abhängigkeitsverhältnisse geregelt sind wie bei Maslow. Die drei Bedürfnisklassen (E = existence = Grundbedürfnisse, R = relatedness = soziale Bedürfnisse; G = growth = Selbstentfaltungs- und Selbstverwirklichungsbedürfnisse) sind wenigstens tendenziell bestätigt worden; die positiven Belege für das ERG-Modell (vgl. Alderfer, 1972) werden von Salancik & Pfeffer (1977) allerdings stark relativiert (vgl. hierzu die Auseinandersetzung von Salancik & Pfeffer, 1977 vs. Alderfer, 1977).

3) Die Zwei-Faktoren-Theorie von Herzberg et al. (1959) ist, gemessen an der Zahl der Publikationen, immer noch die bei weitem verbreitetste Theorie, wiewohl ihr aufgrund der vielen kritischen Einwände eine derartige Prominenz nur noch aus historischer Sicht zusteht. Herzberg et al. (1959) erhielten ihre beiden Dimensionen oder Faktoren aus den Schilderungen ihrer Vpn., die ihnen solche Arbeitserlebnisse berichten sollten, die sie besonders zufrieden bzw. besonders unzufrieden gemacht hatten. Die aus der Erinnerung reproduzierten Situationen ließen sich zu zwei Faktoren kombinieren; einem Faktor, der solche Bedingungen und Bedürfnisse erhielt, die zu Zufriedenheit (Motivations-Bedürfnisse) und einem Faktor, der zur Unzufriedenheit (Hygiene-Bedürfnisse) führte. „Motivatoren“ waren Leistungserfolg, Anerkennung, interessanter Arbeitsinhalt, Verantwortungsübernahme und Beförderung; „Hygienefaktoren“ waren Bezahlung, Beziehungen zu Kollegen und Vorgesetzten, fachliche Kompetenz des Vorgesetzten, Statusfragen, Firmenpolitik und -leitung, Arbeitsbedingungen und Arbeitsplatzsicherheit. Parallelen zur Theorie von Maslow (1954) lassen sich insofern herstellen als die „unteren“ Ebenen in der Bedürfnispyramide von Maslow den Hygiene-Faktoren entsprechen, während die „oberen“ Bedürfnisebenen den Motivationsfaktoren zugeordnet werden können. Der zentrale Befund der Herzberg-Theorie besteht nun darin, daß zwei voneinander unabhängige Variablensätze für Arbeitszufriedenheit bzw. für Arbeitsunzufriedenheit verantwortlich sind, was nichts anderes heißt, als daß zwei Maßnahmenkataloge erforderlich sind, um Arbeitszufriedenheit zu realisieren, – die Reduktion derjenigen Bedingungen, die Arbeitsunzufriedenheit verursachen und die Förderung der Bedingungen, die Arbeitszufriedenheit determinieren. Die Zahl der erfolgreichen Überprüfungen dieses Modells ist wohl insgsamt geringer als die Zahl der empirischen Untersuchungen, die Herzberg et al. (1959) nicht bestätigen konnten, wiewohl Walter-Busch (1977) angesichts der von ihm ausgewerteten empirischen Arbeiten von einer Patt-Situation spricht. Die Kritik (vgl. die ausführliche und sorgfältige Zusammenstellung bei Walter-Busch, 1977, 39f.) bezieht sich auf eine ganze Reihe von Einzelaspekten: King (1970) bemängelt z. B., daß nicht weniger als fünf verschiedene Versionen der Herzberg-Theorie im Umlauf sind; Schneider & Locke (1971) kritisieren das Auswertungsverfahren und die unpräzisen Zuordnungen der Einzelergebnisse zu den einzelnen Faktoren, wobei ihrer Meinung nach zwei verschiedene Analyseebenen verwendet werden: zum einen wird nach Ereignissen gefragt, die als Ursachen gelten, zum anderen nach Verursachern. Dunnette et al. (1967)

kritisieren, daß einige der Merkmale der Arbeitssituation sowohl zu Zufriedenheit wie zu Unzufriedenheit führen können. Weitere Kritikpunkte beziehen sich auf das Verfahren, das nur nach extremen Bedingungen für Zufriedenheit und Unzufriedenheit fragt und dies auch nur aus der Retrospektive der Befragten. Die Auswertung erfolgt in der Regel über aggregierte Daten, d.h. individuelle Befragungsmuster werden über Gruppenmittelwerte nivelliert. Wir verzichten auf die Wiedergabe weiterer Einwände, die bei Neuberger (1974a, b) Walter-Busch (1977) und Weinert (1981) ausführlich bibliographiert sind. Bei aller kritischen Resonanz sollte der positive Auslösereffekt auf Nachuntersuchungen, methodische und theoretische Weiterentwicklungen, den diese Theorie ausgelöst hat, nicht unterschätzt werden.

4) Das Erwartungs-Valenz-Modell von Vroom (1964) ist das erste und nach wie vor prominenteste Beispiel eines Motivationsmodells der Klasse der Erwartungs-Valenz-Modelle, die in der gesamten Motivationsforschung (vgl. Heckhausen, 1980, 216f.) eine bedeutende Rolle spielen und weitaus häufiger auf Probleme der Arbeitsmotivation, der Arbeitsleistung oder auch diverser Entscheidungssituationen angewendet worden sind als auf Probleme der AZ, wiewohl auch hier eine Reihe theoretischer Vorstellungen unter den Rahmenbedingungen derartiger Erwartungs-Valenz-Modelle (oder auch Erwartungs-Wert-Theorien, wie sie z.T. genannt werden) entwickelt worden sind.

Das Erwartungs-Valenz-Modell von Vroom behauptet eine funktionale (monotonsteigende) Beziehung zwischen Valenzen (V) – die nichts anderes sind als Einstellungen oder subjektive Beurteilungen eines sozialen Sachverhaltes – eines Ergebnisses (j) (z.B. hohe Arbeitszufriedenheit zu erreichen) und den summierten Valenzen (k), die als Resultat oder Zielvorstellungen erreicht werden sollen, wobei diese Zielvorstellungen (z.B. gute Bezahlung, abwechslungsreiche Arbeit, sicherer Arbeitsplatz etc.) multiplikativ mit einer Instrumentalitätsvariablen (I) verknüpft sind, die (im Wertebereich von -1 bis $+1$) die Verbindung zwischen V_j und V_k in der Weise herstellt, daß sie angibt, ob V_k durch V_j erreicht oder verhindert wird oder keinen Einfluß auf V_k hat. Algebraisch ausgedrückt:

$$V_j = f\left(\sum_{k=1}^{n} V_k I_{jk}.\right)$$

Mitchell (1974) gibt eine Reihe von Belegen für die Untersuchung der AZ im Rahmen dieses Modells an, setzt sich aber ansonsten, wie auch Campbell & Pritchard (1976), kritisch mit diesem Modelltyp auseinander, der in seinen Grundannahmen hedonistisch ist, die Wahl der Valenzen der subjektiven Auswahl der Mitarbeiter überläßt, relativ hohe Voraussetzungen an das zugrundeliegende Meßmodell stellt und die tatsächlichen Bedingungen am Arbeitsplatz vernachlässigt. Die nach wie vor herrschende Aktualität der Erwartungs-Valenz-Modelle belegen jedoch nicht nur die im folgenden dargestellten Varianten, sondern auch die neueren Arbeiten von Pulakos & Schmitt (1983), Sussmann & Vecchio (1985) und Wanous et al. (1983), die die Brauchbarkeit derartiger Modellvorstellungen betonen. Modifikationen, Erweiterungen und zum Teil erhebliche Reformulierungen des Vroomschen Modells wurden u. a. von Porter & Lawler (1969), Graen (1969), Campbell et al. (1970), Lawler & Suttle (1973), Zink (1979) und Wiswede (1980) vorgenommen. Eine ausführliche Diskussion dieser Varianten einschließlich ihrer kritischen Einschätzung findet sich bei Zink (1979) und bei Miner (1980). Exemplarisch soll an dieser Stelle nur das Motivations-Modell von Porter & Lawler (1968) vorgestellt werden.

5) Das Motivationsmodell von Porter & Lawler (1968) ist insofern ein Erwartungs-Valenz-Modell als davon ausgegangen wird (vgl. Abb. 7 Ziff. 2,3,6,7), daß positiv ausgefallene Erwartungen über den Zusammenhang von Anstrengungen und Leistungen und Leistungs-Belohnungs-Beziehungen (die Instrumentalitäts-Komponente der Theorie) zu erhöhten Wahrscheinlichkeiten der Beziehungen zwischen Anstrengung und Belohnung werden. Als AZ-Modell ist dieses Modell eher ein Diskrepanz-Modell, da die Zufriedenheit oder Unzufriedenheit das Resultat des Vergleichs zwischen der tatsächlich erhaltenen Belohnung und der erwarteten Belohnung ist. Je größer die Diskrepanz zwischen diesen beiden Werten ist, desto größer ist die Zufriedenheit bzw. Unzufriedenheit. Eine Reihe von Arbeiten belegt die Praktikabilität des Modells (vgl. Heneman & Schwab, 1972; Mitchell & Biglan, 1971, Porter & Lawler, 1968, Lawler & Porter, 1967, Hackman & Porter, 1968).

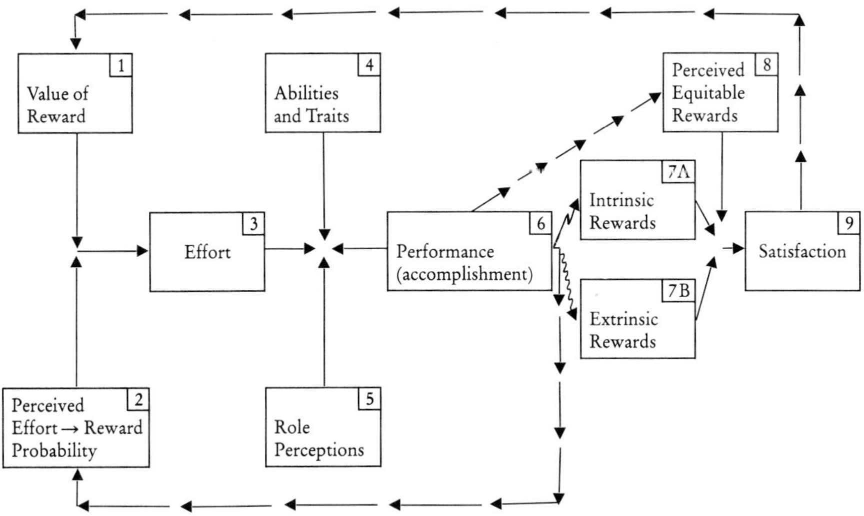

Abb. 7: Motivationsmodell von Porter & Lawler
Aus: Porter & Lawler, 1968, Managerial Attitudes and Performance

6) Das „Facet Satisfaction“ Modell von Lawler (1973) wird häufig als Modifikation des Porter & Lawler-Modells gekennzeichnet, da AZ bzw. AUZ (Arbeitsunzufriedenheit) ebenfalls als Diskrepanz-Wert erscheint. Zink (1979) nennt es u. E. zutreffender einen integrativen Ansatz, da sowohl Erwartungs-Valenz Konzepte als auch Konzepte der Equity-Theorie in diesem primär auf individuelle Wahrnehmungen gestützten Modell vorhanden sind. Deutlich wird aber auch (vgl. Abb. 8), daß die primäre Intention der Autoren darin bestand, AZ mit möglichst vielen (inhaltlichen) Aspekten der individuellen Arbeitstätigkeit (facets) zu verknüpfen. Trotz eher spärlicher empirischer Untersuchungen ist dieses zentral auf die Determinanten der AZ ausgerichtete Modell – im Unterschied zu den übrigen, vielfach AZ nur als periphere Variable behandelnde Modell – auch aufgrund der darin berücksichtigten unterschiedlichen Konsequenzen bei diskrepanten Ist-Soll-Vergleichen zwischen Kollegen und den eigenen „Investitionen“, die nicht nur aus AUZ, sondern auch bei nicht-kongruenter Übereinstimmung („Überbelohnung“) zu Schuldgefühlen, Unbehagen und Gefühlen der Ungleichheit (inequity) führen, ein wichtiger Beitrag der Modellbildung innerhalb der AZ-Forschung.

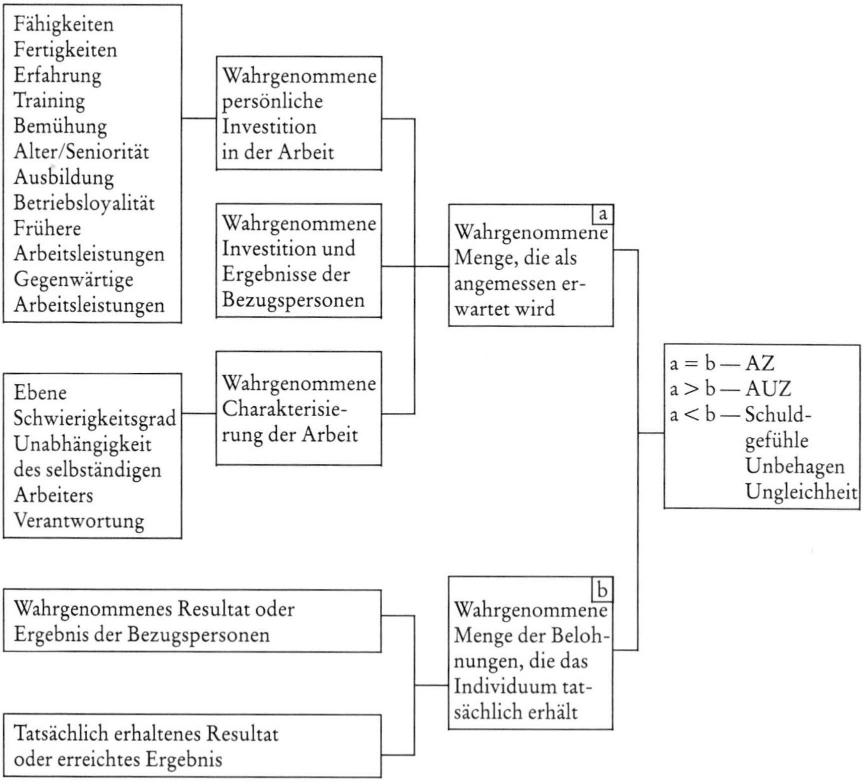

Abb. 8: Lawlers (1973) «Facet satisfaction» model (Abb. aus Weinert 1981, 293).

7) Diskrepanz-Modelle der AZ, zu denen das Modell von Katzell (1964), in einigen Darstellungen (vgl. Lawler, 1973) auch das Modell von Locke (1969) gezählt wird, haben sich nicht zuletzt aufgrund der voraussetzungsvollen meßtheoretischen Annahmen kaum durchsetzen können. Differenzen zwischen den tatsächlich erhaltenen Belohnungen und den auf unterschiedlichen Ebenen als Vergleichsmaßstab eingeführten operationalisierten Standards setzen nicht nur in der Regel Intervallskalenniveau der Daten voraus, sondern auch die Unabhängigkeit der beiden Urteilsdimensionen, die aber gerade im subjektiven Beurteilungsprozeß nicht unabhängig voneinander sind. Hinzu kommt, daß der Differenzwert um so kleiner ist, je größer der Ist-Wert ist (vgl. hierzu u. a. Neuberger, 1974b, Thierry & Koopman-Iwema, 1984). Mit diesen Schwierigkeiten haben auch diejenigen Diskrepanz-Modelle zu kämpfen, die, wie z. B. das „Personality-Environment fit"-Modell (siehe hierzu French et al. 1974, Kahn, 1981), Arbeitszufriedenheit vom Ausmaß der Anpassung zwischen der eigenen Person und den Anforderungen von Arbeit und Beruf abhängig machen.

8) Die „Equity"-Theorie (auch Gleichheits- oder Gerechtigkeitstheorie) ist ihrem Ursprung nach eine sozialpsychologische Theorie sozialer Vergleichsprozesse, die von Adams (1965) entwickelt wurde und inzwischen eine Reihe von Revisionen erlebt hat (vgl. z. B. Walster et al. 1973, 1976, Hassebrauck 1984, Harris, 1983, Greenberg, 1982). In ihrer Grundkonzeption (Adams, 1965) behauptet diese Theorie, daß zwischen zwei Personen „equity" besteht, wenn die Person p ihr Ergebnis O – (outcome – ihre Belohnungen) im Vergleich zu ihrem „input" I (Einsatz, Anstrengung) im gleichen Verhältnis sieht wie die Relation dieser beiden Größen bei einer anderen Person, wenn also gilt:

$$\frac{O_p}{I_p} = \frac{O_a}{I_a}.$$

Die Revisionen und Erweiterungen dieses Ansatzes sind vor allem Versuche, die subjektiv erlebten Gleichheiten oder Ungleichheiten algebraisch korrekt zu repräsentieren. Zwar ist die „equity"-Theorie vor allem auf Probleme der Bezahlung von Mitarbeitern angewendet worden (vgl. die Literaturübersicht bei Miner, 1980), es gibt jedoch einige Arbeiten, die diese Konzeption auch auf Absentismusprobleme und Arbeitsplatzwechsel angewendet haben (vgl. Miner, 1980). Zwar belegen vor allem die experimentellen Untersuchungen die Brauchbarkeit des theoretischen Ansatzes, für die Organisationspraxis bleiben jedoch einige Probleme weitgehend ungelöst: So ist die jeweilige, subjektiv zu wählende Bezugsperson oder Bezugsgruppe nur individuell zu bestimmen; die Theorie macht keine Angaben darüber, was als „input" oder „output"-Größen überhaupt berücksichtigt werden kann und wie sich diese Größen, die sich in vielerlei Aspekten unterscheiden können, zu einem gemeinsamen Maß an „input" oder „output" verknüpfen lassen. Auch die Reduktionsstrategien bei „inequity" werden nur sehr global beschrieben und sind für Vorhersagen zu unspezifisch. Daß zudem individuelle Differenzen bezüglich der Toleranzschwellen für Ungleichheiten bestehen, für die in der klassischen Variante dieses Ansatzes kein „Platz“ ist, akzeptieren in ihrer neueren Publikation auch Adams & Freedman (1976). Inwieweit die erfolgreichen Anwendungen (vgl. dazu auch die Literatur bei Staw, 1984) dieser Theorie und ihre konzeptuellen Revisionen ihre Schwächen überleben, bleibt derzeit abzuwarten.

9) Die „goal-setting“ (Zielsetzungs-)Theorie von Locke (Locke, 1969, Locke, 1976, Locke et al. 1970, Locke, 1984, Mobley & Locke, 1970) formuliert eine Abfolge einzelner Variablen-Typen. In der Arbeitssituation vorfindliche Bedingungen (sog. „existents“, wie Anreize, Personen, Handlungen, Ergebnisse) werden als Kognitionen abgespeichert, die mit Hilfe evaluativer Standards (Werte) beurteilt werden: „Die Form, in der diese Werturteile erfahren werden, sind Emotionen“ (Locke et al. 1970, 136). Diese emotionalen Reaktionen beeinflussen die individuellen Zielsetzungen, die selbst wiederum die Handlungen einer Person beeinflussen. Arbeitszufriedenheit leitet sich zwar aus der wahrgenommenen Diskrepanz zwischen intendierter und tatsächlicher Leistung ab, so daß Zielerreichung als positiver emotionaler Zustand zur Arbeitszufriedenheit führt, insofern jedoch die Zielsetzung abhängig ist von den gesetzten Standards oder Werten, ist AZ oder AUZ eine Funktion der wahrgenommenen Beziehung zwischen dem, was man von seinem Beruf erwartet und dem, was er anzubieten hat. Sowohl die Ziele als auch die Standards oder Werte sind durch Inhalte und Intensitäten oder Wichtigkeiten charakterisiert, was nichts anderes heißen soll, als daß wichtigere Inhalte auch diejenigen sind, die einen höheren Beitrag zur AZ, aber auch zur AUZ leisten. Die primär laborexperimentellen Arbeiten von Locke (1965, 1968) und Locke et al. (1970) liefern eine überzeugende Bestätigung für diesen Ansatz (vgl. auch die Darstellung bei Miner, 1980).

10) Das Modell von Bruggemann et al. (1975) stellt den Versuch dar, aus einer Theorie der Motivationsdynamik mit Hilfe des Konstrukts individueller Erlebnisverarbeitungsprozesse unterschiedliche Formen der AZ zu erklären (vgl. Abb. 5, S. 376). Die Prozesse, die als entscheidend für die Genese unterschiedlicher Ausprägungsformen der AZ angenommen werden, sind: „1. Befriedigung bzw. Nicht-Befriedigung der Bedürfnisse und Erwartungen zu einem gegebenen Zeitpunkt; 2. Erhöhung, Aufrechterhaltung oder Senkung des Anspruchsniveaus als Folge von Befriedigung oder Nicht-Befriedigung; 3. Problemlösung, Problemfixierung, Problemverdrängung im Falle der Nicht-Befriedigung“ (Bruggemann et al. 1975, 132). Der „Start-Punkt“ des Modells sind Ist-Soll-Wert Vergleiche, bei denen man sich darüber klar sein muß, daß derartige Differenzen bereits individuell verarbeitete Diskrepanzen sind und nicht veridikale Urteile. Die unterschiedlichen Formen der AZ, auf deren Ableitung hier nicht eingegangen wird, werden zwar in ihrer Vollständigkeit von Neuberger (1976) kritisiert, bieten aber nach wie vor eines der differenziertesten Schemeta zur Klassifikation des Konstrukts AZ an. Die vorliegenden empirischen Untersuchungen (Bruggemann 1976, Schwatlo 1977, Neuberger & Allerbeck 1978)

bestätigen das Modell in der Regel nur partiell, was nicht zuletzt an dem verwendeten AZ-Fragebogen liegt, der z. T. sehr komplexe Fragen enthält und die einzelnen AZ-Formen mit nur je zwei Items erfaßt. Strukturierte Interviews (mit fixem Fragensatz und offenen Antwortmöglichkeiten) wären sicher angemessener. Insgesamt ist diese „genuine" Theorie der AZ aus der Perspektive der Motivationsforschung jedoch ein verdienstvoller Anfang.

Abschließend soll nur aufzählend auf einige Theorien verwiesen werden, die aufgrund ihrer noch fehlenden oder nur kursorischen empirischen Überprüfung nicht vorgestellt wurden:

- die AZ-Theorie von Kalleberg (1977),
- die „Opponent-Process" Theorie von Landy (1978),
- eine strukturelle Theorie der AZ von Ben-Porat (1981).

4.1.3.12 Korrelate der Arbeitszufriedenheit

4.1.3.12.1 Arbeitszufriedenheit und Arbeitsleistung

Daß AZ mit Arbeitsleistung in positiver Weise hoch kovariieren sollte, mag zwar wissenschaftshistorisch ein Relikt der Human-Relations-Bewegung sein, es fällt jedoch nach wie vor schwer, die einschlägigen Ergebnisse der Sammelreferate zu akzeptieren, die nur minimale Korrelationen zwischen AZ und Arbeitsleistung aufweisen. Im ersten umfangreicheren Sammelreferat kommen Brayfield & Crockett (1955) bereits zum Ergebnis, daß zwischen den beiden Variablen – kontraintuitiv – keine Beziehung besteht. Herzberg et al. (1959) schätzen die Beziehung zwar insgesamt enger ein, legen aber deutlich weniger strenge Maßstäbe bei der Auswertung an: „Eine Zählung der Untersuchungen, in denen der Effekt der Einstellungen auf die Produktivität gemessen wurde, zeigt, daß in 54 % der berichteten Untersuchungen hohe Zufriedenheit mit hoher Leistung verbunden war; in 35 % waren Zufriedenheit und Leistung nicht verbunden; in 11 % war hohe Zufriedenheit mit niedriger Leistung verbunden" (zit. nach Rosenstiel, 1975, 385). Korrigiert wird diese eher positive Bilanz dann jedoch wieder durch die Auswertung von Vroom (1964), der nach der Auswertung von 20 Untersuchungen eher lapidar feststellt: „Es gibt keine einfache Beziehung zwischen Arbeitszufriedenheit und Arbeitsleistung. Die Korrelationen zwischen diesen Variablen variieren innerhalb eines extrem weiten Bereichs und die medianisierte Korrelation von .14 hat wenig theoretische oder praktische Bedeutung" (Vroom, 1964, 186). Zusätzliche Aufstellungen von Arbeiten über den Zusammenhang von AZ und Arbeitsleistung (vgl. etwa Neuberger, 1974b, 170–171) belegen diese minimale Beziehung.

Auch die neueste uns zugängliche Publikation auf diesem Gebiet von Iaffaldano & Muchinsky (1985) kommt nach der Durchführung einer Meta-Analyse an insgesamt 74 empirischen Studien aus 70 publizierten Artikeln, in denen die Daten von insgesamt N = 12192 Personen ausgewertet wurden und 217 Korrelationskoeffizienten zwischen AZ und Leistung berücksichtigt wurden, zu einem r von .146 (bei einem korrigierten r von .17).

Diese sehr sorgfältig durchgeführte Analyse kommt also zu dem numerisch beinah identischen Wert wie die Auswertung von Vroom (1964). Auch zusätzlich durchgeführte Auswertungen, etwa nach dem Jahr der Publikation der Arbeiten, der Erfassung der AZ mit standardisierten Verfahren vs. Verfahren, die für die jeweils einzelne Untersuchung entwickelt wurden oder die Unterscheidung nach der Erhebung genereller AZ vs. spezifischer Facetten der AZ konnten das Ergebnis nicht korrigieren. Die Autoren kommen dann auch abschließend zu einer pessimistischen Einschätzung: „Es scheint, als ob die Beziehung zwischen Zufriedenheit und Leistung das ist, was Chapman & Chapman (1969) eine illusionäre Korrelation genannt haben, eine wahrgenommene Beziehung zwischen zwei Variablen, von der wir denken, daß sie logisch oder intuitiv miteinander verbunden sein müßten, aber dies tatsächlich nicht sind“ (Iaffaldano & Muchinsky, 1985, 270).

Daß die Ergebnisse ähnlich niedrig ausfallen wie in der sozialpsychologischen Einstellungs-Verhaltens-Forschung (vgl. Wicker, 1969, Fishbein & Ajzen, 1975, Six, 1980) bleibt nur ein billiger Trost. Praktische Konsequenzen haben die Ergebnisse insofern, als daß differentielle Maßnahmen erforderlich sind, um zu einer Verbesserung der Arbeitszufriedenheit bzw. zu einer Verbesserung der Arbeitsleistung zu kommen.

Nun werden zwar immer wieder zahlreiche Gründe dafür angeführt, weshalb diese Beziehung so niedrig ausfällt, wie z. B.:

- Unreliabilität der AZ-Maße und der Leistungsmaße
- globale Erfassung der AZ, der spezifische Leistungsmaße gegenübergestellt werden
- vielfach Erhebung von Gruppendaten anstelle von Individualdaten
- situative Einflüsse und Moderator-Effekte.

Es sollte jedoch auch deutlich sein, daß die generell berichtete hohe AZ (vgl. S. 370) ein Grund dafür ist, daß der Zusammenhang eher gering ausfällt. Darüber hinaus bleibt eigentlich unverständlich, wieso eine einzige Variable (AZ), von der angenommen wird – und die in den vorangegangenen Kapiteln dargestellten theoretischen Ansätze haben dies gezeigt –, daß sie von einer Vielzahl von Variablen beeinflußt wird, als ein derartig präpotenter Prädiktor der Arbeitsleistung wirksam werden sollte. Hunter & Hunter (1984) haben in ihrer Meta-Analyse eine ganze Reihe von Prädiktoren für „job performance“ zusammengestellt, und es wäre für eine genuine Analyse über den Kausalzusammenhang von Arbeitsleistung und ihren Determinanten ohnehin angemessener, anstelle korrelativer Beziehungen Dependenzanalysen zu erstellen, wie dies in der Einstellungs-Verhaltens-Forschung inzwischen mehr und mehr Praxis wird (vgl. Six et al. 1985).

4.1.3.12.2 Arbeitszufriedenheit und Absentismus (Fehlzeiten)

Da zur Erfassung der Absentismusrate (Fehlzeiten) mehrere Indikatoren verwendet werden (Erkrankungen, Unfälle, sog. „sonstige Gründe“) und derartige Angaben nicht immer mit den tatsächlichen Gründen des Arbeitnehmers übereinstimmen müssen, ist eine globale Bewertung des Gesamtzusammenhangs zwischen Absentismus und AZ nicht unproblematisch. Geringe Absentismusraten sind wohl kaum ein valider Indikator für hohe Arbeitszufriedenheit und hohe Absentismusraten lassen sich auch auf andere Ursachen zurückführen als ausschließlich auf Arbeitsunzufriedenheit.

Zusammenfassungen der Ergebnisse über den erwarteten negativen Zusammenhang zwischen AZ und Absentismus finden sich bei Brayfield & Crockett (1955), Vroom (1964), Herzberg et al. (1959), Porter & Steers (1973), Nicholson et al. (1976), Goodman & Atkin (1984), Clegg (1983), Hackett & Guion (1985). Sie divergieren zwar hinsichtlich der Angabe über die Höhe des korrelativen Zusammenhangs; höher als -.40 wird er jedoch in keinem Fall angesetzt.

Neuberger (1974 b) schätzt den Zusammenhang auf -.25, Porter & Steers (1973, 167) sprechen der AZ zwar einen „signifikanten Einfluß“ auf die Absentismusrate zu, geben jedoch weder einen zahlenmäßigen Beleg dafür, noch liefern sie eine stichhaltige Begründung dafür, inwiefern sich aus korrelativen Daten gerade diese Determinationsrichtung ergibt. Nicholson et al. (1976) sind nach der Auswertung von 29 Untersuchungen aufgrund der gefundenen methodischen Unzulänglichkeiten entschieden vorsichtiger und konstatieren eher das Fehlen eines Zusammenhangs zwischen beiden Variablen.

Steers & Rhodes (1978) haben nach der Inspektion von 104 empirischen Studien ein Prozeß-Modell der Beziehung zwischen AZ und Absentismus entwickelt, aus dem deutlich wird, wie „indirekt“ die Beziehung zwischen AZ und Absentismus ist (vgl. Abb. 9, folgende Seite).

Auf alternative Modellvorstellungen soll an dieser Stelle nur bibliographisch verwiesen werden (Morgan & Herman, 1976, Hirschman, 1970, Johns & Nicholson, 1982).

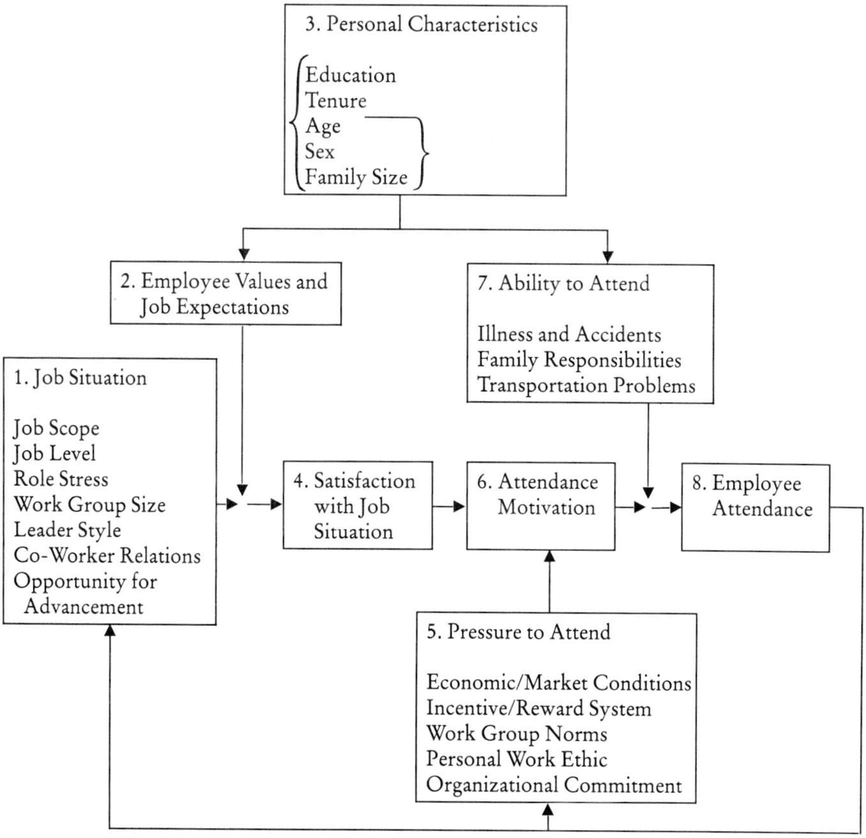

Abb. 9: Prozeßmodell der Beziehung zwischen AZ und Absentismus; aus Steers & Rhodes, 1978

In ihrem umfangreichen Sammelreferat hat Rhodes (1983) in 45 Studien den Zusammenhang zwischen Alter und Absentismus untersucht und kommt bei Berücksichtigung der Unterscheidung von vermeidbarem und nicht-vermeidbarem Absentismus zu unterschiedlichen Ergebnissen für Männer und Frauen. Vermeidbarer Absentismus ist in männlichen Vpn-Gruppen bei den Älteren weniger zu finden als bei den Jüngeren, während nicht-vermeidbarer Absentismus bei den älteren, männlichen Arbeitnehmern häufiger auftritt. Bei den Frauen ließen sich deutliche Alterstrends sowohl für vermeidbaren wie nicht-vermeidbaren Absentismus nicht ableiten.

Nach wie vor sind derartige Studien jedoch sowohl mit der mangelnden Reliabilität der AZ-Maße wie mit der geringen Reliabilität der Absentismus-Maße behaftet (vgl. hierzu Clegg, 1983, Hackett & Guion, 1985), so daß z. B. das Ergebnis einer Studie von Breaugh (1981), wonach die Vorhersage von Absentismus mit Hilfe vorheriger

Abwesenheitszeiten besser war als mit Hilfe von AZ-Maßen, eigentlich nurmehr Aussagen über die unterschiedliche Invalidität beider Maße zuläßt.

Hackett & Guion (1985) beklagen denn auch die konzeptionellen wie die methodischen Probleme der Absentismusarbeiten. Bei nicht weniger als 41 Indikatoren für Absentismus, den nur mittleren Reliabilitätswerten, die z. B. für den Frequenz-Index (bloße Häufigkeit der Abwesenheit) bei einem Median von .51 lagen, bei einer Streuung von -.25 bis .75; für den sog. „Einstellungs-Index" (Häufigkeit des eintätigen Fehlens) ergab sich ein medianer Reliabilitätswert von .41, mit einer Streuung von -.08 bis .75; für den „Time-Lost-Index" (Summe der Tage, an denen ein Arbeitnehmer nicht an seinem Arbeitsplatz war, ausschließlich Ferien und Ruhetage) ein medianisierter Reliabilitätswert von .66 mit einer Streuung zwischen .17 und .99.

Die anschließende Meta-Analyse von Hackett & Guion (1985) mit 31 Untersuchungen ergab für die kombinierte Auswertung (über alle verwendeten Absentismus-Maße und alle AZ-Maße hinweg) eine Korrelation zwischen AZ und Absentismus von -.09. Nur allzugut ist das Resümee ihrer aufwendigen empirischen Arbeit, die hier im einzelnen nicht dargestellt werden kann, zu verstehen: „In view of results reported here, it is clear new research directions are needed to determine the psychological processes, antecedents, and consequences of staying away from work" (Hakkett & Guion, 1985, 376).

4.1.3.12.3 Arbeitszufriedenheit und Fluktuation

Im Unterschied zu Maßen für die Mobilität von Arbeitnehmern innerhalb oder zwischen Branchen und Wirtschaftszweigen oder auch den gesamtwirtschaftlichen Arbeitskräftebewegungen, bezeichnet Fluktuation (turnover) in unserem Zusammenhang den Wechsel des Arbeitsplatzes („a permanent movement beyond the boundary of an organization", Macy & Mirvis, 1983, 142), womit in der Regel nichts anderes gemeint ist, als daß innerhalb einer Organisation ein Arbeitsplatz aufgegeben wird und eine Stelle in einer anderen Organisation angetreten wird. Die zusätzlich getroffenen Unterscheidungen in „freiwillige" oder „unfreiwillige" Fluktuation – wer kündigt wem – macht in der Praxis insofern Schwierigkeiten als die Bedingungen im Einzelfall nur schwer auszumachen sind, wer primär die Kündigung intendiert hat. Fluktuation, meist als Kostenfaktor für die Organisation verbucht, da sie als dysfunktional eingeschätzt wird, ist vor allem bei einem Überangebot an Arbeitskräften u. U. sehr wohl von „funktionaler" Bedeutung, wenn auf diese Weise Arbeitsplätze eingespart werden können bzw. billigere oder qualifiziertere Arbeitskräfte eingestellt werden können (Dalton et al. 1981). Dalton et al. (1981) haben deshalb vorgeschlagen, neben der Unterscheidung „funktional" vs. „dysfunktional" das Fluktuationsverhalten danach zu klassifizieren, ob es eher „unvermeidbar" oder „kontrollierbar" war (vgl. zusätzlich die Klassifikation verschiedener Fluktuationsarten bei Bluedorn, 1978).

Die vorliegenden Gesamtdarstellungen zum Thema Fluktuation (Mobley 1982, Mobley et al. 1979, Mowday et al. 1982, Muchinsky & Tuttle, 1979, Muchinsky & Morrow, 1980, Porter & Steers, 1973, Price, 1977, Steers & Mowday, 1981) dokumentieren ein anhaltendes Interesse an dieser Fragestellung. Muchinsky & Morrow (1980) schätzen die literarische Produktion auf über 1500 Einzelarbeiten, Steers & Mowday (1981) auf ca. 1000 Fluktuationsstudien und insgesamt 13 Überblicksartikel in den letzten 25 Jahren.

Wie sich bei der Darstellung einzelner Modelle noch zeigen wird, sind dies bei weitem nicht nur Studien, in denen AZ die zentrale Rolle als kovaiierendes Merkmal spielt, sondern neben biographischen und demographischen Merkmalen der Personen auch Merkmale der Arbeitssituation, der Arbeitstätigkeit, der Bezahlung, der Leistung und – vor allem in makrosoziologischen Arbeiten – Merkmale des Arbeitsmarktes. Die neueren psychologischen Arbeiten untersuchen zunehmend Fluktuationsverhalten im Längsschnitt und sind dabei, mit zum Teil gutem Erfolg, solche Variablen ausfindig zu machen, die einen höheren gemeinsamen Varianzanteil aufdecken als AZ; vor allem solche Variablen wie „Fluktuationsneigung" (intention to leave) und „Verpflichtung gegenüber der Organisation" (organizational commitment) haben sich in mehreren Untersuchungen als brauchbar erwiesen. Da die unterstellte negative Beziehung zwischen AZ und Fluktuation als bivariate Messung keine Schlußfolgerung auf die Bedingungsverhältnisse zuläßt, werden zunehmend pfadanalytische Modelle verwendet, die als Längsschnittuntersuchungen angelegt sind und in denen neben AZ weitere Prädiktoren für die Vorhersage von Fluktuationsverhalten eingehen.

Nicht zuletzt dadurch, daß inzwischen mehr als 30 verschiedene Maße oder Indikatoren zur Erfassung der Fluktuation vorliegen (Wolpin & Burke, 1985), wird die Vergleichbarkeit der Studien untereinander erschwert. Hinzu kommt, daß „absolute" Prozentangaben für eine bestimmte Organisation wenig aussagekräftig sind, da die branchen- und organisationsspezifischen Fluktuationen jeweils spezifische „Basisraten" haben, von konjunkturellen Schwankungen abgesehen – die einen direkten Vergleich sehr erschweren. Die relativ hohen Fluktuationszahlen im Baugewerbe sind so z. B. nicht mit den geringen Zahlen im Öffentlichen Dienst vergleichbar.

Mit wenigen Ausnahmen sind die vorliegenden Untersuchungen an den Interessen der Organisation orientiert, da beinahe ausschließlich „freiwillige" Fluktuation untersucht wird, die sich nur selten mit den Interessen der jeweiligen Organisation vereinbaren.

Die gefundenen korrelativen Zusammenhänge zwischen AZ und Fluktuation werden mit relativ hoher Übereinstimmung in den einschlägigen Übersichtsartikeln (Porter & Steers, 1973, Price, 1977, Mobley et al. 1979) summarisch mit einem gemeinsamen Varianzanteil von nicht höher als 16 % eingeschätzt, wobei dies eine sehr wohlwollende obere Grenze ist, da Korrelationskoeffizienten um .40 zwischen AZ und Fluktuation nur sehr selten zu finden sind. Die im einzelnen zum Fluktuationsverhalten entwickelten Modelle lassen sich denn auch dadurch kennzeichnen, daß sie der Variablen AZ zwar vielfach immer noch einen zentralen Platz in diesen Modellen zuweisen, darüber hinaus aber weitere Variablen als Prädiktoren aufnehmen. Nicht zuletzt deshalb ist das Minimal-Modell der „Met Expectations" (Porter & Steers, 1973), wonach es deshalb zu Fluktuationen kommt, weil die aufgestellten Erwartungen der Arbeitnehmer bei Beginn ihrer neuen Stelle nicht erfüllt wurden, nur noch von untergeordneter Bedeutung.

Wir können auf die Modelle an dieser Stelle im einzelnen nicht eingehen, sondern werden nur zwei Arbeiten exemplarisch aufführen, die uns als repräsentativ für die angebotenen Modelle bei Bluedorn (1982), Greenhalgh (1980), Martin (1979), Price (1977), Price & Mueller (1981), Steers & Mowday (1981) verwiesen. Die empirische Überprüfung der Modelle führt in vielen Fällen dazu, daß die zahlreichen Variablen der Modelle (z. B. enthält das Modell von Bluedorn 15 Variablen, das von Martin ebenfalls 15 Variablen, Price & Müller 11 Variablen) reduziert werden oder aber modifiziert und zum Teil sogar noch ergänzt werden, so daß die ursprüngliche Modellkonzeption z. T. verloren geht.

Mobley et al. (1979) haben im Anschluß an ihr Sammelreferat ein Variablenschema entwickelt, in dem die „primären Variablen" und Prozesse der Fluktuation abgebildet sind. Das Schema ist in dieser Form einer empirischen Überprüfung kaum zugänglich, da zusätzlich zu solchen Variablen wie z. B. AZ, individuelle Wertvorstellungen, Kündigungsabsicht, auch noch ökonomische Einflußgrößen und Marktbedingungen eingehen, die z. T. nur aufwendig oder sehr schwierig zu ermitteln sind. Ein weniger aufwendiges Vorläufermodell von Mobley et al. (1978) ließ sich teilweise von den Autoren und auch in weiteren Replikationsstudien (vgl. Bluedorn, 1982) annähernd gut bestätigen, wobei sich als wichtige Antezendenzbedingung für die Fluktuation in sämtlichen bei Bluedorn (1982) referierten Studien zu diesem Modell, die Intention, die Stelle aufzugeben („intention to leave") erwies.

Michaels & Spector (1982) haben das Modell von Mobley et al. (1979) in seiner Variablenvielfalt reduziert und modifiziert, zusätzlich aufgenommen wurden die Variablen „organizational commitment" und „preemployment expectancies", d. h. die Erwartungen der Mitarbeiter, bevor sie ihre neue Stelle antraten. Von den ursprünglichen 11 Prädiktoren (vgl. Abb. 10) blieben nach einer Pfadanalyse noch sieben Variablen übrig, die signifikante Pfadkoeffizienten aufwiesen (vgl. Abb. 10). Dieses Modell leistete eine Varianzaufklärung von 19 % im bezug auf die Fluktuationsvariable, die sechs Monate nach der Erhebung der Fragebogendaten gemessen wurde.

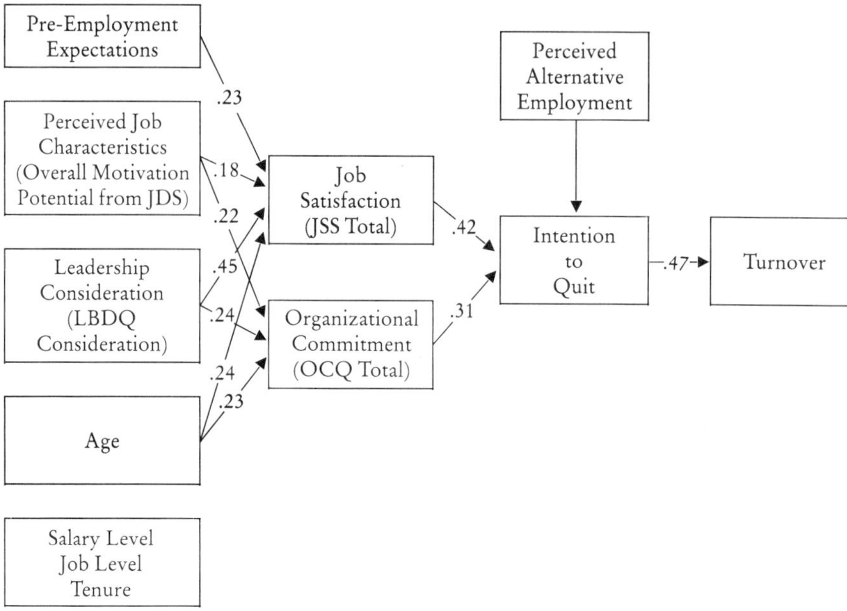

Abb. 10: Endgültiges Pfadmodell, einschließlich der eliminierten Variablen, nach Michaels & Spector, 1982, 57.

Youngblood et al. (1983) haben, ebenfalls mit Bezug auf das Modell von Mobley et al. (1979), eine Langzeitstudie mit Marineangehörigen über einen Zeitraum von vier Jahren durchgeführt.

Zwar haben sie eine andere Variablenauswahl aus dem Schema von Mobley et al. (1979) getroffen, was nicht nur die Vergleichbarkeit der beiden Studien erschwert, sondern auch deutlich werden läßt, daß es sinnvoller ist, „maßgeschneiderte" Modelle zu entwickeln, die einer direkten empirischen Prüfung zugänglich sind, anstatt aggregierter Variablenansammlungen, die ein Kondensat der bisherigen Forschung repräsentieren.

Die Ergebnisse von Youngblood et al. (1983) belegen, daß die von den Autoren ausgewählten Variablen signifikant zwischen denjenigen differieren, die die Marine im Anschluß an die vier Jahre verließen bzw. weiterhin Dienst taten, wobei zu den verschiedenen Meßzeitpunkten AZ und Fluktuation signifikant miteinander kovariierten. Wie in vielen anderen Studien auch, erwies sich die Bereitschaft, die Marine zu verlassen (intent to leave) als wichtiger Prädiktor für das spätere Fluktuationsverhalten zu verschiedenen Zeitpunkten.

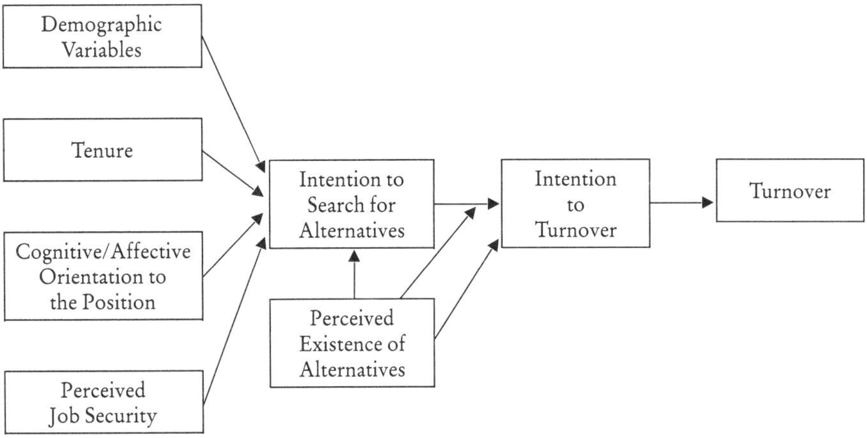

Abb. 11: Eklektisches Modell von Arnold & Feldmann, 1982, 351.

Arnold & Feldman (1982) entwickelten nach der Inspektion der vorliegenden Modelle zunächst einmal ein eklektisches Modell des Fluktuationsprozesses (vgl. Abb. 11), das sie nach ihrer empirischen Untersuchung an 1058 Mitarbeitern ebenfalls revidieren mußten.

Einen vollständigen Datensatz, einschließlich der Fluktuationsdaten, die nach einem Jahr erhoben wurden, erhielten sie von 654 Personen. Die Korrelation zwischen AZ und Fluktuation betrug -.24 und lag damit zwar in der Größenordnung der Korrelationen der übrigen Variablen (z. B. „organizational commitment“ und Fluktuation $r = -.26$), macht jedoch deutlich, wie wichtig es ist, multivariate Studien durchzuführen, um sich nicht nur auf einen Prädiktor verlassen zu müssen.

Das revidierte Modell mit 6 Prädiktoren (vgl. Abb. 12) führte zwar zu einer Varianzaufklärung von 19%, von den sechs Prädiktoren leisteten jedoch nur vier einen signifikanten Beitrag zur Varianzaufklärung („tenure“-Unkündbarkeit; AZ, wahrgenommene Sicherheit des Arbeitsplatzes; Bereitschaft, nach alternativen Stellen zu suchen). Die Variablen „organizational commitment“ und „Alter der Beschäftigten“ waren für die Vorhersage des Fluktuationsverhaltens unbedeutend, führten jedoch gemeinsam mit der Variablen „AZ“ zu einer Varianzaufklärung der „Intentionsvariablen“ (der Bereitschaft, nach alternativen Stellen zu suchen) von immerhin 50%.

Daß die berufliche Qualifikation sowohl für die AZ als auch für die Intention, sich eine andere Stelle zu suchen, eine wichtige Moderator-Variable sein kann, belegt die Untersuchung von Thompson & Terpening (1983), die sich bei ihrer Modellbildung an dem von Martin (1979) entwickelten Modell orientierten und es leicht modifizier-

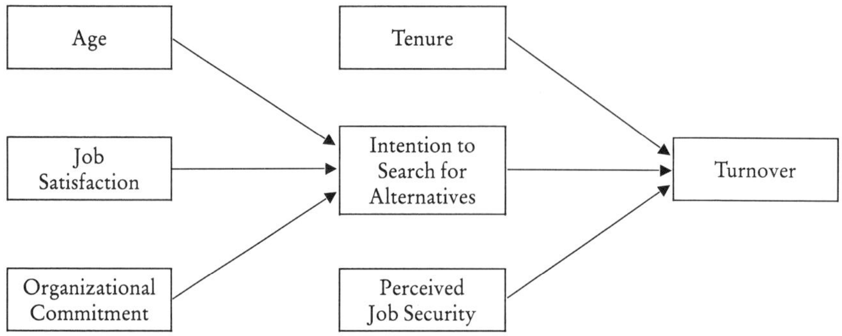

Abb. 12: Modifiziertes Modell von Arnold & Feldman, 1982, 359.

ten. In den beiden von den Autoren unterschiedenen Berufsgruppen („high-skilled" vs. „low-skilled") ließen sich sowohl unterschiedliche als auch unterschiedlich viele Determinanten für AZ und die Intention, sich eine andere Stelle zu suchen, nachweisen. Für die Gruppe der „high-skilled"-Personen ergab sich für die AZ mit 5 Variablen eine Varianzaufklärung von 48 %, für die „low-skilled" Gruppe mit sechs Variablen eine Varianzaufklärung von 42 %. Die Bereitschaft, sich eine neue Stelle zu suchen (die Fluktuation wurde nicht in die Untersuchung einbezogen) führte zu einer Varianzaufklärung von 42 % (high-skilled) bzw. 31 % (low-skilled), wobei die Korrelation zwischen AZ und der Bereitschaft, sich eine neue Stelle zu suchen, für beide Gruppen -.31 betrug.

Die Untersuchung von Thompson & Terpening (1983) zeigt, wie einige andere Arbeiten auch, die u. a. bei Mobley et al. (1979) referiert werden, daß die inhaltlichen Aspekte der Berufstätigkeit aber auch die Qualifikationen für diese Tätigkeit sowohl für das Ausmaß der Fluktuation wie auch für die Beziehung zwischen AZ und Fluktuation wichtig sind. Daß die „Bereitschaft, die Organisation zu verlassen" (intent to leave) eine wichtige Variable ist, die vielfach besser als AZ dazu in der Lage ist, Fluktuationsverhalten vorherzusagen, reduziert sich u. E. auf die Feststellung, daß Einstellungen (wie z. B. AZ) generell zur Verhaltensvorhersage (Fluktuation) weniger gut brauchbar sind als Verhaltensintentionen (intent to leave).

Die dazu vorgelegten Arbeiten (vgl. Mobley et al. 1979, Bluedorn, 1982, Kraut, 1975) belegen dies dann auch deutlich, wobei die Ergebnisse nicht immer so eindeutig ausfallen wie in der Studie von LaRocco (1983), in der zwar die Bereitschaft, die Organisation zu verlassen, einen signifikanten Einfluß auf das Verhalten hatte, nicht aber die Arbeitszufriedenheit.

Einer Variablen, der neben der AZ zunehmend mehr Beachtung als relevanter Prädiktor für Fluktuationsverhalten in der Literatur geschenkt wird, ist „organizational commitment". Diese Selbstverpflichtung gegenüber der Organisation – zwischen Loyalität und Identifikation – eignete sich in einigen Untersuchungen wesentlich besser zur Vorhersage von Fluktuation als AZ (vgl. z. B. Porter et al. 1974, Marsh & Mannari, 1977, Steers, 1977, Mowday et al. 1982, Bluedorn 1982).

Langzeitstudien von Rusbult & Farrell (1983) und Sheridan & Abelson (1983) belegen zusätzlich die Relevanz dieser Variablen, die in zukünftigen Arbeiten auf diesem Gebiet nicht außer acht gelassen werden sollte.

Welche Maßnahmen zur Reduktion von Fluktuation denn nun aber wirkungsvoll eingesetzt werden sollten, bleibt als zentrale Frage mit wenig befriedigenden Antworten. Die Meta-Analyse von McEvoy & Cascio (1985) macht noch einmal deutlich, daß weder die Erweiterung des Aufgabenbereichs („job enrichment") noch Informationen über die zukünftigen Stellenanforderungen und die Erwartungen an den Mitarbeiter (realistic job previews) taugliche Maßnahmen zur Reduktion der Fluktuation sind. Gewichtete Bewerbungsunterlagen scheinen – bei allen Vorbehalten – bessere Vorhersageleistungen für spätere Fluktuationen zu sein (McEvoy & Cascio, 1985). Angesichts der Tatsache, daß Fluktuation und Organisationsleistung, trotz aller entstandenen Kosten für die Fluktuation, nicht miteinander korrelieren (Jackofsky, 1984), wird es zu einem Rechenexempel, wann Maßnahmen zur Reduktion der Fluktuation „billiger" sind als ihr finanzieller Verlust.

4.1.3.13 Arbeitszufriedenheit – Perspektive und Perspektivität einer unendlichen Geschichte

Daß in den vorangegangenen Abschnitten nicht sämtliche Themenbereiche zum Problem Arbeitszufriedenheit aufgeführt werden konnten, zeigt die Themenliste, die hier nicht abgearbeitet wurde: Wir haben auf eine Diskussion der Beziehung zwischen Absentismus und Fluktuation verzichtet (Lyons, 1972, Wolpin & Burke, 1985), auf Untersuchungen zur Arbeitssituation und AZ (vgl. Benninghaus, 1978, Büssing, 1983), auf die Arbeiten zur Beziehung zwischen Tätigkeitsmerkmalen und AZ (Adler et al. 1985, Caldwell & O'Reilly 1982, James & Jones, 1980, Loher et al. 1985) und nicht zuletzt auch auf die Untersuchungen der (unterschiedlichen) Einstellungen zur Arbeit von Männern und Frauen (vgl. hierzu die sehr aufschlußreiche Publikation von Agassi, 1984, einschließlich der in der annotierten Bibliographie zusammengestellten Literatur).

Auf die übliche Gliederung in Antezendens- und Konsequenzbedingungen von AZ wurde vor allem deshalb verzichtet, weil eine derartige Trennung eine Systematik suggeriert, die es u. E. nicht gibt. Wechselseitige Einflüsse (non-rekursive Beziehungen) zwischen AZ und den übrigen Person- und Organisationsvariablen als

Denkmodelle zu etablieren erscheint vielversprechender als unikausale Determinationsabläufe zu unterstellen.

Die Quintessenz der Forschungen auf dem Gebiet der AZ läßt sich aufgrund der derzeitigen Forschungen und Forschungsprogramme in den folgenden 5 Punkten zusammenfassen:

1) AZ ist als Konstrukt nach wie vor eine relevante Variable in Modellen und Theorien der Arbeits- und Organisationspsychologie.

2) Die vorliegenden Meßinstrumente sind zwar nach den formalmethodischen Kriterien kaum noch verbesserungswürdig, ihre globale Anwendbarkeit und ihre inhaltliche Validität lassen jedoch nach wie vor zu wünschen übrig.

3) Korrelative Studien von AZ und ihren vielfach willkürlich ausgewählten Korrelaten sind aufgrund ihrer minimalen Ausprägung und der nicht angebbaren Richtung der Bedingungskonstellation wenig brauchbar.

4) Im Kontext von Modellentwicklungen ist AZ nach wie vor ein zentraler Prädiktor, auf den Untersuchungen, in denen die subjektive Arbeitssituation als wichtige Einflußgröße fungiert, nicht verzichten sollten.

5) AZ als Maß der Erlebnisverarbeitung der Arbeitstätigkeit sollte in Zukunft noch stärker als zuvor in Langzeitstudien untersucht werden, wobei den unterschiedlichen Formen der AZ (vgl. Bruggemann et al. 1975) stärkere Beachtung geschenkt werden.

Die auch in dieser Darstellung zum Teil skeptische Einschätzung der empirischen und theoretischen Forschungsarbeiten ist kein Anlaß zur resignativen Betrachtung.

Kapitel 4.1.4

Leistungsbeurteilung

Heinz Schuler

4.1.4.1 Funktionen der Leistungsbeurteilung

Wo Leistung bewertet wird, treten Differenzen leistungsbezogenen Verhaltens und der Verhaltensergebnisse in den Blickpunkt. McCormick & Tiffin (1974) beziffern die typische Leistungsdifferenz für verschiedene Produktionstätigkeiten auf 1 : 2 bis 1 : 3 (als Verhältnis der Leistung des am wenigsten produktiven zu der des produktivsten Arbeiters). Hull (1928) nennt für Schuster einen Quotienten von 1 : 1,5 und für Löffelpolierer einen von 1 : 5,1.

Gilbert (1978) gibt als Schätzungen für Manager 1 : 3 bis 1 : 6, für Versicherungsverkäufer 1 : 14 und für Rechtsanwälte (Kriterium: Schadensersatzleistungen) 1 : 20 an. Noch extremere Schätzungen liegen für Programmierer und für Wissenschaftler vor. Schmidt & Hunter (1983) geben die durchschnittliche Standardabweichung der Leistung über eine große Zahl von Tätigkeiten mit 50 % des mittleren Leistungswerts an.

Mögen solche Schätzungen auch mit Vorbehalt aufzunehmen und stark von den jeweils gewählten Leistungskriterien abhängig sein – selbst eine Größenordnung von 1 : 2 legt es nahe, zum einen durch *individuelle Leistungsverbesserung* die Differenzen zu vermindern, zum anderen auf ihrer Basis *personelle Entscheidungen* zu treffen. Dies sind die beiden Hauptfunktionen der Leistungsbeurteilung. Bei differenzierender Betrachtung können folgende Verwendungszwecke als die wichtigsten genannt werden:

1) Leistungsverbesserung durch Verhaltenssteuerung (Feedback für die Beurteilten)
2) Planung, Auswahl und Gestaltung von Maßnahmen der Personalentwicklung

- individuell: Maßnahmen zur Erhöhung der individuellen Bewährungswahrscheinlichkeit und Einsatzbreite (u. a. Aufgabenerweiterung, Verhaltenstraining, Fort- und Weiterbildung)
- kollektiv: Personalentwicklungsplanung

3) Personelle Entscheidungen auf individuellem und kollektivem Niveau
   - individuell: Plazierung, Beförderung, Versetzung, Übernahme, Kündigung
   - kollektiv: Personalplanung
4) Gestaltung von Arbeitsbedingungen (Arbeitsplatz und Arbeitsumgebung), Ausgangspunkt von Organisationsdiagnose und Organisationsentwicklung
5) Gehalts- und Lohnbestimmung
6) Individuelle Beratung und Förderung von Mitarbeitern
7) Verbesserung der Führungskompetenz der Vorgesetzten
8) Evaluation von Selektionskonzepten, personellen Entscheidungen, Maßnahmen der Personalentwicklung, Programmen der Organisationsentwicklung, Anreiz- und Verstärkungssystemen.

Als zusätzliche Funktionen der Leistungsbeurteilung, wenngleich zumeist nicht expliziert (und wohl nicht immer intendiert), können genannt werden:

9) Artikulation von Anforderungen an Arbeitstätigkeit und soziales Verhalten (Leistungsbeurteilung als Instrument der betrieblichen Sozialisation, der Motivierung und Verhaltenssteuerung)
10) Hervorhebung der Bedeutung leistungsorientierter Personalplanung und Personalentwicklung in der Organisation.

Wie noch auszuführen ist (siehe Abschnitt 4), sind nicht alle Methoden für alle Verwendungszwecke gleichermaßen geeignet. Auch sind nicht alle dieser Funktionen untereinander kompatibel.

4.1.4.2 Theorien und Modelle des Beurteilungsvorgangs

Erwartet man als Theorie der Leistungsbeurteilung ein integratives Funktionsmodell des Verhaltens des Beurteilers wie des Beurteilten sowie beider Interaktion inklusive aller persönlichen, arbeitsplatzbezogenen und organisationalen Leistungs- und Urteilsbedingungen, so wird man die Existenz einer allgemeinen Theorie in Abrede stellen müssen.

Zwar wurden verschiedene Modelle beruflicher Leistung, ihrer Bedingungen und Entwicklung vorgeschlagen (z. B. eine Taxonomie menschlicher Fähigkeiten von Fleishman & Quaintance 1984, ein umfangreiches „systemisches“ Modell leistungsbedingender Faktoren von Wetrogan, Olson & Sperling 1983, zit. n. Hakel 1986); deren zufriedenstellende Verknüpfung mit Darstellungen des Beurteilungsprozesses steht allerdings noch aus, obgleich diesbezügliche Versuche angeboten wurden (z. B. von Wherry & Bartlett 1982 und von Ilgen & Feldman 1983).

Theoriebezogene Beschreibungen des Beurteilens von Leistungen stellen typischerweise Integrationen sozialpsychologischer Forschungsarbeiten zur Personwahrnehmung und solcher zur Aufklärung diagnostischen Vorgehens dar (z. B. das Verhaltens-Eindrucks-Aussage-Modell von Brandstätter 1969 oder das Beobachtungs-Bewertungs-Gewichtungs-Modell von Borman 1978). Der Vorgang der Informationsaufnahme und -transformation wird gelegentlich als Prozeß der stufenweisen „Filterung“ relevanter Information auf dem Weg vom Verhalten der zu beurteilenden Person bis zur Urteilskonsequenz dargestellt (Schuler 1978, Landy & Farr 1980). Verschiedentlich wurde eine attributionstheoretische Heuristik vorgeschlagen (Ilgen, Mitchell & Frederickson 1981, Schuler 1982). Verwandt ist die Rekonstruktion des Urteilsprozesses mit Hilfe des Brunswickschen Linsenmodells (Schmitt, Noe & Gottschalk 1986). Versuche, die Informationsverarbeitung mathematisch zu rekonstruieren, zeigen gewöhnlich, daß Beurteiler eine geringere Anzahl unabhängiger Urteilsdimensionen verwenden als sie selbst vermuten (Hobson, Mendel & Gibson 1981). Nachdem die Brauchbarkeit konfiguraler Modelle aufgezeigt wurde (Stumpf & London 1981), müßte sich die Methode der „Computerunterstützten Hypothesenagglutination“ (Härtner, Mattes & Wottawa 1980) auch für diesen Zweck mit Gewinn einsetzen lassen.

Da sich in das Verhaltens-Eindrucks-Aussage-Modell auch neuere Ergebnisse der Urteilsforschung gut integrieren lassen, soll diese Heuristik hier kurz skizziert werden. Brandstätter (1969) schlug vor, den Prozeß der sozialen Urteilsbildung als gegliedert in drei „Ebenen“ zu verstehen:

1) *Die Ebene des Verhaltens.* Die erste Klasse von Determinanten, die eine Urteilsaussage – etwa eine formelle Mitarbeiterbeurteilung – bedingen, sind jene Parameter, die das Verhalten der zu beurteilenden Person selbst beeinflussen. Hierzu gehören neben den personinternen Verhaltensdeterminanten vor allem anregungsbedingende Elemente der Handlungssituation (beispielsweise andere Personen) und Wechselwirkungen zwischen diesen beiden Determinantenklassen. Aber auch Einflüsse auf das Verhalten einer Person, die außerhalb des beobachtbaren Situationsrahmens liegen (etwa berufliche Erfahrung oder familiäre Bedingungen), erweisen sich insofern als urteilsrelevant, als ihre Kenntnis und relative Gewichtung seitens des Beurteilers Bedingungen der Attribution von Verantwortung und damit

des von der beobachteten Person entstehenden Eindrucks darstellen (z. B. Mitchell & Kalb 1982).

2) *Die Ebene des Eindrucks.* Für die informationalen Prozesse, die zur Ausformung eines Eindrucks führen, ist neben den externalen Stimuli eine Vielzahl von Einflußgrößen relevant, die in der Person des Beurteilers liegen. Sowohl kognitive wie emotionale und motivationale Urteilsbedingungen lassen sich als wirksam erweisen für die – selektive – Aufnahme und Verarbeitung urteilsrelevanter Information (Tagiuri 1969). Erwartungen, Interessen, Erfahrungen, Bedürfnisse, das Selbstbild und andere Charakteristika des Beurteilers bestimmen Wahrnehmungsselektion, Informationsspeicherung, -interpretation und -abruf. Kontrast- wie Assimilationseffekte konnten oftmals in ihrer Wirkung nachgewiesen werden (Murphy, Balzer, Lockhart und Eisenman 1985), desgleichen die Wirkung subjektiver Zuordnungsregeln zwischen Verhaltensbeobachtungen und Urteilsdimensionen (Nathan & Alexander 1985). Erste Eindrücke, Stereotype, Vorinformation durch Dritte steuern leistungsbezogene Mutmaßungen und die Zuschreibung von Verantwortung (Cleveland und Landy 1983). Bei Mitchell und Kalb (1982) zeigte sich, daß erfahrene Beurteiler schwache Leistungen stärker als unerfahrene den situativen Bedingungen attribuierten. Einfluß- wie Zuschreibungsprozesse können auch dafür verantwortlich gemacht werden, daß self-fulfilling prophecies als unabhängige Bestätigungen eigener prognostischer Leistungen gewertet werden (Eden und Shani 1982). Generelle Werthaltungen und persönliche Sympathie verändern gestaltprägend den Gesamteindruck und strahlen auf die Beurteilung einzelner Dimensionen und selbst sehr spezieller Einzelleistungen aus. Beispielsweise ergab sich bei Pulakos und Wexley (1983), daß subjektive Ähnlichkeit zu positiverer Leistungseinschätzung führte. Daß die Person des Beurteilers insgesamt eine wesentliche, wenn nicht die Hauptquelle der Urteilsvarianz darstellt, konnte mehrfach nachgewiesen werden (Vance, Winne & Wright 1983).

3) *Die Ebene der Aussage.* Auch die Transformation des Eindrucks in Beurteilungsaussagen liefert keine redundante Abbildung, sondern kann ebenfalls als aktiver Gestaltungsprozeß verstanden werden. Von Einfluß auf sein Ergebnis sind neben den zu transformierenden proximalen Reizen und der gegebenen Form des Beurteilungsverfahrens mindestens zwei Klassen von Bedingungen, nämlich die *Sprachkompetenz des Beurteilers* (v. a. Semantik und Syntax) sowie seine *Urteilsstrategien*, die von seiner Motivation und Zielsetzung abhängig sind, aber auch seine Einschätzung der Urteilskonsequenzen, sein Vertrauen in das Beurteilungsverfahren und anderes widerspiegeln. Bernardin und Beatty (1984) berichten eine negative Korrelation zwischen dem Vertrauen von Vorgesetzten in die Beurteilung und ihren Beurteilungswerten für ihre Mitarbeiter. In vielen deutschen Unternehmen konnte eine deutliche Verbesserung der Beurteilungswerte beobachtet werden, nachdem das 1972 in Kraft getretene Betriebsverfassungsgesetz Arbeitnehmern erstmals das Recht auf Einsichtnahme in ihre Beurteilungen zugesprochen hatte.

Viel Aufmerksamkeit haben in den letzten Jahren *kognitivistische Reformulierungen des Prozesses der sozialen Urteilsbildung* gefunden. Ein Beispiel hierfür ist das Modell von DeNisi, Cafferty & Meglino (1984), das beschreibt, wie ein Beurteiler Information sammelt, enkodiert, speichert, abruft und zu Bewertungen kombiniert. Ilgen und Feldman (1983) schlagen vor, den Beurteilungsprozeß als Funktion dreier interagierender Systeme zu verstehen – des organisationalen Kontexts, des Informationsverarbeitungssystems des Beurteilers und des Verhaltenssystems des zu Beurteilenden. Ihr eigenes „Prozeßmodell" elaboriert allerdings vor allem wieder die Vorgänge im Beurteiler. Kerngedanke ihrer Theorie der kognitiven Kategorisierung (Feldman 1981, ähnlich Cantor & Mischel 1977) ist dabei, daß nicht die Verhaltensbeobachtungen zu dimensional kategorisierbaren Eindrücken und diese wiederum zu Globalurteilen aggregiert werden, sondern daß Personen in prototypische Globalkategorien eingeordnet werden; bei der Beurteilung werden Merkmale der betreffenden Person „erinnert", nicht weil entsprechendes Verhalten beobachtet worden wäre, sondern weil diese Eigenschaften Teile der prototypischen Kategorisierung dieser Person sind.

Daß Bewertungen nach dieser Auffassung nicht vom Beobachtungsanteil der Beurteilung zu trennen sind und Halo-Effekte unvermeidlich, verweist (ohne daß die Autoren darauf Bezug nähmen) auf eine enge Verwandtschaft dieses Modells mit gestalttheoretischen Auffassungen. Die Ähnlichkeit bezieht sich nicht nur auf die Ableitung von Einzelaussagen aus Erlebnisganzheiten, sondern auch auf das Primat emotionaler gegenüber kognitiven Reaktionen sowie auf die Transphänomenalität der Strukturierungsprinzipien (vgl. etwa Krüger 1924). Empirische Prüfungen des Modells der kognitiven Kategorisierung konnten bisher keine Überlegenheit gegenüber traditionellen Modellen nachweisen. Der Vergleich von Nathan & Lord (1983) ergab sogar eine partielle Überlegenheit der Konzeption dimensionaler Schemata innerhalb des Beobachtungs-Bewertungs-Gewichtungs-Modells von Borman (1978) gegenüber dem Ansatz von Feldman (1981).

4.1.4.3 Leistungskriterien

Jeder Versuch der Konkretisierung eines berufsbezogenen individuellen Leistungsbegriffs wird zum Ergebnis haben, daß sich seine spezifische Bedeutung jeweils erst durch die Formulierung einer Meßvorschrift – im Sinne einer operationalen Definition – ergibt, also durch die Festlegung von *Leistungskriterien* und eines *Skalierungsverfahrens*.

Im weiteren wird unterstellt, daß menschliche Leistungen in dem Sinne meßbar sind, daß Kriterien und Skalierungsverfahren zu ihrer Beurteilung prinzipiell gefunden werden können. In Frage steht lediglich die jeweilige Ausprägung der Parameter der Beurteilungsqualität (v. a. der Validität, s. Abschnitt 5), also inwieweit die Beurteilung ihre Ziele erreicht und nicht in Konflikt mit anderen Zielen führt.

Als Leistungskriterien bezeichnet man jede Art von Daten, die als direkte Leistungsmeßwerte oder als Indikatoren für Leistung (mit Einschränkung auch für Leistungsfähigkeit) interpretiert werden. Die Vielzahl der vorgeschlagenen und in praxi angewandten Kriterien entspricht der Vielfalt der Arbeitsanforderungen, von denen sie gewöhnlich in systematischer oder unsystematischer Form abgeleitet sind. Die Auswahl im gegebenen Fall bestimmt sich nach den Zielsetzungen der Beurteilung, nach der Erfaßbarkeit der Kriterien sowie nach ihrer Relevanz für Kriterien höherer Ordnung. Darüber hinaus spielen Aspekte der Ökonomie und Akzeptanz eine Rolle (s. Abschnitt 5). Zumeist wird nicht ein einziges, sondern es werden mehrere Kriterien zur Beurteilung verwendet. Zur Alternative stehen dann die Verwendung als *multiple Kriterien* und die Bildung eines *kombinierten Kriteriums*. Die unabhängige Verwendung mehrerer Einzelkriterien (multiple Form) berücksichtigt die Mehrdimensionalität beruflicher Leistung, erschwert aber gegenüber einem Einzelkriterium den Vergleich zwischen mehreren Personen. Dieser wird im Falle des kombinierten Kriteriums dadurch ermöglicht, daß aus einer linearen Kombination von Einzelkomponenten ein gewichteter Durchschnitt als Gesamtkriterium ermittelt wird. Als Basis der Gewichtung bieten sich an die Validität in bezug auf ein übergeordnetes Kriterium (korrelativ oder durch Expertenurteil bestimmt), die Reliabilität der Komponenten sowie korrelationsstatistische – z. B. faktoren- oder clusteranalytische – Zusammenhangsbestimmungen.

4.1.4.3.1 Kriterienarten

Entsprechend der Vielgestaltigkeit der möglichen Kriterien lassen sich diese zu verschiedenen Gruppierungen zusammenfassen. Die beiden wichtigsten dieser Kategorien, die *Beschreibungsebenen* und die *Quellen der Beurteilung*, werden im weiteren genauer erörtert. Daneben wurden, teilweise in Überschneidung mit der Kategorie der Beschreibungsebenen, weitere Gruppierungen vorgeschlagen, darunter folgende: subjektiv–objektiv (weich–hart), beobachtbar–erschließbar (direkt–indirekt), spezifisch–generell (konkret–abstrakt), oberzielnah–oberzielfern, dynamisch–statisch, qualitätsbezogen–quantitätsbezogen, kurzfristig–langfristig, positiv–negativ, einfach–komplex, sachbezogen–personbezogen, individuenbezogen–gruppenbezogen.

4.1.4.3.2 Beschreibungsebenen

Die meistdiskutierte Unterscheidung ist die nach den Beschreibungsebenen *Person* (Potential, Eigenschaften, Fähigkeiten), *Verhalten* (Prozeß) und *Ergebnisse* (Produkte) (Campbell, Dunnette, Lawler & Weick 1970), gewöhnlich als Kausalkette verstanden. In verschiedenen Varianten dieses Schemas werden einzelne der drei

Ebenen weiter differenziert, z. B. werden bei Wunderer, Boerger & Löffler (1979) Tätigkeits- von Verhaltenskriterien unterschieden, und Drenth (1984) spaltet die Verhaltensebene auf in inzidentelles und habituelles Verhalten. In manchen Kriterienmodellen steht die Unterscheidung von Verhalten und Ergebnissen im Vordergrund (beispielsweise bei Smith, 1976, dort eingebettet in die orthogonalen Dimensionen „zeitliche Erstreckung", „Spezifität" und „Nähe zu den Zielen der Organisation"), in anderen Fällen werden vor allem Eigenschafts- und Verhaltensbeurteilungen einander gegenübergestellt (z. B. bei Latham & Wexley 1981).

Unter den drei großen Gruppen von Beurteilungskriterien „Eigenschaften", „Verhalten" und „Ergebnisse" finden die *eigenschaftsbezogenen Kriterien*, obwohl sie in der betrieblichen Praxis nach wie vor die größte Verbreitung haben dürften, von wissenschaftlicher Seite die geringste Unterstützung (zu den Ausnahmen gehören Kavanagh 1971 und Sokol 1982, zit. n. Wexley & Klimoski 1984).

Ergebniskriterien werden seit der Zeit des Scientific Management verwendet, ihnen ist der Anstrich des Objektiven, aber auch des Mechanistischen eigen. Ihre Reliabilität wurde lange Zeit überschätzt (Smith 1976), und auch die Erwartung, daß Ergebnisdaten innerhalb von zielorientierten Führungssystemen leistungssteigernde Impulse mit humanistischen Prinzipien verbinden könnten, hat sich nur sehr partiell bestätigt (Bernardin & Beatty 1984).

Für die Verwendung *verhaltensbezogener Beurteilungskriterien* werden seit einigen Jahrzehnten die meisten Argumente ins Feld geführt (Campbell, Dunnette, Lawler & Weick 1970), und obwohl keinewegs alle Erwartungen erfüllt werden, die man auf die Konstruktion verhaltensorientierter Skalen setzte (Smith & Kendall 1963), werden Verhaltenskriterien auch in der neueren (psychologischen) Literatur bevorzugt (Bernardin & Beatty 1984, Carroll & Schneier 1982; Drenth 1984; Landy & Farr 1983; Latham 1986; Latham & Wexley 1981).

Abb. 1 führt Einsatzbereiche, Beispiele sowie potentielle Vor- und Nachteile der drei wichtigsten Kriterienarten auf. Dabei ist zu beachten, daß nicht wirklich in allen Fällen eine strikte Trennung zwischen diesen Kriterientypen vorgenommen werden kann, daß speziell in globaleren Beurteilungskriterien („Führungsleistung") alle drei Aspekte enthalten sind und daß hier nicht alle speziellen Einsatz- und Anwendungsbereiche berücksichtigt werden können. Die Zusammenstellung zeigt, daß es von der Art der Tätigkeit, von den organisationalen Bedingungen und von den Personen abhängt, welcher Kriterientyp der angemessenste ist. Vor allen Dingen aber sind die Ziele maßgeblich, die mittels der Beurteilung erreicht werden sollen: Während etwa für lernförderndes kurzfristiges Feedback eigenschaftsbezogene Beurteilungen ungeeignet sind, können sie bei prognosebezogener Beurteilung („Potentialbeurteilung") nur schwer ersetzt werden. (Prinzipiell können Prognosen zwar auch über Ähnlichkeitsbestimmungen auf der Basis von Einzelelementen oder deren Konfigu-

Tab. 1: Einsatzbereiche, Beispiele sowie potentielle Vor- und Nachteile der nach Beschreibungsebenen unterschiedenen Kriterientypen

Kriterientyp	Beispiele	Einsatzbereiche / Voraussetzungen	Vorteile	Nachteile
Eigenschaften (Person)	Kontaktfähigkeit Belastbarkeit Leistungsbereitschaft	Personelle Entscheidungen mit Prognosecharakter, längerfristige Personalplanung Kenntnis von Merkmals-Erfolgs-Zusammenhängen (bei relativ stabilen Merkmalen) Geringer Bekanntheitsgrad genauer künftiger Anforderungen Voraussage von Trainierbarkeit und Einsatzbreite (aufgrund kognitiver Fähigkeiten)	Hoher Allgemeinheitsgrad globaler Kompetenzen, hohe Generalisierbarkeit Flexibilität bei komplexen Anforderungen (z. B. Ersetzen vereinbarter Handlungsweisen durch solche, die den Zielen besser gerecht werden) Geringer Entwicklungsaufwand Vergleiche zwischen Personen auf verschiedenen Arbeitsplätzen möglich Bei untrainierten Beurteilern verhaltensbezogener Beurteilung nicht unterlegen	Begriffliche Eindeutigkeit gering, weiter Interpretationsspielraum Konstruktvalidität gering: Nicht eigentlich Leistung erfaßt, sondern allenfalls «Potential zur Leistung» Exzessivität (umfaßt mehr als leistungsrelevant ist) Halo Beschönigungstendenz Über Merkmalsstabilität/-veränderbarkeit im Berufskontext wenig bekannt Bei trainierten Beurteilern verhaltensbezogener Beurteilung bzgl. Reliabilität und Validität unterlegen Transparenz und Überprüfbarkeit gering Für Feedback wenig geeignet Akzeptabilität gering, Widerstand speziell bei Personen mit niedrigem berufsbezogenem Selbstwertgefühl

Tab. 1: Fortsetzung

Kriterientyp	Beispiele	Einsatzbereiche/ Voraussetzungen	Vorteile	Nachteile
				Oft als Eindringen in Persönlichkeitssphäre erlebt Oft als besonders «subjektiv» erlebt Juristisch anfechtbar
Verhalten (Prozeß)	Fördert die Zusammenarbeit im Dienst der Aufgabenbewältigung Führt keine Privatgespräche in Gegenwart von Kunden Gibt seinen Mitarbeiterr alle erforderlichen Informationen	Beobachtbares Arbeitsverhalten Arbeitsplätze beschränkter Autonomie Kenntnis von Verhaltens-Erfolgs-Zusammenhängen Eher niedriges Arbeitsplatzniveau Eingeschränkte Vielfalt der Ausführungsmöglichkeiten Einarbeitungszeit, neue Anforderungen Basis von Maßnahmen der Personalentwicklung Basis von Feedback, Hilfestellung, Orientierung, Beratung	Entspricht der Komplexität beruflicher Tätigkeit Entspricht dem, was Beschäftigte tatsächlich tun Weniger mehrdeutig als Personenmaße Deutliche Beziehung zur Anforderungsanalyse herstellbar Informiert über Anforderungen, reduziert Unsicherheit Mittlere Generalisierbarkeit Teilweise der Selbstkontrolle zugänglich Intraindividuelle Varianz bewertbar Trainingsbezug (Transformierbarkeit in Maßnahmen der Personalentwicklung) Erlaubt unmittelbares Feedback	Verhaltensebene nur scheinbar eingehalten: Beurteiler rekonstruieren Verhalten gemäß Plausibilität im Lichte globaler Urteilskategorien Häufig nur sprachlich kaschierte Eigenschaftsbeurteilung Halo Beschönigungstendenz Konstruktvalidität gering Relevantes Verhalten oft nicht beobachtbar Engt Verhaltensspielraum ein Ausüben von Verhaltenskontrolle wird u. U. als paternalistisch empfunden Konstruktionsaufwand hoch

Tab. 1: Fortsetzung

Kriterientyp	*Beispiele*	*Einsatzbereiche / Voraussetzungen*	*Vorteile*	*Nachteile*
Ergebnisse (Produkte)	Umsatz verkaufter Lebensversicherungen Terminüberschreitungen Anzahl angemeldeter Patente	Sowohl Individuum wie überindividuelle Einheiten Erreichbarkeit der Ziele auf mehreren Wegen Auch nichtbeobachtbares Verhalten Einfache wie komplexe Arbeitsplätze Formulierbarkeit realistischer und operationaler Zielsetzungen Meßbarkeit der Leistungsergebnisse Eher in „mechanischen" als in „organischen" Organisationen Äußere Bedingungen konstant oder einkalkulierbar Zurückhaltung gegenüber Person- und Verhaltensbeurteilungen (z. B. bei hohem Arbeitsplatzniveau) Basis von Management by Objectives und Responsibility Centers Basis für Kostenrechnungen	Deutlichste Repräsentation der eigentlichen Leistungsziele Auch für Gruppenleistungen verwendbar Überprüfbarkeit Der Selbstkontrolle zugänglich Getrennte Verwertbarkeit positiver und negativer Kriterien Kalibration variabel (z. B. „Gewinn der Geschäftsstelle" vs. „Anzahl der Reklamationen") Verhaltensfreiraum Kalkulationsnähe Förderung des Kosten-Nutzen-Denkens bei Mitarbeitern Feedback bei kurzfristigen Zielen Unpersönlichkeit erleichtert Zielsetzungs- und Ergebnisdiskussion Kumulatives Maß (z. B. Publikationen, Patente)	Attributionsproblem (Berücksichtigung außerpersönlicher Bedingungen) Defizienz (relevante Aspekte nur teilweise formulierbar) Vergleiche zwischen Personen auf gleichartige Arbeitsplätze beschränkt Gefahr dysfunktionaler Verhaltenssteuerung (z. B. Verkaufen um jeden Preis) Fehlende Hinweise auf erfolgreiches Verhalten Meist zu große Einheiten, zu spät, zu weit vom Verhalten entfernt Als Basis der Personalentwicklung nicht ausreichend Bei wechselnden Standards unpraktikabel Überbewertung des Zähl- und Meßbaren; Gefahr, Objektivität mit Relevanz zu verwechseln Reliabilität häufig überschätzt Zu niedrige (evtl. auch überhöhte) Ziele wirken leistungsmindernd Wirkt fair und wird doch oft als unfair erlebt

rationen erfolgen, setzen sich dann aber der Gefahr des „blinden Empirismus“ aus, soweit keine ausreichende Zahl ähnlicher Elemente vorliegt.) Bei der Entscheidung über die zu verwendenden Kriterien werden im Einzelfall neben den Gesichtspunkten der Relevanz und Validität auch solche der Akzeptabilität und Praktikabilität zu berücksichtigen sein.

4.1.4.3.3 Beurteiler

Beurteilungen durch Vorgesetzte stellen entsprechend deren Aufgaben den weitaus größten Teil der in Organisationen vorgenommenen Leistungsbeurteilungen. Deshalb beziehen sich alle Angaben dieses Beitrags, soweit nicht eigens vermerkt, auf Vorgesetztenurteile. Werden eignungsdiagnostische Methoden an Vorgesetztenurteilen validiert, so ergeben sich dann niedrigere Validitätsschätzungen als bei der Verwendung von Gehaltsindizes und von Arbeitsproben als Kriterien, wenn nicht, wie im Fall des Assessment Centers, ähnliche Einschätzungen auch als Prädiktoren Verwendung finden (Schuler und Schmitt 1987). Gleichwohl wurde mehrfach belegt, daß Beurteilungen der Gesamtleistung durch Vorgesetzte zu einem wesentlichen Teil tatsächlich die Arbeitsleistung erfassen (Hakel 1986). In einer Metaanalyse über 14 Einzelstudien fand Hunter (1983), daß Vorgesetztenurteile stärker Kenntnisse und Fertigkeiten der Beurteilten widerspiegeln als deren Leistung in Arbeitsproben, also mehr von typischer Leistung als von Maximalleistung beeinflußt sind. Ein Vergleich von Vorgesetztenurteilen mit objektiven Maßen für typische Leistung und für Maximalleistung (Sackett, Zedeck & Fogli 1987) ergab geringe Übereinstimmung aller drei Indikatoren. Führungskräfte auf verschiedenen Ebenen nennen unterschiedliche kritische Verhaltensweisen als Beispiele für gute und schlechte Leistung (Zedeck, Imparato, Krauß & Oleno 1974) und schätzen auch die Wichtigkeit der Einzeltätigkeiten unterschiedlich ein (O'Reilly 1973).

Kollegenbeurteilungen werden vor allem im akademischen und im militärischen Bereich vorgenommen, Erfahrungen liegen aber auch aus Wirtschaftsorganisationen vor (Jochum 1987). Einen Überblick geben Landy & Farr (1980). Speziell innerhalb von Arbeitsgruppen kann man Kollegen die bessere Urteilsbasis unterstellen; gleichzeitig wird allerdings häufig befürchtet, daß Rivalität oder Freundschaftsbeziehungen antagonistisch zur Beurteilung unter Gleichgestellten seien. Die meisten Studien ergeben relativ gute psychometrische Eigenschaften der Kollegenurteile (Schmitt & Noe 1986). Es wurden ähnliche Urteilsfehler gefunden wie bei Vorgesetztenurteilen, wobei Kollegen tendenziell mildere Urteile abzugeben scheinen (Zedeck et al. 1974). Thornton, Gaugler, Rosenthal & Bentson (1987) konnten höhere prognostische Validität von Assessment Centers nachweisen, wenn „peer ratings“ in die Entscheidung einbezogen wurden. Für die Brauchbarkeit von Kollegenurteilen im akademischen Bereich spricht, daß die multiple Beurteilungsprodezur bei der Berufung von Hochschullehrern (nicht die Entscheidung) praktisch ausschließlich auf Kollegenurteilen beruht; gleiches gilt in weitem Maße für die Zuweisung von Forschungsmitteln und für die Auswahl von Veröffentlichungen. In den USA werden Kollegen- und Selbstbeurteilungen als Ersatz für Vorgesetztenurteile von Gewerkschaftsseite zunehmend gefordert.

Auch *Selbstbeurteilungen* scheinen prinzipiell eine valide Quelle der Information über berufliche Leistung zu sein; ihre Verwendbarkeit dürfte allerdings in noch stärkerem Maße als die der Daten aus anderen Quellen von den Kontextbedingungen abhängen (Mabe & West, 1982). Insbesondere gilt dies für die Tendenz zu beschönigter Beurteilung (Thornton 1980), sowie vermutlich auch für Attributionstendenzen. Im direkten Vergleich zu Vorgesetzten- und Kollegenurteilen fand Lawler (1967) geringere konvergente und diskriminante Validität bei Selbsteinschätzungen. Vermutlich sind Selbstbeurteilungen dadurch erschwert, daß die Konvergenz vorgegebener Urteilskategorien mit den für den Beurteiler salienten Facetten seines Selbstbildes noch geringer sein dürfte als dies bei Fremdbeurteilungen der Fall ist. Als bemerkenswertes Ergebnis beginnen aus mehreren Einzelstudien und Berufsfeldern die Beobachtungen zu konvergieren, daß Personen höheren Fähigkeits- und Leistungsniveaus besser zur Selbstbeurteilung imstande sind als solche auf niedrigerem Niveau (Anderson 1983, Downs 1986, Mabe & West 1982). Latham (1986) vermutet Selbstaufmerksamkeit als dahinterstehendes Konstrukt. Auch im Falle von Fremdurteilen besteht eine positive Beziehung zwischen der Urteilsqualität und der eigenen Arbeitsleistung (Landy & Farr 1980). Laufende Registrierung („Arbeitstagebuch“) könnte zur Selbsteinschätzung geeigneter sein als punktuelle Beurteilungen.

Soweit Beurteilungen aus verschiedenen Quellen vorliegen, dürfte im allgemeinen deren Berücksichtigung die Informationsbasis von Entscheidungen verbessern. Nicht in allen Fällen allerdings ist das Zusammenwirken organisatorischer und persönlicher Bedingungen mit der Quelle und der Art der Kriterien ausreichend bekannt, um differentielle Gewichtungen vorzunehmen. Vor allem die Zielsetzung der Beurteilung dürfte von entscheidender Bedeutung sein. Während etwa Selbstbeurteilungen als Grundlage personeller Entscheidungen wenig geeignet sein mögen, so können sie doch eine brauchbare Basis für Feedback und zu Zwecken der Personalentwicklung darstellen. Im Vergleich zur eignungsdiagnostischen Forschung (vgl. den Beitrag „Berufseignungsdiagnostik“ in diesem Band) bedarf das Verhältnis von Generalisierbarkeit und Situationsspezifität im Falle der Leistungsbeurteilung noch vieler aufklärender Bemühungen.

4.1.4.4 Beurteilungsverfahren

Die Beurteilung beruflicher Leistung ist nicht zwangsläufig an die Verwendung formaler Techniken gebunden. In vielen Organisationen werden Einschätzungen der Leistung oder der Leistungsfähigkeit vorgenommen ohne sich definierter Methoden zu bedienen. (Über Verbreitung und Einsatzbereiche formalisierter Beurteilungsverfahren informieren Grunow, 1976 sowie Liebel und Oechsler, 1987.) Speziell in kleineren Unternehmen wird der Verzicht auf Skalierungen häufig mit der Überschaubarkeit des Leistungsgefüges begründet. Durch gänzlichen Verzicht auf schriftlich festgehaltene Beurteilungen lassen sich auch manche ihrer unerwünschten Begleiterscheinungen vermeiden. Soweit allerdings Leistungseinschätzungen grundsätzlich vorgenommen werden müssen – etwa weil personelle Entscheidungen zu treffen sind –, wäre die Erwartung unbegründet, mittels intuitiver Bewertung auch die methodischen Probleme zu umgehen, die mit formalisierten Beurteilungen verbunden sind.

Auch wenn nicht alle der im folgenden genannten Methoden gleichermaßen geeignet sind, jedes der im vorangegangenen Abschnitt erwähnten Beurteilungskriterien abzubilden, so besteht doch prinzipielle Unabhängigkeit zwischen Kriterien und Skalen. Logisch sind die Beurteilungskriterien den Beurteilungsmethoden vorgeordnet, diese sind methodische Hilfsmittel, um jene auf vergleichbare und kontrollierbare Weise zu erfassen.

4.1.4.4.1 Freie Eindrucksschilderung

Die geringste methodische Gebundenheit liegt bei der sprachlich freien Schilderung beurteilungsrelevanter Aspekte vor. Freie Eindrucksschilderungen beziehen sich vor allem auf Eigenschafts- und Verhaltenskriterien; insbesondere Führungskräfte werden häufig auf diese Weise beurteilt. Ihre wichtigste Funktion dürfte in Einsatzbereichen liegen, wo es nicht entscheidend auf die Vergleichbarkeit der Beurteilungsergebnisse ankommt – vor allem im Rahmen individueller Beratung und Förderung von Mitarbeitern. Soweit die freie Eindrucksschilderung auch als „Potentialeinschätzung" verstanden wird, also als Äußerung über die mutmaßliche Qualifikation für andere Positionen oder die Entwicklungsfähigkeit, fällt die geringe Reliabilität dieser Form der Beurteilung ins Gewicht. Um ein Mindestmaß an Beurteilerübereinstimmung zu gewährleisten, können Urteilsaspekte oder Auswahllisten als Formulierungshilfen angeboten werden. Vielfach, z. B. in weiten Bereichen des öffentlichen Dienstes, wird Beurteilern zur Ergänzung der vorzunehmenden Skalierungen die Möglichkeit freier Ergänzungen gegeben. Zuweilen ist die freie Eindrucksschilderung auch gekoppelt mit Gesprächs- und Zielsetzungsverfahren.

Ein Vorteil der freien Eindrucksschilderung wird darin gesehen, daß kein oder geringer Konstruktionsaufwand erforderlich ist. Eine weitere, von den Verwendern bei subjektiv hoch eingeschätzter sprachlicher Kompetenz als Vorteil betrachtete Eigenheit ist die Möglichkeit, jedem Mitarbeiter durch individuelle Charakterisierung und in Betonung der für den Beurteiler bedeutsamen Urteilsaspekte gerecht werden zu können, sich nicht einem Schema vorgegebener Aspekte und Abstufungen beugen zu müssen. Gelegentlich wird diese Methode in ausdrücklicher kritischer Absetzung von meßtheoretisch orientierten Skalierungsverfahren verwendet. Ihr wichtigster Nachteil ist ihre geringe Reliabilität.

4.1.4.4.2 Einstufungsverfahren

Die weitaus meisten der in Wirtschafts- und Verwaltungsorganisationen verwendeten systematischen Beurteilungsverfahren können der Kategorie der Einstufungsverfahren zugerechnet werden (Cascio 1987). Methodisches Prinzip ist die Zuordnung – „Einstufung" – von Verhaltensbeobachtungen, Leistungs- oder Merkmalseinschätzungen zu einer mehrstufigen Skala. Die Skalenstufen sind gewöhnlich durch Zahlenwerte, Adjektive, Adverbien oder Verhaltens- bzw. Merkmalsbeschreibungen *verankert*. Der Leistungsbereich einer Person wird mit etwa 5 bis 20 Skalen beschrieben, die in manchen Fällen taxonomisch geordnet sind. Zielgruppen von Einstufungsskalierungen sind prinzipiell alle Tätigkeitsbereiche und Positionsebenen, seltener allerdings Führungspositionen.

Graphische Einstufungsskalen. Die einfachste und gleichwohl verbreitetste Variante der Einstufungsverfahren hat die Form numerisch, adjektivisch oder adverbial markierter Skalen. In der Mehrzahl der Fälle werden zwischen 5 und 9 Skalenstufen verwendet. Diese Länge scheint der durchschnittlichen Differenzierungsmöglichkeit zu entsprechen und ein Reliabilitätsoptimum darzustellen (Bernardin & Beatty 1984). Der ursprünglich verwendete Skalentypus ohne markierte Abstufungen (vgl. Brandstätter 1970) wird heute kaum noch eingesetzt.

Soweit bekannt, erfolgt die Konstruktion dieser einfachen – in der betriebswirtschaftlichen Literatur auch „analytisch" genannten – Form von Einstufungsskalen zumeist ohne methodisch stringenten Bezug zu Arbeitsanforderungen sowie ohne Prüfung der Beurteilungsqualität. Die Beurteilungsaspekte werden gewöhnlich so allgemein formuliert, daß ein Verfahren für verschiedene Arbeitsplätze eingesetzt werden kann. Die in Abschnitt 5 referierten Forschungsarbeiten zu psychologischen Urteilstendenzen beziehen sich in erster Linie auf graphische Einstufungsskalen.

Verhaltensbeobachtungsskalen. Von Latham und Wexley (1977) wurde eine Beurteilungsskala vorgeschlagen, die auf dem Likert-Format basiert und deren fünf Skalenstufen mit adverbialen Häufigkeitsbezeichnungen (z. B. „fast immer" bis „fast nie") markiert sind. Grundsätzlich soll bei diesem Verfahren nur beobachtbares Verhalten eingestuft werden (daher der Name *Behavior Observation Scales*). Die relevanten Aussagen werden auf arbeitsanalytischem Weg gewonnen, zumeist mittels der *Methode der kritischen Ereignisse* nach Flanagan (1954). Die einzelnen Skalen werden zu Leistungsdimensionen geordnet und nach teststatistischen Prinzipien geprüft (zur Skalenentwicklung siehe Latham, Fay & Saari 1979). Für jede beurteilte Person werden die jeweils zu einer Leistungsdimension gehörenden Einstufungen summiert. Behavior Observation Scales bestehen aus durchschnittlich 5 Leistungsdimensionen mit jeweils durchschnittlich 10 Einzelaussagen, also aus insgesamt etwa 50 Skalen, wodurch eine Voraussetzung zur Bildung reliabler Gesamtwerte erfüllt ist.

Obwohl Verhaltensbeobachtungsskalen unter Hinweis auf die Unzulänglichkeit eigenschaftsbezogener Beurteilungen propagiert werden (Latham & Wexley 1981), scheint für sie gleichermaßen wie für andere Einstufungen zuzutreffen, was durch die Erforschung der Informationsverarbeitung aufgezeigt wurde (Feldman 1981): Beurteiler erinnern sich nicht wirklich an einzelne Beobachtungen, sondern sie nehmen Einstufungen entsprechend ihrem in globaleren Urteilskategorien formulierten Bild von dem zu Beurteilenden vor. Dadurch ergeben sich auch bei der Verwendung dezidiert verhaltensbezogener Skalen eigenschaftsähnliche Beurteilungen (Murphy, Martin & Garcia 1982). Bezüglich der Akzeptabilität werden positivere Werte als von graphischen Einstufungsskalen berichtet (Tziner 1986).

Verhaltensverankerte Einstufungsskalen. Der Gedanke der „Rekonstruktion wahrscheinlichen Verhaltens" lag bereits den von Smith und Kendall (1963) konstruierten *Verhaltenserwartungsskalen (Behavior Expectation Scales)* zugrunde. Smith und Kendall ließen Beurteiler (später auch Stelleninhaber) wichtige – vor allem erfolgskritische – Verhaltensweisen nennen und die wichtigen Dimensionen oder Beurteilungsaspekte definieren. Zu jedem Aspekt werden positive, negative und wertneutrale Verhaltensbeispiele zusammengestellt und auf Eindeutigkeit der Zugehörigkeit geprüft. Für die Einzelaussagen werden Trennschärfeindizes berechnet. Die nach der Auswahl verbleibenden Beispiele werden von einer weiteren Beurteilergruppe eingestuft und nur bei relativ eindeutigem Skalenwert (geringe Urteilsstreuung) beibehalten. Die jeweils zu einer Beurteilungsdimension gehörenden Aussagen werden auf einer vertikal angeordneten Linie als Markierungen verschiedener Skalenpositionen angetragen und dienen als Verankerungen für das einzustufende Verhalten (detailliertere Darstellungen der Konstruktion bei Campbell, Dunnette, Arvey und Hellervik 1973 und bei Caroll und Schneier 1982; deutschsprachige Darstellung bei Domsch und Gerpott 1985; ein gestrafftes Entwicklungsverfahren wurde von Green, Sauser, Fagg und Champion 1981 vorgeschlagen). Beurteilungsdimensionen sind Tätigkeits- oder Verantwortungsbereiche, globale Leistungsaspekte wie Qualität und Quantität oder Fähigkeiten und Fertigkeiten. Die Zahl der Dimensionen bemißt sich u. a. nach der Komplexität des Arbeitsplatzes.

Das von Smith und Kendall (1963) demonstrierte Verfahren hat mehrere Abwandlungen erfahren und dürfte die zur Zeit am gründlichsten untersuchte Beurteilungsmethode sein. Zu den Veränderungen gehört der mittlerweile übliche Verzicht auf die Formulierung von Verhaltens*erwartungen* („Von diesem Mitarbeiter könnte erwartet werden, daß er die meisten Probleme selbständig löst") zugunsten von *Be-*

schreibungen relevanten Verhaltens und erforderlicher Fähigkeiten und Kenntnisse („Löst die meisten Probleme selbständig"). Als Bezeichnung für diesen Skalentypus hat sich im englischen Sprachraum *Behaviorally Anchored Rating Scale* (BARS) durchgesetzt, was mit *Verhaltensverankerte Einstufungsskala* direkt übersetzt werden kann. Als Vorzug dieser Beurteilungsmethode werden vor allem der offensichtliche Anforderungsbezug und die deutliche Verhaltensorientierung genannt, die sie z. B. für Personalentwicklungszwecke geeignet erscheinen lassen (Bernardin & Beatty 1984). Frühe Untersuchungen ergaben auch eine geringere Wirkung verfälschender Urteilstendenzen als bei anderen Skalentypen. Dieses Ergebnis hat allerdings systematischen umfassenderen Vergleichen nicht standgehalten. In bezug auf die Akzeptanz bei Verwendern fanden Wiersma und Latham (1986) demgegenüber sogar, daß verhaltensverankerte Einstufungsskalen nicht besser als Eigenschaftseinstufungsskalen und schlechter als Verhaltensbeobachtungsskalen abschnitten. Unter anderem scheint die Zuordnung der Beobachtungen zu einzelnen Dimensionen Schwierigkeiten zu bereiten (deren Ursache vermutlich bereits in der Unzulänglichkeit der Festlegung der Dimensionen begründet ist). Falls Beurteiler bereit wären, wie von Smith und Kendall ursprünglich gefordert, Verhaltensbeobachtungen im Alltag festzuhalten und jeweils unmittelbar mit den Beurteilungsskalen zu vergleichen, ließe sich eine Verbesserung der Urteilsqualität erwarten (Domsch & Gerpott 1985).

Verteilungsmessung. Kane und Lawler (1979) wiesen darauf hin, daß durch die Beschränkung auf einen durchschnittlichen oder typischen Verhaltens- oder Leistungswert für eine Person der wichtige Parameter der intraindividuellen Leistungsstreuung außer acht bleibt.

Als Verfahren zur Realisierung ihres *Distributional Measurement Model* stellten sie eine *Behavior Discrimination Scale* genannte Methode vor. Dabei wird von den Beurteilern die Häufigkeit kritischer (positiver wie negativer) Verhaltensweisen eingeschätzt, woraus sich ein personspezifisches Streuungsmaß für jeden von mehreren Verhaltensbereichen errechnen läßt. Die Häufigkeitswerte für die beurteilte Person werden zu Anforderungswerten für jeden Leistungsbereich und zu den Möglichkeiten, das erwartete Verhalten zu zeigen, in Beziehung gesetzt. Anders als bei der Verhaltensbeobachtungsskala wird die Beziehung zwischen Häufigkeit und Erwünschtheit des Verhaltens empirisch bestimmt.

Bislang liegen noch keine Berichte über praktische Erfahrungen mit dieser Methode vor. Die Messung von Verhaltenskonsistenz könnte eine Bereicherung gegenüber der traditionellen Leistungseinschätzung sein. Daß Beurteiler imstande sind, das System sachgemäß zu handhaben und verläßliche Einschätzungen vorzunehmen, muß allerdings noch gezeigt werden.

4.1.4.4.3 Kennzeichnungs- und Auswahlverfahren

Anders als bei den meisten Einstufungsverfahren werden bei Kennzeichnungs- und Auswahlverfahren Verhaltensaussagen nicht nach Beurteilungsdimensionen geordnet, sondern gemischt vorgegeben. Dadurch sollen Halo-Effekte vermindert werden. Auch sind den Beurteilern gewöhnlich die vorgeprüften Skalenwerte der Einzelaussagen unbekannt, wodurch Mittelwertstendenzen vermindert werden sollen.

Gemischte Aussagenliste mit freier Wahl. Diese englischsprachig zumeist als check list bezeichnete Methode (deutsche Bezeichnung nach Brandstätter 1970) verlangt vom Beurteiler lediglich die Kennzeichnung, ob die Einzelaussagen auf die beurteilte Person zutreffen oder nicht. Bei vorbestimmtem Skalenwert kann aus den Kennzeichnungen ein Gesamtwert ermittelt werden. Die Möglichkeit, einen Index der Urteilsqualität für einzelne Beurteilungen zu bestimmen, bietet ein Verfahren dieser Art dann, wenn es, wie die *Mixed Standard Scale* (Blanz & Ghiselli 1972), nach dem Prinzip einer Guttman-Skala aufgebaut ist.

Dabei werden die vorgegebenen Aussagen daraufhin konstruiert, daß sie eine stabile Hierarchie bilden. Abweichungen von dieser Hierarchie werden als Indikatoren für mangelhafte Urteilsqualität interpretiert. Für eine weiterentwickelte Version des Verfahrens, die nicht an Eigenschafts-, sondern an Anforderungsdimensionen orientiert ist, werden befriedigende statistische Kennwerte berichtet (Rosinger et al. 1982).

Gruppierte Aussagenliste mit Wahlzwang. Diese Methode hat vor allem zum Zweck, Beschönigung der Urteile zu vermeiden. Der Beurteiler wählt zwischen zwei oder mehreren Aussagen (englisch „forced choice“), die gleich günstig erscheinen, sich aber für den Arbeitserfolg als unterschiedlich bedeutsam herausgestellt haben. Bei der Auswertung ergibt sich ein Qualifikationswert aus der Gewichtung der einzelnen Aussagen. Die Konstruktion eines Wahlzwangverfahrens, das von Wherry initiiert und von Sisson (1948) erstmalig geprüft wurde, erfolgt nach psychometrischen Prinzipien und ist relativ aufwendig. Die Einsatzmöglichkeit zur Beurteilung durch Vorgesetzte ist beschränkt aufgrund relativ geringer Akzeptanz bei Beurteilern wie Beurteilten und aufgrund der Verwendungslogik (der Beurteiler darf die Erfolgsrelevanz der beschriebenen Verhaltensweisen nicht kennen). Für Beurteilungen durch Außenstehende (Kunden) oder für Selbstbeurteilungen könnte sich das Verfahren dagegen besser eignen. Einige neuere Untersuchungen werden von Bernardin und Beatty (1984) zusammengestellt.

Technik der kritischen Ereignisse. Mit der Zielsetzung, die Objektivität von Beurteilungen zu erhöhen, entwickelten Flanagan und Burns (1955) ein Beurteilungsverfahren, das auf Flanagans Methode der kritischen Ereignisse basiert (Flanagan 1954).

Methodisches Prinzip ist die Beobachtung und Registrierung solcher Verhaltensweisen, die zu Erfolg oder Mißerfolg im Arbeitsvollzug führen. Damit sind zwei Grundprinzipien betont, die auch in der heutigen Diskussion als bedeutsam hervorgehoben werden – der Anforderungsbezug und die Verhaltensorientierung (letztere ist allerdings im Originalansatz Flanagans zugunsten einer allgemeineren Leistungsorientierung eingeschränkt, für die auch stabile Personmerkmale, wie Körpergröße, relevant sein können). Die Beurteiler haben die Aufgabe, täglich oder wöchentlich Verhaltensbeobachtungen in ein Schema aus 16 Merkmalsdimensionen einzutragen, das auch seinerseits ein Desiderat aus einer großen Zahl „erfolgskritischer" Verhaltensweisen ist. Als vollwertiges Beurteilungsverfahren wird die Technik der kritischen Ereignisse (*CIT*) zwar selten angesehen, da Standardisierungs- und Vergleichsprobleme einem breiten Einsatz im Wege stehen. Die Orientierung an der Kritikalität des Verhaltens hat sich dagegen weithin als überzeugend und einflußreich erwiesen. Die Methode wird deshalb in der Ausgangsform (Flanagan 1954) oder in einer der zahlreichen Varianten – z. B. dem *Behavior Description Index* von Schwind (1977) – vielfach zur Bestimmung von Tätigkeitsanforderungen und als Grundlage für die inhaltliche Definition verschiedener Beurteilungsmethoden angewandt.

4.1.4.4.4 Rangordnungsverfahren

In manchen Leistungsbereichen – z. B. im Verkauf, aber auch im militärischen Bereich – werden zur relativen Leistungsbestimmung Rangordnungen unter den zu vergleichenden Personen vorgenommen. Hauptintention bei der Verwendung von Rangordnungsverfahren ist die ausreichende Differenzierung zwischen Personen, die bei Einstufungsverfahren nicht gewährleistet ist.

Direkte Rangreihenbildung und Paarvergleich. Die Bildung einer Rangreihe kann prinzipiell als Gesamtbewertung wie in Aufschlüsselung nach einzelnen Leistungsdimensionen erfolgen. Bei „subjektiven" Urteilen ist die Menge der reliabel einzustufenden Personen auf eine überschaubare Anzahl begrenzt, nicht dagegen bei Vorliegen „objektiver" Leistungsdaten – etwa Verkaufszahlen oder sportlicher Leistungsergebnisse. Während die *einfache Rangreihenbildung* kein formales Verfahren vorsieht, den Vergleich jeder Einzelperson mit jeder anderen Person sicherzustellen, bietet die Methode des *Paarvergleichs* Gewähr hierfür. Ergebnis ist die Aggregation aller möglichen Relativurteile als Rangreihe (Lawshe, Kephart & McCormick 1949). Paarvergleiche ermöglichen höhere Urteilsreliabilität als die direkte Bildung von Rangreihen. Das Auftreten intransitiver Relationen ($a>b>c>a$) kann als Indikator geringer Urteilsqualität (oder faktisch geringer Leistungsunterschiede) dienen.

Obwohl direkte Rangreihenbildung oder Paarvergleich bei vielen, wenn nicht bei allen Bewertungsentscheidungen in unsystematischer Form vorgenommen werden, ist ihre Verbreitung in der Praxis relativ gering. Zwar sind diese Methoden bei mäßigem Konstruktionsaufwand geeignet, allgemeine (nicht aber differentielle) Mittelwerts- und Streuungstendenzen zu vermeiden, aber die Akzeptanz bei Beurteilern wie Beurteilten ist im allgemeinen gering und damit ihre Einsatzmöglichkeit im Hinblick auf manche Funktionen – inbesondere Feedback – beschränkt (Schuler 1977, Bernardin & Beatty 1984).

Quotenvorgabe. Verbreitet ist demgegenüber die Einstufung mit verbindlicher Vorgabe einer Verteilung (z. B. sollen 10 % – 20 % – 40 % – 20 % – 10 % der Urteile 5 Skalenstufen zugeordnet werden). Hierbei handelt es sich um eine Rangordnung, deren mittlere Rangplätze mehrfach zu vergeben sind (wobei auch innerhalb der Urteilsstufen nochmals eine Rangordnung der Personen vorgenommen werden kann). Bei größeren Anzahlen und normalverteilten Merkmalen kann damit unterschiedlichen Urteilsmaßstäben etwas entgegengewirkt werden. Speziell bei geringer Anzahl zu beurteilender Personen wirkt sich der Nullsummencharakter der Methode (bei Veränderungen ist die Summe von „Gewinnen" und „Verlusten" ausgeglichen) häufig in geringer Akzeptanz aus.

Verhaltensrangprofil. Mit dem Ziel, einen direkten Vergleich zwischen Arbeitsanforderungen und Personmerkmalen zu ermöglichen und gleichzeitig mangelnder Differenzierung zwischen Urteilsaspekten und der Tendenz zur Beschönigung entgegenzuwirken, wurde ein Beurteilungsverfahren in Form einer ipsativen Rangordnung entwickelt (Brandstätter & Schuler 1974). Das Prinzip dieses „Verhaltensrangprofils" besteht darin, daß nicht Personen in eine Rangordnung gebracht werden, sondern Verhaltensweisen. Mittels eine Profilvergleichs (Rangkorrelation) werden relative Stärken und Schwächen eines Mitarbeiters mit den relativen Anforderungen ihres derzeitigen oder eines beliebigen Arbeitsplatzes verglichen. Das Verfahren eignet sich damit insbesondere zur individuellen wie kollektiven Personalentwicklung und Personalplanung sowie zur Entwicklung von Arbeitsplätzen (Zwick 1982). Die verwendeten Beurteilungsaussagen wurden auch bei diesem Verfahren mit Hilfe der Methode der kritischen Ereignisse gewonnen; die Aussagenformulierungen sind auf Homogenität bezüglich sozialer Erwünschtheit geprüft. Mittels einer Kontrollreihe, die neben positiven auch negativ formulierte Aussagen enthält, ermöglicht das Verhaltensrangprofil die Errechnung eines Indikators der Urteilsqualität (Brandstätter und Schuler 1974).

Sequentielle Prozentrangskalierung. Um zusätzlich zur Gegenüberstellung von Verhaltensweisen und Arbeitsplatzanforderungen verankernde Leistungsvergleiche zwischen verschiedenen Personen anstellen zu können, wurde als Ergänzung des Verhaltensrangprofils eine Prozentrangskala vorgeschlagen (Brandstätter und Schuler 1974). Zur Erhöhung der Urteilsreliabilität wurde ein sequentielles Skalierungsprinzip vorgesehen, zur Vermeidung von Beschönigungstendenz und Akzeptanzproblemen ist die Skala asymmetrisch aufgebaut (Schuler 1972). Durch die verbesserte Differenzierung im oberen Leistungsbereich – wofür auch Kane und Lawler (1979) plädieren – ergaben sich in praktischen Anwendungen des Verfahrens bei großen Personenzahlen normalverteilte Urteile (Zwick 1982).

4.1.4.4.5 Zielsetzungsverfahren

Zielsetzungsverfahren werden in der Literatur üblicherweise (z.B. Caroll & Schneier 1982; Bernardin & Beatty 1984) als Beurteilungsverfahren dargestellt und deshalb auch hier im Rahmen der Beurteilungsverfahren erwähnt. Tatsächlich handelt es sich hierbei mehr um Techniken der Motivations- und Leistungsförderung als der Leistungsbeurteilung.

Management by Objectives (MBO), das populärste Zielsetzungsverfahren, wurde ursprünglich innerhalb der humanistischen Organisationspsychologie als Möglichkeit propagiert, durch Orientierung der Arbeitstätigkeit und Verantwortlichkeit an globaleren, partizipativ formulierten Leistungszielen der Entfremdung vorzubeugen (McGregor 1957). Kerngedanke des Verfahrens ist die Messung der Effektivität einer Person im Sinne ihres Beitrags zu den Zielen der Organisation. Deshalb ist die Zielsetzung auf der Ebene des Individuums oft eingebettet in Zielformulierungen für höhere Kollektivitätsebenen (Odiorne 1965). Innerhalb des gesamten Zielrahmens werden für die Einzelperson die wesentlichen Arbeits- bzw. Leistungsziele in unterschiedlichem Detaillierungsgrad vorgegeben oder vereinbart und Kriterien als Erfüllungsmaße festgelegt. Die Leistungsbewertung als Vergleich zwischen Soll- und Ist-Wert findet am Ende des Zielsetzungszeitraums statt (häufig nach einem Jahr). Die Darstellung eines Systems der *Führung durch Zielsetzung* und des Beurteilungsvorgangs findet sich bei Lattmann (1982).

Die Formulierung von Leistungszielen hat sich in 90 % der von Locke, Shaw, Saari und Latham (1981) zusammengefaßten Untersuchungen als leistungsfördernd erwiesen. Dabei führten hohe Leistungsziele fast durchgängig zu besserer Leistung als niedrigere Ziele (ausreichende Fähigkeiten vorausgesetzt). Die Rolle der Partizipation ist weniger eindeutig, scheint aber zumeist höhere Zielvereinbarungen und vermehrte Zielakzeptanz zur Folge zu haben. Während allerdings in der Mehrzahl der MBO-Systeme *objektive* oder *Ergebnis-Ziele* präferiert werden, zeigt die Leistungsforschung sehr deutlich, daß *verhaltensbezogene* oder „Input-bezogene" Zielsetzung wesentlich bessere Lernwirkungen ergibt als ergebnis- oder output-bezogene (Locke & Latham 1984). Kurzfristige Zielsetzung wirkt darüber hinaus besser als langfristige, spezifische besser als unspezifische Zielformulierung.

Zielsetzungsverfahren können also bei geeigneter Gestaltung als Methoden der Leistungsförderung angesehen werden. Beurteilungscharakter gewinnen sie dadurch, daß zur Kenntnis des eigenen Leistungsstandes oftmals soziale Vermittlung erforderlich ist. Arbeitsplanungs- und Zielsetzungsgespräche werden deshalb häufig auch als Beurteilungsgespräche geführt, wenn die neue Zielformulierung mit der Zielüberprüfung für den vergangenen Zeitraum verbunden wird. Daß über MBO-Systeme, die in ihrem Grundgedanken dem Selbstverständnis von Führungskräften gut zu entsprechen scheinen, nach anfänglich guten Erfolgen in neuerer Zeit eher enttäuschende Ergebnisse berichtet werden, beruht nach Locke (1986) in der Hauptsache darauf, daß dort vornehmlich *Ergebnisziele* statt, wie erforderlich, *Verhaltensziele* gesetzt werden.

4.1.4.5 Qualität von Leistungsbeurteilungen

Die Qualität von Leistungsbeurteilungen ist zum Teil in Termini der Gütekriterien der psychologischen Testtheorie bestimmbar. Validität in einem strengen empirischen Sinn allerdings ist oft nicht meßbar. Es müssen deshalb Surrogate einer direkten Validitätsbestimmung erfaßt werden, wie z. B. Indikatoren für Urteilsfehler, deren Relation zum Konzept der Validität im engeren Sinn – als systematische Fehler – nicht immer klar ist. In der Literatur (z. B. Kane & Lawler 1979; Muckler 1982; Bernardin & Beatty 1984) wird eine Vielzahl von „Kriterien für Kriterien" genannt, denen teilweise Surrogatcharakter zukommt, die in anderen Teilen aber eigenständige Bewertungsaspekte sind, deren vollständige Subsumtion unter den Begriff der Validität mit dessen unzweckmäßiger Überdehnung erkauft werden müßte. Einem allgemeinen Begriff der Qualität von Urteilsdaten mögen sie hingegen zu untergliedern sein, womit wir unter Qualität von Leistungsbeurteilungen das Maß verstehen können, in dem diese geeignet sind, die in Abschnitt 1 aufgeführten Ziele zu erreichen. Die Aussicht, sie in absehbarer Zeit meßtechnisch auf einen Nenner zu bringen, scheint gering; vielmehr ist zu versuchen, mittels verschiedener Evaluationskonzepte Aufklärung und Bewertung leistungsbezogener Urteile zu erreichen. Die hier gewählte Klassifikation in Urteilstendenzen, Validität und Verwendungskriterien kann demgemäß keine höheren Ansprüche stellen, als eine möglicherweise forschungs- und anwendungsstrategisch brauchbare Heuristik anzubieten.

4.1.4.5.1 Urteilstendenzen

Sozialpsychologische und kognitionspsychologische Forschungsarbeiten haben zur Aufklärung sozialer Urteilsprozesse beigetragen. Für erstere wurden im Abschnitt 2 einige Beispiele genannt, wie Beurteiler Information selektiv und bereits bewertungsabhängig aufnehmen, beeinflußt von eigenen Zuständen und überdauernden Merkmalen zu Eindrücken verarbeiten und diese schließlich, orientiert an eigenen Erwartungen und Intentionen, in Sprachmustern zum Ausdruck bringen, deren Kongruenz mit der Ebene der Eindrucksbildung prinzipiell fraglich ist (Brandstätter 1983). Aus der denk- und gedächtnispsychologischen Forschung haben sich zusätzlich Anregungen zu einem erweiterten Verständnis leistungsbezogener Urteile ergeben. Arbeiten zum semantischen Gedächtnis haben gezeigt, daß die wörtliche Formulierung von Sätzen gewöhnlich vergessen, der Sinn aber in Erinnerung behalten wird. Die Erinnerung von Details wird an „Scripts", an routinisierte Erlebnissequenzen geknüpft, woraufhin man sich an Ereignisse zu erinnern glaubt, die mit diesen Scripts übereinstimmen, auch wenn sie gar nicht wirklich erlebt wurden. Die aus einem dieserart produktiven Gedächtnis abgerufene Information ist also von der selbststrukturierten Organisation des Gedächtnisses beeinflußt (Anderson 1983).

Alle Beurteilungen, die sich nicht auf unmittelbares schriftliches Registrieren beobachtbarer Tätigkeiten oder Verhaltenskonsequenzen beschränken, unterliegen dem Effekt der kategorialen Zuordnung zu groben „Prototypen“, die man sich auf Eigenschafts- und auf noch generellerer Ebene, möglicherweise hierarchisch angeordnet, vorstellen kann. Bei der späteren Äußerung eines vermeintlich verhaltensbezogenen Urteils werden Schlußfolgerungen darüber, ob ein spezifisches Verhalten aufgetreten ist oder nicht, entsprechend einer sinnlogischen Verwandtschaft dieses Items mit den assoziierten Globalkategorien gezogen (Cantor & Mischel 1977, Ilgen & Feldman 1983, DeNisi et al. 1984). Nur zu einem Teil sind diese Effekte durch Maßnahmen bei Informationsspeicherung und -abruf kontrollierbar (Cooper 1981, Landy & Farr 1983), eher im Ausnahme- als im Regelfall lassen sie sich durch Beurteilertrainings nachhaltig beeinflussen (Landy & Farr 1980, Nathan & Lord 1983).

Die hier nur kursorisch skizzierten sozial- und kognitionspsychologischen Forschungen können zum Verständnis von Urteilstendenzen beitragen. Von einer integrierenden theoretischen oder gar formal-modellhaften Aufklärung kann allerdings trotz erster einschlägiger Versuche (z. B. Kane & Lawler 1979, Wherry & Bartlett 1982) noch nicht die Rede sein. Ein Vorschlag für eine Neudefinition der Meßgenauigkeit (accuracy) von Beurteilungen auf der Basis der Signalerkennungstheorie wurde von Lord (1985) vorgelegt. Im folgenden werden Urteilstendenzen nach den üblichen statistischen Kennwerten ihrer Analyse zusammengestellt (zur ausführlichen Erörterung vgl. Brandstätter 1970).

Mittelwertstendenzen. Hierzu zählen Differenzen zwischen den Beurteilern bezüglich ihrer durchschnittlichen und zusätzlich jeweils individuellen Einstufungen. Als deren wichtigste Einflußgrößen faßt Brandstätter (1970) das Adaptationsniveau (Helson 1964), die Verankerung der Skala, die Anforderungsnorm, die eigene Stellung des Beurteilers auf dem Merkmalskontinuum und situationsspezifische Konventionen über den Wortgebrauch zusammen.

Kontrast- oder Adaptationsniveaueffekte fanden Murphy et al. (1985) bei der Beurteilung unterschiedlicher Leistungen der jeweils gleichen Personen. In einem von Schuler (1972) berichteten Experiment hatte eine Gruppe von Beurteilern zunächst einen sehr qualifizierten Mitarbeiter, eine andere Gruppe einen sehr wenig qualifizierten Mitarbeiter zu beurteilen. Bei der anschließenden Einstufung einer Person mittlerer Qualifikation nahmen die Beurteiler der zweiten Gruppe positivere Einschätzungen vor als die der ersten Gruppe. Ivancevich (1983) fand entsprechende Effekte bei Ingenieuren, nicht aber bei Wissenschaftlern. Von beobachtungsnahen

Skalenverankerungen und präzisen Anforderungsbeschreibungen wird ein justierender Effekt erwartet, der allerdings empirisch nicht in allen Fällen gefunden werden konnte (Ilgen, Barnes-Farrell & McKellin 1986). Leistungsbeurteilungen gemäß dem „Altersstereotyp" einer Stelle fanden Cleveland und Landy (1983).

Bei Pulakos und Wexley (1983) ergab sich, daß subjektiv wahrgenommene Ähnlichkeit zu positiverer Leistungseinschätzung führte. Die Tendenz zu positiveren Urteilen als nach Skalenvorgabe erwartet ist speziell dort verbreitet, wo Beurteilungen konsequenzenreich sind und mit den Beurteilten erörtert werden müssen. Als allgemeiner Ausdruck einer diesbezüglichen kulturellen Norm wäre die Interpretierbarkeit der Beurteilungen nicht beeinträchtigt (ausreichende Skalenlänge vorausgesetzt), wenn nicht Beurteiler-spezifische und Beurteiler-Beurteilten-spezifische (differentielle) Komponenten wirksam wären. Letztere lassen auch nachträgliche Urteilskorrekturen – die von den Betroffenen ohnehin meist abgelehnt werden – nur bei sehr wenigen Skalentypen zu (forced choice und Verhaltensrangprofil). Darauf, daß die Neigung zu positiven Urteilen eher bei Mitarbeiter-(consideration-)orientierten Vorgesetzten auftritt und im Kontext dieses Führungsstils gewürdigt werden sollte, wurde schon von Bass (1956) aufmerksam gemacht. Geschlechtsdifferentielle Effekte scheinen, soweit sie überhaupt gefunden wurden, gering zu sein.

Streuungstendenzen. Voraussetzung für Aussagekraft und Verwendbarkeit von Leistungsbeurteilungen ist die ausreichende Differenzierung zwischen den beurteilten Personen (vom Spezialfall kriteriumsorientierter Messung abgesehen). Der Bezugsrahmen für den Beurteiler ist sowohl von der gegebenen Verteilung (z. B. via Vorselektion) als auch von der Verankerung durch Extreme abhängig. Die häufig konstatierte Tendenz zu geringer Differenzierung (Cohen 1969) steht oft in Zusammenhang mit der Verschiebung der Urteile zum positiven Pol der Skala. Aufgrund der Salienz von Leistungsdifferenzen beim Beurteilungsvorgang wäre demgegenüber eher Überdifferenzierung anzunehmen. Kane & Lawler (1979) unterscheiden zwischen *operationeller* und *struktureller* Differenzierung. Mit letzter ist jene Differenzierung gemeint, die auf das Beurteilungsverfahren zurückgeht. Osburn, Timmreck und Bigby (1981) fanden stärkere Differenzierung bei der Verwendung verhaltensbezogener gegenüber eigenschaftsbezogenen Beurteilungsaspekten. Ein verläßlicher Zwang zur Differenzierung besteht letztlich nur bei Rangordnungsverfahren. Operationelle Differenzierung bezieht sich darauf, inwieweit die gegebenen Daten Unterscheidungen zwischen den Beurteilten ermöglichen. Im Einzelfall ist meist unbekannt, inwieweit ein Mangel an Differenzierung auf wenig differenzierende Eindrücke zurückgeht oder ob erst auf der Aussageebene – etwa aus taktischen Gründen – deutliche Differenzierung vermieden wird. Auch Streuungstendenzen wurden mit Führungsstilen bzw. -kompetenzen in Verbindung gebracht (Fiedler 1967).

Korrelationstendenzen. Unterzieht man Beurteilungsdaten, die sich auf eine größere Zahl von Urteilsdimensionen beziehen, einer Faktorenanalyse, so resultiert gewöhnlich eine geringe Zahl von Urteilsfaktoren (Cohen 1969). In vielen Fällen „erklärt“ bereits ein erster allgemeiner Bewertungsfaktor einen Großteil der Urteilsvarianz. Diese Korrelation auch zwischen Urteilsdimensionen, die als „eigentlich“ unabhängig angenommen werden, hat die Forschung von allen Urteilstendenzen am meisten beschäftigt, wie Cooper (1981) in seiner Aufarbeitung der 75jährigen Geschichte des Phänomens darlegt. Thorndike (1920) hat es als *halo error* bezeichnet, im Deutschen wurde u. a. die Bezeichnung *Überstrahlung* gewählt (Franke & Frech 1968).

Inwieweit einer beobachteten Korrelation zwischen Urteilsaspekten tatsächlich Fehlercharakteristik zukommt, bedarf im Einzelfall der Prüfung, denn es kann auch ein faktischer Zusammenhang von Merkmalen oder Verhaltensweisen – beispielsweise bedingt durch korrelierende Tätigkeitsanforderungen – bestehen. Verschiedene Ursachen angemessener wie fehlerhafter Kovariation werden von Brandstätter (1970) und von Cooper (1981) gründlich erörtert. Sowohl Gründe auf der „Eindrucksebene“ (falsche Annahmen über Merkmalszusammenhänge) als auch solche auf der „Aussageebene (Begriffsverständnis und Wortgebrauch) finden sich darunter. Mit welchen statistischen Methoden Korrelationstendenzen am besten aufzuspüren seien, wurde in den letzten Jahren engagiert diskutiert. Saal, Downy & Lahey (1980) schlugen als die wichtigsten vier Methoden vor: Interkorrelation der Dimensionen, Faktorenanalyse, Varianzanalyse und Standardabweichung für jede Beurteiler-Beurteilten-Kombination. Eine korrelative Auspartialisierung des Halo-Effekts empfiehlt sich nicht, wenn nicht sichergestellt ist, daß es sich tatsächlich um Fehlervarianz handelt. Murphy & Balzer (1986) fanden unmittelbar nach der Vorführung eines Videofilms weniger Halo als bei der Beurteilung am nächsten Tag, während letztere mit dem Urteil von Experten stärker übereinstimmte (evtl. weil zum zweiten Termin weniger irrelevante Details berücksichtigt wurden). Generell zeigt sich für Urteilstendenzen ein eher geringer Zusammenhang mit Maßen der Genauigkeit (accuracy), Reliabilität und Validität (Cooper 1981, Lord 1985). Urteile können frei sein von den genannten Urteilsfehlern und trotzdem falsch, weshalb zunehmend dafür plädiert wird, differenzierte Messungen der „Richtigkeit“ von Urteilen vorzunehmen (z. B. Ilgen & Feldman 1983).

Zur *Vermeidung von Urteilstendenzen*, wobei zumeist speziell an Korrelationstendenzen gedacht ist, werden insbesondere empfohlen: Die Verwendung eindeutiger, objektiver, verhaltensbezogener und operational abgrenzbarer Urteilskriterien, häufige und repräsentative Beobachtung, Kenntnis der Anforderungen, Einsatz mehrerer Beurteiler (Cooper 1981, 1983, Schuler 1982, Nathan & Lord 1985). Die Wirkung der häufig zu diesem Zweck durchgeführten Beurteilertrainings ist zweifelhaft (Lord 1985). Zumindest bei Verwendung von Einstufungsskalen scheinen diese Effekte ubiquitär zu sein (Cooper 1981), obwohl einige Arbeiten dafür sprechen, daß sie mit verhaltensverankerten Einstufungsskalen in geringerem Maße auftreten als bei graphischen Skalen (Tziner 1984). Selbst bei Verwendung von Wahlzwangsverfahren muß mit einem Halo-Effekt in Höhe von 30% der Gesamtvarianz gerechnet werden, wie eine Metaanalyse von King, Hunter und Schmidt (1980) ergab.

4.1.4.5.2 Validität und Reliabilität

Die testtheoretischen Begriffe Validität und Reliabilität werden zur Kennzeichnung der psychometrischen Qualität von Beurteilungsdaten gewöhnlich analog zu ihrer Bedeutung als Gütekriterien für psychologische Tests verwendet – Validität als Angemessenheit der Schlüsse, die aus den Daten gezogen werden, Reliabilität als Meßgenauigkeit des Verfahrens. Dabei wird jedoch übersehen, daß im Rahmen der Leistungsbeurteilung nicht alle Prüfungsstrategien zur Messung von Validität und Reliabilität zu den gleichen Interpretationsmöglichkeiten führen wie in der klassischen Testtheorie vorgesehen, und daß auch die Unterscheidung von Validität und Reliabilität weniger eindeutig möglich ist. Die folgenden Überlegungen werden zwar in der Terminologie der gewohnten Begriffe gegliedert, gleichzeitig ist aber auch die Besonderheit der Bedeutung zu beachten.

Validität. Versteht man unter Validität die Angemessenheit der Schlüsse, die aus einem Datensatz gezogen werden, also gewissermaßen die „Richtigkeit" der Interpretation, so setzt eine empirische oder logische Überprüfung einen Maßstab voraus – ein Kriterium der Beurteilung dieser Angemessenheit oder Richtigkeit, das seinerseits über alle Zweifel erhaben ist. Wenn aber ein solches vorläge, wäre es vernünftig, es seinerseits als Beurteilungskriterium zu verwenden. Gewöhnlich liegt es nicht vor oder steht nur zu seltenen Gelegenheiten zur Verfügung, während derer es zur Überprüfung der Surrogat-Kriterien verwendet werden kann. In allen übrigen Fällen können Belege für die Validität dieser Ersatzkriterien nur durch deren Vergleich untereinander gewonnen werden. Es kann beispielsweise das Urteil des Vorgesetzten mit dem späteren Urteil des gleichen oder eines anderen Vorgesetzten unter Verwendung des gleichen oder eines anderen Beurteilungsverfahrens verglichen werden. Man kann hierin eine Prüfung der *prognostischen* oder *prädiktiven Validität* sehen, die Unterscheidung von einer Prüfung der Reliabilität ist aber keine zwingende. Bezieht sich die Frage nach der Angemessenheit der Beurteilungskriterien auf deren Repräsentativität für die Gesamtheit der zu verrichtenden Tätigkeiten oder der erfaßten Verhaltensstichproben für das gesamte Leistungsverhalten einer Person, so spricht man den Aspekt der *inhaltlichen Validität* an. Er wird zunehmend nicht als separater Aspekt der Validität aufgefaßt, weil seiner empirischen Erfassung enge Grenzen gesetzt sind und er sich logisch der dritten Facette des Validitätsbegriffs unterordnen läßt, der *Konstruktvalidität*. Sie repräsentiert am besten, was mit der Frage nach der Validität einer Leistungsbeurteilung sinngemäß gemeint ist, nämlich inwieweit die Beurteilungsaussagen Indikatoren der „tatsächlichen" Leistung sind, sei es bezogen auf eine einzelne Leistungsdimension oder auf den gesamten Beitrag einer Person zu den Zielen der Organisation.

Während traditionell von verschiedenen *Arten* der Validität gesprochen wird – im wesentlichen Konstrukt-, Inhalts- und Kriterienvalidität –, überwiegt in neuerer Zeit die Auffassung, diese Unterscheidung nur als solche der *Validierungsstrategien* aufzufassen. Dabei werden Strategien der Konstruktvalidierung als umfassendste Form der Validierung angesehen (Kane & Lawler 1979). Ein einflußreicher Vorschlag, die vielfältigen Vorstellungen von und Möglichkeiten zur Prüfung der Konstruktvalidität auf einen methodisch-konzeptuellen Kern zu zentrieren, wurde mit der *Multitrait-Multimethod-Matrix* von Campbell und Fiske (1959) vorgebracht. Die Logik dieser Methode, die hier nicht im einzelnen erläutert werden kann (vgl. Fiske 1987), besteht im Vergleich der Interkorrelationen von Beurteilungsdaten, die mit mehreren Methoden (bzw. von mehreren Beurteilern) bezogen auf mehrere Urteilsaspekte über mehrere Personen abgegeben werden. Eine Analyse der Urteilsvarianz innerhalb und zwischen den verschiedenen Datenquellen gibt Aufschluß über zwei wesentliche Aspekte der Konstruktvalidität, die konvergente und die diskriminante Validität. Von *konvergenter Validität* spricht man, wenn die Messungen der gleichen Merkmale mittels verschiedener Methoden hoch korreliert sind. *Diskriminante Validität* liegt vor, wenn die Messungen jeweils gleicher Merkmale mit verschiedenen Methoden höher korreliert sind als die Messungen verschiedener Merkmale mit den jeweils gleichen Methoden.

Solche Analysen können gerade dann interessante Aufschlüsse erbringen, wenn es sich um Methoden vermeintlich hoher inhaltlicher Validität handelt. So ergaben die Analysen von Assessment Center-Beurteilungen in drei Organisationen von Sackett und Dreher (1982), daß die Korrelationen zwischen verschiedenen Urteilsaspekten innerhalb der gleichen Übungen höher waren als die Korrelationen zwischen den jeweils gleichen Merkmalen über die Aufgaben hinweg. Diese Daten stellen die Möglichkeit in Frage, Eigenschaften im Assessment Center auf übliche Weise methodenunabhängig zu beurteilen. Vergleichbare Ergebnisse fanden sich für die Verwendung von Einstufungsskalen aller Art, auch von verhaltensverankerten Einstufungsskalen (Cascio 1987) und von Verhaltensbeobachtungsskalen (Wexley & Pulakos 1982). Sackett (1987) zeigt, daß die Durchführung von Arbeitsanalysen allein keine Gewähr für die Konstruktion inhaltsvalider Aufgaben bietet.

Dickinson, Hassett und Tannenbaum (1986) führten eine Metaanalyse von Leistungsbeurteilungen durch, bei denen mehrere Beurteiler mehrere Leistungsdimensionen einstuften. Die Auswertungen von insgesamt 31 Multitrait-Multirater-Matrizen ergaben akzeptable konvergente Validität (.356), mittleren Methodeneinfluß (.223) und relativ niedrige diskriminante Validität (.128; die Werte beziffern Effektstärken). Des weiteren ergab sich, daß die konvergente Validität bei Verwendung von verhaltensbezogenen Kriterien höher war als von Eigenschaftskriterien. Methodeneinflüsse waren geringer, wenn Beurteiler und Beurteilte an der Skalenentwicklung beteiligt waren, und die diskriminante Validität profitierte von der Durchführung von Beurteilertrainings.

In einer Studie von Schmitt und Noe (1982) waren Selbstbeurteilungen mit Vorgesetztenurteilen mit .31 korreliert, Selbstbeurteilungen mit Mitarbeiterurteilen .41 und Vorgesetzten- mit Mitarbeiterbeurteilungen .22. Demgegenüber ergab die Studie von Mount (1984) größere Ähnlichkeit zwischen Vorgesetzten- und Mitarbeiterurteilen bezüglich konvergenter Validität als zwischen beiden und der Selbstbeurteilung. Die durchschnittliche Korrelation zwischen Ergebniskriterien und Verhaltenskriterien ergab sich in der von Heneman (1986) durchgeführten Metaanalyse mit .27. Ist nicht für den betreffenden Interpretationszusammenhang ein bestimmtes Kriterium das zweifelsfrei ausschlaggebende, wird sich in den meisten Fällen die kombinierte Verwendung mehrerer Methoden der Leistungsbeurteilung empfehlen (Schuler & Schmitt 1987).

Faßt man die über mehrere Jahrzehnte veröffentlichten Ergebnisse *einzelner Studien* bezüglich der *prädiktiven Validität* von Leistungsbeurteilungen zusammen, so können Werte zwischen .30 und .40 als typisch genannt werden. Als Ergebnis neuerer *Metaanalysen*, bei denen die in einzelnen Untersuchungen enthaltenen Stichprobenfehler eliminiert werden, ergeben sich für die Validität von Vorgesetztenurteilen nach der Probezeit .44 und für die Validität von Kollegenurteilen .49 (Hunter & Hunter 1984). Schmitt, Gooding, Noe und Kirsch (1984) kommen bei Zusammenfassung von Vorgesetzten- und Kollegenurteilen auf .43, wobei die Prognose von Statusänderungen am besten (.51), die der Gehaltshöhe am schlechtesten möglich war (.21). Für die gelegentlich geforderte Verwendung dynamischer (anstelle statischer) Kriterien findet sich bislang keine Unterstützung von Validitätsstudien (Barrett, Caldwell & Alexander 1985, Hakel 1986). Schmidt und Hunter (1981) geben als durchschnittliche Korrelation zwischen Erfolg im Training und „statisch“ beurteilter Arbeitsleistung .77 an. Mabe und West (1982) fanden für Selbstbeurteilungen eine durchschnittliche Validität von .29, wobei die Moderatoranalysen ergaben, daß die Validität sowohl von situativen Bedingungen wie von Personmerkmalen abhängig war.

Reliabilität. Auch für die Meßgenauigkeit oder Reliabilität von Leistungsbeurteilungen gibt es mehrere Operationalisierungen. In Analogie zur Validität können wir auch hier von unterschiedlichen Strategien der Reliabilitätsprüfung anstatt von unterschiedlichen Arten der Reliabilität sprechen. Beachtet man, daß in der Reliabilitätsdefinition der klassischen Testtheorie (z. B. Lienert 1987) Reliabilität als Freiheit von zufälligen Fehlern definiert ist, so müßten eigentlich systematische Fehler – wie in den oben beschriebenen Urteilstendenzen enthalten –, die häufig zu Meßwerterhöhungen sowohl der Reliabilität wie der konvergenten Validität führen, auspartialisiert werden.

Besteht die Prüfung der Reliabilität in der *Meßwiederholung*, so sind die Komponenten der Irreliabilität die Instabilität des zu beurteilenden Verhaltens und die Instabilität des Beurteilungsvorgangs. In den wenigsten Untersuchungen wurden diese beiden Komponenten getrennt. Bei langem Zeitintervall ist der Übergang zur prädiktiven Validität fließend. Reliabilitätsbestimmung durch die Verwendung *äquivalenter* (paralleler) *Meßinstrumente* wird selten durchgeführt, da gewöhnlich keine auf Itemanalysen basierenden parallelen Versionen vorliegen. Verwendet man ersatzweise verschiedene Methoden, deren Ähnlichkeit nicht unabhängig von der Beurteilerübereinstimmung feststellbar ist, muß man damit rechnen, daß teilweise unterschiedliche Komponenten erfaßt werden, und das Prüfverfahren gerät in die Nähe der Konstruktvalidierung. Betrachtet man den Beurteiler als Methode, so ist Äquivalenz im strengen Stinn nur dann gegeben, wenn zwei Beurteiler die gleichen Beobachtungen gemacht haben – eine Bedingung, die praktisch nur im Experiment zu realisieren ist. Die konservativste Schätzung der Reliabilität besteht darin, verschiedene Beurteiler mit verschiedenen Instrumenten zu verschiedenen Zeiten die gleichen Personen beurteilen zu lassen. Die erhaltenen Werte wird man allerdings besser als Indikatoren der Konstruktvalidität interpretieren.

Die dritte klassische Art der Reliabilitätsbestimmung, die Prüfung der *internen Konsistenz*, also der durchschnittlichen Interkorrelation aller Items, ist insofern auch nur beschränkt möglich, als viele Beurteilungsverfahren nur aus jeweils einer Skala für jede Urteilsdimension bestehen, die sinngemäß unterschiedliche Aspekte der Leistung erfassen sollen. Man kann vermuten, daß hierin einer der verbreitetsten Gründe für Reliabilitätsmängel besteht.

Es liegen vielfältige Ergebnisse zur Reliabilitätsbestimmung vor, die jedoch den hier geäußerten Bedenken nur selten gerecht werden. Sie können hier nur sehr summarisch wiedergegeben werden. Thornton et al. (1987) nehmen als mittleren globalen Schätzwert für die *Reliabilität von Leistungsbeurteilungen* .61 an. Rambo, Chomiak und Price (1983) beziffern die mittlere *Leistungsstabilität* unter konstanten Randbedingungen auf .63. Für die *Urteilsstabilität* oder *intraindividuelle Urteilskonkordanz* werden Werte um .70 bis .80 berichtet. Bernardin und Beatty (1984) nennen .73 für verhaltensverankerte Einstufungsskalen (BARS). Für Beurteilungen, die unter experimentell kontrollierten Bedingungen mit einem Verhaltensrangprofil vorgenommen wurden, betrug die Reliabilität bei einfacher Rangreihenbildung .75, bei Durchführung von Paarvergleichen .85 (Schuler 1978). Die Stabilität wird von Mabe und West (1982) bei kurzzeitiger Wiederholung mit .70–.90 angegeben, für Intervalle von mehr als einem halben Jahr mit .47–.74. Als typische Werte für die *Beurteilerübereinstimmung* (*Objektivität* oder *interindividuelle Urteilskonkordanz*) gibt Borman (1983) .46–.73 an, für Globaleinschätzungen .78. Bernardin und Beatty (1974) fassen die Werte für BARS mit .53 zusammen.

Ob angesichts der referierten Ergebnisse differenzierte Leistungsbeurteilungen globalen Einschätzungen, insbesondere wenn Urteile mehrerer Beurteiler aggregiert werden, überlegen sind, erscheint zweifelhaft, soweit nicht der Beurteilungszweck eine differenzierte Beurteilung gebietet. Der gelegentlich geäußerten Behauptung allerdings, Beurteilungen seien generell unbrauchbar, weil fehlerbehaftet, scheint die Auffassung zugrunde zu liegen, es gäbe in irgendeinem anderen Bereich menschlicher Einschätzungsleistungen perfekte Veridikalität. Soweit es sich nicht um einfache Relativurteile oder um meßtechnisch gestützte naturwissenschaftliche Bestimmungen handelt, hat diese Auffassung keine empirische Grundlage. Es ist zu bedenken, daß Urteilstendenzen und Urteilsfehler nicht durch Skalierungen verursacht, sondern durch diese sichtbar gemacht werden – was sie erst der Kontrolle zugänglich macht.

Beurteilertraining. Die auf die Beurteiler rückführbare Urteilsvarianz ist hoch (Vance, Winne & Wright 1983), Unterschiede zwischen Beurteilern sind groß (Borman 1983); allerdings konnte für Urteilskompetenz bisher keine klare Operationalisierung gefunden werden, der Zusammenhang mit Fähigkeits- und Persönlichkeitsmerkmalen ist umstritten (Hakel 1986). Zielsetzung von Beurteilertrainings ist v. a. die Verminderung von Urteilsfehlern wie Halo und Beschönigungstendenz, was z. B. bei Latham, Wexley und Pursell (1975) gelungen ist. Bei Schuler (1972) konnte zusätzlich die Reliabilität erhöht werden. Neben vielfältigen positiven Resultaten mehrten sich in den vergangenen Jahren auch Studien, die ohne Erfolg blieben oder gar gegensätzliche Effekte hatten (zusammenfassend Bernardin & Beatty 1984, Gerpott 1985, Latham 1986). Nur wenige Arbeiten berichten über dauerhafte Trainingswirkungen, bei denen überdies mit einer Abnahme im zeitlichen Verlauf gerechnet werden muß (Ivancevich 1979).

Über fehlerdifferentielle (Pulakos 1984) und vor allem über persondifferentielle Trainingswirkungen (Preiser, Gasch & Kugemann 1973) liegt wenig Information vor, wie generell der Eindruck überwiegt, daß der Häufigkeit von Trainingsmaßnahmen in der betrieblichen Praxis nur sehr bescheidene Bemühungen um Evaluation gegenüberstehen (deren methodische Schwierigkeiten überdies nicht gering sind, Wexley 1984). Forciertes Training der Informationsverarbeitung, wie von Ilgen und Feldman (1983) propagiert, dürfte nach der Zusammenstellung von Gerpott (1985) wenig aussichtsreich sein, während interaktionsorientierte Trainings immerhin die soziale Qualität von Beurteilungsprozessen zu fördern scheinen. Die Teilnahme als Beobachter an einem Assessment Center könnte wirkungsvoller sein als die an einem off-the-job-Beurteilertraining (Lorenzo 1984). Betonenswert scheint auch das Führen von Zielsetzungs- und Beurteilungsgesprächen sowie insbesondere die Betonung des unmittelbaren beobachtungsbezogenen Feedback (Landy & Farr 1983).

4.1.4.5.3 Verwendungskriterien

Auch die praktische Verwendbarkeit eines Beurteilungsverfahrens bemißt sich primär nach den bereits erörterten Qualitätskriterien. Darüber hinaus sind es vor allem Aspekte der Ökonomie und der Akzeptabilität, von denen der Einsatz in der Praxis abhängt. Engere Zielgrößen wie die Angemessenheit des Verfahrens, seine Kompatibilität mit anderen personalwirtschaftlichen Instrumenten, seine Affinität zu den Führungsprinzipien, seine Transparenz, Verständlichkeit und Fairneß sowie der erforderliche Zeitaufwand können den beiden Kategorien Akzeptabilität und Nutzen grob, wenn auch nicht zur Gänze, zugeordnet werden, auf deren Erörterung wir uns im folgenden beschränken müssen.

Akzeptabilität. Caroll und Schneier (1982) bezeichnen das Führen von Beurteilungsgesprächen als die unbeliebteste Führungsaufgabe. Bei der Einführung eines systematischen Beurteilungsverfahrens in einer Organisation ist mit Widerstand nicht nur bei den Beurteilten zu rechnen, sondern auch bei den Beurteilern. Die oben besprochenen Urteilstendenzen sind teilweise Ausdruck des Unwillens, eindrucksgemäße Urteile zu äußern, bzw. der Befürchtung, durch formelle Beurteilungen die Qualität der Interaktion zu beeinträchtigen. Demgegenüber sehen Vorgesetzte in üblichen Beurteilungs- und Feedbackprozeduren nur geringen Nutzen. Ihre Einschätzung ist insoweit vor allem von der Wirkung der Beurteilung auf die Beurteilten und von deren Reaktion abhängig.

Bezüglich der Wirkung der Beurteilung auf beurteilte Personen scheint es zweckmäßig, zwei Hauptfaktoren zu unterscheiden: das Wissen um die eigene Leistung und die Kritik durch eine andere Person. Isoliert betrachtet, führen Zielsetzung und Maßnahmen des Verhaltens-Ziel-Vergleichs fast durchgängig zu positiven Leistungskonsequenzen (Hacker 1978, Landy & Farr 1983). Komacki, Heinzmann und Lawson (1980) fanden Feedback wirksamer als vorbereitende Schulung und Hinweise. Die Wirkung ist um so förderlicher, je kleiner die Einheiten sind und je verhaltensbezogener die Information ist (Locke 1986).

Weit differenzierter ist die Reaktion auf die Bewertung durch eine andere Person zu sehen. Schon die Studien von Mayer, Kay und French (u. a. 1965) hatten ergeben, daß Lob uneindeutige und Kritik negative Effekte auf Leistung und Befinden hatten und daß Kritik häufig defensive Reaktionen provoziert. Die Schlußfolgerungen hieraus werden auch von den meisten neueren Autoren geteilt: Zielsetzung sollte gemeinsam vorgenommen werden, „Coaching" erfolgt am besten täglich und direkt verhaltensbezogen, nicht summarisch nach langen Zeitabständen, die Form der Rückmeldung ist von der Zielsetzung abhängig zu machen, vor allem sollten Gespräche, die der Leistungsverbesserung dienen, nicht gleichzeitig Bezahlung und Beförderung zum Inhalt haben.

Im einzelnen ist noch zu wenig bekannt, wovon die Reaktion auf Beurteilung abhängt. Spekulativ können genannt werden: „Vorzeichen" der Beurteilung, Konsequenzen der Beurteilung, überdauernde Bewertungsangst/Selbstsicherheit, Übereinstimmung mit Selbstbeurteilung, Vertrauen in Beurteiler und Organisation, Macht und Kompetenz des Beurteilers, Beurteilungsverfahren, Validitätseinschätzung, Transparenz, Partizipation, Kompatibilität mit eigenen Erwartungen und Zielsetzungen, Vertraulichkeit, Art des Feedback, organisationaler und sozialer Kontext. Ivancevich (1982) verglich vier Typen von Beurteilungsgesprächen und fand als gemeinsame Reaktionsfaktoren equity, accuracy, clarity, motivational impact and anxiety. Einseitige Zielvorgabe hatte erhöhte Angst bei den Gesprächspartnern zur Folge. Zedeck und Cascio (1984) fassen als Kern der Voraussetzungen für gute Beurteilungsfeedback-Gespräche zusammen: Partizipation, Unterstützung, Zielsetzung, zentrierte Diskussion, minimale Kritik und Trennung von administrationsbezogenem und entwicklungsbezogenem Feedback. Ratschläge für das Führen von Mitarbeitergesprächen allgemein gibt Neuberger (1982).

Ergebnis dieser Erörterungen ist, daß unmittelbares leistungsbezogenes Feedback („day-to-day feedback") mit geringem Bewertungsgehalt die beste Form der Verhaltenssteuerung mittels Beurteilung ist. In vielen Fällen werden sich allerdings zwei zusätzliche Bewertungsebenen weiterer zeitlicher Erstreckung nicht erübrigen – eine Form der Beurteilung, die Bestandteil eines Zielsetzungsgesprächs ist und etwa im Abstand von einem Jahr verhaltens- und ergebnisbezogen geführt wird, und eine dritte Form, die zur Potentialeinschätzung dient und durch die beiden anderen Varianten nicht ersetzbar ist. Diese dritte Art der Beurteilung ist nur in größeren zeitlichen Abständen erforderlich; die Form des Assessment Centers bietet sich hierfür an als weitgehend akzeptierte und befriedigend valide Prozedur (Thornton et al. 1987).

Nutzen. Versucht man eine Bewertung der Leistungsbeurteilung, so liegt nahe, sie daran zu messen, wie weit mit ihrer Hilfe Ziele erreicht oder Funktionen wahrgenommen werden können, wie sie in Abschnitt 1 aufgelistet wurden. Für manche dieser Zielsetzungen wird man zum Schluß kommen, ihr Erreichen sei kaum und der Nutzen des Erreichens noch schwerer bestimmbar. Auch manche nicht-intendierten Effekte auf Organisation und Individuen mögen sich der Kalkulation weitgehend entziehen.

Einer Nutzenkalkulation am ehesten zugänglich dürfte das Ziel der Leistungssteigerung sein. Die hierfür vorgeschlagenen Berechnungsmodelle können als Weiterentwicklung der Hull'schen Kalkulation von Leistungsdifferenzen angesehen werden (Hull 1928, Landy & Farr 1983). Heutige Grundlage der Nutzensschätzung ist die Berechnungsweise nach Schmidt und Hunter (1983). Schmidt und Hunter schätzen die Standardabweichung der Produktivität mit 20% des mittleren Leistungswerts und als äquivalent zu 40% des mittleren Gehalts. Zu ähnlichen Werten kommt ein Kalkulationsvorschlag von Cascio (1982). Diese Annahme, die durch empirische Daten recht gut gestützt ist, bietet die Basis, um den Wert einer Leistungsveränderung via Leistungsbeurteilung zu kalkulieren.

Guzzo, Jette und Katzell (1985) verglichen in einer Metaanalyse von über 98 Einzelstudien die Wirkung 11 verschiedener organisationspsychologischer Interventionsprogramme und kamen auf eine durchschnittliche Effektstärke von 0,44 Standardabweichungen eines kombinierten Produktivitätsmaßes. Für Leistungsbeurteilung und Feedback ergibt sich eine Effektstärke von 0,35. Bezogen auf die Schätzungen von Schmidt und Hunter (1983) bedeutet dies eine mittlere Verbesserung der Leistung um 7% und eine Erhöhung des Nutzens, gemessen am Gehalt, um 14%. Diese Werte entsprechen eher der unteren Grenze der von Landy und Farr (1983) aufgeführten Einzelstudien.

Landy, Farr und Jacobs (1982) kalkulieren den Nutzen von Leistungsbeurteilungen in Anlehnung an die Berechnungsweise für Selektionsmethoden und setzen auch Schätzwerte für die Validität des Verfahrens und für seine Kosten ein. Cascio und Ramos (1986) schlagen vor, Leistungsbeurteilung und Nutzenkalkulation zu integrieren. Dabei werden die wichtigsten Tätigkeiten nach Häufigkeit, Wichtigkeit, Fehlerkonsequenz und Schwierigkeitsgrad gewichtet und mit dem Gehalt und dem Beurteilungswert multipliziert. Ergebnis ist der relative Wert der Einzeltätigkeiten wie auch der Nutzenbeitrag der Gesamtleistung für die Organisation.

Kapitel 4.1.5

Beanspruchung und Belastung

Conny Antoni und Walter Bungard

4.1.5.1 Einführung

In der vorliegenden Arbeit wird versucht, aufbauend auf vorliegenden Literaturübersichten und Monographien (Beehr & Newman, 1978; Cooper & Payne, 1978; Cox, 1978; Cox & Mackay, 1981; Frese, 1981; Gebert, 1981; Hacker & Richter, 1984; Laux, 1983; Lazarus & Folkman, 1984; Lössl, 1983; McGrath, 1976; Nitsch, 1981; Scheuch & Schreinicke, 1983; Schönpflug, 1987; Sharit & Salwendy, 1982; Udris, 1983; Winnubst, 1984) einen Überblick über den gegenwärtigen Stand der Belastungs- und Beanspruchungs- bzw. Streßforschung im Bereich der Organisationspsychologie zu geben. Der Schwerpunkt liegt dabei mehr auf der konzeptuellen und methodischen Ebene als auf der Darstellung von Ergebnissen. Die Begriffe Belastungs- und Beanspruchungsforschung einerseits und Streßforschung andererseits werden dabei synonym gebraucht, da uns eine Trennung der Forschungsarbeiten etwa im Sinne der Begriffsdefinition von Hacker und Richter (1984) kaum möglich erscheint.

4.1.5.2 Gegenstandsbestimmung

Im Bestreben, die Arbeitswelt menschengerecht und effizient zu gestalten, kommt der Belastungs- und Beanspruchungsforschung eine zentrale Rolle zu. Zu ihren Aufgaben gehört die Erforschung von sozialen und materiellen Arbeitsbedingungen, Arbeitsinhalten, -methoden und -abläufen, die sowohl eine möglichst effiziente Nutzung der menschlichen Arbeitskraft ermöglichen als auch deren Schutz und Entfaltung gewährleisten sollen (vgl. Hacker & Richter, 1984, 12; Newman & Beehr, 1979, 33; Scheuch & Schreinicke, 1983, 91). Angesichts dieser umfassenden und vielschichtigen Aufgabenstellung verwundert es nicht, daß neben der Arbeits-

und Organisationspsychologie auch die Organisationssoziologie, die Ergonomie und die Arbeitsmedizin seit langem Belastungs- und Beanspruchungsforschung betreiben.

Den verschiedenen wissenschaftlichen Disziplinen entsprechen unterschiedliche streßtheoretische Untersuchungsperspektiven. So unterscheidet Nitsch (1981, 52ff.) zwischen biologischen bzw. physiologischen (z. B. Frankenhaeuser & Gardell, 1976; Levi, 1972; Selye, 1956; Wolff, 1953), psychologischen (z. B. Lazarus, 1966; McGrath, 1970; Schönpflug, 1979) und sozialpsychologisch-soziologischen Streßkonzepten (z. B. Kahn et al., 1964; Mechanic, 1970), je nachdem ob schwerpunktmäßig biologische bzw. physiologische, psychische oder soziale Prozesse betrachtet werden. Die organisationspsychologische Streßforschung und damit auch die vorliegende Arbeit befaßt sich schwerpunktmäßig mit den durch die organisationale Umwelt geprägten psychischen Prozessen. Da sich die verschiedenen Prozesse wechselseitig beeinflussen und eine getrennte Analyse lediglich im Sinne einer akzentuierenden Betrachtung sinnvoll erfolgen kann, wird die Notwendigkeit interdisziplinärer Forschungsansätze immer stärker betont (vgl. Beehr & Newman, 1978, 696; Greif et. al., 1983, 29; Schuler, 1980, 190). Im folgenden soll daher auch bewußt die Anknüpfung an die Streßforschung außerhalb der Organisationspsychologie gesucht werden.

Gegenwärtig zeichnet sich die Belastungs- und Beanspruchungsforschung durch eine Vielzahl von Modellen mit unterschiedlicher Begrifflichkeit aus, wobei die Konstrukte nicht nur zwischen verschiedenen Modellen uneinheitlich definiert, sondern häufig auch innerhalb bestimmter theoretischer Ansätze uneinheitlich gebraucht werden (vgl. Schuler, 1980). Auch der Trend, immer mehr einschlägige Arbeiten unter der Rubrik Streßforschung laufen zu lassen, führte keineswegs zu einer klaren Begrifflichkeit, sondern ersetzte häufig zwei unscharf gebrauchte Begriffe durch einen noch vageren, aber immerhin modischeren (vgl. Kühlmann, 1982, 28f.; Lazarus & Folkman, 1984, 1).

Da bereits frühere Überblicksarbeiten oder Monographien (vgl. Gebert, 1981; Lazarus, 1966; Nitsch, 1981) zu diesem Urteil gelangten, könnte man in dieser Hinsicht von einer gewissen – bedauerlichen – Kontinuität der Forschung sprechen.

Um trotz dieser Begriffsverwirrung zu einer handhabbaren Arbeitsdefinition von Belastung und Beanspruchung zu gelangen, werden in Anlehnung an gängige Systematisierungsversuche folgende vorläufige Begriffsumschreibungen vorgeschlagen (vgl. Gebert, 1981; Greif, 1983): *Belastungen* oder *Stressoren* werden als Stimuli aufgefaßt, die als Anforderungen der Umgebung oder der Tätigkeit auf eine Person einwirken und über einen angebbaren Zeitraum eine bestimmte Intensität überschreiten. Die Stressoren oder Belastungen führen zu Reaktionen, die als *Beanspruchungen (Strain)*, *Streßreaktionen* oder *Streßfolgen* bezeichnet werden.

Dieser Definition liegt zunächst ein einfaches S-R oder Input/Output Modell zugrunde, wie es für viele Untersuchungen der Belastungs- und Beanspruchungsforschung typisch war und ist. Durch die Einführung von kognitiven Vermittlungsprozessen und durch die Berücksichtigung von Rückkopplungsschleifen kann das mechanistische Streßmodell jedoch zu einem dynamischen Prozeßmodell weiterentwickelt werden.

All den verschiedenen Modellen ist jedoch die Auffassung gemein, daß der Streßbegriff Probleme der Auseinandersetzung bzw. Anpassung zwischen Personen und ihrer Umwelt beschreibt (Nitsch, 1981 b, S. 29).

Die organisationspsychologische Streßforschung konzentriert sich dabei auf die Probleme bei der Auseinandersetzung zwischen Organisationsmitglied und Organisation, d. h. auf Handlungsprobleme in Organisationen. In Anlehnung an McGrath (1976, S. 1367) kann Handeln in Organisationen als Interaktion (1) des materiellen und technologischen Systems der Organisation, (2) des sozialen-interpersonalen Systems der Organisation und (3) des Organisationsmitglieds als personales System betrachtet werden. Streß in Organisationen kann daher nach McGrath sowohl aus jedem dieser Systeme als auch aus ihrer Interaktion entstehen. Entsprechend unterscheidet McGrath (1976, S. 1369) sechs Klassen von Streß:

- aufgabenbedingter Streß, der aus der Interaktion zwischen Personsystem und materieller Umwelt resultiert, wie z. B. Aufgabenschwierigkeit oder -ambiguität;
- rollenbedingter Streß, der aus der Interaktion zwischen Personsystem und sozialer Umwelt entsteht, wie z. B. Rollenkonflikt oder -ambiguität
- aus dem Behavior Setting entstehender Streß, der sich aus der Interaktion zwischen materieller und sozialer Umwelt ergibt, wie z. B. Crowding;
- aus der materiellen Umwelt hervorgehender Streß, wie z. B. Kälte;
- Streß, der sich aus der sozialen Umwelt ergibt, wie z. B. aus Meinungsverschiedenheiten;
- Streß, der innerhalb des Personsystems erzeugt wird, den das Organisationsmitglied in die Situation einbringt, wie z. B. Angst oder besondere Wahrnehmungsstile.

Semmer (1984) weist zu Recht darauf hin, daß die eindeutige Zuordnung bestimmter Stressoren zu einzelnen Kategorien nicht immer möglich ist, dennoch zeichnet sich unseres Erachtens die Systematik von McGrath durch ihren heuristischen Wert aus.

Wie Streß entsteht, was im einzelnen unter Streß zu verstehen ist und welche Auswirkungen Streß hat, wird von den verschiedenen Streßtheorien unterschiedlich erklärt. Im folgenden Abschnitt sollen die verschiedenen streßtheoretischen Ansätze im Bereich der Organisationspsychologie näher beschrieben und in den Rahmen der allgemeinen Streßforschung eingeordnet werden.

4.1.5.3 Modelle und Theorien der organisationspsychologischen Streßforschung

In der Literatur werden die vorliegenden Streßtheorien häufig in drei Kategorien eingeteilt: 1) reaktionsorientierte, 2) reizorientierte und 3) transaktionale oder kognitive Streßtheorien (Cox, 1978; Laux, 1983; Lazarus & Folkman, 1984; Nitsch, 1981).

Von reaktionsorientierten Streßtheorien spricht man, wenn das Auftreten von Streß von bestimmten Reaktionen abhängig gemacht wird. Streß wird hier im Sinne einer abhängigen Variable verstanden (vgl. Levi, 1972; Selye, 1981; Taché & Selye, 1978). Modelle, die Streß als das Auftreten bestimmter Stimuli oder Reize definieren und Streß somit in der Art einer unabhängigen Variable auffassen, werden in der Literatur als reizorientierte Streßmodelle (vgl. etwa Holmes & Rahe, 1967; Spielberger, 1972; Rutenfranz, 1981) bezeichnet. Im Gegensatz zu den physiologisch ausgerichteten SR-Theorien der Arbeitsmedizin und Arbeitswissenschaft wurde die organisationspsychologische Streßforschung stärker durch kognitive Streßmodelle geprägt. Die kognitiven oder interaktionalen bzw. transaktionalen Streßtheorien heben die wechselseitige Beeinflussung von Stimulus- und Reaktionsseite und die Rolle von kognitiven Vermittlungsprozessen hervor und bezeichnen diesen vielschichtig rückgekoppelten Wirkungszusammenhang als Streß (vgl. Cox, 1978; Lazarus, 1966; McGrath, 1976).

4.1.5.3.1 Reaktionszentrierte Streßtheorien

In den Humanwissenschaften ist es sicherlich der Verdienst von Selye, den Streßbegriff in die allgemeine Diskussion eingeführt zu haben. Selye (1981, 170) begreift den Streßbegriff als „unspezifische Reaktion des Organismus auf jede Anforderung“. Er beschrieb diese unspezifische Reaktion auf schädliche Reize mit dem sogenannten Allgemeinen Adaptationssyndrom (AAS). Danach reagiert jeder Organismus auf einen schädlichen Reiz mit einer Alarmphase, bei der es zu einem Absinken des Widerstands kommt. Ist der Stressor nicht so stark, daß der Organismus getötet wird (z. B. extreme Temperaturen), versucht sich der Körper dem Stressor anzupassen und eine neues Gleichgewicht durch Erhöhung des Widerstandes zu erreichen, das von Selye in Abgrenzung von der Homöostase als Heterostase bezeichnet wird (Widerstandsstadium). Wirkt der Stressor über längere Zeit auf den Organismus ein, erschöpft sich dessen Widerstandskraft, und die Symptome der Alarmreaktion treten wieder ein, sind aber nicht mehr reversibel, der Organismus stirbt (Erschöpfungsstadium).

Selyes neutrale Konzeptualisierung von Streß, als die stereotype, unspezifische Reaktion des Körpers auf belastende Aufgaben, gleichgültig ob es sich um angenehme oder unangenehme Situationen handelt, wurde inzwischen vielfach kritisiert (vgl. Mason, 1975). So hat sich bislang kein organismisches Reaktionsmuster als völlig unspezifisch erwiesen (Lacey, 1967); ferner stellt sich gerade im Falle der Reaktionsunspezifität das Problem, daß auslösende Bedingungen nicht eindeutig bestimmt werden können, dessen Lösung jedoch Voraussetzung für präventive Maßnahmen gegen die Entstehung von Streß ist. Beschränkt man die Analyse von Streßreaktionen nicht auf die physiologische Ebene, sondern betrachtet ferner kognitive und emotionale Reaktionen wie auch die Handlungen von Personen, so verschärfen sich diese Probleme noch. Sowohl die Reaktionen innerhalb bestimmter Analyseebenen als auch diejenigen zwischen verschiedenen Ebenen sind nur gering korreliert (vgl. Cohen, 1980). Eine Ursache dieses geringen Zusammenhangs kann darin begründet sein, daß die Reaktionen zeitlich verschoben erfolgen (vgl. Nitsch, 1981, 60). Es stellt sich somit das theoretische und methodische Problem, in welchem zeitlichen Abstand zum auslösenden Reiz mit der Reaktion zu rechnen ist und wann sie erfaßt werden soll. Die heftigste Kritik an diesem behavioristischen bzw. mechanischen Modell wird heute von der kognitiven Streßforschung geführt, die betont, daß S-R Verbindungen durch kognitive Verarbeitungsprozesse vermittelt und dadurch entschieden beeinflußt werden.

4.1.5.3.2 Reizzentrierte Streßtheorien

Reiz-, anforderungs- oder situationszentrierte Modelle definieren Streß in Abhängigkeit von bestimmten situativen Bedingungen, Stimuli oder Ereignissen. Reizorientierte Streßmodelle spielten insbesondere bei der Erforschung kritischer Lebensereignisse (Life Events) eine wichtige Rolle (vgl. Dohrenwend & Dohrenwend, 1974; Filipp, 1981; Katschnig, 1980). Man glaubte anfangs, vom Vorliegen bestimmter lebensverändernder Ereignisse direkt auf die psychische Belastung des einzelnen schließen zu können. Die subjektive Bewertung der Ereignisse spielte dabei keine Rolle. Der Tod eines Ehepartners, ein Lottogewinn oder eine Heirat stellten nach Ansicht dieser Forscher die gleiche Stärke der Belastung dar und erforderten die gleiche Art von Wiederanpassungsleistung, wenn auch in unterschiedlichem Ausmaß (vgl. Holmes & Rahe, 1967).

Eine analoge Gleichsetzung von belastenden Ereignissen oder Stimuli mit Streß findet sich auch im Streß/Strain bzw. Belastungs/Beanspruchungskonzept, Konzept der Arbeitsmedizin und Arbeitswissenschaft (vgl. Rohmert & Rutenfranz, 1975), das sich stark an das technische Streß/Strain-Konzept anlehnt. „Setzt man nämlich das Wort Streß mit dem Wort Belastung gleich, so kann man im Bereich beruflicher Arbeit darunter alle objektiv meßbaren von außen auf einen Menschen einwirkenden Einflüsse verstehen, wie z. B.:

- Gewicht zu bewegender Massen,
- Erhöhung des Energieumsatzes,

- definierte Umgebungseinflüsse wie Lärm, Vibration, Klima etc." (Rutenfranz, 1981).

Beanspruchung oder Strain wird dann als die Reaktion des Menschen auf die äußerlichen Belastungen aufgefaßt. Um interindividuell unterschiedliche Reaktionen auf dieselben Belastungen zu erklären, werden in Analogie zur Materialkonstanten im technischen Streß/Strain-Konzep intervenierende Variablen wie Persönlichkeitsmerkmale oder Wahrnehmungsstile angenommen (vgl. Rutenfranz, 1981). Der wesentliche Unterschied zu transaktionalen Streßmodellen ist jedoch darin zu sehen, daß keinerlei Rückkopplungsprozesse berücksichtigt werden. Somit wird kein Prozeßmodell entwickelt, sondern man untersucht im Rahmen eines statischen SR-Modells zumeist monokausale Zusammenhänge zwischen äußeren Belastungsfaktoren und individuellen Beanspruchungsreaktionen.

Im Laufe der Zeit wurden eine Vielzahl von Stressoren untersucht, die in einer Reihe von zumeist recht willkürlichen Klassifikationsvorschlägen systematisiert wurden (vgl. zusammenfassend Udris, 1981).

Die Kritik an reizorientierten Streßmodellen läßt sich wie folgt zusammenfassen (vgl. Nitsch, 1981, 42f.):

- Qualitativ unterschiedliche Reize können bislang nicht auf demselben Maßstab abgebildet und damit vergleichbar gemacht werden.
- Es gibt bislang kein Modell, um die Wechselwirkung zwischen verschiedenen Reizen abzubilden.
- Viele Reize werden erst aufgrund ihrer subjektiven Wahrnehmung und Bewertung wirksam.
- Selbst wenn ein Reiz als belastend empfunden wird, zeigen sich deutliche interindividuelle Reaktionsunterschiede.
- Bei einer einseitig reizorientierten Streßdefinition wird jede Reaktion, die in dieser Reizsituation erfolgt, zur Streßreaktion.

4.1.5.3.3 Kognitive Streßtheorien

Die kognitiven Streßmodelle gehen von einer psychisch vermittelten und gestalteten Person-Umwelt-Beziehung aus. Sie betonen die entscheidende Rolle subjektiver Wahrnehmungs- und Bewertungsprozesse bei der Streßentstehung und weisen von daher die Vorstellung einer unspezifischen Streßreaktion sensu Selye zurück. Durch die Möglichkeit prospektiver und retrospektiver Bewertung von Situationen sowie durch die Berücksichtigung von Vor- und Rückkoppelungsprozessen werden die Grenzen einfacher, sequentieller SR-theoretischer Kausalmodelle (Stressor – Streß – kurzfristige Streßreaktionen – langfristige Streßfolgen) aufgezeigt (vgl. Nitsch, 1981, 84ff.).

Diese komplexen Wahrnehmungs- und Bewertungsprozesse und ihre Bedeutungszuschreibungen können natürlich auch als sozial vermittelt angesehen werden (vgl. Nitsch, 1981, 120ff.). Einen wichtigen Einflußfaktor stellt dabei die berufliche bzw. die organisationale Sozialisation dar. Durch die Internalisation organisationaler Werte und die Übernahme von Mythen, Geschichten und Scripts (vgl. Martin, 1982) prägt und standardisiert die Kultur einer Organisation die Wahrnehmung und das Verhalten ihrer Mitglieder auch in Streßsituationen. Was wie stark als Streß erlebt und wie darauf reagiert wird, ist damit auch von Merkmalen der Organisation abhängig. Kognitive Streßkonzepte erlauben somit in anschaulicher Weise die Interaktion personaler und organisationaler Faktoren abzubilden, und dies macht sie u. E. für die organisationspsychologische Streßforschung besonders fruchtbar.

Neben den Arbeiten der Forschungsgruppe um Lazarus (Lazarus, 1966; Lazarus & Folkman, 1984) waren es vor allem die auf der Basis der Rollentheorie durchgeführten Forschungsprojekte am Institute of Social Research der Universität Michigan (Caplan, Cobb, French, Harrison & Pinneau, 1982; Kahn, Wolfe, Quinn, Snoek & Rosenthal, 1964), die die Streßforschung im Bereich der Organisationspsychologie stark beeinflußten.

4.1.5.3.3.1 Das Streßmodell von Lazarus

Eingeleitet wurde die kognitive Wende der Streßforschung mit der Gruppe um Lazarus. Lazarus und seine Mitarbeiter (vgl. Lazarus, 1966) konnten in ihren inzwischen klassischen Arbeiten zeigen, daß die Wirkung eines Stressors von seiner kognitiven Bewertung durch die Person abhängt. Entsprechend schlußfolgert Lazarus für den Streßbegriff: „The important role of personality factors in producing stress reactions requires that we define stress in terms of transactions between individuals and situations, rather than of either one in isolation." (Lazarus, 1966, 5)

Streß wird damit als dynamisches Beziehungskonzept, als aktiver Auseinandersetzungsprozeß zwischen einem System bzw. Individuum und seiner Umwelt aufgefaßt. Ob eine bestimmte Person-Umwelt-Beziehung von einer Person als stressend empfunden wird, hängt nicht nur von ihrer subjektiven Bewertung der Situation ab (primäre Bewertung), sondern gleichermaßen von ihrer subjektiven Einschätzung der ihr in dieser Situation zur Verfügung stehenden Bewältigungsmöglichkeiten (sekundäre Bewertung; vgl. Lazarus, 1966; Lazarus & Folkman, 1984; Lazarus & Launier, 1981). Entsprechend dieser Konzeption entsteht Streß nur dann, wenn erstens bei der situationalen oder primären Bewertung eine Schädigung oder ein Verlust festgestellt wird oder wenn negative Konsequenzen für den Fall erwartet werden, daß den situativen Anforderungen nicht oder nicht erfolgreich begegnet wird; zweitens, wenn eine Person glaubt, daß sie über keine adäquaten oder hinreichenden Bewältigungsmöglichkeiten verfügt. Diese subjektiven Einschätzungen sind dynamisch, sie ändern sich ständig und beeinflussen sich gegenseitig, so daß eine Person im Prozeß ihrer Auseinandersetzung mit ihrer Umwelt ständig Neubewertungen vornimmt. Lazarus und seine Mitarbeiter sprechen deshalb auch von einem transaktionalen Modell, um den Prozeßcharakter ihres Konzeptes gegenüber interaktionstheoretischen Vorstellungen, die lediglich einfache Rückkoppelungen vorsehen, hervorzuheben.

Im Bereich der Arbeits- und Organisationspsychologie wurden die Gedanken von Lazarus insbesondere von McGrath (1970, 1976) und Cox (Cox, 1978; Cox & Makkay, 1981) aufgenommen und weiterentwickelt. Ähnlich wie Lazarus glaubt McGrath, daß Streß entstehen kann, wenn in einer Umweltsituation eine Anforderung wahrgenommen wird, die die zu ihrer Bewältigung erforderlichen Kräfte der Person zu übersteigen droht und die Person einen wesentlichen Unterschied hinsichtlich der Belohnungen und Kosten (Handlungsvalenz) bei Bewältigung gegenüber der Nichtbewältigung der Anforderungen erwartet (McGrath, 1976, 1352). Allerdings kann nach McGrath aus dieser Überlegung nicht gefolgert werden, daß der resultierende Streß um so größer ist, je größer die subjektiv wahrgenommene Diskrepanz zwischen Anforderungen und Bewältigungsmöglichkeiten wird, wie es die Arbeiten von Lazarus (1966) nahelegen. Aufgrund eigener Untersuchungsergebnisse vertritt er im Gegenteil die Meinung, daß der Streß um so größer wird, je kleiner die Diskrepanz zwischen wahrgenommener Anforderung und Fähigkeit ist, da dann die Unsicherheit wächst, ob die Anforderung bewältigt werden kann (McGrath, 1976, 1352f.). Neben der Handlungsvalenz beeinflußt damit vor allem die Unsicherheit des Handlungsergebnisses, d. h. die subjektive Erfolgswahrscheinlichkeit für die Anforderungsbewältigung das Ausmaß des Streß. Dieser Auffassung schließen sich eine Reihe weiterer Autoren an (Nitsch, 1981; Schönpflug, 1983; Schuler, 1980).

Die Ähnlichkeit eines derartigen Streßmodells mit Erwartungs-Valenz-Theorien der Motivation (Heckhausen, 1981; Lawler, 1973; Vroom, 1964) ist offensichtlich (vgl. Nitsch, 1981, 93). Streßtheorien können damit als Handlungstheorien bzw. Theorien ineffizienten Verhaltens aufgefaßt werden (Schönpflug, 1979).

Die Sichtweise, daß die Handlungsvalenz und die Unsicherheit der Handlungsergebnisse entscheidende Determinanten des Streßerlebens darstellen, lenkte in den letzten Jahren das Interesse der Forschung vor allem auf die kognitiven Bewertungs- und Entscheidungsprozesse sowie die sie beeinflussenden Faktoren (vgl. Lazarus & Folkman, 1984, 22ff.; Nitsch, 1981, 91ff.). Lazarus und Folkman (1984, 55) diskutieren personale und situative Einflußfaktoren der Bewertungsprozesse. Bei den personenbezogenen Variablen heben sie den Einfluß motivational-emotionaler Werthaltungen (commitments) und von kognitiven Überzeugungen (beliefs), darunter insbesondere allgemeine und situationsspezifische Kontrollerwartungen, sowie existentielle Weltanschauungen hervor. Zu den besonders bedeutsamen Einflußgrößen, die in der Situation begründet liegen, rechnen sie folgende formale Aspekte:

den Grad der Neuheit einer Situation und ihre Vorhersagbarkeit bzw. die Unsicherheit, mit der Ereignisse eintreten; ferner als zeitliche Einflußgrößen, wie unmittelbar ein Ereignis bevorsteht, die Unsicherheit, wann es eintritt und schließlich, wie lange es andauert; schließlich nennen sie die personunabhängige Ambiguität der Situation und den Zeitpunkt des Auftretens einer Situation im Lebenszyklus einer Person. Ungeachtet der wenig konsistenten Kategorisierung, die sich u. E. insbesondere durch die Abgrenzung der situativen Faktoren Unsicherheit bezgl. des Eintretens eines Ereignisses und seines Eintrittszeitpunktes als personenabhängig von der personunabhängigen situativen Ambiguität zeigt (Lazarus & Folkman, 1984, 103), sind hier doch wesentliche Variablen angesprochen, die auch von anderen Autoren erörtert werden (vgl. Gebert, 1981; Nitsch, 1981).

Besondere Aufmerksamkeit fanden insbesondere attributionstheoretische Überlegungen zur wahrgenommenen Kontrolle über und Verantwortlichkeit für Verhalten (vgl. Frese, 1977; Frese, Saupe & Semmer, 1981, Greif et al., 1983, 202ff.; Saupe & Frese, 1981). Empirische Belege für den Einfluß internaler vs. externaler Kontrollüberzeugungen i. S. von Rotter (1966) finden sich beispielsweise in einer Studie von Kühlmann (1985). Kühlmann konnte zeigen, daß in einer Stichprobe von Fahrern öffentlicher Nahverkehrsmittel Personen mit der Tendenz zu externaler Ursachenzuschreibung von Verhalten in belastenden Arbeitssituationen eine stärkere Beanspruchung und eine stärkere gesundheitliche Beeinträchtigung wahrnehmen als Personen mit internalem Attributionsstil (vgl. hierzu auch Szilagy, Sims & Keller, 1976; Kyriacon & Sutcliff, 1979). Nitsch führt neben diesen allgemeinen Kontrollerwartungen auch subjektive Leistungs-, Gewißheits- und Kontrollansprüche als personenspezifische, situationsinvariante Bewertungsmuster an, die die subjektive Situationswahrnehmung und -erklärung beeinflussen.

Die ausführliche Diskussion von Bewertungsprozessen versperrte bisweilen den Blick auf andere die Handlung und Handlungsergebnisse in Streßsituationen beeinflussende Variablen und Prozesse. Zur Untersuchung der Streßhandlung schlägt McGrath (1976, 1982) daher ein 4-Phasen-Modell vor: 1) In der ersten Phase bewertet eine Person die situativen Anforderungen. 2) Aufgrund der wahrgenommenen situativen Anforderungen und der zur Verfügung stehenden Handlungsalternativen wählt die Person eine Reaktion aus. 3) In der dritten Phase kommt es zur Ausführung der Reaktion (Ausführungsprozeß). 4) Schließlich wird viertens die Ausgangssituation verändert (Ergebnisprozeß) und der Zyklus geschlossen.

4.1.5.3.3.2 Handlungstheoretische Streßmodelle

Im deutschsprachigen Raum haben insbesondere Schönpflug und seine Mitarbeiter (vgl. Mündelein & Schönpflug, 1983; Otto, 1982; Schönpflug, 1979, 1982, 1983; Schulz, 1979, 1980, 1982; Schulz & Schönpflug, 1982) Nitsch (vgl. Nitsch, 1981; Nitsch & Hackfort, 1981) sowie die Forschungsgruppe um Greif (Greif et al., 1983,

Semmer, 1984) die kognitiven Streßmodelle von Lazarus und McGrath auf der Grundlage der Handlungstheorie (vgl. Hacker, 1978; Oesterreich, 1982; Volpert, 1974, 1983) weiterentwickelt.

Für eine Modifikation des Streßmodells von Lazarus auf der Grundlage der Handlungstheorie, bevor es auf die Arbeitswelt übertragen wird, sprechen nach Greif et al. zwei Gründe (Greif et al., 1983, 56): 1) das Fähigkeitskonzept wurde von Lazarus nur abstrakt abgehandelt, obwohl es zentral für das Modell ist; 2) aufgrund der zumeist laborexperimentellen Überprüfung der Theorie handelte es sich in der Regel um neuartige, kurzfristige Streßsituationen, so daß Prozesse der Gewöhnung, Habituation und Automatisierung, wie sie in alltäglichen Routinesituationen auftreten, nicht berücksichtigt wurden. Sowohl das Fähigkeitskonzept als auch Automatisierungsprozesse werden hingegen in der Handlungstheorie explizit thematisiert (vgl. Hacker, 1978; Volpert, 1974, 1983).

Gemeinsam ist den handlungstheoretisch fundierten Modellen, daß sie Streß als Problem der Handlungsregulation bzw. der Minder- oder Fehlregulation auffassen. „In einen Streßzustand gerät, wer aus einem Problemzustand nicht herausfindet" (Schönpflug, 1979, 178).

Das Streßmodell der Forschergruppe um Greif

Semmer (1984, 55ff.; vgl. auch Greif et al., 1983, 133ff.) differenziert im Rahmen seiner streßbezogenen Tätigkeitsanalyse drei Arten von Regulationsproblemen: 1) zusätzlichen Regulationsaufwand; 2) Regulationsunsicherheit und 3) Zielunsicherheit.

1) Zusätzlicher Regulationsaufwand entsteht bei Handlungsbeeinträchtigungen bzw. -unterbrechungen, d.h. bei Störungen, die den normalen Handlungsablauf beeinträchtigen und eine Abweichung von Handlungsroutinen erforderlich machen. Die Handlungsziele bleiben jedoch unverändert und die Person kennt und verfügt über die zur Zielerreichung erforderlichen Mittel und Operationen.

Handlungsbeeinträchtigungen können in Merkmalen der Arbeitsumwelt (z.B. Lärm, Hitze), der Arbeitsaufgabe (etwa zu hohe quantitative oder psycho-nervale Anforderungen) oder personenabhängigen Faktoren (Müdigkeit, private Probleme) begründet liegen. Als Beispiele für Handlungsunterbrechungen können Störungen bei der Handlungsausführung genannt werden, die nicht primär die kognitiven Regulationsgrundlagen betreffen, wie z.B. Stockungen im Materialnachschub oder Qualitätsmängel. Überschreiten die Handlungsbeeinträchtigungen eine kritische Grenze, können auch sie zur Gefährdung des primären Handlungsziels und damit zu Regulationsunsicherheit führen. 2) Unter Regulationsunsicherheit versteht Semmer (1984, 58), wenn einer Person zwar das Handlungsziel bekannt ist, ihr aber die

Wege und Mittel zur Zielerreichung nicht klar sind, so daß das primäre Handlungsziel gefährdet ist. Regulationsunsicherheit kann durch qualitative Überforderung, d. h. aus mangelnder Handlungsfertigkeit oder aus mangelndem Feedback bzgl. der Ergebnisse des eigenen Handelns resultieren; 3) Zielunsicherheit ist schließlich das Ergebnis unklarer oder widersprüchlicher Arbeitsanweisungen.

Neben den Regulationsproblemen bei der Arbeitstätigkeit, sei es durch einen erforderlichen zusätzlichen Regulationsaufwand, Regulations- oder Zielunsicherheit, gibt es natürlich noch andere potentielle Streßquellen am Arbeitsplatz. Weitere aversive Faktoren können nach Semmer (1984; vgl. auch Greif et al., 1983) aus der Frustration übergreifender Bedürfnisse entstehen. Im einzelnen differenziert Semmer drei Kategorien: 1) unzureichende Arbeitsinhalte in bezug auf die Komplexität und Variabilität der Arbeit sowie die vorhandenen Entscheidungsspielräume; 2) soziale Stressoren sowie Konflikte in sozialen Beziehungen oder soziale Isolation; 3) persongebundene Stressoren, wie Person-Rollen- oder Inter-Rollenkonflikte.

Diese potentiellen Stressoren werden von Greif et al. (1983) und Semmer (1984) im Sinne von hypothetisch unabhängigen Variablen gesehen. Ihre langfristigen Auswirkungen auf die von Greif et al. (1983) betrachteten fünf Gruppen von abhängigen Variablen (ärztlich diagnostizierte Krankheiten, Gesundheitsverhalten, psychische und soziale Befindlichkeitsbeeinträchtigungen sowie Freizeitaktivitäten und praktische Problemlösungskompetenzen) werden von den Ressourcen, die einer Person zur Verfügung stehen, abhängig gemacht. Als wesentliche Ressourcen bzw. intervenierende Variablen nennen Greif et al. (1983) und Semmer (1984): 1) das Ausmaß sozialer Unterstützung (emotional oder instrumentell, durch Vermittlung von Informationen oder durch die Hilfe bei der Bewertung von Ereignissen; vgl. hierzu auch House, 1981; Cohen & Wills, 1985); 2) die Größe des Handlungsspielraums (faktische Kontrollmöglichkeiten); 3) subjektive Kontrollüberzeugungen; 4) persönliche Qualifikationen und 5) persönliche Bewältigungsstrategien.

Wie alle Vertreter kognitiver Streßmodelle nehmen Greif et al. (1983) an, daß Rückkoppelungsprozesse zwischen Streßfolgen und Streßquellen auftreten.

Für die empirische Überprüfung des von Greif et al. (1983) modifizierten Streßmodells von Lazarus mußten zunächst die methodischen Voraussetzungen geschaffen werden, da aufgrund der primär laborexperimentellen Streßforschung in der Tradition von Lazarus (1966) keine Instrumente zur objektivierbaren Erfassung von Streßbedingungen in Organisationen vorlagen (Greif et al., 1983, 56).

Ziel des von Greif geleiteten Forschungsprojektes „Psychischer Streß am Arbeitsplatz“ war es daher, zunächst primär ein geeignetes Instrumentarium zu entwickeln (Greif et al., 1983, 20, 329).

Von Semmer (1984) wurde, auf der Grundlage der oben ausgeführten Überlegungen, die streßbezogene Tätigkeitsanalyse zur Erfassung der arbeitsbezogenen Stressoren als den unabhängigen Variablen des Modells entwickelt. Ebenso wurden Verfahren erarbeitet, um die intervenierenden Variablen (Handlungsspielraum, soziale Unterstützung, Kontrolleinschätzungen und Bewältigungsstrategien der Person) sowie die betrachteten abhängigen Variablen (ärztlich diagnostizierte Krankheiten, Gesundheitsverhalten, psychische und soziale Befindlichkeitsbeeinträchtigungen, Freizeitaktivitäten und praktische Problemlösungskompetenz) zu erfassen (vgl. Zapf, Bamberg, Dunckel, Frese, Greif, Mohr & Rückert, 1983).

Die primär methodische Ausrichtung des Projekts brachte es mit sich, daß nur bedingt Variablenzusammenhänge geprüft werden konnten. Die bislang von Greif et al. (1983) vorgelegten Ergebnisse beruhen primär auf multivariaten Querschnittsanalysen der zur Validierung der Instrumente vorgenommenen Untersuchung (N = 932) und einer aufgrund von Instrumentveränderungen nur bedingt interpretierbaren Cross Lagged Panel Analyse (N = 90), mit einem Zeitabstand von eineinhalb Jahren zwischen der Vor- und der Hauptuntersuchung. Die Ergebnistendenzen der Quer- und Längsschnittuntersuchung gehen in dieselbe Richtung. Danach scheint ein vergleichsweise enger Zusammenhang zwischen Arbeitsstressoren (Konzentration/Zeitdruck, organisatorische Probleme, Unfallgefahr, Umgebungsbelastungen, Unsicherheit des Arbeitsplatzes, soziale Stressoren) und psychosozialem Befinden (Gereiztheit/Belastetheit, Angst, Selbstwertgefühl, psychosomatische Beschwerden, Depressivität, Freizeitbeanspruchung, fehlende soziale Unterstützung) zu bestehen. Insbesondere zwischen Konzentrationsanforderungen, Zeitdruck und sozialen Stressoren einerseits und Gereiztheit, Belastetheit, psychosomatischen Beschwerden und Depressivität andererseits (max. mult. Korr. = .39). Nur geringe Beziehungen (max. mult. Korr. = .25) fanden sich in bezug auf die abhängige Variable Gesundheitsverhalten (Medikamentenliste, Zigaretten, Bierkonsum, Fernsehen zur Erholung, Erholungszeit).

Merkmale des Arbeitsinhalts, wie Komplexität, Entscheidungsspielraum und Variabilität der Arbeit sowie die bestehenden Kommunikationsmöglichkeiten scheinen sich zwar auf die Aktivität in der Freizeit und praktische Problemlösungskompetenzen auszuwirken (max. mult. Korr. = .34), nicht aber auf das psychosoziale Befinden (max. mult. Korr. = .18). Die berichteten Zusammenhänge werden ferner durch die Variablen soziale Unterstützung und Handlungsspielraum moderiert.

Die Interpretation dieser korrelativen Beziehungen ist naturgemäß schwierig, da die Ursache-Wirkungs-Zusammenhänge mehrdeutig sind.

Frese (1985) versucht die Auswirkungen von arbeitsbezogenem Streß auf psychosomatische Beschwerden nachzuweisen, indem er nacheinander konkurrierende Alternativerklärungen (Drittvariable, umgekehrte Verursachung, personengruppenspezifische Effekte) empirisch überprüft und ausschließt. Frese kommt zu dem Ergebnis, daß zwar die Korrelation zwischen physischem Streß und psychosomatischen Beschwerden durch den Einfluß von Drittvariablen erklärt werden kann, daß aber mit keiner der alternativen Hypothesen der Zusammenhang zwischen psychischem Streß und psychosomatischen Beschwerden erklärt werden kann.

Das Streßmodell der Forschergruppe um Schönpflug

Im Unterschied zu Greif et al., die die langfristigen gesundheitlichen Auswirkungen von Streß am Arbeitsplatz untersuchen, interessiert sich die Gruppe um Schönpflug für das Verhalten in Streßsituationen. In laborexperimentellen Simulationen von Büroarbeitsplätzen analysieren Schönpflug und seine Mitarbeiter vor allem die Ursachen und Folgen inadäquater Streßbewältigungsversuche (vgl. Schönpflug, 1983; Schulz & Schönpflug, 1982). Inadäquates Coping stellt nach Schönpflug eine wesentliche Streßquelle dar, da sich die Kosten kumulieren, die sich aus der fortdauernden Problemorientierung zur Bewältigung der Streßsituation einerseits und dem Kontrollverlust andererseits ergeben, der aus dem Scheitern der Bewältigungsversuche resultiert (vgl. Schönpflug, 1979, 1983). Nach Schönpflug (1983) entsteht Streß immer dann, wenn aufgrund der Unterbrechung einer Handlung bei einer Person Handlungsunsicherheit hervorgerufen wird und der Person die Lösung dieses Handlungsproblems wichtig ist. Löst eine Person das Problem und erfüllt damit die gestellten Anforderungen oder ist einer Person die Problemlösung nicht länger wichtig, kann, so Schönpflug, kein Streß entstehen. Streß ist seiner Ansicht nach somit an die Suche nach einer Problemlösung gebunden.

Die Effizienz der Problemlösung wird nach Schönpflug (1979, 182) vom Grad der Übereinstimmung, der „Realitätsangepaßtheit“ zwischen der kognitiv repräsentierten und der objektiv vorgegebenen Problemsituation beeinflußt. Er bezeichnet dies als Problem der Modellbildung, d. h. der adäquaten Bestimmung der IST-Situation und alternativer SOLL-Zielzustände. Als weitere Einflußgrößen werden von Schönpflug die adäquate Zielbildung im Sinne der Auswahl präziser, kompatibler und realisierbarer Ziele sowie die Strategiebildung genannt. Unter Strategiebildung versteht er die Auswahl von Regeln zur Überführung der IST- in die SOLL-Zustände. Die Strategieauswahl, d. h. die Auswahl einer Handlung, wird im wesentlichen durch das Verhaltensrepertoire eines Individuums, d. h. durch sein operatives Abbildungssystem (Hacker, 1978) bestimmt. Die der Handlungsausführung vorausgehenden Phasen der Modellbildung, Zielbildung und Strategiebildung stellen nach Schönpflug (1979, 190) die wesentlichen Quellen für psychische Minder- oder Fehlregulation dar.

4.1.5.3.3.3 Rollentheoretisch orientierte Streßmodelle

Kahn, Wolfe, Quinn, Snoek und Rosenthal (1964) legten mit ihrer klassischen Untersuchung den Grundstein für eine Flut von Streßstudien auf der Grundlage der Rollentheorie (vgl. die Metaanalyse einschlägiger Arbeiten von Jackson & Schuler (1985). Beanspruchung (strain) entsteht nach dieser Konzeption entweder durch unvereinbare oder durch unklare Rollenanforderungen.

Rollenkonflikt im Sinne unvereinbarer Rollenanforderungen kann weiterdifferenziert werden entsprechend der Quellen der Anforderungen in: inter-Sender-Konflikt, wenn zwei verschiedene Rollensender unvereinbare Anforderungen stellen, intra-Sender-Konflikt, wenn ein Sender unvereinbare Anforderungen stellt, inter-Rollenkonflikt, wenn zwei Rollen unvereinbare Anforderungen beinhalten, Person-Rollenkonflikt, wenn die Anforderungen einer Rolle unvereinbar mit dem Wertsystem einer Person sind. Werden mehr Anforderungen an eine Person gestellt, als diese erfüllen kann, spricht man von *Rollenüberforderung*. Obwohl Rollenüberforderung als eine spezielle Art des Rollenkonflikts aufgefaßt werden kann, hat dieses Konzept aufgrund seines häufigen Auftretens einen eigenständigen Status neben dem Rollenkonflikt erlangt (Kahn, 1978).

Sehr häufig wird dabei noch zwischen quantitativer und qualitativer Rollenüberforderung unterschieden (Kahn, 1978, 30). Bei der Untersuchung von rollenbezogener Überforderung entwickelte man dimensionale Maße für quantitative Belastung von „zuwenig“ bis „zuviel zu tun haben“ und qualitative Belastung von „zu leichte“ bis „zu schwierige Arbeit“. Dementsprechend konnte man zwischen rollenbezogenen Überforderungs- und Unterforderungssituationen differenzieren.

Rollenambiguität wird definiert als „die Diskrepanz zwischen der Menge an Informationen, die eine Person besitzt, und der Menge, die erforderlich ist, damit sie ihre Rolle angemessen realisieren kann“ (Kahn, 1978, 31).

Neben Rollenkonflikt, -überforderung und -ambiguität wird noch die rollenbezogene Verantwortung als Determinante von rollenbezogenem Streß diskutiert (vgl. Cobb, 1978).

Das größte Forschungsinteresse galt jedoch zweifellos den Variablen Rollenkonflikt und -ambiguität. In der Mehrzahl der Studien werden diese Variablen durch die Selbsteinschätzungsskalen von Rizzo, House und Lirtzman (1970) erhoben und mit einer Vielzahl von organisationalen und personalen Merkmalen sowie affektiven und Verhaltensreaktionen von Personen korreliert (Jackson & Schuler, 1985).

In einer Metaanalyse (vgl. Hunter, Schmidt & Jackson, 1982) von 96 empirischen Arbeiten zum Thema Rollenkonflikt und -ambiguität fanden Jackson und Schuler (1985) nur sehr geringe Zusammenhänge zwischen Rollenkonflikt und -ambiguität einerseits und Merkmalen der Person (wie Kontrollüberzeugung, Selbstachtung, Alter, Ausbildung und Betriebszugehörigkeit) sowie Verhaltensreaktionen (Absentismus, objektive Fremd- und Selbsteinschätzung der Arbeitsleistung) andererseits. Die maximale durchschnittliche Varianzaufklärung lag für Rollenkonflikt unter 3%, für Rollenambiguität unter 6%. Etwas deutlichere Zusammenhänge zeigten sich in bezug auf Merkmale der Organisation (wie z. B. Aufgabenvielfalt, Autonomie, Feedback, Führungsverhalten, Partizipation, Formalisierung und Hierarchieniveau) und auf affektive Reaktionen (wie z. B. Arbeitszufriedenheit, Gespanntheit/Angst, Zugehörigkeitsgefühl und Fluktuationsneigung). Jedoch lag auch hier die durchschnittliche Varianzaufklärung i. d. R. unter 10% und erreichte mit 13% ihr Maximum (Jackson & Schuler, 1985).

4.1.5.3.3.4 Person – Environment – Fit (PE-Fit) Modell

Im Rahmen desselben Forschungsprojekts „soziale Umwelt und seelische Gesundheit" des Institute of Social Research der Universität Michigan wurde ein zweites zentrales Konzept arbeits- und organisationspsychologischer Streßforschung entwickelt: das Person-Environment Fit (PE-Fit) Modell (vgl. Caplan, 1983; French, 1978; Harrison, 1978).

Das PE-Fit Modell thematisiert den Zusammenhang zwischen Person – Umwelt – Anpassung und psychischer Gesundheit. Es besagt, daß weder Person noch Umwelt-Variablen allein die psychische Beanspruchung einer Person bestimmen, sondern daß es in erster Linie auf die Relation zwischen Person und Umwelt-Variable, auf den Grad ihrer Übereinstimmung ankommt. In der PE-Fit-Theorie werden zwei Arten der Übereinstimmung unterschieden: erstens die Übereinstimmung zwischen den Bedürfnissen der Person und den Befriedigungsangeboten der Situation und zweitens die Übereinstimmung zwischen den Fähigkeiten der Person und den situativen Anforderungen (Caplan, 1983, 36). Da sowohl die Person- als auch die Umweltvariablen subjektiv und „objektiv" (i. S. v. nicht vom Urteil einer Person abhängig) erfaßt werden können, läßt sich eine weitere Differenzierung vornehmen in: 1) objektiver PE-Fit; 2) subjektiver PE-Fit; 3) Kontakt mit der Realität, d. h. die Übereinstimmung subjektiver mit objektiver Umwelteinschätzung; sowie 4) Realismus der Selbsteinschätzung, d. h. die Übereinstimmung subjektiver Selbsteinschätzung mit Fremdeinschätzung der Person. Der Grad an Übereinstimmung, das PE-Fit-Maß wird durch Differenzbildung analog formulierter P- und E-Items ermittelt. Der Nutzen eines solchen Maßes und damit letztlich der PE-Fit-Theorie hängt entscheidend davon ab, ob damit eine Verbesserung der Vorhersage psychischer Beanspruchung möglich ist, gegenüber linearen Vorhersagen aufgrund der P- und E-Variablen allein.

Die bisherige Forschung erbrachte trotz einiger deutlich bestätigender Ergebnisse (insbesondere bzgl. Arbeitskomplexität) in der Regel lediglich mäßige Unterstützung der PE-Fit-Theorie, zumeist wurde nur 1 % bis 5 % an zusätzlicher Varianz aufgeklärt (Caplan, 1983, 42). Angesichts der insgesamt geringen Varianzaufklärung bedeutet dies nach Caplan (ib.) jedoch immerhin eine konsistente Verdopplung der erklärten Varianz. Neben methodischen Anregungen schlägt Caplan (1983) dafür einige konzeptuelle Erweiterungen der PE-Fit-Theorie vor. Seiner Meinung nach wurde bislang die zeitliche Perspektive vernachlässigt, und man beschränkte sich auf den Grad des PE-Fit in der Gegenwart, ohne vergangene oder zukünftigte Person-Umwelt-Relationen zu berücksichtigen.

4.1.5.4 Methodische Probleme der Streßforschung

Die ursprünglich von Selye entwickelte Konzeption von Streß als unspezifische hormonale Reaktion suggerierte auf den ersten Blick zunächst einmal die Vorstellung, daß diese Variable mit Hilfe physiologischer Meßverfahren objektiv erfaßbar sei. Im Gegensatz zu dem subjektivistischen Konstrukt der Arbeitszufriedenheit wurde damit die Hoffnung verknüpft, daß aufgrund einer derartigen unbestechlichen, naturwissenschaftlich orientierten Streßforschung jenseits aller Ideologieverdächtigungen endlich z. B. die negativen Aspekte der Arbeit in Organisationen eindeutig identifiziert werden könnten. Die ansonsten stark normativ ausgerichtete Debatte um die Humanisierung der Arbeit könnte von einer solchen methodisch unproblematischen Streßforschung mit ihrem „naturwissenschaftlichen Appeal" (Nitsch, 1981, S. 17) durchschlagende Argumentationshilfen erwarten, wenn nicht bei näherer Betrachtungsweise der inzwischen kaum noch überschaubaren Streßforschung genau das Gegenteil bezüglich der methodischen Problematik konstatiert werden müßte: Gerade die Streßforschung in Organisationen ist (wie kaum ein anderes Gebiet der Psychologie) durch schwer überwindbare methodische und methodologische Probleme gekennzeichnet, wie im folgenden gezeigt werden soll.

4.1.5.4.1 Allgemeine methodische Probleme der Streßforschung

Die bisherigen Forschungsergebnisse der Streßforschung haben deutlich gemacht, daß sich hinter diesem schillernden Begriff ein höchst kompliziertes Phänomen verbirgt, das theoretisch wie empirisch nicht so leicht erfaßt werden kann, wie man zu Beginn geglaubt hat. Fassen wir unsere Überlegungen im ersten Kapitel zusammen, dann ergeben sich folgende Thesen als Fazit des jetzigen Erkenntnisstandes:

1) Bei der Analyse von Streßphänomenen muß man von komplexen Wechselwirkungsmodellen ausgehen; die einzelnen Faktoren sind in komplizierten Rückkoppelungsprozessen miteinander verbunden. Es ist von daher nicht sinnvoll, nach monokausalen Zusammenhängen zu suchen.

2) Bei den streßauslösenden Faktoren (Stressoren) sind die subjektiven Wahrnehmungen und Interpretationen durch das Individuum entscheidend. Objektiv vorhandene potentielle Stressoren lösen u. U. keinen Streß aus, wenn sie nicht registriert werden, umgekehrt können „eingebildete" Stressoren durchaus Streßreaktionen auslösen.

3) Die Streßreaktionen als solche stellen ein vielschichtiges komplexes Reaktionsmuster dar, welches nicht nur auf physiologische Variablen reduziert werden kann, so daß erhebliche Operationalisierungsprobleme entstehen.

4) Aus den ersten drei Punkten ergibt sich ein weiteres Charakteristikum der Streßforschung: Streß muß stets als ein dynamischer Prozeß analysiert werden, bei dem gerade das Wechselspiel zwischen äußeren Bedingungen, der entsprechenden kognitiven Verarbeitung, den daraus resultierenden (Streß-)Reaktionen und schließlich den Rückwirkungen auf die Ausgangssituation von Bedeutung ist. Eine statische Betrachtungsweise ist demnach nicht angebracht.

Betrachtet man nun diese vier Themen im Zusammenhang, so wird unmittelbar deutlich, vor welche methodischen und methodologischen Probleme die Streßforschung gestellt wird: Zunächst muß als erstes festgestellt werden, daß das klassische Instrumentarium der Psychologie gerade im Hinblick auf solche Forschungserfordernisse nicht ausgerichtet ist, da das (naturwissenschaftlich orientierte) experimentelle Paradigma primär für die Analyse (mono-)kausaler Zusammenhänge im Rahmen eines jeweils statischen Modells geeignet ist. Es fehlen also streckenweise die notwendigen Techniken und Analyseverfahren.

Aus den Thesen ist weiterhin ableitbar, daß durch die zirkulären Prozesse und aufgrund der Bedeutung subjektiver Wahrnehmungsbedingungen und der daraus resultierenden inter- und intraindividuellen Differenzen die Ableitung und Überprüfung nomologischer Aussagen höchst problematisch ist. Gerade im Zusammenhang mit der Frage nach der Verwertbarkeit der Befunde z. B. im Sinne der Entwicklung spezifischer Interventionsverfahren im Bereich der Arbeitswelt ergeben sich grundsätzliche methodologische bzw. wissenschaftstheoretische Probleme der Streßforschung, die bis heute noch nicht zufriedenstellend beantwortet werden konnten.

Von den oben aufgeführten vier Thesen ausgehend, sollen im folgenden diese verschiedenen methodischen und methodologischen Probleme im einzelnen erläutert werden.

ad 1) Streßforschung auf der Basis komplexer Wechselwirkungsmodelle

Das Laborexperiment erfreut sich in der Psychologie deshalb einer ungebrochenen Beliebtheit, weil dort unter kontrollierten Bedingungen der Einfluß einzelner (unabhängiger) Variablen auf bestimmte Phänome (abhängige Variable) analysiert werden kann. Man geht dabei von der Prämisse aus, daß in einem solchen isolierten System Aussagen über Kausalzusammenhänge möglich sind. Probleme ergeben sich bei psychologischen Untersuchungen immer dann, wenn die einzelnen Variablen eben nicht isolierbar und deshalb experimentell manipulierbar sind und wenn die Kontrolle der Einflußfaktoren nicht vollständig erfolgen kann. Gerade diese Aspekte spielen aber im Bereich der Streßforschung eine große Rolle. Eine laborexperimentelle Streßforschung sieht sich deshalb vor zahlreiche Schwierigkeiten gestellt:

- Wie soll der Streß experimentell ausgelöst werden? Streß entsteht im Alltag auf der Basis unterschiedlicher Reizkombinationen, wobei wir bislang über die Wechselwirkungen einzelner Reizbedingungen nur sehr wenig wissen. Die Reduzierung auf nur eine einzige Variable ist von daher problematisch.
- Aufgrund der zentralen Bedeutung subjektiver Interpretationsprozesse können wir nicht sicher sein, ob auch bei allen Vpn Streß ausgelöst wird, ob also die Manipulation überhaupt „ankommt".
- Das Grundproblem der Reaktivität bei psychologischen (Labor-)Untersuchungen, wonach Vpn z. B. über die Untersuchungshypothese nachdenken und auf der Basis spezieller Vpn-Motivationen reagieren (Bungard 1984), birgt die große Gefahr in sich, daß bei Streßexperimenten die Ernsthaftigkeit einer Laborsituation durch die Probanden in Frage gestellt wird. Die drohende (streßauslösende) Schädigung wirkt trotz aller Bemühungen der Forscher, sich eine bühnenreife Cover-Story einfallen zu lassen, nicht auf die Vp, weil sie stillschweigend davon ausgeht, daß bei wissenschaftlichen Experimenten „solche Dinge" nicht passieren können. Aus den Massenmedien wissen sie im übrigen, daß im (psychologischen) Labor Vpn sowieso immer getäuscht werden, so daß das „Streßarrangement" nur als weiterer Beleg für diese Vermutung wahrgenommen wird.
- Abgesehen von diesen methodischen Problemen stellen sich selbstverständlich auch forschungsethische Fragen: Jede „erfolgreiche" Streßauslösung impliziert eine mehr oder weniger starke psychische Schädigung des Individuums. In der konkreten Forschungspraxis stellt sich die Frage, bis zu welchem Punkt eine experimentell induzierte Streßerzeugung mit Berufung auf die angebliche Wissenschaftlichkeit dieser „Antitherapie" legitimierbar ist. In Kombination mit dem vorherigen Punkt ergibt sich hieraus eine folgenschwere „Zwickmühle" für den Forscher: Leichtere Formen der Streßerzeugung werden im Labor von vielen Vpn aufgrund der zuvor dargelegten Reaktivitätseffekte nicht ernst genommen, während stärkere Formen der Streßinduzierung aus ethischen Gründen nicht durchführbar sind. M. a. W.: Streß ist im Labor nur bedingt im Sinne einer unabhängigen experimentellen Variable manipulierbar.

Komplexe Wechselwirkungsmodelle, die zugleich auch noch „repräsentative" Einflußfaktoren aus den entsprechenden Anwendungssituationen enthalten, können also dem bisherigen methodischen Ritual folgend im Labor nur schwer überprüft werden. Die bisherigen Laborexperimente beschränken sich deshalb auf sehr spezielle Fragestellungen, wie z. B. Einfluß von Lärm auf die Fähigkeit der Vpn, intellektuelle Leistungen zu erbringen, aber die Validität der Studien ist aus den oben aufgeführten Gründen mehr als fraglich.

ad 2) Bedeutung subjektiver Wahrnehmungsprozesse

Im Zusammenhang mit der Reaktivitätsproblematik wurde im letzten Punkt bereits darauf hingewiesen, welche Bedeutung die Interpretation der Gesamtsituation durch die Vpn hat. Diese „Reaktivität" ergibt sich natürlich auch im Alltag, denn die Wahrnehmung des Stressors erfolgt ja immer im Kontext einer spezifischen Situation. Bei empirischen Untersuchungen ergibt sich daraus das Problem der solipsistischen „Flucht" (Esser, 1975 a): Wir können die Wirkung eines Stressors immer nur dann analysieren, wenn wir unterstellen, daß er auch als solcher wahrgenommen wurde. Bei jeder empirischen Untersuchung kann deshalb z. B. die Nichtbestätigung einer Hypothese mit dem Hinweis auf diese subjektivistische Prämisse erklärt werden. Durch diese zirkuläre Argumentation, die ja durchaus ihre Berechtigung hat, wird de facto die empirische Streßforschung gegen Falsifikationsversuche immunisiert. Aus diesen Überlegungen folgt die Konsequenz, daß die Streßforschung diesen kognitiven Prozessen Beachtung schenken muß, wobei sie im Zuge ihrer Datenerhebung in der Mehrzahl der Fälle auf die Kooperation der Betroffenen angewiesen ist. Die Vpn müssen danach befragt werden, wie sie eine Situation erlebt haben und welche Bedeutung dabei der Streßfaktor für sie gehabt hat.

Eine mögliche Methode zur systematischen Erfassung dieser Prozesse könnte in Anlehnung an das sog. Konfrontationsinterview (Cranach u. a. 1981) entwickelt werden. Die methodischen Probleme liegen wiederum auf der Hand. In vielen Situationen (z. B. in Organisationen, wir werden später darauf zurückkommen) sind die Betroffenen zu einer solchen Kooperation mit dem Forscher nicht gewillt oder nicht befähigt. Es fragt sich weiterhin, ob diese verbal berichteten Interpretationen wirklich valide sind. Schließlich erfolgt die Befragung nicht unmittelbar nach der Wirkung des potentiellen Stressors, so daß zwischenzeitliche (Katharsis-)Effekte u. U. bereits einen Einfluß auf die Vpn und damit auf ihre Äußerung gehabt haben. Der Streß als solcher ist bereits „verarbeitet worden" und im Ex-post-Interview wird notgedrungen nur die Rationalisierung der Situation erfaßt.

Die bei solchen Befragungen zutage tretenden inter- und intraindividuellen Varianzen werden im übrigen auch nicht gerade die Arbeit des Streßforschers erleichtern, der ja möglichst generalisierbare Befunde erzielen möchte.

ad 3) Streß als komplexes Reaktionsmuster

Neben der Schwierigkeit einer geeigneten Streßinduktion und der damit zusammenhängenden Beachtung subjektiver Wahrnehmungsvorgänge ergeben sich bei empirischen Untersuchungen erhebliche Operationalisierungsprobleme, wenn es um die Erfassung des Streßausmaßes geht. Welche Indikatoren sind zur Streßmessung geeignet, und wie können diese Indikatoren konkret erfaßt werden?

Vor dem Hintergrund eines biologischen Modells sind natürlich insbesondere somatische Indikatoren in der Streßforschung immer schon attraktiv gewesen, da sich mit ihrer Hilfe Streßreaktionen besonders anschaulich quantifizieren lassen. Sehr häufig wurden z. B. physikalische Indikatoren (Blutdruck, Puls- und Atemfrequenz), bioelektrische Parameter (EEG) und biochemische Daten (Hormonkonzentration im Blut) verwendet (Nitsch 1981, S. 153). Die scheinbare Objektivität dieser Operationalisierungen darf jedoch nicht darüber hinwegtäuschen, daß derartige somatische Indikatoren mehrdeutig sind, so daß eindeutige (Kausal-)Interpretationen nicht möglich sind. Desweiteren sind die Messungen gegenüber unkontrollierbaren Einflußfaktoren extrem anfällig. Auch hier spielen „reaktive", also kognitiv gesteuerte Prozesse u. U. wieder eine entscheidende Rolle, so daß summa summarum die bislang durchweg angetroffenen inkonstanten Interkorrelationen keineswegs überraschend sind.

Auf der Basis einer eher kognitiven Streßtheorie liegt die Strategie nahe, die Streßreaktion nicht physiologisch, sondern mit Hilfe von Skalen im Sinne von Selbstaussageverfahren zu messen. Hierzu zählen die verschiedenen Verfahren zur Erfassung der augenblicklichen Befindlichkeiten (z. B. EZ von Nitsch, 1976b), globale Streß-Skalen (wie z. B. der „Perceived Stress Index [PSI] von Jacobs und Munz, 1968) oder Befragungen zu subjektiven Beschwerden (FBL von Fahrenberg, 1975). Es treten natürlich bei diesen Selbstaussageverfahren wiederum die zuvor bereits erwähnten methodischen Probleme auf: Sie sind von der sprachlichen Ausdruckfähigkeit der Probanden abhängig, der tatsächliche, wie auch immer zu erfassende Streß braucht nicht unbedingt bewußt erlebt zu werden und die Abhängigkeit der Beantwortung ist in extremem Maße von der individuellen Hypothese der Vp bezüglich der Fragestellung des Experimentes abhängig, zumal der Streßbegriff von vorneherein sehr negativ besetzt ist. Erst recht wird durch derartige Effekte die Messung in Anwendungssituationen massiv beeinflußt, zumal aus den Forschungsergebnissen positive bzw. negative Auswirkungen für die eigene Person erhofft bzw. befürchtet werden. Einen möglichen Ausweg sehen einige Autoren in der Verwendung von Verhaltensindikatoren, insbesondere nonverbale Reaktionen, wie z. B. Mimik, Motorik usw. In Organisationen könnte z. B. der Alkohol- oder Zigarettenkonsum im Sinne derartiger Verhaltensindikatoren verwendet werden. Eine andere Möglichkeit besteht darin, das Sinken der Produktivität oder das Ansteigen der Fehlerquote als Streßreaktion zu interpretieren. Aber alle diese Verhaltensindikatoren sind aufgrund der grundsätzlichen Meßproblematik und der Mehrdeutigkeit nicht unproblematisch.

Angesichts dieser Situation ist die Inkonsistenz der bisherigen Ergebnisse der Streßforschung verständlich und die einzige Konsequenz kann von daher nur in einem Multitrait-Multimethod-Ansatz gesehen werden. „Weil kein einziger Parameter Streß weder qualitativ noch quantitativ zuverlässig anzeigen kann, ist es erforderlich, auf eine Batterie von Tests zurückzukommen, um verschiedene Indices für ein Individuum unter Streß zu messen“ (Tache u. Selye 1978, S. 12; zitiert nach Nitsch 1981, S. 156). Ungelöst bleibt damit aber das Problem, daß häufig die verschiedenen Streßmaße eben nicht konvergent sind (vgl. die Hypothese der direktionalen Fraktionierung von Lacey 1967) und daß die Reaktionsmuster inter- und intraindividuelle Differenzen aufweisen.

ad 4) Streß als dynamischer Prozeß

Ein sehr wichtiges Ergebnis der bisherigen Streßforschung muß in der Erkenntnis gesehen werden, daß statische, strukturorientierte Forschungsmodelle der Dynamik des Streßprozesses nicht gerecht werden, so daß heute eher prozeßorientierte Modelle präferiert werden (Lazarus 1978). Unter methodologischen Gesichtspunkten läßt sich daraus unmittelbar ableiten, daß Laborexperimente in vielen Fällen aufgrund der viel zu kurzen Zeitspanne zur Analyse der kognitiven Vermittlungsprozesse und den damit zusammenhängenden eher längerfristig wirksamen Regulationsvorgängen nicht geeignet sind. Aus ähnlichen Gründen sind auch Querschnitts-Korrelationsanalysen, retrospektive Studien oder expost facto-Experimente, bei denen also mehrere Vpn zu dem gleichen Zeitpunkt untersucht werden, fragwürdig (Udris 1981; v. Ferber 1977): Die Befunde erlauben nur sehr beschränkt Aussagen über den tatsächlichen Streßprozeß, da erstens unkontrollierte Selektionseffekte auftreten und zweitens die Untersuchungen grundsätzlich keine Regulationsprozesse erfassen können. Die Methode der Wahl ist folglich die sog. Längsschnittuntersuchung, aber in der Forschungspraxis bleibt es leider bei einem Lippenbekenntnis, sie wird nur selten realisiert.

Längsschnittstudien sind nämlich sehr aufwendig, sie dauern meist länger, als der Forscher (aus akademischen Qualifizierungsgründen) Zeit zur Verfügung hat, und die Meßwiederholung bringt zusätzlich neue Probleme mit sich und die Kontrolle der zwischenzeitlich wirkenden Einflußfaktoren ist schließlich kaum gegeben. In Anwendungssituationen, also z. B. im Bereich von Organisationen, sind relativ langfristig angesetzte Studien erst recht nur schwer realisierbar. Die pragmatische Zielsetzung impliziert bei Auftragsforschung eine rasche Abwicklung der Studie, um möglichst bald Vorschläge für geeignete Interventionstechniken unterbreiten zu können.

4.1.5.4.2 Spezifische Probleme der Streßforschung innerhalb von Organisationen

Die unter 4.1.5.4.1 dargelegten allg. methodischen Probleme bei der Analyse von Streßphänomenen gelten natürlich größtenteils auch für entsprechende Untersuchungen in der Arbeitswelt, es kommen aber innerhalb von Organisationen bei derartigen Forschungsvorhaben im Feld noch weitere Schwierigkeiten hinzu, die in diesem Abschnitt erörtert werden sollen.

1) Problem der Stimulus-Reaktionsäquivalenz

Streßforschung auf der Basis kognitiver Modelle setzt voraus, daß Forscher und Vpn in einen Dialog eintreten, um mit Hilfe entsprechender verbaler Äußerungen die Situationswahrnehmungen und -strukturierungen, die subjektiv empfundenen Belastungen usw. erfassen zu können. Bei diesen Kommunikationsprozessen können jedoch, wie wir aus der Interviewforschung wissen, erhebliche Schwierigkeiten daraus resultieren, daß man nicht eine generelle semantische Äquivalenz der Begriffe bei den Gesprächspartnern unterstellen kann. Der „universitär" sozialisierte Forscher ist es gewöhnt, daß „seine" Studenten im Labor (offensichtlich) seine „Sprache" verstehen, aber am Arbeitsplatz treten plötzlich (hoffentlich erkannte) sprachliche Schwierigkeiten auf: Jede Organisation hat ihre eigene Sprache (vgl. hierzu die z.Zt. populäre Organisationskulturforschung), wobei zusätzlich Schicht- und/oder hierarchiebezogene Unterschiede differenziert werden müssen. Zahlreiche Skalen zur Messung der Befindlichkeit bzw. Belastung am Arbeitsplatz überfordern u. U. den Arbeiter am Band, ganz zu schweigen davon, daß auch die Antworten bei vorgegebenen Antwortkategorien u.U. falsch bzw. verzerrt decodiert werden. M. a. W.: Der Forscher bzw. Interviewer muß die Organisation, insbesondere die organisationsspezifische Terminologie, und den Personenkreis, insbesondere dessen Sprache, kennen und beherrschen, wenn er seine Forschung sinnvoll durchführen will. Gruppenspezifische oder organisationsspezifische Skalen sind unter diesem Gesichtspunkt noch nicht entwickelt worden. Der Vergleich verschiedener Betroffenengruppen würde im übrigen durch ein solches Vorgehen ebenfalls beeinträchtigt, weil die verwendeten Instrumente nicht identisch wären. Die bisherige Strategie, das gleiche Instrument in verschiedenen Organisationen und bei völlig verschiedenen Arbeitsplätzen einzusetzen, ist aber aufgrund unserer obigen Überlegung ebenfalls fragwürdig. Empirisch nachgewiesene Differenzen bezüglich irgendwelcher Streßphänomene zwischen Arbeitern und Angestellten, zwischen verschiedenen Hierarchieebenen oder zwischen verschiedenen Organisationstypen könnten sich u. U. lediglich als Manifestation unterschiedlicher semantischer Konnotationen entpuppen.

2) Probleme bezüglich der Rollenübernahme durch die Probanden

Forschung im Anwendungsfeld setzt voraus, daß die betroffenen (Versuchs-)Personen bereit sind, die ihnen zugedachte Probandenrolle zu übernehmen. D. h. sie müssen z. B. motiviert sein, aktiv an einer wissenschaftlichen Streßstudie teilzunehmen. Die in der Grundlagenforschung in der Regel verwendete (Psychologie-) Studentenpopulation ist unter diesem Gesichtspunkt zumeist unproblematisch. Sie müssen im Rahmen ihres (Psychologie-)Studiums die „Versuchspersonen-Stunden" absolvieren, und außerdem sind sie häufig auch neugierig, was in einem Experiment auf sie zukommt, mit all den methodischen Schwierigkeiten, die sich aus dieser spezifischen Motivationslage im Hinblick auf die Validität der Befunde ergibt (Bungard 1980, 1984).

Warum aber sollte in der Arbeitswelt jemand an einer Streßstudie teilnehmen? Viele Betroffene sehen den Sinn solcher Untersuchungen nicht ein und wissen vor allem nicht, welche „Datenträger-Rolle" ihnen zugedacht ist. Das ganze Unterfangen hat aus ihrer Sicht nur dann einen realen Hintergrund, wenn ihre Arbeitsplätze mit ihren spezifischen Eigenarten analysiert werden, um konkrete Schlußfolgerungen und vor allem Konsequenzen zu ziehen. Untersuchungen mit dem Ziel, gerade situationsunabhängige, nomologische Aussagen aufzustellen, bei denen also auf die Besonderheiten „ihrer" Situationen keine Rücksicht genommen werden kann, sind für sie praxisfern, akademisch und nicht motivierend, in dem Sinne, daß sie den Forschern bereitwillig Auskunft erteilen usw.

Erschwerend kommt noch hinzu, daß die geplante Untersuchung assoziativ mit ähnlichen Bemühungen von Arbeitsplatzbewertern, Refa-Spezialisten oder seitens der Personalabteilung gleichgesetzt werden. Langjährige Erfahrungen mit diesen Instanzen haben die Betroffenen gelehrt, sich besonders vorsichtig und zurückhaltend zu verhalten, da voreilige Offenbarungen sich häufig in unerwünschten administrativen Regelungen bumerangartig ausgewirkt haben. Werden z. B. subjektiv irgendwelche belastungsreduzierende Veränderungen am Arbeitsplatz preisgegeben, können in der Lohntüte postwendend die Erschwerungszulagen wegfallen. Hinter einer wissenschaftlichen Streßuntersuchung wird weiterhin fast immer ein Interesse der Geschäftsleitung vermutet, die ja der Untersuchung zugestimmt haben muß. Die spezifische Reaktivität im Sinne eines sog. Auftraggebereffekts ist vorprogrammiert. Aus der Perspektive der Probanden wird in diesem Kontext nicht zwischen Geschäftsleitung, Personalabteilung und Forschern aus einer Universität differenziert. Sie alle repräsentieren zusammen die Bürokratie.

Die zu erwartende Gratifikation bei Übernahme der Probandenrolle ist, zusammenfassend betrachtet, ambivalent. Nur wenn Verbesserung am Arbeitsplatz als Folge der Studie angeführt werden könnte, wird die Bereitschaft erfolgen, dementsprechend werden auch selektiv die Aussagen „verzerrt" werden.

Im Zusammenhang mit diesen Überlegungen stellt sich ein weiteres typisches „Anwendungsproblem“: Die den Studenten zur Erhöhung der Teilnahmemotivation in der Regel zugesicherte Anonymität der Untersuchung ist bei Studien innerhalb von Betrieben oft unmöglich und im übrigen auch unglaubwürdig. Welchen Sinn sollte denn auch eine solche „Geheimniskrämerei“ haben, wenn aus den Ergebnissen der wissenschaftlichen Analyse praktische Konsequenzen gezogen werden sollen?

Wenig Verständnis findet schließlich der Forscher bei den Probanden, wenn die genaue Fragestellung der Untersuchung nicht offen vor Beginn dargelegt wird. Das in der Grundlagenforschung mit Studenten eingeübte Ritual, mit Hilfe theaterreifer Inszenierungen die wahre Absicht des Versuchsleiters zu verbergen, greift in der Praxis nicht. Täuschungsmanöver reduzieren nicht die Reaktivitätseffekte, im Gegenteil, sie führen eher zur Teilnahmeverweigerung. Da die Zielsetzung der Forschungsarbeit ohnehin vorher mit der Geschäftsleitung und dem Betriebsrat abgestimmt werden muß, wäre es auch naiv, anzunehmen, daß entsprechende Informationen nicht in die Organisation hineinsickern.

Zusammenfassend kann also folgende Zwischenbilanz gezogen werden: Aus den verschiedenen oben dargelegten Gründen kann abgeleitet werden, daß sich bei Streßuntersuchungen innerhalb von Organisationen u. U. gravierende motivationale Schwierigkeiten bei den Probanden ergeben. Durch datenschutzrechtliche Diskussionen sensibilisiert, sind die Betroffenen nicht ohne weiteres bereit, an der Studie teilzunehmen, die Ausgangsmotivation ist also höchst ambivalent. Wenn ein Organisationsmitglied an der Untersuchung teilnimmt, dann ist gerade aus den Gründen, die ihn zur Teilnahme motiviert haben, die Verhaltensweise während der Datenerhebung im Sinne der Reaktivitätsproblematik vorprogrammiert: entweder Risikominimierung durch sog. Differenzverhalten, wie er es im Umgang mit Behörden gewöhnt ist – also z. B. hohe Meinungslosigkeit, Ja-Sager-Effekte usw. (vgl. Esser 1975) –, oder aber intensive Bemühungen, die eigene Funktionsfähigkeit unter Beweis zu stellen. Organisationsspezifisches „Impression management“ wird in letzterem Fall zur dominanten Reaktionsstrategie.

Für die Validität der Streßuntersuchungen haben derartige Effekte natürlich schwerwiegende Folgen: Die Probanden sind u. U. dahingehend motiviert, daß sie (aus existentiellen Gründen) dem Forscher demonstrieren möchten, daß sie die eigene Arbeit völlig im Griff haben und unter keinerlei Streßwirkungen zu leiden haben. Streßsymptome werden als Indikatoren partieller Funktionsunfähigkeit antizipiert und deshalb folgerichtig verleugnet.

3) Schwierigkeiten bei der Untersuchungsplanung

Neben den Problemen bei der eigentlichen Datenerhebung ergeben sich bei empirischen Untersuchungen zusätzlich die bekannten Schwierigkeiten bei Felduntersuchungen, auf die im Rahmen dieser Arbeit nur kurz verwiesen werden soll:

- Bei der Analyse einzelner Stressoren am Arbeitsplatz können einzelne Variablen kaum isoliert werden, die Loslösung aus dem „Anwendungskontext" würde im übrigen die Wirkung der „Interaktionseffekte" aufheben.
- Die Grenze zwischen Organisation und Umwelt ist bei derartigen offenen Systemen durchlässig, so daß sich daraus weitere Probleme bei der Identifizierung einzelner Stressoren ergeben.
- Gerade in Betrieben ist durch die bereits oben geschilderte Transparenz der gesamten Studie die Etablierung der klassischen Experimental- und Kontrollgruppen nahezu unmöglich.
- Organisationen wollen durch wissenschaftliche Studien nicht allzulang „belästigt" werden. Kurzfristig angesetzte Querschnittsstudien sind eher möglich als die in der Streßforschung eigentlich notwendigen Längsschnittstudien.

4.1.5.4.3 Fazit

Die allgemeinen methodischen Probleme der Streßforschung in Kombination mit den spezifischen Schwierigkeiten bei der Durchführung von Feldstudien innerhalb von Organisationen sind wohl dafür verantwortlich, daß die empirische Basis der bisherigen Streßforschung in diesem Anwendungsbereich nicht sehr groß ist.

Die bisher analysierten Fragestellungen beziehen sich deshalb in systematischer Weise auf solche Aspekte des Streßphänomens, bei denen die zuvor dargelegten Probleme u. U. nicht so gravierend sind: Untersucht wurden vorwiegend vom Arbeitsablauf her betrachtet isolierte Arbeitsplätze primär unter ergonometrischen Gesichtspunkten, wobei das Streßausmaß meistens mit Hilfe physiologischer Indikatoren erfaßt wird. Beliebt sind desweiteren auch arbeitstoxikologische Probleme, während beispielsweise die komplexen psychischen Auswirkungen bei der Implementierung neuerer Technologien nur relativ selten untersucht worden sind.

4.1.5.5 Streßbewältigung, Prävention und Beanspruchungsoptimierung

Entsprechend der theoretischen Provenienz der Forscher unterscheiden sich ihre Vorschläge zur Streßbewältigung, Prävention bzw. Beanspruchungsoptimierung. Die Vielzahl der unterschiedlichen Maßnahmen kann an Anlehnung an Lazarus &

Launier (1981), McGrath (1976) und Newman & Beehr (1979) nach folgenden Gesichtspunkten beurteilt werden:

1) nach dem Ansatzpunkt/Schwerpunkt: Person und/oder Umwelt (materiell-technologische und sozial-interpersonale Umwelt) bzw. an den Schnittstellen von Person und Umwelt (Aufgabe, Rolle und Behavior Setting); Schönpflug (1979) spricht in diesem Zusammenhang von internaler versus externaler (technischer oder sozialer) Regulation;

2) nach der zeitlichen Orientierung: Vergangenheit, Gegenwart und Zukunft;

3) nach dem Urheber: der Person, der Organisation, Organisationsexternen;

4) nach den Zielen / den Funktionen: Ursachen (instrumentell) vs. Wirkung (palliativ);

5) nach dem thematischen Charakter: Überwinden, Tolerieren, Erholen, Optimieren, Neuinterpretieren vergangener Ereignisse im gegenwärtigen situativen Kontext vs. präventive oder entwicklungsorientierte Maßnahmen, z. B. Training oder Selektion.

Reaktionsorientierte Streßforschung in der Tradition von Selye (1981) setzt bei der Streßbewältigung naturgemäß stärker bei der Person als bei der Umwelt und eher bei der Streßbewältigung als bei den Streßursachen an.

Einen ausführlichen Überblick über personenorientierte Ansätze der Streßbewältigung und Prävention geben Beech, Burns & Sheffield (1982). Im wesentlichen lassen sie sich drei Gruppen zuordnen:

1) Entspannungsverfahren wie Autogenes Training (Schultz, 1970), Progressive Muskelentspannung (Jakobson, 1938, 1970) oder Transzendentale Meditation (Frew, 1974; Smith, 1975), die häufig mit Biofeedbackmethoden gekoppelt werden (vgl. Rombouts & Ferstl, 1983).

2) Methoden der kognitiven Restrukturierung wie dem Streß-Inokulationstraining von Meichenbaum (Meichenbaum, 1975; Meichenbaum, Henshaw & Himel, 1982; Meichenbaum & Novaco, 1978) oder der Rational Emotiven Therapie von Ellis (1978);

3) Methoden der Verhaltensmodifikation (Beech et al., 1982, 15 ff.).

Zunehmend werden jedoch nicht mehr isolierte Verfahren angewandt, sondern multimethodale Ansätze entwickelt, die Verfahren der verschiedenen Kategorien kombinieren (vgl. Rombouts & Ferstl, 1983). Wie unschwer zu erkennen ist, entsprechen diese Verfahren klinisch-psychologischen Standardmethoden. Evaluationsstudien wurden daher auch primär im klinischen Kontext durchgeführt (Newman & Beehr, 1979). Erst in jüngerer Zeit finden sich methodisch befriedigende Arbeiten, die in Organisationen durchgeführt wurden (vgl. zusammenfassend: Murphy, 1984).

In Abgrenzung von diesen Verfahren der internalen Regulation unterscheidet Schönpflug (1979) Methoden der externalen Selbstregulation. Hierunter sind etwa chemotherapeutische Maßnahmen, aber auch die Einnahme von Alkohol und Drogen zu verstehen. Häufig angeführter Kritikpunkt personenzentrierter Maßnahmen ist, daß sie an den „objektiv" vorhandenen Streßbedingungen nichts ändern und so leicht zur einseitigen Anpassung des Individuums an inhumane Arbeitsbedingungen mißbraucht werden können (vgl. Höfert & Schmidt-Hieber, 1982; Murphy, 1984, 12f.). Da jedoch der „objektiven" Arbeitsumwelt eine bedeutende Rolle bei der Entstehung von psychischem Streß und psychosomatischen Beschwerden zukommt (Frese, 1985), fordern Ganster, Mayes, Sime und Tharp (1982, 541), streßreduzierenden Veränderungen der Organisation oberste Priorität einzuräumen.

Auf eine solche Veränderung der „objektiven" Arbeitsbedingungen zielen reizorientierte Ansätze der arbeitspsychologischen und ergonomischen Streßforschung ab. Hier steht die optimale Gestaltung der Arbeitsbedingungen und der Arbeit im Mittelpunkt, und es werden Hinweise gegeben, für eine entsprechende Gestaltung von Merkmalen der Arbeitsumwelt, wie Strahlung, Beleuchtung, Lärm, Vibration, Klima, der Arbeitsmittel, des Arbeitsplatzes und der Arbeitszeit (vgl. Hettinger et al., 1980, 2; McCormick & Sanders, 1983, 5; Schmittke, 1980, 2; Stirn, 1980).

Im Zentrum der öffentlichen und der wissenschaftlichen Diskussion einer humaneren (streßfreieren) Gestaltung der Arbeitswelt standen vor allem in den 70er Jahren neue Formen der Arbeitsstrukturierung (vgl. zusammenfassend: DFVLR-Projektträger Humanisierung des Arbeitslebens, 1984, 3; Gaugler et al. 1976; Work in America, 1973). Die anfängliche Euphorie bei der Ein- und Durchführung von Job Enlargement, Job Enrichment und teilautonomen Arbeitsgruppen (vgl. zusammenfassend Maher, 1976; Steinmann et al., 1976; Ulich et al., 1973) verflog bald, als erkannt wurde, daß die „Neuen Formen der Arbeitsgestaltung" nicht von allen Betroffenen gewünscht wurden und so auch nicht immer die gewünschten Auswirkungen zeigten. Im Ausklammern interindividueller Unterschiede liegt naturgemäß das Grundproblem reizorientierter Gestaltungsempfehlungen.

Kognitive, transaktionale Streßtheorien weisen auf die Notwendigkeit hin, sowohl Variablen der Person als auch der Umwelt bei Maßnahmen zur Streßbewältigung und -prävention zu berücksichtigen. Eine bessere Übereinstimmung zwischen Merkmalen, Fähigkeiten und Bedürfnissen der Person und Anforderungen der Arbeit, wie sie etwa von Vertretern der PE-Fit-Theorie (vgl. Caplan, 1983) gefordert wird, soll durch eine Abstimmung von Personaltrainings-, Selektions- und Arbeitsgestaltungsmaßnahmen erreicht werden (vgl. Cox & Mackay, 1981; Hacker & Raum, 1984; Mackay & Cox, 1978). Auf diese Weise will man Rahmenbedingungen herstellen, die eine möglichst flexible Anpassung der Arbeitsbedingungen und Arbeitsstruktur an das Individuum im Sinne einer differentiellen und dynamischen

Arbeitsgestaltung gestatten. Derartige Ansätze finden sich insbesondere im Bereich der Organisationsentwicklungsliteratur aber auch in neueren Arbeiten zur Arbeitsstrukturierung. Durch partizipative Veränderungsstrategien („Betroffene zu Beteiligten zu machen") sollen Organisationen geschaffen werden, die sowohl den darin arbeitenden Personen besser gerecht werden als auch die Existenz und die Effektivität der Organisation langfristig sichern sollen (vgl. Beehr, 1976; Duell & Frei, 1986; Sievers, 1977; Trebesch, 1980; Ulich & Baitsch, 1987).

4.2
Gruppen und soziale Prozesse

Kapitel 4.2.1

Gruppenarten, -strukturen und -prozesse

Erich H. Witte und Elisabeth Ardelt

Es wird der Versuch unternommen, wichtige Theorien und Konzepte aus der Kleingruppenforschung für die Organisationspsychologie aufzubereiten.

Dabei sind Auswahl der Themen und Übertragung der Inhalte in organisationspsychologische Fragen durch die Sicht der Autoren geprägt. Als Grundkonzept läßt sich eine Sichtweise erkennen, die von labilen Gleichgewichtszuständen ausgeht. Die besondere Bedeutung der Arbeitsgruppe für die Organisation insgesamt ist leicht einsichtig. Deshalb könnte die experimentelle Kleingruppenforschung psychologischer Tradition sich verstärkt auf diesem Gebiet zu bewähren versuchen, um die Laborergebnisse in vivo zu stützen. Eine größere Kooperation zwischen der Kleingruppenforschung und Organisationspsychologie auch in der theoretischen Entwicklung könnte für beide fruchtbar sein.

Betrachtet man die historischen Entstehungslinien der Kleingruppenforschung, so stand zunächst die Erkenntnis der Bedeutung der sozialen Beziehungen im Vordergrund (Roethlisberger/Dickson 1939).

Dies setzte sich bis zu einem gewissen Grad in den die Human Relationsbewegung begleitenden Studien fort und führte dort zu einem Optimismus, der sich in oft imposant anmutenden Beschreibungen von Gruppen „als jenem kurzen Moment, aus dem Individuen als bessere und andere Personen hervorgehen“ (Fiedler 1972, S. 288), niederschlug.

Man übersah dabei bisweilen, daß das Vertrauen in die größere Rationalität von Gruppenlösungen nur selten begründet ist. Häufig bedeutet die Gruppe nur eine subjektive Sicherheit durch die gegenseitige Bestätigung (vgl. Janis 1972; Witte 1979, 1981, 1983).

In der zumeist im Labor stattfindenden experimentellen Kleingruppenforschung versuchte man solchen Problemen durch exakte Outputmessungen und Kontrolle aller relevanten Bedingungen zu entgehen.

Die Berücksichtigung dieser Forschungsergebnisse, die Variable aus einem sehr komplexen Geschehen isolieren und sichtbar machen, trugen dazu bei, daß viele Fragen differenzierter gesehen wurden.

Die direkte Übertragung dieser Grundlagen ist aber nicht nur wegen des Gegensatzes Labor/Feld problematisch, sondern auch aus anderen Gründen: Zum einen dauern diese Gruppen zumeist zwischen einigen Minuten und wenigen Stunden, zum anderen sind die Versuchspersonen in etwa 70–80 % der Fälle Psychologiestudenten. Drittens schließlich bewegen sich die Aufgaben auch zu etwa 70–80 % im Bereich verbaler Problemlösung (Ardelt 1986), der Typus der Gruppe ist fast immer interagierend.

Vielzitierte Beiträge kommen aber auch von Untersuchungen, die unter realistischen Bedingungen beobachten und befragen konnten. Hierbei handelt es sich um Gruppen, die eher dem klinischen Bereich zuzuordnen sind: Trainings-, Selbsterfahrungs- und Therapiegruppen.

Sie wurden – auch nach dem Abklingen der Human Relationsbewegung – der leichteren Zugänglichkeit wegen zum Forschungsobjekt. Ihnen gemeinsam ist in fast allen Fällen die Freiwilligkeit der Teilnahme, das Interesse der Gruppenmitglieder am Gruppenprozeß und damit die höhere Bereitschaft, sich untersuchen zu lassen.

Neben diesen für Organisationen „unrealistischen“ Bedingungen ist noch darauf zu achten, daß die angewendeten Methoden nicht immer den in der Sozialpsychologie üblichen Kriterien der Wissenschaftlichkeit entsprachen. Diese Tatsache wird allerdings in den Zusammenfassungen der Hand- und Lehrbücher nicht erwähnt, nicht einmal die Primärliteratur gibt immer vollständig Aufschluß über die angewendete Methode.

Will man nun mit der gebotenen Vorsicht nach dem positiven Potential, das in der Zusammenarbeit liegt, ebenso wie nach den durch Gruppenarbeit bedingten negativen Auswirkungen fragen, so stellt sich vorweg das Problem der Definition. Gruppendefinitionen der soziologischen Tradition haben einen Schwerpunkt auf dem

Systemcharakter. Hinzu kommen häufig die Kriterien der „dauerhaften" Mitgliederbeziehungen, des gemeinsamen Ziels und der Abgrenzung nach außen (vgl. u. a. Neidhardt 1979, S. 642). Die psychologische Richtung betont ebenfalls die beiden letztgenannten Merkmale, sieht im übrigen die ‚diffusen' Beziehungen als wesentlichen Inhalt, die durch Interaktion und dadurch mögliche gegenseitige Beeinflussung zustande kommen (vgl. u. a. die klassische Definition bei Shaw 1971, S. 10). „Die gegenseitigen Beeinflussungen" werden üblicherweise vor allem im Bereich der „Urteile" (Reaktionen) (Witte 1979, S. 125), also im bewußten kognitiven und Handlungsbereich betont. Der gegenseitige Austausch im emotionalen Bereich wird zwar in den Forschungen zur Kohäsion ausführlich behandelt, findet aber weniger Eingang in die Definition. Der unbewußte Bereich – jener der Phantasien und Projektionen – wiederum wird praktisch nicht erfaßt, obwohl die Erfahrung in Betrieben zeigt, daß emotional geladene Vorurteile, unbegründete Ängste, Aggressionen und ähnliches sehr wohl in Rechnung zu stellen sind. Am besten lassen sich die beiden genannten Traditionen in der u. a. von Sader vorgeschlagenen Aufzähldefinition, in der „häufig genannte Bestimmungsstücke von Gruppendefinitionen" zusammengestellt sind, vereinen (Sader 1976, S. 33). Häufig genannt werden:

- Erlebnis der Zusammengehörigkeit
- Verfolgen eines gemeinsamen Ziels
- Rollendifferenzierung
- Teilen von Normen
- Überwiegen der Binneninteraktion

(Vgl. u. a. Sader 1976, McGrath 1984.)

Die Aufzählung verhindert überdies durch Vermeiden bestimmter Gewichtungen das Entstehen eines starren Bildes *der* Gruppe, was wiederum dazu führt, daß Forschungsergebnisse, die unter bestimmten Bedingungen sehr gut abgesichert sind, ungeprüft auf alle anderen Gruppensituationen übertragen werden. Man kann sich vielmehr die genannten Merkmale in unterschiedlichen Ausprägungen (z. B. Grad der Zusammengehörigkeit hoch bis niedrig, Akzeptierung des Ziels starr – flexibel etc.) und in sehr komplizierten Regelkreiszusammenhängen stehend vorstellen (siehe vereinfachend Abb. 1).

Theoriegeleitete Zusammenfassungen sind ebenso wie Replikationen im Feld sehr selten. Ein Beispiel für eine Untersuchung, die relativ viele Variable erfaßt und die an der Gleichgewichts- und Systemtheorie orientiert Aussagen über die Zusammenhänge von Leistung und Zufriedenheit unter konkreten Randbedingungen macht, ist jene von Scharmann et al. Sie besagt, daß die Interaktion bezüglich Sach- und Beziehungsaspekt in einem bestimmten Verhältnis ausbalanciert (ca. 70 zu 30) sein soll, wobei im sozio-emotionalen Bereich positive Interaktionen zwar die negativen dominieren, aber nicht gänzlich verdrängen sollen. Günstig ist auch ein nicht zu hohes Interaktionsgefälle, also eine nicht zu starre Rollenverteilung (Scharmann 1982).

Die Ergebnisse sind für interagierende unstrukturierte kurzdauernde (2 Stunden) Gruppen erhoben worden. Da die Versuchspersonen aber aus allen Gruppen der Bevölkerung kamen, ist dennoch eine gewisse Generalisierung möglich und wären weitere Variationen bzw. die Beobachtung im Feld sehr vielversprechend.

Wenn nun im folgenden Forschungsergebnisse und Anwendungen für einzelne Teilbereiche referiert werden, dann muß dies weitestgehend unter einem Primat der Sozialpsychologie stehen, weil in der soziologischen Tradition der Betrachtung der Gruppe als Mikrosystem relativ wenige Untersuchungen vorliegen.

Als Gliederung der Darstellung bietet sich folgende Reihenfolge an:

a) Die Mechanismen der Entstehung von Gruppen, b) die Unterscheidung verschiedener Gruppentypen, c) die interne Strukturierung von Gruppen und d) einige wichtige Gruppenprozesse. Zum Abschluß e) wird dann eine kurze Diskussion geführt (s. Abb. 1).

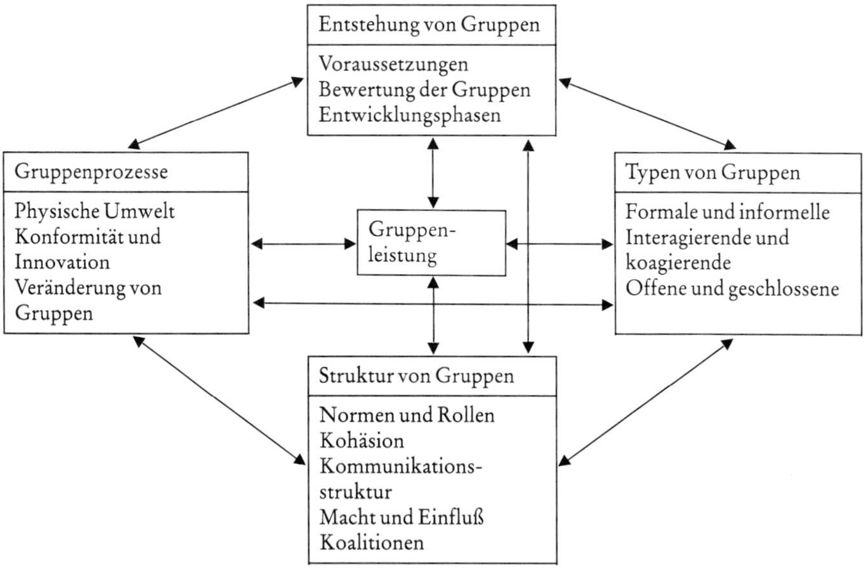

Abb. 1: Schematische Darstellung des zu behandelnden Inhaltes in diesem Kapitel und Angabe denkbarer Wechselwirkungen

4.2.1.1 Entstehung von Gruppen

Zuerst wollen wir untersuchen, welche Bedingungen zumindest erfüllt sein müssen, damit man sich einer Gruppe zugehörig fühlt und welche Konsequenzen das hat.

Anschließend wollen wir die Bedingungen des individuellen Aufsuchens von Gruppen betrachten, eine psychologische Frage.

Und als dritter Punkt sollen uns Phasenmodelle beschäftigen, die den Weg zur Entstehung eines Mikrosystems beschreiben, also wiederum eine Verbindung von psychologischer und soziologischer Vorgangsweise.

4.2.1.1.1 Minimale Voraussetzungen und deren Konsequenzen

In einem Experiment von Rabbie & Horwitz (1969) wurden fremde Personen zu Vierergruppen zusammengefaßt, deren Gruppencharakterisierung allein in der Benutzung von grünem gegenüber blauem Briefpapier und entsprechend farbiger Kugelschreiber bestand (die „Grünen", die „Blauen"). Diese Einteilung allein hatte noch keinen Effekt.

Wurde aber die Entlohnung von einem Münzwurf abhängig gemacht, so daß entsprechend dem Ergebnis die „Grünen" oder die „Blauen" bevorzugt werden sollten, dann entstand bereits eine Gruppenbildung. Das zeigte sich an den soziometrischen Wahlen, an der besseren Persönlichkeitsbeurteilung der eigenen Gruppenmitglieder und an generellen Aussagen über die Gruppe der „Grünen" und „Blauen". Eine Bedingung für das Entstehen von Sympathie ist also ein gemeinsames Schicksal, das auch – wie etwa in den Versuchen von Sherif (1961) – ein gemeinsamer „Außenfeind" sein kann.

Weitere experimentelle Ergebnisse zur Gruppenbildung lassen sich wie folgt zusammenfassen:

(1) eine generelle Abwertung der Außengruppe und / oder eine Aufwertung der Binnengruppe, (2) die Wahrnehmung überakzentuierter Unterschiede in anderen Merkmalen zwischen Binnen- und Außengruppe sowie (3) Handlungen, die die Binnengruppe relativ bevorzugen, z. B. die Wahl von Entlohnungsmöglichkeiten.

Aus diesen Ergebnissen zeigt sich, daß ein Mikrosystem relativ schnell bewirkt werden kann und daß daraus eine Überakzentuierung im affektiven, kognitiven und konativen Bereich die Folge ist.

Überträgt man nun dieses gut gesicherte Ergebnis auf Organisationen, die sich aus mehreren Mikro-Systemen zusammensetzen, so ist generell mit einem gewissen Antagonismus zwischen den Gruppen zu rechnen.

Um Auseinandersetzungen nicht eskalieren zu lassen, bedarf es der Betonung übergeordneter Ziele. Außerdem sollten Spannungen in Organisationen aufgedeckt werden, weil sie erhebliche „Reibungsverluste" erzeugen. Besonders problematisch ist es, wenn einzelne Arbeitsgruppen von einer Vielzahl anderer zum „Sündenbock" gestempelt werden. Eine solche Entwicklung führt zu einem meist stillen Boykott der Aktivitäten dieser Gruppe und damit zur Unzufriedenheit auf allen Seiten. Wichtig ist aber auch zu erkennen, daß gewisse Gruppenrivalitäten kaum zu verhindern sind. Deshalb ist darauf zu achten, daß Entscheidungen nicht aus der Sicht einer Gruppe getroffen werden. Die Konsequenz daraus führt zur Entwicklung von Regeln zur *prozeduralen* Gerechtigkeit, damit die *Ergebnisse* als gerecht empfunden werden können (*distributive* Gerechtigkeit) (Greenberg & Folger, 1983). Nur dann führen sie zu keinen Gegenmaßnahmen. Die Spannung zwischen der Gesamtorganisation und einzelnen Arbeitsgruppen ist immanent. Sie muß unter dem Gesichtspunkt der Funktion der Organisation „ausbalanciert" werden.

4.2.1.1.2 Ein Entscheidungsmodell zum Aufsuchen einer Gruppe

Eine Spannung wie zwischen Gesamtorganisation und Gruppen existiert auch zwischen Einzelperson und Gruppe. Es gilt, die Frage zu untersuchen, wann bei Personen das Bedürfnis entsteht, eine andere Gruppe aufzusuchen.

Hierfür haben Thibaut & Kelley (1959) ein Entscheidungsmodell vorgelegt, das durch empirische Untersuchungen eine gewisse Bestätigung erfahren hat (z. B. Crott & Müller, 1976; Tietz, 1976; Yukl, 1974).

In diesem Modell werden drei Parameter verwendet:

1) das individuell erworbene Vergleichsniveau, an dem man die Güte der eigenen Gruppe mißt (V);

2) die Erwartungen an Profite aus alternativen Gruppen (Alt);

3) den Beitrag, den das Individuum aus seiner jetzigen Gruppe erhält (B).

Dabei bemißt sich die Zufriedenheit mit der eigenen Gruppe aus dem Vergleich von eingeschätztem Beitrag (B) und dem erworbenen Vergleichsniveau (V).

Ist der Beitrag größer als die Erwartung: $B > V$, dann ist die Person zufrieden. Unzufriedenheit stellt sich dann ein, wenn der Beitrag geringer ist als das Vergleichsniveau: $B < V$.

Der aktive Versuch, die Gruppe zu wechseln, hängt davon ab, ob es eine alternative Gruppe gibt, von der man eine größere Belohnung erwartet: Alt > B > V. In einem solchen Fall kann es sehr schnell passieren, daß durch diese andere Gruppe das individuelle Vergleichsniveau sich erhöht und zu der Konstellation: Alt > V > B führt. In diesem Fall wird man versuchen, die eigene Gruppe zu verlassen und der neuen Gruppe beizutreten.

Reaktionen von Personen, die entsprechend dem genannten Modell das Verbleiben in einer bestimmten Gruppe ablehnen, aus organisatorischen Gründen aber keinen Wechsel vornehmen können, sind häufig weiteres Zurückziehen. Dies kann zu einem Leistungsabfall, wie auch in einem bisher vermutlich weit unterschätzten Ausmaß zu psychosomatischen Erkrankungen, Unfällen etc. führen. Frühzeitige Interventionen, ehe sich die Situation so verfestigt, daß Kommunikation nicht mehr möglich ist, erscheinen in vielen Fällen angebracht. Das Erkennen von Vermeidungstendenzen bzw. Verhaltensmustern, die Auseinandersetzungen verschleiern, erfordert bisweilen eine Diagnose und ein Eingreifen von außen. Günstigerweise sind hierzu klinisch ausgebildete Sozial- oder Organisationspsychologen heranzuziehen.

In Organisationen gibt es nun die Strategie, Belohnungssysteme und Privilegien für Arbeitsgruppen zu schaffen, die sich besonders ausgezeichnet haben bzw. die traditionellerweise vorhanden sind. Einerseits sieht man darin einen Anreiz, den man für Personen schafft, auch in solche privilegierten Gruppen aufgenommen zu werden, andererseits muß deutlich sein, daß damit „automatisch" auch die Unzufriedenheit bei anderen Gruppen steigt.

Das kann eine erhebliche Verschlechterung des Klimas in den Arbeitsgruppen bedeuten. Dadurch ist das Gleichgewicht der Gruppe gestört und solche Einheiten können nicht als Mikrosystem funktionieren.

Daß bei dem eben genannten Modell die Formulierung der drei Variablen so abstrakt ist, hängt damit zusammen, daß sie auf sehr unterschiedliche Bedingungen anwendbar sein sollen. Man muß im konkreten Einzelfall untersuchen, was eine Belohnung darstellt. Es kann das Prestige einer Gruppe sein, die konkrete Arbeitsbedingung, die Freiheiten, der Leiter etc.

4.2.1.1.3 Phasenmodelle

Die Entstehung eines Mikrosystems aus Einzelpersonen erfordert Zeit und setzt Entwicklungsprozesse voraus. Die Frage ist, ob sich die Entwicklung systematisieren und zumindest grobe Modelle finden lassen, die die Beschreibung dieses Vorganges ermöglichen.

Vergleicht man die vorhandenen Modelle inhaltlich, so lassen sich folgende Muster gruppieren:

a) Schemata, die vor allem „die Logik des Ablaufs“ einer bestimmten Aufgabe beschreiben, wie jene von Bales (Orientierung, Bewertung, Kontrolle, Entscheidung; Bales 1950) oder Sorenson (Strukturieren, Elaborieren, Evaluieren, Zusammenfassen; Sorenson 1973) und b) solche, die stark am Geschehen in psychoanalytischen Therapie- und Selbsterfahrungsgruppen, aber auch in Trainingsgruppen orientiert sind (z. B. Argelander 1972). In diesen wird einerseits die Phase des Aufstandes gegen den Gruppenleiter oder das Gruppenziel, der kämpferischen Abklärung von Rollen, andererseits die Gegenläufigkeit der Entwicklungstendenzen (Veränderung versus Stabilisierung) hervorgehoben (vgl. u. a. Slavson 1977, Battagay 1974). Diese Vorstellungen, die zum Teil sicherlich auch für Arbeitsgruppen gelten, wurden in der Sozialpsychologie durch Tuckman (1965) übernommen und ausformuliert. Seine Phasen des „forming, storming, norming, performing“ wiederum fand als *das* Entwicklungsschema von Gruppen Eingang in die meisten Hand- und Lehrbücher (Lacoursiere 1980).

Dem gegenüber stehen die Ergebnisse Sherifs, der keine Phasen bestimmer Prozesse annimmt, sondern Bedingungen formuliert, die ein Aggregat von Menschen zur Gruppe machen: „Motivation, Strukturierung von Rollen, Bildung von Normen, Aufgabendefinition“ (Sherif 1968).

Die meisten der genannten Modelle sind nur auf deskriptivem Niveau überprüft, Gültigkeit haben sie vermutlich vorwiegend in interagierenden Gruppen, die ausreichend Zeit und Möglichkeit zur Kommunikation haben.

Für den Praktiker von Bedeutung ist einerseits die Tatsache, daß die Interaktion bei ganz bestimmten Aufgaben (Problemlösen, Diskussionen, Entscheidungen) über verschiedenen Zusammensetzungen, Gruppengrößen, Umwelten etc. hinweg relativ stabile Muster zeigen bzw. daß ein Abweichen von diesem Muster zu einem unnötigen Verlust von Zeit und Energie führt. Andererseits ist der Tatsache Rechnung zu tragen, daß jede Gruppe ein bestimmtes zeitlichen Budget braucht, um ein stabiles Gefüge mit einem optimalen Grad gegenseitiger Sympathie, Konformität etc. zu entwickeln, das schließlich zur optimalen Leistungsfähigkeit führt. Dies gilt sowohl für die Bildung neuer Gruppen, als auch für jede Veränderung, die durch Hinzukommen eines neuen Mitgliedes, einer neuen Aufgabe etc. entsteht. Natürlich sind diese „Phasen“ abhängig von der Zielsetzung und den Eigenschaften der Mitglieder unterschiedlich lang. Vergeht allzuviel Zeit, kann man wohl davon ausgehen, daß Inkompatibilität der Gruppenteilnehmer vorliegt, die Aufgabe bei dieser Zusammensetzung nicht zu bewältigen ist oder anderes mehr.

Dabei ist zu beobachten, daß die sog. „storming“-Phase häufig zu vermeiden gesucht wird. Die Konsequenz daraus aber ist nicht selten, daß immer wieder die Arbeit an der gegebenen Problemstellung behindert wird, weil die Auseinandersetzung über das Ziel selber stattfindet oder Wege zu seiner Erreichung diskutiert werden.

Folglich scheint eine auch kontroversielle Abklärung in der Gruppe dem gesetzten Ziel letztlich förderlich zu sein. Die Behinderung dieser Auseinandersetzung mit der Absicht, das Gruppenklima nicht negativ beeinflussen zu lassen, ist für das Funktionieren der Gruppe selbst problematisch. Auch hier hat man wiederum zwischen dem Gruppenklima und einer notwendigen „storming"-Phase eine Balance zu finden. Das alles gilt jedenfalls dann, wenn man das Modell von Tuckman (1965) als *eine* Heuristik akzeptiert. In den meisten Fällen stellt jedoch ein Phasen-Schema eine Vereinfachung von Abläufen dar, da es Überschneidungen und kontinuierliche Übergänge gibt (McGrath 1984). Als Denkmodell zur Reflektion über die Praxis hat es seinen Wert.

4.2.1.2 Unterscheidung verschiedener Typen von Gruppen

Für jeden, der sich mit der Gruppe in einer Organisation befaßt, lassen sich unterschiedliche *Arten von Gruppen* differenzieren, weil abhängig von dem Typus unterschiedliche Prozesse ablaufen. Wir wollen hier nur drei Unterscheidungen vornehmen:

a) die formale und die informelle Gruppe,

b) die koagierende und interagierende Gruppe,

c) die offene und geschlossene Gruppe.

4.2.1.2.1 Formale und informelle Gruppen

In fast jeder Organisation sind ihre Mitglieder aufgeteilt auf Gruppen. Eine solche Aufteilung geschieht offiziell über die Leitung mit der Absicht, die gestellten Aufgaben möglichst ohne weitere Probleme zu erledigen. Eine solche Gruppe hat i. a. ihre Mitglieder nicht gewählt, sondern diese werden ihr zugeordnet.

Wegen ihrer Einbettung in die Organisation ist die Beziehung zu anderen Gruppen meistens geregelt, ebenso wie die Hierarchie in der Gruppe und die Verteilung der Aufgaben. Diese klare Struktur ermöglicht es, daß Auseinandersetzungen innerhalb und zwischen Gruppen über diese definierten Beziehungen geregelt werden, indem auf den Organisationsplan zurückgegriffen wird. Das Ergebnis einer solchen Formalisierung ist aber, daß es ein starres System gibt, das auf die Eigenarten und Bedürfnisse der Mitglieder nicht eingeht. Es ist auf die häufigste Anzahl der Problemstellungen hin konzipiert und für diesen Fall auch funktional. Da nun aber unterschiedliche Aufgabenstellungen auftauchen, die weniger gut über die generelle Organisationsstruktur abgewickelt werden können, gibt es für diesen Fall temporäre Arbeitsgruppen, die sich mit einem spezifischen Problem beschäftigen und danach wieder aufgelöst werden. Bei solchen Extra-Gruppen taucht dann in einer Organisation häufig das Problem auf, welche Kompetenzen diese neu geschaffene Gruppe hat und nicht selten gibt es dann Auseinandersetzungen mit bestehenden Gruppen.

Jedenfalls ist die Einrichtung der zeitlich und von der Aufgabe her begrenzten Arbeitsgruppen die Reaktion der Organisation auf die Anforderungen zu bewältigender Probleme, wobei die Struktur entsprechend flexibler wird.

Aber auch von den Bedürfnissen und Wünschen der Mitglieder her wird die vorgegebene Organisationsstruktur durchbrochen, indem eine Gruppenbildung stattfindet, die nicht nach funktionalen Kriterien, sondern nach psychischen Bedürfnissen abläuft. Folglich ist jede Organisation mindestens durch zwei Arten der Gruppenbildung gekennzeichnet, wobei die formalen Gruppen nach Zweckrationalität gebildet werden und die informellen Gruppen nach psychischen Gesichtspunkten. Diese bilden sich nach der Forschung zur interpersonellen Attraktion (Huston & Levinger 1978) auf Ähnlichkeiten in der Sozialisation und den Einstellungen. Außerdem werden innerhalb der bestehenden Gruppen informelle Strukturierungen vorgenommen, so daß der größte Einfluß auf die Mitglieder einer Gruppe durch eine Person erfolgen kann, die nicht mit dem formalen Führer identisch ist, wie es sich bereits in der klassischen Hawthorne-Studie gezeigt hat (Roethlisberger & Dickson 1939). In diesen informellen Gruppen werden z. T. die Bedürfnisse befriedigt, die nicht ausreichend in der eigenen Gruppe eingebracht werden können.

Nicht selten wird diese Zweiteilung der Gruppenbildung nach formalen und informellen Kriterien als dysfunktional betrachtet, weil Widersprüche zwischen den Strukturen auftreten können. Dabei ist jedoch daran zu denken, daß gerade diese informellen Kontakte hervorragend zum Informationsaustausch geeignet sind auch über Inhalte, die einer Verbesserung der aufgabenorientierten Problemlöse-Kapazität dienen. Außerdem ist natürlich auch die Zufriedenheit am Arbeitsplatz mit der Befriedigung solcher Bedürfnisse gekoppelt (Neuberger 1974). Ein ausbalanciertes Wechselspiel zwischen formalen und informellen Strukturierungen ist für jede Organisation letztlich notwendig (Franke 1980).

4.2.1.2.2 Interagierende und koagierende Gruppen

In interagierenden Gruppen stehen die Mitglieder in der Ausführung ihrer Aufgaben in sequentieller Abhängigkeit (Weinert 1981, S. 320). In koagierenden Gruppen hingegen macht jedes Gruppenmitglied seine Arbeit relativ autonom. Aktivitäten sind im Großteil des Arbeitsablaufes nicht zu koordinieren (Fiedler 1967, S. 220).

Der weitaus größte Teil der Kleingruppenforschung beschäftigt sich mit interagierenden Gruppen; Diskussionsgruppen stellten das wohl häufigste Beispiel dieser Gruppenart dar. Von hoher Bedeutung ist die Tatsache, daß man zur Erfüllung der Gruppenaufgabe miteinander kommunizieren sollte; diejenigen, die sich nicht beteiligen, fallen automatisch aus dem Rahmen. Die noch zu beschreibende Rollenverteilung des „Aufgaben-" und „Gefühlsspezialisten" sind in interagierenden Gruppen festgestellt worden. Der ebenfalls hier stärker feststellbare Kampf um die Führung erscheint vom Geschehen her logisch, da derjenige der die Führungsfunktionen des „Zusammnenfassens", „Bewertens" etc. innehat, wesentlichen Einfluß auf Problemlösung und Entscheidung ausüben kann. Ob diese Rollen in der Deutlichkeit (vgl. u. a. Bales 1950) ebenso wie jene des Außenseiters in nur koagierenden Gruppen auch feststellbar sind, ist in der Literatur noch nicht hinreichend geklärt.

In sieben von uns im Labor untersuchten koagierenden Werkgruppen traten die genannten Rollendifferenzierungen nur bei zwei Gruppen auf. Von den fünf „führerlosen" Gruppen wiesen wiederum nur zwei einen eindeutig erkennbaren Außenseiter auf (Ardelt 1985).

Fiedler weist sicherlich zu Recht darauf hin, daß die Funktion des Vorgesetzten in koagierenden Gruppen „quasi-therapeutische Funktionen" stärker enthalte als in interagierenden (Fiedler 1967, S. 221).

Die so definierten koagierenden Gruppen leiten zu einem in Organisationen häufiger anzutreffenden Phänomen über, nämlich zu jenen unter dem Begriff der „bloßen Anwesenheit" anderer bekannten Wirkungen. Die aus der Literatur bekannten Leistungssteigerungen, die insbesondere bei akzeptierender Haltung der anderen auftritt (Rosenstiel 1980), ist nur eine Facette der in Gegenwart anderer einsetzenden Vorstellungen, Wünsche und Projektionen. Die Untersuchungen geben zumeist wenig Aufschluß darüber, welche nonverbale Kommunikation zwischen Arbeitenden und „bloß Anwesenden" neben der oben zitierten „akzeptierenden Haltung" noch ablief.

4.2.1.2.3 Offene und geschlossene Gruppen

In vielen Bereichen gibt es Regeln, damit Gruppen nicht allzu geschlossen werden, z. B. die regelmäßige Versetzung von Offizieren und dem Personal im auswärtigen Dienst, Austausch von Hochschullehrern, Ersetzung von Fußballtrainern bei Mißerfolg etc. In vielen Fällen verspricht man sich also durch die Öffnung der Gruppe eine verbesserte Leistung.

Daß manche geschlossenen Gruppen erhebliche Schwierigkeiten haben, in angemessener Weise komplexe Probleme zu entscheiden, hat Janis (1972, 1982; Janis & Mann 1977) mit seinem „groupthink"-Ansatz gezeigt. Insgesamt ist der Aspekt der

Offenheit von Gruppen in der experimentellen Forschung im Rahmen einer psychologischen Tradition stark vernachlässigt worden. Eine Ausnahme bildet eine Studie von Jacobs & Campbell (1961), in der beim autokinetischen Effekt über mehrere Auswechslungen der Mitglieder hinweg eine Norm beibehalten wurde, obwohl die Konfidenten, die diese Norm gesetzt hatten, bereits alle ausgeschieden waren und durch naive Vpn ersetzt worden sind.

In einer eher soziologischen Tradition der Kleingruppenforschung hat dieses Thema jedoch immer eine Rolle gespielt (Ziller 1965). Im Rahmen der Familiensozialisation z.B. weist Neidhardt (1975) darauf hin, daß eine „angemessene" Sozialisation nur dann erfolgen kann, wenn die Familie ein gewisses Ausmaß an *„Umweltoffenheit"* zeigt. Nur so können externe Erfahrungen gesammelt werden und eine Anbindung an die äußeren gesellschaftlichen Prozesse erfolgen. In diesem Bereich zeigen Unterschichtfamilien ein erhebliches Defizit, weil die meisten Kontakte in der Familie bleiben. Das Ergebnis ist dann ein relativ starres Normensystem, das die Flexibilität der Sozialisanden erheblich erschwert.

Nachdem in den letzten Jahren zunehmend auch die Bedeutung der beruflichen Sozialisation hervorgehoben wird (Großkurth 1979a) ist das Verbleiben speziell von Jugendlichen in einer geschlossenen Arbeitsgruppe über lange Zeit zu überdenken und ähnlich wie in der familiären Sozialisation für eine gewisse Offenheit zu sorgen.

Ziller (1965) entwickelt umfassendere theoretische Überlegungen zu dem Konzept von offenen und geschlossenen Gruppen. Dabei geht er davon aus, daß offene Gruppen immer ihre Mitglieder austauschen müssen. Das ist sicherlich eine Möglichkeit, eine Gruppe zur Offenheit zu zwingen, aber sicherlich ist die Offenheit einer Gruppe auch dadurch herbeizuführen, daß man als Externer eine gewisse Zeit die Gruppe betreut und der Gruppe Informationen an die Hand gibt, die sie zur Änderung ihrer Handlungsweisen veranlassen (s. Punkt 4.3). Ziller (1965, S. 165) unterscheidet vier Charakteristika, in denen es Unterschiede zwischen offenen und geschlossenen Gruppen gibt:

a) die Zeitperspektive ist bei offenen Gruppen geringer;

b) die Aufrechterhaltung eines Gleichgewichtszustandes ist bei offenen Gruppen schwieriger;

c) offene Gruppen haben einen erweiterten Außenkontakt;

d) offene Gruppen haben häufig auch eine wechselnde Mitgliedschaft.

In offenen Gruppen ist das zeitliche Ende eher sichtbar, so daß es immer einen gewissen Entscheidungszwang gibt. Dabei sind manche Entscheidungen von der Art, daß sie erst wirksam werden, wenn die augenblicklichen Mitglieder überhaupt nicht mehr der Gruppe angehören. Das kann die Motivation, sich entsprechend einzusetzen, reduzieren, sofern man sich nicht an abstrakte Kategorien bindet oder die Entscheidungen vorwiegend für sich selbst z. B. aus Machtmotivation durchsetzt (Witte 1985). In offenen Gruppen mit wechselnden Mitgliedern ist die persönliche Beziehung notwendig reduziert. Ein solcher Umgangsstil zwischen Menschen allgemein ergibt sich dann, wenn ein Land eine vergleichsweise hohe Mobilität der Bevölkerung besitzt. Diese Lebensform setzt eine schnelle Integration in die neue Nachbarschaft und Arbeitsgruppe voraus, muß aber gleichzeitig tiefere emotionale Bindungen vermeiden. Solche Unterschiede in den Umgangsformen hat Lewin (1936) zwischen Amerikanern und Deutschen beobachtet. Folglich scheint es kulturelle Rahmenbedingungen zu geben, die die Bildung von offenen oder geschlossenen Gruppen begünstigen und damit auch erleichtern.

Zur Aufrechterhaltung eines Gleichgewichts in offenen Gruppen sind die Gruppengröße, die Homogenität der Mitglieder und die Austauschrate zu berücksichtigen.

Bei der Gruppengröße ist erkennbar, daß sehr kleine Anzahlen von Mitgliedern beim Wechsel schnell die ganze Gruppe zerstören können.

Folglich ist eine größere Gruppe eher stabil. Außerdem ist eine gewisse Heterogenität bei offenen Gruppen erwünscht, weil neue Mitglieder dann eher einen Partner finden, der ihnen ähnlich ist und damit seine Integration in die Gruppe erleichtert wird. Beim Austausch von Mitgliedern kommt es wesentlich auf die Aufgabenstellung an, wobei jedoch eine Austausch-Periode mit einer Konstanz-Periode abwechseln und nicht kontinuierlich die Mitglieder ersetzt werden sollten (Trow 1960, 1961). Geschieht dies nicht, müssen immer wieder Phasen der Gruppenbildung durchlaufen werden, die von der eigentlichen Zielsetzung ablenken (s. Punkt 1.3).

Der bei offenen Gruppen gegebene verstärkte Außenkontakt in Form von neuen Mitgliedern führt häufig zu größerer Kreativität und Produktivität (Ziller, Behringer & Goodchilds 1962). Eine Ursache mag der verringerte Konformitätszwang sein, eine andere die verbesserte Motivation durch neue Mitglieder. Demgegenüber sieht es in der Praxis so aus, daß eine erfolgreiche Gruppe i. a. nicht verändert wird.

4.2.1.3 Struktur von Gruppen

Neben der Abgrenzung von außen entwickeln Gruppen als Mikrosysteme auch eine interne Struktur. Die eher kognitiv gesteuerten Strukturierungen von Gruppen werden meist unter den Begriffen Normen und Rollen, jene die vorwiegend die Gefühle der Gruppenteilnehmer betreffen, unter dem Oberbegriff der Kohäsion behandelt. Abhängig von dieser Struktur und den Aufgabenstellungen treten unterschiedliche Probleme für die Mitglieder der Gruppe auf. Außerdem ermöglichen diese Strukturen auch ein unterschiedliches Maß an Macht und Einfluß. Schließlich läßt sich in Gruppen auch durch Koalitionen eine Unterteilung finden, die die Gesamtgruppe in mindestens zwei Teilgruppen zerlegt. Die Frage ist dann, welche Arten von Koalitionsbildung bevorzugt werden.

4.2.1.3.1 Normen und Rollen

Zum Begriff der Normen wurde in den letzten Jahren sehr viel theoretisch explikatorische Arbeit geleistet, die die sozialpsychologische Tradition ebenso berücksichtigt wie die soziologische. Normen sind demnach zu definieren als „Aufforderungen in bestimmten wiederkehrenden Situationen der Klasse s ein Verhalten h zu zeigen (Gebot) oder zu unterlassen (Verbot)“ (Korthals-Beyerlein 1979, S. 137). Diese Aufforderungen sind direkt oder indirekt stets mit Bewertungen verbunden. Bisweilen wird undifferenziert auf Zusammenhänge von Normen und anderen Gruppenvariablen geschlossen. Dabei wird leicht die Tatsache übersehen, daß Menschen in einer Gruppe bezüglich bestimmter Normen sehr starke, bei anderen (gleichzeitig) sehr wenig Übereinstimmugen zeigen können. Dies bedeutet auch einen vorsichtigeren Umgang mit dem noch zu behandelnden Konformitätsbegriff, der zumeist als Gradient der Übereinstimmung bzgl. der Normen einer Gruppe definiert wird (Witte 1983).

Normen sind ein Bestandteil der Gruppe: abhängig von allen anderen relevanten Variablen ist ihre Festigkeit oder Anzahl zu bestimmen. So geht etwa Festigkeit der Normen mit Verhaltenssicherheit einher und beeinflußt damit das affektive Klima und umgekehrt.

Eine Teilmenge der Normen stellen die Rollen dar. Sie legen nicht nur Verhaltensweisen, sondern auch Personen, die diese Verhaltensweisen zu einem bestimmten Zeitpunkt, in einer bestimmten Art ausführen müssen, fest. Der Begriff der Rolle wird in der Literatur zumeist unter zwei Aspekten gesehen:

Durch Verbindung von Beobachtung und soziometrischen Wahlen wurde von Bales/Slater (1955) bei einer Gruppendiskussion festgestellt, daß sich im Laufe von vier Sitzungen zwei Führertypen entwickeln, nämlich der Tüchtigkeits- und der Beliebtheitsführer. Diese Beobachtung ist dann zu einem Divergenz-Theorem der Führung (Hofstätter 1957) ausgebaut worden. Burke (1972) konnte nun experimentell zeigen, daß die Rollenverteilung auf zwei Personen davon abhängig ist, ob die Aufgabe wichtig ist oder nicht. Wird die Aufgabe als wichtig eingeschätzt, dann wird diese Aufteilung nur selten vorkommen. Bei natürlichen Gruppen (Schulklassen) konnten Bogun, Caspar & Erben (1980) zeigen, daß diese Unterscheidung nur bei den Personen zutrifft, die einen hohen Führungsstatus haben, wie in Schulklassen, wo die *gemeinsame* Leistung nicht von besonderer Bedeutung ist.

Ist nun aber die gemeinsame Leistung relevant, dann korrelieren beide Maße erheblich, so daß eine Differenzierung der beiden Führer-Rollen nicht möglich ist. Dieses Ergebnis hat Mikula (1972) für natürliche Expeditionsgruppen berichtet; wodurch das experimentelle Resultat von Burke (1972) gestützt wird.

Aber nicht nur die Differenzierung zwischen den beiden Führerrollen und Außenseitern ist für die Struktur einer Gruppe von Bedeutung, sondern auch eine genauere Betrachtung von *Abgelehnten* und *Unbeachteten*.

Zu dieser Unterscheidung ist eine Arbeit von Prose (1974) vorgelegt worden. Sie untersucht die soziometrischen Wahlen bei Unteroffizierslehrgängen, die in Unterrichtsgruppen zu 15–20 Personen zusammengefaßt waren. Es zeigte sich, daß die dort Abgelehnten in Persönlichkeitsmerkmalen und dem Verhalten den Gewählten ähnlicher waren als den Unbeachteten. Insbesondere in bezug auf ihr Verhalten in einer experimentell kontrolliert zusammengesetzten Diskussionsgruppe von 5 Personen (3 Unbeachtete, je ein Gewählter und Abgelehnter) waren Gewählte und Abgelehnte nicht zu unterscheiden, aber beide von den Unbeachteten. In dieser „leaderless group discussion" wurden ebenfalls soziometrische Wahlen erhoben, und es zeigte sich, daß die Gewählten wiederum die meisten Wahlen und die geringsten Ablehnungen erhielten, aber die Abgelehnten an zweiter Stelle vor den Unbeachteten folgten. Denkbar ist, daß die Abgelehnten eine Aufgabe zum Erhalt der Gruppe erfüllen, in dem sie als Gegenspieler zu den Führern die Struktur der Gruppe verdeutlichen. Dabei ist die Rolle des Außenseiters für die Person sehr frustrierend, wie man aus der klassischen Konformitätsforschung weiß (Witte 1983). Erst wenn Außenseiter zu einer Untergruppe mit mehreren Personen werden, treten weitere für die Gruppe bedrohliche Probleme auf. Eine Möglichkeit, solche Subgruppen aufzufinden, haben Bartram, Rollett & Fritz (1978) an Schulklassen gezeigt, indem sie jeden Schüler alle übrigen danach beurteilen ließen, wie gern sie mit dem jeweiligen anderen zusammenarbeiten möchten. Solche Sozio-Matrizen können nun Ausgangspunkt sein, Subgruppen mit Clusteranalysen aufzufinden. Hat man eine entsprechende Subgruppe identifiziert, muß man sich die Frage stellen, welche Kriterien die Mitglieder herangezogen haben, um sich dieser Subgruppe zuzuordnen. Diese Kriterien sind u. U. ein Konfliktstoff, der für die Existenz der Gesamtgruppe bedrohlich ist. Außerdem behindert eine solche Untergruppenbildung die Kommunikation, verschlechtert das Klima und führt bereits intern zu Abwertungen der Vorschläge, die von der Subgruppe gemacht werden.

Daraus folgt eine heterogene Darstellung nach außen, was die Berücksichtigung der unterschiedlichen Vorschläge dieser Gruppe erheblich erschwert.

4.2.1.3.2 Kohäsion

Den Schwerpunkt, den wir bei der Definition von Normen und Rollen auf Kognitionen und das Verhalten der Gruppenteilnehmer legen, stellt eine Vereinfachung dar, muß aber in Kauf genommen werden, will man den Begriff der Kohäsion eindeutig inhaltlich und operational abgrenzen.

Kohäsion wird definiert als das Maß der gegenseitigen positiven Gefühle (vgl. u. a. Dollase 1973, Ardelt 1984, Sader 1976, Irle 1985). Jene Kohäsionsdefinitionen, die die „Attraktivität" der Mitgliedschaft in den Vordergrund stellen (vgl. u. a. Cartwright & Zander 1962), werden denjenigen Gruppen im Feld nicht gerecht, deren Mitglieder nicht frei über ein Verbleiben in Organisationen entscheiden können bzw. deren Entscheidung von anderen Faktoren (Verdienst, Ort etc.) determiniert wird.

Um die Differenzierung durch Sympathie und Antipathie in einer Gruppe zu ermitteln, kann man entweder direkte Verhaltensbeobachtungen vornehmen, z. B. nach einem Beobachtungsschema von Bales (1970), oder aber man läßt sich von den Beteiligten eine globale Einschätzung geben bzw. darauf basierend Wahlen der Gruppenmitglieder vornehmen. Letzteres geschieht häufig über soziometrische Methoden. Hierzu werden mehrere Kriterien vorgegeben, nach denen man die Gruppenmitglieder auswählen oder ordnen muß, z. B. „Mit welchen Gruppenmitgliedern sind Sie gut befreundet?" bzw. „Welche Gruppenmitglieder machen oft Vorschläge, die gut zu gebrauchen sind?".

Bei kleinen Gruppen kann man eine Rangfolge erfragen und bei größeren läßt man eine bestimmte Zahl angeben, z. B. drei der Gruppenmitglieder.

Analysiert werden dann häufig die sogenannten „Erhaltsummen", d. h. die Anzahl der von den übrigen Mitgliedern erhaltenen Wahlen.

Entstanden ist diese Methode in den frühen zwanziger Jahren im Bereich der Wiener Sozialpsychologie (Bernfeld 1922). Ihre Verbreitung fand sie im amerikanischen Bereich vor allem durch Moreno (1934).

Einerseits ist die Soziometrie eine Methode, die auf Probleme in Gruppen aufmerksam macht, die sonst verborgen bleiben, andererseits jedoch ist dieses Verfahren auch sehr umstritten (Borgatta 1981, Ardelt 1984).

Jedoch lassen sich mit recht einfachen Methoden, z. B. dem Vergleich von Paaren auf einer Rating-Skala bezüglich eines soziometrischen Kriteriums der Kommunikation, des Hörens etc., stabile und eindeutige Strukturen ermitteln (Bien 1983).

Durch ein solches Vorgehen konnten wir bei einer Untersuchung jene mit Leistung assoziierten Gefühle (Zufriedenheit etc.) von solchen der gegenseitigen Sympathie getrennt darstellen (Ardelt 1986).

4.2.1.3.3 Zusammenhang zwischen der Einhaltung der Norm und der Kohäsion

Die in der Sozialpsychologie bekannte und häufig zitierte Tatsache, daß Einhaltung der Norm und Kohäsion positiv miteinander korrelieren (Irle 1973, S. 450), kann sowohl im Sinne der Organisation sein, sowie deren Interesse zuwiderlaufen. Letzteres geschieht, wenn es sich um eine den Zielen des Betriebes entgegengesetzte Gruppennorm handelt in etwa der Form, daß man möglichst wenig arbeiten, Anweisungen umgehen etc. sollte. Konformität kann sich auf viele verschiedene Normen beziehen. Eine von uns im Rahmen eines Trainings untersuchte sehr kohäsive Gruppe zeigte hohe Konformität im Umgehen der Anweisungen eines eher autoritären und irrationalen Vorgesetzten, wenig Übereinstimmung bezüglich bestimmter Kleidungs- oder Freizeitgewohnheiten, aber – wiederum eine einheitlich hohe Arbeitshaltung. Letzteres vor allem deshalb, weil man die Arbeit als sehr angenehm und interessant empfand und wußte, daß nur ein gleichmäßig hohes Leistungsniveau aller den Kleinbetrieb lebensfähig erhalten kann. Dieses Beispiel zeigt wie viele andere, daß jene Normen, die für die Gruppe einsichtig sind, an deren Bildung sie beteiligt ist, oder die sie sich gar selbst geben, unter der Bedingung gegenseitigen Verstehens am striktesten eingehalten werden (Selbstverpflichtung).

Umgekehrt kann gemeinsamer Erfolg die Kohäsion erhöhen durch „die Attribuierung des Erfolgs auf die Gemeinsamkeit der Anstrengungen" (Gebert/Rosenstiel 1981, S. 121). Um diesem Umstand Rechnung zu tragen, wurde seit den 70er Jahren in vielen Betrieben auf ein hohes Maß an Mitbestimmung geachtet, in einigen Betrieben, dem Vorbild des Autowerks Volvo folgend, sog. „teilautonome Gruppen" eingeführt.

Darunter sind Kleingruppen zu verstehen, denen „ein Arbeitszusammenhang übertragen wurde, dessen Regelung von ihnen selber vorgenommen wurde, so daß alle in ihr vorkommenden Tätigkeiten und Aktivitäten den von ihnen selber gesetzten Normen unterstellt sind" (Lattmann 1972, S. 28). Rosenstiel weist zu Recht darauf hin, daß mögliche und sinnvolle Autonomiegrade für die jeweiligen Bedingungen genau zu überlegen und definieren sind (vgl. auch Friedel-Howe 1980). Dem ist noch hinzuzufügen, daß Schwierigkeiten auch aufgrund der persönlichen Sozialisation, Einstellungen und Erwartungen der Arbeitnehmer nur dadurch zu überwinden sind, daß eine gewisse Zeitspanne der Gewöhnung und möglicherweise auch Hilfestellung einzurechnen ist. Die nach einer solchen Umgewöhnungszeit entstehende hohe Gruppenkohäsion ist nach den bereits erwähnten Annahmen der Kontakt/Sympathiespirale von Homans zu erwarten. Sie birgt in den teilautonomen

Gruppen, die die Notwendigkeit einer gleichmäßig hohen Leistung akzeptieren, viel weniger die Gefahr in eine Bewegung umzuschlagen, die die Arbeit zugunsten der Befriedigung der sozioemotionalen Bedürfnisse weitgehend vernachlässigt.

Zusammenfassend läßt sich sagen, daß ein derart hohes Maß an Mitbestimmung nicht nur vom ethischen Standpunkt her selbstverständlich sein müßte, sondern sowohl Leistung wie Zufriedenheit positiv beeinflußt.

4.2.1.3.4 Kommunikationsstrukturen und Aufgabenstellungen

In der klassischen Forschung zu den Kommunikationsnetzen sind die Kommunikationskanäle experimentell kontrolliert worden, indem die Vpn in Kabinen saßen und nur über vorhandene Schlitze schriftliche Kommunikationen austauschen konnten (Leavitt 1951). Im wesentlichen kann man zwischen mehr oder weniger zentralisierten Netzen unterscheiden, wobei letztere eine ausgeprägte Führungsposition besitzen. Generell erweisen sich dezentralisierte Kommunikationsstrukturen förderlich für die Zufriedenheit der Gruppenmitglieder (Shaw 1964). Leistungsmäßig sind zentrale Netze bei leichten Aufgaben überlegen, bei schwierigen dagegen sind dezentralisierte zu bevorzugen.

Ganz besonders ist darauf zu achten, daß die Position im Kommunikationsnetz mit dem Status des Gruppenmitgliedes korrespondiert, weil sonst besondere Frustrationen auftreten (Moore, Johnson & Arnold 1972). Ebenso erweisen sich einseitige Kommunikationen als belastend für diejenigen, die keine Rückmeldung erhalten. Das Ergebnis ist dann offene Aggression und die Nichtweitergabe von Informationen (Rausch et al. 1965).

Diese durch das Kommunikationsnetz vorgegebene Beschränkung des Informationsaustausches führt nun im Laufe der Zeit dazu, eine Organisationsform zu finden, die dem gestellten Problem adäquat ist (Guetzkow 1968). Ferner muß man noch zwischen der Struktur des Informationsaustausches und der der Entscheidung differenzieren (Mulder 1960). Diese beiden Strukturen sind prinzipiell unabhängig, aber sie wirken zusammen auf das Gruppenergebnis.

Insgesamt liegen also drei verschiedene strukturelle Anforderungen an die Gruppe vor: 1) Berücksichtigung der vorhandenen Kommunikationsstruktur, 2) Einbeziehung der gegebenen Entscheidungsstruktur und 3) Anpassung an die Aufgabenstruktur.

Neben dieser reinen Aufgabenorientierung muß auch die Beziehung zwischen den Gruppenmitgliedern beachtet werden, wobei vor allem subjektiv ein dezentrales Netz bevorzugt wird. Um diese unterschiedlichen Aspekte in Verbindung zu bringen, wäre eine umfassendere Theorie notwendig, die leider nicht existiert. Erste

Ansätze liegen in den Arbeiten von Mackenzie (1976), Tholey (1973) und Ziegler (1968) vor.

Um einige Beziehungen dieser drei strukturellen Aspekte herauszuarbeiten, wollen wir mit einer Typologie von Gruppenaufgaben beginnen. Steiner (1972) unterscheidet folgende Aspekte:

a) *Teilbare und unteilbare* Aufgaben,

b) *Maximum- und Optimum-Aufgaben*, d. h. Aufgaben, die mit möglichst großer Gechwindigkeit oder Stärke zu erledigen sind, verglichen mit Aufgaben, die eine bestimmte Lösung erfordern.

c) *disjunktive und konjunktive* Aufgaben, d. h. die vom besten oder schlechtesten Gruppenmitglied entschieden werden.

d) *additive und diskrete* Aufgaben, d. h. die Aufgaben sind eine gewichtete Summe der Einzellösungen oder die Vereinigungsoperation bleibt offen.

Es zeigt sich vor allem ein Vorteil einer Gruppe bei teilbaren Aufgaben, weil die Einzelteile unabhängig von den Mitgliedern bearbeitet werden können (s. auch McGrath 1984).

Bei der Bearbeitung von *Maximum-Aufgaben* gibt es zwei divergierende Forschungsergebnisse. Zum einen hat man im Rahmen der social facilitation Forschung die *Anregung* durch andere Personen gefunden, wenn diese an derselben Aufgabe arbeiteten (Triplett 1897; zusammenfassend Rosch 1985). Zum anderen hat sich gezeigt, daß man seine Anstrengung *reduziert*, wenn noch andere Personen in einer Gruppe zusammenarbeiten, was als Ringelmann-Effekt bezeichnet wird und u. a. beim Tauziehen gefunden wurde (Moede 1927, Latané et al. 1979).

Zurückzuführen ist der Ringelmann-Effekt auf die Reduktion von Anstrengung und Verlust durch Koordination. So verringert sich z. B. die Produktivität von Fabrikarbeitern mit der Gruppengröße (Marriott 1949, Campbell 1952). Je größer die Anonymität und je weniger die individuelle Leistung erkennbar ist, desto stärker wird der individuelle Beitrag reduziert. In solchen Fällen existieren keine klaren aufgabenbezogenen Kommunikationsstrukturen und keine klaren Gruppenbildungen, so daß die individuelle Leistung möglichst gering gehalten wird.

Bei *Optimum-Aufgaben* (z. B. Problem-Lösungen) erweist sich eine Gruppe dann als besonders leistungsfähig, wenn die Lösung gut als solche erkennbar ist. Es kommt dann nur darauf an, sie möglichst allen mitzuteilen, so daß unter diesem Aspekt eine dezentrale Struktur angemessen scheint, weil man vorher nicht weiß, wer die Lösung findet. Jedoch ist darauf zu achten, daß bei dezentralisierten Netzen nicht Konformitätszwänge ausgeübt werden, so daß eine richtige Lösung verworfen wird (Wendt

1980). Dabei zeigt sich, daß eine hoch zentralisierte Kommunkationsstruktur in Delphi-Gruppen den dezentralisierten freien Gruppendiskussionen überlegen ist (Wendt 1980). Sie wird von Brandstädter (in diesem Band) dargestellt.

Nun geht es in Organsationen nicht nur um Problemlösungen, sondern auch um Macht und Einfluß.

4.2.1.3.5 Macht und Einfluß

Macht kann definiert werden als Verhalten „Menschen dazu zu veranlassen, sich... nach Werten und Normen zu richten, die nicht die ihrigen sind..." (DeJager & Mok 1972, S. 65).

Diese Beeinflussung wird dann relevant, wenn entsprechende Möglichkeiten der Einflußgewinnung vorhanden sind. Dies trifft vor allem auf Organisationen mit streng hierarchisch gestuften Positions- und Rollensystemen und eingeschränkten Kommunikationsmöglichkeiten zu, bei denen die Inhaber der wesentlichen Positionen Belohnungen und Bestrafungen kontrollieren können (Argyle 1974). Einige Institutionen benötigen solche Machtstrukturen zu ihrer Aufrechterhaltung, wie etwa militärische (vgl. Bartl 1981). In anderen Organisationen versucht man zwar zusehends das Konzept der autoritären und hierarchischen Führung aufzugeben, in der Praxis der Wirtschaftsbetriebe, Schulen und Ämter ist aber der Einsatz von oft sehr subtiler Macht noch immer in erschreckendem Ausmaß feststellbar.

Die Folgen bei den Betroffenen sind in erster Linie Aggressionen, die aber oft nicht klar erkennbar sind. Wie Heinzel & Heinzel (1980) ausführen, sind mindestens vier Reaktionsformen zu unterscheiden, die sich zusammenfassen lassen in jene Aggression, die unbewältigt nach innen gegen die eigene Person gerichtet werden und solche, die nach außen, aber zumeist nicht gegen den Verursacher, sondern oft gegen unbeteiligte Sündenböcke sich wendet. Im ersteren Falle treten Leistungsabfall und psychosomatische Erkrankungen, im Extremfall Alkoholismus (Bartl 1981), Drogenabhängigkeit bis hin zum Suicid (Ringel 1969) auf. Im zweiten Ungeduld, Verständnislosigkeit bis hin zur Gewalttätigkeit in vielen Fällen gegen die eigene Familie, Außenseiter der Arbeitsgruppe und letztlich gegenüber gesellschaftlichen Randgruppen (vgl. u. a. Mitscherlich 1969).

Eine positive und häufig auch genutzte Möglichkeit ist die „Solidarisierung" mit Leidensgefährten, die gemeinsame Verarbeitung in der Gruppe (vgl. Schein 1980). Dies geschieht üblicherweise durch Klatsch, Witze u. ä., bisweilen aber auch in Initiativen, Änderungen zu verlangen.

4.2.1.3.6 Koalitionsbildung

Die Erforschung der Koalitionsbildung weist drei recht unabhängige Forschungstraditionen auf: 1) die Spieltheorie, 2) die Sozialpsychologie und 3) die Politikwissenschaft (Murnighan 1978). Die zentralen Fragen, mit der sich die Theorien der Koalitionsbildung beschäftigen, sind folgende: a) Welche der gewinnenden Koalitionen wird gebildet? Und b) Wie wird der Gewinn aufgeteilt?

Bei dieser Forschung handelt es sich um eine gut formalisierte Richtung, wobei häufig die Koalitionsbildung über Spiele mit entsprechend festgelegten Ressourcen der Teilnehmer und Gewinnpunkten der Koalition untersucht wurde. Diese Formalisierung jedoch hat dazu geführt, daß nicht-rationale Prozesse bei der Koalitionsbildung vernachlässigt worden sind. Wegen des großen Einflusses der Spieltheorie, die optimale Strategien unter rationalen Gesichtpunkten bestimmbar macht, sind wesentliche sozialpsychologische Prozesse vernachlässigt worden. Uns soll aber gerade diese vernachlässigte Seite interessieren, weil sie für das Verständnis der Strukturierung in Organisationen von großer Bedeutung ist. Aus diesem Grund werden wir uns vor allem die *Ergebnisse* der Koalitionsbildungen anschauen und den Zusammenhang zu den formulierten Theorien vernachlässigen. Wir orientieren uns dabei an Komorita & Kravitz (1983):

1) Es werden vor allem Koalitionen mit geringer Anzahl gebildet.

2) Der Gewinn eines Spielers aus einer Koalition hängt von seinen Alternativen ab, d. h. je mehr alternative Koalitionen er eingehen kann, desto höher sein Gewinnanteil.

3) Der Gewinnanteil eines Spielers an einer Koalition hängt von den eingebrachten Ressourcen ab.

4) Je größer die Ressourcen eines Spielers, desto seltener wird er in eine Koalition aufgenommen.

5) Wenn der Gesamtgewinn einer großen Koalition für jeden einzelnen größer ist als eine kleine Koalition, dann wird diese gebildet.

6) Je erfahrener die Spieler in der Bildung von Koalitionen sind, desto eher werden vorhandene Unterschiede berücksichtigt, was zu einer differenzierteren Verteilung der Gewinne führt (verglichen mit einer Gleichverteilung).

Diese noch sehr abstrakten, aus Spielen gewonnenen Ergebnisse müssen für die Anwendung in der Organisation interpretiert werden, was sicherlich problematisch ist, aber nur so kann man aus dieser Forschung für die Praxis Nutzen ziehen. Jede Organisation als Einheit ist offensichtlich durch die Bildung kleiner Koalitionen bedroht. Ihr Ziel muß es sein, die große Koalition zu erreichen. Das aber ist häufig utopisch und geschieht nur in Ausnahmesituationen, wenn die Existenz der Organisation bedroht ist.

Bemerkenswert ist auch das Ergebnis, daß Personen mit großen Ressourcen eher von Koalitionen ausgeschlossen werden, d. h. ihre Integration ist gefährdet und damit natürlich auch ihre Informationsmöglichkeit über die Abläufe. Eine Konsequenz ist die häufig beobachtete Schwierigkeit des Informationsaustausches über mehrere Hierarchiestufen.

Dieses Phänomen ist nicht nur aus der Sicht des Vorgesetzten zu betrachten, der die Information zurückhält, sondern auch aus der der Untergebenen, die sich gegen den Vorgesetzten zusammenschließen.

Für jede Organisation nicht unproblematisch ist das Geschick bestimmter Mitarbeiter, durch Bildung von Koalitionen einen Status zu erreichen, der, verglichen mit der Leistungsmöglichkeit der Person, zu hoch und damit für die Organisation schädlich ist. Dies gilt insbesondere für Bürokratien, in denen eine Leistung nur schwer feststellbar ist.

Will man nun aber eine Organisation verändern, dann ist das ohne Bildung von Koalitionen ebenfalls kaum möglich. Man braucht immer Verbündete, sonst besteht die Gefahr, daß eine große Koalition gegen die Veränderungen gebildet wird, wodurch jede Maßnahme unterlaufen werden kann.

4.2.1.4 Gruppenprozesse

Zum Abschluß wenden wir uns einigen Gruppenprozessen zu, die für „Leistung" von Bedeutung sind. Dabei behandeln wir zuerst die physische Umwelt mit ihren Belastungen, dann betrachten wir Konformitäts- und Innovationsprozesse in Gruppen, schließlich behandeln wir Möglichkeiten, Veränderungen bei bestehenden Gruppen herbeizuführen.

4.2.1.4.1 Gruppen und physische Umwelt

Bei der Interaktion von Gruppen muß man auch deren physikalische Umwelt berücksichtigen, da sich gezeigt hat, daß diese Variablen Einfluß auf die Leistungsfähigkeit nehmen.

In mehreren Experimenten (Worchel & Teddlie 1976, Worchel & Yohai 1979) wurde gezeigt, daß eine Situation, in der sich die Gruppenmitglieder beengt fühlen, weil der Raum zu klein ist bzw. die Stühle zu dicht standen, zu negativen Einflüssen führt. Solche Einflüsse konnten teilweise durch Bilder an den Wänden kompensiert werden. Man erkennt daran, daß bereits die direkte Umgebung einen Einfluß auf die Gruppenlösung nehmen kann, obwohl Gruppen es auch lernen können, sich auf widrige Bedingungen einzustellen (Freedman 1975). Letzteres hat sich bereits in den klassischen Hawthorne-Studien gezeigt (Roethlisberger & Dickson 1939). In vielen Fällen wird jedoch der physikalische oder soziale Stressor als solcher nicht identifiziert, sondern er wird vor allem erkennbar durch die Ergebnisse der Gruppe. (Vgl. Six & Kleinbeck, in diesem Band.)

Ansonsten ist damit zu rechnen, daß die Ergebnisse durch Konformitätsprozesse ohne innovative Momente bestimmt sind. Auf diese Probleme gehen wir detaillierter im nachfolgenden Punkt 4.2.1.4.2 ein.

4.2.1.4.2 Konformität und Innovation

Häufig erwartet man von Gruppen, daß sie individuelle Fehler ausgleichen, so daß die Gruppenlösung individuellen Lösungen überlegen ist. Ein eindrucksvolles Beispiel für diese Überlegungen war die Bestimmung der Flugbahn für zwei Raumschiffe des Mariner Jupiter-Saturn-Projektes.

Zu diesem Zweck wurden 50 Wissenschaftler in 11 Gruppen zusammengefaßt, die in ihren Gruppen 32 mögliche Flugbahnen für die beiden Satelliten bewerten mußten (Dyer & Miles 1976). Eine der Gruppenaufgaben war die Erstellung einer Rangreihe. Diese Rangreihen wurden dann über die Gruppen hin verglichen, was dazu führte, daß die drei besten Flugbahnen bei allen Gruppen bis auf einer vorne lagen. Von diesen drei Flugbahnen wurde durch Diskussion der Gruppenleiter eine ausgewählt. Dieses Ergebnis wurde dann allen mitgeteilt, die bis auf die abweichende Gruppe auch damit zufrieden waren. Aus subjektiver Sicht war also das Ergebnis zufriedenstellend, wenn man die Minderheit vernachlässigt. Nachträglich kann man wohl auch davon ausgehen, daß die Wahl der Flugbahnen günstig war. Ungeklärt bleibt natürlich, ob nicht der Vorschlag der Minderheit noch bessere Ergebnisse gebracht hätte. Jedenfalls sieht es von außen so aus, als sei die Auswahl nach der Majorität getroffen worden, was erhebliche Konformitätszwänge vermuten läßt, obwohl auch jede einzelne Wissenschaftler-Gruppe unterschiedliche Aspekte berücksichtigt haben könnte, um zu dem Marjoritätsurteil zu kommen. Das entspräche dann der Idealvorstellung einer Gruppenlösung für die Gesamtgruppe.

Betrachtet man nun übliche Gruppendiskussionen, so kann sich bei unklaren Problemen, mit einer großen Schwierigkeit sich zu orientieren, durch die Gruppendiskussion erst eine Norm herausbilden, an der man sich dann orientiert. Das ist sicherlich die positive Variante der Konformität. Gleichzeitig kann eine Gruppe eine bestehende Norm z. T. außer Kraft setzen, indem sie einzelne Mitglieder zu abweichendem Verhalten bringt, verglichen mit der allgemeinen Norm. Das kann positiv bewertet werden, indem die Person erst in der Gruppe den Freiraum erhält, sich so zu verhalten, wie sie möchte. Es kann aber auch entsprechend negativ gesehen werden, indem ein Gruppenmitglied zu kriminellem Verhalten z.B. veranlaßt wird.

Durch die direkte Kommunikation in der Gruppe kann der Konformitätsdruck auf Personen erheblich sein. Letztlich führt ein solcher Druck im Berufsleben z. B. zu Sozialisationseffekten, bei denen der Konformitätszwang nicht mehr erkennbar ist, weil man die Gruppennorm internalisiert hat.

Ganz besonders überrascht war man nun bei der Entdeckung eines Polarisationseffektes in Gruppen, d. h. die Gruppenentscheidung und die individuellen Entscheidungen nach der Gruppendiskussion waren extremer als die individuellen Entscheidungen vor der Diskussion (Myers 1982, Lamm & Myers 1978, Witte 1979, Witte & Lutz 1982).

Bei diesen Themen konnte man nun erkennen, daß bereits vor der Diskussion eine bestimmte Sichtweise von der Majorität auch individuell bevorzugt wurde. In der Diskussion dann sind vorwiegend Argumente für diese eine Sichtweise eingebracht worden. Das Ergebnis war, daß die Gruppenmitglieder sich auf eine Sichtweise veränderten, die extremer als die durchschnittliche vor der Diskussion war. Mit dieser extremeren Haltung war man dann auch zufrieden, obwohl sich eine kognitive Veränderung bei der Sicht des Problems nicht einstellte (Witte & Lutz 1982).

Die individuelle Haltung nach einer Diskussion werthaltiger Probleme läßt sich als einen Kompromiß zwischen dem sozialen Wert als Orientierungspunkt der Referenzgruppe und dem Kleingruppenstandard als Orientierung in der spezifischen Gruppe interpretieren (Witte 1979). Diese verstärkte Berücksichtigung über-individueller Bezugspunkte kann man insgesamt als Konformität betrachten (Witte 1983), so daß nicht nur die Anpassung an den Kleingruppenstandard allein als solche gedeutet werden kann.

Konformität wird dabei gedeutet als Übereinstimmung mit den über-individuellen Orientierungspunkten, nämlich dem sozialen Wert und dem Kleingruppenstandard.

Ein Großteil der Kleingruppenforschung ist unter diesem Aspekt betrieben worden, wie stark sich Individuen an die Gruppenmajorität anpassen (Witte 1983).

Erst vergleichsweise spät hat man untersucht, wie stark Minoritäten in Gruppen Einfluß nehmen können auf die Majorität (Moscovici 1979, Mugny 1982), obwohl bereits früh dieser Aspekt auch experimentell untersucht worden ist (Schachter 1951).

Will man nun als Minorität einen Einfluß auf das Verhalten der Majorität ausüben, so sind zwei Verhaltensweisen notwendig:

a) Man muß seine Meinung deutlich abheben von der Majorität und konsistent vertreten,

b) man muß in seiner Meinung festbleiben und so Sicherheit ausdrücken.

Eine solche Position führt zu einem Konflikt, der auch als solcher von der Majorität akzeptiert wird. Erst unter dieser Bedingung kann die Abweichung nicht mehr ignoriert oder als tolerierbar interpretiert werden. Das Resultat ist dann, daß die Majorität zur Erhaltung des Mikrosystems Kompromisse mit der Minorität einzugehen versucht (Schachter 1951). Bleibt diese weiter ohne Kompromißbereitschaft, so wird sie ausgeschlossen. Das Ergebnis aber ist, daß durch die Minorität bei den Individuen der Majorität eine veränderte Sicht erzeugt worden ist. Man gelangt aber mit dieser Haltung als Minorität in die Rolle des abgelehnten Außenseiters (s. Punkt 4.2.1.3.1), die bis auf die aktuelle Ablehnung zu keinen weiteren negativen Bewertungen solcher Personen Anlaß gibt. Falls man als Person es ertragen kann, daß man in der Außenseiter-Rolle aktiv abgelehnt wird, so hat man trotzdem einen wichtigen Einfluß. Das gilt vor allem auch deshalb, weil die Majoritätsprozesse keine inhaltlich neue Sicht mit sich bringen, sondern vor allem die bestehende Meinung verstärken. Minoritätseinflüsse aber wirken auf die kognitive Struktur und erzeugen auch innovative Prozesse, meistens jedoch in Abwesenheit der Minorität und mit einer gewissen Verzögerung (Moscovici 1980).

Aber nur über innovative Minoritäten ist eine notwendige Veränderung zu erwarten. Das sind zwar Spannungen, die sich im Mikrosystem ergeben, die aber häufig notwendig sind, um die Starrheit des Systems zu vermeiden. Auch hier ist wieder eine Balance zwischen Konformität und Innovation herzustellen, wobei ein Extremzustand dysfunktional ist. Folglich ist das Ziel, einen spannungsfreien Zustand herzustellen, nicht nur unrealistisch, sondern vor allem auch wenig produktiv. Die Auseinandersetzungen müssen gepflegt und akzeptiert werden. Dann ist ein Klima hergestellt, von dem erwartet werden kann, daß Auseinandersetzungen produktiv ausgetragen werden.

Nur eine solche Haltung kann das Ziel sein. Dann wird langfristig eine Organisation auch produktiv bleiben.

4.2.1.4.3 Veränderung von Gruppen

Schon häufiger wurde eine Balance zwischen zwei Zuständen als Ziel für die Organisation bzw. die Gruppe gefordert. Solche Zielsetzungen jedoch setzen einerseits eine große Fähigkeit des Mikrosystems voraus, eine solche Balance zu halten, andererseits ist zu erwarten, daß dieser Gleichgewichtszustand nicht stabil ist, weil äußere Einflüsse und innere Bedürfnisse auf diesen Zustand einwirken. Generell kann man von folgenden Gleichgewichtszuständen als Ziel einer Gruppe ausgehen:

1) Eine Balance zwischen Offenheit nach außen und Geschlossenheit: *Grenzziehungsbalance.*

2) Eine Balance zwischen zentralisierten und dezentralisierten Kommunikationsebenen: *Struktur-Balance.*

3) Eine Flexibilität in der Koalitionsbildung: *Koalitionsbalance.*

4) Eine Balance zwischen Konformität und Innovation: *Anpassungs-Abweichungs-Balance.*

5) Eine Balance zwischen Aufgaben- und Beziehungsorientierung in der Gruppe: *affektiv-funktionale Orientierungsbalance.*

Um solche Gleichgewichtszustände zu erreichen, bedarf es mindestens zweier Voraussetzungen:

a) Es muß allgemein (soziale Normen) akzeptiert sein, daß Flexibilität notwendig ist: *soziale Bedingungen.*

b) Die Einzelpersonen müssen in der Lage sein, die hohe Komplexität ihrer Umwelt zu ertragen und selbst aktiv für diese Flexibilität eintreten: *individuelle Bedingungen.*

Da die beiden Voraussetzungen nur sehr eingeschränkt gegeben sind, ist zu erwarten, daß die Zielzustände immer wieder verlassen werden. Daraus ergibt sich die häufig bereits erkannte Notwendigkeit, in nicht zu langen Zeitabständen immer wieder die Gruppen in diesen Gleichgewichtszustand zu bringen. Eine solche Maßnahme sollte von Experten vorgenommen werden. Dabei ist die ursprüngliche Annahme der Schulung allein von Führungskräften unzureichend, da diese Führungskräfte in die alte Gruppe zurückkommen und dort die alten Probleme vorliegen. Man muß deshalb auch das Mikrosystem selber weiter entwickeln. Dabei hat sich heute die Erkenntnis durchgesetzt, daß i. a. die gesamte Organisation entwickelt werden muß, um die Produktivität und die Zufriedenheit in der Organisation zu erhalten (Blake & Mouton 1976, Sievers 1977).

Natürlich wird auch hierbei zu beachten sein, welcher Gleichgewichtszustand für welche Gruppe angemessen ist, denn nicht jede Gruppe muß die gleiche Flexibilität erreichen. Das ist aus der Sicht der Gesamtorganisation zu bestimmen (Weinert 1983).

Da es sich hierbei um Maßnahmen handelt, die auch schädlich sein können, muß man Erfahrungen haben mit Gruppen. Die Anwendung einer Methode ohne gezielte Analyse der Gegebenheiten ist höchst problematisch, kommt aber vor. Günstig ist dabei eine sozio-analytische (diagnostische) Phase während der täglichen Arbeit, weil hier die organisatorischen Einflüsse mitberücksichtigt werden können. Für die Intervention braucht man dann aber einen gewissen Freiraum von den täglichen Forderungen, so daß außerhalb der Arbeitsumgebung mit der bestehenden Gruppe gearbeitet werden muß. Da es sich hierbei um die Lösung einer neuen Aufgabe handelt, mit einem neuen Experten-Leiter, muß auch auf die Phasen der Gruppenentstehung geachtet werden (s. Punkt 1.3).

Die zu behandelnden Inhalte beziehen sich auf kognitive, affektive und konative Aspekte: Insgesamt ergibt das eine 3×5 (Aspekt $\times$ Balance-Typ)-Matrix (siehe Tabelle 1, folgende Seite).

Themen, die sich als wichtig erweisen können zur Restabilisierung des Mikrosystems, sind in Tabelle 1 aufgeführt. Wie man diese Themen im einzelnen behandelt, bleibt abhängig von der Gruppe, deren Engagement und den vorhandenen Ängsten, mehr Konflikte durch eine aufdeckende Gruppenarbeit zu erzeugen als zu verhindern. Außerdem müssen natürlich, abhängig von der Problemlage der Gruppe, Schwerpunkte gesetzt werden. Eine generelle Strategie kann es deshalb auch nicht geben, weil jeder Einzelfall seine spezifischen Anforderungen besitzt. Generell ist nur zu sagen, daß Gespräch und Handlung gemeinsam bei jeder Intervention vorkommen sollten.

Tab. 1

	Grenzziehungsbalance	Strukturbalance	Koalitionsbalance	Anpassungs-Abweisungsbalance	affektiv-funktionale Orientierungsbalance
kognitiv	Was ist eine Orientierung? Wie geschieht das in unserer Gruppe?	Wer erfährt viel? Wer bleibt außen vor? Wer redet mit wem?	Wer ist häufig mit wem einer Meinung? Wer hält häufig zusammen?	Wer hat immer viel zu sagen? Wer hat gute Ideen? Wer hält die Gruppe zusammen?	Was bedeutet die Arbeit für mich? Was bedeutet die Beziehung zu den Kollegen für mich?
affektiv	Wie empfinde ich die Grenzziehung? Was möchte ich ändern?	Wann fühle ich mich wohl, wann unwohl? Gibt es emotionale Barrieren?	Wie empfinde ich die Koalition? Wie bewerte ich sie?	Wie fühle ich mich als Außenseiter? Wer wird abgelehnt? Was bringt mir die Gruppe emotional?	Wie fühle ich mich bei einer guten Leistung? Wie fühle ich mich im Kollegenkreis?
konativ	Was können wir tun, um die Grenzziehung zu ändern?	Wie können wir die Kommunikation verändern? Was kann manm konkret tun?	Wie soll ich mein Handlen ändern? Wie soll ich eine feste Koalition auflockern oder eine lockere festigen?	Was tun wir, wenn wir Konformitätsdruck ausüben? Wie setze ich mich mit einer anderen Meinung auseinander.	Was kann ich für die Leistungsverbesserung tun? Was kann ich für die Verbesserung der Beziehungen zu den Kollegen tun?

Kapitel 4.2.2

Kommunikationsprozesse

Rainer Maderthaner

4.2.2.1 Einleitung: Interaktion, Kommunikation und Organisation

Es gibt im sozialwissenschaftlichen und psychologischen Forschungsbereich nur wenige Termini, die derart häufig verwendet werden und dennoch so vage definiert sind wie die Begriffe Interaktion und Kommunikation (vgl. Graumann, 1972; Schreiber, 1980). Dies hängt vermutlich damit zusammen, daß sie innerhalb verschiedener Forschungsdisziplinen Verwendung finden (Nachrichtentechnik, Soziologie, Ethologie, Psychologie) und somit einer ständigen begrifflichen Abschleifung unterliegen.

Innerhalb der Humanwissenschaften wird der Begriff *Interaktion* zumeist in seiner sozialen Bedeutung verwendet, wonach bestimmte soziale Einheiten (Individuen, Gruppen, Klassen, Gemeinschaften etc.) wechselseitig aufeinander einwirken. Dabei kann es sich sowohl um physische Kontakte und Wechselwirkungen als auch um den Austausch von Gütern oder Nachrichten handeln.

Besteht die Interaktion in der Übermittlung von Informationen, so spricht man allgemein von Kommunikation. Klaus & Liebscher (1976, S. 76) definieren Kommunikation als „wechselseitigen Informationsaustausch zwischen mindestens zwei informationellen (insbesondere informationserzeugenden und -verarbeitenden) Systemen“.

Diese abstrakte, aus der Kybernetik stammende Definition erscheint insofern vorteilhaft, als sie sich nicht nur auf Kommunikationsprozesse zwischen Menschen bezieht, sondern auch auf solche mit oder zwischen datenverarbeitenden Maschinen bzw. Automaten. Problematisch für den psychologischen Gebrauch erscheint jedoch die Einengung auf Wechselseitigkeit, da hierbei einseitige Prozesse (z. B. Propaganda, Verlautbarungen, Verordnungen) ausgeschlossen wären, und die Beschränkung auf „mindestens" zwei Systeme, weil damit Phänomene wie die direkte oder indirekte Selbstkommunikation (etwa im künstlerischen Schaffensprozeß) nicht mehr unter diese Definition fallen würden.

Beim Begriff „Informationsaustausch" scheint jedoch eine Spezifizierung angebracht, da eigentlich jede Veränderung, die an einem System beobachtbar ist, als Informationsabgabe zu interpretieren ist. Von Kommunikation sollte jedoch sinnvollerweise nur dann gesprochen werden, wenn der Informationsaustausch nur zwischen jenen Systembereichen informationsverarbeitender Systeme stattfindet, die speziell der Aufnahme oder Abgabe von Signalen dienen. Reine Beschreibungs- oder Analyseprozesse (wie etwa die diagnostische Charakterisierung einer Person) sollen demnach ebenso wenig als Kommunikationsprozesse bezeichnet werden wie Interaktionen, in denen der materielle (z. B.Güteraustausch) oder energetische Aspekt (z. B. Kooperation) gegenüber dem informationellen überwiegt.

Unter *Kommunikation* wird also nachfolgend eine Interaktion zwischen Menschen oder technischen informationsverarbeitenden Systemen verstanden, bei der eine Kodierung, Übertragung und Dekodierung von Informationen erfolgt.

Besondere Bedeutung erhält die Analyse von Kommunikationsprozessen in jeder Art von sozialer *Organisation*, wenn man darunter nach Kühlmann & Franke (im vorliegenden Band) „den auf zeitliche Dauer hin angelegten, der Umwelt gegenüber offenen Zusammenschluß von Personen und Sachen" versteht, „der auf die Verwirklichung spezifischer Ziele ausgerichtet ist und zu diesem Zweck über ein Regelsystem verfügt, das die hierfür notwendigen Aktivitäten auf die Organisationsmitglieder aufteilt (Spezialisierung) und sie wechselseitig aufeinander abstimmt (Koordinierung)". Ein derartiges Regelsystem basiert auf einer formellen und informellen Kommunikationsstruktur, deren Organisationsangepaßtheit (z. B. hinsichtlich Differenziertheit, Kapazität, Flexibilität) die Realisierung der Ziele von Organisationen, aber auch deren zeitlichen Bestand sowie deren Innovationsfähigkeit beeinflußt. Kommunikation erfüllt aber nicht nur eine interne Regulationsfunktion, sondern sie ist auch für die Gestaltung der Beziehungen einer Organisation nach „außen" verantwortlich. Je nachdem, ob dabei bestimmte Personen, andere Organisationen oder größere Bevölkerungsgruppen angesprochen werden, sind entweder direkte und persönliche, oder indirekte und anonyme Kommunikationsaktivitäten (z. B. einerseits Verhandlungen, andererseits Werbung) erforderlich.

Da jedoch die Kommunikation zwischen Organisationen, Abteilungen, Teams und anderen sozialen Einheiten hauptsächlich wieder über interpersonelle Kontakte zwischen deren Repräsentanten, Delegierten und Bevollmächtigten hergestellt wird, kommt den Ergebnissen der individualpsychologischen Kommunikationsforschung auch im organisationspsychologischen Kontext eine große Bedeutung zu.

Diesem Umstand wird auch innerhalb der einschlägigen Literatur in zunehmendem Maße Rechnung getragen; so vollzieht sich etwa in der historischen Entwicklung der Organisationstheorien unübersehbar ein Übergang von objektivistischen, funktionalistischen Modellen (Scientific-Management-Ansatz, Bürokratie-Ansatz) zu subjektivistischen, interaktionistischen Modellen (Human-Relations-Ansatz, Verhaltenswissenschaftliche Entscheidungstheorie) –, entsprechend dem gegenwärtigen Trend, eine Organisation als Kulturgebilde zu interpretieren, dessen Struktur und Entwicklung durch die Erfahrungen, Erwartungen, Kenntnisse, Werte und Normen seiner Mitglieder geprägt ist (s. Neuberger vorl. Band).

4.2.2.2 Kommunikatonsrelevante Gesetzmäßigkeiten menschlicher Informationsverarbeitung

Jeder Kommunikationsprozeß ist durch bestimmte Eigenarten der menschlichen Informationsverarbeitung geprägt, deren Kenntnis bei einer Analyse von Kommunikationsprozessen vorausgesetzt werden muß. Einige kognitive und emotionale Verarbeitungsfaktoren erscheinen hier besonders wichtig; sie sollen im folgenden kurz dargestellt werden.

4.2.2.2.1 Kognitiv-informationale Kommunikationseinflüsse

Die Aufnahme von Kommunikationsinhalten wird durch die Ausrichtung der *Aufmerksamkeit* stark determiniert. Dies trifft auch auf die Personenwahrnehmung zu, bei der die verstärkte Beachtung von ersten Eindrücken (vgl. Luchins, 1957), von negativen oder extremen Kommunikationsinhalten (z. B. Fiske, 1980) und von Kontrastinformationen (z. B. Linville & Jones, 1980) vor allem in solchen Situationen Urteilsverfälschungen bewirkt, in denen die Kontakte nur kurz oder oberflächlich ablaufen. So entwickeln sich z. B. leicht Vorurteile gegenüber Stellenbewerbern, kaum kontaktierten Vorgesetzten oder Untergebenen, sowie gegenüber Angehörigen anderer Schichten oder Kulturgruppen. Aber auch bei längerdauernden Kontakten gibt es spezifische Aufmerksamkeitseffekte: Die Verhaltenseigenschaften von beispielsweise Personen, die in Gruppen einen „Solo-Status" einnehmen (wie z. B. eine Frau unter lauter Männern), werden extremisiert wahrgenommen (s. Tajfel, 1982), was zum Beispiel bedeuten kann, daß nachgiebiges Verhalten als unterwürfig und selbstbehauptendes Auftreten als dominant mißinterpretiert wird.

Ein zweiter wichtiger und kommunikationsrelevanter Faktor der menschlichen Informationsverarbeitung ist die Kategorisierung bzw. *Schematisierung* der Kommunikationsinhalte. Passen bestimmte Kommunikationsinhalte nicht in die Schematisierungskategorien des Rezipienten, dann werden sie von diesem schlechter wahrgenommen, weniger gut eingeprägt und schneller vergessen. Es kommt solcherart oft zu einer übermäßigen Informationsreduktion, die sich insbesondere in der sogenannten „Stereotypenbildung" (vgl. Tajfel, 1982) und im sogenannten „Halo-Effekt" (Thorndike, 1920) manifestiert; beides sind urteilsverfälschende Prozesse, in denen bestimmte, subjektiv als bedeutsam empfundene Aspekte die adäquate Berücksichtigung anderer urteilsrelevanter Informationen verhindern. Solche Kategorisierungsvereinfachungen in der Art einer „Schwarz-Weiß-Malerei" (z. B. „Freund-Feind-Klassifikation") treten häufig gegenüber Personen auf, die nicht Mitglieder der eigenen Bezugsgruppe sind, also etwa einer anderen sozialen oder ökonomischen Schicht angehören, und geben Anlaß zu vielfältigen Konflikten und Mißverständnissen.

Da ein Kommunikator nur sehr selten die gesamte Information seiner Gedanken, Vorstellungen oder Pläne übermitteln kann, muß der jeweilige Partner die restliche Information entweder aktiv (durch Nachfragen) oder passiv (durch Bedeutungsanalysen) erschließen. Kommunikationsinhalte sind also in der Regel mehrdeutig und lassen verschiedene *Interpretationen* zu: Eine Mitteilung (z. B. eine anerkennende Bemerkung) enthält in der Regel nicht nur Information über den expliziten Inhalt der Kommunikation (z. B. Tüchtigkeit des Empfängers), sondern auch über spezielle Eigenschaften des Sprechers (z. B. dessen Höflichkeit) oder über spezifische Umstände (z. B. vorhandene soziale Zwänge). In derartige Interpretationen gehen allerdings nach attributionstheoretischer Sicht auch „statistische Erfahrungen" folgender Art ein: Macht nur eine Person (d. h. geringer „Konsensus") wiederholt (d. h. große „Konsistenz") zu verschiedenen Themen (d. h. geringe „Distinktheit") ähnliche Aussagen, dann wird dies verständlicherweise auf eine bestimmte persönliche Grundeinstellung zurückgeführt *(Personenattribution).* Äußern sich dagegen viele Personen (großer Konsensus) über ein und dieselbe Sache (große Distinktheit) wiederholt (große Konsistenz) gleichartig, dann wird diese Aussage als relativ objektive Beschreibung eines Sachverhaltes angesehen *(Sachattribution).* Wenn schließlich eine bestimmte Äußerung nicht systematisch mit einer Person oder einer Sache in Verbindung zu bringen ist, dann wird sie den herrschenden Bedingungen zugeschrieben (*Umstandsattribution*; siehe dazu Kelley & Michela, 1980; Herkner, 1980). Immer dann also, wenn man den Wahrheitsgehalt einer Nachricht weder logisch noch erfahrungsmäßig direkt überprüfen kann – was übrigens auf die meisten Wissensinformationen unserer arbeitsteilig organisierten Gesellschaft zutrifft –, wird auf solche „Plausibilitätsregeln" der Wahrheitsbeurteilung zurückgegriffen.

Derartige Interpretationspraktiken werden häufig auch taktisch genützt, so etwa dann, wenn in einer Diskussion oder in einer Verhandlung der eigenen Aussage dadurch Gewicht verliehen werden soll, daß großer Konsens suggeriert wird (z. B. „Wir meinen...", „Man kann...", „Wie wir alle wissen..."), wenn die Meinungsspezifität hervorgehoben wird (z. B. „Im Gegensatz zu meiner sonstigen Einstellung find' ich in diesem Punkt...") oder die Häufigkeit des Auftretens erwähnt wird (z. B. „...das ist ja immer so", „... wie überall").

4.2.2.2.2 Emotional-motivationale Kommunikationseinflüsse

Jede Wahrnehmung, jeder Denkinhalt, jede Einprägung und jeder Verhaltensplan besteht aus einer bestimmten Anzahl kognitiver Bestimmungselemente. Wenn einige davon widersprüchlich sind, d. h. *kognitive Inkonsistenz* aufweisen, und sich daraus Interpretations- oder Handlungskonflikte ergeben, entsteht ein kognitiver Korrekturimpuls, der sowohl eine Vernachlässigung inkonsistenter Komponenten, deren Uminterpretation, als auch die Suche nach weiteren konsistenten Informationsanteilen bewirken kann (vgl. Frey, 1978). Aus diesem Grunde werden etwa negative Informationen über Bekannte, die einem sympathisch sind, eher angezweifelt, unleugbar Fehler derselben als liebenswerte Schwächen umgedeutet oder negative Eigenschaften von Freunden durch subjektive Akzentuierung positiver Eigenschaften gewissermaßen kompensiert. Konsistenzeffekte treten in sozialen Gemeinschaften aber auch solcherart in Erscheinung, daß Personen mit ähnlicher Einstellung einander sympathischer finden (Byrne & Nelson, 1965), oder daß man sich an die Sprache und Ausdruckweise eines attraktiven oder besonders geachteten Kommunikationspartners eher anpaßt (vgl. Giles, 1982). Dieser Konsistenzeffekt kann für die strukturelle Dynamik in Organisationen zu einer Polarisierung sozialer Beziehungen führen, die einerseits die Gefahr kooperationsstörender Cliquenbildung erhöht, aber andererseits natürlich auch eine Verbesserung des Arbeitsklimas bewirken kann.

Von besonderer organisatorischer Relevanz sind Kommunikationsinhalte, die in irgendeiner Form eine *Bewertung* enthalten und somit ein „Feedback“ für bestimmte Äußerungen oder Handlungen des Rezipienten darstellen. Die meisten Bewertungen lassen sich sowohl emotional als auch rational interpretieren. Rational kann beispielsweise das Lob eines Vorgesetzten als Bestätigung für sachlich richtiges Handeln oder als Hinweis auf eine bestehende Abhängigkeitsbeziehung aufgefaßt werden, emotional läßt es sich als Sympathiebeweis, Wertschätzung oder als beschämende Bevormundung auffassen.

Aus kommunikationspsychologischen Experimenten ist bekannt, daß verbales oder nonverbales Feedback Kommunikationsprozesse nicht nur quantitativ (z. B. hinsichtlich der Sprechfrequenz und Kommunikationsdauer), sondern auch qualitativ (z. B. hinsichtlich der Gesprächsatmosphäre) und inhaltlich (z. B. hinsichtlich der Gesprächsthemen und den Privatheitsgrad betreffend) determiniert, wobei positive Rückmeldungen große Verstärkungseffekte beinhalten, d. h. die Wahrscheinlichkeit des vorangegangenen Partnerverhaltens erhöhen. Wenn dagegen ein Partner auf eine Information negativ reagiert, wirkt dies bestrafend und verursacht eine Hemmung der Kommunikationsbereitschaft, so etwa wenn schlechte Nachrichten überbracht werden müssen (Tesser & Rosen, 1975). In Organisationen kann die Berücksichtigung dieses Prinzips eventuell verhindern, daß Probleme oder Mißstände zu spät gemeldet werden, und auch Arbeitsgespräche und Brainstorming-Aktivitäten werden erfolgreicher ablaufen, wenn die Teilnehmer erst am Ende der Sitzungen bewertende Stellungnahmen über die einzelnen Vorschläge abgeben (vgl. Guzzo & Waters, 1982; s. auch Bollinger & Greif, 1983).

In anderen Situationen wiederum ist mit *Reaktanz*, d. h. mit verschiedenartigen Gegenreaktionen auf empfundene Freiheitseinschränkungen zu rechnen, nämlich immer dann, wenn sich ein Kommunikant durch einen anderen (z. B. aufgrund dominanten Auftretens) in seiner Meinungsbildung oder in seinem Kommunikationsverhalten eingeengt fühlt. Massive Überredungsversuche oder rhetorisch aufdringliche Argumentationen bewirken daher häufig einen sogenannten „Bumerang-Effekt“: Aufgrund der penetranten Manipulationsbemühungen wird die Selbstbehauptungstendenz und der Widerspruchsgeist des Rezipienten geweckt und oft sogar das Gegenteil der beabsichtigten Einstellungsänderung erreicht. Wenn sich hingegen der Sprecher eher unbeteiligt gibt oder sich sogar beeinflußbar zeigt – indem etwa Ausdrucksweisen des Partners übernommen werden –, sind Einstellungs- und Verhaltensänderungen bei seinem Verhandlungspartner wahrscheinlicher (vgl. u. a. Roberts, 1980).

Indirekten Einfluß auf die Kommunikationsbereitschaft in Organisationen üben auch Umgebungsbedingungen aus. Zum Beispiel kann eine erhöhte soziale Dichte in Wohn- und Arbeitssituationen eine verstärkte Rückzugstendenz und Kommunikationsscheu bewirken (vgl. Baum & Valins, 1979). Als stressend erweisen sich soziale Gedrängesituationen vor allem dann, wenn dadurch – wie etwa in vielen Wohnsilos oder in Großraumbüros – ein Minimum an Privatsphäre und Entscheidungsfreiheit nicht mehr gegeben ist (Schaeffer & Patterson, 1980; Altman, Vinsel & Brown, 1981).

4.2.2.3 Spezielle Bedingungen und Auswirkungen von Kommunikation in Gruppen und Organisationen

Nachfolgend sollen nun die wichtigsten Effekte und Determinanten von Kommunikationsprozessen beleuchtet werden, wofür ein attributionstheoretisch (vgl. 4.2.2.2.1) orientiertes Faktorenschema verwendet wird, das aufgrund seiner Einfachheit auch als Kategorieschema für praktische Kommunikatonsanalysen dienen kann:

Attribute (stabile Personenfaktoren: Geschlecht, Alter, Status, Macht u. a.)

Einstellungen (variable Personenfaktoren: Beziehung, Glaubwürdigkeit, Image u. a.)

Intentionen (stark variable Personenfaktoren: Überzeugungs-, Beeinflussungs-, Kooperationsabsichten u. a.)

Objekte (Gegenstandsfaktoren: private, öffentliche und metakommunikative Kommunikationsinhalte)

Umstände (Umstandsfaktoren: Kommunikationsformen, Struktur der Kommunikation u. a.)

Die fünf Klassifikationsfaktoren dieses „A-E-I-O-U-Schemas" beinhalten nicht nur die entscheidenden Determinanten des Kommunikatonsgeschehens, sondern auch dessen wichtigste Auswirkungen. Auf organisationspsychologische Problemstellungen angewandt, ergibt sich unter Aufgliederung der obigen Faktoren eine Differenzierung in sechs Hauptpunkte, die nun im einzelnen behandelt werden sollen.

4.2.2.3.1 Disposition, Rolle und Status

Das Geschlecht, die physische Attraktivität, das Alter einer Person, ihr Erfahrungshintergrund, ihre Position in der Organisationsstruktur und ähnliche Dispositionsfaktoren wirken sich oft auf den Erfolg von Kommunikationsprozessen aus.

Empirische Befunde (z. B. Hall, 1978; Noller, 1980) zeigen etwa, daß das Ausdrucksverhalten von Frauen im allgemeinen weniger Mißverständnisse auslöst als jenes der Männer; bei Frauen werden daher auch Inkonsistenzen zwischen verbalen und nonverbalen Kommunikationsinhalten (z. B. Sarkasmus) negativer erlebt als bei Männern. Frauen sind häufig aber auch bessere Rezipienten von Ausdrucksinformationen (z. B. Predovic, 1985), so daß ihnen – bei zumeist auch erhöhter Verbalisierungsfähigkeit – im allgemeinen größere kommunikative Kompetenz zugeschrieben werden muß als Männern. Dies dürfte mit ein Grund dafür sein, daß ihnen in Organisationen oft „Kommunikationsfunktionen" (als Schreibkräfte, Sekretärinnen etc.) übertragen werden. Daß viele Frauen ihre kommunikativen Fähigkeiten trotzdem kaum für einen beruflichen Aufstieg nützen können, mag teilweise daran liegen, daß die Sozietät immer noch mit der weiblichen Rolle eher die Erwartung von Gemeinschaftsorientierung, mit der männlichen Rolle eher die Erwartung von Selbstsicherheit und Selbstbehauptung verbindet (vgl. Buss, 1981), so daß für Frauen oft erhebliche Probleme bei der Übernahme von Führungsfunktionen entstehen.

Der Einfluß des Status einer Person auf ihre Kommunikationsprozesse ist vielfältig: Personen mit hohem Status besetzen meist ausgezeichnete Plätze (z. B. an der Stirnseite von Tischen, im Zentrum eines Raumes), nehmen mehr Raum in Anspruch, sprechen häufiger, unterbrechen andere häufiger, berühren vergleichsweise öfter ihre Gesprächspartner bzw. deren Besitz, werden mehr beachtet und zuvorkommender behandelt, und sie dürfen mehr Verstöße gegen die Höflichkeit begehen, ohne ihr Image zu verlieren (Ungar, 1981, Leffler, Gillespie & Conaty, 1982). Ein sozialpsychologisch gut bestätigtes Faktum ist außerdem, daß positiv bewertete und mächtige Personen häufiger imitiert werden und stärkere Einstellungsänderungen bei Rezipienten auslösen (s. Herkner, 1983).

Führungspersonen oder Vorgesetzte üben also nicht nur formal über ihre Anordnungen, sondern auch informell über ihre sonstigen Kommunikationsbeiträge verstärkten Einfluß auf andere Organisationsmitglieder aus. Personen in Machtpositionen können allerdings gegenüber ihren Untergebenen gewisse „Überwertigkeitseinstellungen" ausbilden – wahrscheinlich als Folge des vermehrten positiven und verminderten negativen Feedbacks seitens ihrer sozialen Umgebung – und neigen dazu, die Leistungen ihrer Untergebenen auf ihr eigenes Einwirken zurückzuführen und sich persönlich von ihnen zu distanzieren (Kipnis, 1972). So etwa fand Geller (1980) bei Vorgesetzten eines amerikanischen Transitunternehmens, daß diese den Einfluß eigener Maßnahmen (Anweisungen, Kommentare, finanzielle Gratifikationen usw.) auf das Arbeitsverhalten ihrer Untergebenen überschätzten und deren eigene Erkenntnisse und gegenseitige Hilfe in ihrer Bedeutung unterschätzen.

Bei Personen, die in einer Organisation gleichen Status haben oder gleiche Funktionen ausüben, entwickelt sich häufig ein starkes Gemeinschaftsgefühl und damit oft auch die Tendenz zur Cliquenbildung, woraus Kommunikationsstörungen gegenüber anderen Personen oder Gruppen resultieren können (z. B. „Etagen-Denken" in Abteilungen, Distanzierung zu Vorgesetzten; s. Rosenstiel, 1975). Manchmal wird ein gemeinsamer Feind auch nur zu dem Zwecke aufgebaut, das Gemeinschaftsgefühl zu stärken, – nach dem altbekannten Motto: „Gemeinsamer Feind eint" (s. Hofstätter, 1957).

4.2.2.3.2 Beziehungsqualität und Glaubwürdigkeit

Sozialbeziehungen lassen sich als Bekanntschaften, Interessensbeziehungen (z. B. Arbeitsbeziehung), Freundschaften oder Liebesbeziehungen kategorisieren. Jeder Übergang von einer dieser Beziehungsarten zur nächsten ist mit einer Zunahme an kommunikativer *Offenheit*, an *Emotionalität*, an wechselseitiger *Unterstützung* und an *Beziehungsstabilität* verbunden.

Aus Befragungen (z. B. Kayser, Schwinger & Cohen, 1984) geht hervor, daß die Handlungsorientierung bei Arbeitskontakten stärker selbstbezogen (egoistisch) und bei Freundschaftsverhältnissen stärker partnerbezogen (altruistisch) ist und daß sich beim Übergang von einer Arbeits- in eine Freundschaftsbeziehung die Tauschprozesse zunehmend von Geld und Eigentum auf Achtung und Gefühle verlagern. Mit der Entwicklung privater Beziehungen in Organisationen ist in der Regel eine Reduktion der Mitarbeiterfluktuation und der Arbeitskonflikte zu erwarten, sowie eine Erhöhung der persönlichen Einsatzbereitschaft und Identifikation mit den Organisationszielen. Allerdings kann die „Privatisierung" von Arbeitsbeziehungen auch zu konfliktträchtigen Cliquenbildungen und zur Korrumpierung der Organisationsstruktur führen.

In manchen Organisationen gehört es zu den wichtigsten Voraussetzungen eines effizienten Meinungs- und Informationsaustausches, daß die Kommunikationsinhalte als glaubhaft gelten, was im wesentlichen davon abhängt, ob der Sprecher als sachlich kompetent oder persönlich involviert angesehen wird. Bei Sachdiskussionen hat die Meinung von *Experten* erwartungsgemäß größeres Gewicht als jene von Laien. Angesehenen Personen bzw. Personengruppen (etwa Ärzten) wird auch über ihr eigentliches Fachgebiet hinaus Kompetenz zugeschrieben („Rollendiffusion"). Der Eindruck von Kompetenz erhöht im allgemeinen auch die Attraktivität einer Kontaktperson, und damit auch deren private und öffentliche Einflußmöglichkeiten (z. B. in Verkaufsprozessen; vgl. Engels & Timaeus, 1983). Interessant ist, daß Personen, denen hohe Kompetenz zugeschrieben wird, aufgrund kleiner Fehler oder Ungeschicklichkeiten nur bei solchen Kommunikationspartnern ihre Attraktivität verlieren, die entweder eine sehr hohe oder sehr niedrige Selbsteinschätzung aufweisen, hingegen Sympathie dadurch gewinnen bei Personen, die sich bei der Selbstbewertung durchschnittlich einstufen (Helmreich, Aronson & LeFan, 1970). Einflußversuche, die von unglaubwürdigen Personen stammen (inkompetente Vorgesetzte, manipulationsverdächtige Vertreter usw.) haben oft wieder einen „Bumerang-Effekt", d. h. sie bewirken bei den Rezipienten Einstellungsänderungen in eine (der intendierten) entgegengesetzte Richtung (Bergin, 1962).

4.2.2.3.3 Überzeugungsprozesse und Kooperationsbereitschaft

Fast jede Informationsübermittlung ruft beim Partner zumindest temporäre Einstellungs- oder Verhaltensveränderungen hervor. Da in der Regel der Widerstand gegen eine Einstellungsbeeinflussung mit dem Ausmaß der Diskrepanz zwischen erwünschter und vorhandener Einstellung zunimmt, ist es zweckmäßig, vor Verhandlungen oder programmatischen Reden die *Voreinstellungen* der Gesprächspartner oder Zuhörer zumindest grob zu erkunden, damit vorhandene Konsonanzen betont und unnötige Dissonanzen vermieden werden können (vgl. Harris, Begg & Upfold, 1980). Eine häufig geübte Strategie der Überzeugung ist dabei die „Schritt-für-Schritt-Taktik", bei der immer nur kleine, auf die jeweilige Meinung des Rezipienten angepaßte Beeinflussungsaktivitäten gesetzt werden (vgl. auch „Foot-in-the-door-Technik"; s. Sbandi, 1975).

Je mehr *Argumente* für eine Sache vorgebracht werden können, desto größer ist natürlicherweise der Überzeugungseffekt. Das oftmalige Wiederholen gleicher Argumente scheint hingegen beim Rezipienten verstärkt Gegenargumente auszulösen (Cacioppo & Petty 1979). Harkins & Petty (1981) fanden überdies, daß mehrere voneinander verschiedene Argumente dann am wirkungsvollsten sind, wenn sie nicht von einer, sondern von mehreren (glaubwürdigen) Personen vorgebracht werden. Petty, Cacioppo & Heesacker (1981) überprüften den Einfluß der Argumentequalität, der persönlichen Involviertheit in ein Thema und des Argumentationsstils (sachlich oder rhetorisch, letzteres in der Form: „Habe ich nicht recht?", „Nicht wahr?" u. ä.) auf die Meinungsänderung: Bei Personen mit geringem Engagement am Thema bewirkten gute Argumente in rhetorischer Fassung die intendierten Einstellungsänderungen, während dies bei thematisch bereits involvierten Rezipienten nur der sachliche Stil bewirkte. Die Autoren erklären dies damit, daß *Rhetorik* im Falle geringer Involviertheit eines Rezipienten die geistige Verarbeitung der Argumente fördere, während bei Engagiertheit am Thema die rhetorische Argumentation eher Widerstand auslöse.

Daß durch Einsatz von Humor ebenfalls Einfluß ausgeübt werden kann, zeigt die Untersuchung von O'Quin & Arnoff (1981) am Beispiel simulierter Verkaufsverhandlungen: Mehr finanzielle Konzessionen wurden bei jenen Verhandlungspartnern gemacht, die ihre Verhandlungsangebote mit einer witzigen Bemerkung abschlossen.

Die Zufriedenheit und Kooperationsbereitschaft innerhalb einer Organisation nimmt üblicherweise mit dem Ausmaß an Ausgewogenheit in den ablaufenden Austauschprozessen (gegenseitige Offenheit, emotionale Resonanz, Hilfeleistung, etc.) und mit dem damit verknüpften Eindruck herrschender *Verteilungsgerechtigkeit* zu (Equity-Theorie; zusammenf. Überblick bei Müller & Crott, 1978). Je stabiler allerdings die sozialen Beziehungen zwischen den Mitgliedern sind, desto eher sind diese bereit, sich mit einem temporären Tauschungleichgewicht abzufinden (Überwechseln vom Prinzip der Investitionsgerechtigkeit zu jenem der Bedürfnisgerechtigkeit; vgl. O'Connell, 1984).

Wie bereits erwähnt, wird die Arbeitseinstellung und Kooperationsbereitschaft aber auch durch persönliche Abneigungen bzw. einen Mangel an wechselseitiger *Sympathie* negativ beeinflußt, so daß oft erst dann sachliche Kompromisse und Einigungen in einer Organisation möglich sind, wenn es zwischen den Mitgliedern zu einer Verbesserung ihrer Beziehungen kommt. Große Einschränkungen der Effizienz von Organisationen drohen insbesondere dann, wenn persönliche *Konflikte* nicht offen ausgetragen werden, sondern sich zum Beispiel hinter provozierten sachlichen Meinungsverschiedenheiten verbergen. Auch persönliche Abwertungen und harte Kritik stören in massiver Weise den freien Informationsfluß in Organisationen und wirken auf Dauer außerdem aggressionsenthemmend und streiteskalierend (Bandura, Underwood & Fromson, 1975). Aus diesen Gründen sollten in Organisationen, deren Ziele nur durch offene wechselseitige Kommunikation in einem kooperativen Arbeitsklima erreicht werden können, einerseits beziehungsfördernde Maßnahmen gesetzt werden – wie z. B. durch Schaffung von Gelegenheiten für privates Kennenlernen (Betriebsfeste, Feiern, Einladungen) – und andererseits auch Anregungen zur Bereinigung bestehender interaktiver Konflikte gegeben werden, sei es durch Intervention zuständiger Kommunikationsfachleute (z. B. des Betriebspsychologen) oder etwa durch Anbieten kommunikationsverbessernder Seminare (s. folgender Abschnitt).

4.2.2.3.4 Privatheit und Metakommunikation

Haben in Organisationen die Kommunikatonsprozesse stark formellen Charakter und sind sie überwiegend streng reglementiert, dann wirkt sich die Zunahme privater Kontakte im allgemeinen positiv auf das Organisationsklima und stabilisierend auf die Mitgliederfluktuation aus. Probleme und Konflikte ergeben sich zumeist erst, wenn private Kontakte als aufgezwungen erlebt werden. Gemäß einer amerikanischen Unteruchung von Gudykunst & Nishida (1983) rangieren Gepräche über biographische Daten, Interessen und Geld (Besitz) allgemein am unteren Ende der Intimitätsskala, während erwartungsgemäß Gefühle, Liebe (Sex) und die Ehebeziehung als sehr private Themen empfunden werden. Im übrigen wird bei der Besprechung sehr privater Themen im allgemeinen ein gleichgeschlechtlicher einem gegengeschlechtlichen Kommunikationspartner vorgezogen (Gudykunst & Nishida, 1983), was etwa bei persönlichen Krisengesprächen mit Kollegen oder Untergebenen berücksichtigt werden sollte.

Wenn sich in einem sozialen Verband die Kommunikationsschwierigkeiten häufen, sollte über die Kommunikationsgepflogenheiten selbst kommuniziert werden („Metakommunikation"), um eventuell soziale Vereinbarungen für eine positive Veränderung des Kommunikationsstils zu erreichen. Bei größeren Konflikten empfiehlt sich die Abhaltung von speziellen *Kommunikationskursen*. Dabei geht es vielfach nicht nur darum, für die aktuellen Kommunikationsprobleme der Teilnehmer eine Lösung zu finden, sondern auch präventive Vorschläge für gute Kommunikation zu präsentieren. Eine systematische Zusammenfassung und Verallgemeinerung entsprechender *Kommunikationsrichtlinien* enthält die folgende Aufstellung, welche sich teilweise an den „Feedbackstufen" von Schwäbisch & Siems, (1974) orientiert:

1) *Präzisieren* (Überwechseln von nonverbaler zu verbaler Kommunikation)
2) *Konkretisieren* (Bezugnehmen auf das „Hier und Jetzt" bzw. auf konkrete Verhaltensweisen oder Ziele, d. h. Aufzeigen der zeitlichen und sonstigen Geltungsbeschränkungen einer Aussage)
3) *Subjektivieren* (Korrektes Spezifizieren des Subjektes der Aussage – insbesondere bei Meinungen, Urteilen und Folgerungen: „Ich..." statt „Man..." oder „Wir...")
4) *Semantisieren* (Mitteilen des subjektiven Kontextes, d. h. des gedanklichen und gefühlsmäßigen Hintergrundes einer Aussage)
5) *Pragmatisieren* (Hinweisen auf praktische Implikationen einer Aussage, wie etwa durch abschließende Äußerung eines Verhaltenswunsches an den Partner)

Besonders bei Streitigkeiten und hitzigen Auseinandersetzungen kann die Beachtung dieser Richtlinien verhindern, daß mangelhafte, affektiv verfälschte oder einseitige Information weitergegeben wird und ermöglicht damit nicht nur kurzfristige, sondern auch dauerhafte Konfliktlösungen. Da, wie schon erwähnt, der Erfolg einer kooperativ ausgerichteten Organisation wesentlich vom Ausmaß an Offenheit und wechselseitigem Vertrauen abhängt, sind derartige Maßnahmen nicht nur von privatem, sondern vor allem auch von organisatorischem Nutzen.

4.2.2.3.5 Sprech-, Schrift-, Körper-, Tele- und Handlungskommunikation

Die menschliche Kommunikation erfolgt grundsätzlich über zwei Hauptkanäle, nämlich über den sogenannten *verbalen* und den *nonverbalen* Kanal. Im ersten werden Sprachsymbole (Morpheme, Worte, Sätze,...) und im zweiten Ausdruckselemente (über die Stimme, Mimik, Gestik, Körperhaltung,...) übermittelt. Da sowohl in der mündlichen als auch schriftlichen Kommunikation meist Symbolinformation und Ausdrucksinformation (z. B. im Tonfall) gemeinsam enthalten ist, erscheint eine weitere Differenzierung nach linguistischer und paralinguistischer (Graumann, 1972) bzw. nach expliziter und impliziter Sprachinformation (Herkner, 1983) angebracht.

Sprechkommunikation – Die mündliche Kommunikation ist sicher in den meisten Organisationen – trotz Zunahme der Schrift- und Telekommunikation – noch immer die wichtigste Form des Informationsaustausches. Dabei werden schon aus dem Sprachgebrauch einer Person oft Rückschlüsse auf Bildungsgrad (elaborierter versus restringierter Code), Herkunft (Dialekt), allgemeine Lebenssituation (Slang) oder Art der Berufsausübung (Fachjargon) gezogen. In der öffentlichen Kommunikation – also bei Fehlen detaillierter Information über den Gesprächspartner – wird dem Sprecher bei Gebrauch der Hochsprache im allgemeinen vermehrt Prestige und Glaubwürdigkeit zugschrieben (vgl. Giles, 1982). Wenn formelle Mitteilungen, Bekanntgaben, Verordnungen und Befehle mündlich vorzubringen sind, werden sie wahrscheinlich nicht nur aus Gründen der Verständlichkeit, sondern auch zwecks erhöhter Prestigewirkung fast immer hochsprachlich formuliert. Bei informellen und privaten Kontakten hingegen gilt das Abweichen von der Hochsprache als Zeichen von Vertrautheit und führt daher eher zu einem Sympathiegewinn als zu einem Imageverlust.

Paralinguistische Informationsanteile der sprachlichen Kommunikation sind Stimmhöhe, Lautstärke, Stimmfülle, Klangfarbe, Rhythmik, Akzentuierung, Artikulation und Sprechtempo (s. Scherer, 1982a). Als relativ gesichert kann gelten, daß in Aufregungs- oder Streßsituationen die Grundfrequenz der *Stimme* zunimmt (Scherer, 1982b), so daß Personen mit hoher Stimmlage eher als nervös und unsicher eingeschätzt werden (Apple, Streeter & Krauss, 1979). Dieser Ausdruckswirkung dürfte es auch zuzuschreiben sein, daß in wirtschaftlichen oder politischen Organisationen für Repräsentations- und Vertretungsfunktionen bevorzugt Personen mit sonorer Stimmlage ausgewählt werden, – auch bei vergleichsweise geringerer Qualifikation.

Allein von der Stimme auf die Gefühlslage eines Kommunikanden rückzuschließen, gelingt nach Scherer (1982a) selbst bei relativ geringer Differenzierung (6–7 Grundemotionen) nur mit einer Genauigkeit von etwa 60 %; noch viel schlechter lassen sich jedoch Persönlichkeitsmerkmale, wie etwa Extraversion, Gewissenhaftigkeit und Durchsetzungsvermögen ausschließlich aus der Stimme erschließen. Dies zeigt auf, wie problematisch es ist, etwa von der Sprechgeschwindigkeit eines Stellenbewerbers auf dessen Arbeitsmotivation zu schließen oder aufgrund der wohlklingenden Stimme eines Verhandlungspartners eine ehrliche Grundeinstellung vorauszusetzen.

Sehr wichtig für den Verlauf eines Kommunikationsprozesses ist das für die Partner erkennbare Ausmaß an inhaltlicher oder sprachlicher Übereinstimmung. Personen, die dem anderen häufig zustimmen, werden im allgemeinen positiver beurteilt als solche, die gerne Kritik oder Ablehnung äußern. Giles (1982) und Street (1983) weisen darauf hin, daß eine gewisse Anpassung („Konvergenz") im Sprechverhalten (Hochsprache/Dialekt, Sprechgeschwindigkeit, Sprechdauer, Akzentuierung usw.) nicht nur die Wahrscheinlichkeit von Mißverständnissen reduziert, sondern sich auch sympathiefördernd auswirkt. Mende (1984) stellte fest, daß Diskutanten, die sich kaum an den Äußerungen ihrer Gesprächspartner orientierten, auf unbeteiligte Beobachter zwar sozial kompetent, dominant, attraktiv und unbefangen wirkten, gleichzeitig aber als weniger sympathisch beurteilt wurden als solche, die auf ihre jeweiligen Partner eingingen. Auf die Praxis umgelegt bedeutet dies, daß man etwa in einer Besprechung durch (begründbaren) Widerspruch bei den nicht involvierten Teilnehmern zwar Ansehen und Respekt erlangen kann, nicht aber auch deren Zuneigung und Sympathie gewinnt. Extreme Meinungs- oder Sprachanpassung hingegen wirkt ebenfalls negativ, da daraus auf Unterwürfigkeit und mangelndes persönliches Profil geschlossen wird.

Schriftkommunikation – Mit zunehmender Größe der Organisation nimmt auch der Anteil schriftlicher Kommunikation zu: Rundschreiben werden verschickt, Betriebszeitungen gedruckt, Listen, Warnschilder oder Arbeitsunterlagen angefertigt. Schriftlicher Informationsaustausch hat gegenüber mündlicher Kommunikation den Nachteil, daß wichtige nonverbale Begleitinformationen, etwa über die Stimmung des Partners fehlen; er ist jedoch in sozialen Organisationen mit dem Vorteil verbunden, daß die Informationen bei der Weitergabe nicht verfälscht werden können und zeitunabhängig zur Verfügung stehen. Allerdings wird eine übermäßige Zunahme schriftlicher Kommunikation in Organisationen als störend lebt und dürfte auch die Arbeitszufriedenheit negativ beeinflussen (Sypher & Ray, 1984).

Einige wissenschaftliche Richtlinien zur optimalen Gestaltung von Texten kann die Leseforschung liefern, in der jene inhaltlichen und formalen Kriterien untersucht werden, welche die Lesbarkeit, Verständlichkeit und Kommunizierbarkeit von Sprachprodukten determinieren. Die wichtigsten Ergebnisse zur typographischen Gestaltung faßt Groeben (1982) folgendermaßen zusammen: Die eingeführten Drucktypen sind in der Regel hinsichtlich ihrer Leserlichkeit vergleichbar; Fettdruck erhöht die Erkennbarkeit der Zeichen, fördert aber nicht die Lesegeschwindigkeit, Kursivdruck senkt diese sogar; ausschließliche Verwendung von Großbuchstaben reduziert einheitlich die Lesegeschwindigkeit (um etwa 12 %) ebenso wie extrem lange oder kurze Zeilen und zu enge Zeilenabstände. Zur Optimierung der inhaltlichen Verständlichkeit von (Informations-)Texten nennt Groeben (1982) mehrere Regeln, die großteils auch zur Absicherung der Aufnahmebereitschaft bei Abhaltung von Reden (vgl. Watson & Barker, 1984) dienen können: Sprachliche Einfachheit, semantische Kürze und Redundanz (kurze, geläufige und möglichst konkret-anschauliche Worte, kurze und grammatikalisch einfache Sätze, z. B. keine Schachtelsätze), kognitive Gliederung/Ordnung (Vorstrukturierung, Begriffserläuterung, Hervorhebungen und Unterstreichungen, Überschriften) sowie Förderung der Aufmerksamkeit und des Interesses (z. B. durch Einstreuen von Fragen, Herausarbeiten von Gegensätzen, Einfügen überraschender Statements u. ä.).

Körperkommunikation – Jeder Mensch stellt an sich selbst und bei engen Bezugspersonen je nach Stimmung, Intention und Laune systematische Veränderungen im Ausdrucksverhalten fest und hat diese meist schon in der Kindheit fest eingeprägt. Darum wird auf solche Erfahrungen auch bei der Kommunikation mit fremden, noch unbekannten Personen teils bewußt, teils unbewußt zurückgegriffen. Innerhalb neuer Kontakte sind jedoch viele dieser alten Interpretationsschemata mangels offenen Feedbacks nur beschränkt falsifizierbar, so daß sich in der Ausdruckskommunikation stereotype, egozentrische Interpretationsmuster erhalten können, die für viele Verständigungs- und Kooperationsprobleme verantwortlich sind.

Im „körpersprachlichen" Forschungsbereich wird beispielsweise untersucht, welche Nachrichten durch Variation der Steh- oder Sitzdistanz, der Orientierung zum Kommunikanten, der Körperhaltung, der Gestik, der Mimik und des Blickverhaltens kodiert bzw. dekodiert werden können (Zusammenf. bei Argyle, 1979 und Mehrabian, 1972). Der Körperkommunikation (insbesondere der Mimik) wird im allgemeinen dann mehr Bedeutung und Glaubwürdigkeit zugemessen als der verbalen Kommunikation, wenn spontane Gefühle, Stimmungen oder Beziehungsinformationen übermittelt werden (vgl. Mehrabian & Ferris, 1967), so daß etwa das

Lob eines Vorgesetzten in unfreundlichem Tonfall als Sarkasmus und ein freundlich vorgebrachter Tadel als Scherz aufgefaßt wird (vgl. Bugental, Kaswan & Love, 1970). Der relativ größeren Unmittelbarkeit und Spontaneität der mimischen oder gestischen Ausdrucksinformationen steht allerdings ein Mangel an Diskriminierbarkeit und verläßlicher Interpretierbarkeit gegenüber, was im Falle von Konflikten den kommunikativen Wert nonverbaler Kommunikation entscheidend einschränkt.

Dies gilt auch für das *Blickverhalten*, das je nach Dauer, Art und Ausrichtung unterschiedlich zu interpretieren ist (vgl. Argyle, 1979). Bei geringem Interesse, negativer Einstellung, unangenehmen Gesprächsinhalten oder Einbrüchen in die Privatsphäre (z. B. im Lift oder Wartezimmer) wird automatisch der Blickkontakt reduziert oder ganz unterbrochen. Ebenso bei geistiger Konzentration, so daß etwa eine sprechende oder vortragende Person im allgemeinen weniger Blickkontakt mit dem Partner aufnimmt als ein Zuhörer (40 % versus 75 % der Sprechzeit). Ununterbrochenes Anblicken („Fixieren") ohne ersichtlichen Grund (z. B. aus Sympathie, Unterwürfigkeit, Distanzlosigkeit) wirkt unangenehm, dominant oder sogar bedrohlich (Argyle, Lefebvre & Cook, 1974; Dovidio & Ellyson, 1982).

Telekommunikation – In größeren Organisationen läuft ein erheblicher Anteil der internen und externen Kommunikation über das *Telephon* ab. Dieses Medium vergrößert beträchtlich die Reichweite der Kommunikation sowie die Frequenz der pro Zeiteinheit möglichen Kontakte, vermindert aber gleichzeitig die Menge der übertragbaren Information, da viele in einer direkten Gesprächssituation vorhandenen Kontextinformationen (z. B. Anwesenheit von Zuhörern, Arbeitssituation) ebenso wie Ausdrucksinformationen (z. B. die Mimik) wegfallen. Dies führt verständlicherweise dazu, daß unangenehme Besprechungen bevorzugt über das Telephon abgewickelt werden (vgl. Argyle, 1979), während für angenehme Aussprachen der direkte Kontakt vorgezogen wird.

Die Verbreitung und Verarbeitung von Informationen mittels *elektronischer Medien* (Fernsehen, Kabelfernsehen, Video, Bild-Text-Systeme, Kleincomputer usw.) wird in Zukunft vermutlich weiter zunehmen. Dieser Trend eröffnet für Werbung, Public Relations und politische Propaganda die Möglichkeit für breiter angelegte und damit meist auch effektivere Kampagnen. Um die Meinungsbildung und Verhandlungsprozesse in großen Organisationen effizienter, rationaler und vor allem mit einem Minimum an sozioemotional bedingten Konflikten zu gestalten, werden neuerdings sogenannte „Computer-Konferenzen" erprobt, bei denen die Teilnehmer über einen längeren Zeitraum über Telephon und Terminal mit einem Zentralcomputer verbunden sind und auf diese Weise Stellungnahmen übermitteln, Abstimmungen erledigen, Vertragstexte entwerfen und nach Wunsch selektiv vertrauliche oder anonyme Mitteilungen versenden können (Phillips, 1983).

Eine detailliertere Darstellung der psychischen und sozialen Auswirkungen verschiedener Massenkommunikationsmittel liefern medienpsychologische Publikationen (z. B. Vitouch, 1984; Gebert im vorliegenden Band) und solche der Kommunikationswissenschaft (Schreiber, 1980; Burkart, 1983).

Handlungskommunikation – Diese bisher relativ wenig erforschte Kommunikationsform soll alle jene Handlungen umfassen, bei denen der symbolische Informationsgehalt den instrumentellen Handlungszielen übergeordnet ist, wie dies etwa bei demonstrativen Hilfeleistungen, bei öffentlichem Imponiergehabe oder bei bestimmten Public-Relations-Aktivitäten der Fall ist. Obzwar auch bei kulturspezifischen Gruß- und Höflicheitsformen, wie Handgeben, Hut-Ziehen, Verbeugen etc., der Symbolgehalt dominiert, sollen jedoch diese aufgrund ihrer Stereotypie der Körperkommunikation zugerechnet werden. Die organisationspsychologische Bedeutung von Handlungskommunikation verdeutlicht ein Untersuchungsergebnis, wonach bei der Belegschaft einer Fabrik als Folge einer Aktion zur Verbesserung der äußeren Arbeitsbedingungen in jedem Fall Produktivitätssteigerungen registriert wurden, gleichgültig, ob die Beleuchtung erhöht, vermindert oder konstant gehalten wurde (zit. nach Rosenstiel, 1975). Offensichtlich interpretierte die Belegschaft diese Aktion als Anzeichen dafür, daß sich die Firmenleitung um ihre Anliegen kümmere, und erhöhte so ihre Einsatzbereitschaft für die Firmenziele.

4.2.2.3.6 Kommunikationsstrukturen

Der formellen (d. h. organisationsplankonformen) und informellen Kommunikationsstruktur wird allgemein eine besondere Bedeutung für den Bestand und die Leistungen einer Organisation zugeschrieben (vgl. Brandstätter, 1978; Weinert, 1981). Der Einfluß verschiedener Kommunikationsstrukturen auf die Arbeitsleistung von Gruppen ist ein relativ früh untersuchtes Thema der sozialpsychologischen Forschung. Dabei wurden häufig sogenannte *zentralisierte* Strukturen (Kommunikation verläuft sternförmig von einem Vermittler oder Leiter zu den Gruppenmitgliedern) den *dezentralisierten* Strukturen (mit weitgehend unbeschränkter, direkter Kommunikation zwischen den Gruppenmitgliedern) gegenübergestellt. Über die Ergebnisse derartiger Untersuchungen bringt Herkner (1983) einen Überblick, aus dem hervorgeht, daß zentralisierte Strukturen – verglichen mit dezentralisierten – einfache Probleme schneller und mit weniger Fehlern lösen, komplexe Probleme dagegen schlechter bewältigen. Die Zufriedenheit ist bei Mitgliedern zentralisierter Gruppenstrukturen allgemein geringer. Straff und zentralistisch geführte Organisationen (wie etwa das Heer oder die Polizei) mit streng kanalisierten, formalisierten Kommunikationsnetzen können also bei klarer Definition der Zielsetzungen als relativ effizient gelten, während andererseits Organisationen mit wenig restringierter Kommunikation sowohl eine größere Kreativität im Output als auch eine positivere Arbeitseinstellung bei den Mitgliedern sowie eine stärkere Identifikation mit den Organisationszielen erwarten lassen.

In welcher Weise sich die *Kommunikationsposition* innerhalb eines Betriebes auf die Einstellung zur Arbeit auswirkt, wurde bei Managern einer amerikanischen Elektronikfirma überprüft (Albrecht, 1984). Dabei zeigte sich unter anderem, daß jene Personen, die in den betrieblichen Kommunikationsnetzen irgend eine Art von Verbindungsfunktion einnahmen, sich stärker mit ihrem Job identifizierten als die weniger im Kommunikationsprozeß integrierten Mitarbeiter, – und zwar unabhängig davon, ob es sich um Manager der oberen, mittleren oder unteren Führungsebene handelte. Außerdem charakterisierten die kommunikationsfreudigeren Führungspersonen ihre Tätigkeit als effizienter, empfanden diese mehr als Teamwork und reduzierten mit der Zeit stärker die soziale Distanz zu ihren Vorgesetzten.

Charakterisiert man den Informationsfluß innerhalb einer Organisation nach dem Status der Kommunikanten als *horizontale* bzw. *vertikale* Kommunikation, so ist bei letzterer mit umso größeren Verzerrungen und Verfälschungen in der aufwärtsgerichteten Informationsweitergabe zu rechnen, je mehr sich davon der Informant positive oder negative Konsequenzen für seine gegenwärtige Lage bzw. seine Karriere erwartet. Um zu gewährleisten, daß wichtige Informationen über Störungen und Probleme in der Organisation bis zu den zuständigen Führungsgremien gelangen, und auch um Mitarbeiter zu motivieren, ihre Vorstellungen und Anregungen an kompetente Stellen weiterzugeben, sollte jedoch *aufwärtsgerichtete* Kommunikation nicht nur weitgehend sanktionsfrei sein, sondern auch in ihrer Wichtigkeit hervorgehoben werden (Gebert im vorl. Band). Um Mitarbeiter verstärkt zu Verbesserungsvorschlägen anzuregen, werden etwa in japanischen Betrieben Wettbewerbe mit Prämienauszahlungen veranstaltet.

Bezüglich der *abwärtsgerichteten* Kommunikation zitiert Grunwald (1980) Ergebnisse aus Befragungen in deutschen Industriebetrieben, wonach sich etwa 55 % der Arbeitnehmer mit ihrer Arbeit und etwa 67 % mit ihrem Unternehmen identifizieren, wenn sie sich als ausreichend informiert über Unternehmensangelegenheiten (wirtschaftliche Situation, Rationalisierungsmaßnahmen usw.) empfanden, gegenüber 21 % bzw. 19 % Identifikation bei den unzureichend informierten Mitarbeitern. Der Informationsgrad von Mitarbeitern nimmt in der Regel mit deren Statushöhe zu, ebenso der Wunsch nach Informationen (vgl. Grunwald, 1980).

Frühe sozialpsychologische Untersuchungen (s. Hofstätter, 1957) zeigten allerdings, daß ein freier *Kommunikationsfluß* nicht immer nur positive Auswirkungen auf das Arbeitsergebnis haben muß: Bei Aufgabenstellungen, in denen entweder möglichst vielfältige Lösungsmöglichkeiten gesucht sind oder nur eine Lösung gefunden werden muß, die ein einzelner nur mit geringer Wahrscheinlichkeit zu finden imstande ist, bewährt es sich – zumindest in der Anfangsphase –, die Kommunikation zwischen den Gruppenmitgliedern zu unterbinden, um eine unabhängige Meinungs- und Urteilsbildung zu gewährleisten und jeden meinungsnivellierenden Gruppendruck zu verhindern (s. „Brainstorming“, „Delphi-Technik“ bei Brandstätter im vorl. Band).

Wenn man also von relativ einfach strukturierten sozialen Verbänden absieht, ist es bei Kenntnis der Kommunikationsstruktur einer Organisation oder Gruppe kaum möglich, deren Funktionalität oder Leistung vorherzusagen, zumal diese zusätzlich auch von der Gruppengröße, der Aufgabenstellung, der Entscheidungsstruktur und personellen Zusammensetzung abhängig ist (s. Witte und Ardelt im vorl. Band).

Kapitel 4.2.3

Problemlösen und Entscheiden in Gruppen

Hermann Brandstätter

4.2.3.1 Einleitung

Unter allen Vorgängen in einer Organisation kommt Entscheidungen, die den Handlungsspielraum der Mitarbeiter und die Verwendung der Ressourcen auf längere Zeit festlegen, eine besondere Bedeutung zu. Eine einzige Entscheidung kann die Energien und Fähigkeiten vieler Menschen für lange Zeit in höchst produktiver Weise aktivieren, aber auch erfolglose Bemühungen und klägliches Scheitern provozieren.

Was Entscheidungen in Organisationen (z. B. über neue Produkte, Finanzierungsformen, Marketingstrategien, Personalpolitik) so schwierig macht, ist die Komplexität und Dynamik (d. h. Vielfalt und Veränderlichkeit der Komponenten und der Beziehungen zwischen den Komponenten) der Umwelt, an die sich die Organisation anpassen muß, um zu bestehen und möglichst effizient ihre Ziele zu erreichen (Gebert, 1978, S. 66f.). Dazu kommen Komplexität und Dynamik der Organisation selbst, die bei allen Entscheidungen mit bedacht werden müssen. So verwundert es nicht, daß Beratungs- und Entscheidungsgremien, bestehend aus einander ergänzenden Spezialisten der betroffenen Bereiche, an die Stelle von einzelnen Beratern und Entscheidern treten, um die mit der großen Komplexität und Dynamik verbundene Informations-Unsicherheit bezüglich der Art und Wahrscheinlichkeit künftiger Ereignisse besser zu bewältigen.

Wissenschaftler verschiedener Disziplinen haben sich immer wieder mit diesem wichtigen und überaus komplizierten Vorgang befaßt, sei es um zu zeigen, wie man Entscheidungen fällen sollte, sei es um zu erklären, wie Menschen tatsächlich entscheiden. Entscheidungen in Organisationen unter sozialpsychologischem Aspekt zu untersuchen heißt, ihre sozialen Bedingungen und sozialen Wirkungen mit Hilfe theoretischer Entwürfe und deren empirischer Überprüfung aufzuklären und daraus Empfehlungen zur Verbesserung von Entscheidungen abzuleiten.

In den Entscheidungen, die von Gruppen in speziell dafür anberaumten Sitzungen gefällt werden – sie stellen den Hauptgegenstand dieses Beitrags dar –, sind die sozialen Prozesse räumlich und zeitlich verdichtet und scheinen so leichter der Erforschung zugänglich. Man darf aber nicht übersehen, daß selbst dort, wo beständige Gremien (Vorstände von Aktiengesellschaften, Verbänden, Parteien oder Genossenschaften, Fakultätskollegien, Bischofskonferenzen etc.) oder zeitlich befristete Kommissionen aus formal gleichberechtigten Mitgliedern Entscheidungsbefugnis oder auch nur offizielle Empfehlungskompetenz haben (Sachverständigenrat, beratende Organe in der staatlichen und kirchlichen Verwaltung etc.), das „Entscheidende" oft nicht in den Sitzungen der Gremien, sondern zwischen den Sitzungen in informellen Gesprächen passiert, an denen vielfach Leute beteiligt sind, die nicht den betreffenden Gremien angehören (vgl. Wossidlo, 1975, S. 106).

Daß grundlegende unternehmenspolitische Entscheidungen, seien sie von einzelnen Führungspersönlichkeiten oder von Führungsgremien gefällt, stets auch ein Ergebnis von schwer überschaubaren informellen Verhandlungen sind, an denen einzelne Personen und Gruppen mit verschiedenen, oft auch gegensätzlichen Interessen in mehr oder weniger stabilen Koalitionen mitwirken, betonen auch Cyert & March (1963).

Die sozialen Verflechtungen derartig komplexer Entscheidungsvorgänge lassen sich am ehesten in genauen Fallstudien unter systemtheoretischen Gesichtspunkten erfassen (Chase, Wright & Ragade, 1981; Heller, Drenth, Koopman & Rus, 1977; Obert, 1983; Witte, 1973), aber nicht experimentell untersuchen. Deshalb haben Sozialpsychologen, deren bevorzugte Methode das Experiment ist, wenig dazu zu sagen. Auch dieser Bericht wird nicht näher darauf eingehen, sondern sich auf Prozesse konzentrieren, die im besser überschaubaren Rahmen von Sitzungen ablaufen, die eigens zur Entscheidungsfindung anberaumt werden.

Eine typische Gruppenentscheidungssituation läßt sich wie folgt charakterisieren: Mehrere Personen sind auf gemeinsames Handeln in wichtiger Sache mit ungewissem Ausgang angewiesen, jedoch zunächst ratlos oder uneinig, welches Ziel zu verfolgen, welcher Weg einzuschlagen, wie Belastungen und Gewinne aufzuteilen sind. Nach Diskussion wird gemäß bestimmten (expliziten oder impliziten) Regeln einer der verschiedenen risikobehafteten Handlungsvorschläge ausgewählt und realisiert.

Ratlosigkeit bzw. Dissens können sich demnach auf Werturteile (grundlegende Ziele), Wahrscheinlichkeitsurteile (über Realität und Realisierungsmöglichkeiten) oder auf Verteilungsansprüche (bezüglich Belastungen und Gewinnen) beziehen.

Auch wenn sich die Diskussion das eine Mal vorwiegend um Wertfragen, das andere Mal um Tatsachenbeurteilungen, das dritte Mal um Verteilungsforderungen drehen mag, sind meist doch alle drei Anliegen im Spiel.

Die Ausgangssituation ist immer die, daß die Gruppe oder jemand, der den Auftrag zur Problemlösung bzw. Entscheidung an die Gruppe erteilt, einen gegebenen Zustand als unbefriedigend, aber doch zum Besseren veränderbar erlebt, veränderbar allerdings nicht durch routinemäßig verfügbare Mittel und Wege, sondern durch Nachdenken und Gedankenaustausch über die genauere Beschaffenheit und Genese des Problems, über mögliche Lösungen und die damit verbundenen Chancen und Risiken, schließlich durch Entscheidung für eine der Alternativen und durch Handeln gemäß dieser Entscheidung.

Die Bezeichnung „Problemlösen“ wird von manchen Autoren dann gebraucht, wenn es eine eindeutig richtige oder zweifelsfrei beste Lösung gibt, während „Entscheiden“ für die Wahl einer Handlungsalternative mit ungewissem Ausgang reserviert wird. Da man aber oft nicht von vornherein weiß, ob eine zweifelsfrei richtige oder beste Lösung gefunden werden kann, ließe sich erst in der Endphase des Prozesses sagen, ob man im obigen Sinne ein Problem löst oder eine Entscheidung fällt.

So sollte man bei „Problemlösen“ und „Entscheiden“ nicht so sehr an real verschiedene Prozesse als vielmehr an verschiedene Phasen eines Prozesses, allenfalls auch an verschiedene wissenschaftliche Betrachtungsweisen denken, wobei unter der Perspektive „Problemlösen“ die kognitiven, unter „Entscheiden“ die motivationalen Komponenten des Prozesses im Vordergrund stehen.

Konkreter betrachtet können sich soziale Entscheidungssituationen, seien sie im Labor hergestellt oder im „Feld“ (der Organisation) vorgefunden, in einer Reihe von Merkmalen unterscheiden, die es zu berücksichtigen gilt, wenn man den Geltungsbereich von theoretischen Aussagen abschätzen will, für die empirische Befunde aus bestimmten Arten von Situationen sprechen. Die hier genannten Aspekte der Beschreibung und Klassifikation von Gruppenentscheidungen (vgl. dazu auch Crott, 1979, S. 94f.; Davis, 1969; Franke, 1976, S. 109f.; Shaw, 1976; Steiner, 1972; Wendt, 1980; Witte, 1979) sollen die Orientierung bei einer derartigen Abschätzung der Relevanz empirischer Befunde erleichtern.

Soziale Entscheidungssituationen können sich u. a. in folgenden Merkmalen unterscheiden:

1) Verteilung der Einflußressourcen (z. B. Beliebtheit, Sachkompetenz, Macht) in der Gruppe
2) Grad der Rechenschaftspflicht gegenüber anderen Personen und Gruppen

3) Schwierigkeit (Komplexität) des Problems (hinsichtlich Höhe und Vielfältigkeit der Anforderungen) im Verhältnis zu den problemspezifischen Fähigkeiten der Gruppenmitglieder

4) Wichtigkeit der Folgen für die einzelnen Gruppenmitglieder und für die Gruppe als Ganzes (darunter fällt auch die Revidierbarkeit der Entscheidungen)

5) Notwendigkeit der Kooperation bei der Problemlösung (satzungs- und/oder sachbedingt)

6) Unterschiedlichkeit der Auffassungen (über Sachverhalte und Wahrscheinlichkeiten möglicher Folgen) und Wertungen (möglicher Folgen)

7) Grad der Voreingenommenheit und Beharrlichkeit (in Auffassungen und Wertungen) der Gruppenmitglieder

8) Verifizierbarkeit der Richtigkeit bzw. Zweckmäßigkeit der gewählten Alternativen

9) Zeitdruck (infolge Terminsetzung oder Dringlichkeit eines Eingriffs in Krisensituationen)

10) Anspruch der Betroffenen auf Mitbestimmung

Es ist anzunehmen, daß jedes der genannten Merkmale der Problemsituation den Gang und das Ergebnis der Lösungsversuche beeinflußt und mitbestimmt, welche Art von Entscheidungsstrategie am ehesten zum gewünschten Erfolg führt (Grandori, 1984; Vroom & Yetton, 1973).

4.2.3.2 Zur Theorie des Problemlösens und Entscheidens in Gruppen

Problemlösen und Entscheiden in Gruppen läßt sich, so möchte man meinen, wissenschaftlich nur in den Griff bekommen, wenn man auf den Forschungsergebnissen zum individuellen Problemlösen (u. a. Dörner, 1979, 1984; Hussy, 1985) und Entscheiden (u. a. Feger, 1975, 1978; Huber, 1982; Irle, 1982; Jungermann, 1976; Kahneman, Slovic & Tversky, 1982; Pitz & Sachs, 1984; Scholz, 1983, 1987) aufbaut. Die Einbindung einer Person in eine Gruppe ändert ja nichts daran, daß jedes einzelne Gruppenmitglied nach wie vor mehr oder weniger intensiv über mögliche Problemlösungen nachdenkt und letztlich auch eine individuelle Wahl zu treffen hat.

Um eine möglichst adäquate (differenzierte und vollständige) Beschreibung und theoretische Erklärung des individuellen Problemlöse- und Entscheidungsprozesses bemühen sich Arbeiten, die sich der Methode des lauten Denkens bedienen und damit zu klären versuchen, aus welchen elementaren Operationen sich diese Prozesse aufbauen (Dörner, 1974; Huber, 1982; Lüer, 1973; Payne, 1976, 1982; Schweiger, 1983). Man könnte sich vorstellen, daß eine sozialpsychologische Analyse des Problemlösens und Entscheidens in Gruppen bei diesen Operationen und Operationssequenzen der Umformung eines unerwünschten Ausgangs- in einen erwünschten Endzustand ansetzen könnte. Es wäre dann zu zeigen, wie sich Gegenwart und Äußerungen anderer auf die verschiedenen Arten von Operationen und ihre Verkettung auswirken, insbesondere auch, wie soziale Emotionen den in soziale Interaktion verflochtenen Denkablauf der einzelnen Gruppenmitglieder beeinflussen (Dörner et al., 1983).

Die Schwierigkeiten einer solchen Analyse übersteigen aber bei weitem jene, die bereits bei der Analyse sozial isolierter individueller Denkprozesse angetroffen werden, weshalb diese Art von sozialpsychologischen Prozeßanalysen des Problemlösens bisher kaum unternommen wurde (ein Versuch in dieser Richtung findet sich bei Gundlach & Schulz [im Druck]). So reizvoll es wäre, soziale Problemlösungs- und Entscheidungsprozesse als Verkettung individueller (kognitiver, emotionaler und motivationaler) Vorgänge aufzufassen und theoretisch zu strukturieren – es bliebe weitgehend Spekulation, da die vorliegenden Forschungsergebnisse wenig zu einer solchen Konzeption beitragen.

Erschwerend kommt hinzu, daß die Forschung zum individuellen Problemlösen und Entscheiden selbst sehr heterogen und divergent ist. Es überwiegen Arbeiten, die nur einzelne Komponenten des Entscheidungsprozesses in ihren Bedingungen oder Wirkungen untersuchen, wie z. B. die Konfliktstärke, das Ausmaß, in dem sich eine Person selbst auf eine Alternative festlegt (commitment), die Informationssuche, die Entscheidungszeit, das Vertrauen in die Richtigkeit der gewählten Alternative, die nachträgliche Rechtfertigung von Entscheidungen (vgl. Feger, 1975). Es ist zwar anzunehmen, daß manche dieser weit verstreuten Befunde auch für die Analyse sozialer Entscheidungsprozesse relevant sind; es fehlt aber bisher an systematischen Integrationsversuchen.

Ein breites Forschungsfeld nehmen Arbeiten mit mathematischen Modellen ein, die objektiv oder subjektiv bestimmte Werte und Wahrscheinlichkeiten von Folgen möglicher Handlungen voraussetzen und, aufbauend auf bestimmten Rationalitätsannahmen und Optimalitätskriterien, Entscheidungen aus „Berechnungen" der verschiedenen Momente (Mittelwert, Varianz, Schiefe) von Wahrscheinlichkeitsverteilungen nützlicher oder schädlicher Folgen von Handlungsalternativen ableiten (Schoemaker, 1982). In jüngerer Zeit haben Erweiterungen dieses Ansatzes zur Einbeziehung mehrerer Ziel-(Nutzens-)dimensionen unterschiedlicher Wichtigkeit an Bedeutung gewonnen (Edwards, 1977; Keeney, 1982; Keeney & Raiffa, 1976).

Angeregt von Simon (1955, 1980) hat sich das Interesse der Entscheidungsforscher nach und nach von den präskriptiven „voll-rationalen“ Optimierungsmodellen, deren Anwendung bei komplexeren Problemen die menschliche Informationsverarbeitungskpazität übersteigt, hin zu realistischeren „eingeschränkt-rationalen“ Modellen verlagert, die Suchverfahren abbilden, mit denen Menschen, wenn schon nicht zur bestmöglichen, so doch zu einer befriedigenden Lösung kommen, etwa durch schrittweises Eliminieren von Alternativen, die in ausgewählten Attributen nicht den Mindestanforderungen genügen (Aschenbrenner, 1980; McCormick, Lundgren & Cecil, 1980).

In den folgenden Erörterungen sozialer Problemlösungs- und Entscheidungsprozesse können nur vereinzelt Verbindungen zu den hier erwähnten theoretischen und empirischen Forschungsarbeiten über individuelles Problemlösen und Entscheiden hergestellt werden. Es wäre aber sicher von Nutzen für beide Forschungsbereiche, wenn die bisher bestehende gegenseitige Isolierung überwunden werden könnte.

4.2.3.2.1 Ratlosigkeit oder Dissens in Tatsachenfragen

Hier geht es um mehr oder weniger schwer durchschaubare logische oder sachliche Zusammenhänge. Die Gruppenmitglieder haben zunächst entweder nur ganz unklare Vorstellungen (unvollständiges Wissen) oder einander widersprechende Vermutungen über den Sachverhalt und über die Vorgehensweise (zur Unterscheidung von Faktenwissen und Verfahrenswissen vgl. Dörner, 1979, S. 26f.). Es bestehen aber keine Interessensgegensätze wie beim Wertungs- und Verteilungskonflikt. Die Gruppenmitglieder sind im Idealfall ganz auf Kooperation eingestellt (vgl. Kelley & Thibaut, 1969, S. 13f.).

Wenn keines der Gruppenmitglieder über das insgesamt zur Lösung des Sachproblems nötige Wissen verfügt, aber alle etwas wissen, was einander ergänzt und das nötige Gesamtwissen ergibt – man spricht hier mit Kelley & Thibaut (1969) und Steiner (1972) von *konjunktiven* Aufgaben – ist die Gruppe eher in der Lage, das Problem zu lösen, als jedes der einzelnen Gruppenmitglieder. Der erhöhte Zeitaufwand der Gruppenarbeit (Problemlösungszeit mal Anzahl der Gruppenmitglieder) fällt dann kaum ins Gewicht, wenn die Problemlösung von großem Nutzen ist. Wie gut in einem solchen Fall die Problemlösung gelingt, hängt freilich wesentlich davon ab, wie sich die Interaktion zwischen den Mitgliedern der Gruppe gestaltet (Collins & Guetzkow, 1964; Hackman & Morris, 1975; Hirokawa & Pace, 1983).

Während eine *konjunktive* Verknüpfung der individuellen Problemlösungsbeiträge bedeutet, daß die Lösung nur gefunden wird, wenn jedes Gruppenmitglied seinen spezifischen Beitrag leistet (wie ein Banksafe normalerweise nur geöffnet werden kann, wenn von mehreren Vertrauenspersonen jede ihren Schlüssel betätigt), kommt es bei einer *disjunktiven* Verknüpfung allein darauf an, daß wenigstens *ein*

Gruppenmitglied weiß, wie es gemacht wird (den richtigen Schlüssel zur Lösung des Problems hat), vorausgesetzt, die anderen Gruppenmitglieder akzeptieren die vorgeschlagene Lösung. Dies wird in der Regel dann der Fall sein, wenn die Richtigkeit der vorgeschlagenen Lösung augenfällig (evident) ist. Ob sich eine Lösung ohne weitere Überlegung und Beweisführung als richtig und daher als bedenkenlos und zwingend anzunehmen ausweist, hängt allerdings nicht nur von der Art des Problems, sondern auch von den Fähigkeiten der Gruppenmitglieder ab.

Die Wahrscheinlichkeit p_G, daß die Gruppe die Lösung des Problems findet, ergibt sich nach Lorge & Solomon (1955, zit. nach Davis, 1969, S. 44) unter der Voraussetzung, daß jedes der r Gruppenmitglieder mit der Wahrscheinlichkeit p_I allein die Lösung finden würde, und daß sich die individuelle Findewahrscheinlichkeit nicht durch die soziale Situation ändert, nach folgender Regel:

$$p_G = 1 - (1 - p_I)^r$$

Unter diesen Umständen ist die Findewahrscheinlichkeit der Gruppe der Findewahrscheinlichkeit eines Individuums um so mehr überlegen, je schwieriger das Problem und je größer die Gruppe ist.

Soweit die tatsächlichen Lösungswahrscheinlichkeiten von Gruppen höher oder niedriger liegen, als durch dieses auch auf mehrstufige Lösungsprozesse erweiterbare Modell vorhergesagt wird, lohnt es sich, leistungsfördernde oder leistungsmindernde Einflüsse der Gruppensituation auf die Problemlösung in Erwägung zu ziehen und in Prozeßanalysen zu untersuchen.

1) Modelle sozialer Entscheidungsregeln

Wenn sich Lösungsvorschläge nicht als eindeutig richtig oder falsch ausweisen, gibt es verschiedene Möglichkeiten, von den individuellen Lösungsvorschlägen zu einer Gruppenlösung zu kommen. Hier setzt die Theorie des sozialen Entscheidungsschemas an (social decision scheme; Crott, Zuber & Schermer 1986; Davis, 1973, 1982; Gillett, 1980; Penrod & Hastie, 1979). Es geht dabei stets darum, jene Regel (decision scheme) zu finden, gemäß der sich die Wahrscheinlichkeitsverteilung von Gruppenpräferenzen für die zur Diskussion stehenden Alternativen aus der Wahrscheinlichkeitsverteilung individueller Präferenzen vorhersagen läßt. Man nimmt dabei an, daß die Gruppe tatsächlich nach jener Transformationsregel vorgegangen ist, die am besten vorhersagen läßt, welche Alternative die Gruppe wählt.

Die formale Beziehung zwischen individuellen Urteilen und Gruppenturteil unter kooperativer und kompetitiver Einstellung hat bereits Crott (1965) theoretisch und experimentell untersucht. Ein allgemeines formales Modell der Transformation individueller Leistungen in eine Gruppenleistung stammt von Shiflett (1979). Wie sich verschiedene Regeln der Transformation individueller Urteile in ein Gruppenurteil auf die Genauigkeit des letzteren bzw. auf die Zufriedenheit der Gruppenmitglieder auswirken, untersuchen u. a. Ahrens (1966); Einhorn, Hogarth & Klempner (1977).

2) Soziale Urteilstheorie

Die Theorie sozialer Entscheidungsregeln nimmt die unterschiedlichen individuellen Präferenzen für die verschiedenen Alternativen als gegeben und beständig an und interessiert sich für die Transformation individueller Entscheidungen in eine Gruppenentscheidung nur insofern, als sie sich in einer formalen Regel darstellen läßt. Die soziale Urteilstheorie (Brehmer, 1976, 1980; Hammond, 1965; Hammond & Brehmer, 1973) untersucht dagegen genauer die Ursachen des kognitiven Konflikts, nämlich die individuellen Unterschiede in der Gewichtung der einzelnen Informationen. Sie analysiert auch, wie die ständigen Mitglieder eines Entscheidungsgremiums ihre persönlichen Gewichtungsregeln (policies) allmählich einander angleichen, wenn immer wieder Entscheidungen der gleichen Art zu fällen sind (z. B. über die Besetzung von Arbeitsplätzen oder die Vergabe von Krediten).

Die soziale Urteilstheorie bedient sich dabei eines statistischen Regressionsmodells. Gemäß dem Brunswik'schen Linsenmodell (Brunswik, 1956) nehmen die Autoren an, daß der (verborgene) Tatbestand (z. B. die Eignung eines Stellenbewerbers oder die Kreditwürdigkeit eines Bankkunden) mit verschiedenen Warhscheinlichkeiten aus bestimmten Anzeichen (Symptomen) erschlossen werden kann, und daß auch Wahrscheinlichkeitsbeziehungen zwischen den Anzeichen und dem Urteil über den Tatbestand bestehen (vgl. Brandstätter, 1983, S. 135 f.). Die mehr oder weniger konsistent verwendeten Gewichtungsregeln sind den beteiligten Personen nicht deutlich bewußt; noch weniger durchschauen sie die Gewichtungsregeln der anderen Gruppenmitglieder. Aus dem nicht durchschauten kognitiven Konflikt können sehr leicht persönliche Verstimmung und gegenseitiges Mißtrauen entstehen (zur Genese von Konflikten in Entscheidungsgruppen vgl. auch Guetzkow & Gyr, 1954; zur experimentellen Analyse von Mißverstehen siehe Dobrik, 1984). Wie wir später sehen werden, lassen sich, auf den Erkenntnissen der sozialen Urteilstheorie aufbauend, Trainingsprogramme entwickeln, die zu einer besseren Bewältigung kognitiver Konflikte führen können.

3) Reduzierung von Komplexität

Die Vorliebe von Psychologen für möglichst gut kontrollierte Laborexperimente bringt es mit sich, daß ein ganz wichtiges Merkmal von Entscheidungen in Organisationen, nämlich die hohe Komplexität der zu lösenden Probleme und die Anstrengungen, damit zurechtzukommen, mit wenigen Ausnahmen (z. B. Dörner et al., 1983) in der experimentellen Forschung vernachlässigt wurde.

Komplexe Probleme stellen oft Anforderungen, denen sich die Betroffenen nicht voll gewachsen fühlen. (Zur Beziehung zwischen Aufgabenkomplexität und kognitiver Komplexität des Problemlösens vgl. Franke 1975; Streufert & Streufert, 1978). Unter Streß (eventuell verstärkt durch Zeitdruck; vgl. Steffenhagen, 1978) kommt es dann leicht zu ungeeigneten Versuchen der Bewältigung wie Verzicht auf umsichtige Analyse, Experimentieren mit unsystematischen Lösungsansätzen, Beschränkung auf nächstliegende oder besonders dringend oder leicht lösbar erscheinende Teilprobleme, Suche von Lösungen nur im gewohnten Rahmen, unkritische Nachahmung, etc. (vgl. Cyert & March, 1963).

Ist eine Gruppe für die Lösung eines übermäßig komplexen Problems zuständig, muß man mit den von Janis (1972) beschriebenen Fehlreaktionen rechnen. Braybrooke & Lindblom (1963, zit. nach Katz & Kahn, 1978, S. 496f.) sehen ein charakteristisches Merkmal der Auseinandersetzung mit schwer überschaubaren Problemlagen darin, daß man der Reihe nach, wo es gerade am dringendsten erscheint, dort und da kleine Verbesserungen vornimmt, statt eine grundlegende Neuorientierung in Erwägung zu ziehen.

Katz & Kahn (1978, S. 517) betonen die Notwendigkeit von langfristigen Planungs- und Gestaltungsmaßnahmen. Zugleich gelte es, für die nicht minder wichtige Flexibilität zu sorgen, damit unvorhergesehene Änderungen rasch erkannt und zweckmäßig beantwortet werden können. Für eine sozialpsychologische Analyse von Entscheidungsprozessen in Organisationen käme es u. a. darauf an, jene sozialen Strukturen und Kooperationsformen ausfindig zu machen, die beiden Anliegen, langfristiger Gestaltung und flexibler Anpassung, gleichermaßen förderlich sind (vgl. auch Gebert, 1979; Schlicksupp, 1977).

Die Einrichtung von „Qualitätszirkeln", das sind kleine Gruppen von Mitarbeitern, die in eigener Initiative laufend Probleme ihres Arbeitsbereiches gemeinsam lösen, immer wieder über mögliche Verbesserungen nachdenken und den nötigen Handlungsspielraum zur Realisierung erfolgversprechender Ideen haben, ist ein Schritt in diese Richtung (Bungard & Wiendieck, 1986; Wiendieck, 1986).

Da angesichts überaus komplexer und schlecht strukturierter Probleme die Suche nach einer *optimalen Lösung* (einer Alternative, die den maximal möglichen Nutzen bringt) von vornherein zum Scheitern verurteilt ist, bedarf es eines Modells, daß die Beschränktheit des Wissens hinsichtlich der Anzahl möglicher Entscheidungsalternativen, der Wahrscheinlichkeit und des Wertes ihrer jeweiligen Konsequenzen, sowie die Unzulänglichkeiten in der Verarbeitung des vorhandenen Wissens berücksichtigt. Simon (1955) und March & Simon (1958) haben die Suche nach einer *befriedigenden Lösung* als Grundzug derartiger Modelle formuliert.

Wie hoch die Mindestanforderungen in den verschiedenen Kriterien sind, denen eine Handlungsalternative genügen muß, daß sie als befriedigend akzeptiert und unter Verzicht auf weitere Suche gewählt wird, ist wiederum vom Erfolg der Suche abhängig (Sauermann & Selten, 1962). Die Suche nach einer befriedigenden anstelle einer optimalen Lösung legt es auch nahe, komplexe Probleme in relativ voneinander unabhängige und besser durchschaubare Teilprobleme zu zerlegen und sich mit Teillösungen zufriedenzugeben, wo eine umfassende (alle Variablen und Variablenbeziehungen berücksichtigende) Gesamtlösung die vorhandene Kapazität der Informationsverarbeitung übersteigen würde (vgl. Simon, 1980).

Zu fragen wäre nun, wie mehrere Personen bei der „selektiven" Suche (Simon, 1980) nach einer befriedigenden Lösung hoch komplexer Probleme tatsächlich zusammenarbeiten sollten, um bei möglichst geringem Aufwand zu möglichst befriedigenden Lösungen zu kommen. Dazu liegen bisher m. W. keine Modelle, wohl aber eine Reihe von Fallstudien und praktischen Empfehlungen vor. Ein Teil der im Abschnitt 4.2.3.3 (Technologie der Gruppenentscheidung) erwähnten Arbeiten betrifft Techniken zur besseren Bewältigung komplexer Probleme.

4.2.3.2.2 Wertungs- und Verteilungskonflikte

Unterschiedliche Auffassungen über Sachverhalte lassen sich teils durch logische Analysen des verfügbaren Wissens, teils durch weitere Beobachtungen klären, sofern die Schwierigkeiten des Problems nicht die Fähigkeiten der um die Problemlösung bemühten Personen übersteigen. Ist man sich dagegen darüber uneinig, was *in sich* erstrebenswert ist, helfen logische Analysen und Informationen über Fakten nicht weiter. Wenn das Gespräch trotzdem mit logischen Argumenten und Hinweisen auf Fakten geführt wird, heißt das, daß nicht eigentlich über Werte, sondern über mögliche Folgen von Wertorientierungen diskutiert wird oder daß man sich selbst und / oder anderen vormachen will, man sei sich in den „eigentlichen" Werten einig, ein Dissens bestehe nur in der Frage, wie diese Werte realisiert werden könnten. Insbesondere bei Verteilungskonflikten ist es gang und gäbe, das Interesse am eigenen Nutzen zu verschleiern, wenn dieses Interesse (z. B. an Einkommens- oder Machtvorteilen) nicht als honorig gilt.

Die Situation, in der sich zwei Personen befinden, die auf koordiniertes Handeln angewiesen sind, aber zugleich die möglichen Handlungskonsequenzen individuell unterschiedlich bewerten, läßt sich in Form einer Matrix darstellen. Diese Darstellung ist so abstrakt, daß sie nicht nur auf Gruppenentscheidungen im engeren Sinne, sondern auf jede Situation anwendbar ist, in der das Ergebnis sowohl vom eigenen Handeln als auch vom Handeln des anderen abhängt.

Die Spalten der Matrix bedeuten die Handlungsalternativen des Interaktionspartners (des „Spielers") A, die Zeilen die des Partners B. In den Zellen finden sich zwei

Zahlen, die besagen, in welchem Grade das Ergebnis der betreffenden Kombination von Handlungen der beiden Personen von A und von B positiv oder negativ bewertet wird. Diese Bewertungen werden als gegeben und als stabil angenommen. Auf diese Weise lassen sich auch Unterschiede in Art und Ausmaß der gegenseitigen Abhängigkeit der beteiligten Personen darstellen.

Verwendet man Matrixspiele in sozialpsychologischen Experimenten, so will man damit bestimmte Muster von sozialen Situationen (z. B. variiert nach Unterschieden zwischen den Partnern in den Gewinn- oder Verlustmöglichkeiten, nach Art und Stärke des Konflikts der Interessen) in abstrakter Form herstellen, für die man das tatsächliche Verhalten der damit konfrontierten Personen unter sozialpsychologisch interessanten Umständen (z. B. Vorgeschichte der Unterschiede in den Gewinnmöglichkeiten, die als verdient oder unverdient erlebt werden können) vorhersagt und überprüft. Zur Begründung derartiger Prognosen und zur Erklärung der Abweichungen des tatsächlichen Verhaltens vom spieltheoretisch optimalen Verhalten können verschiedene sozial- oder persönlichkeitspsychologische Theorien herangezogen werden.

Die experimentellen Ergebnisse, die in kaum überschaubarer Anzahl dazu vorliegen (vgl. Pruitt & Kimmel, 1977), sind aber überaus uneinheitlich und vielfach auch widersprüchlich, obwohl man meinen könnte, daß die Matrixdarstellung die untersuchten interpersonellen Konfliktsituationen für die Versuchspersonen eindeutig definiert (vgl. Schlenker & Bonoma, 1978). Der Verdacht liegt nahe, daß die mäßigen Erfolge dieser Forschungsrichtung auf der irrtümlichen Erwartung beruhen, man könne soziales Verhalten allein oder vorwiegend aus der Eigenart der sozialen Anregungsbedingungen erklären. Die auf diese Weise zutage geförderten Erkenntnisse sind aber eher durchschnitts- als allgemeinpsychologischer Art: die erklärungsbedürftigen individuellen Unterschiede verschwinden in der Durchschnittsbildung, so daß der falsche Eindruck einer allgemeinpsychologischen Gesetzmäßigkeit entsteht. Durchschnittliche Unterschiede zwischen den verschiedenen Spielsituationen sind aber oft nicht replizierbar, und zwar deswegen, weil die Zusammensetzung der Versuchspersonen hinsichtlich relevanter Persönlichkeitsmerkmale unkontrolliert von Untersuchung zu Untersuchung variiert. Außerdem würde eine konkretere phänomenologische Analyse der experimentellen Situation oft zeigen, daß die Wiederholungen (Replikationen) nur bei theoretisch voreingenommener, allzu abstrakter Betrachtungsweise als strukturgleich erscheinen.

Der Nutzen experimenteller Spiele für das Verständnis von Wertungs- und Verteilungskonflikten in Organisationen dürfte im übrigen auch deswegen beschränkt sein, weil die Bestimmung struktureller Ähnlichkeiten bzw. Unterschiede zwischen den jeweiligen experimentellen Situationen und den lebensechten Konfliktsituationen große Schwierigkeiten bereitet.

Sucht man unter Vernachlässigung individueller Unterschiede nach einigermaßen bestätigten Hypothesen zu generell wirksamen Situationsbedingungen kooperativen Verhaltens, so kann man aus den einschlägigen Ergebnisdarstellungen (u. a. Crott, 1979; Pruitt & Kimmel, 1977; Rubin & Brown, 1975) am ehesten folgende Schlüsse ziehen: (1) die Vpn sind im allgemeinen in Situationen, die Spielraum sowohl für Kooperation als auch für Wettstreit lassen – Nullsummenspiele ermöglichen gar keine Kooperation – weniger am individuellen Gewinn als an der Differenz zum Gewinn des Konkurrenten interessiert. Sie geben sich mit weniger zufrieden, wenn nur der Abstand zum Gewinn des anderen möglichst groß ist. Das Bestreben, die Gewinndifferenz zu maximieren, ist selbst dann noch, wenn auch weniger deutlich, zu beobachten, wenn viel auf dem Spiel steht. (2) Sofern die Verhandlungspartner nicht nur über die eigenen Gewinnmöglichkeiten, sondern auch über die des Partners informiert sind und ungehindert ihre Erwartungen und Vorschläge austauschen können, suchen sie sich zuerst darauf zu einigen, welches Aufteilungsprinzip (z. B. Gleichheitsprinzip oder Beitragsprinzip) angewendet werden soll. Die Einigung ergibt sich dann aus der ausdrücklich oder stillschweigend akzeptierten sozialen Gerechtigkeitsnorm (Mikula & Schwinger, 1978). Aber auch dann kann es noch schwierig sein, sich darüber zu einigen, was denn nun als Beitrag zu werten ist und wieviel jeder beigetragen hat (vgl. Homans, 1976, 232). Eine sinnvolle Diskussion über die anzuwendenden Gerechtigkeitsnormen zwischen den Handlungspartnern setzt voraus, daß jeweils die andere Seite bei allen Gegensätzen noch als zugehörig zum sozialen System betrachtet wird, für das die Gerechtigkeitsnormen gelten, bzw. daß für jemanden die Sanktionen, mit denen er bei Verletzung der Gerechtigkeitsnormen zu rechnen hat, oder das schlechte Gewissen, das mit einer solchen Verletzung verbunden wäre, mehr bedeuten als der Verzicht auf ein Maximum an Gewinn. Sonst ist anzunehmen, daß der Stärkere rücksichtslos seine Macht (mit Drohungen) einsetzt, um den Schwächeren zum Nachgeben zu zwingen. Folgt man Homans (1976, 243 f.), müßte man auch die jeweils gültigen sozialen Normen gerechter Verteilung als Ergebnis tradierter und legitimierter Machtverhältnisse interpretieren.

Ausführliche Darstellungen der Ergebnisse experimenteller, unter anderem auch spieltheoretisch orientierter Verhandlungsforschung finden sich u. a. bei Crott, Kutschker & Lamm (1977), Morley & Stephenson (1977) und Rubin & Brown (1975), eine knappe Zusammenfassung bei Crott & Müller (1978). Grundsätzliche Überlegungen zu den verschiedenen Möglichkeiten der Lösung von Verteilungskonflikten stellt Pruitt (1972) an.

Wie Verteilungskonflikte durch Vermittlung einer unparteiischen Instanz entschärft und gelöst werden können, erörtert Rubin (1980) auf Grund der dazu vorliegenden experimentellen Forschungsergebnisse.

Für eine genauere Analyse der Bedingungen und Wirkungen des Einflusses in Gruppen, die sich um Problemlösungen und Entscheidungen bemühen, ist es besser, wenn wir die mit der Spieltheorie verbundenen theoretischen und methodischen Begrenzungen verlassen und uns im weiteren Feld sozialpsychologischer Einflußforschung umsehen.

4.2.3.2.3 Emotionale Komponenten des Einflusses in Gruppen

1) Die Gefahren des „Gruppendenkens“

Janis (1972) und Janis & Mann (1977) untersuchten intuitiv-phänomenologisch anhand von genauen Tagungsprotokollen oder Berichten, wie Menschen tatsächlich vorgehen, wenn sie für sich selbst, ihre Familie, ihre Organisation oder als Politiker Entscheidungen mit weitreichenden und wichtigen Konsequenzen zu fällen haben. Sie interessierten sich insbesondere dafür, wie der damit verbundene Streß Bedürfnisse und Gefühle auslöst, die eine wirksame und sachgerechte Informtionsverarbeitung behindern. „Like Lewin, we see man... not as a rational calculator always ready to work out the best solution but as a reluctant decision maker – beset by conflict, doubts, and worry, struggling with incongruous longings, antipathies, and loyalities, and seeking relief by procrastinating, rationalizing, or denying responsibility for his own choices.“ (Janis & Mann, 1977, 15).

In Gruppen, die ein hohes Maß an Kohäsion aufweisen, sich von der Außenwelt absondern, über kein systematisches Verfahren der Informationsgewinnung und -bewertung verfügen, direktiv geführt sind und angesichts einer schwierigen Situation unter Streß stehen, ist die Versuchung besonders groß, gegenseitige Unterstützung und voreilige Übereinstimmung zu suchen. Dies hat das sogenannte „Gruppendenken“ („group-think“) zur Folge, das die Illusion der Unverwundbarkeit nährt, kollektive Rationalisierungen, Abbau moralischer Bedenken, abwertende Verkennung der „anderen“ (Rivalen oder Gegner), Sanktionen gegen Dissidenten, Verdrängung der eigenen Zweifel an der Weisheit der Gruppe, Überschätzung der Einhelligkeit und Abschirmung gegen Kritik an der Effizienz und moralischen Qualität der Gruppenarbeit begünstigen. Dies führt dann dazu, daß wichtige Handlungsalternativen und wichtige Ziele übersehen, die mit der bevorzugten Alternative verbundenen Risiken unterschätzt und frühzeitig ausgeschiedene Alternativen nicht erneut bewertet werden, außerdem, daß zu wenig Information eingeholt und die vorhandene Information einseitig verarbeitet wird, schließlich, daß man versäumt, Pläne für den Notfall auszuarbeiten.

Die Empfehlungen, die Janis & Mann (1977) zur Vermeidung von „Gruppendenken“ geben, sollen im Abschnitt „Technologie“ kurz erläutert werden.

2) Situative und individuelle Unterschiede des Verhaltens in kontroversen Diskussionen

In einer längeren Reihe von Experimenten untersuchten Brandstätter und Mitarbeiter mit Bezug auf konsitenz-, attributions- und lerntheoretische Konzepte, unter welchen Bedingungen und auf welche Weise sich Sympathie und Freundlichkeit (bzw. Abneigung und Feindseligkeit) auf die Konsensbildung förderlich oder hinderlich auswirken (zusammenfassende Darstellung bei Brandstätter, 1978, 1985; Schuler, 1982; Stocker-Kreichgauer & Rosenstiel, 1982).

Dieselben Argumente hatten je nach Beliebtheit und Freundlichkeit des Sprechers deutlich verschiedene Wirkungen. Dies zeigt, daß Einstellungsänderungen in Diskussionen nicht nur durch mehr oder weniger einleuchtende Argumente zur Sache bewirkt werden, sondern auch aus Solidarität und Dankbarkeit (gegenüber einem sympathischen und/oder freundlichen Diskussionsgegner) oder aus Angst (vor einem aggressiven Gegner) erfolgen, bzw. aus Selbstgefälligkeit (gegenüber einem freundlichen Diskussionsgegner) oder aus Ärger (über einen aggressiven Gegner) unterbleiben können. Welche dieser Kräfte bei freundlicher bzw. feindseliger Interaktion überwiegt, richtet sich danach, ob sich jemand in der betreffenden Situation seinem Interaktionspartner überlegen oder unterlegen fühlt und wie sehr jemand verstärkungs- oder ausgleichsorientiert ist. (Brandstätter & Cielecki, 1985; Brandstätter, Kirchler, Sananes & Shedler, 1986).

Beobachter tolerieren mehr Aggression als die Betroffenen (Brandstätter & Klein-Moddenborg, 1982; Wagner, Glatz & Brandstätter, 1982), in Diskussionen um Wertfragen wird mehr Aggression geduldet als in Diskussionen um Sachfragen; das ist ein Befund, der mit attributionstheoretischen Konzepten erklärt werden kann (Wagner, Glatz & Brandstätter, 1982; zur Wahrnehmung von Aggression vgl. auch Mummendey, Bornewasser, Löschper & Linneweber, 1982; Mummendey, 1984).

Enttäuschte Kooperationserwartungen (Beispiel: ein Interaktionspartner, dem man sich durch Ähnlichkeit der Wertauffassungen verbunden fühlt, widerspricht beharrlich oder erweist sich bei einer Verhandlung nicht als kompromißbereit) verschärfen den Konflikt (Brandstätter & Hoggatt, 1982; Brandstätter, Kette & Sageder, 1983). Frauen scheinen im übrigen sensibler für die emotionale Qualität der Beziehung zu sein und ihr Entgegenkommen in der strittigen Sache mehr auf die Qualität der Beziehung abzustimmen als Männer (Kirchler, 1984).

4.2.3.2.4 Majoritäts- und Minoritätseinfluß

Wenn sich Einstellungsänderungen zu kontrovers diskutierten Themen allein oder vorwiegend nach der Häufigkeitsverteilung und der Qualität der Pro- und Contra-Argumente bemessen, wie Burnstein (1982) annimmt, kann der Einfluß einer Minderheit in der Gruppe auf die gleiche Weise erklärt werden wie der Einfluß der Mehrheit: auch die Minorität hat einen gewissen Einfluß, dessen Ausmaß aber einfach deswegen geringer ist als jener der Majorität, weil die Anzahl der Mehrheitsargumente überwiegt. Die Forschungsergebnisse von Moscovici und Mitarbeitern (vgl. Faucheux & Moscovici, 1967; Moscovici, 1979; Moscovici & Mugny, 1983) legen jedoch den Schluß nahe, daß Versuche der Mehrheit, die Minderheit zu beeinflussen, zwar eine gewisse äußere Anpassung und Zustimmung, aber kaum eine Änderung der privaten Auffassungen bewirken. Konsistent argumentierende Minderheiten provozieren dagegen offenen Widerspruch der Mehrheit, aber insgeheim und längerfristig ein Umdenken, eine gewisse Annäherung an die Position der Minderheit. Die Argumentationsweise einer Minderheit wird dann als konsistent bezeichnet, wenn die Mitglieder der Minderheit in ihren Äußerungen übereinstimmen und die gewählte Position im Verlauf der Diskussion unbeirrt beibehalten. Allerdings dürfen dabei die Vertreter der Minderheitsposition nicht in den Fehler verfallen, allzu rigide und schroff zu argumentieren (Mugny, 1975).

Hier wird wiederum deutlich, daß Emotionen sowohl beim Majoritäts- als auch beim Minoritätseinfluß im Spiel sind. Ist es dort die Furcht vor sozialer Isolierung und sozialer Mißbilligung, die Konformität begünstigt, so ist es hier die Abneigung gegenüber einem allzu unversöhnlich argumentierenden Gegner, die Einflußchancen zunichte machen können.

Beim Vergleich des Mehrheits- und Minderheitseinflusses innerhalb einer Gruppe darf man nicht übersehen, daß es auch noch auf die Meinungsverteilung in der Population ankommt, aus der die Gruppenmitglieder stammen. Bei gegebener Meinungsverteilung in der Gruppe setzt sich eine Ansicht im allgemeinen dann eher durch, wenn sie der Mehrheitsmeinung in der Population entspricht (Zaleska, 1982).

4.2.3.2.5 Vergleich von Gruppenleistung mit individueller Leistung beim Problemlösen

Es geht hier zunächst um die Frage, unter welchen Bedingungen Gruppen beim Problemlösen einem durchschnittlich leistungsfähigen oder auch noch dem leistungsfähigsten Individuum überlegen sind, und ob eine Diskussion der individuellen Lösungsvorschläge und die darauffolgende Einigung auf einen Vorschlag zu besserem Resultat führt als eine geeignete statistische Zusammenfassung einer gleich großen Anzahl individueller Lösungsvorschläge. Ohne auf die vielen teilweise einander widersprechenden experimentellen Untersuchungen zu dieser Frage einzugehen, seien hier nur einige Schlußfolgerungen aus den einschlägigen Befunden gezogen (vgl. Davis, 1969; Einhorn, Hogarth & Klempner, 1977; Hill, 1982; Lamm & Trommsdorff, 1973; Miner, 1984; Scharmann, 1972; Shaw, 1976; Steiner, 1972; Wendt, 1980).

Wenn es in Ermangelung objektiver Meßwerte um subjektive Einschätzung von irgendwelchen Größen geht (z. B. Wahrscheinlichkeiten von Ereignissen, Güte von komplexen Leistungen, Nutzen von möglichen Handlungen), ist das nach Diskussion gebildete Urteil einer Gruppe von Sachverständigen dem Urteil eines einzelnen Sachverständigen im allgemeinen überlegen. Allerdings scheint der statistische Durchschnitt aus voneinander unabhängig abgegebenen individuellen Urteilen oft noch bessere Ergebnisse zu liefern, ein Hinweis darauf, daß durch Gruppendiskussion der Vorteil eines rein statistischen Fehlerausgleichs verloren gehen kann. Wenn jedoch die Gruppenmitglieder bestehende Fähigkeitsunterschiede treffend wahrnehmen (und sich nicht durch nur scheinbare Kompetenzmerkmale wie Redezeit blenden lassen, vgl. Bottger, 1984) und dies bei der Gewichtung der einzelnen Einschätzungen berücksichtigen (vgl. Borcherding & Schaefer, 1976), müßte das echte (in gegenseitiger Abstimmung entstandene) Gruppenurteil dem synthetischen (durch ungewichtete Mittelung von unabhängigen Einzelurteilen gebildeten) Gruppenurteil überlegen sein (vgl. Borcherding & Schaefer, 1976; Einhorn, Hogarth & Klempner, 1977; Libby, Trotman & Zimmer, 1987; Yetton & Bottger, 1982, 1983).

Bezüglich der zweckmäßigsten Gruppengröße gibt es Hinweise darauf, daß ab fünf Personen eine Erhöhung der Anzahl der Gruppenmitglieder keinen nennenswerten Zuwachs an Genauigkeit des Gruppenurteils mehr bringt (Yetton & Bottger, 1983; zur Beziehung zwischen Gruppengröße und Gruppenleistung vgl. auch Bray, Kerr & Atkin, 1978; Franke, 1976, 121; Huber & Delbecq, 1972). Eine Gruppengröße von etwa fünf Personen dürfte nicht zuletzt deswegen am günstigsten sein, weil dabei einerseits genügend Wissen aus verschiedenen Perspektiven eingebracht werden kann und die Koordination der individuellen Beiträge noch leicht möglich ist, andererseits die Versuchung, aus Bequemlichkeit die anderen für sich arbeiten zu lassen (Diehl & Stroebe, 1987; Jackson & Williams, 1985; Latané, Williams & Harkins, 1979; Petty, Harkins & Williams, 1980; Stroebe, 1985), wegen der noch gegebenen Wirksamkeit und Zurechenbarkeit individueller Beiträge kaum ins Gewicht fällt. Mit zunehmender Gruppengröße konzentriert sich die Beteiligung auf einige wenige (dominante) Gruppenmitglieder, nimmt die Zufriedenheit der übrigen ab, verringern sich die Möglichkeiten sozialer Integration und fühlen sich die Gruppenmitglieder weniger an die Entscheidungen der Gruppe gebunden (vgl. Franke, 1975, 86f.).

Gruppen sind zur Problemlösung dann unerläßlich, wenn das benötigte Wissen auf mehrere Gruppenmitglieder verteilt ist, und wenn sich eine Person allein in der zur Verfügung stehenden Zeit das benötigte Wissen nicht verschaffen kann. Voraussetzung ist allerdings, daß das Problem in relativ selbständige Subprobleme aufgeteilt werden kann. So lassen sich z. B. Ereignisse aus dem Gedächtnis in der Gruppe vollständiger rekonstruieren als von einer einzelnen Person (Stephenson, Brandstätter & Wagner, 1983; Warnick & Sanders, 1980). Am Beispiel von Kreuzworträtseln, die sich gut gemeinsam lösen, aber nur sehr ineffektiv gemeinsam konstruieren ließen, wies schon Thorndike (1938) darauf hin, wie sehr die Tauglichkeit individuellen im Vergleich zum gemeinschaftlichen Problemlösen von der Aufgabenstruktur abhängt. Aber auch bei den für Gruppenarbeit geeigneten Aufgaben hängt der Erfolg noch wesentlich davon ab, wie gut die Koordination der individuellen Kenntnisse und Beiträge gelingt (Hackman & Morris, 1975; Vinokur et al., 1985). Die mit der Gruppensituation gegebenen Anregungen und Lernmöglichkeiten wirken sich nur unter günstigen Umständen (günstig hinsichtlich Zusammensetzung der Gruppe, Koordination der gemeinsamen Bemühungen und Eignung der Aufgabe für Gruppenarbeit) leistungsfördernd aus (Doise, 1978; dagegen Laughlin & Barth, 1981).

Die Identifikation mit einer Gruppe, in der hohe Leistung erwartet wird, kann zu einer motivationsbedingten Leistungssteigerung gegenüber der Einzelarbeit führen. Scharmann und Mitarbeiter (vgl. Sageder, 1982) fanden in einer Reihe von Experimenten zur Gruppenfertigung und zum Gruppenlernen Belege für eine hinsichtlich Leistungserfordernis und sozialer Integration optimale Verteilung von sachbezogenen sowie positiven und negativen sozial-emotionalen Äußerungen im Laufe der Gruppeninteraktion. Unbeantwortet bleibt freilich dabei die Frage, wie dieses Optimum jeweils erreicht werden kann. Der Zusammensetzung der Gruppe kommt dabei sicher eine besondere Bedeutung zu. Unstimmigkeiten zwischen den Gruppenmitgliedern hinsichtlich Führungsanspruch und Anpassungsbereitschaft, sowie Unstimmigkeiten zwischen Persönlichkeitseigenschaften und Rollenanforderungen können sich störend auswirken.

Obwohl viele Befunde zur Beziehung zwischen Persönlichkeitsmerkmalen und Verhalten in Gruppen vorliegen (vgl. z. B. Shaw, 1976, 175 f.), wurde bisher wenig untersucht, welche Verteilung von Persönlichkeitsmerkmalen in der Gruppe bei welcher Art von Problemen förderlich oder hinderlich ist. Bezüglich Homogenität vs. Heterogenität aufgabenrelevanter Fähigkeiten und interaktionsrelevanter Persönlichkeitsmerkmale zieht Shaw (1976, 235) aus den von ihm berücksichtigten Arbeiten den Schluß, ohne dabei Arten von Problemen zu differenzieren, daß Heterogenität der Fähigkeiten und der Persönlichkeitsmerkmale im allgemeinen günstiger ist als Homogenität. Man sollte hier aber eher von Komplementarität als von Heterogenität sprechen: Fähigkeiten und Kenntnisse, die einander ergänzen, und Persönlichkeitsmerkmale, die einander entsprechen (wie z. B. der Anspruch auf Führung und die Bereitschaft zur Unterordnung) dürften eine wichtige Voraussetzung für das Gelingen von Problemlösen in Gruppen sein.

Ob es sich lohnt, Gruppen und nicht einzelne Personen mit der Lösung eines Problems zu betrauen, hängt natürlich auch davon ab, ob von vornherein bekannt ist, wer am besten befähigt ist, die fragliche Art von Problemen zu lösen. In einem solchen Fall wird man besser die fähigste Person mit der Lösung beauftragen, da

Gruppen selten leistungsfähiger sind als das fähigste Individuum (Einhorn, Hogart & Klempner, 1977; Hill, 1982).

Auf die Gefahren von Mehrheitsentscheidungen bei schwierigen Problemen, deren Lösungen nicht eindeutig verifizierbar sind, hat schon Thorndike (1938) hingewiesen. Bei all diesen Überlegungen ist freilich mit zu bedenken, daß Kooperation bei Problemlösungen und Entscheidungen nicht nur dazu dient, zu sachlich besseren Lösungen zu kommen, sondern auch zu Lösungen, die von den Betroffenen eher akzeptiert werden, weil sie daran beteiligt waren (Castore & Murnighan, 1978; Vroom & Yetton, 1973).

Besonderes Forschungsinteresse hat lange Zeit das Phänomen der Gruppenpolarisierung (vgl. u. a. Isenberg, 1986; Myers, 1982) auf sich gezogen: In Pro-Contra-Diskussionen von „Ermessensfragen", für die es keine eindeutig richtige Antwort gibt, haben Gruppen die Tendenz, jene Alternative noch stärker vorzuziehen, die schon vor Beginn der Diskussion in der Verteilung der individuellen Präferenzen überwog.

Unter den vielen Möglichkeiten der Erklärung dieses Phänomens erscheint nach 25 Jahren einschlägiger Forschung jene Hypothese am besten bestätigt, nach der diese Art von Gruppenpolarisierung vor allem auf den Einfluß der Argumente zurückzuführen ist, die in größerer Anzahl für die bereits anfangs favorisierte Alternative in die Diskussion gebracht werden.

4.2.3.3 Zur Technologie der Gruppenentscheidung

Empfehlungen zur Gestaltung von Entscheidungen in Gruppen lassen sich nur dann wissenschaftlich begründen, wenn Kriterien für die Beurteilung der Qualität von Gruppenentscheidungen existieren und empirisch bestätigte Hypothesen darüber vorliegen, von welchen Bedingungen Gelingen oder Mißlingen von Gruppenentscheidungen abhängen (Ahrens, 1966; Collins & Guetzkow, 1964; Kerr, 1983). Wenn es keine logisch einsichtigen oder handgreiflich-anschaulichen Beweise für die Richtigkeit eines Lösungsvorschlags gibt, ist die Auswahl der Kriterien selbst besonders begründungsbedürftig, meist aber nur durch den Hinweis auf den erzielten Konsens zu begründen. Je nach Art des Problems wird man demnach den Nutzen von Verfahren zur Verbesserung von Entscheidungen entweder daran messen, wie weit sie zur Verringerung von Fehlern oder aber zur Erleichterung einer Einigung beigetragen haben.

4.2.3.3.1 Ideengewinnung („Brainstorming“)

Wenn es darum geht, zunächst die verschiedenen möglichen Ursachen eines noch nicht klar umrissenen Problems oder Ziele und Wege von Lösungsbemühungen ausfindig zu machen, sieht Osborn (1957) in der Trennung der Ideengewinnung von der Ideenbewertung („brainstorming“) eine Chance, das kreative Potential der Gruppenmitglieder besser auszunutzen, nicht zuletzt dadurch, daß sich die Gruppenmitglieder gegenseitig zu mehr und besseren Vorschlägen anregen. Es hat sich aber gezeigt, daß Sammeln von Einfällen in der Gruppe eher weniger Einfälle zutage fördert als die Zusammenfassung von Einfällen gleich vieler allein arbeitender Individuen (Casey et al., 1984; Kabanoff & O'Brien, 1979a, 1979b; Lamm & Trommsdorff, 1973; vgl. auch die bei Crott, 1979, 116f. zitierten Arbeiten). In der Untersuchung von Kabanoff & O'Brien (1979a) erbrachte das gemeinsame Produzieren von Lösungsideen zu drei verschiedenen Problemen weniger brauchbare Ergebnisse als die Zusammenfassung individueller Produktionen. Die besten Ergebnisse wurden erzielt, wenn jedes der drei Gruppenmitglieder sich zunächst eines der drei Probleme vornahm und individuell Ideen produzierte, dann die Aufgabe und die dazu produzierten Einfälle an das nächste Gruppenmitglied weitergab, das dann in Kenntnis der Vorarbeiten des anderen weitere Einfälle anfügte usw., bis alle drei Gruppenmitglieder alle drei Aufgaben bearbeitet hatten. Die schwächeren Leistungen beim gemeinsamen Produzieren lassen sich wohl am einfachsten dadurch erklären, daß die einzelnen Gruppenmitglieder immer wieder warten müssen, bis sie ihre Einfälle einbringen können. Zwei andere mögliche Erklärungen für die in einer Reihe von Untersuchungen bestätigte geringere Produktivität gemeinsamen Einfällesammelns, nämlich die Furcht vor negativer Bewertung durch die anderen Gruppenmitglieder und/oder geringere Anstrengungsbereitschaft („die anderen machen das schon“), werden dagegen von experimentellen Befunden nur wenig gestützt (Diehl & Stroebe, 1987).

4.2.3.3.2 Delphi-Technik und Nominalgruppen-Technik (NGT)

Unter Wahrung des Vorteils von Anregungen, die von den Ideen anderer ausgehen können, sollen die DELPHI-Technik (Dalkey, 1969; Linstone & Turoff, 1975) und die Nominalgruppen-Technik (NGT; Delbecq & Van de Ven, 1970a, b; Stephenson, Michaelsen & Franklin, 1982; Van de Ven, 1975) dem sozialen Druck zur Konformität und der damit verbundenen Beschränkung des Gedankenhorizonts entgegenwirken.

Bei der Delphi-Technik geben mehrere Sachverständige unabhängig voneinander anonyme Einschätzungen von komplexen Sachverhalten (z. B. Wahrscheinlichkeiten technologischer Entwicklungen), die dann zusammengefaßt und den mitwirkenden Sachverständigen mit der Aufforderung zurückgemeldet werden, ihre Stellungnahme zu überdenken und erneut ein Urteil abzugeben.

Dieser Zyklus von Sammeln individueller Schätzungen, Vereinigung zu einem synthetischen Gruppenurteil und Rückmeldung kann mehrmals durchlaufen werden, bis eine den Auftraggeber befriedigende Übereinstimmung der Experten erreicht wird. Das Verfahren kann auch auf das Erarbeiten und Bewerten komplexer Entscheidungsalternativen übertragen werden. Ein Beispiel für die Verwendung einer modifizierten Delphi-Technik durch eine Gruppe von „Insidern" zur Organisationsdiagnose (Rekonstruktion wichtiger Ereignisse) geben Lundberg & Glassman (1983).

Während bei der Delphi-Technik nicht einmal persönliche Anwesenheit der Sachverständigen nötig ist – da keine Diskussion stattfindet, kann das Verfahren auch über Korrespondenz abgewickelt werden – ist bei der Nominalgruppen-Technik eine Diskussion der zunächst individuell produzierten Lösungsvorschläge vorgesehen, die Bewertung der Lösungsvorschläge erfolgt dann aber wieder anonym. Die synthetische Gruppenlösung ergibt sich aus einer Mittelung der Bewertungen.

Effizienzvergleiche zwischen den verschiedenen Techniken des Gruppenproblemlösens haben bisher kein klares Bild ergeben (vgl. Wendt, 1980, 26f.); dies liegt wohl daran, daß man sich noch zu wenig Gedanken darüber gemacht hat, worin, d. h. in welchen grundlegenden Prozessen sich diese Techniken eigentlich unterscheiden und an welche Voraussetzungen (der Problemart und der Gruppenstruktur) daher ihre jeweilige Wirksamkeit gebunden ist. So dürfte die Delphi-Technik nur dann gegenüber normaler Diskussion im Vorteil sein, wenn die aus welchen Gründen auch immer einflußreichen Personen nicht zugleich kompetent sind.

4.2.3.3.3 Lösung kognitiver Konflikte nach dem Modell der sozialen Urteilstheorie

Für eine wirksamere Klärung der Auffassungsunterschiede und eine bessere Integration der verschiedenen Überzeugungen und Wertungen lassen sich aus der sozialen Urteilstheorie (u. a. Hammond & Brehmer, 1973) und aus mehrdimensionalen Nutzensmodellen (Multi-Attribute-Utility-Modelle; Edwards, 1977; Keeney, 1982) Verfahren ableiten, bei denen man sich zweckmäßigerweise des Computers zur Speicherung, Analyse und Rückmeldung der Daten bedient (Hammond et al., 1977; Edwards & Newman, 1982; zur Diskussion von Entscheidungshilfen vgl. auch Pitz & Sachs, 1984, 155f.).

Die Hammond'sche Urteilsanalyse erschließt die individuell unterschiedliche Gewichtung und Verknüpfung der entscheidungsrelevanten Informationen aus einer homogenen Serie von globalen Urteilen oder Entscheidungen einer Person mittels Regressionsanalyse (multiple Regression der Merkmalausprägungen auf die jeweiligen individuellen Präferenzen) und macht den Gruppenmitgliedern anhand der statistisch gewonnenen Daten die individuellen Unterschiede in der Gewichtung der Informationen bewußt. Auf diese Weise sollen die individuellen Informationsverarbeitungsstrategien einander näherkommen und schließlich auch konsistenter verwendet werden. Sofern Daten über die prognostische Validität der Merkmale (z. B. der Merkmale von Stellenanwärtern, die auf deren spätere berufliche Bewährung, oder die Merkmale von Unternehmen, die auf Steigen oder Fallen des Kurswerts ihrer Aktien schließen lassen) vorliegen, können die subjektiven Informationsverarbeitungsregeln auch besser auf die realen Verhältnisse abgestimmt werden.

Im Vergleich der sozialen Urteilsanalyse mit der Delphi- und Nominalgruppentechnik (Rohrbaugh, 1979, 1981) erwies sich die soziale Urteilsanalyse den beiden anderen Methoden in einigen Bewertungskriterien überlegen.

4.2.3.3.4 MAUM-Technik

Edwards, Guttentag & Snapper (1976) beschreiben ihre auf stark vereinfachenden Modellannahmen basierende Erweiterung der MAUM-Technik (multi-attribute-utility-measurement) auf soziale Entscheidungssituationen in folgenden Schritten (vgl. Brandstätter, 1978, 68 f.).

1) Die Personen, Gruppen bzw. Organisationen, deren Nutzen maximiert werden soll, werden bestimmt.

2) Der Zweck der Nutzensschätzung wird präzisiert.

3) Es wird eine Liste der zu bewertenden Handlungsalternativen aufgestellt.

4) Die wichtigsten Ziel-Dimensionen, nach denen die Handlungen zu bewerten sind, werden angegeben.

5) Die Bewertungsdimensionen (Zieldimensionen) werden nach Wichtigkeit geordnet.

6) Die Gewichte der Dimensionen werden auf einer Verhältnisskala angegeben, wobei der unwichtigsten Dimension die Gewichtszahl 10 zugeordnet wird. Die übrigen Gewichte sind dann ein Vielfaches von 10.

7) Die Gewichte werden normiert, indem jedes Gewicht durch die Summe der Gewichte geteilt und mit 100 multipliziert wird.

8) Für jede in Betracht gezogene Handlung wird hinsichtlich jeder Zieldimension auf einer Skala von 0 bis 100 der erwartete Nutzen geschätzt.

9) Der erwartete Nutzen wird für jede Handlung nach folgender Formel berechnet:

$$U_i = \sum_{j=1}^{m} w_j \, u_{ij}$$

Dabei ist U_i der erwartete Gesamtnutzen der i-ten Handlung, w_j das normalisierte Gewicht der j-ten Dimension ($\sum_{j=1}^{m} w_j = 100$), u_{ij} die Bewertung der i-ten Handlung auf der j-ten Dimension, m die Anzahl der Dimensionen.

10) Die Handlung mit dem größten erwarteten Nutzen wird gewählt.

Man beachte, daß in Schritt 8 bereits mit dem (noch nicht gewichteten) erwarteten Nutzen operiert wird. Man könnte auch Nutzens- und Wahrscheinlichkeitsschätzung zunächst auseinanderhalten, um darauf dann pro Dimension den erwarteten Nutzen als Summe des Produkts aus Nutzens- und Wahrscheinlichkeitsverteilung berechnen.

Die Autoren erörtern u. a. auch Lösungsvorschläge für den Fall, daß sich die beteiligten Personen oder Gruppen in den Schritten 5, 6 und 8 nicht einigen können. Sie betonen außerdem die Flexibilität des Verfahrens, das auf den Prinzipien der Bayes'schen Statistik aufbaut: es erlaube, Informationen unterschiedlichster Art und Präzision zu berücksichtigen und ermögliche eine fortlaufende Korrektur der Schätzungen aufgrund weiterer Erfahrungen und gegebenenfalls auch infolge einer Veränderung der Wertestruktur.

Bei welchen Schritten man sich dabei in vorteilhafter Weise des Computers bedienen kann, erläutern Hagafors (1981, 35f.) und Steeb & Johnston (1981). Auch von der MAUM-Technik verspricht man sich eine schnellere Klärung der Meinungsverschiedenheiten, dazu nicht nur raschere Einigung, sondern auch bessere Lösungen.

Wenig untersucht wurde bisher die Effizienz der verschiedenen Entscheidungshilfen. Auch über die Bedingungen der Nutzung von Entscheidungshilfen durch Praktiker ist nicht viel bekannt (vgl. Pitz, Heerboth & Sachs, 1980; Pitz & Sachs, 1984, 158 und die dort zitierte Literatur).

4.2.3.3.5 Maßnahmen gegen „Gruppendenken"

Um den Gefahren des „Gruppendenkens" vorzubeugen, die kurz im Abschnitt 4.2.3.2.3 erörtert wurden, empfiehlt Janis (1982; vgl. auch Tjosvold & Field, 1985) folgende Maßnahmen:

1) Aufklärung über die Gefahr des Gruppendenkens,

2) Zurückhaltung des Vorgesetzten in eigenen Stellungnahmen,

3) Ermutigung der Gruppenmitglieder zur Äußerung von Einwänden und Zweifeln,

4) fallweise die Übernahme der Rolle eines „advocatus diaboli" durch ein Gruppenmitglied,

5) gelegentlich Bildung von Untergruppen zur konkurrierenden Bearbeitung eines wichtigen Teilproblems,

6) sorgfältige Analyse der Möglichkeiten und Absichten eines eventuellen Konkurrenten oder Gegners,

7) erneutes Überdenken der (vorläufigen) Einigung auf eine Lösung,

8) Beiziehen externer Beobachter und Kritiker,

9) Einholung von Meinungen vertrauenswürdiger Kollegen durch Gruppenmitglieder,

10) Einsetzen einer parallel am selben Problem arbeitenden Gruppe.

Alle diese Empfehlungen laufen darauf hinaus, in der Gruppe eine kontroverse, kritisch-vielseitige Diskussion des Problems zu fördern und sich gegen eine voreilige und trügerische Harmonisierung der Beurteilungen in acht zu nehmen, eine Gefahr, der insbesondere autoritätsorientierte und selbstunsichere Personen ausgesetzt sind (Hovland & Janis, 1959).

4.2.3.3.6 Regeln zur Wahl des erfolgversprechenden Partizipationsgrades

In den vorausgehenden Abschnitten wurde wiederholt auf Bedingungen des Erfolgs von Problemlösungen und Entscheidungen in Gruppen hingewiesen. Bedenkt man, daß sich viele Probleme nicht gut für eine Bearbeitung durch eine Gruppe eignen und daß andere mit weniger Aufwand von einzelnen Personen genauso gut gelöst werden können, muß eine undifferenzierte Forderung nach immer mehr Mitbestimmung (Partizipation bei Entscheidungen) als fragwürdig erscheinen. Vroom & Yetton (1973) entwickelten und erprobten Regeln, nach denen der verantwortliche Vorgesetzte jenes Entscheidungsverfahren auswählen kann, das der Art des Problems, dem Kenntnisstand und den Erwartungen der an der Entscheidung eventuell zu beteiligenden Personen am besten angemessen ist und am meisten Erfolg (hinsichtlich Güte und Durchsetzbarkeit der Entscheidung) verspricht (vgl. auch den zusammenfassenden Erfahrungsbericht von Vroom, 1981 und eine frühere Arbeit von Heller & Yukl, 1969, in der bereits ähnliche Ideen geäußert werden).

Der Vorgesetzte stellt sich der Reihe nach bis zu acht Fragen (A–H). Die acht Fragen betreffen A) das Qualitätserfordernis der Entscheidung, B) den Informationsstand des Vorgesetzten, C) den Strukturierungsgrad des Problems, D) die Wichtigkeit der Zustimmung der Mitarbeiter für effektive Realisierung, E) die Wahrscheinlichkeit der Akzeptanz einer vom Vorgesetzten allein getroffenen Entscheidung, F) die Billigung der entscheidungsrelevanten Organisationsziele durch die Mitarbeiter, G) die Wahrscheinlichkeit von Konflikten innerhalb der Gruppe der Mitarbeiter in der zu entscheidenden Sache, H) den Informationsstand der Mitarbeiter. Die Beantwortung dieser Fragen mit „ja" oder „nein" führt ihn schrittweise zu der jeweils empfohlenen Klasse von Verfahrensweisen, die sich im Grad der Partizipation unterscheiden. Innerhalb einer Klasse kann dann noch ein möglichst ökonomisches (zeitsparendes) oder ein möglichst sozial-integratives (lernförderndes) Verfahren ausgewählt werden. Für Entscheidungen, die die ganze Gruppe (und nicht nur einzelne Mitarbeiter) betreffen, lauten die in Frage kommenden Empfehlungen: (A I) Entscheiden Sie sofort allein! (A II) Holen Sie Informationen von den Mitarbeitern ein und entscheiden Sie dann allein! Beraten Sie sich (C I) mit einzelnen Mitarbeitern, (C II) mit der gesamten Gruppe und entscheiden Sie dann allein! (G II) Führen Sie eine Gruppenentscheidung herbei!

Ein Vergleich des normativen Modells mit den von Managern in den jeweiligen Problemsituationen tatsächlich praktizierten Verfahrensweisen zeigte, daß die Vorgesetzten oft die Frage der Akzeptanz zu wenig beachten. Verfahrensweisen, die dem normativen Modell widersprechen, haben sich in der Praxis auch tatsächlich als wenig erfolgreich erwiesen, insbesondere wegen der Vernachlässsigung der Akzeptanzfrage. Es gibt auch schon Berichte über die Tauglichkeit des Modells zu Trainingszwecken (Böhnisch, 1987; Field, 1982; Leana, 1987; Vroom, 1981, S. 189; Vroom & Jago, 1978).

Wieviel und welche Art von Partizipation der Arbeitnehmer an den Entscheidungen in den verschiedenen Ebenen des Unternehmens wünschenswert und realisierbar ist, kann freilich nur auf dem Hintergrund gesellschaftlicher Wertvorstellungen und unter Berücksichtigung der Machtverhältnisse und rechtlichen Regelungen beurteilt werden (vgl. Abdel-Halim, 1983; Chmielewicz & Inhoffen, 1977; Drenth & Kopman, 1979; Kirsch & Scholl, 1977, 1983; Mumford, 1983; Nell-Breuning, 1978; Novotny, 1978; Witte, 1980, Wood, 1973).

Kapitel 4.2.4

Soziale Konflikte

Wolfgang Grunwald und Wolfgang Redel

4.2.4.1 Problemstellung

Konflikte gehören zum Alltag jeder Organisation. Organisationsmitglieder haben unterschiedliche Bedürfnisse, Erwartungen, Werte und Ziele. Die hiermit einhergehenden sozialen Konflikte werden jedoch nicht immer offen artikuliert und sichtbar ausgetragen. Häufig sind sie nur latent, verlaufen nicht direkt zwischen den Konfliktparteien, sondern werden auf andere Personen, Gruppen, Sachverhalte oder Ereignisse innerhalb oder außerhalb der Organisation verschoben.

Konflikte sind häufig mit psychischen, sozialen oder ökonomischen „Kosten" verbunden, weil sie bei den Beteiligten zu Frustration, Angst, Mißtrauen oder Agression führen und somit die zwischenmenschlichen Arbeits- und Sozialbeziehungen belasten. Nicht zuletzt aus diesen Gründen wurden und werden Konflikte in Organisationen von Wissenschaft und Praxis als destruktiv bzw. dysfunktional angesehen: Konflikte seien um jeden Preis zu vermeiden, weil sie die Zweckrationalität der Organisation störten.

Erst seit einigen Jahren setzt sich verstärkt die Erkenntnis durch, daß Konflikte zwischen Personen, Gruppen, Abteilungen und Unternehmensbereichen unvermeidbare Begleiterscheinungen menschlichen Zusammenlebens und -arbeitens sind und – unter bestimmten Bedingungen – durchaus konstruktive Auswirkungen auf Individual-, Gruppen- und Organisationsziele haben können. Während vor allem die Vertreter der klassischen betriebswirtschaftlichen Organisationslehre („Organisation ohne Menschen") sowie der Human-Relations-Schule („Menschen ohne Organisation") die negativen Aspekte sozialer Konflikte betonten, sehen heute immer mehr Sozialwissenschaftler und verhaltenswissenschaftlich orientierte Betriebswirte, aber auch Praktiker, die möglichen positiven Seiten des Konflikts (vgl. Neuberger in diesem Band). Hierfür sind vor allem folgende Erkenntnisse verantwortlich:

- Unterschiedliche Motive, Erwartungen, Werte, Ziele etc. fördern unter bestimmten Bedingungen neue Ideen und kreative Problemlösungen, da die Konfliktparteien gezwungen werden, sich mit den gegensätzlichen Denk- und Bezugssystemen auseinanderzusetzen („Konflikt als Lernchance").
- Die Leugnung bzw. Unterdrückung von Konflikten führt häufig zur Verhinderung des technologischen, ökonomischen oder sozialen Fortschritts und zur Aufrechterhaltung des Status quo.
- Die Motivations-, Wahrnehmungs-, Denk- und Lernforschung hat wiederholt nachgewiesen, daß Menschen ein optimales (mittleres) psycho-physiologisches Stimulationsniveau anstreben. Mit anderen Worten: geistig-emotionale Unterforderung wie Überforderung werden als unangenehm empfunden und führen zur Störung des psycho-physischen Gleichgewichts.
- Konflikte „per se" sind weder gut noch schlecht. Je nach Welt- und Menschenbild können sie als funktional, a-funktional oder dysfunktional bewertet und dementsprechend produktiv oder destruktiv nutzbar gemacht werden (vgl. Wilpert in diesem Band).

Wo jedoch ein Konflikt einzuordnen ist, hängt maßgeblich von der Konfliktart, der Konfliktursache, der Konflikttransformation, der Konflikthandhabung sowie von den kontextuellen Rahmenbedingungen (Zeitgeist, Organisationskultur/-struktur, Aufgabenart, Zeitdruck etc.) ab. Die produktive Nutzung von Konflikten in Organisationen erfordert deshalb eine systematische Kontext- und Ursachenanalyse sowie eine rationale Steuerung der Konflikthandhabung; kurz: eine bewußte Gestaltung des Konfliktfeldes auf personaler *und* strukturaler Ebene – so schwierig und ungewiß dies auch immer sein mag. Dadurch wird die Früherkennung konfliktärer Bedingungen innerhalb und außerhalb der Organisation erleichtert. In dem Maße, wie im Rahmen der Humanisierung der Arbeitswelt fremdbestimmende Organisationsstrukturen und bürokratisch-autoritäre, konfliktunterdrückende Führungsmethoden abgebaut werden, nimmt – was häufig nicht genügend beachtet wird – die Artikulation von Interessengegensätzen und ihre offene Austragung zu (vgl. Grunwald/Lilge 1980; 1982; Wunderer/Grunwald 1980; Wohlgemuth 1982).

4.2.4.2 Konfliktbegriff

Die Literatur über soziale Konflikte ist sehr umfangreich (vgl. die Sammelreferate von Mack/Snyder 1957; Fink 1968; Senghaas 1969; Patchen 1970; Bühl 1972; Feger 1972; 1979; Krüger 1972; Schmidt/Kochan 1972; Esser 1975; Thomas 1976; Rüttinger 1977; Grunwald 1982; Berkel 1984; Deutsch 1982). Wir thematisieren im folgenden nur *soziale* Konflikte; auf intraindividuelle Konflikte gehen wir nicht gesondert ein, obwohl zwischen beiden Konfliktarten vielfältige Wechselbeziehungen bestehen (vgl. Levinger 1957; Grunwald 1976; Feger & Sorembe 1983).

Konflikt (lat. confligere [subst.: conflictus, conflictio]; frz. conflit; engl. conflict; ital. conflitto) = zusammenstoßen, streiten, kämpfen sowie lat. conflictare = zu kämpfen haben mit bzw. heimgesucht werden) meint eine Auseinandersetzung, einen Kampf zwischen (sozialen) Einheiten (Mey 1976, 947f.). Etwas spezieller versteht man unter ‚Konflikt' inkompatible Handlungen bzw. Handlungstendenzen von sozialen Einheiten (Personen bzw. Aktoren bzw. Parteien).

Über dieses vage Verständnis hinaus gibt es trotz großer Forschungsanstrengungen (noch) keinen Konsens über Inhalt und Umfang einer verbindlichen Konfliktkonzeption. Sichtbarer Ausdruck für die babylonische Sprachverwirrung im Umkreis der vielen Konfliktkonzeptionen sind die in der Literatur und Praxis als gleichbedeutend oder verwandt betrachteten Begriffe wie soziale Spannung, Mißverständnis, Aggression, Dissens, Kontroverse, Gewalt, Wettbewerb, Rivalität, Kampf, Opposition, Zusammenstoß, Antagonismus, Disput, feindselige Einstellung etc. Zumeist zeigt erst eine Prüfung des Verwendungskontextes, ob es sich um gleiche oder unterschiedliche Konzepte handelt.

Ein Grundproblem einheitlicher Konzeptbildung von Konflikt (aber auch von Konkurrenz und Kooperation) ist, daß von vielen Autoren a) die Bedingungen, Erscheinungsformen und Folgen sowie deren Wechselwirkungen berücksichtigt werden oder b) *nur* die Bedingungen, *nur* die Erscheinungsformen, *nur* die Folgen oder c) nur die Bedingungen *und* Erscheinungsformen bzw. nur die Erscheinungsformen *und* Folgen in die Analyse eingehen. Für alle drei Auffassungen lassen sich triftige Argumente (und Gegenargumente) anführen, und eine Lösung ist beim gegenwärtigen Erkenntnisstand nicht in Sicht, da integrative Theorien und entsprechende Forschungsprogramme fehlen (vgl. Punkt 4.2.4.5).

4.2.4.2.1 Merkmale des sozialen Konflikts

Wegen der vielfältigen, z. T. divergierenden Auffassungen über soziale Konflikte haben Mack & Snyder (1957) auf eine umfassende Konfliktdefinition verzichtet und statt dessen *fünf grundlegende Aspekte* herausgearbeitet:

1) Konflikt erfordert mindestens zwei Parteien oder zwei analytisch unterscheidbare Einheiten (Aktor, Organismus, Gruppe, Individuum, Kollektiv etc.).
2) Konflikt entsteht aufgrund von Positions- und Ressourcenknappheit.
3) Konfliktverhalten ist darauf gerichtet, die andere Partei zu zerstören, zu verletzen, zu hindern oder in anderer Weise zu kontrollieren. Eine Konfliktbeziehung liegt vor, wenn die Parteien nur auf Kosten der anderen relative Gewinne bzw. Vorteile erzielen können.
4) Konflikt erfordert gegensätzliche Aktionen und Reaktionen der Parteien.
5) Konfliktbeziehungen beinhalten stets Versuche, knappe Ressourcen und/oder Positionen zu erlangen bzw. Verhalten in bestimmte Richtungen zu lenken; d. h. die Ausübung von Macht.

Angesichts konkurrierender Konflikttheorien sowie unzureichender empirischer Befunde ist die Frage noch offen, ob es sich bei den fünf Merkmalsbeschreibungen um notwendige, hinreichende oder um notwendige *und* hinreichende Aspekte des sozialen Konflikts handelt. Mack & Snyder sind z. B. der Auffassung, daß alle fünf Merkmale vorhanden sein müssen, um von Konflikt sprechen zu können. Demgegenüber glauben andere Autoren, daß schon ein oder zwei Minimalbedingungen ausreichten, um einen Konflikt zu konstituieren, nämlich: a) wechselseitig inkompatible Handlungen bzw. Interessen und/oder b) Wahrnehmung dieser Inkompatibilitäten bei den beteiligten Parteien (für viele: Bidlingmaier 1968; Holm 1969; Brickman 1974; Hauschildt 1977; weitere Belege bei Fink 1968).

Die zitierte Auffassung von Mack & Snyder steht für eine *enge* Konfliktkonzeption. Zugunsten dieser Auffassung wird betont, daß theoretisch bedeutsame Unterschiede zwischen ‚Konflikt' und anderen Formen antagonistischer Beziehungen bestünden (vgl. Fink 1968, 455).

Andere Autoren gehen hingegen von einer *weiten* Konfliktkonzeption aus – mit dem Fernziel einer „Allgemeinen Theorie des sozialen Konflikts" (z. B. Schelling, Rapoport, Dahrendorf, Galtung, vgl. Fink 1968; Krysmanski 1971, 18f.).

Damit nicht wichtige konfliktrelevante Phänomene bereits im Anfangsstadium langfristig und interdisziplinär angelegter Forschungsprogramme übersehen werden, plädiert Fink (1968, 456) für folgende *weite* Arbeitsdefinition: Konflikt ist „jede soziale Situation oder jeder soziale Prozeß, in dem zwei oder mehr soziale Einheiten wenigstens durch eine Form antagonistischer Interaktion miteinander verbunden sind". Unter Antagonismus werden so differente Sachverhalte wie inkompatible Ziele, wechselseitig sich ausschließende Interessen, emotionale Feindschaft, tatsächlicher oder wertbezogener Dissens, traditionale Feindschaft sowie feindselige Interaktion in Form gewalttätiger Auseinandersetzungen bis hin zu indirekten, hochregulierten Formen wechselseitiger Beeinträchtigungen verstanden. Der heuristische Wert einer derart weiten Konfliktauffassung muß sich noch erweisen.

Entsprechend der Zielsetzung eines Übersichtsartikels erscheint es wenig sinnvoll, einen speziellen, engen Konfliktbegriff zu präferieren, zumal sich die Konfliktforschung noch in ‚statu nascendi' befindet. Aus diesem Grunde werden hier unter dem Konfliktbegriff latente und manifeste Spannungen (antagonistische Beziehungen) beliebiger Intensität subsumiert (vgl. Dahrendorf 1961; Fink 1968).

4.2.4.2.2 Konflikt und Konkurrenz

Die theoretische, begriffliche und empirische Beziehung zwischen den Konzepten Konflikt und Konkurrenz (Wettbewerb) ist weitgehend ungeklärt bzw. umstritten. In der Literatur finden sich hierzu mindestens *sieben* verschiedene Auffassungen (vgl. Abb. 1, Grunwald 1982). Sie resultieren aus einer engen oder weiten, verhaltens- oder kognitionsorientierten, elementaristischen oder holistischen Konfliktbetrachtung. Die zweite Variante (s. Abb. 1, folgende Seite) scheint den größten heuristischen Wert aufzuweisen, weil sie mit der allgemeinen Lebenserfahrung, mit dem herkömmlichen Sprachverständnis sowie mit konfliktorientierten theoretischen und empirischen Ergebnissen am stärksten korrespondiert.

4.2.4.3 Konflikttypologie

Die vielfältigen Ausprägungsformen von Konflikten lassen jeden Systematisierungsversuch unvollständig erscheinen. Gleichwohl kann man auf eine typologische Ordnung von Konflikten nicht verzichten, da hierdurch viele Aussagen über deren Entstehung und Verlauf besser beschrieben werden können (vgl. Deutsch 1976; Krysmanski 1971; Glasl 1980). Häufig findet man in der Literatur mehrdimensionale Typenbildungen, d. h. zur Kennzeichnung eines Konflikttyps werden jeweils mehrere Merkmale herangezogen. Eine umfassende, allgemein akzeptierte Konflikttypologie, die für unterschiedliche Konfliktsituationen und Untersuchungszwecke geeignet wäre, liegt noch nicht vor.

Überträgt man neuere, bewährte typologische Vorgehensweisen aus anderen Forschungsgebieten auf die Konfliktproblematik (vgl. Grosse-Oetringhaus 1974; Kosiol 1972; Redel 1982), bietet sich als *erster* Schritt die *eindimensionale Typenbildung* an: Die vielfältigen Erscheinungsformen von Konflikten werden zunächst nach jeweils nur einem Merkmal geordnet. Man erhält eindimensionale Konflikttypen (Elementartypen). In Abbildung 2 (s. Seite 536 und Seite 537) sind wesentliche eindimensionale Konflikttypen synoptisch dargestellt. In einem *zweiten* Schritt lassen sich die eindimensionalen Konflikttypen zu *mehrdimensionalen* Typen zusammenfassen. Diese werden auch als Kombinations- oder Verbundtypen bezeichnet (vgl. Grosse-Oetringhaus 1974). Wegen der zahlreichen sinnvollen Kombinationsmöglichkeiten empfiehlt sich die Durchführung des zweiten Schrittes erst dann, wenn der Untersuchungszweck feststeht und/oder tatsächlich vorkommende Konflikte zu beschreiben und zu analysieren sind. An dieser Stelle sei nur darauf hingewiesen, daß in der Realität existierende Konflikte regelmäßig als mehrdimensional aufzufassen sind.

4.2.4.4 Prozessuale Konfliktbetrachtung

Analog der allgemeinen Entscheidungstheorie, die Entscheidungen nicht mehr als bloßen punktuellen Wahlakt, sondern als mehrphasigen Prozeß versteht, betrachtet auch die neuere Konfliktforschung den sozialen Konflikt zunehmend aus prozes-

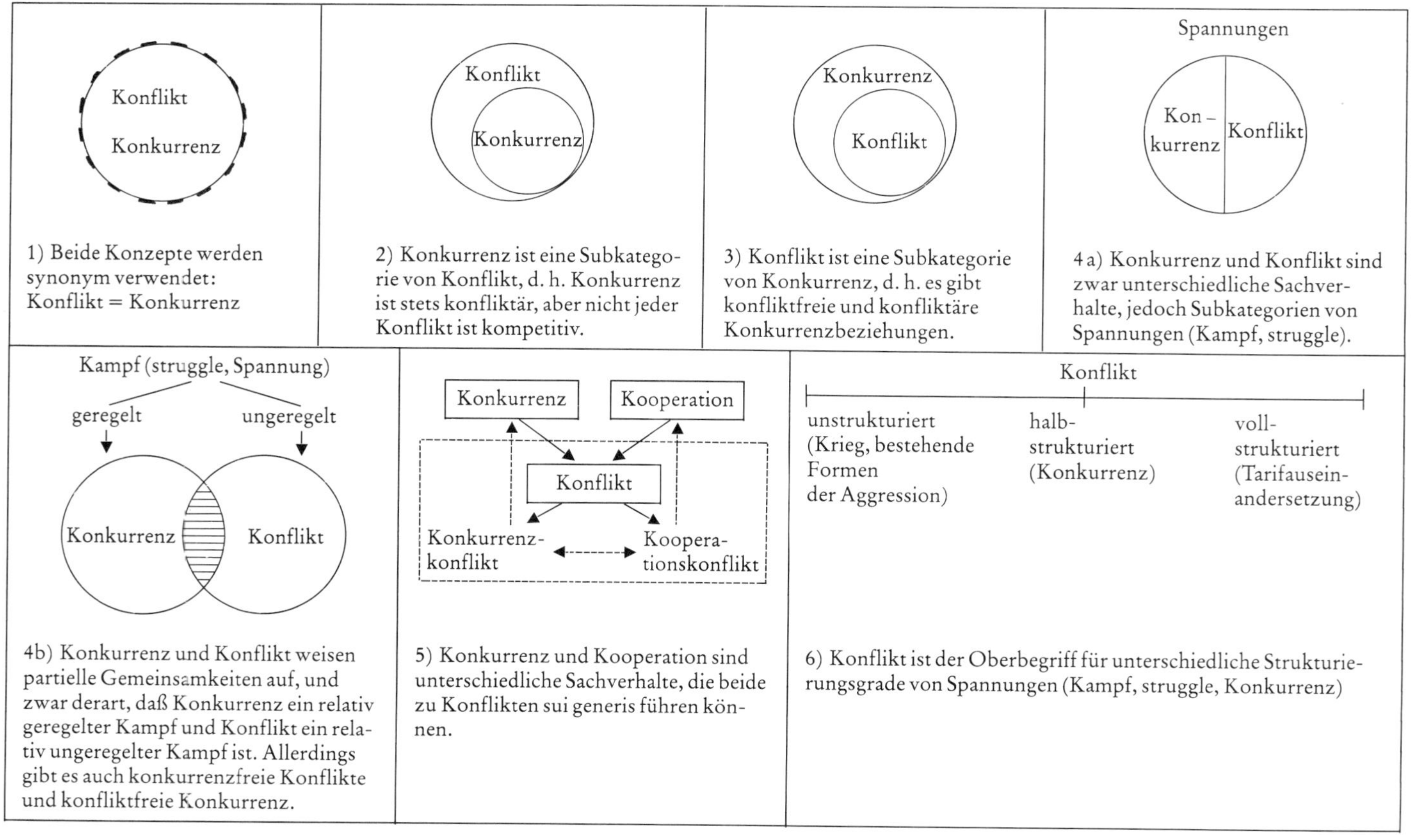

Abb. 1: Die Beziehungen zwischen Konflikt und Konkurrenz in der Literatur (Grunwald, 1982).

sualer/dynamischer Sicht (vgl. Pondy 1967; Walton 1969; Esser 1975; Thomas 1976; Redel 1982 u. a.). Konflikte unterliegen im Zeitablauf sichtbaren und unsichtbaren Veränderungen (objektiv und/oder subjektiv) und können zu unterschiedlichen Reaktionen der Beteiligten führen, wobei sich diese Reaktionen wiederum auf den ursprünglichen Konflikt auswirken.

Im folgenden wird zwischen a) Konfliktpotential (Ursachen), b) möglichen Transformationen des Konfliktpotentials in Verhalten beim einzelnen Aktor und c) interpersonalen Konflikthandhabungsformen unterschieden. Eine Beurteilung alternativer Handhabungsformen schließt sich an. Ferner gehen wir auf mögliche Maßnahmen zur Beeinflussung der Konflikthandhabungsformen ein.

4.2.4.4.1 Konfliktpotential

Theoretische und empirische Arbeiten über allgemeine Konfliktursachen haben eine Vielzahl unterschiedlicher Systematiken konfliktrelevanter Faktoren hinterlassen, ohne daß ein konsistentes Konzept erkennbar wäre, das allgemein akzeptiert wird (vgl. Bidlingmaier 1968; Krysmanski 1971; Deutsch 1976; Glasl 1980; Berkel 1984 u. a.). Dies gilt nicht nur für die Gesamtbetrachtung (Rahmenkonzept), sondern auch für spezielle Ursachenklassen, wie Aufgabe, Person, Kommunikation, Organisation etc. Beispielsweise kann die Konfliktforschung für den Bereich persönlichkeitsbedingter Konfliktursachen statt eines konsistenten, umfassenden 'Persönlichkeitsmodells individueller Konfliktbereitschaft' nur eine Vielzahl möglicher Einflußgrößen anbieten, die wiederum in unterschiedlichen theoretischen und empirischen Arbeiten untersucht werden (vgl. Terhune 1970; Wunderer/Grunwald 1980; Reber 1982).

Allgemeine Darstellungen möglicher Ursachen sozialer Konflikte können bei dieser Sachlage keinen Anspruch auf Vollständigkeit erheben. Fragt man nach den *generellen* (‚letzten') Konfliktursachen in Organisationen, kann man mit Krüger (1972, 25f.) folgende Faktoren nennen:

- *Spannungsverhältnis zwischen Zielen und Mitteln:* Das Ausmaß der Ziele bzw. Bedürfnisse von Individuen und Gruppen übersteigt regelmäßig die zur Zielerreichung bzw. Bedürfnisbefriedigung vorhandenen Mittel.
- *Unvollkommenheit der Information:* Unvollständigkeit, Unbestimmtheit, Ungewißheit und Unsicherheit als mögliche Dimensionen unvollkommener Information führen häufig zu intra- und interpersonalen Konflikten (vgl. Feger/Sorembe 1983; Grunwald 1976).
- *Umweltverbundenheit von Organisationen:* Dynamik und Komplexität der ökonomischen, technologischen, sozio-kulturellen, ökologischen und politisch-administrativen Umweltsegmente sowie die Abhängigkeit von anderen Organisationen induzieren organisationsinterne Konflikte (vgl. Lawrence/Lorsch 1967; Welge 1975; Redel 1982; Kieser/Kubicek 1983).

Systematisierungsmerkmal (Einteilung erfolgt nach...)	**Merkmalsausprägungen:** **Konflikttypen**
1. Wahrnehmung durch die Betroffenen	– latente Konflikte – perzipierte Konflikte
2. Offenlegung der Gegensätzlichkeit	– manifeste Konflikte – umgangene (vermiedene) Konflikte
3. Erkennen der tatsächlichen Konfliktursachen durch Betroffene und/oder Dritte	– objektive Konflikte – subjektive Konflikte
4. Interaktionsebene	– sachlich-intellektuelle Konflikte – sozio-emotionale Konflikte
5. Anzahl der Aktoren	– intrapersonale Konflikte – interpersonale (soziale) Konflikte
6. Ebene der Konfliktsituation	– Individualkonflikte – Intragruppenkonflikte – Intergruppenkonflikte – Umsystemkonflikte
7. Phase des Entscheidungsprozesses	– Problemdefinitionskonflikt – Zielsetzungskonflikt – Alternativenerfassungskonflikt – Bewertungskonflikt – Entschlußkonflikt – Realisationskonflikt – Kontrollkonflikt
8. Konfliktgegenstand	– Interessenkonflikte – Wertkonflikte – Verteilungskonflikte – Kompetenzkonflikte – Kommunikationskonflikte – u. ä.
9. Machtbeziehung	– symmetrische Konflikte (ebenbürtige Kontrahenten) – asymmetrische Konflikte (Machtungleichheit)
10. Institutionalisierung	– institutionalisierte Konflikte – nicht-institutionalisierte Konflikte
11. Formgebundenheit	– formgebundene Konflikte – nicht-formgebundene Konflikte
12. Beziehung zwischen Ursache und Verhalten	– verschobene (umgeleitete) Konflikte – echte Konflikte
13. Berufsgruppen	– Kaufleute-Techniker-Konflikt – Juristen-Nicht-Juristen-Konflikt – u. ä.

Systematisierungsmerkmal (Einteilung erfolgt nach...)	**Merkmalsausprägungen: Konflikttypen**
14. Ausbildung	– Praktiker-Akademiker-Konflikt – Bildungsgefälle-Konflikte – u. ä.
15. Betriebszugehörigkeit	– Konflikte zwischen alter und junger Garde
16. Intensität	– harte Konflikte – weiche Konflikte
17. Hierarchische Richtung	– horizontale Konflikte – laterale Konflikte – vertikale Konflikte
18. Auswirkungen	– destruktive Konflikte – konstruktive Konflikte – neutrale Konflikte
19. Vereinbarkeit von Erwartungen	– Intra-Rollenkonflikte – Inter-Rollenkonflikte
20. Stetigkeit im Zeitablauf	– kontinuierliche Konflikte – diskontinuierliche Konflikte

Abb. 2: Konflikttypologie

- *Multipersonalität und Komplexität von Organisationen:* Beide Einflußfaktoren bedingen persönlichkeits-, aufgaben-, kommunikations- und organisationsbezogene Konflikte (vgl. Kieser / Kubicek 1983; Marr / Stitzel 1979).

Der Versuch einer Differenzierung der generellen Konfliktursachen in spezielle konfliktrelevante Bedingungen führt – ohne Anspruch auf Vollständigkeit – zu der Profildarstellung in Abb. 3 (s. Seite 538). Je nach Ausprägung der konfliktrelevanten Faktoren erhöhen bzw. verringern sich Intensität und Häufigkeit sozialer Konflikte (vgl. Krüger 1972; Naase 1978; Grunwald / Lilge 1982; Redel 1982; Deutsch 1976 u. a.). Dabei ist zu beachten, daß organisations- und kommunikationsbezogene Faktoren in Abhängigkeit von *intervenierenden Variablen* (wie Persönlichkeitsmerkmale der Aktoren) stärker oder schwächer konfliktfördernd wirken.

4.2.4.4.2 Konflikttransformation

Wie Abb. 4 (s. Seite 539) verdeutlicht, ist es nützlich, zwischen Konfliktpotential und Konfliktverhalten zu differenzieren. Denn nicht immer führt das Konfliktpotential auch zu einem ursachenadäquaten offenen Konfliktverhalten. Es lassen sich grundsätzlich vier denkbare Fälle der Transformation des Konfliktspotentials unterscheiden (vgl. Pondy 1967; Esser 1975; Kirsch / Esser 1975; Thomas 1976; Redel 1982):

1) Aufgabenmerkmale:		
– Neuartigkeit	groß	gering
– Komplexität	groß	klein
– Zeitdruck	groß	klein
– Bereichsüberschreitung	stark	gering
– Problemwertigkeit	hoch	niedrig
– Gemeinsame Nutzung knapper Ressourcen	groß	gering
– Zeitliche Interdependenzen	groß	gering
2) Personale Merkmale:		
– Fähigkeiten und Kenntnisse bzgl.		
– Aufgabenanforderungen	niedrig	hoch
– formale und materielle (interpers.) Verständigung	gering	hoch
– Probleme anderer Bereiche	gering	hoch
– Dauer der Betriebszugehörigkeit	kurz	lang
– Risikobereitschaft	niedrig	hoch
– Selbstvertrauen	niedrig	groß
– Autoritärer Charakter	stark	schwach
– Ambiguitätstoleranz	gering	groß
– Dogmatische Einstellung	stark	schwach
– Rigidität	stark	schwach
– Introvertiertheit	stark	schwach
– Zielakzeptanz	gering	groß
– Wertakzeptanz	gering	groß
– Gruppennormen-Akzeptanz	gering	groß
– Sozialklima-Akzeptanz	gering	groß
– Bewertung der Mitgliedschaft	negativ	positiv
– Bedürfnisbefriedigung	gering	hoch
– Frustrationstoleranz	gering	groß
– Anerkennung der Führungsperson	niedrig	hoch
– Konfliktstabilität des Führers	niedrig	hoch
3) Organisation und Kommunikation:		
– Kompetenzabgrenzung	unklar	klar
– Spezialisierung	groß	klein
– Zahl der Hierarchieebenen	groß	klein
– Zentralisierung	stark	schwach
– Formalisierung	hoch	gering
– Willensbildung	individuell	kollegial
– Ausmaß an Informationszurückhaltung	hoch	niedrig
– Kommunikationsbarrieren	viele	wenige
	→ Abnehmende Konfliktintensität und -häufigkeit	

Abb. 3: Spezielle konfliktrelevante Bedingungen in Profildarstellung

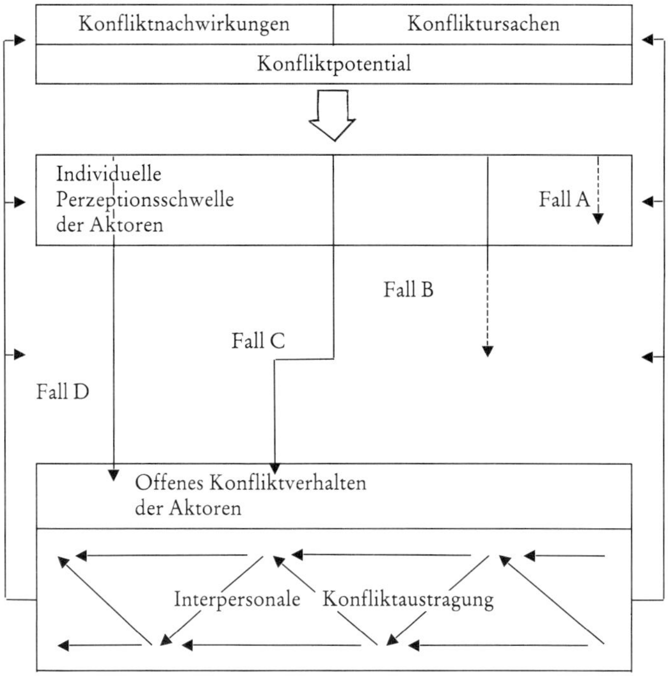

Abb. 4: Prozessuale Konfliktbetrachtung

Im *Fall A* überschreitet das Konfliktpotential nicht die individuelle(n) Perzeptionsschwelle(n) eines (oder mehrerer) Aktoren. Bestehende gegensätzliche Beziehungen werden also nicht wahrgenommen; die Gegensätze sind lediglich *latent* vorhanden (Nicht-Transformation).

Fall B ist dadurch charakterisiert, daß die latenten Gegensätze zwar perzipiert werden, sich aber nicht in einer interpersonalen Konfliktaustragung manifestieren. Dies kann mehrere Gründe haben (Esser 1975; Redel 1982): Einmal können *unwillentliche* Abwehrmechanismen beim einzelnen Aktor dazu führen, daß das Konfliktpotential nicht zu einem offenen Konfliktverhalten führt.

Zum anderen kann der jeweilige Aktor aber auch *willentlich* offenes Konfliktverhalten vermeiden, weil eine Konfliktaustragung nicht für möglich oder wünschenswert gehalten wird. Das einzelne Individuum schätzt die Nachteile einer Konfliktaustragung subjektiv höher ein als deren Vorteile. In diesem Fall wird der perzipierte Konflikt durch die willentlichen mentalen Prozesse des Abschaltens, der Ablenkung, der Unterdrückung wahrgenommener konfliktärer Tatbestände oder auf dem Wege der (kurzfristigen) Anspruchsniveau-Anpassung intrapersonal auf ein erträgliches Maß reduziert. Das latente Konfliktpotential bleibt jedoch auch hier bestehen, und der Konflikt kann zu einem späteren Zeitpunkt – unter Umständen in verschärfter Form – wieder auftreten (vgl. Feger/Sorembe 1983).

In den *Fällen C und D* führt das Konfliktpotential zu einem mehr oder weniger intensiven offenen Konfliktverhalten der Aktoren. Während im *Fall D* das Konfliktpotential im Sinne einer direkten Ursache-Wirkungs-(Verhaltens)-Relation in Konfliktverhalten transformiert wird, finden beim *Fall C* Spannungen und Schwierigkeiten keineswegs immer einen ihrer Ursache adäquaten Ausdruck (Dahrendorf 1959, 50). Fall C läßt sich daher als *Konfliktumleitung* bezeichnen.

Als grundsätzliche Arten der Konfliktumleitungen können Transformationen

- sachlicher Differenzen in persönliche Auseinandersetzungen
- persönlicher und sozialer Spannungen in scheinbar sachbezogene Konflikte
- konfliktärer Beziehungen zwischen bestimmten Personen in Auseinandersetzungen mit anderen Personen (Adressatverschiebung)
- eines Sachproblems in ein anderes Sachproblem

angeführt werden (vgl. Dorow/Grunwald 1980; Esser 1975; Euler 1977; Lewin 1968; Dahrendorf 1959 u. a.).

Die Konfliktumleitung kann einmal durch eine starke emotionale Erregung, die als spontane Reaktion das Erkennen tatsächlicher Konfliktursachen bzw. -verursacher verhindert, hervorgerufen werden. Zum anderen können die Ursachen von Konfliktumleitungen in bestehenden psychischen und sozialen Barrieren, die eine unmittelbare, ursachenadäquate Konfliktreaktion behindern, gesehen werden. Solche Barrieren sind z. B.:

- Aufgabenerfordernisse (z. B. kann Zeitdruck eine Konfrontation verhindern)
- Gruppennormen (Vorgesetzte sollen keine negativen gefühlsmäßigen Einstellungen gegenüber anderen ausdrücken u. ä.)
- Persönliche Rollenvorstellungen (z. B. kann die Führungsfunktion einen Vorgesetzten veranlassen, auf einen Konflikt mit seinen Mitarbeitern zu verzichten)
- Sanktionsmacht (Mitarbeiter befürchten negative Sanktionen ranghöherer Instanzen)
- Mangelnde Einflußmöglichkeiten (Konfliktursachen werden als nicht beeinflußbar angesehen)
- Öffentliches Image (z. B. Wunsch, einen konzilianten Ruf aufrechtzuerhalten)
- Wahrnehmung der Verletzbarkeit des anderen (z. B. wird die Wirkung eines Streits auf einen empfindlichen Kontrahenten als zu stark empfunden)

- Wahrnehmung der eigenen Verletzbarkeit durch die Konflikttaktik des Gegners

- Furcht, daß eine versöhnliche Geste nicht erwidert wird (z. B. wenn eine Partei an einer Konfliktbeilegung interessiert ist; vgl. Walton 1969; Blake / Mouton 1964; 1976; Euler 1977; Dorow / Grunwald 1980; Lindskold 1982).

Von der Form des offenen Konfliktverhaltens eines oder mehrerer Interaktionspartner gehen im Zeitablauf vielfältige Rückwirkungen auf die vier denkbaren Transformationsverläufe (Fälle A, B, C, D) sowie auf das Konfliktpotential aus. Das offene Konfliktverhalten des einzelnen Individuums hängt mithin auch von den Verhaltensweisen der anderen Aktoren ab.

4.2.4.4.3 Formen interpersonaler Konflikthandhabung

In der Literatur werden die möglichen Formen interpersonaler Konflikthandhabung unterschiedlich systematisiert (vgl. Dahrendorf 1961; Boulding 1962; Bidlingmaier 1968; Filley 1975; March / Simon 1976; Thomas 1976; Hill 1982).

Besondere Beachtung hat die Einteilung von Blake, Shepard und Mouton (1964) gefunden. In ihrem Konzept unterscheiden sie die vielfältigen sozialen Konfliktsituationen dahingehend, inwieweit die Aktoren einen Konflikt für umgehbar und einen Interessenausgleich für möglich halten. Auf diese Weise gewinnen sie drei Hauptgruppen der Handhabung *perzipierter* Konflikte, von denen zwei eine offene Konfliktaustragung repräsentieren (vgl. Abb. 5).

<table>
<tr><td colspan="3"></td><td colspan="3">Alternative Konflikthandhabungsformen</td></tr>
<tr><td rowspan="2">Situationsdefinition</td><td colspan="2">Konflikt umgehbar?</td><td>Ja</td><td>Nein</td><td>Nein</td></tr>
<tr><td colspan="2">Interessenausgleich möglich?</td><td></td><td>Ja</td><td>Nein</td></tr>
<tr><td rowspan="3">Aktionen</td><td colspan="2">Konfliktvermeidung</td><td>×</td><td></td><td></td></tr>
<tr><td rowspan="2">Konfliktaustragung</td><td>Multilaterale Interessenberücksichtigung</td><td></td><td>×</td><td></td></tr>
<tr><td>Unilaterale Interessendurchsetzung</td><td></td><td></td><td>×</td></tr>
</table>

Abb. 5: Hauptgruppen der Konflikthandhabung (nach Krüger 1976)

Für jede Hauptgruppe lassen sich nach dem ‚involvement' der Beteiligten (hohe oder niedrige Wertvorstellung, aktive oder passive Reaktion) jeweils drei Unterformen unterscheiden (vgl. Abb. 6).

Die Handhabungsformen lassen sich wie folgt kennzeichnen (vgl. Blake / Shepard / Mouton, 1964; Thiele 1968; Krüger, 1972; Redel, 1982):

Erscheint eine Umgehung des Konflikts möglich oder wünschenswert, wird versucht, die Form der *Konfliktvermeidung* zu realisieren, worunter sich die Untertypen Rückzug, Isolation (Kontaktreduzierung) und Indifferenz bzw. Ignoranz subsumieren lassen. Durch eine Umgehung oder Vermeidung von Spannungszuständen wird zwar die direkte Konfrontation der sozio-emotionalen oder sachlich-intellektuellen Gegensätze (temporär) aufgehoben, die eigentlichen Konfliktprobleme bleiben jedoch ungelöst; der Konfliktstoff ist mithin latent auch weiterhin vorhanden.

Wird der perzipierte Konflikt als unumgehbar eingestuft, bestimmen Überlegungen über einen möglichen Interessenausgleich den *Modus der Konfliktaustragung*.

Halten die Aktoren einen Interessenausgleich für möglich oder wünschenswert, wird eine *Konfliktaustragung mit multilateraler Interessenberücksichtigung* angestrebt. Im Gegensatz zur einseitigen Interessendurchsetzung können oder wollen die Aktoren (wegen einer ungünstigen Machtkonstellation oder aus Einsicht in etwaige negative Auswirkungen) den Kontrahenten nicht ihre meistbevorzugte Alternative aufzwingen. Eine Konfliktvermeidung wird auch nicht als zweckmäßig angesehen, da man annimmt, durch ein kooperatives Verhalten einen Interessenausgleich herbeiführen zu können, der für alle Kontrahenten befriedigend ausfällt. Zu

	Konflikt-vermeidung	Konfliktaustragung mit multilateraler Interessendurchsetzung	Konfliktaustragung mit unilateraler Interessendurchsetzung	
aktiv ↑	Rückzug	Problemlösen	Gewinn-Verlust-Machtkämpfe	hohe Wertvorstellung ↑
↕	Isolation	Teilen des Streitwertes	Dritt-Parteien-Urteil	mittlere Wertvorstellung
↓ passiv	Indifferenz / Ignoranz	friedliche Koexistenz	Zufallsurteil	↓ niedrige Wertvorstellung

Abb. 6: Typologie der Konflikthandhabung (nach Blake / Shepard / Mouton, 1964)

diesem Haupttyp zählen die *Untertypen* Problemlösen (‚problem-solving'), Teilen des Streitwerts (‚splitting the difference [compromise, bargaining etc.]'), friedliche Koexistenz (‚peaceful coexistence [smoothing over]').

Sehen die Kontrahenten hingegen keine Möglichkeit eines Interessenausgleichs oder erachten sie ihn nicht für sinnvoll, findet eine *Konfliktaustragung* mit dem Ziel *unilateraler Ineressendurchsetzung* statt. Hierunter fallen die Untertypen Gewinn- und Verlust-Machtkampf (als vertikaler oder horizontaler Machtkampf), Drittparteien-Urteil (durch Vorgesetzte oder Außenstehende, z. B. Arbeitsgericht) und Zufallsurteil.

Die bisher dargestellten Handhabungsformen wurden entsprechend den Erwartungen der Beteiligten über die Konfliktbeilegung unterschieden. Dies setzt eine Perzeption von Konfliktsituationen bei allen Beteiligten voraus. Eine weitere *Hauptgruppe* der Konflikthandhabung erhält man, wenn berücksichtigt wird, daß latent vorhandene, aber von einem Aktor *nicht* perzipierte Konflikte von anderen Kontrahenten oder von einer Drittpartei (aktiv) *bewußt* gemacht werden können (Grunwald 1982). Will man die *Konfliktbewußtmachung* nicht allein den individuellen Nutzenüberlegungen derjenigen Aktoren überlassen, die den latenten Konflikt bereits perzipiert haben, kann durch strukturelle Maßnahmen indirekt die Konfliktbewußtmachung gefördert werden (Thiele 1968). Eine Konfliktbewußtmachung mit einer anschließenden problemlösenden Austragung soll einem unkontrollierten Auftreten schwerer Auseinandersetzungen vorbeugen sowie die Nutzung positiver Wirkungen in bezug auf die wechselseitige Anpassungsfähigkeit ermöglichen.

4.2.4.4.4 Beurteilung alternativer Konflikt-Handhabungsformen

Über die Auswirkungen von Konflikten können zumeist nur relativ vage Möglichkeitsaussagen getroffen werden, wie z. B.: Konflikte *können* sich positiv auf den Innovationsgrad von Problemlösungen auswirken. Will man konkrete Aussagen erhalten, muß man berücksichtigen, in welcher Form Konflikte von den Aktoren gehandhabt werden. Für die Systematik der Konflikt-Handhabungsformen von Blake et al. (1964) lassen sich die in Abb. 7 (s. folgende Seite) zusammengefaßten Tendenzaussagen aufstellen. Sie basieren noch vornehmlich auf Plausibilitätsüberlegungen und gelten primär für sachbezogene Konflikte in sozio-technischen Systemen (vgl. Krüger 1972; Thiele 1968; Redel 1982).

In den Feldern der Matrix werden die Einflüsse der Handhabungsformen auf konkrete organisatorische Zielkriterien dargestellt, wie z. B. Qualität und Kosten der Aufgabenerfüllung (ohne Folgekosten), Vorsorge für die Realisation der Arbeitsergebnisse (akzeptanz- und wissensbezogen), Vorsorge für die Flexibilität des sozialen Systems (frühzeitiges Erkennen neuer Probleme und Änderungsnotwendigkeiten und positive externe Effekte [wie z. B. Einstellungsänderungen]), Zufriedenheit der Systemmitglieder, speziell

Zielkriterien / Handhabungsformen	Qualität der Aufgabenerfüllung	Kosten	Realisationsvorsorge	Flexibilitätsvorsorge	Zufriedenheit
I. Konfliktbewußtmachung	(+)[1]	–[1]	(+)[1]	+[1]	– → (+)[1]
II. Konfliktvermeidung	(–)[3]	+	–[8]	–	–[9]/(+)[10]
III. Konfliktaustragung mit multilateraler Interessenberücksichtigung: – Problemlösen	+[2]	–	+	+	+
– Teilen des Streitwerts	(+)[2]	–	(+)[7]	+	(+)
– Friedliche Koexistenz	(–)[3]	+	(–)[8]	(–)	(–)[11]/(+)[12]
IV. Konfliktaustragung mit unilateraler Interessendurchsetzung – Gewinn-Verlust-Machtkampf	(–)[3]/(+)[4]	+[5]/(+)[6]	–[8]	(–)	G: + / V: –[13]
– Drittparteien-Urteil	(–)[3]/(+)[4]	(+)	(–)[8]	(–)	G: + / V: (–)
– Zufallsurteil	?	+	?	?	G: + / V: (–)

Legende:
+ = positive Einflüsse; (+) = schwach positive Einflüsse; – = negative Einflüsse; (–) = schwach negative Einflüsse; ? = keine eindeutige Einflußrichtung; G = Gewinner; V = Verlierer

Situative Bedingungen:
1 Sofern sich problemlösende oder kompromißorientierte Austragungsformen anschließen.
2 Bei Absenz eines hohen Zeitdrucks, aufgabenadäquaten Fähigkeiten, angemessener personaler Konfliktverarbeitungskapazität.
3 Insbes. bei novativen Aufgabenstellungen.
4 Bei diskursiven Konsequenzaufgaben und bei Aufgaben, die nur wenige Schritte umfassen und deren Lösung anhand vorhandener Fakten beweisbar ist, sofern der Gewinner der fähigste Problemlöser ist.
5 Bei vertikalem Machtkampf.
6 Bei horizontalem Machtkampf.
7 Bei adäquater Kompromißakzeptanz.
8 Insbesondere bei novativen und/oder bereichsübergreifenden Aufgaben.
9 Bei schwacher Machtposition, geringen Durchsetzungsaussichten, fehlender Anspruchsanpassung.
10 Sofern die Konfliktvermeidung Vorteile für den Aktor bietet.
11 Bei ausgeprägter personaler Konfliktbereitschaft.
12 Bei konfliktscheuen Personen.
13 Sofern die Indifferenzzone im Vorgesetzten-Mitarbeiter-Verhältnis oder ein dem Kontrahenten zugebilligter Anspruchsbereich überschritten wird.

Abb. 7: Zielwirkungen verschiedener Konflikthandhabungsformen (nach Redel 1982, 223)

der Aktoren. Die Fußnoten beinhalten wesentliche situative Bedingungen, unter denen die jeweiligen Tendenzaussagen gelten. Die Handhabungsgruppe Konfliktvermeidung wurde wegen ähnlicher Zielwirkungen nicht weiter in Unterformen differenziert.

Die *Gesamtbetrachtung* der Zielwirkungen läßt – wenn man einen gleichen Rang der Zielkriterien unterstellt – auf eine Überlegenheit der Handhabungsform Problemlösen und auf eine Unterlegenheit der Konfliktvermeidung und friedlichen Koexistenz schließen. Die Handhabungsformen Teilen des Streitwerts, Drittparteien-Urteil und Machtkampf nehmen dabei in der Reihenfolge ihrer Nennung eine Mittelstellung auf dem Effizienzkontinuum ein. Für diese im Hinblick auf konkrete organisatorische Zielkriterien abgeleitete Effizienzrangordnung der Handhabungsformen sprechen auch empirische Befunde, die andere Kriterien verwenden. So wurde eine deutliche Effizienzüberlegenheit für Problemlösen ermittelt; Konfliktvermeidung (in Form des Rückzugs) und friedliche Koexistenz wurden dagegen als *ineffiziente* Handhabungsformen eingestuft. Dazwischen lagen Teilen des Streitswerts und vertikaler Machtkampf (in Form autoritärer Anordnungen) (vgl. Burke 1970; Lawrence / Lorsch 1967; Ruedi / Lawrence 1970 u. a.).

Typologien interpersonaler Handhabungsformen unterstellen, daß die intrapersonalen Konflikttransformationen zur Wahl *gleicher* Handhabungsformen führen.

Dieser wichtigen Prämisse wird in der Literatur bisher wenig Beachtung geschenkt. Denn es ist auch möglich, daß die Beteiligten divergierende Konfliktreaktionen zeigen (z. B. kann sich ein Aktor für die Handhabungsform Problemlösen entscheiden, während der [die] Kontrahent[en] zu einem Gewinn-Verlust-Machtkampf neigen).

Divergierende Handhabungsformen können einmal – mehr unbewußt und passiv – aus der unterschiedlichen Wahrnehmung von Konfliktsituationen durch die Aktoren resultieren (Dorow / Grunwald 1980, 524 f.). Sie können aber auch das Ergebnis bewußter und aktiver Strategien sein, die von unterschiedlichen Nutzen-Kosten-Überlegungen der Aktoren getragen werden. In beiden Fällen stellt sich die Frage, welche Handhabungsform sich endgültig herausbildet.

Ohne Gestaltungsmaßnahmen von dritter Seite muß die Aussicht, daß sich die Handhabungsform Problemlösen durchsetzt, eher pessimistisch beurteilt werden.

Diese These, die insbesondere für den zweiten Fall gilt, läßt sich als Analogieschluß aus anderen Bereichen ableiten (so z. B. aus der Beobachtung, daß Vertrauen schneller in Mißtrauen umschlägt als umgekehrt, vgl. Wunderer / Grunwald, 1980, Bd. II; Deutsch 1976).

4.2.4.4.5 Maßnahmen zur Beeinflussung der Konflikthandhabung

Konflikte lassen sich durch Gestaltungsmaßnahmen nicht völlig vermeiden oder aufheben. Daher spricht man auch von Konflikthandhabung und nicht von Konfliktlösung. Nach neuerer Auffassung wäre dies auch gar nicht wünschenswert (Robbins 1974; Deutsch 1982; Grunwald/Lilge 1982). Vielmehr wird empfohlen, einen *optimalen Spannungszustand* anzustreben, der eine produktive Nutzung der Konflikte mit dem Ziel von Innovation, Wandel oder Anpassung ermöglichen soll. Allerdings hat die Idee des *Konfliktoptimums* zu berücksichtigen, daß Informations- und Konfliktverarbeitungskapazität des Menschen begrenzt sind. Ferner ist zu beachten, daß die Wahrnehmung von Konfliktsituationen die Erwartungsbildung über die Konfliktumgehungsmöglichkeit und die Interessenberücksichtigung beeinflußt und somit die Handhabung von Konflikten determiniert. Vielfältige sozialpsychologische und organisatorische Faktoren können hier zu Wahrnehmungsverzerrungen und damit zu dysfunktionalen Konfliktumleitungen führen (Dorow/Grunwald 1980, 526f.).

Ein weiteres Problem ergibt sich daraus, daß vermeidungs- und durchsetzungsorientierte Konflikthandhabungen die Entfaltung des innovativen Potentials von Konflikten behindern können. Aus dem Wissen um die begrenzte Konfliktverarbeitungskapazität des Menschen wird für Organisationen gefolgert, daß die Gestaltung und Steuerung eines optimalen Spannungsgrades primär auf der sachlich-intellektuellen Ebene erfolgen solle, während auf der sozio-emotionalen Ebene der Konfliktgrad durch ‚flankierende' Maßnahmen zu reduzieren sei (Krüger 1972).

Sachbezogene Maßnahmen, die grundsätzlich für die Stimulierung der Konfliktbewußtmachung und für die Förderung einer offenen, konstruktiven Austragung von Konflikten in Betracht zu ziehen sind, wären z. B. (Krüger 1972; Redel 1982):

- Delegation von Entscheidungen an nachgeordnete Stellen/Ebenen
- Matrixartige Organisationsstrukturen
- Einsatz von Kollegien und Projektgruppen
- Beschwerdesysteme
- Implementation operationaler Zielsysteme
- Aus- und Fortbildungsveranstaltungen über Entscheidungs- und Problemlösungs-Techniken sowie über spezielle betriebliche Probleme und Änderungsvorhaben

Bei diesen Maßnahmen handelt es sich um grobe Ansatzpunkte. Um die gewünschten Wirkungen abzusichern, sind oft zusätzliche Maßnahmen notwendig: Das Innovationspotential des institutionalisierten Konflikts bei der Matrixorganisation ist beispielsweise durch eine präzise Kompetenzabgrenzung abzusichern, damit unproduktive Machtkämpfe vermieden werden (Seidel/Redel, 1987, 136). Auch bei Kollegien und Projektgruppen sind – trotz der strukturellen Begünstigung einer Offenlegung und konstruktiven Austragung von Konflikten – zusätzliche intragruppal ausgerichtete Maßnahmen zu erwägen (Redel, 1987), wie z. B. Einsatz eines geeigneten, ‚konfliktsensitiven' Moderators, optimale Gruppengrößen, die ausreichende Partizipationsmöglichkeiten garantieren, angemessene Interaktionsregeln (Konsens, Betonung des positiven Werts konstruktiver Kritik, Betonung der Gleichwertigkeit der Teilnehmer u. ä.).

Neben sachbezogenen können personenorientierte Maßnahmen, wie die verschiedenen Formen des Sensitivity Trainings und der Konfrontationstechniken eingesetzt werden. Sie sollen die Wahrscheinlichkeit verringern, daß die individuelle Konfliktverarbeitungskapazität durch Spannungen auf der sozio-emotionalen Ebene belastet wird. Im einzelnen will man mit den genannten personenorientierten Maßnahmen die folgenden Wirkungen erzielen:

- Förderung kooperativer Verhaltensweisen (auch bei Personen, die zu Gewinn-Verlust-Strategien neigen)
- Verbesserung der Vertrauensbasis
- Abbau von verzerrten Wahrnehmungen konfliktärer Sachverhalte
- Verbesserung der Diagnosefähigkeit in sozialen Situationen
- Steigerung der Verhaltensflexibilität, der Ambiguitätstoleranz und der Empathie

Empirische Untersuchungen berichten über derartige positive Einstellungs- und Verhaltensänderungen bei Einsatz gruppendynamischer Techniken (Gebert 1974; Rüttinger 1977; Naase 1978; Mangham/Cooper 1969; Shaw 1981).[1] Durch Einsatz personenorientierter Maßnahmen wird mithin die Wahrscheinlichkeit erhöht, daß die Aktoren ihre Aktivitäten 1) auf die konstruktive Handhabung 2) tatsächlicher Konflikte 3) auf der sachlich-intellektuellen Ebene konzentrieren und sozio-emotionale Barrieren abbauen.

Aus der Sicht *externer* Dritter (OE-Berater) haben Blake und Mouton (1976) die Möglichkeiten der Beeinflussung von Konflikten in Form einer Würfeldarstellung (‚consulcube') zu systematisieren versucht. Sie unterscheiden drei Dimensionen: Art der Intervention (‚kind of interventions'), Gegenstände oder Inhalte der Bera-

[1] Vgl. auch die Zeitschriften ‚Human Relations', ‚Administrative Science Quarterly' ‚Business Ethics' und ‚Gruppendynamik'.

tung (‚focal issues') und Zielgruppen der Beratung (‚units of change'). Zusammen mit den Unterformen ergeben sich rechnerisch 100 verschiedene Möglichkeiten, eine bestimmte Intervention bezüglich eines bestimmten Sachverhalts / Inhalts bei einer definierten Zielgruppe vorzunehmen. Beispielsweise ist mit dem Kürzel H 1 eine katalytische (beschleunigende) Intervention gemeint, die Probleme bei individuellen Zielsetzungen lösen helfen soll (z. B. individuelle Probleme von älteren Arbeitnehmern bei Vorruhestand, vgl. Abb. 8). Allerdings sind nicht alle Kombinationen gleichermaßen relevant (z. B. D 1 bis D 5, Blake / Mouton 1976, 76).

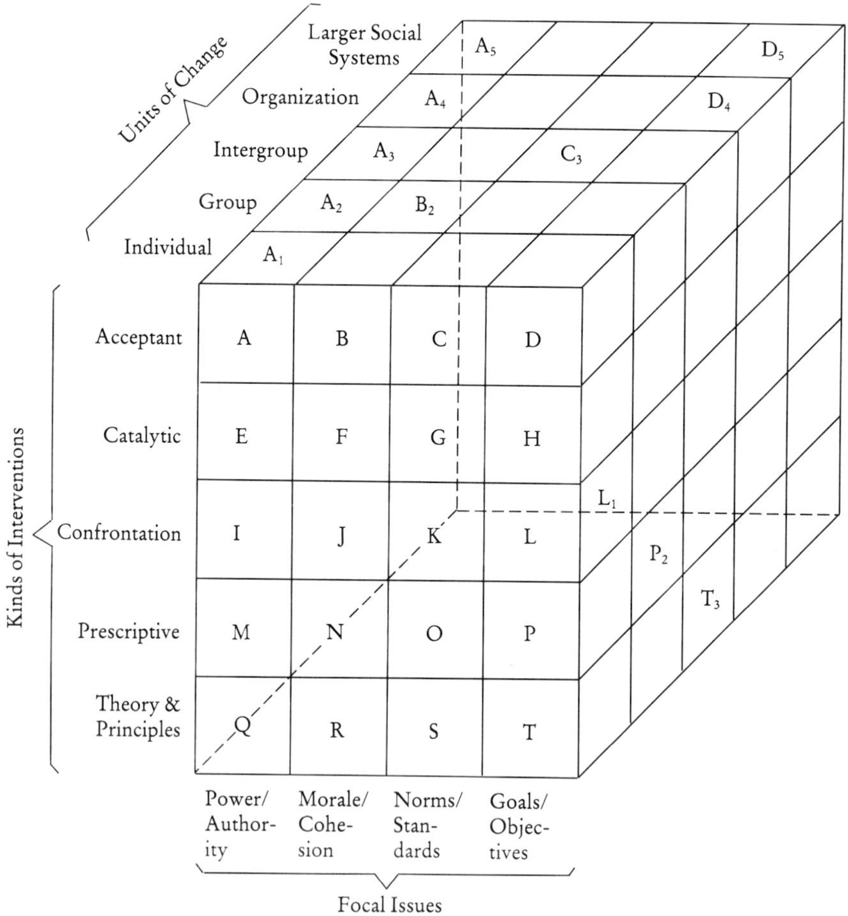

Abb. 8: Das Beratungsmodell (Blake/Mouton 1976)

4.2.4.5 Programmatischer Ausblick

Die theoretische, empirische und methodische Erforschung der Konfliktursachen, -erscheinungsformen, -konsequenzen und -handhabung in Organisationen muß intensiviert werden. Denn die vorliegende und relativ umfangreiche Literatur über soziale Konflikte thematisiert primär die beschreibende, normative und spekulative Analyse-Ebene (s. hierzu Abb. 9, folgende Seite).

Um das Wissen über soziale Konflikte zu erweitern, müßte sich die Forschung der nächsten Jahre vordringlich auf folgende Problembereiche konzentrieren (Grunwald 1979; Roth 1984; Berkel 1984):

- Entwicklung einer allgemein anerkannten Nomenklatur (und Taxonomie) des sozialen Konflikts analog der international anerkannten mathematisch-statistischen Terminologie. Erschwert wird jedoch dieses Vorhaben, weil
  - a) das gleiche Konzept in verschiedenen Studien unterschiedlich operationalisiert und / oder gemessen wird,
  - b) ähnliche Konzepte mit ähnlichen operationalen Begriffen in verschiedenen Situationen verwendet werden,
  - c) ähnliche Konzepte mit unterschiedlichen operationalen Begriffen in verschiedenen Situationen verwendet werden,
  - d) unterschiedliche Konzeptualisierungen, die den gleichen Sachverhalt betreffen, unterschiedlich operationalisiert und / oder gemessen werden,
  - e) eine Konstruktvalidierung der theoretischen Begriffe nicht oder nur unzureichend erfolgt.
- Wissenschaftstheoretische Analyse vorliegender Theorien, Modelle, Erklärungsskizzen, Hypothesen und Spekulationen zum Konfliktphänomen (Konfliktmerkmale, -arten, -bedingungen, -erscheinungsformen, -konsequenzen und -handhabungsmodi, vgl. Abb. 9).
- Entwicklung theoretisch und empirisch fundierter Zuordnungsregeln für die kreiskausalen Wechselbeziehungen zwischen Konfliktbedingungen, -konsequenzen und -handhabungsmodi.
- Entwicklung von Brückentheorien für die bereits vorliegenden psychologischen, sozialpsychologischen, soziologischen und politologischen Konflikttheorien bzw. Konfliktansätze mit dem Ziel einer integrativen Konflikttheorie mittlerer Reichweite.
- Sekundäranalyse vorliegender empirischer Untersuchungen, um widersprüchliche Befunde durch das Herausarbeiten unterschiedlicher Randbedingungen und

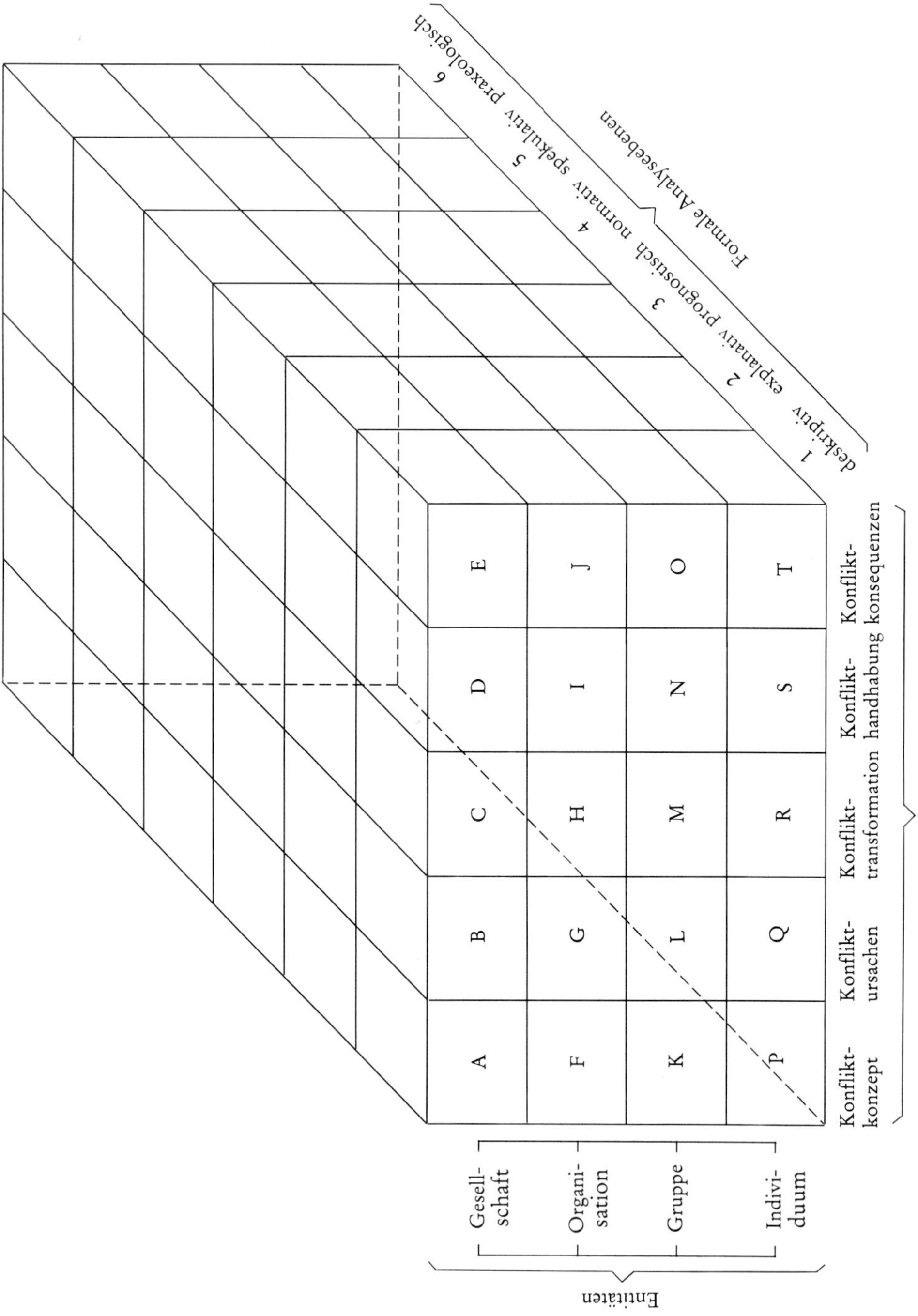

Abb. 9: Dreidimensionales Konfliktmodell

Operationalisierungen vorläufig aufzulösen und neue Hypothesen generieren zu können.

- Verstärkte Anwendung der Mehrebenen-Methode bei der Beschreibung, Erklärung, Vorhersage und Handhabung des Konfliktphänomens mit dem Ziel eines *gemäßigten* Reduktionismus (vgl. Abb. 9).
- Verstärkte Hinwendung zu Feldstudien unter besonderer Berücksichtigung der Aktionsforschung.
- Verstärkte Zusammenarbeit von Wissenschaft und Praxis mit dem Ziel praxisorientierter Theorie und theorieorientierter Praxis.

Kapitel 4.2.5

Führung und soziale Steuerung

Ansfried B. Weinert

4.2.5.1 Einführung

Ein Handbuchbeitrag kann sicherlich nicht dazu dienen, auf wenigen Seiten eine detaillierte Gesamtübersicht zu Führungsforschung und sozialer Steuerung zu geben. Ein solcher Versuch würde weder den Bemühungen der Forscher noch den Resultaten ihrer Arbeiten gerecht werden. Darüber hinaus sind solche Zusammenfassungen – mehr oder wenig vollständiger Natur – in Übersichts- und Sammelreferaten, u. a. auch in Buchform, heute in jeder Bibliothek bereits mehrfach vorhanden (vgl. u. a. Aschauer, 1970; Bass, 1981; Baumgarten, 1977; Gibb, 1969; Liebel, 1978; Neuberger, 1976, 1978, 1984; v. Rosenstiel, 1978; Seidel, 1978; Steinle, 1978; Stogdill, 1974; Weinert, 1987; Wilpert, 1977; Wunderer & Grunwald, 1980 u. a. m.).

Statt dessen wird hier versucht, eine kritische Bestandsaufnahme darüber zu erstellen, wo wir momentan – methodisch und konzeptionell – stehen. Dabei sollen nicht nur dominierende Trends, sondern auch konzeptionelle Schwächen und Lücken in der empirischen Unterstützung bislang entwickelter Ansätze und Theorien aufgezeigt werden. Wo sind Veränderungen unseres Denkens über Führung notwendig (vgl. hierzu insbesondere Hunt et al., 1982)? Und schließlich: Sind evtl. Ansätze für ein integratives, konzeptionelles Rahmenwerk zu erkennen?

4.2.5.2 Führung als Forschungsgegenstand

Die wohl umfassendste Darstellung des Führungsbegriffs und der Führungsforschung dürfte sicherlich Stogdills „Handbook of leadership“ (1974; bzw. Bass, 1981) sein. Allein dieses Werk umfaßt bereits mehr als 3000 Arbeiten namhafter Führungsforscher, die meisten dieser Beiträge nicht viel älter als ein paar Jahre.

Stogdill kommt für seinen Teil zu dem recht kritischen Urteil, daß wir es hier mit einer fast endlosen Ansammlung von empirischen Daten und Beiträgen zu tun haben, ohne dadurch ein integratives Veständnis über das Führungsphänomen erlangt zu haben. Und in der Tat: Das Unbehagen über den gegenwärtigen Zustand dieses Forschungsgebietes ist groß. Es reicht von der Fragestellung, *ob Führung überhaupt ein brauchbares Konzept* sei (Miner, 1975) oder ob man besser einzelne Facetten und Begriffe wie *Macht, Einflußnahme, Steuerung, Abhängigkeit* etc. untersuchen und analysieren sollte (vgl. u. a. Irle, 1975; Jones & Gerard, 1967). Pfeffer (1978) meint, daß es sowieso zweifelhaft sei, ob Führer überhaupt einen wesentlichen Einfluß auf die Ergebnisse und Prozesse einer Organisation bzw. einer Unternehmung haben (vgl. hierzu auch den radikalen Standpunkt zur Frage der Substitute für hierarchische Führerschaft von Kerr & Jermier, 1978).

Die vorhandene Forschungsliteratur gibt uns auch die Möglichkeit, so ziemlich jeden dieser Standpunkte durch jeweils dazu passende, empirische Befunde zu untermauern. So weisen viele Führungsstudien darauf hin, daß verschiedene Führungsstile einen signifikanten Einfluß auf Variablen ausüben, die mit der Effizienz einer Organisation, wie auch mit dem Verhalten und der Zufriedenheit der einzelnen Mitarbeiter im Zusammenhang stehen (die erste und bekannteste Studie zu diesem Thema ist die von Lewin et al., 1939). Dabei ist einschränkend allerdings hinzuzufügen, daß die meisten dieser Studien lediglich unter Angehörigen der unteren Organisationsebenen durchgeführt wurden. Studien in den mittleren und oberen Ebenen bilden die Ausnahme (vgl. Lieberson & O'Connor, 1972; Meyer, 1975). Aber es gibt sowohl Längsschnittstudien als auch experimentelle Untersuchungen die gezeigt haben, daß das Führungsverhalten auf Arbeitsleistung oder Zufriedenheit der Mitarbeiter wenig oder gar keinen Einfluß hat (vgl. hierzu die klassische Studie von French et al., 1960). Andere Studien zeigen schließlich, daß es eher das Führungsverhalten ist, das von den Geführten verursacht wird, als umgekehrt (vgl. u. a. Greene, 1975).

4.2.5.2.1 Fehlerhafte Ansätze

Selbstkritik unter den Führungsforschern scheint demnach am Platze zu sein; einige Beispiele sollen genügen. Charakteristisch für die Führungsforschung ist insbesondere die Tendenz, sich auf nur wenige, allzu enge Aspekte der Führung zu konzentrieren. Wir haben Teilphänomene – isoliert voneinander – untersucht und sind nun unzufrieden darüber, daß sich die daraus hervorgegangenen Ergebnisse nicht dazu eignen, in generalisierender und globalisierender Weise gültige Erklärungshintergründe für alle nur möglichen Lebenssituationen zu geben. In der realen Arbeitssituation operierende, moderierende und intervenierende Variablen sind dabei häufig zu kurz gekommen. Wir konnten uns bislang kaum auf eine Definition der Begriffe wie Führung, Führungsstil, Führungseffizienz, Führungserfolg einigen, von den Kriterien ganz zu schweigen. Wir verwenden in der Forschung die unterschiedlichsten

Meßmethoden bzw. Instrumente, beklagen aber wiederum eine Nicht-Replizierbarkeit vieler Befunde. Wir haben eine Vielzahl von Modellen und Ansätzen entwickelt, die zueinander entweder gar keine oder nur teilweise Bezüge haben, und die sich in der Hauptsache mit jeweils unterschiedlichen Variablenkomponenten (die dann in der Folge als die einzig richtigen postuliert werden), mit isolierten Fragestellungen, Problemfeldern, Führungs- und Organisationsebenen, zu untersuchenden Personenkreisen (z. B. meist nur Industrie - kaum Dienstleistungsbetriebe) beschäftigen.

Auf diesem Hintergrund sind bestehende Ansätze, Modelle und Theorien – mehrfach voreilig – als unbrauchbar und abgeschlossen beiseite gelegt worden, nur weil wir damit nicht gleich Richtlinien über viele differenzierte Situationen hinweg generalisierend ableiten konnten (auf die zusätzliche Problematik der Übertragbarkeit der zumeist aus der amerikanischen Forschung stammenden Führungsmodelle – u. a. im Hinblick auf Ideologien, Normen und Werte – soll hier nur hingewiesen werden). Dabei wurden allerdings eher die Grenzen unseres momentanen Verständnisvermögens offenkundig gemacht, als daß damit bei den jeweiligen Ansätzen das Ende einer sinnvollen Erforschbarkeit und evtl. Weiterentwicklung erreicht worden wäre (im Verlauf dieses Beitrags sollen einige Beispiele hierzu gegeben werden). Von einer Verwendung eines einmal als unzureichend erkannten, nur gewisse Teilaspekte der Führungssituation erklärenden Modellansatzes als Teil für ein umfassendes Rahmenkonzept der Führung wurde meist abgesehen. Das *Wiederaufleben des Trait-Ansatzes* in Assessment-Centers – wenn auch in neuer, von den 50er Jahren abgewandelter Form – ist Beispiel und Indiz hierfür (z. B. die CPI-Skalen für Arbeitsorientierung, Managment-Interesse und der Führungsindex, Gough, 1984). Obgleich es heute die meisten Organisationspsychologen – wie auch jene Sozialwissenschaftler, die in der Personalforschung tätig sind – strikt von sich weisen, mit „Trait-Geschichten" etwas im Sinne zu haben, bestehen viele der z. Zt. verwendeten Eignungsdimensionen, nach denen in Assessment-Centers und in anderen Auswahl- und Bewertungsverfahren gesucht wird, aus reinen Eigenschaftskomponenten. Zwar messen wir diese heute häufig nicht mehr direkt, aber wir schließen allemal darauf, wenn es um ein zusammenfassendes, abschließendes Urteil geht (Einsatzbereitschaft, Zielstrebigkeit, Entschlußkraft, Initiative, Selbstvertrauen u. a. m.).

Die Arbeiten von Ghiselli (1971), wie auch die Längsschnittstudien von Bray et al. (1974) beweisen allerdings, daß auch dieser Trait-Ansatz bis heute nicht hinreichend verstanden worden ist. In der Bemühung, vorgeschlagene Modellansätze zu falsifizieren, wurde meist eine Flut von Daten angeführt, um den jeweils *eigenen* Standpunkt zu untermauern. In diesem Sinne treffen auch die Vorwürfe, wie sie Neuberger (1980) gegenüber Fiedlers Vorgehensweise und didaktischer Methodik macht, für die Arbeiten vieler anderer Führungsforscher zu, auch solcher, die nur die Modelle anderer verifizieren oder falsifizieren wollen.

4.2.5.2.2 Zur Definition von Führung

Die Erforschung komplexer, zwischenmenschlicher Interaktionen im Berufs- und Arbeitsleben hat zu einer *Vielzahl von Erklärungsansätzen* geführt, die sich vor allem in der Definition des Gegenstandes „Führung“ und den darin enthaltenen Variablen deutlich zeigen. So konnten schon 1967 nicht weniger als 72 verschiedene Definitionen des Begriffes „Führung“ ausgemacht werden (vgl. Stogdill, 1974).

Dabei reicht es nicht aus, darauf hinzuweisen, daß Führung für verschiedene Leute eben Unterschiedliches bedeutet, genau so, wie etwa die Begriffe Macht, Kontrolle, Steuerung und Autorität. Vielmehr handelt es sich um tiefgreifende Kontroversen und um widersprüchliche Auffassungen über dieses Phänomen. Diese unterschiedlichen Sichtweisen sind dabei keinesfalls nur oberflächlicher Natur, und sie haben deshalb einen großen Einfluß auf die jeweiligen Forschungsbemühungen ausgeübt.

Auf diesem Hintergrund ist es keinesfalls gleichgültig, ob wir Führung als Prozeß, als Eigenschaft oder als beides verstehen; ob Führung als Interaktionsmuster oder als Wahrnehmung einer Personengruppe im Hinblick auf legitime Einflußnahme zu sehen ist; ob Führung die Verwendung von Macht, Dominanz oder Überzeugung einschließen soll oder nicht (und wie man dann z. B. Führung von Beaufsichtigung und Anleitung trennen kann); ob wir Führung als kollektiven Prozeß sehen sollen, an dem alle Mitglieder einer Gruppe teilhaben (Führung als sozialer Einflußprozeß), oder ob man Führung eher als rollenspezifisches Verhalten bzw. Rollenbeziehung zu verstehen hat. Zudem herrscht große Uneinigkeit darüber, wie restriktiv oder breit man das Führungskonzept handhaben sollte. Und so gibt es eigentlich wenig, worin diese vielen, bereits vorhandenen Definitionen miteinander übereinstimmen. Hier soll weder der Versuch gemacht werden, bestehende Kontroversen zu lösen, noch eine weitere Definition hinzuzufügen.

Drei wesentliche Grundannahmen sind es schließlich, die vielleicht als gemeinsamer Nenner dienen könnten:

1) Führung ist ein *Gruppenphänomen* (das die Interaktion zwischen zwei oder mehreren Personen einschließt);

2) Führung ist *intentionale soziale Einflußnahme* (wobei es wiederum Differenzen darüber gibt, wer in einer Gruppe auf wen Einfluß ausübt und wie dieser ausgeübt wird, u. a. m.);

3) Führung zielt darauf ab, *durch Kommunikationsprozesse Ziele zu erreichen*.

4.2.5.2.3 Zur Klassifikation von Führungsansätzen

Bei näherer Untersuchung der bislang entwickelten Theorien und Modelle zum Ablauf und zur Beeinflussung von Führungsprozessen, zur Frage der Führungseffizienz und des Führungserfolgs ist unschwer festzustellen, daß es zwei voneinander recht unterschiedliche Perspektiven gibt, die die Basis für die jeweiligen Entwicklungen bilden. So ist einmal die Annahme vorzufinden, daß Führung ein allgemeines, universelles Phänomen ist, invariant zwischen verschiedenen Führungsrollen, unabhängig von der Situation, in der geführt wird, und es damit in den meisten Situationen einen besten Weg gibt, zu führen. Dieser Standpunkt könnte daher als *„Ansatz der Universellen Theorien"* bezeichnet werden. Dazu gehören sowohl der sog. „Trait-Ansatz", wie auch die theoretischen Vorstellungen zu Führerverhalten bzw. Führungsstil. Zwar wird immer wieder beteuert, daß dies doch alte – und damit überholte – Überlegungen seien, doch zeigen einige Neuentwicklungen der letzten Jahre (z. B. die *„Attributionstheorie der Führung"* von Calder, 1977, oder die *„Theorie der Charismatischen Führerschaft"* von House, 1977), wie auch die geltende Praxis der Auswahl, der Beurteilung und des Trainings von Führungskräften, daß die anhaltende Diskussion um ein besseres Verständnis dieser Konzepte – vielleicht zugunsten einer Integration in ein umfassenderes Führungskonzept – keineswegs zum Stillstand gekommen ist.

Eine zweite Gruppe von Ansätzen basiert dagegen auf der Grundannahme, daß Führungserfolg zuförderst von bestimmten Merkmalen der Führungssituation abhängig ist. Danach gibt es gewisse Situationsvariablen, die es uns – wenn sie meßbar und erfaßbar sind – erlauben, eine Situationsdiagnose zu erstellen um, in Abhängigkeit von diesen spezifischen Situationsfaktoren, präzise Empfehlungen und Aussagen über den geeigneten Führungsstil und Führungstyp, über Führungsverhalten u. a. m. machen zu können.

Da diese Empfehlungen stets an bestimmte Bedingungen geknüpft sind, können die in diesem Rahmen entwickelten alternativen Vorstellungen allesamt als *Kontingenzmodelle* bezeichnet werden. Sie alle teilen die gemeinsame Grundannahme, daß die Wirkung bzw. Einflußnahme, die eine Führungsperson auf ihre Geführten hat, von bestimmten Moderatorvariablen der Situation abhängig ist.

Diese Situationsmoderatoren sind es schließlich, die den Einfluß der Eigenschaften und des Verhaltens der Führungsperson verstärken oder auch völlig zunichte machen bzw. unwirksam werden lassen. Darunter fallen:

(1) das Fiedlersche Modell (1967), bei dem Führungseffizienz immer noch im Hinblick auf Traits definiert wird; (2) die Vorstellungen von Hersey & Blanchard (1977); (3) das Weg-Ziel-Modell von House (1971), das Führung in erster Linie als eine Beeinflussung der Motivation und der Bedürfnisbefriedigung der Geführten sieht

und (4) das Vroom-Yetton-Modell (1973), das sich allein auf den formal eingesetzten Führer in spezifischen Entscheidungssituationen konzentriert (Führungseffizienz definiert im Hinblick auf Führerverhalten).

4.2.5.2.3.1 Die „Universellen Theorien der Führung"

Die Führungsforschung hat sich in ihren Anfängen beinahe ausschließlich damit beschäftigt, diejenigen Charaktereigenschaften und Fähigkeiten zu identifizieren, die Führer von Nicht-Führern, effektive von nichteffektiven Führern, oder Führer in den oberen Organisationsebenen von denjenigen in den unteren Organisationsebenen unterscheiden. In der Annahme, daß die Fähigkeit zum Führen in erster Linie ein relativ stabiles und überdauerndes Charakteristikum eines Menschen sei, das Führer in höherem Maße besitzen als ihre Geführten, wurden beinahe endlose Auflistungen von Führer-Traits zu den Bereichen Fähigkeiten/Fertigkeiten (z. B. Intelligenz), Persönlichkeitscharakteristika (z. B. Selbstvertrauen, Dominanz) und soziale Charakteristika (z. B. Kooperationsbereitschaft) erstellt. In der Folge sind schließlich umfangreiche korrelative Studien durchgeführt worden, auf der Basis fragwürdiger Instrumente, willkürlicher bzw. unspezifischer Kriterien, schlechter experimenteller Designs, unpräziser Definitionen der Situationsbedingungen und der untersuchten Population. Die auf diesem Wege zu erwartenden widersprüchlichen Resultate, schwachen Beziehungen und falschen Schlüsse, die aus den Resultaten gezogen wurden, führten zu folgenschweren Kontroversen und brauchen, da bereits vielfach diskutiert, hier nicht wiederholt zu werden (vgl. u. a. Stogdill, 1974; Irle, 1970; Neuberger, 1976). Die Enttäuschung darüber, daß man mit (dieser Art von) Trait-Forschung die meisten Führungsprobleme nicht lösen konnte, hat unter den Führungsforschern zu zwei recht unterschiedlichen Reaktionen geführt:

a) Aufgabe der Beschäftigung mit dem Trait-Ansatz und Hinwendung zum Situationsansatz. Dies führte zur alleinigen Erforschung des Führerverhaltens, weil Führung im eigentlichen Sinne rein situativer Natur ist und deshalb Persönlichkeitscharakteristika für den Führungserfolg keinen Vorhersagewert haben, sowie zur Ausklammerung der Trait-Forschung aus der Führungsforschung.

b) Verbesserung der Instrumente und der Untersuchungsmethoden, sowie ausschließliche Beschäftigung mit relevanten Traits; Verwendung von Längsschnittuntersuchungen; Untersuchungen von Trait-Patterns anstatt von nur einzelnen Merkmalen; genauere Spezifizierung der Kriterien; Erforschung der Interaktionen zwischen Persönlichkeits- und Situationsvariablen.

Der Erfolg ist diesem zweiten Vorgehen nicht versagt geblieben, allerdings im Zusammenhang mit der Veränderung wesentlicher, alter Grundannahmen, daß Führerschaft nicht angeboren bzw. ererbt ist, daß bestimmte Traits die Wahrscheinlichkeit zum Führungserfolg erhöhen, diesen aber nicht garantieren und, daß die relative Wichtigkeit verschiedener Traits von der Situation, den Umständen und dem Klima abhängig ist.

Dieser Standpunkt wird von den umfangreichen empirischen Arbeiten von Ghiselli (1971) zum Thema Management-Talent, von der Motivationsforschung (Mc Clelland, 1975; und Miner, 1978) und durch die Validitätsstudien zur Assessment-Center-Forschung von Bray et al. (1974) aufs stärkste unterstützt. So konnte Ghiselli mit Hilfe von standardisierten Skalen unter 336 mittleren Führungskräften aus 19 Betrieben u. a. feststellen, daß Traits – wie Intelligenz, Führungsfähigkeit, Initiative, Selbstsicherheit und Individualität – recht enge Bezüge zur Organisationsebene und zur Leistungseinstufung haben. Und Bray et al. kommen nach einer achtjährigen Längsschnittstudie, korrigierend, zu dem weiterführenden Schluß, daß die in einem AC vorgenommene Vorhersage für Erfolg – auf der Basis von Traits – sicherer ist, wenn sich die Person in einer Arbeitssituation befindet, die für ihre Entwicklung günstig ist. Damit aber wird gleichzeitig etwas sehr Entscheidendes ausgesagt, was die weitere Erforschung des Trait-Ansatzes mehr als rechtfertigt: Führungserfolg ist abhängig von einer Kombination von relevanten Persönlichkeitsqualitäten und dem Vorhandensein der Gelegenheit, daß diese Qualitäten sich zu kompetentem Führungsverhalten entwickeln können.

In eine ähnliche Richtung weisen mehrere Studien über die *Determinanten des Führungsverhaltens*. So haben verschiedene Meßinstrumente den Beweis erbracht, daß Führungsverhalten determiniert ist von verschiedenen individuellen Charakteristika, in Verbindung mit Variablen der Umwelt. Instrumente, wie die Do Skala (Dominanz-Skala des California Psychological Inventory = „Deutscher CPI“, Weinert et al., 1982), messen recht erfolgreich die Prädisposition einer Person, Führungsrollen zu übernehmen oder mit Erfolg zu versuchen, in einer führerlosen Gruppe Einfluß auszuüben (vgl. Megargee et al., 1966). Darüber hinaus trennt der aus dem CPI entwickelte Führungsindex recht gut zwischen Führern und Nicht-Führern und korreliert positiv mit der Organisationsebene (vgl. Goodstein & Shrader, 1963).

Hierbei ist allerdings darauf hinzuweisen, daß die meßbaren Unterschiede, die mit diesen Instrumenten zwischen Führern und Geführten festgestellt werden können, u. U. eher etwas über eine unangemessene Selektionsmethode aussagen als über das Wesen der Führung. Ferner ist das Ergebnis der Studie von Bray et al. dahingehend zu verstehen, daß allein das Einnehmen einer bestimmten Führungsposition in jedweder Person, die diese Position bekleidet, bestimmte charakterologische Merkmale ausprägen kann. Dies würde bedeuten, daß – im Vergleich zwischen Führern und Geführten – dieses bestimmte Charaktermerkmal im Selektionsprozeß, der einer Beförderung vorgeschaltet ist, nicht ausschlaggebend gewesen sein muß.

Da sich aufgrund früher, negativer Erfahrungen mit dem klassischen „Trait-Konzept“ die Überzeugung recht bald durchsetzte, daß Führungserfolg nicht allein aufgrund von persönlichen bzw. angeborenen Eigenschaften zu erklären sei, hat man sich verstärkt dem *Führungsverhalten* zugewandt. Aber auch hier dauerte es nicht lange, bis die Fehler dieser wiederum einseitigen, auf nur wenige Aspekte der Führungssituation begrenzten Betrachtungsweise offensichtlich wurden. Und die Vorstellung der Übertragbarkeit idealen, erfolgreichen Führerverhaltens von einer auf die andere Situation ist auch heute noch allgegenwärtig, sowohl in der Praxis der Besetzung von Führungspositionen (Peter Prinzip) als auch in der inhaltlichen Gestaltung von Trainingsprogrammen für Führungskräfte. In der Beantwortung der Fragen zum Verhalten erfolgreicher Führer, über den Einfluß, den ihr Verhalten auf die Gruppenleistung und die Effizienz der Organisation hat, u. a. m, sind zwei miteinander in Verbindung stehende Themen in den Mittelpunkt der Forschungsarbeiten gerückt: 1) die Kategorisierung von Führungsverhalten (Taxonomie von Führungsstilen) und 2) die Frage nach der relativen Effizienz verschiedenen Führungsverhaltens.

Die Suche nach *Verhaltensmustern*, an denen sich wirksame von weniger wirksamen Führungspersonen unterscheiden, führte unter Verwendung vieler unterschiedlicher Methoden zu einer Vielzahl von Kategorien des Führungsverhaltens. Ziel dieses Vorgehens war es – und ist es heute noch –, wichtige und meßbare Kategorien des Führungsverhaltens zu identifizieren, die nicht situationsspezifisch, sondern genereller Natur sind; allgemein genug, um das relevante Verhaltensmuster unterschiedlicher Arten von Führungskräften einzuschließen, aber auch wieder präzise genug, um feststellen zu können, was eine effiziente Führungskraft in ganz bestimmten Situationen tut. Schließlich sollen sie auch die Anwendung unterschiedlicher Meßtechniken und Meßinstrumente erlauben. Auf dieser Basis sind bis heute sehr viele, unterschiedliche Taxonomien entwickelt worden, von denen die Ergebnisse der *Ohio* und der *Michigan* Studien (vgl. Weinert, 1987) lediglich die am meisten zitierten geblieben sind „Consideration“ (= Aufmerksamkeit und Rücksichtnahme) und „Initiation of Structure“ (= Strukturierung) bzw. Personen- vs. Produktions-Zentriertheit. Allerdings sind diese Kategorien viel zu breit, zu allgemein und zu einfach, um ein brauchbares Bild des Führungsverhaltens abzugeben, um damit Faktoren aufzuzeigen, die als Inhalte für Trainingsprogramme nützlich sein könnten. Der Hinweis darauf, daß der „C“- und der „IS“-Führungsstil zwei separate und konzeptionell unabhängige Dimensionen sind, scheint für weitere Schlüsse sehr wichtig (auf die Probleme ihrer faktorenanalytischen Entwicklung soll hier nicht eingegangen werden). Und die Bestrebungen, neue Verhaltenskategorien zu erstellen, dauern bis heute an (vgl. u. a. House & Dessler, 1974; Morse & Wagner, 1978; Schriesheim, 1978; Yukl & Nemeroff, 1979), Ansätze, die vom Begriff der Führungsrollen (u. a. Mintzberg, 1973) bis hin zu den Arbeiten zur „Methode der Kritischen Ereignisse“ reichen (vgl. u. a. Latham & Wexley, 1977).

Die meisten dieser Studien enthalten allerdings eine große Anzahl an methodischen Problemen, vor allem, daß viele dieser Verhaltenskategorien keine konsistenten Bezüge aufweisen, weder zur Leistung oder zu anderen Modi des Geführtenverhaltens, noch zur Arbeitszufriedenheit der Geführten. Weder sind in diesem Ansatz die Situationsvariablen und ihr Einfluß auf das Führerverhalten konzeptionell berücksichtigt, noch wird in der Führer-Geführten-Beziehung folgenden Moderatoren Rechnung getragen: der Erfahrung und Kompetenz der Geführten, ihren Erwartungen gegenüber dem Führerverhalten, dem Grad der Autonomie, der Rollenklarheit oder -ambiguität und Streß oder Zeitlimitierungen. Schwächen sind vor allem in den verwendeten Meßmethoden zu finden – meist Fragebögen (z. B. der LBDQ von Likert), die eher eine Reaktion der Wahrnehmung der Geführten messen als das tatsächliche Verhalten der Führungsperson.

Und da ist in der am häufigsten gemessenen Beziehung, nämlich der zwischen der Verhaltensbeschreibung des Führers durch die Untergebenen und der Führungseffizienz, auch noch die Frage nach der Kausalität zu stellen (in den meisten Studien wurde „Führung“ systematisch variiert). Bekannterweise aber lassen statistische Korrelationen eben mehrere Möglichkeiten der Interpretation der Resultate zu (und dieser Kritik unterliegen auch die vielen Studien, die die Wirkung der Partizipation in Führungs- und Entscheidungsprozessen überprüfen sollen; vgl. Locke & Schweiger, 1979). Ein attributionstheoretischer Führungsansatz scheint hier fruchtbar zu sein, sowohl als Erklärungshintergrund dafür, warum bestimmtes Verhalten eintritt, als auch für die Vorhersage der Reaktion eines Führers im Hinblick auf das Verhalten der Geführten.

4.2.5.2.3.2 Die „Kontingenz-Theorien der Führung“

Die Resultate des *klassischen Trait-Ansatzes*, wie auch diejenigen des reinen *Verhaltensansatzes*, weisen darauf hin, daß Führung unter bestimmten Bedingungen eine Wirkung zeigt, nicht aber unter anderen. Dies hat schließlich zu der Einsicht geführt, daß Führungserfolg bzw. Führungseffizienz in sehr starkem Maße von der Situation abhängig ist. Obwohl diese Einsicht recht offensichtlich zu sein scheint, nützt sie wenig, wenn man nicht gewisse Situationsabhängigkeiten spezifiziert und validiert und, wenn nicht genaue Bedingungen festgelegt werden können, unter denen bestimmte Traits und Verhaltensmodi des Führers effizient sein werden. Was also gebraucht wurde, war eine *Erweiterung des Situationsansatzes*, um diejenigen Aspekte einer Situation zu bestimmen, die darüber Aufschluß geben, welches Verhalten und welche Eigenschaften eines Führers erforderlich sind, um in dieser Situation erfolgreich zu sein; Aspekte, die wir auch als *Moderator-Variablen* bezeichnen können. Mehrere Ansätze fallen unter diese Rubrik, die zwar allesamt mit dem Terminus *„Kontingenzmodelle“* zu belegen sind, die aber, in unterschiedlichem Maße, auf dem bisherigen Gedankengut aufbauen oder neuere Entwicklungen aus Gebieten außerhalb der Führungsforschung einbeziehen.

Unter den bisher bekannten Kontingenzmodellen ist wohl keines zu nennen, das über zwei Jahrzehnte hin nur annähernd so viel Beachtung, Kritik, aber auch Unterstützung gefunden hatte wie das von Fiedler (1964) vorgestellte Führungsmodell, schlechthin als *„das Kontingenzmodell"* betrachtet. Es hat ebenso viele Befürworter gefunden wie Gegner, allemal aber genügend Aufmerksamkeit und Interesse, um über zwei Jahrzehnte lang zum Streitobjekt der Führungsforschung zu werden.

Die Ursachen sind sowohl in den Grundannahmen, wie auch in der Methodik zu suchen. So kommt Fiedler zweifellos das Verdienst zu, als erster aus den Erfahrungen mit dem Trait- bzw. dem Verhaltensansatz die notwendige Konsequenz ergriffen und einen Weg beschritten zu haben, der die Situation in die führungstheoretischen Überlegungen stärker einbindet. Dabei besteht sein Grundgedanke darin, daß die Gruppenleistung abhängig ist von einem geeigneten Zusammenpassen eines spezifischen *Charakteristikums der Führungsperson* (das nun zwanzig Jahre lang im Zentrum der Diskussion gestanden hat: die *„Aufgaben- vs. Beziehungsmotivation"*) einerseits und der Günstigkeit der Situation andererseits. Obgleich dieses Modell stärker auf Traits als auf Verhalten abhebt, ist bemerkenswert, daß Fiedler auch immer bei der Betrachtung dieses einen Charakteristikums geblieben ist. Seiner Meinung nach ist Aufgaben- vs. Beziehungszentriertheit eine Grundorientierung, eine relativ stabile Prädisposition der Persönlichkeit und deshalb auch weniger veränderlich als Verhaltensstile, eine Annahme, die ihn später auch zu der Einsicht geführt hat, daß Führungstraining relativ ineffektiv sei. Dabei ist darauf hinzuweisen, daß zwischen diesem Fiedlerschen Konzept, der Aufgaben- vs. Beziehungszentriertheit, und den früheren Verhaltensansätzen der grundsätzliche Unterschied besteht, daß diese Charakteristika bei Fiedler gegensätzliche Enden ein und desselben Kontinuums darstellen, bei den Verhaltenstheoretikern aber unterschiedliche, voneinander eindeutig getrennte Dimensionen.

Hauptstreitpunkt an diesem Modell ist allerdings die Quantifizierung der Aufgaben- vs. Beziehungsmotivation der Führungsperson, die Fiedler mit der sog. LPC-Skala mißt, wie auch die Interpretation dieses Wertes. Fiedler geht davon aus, daß für jede Führungsperson derjenige Mitarbeiter, mit dem er/sie am wenigsten gern zusammenarbeiten möchte (= *L*east *P*referred *C*o-worker) gleichermaßen unangenehm ist. Daraus ergibt sich die Annahme, daß Unterschiede, die bei verschiedenen Führungskräften in der Beschreibung einer solchen Person festzustellen sind, im eigentlichen Sinne Unterschiede in den diesen beschreibenden Personen eigenen *Persönlichkeitseigenschaften* darstellen. Diese Erklärung allerdings ist nicht zwingend, und alternative Interpretationen sind mehrfach angeboten worden (Beziehungen der LPC-Maße auf andere Persönlichkeits-Traits; Bedürfnis-Hierarchie-Erklärung; Streß-Erklärung: LPC als Index dafür, welche Organisationsfunktionen und Ziele die Führungsperson als relevant und wichtig ansieht; Werte-Interpretation; vgl. hierzu u. a. auch Rice, 1978). Diese methodische Schwäche der Quantifizierung dieser Variablen und der Interpretation des LPC-Wertes ist zum Hauptangriffspunkt der Kritiker des Fiedlerschen Modells geworden.

Der zweite Teil, die *Günstigkeit der Situation*, wird anhand von drei kritischen Dimensionen gemessen: Die *Führer-Geführten-Beziehung*; die *Aufgabenstruktur*; die *Positionsmacht*. Aus einer Dichotomisierung dieser Variablen ergeben sich acht Kombinationen von Situationscharakteristika, die den Führer vor Situationen mit unterschiedlichen Graden der Günstigkeit stellen, in denen er, je nach gemessenem LPC-Wert, unterschiedliche Erfolgsaussichten für sein Handeln vorfindet.

Um zu diesem Schluß zu kommen, hat Fiedler eine Methode angewandt, die ihm in der Folge sehr viel Kritik eingebracht hat: Die Mediankorrelation, die für vorhandene Beziehungen unterschiedliche Erklärungen zuläßt. Für jede der acht Kombinationen der Situationscharakteristika korreliert er den LPC-Wert mit Werten der Gruppenproduktivität. Anhand dieser Resultate möchte er den Beweis erbringen, daß *aufgabenorientierte Führungskräfte* ihre beste Leistung in sehr günstigen oder ungünstigen Situationen erbringen, sich aber *beziehungsorientierte Führer* eher in mittelmäßig günstigen Situationen bewähren (es also verallgemeinernd keine guten oder schlechten Führer gibt, sondern allenfalls Führer, die für bestimmte Situationen geeignet, für andere eben ungeeignet sind). Die völlige Abwesenheit von intervenierenden Variablen ist nicht zu übersehen, ein Umstand, der es äußerst schwierig macht zu erklären, *warum* hohe bzw. niedrige LPC-Führer in bestimmten Situationen effektiver sind.

Obgleich das Fiedlersche Konzept zu den einzelnen Punkten eine Flut an Forschungsaktivitäten ausgelöst hat und dabei unter allen Aspekten vielfach kritisiert worden ist, sind nur wenige überzeugende Vorschläge gemacht worden, wie die diesem Modell anhaftenden Probleme zu lösen sind: Zur Interpretation des Konzepts, zur Validität und Reliabilität des LPC-Wertes, zur Wahl dieses einen Persönlichkeitscharakteristikums überhaupt, zum postulierten Kausaleffekt des LPC-Wertes, zur Gewichtung der Situationsvariablen, um zu einem Index der Situationskontrolle zu kommen (ob sie überhaupt kombiniert werden dürften), zur Messung und Evaluation der Günstigkeit der Situation, zur Interaktion zwischen LPC-Wert und Situationsgünstigkeit, zur Frage, ob nicht die Führer-Geführten-Beziehung (da beeinflußbar) eher als intervenierende Variable anstatt, wie bisher, als Situationsvariable behandelt werden sollte u. a. m.

Im Vergleich zum Fiedlerschen Modell scheinen die etwas später entwickelten Kontingenzmodelle bei der Kritik etwas günstiger abzuschneiden. Mehrere Gründe sind hierfür anzuführen: Erfahrungen aus der Forschung zum Fiedlerschen Modell, Definition einer effektiven Führung im Hinblick auf beobachtbares Verhalten und weniger auf der Basis von Traits, Verwendung neuerer Erkenntnisse (z. B. aus der Forschung zur Motivationstheorie und über Moderatorvariablen), Vermeidung von generalisierenden Aussagen, die auf alle Führungssituationen zutreffen müssen, Limitierung der Fragestellung auf bestimmte Führungssituationen, wie z. B. auf Entscheidungssituationen und schließlich die bislang noch völlig unzureichende Forschung zu ihrer Validierung. Natürlich treffen diese Argumente für die verschiedenen Modelle in sehr unterschiedlichem Maße zu. Aus diesem Grund ist auch das von Hersey & Blanchard (1972, 1977) entwickelte Modell in mehrfacher Hinsicht interessant. In ihrer *„Situationalen Führungstheorie"* machen sie den wichtigen Hinweis, daß eine Führungsperson nicht gegenüber allen Geführten und nicht in allen Situationen denselben Führungsstil anwenden kann. Diese Einsicht basiert auf der Forschung zur *„Sozialen Austauschbarkeit"* im Hinblick auf die unterschiedlichen Beziehungen zwischen dem Führer und einzelnen Geführten (vgl. *„Theorie der Vertikalen Dyadenbeziehungen"*, Danserau et al., 1975). Was Hersey & Blanchard betonen, ist ein *flexibler, adaptiver Führungsstil* und die Forderung nach *Veränderung der Situation* durch den Führer, indem er dazu beiträgt, die Fähigkeiten und das Vertrauen der Untergebenen zu entwickeln.

Der Aufbau des Modells ist einfach, und darin liegen auch gleichzeitig die Nachteile und Schwächen, die Anlaß zur Kritik geben. Hersey & Blanchard sehen zwei breite Kategorien von Führungsverhalten vor: *Konzentration auf die Aufgabe* vs. *Beziehungsverhalten*. Daneben dient die *Maturität* (= Reife) der Geführten (die sich auf die Erledigung der jeweiligen Aufgabe bezieht) als einzige Moderatorvariable in der Führungssituation. Diese Maturität ist sowohl von Person zu Person, als auch von Aufgabe zu Aufgabe unterschiedlich. Sie verändert sich während der Erledigung der Aufgabe, was erforderlich macht, daß auf seiten der Führungsperson eine laufende Justierung vorgenommen wird, sowohl im Hinblick auf die Aufgaben- als auch auf die Personen-Zentriertheit. Diese Justierung bewegt sich dabei vom Punkt der niedrigen Maturität (Aufgaben-Orientierung hoch und Beziehungsverhalten niedrig) über den Punkt der mittelmäßig entwickelten Maturität (Beziehungsverhalten hoch, Aufgaben-Verhalten mittelmäßig) bis hin zum maximalen Punkt der erreichten Maturität (Aufgaben- wie Beziehungsverhalten niedrig), an dem der Führer Verantwortung und Entscheidung delegieren kann (Selbstmotivation und Autonomie der Geführten).

Auch hier stehen die in der Theorie postulierten Beziehungen auf einer schwachen methodischen Basis: die *Kernvariable „Maturität"* ist unzureichend definiert und kann deshalb – als Kompositum – recht unterschiedliche Elemente enthalten. Das dürfte in Validierungsstudien ähnliche Probleme aufwerfen wie sie beim Fiedlerschen Modell bekannt sind. Wichtige Situationsvariablen bleiben unberücksichtigt, ein Umstand, der vor allem in der Bestimmung des „richtigen" Führerverhaltens (da Flexibilität gefordert ist) problematisch wird. Die Wurzeln dieser Probleme liegen allerdings etwas tiefer: bei Blake & Mouton (1964) und bei Redding (1967), deren Ansätze die Basis dieses Modells bilden.

Einen in jeder Hinsicht fundierten Führungsansatz stellt die sog. „*Weg-Ziel-Theorie*" von House (1971) bzw. von House & Mitchell (1974) dar. Er berücksichtigt gleichzeitig die Erfahrungen der Trait- wie jene der Führer-Verhaltens-Forscher (z. B. Ohio-Studie), die Einsichten aus der Fiedlerschen Theorie, vor allem aber die *Motivationsaspekte* des Führungsprozesses.

Wie die übrigen Kontingenzmodelle, so versucht auch diese Theorie Führungseffizienz für verschiedene Situationen vorherzubestimmen: Führungskräfte sind effektiv, wenn sie einen positiven Einfluß auf die Motivation, die Leistungsfähigkeit und die Zufriedenheit ihrer Untergebenen haben. Der Ansatz hat die Bezeichnung „*Weg-Ziel-Theorie*" erhalten, weil hier die Frage im Mittelpunkt steht, *wie* Führungskräfte die Wahrnehmung bzw. die Einschätzung ihrer Geführten beeinflussen können, damit diese ihre Arbeitsziele, das Ziel ihrer Selbstentwicklung und mögliche Wege zum Erreichen dieser Ziele sehen und auch positiv bewerten. Diese Theorie ist eine *Kontingenz-Theorie des Führungsverhaltens*, da sie behauptet, daß die Wirksamkeit unterschiedlichen Führungsverhaltens abhängig ist von den Charakteristika der Untergebenen (z. B. ihren Bedürfnissen und Fähigkeiten, ihrer Toleranz für Ambiguität, ihrer Selbstwertschätzung) einerseits und den Charakteristika der Umwelt, innerhalb derer der Führungsprozeß stattfindet (z. B. Aufgabenstruktur, Rollenambiguität, Belohnungssystem) andererseits.

Die Basis der Weg-Ziel-Theorie wird von der *Erwartungstheorie der Motivation* gebildet (da House der Meinung ist, daß man Führungsstile nicht bewerten kann, ohne die Motivation der Geführten mit in diese Betrachtung einzubeziehen). Dementsprechend wird hier postuliert, daß die Motivation einer Person zu handeln eine Funktion ist von:

a) ihrer Überzeugung, daß diese Handlung zu Ergebnissen führen wird (Erwartungen);

b) ihrer Überzeugung, daß diese Ergebnisse instrumentell sein können zum Erreichen anderer Ergebnisse (Instrumentalität); und

c) dem subjektiven Wert und Nutzen, den sie jedem Ergebnis zumißt (Valenz).

Und gemäß diesen Postulaten behauptet der Weg-Ziel-Ansatz, daß Personen mit ihrer Arbeit zufrieden sein werden, wenn sie der Meinung sind, daß sie zu (von ihnen selbst) angestrebten Ergebnissen führt. Sie werden hart arbeiten, wenn sie überzeugt sind, daß sie diese Bemühung dem Erreichen ihrer gewünschten Ziele näherbringt.

Demzufolge berücksichtigt die Weg-Ziel-Theorie *zwei unterschiedliche Kategorien von Situations- und Kontingenzvariablen*:

1) persönliche Charakteristika der Untergebenen;

2) Umweltvariablen mit Faktoren, die sich der Kontrolle der Geführten entziehen, mit denen sie sich aber auseinandersetzen müssen, wenn sie ihre Ziele erreichen wollen und die ihre persönliche Zufriedenheit beeinträchtigen (z. B. Erwartungen, Forderungen, Streß etc.).

Entsprechend der Hypothese, daß die *Persönlichkeitscharakteristika* der Untergebenen zu einem erheblichen Teil bestimmen, wie sie auf einen Führungsstil reagieren, werden mehrere Persönlichkeitsvariablen postuliert. Es sind jene, die die Beziehung zwischen Führungsverhalten und dessen Effizienz einerseits und der Zufriedenheit der Untergebenen andererseits moderieren (obgleich die Theorie so formuliert ist, daß weitere Variablen aufgenommen werden können). Dies sind u. a.:

a) Die Meinung der Untergebenen über ihre eigenen Fähigkeiten (je höher diese Meinung – im Vergleich zur Aufgabenforderung, desto weniger wird z. B. ein direktiver Führungsstil akzeptiert werden);

b) die Tendenz der Untergebenen, autoritär zu sein (je höher der Autoritarismus einer Person, desto weniger wird sie für einen partizipativen Führungsstil empfänglich sein – evtl. desto mehr für einen rezeptiven Führungsstil);

c) der „Locus of Control Effect" (vgl. Rotter, 1966; Runyon, 1973). Personen, die auf dieser Skala niedrige Werte haben, erwarten eher einen partizipativen Führungsstil, wohingegen Personen, die hohe Werte haben, eher einen direktiven Führungsstil bevorzugen.

Der zweite Bereich der Situation wird von den *Umweltvariablen* gebildet, deren Funktion darin besteht, Mitarbeiter zu motivieren, sie zu belohnen, oder sie bei ihrer Arbeit zu behindern.

Aus dieser Einsicht heraus werden *drei Kontingenzfaktoren der Umwelt* – als breite Klassifikationen – postuliert:

1) Die Aufgabe der Geführten;

2) das formale Autoritätssystem der Organisation; und

3) die Arbeitsgruppe.

Es liegt auf der Hand, daß diese drei Umweltfaktoren ihrerseits wiederum die Effizienz eines bestimmten Führerverhaltens mitbestimmen, da sie bereits von sich aus auf die Untergebenen stimulierend, belohnend und motivierend – oder einschränkend bzw. behindernd wirken.

Aus der jeweiligen Konstellation erwachsen für die Führungsperson ganz bestimmte Führungsaufgaben und machen das Praktizieren alternierender, für die entsprechende Situation geeigneter Führungsstile notwendig. Demzufolge wird das *Führungsverhalten in vier verschiedene Kategorien* klassifiziert, die – ganz im Gegensatz zu Fiedlers Annahmen – von derselben Führungsperson in verschiedenen Situationen praktiziert werden können: *Unterstützender, direktiver, partizipativer* und *leistungsorientierter Führungsstil.*

Schließlich spielt für die Weg-Ziel-Theorie u. a. der *Faktor der Ambiguität* eine besondere Rolle, sowohl im Bereich der Aufgabenstellung als auch im Erreichen der Arbeitsziele. Und damit werden auch die Aufgaben der Führungsperson klar ersichtlich.

In der Beurteilung dieses Ansatzes, ist hervorzuheben, daß er einen bedeutenden Beitrag zur Führungsforschung geleistet hat, indem eine wichtige Verlagerung der Aufmerksamkeit – von einer reinen Analyse der Führungsstile hin zur *Untersuchung der Motivation* der Geführten – vorgenommen wurde. Es wird versucht zu spezifizieren, welche Faktoren die Motivation in der Führungssituation beeinflussen. Dabei liefert House einen Rahmen, innerhalb dessen wichtige Moderatorvariablen der Situation gesucht werden müssen. Er fordert Flexibilität des Führungsverhaltens, weist auf, wie dies geschehen kann, zeigt, unter welchen Bedingungen Führungsstile akzeptiert sind. Wesentlich ist auch der Hinweis auf die moderierende Funktion (und deshalb die Einbeziehung) von Persönlichkeitsvariablen.

Allerdings sind auch erhebliche Probleme vorhanden, die die Aussagekraft dieses Modells zum gegenwärtigen Zeitpunkt noch erheblich schmälern. Dabei ist nicht zuletzt die Tatsache zu nennen, daß das Modell in seiner Gesamtheit noch nie überprüft wurde. Obgleich sich die empirische Forschung bislang auf nur wenige Hypothesen konzentriert hat, die von diesem Modell abgeleitet werden können (meist nur die Wirkung von „initiating structure“ und von „consideration“), sind bereits eine Reihe von konzeptionellen und methodischen Schwächen zu erkennen, die die Validität dieses Ansatzes erheblich belasten und die deshalb inkonsistente Forschungsresultate geliefert haben.

So bleiben die meisten Validierungs-Studien den Nachweis schuldig, ob vorhandene Beziehungen zwischen Führerverhalten und Zufriedenheit der Untergebenen wirklich auf das Konto der Motivation gehen (unzureichende, oft keine Messung der Erwartungen und Valenzen auf seiten der Untergebenen). Da sind konzeptionelle Unschärfen und Unsicherheiten in der Theorie selbst zu finden, insofern Variablen und Kausalbeziehungen in vielerlei Hinsicht nicht klar definiert sind. Dies hat in der Folge – wie beim Herzbergschen Modell – zu einer Reihe von unterschiedlichen Versionen dieser Theorie geführt. Auf seiten der Führungsperson berücksichtigt die Theorie nur den motivationalen Aspekt der Einflußnahme, nicht aber andere Möglichkeiten, mit denen die Führungsperson Wirkung auf ihre Geführten haben kann.

In methodischer Hinsicht sind schließlich zwei sehr gewichtige Bedenken zu äußern: Bisherige Studien zur Hypothesenprüfung haben in nur wenigen Fällen die

Pfad-Analyse verwendet, um die *postulierten Kausalbeziehungen* nachzuprüfen. Und weiter: Durch die Verkoppelung des „Weg-Ziel-Ansatzes“ mit der „Erwartungstheorie“ hat sich die erste Theorie durch die Probleme, die der letzteren anhaften, selbst limitiert (z. B. durch die Frage, ob bewußte Erwartungen und Valenzen allein die Bemühung und die Zufriedenheit der Mitarbeiter hinreichend erklären können).

Aus der Einsicht heraus, daß das Fällen von Entscheidungen zu den wichtigsten Aktivitäten einer Führungsperson gehört, gehen Vroom & Yetton (1973) mit der Entwicklung ihres „*Normativen Modells der Führungseffizienz*“ einen völlig anderen Weg. Im Mittelpunkt ihrer Arbeit steht der Gedanke, in der Vorhersage des richtigen Führungsverhaltens expliziter sein zu können: Wann ist welches Führungs- bzw. *Entscheidungsverhalten* angebracht?

So haben bereits viele Untersuchungen zum partizipativen Führungsstil beim Fällen von Entscheidungen gezeigt, daß der Vorzug eines für alle Entscheidungssituationen idealen Führungsstils nicht eindeutig und zweifelsfrei festgestellt werden kann. Vielmehr variieren die Konsequenzen für jedwedes Führungsverhalten (ob autokratisch, konsultativ oder delegativ) von Situation zu Situation. Ziel war es deshalb für Vroom & Yetton, ein *Führungsmodell für Entscheidungssituationen* zu entwickeln, das die Situationsarten spezifiziert, in denen unterschiedliche Grade der Partizipation beim Fällen von Entscheidungen angebracht sind. M. a. W.: das Modell von Vroom & Yetton ist ein *diagnostisches Instrument*, das der Führungsperson helfen soll, in einer gegebenen Problemsituation die optimale Methode des Entscheidungsfällens zu wählen. Dabei wird Führungs- bzw. Entscheidungseffizienz unter drei verschiedenen Kriterien gesehen:

1) Sicherung einer möglichst hohen Qualität bei der Lösung des Problems (= objektive Aspekte, Qualität und Rationalität einer Entscheidung);
2) Finden einer Lösung, die von den Geführten als akzeptabel angesehen wird (= Grad der Selbstverpflichtung, freiwillige Einwilligung der Geführten in die Entscheidung und in die wirksame Ausführung derselben);
3) Menge der Zeit, die erforderlich ist, um eine Entscheidung zu fällen.

Es sind letztendlich intervenierende Variablen, die – in Verbindung miteinander – die Gruppenleistung beeinflussen.

Die Effizienz einer Entscheidung ist, nach Vroom & Yetton, eine Funktion dieser drei Ergebniskategorien, von denen jede durch den jeweils angewandten Entscheidungsprozeß beeinflußt werden kann.

Weitere Situationsaspekte, von denen die Effizienz eines Entscheidungsprozesses abhängig ist, sind: Die Wichtigkeit sowohl der Qualität der Entscheidung als auch der Akzeptanz; die Menge an relevanter Information, die Führer und Geführte besitzen; die Wahrscheinlichkeit, daß die Geführten eine autokratische Entscheidung akzeptieren, ob die Geführten kooperieren werden und sie bei der Entscheidung überhaupt beteiligt sein möchten; die Größe der Meinungsverschiedenheit unter den Geführten im Hinblick auf die bevorzugten Alternativen.

Das Grundpostulat dieses Modells besteht schließlich darin, daß Führungskräfte beim Fällen von Entscheidungen eine von der Art der Probleme bestimmte Menge an Geführten-Partizipation verwenden sollen. Daher stehen der Führungskraft, diesem Modell entsprechend, *fünf verschiedene Entscheidungsstile* zur Verfügung, die allesamt auf unterschiedlichen Graden der Geführtenpartizipation basieren: Es sind zwei autokratische Methoden (A I und A II), zwei konsultative Methoden (C I und C II) und eine Gruppenmethode (G II). Damit reichen die von diesem Modell vorgeschriebenen Methoden des Entscheidungsfällens vom autokratischen Entscheidungsfällen (durch die Führungsperson allein), über verschiedene graduelle Abstufungen der Mitarbeiterpartizipation bis hin zum gemeinsamen Fällen von Entscheidungen zwischen Führer und Geführten.

Das Modell spezifiziert *sieben Merkmale von Problemstellungen*, bei denen Vroom & Yetton annehmen, daß sie für die Bestimmung der angebrachten Methode des Entscheidungsfällens relevant sind (die Kombination dieser sieben Eigenschaften resultiert in 23 Problemtypen).

Um nun zu entscheiden, welcher Führungsstil in einer bestimmten Situation angebracht ist (bzw. welche Stile nicht verwendet werden sollten), wird durch Anwendung von *sieben Entscheidungsregeln* eine *Situationsdiagnose* durchgeführt. Hierbei sichern die ersten drei Regeln (Führer-Informations-Regel, Ziel-Kongruenz-Regel und Regel des unstrukturierten Problems) die *Qualität der Entscheidung*; die übrigen vier Regeln (Akzeptanz-, Konflikt-, Fairness- und Akzeptanz-Prioritäts-Regel) sichern die *Akzeptanz* der Entscheidung. Damit besteht dieses normative Modell aus einer Kombination von sieben Entscheidungsregeln, sieben Problemeigenschaften und 23 Problemtypen.

Um nun in einer vorliegenden Situation zu einer Entscheidung zu gelangen, müssen diese sieben Entscheidungsregeln angewandt werden, die anhand von für die jeweilige Situation zu entwickelnden *„Entscheidungsbäumen" im Entscheidungsprozeß als „flowcharts" eingesetzt werden können.* Die Führungsperson bewegt sich nun durch diesen Entscheidungsbaum, entsprechend ihren Antworten, die sie auf die durch die Entscheidungsregeln vorprogrammierten Fragen geben kann, voran. Der damit erreichte Endpunkt weist schließlich auf, welches Entscheidungsverhalten bzw. welcher Führungsstil für die vorliegende Situation am vorteilhaftesten ist.

Das Vroom & Yetton Modell stellt einen ersten systematischen Versuch dar, die Erfahrungen über den Prozeß des partizipativen Entscheidungsfällens mit situationalen Variablen zu integrieren. Es zeigt auf, in welchem Grade Situationsfaktoren die verschiedenen Grade des Teilnehmens am Fällen von Entscheidungen beeinflussen.

Andererseits steht der Ansatz – in mehrfacher Hinsicht – in offenem Widerspruch zu Fiedler: Ein normatives Modell wird erstellt, anhand dessen ein Führer optimal seine Entscheidungen fällen kann; es gibt keinen idealen, für alle Situationen angebrachten Führungsstil; die Führungsperson muß flexibel sein, um einen der jeweiligen Situation angepaßten Führungsstil praktizieren zu können. Damit sind auch die Auswirkungen u. a. auf die Verwendbarkeit des Ansatzes für die Entwicklung des Führungskräftetrainings klar ersichtlich.

Allerdings ist an dieser Stelle darauf hinzuweisen, daß das Modell noch eine Fülle an offenen Fragen enthält, u. a. auf dem Hintergrund einer unzureichenden Forschung (bislang gibt es nur zwei empirische Studien zur Untersuchung der Validität des Modells; Vroom & Jago, 1978; Magerison & Glube, 1979). Auch hier ist wieder das Problem der Validität von Daten zu nennen, die aus Selbstberichten von Führungskräften stammen, um das Modell zu testen. Und in der Feststellung der Meinung und des Eindrucks eines Führers über erfolgreiches und nicht-erfolgreiches Verhalten, finden wir die Abhängigkeit von sozialen Erwünschtheitseffekten wieder (vgl. hierzu auch Field, 1979). Da ist schließlich die Frage zu stellen, ob Führungskräfte – unter Zeitrestriktion und Arbeitsdruck – wirklich hinreichend rational und kognitiv komplex sind, um ein solch umfangreiches Entscheidungsmodell anzuwenden.

Daneben muß darauf hingewiesen werden, daß das Modell im Hinblick auf die relevanten Charakteristika der Geführten keine Entscheidungsregeln enthält. Zudem kann erwartet werden, daß die Beziehung zwischen partizipativem Entscheidungsfällen und Entscheidungseffizienz vom hierfür relevanten Wissen der Untergebenen moderiert wird. Derselbe Moderatoreffekt kann für die Prädisposition der Geführten im Hinblick auf ihre Teilnahme an diesem partizipativen Entscheidungsprozeß angenommen werden. Darüber hinaus ist das Modell, das für Führungskräfte in allen Organisationsebenen anwendbar sein soll, von einer *ideologischen Inkonsequenz* belastet. Das Urteil, das eine Führungskraft in einer unteren Organisationsebene über ihre Geführten fällen muß (z. B. ob man Geführten im Hinblick auf die Lösung von Organisationsproblemen Vertrauen schenken kann), um zu bestimmen, welche Entscheidungsmethode hier angebracht ist, mag u. U. von ihrem eigenen Vorgesetzten – ihm gegenüber – nicht bestätigt werden. Damit ist es vorstellbar, daß man dem unteren Vorgesetzten das Urteil überläßt, ob seine Untergebenen im Hinblick auf das Lösen von Organisationsproblemen vertrauenswürdig sind, daß ihm aber sein eigener Vorgesetzter beim Fällen von Entscheidungen – in der Anwendung derselben Regel – genau dieses Vertrauen vorenthält.

Schließlich ist anhand dieses Modells die Anwendung eines bestimmten, für eine spezifische Situation passenden Entscheidungsverhaltens durch Problemanalyse recht aufwendig. Dies ist v. a. im Hinblick auf die sicherlich häufig variierenden Situationen und die detaillierten Anwendungsmodi des Modells zu bedenken, unter der Berücksichtigung von nicht weniger als sieben Problemkategorien und fünf verschiedenen Entscheidungsstilen.

4.2.5.3 Soziale Steuerung

Soziale Steuerung ist ein Begriff, der vieles umschließt und der, wie Führung, eine zielbezogene und absichtliche Einflußnahme von Personen und Systemen – auf andere Personen – innerhalb dieser Systeme, zum Ausdruck bringt.

Dabei kann soziale Steuerung im Arbeitsprozeß sowohl vom Gruppenführer auf die Gruppenmitglieder ausgehen wie auch umgekehrt. Sie kann aber auch vom Organisationsgefüge selbst, von der Struktur einer Organisation, von ihren Produktionsfaktoren und Prozessen, von dem jeweiligen System an Reglementierungen, Bestimmungen, Verfügungen, von der Verteilung von Macht und Einfluß und schließlich von der Umwelt einer Organisation auf die darin Tätigen ausgeübt werden. Ausschlaggebend für die Betrachtung bestimmter Phänomene des Arbeitslebens und für die entsprechenden Analysen ist hier eher der von der Organisationspsychologie selbst gesteckte Rahmen (vgl. hierzu die Diskussion zum Thema Micro vs. Macro-Variablen, Weinert, 1987; vgl. auch die Beiträge zum Einfluß von Strukturvariablen, Weinert, 1987).

Damit spricht der Begriff der „sozialen Steuerung" in der Welt der Arbeit sehr viele verschiedene Aspekte in der Beziehung zwischen Menschen und Organisation an, die weit über den Rahmen der obigen Führungstheorien hinausreichen. Diese sozialen Steuerungsmechanismen, die nicht zu den bislang diskutierten, „formalen" Führungstheorien gehören, können in zwei große Kategorien unterteilt werden:

I. Management-Philosophien und umfassende Führungskonzepte,

II. Struktur- und situationsbedingte Führungsmittel.

4.2.5.3.1 Management-Philosophien und umfassende Führungskonzepte

Die Literatur der Organisationsforschung und der Sozialwissenschaften weist eine große Anzahl von Organisations- und Führungskonzepten auf, die insbesondere dazu bestimmt sind, aufgrund normativer Aussagen Handlungsanweisungen zu geben. Es handelt sich hierbei ausschließlich um Schlußfolgerungen von Forschern und Praktikern über die Natur des in der Organisation tätigen Menschen darüber, was ihn motiviert, welche Charaktereigenschaften, Fähigkeiten er besitzt, welche Ziele, Wünsche und Werte er hat. Diese sog. „impliziten Theorien über die Natur des Menschen" in der Welt der Arbeit stützen sich einzig und allein auf subjektive Einsichten, auf dem Verständnis des jeweiligen Forschers und Praktikers (die verschiedenen Aussagen basieren keinesfalls auf empirischen Entwicklungen). Sie stellen ein allgemeines Gedanken- und Wertesystem subjektiver Prägung dar, das in der Folge die Gestaltung von Organisationen und die Schaffung von Strukturen beeinflußt hat und das eine wesentliche Grundlage alter wie neuer Führungstheorien und sozialer Steuerungsmechanismen bildet. Die bekanntesten dieser *Management-Philosophien bzw. Typologien von Menschenbildern* sind jene von Likert (1967), Mc Gregor (1960), Miles et al. (1966), Schein (1980) u. a. m.; für eine Zusammenfassung vgl. Weinert (1984 a), für eine erste empirische Pilotstudie vgl. Weinert (1984 b).

Neben diesen Management-Philosophien ist in den letzten Jahren eine Anzahl von sog. *Führungstechniken* angeboten worden, die jeweils *ein bestimmtes Prinzip des Führungsprozesses* hervorheben. Wichtigstes Ziel ist eine effizientere Gestaltung der Führungsaufgaben wie auch eine Leistungssteigerung der Führungskräfte, unter Zuhilfenahme unterschiedlicher Instrumente. Dabei stehen bestimmte Phasen der jeweiligen Zielbildung im Mittelpunkt des Führungsprozesses. Die bekanntesten dieser Ansätze sind: „Management by Objectives... by Control and Direction... by Communikation and Participation... by Motivation... by Delegation... by Results... by Decision Rules" u. a. m.

Daneben haben, insbesondere im Bereich der Betriebswirtschaft und der Öffentlichen Verwaltung, einige Entwicklungen im deutschsprachigen Raum erhebliche Beachtung gefunden, die wir mit Steinle (1978) als *„umfassende Führungsmodelle"* bezeichnen können, im Hinblick auf die dominierenden Elemente des Führungsphänomens, der berücksichtigten Variablen und ihres Aussagegehalts. Von diesen sind u. a. das Führungsmodell von Bleicher & Meyer (1976), das „Harzburger Modell" (Höhn & Böhme, 1969; vgl. hierzu auch Guserl, 1973), das „SIB-Modell" (Bataillard, 1970), das „DIB/-MAM-Modell" (vgl. Britt, 1971), das „Modell der kommunalen Gemeinschaftsstelle für Verwaltungsvereinfachung" (KGSt, 1971) und die „Hamburger Regelung des Zeichnungsrechts" (Sadler, 1971) besonders hervorzuheben (aus raumtechnischen Gründen kann allerdings auf eine Bewertung und Diskussion dieser Entwicklungen nicht näher eingegangen werden). Das einzig „umfassende" Modell, das innerhalb der Führungsforschung der Organisationspsychologie entwickelt wurde, ist Yukls *„Multiple Linkage Modell der Führungseffizienz"* (vgl. Yukl, 1971).

4.2.5.3.2 Struktur- bzw. situationsbedingte Führungsmittel

Bei aller Diskussion über soziale Steuerungsprozesse darf nicht vergessen werden, daß über die Konsequenzen von Führung und Führungsverhalten weit mehr geforscht worden ist als über die sog. Situationsdeterminanten, die uns helfen zu verstehen, wovon Führungsverhalten mitbestimmt wird. Dieser sog. *„situative Ansatz“* weist darauf hin, daß Situationsfaktoren dafür entscheidend sind, ob bestimmte Charaktereigenschaften des Führers, bestimmtes Führungsverhalten und bestimmte Fertigkeiten des Führers in spezifischen Situationen relevant sind und damit auch, ob verschiedene Führungssituationen unterschiedliche Verhaltensstile des Führers erfordern. Zumindest gibt es darüber, im Vergleich zu den Untersuchungen über Führungseffekt und Führungseffizienz, bislang nur eine begrenzte Zahl an theoretischen Entwicklungen. Aus diesem Grunde scheinen auch die Arbeiten der empirischen Organisationsforscher über die sog. *„situativen Führungsmodelle“* besonders bemerkenswert. Hier wird u. a. erstmals darauf hingewiesen, daß nicht für alle Bereiche einer Organisation dasselbe Strukturmodell (im einfachsten Fall zentral vs. dezentral) angenommen werden kann, in Abhängigkeit von der jeweiligen Umwelt (ob statischer oder dynamischer Natur). Der Kontingenz-Gedanke, der hinter diesem Hinweis steht, ist klar ersichtlich: Unterschiedliche Strukturen erfordern unterschiedliche Führungsformen (vgl. v. a. die Gedanken zum situativen Führungsmodell aus der Organisationsforschung von Bleicher & Meyer, 1976; Gebert, 1977; Hoffmann, 1973; Katz & Kahn, 1978; Kieser, 1971, 1974, 1977; Kieser & Kubicek, 1977, 1978; Kubicek, 1975; Lawrence & Lorsch, 1967; March & Simon, 1958; Payne & Pugh, 1976; Pugh et al., 1968; Staehle, 1973).

Der organisationspsychologische Beitrag ist in diesem Bereich der Führungsforschung eher als enttäuschend und mager zu bezeichnen. Dies scheint v. a. daran zu liegen, daß die alte Annahme, es sei schließlich die Führungsperson, die die Situation beeinflußt bzw. verändert (einseitiger Kausalzusammenhang), immer noch vorherrscht.

Und hier sind es wiederum, wie bei den bereits diskutierten Führungstheorien, die Entwicklungen in anderen Bereichen der Psychologie, die zu den Determinanten des Führungsverhaltens einen Erklärungshintergrund geben können: Die Entwicklungen in den Bereichen der *Rollentheorie* (vgl. Pfeffer & Salancik, 1975), der *Erwartungstheorie* (vgl. hierzu die Diskussion zur *„Weg-Ziel-Theorie“*; vgl. auch Nebecker & Mitchell, 1974), und die Arbeiten im Zusammenhang mit den *Makro-Variablen* (vgl. Osborn und Hunt, 1975).

Dabei scheint es beim rollentheoretischen Ansatz wichtig v. a. auf die Persönlichkeitsfacette hinzuweisen, die die Wahrnehmung des Führers im Hinblick auf Rollenerwartungen und Forderungen, die an sein Verhalten gestellt werden, in starkem Maße beeinflußt. So hängt die Diagnose der Situation, die Auswahl und Interpretation von Informationen, in hohem Maße von seinen eigenen Bedürfnissen, seinem Wertesystem – und schließlich von seinem Stereotyp über seine Untergebenen ab (vgl. hierzu v. a. die Diskussion über die Auswirkungen von Menschenbildern, Weinert, 1984 a und b).

Weitaus am interessantesten für die organisationspsychologische Forschung über soziale Steuerung und Führung ist jedoch das zunehmende Interesse am Einfluß der Makro-Variablen auf das Führungsverhalten (hier insbesondere Strukturvariablen der Organisation, Variablen der Organisationsumwelt, Variablen der verwendeten Technologie zur Herstellung von Gütern und Dienstleistungen u. a. m.). Unter der Voraussetzung, daß diese Makro-Variablen für alle Mitarbeiter einer Organisation konstant sind (wohingegen es im Hinblick auf vorhandene Mikro-Variablen – z. B. Charaktereigenschaften, Attitüden – große Unterschiede zwischen den Untergebenen eines Führers geben dürfte), haben Osborn & Hunt (1975) eine sog. *„Adaptions-Reaktions-Theorie"* entwickelt (vgl. auch Hunt & Osborn, 1978). Diese postuliert in ihrem Kern, daß es in der Hauptsache die Organisationsstruktur und die Umwelt einer Organisation (also die Makro-Variablen) sind, die wir als die Hauptdeterminanten des Führungsverhaltens ansehen dürfen. Eine Schwäche dieser Theorie besteht allerdings darin, daß hier zwar die Einflußvariablen diskutiert werden, die Führungsverhalten bestimmen – dies aber lediglich auf einer rein inhaltlichen Basis geschieht, ohne den damit in Verbindung stehenden Kausalzusammenhang zu erklären.

Sicherlich ist die Einsicht, daß gewisse Situationsvariablen das Verhalten von Führungspersonen (wie auch das von Gruppen und Einzelpersonen in Organisationen) auf die eine oder andere Weise bestimmen, zumindest aber erheblich mitbestimmen. Und so gibt es eine Reihe von Arbeiten zu den verschiedensten Aspekten, mit denen die Führungsperson konfrontiert wird, und die ihren Verhaltensspielraum einschränken: Hierarchieebene, Funktion des Organisationsteils – der Organisationseinheit, Aufgabencharakteristik, Größe der Organisationseinheit, Abhängigkeitsbeziehungen der Organisationseinheit zu anderen Einheiten auf derselben Ebene, Kompetenz der Untergebenen und Krisensituationen.

Charakteristisch für diese Studien ist allerdings, daß meist nur ein einziger Aspekt erforscht wurde – und sie damit eine breite Perspektive vermissen lassen. Diese Art der Forschung und deren Ergebnisse bleibt für uns allerdings so lange von begrenzter Verwertbarkeit, bis wir dazu kommen, die verschiedenen Situationsvariablen komplexer Interaktion gemeinsam zu untersuchen, genau so, wie sie in der Realität das Führungsverhalten interdependent beeinflussen.

Betriebliche Führungs- und soziale Steuerungsmechanismen haben viele verschiedene Facetten betriebswirtschaftlicher, organisationstheoretischer, psychologischer und soziologischer Natur. Sie berühren eine Reihe von sehr unterschiedlichen

Aspekten in der Welt der Arbeit und in der Beziehung zwischen Mitarbeiter und Organisation. Und so reichen diejenigen Variablen, die bislang als Situationsdeterminanten in ihrem Einfluß auf die Führungs-, Arbeits- und Organisationsprozesse diskutiert wurden, sicherlich nicht aus, um Steuerung und Einflußnahme in Betrieben und Unternehmen – unter organisationspsychologischen Gesichtspunkten – hinreichend zu erklären. Die Spannbreite sozialer Steuerungsmöglichkeiten, die der Organisationsleitung zur Verfügung stehen, ist sicherlich weit umfangreicher. Und diese Steuerungsmittel und -möglichkeiten werden in zunehmendem Maße gezielt eingesetzt, um die Arbeitssituation – und damit die Beziehungen zwischen Mitarbeitern und Unternehmung – nach bestimmten Kriterien möglichst günstig zu beeinflussen und um damit vorhandene menschliche Ressourcen auszuschöpfen.

Diese *indirekten Führungsformen* und sozialen Steuerungsmechanismen, die zu den Bestandteilen des Organisationssystems gehören, reichen vom Kompensations- und Anreizsystem (ob an die persönlich erbrachte Leistung direkt gebunden oder auch nicht; ob Beteiligung am erwirtschafteten Organisationsergebnis, und in welcher Form, nach welchen Kriterien), über das Beförderungssystem und die vorhandenen Karriereleitern (ob z. B. nach Leistung oder Länge der Zugehörigkeit), über Methoden des Job Enrichments und des Job Enlargements, bis hin zur Schaffung eines gewünschten Organisationsklimas (der zu erwartende Zusammenhang zwischen Führung bzw. Führungsstil und Motivationsaspekten wird besonders deutlich in dem oben bereits diskutierten *„Weg-Ziel-Modell“* von House).

Einen Steuerungsmechanismus, der von besonderer Bedeutung und großer Tragweite für eine Organisation – wie für ihre Mitarbeiter – ist, stellt das Selektionssystem und die ihm zugrundeliegenden Kriterien (aber auch die verwendeten Methoden der Auswahl und Bewertung) dar. Hier wird u. a. auch danach gefragt, wer seinen Talenten, Fähigkeiten, Zielen, Werten und Erwartungen nach in die Organisation „hineinpaßt“ (dies ist besonders wichtig, wenn es um die Entscheidung geht, ob Führungskräfte aus den eigenen Reihen oder von außerhalb rekrutiert werden sollen).

Im engen Zusammenhang mit dieser Frage steht, im Hinblick auf Trainingsinhalte und Karriereleitern, die Diskussion über die Schaffung einer sog. „Organisationskultur“, d. h. das Vermitteln und die Pflege bestimmter Ziele, Werte und Normen einer „Arbeits- und Unternehmensethik“, die von allen Mitarbeitern gleichermaßen getragen, praktiziert und gelebt werden (vgl. hierzu auch Peters & Waterman, 1984; Pascale, 1984; Weinert, 1987). Die so erzielten Sozialisationseffekte bilden äußerst wirksame, lange anhaltende soziale Steuerungsmechanismen.

Unter diesen Gesichtspunkten könnte man sogar noch einen Schritt weitergehen: Die Entwicklung weist auf ein allmähliches Ersetzen der formalen Führungshierarchie hin. In zunehmendem Maße ist in Organisationen und Unternehmen eine immer stärker werdende Veränderung vieler Charakteristika und Bedingungen der Arbeitssituation auf seiten der Mitarbeiter, der Aufgaben, der Organisation und der Gesetzgebung zu beobachten, durch die der direkte Einfluß einer Führungsperson auf die Geführten, auf ihre Zufriedenheit, Motivation und Arbeitsleistung immer mehr reduziert wird.

Durch diese Bedingungen wird oft die einzelne Führungskraft vor vollendete Tatsachen und unbeeinflußbare Situationen gestellt. Dies ist vor allem in Großunternehmen der Fall. Hier sind die Möglichkeiten des Vorgesetzten, gegenüber seinen Untergebenen Einfluß auszuüben, durch organisatorische oder gesetzgeberische Reglementierungen sehr stark eingeschränkt. Damit stehen jetzt der einzelnen Führungskraft weit weniger an direkten Steuerungs- und Einflußmöglichkeiten zur Verfügung als früher. Entgegen den Vorstellungen eines Max Weber (1922), für den der Führungsperson beinahe eine unbegrenzte Macht qua Position oder Amt gegeben war und damit auch die Möglichkeit, uneingeschränkte Anordnungen zu geben, die von den Untergebenen zu befolgen waren, hat sich diese Situation inzwischen drastisch verändert. Viele soziale „Steuerungsmechanismen" sind heute zwischen verschiedenen Organisationsbereichen nach Zuständigkeiten verteilt, ausdifferenziert und verlagert. Dies trifft besonders für die Steuerungsmechanismen der Selektion, der Kompensation und der Karriereentwicklung zu.

Kerr & Jermier (1978) haben diesen Gedanken systematisch verfolgt und eine Art *„Substitutionstheorie der Führung"* entwickelt, die zwei Situationsvariablen aufweist: Substitute und Neutralisierer der Führung. Dabei sind die Substitute jene Charakteristika, die sicherstellen, daß Mitarbeiter wissen, was zu tun ist, sie ihre Rolle verstehen, hoch motiviert und mit ihrer Arbeit zufrieden sind (z. B. professionelle Orientierung; intrinsisch zufriedenstellende Aufgaben; Formalisierung der Arbeitsverrichtung u. a. m.). Neutralisierer hingegen sind jene Charakteristika, die den Handlungsspielraum der Führungsperson einschränken oder die den Auswirkungen seiner Handlungen entgegenstehen (z. B. Gleichgültigkeit gegenüber dem von der Organisation angebotenen Belohnungssystem; Führungsperson hat keinen Einfluß auf das Be- und Entlohnungssystem; Führer und Geführte stehen nicht in direkter Verbindung miteinander u. a. m.). Dies bedeutet, daß Führer in vielen Situationen völlig überflüssig sein können – und mag der Grund dafür sein, daß in manchen Studien zu formalen Führungsmodellen, in der Beziehung zwischen Führerverhalten und Geführtenreaktion, kaum Effekte festgestellt werden konnten. Allerdings fehlen zum Gedanken der Substitute und der Neutralisierer bislang noch systematische Untersuchungen.

Vielleicht der wichtigste und weittragendste soziale Steuerungsmechanismus einer Organisation ist der Modus des Fällens von Entscheidungen, das Teilen von Macht und Einfluß, sind Partizipation und Delegation. Dieser Bereich bildet heute den Kern der Beziehung zwischen der Unternehmung und ihren Mitarbeitern, und er kann unter zwei verschiedenen Aspekten diskutiert werden: Von der Gesamtorganisation gegenüber ihren Mitarbeitern und von der einzelnen Führungskraft gegenüber ihren Untergebenen. Er reicht von klar erstellten, dem Unternehmen eigenen Leitlinien (um willkürliches Handeln zu vermeiden), bis hin zur Einrichtung von autonomen Arbeitsgruppen und Qualitätszirkeln.

Natürlich ist es auch hier, auf der Suche nach einer brauchbaren Typologie für die verschiedenen möglichen Prozeduren oder Stile der Teilnahme am Fällen von Entscheidungen, wiederum nicht gelungen, sich auf ein System klar unterscheidbarer Stile (von autokratisch bis delegativ) zu einigen (vgl. das System von Tannenbaum & Schmidt, 1958; vgl. auch Strauß, 1977; Vroom & Yetton, 1973). Schwerwiegender aber ist die Auffassung, Mitbestimmung sei ein alles-oder-nichts-Prozeß und der Versuch, Führungskräfte aufgrund ihres Verhaltens in klar voneinander abgrenzbare Kategorien oder gar als autokratisch-partizipativ zu dichotomisieren. Das praktizierte Entscheidungsverhalten ist vielmehr eine Sache des Grades und nicht von feststehenden Kategorien; ganz zu schweigen davon, daß das Entscheidungsverhalten einer Führungsperson über verschiedene Situationen hinweg niemals konstant bleibt, es also mehr auf die relative Häufigkeit der Anwendung eines bestimmten Entscheidungsmodus ankommt. Dies ist in der realen Arbeitswelt ein Tatbestand, dem eine allgemeine Klassifizierung (z. B. autokratisch – demokratisch) nicht gerecht werden kann und der somit das gesamte Konzept der Partizipation in Frage stellt. Damit ist Partizipation nämlich kein allgemeiner Führungsstil mehr, sondern besteht eher aus einer Anzahl unterschiedlicher Modi des Entscheidungsfällens.

Die lang gehegte Annahme, je mehr an Partizipation desto positiver die Auswirkungen auf Leistung, Zufriedenheit und andere Verhaltensmodi, hat sich schließlich in vielen Fällen als ein großer Irrtum erwiesen und deshalb zu großen Kontroversen über die Wirksamkeit unterschiedlicher Führungsstile und Entscheidungsmodi geführt. Einem Überblick über diese Studien kann man entnehmen, daß Partizipation in bestimmten Situationen, mit bestimmten Untergebenen, bei bestimmten Problemstellungen, meßbare Erfolge zeigt, und daß sich in anderen Fällen diese Wirkung nicht einstellt (vgl. u. a. Filley, House, Kerr, 1976). Darüber hinaus haben wir es hier mit ähnlichen Problemen zu tun, wie sie, generell, auch der Bereich der Führung aufweist (Verwendung verschiedener Kriterien für Erfolg eines Führungsstils; unterschiedliche Methoden, Grundannahmen, Definitionen des Begriffs Partizipation – ob z. B. Konsultation oder Delegation; u. a. m.). Auch hier ist wiederum festzustellen, daß die Situationsvariablen einen wesentlichen Faktor dafür bilden, wie die Konsequenz eines praktizierten Führerverhaltens aussieht (z. B. ob eher die Zufriedenheit, die Leistung, beides, oder keines von beiden davon günstig beeinflußt wird; vgl. hierzu Locke & Schweiger, 1979).

Und da die Situationsvariablen in diesen Studien kaum systematisch untersucht, variiert oder überhaupt berücksichtigt wurden, sind große Diskrepanzen und Widersprüche in den Ergebnissen festzustellen. Hinzu kommen sicherlich weitere Aspekte, die die Beziehung zwischen Partizipation einerseits und Leistung bzw. Arbeitsverhalten oder Zufriedenheit des Mitarbeiters andererseits moderieren (z. B. Intelligenz, Wissensstand, Wichtigkeit der Entscheidung, Art und Natur des Problems, Wunsch des Mitarbeiters, überhaupt daran mitentscheiden zu wollen u. a. m.). Auch diese wurden bislang kaum in die Untersuchungen mit einbezogen. Ein solcher Tatbestand muß zu dem Schluß führen, daß in der Erforschung der Wirkung von Partizipation eher Generalisierungen angestrebt wurden als die Bedingungen zu erforschen, unter denen bestimmte Effekte und Änderungen im Bereich der Zufriedenheit, Motivation und des Mitarbeiterverhaltens eintreten.

So sind in den meisten Studien nur partizipative mit nicht-partizipativen Führungsstilen auf ihre Wirkung hin miteinander verglichen worden, kaum jeweils unterschiedliche Grade und Stile an Partizipation. Häufig ist nicht berücksichtigt worden, daß sich bestimmte Entscheidungsprozeduren – und auch noch in gradueller Abstufung – für bestimmte Problemstellungen, schon ihrer Natur nach, besser eignen, und demnach festgestellte positive und negative Korrelationen nicht notwendigerweise auf das Konto der Günstigkeit des partizipativen Führungsstils per se gehen können. Unter diesem Gesichtspunkt ist deshalb nicht gesagt, daß eine einmal festgestellte positive oder negative Beziehung, unter gradueller Abstufung ein- und desselben Führungsmodus, gleichermaßen erfolgreich bzw. erfolglos bleiben muß. Was also, um ein praktisches Beispiel zu geben, eher anstünde, wäre, verschiedene Varianten von Partizipation mit Bezug auf bestimmte Problemstellungen zu untersuchen.

Endlich ist bei den einschließlichen Untersuchungen zu bedenken, daß das Partizipationskonzept hinsichtlich der meist verwendeten Meßmethoden – häufig übersimplifiziert – als Gesamtmenge des Einflusses, der den Mitarbeitern eingeräumt wird, dargestellt ist. Vielmehr scheint es richtiger, Partizipation als eine spezifische Mischung unterschiedlicher Entscheidungsprozeduren einer bestimmten Führungsperson zu verstehen. Da eine Führungsperson den Grad der Partizipation, über verschiedene Entscheidungssituationen hin, nie konstant hält, werden durch den Allgemeinbegriff „Partizipation" personelle Unterschiede in Stil und gradueller Anwendung maskiert.

4.2.5.3.3 Zukünftige Forschung

Ein Vergleich der verschiedenen Ansätze weist sicherlich nicht nur auf Unterschiede und Gemeinsamkeiten hin, im Hinblick auf die jeweils ausgewählten und untersuchten Variablen und Variablenkategorien, Verhaltensstile, Situationsfaktoren, Struktur- und Umweltvariablen, angewandten Meßmethoden, ausgewählten Kriterien für den zu bestimmenden Führungserfolg, die theoretische Basis und die ihnen zugrundeliegenden Annahmen und Orientierungen. Was vielmehr den gegenwärtigen Zustand der Führungsforschung besonders kennzeichnet ist die Tatsache, daß die meisten dieser Arbeiten und die zu ihrer Validierung unternommenen Untersuchungen nur wenige (jeweils unterschiedliche) Segmente umfassen und sich damit auf eine zu enge Betrachtungsweise der Führungssituation konzentrieren (d. h. sich auf nur wenige Prädiktoren beschränken).

So hat, um ein Beispiel zu nennen, die Trait-Forschung kaum ein Interesse an den Untersuchungen des Führungsverhalten gezeigt, noch hat die Forschung zum Führungsverhalten Traits oder Einflußprozesse der Organisation berücksichtigt. Von intervenierenden Variablen, die bei ganzen drei Ansätzen vorzufinden sind (bei den Modellen von House, Yukl und bei Vroom & Yetton), und insbesondere von Makro-Variablen und ihrem Einfluß auf das Führungsverhalten ganz zu schweigen. Deshalb ist es auch keineswegs empfehlenswert, einen bestimmten Ansatz als den allen übrigen Modellen überlegenen, auszuwählen. Dafür sind die konzeptionellen Schwächen bislang noch viel zu groß, und ist die empirische Unterstützung noch viel zu gering, kontrovers und nicht schlüssig. Darüber hinaus hat jeder Ansatz immerhin einen gewissen Beitrag zum Verständnis des Führungsphänomens geleistet – so gering er auch sein mag.

Sicherlich macht es wenig Sinn, sich nur darauf zu konzentrieren, wie man zwischen den Ansätzen Divergenzen und Widersprüche ausmachen kann, was in der Vergangenheit ein fortwährendes Suchen nach immer neuen Variablenkomponenten ausgelöst hat, die dann für einige Zeit den dominierenden Trend darstellten. Vielmehr wäre es angeraten zu versuchen, einen integrativen Rahmen zu entwikkeln, der die bislang untersuchten Komponenten der Führungssituation umschließt und in Bezug zueinander setzt: Traits und Fähigkeiten des Führers, Variablen der Führungsmacht und des Führungsverhaltens, intervenierende Variablen, Situationsvariablen (unter Einschluß der Makro-Variablen); und schließlich die Variablen des Endresultats eines Führungsprozesses. Es wird deshalb Aufgabe zukünftiger Führungsforschung sein müssen, ein bestimmtes integratives Rahmenwerk zu erstellen, das für Untersuchungen komplexer Interaktionen zwischen diesen Variablenkomponenten, wie auch für die mit diesem Thema in Zusammenhang stehenden Fragen als Basis dienen kann. Damit würde u. a. das Bewußtsein der Forscher dafür geschärft werden zu erkennen, welche relevanten Variablen mit der Untersuchung und Klärung einer Problemstellung verbunden sind. Allein durch ein solches Vorgehen wird man nicht immer wieder denselben Fehler begehen, nur einen einzigen Variablenkomplex (und darin nur wenige Variablen) auszuwählen, um die anderen zu ignorieren.

Neben der Entwicklung eines integrativen Rahmenwerkes, das die Beziehungen der bislang separat untersuchten Variablenkomponenten aufzeigt, gilt es u. a. bei den vorliegenden Ansätzen eine Reihe von sehr empfindlichen Lücken zu schließen.

So haben in den bisherigen Untersuchungen (z. B. über die Beziehung zwischen Führungsverhalten, Führungsmacht und Führungstraits einerseits und den Endresultaten andererseits) die intervenierenden Variablen (z. B. Bemühung, Selbstverpflichtung und Fähigkeit der Geführten, Gruppenkohäsion, Rollenklarheit u. a. m.) nur eine sehr unzureichende Berücksichtigung gefunden. Besonders die Erforschung des Einflusses der Ambiguität bzw. der Ambiguitätstoleranz scheint hier sehr wesentlich zu sein, wie auch die Fragen zur persönlichen Einbindung (= Involvement), Einwilligung oder Widerstandsreaktion gegenüber Führungsbeeinflussung.

Auf der Basis einer einseitigen Kausalbetrachtung des Führungsprozesses (die in vielen Diskussionen noch immer andauert) sind sowohl die reziproken Einflußnahmen und ihre Dynamik (v. a. aber der Zyklus dieser reziproken Einflußnahme), als auch die Feedbackprozesse der intervenierenden Variablen bislang kaum untersucht worden. Diese in ihrer Wirkung zu erforschen wäre sicherlich von größter Bedeutung, sowohl für die Situationsdiagnose als auch für das Verhalten der Führungsperson. Ähnliche Unzulänglichkeiten treffen für die bisherigen Untersuchungen im Hinblick auf Auswahl und Umfang der Endresultatsvariablen zu.

Und da ist schließlich die Frage noch unbeantwortet, inwieweit eine Führungsperson überhaupt denselben Führungsstil bzw. dasselbe Führungsverhalten gleichermaßen auf alle Geführten anwendet, oder ob sie variiert, und inwieweit ihr Führungsverhalten über längere Zeitspannen und unterschiedliche Situationen hin gleichbleibt oder sich verändert. Bis zum gegenwärtigen Zeitpunkt sind wir mit unseren Ansätzen meist von einem „Durchschnitts-Führungsstil" ausgegangen der, in ähnlichem Maße, in allen Situationen einer Führungsperson auf alle Gruppenmitglieder angewandt wird. Wir haben irrtümlicherweise angenommen, daß es keine Unterschiede in den verschiedenen Austauschbeziehungen zwischen der Führungsperson und den einzelnen Geführten gibt. Abweichungen von diesem Mittel wurden eher als Meßfehler, Reaktionsbias oder als Wahrnehmungsunterschiede interpretiert. Aber der Begriff der vertikalen Dyade (d. h. individuelle Führer-Geführten-Beziehungen) aus der *Sozialen Austauschtheorie* weist sehr deutlich auf die Entwicklung unterschiedlicher Austauschbeziehungen hin (Entwicklung verschiedener in-group- vs. out-group-Beziehungen; vgl. auch Hersey & Blanchard, 1972, 1977). Zukünftige Forschung sollte sich in diesem Punkt auf zwei Aspekte konzentrieren: Auf die 1:1-Beziehung zwischen individuellem Geführten und Führungsperson und auf das Führungsverhalten, das sich in der Führer-zu-Vielen-Beziehung zeigt.

Daneben stehen eine Reihe von Methoden und Meßproblemen an, die zu einem beachtlichen Teil Schuld an dem gegenwärtigen (Still-)Stand der Führungsforschung tragen. Da sind zum einen erhebliche Schwierigkeiten bei den konzeptionellen Meßmöglichkeiten zu nennen, die mehrere der Variablenkomponenten belasten, insbesondere aber das Führungsverhalten und die Endresultatvariablen, aber auch die exogenen Situationsvariablen. Da ist der Einfluß von Situationsvariablen zu erforschen, der die Beziehungen zwischen den Dimensionen des Führungsverhaltens im Hinblick auf die Endresultatvariablen beeinflußt, was sich darin zeigen kann, daß partizipative Führungsstile keine meßbare Wirkung haben. Um aber hier eine Varianz auszumachen, müssen Verhaltensvariablen, in Verbindung mit Situationsvariablen, untersucht werden.

Allerdings scheinen, im Hinblick auf den gegenwärtig zu verzeichnenden (Still-) Stand in der Führungsforschung, auch einige kritische Bemerkungen zur Art und Methodik der Durchführung solcher Untersuchungen erlaubt. Wir werden in der Führungsforschung kaum Fortschritte machen, kaum mehr über Entwicklung, Dynamik und Wirksamkeit von Führungsprozessen verstehen lernen, kaum mehr über die bestehende Zwei-Weg-Kausalität in Erfahrung bringen, wenn wir auch weiterhin nur Querschnittsuntersuchungen durchführen, die nur wenige Elemente über kurze Zeitspannen hin untersuchen. Statt dessen werden Längsschnittuntersuchungen, möglichst als experimentelle Feldstudien, mit wiederholten Messungen, dringend benötigt.

Und im Zusammenhang mit dieser Forschung muß auch eine erhebliche Verbesserung der bislang verwendeten Methoden bzw. Instrumente gefordert werden. Der weitaus größte Teil der bisherigen Untersuchungen basiert mit seiner Datensammlung allein auf der Fragebogen-Methode, entweder als Selbstbericht des Führers oder als Bericht durch die Geführten. Beides sind subjektive Methoden die, wie wir inzwischen wissen, in sehr erheblichem Maße durch Wahrnehmungsbias, implizite Theorien, gefolgerte Beobachtungen (z. B. aus der Leistung des Führers) und Attributionsprozesse in ihrem Gültigkeitsgehalt und v. a. in ihrer Verwendbarkeit als Mittel zum Test von Modellen bzw. für Validierungsstudien in Frage gestellt werden müssen. Die Anwendung von kommensurablen Meßinstrumenten in der Führungsforschung ist mehr als überfällig.

4.3
Organisation

Kapitel 4.3.1

Aufgaben und Funktionen der Organisation

Alfred Kieser

4.3.1.1 Organisationen als Ressourcenpools

Organisationen können als *Ressourcenpools* definiert werden (Vanberg 1982, 10ff.): Organisationen (werden) gebildet, indem mehrere Personen bestimmte Ressourcen – beispielsweise Geld, Arbeit, Wissen – zusammenlegen, über die dann nicht mehr individuell, sondern „im Verbund“ verfügt wird. Ressourcen werden in einen Pool eingebracht und einer einheitlichen Disposition unterstellt. Individuen bringen sich nicht in toto ein, sie stellen lediglich irgendwelche Ressourcen zur Verfügung: „Die Ressourcen können Geld sein (wie z. B. eine finanzielle Investition, oder Mitgliedschaftsbeiträge), das Recht, in ihrem Namen zu handeln (wie z. B. bei einer Gewerkschaft das Recht, einen Tarifvertrag auszuhandeln), oder Zeit und Mühe. Man kann Aktionär sein, Gewerkschaftsmitglied, Mitglied eines Berufsverbandes, Vereinsmitglied oder Bürger einer Stadt oder eines Staates, und die Ressourcen, die man einbringt, werden in den verschiedenen Fällen unterschiedlich sein“ (Coleman 1973, 2).

Bei der Zusammenlegung von Resourcen müssen *zwei Grundprobleme* gelöst werden: 1) die Gestaltung der Disposition über die eingebrachten Ressourcen und 2) die Verteilung des durch das Einsetzen der Ressourcen erzielten Ertrags. Wenn Personen Ressourcen zur gemeinsamen Nutzung zusammenlegen, so legen sie auch – implizit oder explizit – Regeln zur Lösung dieser beiden Probleme fest.

4.3.1.2 *Warum gibt es Organisationen?*

Bestimmte Aufgaben können durch Organisationen *effizienter* erledigt werden als durch ihre Ressourcen selbständig disponierende Individuen. Ohne Organisationen gäbe es sicherlich keine Pyramiden, keine Autos und keine Konzertmusik.

Nun ist die Feststellung, Organisationen seien entstanden, weil sie sich gegenüber individuellen, isoliert operierenden Akteuren als überlegen erwiesen, zwar richtig, aber nicht sehr instruktiv. Es muß deutlich gemacht werden, worin die Überlegenheit der Organisation besteht, wie sie zustandekommt.

Die *Entwicklung der Organisation war ein langer evolutorischer Prozeß*. Primitive Gesellschaften sind organisationslose Gesellschaften (Luhmann 1975 a). Die Koordination folgt in primitiven Gesellschaften vornehmlich verwandtschaftlichen Linien – der Älteste der Großfamilie übernimmt das Kommando. Eine *Arbeitsteilung* ist nur schwach entlang der Geschlechterrollen ausgeprägt: Die Frauen bestellen etwa das Feld und hüten das Vieh, die Männer jagen. Der Übergang zur *traditionalen Gesellschaft* ist gekennzeichnet durch die Entstehung einer zunächst auf einzelne Personen bezogenen Spezialisierung: die Rollen der Krieger, Priester, Kaufleute und Handwerker bilden sich heraus. Solche Positionen sind *monopolisiert*: Nur bestimmte Personengruppen haben Zugang.

Die Ausübung einer bestimmten Tätigkeit bedeutet gleichzeitig auch Zugehörigkeit zu einer bestimmten Gesellschaftsschicht. An die Stelle des Verwandtschaftssystems als zentralem Koordinationsmechanismus tritt eine *Klassenstruktur*. (vgl. Giesen, 1980)

Die Entstehung von Spezialisten setzt die Entwicklung der Institution des *Tauschs* (Einkommensübertragung) voraus. Eigentum erstreckt sich auch auf Menschen – (Sklaven). Diese bringen ihre Ressourcen nicht freiwillig in die Organisation ein. Die Handwerker, die sich zu Zünften zusammenschließen, können ebenfalls nur in einem sehr eingeengten Sinne als freiwillige Arbeitskräfte angesehen werden: Ein Verlassen der Zunft war gleichbedeutend mit dem Verlust des gesellschaftlichen Status und der Existenz. Die Produktion von Gütern ist nur *eine* Funktion der Zunft; gleichzeitig erfüllt sie auch noch religiöse, soziale, militärische und politische (Kieser 1983). Die frühen Organisationen entstanden nicht allein deshalb, weil sie ökonomisch effizienter waren als alternative Formen der Ressourcennutzung. Sie boten ihren Mitgliedern vor allem auch soziale Sicherheit und Macht.

Eine entscheidende Bedeutung für den Übergang der traditionalen Gesellschaft zur *modernen Gesellschaft* kommt der Herausbildung der „freien", auf einem *Arbeitsvertrag* beruhenden Arbeit und der Etablierung von Arbeitsmärkten zu. Arbeitskraft kann nun gegen Geld getauscht werden. Auch für das Kapital werden die Tauschmöglichkeiten verbessert: *Kapitalgesellschaften* bilden sich heraus.

Während die Zugehörigkeit zu einer Grundherrschaft oder zur Zunft durch biologische Abstammung oder herrschaftliche Rechte bestimmt wurde, liegt der Mitgliedschaft in modernen Organisationen ein prinzipiell freiwillig abgeschlossener Tauschvertrag zugrunde, in den das Mitglied bestimmte Kontrollrechte (z. B. Mitgliedsbeiträge oder Arbeitskraft) gegen andere Leistungen (z. B. Interessenvertretung oder Lohn) eintauscht.

Der *Transaktionskostenansatz* versucht, Entstehung und Veränderung von Organisationen mit Hilfe der Kosten zu erklären, die beim Austausch von Gütern und bei der Koordination von Aktivitäten entstehen: „Die Existenz von Institutionen (Rittergütern, Zünften usw.) wird verständlich, wenn wir uns fragen, welche Kosten entstanden wären, wenn alle die unterschiedlichen vertraglichen Beziehungen, die für die Produktion notwendig sind, in Märkten transaktioniert worden wären, und wenn wir diese Kosten mit den Kosten vergleichen, die durch andere Formen der Koordination innerhalb einer Organisation entstehen... Man kann annehmen, daß die Kräfte, die zur Substitution von heutigen Organisationen führen, uns auch helfen, die Vielfalt an Formen ökonomischer Organisation in historischen Gesellschaften zu erklären (North 1977, 710f.; zum Transaktionskostenansatz siehe auch Williamson 1975, 1980; Sauter 1984).

Die kurz skizzierte Entwicklung von Organisationen ist durch eine *enorme Steigerung der Effizienz* gekennzeichnet. Der zünftige Schneiderbetrieb im Mittelalter war sicherlich im Hinblick auf die Produktion von Textilien effizienter als der sich selbst mit Kleidern versorgende Bauer; aber die heutige Textilfabrik ist wiederum weit effizienter als ersterer.

Das ist für Max Weber auch die *zentrale gesellschaftliche Funktion der Organisation: den Prozeß der Rationalisierung, der Erhöhung von Berechenbarkeit und Beherrschbarkeit von Problemlösungen*, vorangetrieben, die Effizienz gesteigert zu haben (Weber 1973, Gabriel 1979).

4.3.1.3 Funktionen der formalen Organisationsstruktur

Was sind nun aber die zentralen Mechanismen zur Sicherung und Erhöhung der Effizienz in Organisationen? Eine bedeutende Rolle fällt den Regeln zu, die die *formale Organisationsstruktur* konstituieren. Es sind dies vor allem *Regeln zur Verteilung und Durchführung von Aufgaben, zur Koordination und zur Verteilung der Erträge*. Formale Regeln entlasten menschliche Problemlöser, indem sie fertige Problemlösungen zur Verfügung stellen. Ein Lagerist, der bei Erreichen einer „Bestellmenge“ einem vorgeschriebenen Verfahren folgt, um den Lagerbestand wieder aufzufüllen, braucht sich nicht ständig Gedanken darüber zu machen, was er tun muß. Er wendet seine Regel an, die er nicht einmal zu verstehen braucht. In der Regel kann Erfahrung und Intelligenz stecken: Die Bestellmengenregel hat sich beispielsweise in einem langen Prozeß des Versuchs und Irrtums herausgebildet. Wenn keine großen Nachfrageverschiebungen stattfinden, stellt sie sicher, daß die Produktion ohne Stockungen arbeiten kann, andererseits aber nicht zu viel Kapital gebunden wird. U. U. wird die durch die Erfahrung vermittelte Problemlösung durch Einsatz von Planungsmethoden noch verbessert, das Verfahren wird dadurch flexibler, das Ziel „Aufrechterhaltung der Produktion bei Minimierung des Kapitaleinsatzes“ noch besser erreicht (Kieser & Kubicek 1978, 1983, March & Simon 1976).

Kommt es zu Koordinationsproblemen, so können diese durch Einsatz weiterer Mechanismen, die ebenfalls auf Regeln beruhen – etwa durch Einsatz der Hierarchie oder durch Teamkoordination – bewältigt werden.

Organisatorische Regeln machen die *Organisation von einzelnen Individuen unabhängig*. Verläßt der Lagerist in unserem Beispiel die Organisation, können andere Individuen ihn relativ leicht ersetzen. Das Kooperationsgefüge bricht nicht zusammen, wenn einzelne Ressourceneinbringer ihre Ressourcen entziehen.

Formale Regeln stabilisieren die Organisation und erleichtern damit eine Anpassung. Wenn es beispielsweise Probleme in der Lagerhaltung gibt, dann ist es möglich, nur die Regeln dieses Bereichs zu verbessern oder auszutauschen; es ist nicht erforderlich, die gesamte Organisation zu verändern. Voraussetzung ist allerdings, daß die verschiedenen Problemlösungsbereiche – Lager, Produktion, Verkauf usw. – nicht straff in ihren Prozeduren aufeinander abgestimmt sind, sondern Spielraum erlauben, daß Organisationen als „loosely coupled systems“ organisiert sind (Simon 1962; Weick 1976; Aldrich 1979, 75ff.).

Schließlich erlauben die formalen Organisationsstrukturen eine *Steigerung der Rationalität*. Die Zünfte entwickelten Verfahren der Produktion und konservierten sie in Zunftregeln. Veränderungen, auch Verbesserungen, waren streng verboten. Andere Organisationen – der Verlag und die Manufaktur – konnten jedoch diese Verfahren nutzen, auf ihnen aufbauend Variationen erproben. Herrschte zunächst bei der Suche nach technischen und organisatorischen Neuerungen dasselbe Prinzip von Versuch und Irrtum vor, das auch das Wirken der goldsuchenden Alchimisten prägte – Intuition und Phantasie ersetzten die Methode (Sombart 1916) –, so bildeten sich bald leistungsfähigere Prinzipien zur Gestaltung und Steuerung von Organisationen heraus (Kieser 1983). Im *Taylorismus* schließlich wurden Methoden entwickelt, um über systematische Versuche, die effizientesten Werkzeuge, Arbeiter, Arbeitsverfahren und Lohnsysteme zu ermitteln (Söllheim 1922).

Die Steigerung der Rationalität verlief also von der Konservierung von Verfahren, zur unsystematischen Variation von Verfahren, die eine Evolution von leistungsfähigen Prinzipien ermöglichte bis zur systematischen Verbesserung von Verfahren. Parallel zu diesem Prozeß und teilweise von ihm beeinflußt ist eine *Weiterentwicklung der Technik, eine Ausdifferenzierung von Organisation und eine Erhöhung der internen organisatorischen Arbeitsteilung* zu beobachten. Unterstützt wird dieser Prozeß durch Entwicklungen in den Weltbildern und Glaubenssystemen, wobei Weber vor allem dem Calvinismus eine bedeutsame Rolle zuschreibt (Weber 1973).

Die technische Effizienz der Organisation fordert nach Weber einen hohen Preis: den *Verlust des verantwortungsethischen Handelns gemäß persönlicher Sinnentwürfe* (Schluchter 1972): „In den Privatbetrieben der Großindustrie sowohl, wie in allen modernisierten Wirtschaftsbetrieben überhaupt reicht die ‚Rechenhaftigkeit', der rationale Kalkül, heute schon bis auf den Boden herunter. Es wird von ihm jeder einzelne Arbeiter zu einem Rädchen in dieser Maschine und innerlich zunehmend darauf abgestimmt, sich als ein solches zu fühlen und sich nur zu fragen, ob er nicht von diesem kleinen Rädchen zu einem größeren werden kann" (Weber 1924, 413).

Dem Individuum bleibt nach Weber nur der Ausweg, sich den Anforderungen, die die Eigendynamik des bürokratischen Systems hervorbringt, anzupassen: „Im Verein mit der toten Maschine ist sie (die bürokratische Organisation, A. K.) an der Arbeit, das Gehäuse jener Hörigkeit der Zukunft herzustellen, in welches vielleicht dereinst die Menschen sich, wie die Fellachen im altägyptischen Staat, ohnmächtig zu fügen gezwungen sein werden, *wenn ihnen eine rein technisch gute d. h.: eine rationale Beamtenverwaltung und -versorgung der letzte und einzige Wert ist, der über die Art der Leitung ihrer Angelegenheit entscheiden soll*" (Weber 1958, 320).

Luhmann arbeitet auf der Basis eines systemtheoretischen Konzepts ebenfalls die historische Evolution von Organisationen und ihre spezifischen Funktionen für die Gesellschaft heraus (1975 a, b). Das Spezifikum moderner Organisationen sieht er darin, daß die *Identität von Individuen durch die Mitgliedschaft in Organisationen kaum tangiert* wird. Das Zunftmitglied mußte sich noch „voll" in die Organisation der Zunft einbringen, die Zunft war eine „Lebensform", kein Zweckgebilde. Die Trennung von individueller Identität und Organisation wird durch die formalen Regeln bewirkt. Organisatorische Regelungen beruhen auf Entscheidungen, sind durch Entscheidungen auch wieder veränderbar. Sie sind kontingent gesetzt. Mechanismen zur Änderung der Regeln können in Organisationen mit eingebracht werden. Mitglied einer Organisation kann man werden, wenn man die Regeln akzeptiert. Durch die Regeln werden erst die Handlungsmöglichkeiten der Mitglieder limitiert. Andererseits können die Regeln nicht beliebig variiert werden: Es muß möglich bleiben, eine hinreichende Zahl von Personen zur Einbringung ihrer Ressourcen bewegen zu können. Dem Organisationsmechanismus im Sinne Luhmanns liegt also eine „Rekonstruktion doppelter, relativ unabhängig variierender Kontingenzen“ (1975a, 40) zugrunde. Luhmann sieht den Organisationsmechanismus als eine spezifische Form der Kontingenzverarbeitung: „Es löst die schlichte, nur theologisch auflösbare Entgegensetzung von Kontingenz (Zufall, Freiheit) und Notwendigkeit ab durch ein komplexeres Modell, das Systeme in ihrer Diskontinuität zur Umwelt als Steigerung und Selbstlimitierung anderer Möglichkeiten begreift“ (1975b, 41).

Die spezifische Funktion von Organisationen liegt also darin, daß sie die zugelassenen und verarbeitbaren Kontingenzen erweitern.

Fragt man nach der Art, wie hier Kontingenz behandelt wird, so fällt der Umweg auf: Sie wird zunächst dupliziert, um sodann als Relation zwischen den beiden Kontingenzbereichen ihre Willkür zu verlieren. Denn selbst wenn Motivationsstrukturen und formale Regeln frei variieren könnten, ihre Relationierung wäre nicht mehr beliebig möglich, vielmehr müssen Bedingungen der Kompatibilität eingehalten werden. Dieses Argument führt nicht zur Notwendigkeit, nicht zur Perfektion, nicht zum ‚one best way‘ zurück.

Die Regeln der Organisation können zum einen im Hinblick auf die Umweltprobleme, zum anderen im Hinblick auf die Individuen variiert werden.

Luhmann kommt auf der Basis seiner Analyse zu einer *von Weber abweichenden Einschätzung des Verhältnisses von Organisation und Individuum*: Die Organisation erscheint nicht mehr als „eiserner Käfig“, sondern geradezu als Befreier persönlicher Identität: Mitglieder müssen sich nur insoweit in die Organisation einbringen, als dies die formal definierte Mitgliedschaftsrolle fordert. Sie müssen nur bestimmte Ressourcen, nicht ihre gesamte Persönlichkeit einbringen. Die bloß formal definierte Mitgliedschaftsrolle verhindert ein Ausgreifen des Sozialsystems auf die Gesamtpersönlichkeit der Teilnehmer und sichert sie vor totalen Ansprüchen des Systems. Die Organisation fordert lediglich Akzeptanz der formalen Struktur (Luhmann 1972, 68ff.). Individuen, die sich in ihrer persönlichen Motivation mit den Organisationszwecken identifizieren, sind eher hinderlich, denn sie machen die Organisation immobil (1972, 100ff.).

Fassen wir zusammen: Sowohl Luhmann als auch Weber betrachten *Organisationsbildung und die Zunahme des Organisationsgrades* in der Gesellschaft als *zentrale Mechanismen eines historischen Prozesses, der zu einer beträchtlichen Steigerung des Problemlösungspotentials* führt. Bei Weber beruht dieser Prozeß auf einer fortschreitenden Versachlichung und Entpersönlichung der Sozialwelt, bei Luhmann auf der Verlagerung des Kontingenzproblems von der Personenebene auf die Organisationsebene. Die Folgen der formalen Organisationsstruktur auf das Individuum werden allerdings unterschiedlich gesehen: Webers Not – die

Kollision wissenschaftlich-technisch-organisatorischer Rationalität mit der Rationalität individueller Sinnentwürfe – wird für Luhmann zur Tugend: Moderne Organisationen eröffnen, gerade weil sie nicht die gesamte Persönlichkeit fordern, dem Individuum neue Möglichkeiten zur Identifikationsbestimmung (Gabriel 1979, 111ff.).

4.3.1.4 Ressourcensicherung als zentrale Aufgabe der Organisation

Um überleben zu können, benötigen Organisationen Ressourcen von Individuen oder von anderen Organisationen: Arbeitskraft und -zeit, Geld, Kapital, Wissen, Energie, Rohstoffe, Rechtsgarantien usw. Um solche Ressourcen zu erhalten, müssen die Organisationen Gegenleistungen bieten: Güter, Zinsen, Lohn, Aufstiegschancen, attraktive Arbeit, angenehmes Betriebsklima, Werte und Zielsetzungen, mit denen sich Ressourceninhaber identifizieren können, usw. Das Problem der Ressourcensicherung verschärft sich in dem Maße, in dem andere Organisationen um diese Ressourcen konkurrieren.

Nach dem *Anreiz / Beitrags-Konzept* besteht die zentrale Aufgabe der Organisation darin, Ressourceninhaber dazu zu bewegen, ihre Ressourcen zur Verfügung zu stellen (Barnard 1938, Simon 1955). Alle Ressourcengeber – Kunden und Lieferanten gleichermaßen wie Kapitaleigner – werden in diesem Konzept als *Mitglieder der Organisation* gesehen. Seine zentralen Postulate sind:

1) Eine Organisation ist ein System von wechselseitig abhängigen sozialen Verhaltensweisen einer Anzahl von Personen, die als Organisationsteilnehmer bezeichnet werden.

2) Jeder Teilnehmer und jede Gruppe von Teilnehmern erhalten von der Organisation *Anreize* und leisten dafür *Beiträge* an die Organisation.

3) Jeder Teilnehmer wird seine Mitwirkung in einer Organisation nur so lange aufrechterhalten, wie die ihm gewährten Anreize so groß wie oder größer (gemessen im Lichte *seiner* Wertmaßstäbe und der ihm offenstehenden Alternativen) als die von ihm geforderten Beiträge sind.

4) Die Beiträge, die die verschiedenen Teilnehmergruppen leisten, sind die Quelle, der die Organisation die den Teilnehmern angebotenen Anreize entnimmt.

5) Daher ist eine Organisation nur so lange „solvent" – und damit überlebensfähig – wie die Beiträge in genügendem Maße ausreichen, genügend große Anreize zu gewähren, um diese Beiträge weiter beziehen zu können (March & Simon 1958, 81).

Die Definition der Organisation im Rahmen des Anreiz/Beitrags-Konzepts, nach der Organisationen durch *alle* Ressourcengeber konstitutiert werden, widerspricht unserer obigen Definition: Danach bilden nur diejenigen Ressourcengeber die Organisation, die ihre Ressourcen einer zentralen Disposition unterstellen. Dies sind vor allem die Ressourceneinbringer, nur sie sind *Mitglieder* der Organisation. Die so konstitutierte Organisation tritt dann ihrerseits mit anderen Organisationen und Individuen in Tauschbeziehungen ein. Gerade für die Analyse des Problems der Ressourcensicherung erscheint die Definition von Organisationen als Ressourcenpools fruchtbar: Die Sicherung von Ressourcen von Mitgliedern wirft andere Probleme auf als die Sicherung von Ressourcen durch Nicht-Mitglieder. Nur bei dieser Definition scheint auch die Option auf, Ressourcen – beispielsweise bestimmte Rohstoffe – über den Markt zu beziehen oder sie selbst durch Einsatz von Ressourcen der Organisationsmitglieder zu gewinnen (Vanberg 1982, 151 ff.).

Sicherung von Ressourcen heißt für die Organisation nun nicht, alle Forderungen von Ressourceninhabern schlicht zu erfüllen. Es heißt vor allem, die *Forderungen zu kanalisieren, zu selegieren und zu manipulieren – sie zu „managen“* (Pfeffer & Salancik 1978). Im folgenden wollen wir die Frage verfolgen, wie Organisationen Ressourcensicherung betreiben:

4.3.1.4.1 Zielsetzung

Der spezifische Zweck einer Organisation determiniert weitgehend das Ressourcenproblem. Das Ressourcenproblem eines Gesangvereins ist recht verschieden von dem einer Automobilunternehmung. Solange der Gesangverein für seine Mitglieder genug Frohsinn und Prestige erzeugt, sind diese bereit, ihre Ressourcen – Zeit und kleinere Mitgliedsbeiträge – einzubringen.

Die Automobilunternehmung muß den Ansprüchen von Kunden, Banken, Lieferanten, Kapitaleignern und Mitarbeitern gerecht werden, um die erforderlichen Ressourcen zu erhalten. Ihr Problem der Sicherung von Ressourcen ist wesentlich komplexer. Allerdings kann auch diese Organisation ihre *Zwecke verändern* und damit ihr Ressourcenproblem u. U. vereinfachen.

Sie kann durch Verschiebung ihres Produkt-Markt-Konzepts Ressourcenbeziehungen etablieren, die weniger prekär sind: Sie kann sich beispielsweise in Marktnischen bewegen, in denen die Konkurrenz weniger intensiv ist.

Die *Bestimmung des Organisationszwecks* oder – für erwerbswirtschaftliche Organisationen – die Bestimmung der Produkt-Markt-Konzeption ist eine *permanente Aufgabe*, der eine Schlüsselrolle bei der Sicherung von Ressourcen zukommt.

In besonders dramatischer Weise stellt sich diese Aufgabe dann, wenn die ursprünglichen Zwecke einer Organisation hinfällig werden. Das vordringliche Ziel deutscher Studentenverbindungen vor 1871 war die Unterstützung von Bestrebungen zur Erreichung eines deutschen Nationalstaates. Nach dessen Etablierung wandelten sich ihre Zwecke. Sie pflegten nun vornehmlich die Geselligkeit und boten ihren Mitgliedern Karrierechancen. Die National Foundation for Infantile Paralyses in den USA ging ihres Zwecks mit seiner Erreichung – mit der Entwicklung eines wirksamen Impfstoffs gegen Kinderlähmung – verlustig. Sie fand einen neuen in der Unterstützung behinderter Kinder (Sills 1957).

Durch die *Strategie der Diversifikation* wird das Angebot an Leistungen einer Organisation erweitert. Die Organisation reduziert dadurch ihre Abhängigkeit von bestimmten Ressourceninhabern; sie reduziert ihr Überlebensrisiko (Rumelt 1974).

Organisationen, insbesondere erwerbswirtschaftliche Organisationen sind jedoch auch darauf angewiesen, ihre gesetzten Zwecke *möglichst effizient* zu erreichen, Ressourcen sparsam zu verwenden, ein möglichst günstiges Input-Output-Verhältnis zu realisieren. Je besser die Organisation dieses Ziel erreicht, um so eher kann sie die Ansprüche der Ressourcengeber befriedigen. Auch diese Aufgabe wird durch die Zielsetzung unterstützt: Es müssen *Erfolgskriterien* festgelegt werden, *um die Ressourcenverwendung zu steuern*. Die Nichterreichung von Erfolgskriterien zeigt der Organisation an, auf welche Bereiche sich Bemühungen zur Verbesserung der Effizienz zu konzentrieren haben.

Zielsetzungsprozesse sind zentrale Mechanismen zur Erreichung einer *adaptiven Rationalität von Organisationen* (Cyert & March 1963): Organisatorische Problemlösungen sind in formalen Regeln – Verfahrensrichtlinien, Planungsverfahren, bestimmten Formen der Spezialisierung usw. – konserviert. Schlechte Problemlösungen – im Vergleich zu in der Vergangenheit erzielten Ergebnissen oder im Vergleich zu Ergebnissen der Konkurrenz – lassen sich durch Zielerreichungskriterien, die meist in der Form von Anspruchsniveaus formuliert sind, lokalisieren. Auf die Lösung dieser Probleme konzentriert sich dann das spezialisierte *Innovationspotential* der Organisation – Forschung und Entwicklung, EDV-Abteilung, Organisationsabteilung usw. Die *Organisation lernt*, indem sie weniger aussagefähige Kriterien zur Überwachung der Umwelt und der erzielten Effizienz durch aussagefähigere, weniger leistungsfähige Verfahren durch leistungsfähigere Verfahren und weniger leistungsfähige Verfahren zur Verbesserung der Verfahren durch leistungsfähigere ersetzt (Cyert & March 1963; Hedberg 1981).

Um organisatorisches Lernen in Gang zu setzen, ist es nicht erforderlich, daß die Organisationsgestalter die Mechanismen der Effizienzerzielung restlos durchschauen und beherrschen. Darauf wird vor allem in *evolutionstheoretischen Ansät-*

zen hingewiesen (Segler 1984; Aldrich 1979). Auch zufällige, unbeabsichtigte Variationen in den organisatorischen Verfahren reichen hin, um Anpassungsprozesse in Gang zu setzen.

4.3.1.4.2 Beeinflussung der Umwelt

Organisationen *wirken auch auf die Formierung von Ansprüchen ein.*

Sie setzen zum Beispiel *Werbung* ein, um die von ihnen erstellten Güter besonders attraktiv erscheinen zu lassen. Werbung wird jedoch auch betrieben, um *generelle gesellschaftliche Unterstützung* zu sichern. Unternehmungen weisen beispielsweise in Anzeigen darauf hin, welche Beiträge zum Umweltschutz und zu anderen gesellschaftlichen Aufgaben sie leisten, um der Formierung weitergehender Ansprüche vorzubeugen. Sie unterhalten *Lobbyisten,* um Staatsaufträge zu sichern und um Anforderungen, die aus der Gesetzgebung resultieren, in ihrem Sinne zu beeinflussen.

Chancen zur Beeinflussung der Umwelt ergeben sich vor allem dann, wenn die *Kriterien zur Bewertung organisatorischer Leistungen nicht eindeutig zu bestimmen* sind. Die Leistungen einer Zündholzfabrik sind eindeutiger zu bestimmen – Preis und Einhaltung von Qualitätsstandards – als die einer Universität, eines Krankenhauses, einer Oper oder einer Personalberatungsgesellschaft. Bei solchen Organisationen haben die Experten, die an der Leistungserstellung beteiligt sind, einen großen *Einfluß auf die Formulierung von Kriterien, die zur Bewertung der Leistung herangezogen werden.* Diese Experten bevorzugen nun Kriterien, die nicht den Output, sondern den Input evaluieren. Krankenhäuser werden nicht nach ihren Heilerfolgen bewertet, sondern vorwiegend nach ihrer technischen Ausstattung und nach dem übrigen – „medizinisch gerechtfertigten" – Aufwand, den sie zu betreiben in der Lage sind. Universitäten werden nicht nach den beruflichen Erfolgen ihrer Absolventen, sondern nach dem Ruf der in ihr tätigen Professoren beurteilt. Da andererseits auch die berufliche Leistung von Universitätsabsolventen schwer zu evaluieren ist, spielt wiederum die besuchte Universität als Kriterium eine große Rolle. Das Image einer Universität bestätigt sich gewissermaßen selbst. Eine Personalberatungsgesellschaft wird danach beurteilt, inwieweit sie wissenschaftlich anspruchsvolle Auswahlverfahren zum Einsatz bringt, nicht danach, ob die ausgewählten Bewerber langfristig erfolgreich sind (Meyer & Rowan 1977).

Organisationen können schließlich darauf einwirken, den *Wettbewerb um knappe Ressourcen zu reduzieren.* Sie tun dies, indem sie Verhaltensregeln für einen gemäßigten Wettbewerb propagieren und stützen, mit Wettbewerbern in Verbänden solche Regeln vereinbaren, mit Lieferanten und Abnehmern langfristige vertragliche Bindungen anstreben, mit Wettbewerbern in bestimmten Bereichen kooperieren oder – teilweise nicht erlaubte – Kartelle bilden. Sie sichern sich die Unterstützung von wichtigen Ressourcengebern – beispielsweise von Banken, von wichtigen Lieferanten oder von wichtigen Abnehmern –, indem sie *Vertreter* dieser Organisationen in ihre Aufsichtsräte *kooptieren* (Pfeffer & Salancik 1978, 161 ff.).

Organisationen überlassen die Sicherung ihrer Ressourcen nicht allein dem Marktmechanismus, sie gestalten den Markt, und sie beeinflussen die Schiedsrichter, die ihr Spiel bewerten. Die *Legitimierung ihrer Aktivitäten ist eine ständige Aufgabe von Organisationen* (Parsons 1960).

4.3.1.4.3 Einbindung und Motivation von Organisationsmitgliedern

Organisationsmitglieder, so haben wir oben gesehen, bringen Ressourcen in die Organisation ein und unterstellen sie einer zentralen Disposition. Als Gegenleistung erhalten sie Entlohnung und soziale Güter wie Anerkennung, Privilegien, Prestige, Macht, attraktive Arbeit.

Erachten die Mitglieder die erbrachten Gegenleistungen als nicht ausreichend, so reagieren sie mit *Abwanderung* und *Widerspruch* (Hirschman 1980): Sie kündigen, treten aus der Organisation aus, oder halten ihre Leistung zurück, streiken, treten in eine „innere Emigration", lösen interne Konflikte aus usw.

Die Aufgabe der Organisation besteht darin, durch ein entsprechendes Angebot an pekuniärer Entlohnung und sozialen Gütern sicherzustellen, daß die Ressource Arbeitskraft in ausreichender Menge, Qualität und mit ausreichender Motivation zur Verfügung steht. Diese Aufgabe muß ebenfalls wieder möglichst effizient gelöst werden.

Organisationen sind darauf angewiesen, daß Organisationsmitglieder die organisatorischen Vorgaben in Form von Anweisungen durch Vorgesetzte, Verfahrensrichtlinien und Plänen akzeptieren, sie nach Möglichkeit nicht nur passiv, sondern motiviert akzeptieren.

Wenn wir die Frage verfolgen, wie Organisationen diese Aufgabe meistern, so müssen wir zunächst auch wieder auf die *historische Entwicklung* verweisen. Sowohl die Koordinationsmechanismen als auch die Anreizsysteme ändern sich im Zeitablauf. Sie ändern sich vor allem deshalb, weil sich – nicht zuletzt auch durch die organisatorischen Maßnahmen selbst – Erwartungen und Einstellungen der Organisationsmitglieder gegenüber der Arbeit in Organisationen ändern.

In der historischen Entwicklung von Organisationen können wir einen ständigen Wandel in den Koordinationsmechanismen und in den Anreizsystemen beobachten. Zu Beginn der Industrialisierung waren straffe persönliche Überwachung in Verbindung mit rigiden Arbeitsordnungen und drakonischen Strafen bis hin zur existenzgefährdenden Entlassung das dominierende Koordinations- und „Motivations"-Konzept (Kieser 1983). Der Loyalität der leitenden Angestellten, die schwer zu ersetzen waren, versicherte man sich durch hohe Tantiemen und Gewinnbeteiligung (Kocka 1984). In dem Maße, in dem sich durch Sozialisationsprozesse Arbeitstugenden wie Pünktlichkeit, Ordnung, Arbeitsdisziplin herausbildeten, konnte persönliche Überwachung durch Vorgabe der effizienteren Koordinationsmechanismen bürokratische Regelungen und technische Sachzwänge ersetzt werden (Edwards 1979). Wesentlich für die Herausbildung der Arbeitstugenden waren von Unternehmen vorgebrachte *Legitimierungsargumente* zur Rechtfertigung industrieller Arbeit, die die Herausbildung von gesellschaftlichen Normen, von entsprechenden Erziehungs- und Qualifikationskonzepten und von entsprechenden Gesetzen unterstützten.

Anreizsysteme, die vor allem auf pekuniären Gegenleistungen abstellten, wurden im Rahmen der *Human-Relations-Bewegung* ergänzt – nicht ersetzt – um Anreizsysteme, die neben materiellen auch soziale Bedürfnisse ansprachen (Bendix 1974).

Es entwickelte sich ein Führungsverhalten, das zusätzlich soziale Kontakte und Anerkennung als Motivatoren ins Spiel brachte (Schein 1965). In neuerer Zeit werden Mitbestimmung am Arbeitsplatz und eine anspruchsvolle Arbeitsgestaltung verstärkt als Mittel der Einbindung und Motivation diskutiert (Wunderer & Grunwald 1980; Hackman & Oldham 1980). Und in allerneuester Zeit wurde die *Organisationskultur* als Motivationsinstrument „entdeckt" (Peters & Waterman 1983; Deal & Kennedy 1982; Sackmann 1983, vgl. auch Neuberger in diesem Band).

Solche Veränderungen in den Motivationsinstrumenten sind einmal Reaktion auf Veränderungen in den Bedürfnisstrukturen der Organisationsmitglieder. Die Abdeckung bestimmter Bedürfnisse lenkt das Interesse auf andere. Dieser Prozeß darf jedoch nicht als ein naturwüchsiger gesehen werden, wie etwa von dem Maslowschen Konzept der Bedürfnispyramide suggeriert. Bedürfnisse sind gesellschaftlich vermittelt (Hondrich 1975).

Zum Teil werden Veränderungen in Motivationsinstrumenten auch durch technische Entwicklungen und neue organisatorische Verfahren ausgelöst: Technisierung und Automatisierung reduzierten beispielsweise den Spielraum, in dem die Produktivität durch Akkorde und Prämien erhöht werden kann. Auch wurden andere Aspekte des Arbeitsverhaltens – beispielsweise Aufmerksamkeit und genaues Arbeiten kritisch.

Zum Teil beruht die Wirkung neuer Motivationskonzepte auf ihrem *ideologischen oder symbolischen Gehalt*. Maßnahmen, die auch oder vordringlich der Rationalisierung dienen, werden beispielsweise als Maßnahmen zur Humanisierung der

Arbeit interpretiert, was ihre Akzeptanz verbessert (Zucker 1977; Pfeffer 1981). Bendix argumentiert, daß beispielsweise die Human Relations Bewegung vorwiegend als eine ideologische Bewegung gesehen werden muß, durch die die Führungspraxis weniger nachhaltig geändert wurde als die Interpretation der Führung gegenüber den Mitarbeitern und gegenüber der Öffentlichkeit (Bendix 1974).

Neuere Ansätze stellen Werte und Ideologien – die Organisationskultur – als Motivationsinstrumente ganz bewußt in den Vordergrund: Es kommt darauf an, die Mitarbeiter durch Unternehmensphilosophien, Mythen, Rituale, Legenden und Symbole der Einmaligkeit der Organisation zu versichern, um eine Identifikation zu erleichtern.

Fassen wir zusammen: Da sich die Einstellungen und Erwartungen der Mitarbeiter ändern, nicht zuletzt auch durch die Maßnahmen der Organisation selbst, ist die Sicherung dieser Ressourcen eine Aufgabe, die eine ständige Weiterentwicklung von Kontroll- und Motivationssystemen bedingt. In diesem Prozeß kommt der Legitimierung dieser Systeme gegenüber der Öffentlichkeit und gegenüber den Mitarbeitern durch Ideologien eine wichtige Funktion zu.

Kapitel 4.3.2

Organisationsstrukturen

Rainer Buchner

4.3.2.1 Einleitung

In den klassischen organisationstheoretischen Ansätzen wird der Mensch als Instrument zur Erfüllung organisatorischer Forderungen gesehen und so als Element eines soziotechnischen Systems unter weitgehender Ausklammerung psychologischer Variablen behandelt. Sein Verhaltensspielraum wird durch die formalen Regeln und Normen festgelegt, die die Organisationsstruktur definieren. Somit stand am Anfang des Forschungsinteresses für die Organisationsstruktur die Frage, unter welchen Bedingungen welche Arten von Strukturen entstanden und wie diese Strukturen den Unternehmenserfolg bestimmten. Der Einfluß des Individuums als Leistungsträger wurde unterschätzt. (Burns & Stalker 1961, Khandwalla 1975, Meyer & Scott 1983).

Da aber formale, organisatorische Regeln primär nur die Bedingungen an die Mitglieder einer Organisation stellen, deren erfolgreiche Ausführung jedoch von der Bereitschaft des Individuums abhängt, trat in den neoklassischen Ansätzen der Organisationstheorie die motivationale Komponente in den Vordergrund. (Roethlisberger & Dickson 1938). Die Kenntnis menschlicher Reaktionsweisen als Folge struktureller Bedingungen war das weitere Anliegen der Forschung.

Da also organisatorisches Handeln und Unternehmenserfolg nicht nur aus der Kenntnis individuellen Verhaltens allein oder nur aus den strukturellen Bedingungen vorhergesagt werden konnte, wurde im sogenannten „Contingency Approach" (Lawrence & Lorsch 1969; im Deutschen: „Situativer Ansatz", Staehle 1973) ein integrativer Forschungsansatz versucht, der die Situation eines Unternehmens auf dem Markt und in der Gesellschaft, ihre Auswirkung auf die Strukturierung der Unternehmensorganisation und deren Auswirkung auf das Verhalten der Organisationsmitglieder untersucht. Der größte Teil der Arbeiten zur Strukturforschung geht auf diesen Ansatz zurück.

Ausgangspunkt der Forschungsansätze zur Organisationsstruktur waren die Strukturkonzepte einiger Wissenschaftler zu Beginn dieses Jahrhunderts.

4.3.2.2 Grundlagen der Strukturforschung

Taylors (1911) strukturaler Ansatz war ökonomisch sehr erfolgreich und beeinflußte lange Zeit die Arbeitsstrukturierung in Industriebetrieben. Er schuf die Grundlage für eine wissenschaftlich fundierte Arbeitsteilung. Arbeitsgänge wurden in kleinste Einheiten zerlegt, die menschlichen Bewegungen dem technischen Ablauf angepaßt und der geringstmögliche Zeitaufwand ermittelt. Die wesentlichen Vorteile dieser Arbeitsgestaltung waren der geringe Anlernaufwand, der Einsatz billiger Arbeitskräfte, die rationelle Ausstattung des Arbeitsplatzes und höhere Arbeitsgeschwindigkeit durch Routinisierung der Bewegungsabläufe. In der Strukturforschung werden die Bedingungen und Auswirkungen der Arbeitsaufteilung, der Gleichförmigkeit von Arbeitsabläufen und die schriftliche Fixierung der Regeln nach denen dies geschieht, als Strukturdimensionen „Spezialisierung", „Standardisierung" und „Formalisierung" bezeichnet und untersucht.

Entstand der Ansatz Taylors (1911) aus der systematischen Beobachtung und Messung, so entwickelte Fayol (1929) sein Konzept für die Verwaltungsorganisation der angewachsenen Betriebe aus seiner persönlichen Erfahrung. Im Mittelpunkt seines Interesses stand die Führung des Unternehmens. Dazu formulierte er 14 Prinzipien der Führung, von denen vor allem die Prinzipien der Arbeitsteilung, Einheit der Auftragserteilung, Einheit der Leitung, Zentralisierung der Entscheidungen und hierarchische Organisation (Liniensystem) für die Strukturbildung wirksam wurden.

Fayols Einfluß ist ebenfalls heute noch zu spüren. Organigramme sind nach wie vor nach dem Linien-, oder Stab-Linien-Prinzip gestaltet, das die Einheit der Leitung und Auftragserteilung vorschreibt. Aus der Zahl der Hierarchieebenen entsteht der Begriff „Steilheit" oder „vertikale Differenzierung". Daraus ableiten läßt sich auch die „Leitungsspanne", definiert als Zahl der geführten Mitarbeiter. Ebenso wird die „Zentralisierung" zu einem wesentlichen Begriff formaler Organisationsstrukturen.

Max Webers (1972) Bürokratiemodell beeinflußte nach seiner Übersetzung ins Englische die Organisationsforschung in diesem Sprachraum sehr nachhaltig. Seine Konzeption der bürokratischen Organisation ist gekennzeichnet durch:

1) einen kontinuierlichen Betrieb, gebunden an ein System von Regeln, ohne Ansehen der Person.

2) Arbeitsteilung mit sachlicher Aufgabenabgrenzung und Kompetenzregelung.
3) Autoritätshierarchie nach sachlicher Zuständigkeit.
4) Auswahl der Stelleninhaber nach fachlicher Qualifikation.
5) Trennung zwischen Besitz und Funktion: Kein Recht auf eine Position, kein Besitz von „Produktionsmitteln".
6) Anstellung oder Ernennung der Positionsinhaber.
7) Aktenmäßigkeit, d. h.: schriftliche Fixierung aller Vorgänge. (Weber 1972, S. 125 bis 127).

Dieser Organisationstyp ist quasi unabhängig von den Individuen. Die Mitglieder sind beliebig austauschbar, sogar jene, die die Bürokratie für die Machtausübung benutzen. Die formale Struktur regelt die Abläufe in rein rationaler Weise und bestimmt so Richtung und Grenzen menschlichen Handelns innerhalb dieser Organisation.

Zu Beginn der Forschungstätigkeit über die formale Organisationsstruktur herrschten zwei Betrachtungsdimensionen vor, die unter dem Druck der Ergebnisse aufgegeben werden mußten: a) die Annahme, organisatorisches Handeln liefe rein rational ab; b) die Gestaltung von Unternehmen nach den bekannten Strukturdimensionen sei der Garant für den Unternehmenserfolg. Dieser geschlossene Ansatz behavioristischer Herkunft mußte durch die Vielzahl intervenierender Variablen, die in den folgenden Untersuchungen gefunden wurden, zu einem offenen Ansatz erweitert werden, in den auch die Umwelt- und Situationsvariablen Eingang fanden. (vgl. Neuberger 1977)

Von den Einzelfallstudien ging man zum Vergleich verschiedener Organisationen über, wobei die Ausgangssituation, die Struktur und der Erfolg der Unternehmen das Programm der vergleichenden Organisationsforschung bestimmten. Die Arbeiten von Udy (1961) und Hall (1962) wiesen empirisch die Unterschiede der formalen Strukturen verschiedener Organisationen nach. In der Folge mußten Strukturmaße und Meßmethoden entwickelt werden, um die unterschiedlichen Unternehmungen miteinander vergleichen zu können. Hier ist an erster Stelle die Aston-Gruppe in England (Pugh et al. 1968) zu nennen, die die einflußreichsten Meßverfahren entwickelten. Für einen umfassenden Überblick über Meßverfahren und -instrumente empfiehlt sich die Dokumentation von Kubicek & Welter (1985).

4.3.2.3 Strukturdimensionen

Obwohl das ursprüngliche Ziel der Aston-Gruppe die Erklärung des sozialen Verhaltens der Mitglieder einer Organisation aufgrund ihrer Struktur war, kam sie über die Entwicklung der Meßverfahren nicht hinaus. Diese Forschung und Methodenentwicklung bestimmte jedoch zum größten Teil die weitere Entwicklung der Strukturforschung. Da jedoch die Bildung von Itempools – Hauptverfahren der Dimensionsbestimmung war die Faktorenanalyse – bereits entlang der Strukturkonzepte von Taylor, Weber und Fayol erfolgte, waren die Ergebnisse von Cluster- und Faktorenanalyse bereits präformiert, so daß immer wieder ähnliche Faktoren mit geringer Variation auftraten. Beispielhaft verdeutlich dies die Übersicht Neubergers (1977, s. folgende Seite):

Bedeutung und Messung der wesentlichen Strukturdimensionen sollen kurz dargestellt werden:

Spezialisierung

Ein hoher Spezialisierungsgrad bedeutet eine starke Aufteilung der Arbeit – bis hin zu wenigen Handgriffen, wie bei der Fließbandarbeit. Ein niederer Spezialisierungsgrad bedeutet einen breiten Arbeitsbereich und eine hohe „Aufgabenkomplexität“. Operationalisiert wird die Spezialisierung durch:

- Anzahl von Stellen mit unterschiedlichen Funktionen,
- Zahl unterschiedlicher Funktionen pro Arbeitsstelle,
- Anzahl unterscheidbarer Stimuli und Responses pro Arbeitsgang,
- Länge der Bearbeitungszeit pro Stelle (Arbeitszyklus) (vgl. Turner & Lawrence 1965; Hill et al 1974).

Formalisierung

Darunter versteht man das Ausmaß, in dem die Tätigkeiten der Organisationsmitglieder durch offizielle, meist schriftlich fixierte Regeln und Vorschriften festgesetzt sind. Dazu einige Operationalisierungsmöglichkeiten:

- Arbeitshandbücher, schriftliche Arbeitsanleitungen
- Stellenbeschreibung
- Anforderungsprofile
- Kontrollformulare, -berichte
- Schriftliche Arbeitszeiterfassung

Weber (1972)

Autoritätshierarchie
Arbeitsteilung
Fachliche Kompetenz der Mitglieder
Verfahrensvorschriften
Regeln für das Verhalten von Positionsinhabern
Begrenzte Amtsautorität
Amtsentsprechende Belohnung
Unpersönlichkeit des Umgangs
Trennung von Leistung und Eigentum
Betonung schriftlicher Kommunikation
Rationale Disziplin

Pugh et al. (1968)

theoret. postulierte Dimensionen:
Spezialisierung
Standardisierung
Formalisierung
Zentralisierung
Konfiguration

empirisch gefundene Dimensionen:
Strukturierung der Aktivitäten
Konzentration der Autorität
Linienkontrolle des Fertigungsprozesses
Relative Bedeutung der Hilfsfunktionen

Reimann (1975)

Dezentralisierung
Spezialisierung
Formalisierung
Administrative Dichte

Hill et al. (1974)

Zentralisation und Dezentralisation (Aufgabengliederung)
Funktionalisierung (Strukturtypen)
Delegation
Partizipation
Standardisierung
Arbeitszerlegung

Gebert (1974)

Zentralisierung
  der Entscheidungsgewalt
  der Kommunikation
Strukturierung
  Standardisierung
  Formalisierung
  Aufgabenkomplexität
Differenzierung
  Positionsdifferenzierung
  Funktionsdifferenzierung
  Hierarchiehöhe
  Kontrollspanne
  Größe (der Organisation)

James u. Jones (1976)

Größe
Zentralisierung der Entscheidung und Autorität
Konfiguration
Formalisierung
Spezialisierung
Standardisierung
Interdependenz

Kieser (1975)

Funktionale Spezialisierung
Formalisierungsgrad
Planungsprogrammierung
Mangel an Problemgehalt
Genauigkeit der Kompetenzabgrenzung
Programmierung der Ausführungsaufgaben
Entscheidungsdezentralisation
Ebenenzahl
Kommunikation mit Kollegen
Kommunikation mit Vorgesetzten
unterstützende Stellen / Gesamtbeschäftigung

Abb. 1: Dimensionen der Organisationsstruktur (Neuberger 1977, p 14)

- Schriftliche Erfassung der Arbeitsleistung
- Organisationsplan
- Arbeitsverträge
- Aktennotizen

Jede schriftliche Regelung kann auf ihre spezifische Wirkung auf den Organisationsprozeß hin untersucht werden. In der Regel wird die Zahl der vorhandenen Schriftstücke zur Bestimmung des Formalisierungsgrades herangezogen.

Standardisierung

Häufig wird Formalisierung so definiert, daß sie die Standardisierung subsumiert. Standardisierung ist das Ausmaß der verpflichtend fixierten Abläufe von Arbeitshandlungen. Items, wie:

- Meine Tätigkeit ist genau festgelegt
- Hier gibt es genaue Verhaltensanweisungen
- Wir müssen immer den Vorschriften folgen
- Die Planung muß immer eingehalten werden
- Im Störungsfall ist sofort Herr... zu informieren.

geben Auskunft über stets gleiche Abläufe (Vgl. Pugh et al., 1968, Hage & Aiken 1969). Ein anderer Indikator ist das Verhältnis programmierter zu nicht programmierten Entscheidungen oder welche Varianten im Entscheidungsfall zugelassen sind. Neuberger (1977) trennt zwischen „Programmierung" oder „Routinisierung", die exakte Vorgaben enthält, und der Standardisierung, die die Grenzen der Handlungsspielräume festlegt und individuelle Variation innerhalb der Grenzen zuläßt. In der Literatur werden die Begriffe „Standardisierung", „Programmierung", „Routinisierung", „Formalisierung" und mitunter „Spezialisierung" verschiedentlich synonym verwendet.

Bei Pugh et al. (1968) werden nach der empirischen Überprüfung an 52 englischen Unternehmen die ursprünglichen 6 Dimensionen auf 4 reduziert, da Spezialisierung, Standardisierung und Formalisierung hoch miteinander korrelieren und zum Faktor „Strukturierung der Aktivitäten" zusammengefaßt werden.

Zentralisierung

Darunter ist der hierarchische Ablauf von Information und Entscheidung zu verstehen sowie die Regelung der Über- und Unterordnungen. Die klarste Operationalisierung stammt hier von Pugh et al. (1968), die eine Liste mit 37 häufig zu treffenden

Entscheidungen aufstellten und eruierten, auf welcher Hierarchieebene welche Entscheidungen getroffen werden durften: (Auszug)

- Einstellung von Arbeitern
- Beförderung von Arbeitern
- Entlassung von Vorgesetzten
- Entlassung von Arbeitern
- Vertretung der Organisation in arbeitsrechtlichen Fragen
- Einrichtung einer neuen Abteilung
- Einrichtung einer neuen Arbeitsstelle

Häufig werden „Zentralisierung", „Hierarchie", „Kontrollspanne", „Positionsdifferenzierung" oder „Konfiguration" als Ausdrücke synonym verwendet. Als Maß dient auch in vielen Fällen die Zahl der Ebenen der Führung. Unterstehen einem Vorgesetzten wenig Mitarbeiter und gibt es viele Hierarchieebenen, so spricht man von einer „engen" Kontrollspanne und einer „steilen" Konfiguration.

Grundsätzliche Überlegungen gehen davon aus, daß ein Anstieg der Spezialisierung einerseits den Arbeitsablauf vereinfacht, da Standardisierung und Formalisierung für Einfachheit der Durchführung und der Ausbildung sorgen, andererseits die Koordination der zerteilten Arbeitsgänge notwendig ist und mehr Personen kontrolliert werden müssen, was die Zahl der Supervisoren erhöht. Darin wird auch das Problem der Messung der Strukturvariablen deutlich: Wenn Pugh et al. (1968) Spezialisierung, Standardisierung und Formalisierung zu einer Dimension zusammenfassen, weil sie miteinander korrelieren, so ist das ein sehr willkürlicher Schritt. Denn Korrelationsmaße sagen nichts darüber aus, ob es mehrere Indikatoren desselben Sachverhaltes gibt, oder ob sich die Variablen gegenseitig bedingen.

Child (1972) replizierte die Aston-Studien mit denselben Maßen und Verfahren und konnte die Unabhängigkeit der Dimensionen „Strukturierung der Aktivitäten" und „Konzentration von Entscheidungsgewalt" nicht bestätigen.

So plädierte Child (1972) für die eindimensionale Fassung der Organisationsstruktur nach Weber (1921), obwohl Pugh & Hickson (1971) gerade diese verworfen hatten. Childs (1972) Untersuchung fand in 82 relativ homogenen Industriebetrieben statt, Reimann (1975) untersuchte dagegen eine sehr heterogene Gruppe von 19 Industrieunternehmungen in den USA und erhielt vier unabhängige Strukturdimensionen:

	Faktor I Dezentra-lisierung	Faktor II Spezia-lisierung	Faktor III Forma-lisierung	Faktor IV Administra-tive Dichte
Entscheidungsdelegation	*.88*● (.72)⁺	.14● (.35)⁺	–.08● (.43)⁺	.15● (–.09)⁺
Funktionale Spezialisierung	.15 (.74)	*.91* (.51)	–.14 (–.22)	–.22 (.26)
Mangel an Autonomie	–.26 (–.46)	–.11 (.54)	*.86* (.40)	.01 (–.40)
Formalisierung von Rollen	.34 (.17)	.27 (.48)	*.82* (.77)	.24 (–.26)
Zentralisationsindex	–*.92* (–.71)	–.08 (.26)	–.09 (–.38)	.10 (.39)
Funktionale Ausdehnung	.47 (.37)	.05 (.51)	–.44 (.30)	.51 (.43)
Hierarchische Kontrolle	.05 (–.36)	–.32 (–.20)	.27 (.66)	.67 (.16)
Funktionale Spezifität	–.10 (.30)	*.71* (.74)	.34 (.05)	–.09 (.09)
Administrative Dichte	–.04 (–.23)	–.09 (–.20)	–.03 (.50)	*.76* (.50)
Stabsdichte	–.56 (–.48)	.18 (.45)	.32 (.28)	.50 (.42)
Vertikale Spanne	.11 (–.60)	*.84* (.50)	–.03 (–.01)	.00 (.33)
Gesamtvarianz in v. H.	25.6	21.0	18.0	11.00

● Ladungen der rotierten Faktorenmatrix (Varimax Rotation). Die höchsten Ladungen (über .60) sind kursiv.

⁺ Die Ladungen der ursprünglichen, unrotierten Faktorenmatrix sind in Klammern angegeben.

Abb. 2: Analyse der grundlegenden Komponenten der Strukturmaße (Reimann 1975, S. 23).

Die „administrative Dichte" wird hier definiert als die Zahl von Linienvorgesetzten und Stabspersonal im Verhältnis zur Gesamtzahl der Beschäftigten.

Entgegen dem ursprünglichen Ziel der Aston-Gruppe blieb es bei den Untersuchungen der Beziehungen zwischen den Strukturvariablen, wobei weder Kausalitäten noch Interaktionsverläufe geklärt wurden. Die ermittelten Korrelationen variieren von Untersuchung zu Untersuchung, so daß der nächste Schritt die Untersuchung der Variation war.

Dazu untersuchte man die Situation, in der sich die verschiedenen Unternehmen und Organisationen befanden und wählte recht willkürlich Einflußvariablen der Situation aus.

Von den Einflußgrößen wurden die Größe der Unternehmung (Blau & Schoenherr 1971), die Umwelt (Burns & Stalker 1961, Lawrence & Lorsch 1969, Khandwalla 1972) und die Technologie (Woodward 1965, Perrow 1967) untersucht. Interessanterweise verbleibt man im ökonomischen Bereich der Umwelt und läßt die historisch-gesellschaftlichen Dimensionen außer acht (Kudera 1977).

4.3.2.4 Strukturdimensionen und Einflußgrößen

Die ersten Forschungsansätze untersuchten den Einfluß einer einzigen Kontextvariablen auf die Organisationsstruktur. Die Ergebnisse sind oft widersprüchlich. Zu den häufigsten Befunden zählen:

Größe

Melman (1951) und Bendix (1956) fanden eine negative Beziehung zwischen der Unternehmensgröße und dem Verhältnis der Zahl der administrativen Mitarbeiter zur Zahl der Produktionsmitarbeiter, Baker & Davies (1954) fanden keinerlei Beziehung, und Terrien & Mills (1955) fanden eine positive Beziehung zwischen Größe und Anteil der administrativen Angestellten. Anderson & Warkow (1961) fanden in einer vergleichenden Studie von Krankenhäusern eine negative Beziehung zwischen Größe und Administration. Als sie zwischen Allgemeinen Krankenhäusern und Spezialkliniken unterschieden, zeigte sich eine positive Korrelation zwischen Aufgabenkomplexität – die in Spezialkliniken geringer ist – und der Zahl administrativer Mitarbeiter.

Rushing (1966) deutete dies als Folge der Koordinationsaufgaben, wofür die Verwaltung zuständig ist. Er zeigte zudem, daß die administrative Komponente keine einheitliche Dimension ist. Bei Aufsplitterung der Gesamtzahl der Verwaltungsangestellten in Funktionsgruppen wies er nach, daß die Gesamtzahl eine negative Beziehung zur Unternehmensgröße aufweisen kann, obwohl Untergruppen eine positive Beziehung aufweisen. Für weitere Untersuchungen wurde daher die Strukturierung nach Funktionsgruppen vorgeschlagen (Rushing 1967, Blau & Schoenherr 1971).

Oft untersucht wurde auch die Annahme, daß Größe und Differenziertheit von Organisationen positiv miteinander korrelieren (Hall et al. 1967, Blau 1970, Child 1973), was für die Zahl der Funktionen, Abteilungen, Hierarchieebenen und geographisch verschieden lokalisierten Organisationseinheiten zutrifft. Für letztere schlägt Scott (1975) den Begriff „Segmentierung" vor.

Technologie

Die Technologie des Unternehmens wirkt sich sehr stark auf die Differenziertheit insofern aus, als bei hoher Standardisierung der Arbeitsabläufe der Koordinationsaufwand nur geringfügig erhöht wird.

Gerade die modernen Produktions- und Kommunikationstechnologien werden damit zu einer stärkeren Determinante der Differenziertheit von Unternehmen – entgegen den Annahmen von Blau & Schoenherr (1971) – als die Größe. Kann die Arbeit aufgrund hoher Spezialisierung nicht programmiert werden, so muß stärker administriert werden (Stinchcombe 1959, Heydebrand 1973). Hickson et al. (1969) fanden in einer Untersuchung, daß die Auswirkungen der Technologie wiederum von der Unternehmensgröße moderiert werden.

Gebert (1974) faßt Childs (1973) Ergebnisse zu den Beziehungen zwischen Größe, Technologie und Strukturvariablen in folgender Grafik zusammen:

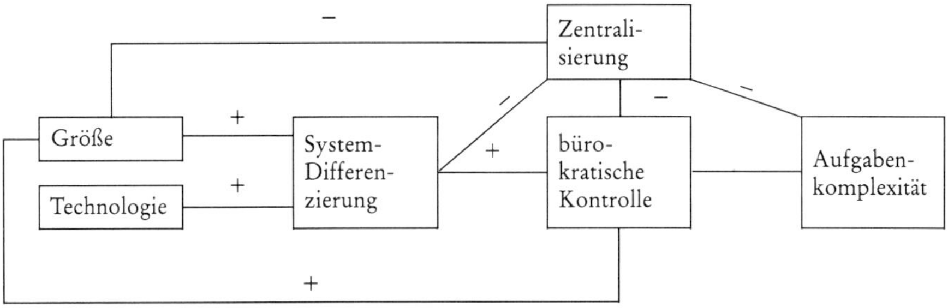

Abb. 3: Beziehungen zwischen den Einflußgrößen und Strukturvariablen (Gebert 1974, S. 77).

Umwelt

Die aus Webers (1921) Ansatz abgeleitete These, daß bürokratische Strukturen die Organisation unflexibel machen, das heißt, die Anpassung an die Umwelt verhindern, lag den ersten Untersuchungen zur Beziehung zwischen Umwelt und Organisationsstrukturen zugrunde (Gouldner 1954). Nach Wilson (1966) erfolgt die Anpassung von Organisationen an die Umwelt in zwei Phasen: a) das Finden neuer Ideen und Lösungen, b) deren Umsetzung in der Praxis. Dadurch ergibt sich ein „organisatorisches Dilemma", da Eigenschaften der Organisation die Kreativität fördern, die Implementierung der Lösungen behindern und umgekehrt. Ausschlaggebend nach Wilson (1966) ist der Grad der Differenziertheit. Lawrence & Lorsch (1966) stellen fest, daß Ideengenerierung und deren Umsetzung in verschiedenen Untereinheiten von Unternehmen stattfinden. Somit ist nicht die Struktur der Gesamtorganisation mit der Umwelt in Beziehung zu setzen, sondern die Struktur der Untereinheiten. Solche weisen in dynamischer Umwelt weniger Hierarchieebenen, geringere Standardisierung und Formalisierung und eine weitere Kontrollspanne auf. Sind unterschiedliche Abteilungen noch verschieden strukturiert, erhöht sich der Koordinationsaufwand beträchtlich. Lawrence & Lorsch (1966) gehören zu den wenigen, die aufgrund ihrer empirischen Arbeiten angeben, wie erfolgreiche Koordinationseinrichtungen gestaltet werden sollen.

Eines der umfassendsten Modelle zur Umwelt-Organisation-Beziehung stammt von Khandwalla (1975). Er führt die Differenzierung der Unternehmensstruktur auf die Maßnahmen zur Unsicherheitsreduktion bezüglich der Umweltsituation zurück. Er unterscheidet zwischen personbezogener, struktureller und technokratischer Unsicherheitsreduktion. Produkt- oder Marktforschung zerlegen die Umweltbilder in Teilbereiche, zu denen analoge Subeinheiten der Organisation eingerichtet werden. Produktmanagement ist eine typische Form der Zuordnung als technokratischer Mechanismus der Unsicherheitsreduktion. Partizipative Entscheidungsfindung ist eine personorientierte Form der Verringerung der Unsicherheit.

Die steigende Differenzierung durch die Umweltangleichung führt zum Ansteigen notwendiger Koordinationsmaßnahmen der Integration. Diese wiederum werden durch personbezogene, strukturelle oder technokratische Mechanismen bewerkstelligt. Gruppenarbeit, Teambildung oder partizipative Führung sind personbezogen, Einrichtung von Stäben oder Matrixorganisationsformen strukturell, und Planungs- und Kontrollsysteme technokratisch. Erfolgreiche Unternehmungen reagieren nach den Ergebnissen Khandwallas (1975) auf technologische Umweltänderungen mit technokratischen Methoden und auf Konkurrenzverunsicherung mit personbezogenen. Kieser (1974) untersuchte den Zusammenhang zwischen strukturellen Größen und Umwelt – letztere definiert durch Konkurrenzintensität, Preisempfindlichkeit und Dynamik – in 51 deutschen Fertigungsunternehmen und erhielt großteils ähnliche Ergebnisse wie Khandwalla (1975).

4.3.2.5 Strukturdimensionen und Verhalten

Der Forschungsbereich, der sich mit den Auswirkungen der Organisationsstruktur auf das Verhalten der Mitglieder befaßt, ist am stärksten durch die Vorannahmen aus dem Human-Relations Ansatz geleitet (Roethlisberger & Dickson 1939, Maslow 1954, Herzberg 1966). Er wird auch als „neoklassischer" Forschungsbereich bezeichnet, um ihn als Gegenbewegung zum „klassischen" des Taylorismus zu kennzeichnen (Hoffmann 1976). Von den Strukturvariablen wurden vor allem Zentralisierung, Standardisierung, Formalisierung und Konfiguration in ihrer Auswirkung auf das Verhalten der Mitarbeiter hin untersucht.

Zentralisierung korreliert negativ mit der Risikobereitschaft und Innovationsneigung (Child 1973). Sie senkt die Initiative und Leistungsbereitschaft (Smith 1970, Mahoney et al. 1972), die Arbeitszufriedenheit (Adams et al. 1977) und die Veränderungsbereitschaft (Golombiewski 1972). Sie verringert die Kreativität, Ideenfindung und Forschungsproduktivität (Bass 1965, Smith 1970). Hohe Zentralisierung behindert die Kommunikation (Thompson 1965) und eine effektive Konfliktaustragung (Katz & Kahn 1966, Lorsch 1965, Child 1973). Sie verschlechtert komplexe Aufgabenlösungen und steigert Absentismus, Kündigungen und Unfallfrequenz (Indik & Seashore 1961). Unter gewissen Umständen steigert Zentralisierung die Effizienz des Unternehmens (Morse & Reimer 1956, Bavelas 1960). Die Ergebnisse hinsichtlich der meßbaren Arbeitsleistung sind sehr uneinheitlich, und die Annahme, daß höhere Arbeitszufriedenheit höhere Leistung bedeutet, wird von vielen Autoren als widerlegt betrachtet (Brayfield & Crocket 1955, Rüttinger et al. 1974). Oldham et al. (1986) weisen dagegen nach, daß Zufriedenheit oder Unzufriedenheit mit Teilaspekten der Arbeit sehr wohl das Mitarbeiterverhalten beeinflussen, vornehmlich die Unzufriedenheit mit der Aufgabenkomplexität führt zu sinkender Leistung und Absentismus, sowie Kündigung.

Der Großteil dieser Studien erbrachte negative Folgen hoher Zentralisierung auf Einstellung und Verhalten der Organisationsmitglieder (Dagegen Mahoney et al. 1972). Besonders interessant sind dazu die Untersuchungen von Child (1973), Child & Kieser (1970) und Kieser (1977), die zudem Überlegungen zu interkulturellen Vergleichen organisatorischen Handelns anregen. Kieser (1977) fand bei deutschen Managern eine hohe Bereitschaft zu weisungskonformem Verhalten, jedoch verbunden mit einem Gefühl der Tätigkeitsroutinisierung, wenn die Zentralisierung hoch, Standardisierung und Formalisierung aber gering waren. Bei hoher Ausprägung aller drei Dimensionen stieg das Bedürfnis nach nonkonformem Verhalten, die Arbeit wurde hier jedoch als entroutinisiert wahrgenommen.

Nach Porter & Lawler (1964) wirken sich *steile Konfigurationen* positiv auf das Sicherheitsbedürfnis aus, aber negativ auf das Bedürfnis nach Selbstverwirklichung. Ghiselli & Siegel (1972) fanden eine leichte Bestätigung der Annahme, daß Manager mit demokratischen Führungseinstellungen in flachen Organisationen erfolgreicher seien als in steilen. Die – teils widersprüchliche – Literatur zur Leitungs- und Kontrollspanne läßt bei kleineren Organisationen eher große und in großen Organisationen eher kleine Kontrollspannen empfehlen.

Spezialisierung führt nach Forehand & Gilmer (1964) zum Gefühl eingeschränkter Freiheit, Verminderung der Kreativität und geringer Arbeitszufriedenheit. Dies scheint dann der Fall zu sein, wenn durch die Spezialisierung monotone Abläufe und damit das Gefühl der Unterforderung entstehen (Udris 1982). Die daraus entstehende Arbeitsunzufriedenheit führt zu Fluktuationen (Oldham et al. 1986).

Standardisierung und *Formalisierung* bringen einerseits Einigungsschwierigkeiten mit sich (Child 1973), können aber auch Konflikte verhindern oder reduzieren (Child 1973). Formalisierung wirkt sich negativ auf die Arbeitszufriedenheit aus (Gouldner 1959, Corwin 1969, Hall 1968), vor allem bei Mitarbeitern mit hohem Ausbildungsstand. Hohe Rollenformalisierungen vermindern zwar Konflikte und Ängste (Hickson 1966, House & Rizzo 1972), führen aber oft zu negativem Organisationsklima, geringerer Gruppenbeteiligung und sinkender Arbeitszufriedenheit (Pheysey et al. 1971).

Aufgabenkomplexität dagegen erhöht die Leistungsmotivation und Arbeitszufriedenheit (Aram et al. 1971, Rosenstiel 1972), sowie Offenheit (Aram et al. 1971), Risikobereitschaft und den Glauben an die eigene Kompetenz (Child 1973). Sie korreliert negativ mit Konformität (Child 1973) und der Bereitschaft, sich unterzuordnen (Blau & Scott 1962).

Die *Organisationsgröße* korreliert positiv mit Absentismus, nicht jedoch mit der Kündigungshäufigkeit (Ingham 1970). Sie wirkt sich negativ auf die Arbeitszufriedenheit und die Einstellung zum Unternehmen aus (Payne & Pheysey 1971; dagegen

Weinert 1981). Mögliche Effekte der Gesamtgröße der Organisation auf Einstellungen und Verhalten der Mitglieder werden jedoch durch die Situation der Untereinheiten der Organisation stark moderiert (Porter & Lawler 1965). Auch die Hierarchieebene, in der sich die untersuchten Mitarbeiter befinden, sowie deren Tätigkeiten wirken sich stark auf die Effekte der Unternehmensgröße aus (Graham 1969, Armstrong 1971, Adams et al. 1977).

Da monokausale Ansätze durch die Moderatoreffekte anderer Wirkvariablen nicht mehr vertretbar waren, wurden in weiterer Folge mehrdimensionale Forschungsdesigns entworfen (Ghiselli & Siegel 1972, Herman & Hulin 1972). Indik (1968) entwickelte ein Kettenmodell von sieben Organisationskategorien und ihrem Zusammenwirken. James & Jones (1974) zeigen in ihrer Fünf-Felder-Übersicht, welche Variablenkomplexe in ihrem Zusammenwirken untersucht werden sollten.

Diese Variablenübersicht läßt deutlich erkennen, daß dem „Situativen Ansatz" zwei gravierende Probleme anhaften: Einerseits können beliebig lange Variablenlisten erstellt werden, dadurch entsteht andererseits eine kaum zu bewältigende Meßproblematik.

Kontext	Struktur	Prozeß
Kontextkomponenten	*Strukturkomponenten*	*Prozeßkomponenten*
Ziele	Größe	Führung
Eigentümerschaft	Zentralisiertheit des Fällens	Kommunikation
Kontrolle	von Entscheidungen	Konfliktlösen
Abhängigkeiten / Bedingungen	Konfiguration	Koordination
Ressourcen	Spezialisiertheit	Selektion
Zeitfaktoren	Standardisiertheit der Prozesse	Be- und Entlohnung
Funktionen	Formalisiertheit	Entscheidung fällen
Technologien / Methoden	Interdependenz der Unter-	Status und Verfügungsgewalt
	oder Teilsysteme	

Physiologische Umwelt	*Werte und Normen des Systems*
Physiologische Charakteristika	Konformität
(Temperatur / Licht / Lärm etc.)	Rationalität
Personalschutz	Vorhersagbarkeit / Planbarkeit
Umweltrisiken	Unpersönlichkeit
Räumliche Begrenzungen	Loyalität
Aushaltevermögen	Orientierung (Berufswerte)
Umweltstreß	Systeme des Problemlösens
	Einfluß auf Entscheidungsstruktur

Abb. 4: Komponenten der situativen Varianz in Organisationen (James & Jones 1974; Deutsche Fassung: Weinert 1981, S. 162)

4.3.2.6 Ansätze zur Weiterentwicklung

Neuere Forschungsansätze im Zusammenhang mit der Organisationsstruktur sollten jedoch noch über diesen mehrdimensionalen Ansatz hinausgehen, da beispielsweise folgende Bereiche nicht darin enthalten sind:

a) der personale Ansatz der Einwirkungen von Individuen und Gruppen auf die Organisationsstruktur (z. B. Umstrukturierung aufgrund des Menschenbildes neuer Führer an der Spitze; die Beziehung zwischen Lerngeschichte der Entscheider und organisatorischem Handeln)

b) der historisch-gesellschaftliche Ansatz der Auswirkungen von Gesellschaftsveränderungen auf Organisationsstrukturen (z. B.: der Wechsel von der Industriegesellschaft zur Informationsgesellschaft, ideologische Ausrichtung von Organisationsstrukturen aufgrund von Revolutionen)

c) verstärkte Berücksichtigung des rollentheoretischen Ansatzes (Strukturen als formale Sollensforderungen an Positionsinhaber, Bedingungen des Wechsels der Rollen vom privaten Menschen zum Inhaber einer Funktion in der Organisation, Diskrepanzen zwischen den Rollen, Diskrepanzen zwischen der formalen Anforderung und deren Wahrnehmung durch das Individuum)

d) der prozeßorientierte Ansatz (zum einen die Entstehung, laufende Entwicklung und das Vergehen von Organisationen; zum anderen die Abläufe sozialer Prozesse in Kongruenz oder Diskrepanz zu formalen Regeln)

Aus dem Rückblick auf den Stand der Forschung zur formalen Organisationsstruktur – den umfassendsten Überblick geben Kieser & Kubicek (1983) – fordert Wollnik (1980) die Abkehr vom positivistischen Charakter der Kontingenztheorie und die Entwicklung einer interaktionistischen Organisationstheorie (siehe dazu die theoretischen Erklärungen von Neuberger in diesem Band).

Kapitel 4.3.3

Berufliche Entwicklung und berufliche Sozialisation

Karl Heinz Seifert

4.3.3.1 Berufliche Entwicklung als Laufbahnentwicklung

Gegenstand dieses Beitrages ist die berufliche Laufbahnentwicklung (career development) aus individuell-biographischer und institutioneller Sicht. Die Bedeutung dieses Forschungsfeldes für die Organisationspsychologie ergibt sich vor allem daraus, daß das Verhalten von Individuen in einer Organisation – genauso wie die Struktur und die Wirkungen einer Organisation – auch eine historische bzw. biographisch-genetische Dimension hat, ferner daß die Entwicklung einer Organisation und die individuelle Laufbahnentwicklung einander überschneidende Einflußbereiche darstellen.

In Hinblick auf das individuelle Verhalten kann z. B. davon ausgegangen werden, daß die Organisationswahl und das organisatorische Verhalten wesentlich durch die bisherige vorberufliche und berufliche Entwicklung mitbestimmt werden. Andererseits kann die Tätigkeit in einer Organisation die weitere Persönlichkeits- und Laufbahnentwicklung mehr oder weniger beeinflussen und steuern.

Für die Abklärung der theoretischen Sichtweise der folgenden Behandlung der beruflichen Laufbahnentwicklung ist es unerläßlich, sich zunächst die verschiedenen Verständnisweisen des Laufbahnbegriffes zu vergegenwärtigen. Im Anschluß an Hall (1976) und Watts (1981) können folgende wissenschaftliche Laufbahnbegriffe unterschieden werden: (1) Laufbahn als formal (bürokratisch) geregelte und hierarchisch geordnete Sequenz von aufeinander bezogenen Positionen oder „Jobs" im Rahmen eines bestimmten Berufsfeldes oder einer bestimmten Organisation – *institutioneller Laufbahnbegriff*; (2) Laufbahn als Sequenz der von einer Person im Laufe ihres Berufslebens eingenommenen Positionen (unabhängig von der institutionellen Regelung und der individuellen Erlebnisweise) – Begriff der *objektiven beruflichen Laufbahn*; und (3) Laufbahn als subjektiv erfahrene und gestaltete Sequenz von beruflichen Tätigkeiten und Positionen, die eine Person im Laufe ihres Berufslebens durchläuft – Begriff der *subjektiven individuellen Laufbahn.*

Aus psychologischer Sicht ist natürlich primär der subjektive individuelle Laufbahnbegriff relevant. Da jedoch die subjektive und die objektive individuelle Laufbahn eng miteinander zusammenhängen und die individuelle Laufbahn auch durch soziale Laufbahnnormen gesteuert wird, ist die individuelle Laufbahnentwicklung gleichzeitig als interaktionaler Tatbestand zu begreifen, nämlich als Folge der individuellen Auseinandersetzung mit sozialen Anforderungen und Normen sowie der Wahl und der Ausübung beruflicher Rollen im Rahmen gegebener beruflich-ökonomischer und organisatorischer Bedingungen.

Für diese Verständnisweise des Laufbahnbegriffes und der Laufbahnentwicklung sind folgende Charakteristika als konstitutiv anzusehen (vgl. Hall, 1976; Super, 1976):

(1) Die Laufbahnentwicklung beschränkt sich nicht auf das Durchlaufen institutioneller Laufbahnformen oder Karrieren.

(2) Der psychologische Laufbahnbegriff impliziert im Gegensatz zum Begriff der Karriere nicht zwangsläufig den Tatbestand des beruflich-sozialen Aufstiegs und Erfolges.

(3) Die Laufbahnentwicklung ist als lebenslanger und mehr oder weniger geordneter und vorhersagbarer Prozeß anzusehen.

(4) Die Laufbahnentwicklung umfaßt alle berufsbezogenen Rollen und Erfahrungen – die vorberufliche Entwicklung, die Entwicklung während der Ausbildung und des beruflichen Tätigseins sowie die außerberufliche und die nachberufliche Entwicklung.

(5) Sie umfaßt sowohl das äußere Verhalten wie die Entwicklung und Veränderung von beruflichen Werthaltungen, Einstellungen und Motivationen und die Entwicklung und Veränderung des beruflichen Selbstkonzepts und der beruflichen Ich-Identität.

4.3.3.2 Theorien der Berufswahl und der beruflichen Entwicklung

Berufliche Wahl- und Entscheidungsvorgänge sind zentrale Aspekte der individuellen beruflichen Entwicklung, da Wahlen und Entscheidungen über die zu wählenden Ausbildungen, Tätigkeitsfelder, Positionen oder Organisationen von den meisten Menschen im Laufe des Berufslebens mehrfach vorgenommen werden müssen.

Die größte Bedeutung kommt dabei in der Regel den ersten Entscheidungen zu – der Entscheidung über die berufliche Bildungslaufbahn bzw. der Entscheidung über den Ausbildungsberuf, obwohl spätere Entscheidungen frühere wieder aufheben können und daher von einer totalen Irreversibilität der Berufswahl (Ginzberg, 1951) heute nicht mehr gesprochen werden kann. Das subjektive Gewicht und die Zeitperspektive der ersten Entscheidung können dabei allerdings beträchtlich variieren, wobei z. B. zwischen kurzfristigen Ad-hoc-Entscheidungen ohne weitere Laufbahnpläne, mittelfristigen und langfristigen Laufbahnentscheidungen unterschieden werden kann.

Von den bisher entwickelten Theorien der Berufswahl und der beruflichen Entwicklung (Osipow, 1973/1983; Scheller, 1976; Seifert, 1977; Super, 1981) sollen im folgenden die heute noch relevanten Zuordnungstheorien (matching theories) sowie die Laufbahnentwicklungstheorie von Super daraufhin untersucht werden, inwieweit sie zur Erklärung des beruflichen Wahlverhaltens, der beruflichen Anpassung und der weiteren beruflichen Entwicklung beitragen können. (Die Entscheidungstheorien müssen aus Raumgründen unberücksichtigt bleiben.)

4.3.3.2.1 Zuordnungstheorien

Den unter dieser Kategorie zu subsumierenden Theorien oder Erklärungsansätzen ist gemeinsam, daß sie die Berufswahl stets in Hinblick auf die Zuordnung einer Person zu einem ihren psychologischen oder sozialen Merkmalen entsprechenden Beruf bzw. einer entsprechenden Laufbahn betrachten. Diese Zuordnung wird entweder überwiegend durch individuelle Wahlvorgänge oder durch soziale Selektions- oder Zuweisungsprozesse erklärt. In die zuerst genannte Gruppe gehören der differentialpsychologische Ansatz, die Selbstkonzepttheorie und die Kongruenztheorie, und in die zuletzt genannte die Allokationstheorie und die Sozialisationstheorie.

Differentialpsychologischer Ansatz

Der in der Eignungsdiagnostik heute noch maßgebende trait-and-factor-Ansatz nimmt bekanntlich an, daß die Berufswahl im wesentlichen in der Auswahl jenes Berufes besteht, dessen Anforderungsprofil am besten mit dem individuellen Merkmalsprofil (dem Eignungsprofil) übereinstimmt. Dabei wird unterstellt, daß das Ausmaß der Übereinstimmung zwischen dem individuellen Profil und dem Berufsprofil nicht nur den Grad der Eignung für diesen Beruf bestimmt, sondern auch den späteren Berufserfolg und die Berufszufriedenheit vorherzusagen gestattet. Außerdem wird bei diesem Ansatz u. a. angenommen, daß die berufliche Entwicklung und berufliche Entscheidungen weitgehend rationale Prozesse sind (vgl. Miller, 1974; Seifert, 1977, 1988).

erwartungen und die soziale Eingliederung als auch die Herstellung eines „psychologischen Kontraktes“ zwischen Individuum und Organisation, d. h. der Ausgleich zwischen den individuellen Bedürfnissen und Ansprüchen und den betrieblichen Anforderungen, erleichtert (van Maanen, 1976; Schein, 1978; vgl. S. 629 f.).

Im Gegensatz zu den bisher skizzierten Auffassungen konzentrieren sich die im deutschsprachigen Bereich entwickelten Vorstellungen vor allem auf die möglichen Auswirkungen der Berufstätigkeit auf die Persönlichkeitsentwicklung, das Wohlbefinden und die soziale und politische Aktivität. Es wird dabei u. a. postuliert, daß die Struktur der Arbeitsaufgabe, insbesondere die intellektuellen Anforderungen und der Handlungsspielraum (die Anforderungen an autonomes und selbstverantwortliches Handeln und die Möglichkeiten zur Prozeßbeherrschung), nicht nur den Erwerb beruflicher Qualifikationen, sondern auch die Entwicklung der kognitiven Flexibilität, der Handlungskompetenz und der beruflichen Ich-Identität wesentlich fördern oder hemmen können (s. z. B. Lempert, 1977; Kohn / Schooler, 1978; Hakker, 1978; Groskurth, 1979; Volpert, 1980). Andererseits können psychisch belastende Arbeitsbedingungen (z. B. Über- oder Unterforderung) chronische psychosomatische Störungen (Persönlichkeitsdeformationen) hervorrufen (Frese, Greif & Semmer, 1978). Lempert (1974, 1978), Heinz (1980) u. a. nehmen dagegen die Gesamtheit der vorberuflichen, beruflichen und außerberuflichen Lern-, Bildungs- und Tätigkeitsprozesse in den Blick, wodurch auch die Auswirkungen auf die „kommunikativen, sozialemotionalen und selbstreflexiven Handlungsorientierungen“ und auf die „lebensgeschichtlich gebildeten Deutungsmuster“ (Heinz) berücksichtigt werden können.

Die subjekt- und handlungsorientierten Konzeptionen der beruflichen Sozialisation und die neueren soziologischen Theorien der Berufswahl und der beruflichen Entwicklung (Lange, 1978; Kohli, 1973, 1975) sind den älteren Ansätzen insofern überlegen, als sie in stärkerem Ausmaß den Einfluß psychosozialer Person-Umwelt-Interaktionen und gesamtgesellschaftlicher und ökonomischer Faktoren berücksichtigen. Obwohl sie dadurch weniger sozialdeterministisch ausgerichtet sind und differenziertere Aussagen über die zugrundeliegenden Prozesse liefern, sind verschiedene der früher aufgezeigten Schwächen und Einseitigkeiten (Seifert, 1977; S. 250 ff.; Osipow, 1973, 1983) auch heute noch nicht überwunden. Es bereitet deshalb auch erhebliche Schwierigkeiten, empirisch zweifelsfrei nachzuweisen, daß bestimmte berufliche Verhaltensmerkmale oder Veränderungen ausschließlich oder überwiegend durch die vermuteten Sozialisationseffekte bedingt sind, besonders wenn die individuellen Voraussetzungen, Einstellungen und Intentionen und die sonstigen Einflüsse nicht genau erfaßt oder konstant gehalten werden können (vgl. Schallberger, Häfeli & Kraft, 1984; Stoll, 1984; Hotchkiss & Borow, 1984). In jedem Fall ist u. E. davon auszugehen, daß sowohl Selbstselektionen durch die Berufswähler bzw. Berufstätigen als auch sozialisatorische Prozesse und Selektionen durch die Wirtschaft wirksam sind, ferner, daß die verschiedenen Prozesse und Entscheidungen in der Regel in komplexer Weise miteinander verschränkt sind (vgl. Blau et al., 1956; und verschiedene Beiträge in Hoff, Lappe & Lempert, 1985).

4.3.3.2.2 Die Laufbahnentwicklungstheorie von D. E. Super

Die heute maßgebende entwicklungspsychologische Betrachtungsweise der Berufswahl und der beruflichen Entwicklung ist von D. E. Super in Auseinandersetzung mit der trait-and-factor-Theorie und mit den Annahmen von Ginzberg et al. (1951) entwickelt worden (Super, 1957; Super/Bohn, 1970). Der Schwerpunkt der Laufbahnentwicklungstheorie (des „Career Model") liegt auf der Analyse des vorberuflichen und beruflichen Entwicklungsverlaufes, d. h. der subjektiven individuellen Laufbahn und ihrer interaktionalen Bedingtheit. Die grundlegenden Annahmen dieser Theorie (s. Super, 1981; Seifert, 1988) kommen vor allem in folgenden Thesen zum Ausdruck:

(1) Die individuelle berufliche Entwicklung besteht aus einem das gesamte vorberufliche und berufliche Leben umfassenden kontinuierlichen und kumulativen psychosozialen Entwicklungsprozeß.

(2) Dieser Prozeß kann entsprechend den zu bewältigenden Entwicklungsaufgaben (Havighurst) und den vorherrschenden beruflichen Verhaltensweisen und Ergebnissen in fünf Hauptstadien und in verschiedene Substadien unterteilt werden (s. Abschn. 4.3.3.3.1).

(3) Das berufliche Verhalten und der individuelle Laufbahnverlauf sind stets ein Ergebnis der bisherigen personalen Entwicklung sowie von Interaktionen zwischen den sozialen Erwartungen und Anforderungen, den individuellen Präferenzen und Verhaltensdispositionen und den gegebenen sozio-ökonomischen Möglichkeiten.

(4) Im Zentrum des beruflichen Entwicklungsprozesses steht die Entwicklung und Verwirklichung des beruflichen Selbstkonzepts (s. o.). Die jeweilige Selbstkonzeptentwicklung ist ein Ergebnis von Interaktionen und Kompromissen zwischen individuellen und sozialen Gegebenheiten und zwischen dem bisherigen Selbstkonzept und der beruflich-sozialen Realität. Von wesentlicher Bedeutung ist dabei das individuelle berufliche Entwicklungsniveau, die sog. Berufswahl- oder Laufbahnreife (s. u.).

(5) Die Arbeits- und Lebenszufriedenheit hängt davon ab, inwieweit ein Individuum seine Fähigkeiten, Interessen, Eigenschaften und Werte bei der Arbeit angemessen einsetzen bzw. verwirklichen und sich in einer seinen bisherigen Erfahrungen angemessenen Berufsrolle, Tätigkeit und Lebensweise etablieren kann.

In den jüngsten Darstellungen seiner Konzeption hat Super eine Ausweitung auf den gesamten Lebenslauf (einschließlich der außerberuflichen Rollen und Tätigkeiten) vorgenommen. Er bedient sich hierzu des Modells des *Lebenslaufbahnbogens* („Life-Career-Rainbow") (s. Super, 1980, 1984). Nach diesem Modell sind für die analytische Erfassung des Lebenslaufes sowohl die Längsschnittdimension der *Lebensspanne* als auch die Querschnitts-(Breiten-)dimension des *Lebensraumes* erforderlich. Erstere ist a) durch die Sequenz der (Haupt-)Lebensstadien und b) durch die innerhalb dieses „Maxizyklus" ablaufenden „Minizyklen" der individuellen Lebenslaufentwicklung gekennzeichnet.

Letztere können sowohl durch äußere wie durch innere Veränderungen der Lebenssituation bedingt sein, z. B. durch den Übergang in eine andere Altersphase, durch den Verlust des Arbeitsplatzes oder durch die Erfahrung, daß die gegenwärtige Position keine beruflichen Weiterentwicklungsmöglichkeiten mehr bietet. An den entsprechenden Entscheidungspunkten sieht sich die Person jeweils mit neuen bzw. veränderten Entwicklungsaufgaben konfrontiert, und es müssen die Phasen des Wachstums, der Exploration, der Aufrechterhaltung des Status und der Loslösung jeweils wieder von neuem (als Minizyklus) durchlaufen werden.

Die zweite Dimension erfaßt die Konstellation und die Interaktionen der in den vier hauptsächlichen Lebensbereichen eingenommenen Rollen und Positionen. Von wesentlicher Bedeutung für den individuellen Lebensraum ist die subjektive Bedeutsamkeit der einzelnen Rollen, was derzeit Gegenstand der internationalen Work Importance Study ist (Super et al., 1982). Aufgrund der den Lebenszyklus charakterisierenden Simultan- und Sukzessivkombinationen der verschiedenen Rollen läßt sich das individuelle Laufbahnmuster bestimmen. Außerdem können hieraus Schlußfolgerungen auf die persönliche Lebensqualität, die Harmonie oder Disharmonie der Lebensführung und die Berufs- und Lebenszufriedenheit gezogen werden.

Besonders deutlich manifestiert sich die entwicklungstheoretische Betrachtungsweise auch in dem von Super und seinen Mitarbeitern entwickelten Konzept der *Berufswahl- oder Laufbahnreife* (vocational maturity resp. career maturity). Im Anschluß an Super u. a. verstehen wir darunter die Fähigkeit und Bereitschaft zur Inangriffnahme und effektiven Bewältigung der phasentypischen beruflichen Entwicklungsaufgaben, z. B. der Aufgabe, sich für einen bestimmten Beruf oder eine bestimmte Laufbahn zu entscheiden. Als effektiv sind dabei solche Verhaltensweisen, Einstellungen und Kompetenzen zu bezeichnen, die zu subjektiv und objektiv befriedigenden personalen Resultaten führen, insbesondere zur Berufs- und Laufbahnzufriedenheit, zur psychosozialen Angepaßtheit und zum beruflichen Erfolg entsprechend den eigenen Erwartungen und Aspirationen (Seifert, 1983, 1984).

Nach dem aufgrund der Ergebnisse der Career Pattern Study entwickelten Modell von Super (1974) umfaßt das Modell der Berufswahlreife die Dimensionen (1) Planungsaktivität (planfulness, time perspective), (2) Laufbahnexploration (use of resources), (3) Entscheidungskompetenz (decision making), (4) berufliche Informiertheit und (5) Realitätsorientierung (vgl. auch Super, 1984).

Diese Dimensionen konnten auch bei der Entwicklung deutschsprachiger Fassungen des Career Development Inventory (Super et al., 1981) bestätigt werden. Die nach dem alternativen Modell von Crites (1978) zu postulierenden Dimensionen konnten dagegen nur teilweise reproduziert werden (vgl. Westbrook, 1982; Seifert & Eder, 1985; Seifert, Bergmann & Eder, 1985).

Die Laufbahnentwicklungstheorie Supers wurde seit Beginn der siebziger Jahre zur weitgehend anerkannten Grundlage der psychologischen Laufbahnforschung und der Weiterentwicklung beruflicher Beratungskonzepte und Förderungsprogramme in den USA (Seifert, 1986). Zum aktuellen Stand vgl. Osipow (1983), Super (1984) und Seifert (1985).

4.3.3.3 Verlauf und Bedingungen der Laufbahnentwicklung

4.3.3.3.1 Verlauf der allgemeinen Laufbahnentwicklung

Zur Charakterisierung des allgemeinen Verlaufes der menschlichen Laufbahnentwicklung und den dabei zu bewältigenden Entwicklungsaufgaben sind verschiedene Stadienmodelle entwickelt worden (Ch. Bühler, 1933; Miller & Form, 1951; Erikson, 1950; Havighurst, 1952; Super, 1957, 1963; Levinson et al., 1978, und Schein, 1978). Obwohl sich diese in inhaltlicher Hinsicht und hinsichtlich der Bestimmung der Altersgrenzen z. T. deutlich unterscheiden, lassen sich andererseits eine Reihe grundlegender Gemeinsamkeiten feststellen (vgl. Campbell & Heffernan, 1983): (1) Die Aufeinanderfolge der Stadien wird als lebensgeschichtliche (nicht-umkehrbare) Entwicklungssequenz angesehen. (2) In jedem Stadium müssen phasenspezifische Entwicklungsaufgaben und Probleme bewältigt werden. Nach Super (1981) ist jedoch der prozessuale Ablauf (nicht dagegen der Inhalt) in jeder Entscheidungsphase (Übergangsphase) grundsätzlich gleich. (3) Die Weiterentwicklung zu den folgenden Stadien ist von der erfolgreichen Bewältigung der vorangehenden Stadien abhängig. (4) Es werden übereinstimmend folgende Hauptphasen des beruflichen Entwicklungszyklus berücksichtigt: a) die Vorbereitung aufs Berufsleben, b) die berufliche Bewährung und die Anpassung an die berufliche Umwelt (Etablierungsstadium); c) die Aufrechterhaltung des erworbenen Status und/oder der berufliche Aufstieg; und d) die Abnahme der Beschäftigung mit der beruflichen Arbeit (Stadium des Rückzugs).

Die hauptsächlichen Merkmale dieser Stadien lassen sich zusammenfassend folgendermaßen charakterisieren (vgl. Super & Hall, 1978; Watts, 1981; Campbell & Heffernan, 1983):

Jugendalter und frühes Erwachsenenalter (Explorationsstadium)

Nach Super (und Ginzberg) beginnt die vorberufliche Entwicklung bereits im Kindes- und frühen Jugendalter. Im Explorationsstadium ist das Individuum vor allem mit folgenden Entwicklungsaufgaben konfrontiert: (1) Kristallisation einer beruflichen Präferenz, (2) Spezifizierung einer Präferenz, (3) Realisierung der Präferenz, (4) Stabilisierung im gewählten Beruf und (5) Konsolidierung des beruflichen Status.

Die ersten vier dieser Entwicklungsaufgaben entsprechen den von einem Jugendlichen im allgemeinen erwarteten beruflich-sozialen Leistungen: der Suche nach einem passenden Beruf, der Wahl eines beruflichen Bildungsganges bzw. Berufes, der Vorbereitung auf die Erfüllung beruflicher Aufgaben durch schulische oder berufliche Ausbildung und der Realisierung des Eintritts ins Berufsleben durch Suche nach einem Ausbildungs- oder Arbeitsplatz und durch Übernahme einer Berufsrolle.

Die Bewältigung dieser Aufgaben vollzieht sich nach der Analyse von Super primär durch exploratorische Aktivitäten, und zwar a) durch die Erkundung und Abklärung der eigenen beruflichen Interessen, Fähigkeiten und Werthaltungen sowie durch Erprobung bzw. Überprüfung der eigenen Präferenzen und des eigenen Selbstkonzepts in berufsrelevanten Tätigkeiten, ferner b) durch die Erkundung der Arbeits- und Berufswelt (z. B. im Rahmen der Maßnahmen zur Berufswahlvorbereitung). Der individuelle Erfolg wird dabei wesentlich durch das Niveau der Berufswahlreife bestimmt (s. o.), die andererseits wieder in Zusammenhang mit der Arbeits- und Berufsbedeutsamkeit (work salience resp. career salience, Super, 1984) steht.

Frühes und mittleres Erwachsenenalter (Etablierungsstadium)

Das Etablierungsstadium beginnt nach der Übernahme einer regulären Berufsrolle und Position, d. h. im allgemeinen nach Abschluß der beruflichen Erstausbildung (wobei der Zeitpunkt in Abhängigkeit vom Ausbildungsgang erheblich variieren kann), und endet etwa in der Mitte des fünften Lebensjahrzehnts.

Nach der Analyse von Super sind für dieses Stadium zwei Entwicklungsaufgaben charakteristisch: (1) die zunehmende Stabilisierung in einem Beruf, d. h. das Bemühen, ein den eigenen Fähigkeiten, Interessen und Aspirationen angemessenes Tätigkeitsfeld und eine stabile Position in diesem Tätigkeitsfeld zu finden, und (2) die Konsolidierung des gewonnenen beruflichen Status und das Streben nach beruflicher Weiterentwicklung.

Die Realisierung der zweiten Aufgabe geht im allgemeinen mit einer weiteren Zunahme der Laufbahnbindung (commitment) bei Anpassung der Laufbahnziele an die realen Möglichkeiten sowie mit zunehmender beruflicher Sicherheit und Zufriedenheit einher. Als weitere beruflich-soziale Aufgaben können angesehen werden: (3) die Orientierung in der Organisation oder Institution, in der der Beruf ausgeübt wird; (4) der Erwerb der positionsspezifischen Qualifikationen und die Bewältigung der gestellten Leistungsanforderungen, sowie (5) die Exploration der beruflichen Weiterentwicklungsmöglichkeiten und die eventuelle Weiterentwicklung der Laufbahnziele (Campbell & Heffernan).

Der Übergang vom Explorationsstadium zum Etablierungsstadium kann sich im einzelnen natürlich sehr unterschiedlich gestalten. Bei vielen Berufstätigen setzt sich das exploratorische Verhalten in modifizierter Form fort, vor allem wenn die ausgeübte Tätigkeit den bisherigen Vorstellungen nicht entspricht und als unbefriedigend erlebt wird. Es ist daher verständlich, daß im dritten Lebensjahrzehnt (im sog. „trial"-Substadium nach Super) der Beruf oder der Betrieb einmal oder mehrmals noch gewechselt werden. Andererseits ist die Weiterbildungsbereitschaft in diesem Altersbereich am größten (Bundesinstitut für Berufsbildungsforschung, 1981). In anderen Fällen hingegen beginnt die Stabilisierung unmittelbar nach Abschluß der Ausbildung (besonders bei Angehörigen akademischer Berufe).

Im Durchschnitt ist der von Super aufgezeigte Verlauf jedoch als zutreffend anzusehen. Im Altersbereich von 15 bis 25 zeigten z. B. ungefähr die Hälfte der im Rahmen der Career Pattern Study untersuchten Personen das sog. „floundering behavior", d. h. ein mehr oder weniger zielloses Wechselverhalten (Super et al., 1967). Im Alter von 25 waren dagegen bei rund 80 % stabilisierende Verhaltensweisen (d. h. positives Coping-Verhalten) festzustellen (s. Super & Bohn, 1970, S. 126).

Deutliche interindividuelle Unterschiede lassen sich auch bei der zweiten Subphase nachweisen. Das Laufbahnmuster kann z. B. durch beruflichen Aufstieg, durch Stabilisierung bzw. Plateaubildung auf dem bisher erreichten Berufsniveau oder durch Verfestigung eines instabilen Laufbahnverhaltens gekennzeichnet sein. Schließlich sind am Ende dieses Stadiums (beim Übergang zum Erhaltungsstadium) oftmals mehr oder weniger ausgeprägte Laufbahnkrisen zu beobachten, die unter Umständen zu einer Neubewertung der bisherigen Lebensziele und zu einem „midlife"-Laufbahnwechsel führen (Levinson et al., 1978; Super & Kidd, 1979; Watts, 1981).

Reifes Erwachsenenalter (Erhaltungsstadium)

In diesem, etwa von der Mitte des fünften bis zur Mitte des siebten Lebensjahrzehnts reichenden Stadium wird das Bemühen vorherrschend, den erreichten beruflichen Status endgültig zu stabilisieren und zu sichern.

Nach der Analyse von Campbell & Heffernan ist das zentrale Thema dieses Stadiums die Herstellung und Aufrechterhaltung der Übereinstimmung zwischen der Person und der Arbeitsumwelt im etablierten Beruf. Es werden daher Beschäftigungskonstanz im gleichen Beruf und Betrieb und Aufrechterhaltung und Bewahrung der erworbenen Qualifikationen angestrebt sowie äußere und/oder innere Vorbereitungen auf das Ausscheiden aus dem Berufsleben vorgenommen. Diese Bestrebungen erfordern wiederum Einschätzungen der beruflichen Lage und der jeweiligen organisatorischen „settings" (u. a. in Hinblick auf die weiteren Lebensziele und Lebensaussichten), Entscheidungen über die weitere Lebensplanung sowie die hieraus folgenden Realisierungs- und Anpassungsbemühungen.

Auch in diesem Altersbereich lassen sich natürlich viele individuelle Besonderheiten und Abweichungen beobachten. Frühzeitiges Ausscheiden aus dem Berufsleben durch schwere chronische Erkrankungen oder arbeitsmarktpolitische Maßnahmen können z. B. einen mehr oder weniger plötzlichen Abbruch der beruflichen Laufbahn und eine entsprechende beruflich-soziale Destabilisierung bewirken. Andererseits kann der Etablierungsprozeß sich fortsetzen, wenn neue, höhere Positionen oder neue Arbeitsgebiete übernommen bzw. ausgebaut werden.

Spätes Erwachsenenalter (Stadium des Rückzugs)

Dieses Stadium stellt die letzte große Übergangszeit vor dem Tod dar. Es geht bekanntlich mit großen Veränderungen in den Einstellungen zur beruflichen Arbeit und in der allgemeinen Daseinsaktivität einher (sofern die Berufstätigkeit nicht bis zum Tod ausgeübt wird).

Dabei müssen in der Regel völlig neue Rollen entwickelt bzw. übernommen werden, und zwar zuerst die des selektiven Teilnehmers am Arbeitsleben und dann die des mehr oder weniger passiven Beobachters, was meist mit einer Verlagerung der Lebensaktivität in den Privat- und Freizeitbereich verknüpft ist. Sofern das Ausscheiden aus dem Berufsleben nicht plötzlich erfolgen muß, lassen sich nach Super noch folgende Substadien unterscheiden: (1) das Stadium der Dezeleration, das vor allem durch Verringerung der Arbeitsaktivität, durch Veränderung der Arbeitsweise und durch Verlagerung der Arbeitsaufgaben gekennzeichnet ist, sowie (2) das Stadium des vollständigen Rückzuges aus dem Arbeitsleben, was sowohl als sehr angenehm als auch als außerordentlich belastend und frustrierend erlebt werden kann (z. B. als Verlust jeder Möglichkeit zur persönlichen Selbstverwirklichung). Der Übergang ins Rentner- oder Pensionistendasein vollzieht sich dabei bekanntlich um so leichter und positiver, je früher und erfolgreicher die entsprechenden Entwicklungsaufgaben in Angriff genommen wurden.

4.3.3.3.2 Formen und Determinanten der Laufbahnentwicklung

Während über die allgemeine Laufbahnentwicklung bei regulärer und ununterbrochener Berufstätigkeit und die dabei ablaufenden psychosozialen Prozesse schon weitgehend Klarheit besteht, ist über die individuellen, die gruppen- und die organisationsspezifischen Varianten der Laufbahnentwicklung bisher nur relativ wenig bekannt. Als generell bedeutsam können z. Zt. lediglich die von Super (1957, 1970) im Anschluß an Miller & Form (1951) beschriebenen Laufbahnmuster angesehen werden:

(1) Das *konventionelle* Laufbahnmuster entspricht im wesentlichen dem im allgemeinen Stadienmodell beschriebenen kontinuierlichen Fortschreiten von einem initialen Erproben einiger präferierter Tätigkeiten oder Berufe zu einer zunehmenden Stabilisierung des Laufbahnverhaltens, was schließlich in das Streben nach beruflicher Etablierung einmündet.

(2) Das *stabile* Laufbahnmuster ist durch frühzeitig konsistentes Verfolgen der gewählten Laufbahn nach Eintritt ins Berufsleben (d. h. ohne zwischengeschaltetes Erprobungs- oder Übergangsstadium) gekennzeichnet.

(3) Für das *instabile* Laufbahnmuster ist die häufige Wiederholung der „trial-stable-trial"-Sequenz charakteristisch, d. h. die eingeschlagene Laufbahn wird immer wieder aufgegeben, um in eine andere Laufbahn überzuwechseln. Es kommt daher zu keiner Etablierung in einem lebenslang ausgeübten Beruf.

(4) Beim Laufbahnmuster der *multiplen Veränderungen* wird immer wieder ein unsystematischer Beschäftigungswechsel vorgenommen, so daß keinerlei Stabilisierung oder Etablierung eintreten kann.

Die Ursachen des genannten Forschungsdefizits sind u. a. darin zu suchen, daß die individuelle oder gruppen-(organisations-)spezifische Laufbahnentwicklung in unterschiedlichem Ausmaß durch ökonomische, soziale, institutionelle und psychologische Einflußfaktoren determiniert wird. Neben den in den Stadienmodellen primär berücksichtigten Verlaufscharakteristika der Kontinuität und Stabilität sind z. B. die Merkmale der beruflichen Mobilität und der Entwicklungsgeschwindigkeit bzw. des Zeitpunktes des Eintritts in die verschiedenen Phasen bedeutsam. Hinsichtlich der Laufbahnresultate müssen so unterschiedliche Kriterien wie die Verweildauer in einer Position oder Organisation, der berufliche Erfolg, die Korrespondenz zwischen den individuellen Laufbahnzielen und dem erreichten Status sowie die Reaktionen auf auftretende Chancen oder Barrieren berücksichtigt werden. Im folgenden soll versucht werden, die hauptsächlichen Determinanten der Laufbahnentwicklung und der Laufbahnresultate zu charakterisieren und anhand bisher vorliegender Forschungsresultate aufzuzeigen, inwieweit diese mit bestimmten Laufbahnformen oder Laufbahntypen in Verbindung stehen.

Wirtschaftliche und beruflich-strukturelle Bedingungen

Die allgemeine und die regionale Wirtschaftslage, die Arbeitsmarktlage sowie die Wirtschafts- und die Berufsstruktur determinieren vor allem (1) den Gesamtrahmen der beruflichen Erwerbs-, Beschäftigungs- und Entwicklungsmöglichkeiten und (2) die allgemeinen und die berufs- oder wirtschaftsspezifischen Beschäftigungs- und Erfolgschancen. Letztere umfassen nach der Analyse von Chaberny et al. (1979) erstens den Aspekt des Beschäftigungsrisikos (der Gefahr der dauernden Arbeitslosigkeit oder des Abgedrängtwerdens in unterwertige Tätigkeiten) und zweitens den Aspekt der Chancen zur Realisierung bzw. Befriedigung der eigenen Fähigkeiten, Interessen, Werthaltungen und Aspirationen. Die strukturelle Festlegung und Abgrenzung der Berufsinhalte (z. B. das Ausmaß der Berufsverwandtschaften und der Grad der Bindung an die Ausbildungsqualifikationen) sowie objektive Substitutions- und Ausgleichsvorgänge bestimmen außerdem die Möglichkeiten zum Berufs- oder Tätigkeitswechsel bei Verwertung der bisher erworbenen Qualifikationen.

Direkte und massive Einflüsse dieser Gegebenheiten auf das berufliche Verhalten und die Laufbahnentwicklung lassen sich vorwiegend bei extrem ungünstiger oder instabiler Wirtschaftslage und bei ungünstigen Beschäftigungsbedingungen feststellen. Von erhöhter (erzwungener) beruflicher Fluktuation und erhöhter Arbeitslosigkeit sind dabei bekanntlich vor allem Jugendliche, unqualifizierte Arbeiter, Frauen und andere benachteiligte Gruppen sowie ältere Arbeitnehmer betroffen. Die freiwillige Wechselbereitschaft verringert sich dagegen unter diesen Umständen erheblich. In Hinblick auf die weitere Laufbahnentwicklung erscheint besonders bemerkenswert, daß instabiles berufliches Verhalten im Anschluß an Arbeitslosigkeit nur selten in ein stabiles Berufsverlaufsmuster übergeht (Büchtemann, 1982).

Weniger eindeutig sind die Auswirkungen der ökonomischen und beruflich-ökonomischen Gegebenheiten und Aussichten auf die vorberufliche Entwicklung und die Berufswahlentscheidung. Gaulke (1976) konnte z. B. im Gegensatz zu den Annahmen von Lazarsfeld (1931) feststellen, daß die Berufswünsche von Hauptschülern und Realschülern sich nur in geringem oder inkonsistentem Ausmaß an der beruflichen Gesamtstruktur und den kurzfristigen Schwankungen des Angebot-Nachfrage-Verhältnisses in den einzelnen Berufen oder Berufsgruppen orientieren (vgl. auch Saterdag, 1982). Eine weitere Analyse des Einflusses der Beschäftigungsaussichten auf den Berufswahlprozeß unternahm Seifert (1982).

Soziale und sozioökonomische Einflüsse

Von der traditionellen Sozialisationsforschung ist bekanntlich vor allem der Einfluß der sozialen Herkunft auf die Schullaufbahnwahl und die Wahl des Ausbildungsberufes hervorgehoben worden (Keil, 1981). Als maßgebende Einflußfaktoren von seiten der Eltern werden dabei u. a. angesehen: die Informiertheit über die aus der eigenen Berufssphäre bekannten Ausbildungs- und Tätigkeitsmöglichkeiten, die allgemeine Wertschätzung von Beruf und Arbeit und die spezielle Berufsauffassung (was sich z. B. in der Bewertung der mit verschiedenen Berufen verknüpften „Belohnungen“ niederschlägt), das Streben nach Aufrechterhaltung oder Verbesserung des beruflich-sozialen Status sowie die Bildungsbereitschaft und die Leistungs- und Aufstiegsmotivation. Daneben können aber auch noch andere, sich mit der Schichtzugehörigkeit überschneidende familiäre Gegebenheiten eine Rolle spielen, z. B. die Familientradition, die Familienstruktur, die Familiengröße sowie das Erziehungs- und Interaktionsverhalten (vgl. Jaide, 1977, 1981).

Obwohl am Einfluß dieser Faktoren nicht gezweifelt werden kann, liegen über das Ausmaß ihrer Wirksamkeit sowie über ihre Wechselwirkungen nur relativ wenige eindeutige Informationen vor. Die Beziehungen zwischen dem beruflichen Status des Vaters und dem Berufsniveau der Kinder sind z. B. bei Unterschicht- und bei Oberschichtangehörigen (bzw. Selbständigen) am deutlichsten, während bei der Mittelschicht (einschließlich der Beamten) eine größere Intergenerationen-Mobilität zu beobachten ist (vgl. Bundesinstitut für Berufsbildungsforschung, 1981). Andererseits ist festzustellen, daß in den höheren Sozialschichten stabile und konventionelle Laufbahnmuster vorherrschen, während in den unteren instabile und „multiple-trial“-Muster häufiger vertreten sind (vgl. Super & Bohn, 1970; Bundesinstitut, 1981).

Bei der Bewertung derartiger Zusammenhänge ist vor allem folgendes zu berücksichtigen:

(1) Auch innerhalb der gleichen Schicht bestehen z. T. beträchtliche familiäre Unterschiede, z. B. hinsichtlich der Bildungsbereitschaft und der Aufstiegsmotivation (vgl. Seifert, 1988).

(2) Der Einfluß der Schichtzugehörigkeit der Eltern ist mit anderen sozialen Faktoren (z. B. mit der regionalen Herkunft und entsprechenden Unterschieden in der Mobilitätsbereitschaft) sowie mit individuellen Faktoren kontaminiert. Sewell & Hauser (1975) konnten z. B. signifikante Korrelationen zwischen dem sozioökonomischen Status und der Intelligenz ($r = .21$), sowie zwischen der Intelligenz und der Ausbildungsleistung ($r = .63$) feststellen (vgl. auch Super, 1981).

(3) Der Einfluß des sozioökonomischen Niveaus nimmt mit zunehmendem Lebensalter ab und der Einfluß der schulischen und beruflichen Umwelt und Sozialisation zu (Crites, 1976). Eine wesentliche Rolle können dabei das regionale oder betriebliche Angebot an beruflichen Weiterbildungsmöglichkeiten und der bisherige berufliche Erfolg spielen.

In den Bereich der sozialen Einflüsse gehören auch die Einstellungen zur Berufstätigkeit des Ehepartners sowie die beruflich-sozialen Einstellungen gegenüber

Randgruppen, z. B. gegenüber Behinderten und Gastarbeitern. Es ist hinlänglich bekannt, daß die Einstellung des Mannes zur Berufstätigkeit der eigenen Frau (abgesehen von der allgemeinen Diskriminierung der Frauenarbeit) sowie die soziale und ökonomische Lage der Familie die Berufslaufbahn von verheirateten Frauen nachhaltig beeinflussen und bestimmen können. Andererseits kann auch die Einstellung der Frau zur Berufstätigkeit ihres Mannes einen erheblichen Einfluß auf seine berufliche Aktivität und seinen Laufbahnerfolg ausüben (s. Schein, 1978).

Im Anschluß an Super können bei berufstätigen Frauen folgende Laufbahnmuster unterschieden werden: (1) das konventionelle (traditionelle) Muster (zuerst Berufstätigkeit, dann ausschließlich Tätigkeit im Haushalt); (2) das unterbrochene oder Drei-Phasen-Muster (nach Berufstätigkeit Tätigkeit im Haushalt, später Rückkehr ins Berufsleben) und (3) das doppelgleisige Laufbahnmuster (Beruf und Tätigkeit im Haushalt werden nebeneinander ausgeübt).

Die beruflich-sozialen Einstellungen gegenüber Körperbehinderten wurden von Seifert & Stangl (1981) untersucht.

Institutionelle und organisatorische Laufbahnbedingungen

Formelle Regelungen des Laufbahnverlaufes finden sich vor allem bei Tätigkeiten in betont bürokratisch geregelten Organisationen, z. B. im öffentlichen Dienst, aber auch bei Berufen mit professionell geregelten Ausbildungs- und Zulassungsbestimmungen (z. B. bei Ärzten, Rechtsanwälten etc.). Sie bestimmen u. a. a) die Sequenz der Positionen, die bei einer Laufbahn durchlaufen werden müssen, b) den zeitlichen Rahmen der einzelnen Laufbahnstufen sowie c) das erreichbare berufliche Endniveau. Aber auch bei anderen Organisationsformen bestehen formelle oder informelle Laufbahnregelungen, die allerdings weniger einheitlich festgelegt sind.

Einen Überblick über die Vielfalt der innerorganisatorischen Entwicklungs- und Veränderungsmöglichkeiten und die dabei wirksamen organisatorischen und individuellen Bedingungen bietet das dreidimensionale Organisationsmodell von Schein (1971, 1978). Nach diesem Modell sind entsprechend der betrieblichen Organisationsstruktur drei Bewegungsrichtungen zu unterscheiden: die vertikale Richtung (Aufstieg oder Abstieg in der betrieblichen Hierarchie), die kreisförmige Richtung (horizontale Veränderungen in funktionaler oder technischer Hinsicht) und die radiale Richtung (Bewegungen in Hinblick auf die zentralen oder peripheren Bereiche auf dem gleichen hierarchischen Niveau, was z. B. Zunahme an Kenntnis von Betriebsgeheimnissen und an sozialem Einfluß bedeutet). Die konkreten beruflichen Bewegungsmöglichkeiten werden vor allem durch die in diesen Dimensionen vorhandenen organisatorischen Grenzen oder Barrieren bestimmt, und zwar durch deren Anzahl, durch den Grad ihrer Durchlässigkeit sowie durch das personalpolitische Filtersystem (das z. B. die Kriterien für Beförderungen oder Kündigungen festlegt). Darüber hinaus macht Schein deutlich, daß die individuelle Laufbahnentwicklung in Organisationen stets aus Interaktionen zwischen den organisatorischen Merkmalen und bestimmten individuellen Merkmalen (insbesondere im Bereich des sozialen Selbstbildes) resultiert (s. S. 629).

In dem auf der Basis dieser Annahmen entwickelten Stadienmodell der betrieblichen Laufbahnentwicklung wird der Laufbahnprozeß als eine stufenförmige Bewegung beschrieben, die bestimmt wird (1) durch soziale Lern- und Sozialisationsprozesse, (2) durch individuelle Aktivitäten und Leistungen und (3) durch das Veralten von Kenntnissen und Fertigkeiten bzw. durch das Erlernen neuer Fertigkeiten. In Hinblick auf die Frage des Einflusses der organisatorischen Sozialisation gegenüber dem Einfluß der individuellen Aktivität macht Schein die bedeutsame Annahme, daß erstere beim Durchgang durch organisatorische Grenzen sowie in frühen Karrierestufen ihr Maximum erreicht, während die Aktivität zur Gestaltung oder Veränderung der eigenen Rolle (die sog. Innovation) in der Mitte der Laufbahnstufen und in den späteren Stadien am größten ist.

Die von Schein angeführten organisatorischen Merkmale können natürlich noch nicht als erschöpfend angesehen werden. Watts (1981) weist z. B. auf die Bedeutung der Festgelegtheit bzw. Rigidität der betrieblichen Laufbahnlinien sowie auf den Einfluß der Transparenz bzw. Ambiguität der betrieblichen Entwicklungsmöglichkeiten und Entscheidungskriterien hin (was für das subjektive Laufbahnverständnis und die Laufbahnzufriedenheit bedeutungsvoll ist). Schließlich ist zu berücksichtigen, daß der individuelle Laufbahnverlauf teilweise bereits durch das berufliche Bildungs- und Qualifikationsniveau bestimmt wird (s. u.). Im Anschluß an Ashton & Field (1976) können in dieser Hinsicht z. B. folgende Laufbahnformen unterschieden werden: (1) „extended careers“, (2) „short-term careers“ und (3) Berufsverläufe ohne Laufbahn i. e. S. („careerless“).

Individuelle Bedingungen

Von der Gesamtheit der berufs- und arbeitsbezogenen individuellen Merkmale sind für unseren Zusammenhang vor allem jene relevant, die direkt oder indirekt mit der Laufbahnentwicklung zusammenhängen, d. h. die einerseits das berufliche Verhalten, das subjektive Laufbahnverständnis und den Laufbahnerfolg bedingen, sich andererseits aber auch aufgrund der beruflichen Entwicklung noch verändern können.

1) Schulbildung und berufliches Ausbildungsniveau

Das am Ende der Schulzeit erreichte schulische Bildungsniveau bedingt bekanntlich den Bereich der unmittelbar zugänglichen Ausbildungsmöglichkeiten. Andererseits bestimmt bei der Mehrheit der Berufstätigen das Qualifikationsniveau der Erstausbildung das spätere Berufsniveau sowie die Stabilität bzw. Kontinuität der weiteren Laufbahnentwicklung.

Von den 1979 befragten deutschen Erwerbstätigen mit abgeschlossener betrieblicher Berufsausbildung hatten z. B. 79 % die Volksschule (Hauptschule) besucht, knapp 20 % hatten die mittlere Reife (Realschulabschluß) und nur 2 % das Abitur oder die Fachhochschulreife. Hierbei ist allerdings zu berücksichtigen, daß die schulische Vorbildung in den verschiedenen Ausbildungsberufen z. T. erheblich schwankt (der Anteil der Volksschul- bzw. Hauptschulabgänger variierte z. B. zwischen 20 % bei den Bankkaufleuten und 96 % bei den Bauschlossern). Andererseits haben erheblich mehr Hauptschüler als Schüler mit höheren Bildungsabschlüssen keine abgeschlossene Berufsausbildung.

Hinsichtlich der Beziehungen zwischen der Ausbildung und der beruflichen Stellung ist als bedeutsam anzusehen, daß 52 % der Berufstätigen mit ausschließlicher Facharbeiterausbildung noch als Facharbeiter und 77 % der für einen Angestelltenberuf Ausgebildeten noch als Angestellte tätig sind (a. a. O. S. 87). Schließlich sei darauf hingewiesen, daß die Wahrscheinlichkeit des Berufswechsels sowie einer instabilen oder diskontinuierlichen Laufbahnentwicklung mit abnehmender Qualifikation bzw. sinkendem beruflichen Status zunimmt (vgl. Hofbauer & König, 1973; Bundesinstitut, 1981).

Bei diesen Befunden ist noch zu berücksichtigen, daß der Einfluß der Schulbildung und der Ausbildung mit dem Einfluß der sozialen Herkunft sowie von psychologischen Merkmalen, z. B. der Intelligenz, der Berufswahlreife und der Weiterbildungsbereitschaft, kontaminiert ist (Werth / Stevens, 1976; Bundesinstitut, 1981).

2) *Berufswahlreife und die Bewältigung von beruflichen Entwicklungs- und Anpassungsproblemen*

Auf der Basis der Laufbahnentwicklungstheorie sind folgende Einflüsse auf das berufliche Verhalten und die berufliche Entwicklung bzw. deren individuellen Resultate anzunehmen: (1) Eine altersgemäß entwickelte Berufswahlreife begünstigt fundierte (rationale), selbstkonzeptgemäße und realistische Berufswahl- und Laufbahnentscheidungen. (2) Die Art und das Ausmaß der Bewältigung der ersten beruflichen Entwicklungsaufgaben und die dabei entwickelten entscheidungsrelevanten Einstellungen und Kompetenzen beeinflussen die Bewältigung der späteren Entwicklungsaufgaben und Probleme. Aufgrund dieser Annahmen kann weiterhin geschlossen werden, daß Jugendliche mit einer hohen oder deutlich ansteigenden Berufswahlreife eine kontinuierlichere, stabilere und subjektiv und objektiv befriedigendere Laufbahnentwicklung haben (Seifert, 1983). Diese Zusammenhänge sind aber nur dann zu erwarten, wenn die berufliche Arbeit und der berufliche Lebensweg eine hinreichende subjektive Bedeutsamkeit (work salience resp. career salience) besitzen und wenn die beruflichen Entscheidungen nicht ausschließlich aufgrund externen Drucks erfolgen (vgl. Super & Nevill, 1984).

Die bisher vorliegenden empirischen Befunde bestätigen weitgehend die Richtigkeit dieser Annahmen. Bei der Career Pattern Study (Super et al., 1967; Jordaan & Heyde, 1979; Super, 1985) konnten z. B. bedeutsame korrelative Zusammenhänge zwischen den Berufswahlreife-Maßen in der 9. und 12. Schulstufe und den im Alter von 25 Jahren erhobenen Kriterien der Berufs- und Laufbahnzufriedenheit, des beruflichen Fortschritts und des erreichten beruflichen Status ermittelt werden. Seifert und Mitarbeiter (Seifert, 1982, 1983, 1985 a; Seifert & Eder, 1985; Seifert, Bergmann & Eder, 1985; Seifert & Stangl, 1986) konnten mit Hilfe deutschsprachiger Adaptationen des Career Development Inventory und des Career Maturity Inventory (Attitude Scale) u. a. nachweisen, daß berufswahlreifere Jugendliche früher und leichter berufliche Entscheidungen treffen, weniger unter Berufswahlproblemen und beruflichen Realisierungsproblemen leiden sowie in höherem Ausmaß selbstkonzeptgemäße Berufe präferieren (Seifert, 1988). Bei einer Nachbefragung ehemaliger Polytechniker (Hauptschüler) im dritten Lehrjahr ergaben sich statistisch gut gesicherte Zusammenhänge zwischen den im letzten Schuljahr ermittelten Berufswahlreife-Scores und verschiedenen Kriterien des Berufseintritts- und Ausbildungserfolges, der beruflichen Zufriedenheit, der Arbeitsbedeutsamkeit und den weiteren Laufbahnplänen (Seifert, Bergmann & Eder, 1987).

Es läßt sich bis jetzt noch nicht abschätzen, ob derartige Zusammenhänge auch für die spätere Laufbahnentwicklung zutreffen und ob die (spätere) Laufbahnreife bzw. Laufbahn-Adaptabilität (Super) die gleiche Bedeutung erlangt wie die Berufswahlreife im Jugendalter (Super, 1981 a; 1984). Campbell & Heffernan (1983) haben jedoch darauf aufmerksam gemacht, daß bei der Bewältigung von beruflichen Entwicklungs- und Anpassungsproblemen im Erwachsenenalter grundsätzlich die gleichen Aufgaben zu bewältigen sind und die gleichen Coping-Techniken zum Einsatz kommen. Andererseits darf nicht übersehen werden, daß beim Eintritt in eine Organisation durch die dort gesammelten Erfahrungen noch Veränderungen des beruflichen Selbstkonzepts und des subjektiven Laufbahnverständnisses vor sich gehen können (s. u.), ferner, daß das berufliche Laufbahnverhalten und das Laufbahnmuster stets durch Wechselwirkungen zwischen der Eigenaktivität und dem Umweltdruck bestimmt werden (vgl. Murray et al., 1971).

3) Person-Umwelt-Kongruenz

Die Bedeutung der Person-Umwelt-Kongruenz für die aktuelle berufliche Situation, das berufliche Verhalten und die weitere Laufbahnentwicklung ist aus unterschiedlicher theoretischer Sicht analysiert und bewertet worden. In der „Theory of Work Adjustment“ (Lofquist & Dawis, 1969; Dawis & Lofquist, 1984) werden die Beziehungen zwischen der Arbeitspersönlichkeit und der beruflichen Umwelt a) in

Hinblick auf die Korrespondenz zwischen den Arbeitsanforderungen (Aufgaben) und den individuellen Fähigkeiten sowie b) in Hinblick auf die Übereinstimmung zwischen den individuellen Bedürfnissen und den durch die Tätigkeit ermöglichten Befriedigungen betrachtet. Der erste Aspekt bestimmt die Zufriedenheit der Arbeitsumwelt mit dem Individuum (die „satisfactoriness“) und der zweite die beruflich-betriebliche Zufriedenheit des Individuums („satisfaction“). Beide Korrespondenzaspekte bewirken zusammen (und sich gegenseitig moderierend) die beruflich-betriebliche Verweildauer und müssen daher als wesentliche Bestimmungsfaktoren der beruflichen Mobilität angesehen werden.

Dawis & Lofquist haben neuerdings ihren ursprünglich rein statischen Ansatz zu dem reziproken Konzept der „corresponsiveness“ ausgeweitet, d. h. die Person-Umwelt-Beziehungen und damit auch die Arbeitsangepaßtheit werden jetzt als kontinuierlicher und dynamischer Prozeß betrachtet. Dabei werden einerseits der individuellen Lebensgeschichte, andererseits Merkmalen des individuellen Anpassungsstils – der Flexibilität („tolerance of discorrespondence“), der Aktivität oder Reaktivität („activeness“, „reactiveness“) und der Bereitschaft des Verweilens in einer nicht-korrespondierenden Umwelt („perseverance“ resp. „celerity“) ein wesentlicher Einfluß eingeräumt.

In der Kongruenztheorie von Holland und in der Laufbahnentwicklungstheorie Supers wird die Person-Umwelt-Kongruenz dagegen von vornherein aus der Perspektive psychodynamischer bzw. psychosozialer Interaktionsprozesse gesehen (s. Abschn. 4.3.3.2). Die objektive Korrespondenz mit der konkreten Arbeitsumwelt findet dabei jedoch nur insoweit Beachtung, als sie sich in gravierenden Inkongruenzen zwischen der Persönlichkeitsstruktur bzw. dem Selbstkonzept in seiner jeweiligen lebensgeschichtlichen Lage und der beruflichen Umwelt niederschlägt. Durch Einbeziehung von Merkmalen der Organisationsstruktur und des betrieblichen Klimas sowie von weiteren psychologischen Merkmalen (z. B. der beruflichen Einstellungen und Werthaltungen und der Laufbahnidentität) können aber auch die Beziehungen zwischen der individuellen Laufbahneffektivität und der Organisationseffektivität genauer analysiert werden (vgl. Hall, 1976).

In Hinblick auf den Verlauf der betrieblichen Laufbahnentwicklung verdient dabei die Beobachtung von Schein (1978, 1980) besondere Aufmerksamkeit, daß z. B. künftige Manager am Beginn ihrer Laufbahn oftmals gravierende „mismatches“ zwischen ihren eigenen Bedürfnissen, Werten und Talenten und den Anforderungen der organisatorischen Umwelt entdecken, weil sie ihr berufliches Selbstkonzept noch nicht genügend klar erkannt und unrealistische Erwartungen an ihre berufliche Tätigkeit und ihre betriebliche Laufbahnentwicklung haben. Erst durch die betrieblich-beruflichen Erfahrungen kommt es zu einer allmählichen Klärung des beruflichen Selbstbildes und zur Entwicklung eines (mehr oder weniger stabilen) „Laufbahn-Ankers“, der das weitere Laufbahnverständnis und Laufbahnverhalten lenkt, stabilisiert und integriert. (Schein definiert diesen Tatbestand als „set" von Motiven, Bedürfnissen, Einstellungen, Werten, Talenten und Fähigkeiten, das die Person bei notwendigen Entscheidungen am wenigsten aufzugeben bereit ist.) Erschwert wird dieser Vorgang natürlich, wenn die Erwartungen und Anforderungen von seiten des Betriebes nicht klar definiert werden und deshalb auch kein befriedigender „psychologischer Kontrakt" zwischen den individuellen Bedürfnissen und Erwartungen und den betrieblichen Zielen und Erwartungen hergestellt (vereinbart) wird bzw. dieser nicht an aktuelle Veränderungen angepaßt wird.

Die individuelle Laufbahngestaltung und die betriebliche Laufbahnförderung (Personalförderung) können aus dieser Sicht als eine sowohl den einzelnen wie die betriebliche Personalorganisation angehende Aufgabe einer immer wieder herzustellenden optimalen Person-Umwelt-Gestaltung angesehen werden.

Kapitel 4.3.4

Organisationsdiagnose

Torsten M. Kühlmann und Joachim Franke

4.3.4.1 Begriff und Aufgabe der Organisationsdiagnose

4.3.4.1.1 Begriffserklärung

Umschreibt man Organisationsdiagnose – zumindest vorläufig – als das Erfassen des Ist-Zustandes von Organisationen, bedarf es für eine differenziertere Gegenstandsbestimmung zunächst einer Festlegung des zugrunde gelegten Organisationsbegriffs.

Die multidisziplinär betriebene Organisationsforschung hat eine Fülle inhaltlich jeweils unterschiedlich akzentuierter Begriffserklärungen hervorgebracht (vgl. Kap. 3.1. und 4.3.1. dieses Bandes).

Innerhalb der verhaltenswissenschaftlichen Organisationsforschung (Organisationspsychologie, Organisationssoziologie, verhaltenswissenschaftliche Betriebswirtschaftslehre) hat sich die „institutionale" Betrachtung durchgesetzt, der wir uns hier anschließen (vgl. Grochla 1975, 2; Forster 1978; Pfeiffer 1978, 8f.; Büschges 1981, 25ff.; Endruweit 1981, 13).

Gemeinsam ist der Mehrzahl der damit zusammengefaßten Sichtweisen, daß sie „Organisation" auffassen als den auf zeitliche Dauer hin angelegten, der Umwelt gegenüber offenen Zusammenschluß von Personen und Sachen, der auf die Verwirklichung spezifischer Ziele ausgerichtet ist und zu diesem Zweck über ein Regelsystem verfügt, das die hierfür notwendigen Aktivitäten auf die Organisationsmitglieder aufteilt (Spezialisierung) und sie wechselseitig aufeinander abstimmt (Koordinierung) (vgl. Porter, Lawler & Hackman 1975, 68ff.; Büschges & Lütke-Bornefeld 1977, 27ff.; Gebert 1978; Frese 1980, 25f.; Jakob 1980, 14; Rosenstiel 1980a, 3; Staehle 1980, 92ff.; Büschges 1981; Kieser & Kubicek 1983, 1ff.).

Die Erfassung des Ist-Zustandes einer so verstandenen Organisation ist unter verschiedenen Fragestellungen und unter Verwendung verschiedener Methoden möglich. Zu denken wäre an die ökonomisch-orientierte Analyse der Geld- und Leistungsströme in der Organisation durch das betriebliche Rechnungswesen, an die Erstellung mathematisch-kybernetischer Modelle betrieblicher Abläufe durch Operations-Research oder die Systemanalyse, an die arbeitswissenschaftliche Analyse von Arbeitsplätzen mit Hilfe ergonomischer Prüflisten oder Arbeitszeitstudien sowie an die logisch-analytische Erfassung von Informationsbedarf und Informationsfluß durch Betriebsinformatiker. Die verhaltenswissenschaftlich akzentuierte Diagnose kann deshalb zweifellos nur einen Teilbereich der Erkundung organisatorischer Zustände und Prozesse herausheben. Sie weist allerdings zahlreiche Anknüpfungspunkte zu den andersartig akzentuierten Analyseansätzen auf.

Wir verstehen unter der psychologischen Organisationsdiagnose *die systematische und wissenschaftlich fundierte Erfassung, Analyse und Darstellung des in einer Organisation oder einem abgegrenzten Organisationsteil regelhaft auftretenden Verhaltens und Erlebens ihrer Mitglieder einschließlich ihrer Wirkungszusammenhänge.* Es handelt sich also um den Versuch einer Komplexitätsreduktion, die eine zielgerechte Heraushebung organisatorischer Merkmale und ihrer Zusammenhänge gestattet. Im anglo-amerikanischen Sprachgebrauch finden sich dafür Ausdrücke wie: „organizational diagnosis" (Levinson 1972; Weisbord 1976), „organizational measurement" (Price 1972) oder „organizational assessment" (Lawler, Nadler & Camman 1980; van de Ven & Ferry 1980).

Einige der hier verwendeten Begriffe bedürfen noch näherer Erläuterung: Die Tätigkeitsbeschreibungen *„Erfassung, Analyse und Darstellung"* sollen verdeutlichen, daß die Diagnose in einem mehrstufigen und zielgerichteten Prozeß abläuft, deren Phasen aufeinander aufbauen und von der ersten Auseinandersetzung des Diagnostikers mit den selbst oder vom Auftraggeber gestellten Fragen bis zu ihrer Beantwortung – etwa in Form eines Berichts – reichen (Klages & Schmidt 1980, 574f.; van de Ven & Ferry 1980, 9).

Das diagnostische Vorgehen soll in dem Sinne *„systematisch"* sein, daß die Auswahl der erfaßten Variablen nicht dem Zufall oder den gerade verfügbaren Meßmethoden überlassen bleibt, sondern sich an theoretischen Überlegungen zu den für die Fragestellungen wichtigen Organisationsmerkmalen und ihren Wirkungszusammenhängen orientiert. M. a. W.: Um aus der unübersehbar großen Zahl potentiell untersuchbarer Variablen und Beziehungen sinnvoll auszuwählen, benutzt oder konstruiert der Diagnostiker eine Modellvorstellung der betreffenden Organisation, die zur angestrebten Klärung beiträgt.

„Wissenschaftliche Fundierung" erlangt der Diagnoseprozeß, wenn die herangezogenen Meßinstrumente, ihr Einsatz und die Datenverarbeitung den Qualitätskrite-

rien der empirischen Sozialwissenschaften genügt (z. B. Objektivität, Reliabilität und Validität der gewonnenen Daten und angemessene Verfahren zu deren Analyse sowie Kontrolle der Veränderung des Diagnoseobjektes durch den Diagnosevorgang [vgl. Büschges & Lütke-Bornefeld 1977, 14 ff.]).

Gegenstand der Diagnose ist *„das in einer Organisation oder einem abgegrenzten Organisationsteil auftretende Verhalten und Erleben"*. Hierunter fallen neben den in einer Organisationseinheit direkt beobachtbaren Verhaltensweisen auch die nur dem Erleben zugänglichen psychischen Prozesse (z. B. Wahrnehmen, Denken, Fühlen). Diese Objektbestimmung entspricht dem Gegenstand der Arbeits- und Organisationspsychologie (Rosenstiel 1980 a + b; Greif 1983, 41 ff.), zielt allerdings auf die je spezifische Ausprägung in einer bestimmten Organisation bzw. Organisationseinheit. Analysesegmente, die aufgrund theoretischer Präferenzen inhaltlich gezielt eingeengt sind, wie sie beispielsweise durch die Begriffe „Rolle", „Konflikt", „Herrschaft" und „Entscheidung" angesprochen werden, sind damit keineswegs ausgeschlossen.

Die Festlegung *„regelhaft auftretend"* betont, daß Erleben und Verhalten der Organisationsmitglieder unter Vernachlässigung persönlichkeitsbedingter Differenzen betrachtet werden. Erlebens- und Verhaltensvarianzen, die nicht auf Organisationsbedingungen rückführbar sind, werden als Fehlervarianz betrachtet und durch Aggregation der individuellen Daten über die Mitglieder der Gesamtorganisation oder ihrer Unterabteilungen neutralisiert. Die Betonung der Regelhaftigkeit diagnostisch anzugehender Sachverhalte unterstreicht schließlich auch, daß zeitlich relativ stabile Verhaltens- und Erlebensmuster Gegenstand einer Organisationsdiagnose sein sollen.

Diagnostisch interessant sind allerdings nicht nur die durch das formale Regelsystem für verbindlich erklärten Verhaltens- und Erlebensweisen. Bedeutsam sind auch regelhafte Abweichungen davon – einschließlich der ungeplanten „informellen" Reaktionsmuster, die außerhalb des Geltungsbereiches des formalen Ordnungsrahmens stehen, aber als Folge der Organisationseigenart anzusehen sind. Regelhafte Zustände und Vorgänge der genannten Art werden von manchen Autoren mit der Ist-Struktur der Organisation gleichgesetzt (vgl. Gebert 1978, 30 ff.). Sie stimmt häufig nur partiell überein mit den Regeln zur Steuerung organisationaler Prozesse (formale Struktur oder Soll-Struktur), die von den dazu legitimierten Stellen gesetzt wurden.

Aus der bloßen Registrierung des Verhaltens und Erlebens lassen sich kaum Einsichten in deren Organisationsbedingtheit und erst recht keine psychologisch begründeten Empfehlungen für veränderte organisatorische Regelungen ableiten. Es muß deshalb zumindest angestrebt werden, die *„Wirkungszusammenhänge"* mit zu berücksichtigen.

Unsere Begriffsbestimmung verzichtet darauf, den oder die Zwecke einer Organisationsdiagnose als Definitionsbestandteil aufzunehmen. Organisationsdiagnose *kann*, aber *muß nicht* auf der Grundlage der erfaßten Merkmale und einer adäquaten Organisationstheorie Probleme *erklären* oder die Wirkung möglicher Eingriffe *prognostizieren*, wie Brandstätters (1978, 44ff.) Forderungen lauten und damit dem normativen Modell der Psychodiagnostik sehr nahe kommen (Westmeyer 1972 und 1976). Ebenso *kann*, aber *muß* die Organisationsdiagnose *nicht* Hinweise auf notwendige und durchführbare Organisationsentwicklungsmaßnahmen geben, wie dies Bowers & Franklin (1977) oder Klages & Schmidt (1980, 576ff.) betonen. Vielmehr erscheinen uns die Verwertungsabsichten, die einer Organisationsdiagnose zugrunde liegen, so vielfältig, daß wir sie gesondert betrachten.

4.3.4.1.2 Einsatzmöglichkeiten

In Anlehnung an Lawler et al. (1980), die eine umfangreiche Sammlung von Diagnosezielen erstellt haben, gliedern wir die Funktionen einer Organisationsdiagnose nach den vorrangigen potentiellen Nutznießern: a) Organisationsmitglieder, b) an der Organisation interessierte externe Personen und c) Wissenschaftler.

Im primären Interesse der Organisationsmitglieder sind folgende Nutzanwendungen denkbar:

- Ergebnisse einer Organisationsdiagnose können dazu beitragen, einer vornehmlich in ökonomischen Rentabilitätsvorstellungen denkenden Führung Ausprägung, Wert und finanzielle Konsequenzen des Verhaltens und Erlebens der Organisationsmitglieder überzeugend in einer zahlenmäßigen Form vor Augen zu führen (Franke 1976, 53f.). Dies steigert die Wahrscheinlichkeit, daß bei Entscheidungen über die Verwendung der stets knappen betrieblichen Ressourcen dieser letztlich auch ökonomisch bedeutsame Aspekt der Organisationswirklichkeit als Entscheidungskriterium angemessener berücksichtigt wird (vgl. hierzu den Ansatz des „Human Resource Accounting" [Likert 1967, 146ff.; Flamholtz 1974; Schoenfeld 1974; Mirvis & Macy 1976; Mirvis & Lawler 1977]).
- Organisationsdiagnostische Bemühungen können im Sinne einer innerorganisatorischen Schwachstellenanalyse den ersten Schritt jeder zielgerichteten und situationsangemessenen Organisationsveränderung bilden (vgl. auch Kap. 4.3.5 dieses Bandes).

  Diagnosen sind ein wichtiges – wenn auch innerhalb der professionellen Organisationsentwicklung umstrittenes (Klages & Schmidt 1980, 565ff.) – Hilfsmittel. Sie ermöglichen, die anzugehenden Problembereiche einzugrenzen, wesentliche Bedingungszusammenhänge herauszustellen und auf ihrer Grundlage Prognosen über die Aus- und Nebenwirkungen von Strategien zur Realisierung erwünschter Veränderungen abzugeben.

Jedes zutage tretende Symptom kann verschiedene Ursachen haben. Umgekehrt kann sich auch eine Problemursache in unterschiedlichen Indikatoren manifestieren. Problemverschiebungen und -verdrängungen treten verkomplizierend noch hinzu (Brandstätter 1978, 47). Ein Verzicht auf eine gründliche Diagnose erhöht die Gefahr, daß Organisationsentwicklungsmaßnahmen sich zu stark an der einseitigen Problemsicht der Auftraggeber oder an unrealistischen Idealmodellen einer Organisation orientieren. Die Handlungsvorschläge werden in solchen Fällen der Aufgabenstellung, Arbeitsweise, rechtlichen Verfassung, Umwelt oder Ressourcenausstattung der betroffenen Organisation nicht ausreichend gerecht.

Mit dem Survey-Feedback schließlich liegt eine Technik der Organisationsentwicklung vor, die den Motor des Veränderungsgeschehens in der Organisationsdiagnose ausschließlich in der sich anschließenden Ergebnisrückmeldung und -diskussion sieht (vgl. zusammenfassend Bowers&Franklin 1977; Nadler 1977, 1980a; Wilpert 1977; Dunham&Smith 1979).

- Die Effekte von wesentlichen Veränderungen in einer Organisation können während und nach ihrer Realisierung kontrolliert werden. Organisationsdiagnosen informieren im Sinne eines Ist-Soll-Vergleichs über den Grad der Zielerreichung und tragen zur Ursachenklärung bei nicht eingetretenen oder unbeabsichtigten dysfunktionalen Veränderungen bei. Sie geben damit Hinweise auf die Notwendigkeit zusätzlicher Maßnahmen. In der Praxis sind derartige Erfolgskontrollen allerdings bisher die Ausnahme (Klages&Schmidt 1980, 586; Lawler et al. 1980, 30). Das ist besonders bedauerlich, weil zahlreiche Ansätze zur „Humanisierung der Arbeitswelt“ wegen der bei den Entscheidungsträgern bestehenden Zweifel am Nutzen scheitern.
- Organisationsdiagnosen können – sofern aus den Ergebnissen zumindest einige Konsequenzen gezogen werden – für die Organisationsmitglieder leistungsmotivierende und zufriedenheitssteigernde Funktionen haben. Sie demonstrieren auch den Organisationsmitgliedern, die noch nicht in einen auf Partizipation ausgerichteten Dialog mit den Führungskräften einbezogen sind, daß ihr Erleben und Verhalten beachtet wird und sie durch ihre Teilnahme an diagnostischen Aktivitäten auch die Möglichkeit zu einer anonymen und unmittelbaren Einflußnahme auf Aspekte der Organisationswirklichkeit haben (Ridgeway 1956; Flamholtz 1979; Rosenstiel, Falkenberg, Hehn, Henschel&Warns 1982, 224ff.).
- Gleichzeitig fördert eine derartige Beachtung wichtiger Mitarbeiterbedürfnisse auch das Ansehen der Organisation nach außen, was alte Mitglieder stärker an sie bindet und die Organisation für neue, qualifizierte Bewerber attraktiver macht (Rosenstiel et al. 1982, 231ff.).
- Organisationsdiagnosen können auch die Funktion einer routinemäßigen Beobachtung der für die Organisation wichtigen Verhaltens- und Erlebenstendenzen in

der Belegschaft haben. Bei regelmäßigen Erhebungen informieren sie rechtzeitig über die Organisationsmitgliedern unliebsam erscheinenden Entwicklungen und liefern Hinweise auf Ansatzpunkte für ein frühzeitiges Gegensteuern (Dunham & Smith 1979, 43 ff.).

Wichtige Daten kann eine Organisationsdiagnose ferner für Personengruppen liefern, deren Entscheidungen die Organisation beeinflussen, obwohl sie kaum als Organisationsmitglieder anzusprechen sind (zur Abgrenzungsproblematik von Organisationen vgl. Starbuck 1976; Gebert 1978, 17 ff.; Kieser & Kubicek 1983, 8 ff.).

- Für Investoren und Aktionäre ergäbe sich die Möglichkeit, Entscheidungen auf eine breitere Informationsgrundlage zu stellen und manche Zahl des Geschäftsberichts besser zu deuten. Dafür geeignete betriebsdiagnostische Befunde könnten es bei Fusionsverhandlungen etwa gestatten, die Flexibilität und Innovationsbereitschaft eines zu übernehmenden Personalstammes einzuschätzen.
- Eine größere Anzahl von Organisationsdiagnosen würde es Politikern ermöglichen, sich bei ihren Entscheidungen nicht nur an ökonomischen Rahmendaten zu orientieren, sondern auch an Daten zur Qualität der Organisationswirklichkeit. So könnten Forschungsprogramme – wie etwa die zur Humanisierung der Arbeitswelt – gezielter geplant werden.
- Diagnosen einer Organisation und ihrer Unterabteilungen könnten es potentiellen Arbeitsplatzwechslern ermöglichen, ihre Entscheidung auf eine solide Informationsgrundlage zu stellen. Das Bild der in Aussicht genommenen Arbeitssituation wäre weit differenzierter und realistischer als bei einer Orientierung an Hörensagen, an Stellenbeschreibungen und an den Informationen des Vorgesetzten. Darin läge ein bedeutsamer Beitrag zur Praktizierung des Dialogprinzips in der Eignungsuntersuchung (Franke 1976, 141 f.). Die Gefahren unrealistischer Erwartungen an eine neue Stelle (Unzufriedenheit, Leistungsmängel, erneuter Stellenwechsel) sowie der Nutzen einer rechtzeitigen Information der Bewerber ist Gegenstand zahlreicher Untersuchungen (vgl. zusammenfassend Wanous 1980; Krüger 1982).

Die in dieser Gruppierung genannten Funktionen sind allerdings eher als Denkmöglichkeiten zu begreifen, da ihre Nutzung bisher lediglich ansatzweise erfolgt (Lawler et al. 1980, 32).

Schließlich können Organisationsdiagnosen auch die Organisationsforschung allgemein in mancherlei Hinsicht befruchten:

- Organisationsdiagnosen sind geeignet, organisationstheoretische Vorstellungen anzuregen, zu prüfen und zu ändern. Dies gilt besonders dann, wenn der in der Organisationsdiagnose anzustrebende Methodenpluralismus beachtet wird. Er stellt sicher, daß die den eigenen theoretischen Annahmen widersprechenden

Aspekte der Organisationswirklichkeit nicht systematisch unterdrückt oder verzerrt werden. Diese Funktion der Organisationsdiagnose gewinnt um so mehr an Bedeutung, als organisationstheoretische Überlegungen sich noch auf einer niedrigen „Entwicklungsstufe" (Greif 1983, 44) befinden und daher bestenfalls als „theoretische" Ansätze qualifiziert werden können. Defizite liegen insbesondere in mangelnden Abgrenzungen des Geltungsbereiches, unpräzis festgelegten Grundbegriffen, internen Widersprüchen, mangelhaften Zuordnungsregeln von Theorie- und Beobachtungssprache und in unzureichenden empirischen Prüfungen des Erklärungs- und Prognosegehaltes (vgl. Kap. 3.1. dieses Bandes).

- Weiter bieten sich Möglichkeiten einer vergleichenden Analyse von Organisationen an (z. B. Rosenstiel et al. 1982). Organisationstheoretische Ansätze beruhen zu einem großen Teil auf Einzelfallstudien, die mittels einer „klinischen", auf ein „Verstehen" ausgerichteten Vorgehensweise versuchen, die Komplexität und Dynamik des Organisationsgeschehens in ihrer jeweiligen Individualität differenziert zu erfassen (Heydebrand 1967, 62; Kubicek 1975, 58). So anschaulich und interessant derartige Studien auch sein mögen, es mangelt ihnen an interpersoneller Nachprüfbarkeit und am Nachweis, daß eine über den exemplarischen Fall hinausgehende Generalisierung möglich ist. Auch war es bisher kaum möglich, „verwandte" Fallstudien systematisch aufeinander zu beziehen (vgl. Zündorf & Grunt 1980, 23ff.).

Erst über systematische Vergleichsstudien – wie sie im Rahmen der noch relativ jungen „vergleichenden Organisationsforschung" betrieben werden (Kubicek & Kieser 1980) – lassen sich die Variabilität von organisatorischen Sachverhalten erkennen, Gemeinsamkeiten und Unterschiede herausarbeiten sowie Klassifikationen und theoretische Annahmegefüge in fruchtbarer Weise vorantreiben. Der Erfolg dieser Bemühungen ist in hohem Maße davon abhängig, wieweit es gelingt, Erfassungsinstrumente zu standardisieren, ohne die spezifischen Gegebenheiten der untersuchten Organisation und die jeweiligen theoretischen Hintergrundüberlegungen der Forscher zu stark zu vernachlässigen.

4.3.4.2 Aufbaumerkmale einer Organisationsdiagnose

Bereits die Vielzahl der genannten Einsatzmöglichkeiten macht deutlich, daß es die Organisationsdiagnose im Sinne eines patentrezeptartigen, stets gleichartigen Untersuchungsaufbaus und -ablaufs nicht geben kann. In Anlehnung an die Merkmale zur Differenzierung verschiedener Formen psychodiagnostischer Aktivitäten (vgl. Kaminski 1976, 45ff.; Pawlik 1976, 13ff.) lassen sich für organisationsdiagnostisches Handeln folgende Gestaltungsaspekte unterscheiden:

4.3.4.2.1 Statusdiagnostik versus Verlaufsdiagnostik

Zum weit überwiegenden Teil wurden organisationsdiagnostische Untersuchungen bisher so angelegt, daß sie den Zustand der untersuchten Organisationsphänomene in einem bestimmten, eng umgrenzten Zeitraum – dem Zeitraum einer einmaligen Erhebung – erfassen (Kimberly 1976; Büschges & Lütke-Bornefeld 1977, 205; Ivancevich & Matteson 1978; Lawler et al. 1980, 40f.). Dieses „schnappschußartige" Fixieren wesentlich erscheinender Aspekte des Status quo impliziert die Annahme, daß die Untersuchungsmerkmale ein hohes Ausmaß an zeitlicher Stabilität aufweisen oder klare Gesetzmäßigkeiten bekannt sind, die eine Fortschreibung der Merkmalsausprägungen in die Zukunft erlauben.

Da beide Voraussetzungen für die Organisationswirklichkeit nur sehr bedingt gelten, wäre häufig eine prozeßdiagnostische Vorgehensweise angemessener. Sie zielt auf eine Erfassung von Veränderungen der untersuchten Organisationsphänomene im Zeitablauf. Hierzu werden in denselben Organisationseinheiten zu mehreren Zeitpunkten oder kontinuierlich über einen längeren Zeitraum hinweg wiederholt dieselben Merkmale erfaßt. Vorteile der verlaufsorientierten gegenüber der statusorientierten Organisationsdiagnose liegen in folgenden Punkten:

- Verlaufsorientierte Diagnosen ermöglichen einen weniger von Deutungen belasteten Zugang zum organisatorischen Wandel und begünstigen damit auch eine fruchtbarere Theorienbildung zu organisatorischen Veränderungen. An die Stelle einer aus dem Vergleich von Statusbefunden mehrerer Organisationen erschlossenen Veränderungen („mit steigendem Spezialisierungsgrad nimmt die horizontale Kommunikation ab") tritt eine Erfassung der Variation der Merkmalsausprägungen über den Zeitverlauf „aus erster Hand".

- Verlaufsorientierte Diagnosen erleichtern den Rückschluß auf gerichtete Bedingungs-Folge-Zusammenhänge, da die Datengewinnung einem quasi-experimentellen Vorgehen (Campbell & Stanley 1966; Cook & Campbell 1979) gleicht bzw. kausalanalytische Auswertungsverfahren wie die „Cross-Lagged-Analyse" ermöglicht (vgl. Kenny 1975; Cook & Campbell 1976, 1979, 309ff.). Eine sorgfältige und wiederholte Erfassung der Untersuchungsmerkmale erlaubt ein Studium ihrer Kovariation im Zeitablauf und reduziert somit die Gefahr einer kausalen Interpretation zufälliger Koinzidenzen und die Verengung des Blickfeldes auf monokausale Erklärungsansätze. Zeitverzögerte Auswirkungen von vorangegangenen Bedingungsvariationen können entdeckt und berücksichtigt werden.

- Verlaufsorientierte Diagnosen erhöhen die Gültigkeit der Erfolgsbewertungen von Ausbildungsprogrammen, Organisationsentwicklungsmaßnahmen oder technischen Neuerungen, indem sie die zeitliche Variation der Erfolgskriterien in Abhängigkeit vom Ablauf der organisatorischen Eingriffe erfassen. Mit den hier gegebenen Möglichkeiten kurzfristiger Erfolgsrückmeldungen steigt gleichzeitig die Chance einer problemangemessenen Auswahl oder Steuerung der Maßnahmen.

- Verlaufsorientierte Diagnosen geben dem Diagnostiker Gelegenheit, sich über einen längeren Zeitraum hinweg mit einer Organisation zu beschäftigen und einen tieferen Einblick in die Komplexität und Dynamik des Untersuchungsgegenstandes zu gewinnen. In einem iterativen Kreisprozeß folgt aus dem Wechselspiel von gedanklichen Annahmen und ihrer empirischen Überprüfung eine sich steigernde Verfeinerung von Erfassungsmethoden und Organisationsverständnis.

Angesichts dieser Vorteile der verlaufsorientierten Organisationsdiagnostik wird deren geringe Anwendungshäufigkeit erklärungsbedürftig. Neben personellen, zeitlichen und finanziellen Beschränkungen dürfte der geringe Verbreitungsgrad vor allem auch auf bisher unzureichend gelöste inhaltlich-methodische Probleme der Verlaufsforschung bzw. Veränderungsmessung rückführbar sein (u. a. Regressionseffekte; Reliabilitäts-Validitätsdilemma; Physicalism-Subjectivism-Dilemma; vgl. Cronbach & Furby 1970; Renn 1973; Petermann 1976; Helmreich 1977; Terborg, Howard & Maxwell 1980).

Als eine noch wenig beachtete Zwischenform von status- und verlaufsorientierter Diagnostik sei in diesem Zusammenhang noch die „indirekte“ bzw. „unechte“ Verlaufsdiagnostik erwähnt (vgl. Howard, Ralph, Gulanick, Maxwell, Nance & Gerber 1979; Baumann, Sodemann & Tobien 1980), bei der nur zu einem bestimmten Zeitpunkt die Datenerhebung erfolgt, sich die Fragestellung aber sowohl auf den gegenwärtigen Zustand als auch auf einen oder mehrere erinnerte Zustände in der Vergangenheit erstreckt.

4.3.4.2.2 Nichtrepräsentative versus repräsentative Auswahl der Erhebungseinheiten

Organisationsdiagnostische Untersuchungen beruhen in der Regel auf Teilerhebungen. Die Gründe hierfür sind vielfältig: hoher personeller, finanzieller, zeitlicher und organisatorischer Aufwand; mangelnde Bereitschaft zur Mitarbeit bei Organisationsleitung oder Organisationsmitgliedern. Das deshalb in der Regel entstehende Auswahlproblem kann verschiedenartig gelöst werden (vgl. Friedrichs 1973, 123 ff.; Büschges & Lütke-Bornefeld 1977, 225 ff.). Die organisationsdiagnostische Praxis beherrschen nicht-repräsentative Auswahlverfahren. Der Organisationsdiagnostiker muß sich häufig mit den gerade verfügbaren Informationsquellen (z. B. Personen, Dokumente) begnügen oder Schlüsselpersonen (z. B. Führungskräfte) befragen bzw. Einzelfälle herausgreifen, die als typisch für die Grundgesamtheit eingestuft werden. Nicht zwangsläufig, aber häufig sind mehr oder weniger verzerrte Querschnitte der interessierenden Grundgesamtheit die Folge. Angemessen ist dieser Auswahlmodus nur, wenn ein erster Überblick über einen Organisationsbereich gewonnen werden soll oder bereits bestehende Informationen nur zu ergänzen sind.

Der Versuch, eine die Verhältnisse der Grundgesamtheit im verkleinerten Maßstab abbildende, repräsentative Stichprobe zu ermitteln, ermöglicht jedoch hinreichend zuverlässig, mit einer z.T. angebbaren Irrtumswahrscheinlichkeit, die Resultate auf die Gesamtheit der Erhebungseinheiten zu verallgemeinern. Dieses Ergebnis ist besonders erwünscht, wenn durch statistische Aggregation individueller Stellungnahmen Merkmale überindividueller Untersuchungseinheiten (Arbeitsgruppe, Abteilung, Gesamtorganisation) erfaßt und verglichen werden sollen.

Zahlreiche methodenkritische Untersuchungen zur Erfassung formaler Organisationsstrukturen (Pennings 1973; Zündorf 1976; Sathe 1978; Ford 1979; Wollnik 1984) wie zur Erhebung des Organisationsklimas (vgl. Powell & Butterfield 1978; Jones & James 1979; Field & Abelson 1982; Conrad & Sydow 1984, 117ff.) belegen eine ausgeprägte individuelle Perspektivität in der Wahrnehmung und Interpretation organisatorischer Sachverhalte.

Unabhängig von der Beantwortung der Frage, ob es sich hierbei um die Folgen unterschiedlichen Wissens, unterschiedlicher Manipulationstendenzen, unterschiedlichen Sprachgebrauchs, unterschiedlicher Wahrnehmungs- und Verarbeitungsstile oder unterschiedlicher Realitäten handelt, verbietet sich damit meistens eine Beschränkung auf die Auswahl einiger weniger Schlüsselpersonen oder die Bevorzugung bestimmter Personengruppen.

4.3.4.2.3 Global- versus Detailerhebung

Organisationsdiagnostische Bemühungen können hinsichtlich der Bandbreite und Differenziertheit der untersuchten Merkmalsbereiche sehr unterschiedlich angelegt sein. Eine möglichst umfangreiche Erfassung organisatorischer Sachverhalte und Vorgänge wird im Rahmen einer Globaldiagnose angestrebt. Sie ähnelt einer medizinischen Generaluntersuchung, bei der aus der Zusammenfassung recht unterschiedlicher Meßgrößen ein grober Eindruck vom allgemeinen Gesundheitszustand des Patienten gewonnen wird. Genauer sondierende Befunde erbringen erst nachfolgende Detailerhebungen. Beispiele für globale Analyseansätze finden sich in den Forschungsarbeiten von van de Ven & Ferry (1980; vgl. auch van de Ven & Morgan 1980), von Nadler & Tushman (1980a und b) sowie in der Organisationsklimaforschung (vgl. zusammenfassend Hellriegel & Slocum 1974; James & Jones 1974; Woodman & King 1978; Weinert 1981, 166ff; Rosenstiel et al. 1982; Conrad & Sydow 1984). Dieser in der deutschsprachigen Organisationsforschung noch wenig rezipierte (Sydow 1983) und erst in den Anfängen genutzte Forschungsansatz knüpft an den subjektiven Wahrnehmungen der Mitglieder einer Organisation an und versucht, über ihre Erfassung eine integrative, multidimensionale und trennscharfe Abbildung relativ überdauernder, verhaltens- und erlebenswirksamer Organisationsvariablen (Übersichten zu den zahlreichen Definitionen und Dimensionen eines solchen Globalkonzepts bei Neuberger 1977, 30ff.; Forster 1978, 21ff.; Rosenstiel et al. 1982, 15ff.; Conrad & Sydow 1984, 1ff.).

Für eine differenzierende Betrachtung der mit diesen globalen Diagnoseinstrumenten erhobenen Befunde, die häufig nur Problembereiche aufdecken, aber nicht analytisch zu durchdringen vermögen, bieten sich Detailerhebungen an, die auf eine möglichst vollständige Inventarisierung eines abgegrenzten Teilbereiches des Organisationsgeschehens ausgerichtet sind.

Theoretisch fundierte und empirisch erprobte Untersuchungsinstrumente liegen insbesondere für folgende Segmente vor: formale Organisationsstrukturen; Arbeitsgruppe; Arbeitsplatz; arbeitsbezogene Belastungen; Kommunikationsverhalten; Rollenkonflikt und -ambiguität; Führungsverhalten; Arbeitszufriedenheit (vgl. im Überblick: Price 1972; Frieling 1975; Seifert 1978; Cook, Hepworth, Wall & Warr 1981; Karg & Staehle 1982; Kubicek & Welter 1985).

4.3.4.2.4 Übernommene Diagnoseinstrumente versus maßgeschneiderte Diagnoseinstrumente

Für organisationsdiagnostische Bemühungen liegt eine Vielzahl bereits erprobter und in der Literatur dokumentierter Verfahren vor (s.o.). Eine stärkere Nutzung bereits bestehender Standarddiagnoseinstrumente wird meist mit dem Argument gefordert, daß die Entwicklung empirisch gestützter, allgemeiner Aussagen zum Organisationsgeschehen sowie ihre Umsetzung in Handlungsanweisungen für den Organisationspraktiker nur aus der Akkumulation und dem Vergleich unterschiedlicher Forschungsbefunde zu gewinnen sei. Eine Vergleichbarkeit der Befunde setze aber die Standardisierung der Erfassungsinstrumente voraus, zumal Studien das Auseinanderklaffen der Ergebnisse bei unterschiedlichen Operationalisierungen desselben Organisationsmerkmals zeigen (Pennings 1973; Zündorf 1976; Sathe 1978; Ford 1979).

Dennoch geht die Mehrzahl der Organisationsdiagnostiker in der Erstellung der Meßinstrumente eigene Wege, indem sie bereits vorhandene lediglich als „Steinbruch“ für den Aufbau eigener Erhebungsverfahren benutzen und / oder vollständig „selbstgestrickte“ Vorgehensweisen konzipieren. Eine ad-hoc-Konstruktion von Diagnoseinstrumenten opfert zwar die Möglichkeit zum unmittelbaren Vergleich in unterschiedlichen Organisationen erhobener Befunde, eröffnet aber andererseits den Weg zu einer an die Fragestellung, den theoretischen Überlegungen und den spezifischen Gegebenheiten der zu untersuchenden Organisation angepaßten Konzeption von Diagnoseinstrumenten. Ein methodisch fundiertes Beispiel hierfür beschreiben Kubicek, Wollnik & Kieser (1981, 93ff.), die sich mit dem Spannungsverhältnis von „Konfektionsware“ und „Selbstgestricktem“ auseinandersetzen.

4.3.4.2.5 Idealnorm versus statistische Norm zur Befundeinordnung

Insbesondere in ihren anwendungsorientierten Varianten (z. B. Gewinnung von Informationsgrundlagen für Organisationsänderungen und deren Erfolgskontrollen) gewinnen die gesammelten Daten ihre Aussagekraft erst durch ihre Einordnung in ein wertendes Bezugssystem bzw. einen vorher festgelegten Qualitätsstandard. Beim Anlegen dieses Maßstabs orientiert sich der Organisationsdiagnostiker zumeist an Idealnormen, die ihm auf der Grundlage eines mehr oder weniger rational reflektierten Menschen- und Organisationsbildes (Weinert 1984) anzeigen, was für die Organisation, ihre Ziele und Mitglieder als ideal und erstrebenswert zu gelten hat (z. B. „System 4" als Idealnorm bei Likert 1967).

Indem der jeweilige Organisationszustand im Hinblick auf ein absolut gesetztes Kriterium beurteilt wird, ähnelt diese Vorgehensweise der kriterienorientierten Diagnostik, wie sie insbesondere in der pädagogischen und klinisch-psychologischen Diagnostik intensiv diskutiert wird (vgl. Fricke 1974; Rollett 1976). Da die als Bezugspunkte herangezogenen Idealnormen entweder nur auf Konventionen oder auf theoretisch und empirisch nicht ausreichend abgesicherten Modellvorstellungen des organisatorischen Geschehens beruhen, bleibt dieser Ansatz problematisch. Oft aber ist er der einzig gangbare Weg.

Die Möglichkeit, Untersuchungsergebnisse an statistischen Normen in einer Bezugsgruppe von Organisationen zu messen, ist bisher nur für einige wenige Verfahren gegeben (vgl. Ansätze hierzu bei Fittkau-Garthe & Fittkau 1971; Taylor & Bowers 1972; Hackman & Oldham 1975; Rosenstiel et al. 1982). Aber auch die Verwendung der vorhandenen Normangaben liefert nur grobe Anhaltspunkte für Vergleiche, da wichtige Organisationsvariablen (z. B. Alter, Größe, Umwelt, Technologie) der erfaßten Organisationen heterogen und nicht hinreichend kontrolliert sind. Erschwerend tritt hinzu, daß der Interpretations- und Kommunikationswert statistischer Normen für den nicht sozialwissenschaftlich vorgebildeten Praktiker recht begrenzt ist.

4.3.4.2.6 Modellorientiertes versus fallorientiertes Vorgehen

Die Vielschichtigkeit, Vernetztheit und Dynamik des organisatorischen Geschehens erfordern vom Diagnostiker, sich auf die gemäß der gesetzten Ziele als wichtig erachteten Ausschnitte der Organisationswirklichkeit zu beschränken. Zur Orientierung können bereits vorliegende Modellvorstellungen des organisatorischen Geschehens herangezogen werden. Sie bestimmen Art und Umfang der akzentuierend herauszuhebenden Variablen, steuern Datenerhebung und -auswertung, bilden einen Bezugsrahmen für die Befundinterpretation und erleichtern schließlich die Kommunikation der Resultate (vgl. Hausser 1980; Nadler 1980b). Zur Auswahl steht dem Diagnostiker eine Vielzahl von Modellen, die sich hinsichtlich Analyseebene(n), Generalisierungsanspruch, empirischer Bewährtheit, Spezifizierungsgrad der Konstrukte und ihrer Beziehungen, Operationalisierbarkeit, theoretischer Fundierung, Bestimmung der Organisationsziele, Art der Umweltbeziehungen u. a. m. unterscheiden (Burke 1982, 169ff.). Eine am Kriterium der Analyseebene orientierte Diskussion von Diagnosemodellen gibt Hausser (1980).

Dem angedeuteten Rückgriff auf vorgegebene Rekonstruktionen der Organisationswirklichkeit steht eine diagnostische Vorgehensweise gegenüber, bei der zunächst versucht wird, durch den Einsatz inhaltlich wenig festgelegter Erkundungstechniken (z. B. wenig vorstrukturierte Interviews; Beobachtungen; Tagebuchmethode) sich einen ersten, von Einseitigkeit und Verengungen möglichst freien Überblick über den Ist-Zustand der Organisation zu verschaffen. Auf dieser Grundlage entwickelt der Diagnostiker gewissermaßen ein „Do-it-yourself"-Modell der Organisation (Burke 1982, 182), das seine weiteren diagnostischen Aktivitäten steuert.

Allerdings bedarf das Prinzip der fallspezifischen Modellkonstruktion der Relativierung. Es gilt nur tendenziell, da es den ausschließlich passiv registrierenden Beobachter einer Organisation, der allein von den dort gewonnenen Erfahrungsdaten ausgeht und ein unvoreingenommenes, verzerrungsfreies Abbild liefert, nicht gibt. Sowohl die Wahrnehmung als auch deren Verarbeitung werden in mannigfacher Weise durch den Untersuchenden mitdeterminiert (etwa durch eine implizite, wissenschaftlich nicht reflektierte Auswahl des Beachteten; vgl. Weinert 1984).

Neben einer eingehenden Reflexion der impliziten Leitgedanken durch den Diagnostiker bietet sich zur Entschärfung dieser Problematik auch eine Kooperation von Diagnostiker und Organisationsmitgliedern bei der Erstellung eines strukturierenden Organisationsmodells an (vgl. Bartee & Cheyunski 1977; Beer 1980, 124ff.; Tichy & Hornstein 1980). Diese Zusammenarbeit zwingt die Beteiligten zur Explizierung ihrer jeweiligen Vorannahmen und strebt ein von der Erfahrungsbasis aller Beteiligten gespeistes, gemeinsam getragenes Modell bedeutsam erscheinender Organisationsvariablen an.

Ob man sich für die unveränderte Übernahme eines schon zuvor und an anderer Stelle verwendeten Organisationsmodells entscheidet, sich mit einer Anpassung an die bestehenden Verhältnisse begnügt oder eine maßgeschneiderte Neukonstruktion für erforderlich hält, ist abhängig von den Zielen der Organisationsanalyse und den zur Verfügung stehenden Ressourcen bzw. Erhebungsinstrumenten (vgl. zum Zusammenhang von favorisierten Strategien der Organisationsentwicklung und Diagnosemodellen Tichy 1975).

4.3.4.2.7 Objektive versus subjektive Organisationsmaße

Als „objektive" Maße der Organisationsentwicklung gelten Indikatoren, die eine intersubjektiv eindeutige von den subjektiven Wahrnehmungsverzerrungen des einzelnen unabhängige Erfassung des Erhebungsgegenstandes erlauben. Zu den Instrumenten, die diese Qualität erfüllen, zählen in der Organisationsforschung neben den in der Regel auch von außerbetrieblichen Sachverhalten abhängigen Ausschußquoten, Fluktuationsraten, Krankenstands- und Unfallzahlen gemeinhin die Dokumentenanalyse (= Analyse von schriftlichen Anweisungen, Bedienungsvorschriften, Stellenbeschreibungen, Organisationsschaubildern, Sitzungsprotokollen, Organisationshandbüchern u. ä. m.) sowie die Befragung von Schlüsselpersonen, die aufgrund ihres Expertenstatus' in der Organisation als Informationsquellen für organisatorische Sachverhalte genutzt werden.

Die Zusammenfassung von Dokumentenanalyse und Experteninterview zu einem Instrumentenmix wird in der Literatur als „institutional approach" bezeichnet (vgl. Zündorf 1976) und wurde in großem Umfang vor allem bei der Erfassung von Strukturmerkmalen der Organisation durch die Aston-Gruppe angewendet (Pugh & Hickson 1976; Pugh & Hinings 1976; Pugh & Payne 1977).

Kritisch mag man gegen die Betonung der Objektivität von Dokumentenanalysen und Experteninterviews allerdings einwenden, daß auch in den beiden genannten Verfahren perspektivische Verzerrungen nicht auszuschließen sind; Organisationsdokumente repräsentieren die Sichtweisen der Verfasser und sind bei ihrer Analyse zusätzlich den Interpretationen des Untersuchers unterworfen. Die Befragung von Experten (meist Vertretern der Organisationsleitung) verleiht der Perspektive einer bestimmten, einflußreichen Gruppe von Organisationsmitgliedern bei der Interpretation des organisatorischen Geschehens ein Übergewicht, ohne positions- oder persönlichkeitsbedingte Verzerrungen ausschließen zu können (vgl. Zündorf 1976; Kieser & Kubicek 1983, 174 ff.). „Objektive" Daten sind somit in einem meist nicht angebbaren Umfang subjektiviert.

Der ausdrücklich als subjektiv gekennzeichnete Untersuchungsansatz, der nach seinem Hauptinstrument, der Befragung, auch als „survey approach" bezeichnet wird, will dagegen über die Erfassung der sich im Erleben der Organisationsmitglieder niederschlagenden organisatorischen Sachverhalte und Prozesse Aufschluß über die Organisationsrealität vermitteln. Vertreter dieses Ansatzes (im Bereich der Organisationsstrukturforschung etwa Hage & Aiken 1967 und 1969; Hall 1972) versuchen, die sich in diesem subjektiven Bild vielfältig äußernden individuellen Wahrnehmungs-, Verarbeitungs- und Bewertungstendenzen durch Aggregation über eine größere Anzahl von Organisationsmitgliedern zu neutralisieren oder diese Differenzen als Ausdruck systematisch unterschiedlicher Sichtweisen zu verstehen, in denen sich unterschiedliche Stellungen in den formellen und informellen Strukturen widerspiegeln.

Da besonders im Bereich der Organisationsstrukturforschung objektive und subjektive Maße als Operationalisierungen desselben Konstrukts (etwa des Formalisierungsgrades einer Organisation) herangezogen werden, erhebt sich die Frage nach ihrer konvergenten Validität. Die bisher durchgeführten Vergleichsstudien erbrachten eine relativ geringe Übereinstimmung zwischen beiden Typen von Meßverfahren. Als Gründe dafür wurden neben den schon genannten grundsätzlichen Verschiedenheiten der Perspektiven (s.S. 640) auch ungenügende konzeptionelle Unterscheidungen genannt (z. B. zwischen geplantem und tatsächlich erlebtem Formalisierungsgrad).

Von einer generellen Überlegenheit objektiver Maße, wie sie die Aston-Gruppe betont, kann nicht ausgegangen werden (van de Ven & Ferry 1980, 60f.). Die spezifische Entstehungsgeschichte und die spezifischen Verarbeitungszusammenhänge von Organisationsdokumenten, die dem Organisationsdiagnostiker zudem häufig unbekannt sind, und die Informationslücken der Schlüsselpersonen warnen vor zu großem Zutrauen in diese Datenbasen (vgl. auch Madge 1953; Webb, Campbell, Schwartz & Sechrest 1966).

4.3.4.2.8 Deskriptive versus evaluative Maße

Organisationsdiagnostische Maße lassen sich auf einem bipolaren Kontinuum einordnen, das von Beschreibung bis zu reiner Bewertung reicht.

Dem deskriptiven Pol stehen Maße nahe, die aus der Dokumentenanalyse oder Beobachtungsverfahren gewonnen werden. Evaluative Stellungnahmen zur Organisationswirklichkeit finden sich insbesondere im Instrument zur Messung der Arbeitszufriedenheit. Heftig diskutiert wird insbesondere im Bereich Organisationsklimaforschung die Frage, ob schriftliche oder mündliche Befragungen, in denen Organisationsmitglieder zur Beschreibung ihrer Organisationsumgebung aufgefordert werden, wertfreie Wahrnehmungen der Organisationsmitglieder erfassen oder ob in diesen Instrumenten Wahrnehmung und Bewertung unauflöslich verflochten sind (La Follette & Sims 1975; Schneider & Snyder 1975; Payne, Fineman & Wall 1976; Sydow & Conrad 1982).

Auch aus anderen Forschungszweigen der Psychologie – etwa zur Hypothesentheorie der Wahrnehmung (Postman, Bruner & McGinnies 1948) und zur sozialen Wahrnehmung (Graumann 1955) – ist bekannt, daß Wahrnehmungen nicht nur von der gegebenen Reizgrundlage, sondern auch von wertenden Stellungnahmen beeinflußt werden. Da die Unterscheidung zwischen Beschreibung und Bewertung dennoch weiterhin in der Organisationsklimaforschung als theoretisch sinnvoll betrachtet wird, versucht man wenigstens eine Annäherung an eine reine Beschreibung. Vorschläge hierzu sind:

- Die ausschließliche Verwendung deskriptiver Items, d. h. Formulierungen, auf die vornehmlich beschreibend und nicht wertend reagiert wird (Guion 1974; Hellriegel & Slocum 1974). Dabei ist freilich zu berücksichtigen, daß die begriffliche Trennung von Beschreibung und Wertung unscharf ist (vgl. Rosenstiel et al. 1982, 66 ff. und 209 ff.).
- Hinweise an die Antwortenden, daß zunächst eine Beschreibung gefordert wird und an späterer Stelle Gelegenheit zu einer Bewertung bestehe (vgl. Rosenstiel et al. 1982, 428).
- Ausweitung der Fragerichtung von der persönlichen Wahrnehmung auf die bei den Arbeitskollegen vermutete Wahrnehmung (vgl. Sydow & Conrad 1982).

Die dargestellte Bandbreite und Multidimensionalität der Organisationsdiagnostik verdeutlicht, daß Planung und Durchführung einer Untersuchung ein Balanceakt zwischen den – in reiner Form – häufig einander ausschließenden Realisierungsmöglichkeiten ist.

4.3.4.3 Organisationsdiagnostische Instrumente und ihre Gütekriterien

Eine ausführliche Erörterung der organisationsdiagnostischen Verfahren erübrigt sich, da im wesentlichen die in der empirischen Sozialforschung bekannten Verfahren zum Einsatz kommen, für die bereits detaillierte Darstellungen vorliegen (z. B. Friedrichs 1973; Büschges & Lütke-Bornefeld 1977; Roth 1984).

Weit verbreitet sind im Rahmen der Organisationsdiagnostik Beobachtungen, Experteninterviews, Mitarbeiterbefragungen, Gruppengespräche (Lawler et al. 1980, 321 ff.).

Seltener gebräuchlich sind bisher:

- Soziometrische Verfahren, die Organisationen unter dem Blickwinkel des Netzwerks sozialer Beziehungen betrachten (Schwartz & Jacobson 1977; Tichy & Fombrun 1979; Tichy, Tushman & Fombrun 1980),
- Repertory Grid Techniken nach Kelly (1955), die eine methodisch standardisierte, aber inhaltlich frei vom Untersuchten bestimmte Rekonstruktion organisationsbezogener Konzepte, der „kognitiven Infrastruktur“ der Organisationsmitglieder erlauben (Wacker 1981) sowie
- „nichtreaktive“ Meßverfahren, die nicht dem Bereich der Dokumentenanalyse zugehören (Webb & Weick 1979; Mirvis 1980).

Für die Bearbeitung einer organisationsdiagnostischen Fragestellung stehen im allgemeinen mehrere Verfahren zur Debatte, zwischen denen eine Auswahl getroffen werden muß. Zur Abschätzung der Stärken und Schwächen der einzelnen denkbaren Instrumente orientiert sich der Organisationsdiagnostiker zum einen an den aus der klassischen Testtheorie übernommenen Gütekriterien wie Gültigkeit, Zuverlässigkeit und Objektivität – was angesichts der mangelnden testtheoretischen Überprüfung des Großteils der zur Verfügung stehenden Verfahren häufig nur ansatzweise möglich ist – sowie zum anderen an Qualitätsmerkmalen, die sich aus den Besonderheiten des Diagnosegegenstandes ableiten. Hierzu zählen:

- Einfachheit in Gebrauch und Auswertung
- Akzeptanz bei den Organisationsmitgliedern (Augenscheinvalidität)
- Beeinträchtigungsfreiheit (Garantie der Anonymität)
- Möglichkeiten der Anpassung an organisatorische Besonderheiten
- finanzieller, zeitlicher und personeller Aufwand
- Reichhaltigkeit von Zusatzinformationen
- Anforderungen an die Auswahl der Erhebungseinheiten
- Trennschärfe der Ergebnisse

Keines der verfügbaren Diagnoseinstrumente ist ohne Schwächen. Außerdem werden deren Differenzierungsmöglichkeiten – selbst bei eng umgrenzten Fragestellungen – der Komplexität organisatorischer Wirklichkeit nicht gerecht. Deshalb gewährleistet erst der parallele oder aufeinanderfolgende Einsatz verschiedenartiger Erhebungstechniken eine hinreichend umfassende und detaillierte Bestandsaufnahme.

4.3.4.4 *Zum Ablauf einer Organisationsdiagnose*

In einem ersten Schritt muß der Organisationsdiagnostiker zunächst Klarheit gewinnen über die Ziele der Diagnose, über die Fragen, deren Beantwortung zur Erreichung der Ziele notwendig sind, über die potentiellen Nutzer der Diagnoseergebnisse, über die zur Verfügung stehenden Ressourcen sowie über die gewünschten und realisierbaren Partizipationsmöglichkeiten von seiten der Organisationsmitglieder. Die hierzu notwendigen Gespräche und Verhandlungen mit den Auftraggebern, mit Vertretern der Organisationsleitung und der Arbeitnehmer schaffen erste Kontakte, klären das wechselseitige Rollenverständnis und geben Gelegenheit zur Ziel- und Erwartungsmodifikation bei den Beteiligten. In dieser Phase informiert der Diagnostiker auch über die methodischen Vorgehensweisen und die zu erwartenden Schwierigkeiten der Organisationsdiagnose. Der Diagnostiker entwickelt in dieser *Einführungsphase* ein Vorverständnis der für die Diagnose wichtigen Variablen, Einheiten und Zusammenhänge.

Hiervon ausgehend führt er in der folgenden *Erkundungsphase* erste, sondierende Studien durch. Um unbemerkten Einseitigkeiten und Verengungen der Untersuchungsperspektiven möglichst rechtzeitig vorzubeugen, werden hier wenig strukturierte Techniken der Gesprächsführung, der Gruppendiskussion, der Verhaltensbeobachtung und der Dokumentenverwertung bevorzugt.

Auf der Grundlage der in der Erkundungsphase gewonnenen Hinweise und – damit einhergehend – einer detaillierteren Modellvorstellung des Untersuchungsgegenstandes stellt der Organisationsdiagnostiker ein Erhebungsinstrumentarium zusammen. Im allgemeinen stehen ihm hierfür nur im beschränkten Umfang erprobte Standardverfahren zur Verfügung. Vielmehr ist er meist gezwungen, bestehende Verfahren an die zu untersuchende Organisation anzupassen oder Erhebungsverfahren von Grund auf selbst zu entwickeln. Vor einer endgültigen Konstruktion des Diagnoseinstrumentariums sind daher die ins Auge gefaßten oder eigens entwickelten Verfahren auf ihre Angemessenheit hin zu überprüfen. Vorbereitende Überlegungen zur späteren Datenaufbereitung und zu den notwendigen und sinnvollen Auswertungsschritten ergänzen die *Planungsphase* der Haupterhebung.

Schließlich müssen auch organisatorische Fragen der Untersuchungsdurchführung gelöst werden (Zeitpunkt, Dauer und Ort der Erhebung, Auswahl der Erhebungseinheiten, Information der Betroffenen, Bereitstellung der Erhebungsunterlagen, Sicherung von Datenverarbeitungskapazitäten und des Datenschutzes).

Bei der sich anschließenden *Durchführung der Hauptuntersuchung* ist auf die Einhaltung des Untersuchungsplanes zu achten, gegebenenfalls vorkommende Abweichungen müssen dokumentiert werden. Insbesondere muß sichergestellt werden, daß zu Verzerrungen beitragende Einflußnahmen auf den Erhebungsprozeß (z. B. durch Absprachen, gezielte Selektion der Untersuchungsteilnehmer, Benachteiligung von Teilnehmern oder Nichtteilnehmern) ausbleiben.

In der folgenden *Phase der Datenverarbeitung* werden die gesamten Befunde nach eingehender Kontrolle auf Einhaltung der festgelegten Auswahl- und Durchführungsrichtlinien und entsprechend der Datenaufbereitungsverfahren der uni-, bi- und multivariaten Datenanalyse unterworfen. Zur adäquaten Komprimierung, Ordnung und zufallskritischen Prüfung des Datenmaterials kann auf das gesamte Arsenal der in den Sozialwissenschaften gebräuchlichen mathematisch-statistischen Verfahren zurückgegriffen werden.

Die nach der statistischen Auswertung vorliegenden Ergebnisse werden in der *Interpretationsphase*, auf das Diagnoseziel bezogen, zu inter- und intraorganisatorischen Vergleichen herangezogen, in hypothesenartige Aussagen über Zusammenhänge, Bedingungs-Folgerelationen oder Rückkoppelungsschleifen gefaßt sowie zu Spekulationen über Ursachen und Konsequenzen der ermittelten Merkmalsausprägungen und -zusammenhänge herangezogen. Hierbei stellt sich häufig heraus, daß nicht alle anfangs gestellten Fragen beantwortet werden können, im Diagnoseprozeß neue Fragen aufgetaucht sind und erste Ergebnisgeneralisierungen einer weiteren Prüfung bedürfen. Dies gibt möglicherweise Anlaß zu weiteren Diagnoseprozessen.

Den formalen Abschluß des Diagnoseablaufs bildet die *Zusammenfassung und Präsentation der Ergebnisse* vor Auftraggeber und interessierten Gruppen der Organisationsmitglieder. Diese dem Organisationsdiagnostiker – nach Befriedigung seines Erkenntnisinteresses – nicht selten lästig erscheinende Phase beeinflußt in hohem Grade Fähigkeit und Bereitschaft der angesprochenen Organisationsmitglieder, die Diagnosebefunde praktisch zu verwerten.

Um Störungen in der Informationsübermittlung möglichst auszuschließen, sind verschiedene Gestaltungsmaßnahmen zu beachten, z. B.:

- eine an den Sprachgebrauch der Empfänger angepaßte Wortwahl
- Beschränkung auf kurze, einfach gebaute, aber prägnante Sätze
- Gliederung des Ausgesagten durch Zusammenfassungen, Absätze, Hervorhebungen, Überschriften, Inhaltsverzeichnis usw.
- Illustrationen durch Beispiele, Anekdoten, Zitate usw.
- Aktivierung der Informationsempfänger durch Fragen, persönliche Ansprache, Eingehen auf Detailfragen
- Nutzung verschiedener Informationskanäle (Kopplung von mündlichen, schriftlichen und graphischen Darstellungen) unter Verwendung audiovisueller Hilfsmittel (Stellwände, Flip charts, Overhead-Projektoren, Tonbandgeräte, Videorecorder)

(vgl. zur Präsentationstechnik auch Schnelle 1978).

In allen Schritten des soeben geschilderten Organisationsdiagnoseprozesses – ähnliche Strukturierungen dieses Prozesses finden sich bei Büschges 1975, 707f.; Bowers & Franklin 1977; Klages & Schmidt 1983; Lawler et al. 1980, 495ff. – ist eine angemessene Beteiligung von Organisationsmitgliedern zu erwägen (vgl. Alderfer & Brown 1975; Lawler & Drexler 1980; Tichy & Hornstein 1980).

4.3.4.5 Ausblick

Der besonders durch das Stichwort „Mikroelektronik" gekennzeichnete beschleunigte technische und organisatorische Wandel verändert in Organisationen aller Art das Erleben und Verhalten der unmittelbar Betroffenen erheblich. Die Möglichkeiten der sozialen Kontakte am Arbeitsplatz, die Weite des Handlungsspielraums und die Ansprüche an die berufliche Qualifikation sind hier beispielhaft zu nennen (vgl. auch Heibey, Lutterbeck, Rohlfs & Schüler 1975; Reichwald 1978).

Zugleich beeinflussen die Reaktionen der Organisationsmitglieder bei Ankündigung und Einführung der Neuerungen deren Ausgestaltung und erfolgreichen Einsatz (Kühlmann 1985). Bei der Bewältigung der damit entstehenden vielfältigen Probleme der wechselseitigen Anpassung von Mensch, Technik und Organisation könnten organisationsdiagnostische Bemühungen eine Schlüsselrolle übernehmen.

Vor der Einführung von Neuerungen vermitteln Organisationdiagnosen eine differenzierte Bestandsaufnahme des Ist-Zustands und gestatten Schlüsse auf bisher ungelöste Probleme, erhaltenswürdige Regelungen, latente Änderungsbereitschaften oder -widerstände sowie zweckmäßige Implementationsstrategien (Franke 1976, 153 ff.).

Im Verlauf der Einführung gestatten organisationsdiagnostische Bemühungen eine begleitende Überwachung der eingeleiteten Änderungsprozesse. Weil auftretende problematische Entwicklungen im Verhalten und Erleben der Betroffenen rasch erkannt werden, können frühzeitig und gezielt Maßnahmen einer Gegensteuerung eingeleitet werden.

Nach Abschluß der Einführung erlauben organisationsdiagnostische Untersuchungen schließlich die Bewertung der eingetretenen Konsequenzen der Neuerung für Verhalten und Erleben der Organisationsmitglieder vor dem Hintergrund der verfolgten Ziele und die Entwicklung eventuell notwendiger Modifikationen.

Damit organisationsdiagnostische Bemühungen den skizzierten Aufgaben besser gerecht werden können, sind in folgenden Richtungen Fortschritte wünschenswert:

a) Überprüfung und Verbesserung der Qualität der verwendeten Untersuchungsinstrumente:
   Die bisher verwendeten Maße wurden hinsichtlich der bereits genannten Gütekriterien bisher nur vereinzelt untersucht. Die Bestimmung der Validität eines Instruments etwa scheint noch häufig dem Prinzip zu folgen: „Das zu messende Organisationsmerkmal (z. B. Formalisierung) ist das, was mein Erhebungsin-

strument mißt." Auch orientiert sich die Instrumentenauswahl oft weniger an der Zulänglichkeit des Erhebungsverfahrens als vielmehr an seiner momentanen Verfügbarkeit.

b) Entwicklung eines Instrumentenbaukastens:
Sucht der Organisationsdiagnostiker bei der Vorbereitung einer Untersuchung nach bereits erprobten Erhebungsverfahren, so findet er gegenwärtig häufig nur Verfahren, die den besonderen Gegebenheiten der zu untersuchenden Organisation nicht angepaßt sind. Daher erscheint es sinnvoll – zumindest für die wichtigen Dimensionen organisatorischen Erlebens und Verhaltens –, „Sätze" äquivalenter, aber situationsspezifischer Maße zu entwickeln, aus denen mit Hilfe weniger Vorinformationen eine dem Gegenstand angemessene Auswahl vorgenommen werden kann. Ein derartiges Baukastensystem würde durch seine Flexibilität aufwendige und in ihrer Qualität zweifelhafte ad-hoc-Konstruktionen von Instrumenten erübrigen und außerdem vergleichsfähige Ergebnisse bringen, die die Besonderheit des Einzelfalles nicht vernachlässigen.

c) Auseinandersetzung mit den Problemen der Veränderungsmessung:
Die Beschäftigung mit sich wandelnden Organisationswirklichkeiten bedeutet auch, daß schnappschußartige Erhebungen des Ist-Zustandes nur begrenzte zeitliche Gültigkeit haben und einer Ergänzung durch eine verlaufsorientierte Betrachtungsweise bedürfen. Den gravierenden methodischen Schwierigkeiten einer Messung von Veränderungen wurde bisher in der Organisationsdiagnostik allerdings zu wenig Aufmerksamkeit gewidmet.

d) Ausweitung der Betrachtungsweisen:
Insbesondere der unreflektierte Einsatz standardisierter Diagnoseinstrumente birgt für den Organisationsdiagnostiker die Gefahr, daß er wichtige fallspezifische Variablen und Zusammenhänge vernachlässigt und selektive Akzentuierungen begünstigt. Als Ausweg bietet sich die routinemäßige Verwendung verschiedenartiger, einander ergänzender Erhebungsmethoden an. Hierbei sollten stets auch wenig strukturierte Techniken der diagnostischen Gesprächsführung (Rogers 1944/45; Flanagan 1954; Franke & Kühlmann 1985), Verhaltensbeobachtungen (Kelly 1964), Situationsprotokolle (Brandstätter 1983) und Tagebuchmethoden (Stewart 1967) einbezogen werden.

e) Verdeutlichung des Nutzens organisationsdiagnostischer Bemühungen für die Praxis:
Eine intensivere Nutzung der organisationsdiagnostischen Ansätze durch die Praxis setzt voraus, daß gesellschaftliche oder organisatorische Entscheidungsinstanzen die Verwertungsmöglichkeiten besser abschätzen können. Dem könnte ein Nachweis des Kosten-Nutzen-Verhältnisses anhand „vorzeigbarer" organisationsdiagnostischer Musteruntersuchungen dienen, womit ein wesentlicher Beitrag zu dem in diesem Bereich dringend erforderlichen „Forschungsmarketing" geleistet wäre.

Kapitel 4.3.5

Innovation und Veränderung in Organisationen

Lutz von Rosenstiel

4.3.5.1 Organisation und Umwelt

Der Begriff der Organisation ist komplex und erscheint je nach Betrachterperspektive unterschiedlich (Kieser & Kubicek 1977; Gebert 1978; Grochla 1980). Während die Mehrzahl der organisationswissenschaftlich arbeitenden Autoren den Ausgangspunkt für Innovation und Veränderung in Organisationen in der Umwelt (Starbuck 1976) sieht, richtet in jüngerer Zeit eine zunehmende Zahl von Wissenschaftlern ihr Augenmerk auf die Prozesse in der Organisation selbst, um – an biologischen oder soziobiologischen Modellen orientiert – die Gesetzmäßigkeit ihrer „Entwicklung" zu erkunden (Malik & Probst 1981; Wohlgemuth 1984).

4.3.5.1.1 Umwelt- und Organisationsdynamik

Industrielle Gesellschaften sind – im Gegensatz zu traditionellen, in denen menschliche Lebensweisen und die vom Menschen geschaffene Umwelt, soweit wir wissen, über Jahrhunderte nahezu unverändert blieben – durch beständige Veränderungen geprägt. Schumpeter (1984, 1950) sieht als ein Wesensmerkmal kapitalistischer Gesellschaften den Prozeß einer „industriellen Mutation", der sich darin zeigt, daß beständig bestehende Strukturen zerstört und neue erschaffen werden. Innovationen bedingen demnach also einerseits wirtschaftliches Wachstum und andererseits die damit einhergehende Zerstörung bestehender Produktionssysteme (Dürr 1984). Organisationen in einer derart durch Veränderung geprägten Gesellschaft sind einerseits Initiatoren und Quelle von Innovation und verändern dadurch sich selbst und ihre Umwelt, und sie müssen andererseits auf die zum Teil von ihnen selbst verursachten veränderten Bedingungen reagieren (Goerke 1981). Die Dynamik der Umwelt und die darin feststellbare Turbulenz ist zwar für alle Organisationen gegeben, jedoch in unterschiedlichem Ausmaße (Alderfer 1977). Sie dürfte in den westlichen Industrienationen für nicht unmittelbar dem Marktgeschehen unterworfene

Organisationen wie öffentliche Verwaltungen, Bildungsinstitutionen oder Krankenhäuser in geringerem Maße gelten als für Organisationen der Wirtschaft, die Unternehmungen, für die der „relevante Ausschnitt der Umwelt... der Markt" ist (Goerke 1981, 25). Derartige Organisationen aber werden bei den nachfolgenden Ausführungen im Vordergrund stehen, da sie – trotz einer vielfach beschriebenen oder programmatisch geforderten Ausweitung des Faches (Mayer 1978; v. Rosenstiel 1980; Gebert & v. Rosenstiel 1981) – nach wie vor der zentrale Gegenstand der Organisationspsychologie sind.

Die Bedeutung von Umweltveränderungen für Innovationen in der Organisation ist in der empirischen Forschung, was beispielsweise die zusammenfassenden Arbeiten von Lawrence und Lorsch (1967), Starbuck (1976) oder Gebert (1978) zeigen, früh beachtet worden. Im Rahmen einer sehr pointiert Akzente setzenden empirischen Analyse größeren Umfangs am Beispiel von Organisationen des Erziehungswesens fragten Baldridge und Burnham (1975), ob Innovationen in Organisationen stärker bedingt seien durch (1) Persönlichkeitsmerkmale von Individuen, (2) Strukturmerkmale der Organisation oder (3) Bedingungen der Umwelt. Die Autoren gelangten zu dem Ergebnis, daß die Bedeutung von Persönlichkeitsmerkmalen, die etwa auf dem Gebiete der Diffusion von Neuerungen (Rogers 1962; Rogers & Shoemaker 1971) eine erhebliche Rollen spielen, insbesondere wenn es um die Ausbreitung innovativer Konsumgüter geht (vgl. v. Rosenstiel & Ewald 1979), meist überschätzt wird. Innovation in der Organisation ist in stärkerem Maße abhängig von Strukturbedingungen der Organisation und von der Heterogenität und dem Wandel der Umwelt.

Mit Blick auf diese Umweltveränderungen stellt dann auch Schlicksupp (1980) fest, daß Organisationen darauf mit erhöhter Innovativität reagieren müssen, indem sie (1) ihre auf Produkte, Verfahren oder Leistungen gerichteten Tätigkeiten wirtschaftlicher ausüben, (2) die Ergebnisqualitäten der Tätigkeit gemäß den jeweiligen Standards der verschiedenen Umweltfaktoren anheben, (3) weitere Anwendungsfelder für die bisherigen Tätigkeiten finden, (4) die bisherigen Tätigkeiten anpassend verändern, (5) völlig neue Tätigkeiten hervorbringen und vermarkten.

4.3.5.1.2 Ausgangspunkte für Veränderung

Organisationen sind der Umwelt gegenüber offene Systeme. Ausgangs- bzw. Anregungspunkte für innovative Veränderungsprozesse können entsprechend außerhalb und innerhalb der Organisation liegen.
Organisationen sind zunächst wie der Mensch und alles von ihm Geschaffene Bestandteil der Natur. Dort auftretende, vom Menschen nicht beeinflußte oder von ihm verursachte Veränderungen begünstigen oder erzwingen gar – meist vermittelt über das Marktgeschehen – spezifische Innovationen. So kann z. B. die Verknappung bestimmter in der Natur vorkommender Rohstoffe – z. B. bestimmter Ener-

gieträger – die Entwicklung spezifischer Substitutionsgüter begünstigen (Sieferle 1982). Unmittelbarer wirkt das gesellschaftliche und politische System auf die Organisation ein, wenn z. B. gesetzliche Verordnungen oder Vorschriften unmittelbar auf Modifikationen der Aufbau- oder Ablauforganisation hinwirken, wie z. B. das Betriebsverfassungsgesetz in der Bundesrepublik Deutschland 1972. Normative Regelungen, die sich auf Vertriebswege, Produktgestaltung, Arbeitsstätten, Arbeitszeit etc. beziehen, haben für Organisationen als Ganzes oder doch für bestimmte Teilbereiche ähnliche Auswirkungen.
Gesellschaftliche Veränderungen können jedoch auch in eher indirekter Form auf die Organisation einwirken und dort Innovationsdruck auslösen. Der in den 70er und 80er Jahren vielfach untersuchte und beschriebene Wertewandel ist ein Beispiel (vgl. Wilpert, in diesem Band). Diese Wertverschiebungen bewirkten in großen Organisationen eine Vielzahl von Veränderungsprozessen, die sich u. a. auf dem Gebiet der Produktpolitik (Bösenberg 1986) oder der betrieblichen Personalpolitik (Wollert & Bihl 1983; Bihl 1987) aufzeigen lassen und Ausgangspunkt für spezifische Organisationsentwicklungsmaßnahmen (v. Rosenstiel 1984) sein können.

Aktiv oder reaktiv kann sich die Organisation mit den exemplarisch skizzierten Umweltveränderungen auseinandersetzen, wobei dann der innerorganisatorische Ausgangspunkt einer möglichen korrespondierenden Innovation akzentuierend – folgen wir der Klassifikation von Leavitt (1965) – in Strukturen, Technologien, Aufgaben oder Personen gesucht werden kann. Dabei sind die vielfältigen Interaktionen zwischen Strukturen, Technologien, Aufgaben und Personen zu berücksichtigen, die u. a. beinhalten, daß bestimmte Strukturen, Technologien oder Aufgaben Ergebnis oder Bedingung von Innovationsprozessen sein können, d. h. als unabhängige oder abhängige Variable analysierbar sind. Die Interaktion zwischen den vier Variablen wird z. B. erkennbar, wenn aufgrund begründeter Hypothesenbildung oder empirischer Forschungsergebnisse gezeigt wird, wie sich die neuen Technologien, insbesondere die Mikroelektronik (Schlaffke & Vogel 1981; Friedrichs & Schaff 1982) auf Kompetenzen (Kubicek 1983; Volpert 1985) oder Einstellungen (Schmidtchen 1984) von Menschen, auf Organisationsstrukturen (Lamborgini 1982) oder Aufgaben (Kern & Schumann 1984) auswirken und welche Rückwirkungen das wiederum für Innovationen auf dem Gebiete der Technologie hat.

Abbildung 1 veranschaulicht, wo im Umfeld der Organisation oder innerhalb der Organisation selbst Ausgangspunkte für Innovation und Veränderung liegen können.

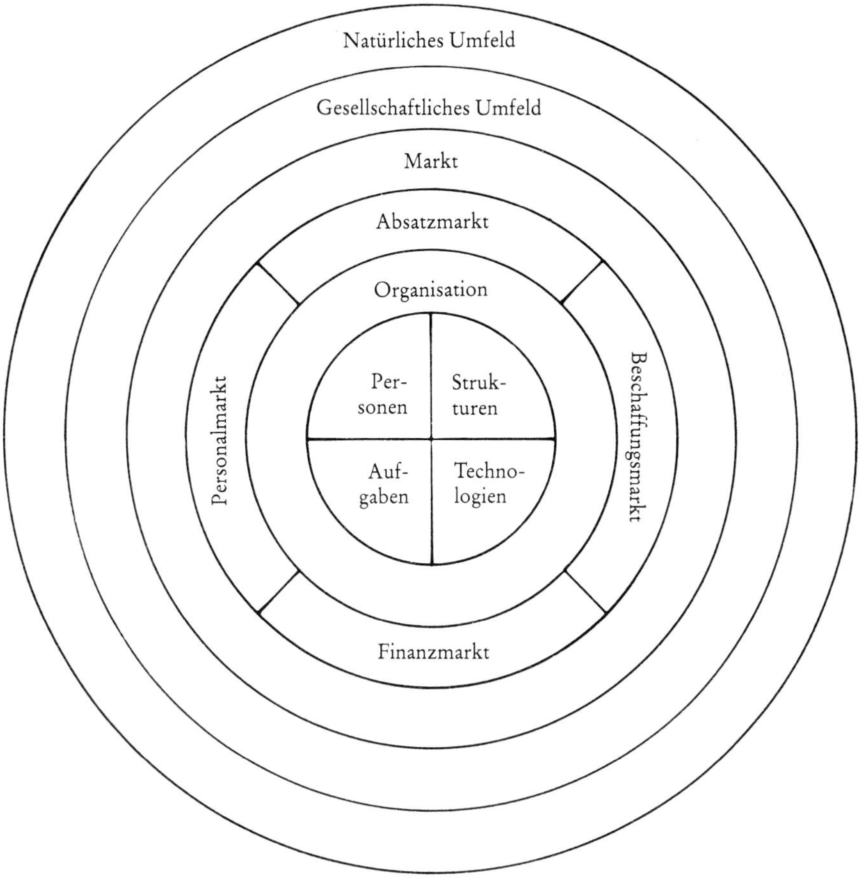

Abb. 1: Ansatzpunkte für Innovationen in der Organisation

4.3.5.2 Zur Begriffsverwendung: Innovation und Organisationsveränderung

Die Worte Innovation und Veränderung haben in der Alltagssprache einen weiten Begriffsinhalt, der sich auch dann nicht wesentlich einengt, wenn man ihn auf Organisationen bezieht. Tatsächlich könnte man an alles denken, was in der Organisation neu bzw. gegenüber einem früheren Zustand verändert erscheint. Die Begriffe sollen daher spezifiziert werden, damit sie in der Folge durch Wahl der organisationspsychologischen Perspektive weiter verengt werden können.

4.3.5.2.1 Innovation

Zum einen wird mit Innovation der Prozeß der Erneuerung gemeint, wobei dieser häufig in bestimmte Phasen oder Schritte aufgegliedert wird (Hinterhuber 1975; Aregger 1976; Thom 1976) und auf der anderen Seite die Ergebnisse eben dieses Prozesses, die sich dann wiederum vielfältig klassifizieren lassen.

Aregger (1976) hat detailliert verschiedene Innovationsbegriffe mit den dazugehörigen theoretischen Konzeptionen verglichen, insbesondere jene von Guba (1966), Kieser (1969), Lahner & Ulrich (1969), Bleicher (1971), Rogers & Shoemaker (1971), Schein (1972, 1975), Havelock (1973), Witte (1973), und kam im Überblick zu einer Klassifikation, die zeigt, daß bezüglich der allgemeinen und spezifischen Bedeutungen des Innovationsbegriffes fünf Sichtweisen unterschieden werden, die sich wie folgt bezeichnen lassen:

1) Alles Neue ist Innovation;
2) Betonung der Wirkung bzw. Leistung von Innovationen (ökonomische Potenz);
3) Innovation als gesamter Änderungsprozeß;
4) Innovation als Phase des Änderungsprozesses;
5) Innovation als Organisationswandel und als Wandel des sozialen Verhaltens

Während die erste und allgemeine Bedeutung der Innovation in allen anderen Aspekten zumindest implizit enthalten ist, beziehen sich die Bedeutungen drei und vier auf die zuvor angesprochene Sichtweise der Innovation als Prozeß oder Phasenfolge. Die Bedeutungen zwei und fünf sind sehr spezifisch für die Organisationsforschung, wobei die zweite ergebnisbezogen ist und den betriebswirtschaftlichen Aspekt betont, während die fünfte – wie Aregger explizit unterstreicht – der sozialpsychologischen Disziplin der Organisationstheorien entstammt. Wir werden sie daher nachfolgend besonders untersuchen.

Das Wort Innovation läßt ja meist an Produktinnovation denken (Marr 1980; Thom 1980); d. h. an Produkte, Dienstleistungen oder Ideen, die ein Unternehmen auf den Markt bringt und die bisher im Programm dieses Unternehmens nicht enthalten waren (Kieser 1974). Darum soll es hier nicht gehen und auch nicht um die Verbreitung und Annahme dieser Produktinnovationen auf dem Markt oder innerhalb von Organisationen (vgl. Rogers 1960; Kiefer 1967; Rogers und Shoemaker 1971). Es ist auch nicht das Ziel, aus persönlichkeitspsychologischer oder sozialisationstheoretischer Perspektive Bedingungen von Innovationsprozessen darzustellen oder über Trainingsmethoden zu referieren, die am Individuum ansetzen und Innovation wahrscheinlich machen, da über diese Thematik im Band 5 dieses Teils der Enzyklopädie der Psychologie von Bollinger und Greif (1983) bereits berichtet wurde.

Im Zentrum werden dagegen Verfahrens- und Sozialinnovationen (Thom 1980) stehen, die sich aus explizit organisationspsychologischer Perspektive beschreiben, erklären und gestalten lassen. Eine anwendungsorientierte sozialpsychologische Perspektive ist damit gewählt: Es wird im nachfolgenden schwerpunktmäßig um innovative Formen organisierten Verhaltens gehen, die zum Teil selbst als Verfahrens- oder Sozialinnovationen anzusehen sind und ihrerseits als Ergebnis Produkt-, Verfahrens- oder Sozialinnovationen haben können.

4.3.5.2.2 Organisationsveränderung

Während Veränderungen in Organisationen sehr weit verstanden werden und sich letztlich auf alle Facetten des Innovationsbegriffes, wie wir ihn soeben skizziert haben, beziehen können, grenzt Organisationsveränderung diesen Begriff auf Aufbau und Ablauf der Organisation ein. Hier allerdings muß weiter differenziert werden. Es gibt auf der einen Seite Forschungsrichtungen, die das Konzept der Veränderung spezifizieren und von einer Entwicklung der Organisation sprechen (Wohlgemuth 1984). Gefragt wird hier nicht nach bewußter zielbezogener Intervention, sondern es geht um die Erforschung von Gesetzmäßigkeiten, durch die der Lebenslauf einer Organisation bestimmt sein soll. Obwohl z. B. Szyperski (1975) vor Fehlschlüssen warnt, die sich daraus ergeben, daß in dieser Forschungsrichtung Analogien zu biologischen Prozessen sich als irreführend herausstellen können, gibt es doch vielfältige Ansätze, die in diesem Sinne eine Ontogenese der Organisation wissenschaftlich zu erfassen suchen (s. zusammenfassend Hoffmann 1976; Kirsch et al. 1979). Entsprechende Entwicklungsmodelle sind z. B. von Dale (1952), Lippitt & Schmidt (1967), Koch & Hackenberg (1971), Starbuck (1971) und Scott (1973) vorgestellt worden, aber auch von Greiner (1972) und Lievegoed (1974), deren Konzepte besonders bekanntgeworden sind und daher knapp skizziert seien. Greiner (1972) sieht die Organisation als eine ständig wachsende Unternehmung, die dabei fünf gesetzmäßig vorbestimmte Phasen durchläuft, die jeweils zu Beginn einen evolutionären und zum Abschluß einen revolutionären Verlauf haben. Die erste Phase ist geprägt durch die Kreativität des Gründers und führt in die Führungskrise. Es folgt – Überwindung der ersten Krise vorausgesetzt – eine Phase straffer Führung, die in einer Krise endet, die sich im Autonomieanspruch der qualifizierten Mitarbeiter äußert. Phase drei ist zunächst bestimmt durch Delegation und Dezentralisation und endet in einer Krise, die durch Macht- und Kontrollverlust der obersten Führung gekennzeichnet ist. Es folgt in der vierten Phase verstärkte Koordinierung – z. B. durch Zentralstellen und Stäbe –, die zu einer Vertrauenskrise zwischen den Führungsebenen führt. Die fünfte und letzte Phase läßt sich als die des Teamgeistes umschreiben, die sich durch bestimmte Organisationsformen wie Matrixstruktur, Projektmanagement, Teamkonzepte etc. erreichen läßt. Neben diesem von evolutionären Wachstumsphasen und revolutionären Krisenphasen gekennzeichneten Konzept von Greiner hat der Ansatz von Lievegoed (1974) verstärkte Beachtung gefunden. In dessen Modell werden voneinander abgehoben eine Pionierphase –

bestimmt durch die Persönlichkeit des Gründers, patriarchalische Führung, die „Betriebsfamilie“ und die persönliche Bindung an den Kunden –, die Phase der Differenzierung, in der es zu Mechanisierung, Standardisierung, Spezialisierung und Koordination in der Organisation kommt und schließlich die Phase der Integration, in der die Aufdifferenzierungen der Phase zwei wieder in die Synthese gelangen.

Von diesen Veränderungen der Organisation, die auf Entwicklung zurückgeführt werden, sind jene Veränderungsprozesse abzuheben, die auf bewußte und zielbezogene Intervention zurückgehen. Kirsch et al. (1979) sprechen in diesem Zusammenhang von „geplantem Wandel“, und auch Albach (1980) plädiert dafür, von Organisationsänderung dann zu sprechen, wenn folgende Definitionsmerkmale gegeben sind: 1) fremder Berater; 2) Lernprozeß; 3) Veränderung bei den einzelnen Mitgliedern der Organisation; 4) Veränderung der Organisationsstruktur. Bei diesen unter Einbeziehung fremder Berater durchgeführten Veränderungsmaßnahmen in der Organisation lassen sich verschiedene Vorgehensweisen unterscheiden, wobei eine Differenzierung vor allem dadurch bestimmt wird, ob die Betroffenen in starkem Maße in den Veränderungsprozeß einbezogen werden oder nicht. Kirsch et al. (1979) sprechen bei spezifischen Vorgehensweisen, die durch eine geringe Beteiligung der Betroffenen gekennzeichnet sind, von Strategien des „Bombenwurfs“: Ein Grobkonzept wird schlagartig und relativ unwiderruflich in Kraft gesetzt. Aufgrund teilnehmender Beobachtung kamen Kirsch et al. bei der Analyse erfolgreicher Bombenwurfsstrategien zu einem Aktions-Reaktions-Verlauf, wie ihn Abbildung 2 (s. folgende Seite) zeigt.

Diesen erfolgreichen Verläufen stellten sie in ihrer Analyse allerdings auch gescheiterte gegenüber, die hier nicht zu besprechen sind. Wesentlich ist, daß sehr häufig Organisationsveränderungen unter Einbezug externer Berater den von Kirsch et al. skizzierten Strategien des Bombenwurfs ähneln, d. h., der von Experten ausgearbeitete Veränderungsplan wird von Machtpromotoren (Witte 1976) gebilligt und sodann implementiert, ohne daß die Betroffenen in nennenswertem Maße an der Entwicklung des Konzeptes beteiligt waren. Die Organisationspsychologie hat sich bislang kaum um die Analyse oder die Entwicklung derartiger Veränderungsstrategien bemüht. Sie hat ihr Augenmerk vielmehr auf solche Vorgehensweisen konzentriert, bei denen in relativ hohem Maße die Beteiligung der Betroffenen sichergestellt wird und die Kirsch et al. entsprechend als Partizipationsstrategien beschreiben. Derartige Vorgehensweisen seien daher nachfolgend als partizipative Veränderungsstrategien (v. Rosenstiel 1984; Einsiedler 1986) dargestellt.

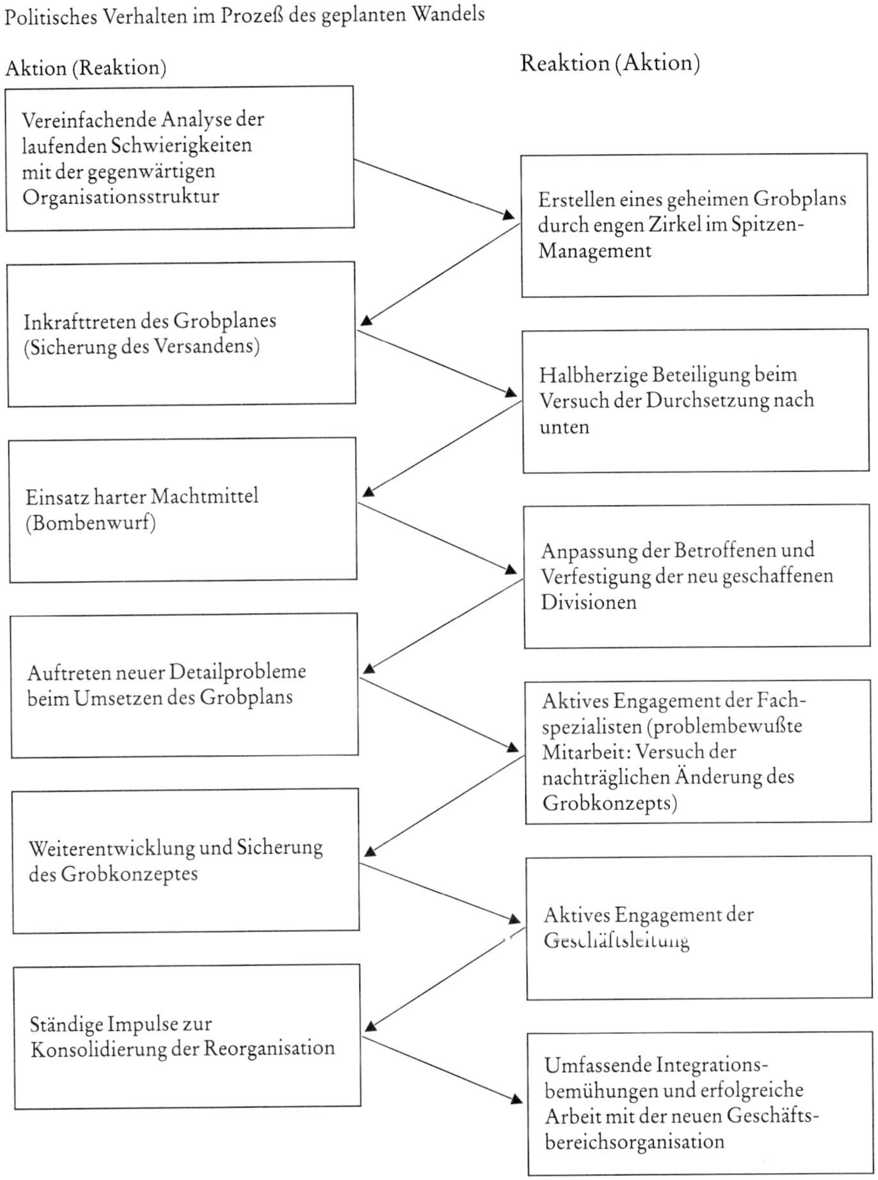

Abb. 2: Aktions-Reaktions-Profil des „erfolgreichen Bombenwurfs" (aus Kirsch et al. 1979)

4.3.5.3 Partizipative Veränderungsstrategien

In der Organisationspsychologie, Organisationssoziologie und der von diesen Disziplinen beeinflußten verhaltenswissenschaftlich orientierten Betriebswirtschaftslehre konzentrierte sich ein wesentlicher Strang der Forschung auf den innovativen Prozeß, der dadurch gekennzeichnet ist, daß die von der möglichen Innovationsentscheidung Betroffenen in Gruppensituationen daran unmittelbar beteiligt werden, was gleichermaßen der Handlungs- und Leistungsfähigkeit der Organisation und der Bedürfnisberücksichtigung und Selbstentfaltung der Organisationsmitglieder zugute kommen soll (vgl. Marrow, Bowers & Seashore 1967; Strauss & Rosenstein 1970; Thorsrud & Emery 1970; v. Alemann 1975; Dachler & Wilpert 1976, Kirsch & Scholl 1977; Kappler 1980; Gässler 1985; Einsiedler 1986). Während sich für Beteiligungsformen der Betroffenen, die gesetzlich verankert sind, im allgemeinen der Ausdruck Mitbestimmung (Dlugos 1980) eingebürgert hat, wird von Partizipation eher dann gesprochen, wenn die Beteiligung erfolgt, ohne gesetzlich gefordert zu sein (v. Alemann 1975; Scholl, Gerl & Paul 1978; Kappler 1980; Einsiedler 1986). Wird eine derartige gesetzlich nicht geforderte Beteiligung in der Organisation in Gruppensituationen realisiert, und zwar mit dem Ziel, dadurch Veränderungsprozesse auszulösen, so spricht man von partizipativen Veränderungsstrategien (v. Rosenstiel 1984; Einsiedler 1986). Als besonders prominente Realisierungsformen derartiger Strategien dürfen die Organisationsentwicklung (Gebert 1974; Wohlgemuth 1984) der Qualitätszirkel (Domsch 1985; Bungard & Wiendieck 1986) und die Lernstatt (Dunkel 1983; Riegger 1983) gelten.

4.3.5.3.1 Partizipation

Von Partizipation wird in unterschiedlichen Zusammenhängen gesprochen, z. B. auf der Ebene gesamtgesellschaftlicher Prozesse, wenn es um „Beteiligung der Bürger im Rahmen der Demokratietheorie“ (Allerbeck 1981, 292) geht, aber auch dann, wenn die Teilhabe von Betroffenen an Entscheidungen in umgrenzten sozialen Einheiten bzw. in Organisationen der Wirtschaft angestrebt wird. In diesem Sinne schreiben Brose & Corsten (1983), daß Partizipation in der neuen betriebswirtschaftlichen Literatur zu einem zentralen Begriff für eine Vielzahl von Maßnahmen, Instrumenten, Modellen, Programmen und Forderungen geworden ist, die eine vermehrte Berücksichtigung des Menschen in der Organisation zum Gegenstand haben, wodurch sich die Gefahr eingestellt hat, daß der Begriff einen Modetrend fortschreibt und somit zur Leerformel wird. Eine begriffliche Klärung erscheint somit ratsam.

Begriff der Partizipation

„Unter Partizipation wird die möglichst direkte Teilnahme der Betroffenen an gesamt- und einzelwirtschaftlichen sowie staatlich-administrativen Entscheidungsprozessen verstanden" (Kappler 1980, Sp. 1845). Die Art und Weise allerdings, wie diese Teilnahme der Betroffenen am Entscheidungsprozeß innerhalb partizipativer Vorgehensweisen auszusehen habe, ist umstritten.

Die Gründe für die intensive Diskussion um die Partizipation sind vielfältig und berühren grundsätzliche gesellschaftspolitische Positionen (Mandel 1971; Ulrich 1977). Die Forderung nach Partizipation in den Organisationen auf der einen Seite bzw. das Nachgeben diesen Forderungen gegenüber oder gar das Angebot der Partizipation kann unterschiedlich begründet sein, was zugleich Hinweis auf Wertkonflikte ist, die bei der Diskussion um partizipative Veränderungsstrategien immer wieder ausgetragen werden (Kahn 1977; Alderfer 1977; Faucheux, Armado & Laurent 1982; Becker & Langosch 1984). Die Partizipation wird auf der einen Seite mit dem Ziel verbunden, den Betroffenen die Möglichkeit zu geben, ihre Vorstellungen in die Veränderungsprozesse einzubringen und somit zu einer Humanisierung und Demokratisierung in der Organisation beizutragen. Auf der anderen Seite erhofft man sich durch Partizipation die Generierung innovativer Alternativen, die Überwindung von Widerstand gegen Veränderungen und somit einen Vorteil für die Organisation. Dabei ist heftig umstritten, ob diese Ziele miteinander in Harmonie zu bringen sind oder sich grundsätzlich widersprechen (Naschold 1972; Gronemeyer 1973; v. Alemann 1975; Vilmar 1975).

Entsprechend kann es auch nicht überraschen, daß der Partizipation im Rahmen der weltanschaulichen Konzepte des Liberalismus, des Sozialismus und des Konservativismus eine jeweils unterschiedliche Bedeutung und Begriffsfassung zukommt (zusammenfassend Gässler 1985).

Wirkungen der Partizipation in Organisationen

Die empirische Partizipationsforschung (vgl. zusammenfassend Gässler 1985) hat einen sehr unterschiedlichen Umfang, je nachdem, ob man den Begriff der Mitbestimmung der Partizipation zuordnet oder nicht. Zu den empirisch feststellbaren Wirkungen verschiedener legitimierter Mitbestimmungsformen gibt es fundierte Information (Emery & Thorsrud 1969, Wilpert & Rayley 1983). Einstellungsuntersuchungen wurden mehrfach an Arbeitnehmern vorgenommen, in denen meist festgestellt wurde, daß sie mehr direkte Partizipation wünschen (Holter 1965; Hespe & Warr 1971), wobei dieser Wunsch bei jüngeren und bei höher qualifizierten Arbeitnehmern besonders stark ausgeprägt ist (Dubin, Champoux & Porter 1975; Arminger 1978; Ivancevich 1979). Sehr viel skeptischer wird dagegen indirekte Partizipation, z. B. durch Wahl der Manager, beurteilt (Scott 1956; Bunz, Jansen

&Schacht 1973); direkte Partizipation wird vorgezogen (Holter 1965). Führungskräfte dagegen stehen der direkten Partizipation meist skeptisch gegenüber (Haire, Ghiselli&Porter 1966; Pross&Boetticher 1971; England 1975; Miles 1975; Fein 1976), wobei allerdings differenziert werden muß nach Art der zu treffenden Entscheidungen (Rosen&Jerdee 1978) und nach Lebensalter und Qualifikation der Vorgesetzten (Zepf 1972).

Psychologische Untersuchungen zur Partizipation wurden zu nicht formalisierten Möglichkeiten der Entscheidungsbeteiligung durchgeführt, wobei die Partizipationsmöglichkeit als unabhängige Variable – bei experimentellem Vorgehen – manipuliert wurde bzw. – bei korrelativen Studien – interpretiert wurde. Als abhängige Variable galten insbesondere Einstellungsmaße, die sich als Zufriedenheitsindikatoren verstehen, bzw. Verhaltensmaße, die sich als Leistungsindikatoren interpretieren lassen. Die Untersuchungen – obwohl sie von ihrer Anlage und ihrer Interpretation her häufig kritisierbar erscheinen (Kahn 1977; Wall&Lischeron 1980) – sprechen mit überwiegender Mehrheit dafür, daß durch die in der Psychologie besonders interessierende Möglichkeit der direkten Partizipation die Zufriedenheit erhöht und die Leistung gesteigert werden können. So wurden positive Beziehungen zwischen Partizipation und Zufriedenheit gefunden von Katz, Maccoby&Morse (1950), Mann&Baumgartel (1952), Morse (1953), Storey (1954), Fox (1954), Mann &Dent (1954), Morse&Reimer (1956), Vroom (1959), Aspegren (1963), Katz (1963), Miller (1967), Tosi (1970), Siegel&Ruh (1973), White&Ruh (1973), Hines (1974), Dolch&Heffernan (1978). Negative Beziehungen zwischen Partizipation und Zufriedenheit stellte Berkowitz (1953) fest, während Heyns (1948), French, Israel&Ås (1960), Andersen&Fiedler (1964), Pheysey&Payne (1970) und Juralewicz (1974) keine signifikanten Beziehungen finden konnten. Verwiesen sei schließlich auf vielfältige in Sammelreferaten zusammengefaßte Untersuchungen zu verschiedenen Führungsstilen (Baumgartel 1956; Blumberg 1969; Neuberger 1972; Stogdill 1974; Alutto&Acito 1974; Seidel 1978), die spezifisch zeigten, daß durch die Führung zugelassene Partizipationsmöglichkeit in der Mehrheit der Fälle positive Auswirkungen auf die Zufriedenheit hat. Blumberg (1969) weist entsprechend darauf hin, daß es kaum ein nicht banales Forschungsergebnis in den Sozialwissenschaften gibt, das so häufig und so durchgängig nachgewiesen wurde wie die Beziehung zwischen der Möglichkeit zur Partizipation bei Entscheidungsprozessen und der Zufriedenheit. Dennoch kann man hier wohl kaum von einem gesicherten Ergebnis sprechen. Kritiker (Hespe&Wall 1976; Wunderer&Grunwald 1980; Wall &Lischeron 1980) haben sehr fundierte Kritik an den zitierten Untersuchungen geübt, die sich z.B. auf die Richtung der angenommenen Kausalität bezieht, auf die Validität der jeweils verwendeten Indikatoren sowie die Möglichkeit der Kontamination bei den als unabhängig postulierten Indikatoren.

Positive Auswirkungen der Partizipation auf die Qualität von Entscheidungen fanden Maier (1950), Maier&Solem (1952), Lanzetta&Roby (1960), Hoffmann, Harburg & Maier (1962), Blake & Mouton (1962), Hoffmann, Burke & Maier (1965), Hoffmann & Maier (1967), während die Untersuchungen von McCurdy & Lambert (1952), Berkowitz (1953), Schlesinger, Jackson & Butman (1960), Kidd & Christy (1961), Katzell et al. (1984) konträre Ergebnisse erbrachten. Vielfältige Untersuchungen zeigten, daß auf diesem Gebiet Moderatorvariablen unbedingt berücksichtigt werden sollten (z. B. Roby, Nicol & Farrell 1963; Shaw & Blum 1966). Untersuchungen dazu, wie Partizipationsangebote die Akzeptanz von Entscheidungen beeinflussen, erbrachten in der Mehrheit der Fälle positive Resultate in erwarteter Richtung (vgl. zusammenfassend Latham & Yukl 1975 sowie Searfoss & Monczka 1973; Latham, Mitchell & Dossett 1978).

Die direkte Möglichkeit der Beteiligung am Entscheidungsprozeß wirkt auf die Leistung im allgemeinen Sinne (vgl. die klassische, unmittelbar von Lewin beeinflußte Studie von Coch & French 1948). Den Autoren gelang in der Textilfabrikation der Nachweis, daß bei direkter Partizipation vor Produktionsumstellungen, verglichen mit indirekter oder fehlender Partizipation, die Leistungen am besten waren (zur Kritik an diesem klassischen Experiment vgl. Lowin 1968). Ähnliche Ergebnisse wie Coch & French (1948) fanden Katz, Maccoby & Morse (1950), Lawrence & Smith (1955), Tannenbaum (1961), Schumer (1962), Blake & Mouton (1964, 1965), Fleishmann (1965), Misumi & Tasaki (1965), Misumi & Shirakashi (1966), Marrow, Bowers & Seashore (1967), Rosenberg & Rosenstein (1980). Auf negative Beziehungen stießen Rubenowitz (1962) sowie Duntemann & Bass (1963), während relativ häufig keine Beziehung zwischen der Partizipation und der Arbeitsleistung gefunden wurde, etwa bei French (1950), Morse & Reimer (1956), Spector & Suttell (1957), French, Israel & Ås (1960), Tomekowitch (1962), French, Kay & Meyer (1966), Powell & Schlachter (1971). Auch die Untersuchungen zur Beziehung zwischen einem Führungsstil, der Partizipation zuläßt, und der Arbeitsleistung erbrachten häufig widersprüchliche oder unsignifikante Ergebnisse, was auch die zuvor zitierten Sammelreferate zu den Auswirkungen von Führungsstilen zeigen. Gerade wennn es um die Untersuchung der Beziehung zwischen Partizipationsmöglichkeit und Arbeitsleistung geht, scheint die Berücksichtigung von intervenierenden Variablen besonders wichtig, was Tannenbaum & Schmidt (1958) sowie French, Israel & Ås (1960) betonen und konkretisieren.

Bedenklicher erscheint, daß – wie Wilpert (1986) konstatiert – in der Organisationspsychologie und in der Psychologie insgesamt ein Theoriedefizit auf dem Gebiete der Partizipation besteht. Entsprechend läßt sich nicht stringent und theoretisch begründet aufzeigen, warum es zu den genannten Wirkungen der Partizipation kommt. Erste Versuche in dieser Richtung finden sich bei White (1958). Er postuliert als Erklärungskonzept ein universelles Bedürfnis nach Kompetenz, die sogenannte „Affektanz“, deren Befriedigung sich in der Auseinandersetzung des Organismus mit seiner Umwelt im Erlebnis der Wirksamkeit zeigt. Eine ähnliche Grundlegung hat Deci (1975) versucht, indem er von einem angeborenen Bedürfnis nach kompetenter und selbstbestimmter Auseinandersetzung mit der Umwelt ausging (vgl. auch Deci 1980; Deci und Ryan 1985). Ein eher sozialpsychologischer Theorieansatz zur Partizipation stammt von Mulder (1977). Der Autor geht in seiner Macht-Abstands-Reduktions-Theorie davon aus, daß die Ausübung von Macht befriedigend wirkt und das Individuum danach strebt, Macht auszuweiten und in der hierarchisch gegliederten Organisation entsprechend bestebt ist, Machtunterschiede zwischen sich und dem Nächsthöheren zu mindern, während die Nächsthöheren sich bemühen, die bestehende Machtdistanz konstant zu halten.

4.3.5.3.2 Organisationsentwicklung

Die verbreitetste, etablierteste und bekannteste partizipative Veränderungsstrategie ist fraglos die Organisationsentwicklung. Dies zeigt sich u. a. darin, daß die Annual Review of Psychology dieser Thematik bislang exklusiv drei Sammelreferate widmete (Friedlander & Brown 1974; Alderfer 1977; Faucheux, Armado & Laurent 1982). Daß sich die Organisationsentwicklung nicht nur im angelsächsischen Bereich, sondern auch im deutschsprachigen Raum institutionalisiert hat, wird z. B. darin deutlich, daß es bereits zwei Lehrstühle für Organisationsentwicklung gibt, eine eigene Fachzeitschrift („Organisationsentwicklung") sich ausschließlich dieser Thematik widmet und eine wissenschaftliche Gesellschaft („Gesellschaft für Organisationsentwicklung" – GOE) Wissenschaftler und Praktiker auf diesem Feld zum Informationsaustausch einlädt. Die Organisationsentwicklung ist aus der Psychologie erwachsen (vgl. French & Bell 1977), hat sich aber in Forschung und Anwendung interdisziplinär entwickelt (vgl. Sievers 1977; Trebesch 1980).

1) Begriff der Organisationsentwicklung (OE)

Die soeben genannte Gesellschaft für Organisationsentwicklung versteht unter Organisationsentwicklung einen längerfristig angelegten organisationsumfassenden Entwicklungs- und Veränderungsprozeß von Organisationen und der in ihr tätigen Menschen. Der Prozeß beruht auf Lernen aller Betroffenen durch direkte Mitwirkung und praktische Erfahrung. Sein Ziel besteht in einer gleichzeitigen Verbesserung der Leistungsfähigkeit der Organisation (Effektivität) und der Qualität des Arbeitslebens (Humanität) (Gesellschaft für Organisationsentwicklung 1980). Diese Definition wird zwar im deutschsprachigen Raum weitgehend akzeptiert, steht aber keineswegs allein. Trebesch (1982) hat – ohne die Literatur auszuschöpfen – fünfzig verschiedene Definitionen gesammelt, miteinander verglichen und in eine Übersichtstabelle gebracht, die nachfolgend wiedergegeben ist.

Bei aller Heterogenität der Aussagen wird erkennbar, daß eine Großzahl der Autoren in der Organisationsentwicklung eine Veränderungsstrategie sieht, die sich nicht isoliert, sondern nur aus dem Gesamtsystem der Organisation heraus verstehen läßt, sich unter aktiver Mitwirkung der Betroffenen vollzieht, dabei aber geplant ist und

Tab. 1: *Elemente von Organisationsentwicklungsdefinitionen (nach Trebesch 1982)*

Genannter Begriff	Nennungen N = 50
sozialer und kultureller Wandlungsprozeß (Veränderungsstrategie)	19
Steigerung der Leistungsfähigkeit des Systems	18
Gesamtsystem-Bezug, betriebsumfassend	18
Integration von individueller Entwicklung und Bedürfnissen mit Zielen und Strukturen der Organisation	17
aktive Mitwirkung der Betroffenen	17
bewußt gestaltet, methodisch, planmäßig, gesteuertes Vorgehen	16
angewandte Sozialwissenschaft	14
Effektivitätssteigerung	13
(gemeinsame) Lernprozesse	13
Anpassung der Organisation an die Umwelt	12
Steigerung der Problemlösungsfähigkeit des Systems	12
Gestaltung von Arbeitsplätzen (einschl. Humanisierung)	10
Interaktions- und Kommunikationsfähigkeit verbessern	10
wertend / normativ	9
Selbstregulierung des Systems (Anpassung an die internen Realitäten)	9
langfristig	8
Veränderung von Werten, Überzeugungen, Ansichten, Einstellungen	8
⋮	⋮
Systemansatz	1
Theorieentwicklung	1
Katalysatoreinsatz (im Gegensatz zu Beratereinsatz)	1
Neuorientierung von Denken und Handeln	1
Kreativität der Personen	1

sowohl die Leistungsfähigkeit der Organisation als auch die Entfaltung des einzelnen Organisationsmitgliedes fördern will.

Gebert (1980) sieht als Objektbereich der OE die Person- und Situationsentwicklung, die auf der Aggregatsebene der Gesamtorganisation bestimmt werden. Die Ziele liegen in einem Mehr an Autonomie, in Selbstverwirklichungschancen und in höherem Bewußtsein der Organisationsmitglieder sowie in der Lernfähigkeit, der Flexibilität und in der Innovationsbereitschaft der Organisation. Die Methodik der OE ist dadurch bestimmt, daß im Sinne der Aktionsforschung (Moser, 1977) eine Überwindung des traditionellen Berater-Klientenverhältnisses angestrebt und der Entwicklungsprozeß selbst als Lernprozeß gestaltet wird.

2) Entstehung und Ausdifferenzierung der Organisationsentwicklung

French & Bell (1977) berichten, daß unklar sei, auf wen das Wort Organisationsentwicklung („Organizational Development") zurückgehe; sie nehmen aber an, daß Robert Blake, Herbert Shepard und Jane Mouton den Ausdruck, nachdem sie bereits zuvor von Entwicklungsgruppen gesprochen hatten, Ende der 50er Jahre prägten. Das Konzept der OE allerdings ist älter und geht auf drei voneinander abhebbare Quellen zurück, von denen zwei mit dem Namen Kurt Lewin verbunden sind: Die Laboratoriumsmethode einerseits und der Survey-Feedback-Ansatz andererseits. Die Laboratoriumsmethode entstand 1946 aus von Lewin, Bennet, Bradford und Lippitt initiierten Versuchen, im Rahmen von Experimenten mit Gruppendiskussionsmethoden Verhaltensänderung bei den Gruppenmitgliedern zu bewirken. Daraus entwickelten sich 1947 umfangreiche Projekte, aus denen die „National Training Laboratories for Group Development" hervorgingen (Bradford, Gibb & Benne 1964), was bahnbrechend für die Einführung dieser Methode in verschiedenen Organisationen – insbesondere der Wirtschaft – wurde.

Der Survey-Feedback-Ansatz, der dadurch gekennzeichnet ist, daß in sozialen Einheiten Daten erhoben und an die „Datenlieferanten" zurückgespiegelt werden, geht auf das im Jahr 1945 von Lewin am Massachussetts-Institut of Technology (MIT) gegründete Forschungszentrum für Gruppendynamik zurück, das 1947 an die Universität von Michigan übersiedelte (Marrow 1976). Die im Rahmen der Survey-Feedback-Methode an die Organisationsmitglieder rückgemeldeten Daten, die meist aus Umfragen stammen, dienen dann als Grundlage für gemeinsame Diskussionen, aus denen Änderungshandlungen erwachsen.

Die dritte wesentliche Quelle der Organisationsentwicklung geht – wie Trebesch (1980b) betont – auf das Londoner Tavistock-Institute of Human Relations zurück, das in den 40er Jahren, insbesondere im Kohlebergbau, die vielfältigen Wechselwirkungen zwischen der technischen Struktur und der Sozialstruktur untersuchte. Daraus entwickelte sich der sozio-technische Ansatz, der seinerseits für die Entstehung der sogenannten teilautonomen Arbeitsgruppen – insbesondere in Skandinavien – maßgeblich wurde (vgl. Lattmann 1972; Bihl 1973; Maier 1977).

Diese drei voneinander abhebbaren Quellen haben zu unterschiedlichen Entwicklungslinien geführt: Die Laboratoriumsmethode zu verschiedenen Formen des gruppendynamischen Trainings (Anger 1980), die Survey-Feedback-Methode zu spezifischen Formen der Mitarbeiterbefragung (Domsch & Reinecke 1982; v. Rosenstiel 1986), der sozio-technische Ansatz zu spezifischen Formen der Demokratisierung (Thorsrud & Emery 1964) und Humanisierung (Faucheux et al. 1982) des Arbeitslebens. Innerhalb moderner Organisationsentwicklungsmaßnahmen scheinen sich jedoch die aus den drei genannten Quellen entstammenden Konzepte zu integrieren, was bei Gebert (1974) zur Forderung führt, personale und strukturale Ansätze der Organisationsentwicklung zu verbinden und was Friedlander & Brown (1974) zu der viel zitierten Unterscheidung von human-prozessualen Ansätzen und techno-strukturellen Ansätzen der Organisationsentwicklung führte, die es zu integrieren gelte, wie es Abbildung 3 nach Friedlander & Brown (1974) verdeutlicht.

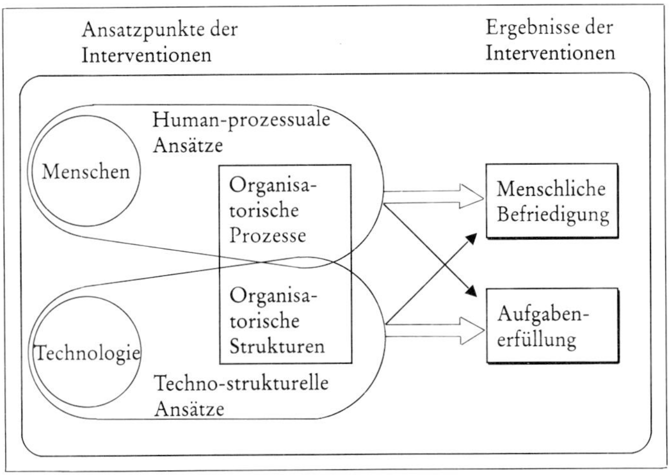

Abb. 3: Human-prozessuale und techno-strukturelle Ansätze (nach Friedlander / Brown 1975).

Kieser, Krüger & Röhrer (1979) gehen bei ihrer Klassifikation faktisch aufweisbarer OE-Maßnahmen von der Frage aus, ob die Bezugsebene für Veränderungsprozesse das Individuum in der Organisation, die sozialen Beziehungen der Organisationsmitglieder oder die organisatorische und technologische Struktur sei und zählen sodann auf, welche typischen Interventionstechniken damit verbunden sind, welche Ergebnisse unmittelbar angestrebt werden und welche Annahmen über menschliches Verhalten in der Organisation dem zugrunde liegen. Tabelle 2 (s. folgende Seite) nach Kieser et al. (1979) zeigt dies.

3) Konzepte und Interventionsmaßnahmen

Typisch für die an der Aktionsforschung orientierte OE ist es, daß es keine starren Konzepte oder standardisierte Sozialtechnologien gibt, da diese jeweils an die aktuellen Gegebenheiten der Organisation angepaßt und vielfältig modifiziert werden. (Zur Illustration s. French & Bell 1977; Sievers 1977; Trebesch 1980.) Dennoch lassen sich ganz bestimmte Grundmodelle des Vorgehens voneinander abheben (vgl. Glasl & de la Houssaye 1975; Anger 1980; Albach 1980; Bartölke 1980; Gebert & v. Rosenstiel 1981).

Aus den von Lewin konzipierten Laboratoriumsmethoden entwickelten sich die verschiedenen Formen des Gruppentrainings, die innerhalb des personalen Ansatzes der Organisationsentwicklung zum Einsatz kommen. Zu nennen sind dabei in erster Linie klassische Formen des gruppendynamischen Trainings (Rogers 1968; Back 1972; Gebert 1972; Däumling, Fengler, Nellessen & Svensson 1974), die ursprünglich so aussehen, daß eine kleine Zahl von Personen, die einander zuvor nicht kannten

Tab. 2: *Klassifikation von Organisationsentwicklungsmaßnahmen*

Bezugsebenen für Änderungen	Typische Interventions-techniken	Unmittelbar angestrebte Ergebnisse	Annahmen über Verhalten in Organisationen
Individuum	Laboratoriums-training	Steigerung sozialer Geschicklichkeit und psychischer Belastbar-keit	Im wesentlichen be-stimmt durch Eigen-schaften der Men-schen, die die Organi-sation bilden
Organisatorische und technologi-sche Struktur	Änderung von solchen organisatorischen Regelungen und tech-nologischen Bedin-gungen, die auf das Arbeitsverhalten der Menschen Einfluß haben	Schaffen von (dauer-haften) Bedingungen, in denen funktionales Verhalten honoriert wird und individuelle Bedürfnisse berück-sichtigt werden	Im wesentlichen be-stimmt durch die orga-nisationale Situation, in der Menschen tätig sind
Soziale Beziehun-gen der Organisa-tionsmitglieder	Survey-Feedback-Methode, Lab-Trai-ning für Arbeitsgrup-pen, Prozeßberatung, Konfrontations-sitzungen	Vertrauen und Offen-heit der Organisa-tionsmitglieder unter-einander, Abbau dysfunktionalen Kon-flikts und Wett-bewerbs	Im wesentlichen be-stimmt durch das Klima in den Bezie-hungen der Organisa-tionsmitglieder unter-einander

Quelle: Kieser et al. in Anlehnung an *Porter, Lawler, Hackmann* (1975), S. 440.

(„Stranger-Groups"), sich für mehrere Tage unter Anleitung eines Trainers an einem von äußeren Störungen abgeschirmten Ort trafen, um nach der Regel des „Hier und Jetzt" zu diskutieren, d. h. die sich bildende Gruppe und die in ihr beobachtbaren Prozesse zum Gegenstand des Gespräches zu machen. Innerhalb der Organisationen entwickelte sich daraus das Konzept der Teamentwicklung (Gebert 1976), das unter anderem beinhaltet, daß Personen, die innerhalb bestimmter Aufgabenzusammenhänge auch in der Organisation miteinander kooperieren, ihre Beziehungen zueinander reflektieren und entwickeln, wo gemeinsame Leistung als Orientierungswert wirkt. Außerhalb der Organisationsentwicklung wurde aus dem gruppendynamischen Training die „Encounter-Bewegung" (Lieberman, Yalom & Miles 1974), innerhalb derer Einzelpersonen in sogenannten Begegnungsgruppen ein neues Lebensgefühl, Bewußtseinserweiterung und Selbstverwirklichung suchten.

Der Survey-Feedback- oder Datenrückkoppelungsansatz, der bereits skizziert wurde, ist heute meist Kernstück von Organisationsentwicklungsmaßnahmen und wird dabei häufig mit Teamentwicklungskonzepten verbunden. Die Art und Weise, wie die Datenrückkoppelung in den Gesamtprozeß integriert wird, zeigt Abbildung 4 nach Sievers (1980).

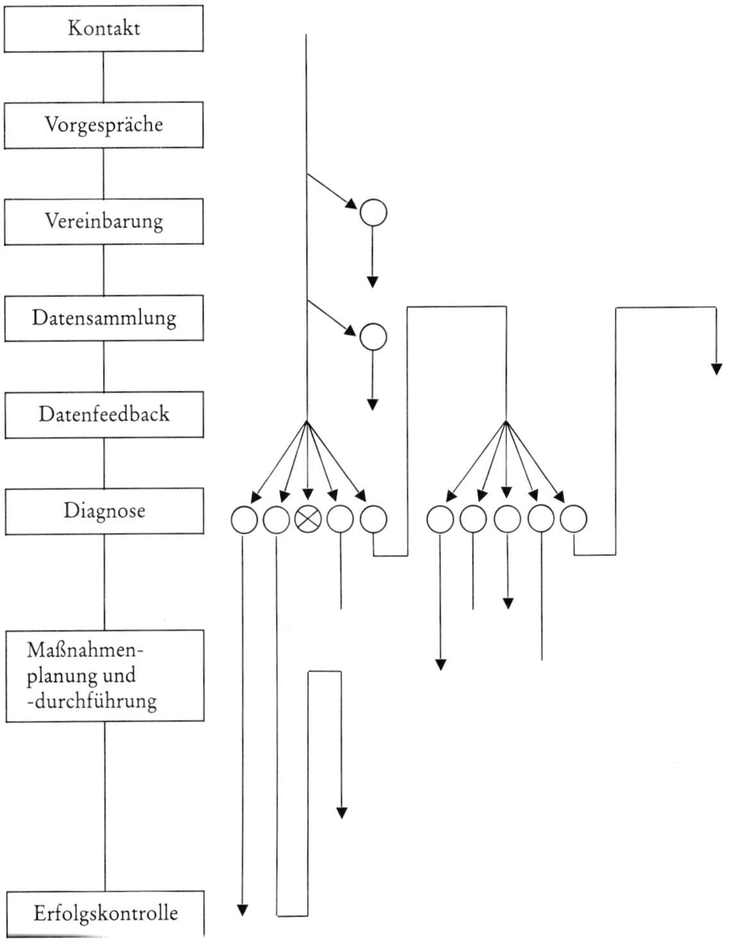

Rechts in der Graphik sei auf mögliche Abweichungen vom theoretischen Grundmodell hingewiesen.

Abb. 4: Phasenverlauf der Organisationsentwicklung nach Sievers (aus Sievers 1980)

Die Datengewinnung kann dabei mit Hilfe standardisierter Befragungsinstrumente (Domsch et al. 1982; von Rosenstiel 1983), mit Hilfe qualitativer Interviews oder spontan durch Metaplanabfrage (Schnelle 1966) erfolgen.

Eine relativ wichtige Rolle als Interventionsmethode spielt die von Schein (1969) entwickelte Prozeßberatung. Hier greift der Berater bei den Treffen der Organisationsmitglieder nicht in die inhaltliche Diskussion ein, sondern macht den Gesprächspartnern ihren Kommunikationsstil und ihre Kommunikationsbarrieren deutlich, indem er sie selbst zum Gegenstand des Gesprächs macht und bei der Interpretation des Kommunikationsprozesses hilft. Nicht das Was, sondern das Wie der Kommunikation rückt dabei in den Vordergrund (Gebert 1974). Der Berater, auch Moderator oder „Change Agent" genannt, spielt also hierbei gewissermaßen die Rolle eines „Katalysators".

Über eine Vielzahl anderer Interventionsmethoden, die zum Teil allerdings nicht sehr spezifisch für die Organisationsentwicklung sind, aber durchaus auch dort einsetzbar erscheinen, informiert – vielfach an Beispielen – die inzwischen breitgestreute Literatur, z. B. French & Bell (1977), Sievers (1977), Trebesch (1980), Wohlgemuth (1984) sowie eine große Zahl von Sammelreferaten z. B. von Friedlander & Brown (1974), Alderfer (1976, 1977), Gebert (1980), Albach (1980), Bartölke (1980), Faucheux et al. (1982).

Nicht ganz einfach zu trennen sind von den exemplarisch genannten Interventionstechniken Konzepte bzw. Modelle der Organisationsentwicklung, die gewissermaßen als Rahmen oder übergreifende Struktur interpretierbar sind und innerhalb derer in bestimmten Phasen die genannten Interventionsmethoden eingesetzt werden können. Obwohl es inzwischen eine große Zahl derartiger Modelle gibt (vgl. die angegebenen Sammelreferate), seien zwei exemplarisch vorgestellt.

Blake & Mouton (1969) entwickelten ein sogenanntes „Grid-Organizational-Development", das letztlich durch die Ohio-Studien der Führung (Halpin & Winer 1957) beeinflußt wurde, d. h., der normative Gedanke des „Grid" ist dadurch gekennzeichnet, in den Führungsdimensionen Mitarbeiterorientierung (Consideration) und Aufgabenorientierung (Initiating-Structure) möglichst hohe Werte zu realisieren. Das daraus entwickelte Organisationsentwicklungskonzept umfaßt sechs Phasen:

1) Labortraining: Hier wird in diagonal zusammengesetzten Gruppen mit Hilfe standardisierter Instrumente der Führungsstil der anwesenden Führungskräfte auf den Dimensionen Mitarbeiterorientierung und Aufgabenorientierung ermittelt.

2) Teamentwicklung: Die Führungskräfte versuchen gemeinsam mit den direkt Unterstellten, ihre Verhaltensweisen in dem Sinne zu ändern, daß gleichermaßen hohe Werte in Mitarbeiterorientierung und Aufgabenorientierung erreicht werden.

3) Intergruppenarbeit: Die Beziehungen zwischen verschiedenen Gruppen sollen durch Konfrontationstreffen und Selbstbild-Fremdbildübungen so modifiziert werden, daß Kooperations- an Stelle von Wettbewerbshaltung tritt.

4) Zielsetzung und Idealkonzept: Auf allen Ebenen werden Selbstverpflichtungen eingegangen, die den Ist-Zustand einem Idealkonzept der Organisation nahebringen können.

5) Realisierung: Auf verschiedenen Ebenen wird – ausgehend vom Topmanagement – in Teams daran gearbeitet, das Ideal zu realisieren, wobei getroffene Maßnahmen jeweils durch die nächsthöhere Führungsebene zu billigen sind.

6) Stabilisierung und Evaluation: Der Erfolg bzw. Mißerfolg der eingeleiteten Maßnahmen wird mit standardisierten Instrumenten erfaßt; die Erfolge werden stabilisiert.

Kritik hat der Ansatz u. a. wegen seiner starken Kommerzialisierung (Kahn 1977), wegen seiner einseitigen Betonung der Leistung als Erfolgskriterium und seiner stark hierarchischen Komponenten (Glasl et al. 1975) gefunden.

Deutlich anders sieht das vom Niederländischen Pädagogischen Institut (NPI) entwickelte Modell aus (Glasl et al. 1975), das von einem anthroposophischen Menschenbild ausgeht, die interpersonalen Prozesse in der Organisation besonders thematisiert und als nondirektiv zu kennzeichnen ist. Der Berater wird lediglich als Entwicklungshelfer verstanden, der die Organisation dabei unterstützt, die eigene Situation zutreffend zu diagnostizieren, um sie dann in die Lage zu versetzen, ihre Probleme zu lösen.
Die Phasen des Vorgehens illustriert Abbildung 5 (s. folgende Seite).

In der Orientierungsphase wird der Kontakt zwischen dem Berater und der Organisation hergestellt, ein Vertrauensverhältnis aufgebaut und innerhalb der Organisation eine Gruppe gebildet, die für den weiteren Prozeß verantwortlich ist. Sodann werden (utopische) Zukunftskonzeptionen mit dem realen Ist-Zustand verglichen, um aus der erlebten Diskrepanz Motivation für den weiteren Entwicklungsprozeß abzuleiten. In der folgenden Phase werden die allgemeinen Zukunftskonzeptionen innerhalb von Teams konkretisiert, in Veränderungsprogramme übersetzt und dabei auch die zwischenmenschlichen Beziehungen der Teammitglieder bearbeitet. Danach werden die zuvor entwickelten Änderungsprogramme erprobt und schließlich bewährte Veränderungskonzepte in die Organisation eingeführt, stabilisiert und generalisiert.

4.3.5.4 Wirkungen von Organisationsentwicklung

Es gibt in der Zwischenzeit eine kaum noch übersehbare Zahl von Versuchen, die Evaluation umfassender Organisationsentwicklungsmaßnahmen oder einzelner Interventionstechniken vorzunehmen (vgl. insbesondere Greiner 1967; Buchanan 1971; Bowers 1973; Back 1972; Gebert 1972, 1974, 1976; Lieberman et al. 1974; Golembiewski & Munzenrider 1975; Mirvis & Berg 1977; Morrison 1978; Seashore & Bowers 1970; Porras & Berg 1978a, b; Golembiewski, Billingsley &

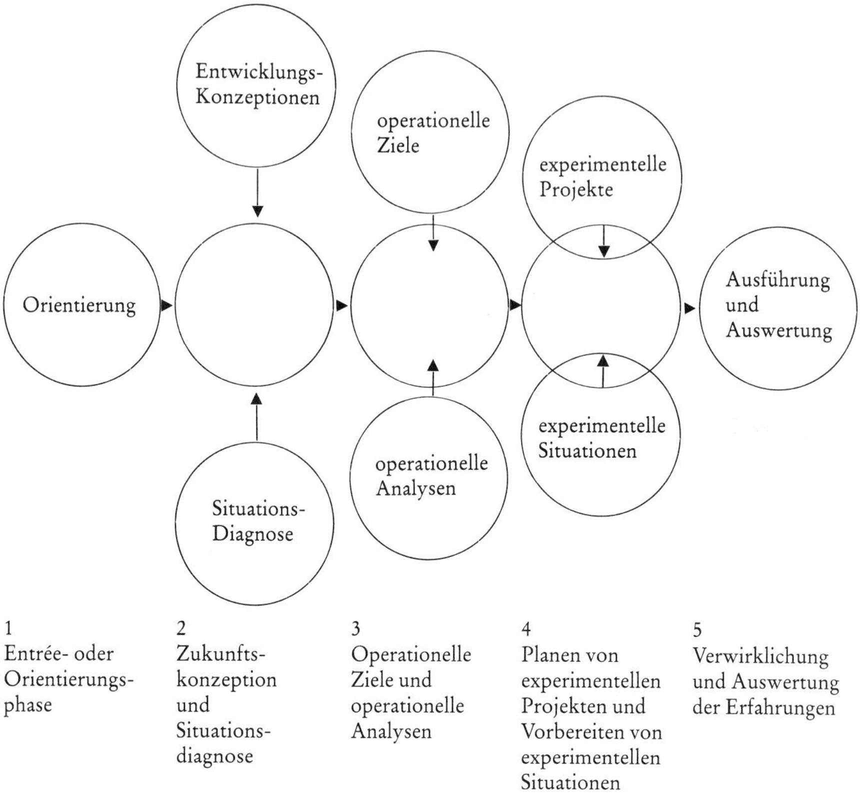

Abb. 5: Das NPI-Modell der Organisationsentwicklung

Yeager 1976; Kimberly & Nielsen 1975; Hautaluoma & Gavin 1975; Alderfer & Brown 1975; Porras & Roberts 1980; Porras & Wilkens 1980; Trebesch 1984; Lorenz & v. Rosenstiel 1986). Die Ergebnisse dieser Untersuchungen sind uneinheitlich, nicht generalisierbar und – sieht man sie als Ganzes durch – eher enttäuschend und ernüchternd. Das hat vielfältige Gründe, die u. U. nicht in der Wirkungslosigkeit der Organisationsentwicklung zu suchen sind. So besteht z. B. eine derart große Unterschiedlichkeit der verwendbaren Erfolgskriterien (Steers 1977), daß sich Vergleichsmöglichkeiten kaum auftun. Die auf dem Gebiet der Organisationsentwicklung Arbeitenden sind in der Regel keine kritisch-analysierenden Beobachter, sondern es sind Personen, die von diesem Beratungskonzept leben und daher eher geneigt sein dürften, Erfolge beschönigend darzustellen und Mißerfolge eher zu verschweigen. Dazu schreibt Kahn (1977, 281): „Organisationsentwicklung... ist ein neues Etikett für ein Konglomerat von Dingen, die eine wachsende Zahl von Beratern unternehmen, während sie gleichzeitig darüber schreiben.“

Zudem dürften die Vertreter der Organisationsentwicklung mehrheitlich der Aktionsforschung nahestehen und systematische Evaluationen ohnehin ablehnen oder ihnen doch skeptisch gegenüberstehen. Als Illustration dafür mag ein Zitat von Trebesch (1984, 60) dienen: „Ich habe eines als OE-Berater erfahren: Was erfolgreich ist, kann letztlich nur ich entscheiden, mit meiner eigenen Autorität und subjektiven Gewißheit."

4.3.5.4.1 Voraussetzungen für Erfolge von Organisationsentwicklungsmaßnahmen

In der Literatur (vgl. Gebert 1974, 1976, 1980; Alderfer 1976; Kahn 1977; Wohlgemuth 1984; Trebesch 1985; Rosenstiel et al. 1987 u. a. m.) herrscht Einmütigkeit darüber, daß gleiche Interventionen unter verschiedenen situativen Kontextbedingungen nicht gleich wirken, sondern daß spezifische Voraussetzungen innerhalb der Organisation gegeben sein müssen, damit sich der Erfolg einstellt. So wird z. B. von verschiedenen Autoren betont, daß der Entwicklungsprozeß durch die Unternehmensspitze unterstützt und deshalb eine Strategie „top down" gewählt werden sollte (Beckhard 1969; Blake & Mouton 1969; Argyris 1971; Gebert 1974, 1976). Kahn (1977) zeigt in seiner kritischen Analyse, wie verwaschen diese vielfach beschriebene Erfolgsbedingung ist: Muß z. B. die Unternehmensspitze nur zustimmen, muß der Prozeß bei ihr beginnen, muß sie ihn gar mittragen und aktiv in die Veränderungsmaßnahmen bei den unteren Ebenen einbezogen sein? „Man kann sich ohne weiteres Untersuchungen zur Beantwortung dieser Frage vorstellen, aber sie müssen noch gemacht werden. Und das kann nicht geschehen, bevor das Losungswort vom Beginn an der Spitze nicht so präzise gefaßt ist, daß es überprüfbar wird" (Kahn 1977, 284). Für ähnliche vielfach genannte Erfolgsvoraussetzungen gilt dies ebenfalls und häufig in noch ausgeprägterem Maße, da die empirische Basis noch schmaler ist.

Dennoch seien derartige Erfolgsvoraussetzungen im Anschluß an die zuvor aufgeführte Literatur genannt: Keine materielle Existenzkrise der Organisation, d. h. halbwegs geordnete finanzielle Verhältnisse; Wahrnehmung einer Soll-Ist-Diskrepanz, d. h. halbwegs ein von innen oder außen kommender Leidensdruck; offene relativ stabile Spielregeln innerhalb der Kooperation bei einer Wertorientierung, die die Bereitschaft beinhaltet, auf die Bedürfnisse von Mitarbeitern Rücksicht zu nehmen; Bereitschaft, ein Experimentieren in der Organisation zuzulassen; relativ wenige Führungsebenen; Integration von Organisations- und Personalfunktion; relative Autonomie von Organisationseinheiten, bei denen Veränderungsprozesse ansetzen können; starkes Topmanagement, das den Organisationsentwicklungsprozeß unterstützt; Teamerfahrung bei den Führungskräften, die möglichst gruppendynamische Schulung hinter sich haben sollten; Erfahrung der Organisation mit Projektgruppen und Akzeptanz derartiger Gruppen; offener innerbetrieblicher Kommunikationsfluß; ungestörte Zusammenarbeit zwischen Betriebsrat und Management; Bereitschaft in der Organisation, langfristig angelegte Prozesse zuzulassen, ohne dabei in engerem Sinne lösungsorientiert zu sein; Bereitschaft in der Organisation, Verantwortung für den Veränderungsprozeß selbst zu übernehmen; Integration externer und betriebsinterner Moderatoren innerhalb eines Teams. Besondere Bedeutung scheint bei den Voraussetzungen für Organisationsentwicklung der Person des verantwortlichen Linienvorgesetzten und ihrer Sicht des Konzeptes zuzukommen. So konnte z. B. Einsiedler (1986) zeigen, daß eine positive Sicht situativer Autonomie, Veränderungsbereitschaft und eine explizit politische Haltung die Bereitschaft zu steigern scheint, Organisationsentwicklung zu bejahen, daß dies in ähnlicher Weise für die noch zu besprechende Lernstatt, nicht aber für die Befürwortung der Qualitätszirkelarbeit gilt.

4.3.5.4.2 Spezifische Wirkungen der Intervention

Relativ viel Forschungsarbeit wurde der Wirkung personaler Ansätze der Organisationsentwicklung gewidmet, insbesondere verschiedenen Formen des gruppendynamischen Trainings (vgl. zusammenfassend Campbell 1971; Gebert 1972; Back 1972; Lieberman, Yalom & Miles 1974; Anger 1980). Der Gedanke derartiger Ansätze innerhalb der Organisationsentwicklung beruht letztlich darauf, daß eine Veränderung des Verhaltens der Organisationsmitglieder letztlich zu einer Änderung der Organisation führe und man Interventionen zur Verhaltensänderung der einzelnen daher auch außerhalb des organisationalen Kontextes vornehmen könne.

Die Ergebnisse der Evaluationsstudien zeigen letztlich folgendes an:

- Die Interventionsmaßnahmen bewirken – z. T. länger anhaltende – Erlebens- und Verhaltensänderungen.
- Diese Verhaltensänderungen sind z. T. intendiert (erwünscht) und z. T. nicht intendiert (unerwünscht), wobei sich die Bedingungen nicht klar angeben lassen, die dazu führen, ob intendierte oder nicht intendierte Ergebnisse zustande kommen.
- Die Erlebens- und Verhaltensänderungen zeigen sich eher außerhalb der organisationalen Situation, so daß insgesamt von einem unbefriedigendem Transfer (vgl. Gebert 1972; Gebert & v. Rosenstiel 1981) gesprochen werden muß. Ob Transfer sich einstellt, hängt von spezifischen Bedingungen ab, die in der Person des Trainierten, im zwischenmenschlichen Bezugsfeld und im organisationalen Kontext liegen. Diese Bedingungen sind z. T. empirisch analysiert und spezifiziert worden (vgl. zusammenfassend Gebert 1972, 1974b).

Die positiven beobachtbaren Ergebnisse bestehen darin, daß vor allem die soziale Sensibilität des einzelnen erhöht wird, die bewußtere Reflexion des eigenen Verhaltens und seiner Auswirkungen auf andere gesteigert wird, die Erlebens- und Verhal-

Der Erfolg der Qualitätszirkel führte dazu, daß diese in den späten 70er Jahren in den Vereinigten Staaten, zu Beginn der 80er Jahre in Westeuropa und somit auch in der Bundesrepublik Deutschland übernommen wurden (Niebur 1983; Rehm 1983; Einsiedler 1986). Dabei wurde auch die Frage diskutiert, ob das Konzept in kaum modifizierter Form auf westliche Verhältnisse übertragen werden kann (Faucheux et al. 1982; Bednarek 1985; Zink &Schick 1981). Bocker & Overgaard (1982) haben analysiert, welchen Zielen Qualitätszirkelaktivitäten gewidmet werden, wobei diese Analyse verdeutlicht, daß Qualitätssteigerung, Leistungsverbesserung, Kostensenkung im Vordergrund stehen und humane Ziele demgegenüber in den Hintergrund treten. Die gleichen Autoren illustrieren auch, wie komplex der Aufbau von Qualitätszirkeln und ihre Integration in die Organisation häufig aussieht. Abbildung 6 (s. folgende Seite) zeigt ihre grafische Fassung in der Übersetzung von Einsiedler (1986).

Es wird erkennbar, daß die Qualitätszirkelmitglieder unter der Moderation kompetenter Leiter arbeiten, Beratung durch Experten nutzen können und wesentlich vom Management – bis hin zur Spitze – in ihrer Arbeit unterstützt werden.

Die Einführung von Qualitätszirkeln in eine Organisation erfordert sorgfältige Vorarbeiten (Küchler 1981; Strombach & Johnson 1983; Bednarek 1985), wobei u. a. die Prüfung des Konzepts auf die Zielsetzungen hin erfolgen muß, breit zu informieren ist, der Betriebsrat einbezogen werden sollte, das Verhältnis der Qualitätszirkelergebnisse zu denen des betrieblichen Vorschlagswesens (vgl. Bayerisches Staatsministerium für Arbeit und Sozialordnung 1984) untersucht werden muß sowie Koordinatoren, Moderatoren und Gruppenteilnehmer zu schulen sind. Dabei kann die Einführung von Qualitätszirkeln selbst nach Art einer Organisationsentwicklungsmaßnahme erfolgen.

Obwohl die Erfolge der japanischen Wirtschaft häufig in hohem Maße oder doch zum Teil den Qualitätszirkeln zugeschrieben werden, sind empirische Untersuchungen kontrollierter Art relativ selten vorgenommen worden (vgl. jedoch Cole 1979; Odaka 1981; Strombach & Johnson 1983; Rehm 1983). Orientiert man sich an den spärlichen Hinweisen, so darf man folgern, daß Qualitätszirkelarbeit häufig dazu führt, daß die Produktqualität gesteigert wird, Kosten durch geringere Kulanz- und Garantieleistungen, aber auch unmittelbar in der Produktion gespart werden, Maschinenstillstandszeiten zurückgehen, die Ausschußquote absinkt, Energie und Rohstoffe gespart werden, Unfallzahlen und Fehlzeiten zurückgehen, Arbeitszufriedenheit, Arbeitsmoral und insgesamt die Einstellung zur Arbeit sich bessert. Obwohl diese Effekte – wenn auch methodisch in problematischer Weise festgestellt – für die Nützlichkeit der Qualitätszirkel in erster Linie im Sinne des Unternehmensinteresses, aber auch – wenn auch zweitrangig – im Interesse des Organisationsmitgliedes sprechen, treten sie keineswegs einheitlich auf. So zeigte z. B. Odaka (1981) an 60 Beispielen, daß durch die Qualitätszirkelarbeit in ca. 31 % der

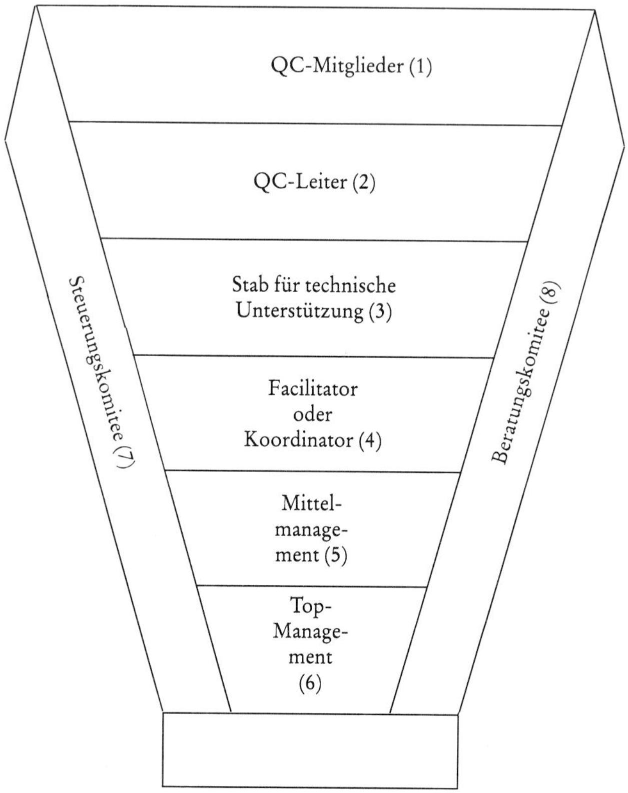

Abb. 6: System Layout und oganisatorische Struktur des Qualitätszirkels (nach Bocker / Overgaard 1982 aus v. Rosenstiel 1987)

Fälle die Arbeitsmoral anstieg, in 61 % gleichblieb und in 7 % der Fälle schlechter geworden war. Die spezifischen Probleme der Analyse der Effizienz der Qualitätszirkel stellen Bungard & Wiendieck (1986) dar.

2) Die Lernstatt

Das Wort Lernstatt – abgeleitet von denen des Lernens und der Werkstatt – will andeuten, daß es hier um ein gemeinsames Lernen geht. Das Wort geht auf das Institut „Cooperative Arbeitsdidaktik" zurück. Erste Versuche wurden von diesem Institut in Zusammenarbeit mit den Firmen BMW, Hoechst und M. A. N. unternommen, wobei diese Konzeptionen weitgehend unabhängig von Qualitätszirkel-Gedanken waren und dem Ziel dienten, ausländischen Arbeitnehmern in deutschen Unternehmen nicht nur die deutsche Sprache, sondern auch soziale Kompetenz zu vermitteln (Dunkel 1983). Die Lernstatt entwickelte sich aus diesen Anfängen zu einer eigenständigen Vorgehensweise, die sich immer stärker dem Qualitätszirkelkonzept annäherte, wobei allerdings ihre Vertreter spezifisch betonen, daß der Gedanke der Persönlichkeitsförderung verglichen mit dem der Effektivitätssteigerung der Organisation deutlich im Vordergrund stehe (Samson 1983; Riegger 1983), so daß Lernstattarbeit häufig als „prozeß- und ergebnisorientierte Gruppenarbeit" (Dunkel 1983, 13) beschrieben wird.

Die Einbettung von Lernstatt-Teams in eine Organisation erfolgt ähnlich wie dies in bezug auf die Qualitätszirkel bereits beschrieben wurde (Einsiedler & Knura 1984). Einzelne Lernstattgruppen, die für begrenzte Zeit regelmäßig zusammentreffen, werden von Gruppenberatern oder Moderatoren bei ihrer Arbeit geleitet, wobei diese Moderatoren, häufig Meister oder Vorarbeiter, durch Intensivübungen auf ihre Tätigkeit vorbereitet werden, dann gemeinsam das Lernstatt-Team bilden und sich häufig zu Supervisionsgruppen zusammenschließen, um sich wechselseitig zu beraten und zu kontrollieren. Zur Lernstattarbeit können Experten aus dem Unternehmen als sogenannte Situationsberater hinzugezogen werden, um Sachfragen zu klären. Arbeitsergebnisse werden den vorgesetzten Ebenen präsentiert, die über die Implimentierung der Vorschläge entscheiden. Mitglieder höherer hierarchischer Ebenen unterstützen als sogenannte Promotoren die Lernstattarbeit.

Empirische Ergebnisse zu den Auswirkungen der Lernstattarbeit liegen vor allem auf eher impressionistischer Ebene (Dunkel 1983; Riegger 1983) vor. So wird betont, daß durch die Arbeit als Moderator die soziale Kompetenz in hohem Maße gesteigert wird und daß Mitglieder der Lernstattarbeit in ihrem Verhalten offener und aufgeschlossener werden, Interesse an ihrer Arbeit gewinnen und Vorgesetzten gegenüber Hemmungen abbauen. In systematischeren Analysen zeigten Einsiedler & Knura (1982) den Rückgang von Fehlzeiten durch Lernstattarbeit. Wälser (1983) verweist darauf, daß Lösungsvorschläge aus den Bereichen Vorrichtung, Werkzeuge und Instandhaltung sowie – in zweiter Linie – auf den Feldern der Organisation und Zusammenarbeit entwickelt wurden, die sich allerdings nicht in ihrer Auswirkung auf einer ökonomischen Dimension quantifizieren ließen. Raschpichler (1983) und Schmidt (1983) kamen in ihren Analysen zu dem Ergebnis, daß als Folge der Lernstattarbeit erhöhte Problemsicht und sinkende Zufriedenheit festzustellen seien, wobei sie dies im Sinne der konstruktiven Arbeitsunzufriedenheit (Bruggemann, Groskurth & Ulich 1975) interpretierten; zu ähnlichen Ergebnissen gelangte auch Bednarek (1985) in einer intensiven Längsschnittuntersuchung; er fand explizit Hinweise auf ein steigendes Anspruchsniveau auf verschiedenen Gebieten, so z. B. in bezug auf die Zusammenarbeit.

3) Verwandte Konzepte

Es gibt eine Vielzahl weiterer Konzepte, bei denen in Gruppen Innovation und Veränderung in Organisationen vorangetrieben werden soll, wobei allerdings die Mitwirkung der Psychologie bei derartigen Ansätzen kaum festzustellen ist. Genannt seien beispielhaft die „Planungszelle“ (Dienel 1978), bei der Betroffene in intensiver Kooperation unter Einbezug von Experten, die sich zu Hearings stellen, ihre eigene Situation zu gestalten suchen, was bislang stärker im kommunalen Bereich als in Organisationen vorgenommen wurde (z. B. Renn, Albrecht, Kotte, Peters & Stegelmann 1985). Erwähnt aber seien auch Projektgruppen, bei denen fachkompetente Personen aus verschiedenen Bereichen oder Abteilungen zeitlich begrenzt kooperieren, um vorgegebene Aufgaben zu lösen (vgl. Staehle 1980). Ebenfalls in Gruppen wird meist die sogenannte Wertanalyse vorgenommen (Wellenreuther 1982; Heeg 1983). In diesen Gruppen geht es typischerweise um Kostensenkungs- und Rationalisierungsmaßnahmen, so daß die Zuordnung solcher Gruppen zum Innovationsmanagement (Wohinz 1983) problematisch erscheint.

Ebenfalls in Gruppen werden in der Regel Reorganisationen vorgenommen (Grochla 1982), wobei derartige Vorgehensweisen bei Verwendung partizipativer Strategien, etwa des Basyc (zusammenfassend Kieser 1979), den strukturalen Ansätzen der Organisationsentwicklung (Gebert 1974; Albach 1980) ähneln. Große Verwandtschaft mit dem Qualitätszirkel zeigt der von diesem beeinflußte Werkstattzirkel (Mauch 1981), der allerdings sehr viel stärker als der Qualitätszirkel reglementiert ist. In fünf Sitzungen sollen Themen und Problemstellungen, die von der Hierarchie vorgegeben werden, bearbeitet werden. Dadurch haben, wie z. B. Dunkel (1983) kritisiert, die Mitarbeiter kaum die Chance, ihr Wissen, ihre Teamfähigkeit und ihr Problemlösungsvermögen kennenzulernen oder gar zu entwickeln.

4.3.5.5 Innovation als Ergebnis

Es wurde bereits darauf hingewiesen, daß in der einschlägigen Forschung der Begriff Innovation sowohl prozessual als auch objektbezogen verwendet wird (Marr 1980). Partizipative Veränderungsstrategien, wie sie hier beschrieben wurden, sind als Erneuerungsprozesse zu betrachten, deren Ergebnis Innovationen im objektbezogenen Sinne sein können. Organisationen, innerhalb derer derartige Prozesse möglich sind, dürften erhöhte Chancen haben, auch zu innovativen Ergebnissen zu gelangen. Allerdings sind partizipative Veränderungsstrategien keineswegs der einzige Weg dorthin; es gibt vielfältige Bedingungen, die in einer Organisation Innovation begünstigen (z. B. Brandenburg et al. 1975; Gebert 1978; Kirsch et al. 1979; Peters & Waterman 1983).

Kirsch et al. (1979) kommen nach einer Analyse der auf diesem Gebiet breit gestreuten und vielfältigen Literatur zu zwei zentralen Aspekten, die aufzeigen, was in Organisationen Innovationsbereitschaft immer wieder behindert, und fassen zusammen (S. 48):

„1) Bestehende Organisationen bilden bei der Abwicklung des Tagesgeschäftes häufig verkrustete Strukturen heraus, welche die Diskussion und erst recht die Initiierung von Innovationen erheblich behindern.

2) Die Mitarbeiter haben – aus welchen Gründen auch immer – häufig skeptische Einstellungen gegenüber Neuerungen: Je länger man in eingefahrenen Gleisen und verkrusteten Strukturen tätig ist, desto schwerer fällt das Umdenken."

Diese Analyse – bezogen auf Strukturen und Personen – zeigt, wie bedeutsam eine strukturale und personale Ansätze integrierende Organisationsentwicklung sein kann, um Innovation zu gewährleisten. Die vielfältigen anderen – alternativ oder ergänzend zu sehenden – Bedingungen für Innovation in Organisationen können hier nicht dargestellt werden, so daß eine Beschränkung auf Exemplarisches genügen muß (vgl. jedoch Bollinger & Greif 1983).

Innovation in Organisationen hängt auch vom Fähigkeitspotential der in ihr tätigen Personen ab. So zeigte z. B. Facaoaru (1985), daß innovative Ideen im technischen Bereich gehäuft von Personen kommen, die gleichermaßen zum konvergenten und zum divergenten Denken fähig sind, also diese nicht als Gegensätze zu verstehenden Denkstile gut integrieren, d. h. schweifend und assoziativ bei gleichzeitiger bewußter Reflexion der Rahmenbedingungen und Ristriktionen zu denken in der Lage sind. Kasper (1985) wies nach, daß auch emotionale Grundbefindlichkeiten und psychosoziale Merkmale des Individuums für Innovationen wesentlich sein können. Derartige – am Individuum feststellbare – Bedingungen für Innovation sind allerdings seltener von der Organisationspsychologie, sondern meist im Rahmen persönlichkeitspsychologischer oder diagnostischer Untersuchungen analysiert worden. Mehr Beachtung fanden in der Organisationspsychologie jene Innovationsbedingungen, die nicht beim Organisationsmitglied, sondern eher in der Struktur der Organisation zu suchen sind. So scheinen erhöhte Aufgabenkomplexität (Flessner 1977; Gebert 1978), der Informationsaustausch im Inneren der Organisation (Pelz & Andrews 1966; Smith 1970; Aiken & Hage 1971; Kieser 1974), die Intensität von Außenkontakten (Smith 1970; Hage & Dewar 1973; Ross 1974), der Dezentralisierungsgrad (Smith 1970; Aiken & Hage 1971; Lorsch & Morse 1974; Kieser 1974; Gebert 1977), ein geringer Standardisierungsgrad (Harvey 1968; Rosner 1968; Paulson 1974; Lorsch & Morse 1974) Innovation in Organisationen zu begünstigen (vgl. zusammenfassend Gebert 1978; Bollinger und Greif 1983; Meissner 1987). Diese und ähnliche Forschungsergebnisse haben dann auch dazu geführt, Organisationsstrukturen zu diskutieren, durch die Innovationen wahrscheinlicher werden (vgl. Brandenburg et al. 1975; Hinterhuber 1975; Aregger 1976; Gebert 1978; Thom 1980; Bollinger und Greif 1983; Peters und Waterman 1983). Genannt werden dabei immer wieder „harte" Organisationsprinzipien, die an der Struktur ansetzen, wie z. B. Kollegien – und Projektgruppenbildung, Dezentralisation, Matrixorganisation, aber auch „weiche" Prinzipien, die eher als Haltung beschreibbar sind, wie (bei Peters und Waterman 1983) „Primat des Handelns", „Nähe zum Kunden", „Freiraum für Unternehmertum", „Produktivität durch Menschen", „sichtbar gelebtes Wertsystem", „Bindung an das angestammte Geschäft" etc.

Psychologisch ergiebiger als derartige generalisierende Empfehlungen oder plakative Aussagen dürften theoriegeleitete, am innovativen Prozeß orientierte Untersuchungen sein, die z. B. situationsspezifisch zeigen können, daß ein Zusammenspiel zwischen einem Fach- und einem Machtpromoter (Witte 1973) der Innovation in der Organisation erhöhte Chancen gibt oder daß aus dem Zusammentreffen von wichtigen Aufgaben mit offener und häufiger Kommunikation, Zugänglichkeit von Information und fachlicher Unterstützung Innovationschancen erwachsen (Meißner 1987).

Insgesamt können in all dem Versuche gesehen werden, das Konzept der „fortschrittsfähigen Organisation" (Kirsch 1979; Kirsch et al. 1979; Trux und Kirsch 1983; Kirsch, Scholl, Paul 1984; Kirsch 1984) weiterzuentwickeln, wobei eine derartige Organisation durch Handlungsfähigkeit, Fähigkeit zur Bedürfnisberücksichtigung und Fähigkeit zum Erkenntnisfortschritt ausgezeichnet ist.

Kapitel 4.3.6

Aus-, Fort- und Weiterbildung

Bruno Rüttinger und Volker Klein-Moddenborg

4.3.6.1 Spannungsverhältnis Individuum – Organisation unter dem Aspekt der Qualifikation

Organisationen sind dadurch gekennzeichnet, daß sie bestimmte, ausdrücklich formulierte Ziele verfolgen. Die einzelnen Organisationsmitglieder arbeiten an der Erreichung dieser Ziele, indem sie – in der Regel arbeitsteilig – bestimmte Aufgaben ausführen.

Eine grundlegende Voraussetzung für die Zielerreichung ist die Qualifikation der Mitglieder für ihre Aufgaben. Sie kann von seiten der Organisation durch verschiedene Interventionen erreicht werden: durch Personalauswahl, durch Veränderung des Arbeitsplatzes und durch Bildungsmaßnahmen.

Die Wichtigkeit von Bildungsinterventionen ergibt sich vor allem aus der Tatsache, daß die berufliche Qualifikation kein statischer Zustand ist. Veränderungen in der Umwelt von Organisationen, der Einsatz neuer Technologien sowie der Wandel von Wertsystemen beeinflussen und verändern laufend die Anforderungen vieler Arbeitsrollen. Gleichzeitig verändern sich im Zeitablauf die Leistungsvoraussetzungen der Organisationsmitglieder.

Diesen Veränderungen kann aus humanen, rechtlichen und ökonomischen Gründen häufig nicht oder nur unvollständig durch Zuordnungsentscheidungen Rechnung getragen werden. Sie müssen durch Bildungsmaßnahmen ersetzt oder ergänzt werden.

4.3.6.2 Begriffliche Abgrenzung

Die betriebliche Aus-, Fort- und Weiterbildung bezeichnet geplante und systematisch vollzogene Lehr-/Lernprozesse, die von Organisationen durchgeführt werden, um die berufliche Qualifikation ihrer Mitglieder zu verbessern.

Die berufliche Qualifikation ist das Handlungspotential, das die erfolgreiche Bewältigung der Anforderungen einer Arbeitsrolle ermöglicht. Es wird gewöhnlich als eine Kombination von Fähigkeiten, Fertigkeiten und Kenntnissen bestimmt (vgl. Hoyos, 1974, S. 123–144).

Eine wichtige Unterscheidung der Qualifikationsforschung betrifft den Erstreckungsgrad beruflicher Qualifikationen. So differenzieren Kern & Schumann (1977) zwischen prozeßgebundenen und prozeßunabhängigen Qualifikationen. Prozeßgebundene Qualifikationen, wie z. B. handwerkliche Fertigkeiten, beziehen sich auf die technischen Anforderungen eines bestimmten Arbeitsplatzes, während prozeßunabhängige Qualifikationen, wie z. B. Verantwortung, von mehreren Arbeitsrollen oder von der beruflichen Arbeit insgesamt gefordert werden. Solche prozeßunabhängigen Qualifikationen werden, ähnlich wie die von Mertens (1974) vorgeschlagenen „Schlüsselqualifikationen", für besonders geeignet gehalten, die berufliche Flexibilität bei unsicherer Arbeitsmarktsituation und sich rasch ändernden beruflichen Anforderungen sicherzustellen.

Weist man darauf hin, daß durch betriebliche Bildungsmaßnahmen das Handlungspotential der Organisationsangehörigen besser an die Anforderungen von Arbeitsrollen angepaßt werden soll, so stellt sich die Frage nach den Kriterien, mit denen sich der Grad der Übereinstimmung bewerten läßt. Die Kriterien leiten sich von den Zielen ab, die mit beruflicher Tätigkeit erreicht werden sollen.

Es ist unbestritten, daß durch Bildungsmaßnahmen die Leistungsfähigkeit von Organisationsmitgliedern gesteigert werden soll, um so die Erreichung der Organisationsziele zu unterstützen. Im Falle von Unternehmungen in privatwirtschaftlichen Systemen sollen Bildungsmaßnahmen also dazu beitragen, den Fortbestand der Organisation zu sichern und ihren Gewinn zu erhöhen.

Häufig wird gefordert, daß Bildungsmaßnahmen nicht nur den Organisationszielen, sondern auch den Zielen der Mitarbeiter dienen sollen. Sie sollen in Abstimmung mit den Anforderungen der Arbeitsrolle zur persönlichen Entfaltung und Arbeitszufriedenheit beitragen (vgl. Schneewind, 1980). Diese Ziele, die sich aus einer anthropologischen Orientierung ableiten, werden in der Praxis gewöhnlich jedoch nur dann berücksichtigt, wenn sie mit den Organisationszielen kongruent sind. Dies bedeutet, daß durch Bildungsmaßnahmen in der Regel nur persönliche Ziele im Rahmen der individuellen Karriereplanung unterstützt werden.

Die betrieblichen Bildungsmaßnahmen lassen sich nach einer Vielzahl von Kriterien klassifizieren. Häufigste Klassifikationsgesichtspunkte sind die Art der Qualifikation, die verbessert werden sollen, die Lehr- / Lernmethoden sowie der Ort der Bildungsmaßnahmen.

Die wichtigste Unterscheidung betrieblicher Bildungsmaßnahmen, die in gesetzlichen Regelungen verankert ist, ist die in Aus-, Fort- und Weiterbildung. In der Ausbildung erwerben Jugendliche die berufliche Erstqualifikation für ministeriell anerkannte Ausbildungsberufe. Die Weiterbildung baut auf einer bereits erworbenen beruflichen Qualifikation auf. Sie wird nach § 1 Berufsbildungsgesetz (1969) in berufliche Fortbildung und berufliche Umschulung eingeteilt. Nach einer anderen häufigen Unterscheidung (vgl. Bieling, 1980, S. 256) führt Weiterbildung zu einer Spezialisierung in einem Basisberuf, während Fortbildung die Kenntnisse in einem Basisberuf aktualisieren oder in einer durch Weiterbildung erworbenen Spezialisierung vertiefen soll.

Im Rahmen des Bildungssystems ist die betriebliche Ausbildung dem Sekundärbereich II und die betriebliche Fort- und Weiterbildung dem quartären Bereich zuzurechnen.

Von der betrieblichen Aus-, Fort- und Weiterbildung sind vor allem die organisatorische Sozialisation, das Training und das „life-long learning“ abzugrenzen.

Unter organisatorischer Sozialisation lassen sich die Prozesse verstehen, durch die sich eine Person in Auseinandersetzung mit ihrer organisatorischen Umwelt Fähigkeiten, Fertigkeiten, Motive, Einstellungen und soziale Normen aneignet (vgl. v. Rosenstiel et al., 1983). Die Aus-, Fort- und Weiterbildung umfaßt nur die Prozesse der Sozialisation, die durch systematisch durchgeführte Lehrmaßnahmen angeregt werden und die weiterhin die Förderung beruflicher Qualifikation intendieren.

Der im deutschsprachigen Raum in der klassisch-idealistischen Epoche aufkommende Begriff „Bildung“ kennzeichnete eine anthropologische Zielkonzeption, die das pädagogische Handeln leitet sowie die Lernzprozesse der Person, die „sich bildet“. Bildung beinhaltet also ursprünglich Wissenserwerb und Charakterbildung. Diese Auffassung trat in der Folge immer stärker zurück zugunsten eines Bildungsbegriffs, dessen Zielkonzeption der Erwerb beruflich verwertbarer Qualifikationen ist.

Gleichzeitig fanden die Prozesse des Lernens und die Lehr- und Lerntechniken, welche diese Prozesse in Gang setzen oder unterstützen, immer mehr Beachtung. Diese Veränderung des Bildungsdenkens führte dazu, daß der Ausdruck betriebliche Bildung von immer mehr Autoren durch den Ausdruck betriebliches Training ersetzt wird.

Der zunehmende technische und gesellschaftliche Wandel stellt die traditionelle Verteilung des Lernens auf den ersten Teil der Lebenszeit immer mehr in Frage. Die betriebliche Weiter- und Fortbildung wird deswegen auch im Zusammenhang mit den im angelsächsischen und französischen Sprachraum entwickelten bildungstheoretischen Konzeptionen „life-long learning", „recurrent education" und „éducation permanente" diskutiert. Diese Konzeptionen beziehen sich jedoch nicht nur auf die Weiterbildung von Erwachsenen im Sinne eines lebenslangen Lernens, sondern enthalten auch Vorstellungen über die Verbindung von Lernen und Praxis („Entschulung"), die Organisation und Inhalte des Lernens während des gesamten Lebenszyklus und die Berücksichtigung kultureller und nationaler Werte, teilweise im Zusammenhang mit Bildungsproblemen von Ländern der Dritten Welt (vgl. Schmitz, 1980).

4.3.6.3 Aus-, Fort- und Weiterbildung und Personalentwicklung

Aus der immer größeren Bedeutung der Mitarbeiterqualifikationen und ihrer Förderung für den Organisationserfolg ergibt sich, daß betriebliche Bildungsmaßnahmen nicht an kurzfristigen Zielen auszurichten sind, sondern kontinuierlich und systematisch organisiert werden müssen. Die Merkmale einer solchen Organisation sind:

- die langfristig angelegte Abstimmung der Bildungsmaßnahmen mit allen Bereichen und Maßnahmen der Personalplanung
- sowie die Absicherung der durch Bildungsmaßnahmen erworbenen Kenntnisse und Fähigkeiten sowie die Erhöhung der Bildungsmotivation durch Arbeitsstrukturierung und Organisationsveränderungen.

Für eine derartige systematische und allseitige Förderung des Mitarbeiterpotentials setzt sich in Anlehnung an den multidimensionalen Ansatz der Organisationsentwicklung immer mehr der Ausdruck Personalentwicklung durch (vgl. Remer, 1978; Berthel, 1979; Landsberg, 1980; Conradi, 1983; Comelli, 1985). Die Bildungsmaßnahmen im herkömmlichen Sinne sind zentraler Bestandteil der Personalentwicklung. Diese umfaßt darüber hinaus jedoch auch Maßnahmen der Mitarbeiterförderung durch Arbeitsplatzgestaltung und der systematischen Verknüpfung zwischen Bildungsmaßnahmen und Arbeitsplatzstrukturierung.

Nach Conradi (1983) lassen sich die Maßnahmen der Personalentwicklung nach den Kriterien organisatorische Laufbahn und Nähe zum Arbeitsplatz folgendermaßen einteilen:

- die Personalentwicklung-into-the-job umfaßt vorbereitende Qualifizierungmaßnahmen für die berufliche Tätigkeit: z. B. Berufsausbildung, Anlernausbildung, Einführung in den Betrieb, Arbeitsunterweisung;

- unter die Personalentwicklung-on-the-job fallen die Maßnahmen, die eine Weiterqualifizierung direkt im Prozeß der Arbeitstätigkeit ermöglichen sollen: z. B. training-on-the-job, qualifikationsfördernde Aufgabengestaltung;
- die Personalentwicklung-near-the-job umschreibt Maßnahmen mit großer inhaltlicher, räumlicher und zeitlicher Nähe zur Arbeitstätigkeit: z. B. Lernstatt, Entwicklungsarbeitsplatz;
- die Personalentwicklung-off-the-job entspricht der Weiter- und Fortbildung;
- die Personalentwicklung-out-of-the-job schließlich umgreift Maßnahmen, die den Austritt aus dem Berufsleben erleichtern sollen: z. B. Ruhestandsvorbereitungsprogramme.

4.3.6.4 Rechtliche Grundlagen und Zuständigkeiten

Das Bildungswesen der BRD ist durch zahlreiche Rechtsvorschriften geregelt. Allerdings gibt es kein einheitliches Berufsbildungsrecht, da sich Bund und Länder die gesetzlichen Zuständigkeiten teilen.

Neben allgemeinen Bildungsgrundrechten werden im Grundgesetz spezielle Verfassungsnormen nur für einen Teilbereich des Bildungswesen, nämlich die Schule, aufgestellt. Der weitaus größte Teil der bildungspolitisch wichtigen Artikel regelt Gesetzgebungs- und Verwaltungszuständigkeiten.

Der Bund hat aus seiner Zuständigkeit für die Ordnung der beruflichen Bildung (abgeleitet aus Art. 74 GG) mit mehreren Gesetzen Gebrauch gemacht.

Das Berufsbildungsgesetz (1969) unterscheidet drei Bereiche der beruflichen Bildung: die Berufsausbildung, die berufliche Fortbildung (Anpassungs- und Aufstiegsfortbildung) und die berufliche Umschulung.

Das BBiG ist von zentraler Bedeutung für die Berufsausbildung. Es regelt u. a. Fragen des Ausbildungsverhältnisses (z. B. Vertrag, Zeugnis, Vergütung), die Ordnung der Berufsausbildung (z. B. Eignung der Ausbildungsstätte und des Ausbilders; Ausbildungsordnungen und Prüfungswesen; Regelung der Überwachung) und die Organisation der Berufsausbildung (z. B. Aufgaben der zuständigen Stellen; Berufsbildungsausschüsse).

Die Bereiche der Fortbildung und Umschulung sind weit weniger festgelegt als die Ausbildung. Für die berufliche Fortbildung sollen Fortbildungsordnungen, die noch zu erstellen sind, die Inhalte und Prüfungen in anerkannten „Fortbildungsberufen" regeln. Bisher liegen solche Ordnungen als Meisterprüfungsordnungen sowie für Sekretäre/Sekretärinnen, Wirtschaftsassistenten u.a. vor (vgl. Berufsbildungsbericht, 1980).

Für die berufliche Umschulung enthält das BBiG Vorschriften für Umschulungsmaßnahmen, Prüfungen und Überwachungsregeln der Durchführung.

Auf der Grundlage des BBiG erläßt der Bund Rechtsverordnungen zur Regelung der Berufsbildung, z. B. Ausbildungs- und Fortbildungsverordnungen, Verordnungen zur Eignung der Ausbilder und zur Anrechnung oder Gleichstellung schulischer Ausbildungsgänge.

Die Bestrebungen, die öffentliche Kontrolle im Gesamtbereich der beruflichen Bildung zu verstärken, führten zum Erlaß des Ausbildungsplatzförderungsgesetzes (1976). Das APLFG enthielt vor allem Vorschriften über Planung und Statistik der Berufsausbildung, eine Finanzierungsregelung durch Umlage, um das Ausbildungsplatzangebot zu sichern, und sah die Errichtung des Bundesinstituts für Berufsbildung vor. 1980 wurde es jedoch vom Bundesverfassungsgericht wegen fehlender Beteiligung des Bundesrates für verfassungswidrig erklärt.

Unter Verzicht auf eine Finanzierungsregelung erneuert das Gesetz zur Förderung der Berufsbildung durch Planung und Forschung (1981) die gesetzliche Grundlage für die Berufsbildungsstatistik und das Bundesinstitut für Berufsbildung.

Die Länder leiten aus Art. 30 GG ihre Zuständigkeit für die Berufsschulen ab. In Schulgesetzen und Rechtsverordnungen regeln sie die Ordnung und Finanzierung der schulischen Berufsausbildung. Ihre Inhalte werden durch verwaltungsinterne Erlasse in Rahmenlehrplänen bestimmt.

Durch das BBiG werden den Spitzenorganisationen der Sozialparteien, den Unternehmern und den Gewerkschaften, Mitspracherecht bei der Durchführung der beruflichen Bildung eingeräumt. Die Unternehmer schließen privatrechtliche Ausbildungsverträge mit den Auszubildenden, die sie auf der Grundlage staatlicher Vorgaben verantwortlich ausbilden. Den Gewerkschaften werden Mitwirkungsrechte auf Landesebene (Landesausschuß für Berufsbildung) und bei den zuständigen Stellen (Berufsbildungsausschuß, Prüfungsausschüsse) eingeräumt.

Mehrere Gewerkschaften haben mit Arbeitgeberverbänden und einzelnen Arbeitgebern tarifvertragliche Vereinbarungen zur Freistellung von Arbeitnehmern für Weiterbildungszwecke (Bildungsurlaub) getroffen. Nach Görs (1978) waren 1977 in 204 Tarifverträgen Bildungsurlaubsansprüche für 14% der Arbeitnehmer geregelt. Allerdings enthält über die Hälfte der Verträge keine Regelung der Lohnfortzahlung.

Das Betriebsverfassungsgesetz gibt dem Betriebsrat Mitbestimmungsrechte bei der Durchführung von Berufsbildungsmaßnahmen im Betrieb. Die wichtigste Rolle spielt dabei die Auswahl der Ausbilder, zu deren Bestellung und Abberufung der Betriebsrat ein besonders strukturiertes Mitbestimmungsrecht erhalten hat.

4.3.6.5 *Berufliche Ausbildung*

Die Berufsausbildung in der BRD ist unter dem Schlagwort „Duales System" als eine Form der gleichzeitigen Ausbildung in Betrieb und Schule bekannt geworden. Gleichzeitigkeit bedeutet jedoch nicht, daß Betrieb und Schule auch gleichwertig und gleichberechtigt an der Berufsausbildung beteiligt sind. Die Berufsschule spielt während der beruflichen Ausbildungszeit nur eine untergeordnete Rolle. „Wenn man unter Dualität Gleichrangigkeit von zwei Lernorten versteht, so muß man feststellen, daß in der Praxis der Berufsausbildung nur auf dem Papier Dualität besteht. Dies zeigt sich bereits daran, daß die berufliche Ausbildung im Betrieb bei weitem gegenüber der schulischen Ausbildung den Vorteil hat: Anteile etwa 4 zu 1" (Preyer, 1978, S. 128).

Die inhaltliche Regelung der Berufsausbildung in einem staatlich anerkannten Ausbildungsberuf wird durch Ausbildungsordnungen geregelt, die als Rechtsverordnungen einklagbare Bestandteile der privatrechtlichen Ausbildungsverträge sind. Nach § 25,2 BBiG haben Ausbildungsordnungen mindestens festzulegen:

„1) die Bezeichnung des Ausbildungsberufes,

2) die Ausbildungsdauer: Sie soll nicht mehr als drei und nicht weniger als zwei Jahre betragen,

3) die Fertigkeiten und Kenntnisse, die Gegenstand der Berufsbildung sind (Ausbildungsberufsbild),

4) eine Anleitung zur sachlichen und zeitlichen Gliederung der Fertigkeiten und Kenntnisse (Ausbildungsrahmenplan),

5) die Prüfungsanforderungen."

Preyer (1978) unterscheidet drei Arten von Ausbildungsordnungen:

- Ausbildungsordnungen für Berufe ohne Spezialisierung (Monoberufe): Die Ausbildung erfolgt ohne Differenzierung nach einem einheitlichen Ausbildungsrahmenplan.
- Ausbildungsordnungen für Monoberufe mit Spezialisierung: Es erfolgt eine Differenzierung nach Fachrichtungen oder Schwerpunkten, wenn das Ausbildungsberufsbild nicht einheitlich ist. Die Schwerpunktbildung bzw. Spezialisierung erfolgt ab dem 2. Ausbildungsjahr und darf nicht mehr als ein Drittel der gesamten Ausbildungszeit einnehmen.

Die betriebliche Berufsausbildung beginnt mit einer allgemeinen Grundbildung, der sich die Fachbildung anschließt. Sie setzt prinzipiell keine besonderen Eingangsqualifikationen voraus, baut aber praktisch auf dem Hauptschulabschluß auf. Höher qualifizierten Auszubildenden oder solchen mit überdurchschnittlichen Lernerfolgen kann auf Antrag ein Teil der Ausbildungszeit erlassen werden. Der Besuch eines Berufsgrundbildungsjahres oder einer Berufsfachschule wird nach einer Anrechnungsverordnung des Bundes auf die Ausbildungsdauer angerechnet.

- Differenzierter Ausbildungsweg: Typisches Beispiel des differenzierten Ausbildungswegs ist die Stufenausbildung.

Nach § 26 BBiG kann die Ausbildungsordnung „sachliche und zeitlich besonders geordnete, aufeinander aufbauende Stufen der Berufsausbildung festlegen. Nach den einzelnen Stufen soll sowohl ein Ausbildungsabschluß, der zu einer Berufstätigkeit befähigt, die dem erreichten Ausbildungsstand entspricht, als auch die Fortsetzung der Berufsausbildung in weiteren Stufen möglich sein". In der beruflichen Praxis legen die Ausbildungsordnungen gewöhnlich 3 bzw. 4 Stufen fest. In einer ersten Stufe werden allgemeine Grundkenntnisse und Fertigkeiten als Grundlage einer weiterführenden beruflichen Fachrichtung vermittelt, die „einem möglichst großen Bereich von Tätigkeiten gemeinsam sind" (§ 26,2).

In einer zweiten Stufe allgemeiner beruflicher Fachbildung soll das fachliche Verständnis vertieft und die Fähigkeit gefördert werden, „sich schnell in neue Aufgaben und Tätigkeiten einzuarbeiten" (§ 26,3).

In weiteren Stufen erfolgt eine besondere berufliche Fachausbildung, die solche theoretischen und praktischen Kenntnisse und Fertigkeiten vermittelt, die zur Ausübung einer qualifizierten Berufstätigkeit berechtigen.

Grundsätzlich besteht für alle Jugendlichen nach Beendigung der allgemeinbildenden Schule Berufsschulpflicht. Die Berufsschule muß als Pflichtschule bis zum 18. Lebensjahr bzw. bis zur Beendigung der Ausbildung besucht werden. Jugendliche, die weiterführende allgemeinbildende oder berufliche Vollzeitschulen besuchen, sind nicht berufsschulpflichtig.

Für die Berufsschulen gelten die von den Kultusministerien der Länder erlassenen Lehrpläne. Der Inhalt der Lehrpläne ist kein Gegenstand der Ausbildungsverträge und kann daher nicht als Rechtsverordnung eingeklagt werden. Ausbildungsverträge und Rahmenlehrpläne werden von Bund und Ländern in rechtlich unverbindlichen Absprachen aufeinander abgestimmt.

Die Berufsschulen sind in der Regel als Teilzeitschulen organisiert. Nach § 7 BBiG muß der ausbildende Betrieb den Auszubildenden für die Teilnahme am Berufsschulunterricht freistellen. Der Unterricht erfolgt an einem, höchstens aber zwei Tagen in der Woche. Die Wochenstundenzahl beträgt zwischen vier und zwölf Stunden. Träger sind Bundesländer, Gemeinden oder Städte.

Die Berufsausbildung hat sich in Österreich und in der Schweiz sehr ähnlich entwikkelt wie in der Bundesrepublik Deutschland (eine vergleichende Darstellung findet sich bei Wettstein, 1983). In allen drei Ländern regeln Berufsbildungsgesetze die berufliche Ausbildung. Die Ziele und Inhalte der Ausbildung, die Aufteilung auf mehrere Lernorte, der Abschluß eines privatrechtlichen Vertrages, die Kontrolle durch Aufsichtsbehörden und die Dauer der Ausbildung sind auf ähnliche Weise geregelt. Allerdings ist in der Schweiz auch der schulische Teil der Ausbildung im Bundesgesetz über die Berufsausbildung enthalten. Weiterhin besteht in der Schweiz ein triales System. Zusätzlich zu den Lernorten Schule und Betrieb vermittelt das Ausbildungszentrum praktische Grundfertigkeiten, die dann im Betrieb vertieft und erweitert werden.

4.3.6.6 *Weiter- und Fortbildung*

Nach dem Strukturplan des Bildungsrates (1970) ist Weiterbildung die Fortsetzung oder Wiederaufnahme organisierten Lernens nach Abschluß einer ersten Bildungsphase, deren Ende in der Regel durch den Eintritt in die volle Erwerbstätigkeit gekennzeichnet ist. Als betriebliche Weiterbildung lassen sich demnach geplante Lehr- und Lernprozesse bezeichnen, die von Arbeitsorganisationen durchgeführt werden, um die berufliche Qualifikation ihrer Mitglieder zu erhalten, zu verbessern oder zu erweitern.

Zur beruflichen Weiterbildung werden folgende Maßnahmen gerechnet (vgl. Preyer, 1978):

- die Anpassungsfortbildung: ihr Ziel ist die kontinuierliche Anpassung der Qualifikation an die Anforderungen des sich verändernden Arbeitsplatzes;
- die Aufstiegsfortbildung: diese häufigste Form der beruflichen Weiterbildung dient der Qualifizierung für ranghöhere berufliche Arbeitsplätze;
- die berufliche Neurorientierung (Umschulung): in ihr soll die Qualifikation für einen Berufswechsel erworben werden (vgl. dazu Schmiel, 1984);
- die berufliche Rehabilitation soll nach § 56,1 Arbeitsförderungsgesetz dazu beitragen, „die Erwerbstätigkeit der körperlich, geistig oder seelisch Behinderten entsprechend ihrer Leistungsfähigkeit zu erhalten, zu bessern, herzustellen oder wiederherzustellen und die Behinderten möglichst auf Dauer einzugliedern“ (vgl. dazu Brackhane, 1982);

- die berufliche Reaktivierung dient der Wiedereingliederung in das Berufsleben nach längerer Abwesenheit aus dem erlernten Beruf (vgl. dazu Nave-Herz, 1984);
- die berufliche Resozialisation bezeichnet Maßnahmen der beruflichen Qualifizierung, mit denen die Ein- oder Rückgliederung von Straffälligen in die Gesellschaft erleichtert werden sollen (vgl. dazu Preyer, 1984).

Über den Umfang der beruflichen Weiterbildung liegen nur unvollständige Informationen vor, da sie bisher noch nicht in einer zusammenfassenden Statistik ausgewiesen wird. Aus Teilerhebungen läßt sich für die Bundesrepublik Deutschland die jährliche Teilnehmerzahl auf etwa 600000 bis 800000 Personen schätzen, was 3% der Erwerbstätigen entspricht. Etwa ein Drittel davon wird nach dem Arbeitsförderungsgesetz (1969) gefördert (vgl. Saterdag, 1984).

Die Betriebe führen ungefähr ein Drittel der Weiterbildungsmaßnahmen durch. Sie sind die quantitativ wichtigsten Träger von beruflichen Weiterbildungsmaßnahmen, deren Schwerpunkte die Anpassungs- und Aufstiegsfortbildung sind.

4.3.6.7 Lernforschung und Bildungsmaßnahmen

Die Theorien des Lernens suchen zu erklären, welche Prozesse relativ überdauernde Veränderungen von Verhalten oder Verhaltensmöglichkeiten, die von Reifung oder vorübergehenden Zuständen abzugrenzen sind, ermöglichen und von welchen Bedingungen der Verlauf dieser Prozesse abhängt. Die drei wesentlichen Komponenten des zu erklärenden Lerngeschehens sind also die Veränderungen als Produkt der Lernprozesse, die Lernprozesse und die Bedingungen, welche diese Prozesse beeinflussen.

Da bei Bildungsmaßnahmen interne Verarbeitungsprozesse interessieren, müssen Lerntheorien, mit denen das Lernen zielgerichtet beeinflußt werden kann, berücksichtigt werden. Dies geschieht explizit in den kognitiven Theorien, zu denen z. B. die Theorien von Gagné (1969), Bruner (1966), Ausubel (1974) und Bandura (1977) zu rechnen sind.

Weiter- und Fortbildungsveranstaltungen dienen vor allem dem Erwerb kognitiver Fähigkeiten und der Wissensvermittlung. Es ist daher sinnvoll, die Planung und Realisation von Bildungsmaßnahmen im Rahmen kognitiver Lerntheorien zu diskutieren. Dabei sind nach Straka & Macke (1981) folgende Elemente zu berücksichtigen:

- die Lernziele: z. B. Aufbau bestimmter Fähigkeiten, Erwerb bestimmten Wissens;
- die internalen Lernvoraussetzungen: z. B. Motive, Wissen, Fähigkeiten;

- die externalen Bedingungen: z. B. Lernaufgaben, Lehrtätigkeit, Lehrmethoden;
- der Lernprozeß;
- die Lerntätigkeit: das Verhalten des Lernenden, durch das der Lernprozeß beeinflußt und bestimmte Lernergebnisse angestrebt werden;
- die Lehrtätigkeiten, die dazu dienen, Bildungsmaßnahmen unter Berücksichtigung der zuvor genannten Elemente zu planen und zu realisieren.

Das wichtigste dieser Elemente ist der Lernprozeß, der direkt von den Aktivitäten des Lernenden abhängt. Indirekt wird er von den externen Bedingungen, die durch Lehrtätigkeiten gestaltet werden und die auf die Lernaktivitäten einwirken, beeinflußt.

Der Lernprozeß läßt sich nach Bredenkamp & Bredenkamp (1974) in vier Phasen einteilen: Vorbereitung (Aufmerksamkeitsprozesse, Wahrnehmungsprozesse, Reizdiskrimination), Aneignung (z. B. Mediationsprozesse, Versuch- und Irrtums-Prozesse), Speicherung und Erinnerung.

Will man erklären, auf welche Weise die Lerntätigkeit zu dauerhaften Folgen, zu dauerhaften Veränderungen von Verhalten und Verhaltensmöglichkeiten führt, so ist der Prozeß der Speicherung von besonderem Interesse. Nach den Ergebnissen der neueren Lern- und Gedächtnisforschung (vgl. Bredenkamp & Wippich, 1977; Lindsay & Norman, 1981) sind verschiedene Stadien der Informationsverarbeitung anzunehmen, deren Produkte verschiedenen Speichern zuzuordnen sind (Mehr-Speicher-Modell).

Diese Speicher sind als eine Einheit anzusehen, die nach dem Modell des „levels of processing" (Stufen der Informationsverarbeitung) als prozessual zu interpretieren ist.

Nach diesem Modell hängt das Behalten ab von der „Verarbeitungstiefe", die erreicht wird, wenn eine Information nicht mehr präsent gehalten wird. Die „Verarbeitungstiefe" wird vor allem bestimmt von der Intensität des Reizmaterials (des Lernstoffes), vom Ausmaß der Aufmerksamkeitszuwendung, von der Zeitdauer der Aufnahme und Verarbeitung, von der Vertrautheit mit dem Reizmaterial und von dessen Bedeutsamkeit.

Die „Verarbeitungstiefe" kann also vom Lernenden wie vom Lehrenden beeinflußt werden. Möglichkeiten sind z. B.:

- das Reizmaterial auf verschiedenen Kanälen darstellen;
- durch eine genaue Angabe der Lernziele die Aufmerksamkeit auf die Beherrschung dieser Ziele richten;

- den Lernstoff mit bekannten Inhalten, die vorher reaktiviert werden müssen, verbinden oder durch aktive Methoden (z. B. Diskussion) mit bisherigen Erfahrungen verknüpfen;
- die Bedeutsamkeit des Lernstoffes für die berufliche Tätigkeit verdeutlichen

(für weitere Anregungen vgl. Gasser & Singer, 1979).

Das Lernen und damit das Erreichen der Lernziele hängen von internalen Voraussetzungen ab. Von besonderer Wichtigkeit sind dabei die Motivationsfaktoren. Ohne Berücksichtigung der motivationalen Faktoren ist im allgemeinen eine Bildungsmaßnahme nur schwer einzuleiten und durchzuführen. Im Rahmen der Lernmotivation ist dabei vor allem die Leistungsmotivation von Bedeutung.

Nach Heckhausen (1974, 1980) werden mit dem Begriff Motiv überdauernde interindividuelle Unterschiede bei gleichen Anregungsbedingungen erklärt. Es wird als hypothetisches Konstrukt aufgefaßt, das Aussagen darüber macht, daß Personen die gleiche Situation unterschiedlich auffassen und bewerten: unterschiedliche Erwartungen über den Erfolg ihrer Handlungen besitzen, unterschiedliche Werte und Ziele anstreben und die Handlungsergebnisse unterschiedlich kausal attribuieren.

Die Motive werden in Auseinandersetzung mit menschlichen „Grundsituationen" erlernt. Dabei können u. a. leistungs-, anschluß-, macht-, hilfe- und aggressionsthematische Situationen und entsprechende Motive unterschieden werden.

In der Motivation treten Situationsfaktoren und Motive miteinander in Wechselwirkung. „Die Motivation bezeichnet alle aktuellen Faktoren und Prozesse, die unter gegebenen situativen Anregungsbedingungen zu Handlungen führen und diese bis zu ihrem Abschluß in Gang halten (Heckhausen, 1974, S. 143). Diese Faktoren und Prozesse lassen sich in einem Prozeßmodell der Motivation darstellen, dessen fünf Phasen von Heckhausen (1977) als Aufforderung, Motivierung, Ausführung, Selbstbewertung und weitere Folgen bezeichnet werden.

Vereinfacht zusammengefaßt führen in der leistungsthematischen Grundsituation die Aufforderungsgehalte der Aufgabe über eine erste Anregung des Leistungsmotivs zu einer allgemeinen Erwartung über den Erfolg des Handlungsausgangs. Diese wiederum führt zur Vorwegnahme konkreter Handlungskonsequenzen (Anreize) und damit zu einer weiteren Anregung des Leistungsmotivs und anderer Motive. Die Motivierungsstärke hängt von der Bilanz der positiven und negativen Anreizwerte und der vermuteten Eintretenswahrscheinlichkeit der vorweggenommenen Handlungsfolgen ab. Die resultierende Handlungstendenz (z. B. Entschluß) leitet von der Motivierung zur Ausführung über. Die Selbstbewertung wird bestimmt vom Vergleich des erreichten Leistungsniveaus mit einem von innen oder außen gesetzten Gütemaßstab sowie der kausalen Attribuierung des Handlungsergebnisses.

Aus der Theorie der Leistungsmotivation lassen sich folgende praktischen Konsequenzen ableiten:

Um die Leistungsmotivation anzuregen, muß ein Handlungsresultat erzielt werden, das objektivierbar ist. Dies können Überprüfungs-Tests oder Leistungen im Rahmen aktiver Methoden (Fallausarbeitungen, Diskussionsprotokolle etc.) sein.

Die Motivierungsstärke hängt wesentlich von der Wahrscheinlichkeit ab, mit der die Folgen der Lerntätigkeit erwartet werden. Sie ist im Aufforderungsgehalt der Aufgabe, nämlich im Schwierigkeitsgrad, enthalten. Nach dem Prinzip der Passung (vgl. Heckhausen, 1968) soll deswegen der Schwierigkeitsgrad der Aufgaben dem Leistungsstand der Lernenden so angepaßt sein, daß die Aufgaben nicht überfordern, aber auch keine bloßen Routineaufgaben sind.

Die Erfolgserwartung läßt sich weiterhin durch Rückmeldung über erzielte Zwischenergebnisse beeinflussen.

Eine weitere Bedingung der Motivierungsstärke sind die Anreizwerte der Folgen von Lerntätigkeit. Soweit sie nicht von außen gesetzt sind, sollen sie ausdrücklich formuliert werden, z. B. die Folgen für die berufliche Qualifikation geklärt werden.

Die unmittelbare Folge des angeregten Leistungsmotivs ist die erwartete Selbstbekräftigung, die entscheidend von der Kausalattribuierung abhängt. Das vorweggenommene Erlebnis eigener Wirksamkeit und persönlicher Verantwortung ist wiederum ein wichtiger Anreiz. Deshalb sollten Methoden bevorzugt werden, die Erlebnisse der Eigeninitiative und der Selbstverantwortlichkeit für Zielsetzungen und Handlungen fördern (für weitere Anregungen vgl. Heckhausen, 1974; Gasser & Singer, 1979).

Bei den Maßnahmen zur Beeinflussung der Motivation ist allerdings zu beachten, daß sich nur der Lernende selbst motivieren kann. Der Lehrende kann nur die äußeren Bedingungen für diese Motivation verbessern.

Die Beeinflussung von Behalten und Lernmotivation sind zwei wichtige Tätigkeiten des Lehrens. Weitere Tätigkeiten, die sich aus den Elementen des Lerngeschehens ergeben, sind:

- Feststellen der als notwendig angesehenen und der tatsächlich gegebenen Lernvoraussetzungen (Aspekte der Bildungsbedarfsanalyse);
- Festlegen der Lernziele;
- Klärung der Transferbedingungen;

- Unterstützung der Lerntätigkeit durch geeignete Aufgaben und Lehr-/Lernmethoden;
- Ermitteln des Zielerreichungsgrades.

Diese Tätigkeiten werden im allgemeinen als die wichtigsten Schritte der Programm- und Durchführungsplanung von Bildungsmaßnahmen angesehen (vgl. Hinrichs, 1976; Stocker-Kreichgauer, 1978; Goldstein, 1980). Die folgenden Ausführungen beziehen sich in erster Linie auf die betriebliche Fort- und Weiterbildung. Im Bereich der Ausbildung verfügen die Betriebe über einen viel geringeren Spielraum, da Dauer, Inhalt und Ablauf weitgehend durch Gesetze und Verordnungen festgelegt sind. Für den Ausbildungsbereich sei verwiesen auf Rohmert et al. (1974), Ulich & Wunderli (1980), Grüner (1982).

4.3.6.8 Programm- und Durchführungsplanung von Bildungsmaßnahmen

4.3.6.8.1 Ermittlung des Bildungsbedarfs

Der Bildungsbedarf läßt sich als Differenz zwischen erworbener und von der Arbeitsrolle geforderter Qualifikation, die durch Bildungsmaßnahmen behoben werden kann, bestimmen (vgl. Gassner, 1980; Leiter et al., 1982). Die Bildungsbedarfsermittlung soll folgende Fragen beantworten:

- Auf welchen Gebieten bestehen bei welchen Organisationsmitgliedern Qualifikationsdefizite?
- Können diese Defizite durch Bildungsmaßnahmen verändert werden?

Die Erfassung des Bildungsbedarfs geschieht in mehreren Schritten:

- die Bestimmung der geforderten Qualifikation;
- die Erhebung der vorhandenen Qualifikation;
- die Messung der Differenzen zwischen Soll- und Ist-Werten;
- die Identifizierung der Differenzen als Bildungsbedarf.

Dieses Vorgehen orientiert sich an der anforderungsbezogenen Qualifikation; d. h. an den Zielen der Organisation. Sollen den Organisationsmitgliedern neue Möglichkeiten des Erlebens und Verhaltens eröffnet werden, die nicht von der Arbeitsrolle gefordert werden, so müssen die Bildungswünsche der Organisationsmitglieder unabhängig von den Anforderungen ermittelt werden (vgl. Stiefel, 1974).

Die Erhebung der Soll- und Ist-Werte kann ergebnis-, verhaltens- oder merkmalsorientiert vorgenommen werden.

Informationsquellen für die ergebnisorientierte Soll-Erfassung sind u. a. Zielvereinbarungen (vgl. Lattmann, 1975; Lössl, 1983), Planungsdaten, Forschungs- und Investitionsprogramme, Kennziffernanalysen und Betriebsvergleiche (vgl. Leiter et al., 1982).

Die Verhaltensanforderungen werden durch Verfahren der Aufgabenanalyse (vgl. Frieling, 1978) ermittelt. Sie verschaffen die Kenntnis der Verhaltensweisen, die für die Erreichung der gewünschten Arbeitsergebnisse als günstig angesehen werden.

Eine Arbeitsanalyse ist angezeigt, wenn das Verhaltensrepertoire einer Person mit der aktuell geforderten Verhaltenskompetenz verglichen werden soll. Wenn jedoch der Bildungsbedarf für einen Wechsel auf einen anderen Arbeitsplatz, für den noch keine Kenntnisse oder Fertigkeiten erworben wurden, diagnostiziert werden soll, dann müssen die persönlichen Leistungsvoraussetzungen für eine erfolgreiche Tätigkeit in anderen Anforderungssituationen festgestellt werden. In diesem Fall ist es sinnvoll, die Arbeitsanalyse durch eine Merkmalsanalyse zu ergänzen (vgl. Maukisch, 1978). Durch sie werden der Zusammenhang zwischen Anforderungen (Verhaltensweisen) und Persönlichkeitsmerkmalen analysiert und geeignete Instrumente zur Messung der Merkmale entwickelt (vgl. z. B. Fleishman & Stephenson, 1970).

Informationsquellen für die ergebnisorientierte Ist-Feststellung sind u. a. Leistungskriterien (vgl. Smith, 1976) und Leistungsbestimmungen im Rahmen von Zielvereinbarungen. Verfahren zur Bestimmung der Leistung auf Verhaltens- und Merkmalsniveau werden ausführlich von Schuler (1978) beschrieben.

Der Soll-Ist-Vergleich ist nur dann von Nutzen, wenn die Soll- und Ist-Werte direkt miteinander verglichen werden können. Dies ist bei den verhaltens- und merkmalsorientierten Methoden nur in Ausnahmefällen möglich, weil diese Verfahren in der Regel nicht für die Bildungsbedarfsanalyse erstellt wurden. Direkte Vergleiche lassen sich durchführen:

- mit dem Verhaltensrangprofil (Brandstätter & Schuler, 1974; Schuler, 1978);
- mit der Methode der kritischen Ereignisse, die zum ersten Mal von Flanagan (1954) beschrieben wurde (Frieling, 1978);
- und mit den verhaltensorientierten Verfahren der Assessment-Centers (vgl. Neubauer, 1980).

Nach der Feststellung von Soll-Ist-Differenzen ist zu prüfen, ob die Differenzen ein Bildungsbedarf sind. Dabei ist zu klären,

- inwieweit die Differenzen in der persönlichen Verantwortlichkeit der beurteilten Person liegen;
- durch welche fehlenden Leistungsvoraussetzungen sie bedingt sind;
- inwieweit sie durch Bildungsmaßnahmen behoben werden können.

Ergebnisorientierte Soll-Ist-Differenzen sind zwar objektiv registrierbar, doch nur sehr schwer als Bildungsbedarf zu interpretieren. Zunächst stellt sich die Frage der persönlichen Verantwortlichkeit, da in Organisationen in der Regel mehrere Personen sowie nicht-persönliche Voraussetzungen (z. B. die technische Ausrüstung oder die Organisationsstruktur) zu Leistungsergebnissen beitragen. Weiterhin geht aus den Soll-Abweichungen nicht hervor, wo die Stärken und Schwächen der beurteilten Person liegen.

Eine ausschließlich verhaltensorientierte Bestimmung des Bildungsbedarfs hingegen hat den Nachteil, daß für Personen mit unüblichem, aber erfolgreichem Arbeitsverhalten ein Bildungsbedarf diagnostiziert wird. Porter et al. (1975) schlagen deswegen vor, bei Bildungsbedarfsanalysen gleichzeitig die auszuführenden Operationen und die Leistungsziele sowie deren Erfüllungsgrad zu berücksichtigen. Für eine Bedarfserhebung für andere Arbeitsplätze ist dieses kombinierte Vorgehen allerdings durch merkmalsorientierte Maßnahmen zu ersetzen oder wenigstens zu ergänzen.

Den Abschluß der Bildungsbedarfsanalyse bildet die Erfassung der Lernfähigkeit, mit welcher der Bildungsbedarf von einem Eignungsmangel abgegrenzt wird.

Die Fragen, die im Zusammenhang mit der Lernfähigkeit für berufliche Qualifikationen besonders interessieren, sind:

- Bis zu welchem Grad sind die verschiedenen Qualifikationen erlernbar?
- Welche Personen sind für welche Qualifikationen besonders lernfähig?
- Welche Lehr- / Lern-Methoden sind für verschiedene Personengruppen und Qualifikationen besonders geeignet?

Empirische Untersuchungen zu diesen Fragen stehen weitgehend aus (vgl. Gill, 1982), weswegen als Prädiktor für die Lernfähigkeit gewöhnlich die bisherige Leistungsfähigkeit herangezogen wird.

Guthke (1974) hat vorgeschlagen, zur Messung der Lernfähigkeit zwischen einem Vor- und Nachtest die Testaufgaben nach einem Standardverfahren zu üben und den übungsbedingten Zuwachs der Leistungsfähigkeit als Lernfähigkeit zu bestimmen. Die niedrigen Korrelationen zwischen Ausgangswerten und Übungsgewinn weisen allerdings darauf hin, daß das anfängliche Leistungsniveau immer schon ein Ergebnis der bisherigen Übung (Erfahrung) ist. Es ist deswegen mit Brandstätter (1979) zu vermuten, daß jemand, der ein bestimmtes Leistungsniveau in einer anregenden Umgebung erreicht hat, seine Leistungsfähigkeit durch Bildungsmaßnahmen nicht mehr in gleichem Maße steigern kann wie jemand, der dasselbe Niveau in einer ungünstigen Umgebung erworben hat.

Das geschilderte Vorgehen bei der Bildungsbedarfsanalyse erfordert geeignete Informationen über die Arbeitsplatzanforderungen, das Leistungsniveau und die Lernfähigkeit, die in Personalinformationssysteme integriert sind. In der Praxis überwiegen deswegen einfachere Verfahren, vor allem die Erfassung der subjektiven Bedürfnisse in freien Abfragen, Themen-Vorgaben und Problemvorgabelisten.

4.3.6.8.2 Bestimmung der Lernziele

Aus der Bildungsbedarfsanalyse lassen sich die Inhalte sowie Lernziele von Bildungsmaßnahmen ableiten. Die Lernziele sind die durch Bildungsmaßnahmen angestrebten Zustände oder Handlungen, bei kognitiven Lernzielen z. B. die Kenntnis bestimmter Regeln oder Problemlösungsstrategien, bei Fertigkeiten die Ausführung bestimmter Handlungen. Die Lernziele sind nicht mit den erwünschten Verhaltensweisen, Fähigkeiten oder Leistungen am Arbeitsplatz gleichzusetzen, da diese häufig nicht in voller Intensität und Extensität in einem einzelnen Bildungsdurchgang erlernt werden können.

Das Aufstellen von Lernzielen erlaubt einen Vergleich der erreichten Veränderungen mit den gesetzten Zielen. Durch diese Erfolgskontrolle können die Bildungsmaßnahmen systematisch verbessert und den Teilnehmer/innen Rückmeldungen über den Bildungsfortschritt gegeben werden.

Für die Aufstellung von Lernzielen wird häufig ein Vorgehen nach Richt-, Grob- und Feinzielen vorgeschlagen (vgl. z. B. Kitzmann & Zimmer, 1982). Richtziele geben eine allgemeine Orientierung vor. Grobziele enthalten schon eine vage Umschreibung der angestrebten Endzustände, die durch Feinziele präzisiert werden.

Sofern die Lernziele einen internalen Zustand (Kenntnisse, Einstellungen etc.) beschreiben, muß ein beobachtbares Verhalten als Indikator für das Erreichen dieser Zustände festgelegt werden. Um zu entscheiden, ob eine angemessene Operationalisierung eines Lernziels vorliegt, empfiehlt Mager (1969), folgende Fragen zu stellen:

- Was muß der Lernende tun, um zu zeigen, daß er das Ziel erreicht hat? (Frage nach dem beobachtbaren Endverhalten);

- welches sind die Bedingungen, unter denen der Lernende das Endverhalten zeigen soll? (Frage nach den Verhaltensbedingungen: Hilfsmittel, zeitliche und personelle Beschränkungen etc.);
- welches sind die Kriterien für die Beurteilung des Endverhaltens? (Frage nach dem Beurteilungsmaßstab: Fehlerzahl, Zeitlimit etc.).

Der intendierte Endzustand wird gewöhnlich in mehreren Lernschritten zu erreichen versucht. Es stellt sich somit die Frage, wie die Lernschritte so angeordnet werden müssen, daß Lernzeit, Fehleranzahl, Vergessen etc. möglichst gering gehalten werden. Zur lernökonomischen Sequenzbildung von Lernzielen und Lernschritten wurden deswegen mehrere Taxonomien und Hierarchien vorgeschlagen (vgl. dazu Gasser & Singer, 1979; Möller, 1975):

- die Taxonomie der kognitiven Lernziele von Bloom (1972);
- die Taxonomie der affektiven Lernziele von Krathwohl et al. (1964);
- die Taxonomie der psycho-motorischen Lernziele von Dave (1968);
- der Katalog sozialer Lernziele von Gasser & Singer (1977);
- die Hierarchie der Lernarten von Gagné (1980).

4.3.6.8.3 Lerntransfer

Betriebliche Bildungsmaßnahmen können erst dann als abgeschlossen gelten, wenn die dort erworbenen Qualifikationen am Arbeitsplatz angewendet werden. Damit ist die Frage des Lerntransfers angesprochen.

In der Lernpsychologie bezeichnet der Ausdruck Transfer die Beeinflussung eines Lernprozesses durch vorherige Lernaktivitäten. Für die betriebliche Bildung läßt sich die Frage des Transfers unter zwei Aspekten betrachten:

- Wie können Lernprozesse während einer Bildungsmaßnahme so beeinflußt werden, daß späteres Lernen während der gleichen Maßnahme erleichtert wird?
- Wie können Lernprozesse bei Bildungsveranstaltungen so gestaltet werden, daß die Anwendung des Gelernten in neuen Situationen am Arbeitsplatz gelingt?

Mit der zweiten Frage ist eines der größten Probleme betrieblicher Bildung angesprochen. Stiefel et al. (1979) argumentieren allerdings, daß die Behandlung des Lerntransfers, bei der nur die Bedingungen des Übertragungsprozesses während der Bildungsmaßnahmen berücksichtigt werden, dem Problem nicht gerecht wird. Um die Übertragung neuer Qualifikationen zu fördern, müssen alle Bedingungen vor, während und nach Bildungsveranstaltungen, die Einfluß auf die Umsetzung haben, untersucht werden.

Diese Argumentation entspricht den Ergebnissen der neueren Lernforschung. So unterscheidet Bandura (1977) zwischen dem Erwerb einer Verhaltensmöglichkeit und deren Ausführung. Der Erwerb geschieht z. B. durch die Aufnahme und Speicherung von Verhalten, das bei anderen Personen beobachtet wird. Die Ausführung hängt darüber hinaus auch von den beobachteten Konsequenzen und den erwarteten Folgen eigenen Verhaltens ab. Für die Ausführung angeeigneter Verhaltensmöglichkeiten gelten also andere Bedingungen und Prozesse als für den Erwerb dieser Möglichkeiten.

Um die Einflußgrößen des Transfers zu bestimmen und pragmatische Lösungen der Transferproblematik zu finden, schlagen Stiefel et al. (1979) vor, den Änderungsprozeß in Vorschulungs-, Schulungs- und Nachschulungsphase zu untergliedern und zu untersuchen, inwieweit pädagogische und organisatorische Variablen sowie Personen oder Personengruppen den Transfer in diesen Phasen beeinflussen.

Als transferrelevante Variablen werden vor allem angeführt:

- die Übereinstimmung von Lernzielen und Arbeitsplatzerfordernissen;
- die Eignungsvoraussetzungen, Zusammensetzung, Lernfähigkeit und Motivation des Teilnehmerkreises;
- die Orientierung der Lernorganisation an den Bedürfnissen und Problemen der Teilnehmer / innen;
- die Evaluierung des Lerntransfers;
- Übertragungsfaktoren außerhalb der Bildungsmaßnahmen wie z. B. Verhalten des Vorgesetzten und Gestaltung des Arbeitsplatzes.

Zur Lösung von Transferschwierigkeiten schlägt Stiefel (1978) vor, in einer Nachschulungsphase explizit diese Probleme zu klären. Dies kann durch Expertenberatung oder in weiteren Schulungsmaßnahmen geschehen. Vorteilhafter ist es jedoch, die Teilnehmer / innen von Bildungsmaßnahmen in autonomen Lerngruppen zusammenzufassen, bei deren Besprechungen ein Experte nur eine moderierende Funktion übernimmt. Vorgeschlagen wird auch ein methodisches Vorgehen, das sich an der Aktionsforschung orientiert.

Besondere Transferschwierigkeiten und Lösungsansätze im Rahmen des Führungstrainings in den Bereichen Problemlösen und Entscheiden werden von Sarges (1985) diskutiert. Für die Gestaltung des Trainings wird u. a. vorgeschlagen, Fehler im Umgang mit komplexen Situationen zu berücksichtigen (vgl. Dörner et al., 1985) und Bewältigungsstrategien bei Informations- und Reizüberlastung zu entwickeln.

4.3.6.8.4 Lehr-/Lernmethoden

Bei beruflichen Bildungsmaßnahmen werden sehr unterschiedliche Methoden eingesetzt. In ihnen wird die Lernfähigkeit auf jeweils verschiedene Weise beeinflußt. Wichtig für die Wahl sind vor allem die Lerninhalte und Lernziele, die Berufserfahrung und Erwartungen der Teilnehmer/innen sowie die zur Verfügung stehende Zeit. Empirische Untersuchungen im Sinne der „aptitude-treatment-interaction" (Wechselwirkung zwischen Voraussetzungen beim Lernenden und Lehr-/Lernmethoden auf das Lernergebnis) stehen allerdings weitgehend aus (vgl. Goldstein, 1980).

Hinrichs (1976) klassifiziert die Methoden nach der Art der Lerninhalte und Lernziele in inhaltsorientierte, prozeßorientierte und vermischte Verfahren.

Zu den inhaltsorientierten Verfahren zählen u. a. die Methoden der Selbstinstruktion, der Vortrag und audiovisuelle Methoden. Sie dienen vorwiegend dem Erwerb von Wissen und Kenntnissen. Die bekannteste Methode der Selbstinstruktion ist das Lesen von Texten. Ihr Vorteil liegt vor allem in der individuellen Vorgehensweise.

Dieser Vorteil gilt auch für die Methoden der Programmierten Unterweisung (PU). Sie beruhen auf der systematischen Anwendung des „Gesetzes des Effekts" (Thorndike, 1931), nach dem eine Verhaltensweise nur dann gelernt wird, wenn sie zu Erfolg führt. Der Stoff wird in kleine Lernschritte aufgeteilt, um bei jeweils folgender Kontrolle durch Fragen möglichst richtige Antworten, d. h. Erfolg, zu gewährleisten.

Folgende Vorteile der PU werden häufig angeführt (vgl. Blum & Naylor, 1968): Vermeiden von Überforderung, Aktivierung der Leistungsmotivation durch Aufgaben und Rückmeldung über den Lernfortschritt sowie schnelles Lernen. Dem steht vor allem die Beschränkung der Methode auf klar strukturierbare Stoffgebiete sowie die Langeweile durch die kleinen Lernschritte, d. h. die geringe Anpassung an die Lernvoraussetzungen gegenüber. Nach Nash et al. (1971) führt PU zwar zu deutlicher Zeitersparnis, aber nicht zu besseren Ergebnissen als vergleichbare Methoden wie z. B. der Vortrag.

Eine Weiterentwicklung der PU ist die Computerunterstützte Unterweisung (CU). Bei dieser Methode wird das gespeicherte Programm über einen Bildschirm angeboten. Die Teilnehmer/innen können über Dialoggeräte mit dem Programm in Kontakt treten.

Die CU erlaubt ein stärker individualisiertes Vorgehen als die PU. Auch kann das Programm an das jeweilige Vorwissen adaptiert werden. Trotz wachsender Anwendung (vgl. Patrick & Stammers, 1977) ist über die Effektivität dieses Verfahrens noch wenig bekannt.

Zu den audiovisuellen Techniken werden Vorführungen von Filmen und Fernsehaufzeichnungen sowie der Einsatz von Folien gerechnet. Diese Methoden werden häufig im Rahmen anderer Verfahren zur Auflockerung und Veranschaulichung eingesetzt. Sie können jedoch auch Vorträge ersetzen und somit an verschiedenen Orten und zu verschiedenen Zeiten einer großen Teilnehmerzahl die gleichen Informationen vermitteln.

In den letzten Jahren werden Fernsehaufzeichnungen von Trainingssequenzen in immer stärkerem Maße zur audiovisuellen Rückmeldung vor allem beim Gesprächs- und Rhetoriktraining eingesetzt. Allerdings ist diese Selbstkonfrontation ohne ausgewählte Beobachtungsschwerpunkte und -kategorien wenig hilfreich (vgl. Fuller & Manning, 1973). Die Auswertung der beträchtlichen Mengen von Daten, die bei Interaktionsanalysen anfallen, läßt sich durch Computereinsatz vereinfachen und individualisieren (vgl. Wagner, 1985).

Prozeßorientierte Methoden sind in erster Linie auf das Erlernen sozialer Kompetenz ausgerichtet. Zu ihnen gehören z. B. das Rollenspiel, T-group und Sensitivity-Training und die Team-Entwicklung.

Das Rollenspiel, das auf Moreno (1946) zurückgeht, ist wahrscheinlich die älteste gruppendynamische Methode. Hierbei sollen die Trainingsteilnehmer durch das Übernehmen oder Spielen von bestimmten Rollen lernen, Probleme und Entscheidungssituationen aus verschiedenen Perspektiven zu sehen und damit die Aktionen und Reaktionen bestimmter Rollenträger besser zu verstehen. Zudem gibt das Rollenspiel die Möglichkeit, Trainingsteilnehmer experimentell und spielerisch auf zukünftige Rollen oder schwierige Situationen vorzubereiten. Die Probleme des Rollenspiels liegen vor allem in der Schwierigkeit, lebensnahe Situationen herzustellen, und damit zusammenhängend in der Schwierigkeit, die vorgegebene Rolle realistisch auszufüllen.

Die Trainings-Gruppe oder das Sensitivity-Training ist eine Form von Erfahrungslernen, bei dem die Trainingsteilnehmer/innen für eine bestimmte Zeit in einer kleinen Gruppe zusammenarbeiten, um die Prozesse, die in dieser Gruppe vorgehen, besser zu verstehen und kompetenter zu steuern.

Das Lernen in der T-Gruppe findet unter folgenden Bedingungen statt (vgl. Argyris, 1970):

- Unstrukturiertheit der Situation: keine direkte Führung durch den Trainer, keine vorgegebenen Themen, keine klaren Einfluß- und Statusbeziehungen etc. Damit sollen die Teilnehmer zur Reflexion angeregt werden, neue Verhaltensweisen ausprobieren und nicht in ihr alltägliches Rollenverhalten ausweichen;
- das Hier und Jetzt: Das Material, aus dem gelernt wird, sind das unmittelbare Verhalten und Erleben in der Gruppe;

- Feedback: Durch verschiedene Formen des Feedbacks sollen die Teilnehmer/innen lernen, welche Wirkung sie auf andere haben und wie sie den Gruppenprozeß beeinflussen.

Die Kritik an T-Gruppen richtet sich vor allem auf die unpräzise Aufgabenstellung und die Orientierung auf das Verhalten und Erleben der Einzelperson. Effektivitätsuntersuchungen kamen zu sehr unterschiedlichen Ergebnissen (vgl. Gebert, 1972; Cooper & Levine, 1978; v. Rosenstiel, in diesem Band).

Im Gegensatz zur T-Gruppe richtet sich das Interesse bei der Teamentwicklung auf die Arbeitsgruppe: Normen, Machtstrukturen, Interaktionsmuster und Beziehungen zu anderen Arbeitsgruppen. Individuelle Verhaltensweisen werden nur beachtet, soweit sie für die Effektivität der Gruppe wichtig sind. Die Methoden, mit denen diese Bereiche diagnostiziert und Lernprozesse initiiert werden, sind vielfältig: durch Befragung erhobene Rückmeldung, Prozeßkonsultation, Problemlöseverfahren, Entscheidungstechniken etc.

(Zu weiteren prozeßorientierten Methoden vgl. Staehle, 1980.)

Bei den vermischten Methoden geht es sowohl um den Wissenserwerb wie um eine Verbesserung der Verhaltenskompetenz in sozialen und nichtsozialen Situationen. Zu nennen sind insbesondere die Gruppenarbeit, die themenzentrierte Interaktion, die Fallstudie, die Simulation und das Unternehmensplanspiel.

Die Gruppenarbeit wird häufig mit anderen Methoden, z. B. dem Vortrag, durchgeführt. Sie kann dabei verschiedene Funktionen erfüllen: Motivierung und Aktivierung, Konkretisierung von abstrakten Fragestellungen an Beispielen, Rückmeldung von Standpunkten etc.

Diese Funktionen können aber nur erfüllt werden, wenn die Gruppen klein sind, ziellose Diskussionen durch eine klare Aufgabenbeschreibung verhindert werden und die Aufgabe dem Leistungsniveau der Mitglieder angemessen ist.

Die Methode der themenzentrierten Interaktion (TZI) wurde von der Psychoanalytikerin Ruth Cohn (1975) entwickelt. Ausgangspunkt ihrer Überlegungen war die Beobachtung, daß die Mitglieder von therapeutischen Gruppen sehr anregende Lernerfahrungen machen, während im offiziellen Erziehungswesen Bildungsmaßnahmen als trocken und wenig bereichernd eher erduldet werden. Sie führt dies darauf zurück, daß bei diesen Maßnahmen Tatsachen und Zusammenhänge nur mit dem Denken erfaßt werden. „Lebendiges Lernen" betrifft jedoch den ganzen Menschen, also auch seine Stimmungen, Gefühle und Motive. Mit der TZI soll deswegen gelernt werden, auch in nichttherapeutischen Gruppensitzungen (auch in Arbeitsorganisationen) Gefühle und Störungen auszudrücken. Dies wird dadurch erreicht, daß dem „Ich“ (dem Wohlbefinden des einzelnen Gruppenmitglieds, seiner Kreativität und Autonomie) und dem „Wir“ (den Beziehungen zwischen den Mitgliedern) die gleiche Aufmerksamkeit geschenkt wird wie dem „Es“ (dem Thema, der Aufgabe etc.). In der Praxis werden den Teilnehmer/innen technische Regeln gegeben, die helfen, Gefühle und Störungen auszudrücken und die Echtheit der Mitteilungen zu fördern.

Bei Fallstudien ist in der Regel eine komplexe Problemsituation in Einzelarbeit oder in einer Gruppe zu bearbeiten. Mit dieser Methode sollen theoretische Zusammenhänge an konkreten Beispielen sichtbar gemacht und auf praktische Fälle übertragen werden. Wie Bass & Vaughan (1966, S. 101) ausführen, regt diese Methode die Trainingsteilnehmer dazu an, „in Form multipler Ursachen und Folgen zu denken, und reduziert die Tendenz, mit einfachen Antworten zufrieden zu sein“.

Bei der Simulationstechnik erfolgt das Training anhand von Nachbildungen oder Modellen realer Arbeitssituationen. Durch die Simulation wird zum einen ein möglichst großer Transfer des Gelernten auf die reale Arbeitssituation zu erreichen versucht; zum anderen wird erwartet, daß simulierte Situationen eine starke Lernmotivation anregen. Nach Hinrichs (1976, S. 853) eignet sich diese Methode vor allem für Arbeitsbereiche, in denen Arbeitsgruppen an komplizierten Maschinen arbeiten, z. B. bei Flugzeugführung, Flugsicherung und Weltraumfahrt.

Zur Vorbereitung auf Verwaltungs- und Organisationsaufgaben findet eine besondere Form der Simulation, das Unternehmensplanspiel (business game) Anwendung. Hier werden vor allem die vielfältigen Bedingungen und Wechselwirkungen von Entscheidungen und Problemlösungen in Unternehmungen und anderen Organisationen simuliert.

Die Trainingsteilnehmer erhalten zunächst ausgewählte Daten einer Unternehmung – z. B. Produktionskapazität, Produkte, Vertriebsnetz, Organisationsaufbau – und deren ökonomischer Umwelt – z. B. konkurrierende Unternehmungen, Marktlage. Danach werden ihnen bestimmte Positionen innerhalb dieser Unternehmung und bestimmte Aufgaben (z. B. Entscheidungen über den Rohstoffeinkauf, die Produktion oder den Vertrieb) zugewiesen.

Die Vorteile des Planspiels liegen auf der Hand: Die Lernmotivation wird angeregt und die vielfältigen organisatorischen Wechselbeziehungen werden durch sofortige Rückmeldung über die Konsequenzen der Entscheidungen besser erkannt. Allerdings gelingt ein Transfer auf die natürliche Organisationssituation nur, wenn das Spiel theoretisch aufgearbeitet wird, wenn also gelernt wird, relevante Informationen und Zusammenhänge zu identifizieren und wenn weiterhin auch eine Problemlösekompetenz („heuristische Fähigkeiten“) erworben wird (vgl. Preiser, 1975; Dörner et al., 1983).

4.3.6.8.5 Evaluation

Die Evaluation ist die systematische Sammlung von Informationen, die als Grundlage für Entscheidungen, mit denen der Erfolg oder die Erfolgswahrscheinlichkeit von Bildungsmaßnahmen erhöht werden sollen, dienen. Dies setzt voraus, daß nicht nur am Ende von Bildungsmaßnahmen global der Erfolg oder Mißerfolg festgestellt wird, sondern daß alle Phasen und Aspekte eines Bildungsprogramms evaluiert werden. Allerdings trägt eine Endmessung zur Klärung von Transferproblemen bei und gibt erste allgemeine Hinweise für weitere Evaluationsmaßnahmen.

Der Durchführung einer angemessenen Endevaluation stehen große Schwierigkeiten entgegen. Sie betreffen vor allem die Erfolgskriterien, die Versuchsgestaltung und die Veränderungsmessung.

Die Erfolgskriterien werden vor allem durch Fragebögen und Schätzskalen und seltener durch Erhebung von Leistungsergebnissen oder anderen objektiven Daten gewonnen.

Die Validität von Befragungen der Teilnehmer/innen und von Selbsteinschätzungsskalen ist wegen der Erfolgserwartungen – vor allem kurz nach Bildungsmaßnahmen – als gering einzuschätzen. Ähnliches gilt für die Befragung von Kollegen, Vorgesetzten und Mitarbeitern sowie für Fremdeinschätzungsskalen, wenn die Befragten über die Bildungsmaßnahmen und ihre Ziele informiert sind.

Auch die Gültigkeit objektiv erhebbarer Leistungsergebnisse am Arbeitsplatz ist wegen der multiplen Verursachung gering. Es scheint daher sinnvoll zu sein, solche Kriterien nur als zusätzliche Informationen zu erheben. Diese Einwände gelten allerdings nicht gegen Leistungsergebnisse, die innerhalb von Bildungsmaßnahmen durch Kenntnistests und Einstellungsskalen gewonnen werden.

Eine angemessene Methode der Kriteriengewinnung ist die systematische Verhaltensbeobachtung am Arbeitsplatz durch neutrale und geschulte Beobachter. Sie setzt voraus, daß die zu beurteilenden Verhaltensaspekte eindeutig definiert und zuverlässig erfaßbar sind und daß die Beobachter in Beobachtung wie Registrierung geschult werden. Solche systematische Beobachtungen im Rahmen der Evaluation von beruflichen Bildungsmaßnahmen stehen bisher aus.

Wegen der Nachteile der gebräuchlichen Meßinstrumente wird gelegentlich gefordert, mehrere Verfahren einzusetzen und vor allem bei Befragungen mehrere Personengruppen (Teilnehmer/innen, Dozenten, Vorgesetzte etc.) einzubeziehen.
Dadurch werden verschiedene Perspektiven der Erfolgsbewertung sichtbar, die bei der Lernzieldefinition und Bedarfsfeststellung berücksichtigt werden sollten.

Es gibt viele Bedingungen, die dazu führen können, daß nach einer Bildungsmaßnahme die gewünschte Veränderung gemessen wird, ohne daß dieser Effekt durch diese Maßnahme bewirkt wurde. Dies gilt vor allem für die Messung von Langzeiteffekten. Fehlerquellen sind vor allem Veränderungen in der beruflichen Umgebung, veränderte Rollenanforderungen durch Kollegen und Vorgesetzte, Veränderungen des Beurteilungsmaßstabs sowie die Induktion von Problembewußtsein durch Vortests.

Zur Kontrolle dieser Einflüsse wird der Vergleich mit Kontrollgruppen (vgl. Weinert, 1981) vorgeschlagen, z. B. das Vier-Gruppen-Design von Solomon (1949). Ein wesentlicher Nachteil dieses Vorgehens besteht jedoch darin, daß eine große Anzahl von Kandidaten für eine Bildungsmaßnahme erforderlich ist und nur ein Teil dieser Kandidaten am Bildungsprogramm teilnehmen kann. Wie Untersuchungsergebnisse von Hand & Slocum (1972) nahelegen, kann dies zu einer Verstimmung und damit zu einem Leistungsabfall oder zu anderen reaktiven Effekten bei den Kontrollgruppen führen.

Wegen der Schwierigkeiten, genügend Kandidaten für Kontrollgruppen zu finden, schlagen Campbell & Stanley (1963) sog. „quasi-experimentelle Designs" als Kompromisse zwischen wissenschaftlichen Anforderungen und den Möglichkeiten im organisatorischen Feld vor (vgl. Weinert, 1981).

Ein solches Verfahren ist die Zeitreihenanalyse. Hierbei wird anhand einer Reihe von Messungen (Zeitreihe) ein mathematisches Modell geschätzt, das diese Daten (den stochastischen Prozeß) simuliert. Das Modell wird nun daraufhin überprüft, ob es im Falle von Interventionen bzw. deren Ausbleiben noch adäquat ist. Werden z. B. bei zwei Gruppen zu unterschiedlichen Zeitpunkten Bildungsmaßnahmen durchgeführt und haben diese Interventionen zeitversetzt die gleichen Auswirkungen auf die Leistung, so geht man davon aus, daß ein Interventionseffekt vorliegt.

Weitere Vorschläge von Campbell & Stanley (1963) sind die Methoden der „institutionellen Zyklus-Analyse" und der „Unterteilung in vergleichbare Untergruppen", denen Vergleiche bei zeitversetzten Trainingsgruppen zugrunde liegen. Nehmen z. B. in einem Zyklus mehrere Gruppen nacheinander an der gleichen Bildungsmaßnahme teil, so kann die jeweils nachfolgende Gruppe als Kontrollgruppe für die vorangehende Gruppe dienen.

Erfolgsmessung ist Veränderungsmessung. Die einfachste Veränderungsmessung ist der Vergleich der Werte, die ein Teilnehmer vor und nach einer Bildungsmaßnahme erreicht. Dieser einfache Differenzwert ist allerdings nicht geeignet, die Wirkung von Bildungsmaßnahmen zu überprüfen. Neben der möglichen Instabilität des Meßverfahrens und möglicher fremder Einflüsse zwischen Anfangs- und Endmessung bestehen vor allem zwei Probleme: der Regressionseffekt und die geringe Reliabilität von Differenzwerten.

Der „Regressionseffekt" besagt, daß zwischen dem Anfangswert und dem Differenzwert eine negative Korrelation besteht. Diese sog. „Regression zur Mitte" kann auf verschiedene Weise interpretiert werden (vgl. Helmreich, 1977). Weiterhin ergibt sich aus der nicht absolut reliablen Messung von psychischen Merkmalen zwangsläufig, daß mit zunehmender Interkorrelation der Anfangs- und Endwerte die Reliabilität des Differenzwertes abnimmt (vgl. Guilford, 1954).

Diese Schwierigkeiten führten zur Entwicklung von Ansätzen zur Bildung „wahrer" Veränderungswerte. Zu nennen sind vor allem der Change-Quotient von O'Connor (1972) und die Schätzung der „wahren" Differenzwerte nach Lord (1956) und McNemar (1958). (Vgl. hierzu die ausführliche Diskussion bei Helmreich, 1977.)

Als weitere Möglichkeit für die Forschung im Feld wird vorgeschlagen, die Kandidaten nach Zufall auf die Trainings- und Kontrollgruppe(n) zu verteilen und sich auf die Analyse der Endwerte zu beschränken. Falls sich die Verteilungen der Anfangswerte in den Gruppen unterscheiden, kann eine Kovarianzanalyse mit dem Anfangswert als Kovariate und dem Endwert als abhängige Variable gerechnet werden (vgl. jedoch Cronbach & Furby, 1970). Wegen der geringen Anzahl der Trainingsteilnehmer und der Schwierigkeiten im Organisationsablauf, Kandidaten nach Zufall zu verteilen, sind die Voraussetzungen für diese statistischen Analysen häufig nicht gegeben.

Die Zeitreihenanalyse (vgl. Komaki et al., 1977) schließlich setzt voraus, daß der Untersucher über die Möglichkeit verfügt, eine hinreichend große Anzahl von Messungen durchzuführen.

Durch die punktuelle Überprüfung des Endergebnisses allein können die Stärken und Schwächen eines Bildungsprogramms nicht festgestellt und damit auch keine Verbesserungsansätze abgeleitet werden. Für diesen Zweck muß eine prozessuale Evaluation der einzelnen Phasen und Aspekte des Bildungsprogramms durchgeführt werden, also eine Evaluation der Bedarfsanalyse, der Lernzielformulierung, der Lehr-/Lernmethoden, des Transfers und auch der Evaluationsmaßnahmen. Von diesen Bereichen hat in den letzten Jahren vor allem die Überprüfung der Trainingsinhalte auf ihre Arbeitsplatzbezogenheit mit Hilfe von Inhalts-Validitäts-Analysen Aufmerksamkeit gefunden (vgl. Goldstein et al., 1981; Ford & Wroten, 1984).

Die Notwendigkeit einer prozessualen Evaluation und die Schwierigkeiten der wissenschaftlich begründeten Evaluation veranlassen immer mehr Autoren (z. B. Heller & Clark, 1976), für eine Evaluation zu plädieren, die sich an der Aktionsforschung orientiert. Hierbei ist die Trainingsgruppe gleichzeitig die „Forschungsgruppe". Ein Ablaufmodell der Evaluation als Aktionsforschung hat Conradi (1983, S. 113 ff.) beschrieben. Danach ist die Evaluation als offener Diskussions- und Problemlösungsprozeß zu begreifen, in den die Prozesse der Problemanalyse, Zielanalyse, Planung, Durchführung und Anwendung von Bildungsmaßnahmen integriert sind.

Zur Vermeidung einer solchen dysfunktionalen Komplexitätsreduktion gegenüber Vorgängen in der Umwelt werden im wesentlichen zwei Strategien diskutiert: die Strategie der organisatorischen Differenzierung sowie die Strategie der personalen Professionalisierung (Gebert, 1978). Um den einzelnen Entscheidungsträger nicht zu überfordern, wird das ihm zugeordnete Umweltsegment, das er im Rahmen seiner Aufgabenstellung zu bearbeiten hat, verkleinert. Diese im Kern auf eine Spezialisierung hinauslaufende Strategie führt speziell bei zunehmender Umweltkomplexität, also zunehmender Verzahntheit der Vorgänge in den verschiedenen Umwelt-Segmenten, natürlich auch zu spezifischen Schwierigkeiten (Grochla, 1972). Die in der Regel parallel ergriffene Strategie der Professionalisierung zielt auf eine zunehmende Qualifizierung der Entscheidungsträger ab, um dysfunktionale Komplexitätsreduktionen zu vermeiden (Kirsch, Esser, Gabele, 1979). Kontakte zu entscheidungsrelevanten Ideen-Speichern außerhalb der Organisation, also etwa zu Universitäten und Fachverbänden, können dabei ebenfalls hilfreich sein, die allgemeine Rezeptivität gegenüber Vorgängen in der Umwelt auf der kognitiven Ebene zu fördern (Aiken, Hage, 1971).

Neben einer auf diesen Wegen geförderten Offenheit gegenüber den in der Umwelt gegebenen Vorgängen (Starbuck, 1976) interessieren die Mechanismen, über die die kognitive Diffundierung solcher Angebote / Aufforderungen aus der Umwelt in die Führungsspitze einer Organisation gefördert respektive gebremst wird. Zur Erklärung der unterschiedlichen Diffundierung und Validität der Kommunikation von „unten" nach „oben" dürfte die Frage des Führungsstils innerhalb der Organisation von herausragender Bedeutung sein (Argyris, 1971).

Diskursfähigkeit der Vorgesetzten nach „unten" und Zivilcourage der Vorgesetzten ihren eigenen Vorgesetzten gegenüber nach „oben" sind zwei wesentliche Attribute des erforderlichen Verhaltens der Vorgesetzten, damit die Mitarbeiter angstfrei auch abweichende Meinungen vorzutragen sich getrauen und darüber hinaus den Eindruck bekommen, daß ihre Vorgesetzten sich für solche Veränderungsvorschläge ihrerseits aktiv nach „oben" hin einsetzen, die ihnen vernünftig zu sein scheinen. Eine valide Kommunikation von „unten" nach „oben" muß in diesem Sinne zum einen sanktionsfrei sein und zum anderen als etwas bewirkend wahrgenommen werden (Gebert, 1983).

Zur Förderung der Fortschrittsfähigkeit einer Organisation (Kirsch, u. a., 1979) kommt es gerade gegenwärtig darauf an, die Erkenntnisfähigkeit einer Organisation zu steigern, was die Bereitschaft zur Fundamentalkritik (Etzioni, 1975) voraussetzt. Nach Etzioni (1975) ist entscheidend, daß die von außen aufgenommene Fundamentalkritik von den Intellektuellen in die Organisation hineingetragen wird und dabei nicht sofort an der tendenziell System-stabilisierenden Detailkritik von Experten scheitert. Schwache Signale (Ansoff, 1976) müssen vielmehr über die Fundamentalkritik der Intellektuellen innerhalb der jeweiligen Organisation hinreichend verstärkt werden, um bei den politischen Entscheidungsinstanzen (der Führungsspitze der Organisation) Gehör zu finden (Crozier, Friedberg, 1979). Die Erfindung der Rolle des Hofnarren zeigt die Probleme dieser Strategie; das Fallbeispiel der AEG in der Bundesrepublik Deutschland mit dem Führungswechsel an der Spitze illustriert die Notwendigkeit und Machbarkeit dieser Strategie.

5.1.3 Die Ebene der Bewertung – Prozesse der Präferenzbildung

In diesem Abschnitt stehen evaluative Prozesse im Vordergrund, die den unterschiedlichen Grad an Aufnahme oder Abwehr gegenüber den verschiedenen Umwelteinflüssen erklären sollen. Der Prozeß der Präferenzbildung wird dabei motivational interpretiert. In Anlehnung an die Erwartungs-Wert-Theorie von Vroom (1974) ist die zustimmende oder abwehrende Haltung gegenüber spezifischen Umwelteinflüssen respektive Verhaltensangeboten eine Funktion der vermuteten Zielinstrumentalität einerseits (entspricht der Variablen Instrumentalität) und der vermuteten Machbarkeit (entspricht der Variablen Erwartung) andererseits. Die nachstehende Schematik illustriert diese Zusammenhänge.

Schreibautomaten und Bildschirmtext verbinden sich zunächst einmal mit Rationalisierungsmöglichkeiten (entspricht Ergebnis 1), die ihrerseits in einer positiven Instrumentalität zu den Endergebnissen (entspricht Ergebnis 2) stehen, die z. B. vom Vorstand erwartet werden, nämlich die Sicherstellung einer angemessenen Rendite. Ist in diesem Sinne die Zielinstrumentalität für den Vorstand positiv ausgeprägt, wird als zweites Filter die Frage nach der Machbarkeit dieser technologischen Veränderungen innerhalb der eigenen Organisation gestellt, wobei in das Kalkül auch

	technischer Wandel (Schreibautomaten, Bildschirmtext, Roboter ...)		organisatorischer Wandel (neue Arbeitszeitmodelle, job-sharing ...)		sozialer Wandel (Demokratisierungsforderung, Mitbestimmung ...)	
	Zielinstrumentalität	Machbarkeit	Zielinstrumentalität	Machbarkeit	Zielinstrumentalität	Machbarkeit
Vorstand	+	+	−	−	∓	∓
gewerbliche Mitarbeiter	−	−	+	+	+	+

Abb. 1: Mögliche Präferenzbildungen gegenüber Neuerungen in der Umwelt auf seiten verschiedener Zielgruppen.

Durchsetzungskosten immaterieller Art (Widerstände durch den Betriebsrat usw.) mit eingehen werden. Die angedeuteten Neuerungen im Bürobereich werden dabei nach den Literaturzeugnissen (siehe Picot, Brandt, 1984) in der Sicht der Vorstände einer Wirtschaftsorganisation vermutlich hohe Zielinstrumentalitäten und hinreichende Machbarkeiten unter vertretbaren Kosten aufweisen. Für die Gruppe der gewerblichen Mitarbeiter stellt sich diese Sachlage anders dar. Die gewerblichen Mitarbeiter stellen andere Ergebnisse in den Vordergrund (nämlich z. B. Arbeitsplatzsicherheit), in bezug auf die das Ergebnis 1 (Rationalisierungsgewinn) eine negative Instrumentalität aufweist. Zumindest im sozialen Bereich werden auch die Durchsetzungskosten (Machbarkeit) für entsprechend groß beurteilt, so daß sich negative Präferenzbildungen ergeben können (siehe hierzu Schaff, 1982).

Will man zusammenfassend die Varianz bezüglich der Präferenzbildungen zwischen den verschiedenen Interessengruppen erklären (wobei in der obigen Schematik lediglich aus Vereinfachungsgründen von nur zwei Interessengruppen ausgegangen wurde), so müssen folgende Fragen geklärt sein:

1) Welche unmittelbaren Resultate verbinden sich mit den verschiedenen aus der Umwelt kommenden Neuerungen bzw. Verhaltensmöglichkeiten?

2) An welchen Langzeiteffekten messen die Bezugsgruppen die unmittelbaren Ergebnisse?

3) Welche Instrumentalität besteht zwischen den unmittelbaren Effekten und den Langzeitwirkungen?

4) Welche Durchsetzungskosten / Barrieren werden im Hinblick auf die Implementation der jeweiligen Neuerung antizipiert?

In der nächsten Spalte der Schematik wird beispielhaft auf neue Arbeitszeitmodelle Bezug genommen. Auf der Seite der Führungsspitze einer Organisation wird über eine Flexibilisierung der Arbeitszeitmodelle nicht selten eine Gefährdung der Grundordnungen (Pünktlichkeit, Disziplin usw.) befürchtet. Zugleich werden erhebliche organisatorische und juristische Schwierigkeiten erwartet, so daß derartige Arbeitszeitmodelle auf seiten der Vorstände in Wirtschaftsorganisationen derzeit eine vergleichsweise nur geringe Akzeptanz aufweisen (Teriet, 1976). Wiederum mag es sein, daß sich die Frage der Akzeptanz solcher Modelle für die gewerblichen Mitarbeiter in anderer Weise stellt.

Einige weitere Beispiele in bezug auf die Aufnahme oder Abwehr gegenüber Inhalten des sozialen Wandels sollen die dargestellten motivationalen Filter illustrieren. Im Zuge des Wertewandels sind Humanisierungsforderungen erhoben worden, aufgrund derer in der Bundesrepublik Deutschland ein äußerst umfangreiches Programm zur Humanisierung der Arbeitswelt ins Leben gerufen wurde. Die Akzeptanz dieses Programms ist, erklärbar durch die motivationalen Filter, in den verschiedenen

Interessengruppen durchaus unterschiedlich (siehe etwa Wilpert und Quintanilla, 1984; Peter, 1984). In einer Befragung der Deutschen Gesellschaft für Personalführung an Personalleitern zeigte sich, daß im Rahmen der Humanisierungsprogramme ergonomisch orientierte Maßnahmen gegenüber qualitativen Arbeitsanreicherungen (Volvo usw.) ein deutliches Übergewicht aufweisen. Interessanterweise zeigte sich zugleich, daß nach Meinung der hier befragten Personalleiter ergonomische Maßnahmen zur Humanisierung mehr beitragen, als dies vergleichsweise z. B. für qualitative Arbeitsanreicherungen und Förderungen der Mitbestimmung am Arbeitsplatz gilt (v. Rosenstiel, Gebert, 1981). Speziell auch in der Mitbestimmungsfrage werden die Zielinstrumentalitäten in den verschiedenen Interessengruppen sehr unterschiedlich eingestuft (Wächter, 1983).

Im Zuge vermuteter negativer Instrumentalitäten verschiedener Bestimmungen auch des Betriebsverfassungsgesetzes werden bei kleinen Eigentümer-Unternehmungen auch heute noch häufig gezielte Umgehungen des BVG beobachtet (Kotthoff, 1981).

Die genannten Beispiele legen zugleich die Hypothese nahe, daß man den de-facto-Grad an Aufnahme bzw. Abwehr gegenüber den aufgeführten Umwelteinflüssen innerhalb der Organisation recht gut über die hier angesprochenen motivationalen Filter prognostizieren kann. Drei weitere Beispiele, die gerade aus organisationspsychologischer Sicht bedeutsam sind, seien hierzu angeführt:

Die vielzitierten Qualitätszirkel erfreuen sich momentan höherer Akzeptanz, als dies für das umfassendere Konzept der Organisationsentwicklung gilt (Gebert, 1984). Dies wird erklärlich, wenn man bedenkt, daß das Konzept der Organisationsentwicklung eine radikalere Strategie im Sinne der Fundamentalkritik von Etzioni (1975) beinhaltet und dabei das Management mit erheblichem Veränderungsdruck konfrontiert. Organisationsentwicklung ist auf der Image-Ebene revolutionärer und weniger systemstabilisierend, als dies vergleichsweise für die Qualitätszirkel gilt (Einsiedler, 1985). Als zweites Beispiel sei auf die unterschiedliche Resonanz verwiesen, die gegenüber bestimmten Führungsmodellen besteht. Die einschlägigen Situationstheorien der Führung (zusammengefaßt bei Staehle, 1981) haben auf seiten der Führungskräfte durch ihren stärkeren Bezug zu betriebswirtschaftlichen Kriterien nicht nur eine höhere Zielinstrumentalität, sondern zugleich durch ihr Grundkonzept der situativen Relativierung eine höhere Praktikabilität, sprich Machbarkeit im Sinne des hier diskutierten Filters. Situationstheorien der Führung sind insofern nicht zufällig heutzutage in Führungsseminaren en vogue. Als drittes Beispiel sei auf die Personalbeurteilung eingegangen. Klassische Personalbeurteilungen in standardisierter Form von „oben" nach „unten" sind inzwischen in sehr vielen speziell großen Unternehmungen eingeführt (Schuler, 1982). Daß dagegen Vorgesetzten-Beurteilungen durch die Mitarbeiter, also Beurteilungen von „unten" nach „oben" (Daniel, 1982), noch vergleichsweise selten sind, dürfte mit durchsichtigen unterschiedlichen Zielinstrumentalitäten auf seiten der verschiedenen Interessengruppen zusammenhängen.

Unter dem Gesichtspunkt der Filterwirkung der vermuteten Zielinstrumentalitäten und Machbarkeits-Kognitionen sei schließlich noch darauf hingewiesen, daß letztere häufig wohl in Abhängigkeit von den ersteren strukturiert werden. Forderungen aus der Umwelt nach mehr Selbstentfaltungsmöglichkeit für den einzelnen, die für spezifische Zielgruppen negative Zielinstrumentalitäten aufweisen, kann man leicht an der Machbarkeitshürde scheitern lassen, indem man die Machbarkeit z. B. durch die Annahme entsprechender Verantwortungsscheu der Mitarbeiter für hinreichend gering erachtet. Diese von Führungskräften immer wieder herausgestellte Machbarkeitshürde (Neuberger, 1984) erweist sich damit häufig auch als Ideologie. Generell kann nicht genügend betont werden, daß sowohl die wahrgenommenen Zielinstrumentalitäten als auch die Machbarkeitseinstufungen nicht Kognitionen im engeren Sinne, sondern interferierende Interpretationen, Attributionen und Ideologien widerspiegeln, so daß die faktischen Zielinstrumentalitäten und Machbarkeiten von den Annahmen hierzu in gewichtigem Umfang abweichen können (Beyer, 1981; Sproull, 1981). Dienel (1982) veranschaulicht dieses Problem in der öffentlichen Verwaltung: Die Bürger werden von der Verwaltung nicht selten als apathisch, uninformiert, eigeninteressiert und bösartig wahrgenommen, wodurch die Verwaltung die von den Politikern an sie herangetragenen Forderungen nach mehr Bürgernähe unterlaufen kann. Befürchtete negative Instrumentalitäten werden so durch Ideologien zur (Un)-Machbarkeit abgewehrt.

5.1.4 *Die Ebene des politischen Handelns – Zur Implementation der Aufnahme oder Abwehr innerhalb der Organisation*

Hat sich in der Gruppe der Schlüsselpersonen eine Meinung zugunsten der Aufnahme oder der Abwehr eines bestimmten Umwelteinflusses herausgebildet, so stellt sich die Frage, wovon es abhängt, wie viele Personen innerhalb der Organisation auf der Verhaltensebene in zeitlich stabiler Weise später diesem Votum der Schlüsselpersonen entsprechen. Zur Erklärung der Varianz im Hinblick auf diese angesprochene Variable ist die Qualität der gewählten Implementationsstrategie entscheidend. Hierauf wird nachstehend eingegangen.

Als Veranschaulichungsfeld „gebremster" Ideenimplementation sei die Frage aufgegriffen, in welcher Weise Organisationen die Idee stärker partnerschaftlich orientierter Kooperationsmuster aufzunehmen versucht haben. Das Konzept der Organisationsentwicklung (Gebert, 1974), das sich explizit zum Ziel setzt, zur Implementation postmaterialistischer Wertstrukturen (Inglehart, 1981 a) beizutragen, und dabei versucht, neben der Organisationsstruktur auch die Einstellungen der beteiligten Personen zu verändern, wird nach empirischen Zeugnissen bisher eher selten durchgeführt. Die Idee stärker kooperativer Verhaltensmuster wird häufiger eher halbherzig insofern einzuführen versucht, als in den Organisationen entweder nur umfangreiche Schulungsprogramme speziell für Führungskräfte abgehalten werden (vgl. hierzu Gebert, 1972), ohne daß die Struktur der Organisation mit verändert wird, oder aber einseitig bestimmte strukturelle Maßnahmen ergriffen werden und z. B. Führungsgrundsätze erarbeitet werden (Wunderer, 1984), ohne daß zugleich hinreichend Gewicht auf die Frage gelegt wird, wie derartige formale Grundsätze verlebendigt werden können.

In einer eigenen Analyse der diesbezüglichen Bemühungen in der Bundesrepublik Deutschland nahm eine stark schulungsorientierte Strategie, die das Top-Management in die Veränderungsbemühungen nicht mit einschloß, sehr kurzzeitorientiert taktierte und als „Wasch mich, aber mach mich nicht naß"-Strategie bezeichnet wurde, einen herausragenden Platz ein (Gebert, 1976). Der politische Kompromiß-Charakter bei der Aufnahme derartiger Ideen aus der Umwelt zeigt sich z. B. auch darin, daß zwar häufig neue Personalbeurteilungssysteme eingeführt worden sind, in denen auch das Kooperationsverhalten beurteilt wird, zugleich aber die Entscheidungen über die Karriere der Personen häufig unabhängig von den Ergebnissen derartiger Personalbeurteilungen getroffen zu werden scheinen (Gebert, 1976).

Die Beispiele zeigen, wie Implementierungsversuche versanden können. Umgekehrt formuliert: Versuche der Implementation partnerschaftlich-orientierter Kooperationsmuster müssen die u. a. in der Literatur zur Organisationsentwicklung erörterten Merkmale des Veränderungsprozesses in Rechnung stellen:

a) Veränderungen der Führungs- bzw. Kooperationsmuster implizieren Veränderungen der Organisationskultur (Schein, 1985). Da eine solche Organisationskultur (definiert über das Muster grundlegender Annahmen und Überzeugungen, die ausmachen, wie die Organisation sich selbst und ihre Umwelt sieht) zeitliche Stabilität aufweist, ist bereits erkenntlich, daß Veränderungen der Interaktionsmuster unter der Perspektive der Implementation eine Langzeitperspektive voraussetzen.

b) Implementationsversuche werden eine größere Reichweite erzielen, wenn berücksichtigt wird, daß Interaktionsmuster einen Baustein der (umfassenderen) Organisationskultur darstellen; entscheidend ist entsprechend die inhaltliche Konsistenz der Interaktionsmuster einerseits mit den übrigen Manifestationen der Organisationskultur (z. B. Architektur, spezifische Zeremonien, Rituale, Mythen, Sprachregelungen usw.) andererseits.

c) Zusätzlich zu den in der Organisationsentwicklung immer wieder als wichtig herausgestellten Aspekten (Zusammenführung von personalem und strukturalem Ansatz, Top-down-Strategie, Einrichtung eines Steuerungskomitees, Beachtung der Vorbildfunktion der Schlüsselpersonen und Förderung des Modellernens, Veränderung der Belohnungsmuster usw.) sei ergänzend unter der Perspektive der Qualität der Implementation auf die Wichtigkeit einer hinreichenden Realitätsorientierung (vermittelt über die Methode des survey-feedbacks) sowie auf das Zulassen von Pluralismus auf der Realisierungsebene der jeweiligen Modellvorstellungen verwiesen, da hiermit über den Grad der kontingenztheoretischen Anpassungen genereller Modellvorstellungen an die organisationsspezifischen Besonderheiten entschieden wird.

Schließlich spielt als weiteres Qualitätsmerkmal der Implementationsstrategie der Grad der Partizipation Nachgeordneter eine wesentliche Rolle: Im Sinne der Suche nach einer Sollstrategie dürfte es unrealistisch sein, ein und denselben Partizipationsgrad in bezug auf die verschiedensten Inhalte auf dem Gebiet des sozialen, organisatorischen und technischen Wandels als gültig anzunehmen. Der über gesättigte Märkte vermittelte Kostendruck wird zu Rationalisierungsmaßnahmen führen, die sicherlich anders zu implementieren sind, als dies vergleichsweise für die Verlebendigung stärker partnerschaftlich orientierter Verhaltensmuster in einer Organisation gilt. Bezogen auf die Partizipationsdimension wird entsprechend vermutet, daß die Entscheidungslogik von Vroom und Yetton (1973) bei der Wahl des jeweiligen Partizipationsgrades hilfreich sein kann. Partizipative Strategien sind in diesem Ansatz durchaus funktional, dies aber nur in von Vroom und Yetton (1973) spezifizierten Situationen. Auch die klassische Marketing-Strategie des Durchsetzens von Veränderungen (siehe die historische Untersuchung von Coch und French, 1948) hat in einem bestimmten situativen Kontext ihre Gültigkeit. Und schließlich mag gelten, daß auch extrem nichtpartizipative Vorgehensweisen, die bei Kirsch u. a. (1979) als „Bombenwurf" bezeichnet werden, zumindest kurzfristig gesehen, für die Implementation funktional sein können. Als letztes Filter, das zur Erklärung von Unterschieden des Grades herangezogen werden kann, in dem Organisationen spezifische Umwelteinflüsse aufgenommen oder auch abgewehrt haben, ist insofern die Entsprechung (fit) zwischen dem gewährten Partizipationsniveau einerseits und den situativen Bedingungen, wie sie im Entscheidungskalkül von Vroom und Yetton (1973) spezifiziert werden, andererseits zu berücksichtigen. Auch dabei ist allerdings vor Komplexitätsreduktionen zu warnen: Die in der Praxis gerade im Zuge technisch-organisatorischer Wandlungsprozesse immer wieder zu beobachtende Strategie des „Bombenwurfs" mag ihre Funktionalitäten aufweisen; nach einem „Bombenwurf" kann man aber schwerlich die Etzionische (1975) Fundamentalkritik gegenüber der Führungsspitze zu installieren versuchen, die auf dem Diskurs-Konzept aufbaut.

5.1.5 Aufnahme / Abwehr von Umwelteinflüssen in der öffentlichen Verwaltung

Zumal der Bereich der öffentlichen Verwaltung in organisationspsychologischer Hinsicht bisher nur äußerst dürftig analysiert wurde, sei das Problem der Aufnahme/Abwehr von Umwelteinflüssen hier noch einmal speziell in diesem Anwendungsfeld fokussiert. Ähnlich wie in den Betrieben durch die Mitbestimmungsgesetzgebung und das Betriebsverfassungsgesetz (zu letzterem siehe Hanau, 1982) sind auch in der öffentlichen Verwaltung durch eine juristische Verankerung sog. Bürgerbeteiligungen die Weichenstellungen eher in Richtung auf Aufnahme denn auf Abwehr von Interessen-Integrationen der je Betroffenen gestellt. Viele Autoren (etwa Mayer-Tasch, 1981) sehen hierin bereits eine Reaktion auf den vielzitierten Wertewandel (Inglehart, 1981b; Klages, 1984). Im Mittelpunkt steht der Versuch einer frühzeitigen Bürgerbeteiligung bei öffentlichen Planungen. Als Funktion einer stärkeren bürgerschaftlichen Partizipation an Fachplanungen erwähnt von Mutius (1982) z. B. die Förderung der Qualität und Akzeptanz der Planungen im Kommunalbereich, die Kontrollfunktion des Bürgers gegenüber der öffentlichen Verwaltung sowie eine Emanzipationsfunktion des einzelnen. Als Vehikel für derartige bürgerschaftliche Partizipationen dienen – in den Bundesländern verschieden geregelt – sogenannte Bürgerversammlungen, Bürgerbegehren, Bürgeranträge, Bürgerentscheide usw. (Mayer-Tasch, 1981). Obwohl in der Verwaltung nicht unerhebliche Vorbehalte gegenüber Bürgerbeteiligungen bestehen (Blümel, 1982; Kussau, 1979), kann kein Zweifel daran bestehen, daß zumindest auf der juristischen Ebene ein erhebliches Partizipationsangebot vorliegt.

Das Problem der Aufnahme respektive Abwehr gegenüber Einflüssen aus der Umwelt, das bisher sehr stark aus der Sicht der Leitungsspitze einer Organisation beleuchtet wurde, kann an dieser Stelle insofern um eine weitere Facette angereichert werden: Über den Aufnahme- respektive Abwehrgrad entscheiden nicht nur die bisher diskutierten Mechanismen, sondern auch die Nachfrageintensitäten nach Partizipation auf seiten der von den jeweiligen Maßnahmen Betroffenen.

Interessant wäre es insofern nicht nur, aus organisationspsychologischer Sicht die Mechanismen nachzuzeichnen, über die die Verwaltung gelegentlich z. B. Bürgerinitiativen abzuwehren versucht, sondern sich auch umgekehrt zu fragen, auf welchem Wege unmittelbar die Motivation zur politischen Partizipation bei den Bürgern erhöht werden kann. Zu diesem Problem gibt es z. B. den Vorschlag der Planungszelle (Dienel, 1982), was allerdings von anderer Seite (Mayer-Tasch, 1981) kritisch beleuchtet wird. Eine organisationspsychologische Aufarbeitung derartiger Strategien, die Aufnahme von Umwelteinflüssen dadurch zu steigern, daß die Intensität der Nachfrage nach Nutzung der gegebenen Partizipationsangebote auf seiten der Repräsentanten der Umwelt gesteigert wird, steht noch aus. Das (nicht seltene) Verschweigen der Partizipationsrechte gegenüber dem Bürger bzw. die Unterlassung der Aufklärung über den sog. Möglichkeitsraum (Holzkamp, 1983) in formaler und inhaltlicher Hinsicht durch die Kommunalbehörde spiegelt somit möglicherweise auch eine spezifische Abwehrstrategie gegenüber negativ bewerteten Umwelteinflüssen wider.

Kapitel 5.2

Strategien des Einwirkens auf die Umwelt und die Entstehung von Gegenmacht

Diether Gebert

Nachdem unter 5.1 die Frage behandelt wurde, in welcher Weise eine Organisation Einflüsse aus der Umwelt aufnimmt bzw. abwehrt und in diesem Sinne reagiert, steht in diesem Abschnitt die Perspektive im Vordergrund, auf welchem Wege eine Organisation ihrerseits aktiv auf die für sie relevante Umwelt einzuwirken versucht. Vereinfachend werden dabei zwei Strategien unterschieden: Die Organisation kann zum einen versuchen, den Meinungsbildungsprozeß in der Umwelt in den für sie interessanten Fragen in für sie günstiger Weise zu beeinflussen. Hiervon abgehoben wird eine zweite Strategie, in der weniger eine Bewußtseinsbildung, sondern mehr eine Machtstabilisierung und Machterweiterung gegenüber relevanten Gruppen in der Umwelt zur Debatte steht. Zwischen beiden Strategien bestehen dabei fließende Übergänge.

5.2.1 Einwirkungen über die Beeinflussung der Meinung über die Organisation

Die Wahrnehmung und Bewertung der Organisation durch die Umwelt bezieht sich zum einen auf die Produkte der Organisation. In der Beeinflussung der Produktkognition und -evaluation liegt das klassische Aufgabengebiet der Werbung, auf die hier nicht näher eingegangen werden soll (siehe hierzu zusammenfassend z. B. bei Six, 1983; Beeskow, Dichtel, Fink, Müller, 1983; v. Rosenstiel, Ewald, 1979; Comanor, Kover, Smeley, 1981). Darüber hinaus wird eine Organisation als Ganzes (z. B. in ihrer Firmenpolitik) von der Umwelt wahrgenommen und bewertet. Neben dem Produktimage existiert häufig ein mehr oder weniger profiliertes Firmenimage. Dieses Firmenimage, das sozialpsychologisch als Einstellung mit entsprechenden kognitiven und evaluativen Komponenten analysiert werden kann (Lilli, 1983), ist der klassische Objektbereich der Public Relations bzw. der Öffentlichkeitsarbeit, auf die nachstehend Bezug genommen wird.

Die Öffentlichkeitsarbeit, die auf der Maßnahmenseite Pressekonferenzen, attraktiv gestaltete Geschäftsberichte, Werkszeitschriften, Betriebsbesichtigungen, Stiftungen und ähnliches umfaßt (Nieschlag, Dichtel, Hörschgen, 1981), wird von der Deutschen Public Relations Gesellschaft wie folgt definiert: „Public Relations sind planmäßige, systematische und methodische Bemühungen um Verständnis, Vertrauen und Goodwill in der Öffentlichkeit mit Hilfe gezielt eingesetzter Kommunikationsprozesse“ (Bläse, 1982, S. 181). Veranschaulichungen von Öffentlichkeitsarbeit sowohl im Bereich der Wirtschaft als auch im Bereich der öffentlichen Verwaltung finden sich in Haedrich, Barthenheier und Kleinert (1982). Fragt man nach den Aktivitätsschwerpunkten der Öffentlichkeitsarbeit, so stehen die Versuche, Kontakte zur Presse herzustellen, Durchführungen von Pressekonferenzen sowie die Auswahl von zur Veröffentlichung geeigneter Informationen aus dem Unternehmen mit weitem Abstand im Vordergrund der Public Relations-Bemühungen. Es wird insofern die Organisationskognition und -evaluation vorrangig einer ganz spezifischen Gruppe innerhalb der Umwelt zu beeinflussen versucht. Auf die Wirksamkeit derartiger Aktivitäten wird unter einem anderen Stichwort unter 5.3 zurückgekommen.

Stellenbezogen erfreuen sich die Abteilungen für Öffentlichkeitsarbeit in den letzten Jahren zumindest in den sensiblen Wirtschaftsbereichen (Chemie, Energie) eines erheblichen Personalausbaus (siehe z. B. bei Rudloff, 1982). In dieser personellen Verstärkung spiegelt sich eine Anspruchsausweitung der Öffentlichkeit gegenüber der Unternehmung wider, von der neben der Beachtung einer betriebswirtschaftlichen Rationalität zunehmend auch die Beachtung einer gemeinwirtschaftlichen Rationalität erwartet wird (Weitzig, 1979; Hoff, Strümpel, 1982). Ein objektiv anwachsender Problemdruck (Umweltschutz, Arbeitslosigkeit) sowie eine wachsende Problemsensibilität schaffen für viele Organisationen im wirtschaftlichen Bereich einen deutlichen Legitimationszwang. Die Übernahme der gesellschaftlichen Verantwortung bzw. der auch in der Verfassung explizit gewürdigte soziale Bezug von Eigentum (Häberle, 1983) stellen in unserem Wirtschaftssystem nach Meinung mancher Experten immer noch mehr Programm denn Realität dar (Stammen, 1982; Lampert, 1982). Daß derartige Differenzen im Zuge des parallellaufenden Wertewandels zu einer zunehmend kritischen Einstellung speziell in der jüngeren Generation gegenüber unserem wirtschaftlichen Ordnungssystem einerseits und gegenüber spezifischen Unternehmungen andererseits führen können (Dyllick, Probst, 1983; Köcher, 1982), kann nicht verwundern.

Verschiedene Wirtschaftsorganisationen haben hierauf bereits zu reagieren versucht, indem sog. Sozialbilanzen erstellt wurden. Hierbei geht es im wesentlichen darum, über die traditionelle Geschäftsberichtserstattung hinausgehend Rechenschaft über gesellschaftsbezogene Aktivitäten abzulegen (Hoff, 1982). Zumindest von der Idee her verschiebt sich die Akzentsetzung gegenüber der klassischen Public Relations-Arbeit: Während bei letzterer das Werben um Goodwill bei Konstanz der eigenen Aktion im Vordergrund steht, kommt im Rahmen der Sozialbilanz die Idee einer gesellschaftsbezogenen Selbstkontrolle, die zumindest im Prinzip auch auf die Handlungsqualität der Organisation verändernd zurückwirken kann, hinzu.

Die innerhalb der Sozialbilanz zu behandelnden denkbaren Problemfelder liegen etwa in den Fragen nach dem Einkommen und der Arbeitszeit der Organisationsmitglieder, in Fragen des Qualifikationsniveaus der Mitarbeiter, in Fragen der Mitbestimmung und Information, in Fragen der Subventionierung bzw. Belastung der öffentlichen Haushalte, in Fragen der Umweltbelastung und in Fragen der Beschäftigungspolitik.

Sozialbilanzen thematisieren insofern ein inneres Beziehungsfeld sowie das Beziehungsfeld der Organisation zu ihrer Umwelt, also ein äußeres Beziehungsfeld (Hoff, 1982). Durchgeführt werden derartige Sozialbilanzen bisher primär von solchen Unternehmen, die in den genannten sensiblen Wirtschaftsbereichen operieren, nämlich von Großkonzernen in der Chemie und Energiewirtschaft. Die Praxis der Sozialbilanzierung berechtigt im Augenblick nur zu begrenztem Optimismus. In bezug auf die vorher genannten Themenfelder erfolgen Bilanzierungen bis heute in aller Regel vor allem nur im Hinblick auf den Mitarbeiter; die kritischen Bereiche der Umwelt und Gesellschaft respektive der Konsumenten werden vergleichsweise, wenn überhaupt, nur kurz behandelt (Hoff, 1982). Interessant ist desweiteren, daß bei der Darstellung der Aufwendungen für das Personal die erbrachten Sozialleistungen und Bildungsanstrengungen, also der Input, ermittelt wird, während zum Output, also zum Ergebnis dieser Anstrengungen (z. B. zum Niveau der Arbeitszufriedenheit der Mitarbeiter) in der Regel keine Aussagen erfolgen.

Eine Weiterentwicklung der Idee der Sozialbilanz findet sich in der sog. gesellschaftsbezogenen Unternehmensrechnung. Bei dieser Unternehmensrechnung wird nur das äußere Beziehungsfeld, also der Tauschprozeß zwischen einer Organisation und ihrer Umwelt, zum Gegenstand der Betrachtung gemacht: So sollen etwa die zwischen einer Kommune und dem ortsansässigen Unternehmen ausgetauschten Güter und Schädigungen im einzelnen bilanziert werden (Weitzig, 1982; Hoff, 1982; Eichhorn, 1974). Derartige Analysen des Betrieb-Umwelt-Austauschprozesses können in die Frage einmünden, ob und inwieweit die Unternehmung gegebenenfalls durch alternative Methoden der Leistungserstellung und/oder durch alternative Eigenschaften der hergestellten Produkte zur Verbesserung der „Organisations-Umwelt-Bilanz“ beitragen könnte. Ein konkreter Vorschlag hierzu findet sich bei Müller-Wenk (1978). Noch stärker als schon bei der Sozialbilanz erkennbar, verschiebt sich der Akzent der gesellschaftsbezogenen Unternehmensrechnung weg von einem Marketinginstrument gegenüber der Unternehmenspolitik hin zu einem Selbstanalyseinstrument, das helfen soll, auf der Basis der Kenntnis der Tauschbeziehung zwischen Organisation und Umwelt der geforderten gesellschaftlichen Verantwortung durch eine Veränderung der Handlungsqualität der Organisation in den

Bereichen der Fertigung, des Personalwesens, des Marketing usw. zu entsprechen (Perridon, 1982). Die gesellschaftsbezogene Unternehmensrechnung als hierzu erforderliche Informationsbasis verbindet sich dabei allerdings nicht nur mit einer Reihe von politischen Problemen, sondern auch mit einer Fülle von methodischen Schwierigkeiten, die sich speziell bei einer korrekten Bilanzierung des Tauschprozesses zwischen der Organisation und ihrer Umwelt ergeben. Auf diese Schwierigkeiten, die bisher nur in Ansätzen gelöst sind (Müller-Wenk, 1978), sei ausdrücklich hingewiesen (Dierkes, 1984).

5.2.2 Einwirkungen auf die Umwelt über Strategien der Machtstabilisierung und Machterweiterung

Ein speziell für Wirtschaftsorganisationen zunehmend wichtiger werdendes Umweltsegment liegt im Bereich der (Wirtschafts-)Politik und Gesetzgebung. Organisationen haben von daher ein Interesse daran, aktiv auf die Verwaltung und das Parlament einzuwirken. Als Vermittler zwischen der jeweiligen Organisation einerseits und der Verwaltung bzw. dem Parlament andererseits agieren sehr häufig Verbände, auf deren Aktivität nachstehend näher Bezug genommen wird. Ca 75% der in der Lobbyliste des Bundestags 1978 registrierten Verbände beinhalten dabei Wirtschaftsverbände (Weber, 1980). Versuche der Einflußnahme der Verbände (etwa der Bundesvereinigung der Deutschen Arbeitgeberverbände oder des Deutschen Gewerkschaftsbundes) basieren dabei auf ihrem jeweiligen Potential an Verstärkermacht (Müller, 1983). In Anlehnung an austauschtheoretische Konzepte (etwa Thibaut und Kelley, 1967) stützt sich das Machtpotential der jeweiligen Focalorganisation (z. B. gegenüber der Verwaltung respektive dem Parlament) zum einen auf die Intensität der Nachfrage des Abnehmers (der Verwaltung, des Parlaments) nach dem Produkt der Focalorganisation sowie zum anderen auf die alternative Verfügbarkeit bzw. Nichtverfügbarkeit der Leistungen der Focalorganisation für den Abnehmer zu vergleichenbaren Kosten-Nutzen-Bedingungen. Fragen Parlamentarier z. B. als Verstärker der Focalorganisation das durch sie mobilisierbare Wählerpotential mit einer bestimmten Intensität nach und meinen sie diese Potentialmobilisierung über eine andere Organisation nicht zu vergleichbar günstigen Kosten-Nutzen-Relationen erhalten zu können, so definiert dies das Abhängigkeitspotential der Parlamentsvertreter gegenüber der Focalorganisation bzw. das Machtpotential der Focalorganisation gegenüber dem Parlament.

Fragt man nach der inhaltlichen Qualität dessen, was von der Focalorganisation der Verwaltung bzw. der Regierung gegenüber als Verstärker angeboten werden kann, so handelt es sich zum einen um das angesprochene mobilisierbare Wählerpotential. Darüber hinaus liefern Verbände häufig einschlägige Statistiken über denkbare Auswirkungen geplanter Maßnahmen, so daß sich das Machtpotential der Verbände respektive der Verbandsorganisation auch auf Expertenmacht abstützt (Müller, 1983). Daß Parteien zur Finanzierung des Wahlkampfes Geld benötigen und entsprechend auch hierin (im Geld) eine wesentliche Machtressource der Verbände bzw. der Focalunternehmung liegen kann, dokumentiert die sog. Flick-Affäre in der Bundesrepublik Deutschland hinreichend. Die Integration der Verbände in die Beratungen und Entscheidungsprozesse der Verwaltung respektive Regierung impliziert dabei von der Verwaltung zu übernehmende (Zeit- und Abstimmungs-)„Kosten", die die Verwaltung zu „zahlen" bereit ist, weil sie auch die vom Verband angebotene Ressource der Akzeptanzsicherstellung bezüglich der von der Verwaltung geplanten Maßnahmen nachfragt (Weber, 1980). Die Intensität der Einflußversuche bzw. der Machtausübung (bestimmbar über die Größe der der Verwaltung aufgebürdeten materiellen und immateriellen Kosten) hat ihre Grenze dabei in der reziproken Abhängigkeit der Focalorganisation von der Verwaltung/Regierung. Wenngleich für die Aktivitäten der Verbandsvertreter im Rahmen ihrer Mitwirkung am Staatshandeln eine Reihe gesetzlicher Vorschriften und Rechtsnormen existieren, erfolgt nach Meinung von Weber (1980) ihr Einfluß wesentlich ohne öffentliche Kontrolle.

Die Einflußnahme der Verbände auf die Besetzung wichtiger Positionen in den einzelnen Referaten der Verwaltungshierarchie z. B. über die ständige Pflege guter Kontakte zu der Verwaltungsspitze wickelt sich in einer juristisch undefinierten Grauzone ab. Dies alles ist in dem Umfang möglich, in dem die Verbandsorganisation ihre Machtquellen stabilisiert bzw. erweitert, also z. B. die Akzeptanzwahrscheinlichkeit gegenüber problematischen Maßnahmenplanungen der Verwaltung erhöht respektive den Monopolcharakter ihrer Expertenmacht zu spezifischen Fragen vergrößert, um so stärker Informationskontrolle (Müller, 1983) ausüben zu können usw. Fraglos kann eine solche Verbandspartizipation am Staatshandeln positive Effekte (wie etwa eine größere Problemnähe der Regierungsarbeit und eine höhere Akzeptanz der Rechtsnormen usw.) freisetzen.

Kritik an der sog. Lobbytätigkeit entzündet sich dagegen zum einen an der gelegentlich unzureichenden Transparenz der Einflußnahmen und Kontakte sowie an der mangelnden Gleichgewichtigkeit der Repräsentation der verschiedenen vorhandenen Interessenlagen (Weber, 1980; Mayer-Tasch, 1981). Viele Autoren (etwa Mayer-Tasch, 1981; Weber, 1980) sehen dabei in dem von ihnen angenommenen Repräsentationsgefälle in bezug auf die Vertretung der sozialen Fragen gegenüber den wirtschaftlichen Fragen einen wesentlichen Grund für die Entstehung von Bürgerinitiativen und ähnlichen Organisationen; hierauf wird zurückgekommen.

Strategien der Machtstabilisierung und -erweiterung beziehen sich nun nicht nur auf die politische Arena. Wirtschaftsorganisationen versuchen vielmehr auch ihre ökonomische Umwelt (also etwa Lieferanten oder Abnehmer) unter Kontrolle zu bringen. Hierbei spielen kapitalmäßige Beteiligungen gegenüber dem zu „beherrschenden" ökonomischen Umweltsegment bzw. die verschiedensten Formen der Unternehmensverflechtungen eine entscheidende Rolle. Derartige Strategien der Machtstabilisierung/-erweiterung bezeichnet Khandwalla (1974) als „vertikale Integration". Der genannte Autor konnte dabei zeigen, daß gerade unter der Randbedingung hoher Konkurrenzintensität bzw. hoher Umweltkomplexität und -dynamik Bemühungen um eine vertikale Integration der jeweiligen Focalorganisation mit dem ökonomischen Erfolg positiv verbunden waren. Die Fähigkeit zur vertikalen Integration kann dabei vermutlich als Bedingung und Folge des ökonomischen Erfolgs betrachtet werden. Derartige Machterweiterungsstrategien aktualisieren gerade unter dem Stichwort der Großkonzernbildungen und multinationalen Unternehmungen eine Fülle von wettbewerbspolitischen und juristischen Problemen (Gilb, 1981). Zu beobachtende Konzentrationen in bestimmten Wirtschaftszweigen werden in unterschiedlichster Weise bewertet (Oberender, 1984). Speziell multinationale Unternehmungen haben dabei offenbar Chancen, in Grauzonen zu operieren (Gilb, 1981), was dazu geeignet ist, das Vertrauen in marktwirtschaftliche Ordnungsprinzipien zumindest sektoral erheblich zu erschüttern (Steinmann, 1969; Strümpel, 1977; Ulrich, 1977).

Neben diesen juristischen und kapitalmäßigen Verflechtungen bzw. Versuchen, die ökonomische Umwelt unter Kontrolle zu bringen, ist unter den Strategien der Machtstabilisierung schließlich noch auf die Möglichkeit von Absprachen hinzuweisen (Gottfredson & White, 1981).

Außer den intendierten Effekten haben die angesprochenen Strategien der Machtstabilisierung/-erweiterung (Einwirkungen auf die Verwaltung bzw. politische Arena über die Verbände, juristische und kapitalmäßige Beteiligungen sowie Absprachen zur Kontrolle der ökonomischen Umwelt) auch nichtintendierte Wirkungen, die sich zumindest teilweise unter dem Etikett des Aufbaus von „Gegenmacht" zusammenfassen lassen. Zur Erklärung dieser nichtintendierten Wirkungen wird man auf das angesprochene Repräsentationsgefälle in bezug auf die Vertretung der sozialen Fragen gegenüber den wirtschaftlichen Fragen, auf den Eindruck von Intransparenz der Einflußnahmen sowie auf den Eindruck von Machtkonzentration und Machtmißbrauch verweisen können. Unsere pluralistische Gesellschaftsordnung ist nach dieser Sicht nicht hinreichend in der Lage, den gegebenen Interessenplural auch adäquat in der politischen Willensbildung zu repräsentieren. Als Antwort hierauf haben sich Verbraucherorganisationen und Bürgerinitiativen als Formen kollektiven sozialen Handelns gebildet (Nelles & Beywl, 1983), auf die abschließend eingegangen werden soll.

5.2.3 Entstehung von Gegenmacht

Nachdem die Schutzbedürftigkeit des Bürgers in seiner Rolle als Arbeitnehmer bereits seit geraumer Zeit im öffentlichen Bewußtsein akzeptiert ist (siehe die einschlägigen gesetzgeberischen Aktivitäten, etwa das BVG usw.), sind Bemühungen, den Bürger auch in seiner Rolle als Konsumenten zu schützen, jüngeren Datums. Die Konsumerismusbewegung (Biervert, 1980), die auf eine Verstärkung der Konsumentensouveränität abhebt, versteht sich selbst als inkompatible Antithese zur klassischen Marketingorientierung, wobei andere Autoren den Konsumerismus und den klassischen Denkansatz des Marketings für als durchaus kompatibel erachten (Meffert, 1975).

Biervert (1980) äußert sich zu den Chancen des Aufbaus einer Konsumentengegenmacht skeptisch. U. a. sei die Relation zwischen der Anbieter- und Verbrauchermacht zuwenig geklärt, um definitive Aussagen zu den Erfolgsaussichten machen zu können. Ohnehin ist bei der Mobilisierung von Gegenmacht auf das Paradoxon hinzuweisen, daß mit zunehmendem Allgemeinheitsgrad eines Interesses (also einer zunehmenden Größe der Betroffenenzahl) die Chancen zur Gründung entsprechender Interessenverbände abzunehmen scheinen (Olson, 1968). Dies hängt mit den wachsenden Gründungs-„Kosten", der Möglichkeit unerbetener „Trittbrettfahrer" und ähnlichen Faktoren zusammen (Scherhorn, 1983). Vor diesem Hintergrund ist der Hinweis von Biervert u. a. (1979) interessant, daß nämlich verbraucherpolitische Organisationen im wesentlichen ohne direkten Einfluß und Kontrolle durch die von ihnen vertretenen Verbraucher, also wesentlich selbsternannt, existieren.

Mayer-Tasch (1981) plädiert in diesem Zusammenhang zur Überwindung der nach seiner Sicht gegebenen Unterrepräsentation der sozialen Allgemeininteressen (u. a. Verbraucherinteressen) vor allem für eine stärkere Aufklärungsarbeit gegenüber den Betroffenen. Aufklärungen über die Ergebnisse von Warentests in Tageszeitungen oder Illustrierten haben dabei bereits Wirkungen gezeigt: Im Sinne einer Verbesserung der relativen Machtposition konnte an einzelnen Beispielen gezeigt werden, daß die Anbieterseite auf diese Weise veranlaßt wurde, mehr als bisher auf die Qualitätsstandards ihrer Produkte achtzugeben (Silberer, 1979). Die Verbraucherinformation stellt insofern eine wesentliche Säule der umfassenderen Verbraucherpolitik dar (Scherhorn, 1975).

Vor einer ausschließlich quantitativen Erweiterung des Informationsangebots ist dabei allerdings zu warnen, da der Konsument hierdurch unter Umständen überfordert wird (Kroeber-Riel, 1978) und über entsprechende Informationsselektionen im Ergebnis gegebenenfalls weniger effektiv entscheidet (Raffee & Fritz, 1980). Auch Boykottaufrufe gegenüber dem Konsum bestimmter Produkte haben sich bisher nur als begrenzt wirksam erwiesen (Silberer, 1980), so daß zusammenfassend der Durchsetzung von Verbraucherinteressen über den Aufbau von Gegenmacht Grenzen gesetzt zu sein scheinen. Die Anbieter-Abnehmer-Tauschbeziehung (Dlugos, 1982) bleibt insofern konfliktär. Offenbar in Anerkennung eines bestehenden Machtgefälles innerhalb dieser Tauschbeziehung hat der Gesetzgeber eine Reihe von Verbraucherschutzverordnungen erlassen, womit die gegebene Machtdifferenz auf juristischem Wege abzupuffern versucht wird.

Während der Betroffenenkreis bei Verbraucherfragen extrem groß werden kann, ist der Betroffenenkreis vieler Bürgerinitiativen raum-zeitlich begrenzbarer, was die Organisierbarkeitschancen derartiger Interessen offenbar erhöht. Als Forschungsgegenstand betrachtet, handelt es sich bei den Bürgerinitiativen um eine sehr schwer abgrenzbare Form kollektiven sozialen Handelns (Nelles & Beywl, 1983), zumal viele dieser Initiativen spontane ad-hoc-Initiativen ohne Rechtsform darstellen, die nicht registriert sind und darüber hinaus u. a. aufgrund ihres inhaltlich häufig eingegrenzten Anliegens (z. B. Schaffung eines Kindergartens) nur temporären Charakter haben (Mayer-Tasch, 1981). Der Forschungsstand zu den Bürgerinitiativen wird überwiegend als defizitär charakterisiert. Die anvisierten Problemfelder von Bürgerinitiativen liegen im Bereich der Erziehung, der Verkehrsplanung, der Stadtplanung, der Industrieplanung, des Umweltschutzes und ähnlicher Fragen (Hegner, 1980). Der Hauptadressat der Bürgerinitiativen ist die Kommunalverwaltung, wobei sich Aktivitäten zur Initiierung und Verhinderung von Vorhaben angeblich in etwa gleich verteilen (Kussau, 1979).

Mayer-Tasch (1981) schätzt die Anzahl der Bürgerinitiativen in der Bundesrepublik Deutschland auf ca 15000 bis 50000.

In den letzten Jahren scheint sich das Bild insofern etwas zu verändern, als zunehmend mehr Initiativen mit einem generalisierten Thema (etwa dem der Ökologie-Bewegung) anzutreffen sind (Rammstädt, 1980; Ebert, 1980), womit deutlich wird, daß derartige Bürgerinitiativen zunehmend stärker – im Unterschied zu bisherigen Selbstvertretungsformen – advokatorischen Charakter annehmen.

Zur Charakteristik der Vorgehensweise von Bürgerinitiativen bei ihrer Einwirkung auf die Umwelt lassen sich folgende „Techniken“ herausstellen: Presseveröffentlichungen, Flugblätter, Aufrufe, Dokumentationen, Unterschriftensammlungen, Demonstrationen, Petitionen, Gegengutachten, der Einsatz von Techniken wie Hungerstreik, wirtschaftlicher Boykott, Besetzungen und ähnliches sowie die Ausschöpfung aller juristischen Möglichkeiten. Unter 5.1 wurde bereits darauf hingewiesen, daß der Gesetzgeber eine Reihe von zusätzlichen Partizipationsangeboten geschaffen hat (was unter dem Gesichtspunkt der potentiellen Machtinflation allerdings auch durchaus kontrovers diskutiert wird; siehe hierzu bei Münch, 1979).

Unabhängig von einer Bewertung dieser Partizipationsangebote stellen Bürgerinitiativen aber ein wesentliches Medium dar, um dieses Angebot aufzunehmen. Sie können insofern als Katalysatoren für die Wahrnehmung von rechtlich verbürgten Partizipationsangeboten durch den Bürger interpretiert werden.

Fragt man nach den Voraussetzungen eines solchen politischen Engagements, so ist auf die extreme Schichtspezifität der Zusammensetzung der Bürgerinitiativen hinzuweisen: Nach einer Zusammenstellung bei Hegner (1980) rekrutieren sich die Anhänger der Bürgerinitiativen wesentlich aus dem sog. gehobenen Mittelstand (was für ihre Akzeptanz zumindest in der Kommunalverwaltung förderlich sein dürfte; siehe hierzu Kussau, 1979). Dieser Umstand korrespondiert mit der Beobachtung, daß sowohl das Betroffenheitsgefühl als auch die Einschätzung der Durchsetzungschancen eigener Interessen schichtspezifisch variieren (Hegner, 1980). Da – in anderer theoretischer Sprachregelung – sowohl die Valenz der Beseitigung eines Mangels als auch der Grad der kognitiven Kontrolle über die situativen Rahmenbedingungen der Existenz des Mangels vom Bildungs- und Wissensstand der je Betroffenen mit abhängen, zielen die obengenannten Strategien der Bürgerinitiativen zur Öffentlichkeitsmobilisierung (u. a. durch eine Mängeldokumentation sowie durch das Aufzeigen von Handlungsmöglichkeiten) im Prinzip in die richtige Richtung, um ihre Anhängerschaft (und damit potentielle Gegenmacht) zu erweitern (Hawley & Nichols, 1982). Interpretiert man Handlungen der Bürgerinitiativanhänger als coping-behavior zu Abwehr einer potentiell bedrohlichen Situation (Lazarus, 1966), so sind zur Vergrößerung der subjektiven Situationskontrolle speziell alle solche Maßnahmen wesentlich, die kollektives Handeln sowohl als notwendig als vor allem auch als möglich erscheinen lassen (Gebert, 1981; Gebert, 1983; Hegner, 1980), wenn man resignativen Anpassungsprozessen entgegenwirken will. Dem Lernen am Modell (erfolgreich vorgegangener Bürgerinitiativen) dürfte hierbei eine Schlüsselrolle zukommen.

Kapitel 5.3

Massenmedien im Austauschprozeß zwischen Organisation und Umwelt

Diether Gebert

Die unter 5.1 dargestellten Abwehr- bzw. Aufnahmestrategien der Organisation beziehen sich auf Umwelteinflüsse, die die Organisation u. a. auf dem Wege der Massenmedien erreichen.

Darüber hinaus wird bei den unter 5.2 erörterten Strategien des Einwirkens auf die Umwelt speziell im Rahmen der Öffentlichkeitsarbeit auf die Massenmedien eingewirkt. Die Massenmedien können insofern gegenüber der Focalorganisation kommunikationstheoretisch (Arnold & Bowers, 1984) als Kommunikator (5.1), aber auch als Rezipient (5.2) betrachtet werden und übernehmen insofern in dem Austauschprozeß zwischen Organisation und Umwelt eine Mittlerrolle. Nachstehend wird zunächst die Kommunikationsfunktion der Massenmedien untersucht.

5.3.1 Massenmedien als Kommunikatoren – Wirkungsforschung

5.3.1.1 Individuumbezogene Wirkungen

Häufiger findet sich bei Zusammenfassungen zur Wirkungsforschung die kritische Aussage, daß man bisher nur sehr wenig weiß (so z. B. Silbermann, 1981; Kumpf, 1983). Auch im folgenden werden insofern mehr mutmaßliche als bestätigte Zusammenhänge geschildert.

Unter der Perspektive der Beeinflussung der Meinung der einzelnen Person wurde die auf Lazarsfeld u. a. (1944) zurückgehende Annahme eines zweistufigen Kommunikationsflusses von den Massenmedien zu den Rezipienten außerordentlich einflußreich: Die durch die Massenmedien verbreiteten Botschaften fließen zunächst zu den sog. Meinungsführern und von diesen zu den weniger aktiven Bevölkerungsteilen. Das Zweistufenmodell ist eine der beiden Säulen, auf denen andere Autoren ihre spätere These der Harmlosigkeit der Massenmedien (die Massenmedien würden nur in vermittelter Form wirken) aufbauten (Bergsdorf, 1980). Die Vermutung, Meinungsunterschiede seien bei den Meinungsführern im wesentlichen durch die Massenmedien, bei den weniger aktiven Anteilen der Bevölkerung dagegen durch die Meinungsführer bedingt, konnte in dieser Form jedoch nicht aufrechterhalten werden (Kumpf, 1983; Kunczik, 1979).

Das Zweistufenmodell scheint höchstens dann zu gelten, wenn auf seiten des Rezipienten neben Prozessen der Informationsaufnahme auch solche der Informationsbewertung (Evaluation) verlangt werden; während der Vorgang der Informationsaufnahme häufig ohne die Vermittlung eines Meinungsführers abläuft, sind Prozesse der Informationsbewertung in stärkerem Maße durch anschließende Orientierungen an Meinungsführern bzw. Bezugsgruppen beeinflußt (Rogers, u. a., 1971). Informationen über Ereignisse von durchschnittlicher Relevanz für die Bevölkerung (z. B. Tagesgeschehen) gelangen dagegen in der Regel direkt von den Massenmedien zu den Rezipienten (Schenk, 1978).

Die zweite Hauptkritik an dem Zweistufenmodell entzündete sich an der Schwierigkeit, Meinungsführer von Nichtmeinungsführern zu unterscheiden. Die empirische Forschung hierzu ergab, daß Meinungsführer – meist als solche definiert, die häufiger als andere um Informationen und Ratschläge gebeten werden – nicht einfach dichotom sog. passiven Bevölkerungsanteilen gegenübergestellt werden können. Sowohl unter der Gruppe der „Meinungsführer“ als auch in der Gruppe des „passiven Restes“ finden sich solche, die aktiv um Rat suchen und einen Informationsaustausch betreiben. In der Forschung wird insofern statt einer dichotomen Gegenüberstellung eher die Annahme eines Kontinuums befürwortet, womit die für das Zweistufenmodell konstitutiven Annahmen eines qualitativen Unterschiedes zwischen Meinungsführern und Nichtmeinungsführern eine erhebliche Relativierung erfahren (Schenk, 1978; Kunczik, 1977); damit ist aber auch das Zweistufenmodell an sich in seinem Kern verwässert.

Die erste Säule für die Stützung der Annahme der Harmlosigkeit der massenmedialen Wirkungen (Massenmedien wirken nicht direkt, sondern im Zweistufenmodell) gilt insofern als gestürzt (Kumpf, 1983). Die zweite Säule der Harmlosigkeitsannahme, die speziell immer wieder von Klapper (1960) in den Vordergrund gestellt wurde, stützt sich auf die Annahme, daß sich die Rezipienten keiner einstellungskonträren Information aussetzen würden und insofern nur die Informationen (selektiv) aufnehmen würden, die bereits vorhandene Einstellungen verstärken. Diese auf Festinger (1963) zurückgehende Annahme (siehe hierzu auch Irle, 1975), daß sich die Person Informationen nur selektiv aussetzt, kann in dieser Verallgemeinerung offenbar ebenfalls nicht aufrechterhalten werden (Schenk, 1978; Irle, 1975). Massenkommunikation, verstanden als jene Form der Kommunikation, bei der Aussagen öffentlich, durch technische Verbreitungsmittel und einseitig an ein disperses Publikum vermittelt werden (Maletzke, 1978), wird insofern in ihrer Wirkung systematisch unterschätzt, sofern man die Annahmen einstellungsstabilisierender, dissonanzvermeidender und -reduzierender Strategien sowie die Annahmen der Zweistufenkommunikation ohne Bedingungspräzisierung generalisiert.

Empirisch sei in diesem Kontext auf die einzelne Person sowohl in ihrer Rolle als Wähler als auch in ihrer Rolle als Konsument kurz Bezug genommen. Im politischen Bereich sind die Studien von Nölle-Neumann (1980) zur Wahl des Bundestags in der Bundesrepublik Deutschland 1976 besonders bekannt geworden. Die Autorin stellte fest, daß Personen, die in dieser Zeit häufig politische Fernsehsendungen sahen, der damaligen Koalition SPD/FDP die größeren Erfolgsaussichten bei der Bundestagswahl zuschrieben. Das Massenmedium Fernsehen schien insofern die Erwartung zu beeinflussen, wer die Wahl gewinnt, was über entsprechende bandwagon-Effekte (im Zweifelsfall orientiert sich die Person an der vermuteten Mehrheit bzw. dem vermuteten Sieger) möglicherweise verhaltensbestimmend wurde: Der von den Wählern immer deutlicher vermutete Gewinner (SPD/FDP) wurde tatsächlich Gewinner; der von den Wählern immer deutlicher vermutete Verlierer der Wahl (CDU/CSU) verlor die Wahl tatsächlich – dies alles, obwohl sich kurze Zeit vorher die tatsächlichen Präferenzen der Wähler zugunsten der einen oder anderen Gruppe in etwa gleich verteilten. Die über das Massenmedium Fernsehen möglicherweise beeinflußte vermutete Struktur der Präferenzbildung beeinflußte nach dieser Interpretation im Sinne einer sich selbsterfüllenden Prophezeiung letztlich doch noch die tatsächliche Präferenzbildung. Die These der Harmlosigkeit des Fernsehens bei Prozessen politischer Willensbildung scheint insofern zumindest überarbeitungsbedürftig zu sein (Bergsdorf, 1980).

Auch im Konsumbereich wird eine Beeinflussung des individuellen Verhaltens durch massenmedial vermittelte Werbung keinesfalls ausgeschlossen (Kroeber-Riel, u. a., 1982). Zugleich scheint man aber auch von einer Überschätzung der Werbewirksamkeit abgekommen zu sein. So sind z. B. die früher als wirksam angenommenen „geheimen Verführer" in Form der unterschwelligen Wahrnehmung heute offenbar in das Reich der Legende verwiesen worden; das manifeste Kaufverhalten konnte (unter Zugrundelegung üblicher Schwellen-Definitionen) subliminal nicht beeinflußt werden (Rosenstiel, u. a., 1983; Six, 1983).

Obwohl bestimmte Zusammenhänge zwischen massenmedialer Werbequalität einerseits und etwa der Aktivierung (z. B. physiologisch definiert) von Rezipienten andererseits bestätigt worden sind (Kroeber-Riel, u. a., 1982) oder Auswirkungen auf die Kenntnis von Markennamen z. B. nachzuweisen sind (Rosenstiel, u. a., 1983), wird die über die massenmedial vermittelte Werbung erklärbare Varianz im manifesten Konsumverhalten eher für gering erachtet (Six, 1983). Neben vielen anderen Gründen mag hier eine früher weniger beachtete zunehmend kritische Einstellung der Rezipienten gegenüber den Massenmedien (Kiefer, 1981) eine Rolle spielen.

5.3.1.2 Gesellschaftsbezogene Wirkungen – Massenmedien und sozialer Wandel

In der Auseinandersetzung um die Frage, inwieweit die Massenmedien Prozesse des sozialen Wandels primär widerspiegeln (wie z. B. Klapper, 1960, annahm) oder aber aktiv verändernd auf das Bewußtsein bezüglich der Realität und damit letztlich auch verändernd auf die Realität selbst einwirken (wie etwa Nölle-Neumann, 1980, annimmt), wird offenbar heute stärker als früher ein verändernder Einfluß der Massenmedien auf die Gesellschaft für denkbar gehalten (Katz, u. a., 1981). Eine entscheidende Dynamik der Einflußnahme der Massenmedien auf das politische Geschehen liegt in ihrer Funktion des agenda-setting: Die Massenmedien verändern den politischen Status eines Problems, indem sie ein bestimmtes Problem für öffentlichkeitswürdig erachten und ein anderes Problem durch Nicht-Thematisierung ausgrenzen (Luhmann, 1979). Diese Problemselektion wird nach Nölle-Neumann (1980) zusätzlich durch die von ihr sog. „Schweige-Spirale" dynamisiert: Das von den Massenmedien veröffentlichte Problem respektive der von den Massenmedien favorisierte und publizierte Denkansatz führt in der Öffentlichkeit zu einer bestimmten vermuteten öffentlichen Meinung, nämlich zu der Annahme, es handle sich offenbar um ein Problem von „breitem" Interesse. Dies wiederum stimuliert Anhänger dieser Position, ihre Position auch öffentlich zu bekennen, während umgekehrt Personen, die einen hiervon abweichenden Denkansatz vertreten, nun eher zum Schweigen neigen, da sie ihre Interessen als weniger wirksam vertreten betrachten. Die vermutete Mehrheit kann damit zu einer tatsächlichen Mehrheit werden, da sich ihre Anhänger immer stärker engagieren und öffentlich bekennen, Andersdenkende resignativ schweigen bzw. sich der vermuteten Mehrheitsmeinung anschließen, um ihre Bezugsgruppenanerkennung nicht zu verlieren (Kumpf, 1983), und die Massenmedien, diesen Prozeß wahrnehmend, sich in ihrer agenda-setting-Funktion verstärkt fühlen (Nölle-Neumann, 1980).

Das denkbare Auseinanderklaffen von vermuteter öffentlicher Meinung und tatsächlicher öffentlicher Meinung kann dabei auch organisationspsychologisch von großer Wichtigkeit sein: Es ist denkbar, daß die in der Bundesrepublik Deutschland in den vergangenen Jahren intensivierten Humanisierungs- und Demokratisierungstendenzen auch massenmedial vermittelt wurden, wobei über Prozesse der Schweige-Spirale nicht repräsentierte abweichende Meinungen latent blieben, die sich heute im Sinne einer konservativen Grundströmung um so deutlicher manifestieren (Gebert, 1980). Das Tiefenniveau der in den letzten Jahren erzielten Veränderungen der innerbetrieblichen Interaktionsmuster weist insofern vielleicht deutlichere Grenzen auf, als üblicherweise anerkannt wird.

Bei der Abschätzung der Bedeutung der Massenmedien für die Beeinflussung des sozialen Wandels ist speziell im politischen Bereich neben der Funktion des agenda-setting und dem Prozeß der Schweige-Spirale die Bewußtseinsstruktur bzw. Meinungsverteilung bei den Medien-Journalisten selbst von Bedeutung. Es scheint festzustehen, daß Journalisten nicht nur beim Fernsehen zu politischen Präferenzen tendieren, die sich von denen der Bevölkerung deutlich unterscheiden: Die Mehrheit der Journalisten neigt – auch im angelsächsischen Raum – zu Parteien, die links von der Mitte im politischen Spektrum stehen (Bergsdorf, 1980). Realitätsunabhängig verteilen sich damit die Wahrscheinlichkeiten für verschiedene Realitätsausschnitte, zu öffentlichen Problemen zu werden, ungleich. Nölle-Neumann (1981) sieht vor allem in der (relativen) Konsonanz bzw. Homogenität der Journalistenmeinungen ein politisch relevantes Datum insofern, als damit die Chance, sich Informationen selektiv auszusetzen, für den Rezipienten der Massenmedien abnimmt. Vor dem Hintergrund, nicht Konsonanz, sondern Meinungspluralität zu garantieren, gewinnen Medien wie das Kabelfernsehen damit an Bedeutung (Steinbuch, 1978; Witte, 1982; Witte, 1984). Die vom Bevölkerungsdurchschnitt abweichende Tendenz der Journalisten, als Bezugssystem des Wertens Entwürfe der Zukunft (und nicht Erfahrungen der Vergangenheit) zugrunde zu legen (Bergsdorf, 1980) und insofern eher „progressiv-links" zu wählen und zu werten, muß dabei vor dem Hintergrund eines spezifischen Selbstverständnisses der Journalisten sowie einer spezifischen beruflichen Sozialisation gesehen werden (Bergsdorf, 1980).

Für die gesamtgesellschaftliche Gewichtung derartiger Faktoren ist darüber hinaus bedeutsam, daß das Fernsehen von seiner Reichweite und Glaubwürdigkeit her nach wie vor eine Sonderstellung einnimmt (Six, 1983) und zugleich der einstellungsformende Effekt von Massenmedien von einer Vielzahl von Autoren gerade dann für hoch gehalten wird, wenn es sich um neuartige Themen handelt, zu denen bisher noch keine Meinungsbildung vorlag (was in bezug auf neuere Themen wie Kernenergie, Umweltschutz, Mikroprozessoren, Datenschutz usw. gelten mag). Massenmedien sind zusammenfassend insofern nicht nur Reflektierer, sondern auch Initiierer, Träger und Unterdrücker (!) von sozialem Wandel (Katz, 1981).

Unter dem Gesichtspunkt der Effekte der Massenmedien auf gesamtgesellschaftliche Prozesse sei abschließend auf zwei weitere Gesichtspunkte eingegangen. Zum einen ist die massenmedial bedingte erhöhte Transparenz politischer Prozesse zu unterstreichen. Sie wird auf der einen Seite kritisiert insofern, als klassische Kabinettspolitik nicht mehr möglich sei und Politik zu einem Marketingprozeß degeneriere (Steinbuch, 1978). Die massenmedial hergestellte politische Transparenz sehen andere Autoren (z. B. Kunczik, 1977) als Garant der Aufklärungs- und Kontrollfunktion, die die Massenmedien zu übernehmen haben. Der andere Gesichtspunkt ist die immer wieder beschworene Gefahr zunehmender Passivität auf seiten des (Fernseh-)Rezipienten (Steinbuch, 1978). Wenngleich die empirischen Belege für diese Befürchtung bisher vergleichsweise unklar sind (Ronneberger, 1981), gewinnt das Argument der Passivität in einem spezifischen Gewand an Plausibilität: Lübbe (1980) stellt heraus, daß die Fernsehrezipienten (über die Tagesschau) mit einem enormen Problemdruck und Leidensbewußtsein konfrontiert werden, was angesichts der begrenzten eigenen Möglichkeiten, etwas zu tun, leicht in durchaus „vernünftige", aber gesamtgesellschaftlich negativ zu bewertende Hilflosigkeitsreaktionen einmünden kann.

5.3.1.3 Organisationsspezifische Wirkungen

Massenmedien können nicht nur über die bereits dargestellten Mechanismen insofern auf die Organisation einwirken, als sie das einzelne Organisationsmitglied als Bürger, Konsument oder Wähler ansprechen. Rückkoppelungen zur Organisation sind auch insofern zumindest denkbar, als massenmedial die Einstellung zur Arbeit, zur Zielstruktur des Unternehmens und zur Art der Kooperation beeinflußt werden könnte. Obwohl für manche Autoren (siehe z. B. Steinbuch, 1978) kein Zweifel daran besteht, daß vom Fernsehen negative Einflüsse auf die Leistungsmotivation und Arbeitsmoral speziell Jugendlicher ausgehen, ist der Stand der empirischen Forschung zu diesem Aspekt äußerst defizitär. Gerade Forschungen zu den massenmedialen Bedingungen längerfristiger Einstellungsänderungen, die sich zudem auf generalisiertere Themenkomplexe beziehen, sind äußerst rar (Kübler, u. a., 1982).

So wird von vielen Autoren auf der Ebene von Aussagen von Personen (nicht auf der Verhaltensebene) belegt, daß im Längsschnitt im Sinne eines Kohorten-Effekts der Stellenwert der Arbeit bzw. des Berufs im Leben bei der Gegenüberstellung von Befragungen aus den 60er Jahren einerseits und 80er Jahren andererseits abnimmt und die Attraktivität der Nicht-Arbeitszeit zunimmt (vgl. Strümpel, 1985), wobei zugleich gilt, daß parallel hierzu das Massenmedium Fernsehen zunehmende Verbreitung fand (Nölle-Neumann, 1980). Die Interpretation derartiger Tendenzen (siehe etwa auch Nölle-Neumann, u. a., 1984) bereitet aber erhebliche Schwierigkeiten. Der Varianzanteil der auf dem geschilderten Wege ermittelten Einstellungsänderungen, der durch die Verbreitung und die Spezifika der Massenmedien erklärt werden kann, ist bis heute unbekannt. Entsprechend groß ist die Projektionsfläche für Vorurteile, wenn es darum geht, die Bedeutsamkeit der Massenmedien für die Arbeitsmoral, die Leistungsmotivation usw. abzuschätzen. Viele Autoren (z. B. Strümpel, 1985) beziehen sich dabei auf den u. a. von Inglehart (1981) behaupteten situativ begründeten Übergang der materialistischen zu den sog. postmaterialistischen Werten, wobei dieser Übergang seinerseits natürlich durch die gerade dargestellten Mechanismen des agenda setting, der Schweige-Spirale, der Wertepräferenz auf seiten der Journalisten usw. massenmedial mitvermittelt sein kann.

Speziell für Wirtschaftsorganisationen dürfte darüber hinaus ein Wandel wichtig sein, der mit der Überschrift einer zunehmenden Technikskepsis umschrieben werden kann. Dieser Übergang ist (wiederum auf der Aussagenebene von Personen) auch im Längsschnitt durch die Gegenüberstellung von Daten aus den 60er Jahren und den 80er Jahren gut belegt. Gerade unter dem Stichwort Großtechnologie hat sich hier in fast dramatischer Weise eine tendenziell skeptische Haltung verbreitet (v. Rosenstiel, 1984). Auf den Bereich der Kernenergie bezogen, scheint dabei für Gegner wie Befürworter der Kernenergie festzustehen, daß die Massenmedien bei der Formung entsprechender Einstellungen maßgeblich beteiligt sind (van Boiren, 1980). In der empirischen Forschung auch bei Führungskräften sich häufende subjektive Zielkonflikte (v. Rosenstiel, 1984) können insofern auch vor einem massenmedialen Hintergrund beleuchtet werden.

Schließlich ist die soziale Dimension der Organisation zu betonen: Wie schon dargestellt, sind Forderungen nach mehr Mitbestimmung und Demokratie vermutlich auch eine Funktion der durch die Massenmedien entsprechend veröffentlichten Meinung.

Auch die verbreitete Tendenz, die Qualität der sozialen Arbeitgeber-/Arbeitnehmerbeziehungen weniger im Sinne einer sozialen Partnerschaft und mehr im Sinne eines Konfliktmodells zu interpretieren, fügt sich zumindest gut in das Stereotyp der schon vorher angesprochenen politischen Linkslastigkeit der Medienjournalisten. Dabei sei nochmals unterstrichen, daß bei aller Plausibilität der einen oder anderen Annahme die empirische Erforschung dieser möglichen Medienwirkungen unter expliziter Zugrundelegung auch organisationspsychologischer Konzepte bisher nicht stattgefunden hat. Repräsentanten der Öffentlichkeitsarbeit von Großunternehmungen halten derartige Einflüsse der Massenmedien auf das Klima und das Bewußtsein innerhalb der Organisationen allerdings für beträchtlich (Haug, 1980), womit verständlich wird, daß die Öffentlichkeitsarbeit speziell in den sensiblen Wirtschaftsbereichen (Energie, Chemie) in den letzten Jahren extrem zugenommen hat (siehe hierzu unter 5.2 sowie bei Dierkes, u. a., 1981).

5.3.2 Massenmedien als Rezipienten – Bedingungsforschung

Es fällt auf, daß die Massenmedien bisher häufiger in ihrer Rolle als Kommunikator denn als Rezipient untersucht worden sind; die zur Wirkungsforschung komplementäre und theoretisch außerordentlich bedeutsame Bedingungsforschung hat offenbar erst begonnen (Maletzke, 1978). Zur Verklammerung der Ausführungen mit denen unter 5.2 soll die Rezipientenrolle der Massenmedien nachstehend vor allem in bezug auf die Öffentlichkeitsarbeit von Großorganisationen, Verbänden und Bürgerinitiativen angesprochen werden.

Mit Blick auf die Aufklärungs- und Kontrollfunktion der Massenmedien (Kunczik, 1977) dürfte die Rezipientenrolle der Massenmedien insofern problematisch sein, als der Größe ihrer Informationsabhängigkeit eine entsprechende Informationsmacht (Müller, 1983) auf seiten der Großorganisationen usw. parallel läuft. Massenmedien stehen – auch in ihrer Selbstwahrnehmung (Hauff, 1980) – unter einem Aktualitäts- und Neuigkeitszwang, wobei die Beschaffung nicht routinisierbarer Neuigkeiten dennoch routinemäßig erfolgen muß, um einen kontinuierlichen Nachrichtenfluß sicherzustellen (Kunczik, 1977). Dies führt dazu, daß die von Regierungen, Interessenverbänden usw. herausgegebenen Presseverlautbarungen als reguläre bzw. legitime Nachrichtenquelle genutzt werden. Zum Problem wird dieser Sachverhalt z. B. dadurch, daß Presseverlautbarungen im Rahmen komplexerer Themenfelder (wie etwa der Frage der Kernenergie) aufgrund ihrer Sachkomplexität von den Medienjournalisten ihrerseits sachlich nicht mehr überprüfbar sind, zumal ihnen es in aller Regel speziell in bezug auf wirtschaftspolitische Fragen an der hinreichenden Ausbildung fehlt. Die selbst von Energieexperten kontrovers diskutierten energiepolitischen Fragen können nicht sachangemessen durch die Journalisten auf einfache mitteilbare Grundaussagen reduziert werden (Hauff, 1980).

Dieses Problem verschärft sich, wenn man die Öffentlichkeitsarbeit von Großorganisationen, Verbänden usw. nicht als Sachaufklärung, sondern als Vermittlung von politischen Inhalten und damit als Teil der Politik in einer demokratischen Gesellschaft selbst interpretiert (v. Borstell, 1982). Öffentlichkeitsarbeit ist dann notwendig auch parteilich. Gerade dies wiederum, die Selektivität der erhaltenen Information, wird von den Journalisten als Hauptproblem im Rahmen der Erörterung energiepolitischer Fragen in den Massenmedien herausgestellt (Hauff, 1980). Das Problem intensiviere sich noch dadurch, daß im Bereich der Kernenergie die Betreiber von Kraftwerken mit den Behörden öffentlichkeitsarbeitspolitisch kooperieren würden; auch von den Behörden seien im wesentlichen nur beschönigende Informationen zu erhalten (Rudzinski, 1980). Bestimmte Gruppierungen, wie etwa die Bürgerinitiativen, seien in den Medien ohnehin extrem unterrepräsentiert (Sternstein, 1982), da es ihnen an Geld und institutionellen Voraussetzungen für eine gezielte Öffentlichkeitsarbeit fehlt. Der von Mayer-Tasch (1981) immer wieder behauptete Umstand einer sehr ungleichen Repräsentierung wichtiger politischer Gruppierungen in der Gesamtgesellschaft findet so möglicherweise seine spiegelbildliche Abbildung auch in den Massenmedien. Hierin sehen verschiedene Autoren einen Teilgrund dafür, daß speziell die Bürgerinitiativen kompensatorisch zu anderen Formen der Öffentlichkeitsmobilisierung Zuflucht nehmen, um sich Gehör zu verschaffen, was dann seinerseits von den Massenmedien wieder aufgegriffen wird (Roß, 1980).

Vor dem Hintergrund des selektiven Informationsinputs gegenüber den Massenmedien und der gleichzeitigen Informationsabhängigkeit der Medien von diesem Input sind die nachstehenden empirischen Befunde zum Informationsfluß von den Verbänden hin zu den Medien von besonderer Bedeutung:

Baerns (1982) untersuchte in Nordrhein-Westfalen auf der Basis von zwei je 4wöchigen Zeitstichproben die Quellen der tagesaktuellen Medienberichterstattung in der Presse, im Hörfunk und im Fernsehen im Jahre 1978. Ordnet man die Gesamtanzahl der berichteten Beiträge den verschiedenen Quellen zu, so ergibt sich, daß ca. 60 % der tagesaktuellen Berichterstattung übernommene Mitteilungen der Öffentlichkeitsarbeit beinhalten; betrachtet über alle Medien hinweg gehen lediglich ca. 10 % der Berichterstattung auf eigene journalistische Recherche zurück (Baerns, 1982). Definiert man die Einflußmenge über die entsprechend bedingten gedruckten Zentimeter in der Presse respektive gesendeten Sekunden im Hörfunk und im Fernsehen, so entfallen ca. 15 % des gesendeten Volumens auf die journalistische Recherche und ca. 50 % auf die Mitteilungen der Öffentlichkeitsarbeit. Auch die Umschlagsgeschwindigkeit der Meldung aus der Öffentlichkeitsarbeit ist beeindruckend: Über 70 % aller hier untersuchten Mitteilungen aus der Öffentlichkeitsarbeit wurden bereits am selben Tage in den Medien berichtet (Baerns, 1982).

Die Autorin folgert, daß Öffentlichkeitsarbeit die tagesaktuelle Berichterstattung in hohem Umfang beeinflußt und der Journalismus insofern vor allem der Übermittlung und weniger der Erschließung von Informationen dient. Die Einwirkungsmöglichkeiten der Verbände und Organisationen auf ihre Umwelt qua Medien (siehe 5.2) dürfen insofern nicht unterschätzt werden. Im Rahmen der sog. Ölkrise sind Energieverknappungen angeblich durch eine gezielte Öffentlichkeitsarbeit der Ölkonzerne selbst mit ausgelöst worden.

Will man im Sinne einer Bedingungsforschung erklären, warum in den Medien gerade dieses und nicht jenes und dieses dann in dieser und nicht jener Weise berichtet wird, so muß neben all den genannten Bedingungen noch auf zweierlei verwiesen werden: Die Journalisten reagieren selbstverständlich auch auf die Einschaltquoten der Zuschauer, womit erklärbar werden könnte, daß der Unterhaltungsanteil im Fernsehen (Quiz, Show, usw.) ca. ⅔ der Sendezeit im Fernsehen ausmachen dürfte (Kübler, u. a., 1982a). Schließlich ist zweitens zu bedenken, daß der Medienjournalist seinerseits Mitglied einer Organisation ist und damit auch in seinem journalistischen Verhalten als Geführter betrachtet werden muß.

Angesichts all dieser Randbedingungen verwundert nicht, daß die Medienjournalisten selbst von dem Kriterium der Objektivität offenbar wenig halten (Abend, 1982). Franz Alt (1982) etwa plädiert insofern eher für Fairneß im Rahmen der Berichterstattung statt für Objektivität. Fatal ist allerdings, daß das Eingeständnis unvermeidlicher Subjektivität auf seiten der Berichterstatter der Zuschreibung extrem hoher Objektivität auf seiten der Rezipienten parallel läuft.

Literatur

Vorbemerkung: In diesem Gesamtliteraturverzeichnis ist bei Literaturangaben von Büchern der jeweilige Haupttitel des Werkes in Kursiv gesetzt. Bei Literaturangaben von Zeitschriftenaufsätzen ist der jeweilige Name der Zeitschrift und deren Bandzahl durch Kursivschrift gekennzeichnet.

Abdel-Halim, A. A.: Power equalization, participative decision making, and individual differences. *Human Relations* 1983, *36*, S. 683–704.

Abend, M.: „Hast Du sie zittern sehen?" Das Objektivitäts-Problem in der Nachrichtenpraxis. In: Bentele, G., Ruoff, R. (Hrsg.): *Wie objektiv sind unsere Medien?* Frankfurt/Main, 1982, S. 168–187.

Abravanel, H.: Mediatory myths in the service of organizational ideology. In: Pondy, L. R., Frost, P. J., Morgan, G. & Dandridge, Th. C. (Eds.): *Organizational symbolism*. Greenwich, Conn. & London: JAI Press, 1983, S. 273–293.

Ach, N.: Analyse des Willens. In: Abderhalden, E. (Hrsg.): *Handbuch der biologischen Arbeitsmethoden. Bd. VI.* Berlin: Urban & Schwarzenberg, 1935.

Ackermann, D.: A pilot study on the effects of individualization in man-computer-interaction. In: *Proceedings of the 2nd IFAC/IFIP/IFORS/IEA conference on Analysis, Design and Evaluation of Man-Machine Systems, Varese 1985*. London: Pergamon Press, 1986.

Ackermann, D. & Nievergelt, J.: Die Fünf-Finger-Maus: eine Fallstudie zur Synthese von Hardware, Software und Psychologie. In: Bullinger, H.-J. (Hrsg.): Software-Ergonomie '85 – Mensch-Computer-Interaktion. Stuttgart: Teubner, 1985, S. 376–385.

Adam, A., Helten, E. & Scholl, F.: *Kybernetische Modelle und Methoden*. Köln, Opladen, 1970.

Adamovich, L. & Funk, B.-Ch.: *Allgemeines Verwaltungsrecht*. Wien: Springer, 1984 (2. Aufl.).

Adams, J. D., Laker, D. R. & Hulin, C. L.: An investigation of the influence of job level and functional speciality on job attitudes and perception. *Journal of Applied Psychology*, 1977, *62*, S. 335–343.

Adams, J. S.: Inequity in social exchange. In: Berkowitz, L. (Ed.): *Advances in Experimental Social Psychology*. Vol. 2. New York: Academic Press, 1965, S. 267–299.

Adams, J. S. & Freedman, S.: Equity revisited: Comments and annotated bibliography. In: Berkowitz, L. & Walster, E. (Eds.): *Advances in Experimental Social Psychology*. Vol. 9. New York: Academic Press, 1976, S. 43–90.

Adler, S., Skov, R. B. & Salvemini, N. J.: Job characteristics and job satisfaction: When cause becomes consequence. *Organizational Behavior and Human Decision Processes*, 1985, *35*, S. 266–278.

Aebli, H.: *Denken: Das Ordnen des Tuns.* Band 2: Denkprozesse. Stuttgart: Klett-Cotta, 1981.

Agassi, J. B.: *Comparing the work attitudes of women and men.* Lexington, Mass.: Lexington Books, 1984.

Ahrens, H. J.: Der Effekt der Gruppenentscheidungsstrategie auf die Optimalität von Gruppenentscheidungen. *Psychologische Forschung,* 1966, *29,* S. 183–210.

Aiginger, K. & Tichy, G.: *Die Größe der Kleinen.* Wien: Signum, 1985.

Aiken, M. & Hage, J.: The organic organization and innovation. *Sociology,* 1971, *5,* S. 63–82.

Ajiferuke, M. & Boddewyn, J.: Cultural and Other Explanatory Variables in Comparative Management Studies. *Academy of Management Journal,* 1970, *13,* S. 153 bis 163.

Ajzen, J. & Fishbein, M.: Attitudinal and normative variables as predictors of specific behavior. *Journal of Personality,* 1973, *27,* S. 41–57.

Albach, M.: Organisationsänderung. In: Grochla, E. (Hrsg.): *Handwörterbuch der Organisation.* Stuttgart: Poeschel, 1980, S. 1446–1460.

Albers, W. u. a.: Handwörterbuch der Wirtschaftswissenschaft. Stuttgart/Tübingen/Göttingen, 1977.

Albrecht, T. L.: Managerial communication and work perception. In: Bostrom, R. N. (Ed.): *Communication Yearbook 8.* Beverly Hills: Sage, 1984.

Albright, L. E. & Glennon, J. R.: Personal history correlates of physical scientists' career aspiration. *Journal of Applied Psychology,* 1961, *45,* S. 281–284.

Alderfer, C. P.: *Existence, relatedness, growth:* Human needs in organizational settings. New York: Free Press, 1972.

Alderfer, C. P.: Change processes in organization. In: Dunette, M. D. (Ed.): *Handbook of industrial and organizational psychology.* Chicago: Rand McNally, 1976, S. 1591–1638.

Alderfer, C. P.: Organization development. *Annual review Psychology,* 1977, *28,* S. 197–223.

Alderfer, C. P.: A critique of Salancik and Pfeffers's examination of need-satisfaction theories. *Administrative Science Quarterly,* 1977, *22,* S. 658–669.

Alderfer, C. P. & Brown, L. D.: *Learning from changing:* Organizational diagnosis and development. Beverly Hills: Sage, 1975.

Aldrich, H. E.: *Organizations and Environments.* Englewood Cliffs, N. J., 1979.

Alemann, v., U.: *Partizipation – Demokratisierung – Mitbestimmung.* Opladen: Westdeutscher Verlag, 1975.

Alioth, A.: Entwicklung und Einführung alternativer Arbeitsformen. In: Ulich, E. (Hrsg.): *Schriften zur Arbeitspsychologie,* Band 27. Bern: Huber, 1980.

Alioth, A.: Technik – kein Sachzwang. In: Duell, W. & Frei, F. (Hrsg.): *Arbeit gestalten – Mitarbeiter beteiligen*. Eine Heuristik qualifizierender Arbeitsgestaltung. Schriftenreihe „Humanisierung des Arbeitslebens" des BMFT, Band 77. Frankfurt: Campus, im Druck.

Allerbeck, K. R.: Partizipation. In: Greiffenhagen, M., Greiffenhagen, S. & Prätorius, R. (Hrsg.): *Handwörterbuch zur politischen Kultur*. Opladen: Westdeutscher Verlag, 1981.

Allport, G. W. & Vernon, P. E.: *A Study of Values*. Boston: Houghton Mifflin, 1931.

Allport, G. F.: Attitudes. In: Murchison, C. (Ed.): *Handbook of Social Psychology*. Worcester, Mass.: Clark University Press, 1935, S. 798 ff.

Allport, G., Vernon, P. & Lindzey, G.: *A Study of Values*. Boston: Houghton Mifflin, 1951.

Almond, G. A. & Powell, B. J.: *Comparative Politics*: A Developmental Approach. Boston, 1966.

Alt, F.: Es gibt keine Objektivität oder: Nur Gott ist objektiv. In: Bentele, G., Ruoff, R. (Hrsg.): *Wie objektiv sind unsere Medien?* Frankfurt/Main, 1982, S. 205–210.

Althoff, K.: Zur prognostischen Validität von Intelligenz- und Leistungstest im Rahmen der Eignungsdiagnostik. *Psychologie und Praxis*. Zeitschrift für Arbeits- und Organisationspsychologie, 1984, *28 (N. F. 2)*, S. 144–148.

Althoff, K.: Zur Aussagekraft von Schulzeugnissen im Rahmen der Eignungsdiagnostik. *Psychologie und Praxis*. Zeitschrift für Arbeits- und Organisationspsychologie, 1986, *30 (N. F. 4)*, S. 77–85.

Altman, I., Vinsel, A. & Brown, B.: Dialectic conceptions in social psychology: An application to social penetration and privacy regulation. In: Berkowitz, L. (Ed.): *Advances in Experimental Social Psychology*. Vol. 14. New York: Academic Press, 1981.

Alutto, J. A. & Acito, F.: Decisional participation and sources of job satisfaction: A study of manufacturing personnel. *Academy of Management Journal*, 1974, *17*, S. 160–167.

American Psychological Association: *Standards for educational and psychological testing*. Washington: Autor, 1985.

Amthauer, R.: *Intelligenz – Struktur – Test* (IST 70). Göttingen: Hogrefe, 1970.

Anastasi, A.: *Angewandte Psychology*. Weinheim: Beltz Verlag, 1964.

Anderson, L. R.: Management of the mixed-cultural work group. *Organizational Behavior & Human Performance*, 1983, *vol. 31*, 3, S. 303–330.

Andersen, L. R. & Fiedler, F. E.: The effect of participatory and supervisory leadership on group creativity. *Journal of Applied Psychology*, 1964, *48*, S. 227–236.

Andersen, U.: Wirtschaftspolitik. In: Nohlen, D., 1985, S. 1150–1152.

Anderson, J. R.: Retrieval of information from long-term memory. *Science*, 1983, *20*, S. 25–30.

Anderson, T. R. & Warkow, S.: Organizational size and functional complexity: A study of administrations in hospitals. *American Sociological Review*, 1961, *26*, S. 23–28.

Andrews, J. D. W.: The achievement motive and advancement in types of organizations. *Journal of Personality and Social Psychology*, 1967, *6*, S. 163–168.

Andritzky, W.: Freizeit – Nutzen oder genießen? In: *Bild der Wissenschaft*, 1977, *8*.

Anger, H.: Gruppendynamisches Training. In: Grochla, E. (Hrsg.): *Handwörterbuch der Organisation*. Stuttgart: Poeschel, 1980, S. 804–812.

Angleitner, A.: Persönlichkeit und Freizeitverhalten. In: Schmitz-Scherzer, R. (Hrsg.): *Aktuelle Beiträge zur Freizeitforschung*. Darmstadt: Steinkopff, 1977, S. 51–63.

Ansoff, H. I.: Die Bewältigung von Überraschungen – Strategische Reaktionen auf schwache Signale. *Zeitschrift für betriebswirtschaftliche Forschung*, 1976, S. 129 bis 152.

Antonio, R. J.: The contradiction of domination and production in bureaucracy. *American Sociological Review*, 1979, *44*, S. 895–912.

Apple, W., Streeter, L. A. & Krauss, R. M.: Effects of pitch and speech rate on personal attributions. *Journal of Personality and Social Psychology*, 1979, *37*, S. 715–727.

Aram, J. D.: *Dilemmas of administrative behavior*. Englewood Cliffs: Prentice Hall, 1976.

Aram, J. D., Morgan, C. P. & Esbeck, E. S.: Relation of collaborative interpersonal relationships to individual satisfaction and organizational performance. *Administrative Science Quarterly*, 1971, *16*, S. 289–297.

Ardelt, E.: Das Soziogramm. In Roth, E. (Hrsg.): *Sozialwissenschaftliche Methoden*. München: Oldenburg, 1984.

Ardelt, E.: Die Prüfung von Zusammenhängen zwischen der persönlichen Lerngeschichte und Verhalten und Gefühlen von Menschen, die als Versuchspersonen in Kleingruppen verwendet werden. Vortrag auf der 2. Tagung der Arbeitsgruppe Sozialpsychologie der Deutschen Gesellschaft für Psychologie am 15. 2. 1985 in London.

Ardelt, E.: Normentwicklung in Kleingruppen. In: Daumenlang, K. & Sauer, J. (Hrsg.): *Aspekte psychologischer Forschung*. Göttingen: Hogrefe, 1986, S. 138 – 158.

Aregger, K.: *Innovation in sozialen Systemen*. (2-bändig). Bern: UTB / Bro., 1976.

Arendt, H.: *Vita Activa*. Stuttgart: Kohlhammer, 1956.

Argelander, H.: *Gruppenprozesse*. Hamburg: Rowohlt, 1972.

Argyle, M.: *Soziale Interaktion*. Köln: Kiepenheuer & Witsch, 1974.

Argyle, M.: *Körpersprache und Kommunikation*. Paderborn: Jungfermann, 1979.

Argyle, M.: Lefebvre, L. & Cook, M.: The meaning of five patterns of gaze. *European Journal of Social Psychology*, 1974, *4*, S. 125–136.

Argyris, B.: The individual and organization. An empirical test. In: *Administrative Science Quarterly*, 1959, *4*.

Argyris, Ch.: *Integrating the Individual and the Organization*. New York: Wiley, 1964.

Argyris, Ch.: *Personality and Organization*. New York: Harper & Row, 1957; New York: Evanston, 1965.

Argyris, Ch.: *Management and organizational development*: The path from XA to YB. New York: McGraw-Hill, 1971.

Argyris, E.: Die Zukunft des gruppendynamischen Laboratoriums. *Gruppendynamik*, 1970, *1*, S. 20–40.

Arminger, G.: Einstellungen von Meistern zu Faktoren beruflichen Aufstiegs, Mitwirkung und Mitbestimmung. *Die Betriebswirtschaft*, 1978, *38*, S. 609–619.

Armstrong, T. B.: Job content and context factors related to satisfaction for different occupational levels. *Journal of Applied Psychology*, 1971, *55*, S. 57–65.

Arnold, C. C. & Bowers, J. W. (Eds.): *Handbook of rhetorical and communication theory*. London, 1984.

Arnold, H. J. & Feldman, D. C.: A multivariate analysis of the determinants of job turnover. *Journal of Applied Psychology*, 1982, *67*, S. 350–360.

Arnold, W.: Der Beruf des Psychologen. In: Stoll, F. (Hrsg.), 1981, S. 31–50.

Aronoff, J.: *Psychological needs and cultural system*. Princeton: Van Nostand, 1967.

Aronoff, J. & Messe, L. A.: Motivational determinants of small-group structure. *Journal of Personality and Social Psychology*, 1971, *17*, S. 319–324.

Arvey, R. D. & Campion, J. E.: The employment interview: A summary and review of recent research. *Personnel Psychology*, 1982, *35*, S. 281–322.

Aschauer, E.: *Führung*: Eine soziologische Analyse anhand kleiner Gruppen. Stuttgart: Enke, 1970.

Aschenbrenner, K. M.: Kaufentscheidung. In: Hoyos, Graf C., Kroeber-Riel, W., Rosenstiel, v., L. & Strümpel, B. (Hrsg.): *Grundbegriffe der Wirtschaftspsychologie*. München: Kösel, 1980, S. 151–161.

Aschenbrenner, K. M.: Efficient sets, decision heuristics, and single-peaked preferences. *Journal of Mathematical Psychology*, 1981, *23*, S. 227–256.

Aschenbrenner, K. M., Jaus, D. & Villani, C.: Hierarchical goal structuring and pupil's job choices: Testing a decision aid in the field. *Acta Psychologica*, 1980, *45*, S. 35–49.

Aschwanden, C. & Zimmermann, M.: *Flexibilität in der Arbeit am Bildschirm*. Unveröffentl. Lizentiatsarbeit, Lehrstuhl für Arbeits- und Betriebspsychologie, ETH Zürich, 1984.

Asher, J. J. & Sciarrino, J. A.: Realistic work sample tests: A review. *Personnel Psychology*, 1974, *27*, S. 519–533.

Ashton, D. N. & Field, D.: *Young workers*. London: Hutchinson, 1976.

Aspegren, R. E.: A study of leadership behavior and its effects on morale and attitudes in selected American schools. *Dissertation Abstracts*, 1963, *23*, S. 3708.

Aßmann, G. & Kalok, H.: Das Verhältnis von Arbeitstätigkeit und Freizeitverhalten im Hinblick auf die schrittweise Verminderung sozialer Unterschiede. In: *Sozialstruktur-Territorium – sozialistische Lebensräume*. Berlin (DDR), 1977.

Astley, G. & Van de Ven, A. H.: Central perspectives and debates in organization theory. *Administrative Science Quarterly*, 1983, *28*, S. 245–273.

Atkinson, J. W.: *An introduction of motivation*. Princeton, N. J.: van Nostrand, 1964.

Ausubel, D. P.: *Psychologie des Unterrichts*. Weinheim, 1974.

Avedon, E. M.: The structural elements of games. In: Furham, A. & Argyle, M. (Eds.): *The Psychology of social situations*. Oxford u. a.: Pergamon, 1981, S. 11–17.

Back, K. W.: *Beyond words*. New York: Russel Sage, 1972.

Baer, K.: *Zur subjektiven Beurteilung der Nutzbarkeit von Zeit*. Unveröffentl. Diplomarbeit, Oldenburg, 1982.

Baer, K., Ernst, G., Nachreiner, F. & Schay, T.: Psychologische Ansätze zur Analyse verschiedener Arbeitssysteme. *Zeitschrift für Arbeitswissenschaft*, 1981, *35*, S. 136–141.

Baerns, B.: Öffentlichkeitsarbeit und Journalismus – Normen, Berufsbilder, Tatsachen. In: Haedrich. G., Barthenheier, G., Kleinert, H. (Hrsg.): *Öffentlichkeitsarbeit*. Berlin, 1982, S. 161–174.

Baethge, M., Schomburg, H. & Voskamp, U.: *Jugend und Krise – Krise aktueller Jugendforschung*. Frankfurt, New York: Campus, 1983.

Baker, A. W. & Davies, R. C.: *Ratios of staff to line employees and stages of differentiation of staff functions*. Ohio State University, 1954.

Balbridge, J. V. & Burnham, R. A.: Organizational innovation: Individual, organizational, and environmental impacts. *Administrative Science Quarterly*, 1975, *20*, S. 165–176.

Bales, R. F.: *Interaction process analysis: A method for the study of small groups*. Reading: Addison-Wesley, 1950.

Bales, R. F.: *Personality and interpersonal behavior*. New York: Holt, 1970.

Bales, R. F. & Slater, P. E.: Role differentiation in small-decision-making groups. In: Parsons, T. & Bales, R. F. (Eds.): *Family, socialisation and interaction process*. New York: Free Press, 1955.

Bales, R. F. & Cohen, S.: *Ein System für die mehrstufige Beobachtung von Gruppen*. Stuttgart: Klett-Cotta, 1982.

Bamberg, E. & Mohr, G.: Frauen als Forschungsthema: Ein blinder Fleck in der Psychologie. In: Mohr, G., Rummel, M. & Rückert, D. (Hrsg.): *Frauen – Psychologische Beiträge zur Arbeits- und Lebenssituation*. München: Urban und Schwarzenberg, 1982.

Bamme, A., Baumgartner, P. & Großmann, R.: *Initiative für ein Lernen in Arbeitskreisen*. Linz: Interuniversitäres Forschungsinstitut für Fernstudien der österreichischen Universitäten, 1985.

Bamme, A., Feuerstein, G., Genth, R., Holling, E., Kahle, R. & Kempin, P.: *Maschinen-Menschen, Mensch-Maschinen.* Grundrisse einer sozialen Beziehung. Reinbek: Rowohlt, 1983.

Bandura, A.: *Social learning theory.* Englewood Cliffs, 1977.

Bandura, A., Underwood, B. & Fromson, M. E.: Disinhibition of aggression through diffusion of responsibility and dehumanization of victims. *Journal of Research in Personality,* 1975, *9,* S. 253–269.

Banerji, R. B.: GPS and the psychology of the Rubik cubist: A study in reasoning about actions. In: Elithorn, A. & Banerji, R. B., 1983.

Bank, R. M. & McCarl, St. R.: „Virtue, obligation, and politics" revisited. *American Political Science Review,* 1976, *70,* S. 886–904.

Bargel, T., Framheim, G., Huber, L. & Portele, G. (Hrsg.): *Sozialisation in der Hochschule.* Hamburg: AHD, 1975.

Bargel, T.: Überlegungen und Materialien zu Wertdisparitäten und Wertwandel in der BRD. In: Klages, H. & Kmieciak, P. (Hrsg.): *Wertwandel und gesellschaftlicher Wandel.* Frankfurt: Campus, 1979.

Barker, R. G.: *Ecological Psychology.* Stanford, C. A.: Stanford University Press, 1968.

Barkowski, D., Lamm, H. & Schwinger, T.: Einfallsproduktion von Individuen und Dyaden unter „Brainstorming"-Bedingungen. *Psychologische Beiträge,* 1982, *24,* S. 39–46.

Barnard, Ch. I.: *The functions of the executive.* Cambridge, Mass.: Harvard University Press, 1938.

Barnard, Ch. I.: *Die Führung großer Organisationen.* Essen: Girardet, 1970.

Baron-Boldt, J., Schuler, H. & Funke, U.: Prädiktive Validität von Schulabschlußnoten: Eine Metaanalyse. *Zeitschrift für Pädagogische Psychologie,* 1988, *2,* S. 79–90.

Barrett, G. V. & Bass, B. M.: Comparative Surveys of Managerial Attitude and Behavior. In: Boddewyn, J. (Ed.): *Comparative Management.* Teaching, Research, and Training. New York: New York Graduate School of Business Administration, 1970.

Barrett, G. V. & Bass, B. M.: Cross-Cultural Issues in Industrial and Organizational Psychology. In: Dunette, M. D. (Ed.): *Handbook of Industrial and Organizational Psychology.* Chicago: Rand McNally, 1976, S. 1639–1686.

Barrett, G. V., Caldwell, M. S. & Alexander, R. A.: The concept of dynamic criteria: A critical reanalysis. *Personnel Psychology,* 1985, *38,* S. 41–57.

Barrett, G. V. & Franke, R. H.: *Need for achievement*: A reappraisal. Management Research Center, University of Rochester, 1971 (unveröffentl. Manuskript).

Barry, H. III, Child, I. L. & Bacon, M. K.: Relation of child training to subsistence economy. *American Anthropologist,* 1959, *61,* S. 51–63.

Bartee, E. M. & Cheyunski, F.: A methodology for processoriented organizational diagnosis. *Journal of Applied Behavior Science,* 1977, *27,* S. 53–68.

Bartelt, M.: *Wertwandel der Arbeit*. Frankfurt: Haag + Herchen, 1982.

Bartl, P., Unverdorben, K. & Lohmöller, J. B.: *Soziale Probleme im Grundwehrdienst*: Eine Pfadanalyse zu Alkohol- und Suicidproblemen. Forschungsbericht 81.01 März 1981 der Hochschule der Bundeswehr München.

Bartling, H. & Luzius, F.: *Grundzüge der Volkswirtschaftslehre*. München, 1979 (2. Aufl.).

Bartölke, K.: Organisationsentwicklung. In: Grochla, E. (Hrsg.): *Handwörterbuch der Organisation*. Stuttgart: Poeschel, 1980, S. 1468–1481.

Bartram, D. & Bayliss, R.: Automated testing: Past, present and future. *Journal of Occupational Psychology*, 1984, *57*, S. 221–237.

Bartram, M., Rollett, B., Fritz, W.: Zur Diagnose informeller Gruppierungen aufgrund taxometrischer Konzepte. In: Knapp, A. (Hrsg.): *Evaluation von Gruppenarbeit*. Wiesbaden: Akademische Verlagsgesellschaft, 1978.

Bartussek, D., Raatz, U. & Stapf, K. H.: *Die Evaluation des „Tests für medizinische Studiengänge"*. Abschlußbericht. Bonn, 1986.

Bass, B. M.: Reducing leniency in merit ratings. *Personnel Psychology*, 1956, *9*, S. 359–369.

Bass, B. M.: *Organizational Psychology*. Boston: Allyn and Bacon, 1965.

Bass, B. M.: *Stogdiss's handbook of leadership*: A survey of theory and research. New York: The Free Press, 1981 (Revised and expanded edition).

Bass, B. M. & Vaughan, J. A.: *Training in industry*: The management of learning. Belmont, 1966.

Basseler, U., Heinrich, J. & Koch, W.: *Grundlagen und Probleme der Volkswirtschaft*. Köln, 1978 (4. Aufl.).

Bataillard, V.: Führungstechnik. In: *Management Enzyklopädie*, II. München: Moderne Industrie, 1970, S. 1182–1201.

BAT-Freizeit-Forschungsinstitut: Freizeit im Wertewandel. In: Opaschowski, H. W. & Raddatz, G., *Bd. 4 der BAT-Schriftenreihe zur Freizeitforschung*. Hamburg, 1982.

BAT-Repräsentativ-Umfrage: *„Weniger verdienen – dafür mehr Freizeit"*. Hamburg: BAT-Freizeit-Forschungsinstitut, 1982.

Bate, P.: The impact of organizational culture on approaches to organizational problem solving. *Organization Studies*, 1984, *5*, S. 43–46.

Battagay, R.: *Der Mensch in der Gruppe*. Bern, Stuttgart, Wien: Huber, 1974.

Baum, A. & Valins, St.: Architectural meditation of residential density and control: Crowding and the regulations of social contact. In: Berkowitz, L. (Ed.): *Advances in experimental social psychology*. Vol. 12. New York: Academic Press, 1979.

Baumann, U., Sodemann, U. & Tobien, H.: Direkte versus indirekte Veränderungsdiagnostik. *Zeitschrift für Differentielle und Diagnostische Psychologie*, 1980, *3*, S. 201–216.

Baumgartel, H. L.: Leadership, motivation, and attitudes in research laboratories. *Journal of Social Issues*, 1956, *12*, S. 24–31.

Baumgarten, R.: *Führungsstile und Führungstechnik*. Berlin: de Gruyter, 1977.

Baumgartner, P., Moritz, M. & Worliczek, H.: *Management Strategien*. Humanisierung oder Manipulation. Wien: ÖGB-Verlag, 1986.

Bavelas, A.: Leadership: Man and function. *Administrative Science Quarterly*, 1960, *4*, S. 491–498.

Bayerisches Staatsministerium für Arbeits- und Sozialordnung: *Mitarbeiten – mitdenken!* Situation und Chancen des betrieblichen Vorschlagswesens in Bayern. München: Bayerisches Staatsministerium für Arbeits- und Sozialordnung, 1984.

Beach, L. R., Townes, B. D., Campbell, F. L. & Keating, G. W.: Developing and testing a decision aid for birth planning decisions. *Organizational Behavior and Human Performance*, 1976, *15*, S. 99–116.

Beck, U.: Perspektiven einer kulturellen Evolution der Arbeit. In: *Mitteilungen aus der Arbeitsmarkt- und Berufsforschung*, 1984, *1*, S. 52–62.

Beck, U., Brater, M. & Wegener, B.: *Berufswahl und Berufszuweisung*. Frankfurt/Main: Campus, 1979.

Becker, H. & Langosch, I.: *Produktivität und Menschlichkeit*. Organisationsentwicklung und ihre Anwendung in der Praxis. Stuttgart: Enke, 1984.

Beckhard, R.: *Strategies organization development*. Reading/Mass.: Addison-Wesley, 1969.

Bednarek, E.: *Veränderungen der Arbeitsmotivation durch Qualitätszirkel und Lernstatt*. München: Institut für Psychologie, 1985, Dissertation.

Beech, H. R., Burns, L. E. & Sheffield, B. F.: *A behavioral approach to the management of stress*. A practical guide to techniques. Chichester: Wiley, 1982.

Beehr, T. A.: Perceived situational moderators of the relationship between subjective role ambiguity and role strain. *Journal of Applied Psychology*, 1976, *61*, S. 35–40.

Beehr, T. A. & Newman, J. E.: Job stress, employee health, and organizational effectiveness: A facet analysis, model, and literature review. *Personnel Psychology*, 1978, *31*, S. 665–700.

Beer, M.: Influence and power for OD. *Journal of Applied Behavioral Science*, 1976, *12*, S. 44–512.

Beer, M.: *Organization change and development*. A system view. Glenview: Scott, Foresman and Company, 1980.

Beeskow, W., Dichtel, E., Fink, G., Müller, S.: Die Bewertung von Marketing-Aktivitäten. In: Irle, M. (Hrsg.): *Methoden und Anwendungen in der Marktpsychologie*. Göttingen, 1983, S. 483–674.

Behling, O., Labovitz, G., Gainer, M.: College recruiting: A theoretical base. *Personnel Journal*, 1968, *47*, S. 13–19.

Belady, L. & Lehman, M.: A model of large program development. *IBM Systems Journal*, 1976, *15*.

Belady, L. & Lehmann, M.: The characteristics of large systems. In: Wegner, 1979.

Bellah, R. N.: Religion: The Sociology of Religion. In: Sills, D. L., 1968, vol. XIII, S. 406–414.

Bellows, R. M.: Industrial Psychology. *Annual Review of Psychology*, 1951, *II*, S. 173–192.

Bender-Szymanski, D.: *Das Verhalten von Jugendlichen bei der Berufsentscheidung*. Weinheim: Beltz, 1976 (Studien zur Arbeits- und Berufspädagogik, Bd. 13).

Bender-Szymanski, D.: *Berufsentscheidung und Bewährung*. Weinheim: Beltz, 1980.

Bendix, R.: *Work and authority in industry*. Ideologies and management in the course of industrialization. New York: Wiley, 1974 (2nd ed., 1st ed. 1956).

Bendix, R.: *Herrschaft und Industriearbeit*. Untersuchungen über Liberalismus und Autokratie in der Geschichte der Industralisierung. Frankfurt: Europ. Verlagsanstalt, 1960.

Bennett, M.: Testing Management Theories Cross-culturally. *Journal of Applied Psychology*, 1977, *vol. 62*, 5, S. 578–581.

Benninghaus, H.: *Ergebnisse und Perspektiven der Einstellungs-Verhaltens-Forschung*. Meisenheim a. Glan: Hain, 1976.

Benninghaus, H.: Arbeitssituation und Arbeitszufriedenheit. Kölner *Zeitschrift für Soziologie und Sozialpsychologie*, 1978, *3*, S. 514–547.

Bennis, W.: *Changing organizations*. Essay on the development and evolution of human organizations. New York: McGraw Hill, 1966.

Bennis, W. G.: Organizational development and the Gate of burceaucracy. In: Cummings, L. L. & Scott, W. E. (Eds.): *Organizational behavior and human performance*. Homewood, Ill.: Irwin-Dorsey, 1969.

Bennis, W. G. & Slater, P. E.: *The temporary society*. New York: Harper & Row, 1968.

Ben-Porat, A.: Event and Agent: Toward a structural theory of job satisfaction. *Personnel Psychology*, 1981, *34*, S. 513–534.

Benson, J. K.: Organizations. A dialectical view. *Administrative Science Quarterly*, 1977, *22*, S. 1–21.

Benz-Overhage, K., Brumlop, E., Freyberg, v., T. & Zissis, P.: Der Einsatz von Computer-Technologien in der Fertigungstechnik und Möglichkeiten der Arbeitsgestaltung. *Beiträge zur Arbeitsmarkt- und Berufsforschung*, 1981, *Heft 53*, S. 39–68.

Berg, H. & Cassel, D.: Theorie der Wirtschaftspolitik. In: *Kompendium der Wirtschaftstheorie und Wirtschaftspolitik*, Bd. 2. München, 1981.

Berger, C. J. & Cummings, L. L.: Organizational structure, attitudes and behavior. In: Staw, B. M. (Ed.): *Research in Organizational Behavior*. Vol. I. Greenwich, Conn.: JAI Press, 1979, S. 169–208.

Berger, P. L. & Luckmann, Th.: *Die gesellschaftliche Konstruktion der Wirklichkeit*. Frankfurt/Main: Fischer 1969.

Bergin, A. E.: The effect of dissonant persuasive communications upon changes in self-refering attitudes. *Journal of Personality*, 1962, *30*, S. 423–438.

Bergler, R.: *Psychologie des Marken- und Firmenbildes*. Göttingen: Vandenhoeck & Rupprecht, 1963.

Bergsdorf, W.: *Die 4. Gewalt – Einführung in die politische Massenkommunikation*. Mainz, 1980.

Berkel, K.: Wandel in der Einstellung zur Arbeit? *Psychologie und Praxis*. Zeitschrift für Arbeits- und Organisationspsychologie, 1983, *27*, S. 150–159.

Berkel, K.: *Konfliktforschung und Konfliktbewältigung*. Berlin: Duncker & Humblot, 1984.

Berkowitz, L.: Sharing leadership in small decision-making groups. *Journal of Abnormal Social Psychology*, 1953, *48*, S. 231–238.

Bernardin, H. J. & Beatty, R. W.: *Performance appraisal*: Assessing human behavior at work. Boston: Kent, 1984.

Berne, E.: *Spiele der Erwachsenen*. Psychologie der menschlichen Beziehungen. Reinbek: Rowohlt, 1970.

Bernfeld, S.: *Vom Gemeinschaftsleben der Jugend*. Leipzig, Wien, Zürich: Internationaler Psychoanalytischer Verlag, 1922.

Bertalanffy, v., L.: *General System Theory*. Foundations, development, applications. New York, 1968.

Bertalanffy, v., L.: General system theory–A critical review. In: Händle, F. & Jensen, S. (Eds.), 1974.

Bertalanffy, v., L. (Ed.): Vorläufer und Begründer der Systemtheorie. In: Kurzrock, 1972.

Berthel, J.: *Personalmanagement*. Stuttgart, 1979.

Berthold, H.-J., Gebert, D., Rehmann, B. & Rosenstiel, v., L.: Schulung von Führungskräften – eine empirische Untersuchung über Bedingungen und Effizienz. *Zeitschrift für Organisation*, 1980, *49*, S. 221–229.

Berufsverband Deutscher Psychologen: *Berufsordnung für Psychologen*. Bonn: Autor, 1986.

Bettman, J. R.: *An information processing theory of consumer choice*. Reading, Mass.: Addison-Wesley, 1979.

Beyer, J. M.: Ideologies, values and decision making in organizations. In: Nystrom, P. C. & Starbuck, W. H. (Eds.): *Handbook of organizational design*. Vol. 2. Oxford, 1981, S. 166–202.

Beyme, v., K.: Gesellschaftliche Organisationen, Interessengruppen, Verbände. In: *Sowjetsystem und Demokratische Gesellschaft*, Bd. II, Freiburg, 1968, S. 972 bis 1000.

Bhagat, R. S.: Black-white ethic differences in identification with the work ethic. *Academy of Management Review*, 1979, *4*, S. 381–391.

Bhagat, R. S. & Mc Quaid, S. J.: Role of subjective culture in organizations. A review and directions for future research. *Journal of Applied Psychology Monograph*, 1982, *67*, 5, S. 653–686.

Bibliographie zur Arbeitszufriedenheit. Literatur aus den deutschsprachigen Ländern, Teil I und II. Zentralstelle für Psychologische Information und Dokumentation an der Universität Trier, 1986.

Bidlingmaier, J.: *Zielkonflikte und Zielkompromisse im unternehmerischen Entscheidungsprozeß*. Wiesbaden: Gabler, 1968.

Bieling, G.: Bildungsprobleme der Diplompsychologen aus der Sicht der Praxis. In: Stephan, E. (Hrsg.): *Aus- und Weiterbildung in der Psychologie*. Weinheim, 1980.

Bien, W.: Die Erfassung von kognitiven sozialen Strukturen: Ein Vergleich von Erhebungsverfahren. *Zeitschrift für Sozialpsychologie*, 1983, *14*, S. 34–43.

Biervert, P.: Erweiterte Marketing-Konzepte. In: Hoyos, C., Kroeber-Riel, W., Rosenstiel, v., L. & Strümpel, B. (Hrsg.): *Grundbegriffe der Wirtschaftspsychologie*. München, 1980, S. 270–282.

Biervert, P., Fechtner, H., Fischer-Winkelmann, W. F., Monse, K., Rock, R. & Siedt, H. G.: *Verbrauchervereine als Form der Selbstorganisation von Verbrauchern in der Bundesrepublik Deutschland*. Düsseldorf, 1979.

Bihl, G.: *Von der Mitbestimmung zur Selbstbestimmung*. Das skandinavische Modell der selbststeuernden Gruppen. München: Goldmann, 1973.

Bihl, G.: Unternehmen und Wertewandel: Die Auswirkung auf die Personalpolitik. In: Rosenstiel, v. L. & Einsiedler, H. E. (Hrsg.): *Wertewandel als Herausforderung für die Unternehmenspolitik*. Stuttgart: Schäffer, 1987, S. 53–62.

Blackler, F. & Shimmin, S.: *Applying Psychology in Organizations*. London, New York: Methuen, 1984.

Blake, R. R. & Mouton, J. S.: The intergroup dynamics of win-lose conflicts and problem-solving collaboration in union-management relations. In: Sherif, M. (Ed.): *Intergroup relations and leadership*. New York: Wiley, 1962.

Blake, R. R. & Mouton, J. S.: *The managerial grid*. Houston: Gulf, 1964.

Blake, R. R. & Mouton, J. S.: A 9/9 approach for increasing organizational productivity. In: Schein, E. H. & Bennis, W. G. (Eds.): *Personal and organizational change through group methods*. New York: Wiley, 1965.

Blake, R. R. & Mouton, J. S.: *Building a dynamic corporation through grid organization development*. London: Addison Wesley, 1969.

Blake, R. R. & Mouton, J. S.: *Consultation*. Reading, Mass.: Addison-Wesley, 1976.

Blake, R. R., Shepard, H. A. & Mouton, J. S.: *Managing intergroup conflict in industry*. Houston, Tex.: Gulf, 1964.

Blanz, F. & Ghiselli, E. E.: The mixed standard scale: A new rating system. *Personnel Psychology*, 1972, *25*, S. 185–199.

Bläse, D.: Methodischer Rahmen für Planung, Durchführung und Kontrolle von Öffentlichkeitsarbeit. In: Haedrich, G., Barthenheier, G. & Kleinert, H. (Hrsg.): *Öffentlichkeitsarbeit*. Berlin, 1982, S. 187–200.

Blau, P.: *The Dynamics of Bureaucracy*. Chicago, Ill.: University of Chicago Press, 1955.

Blau, P. M.: A formal theory of differentiation in organizations. *American Sociological Review*, 1970, *35*, S. 201–219.

Blau, P. M., Gustad, J. W., Jessor, R., Parnes, H. S. & Wilcock, R. C.: Occupational choice: A conceptual framework. Industrial Labor Relations. *Review*, 1956, *9*, S. 531–543.

Blau, P. M. & Schönherr, F.: *The structure of organizations*. New York, 1971.

Blau, P. M. & Scott, R. W.: *Formal Organizations*. San Francisco, 1962.

Blauner, R.: Alienation and freedom. Chicago: University of Chicago Press, 1964.

Bleicher, K.: *Perspektiven für Organisation und Führung von Unternehmungen*. Baden-Baden: Homburg v. d. H., 1971.

Bleicher, K.: Unternehmensentwicklung und Organisationsplanung. *Zeitschrift für Organisation*, 1976, *4*, S. 474.

Bleicher, K.: *Organisation*. Formen und Modelle, Wiesbaden: Gabler, 1981.

Bleicher, K.: Auf dem Wege zu einer Kulturpolitik der Unternehmung. *Zeitschrift Führung und Organisation*, 1984, *154*, S. 494–500.

Bleicher, K. & Meyer, E.: *Führung in der Unternehmung*: Formen und Modelle. Reinbek: Rowohlt, 1976.

Bloland, P. A.: Leisure and career development: For college students. *Journal of Career Development*, 1984, *11*, S. 119–128.

Bloom, B. S.: *Taxonomie von Lernzielen im kognitiven Bereich*. Weinheim 1972.

Bluedorn, A. C.: A taxonomy of turnover. *Academy of Management Review*, 1978, *3*, S. 647–651.

Bluedorn, A. C.: The theories of turnover: causes, effects and meaning. In: Bacharach, S. (Ed.): *Research in the sociology of organizations*. Vol. 1. Greenwich, Conn.: JAI Press, 1982, S. 75–128.

Blum, M. L. & Naylor, J. C.: *Industrial Psychology*. New York: Harper & Row, 1968.

Blum, R.: *Organisationsprinzipien der Volkswirtschaft*: Neue mikroökonomische Grundlagen für die Marktwirtschaft. Frankfurt u. a.: Campus, 1983.

Blumberg, P.: *Industrial democracy–the sociology of participation*. New York: Schokkenbooks, 1969.

Blümel, W.: Grundrechtsschutz durch Verfahrensgestaltung. In: Blümel, W. (Hrsg.): *Frühzeitige Bürgerbeteiligung bei Planungen*. Berlin, 1982, S. 23–91.

Blunt, P.: Cultural and Situational Determinants of Jobsatisfaction amongst Management in South Africa. A Research Note. *Journal of Management Studies*, 1973, *10*, S. 133–140.

Bocker, H. J. & Overgaard, H. O.: Structuring quality circles: A management challenge to combat ailing productivity. *LODJ*, 1982, *3*, 5., S. 17–29.

Bobko, P.: An analysis of correlations corrected for attenuation and range restriction. *Journal of Applied Psychology*, 1983, *68*, S. 584–589.

Boehm, L.: Hochschulen, I. In: *Staatslexikon*, Bd. II. Freiburg, 1986, S. 1296–1300.

Boesch, E. E.: *Kultur und Handlung*. Bern: Huber, 1980.

Boettcher, E.: Genossenschaften I: Begriff und Aufgaben. In: *Handwörterbuch der Wirtschaftswissenschaft* (HdWW), 34./35. Lfg., S. 540–556.

Bogun, M., Caspar, F. M. & Erben, C. M.: Führerschaft in Gruppen. In: Witte, E. H. (Hrsg.): *Beiträge zur Sozialpsychologie. Festschrift für Peter R. Hofstätter.* Weinheim: Beltz, 1980.

Boland, R. J.: Myth and technology in the American Accounting professsion. *Journal of Management Studies*, 1982, *19*, S. 109–127.

Boland, R. J. & Hofman, R.: Humor in a machine shop: An interpretation of symbolic action. In: Pondy, L. R., Frost, P. J., Morgan, G. & Dandridge, Th. C. (Eds.): *Organizational symbolism*. Greenwich, Conn. & London: JAI Press, 1983, S. 187–198.

Bollinger, G. & Greif, S.: Innovationsprozesse. Fördernde und hemmende Einflüsse auf kreatives Verhalten. In: Irle, M. (Hrsg.): *Methoden und Anwendungen in der Marktpsychologie*. Enzyklopädie der Psychologie, Serie 3, Band 5. Göttingen: Hogrefe, 1983, S. 396–482.

Böltken, F. & Jagodzinski, W.: Viel Lärm um Nichts? Zur „Stillen Revolution“ in der Bundesrepublik. In: Stiksrud, A. (Hrsg.): *Jugend und Werte*. Dokumentation über den Fünften Workshop „Politische Psychologie“ (BDP – IAPP), Berlin, 1983.

Böhnisch, W.: *Führung und Führungskräftetraining nach dem Vroom/Yetton-Modell.* Linz: Universität, 1987 (noch nicht veröffentlichte Habilitationsschrift).

Bonoma, T. V.: *Conflict*. Escalation and deescalation, Beverly Hill, Cal.: Sage Publications, 1975.

Booth, J. F.: Anwendungsmöglichkeiten für Personal-Computer in der eignungsdiagnostischen Praxis. *Psychologie und Praxis*. Zeitschrift für Arbeits- und Organisationspsychologie, 1986, 30 (N. F. 4), S. 98–104.

Borcherding, K. & Schaefer, R. E.: Konsensus bei Entscheidungen. In: Brandstätter, H. & Schuler, H. (Hrsg.): *Entscheidungsprozesse in Gruppen*. Bern: Huber, 1976, S. 47–61.

Borgotta, E. F.: The small groups movement. *American Behavioral Scientist*, 1981, *24*, S. 607–618.

Boring, E. G. (Ed.): *A History of Experimental Psychology*. New Jersey: Prentice Hall, 1957.

Borman, W. C.: Exploring upper limits of reliability and validity in job performance ratings. *Journal of Applied Psychology*, 1978, *63*, S. 135–144.

Borman, W. C.: Validity of behavioral assessment for predicting military recruiter performance. *Journal of Applied Psychologie*, 1982, *67*, S. 3–9.

Borman, W. C.: Implications of personality theory and research for the rating of work performance in organizations. In: Landy, F., Zedeck, S. & Cleveland, J. (Eds.): *Performance measurement and theory*. Hillsdale: Erlbaum, 1983, S. 127–165.

Borstell, v., H. : Öffentlichkeitsarbeit ist Politik. In: Haedrich, G., Barthenheier, G. & Kleinert, H. (Hrsg.): *Öffentlichkeitsarbeit*. Berlin, 1982, S. 341–352.

Bosemann, F. G. & Simonetti, J. L.: Management Policy Toward Task Environment Agent. A Cross-cultural Study. *Management International Review*, 1973, 13, S. 121–126.

Bösenberg, D.: Unternehmen und Wertewandel: Die Auswirkung auf die Produktanforderungen. In: Rosenstiel, v., L. & Einsiedler, H. E. (Hrsg.): *Wertewandel als Herausforderung für die Unternehmenspolitik*. Stuttgart: Schäffer, 1987, S. 63–72.

Bottger, P. C.: Expertise and airtime as bases of actual and perceived influence in problem-solving groups. *Journal of Applied Psychology*, 1984, *69*, S. 214–221.

Boudreau, J. W.: Economic considerations in estimating the utility of human resource productivity improvement programs. *Personnel Psychology*, 1983, *36*, S. 551 – 576.

Boudreau, J. W.: Utility. In: Smith, M. & Robertson, I. (Eds): *Advances in personnel selection and assessment*. New York: Wiley, in press.

Boulding, K.: *The Image*. Ann Arbor: University of Michigan Press, 1956.

Boulding, K. E.: *Conflict and defense*. New York: Harper & Brothers, 1962.

Boulding, K. E.: *The Organizational Revolution*. Chicago: Quadrangle-Books Inc., 1968.

Bower, G. H. (Ed.): *The psychology of learning and motivation*. Vol. 17. New York: Academic Press, 1983.

Bowers, D. G.: OD techniques and their results in 23 organizations: The Michigan ICL study. *Journal of Applied Behavioral Science*, 1973, *9*, S. 21–43.

Bowers, D. G. & Franklin, J. L.: *Survey-guided development I*: Databased organizational change. La Jolla: University Associates, 1977.

Brackhane, R.: *Rehabilitation im Arbeits- und Berufsleben*. Goch, 1982.

Bradford, L. P., Gibb, J. R. & Benne, K. D.: *T-group theory and laboratory method*. New York, Stuttgart: Wiley / Klett, 1964 (Deutsche Kurzfassung 1972).

Brady, J. V.: Experimental studies of stress and anxiety. In: Kutash, J. L., Schlesinger, L. B. & Associates (Eds.): *Handbook on stress and anxiety*. San Francisco: Jossey, Bass Publishers, 1980, S. 206–236.

Brambring, M.: Spezielle Eignungsdiagnostik. In: Groffmann, K.-J. & Michel, L. (Hrsg.): *Intelligenz- und Leistungsdiagnostik*. Enzyklopädie der Psychologie, B/II/2. Göttingen: Hogrefe, 1983, S. 414–481.

Brandenburg, A. G., Brödner, P., Hetzler, H. W. & Schinstock, G.: *Die Innovationsentscheidung*. Göttingen: Schwartz, 1975.

Brandstädter, J. & Bernitzke, F.: Berufliche Situation und Arbeitszufriedenheit von Psychologen in verschiedenen Tätigkeitsbereichen. *Psychologische Rundschau*, 1978, *29*, S. 1–14.

Brandstätter, H.: *Soziale Urteilsbildung in Organisationen*. München: Universität, 1969 (unveröffentl. Habilitationsschrift).

Brandstätter, H.: Zum Problem des Nutzens psychologischer Eignungsuntersuchungen. *Diagnostica*, 1969, *15*, S. 117–124.

Brandstätter, H.: Die Beurteilung von Mitarbeitern. In: Mayer, A. & Herwig, B. (Hrsg.): Handbuch der Psychologie, Bd. 9: *Betriebspsychologie*. Göttingen: Hogrefe, 1970, S. 668–734.

Brandtstätter, H.: *Leistungsprognose und Erfolgskontrolle*. Bern: Huber, 1970.

Brandstätter, H.: Organisationsdiagnose. In: Mayer, A. (Hrsg.): *Organisationspsychologie*. Stuttgart: Poeschel, 1978, S. 43–71.

Brandstätter, H.: Social emotions in discussion groups. In: Brandstätter, H., Davis, J. H. & Schuler, H. (Eds.): *Dynamics of Group Decisions*. Beverly Hills, Cal.: Sage, 1978, S. 93–111.

Brandstätter, H.: Die Ermittlung personaler Eigenschaften kognitiver Art. In: Reber, G. (Hrsg.): *Personalinformationssysteme*. Stuttgart: Poeschel, 1979, S. 74-95.

Brandstätter, H.: Psychologische Grundlagen personeller Entscheidungen. In: Schuler, H. & Stehle, W. (Hrsg.): *Psychologie in Wirtschaft und Verwaltung*. Praktische Erfahrungen mit organisationspsychologischen Konzepten. Stuttgart: Poeschel, 1982, S. 19–48.

Brandstätter, H.: *Sozialpsychologie*. Stuttgart: Kohlhammer, 1983.

Brandstätter, H.: Social emotions in controversial discussions and in group decision making. In: Lawler, E. E. (Ed.): *Advances in Group Processes*: Theory and Research, II. Greenwich, Con.: JAI Press, 1985, S. 249–281.

Brandstätter, H. & Cielecki, M.: Persönlichkeitsspezifische Wirkung von Lob und Tadel in Streitgesprächen. In: Albert, D. (Hrsg.): *Bericht über den 34. Kongreß der DGfP Wien, 1984*. Göttingen: Hogrefe, 1985.

Brandstätter, H. & Hoggatt, A. C.: The influence of social emotions on bargaining outcomes in a bilateral monopoly game. In: Brandstätter, H., Davis, J. H. & Stocker-Kreichgauer, G. (Eds.): *Group Decision Making*. London: Academic Press, 1982, S. 279–294.

Brandstätter, H., Kette, G. & Sageder, J.: Expectations, attributions and behavior in bargaining with liked and disliked partners. In: Tietz, R. (Ed.): *Aspiration levels in bargaining and economic decision making*. Berlin: Springer, 1983, S. 136–152.

Brandstätter, H., Kirchler, E., Sananes, C. & Shedler, J.: Yielding to a hostile adversary: Personality and arousal predict attitude change. *International Journal of Small Group Research*, 1986, *2*, S. 1–17.

Brandstätter, H. & Klein-Moddenborg, V.: Short and long term effects of verbal aggression on observers and participants in group discussion. In: Hiebsch, H., Brandtstätter, H. & Kelley, H. H. (Eds.): *Social Psychology*. Amsterdam: North Holland, 1982, S. 73–84.

Brandstätter, H. & Schuler, H.: *Overcoming halo and leniency*: A new method of merit rating. 18. International Congress of Applied Psychology, Montreal, 1974.

Brandt, U. & Köhler, B.: Norm und Konformität. In: Graumann, C. F. (Hrsg.): *Sozialpsychologie*. 2. Halbband. Göttingen: Hogrefe 1972, 33, S. 1710–1789.

Braverman, H.: *Labor and monopoly capital.* New York & London: Monthly Review Press, 1974.

Bray, D. W., Campbell, R. J. & Grant, D. L.: *Formative years in business*. A long term AT & T study of managerial lives. New York: Wiley, 1974.

Bray, D. W. & Grant, D. L.: The assessment center in the measurement of potential for business management. *Psychological Monographs: General & Applied*, 1966, *80*, S. 1–27.

Bray, R. M., Kerr, N. L. & Atkin, R. S.: Effects of group size, problem difficulty, and sex on group performance and member reactions. *Journal of Personality and Social Psychology*, 1978, *36*, S. 1224–1240.

Braybrooke, D. & Lindblom, E. C.: *A strategy of decision*. New York: The Free Press, 1963.

Brayfield, A. H. & Crockett, W. H.: Employer attitudes and employer performance. *Psychological Bulletin*, 1955, *52*, *5*, S. 396–424.

Breaugh, J. A.: Predicting absenteeism from prior absenteeism and work attitudes. *Journal of Applied Psychology*, 1981, *66*, S. 555–560.

Bredenkamp, K. & Bredenkamp, J.: Was ist Lernen? In: Weinert, F. E., Graumann, C. F., Heckhausen, H. & Hofer, M. (Hrsg.): *Pädagogische Psychologie*, Bd. 2. Frankfurt, 1974, S. 605–630.

Bredenkamp, J. & Wippich, W.: *Lern- und Gedächtnispsychologie*. Stuttgart, 1977.

Brehmer, B.: Social judgment theory and the analysis of interpersonal conflict. *Psychological Bulletin*, 1976, *83*, S. 985–1003.

Brehmer, B.: Probabilistic functionalism in the laboratory. Learning and interpersonal (cognitive) conflict. In: Hammond, K. R. & Wascoe, N. E. (Eds.): *Realizations of Brunswik's representative design*. San Francisco: Jossey-Bass, 1980.

Brennecke, J. B. & Amick, R. G.: *The struggle for significance*. Beverly Hills, 1971.

Brickenkamp, R.: *Test d2. Aufmerksamkeits-Belastungs-Test.* Göttingen: Hogrefe, 1972 (4. Aufl.).

Brickenkamp, R.: *Handbuch psychologischer und pädagogischer Tests.* Göttingen: Hogrefe, 1975.

Brickenkamp, R.: *Erster Ergänzungsband zum Handbuch psychologischer und pädagogischer Tests.* Göttingen: Hogrefe, 1983.

Brickman, P. (Ed.): *Social conflict.* Lexington, Mass.: Heath, 1974.

Bright, J. R.: *Automation and management.* Division of Research, Graduate School of Business Administration. Boston: Harvard University, 1958.

Brim, O. G.: Socialization through the life cycle. In: Brim, O. G. & Wheeler, S. (Eds.): *Socialization after Childhood.* New York: Wiley, 1966, S. 1–51.

Brim, O. G.: Adult Socialization. In: Clausen, J. A. (Ed.): *Socialization and Society.* Boston: Little Brown, 1968.

Britt, A.: Übersicht über marktgängige Führungsmodelle. *Industrielle Organisation,* 1971, *40,* S. 492.

Brogden, H. E.: When testing pays off. *Personnel Psychology,* 1949, *2,* S. 171–183.

Brooks, J. B. & Elliot, D. M.: Prediction of psychological adjustment at age thirty from leisure time activities and satisfactions. *Human Development,* 1971, *14,* S. 51–61.

Brose, P. & Corsten, H.: *Partizipation in der Unternehmung.* Hochschulschriften zur BWL 21. München: Flotentz, 1983.

Brötz, R., Czech, D., Ott, E. & Weiss, G.: Betriebsräte und Humanisierung der Arbeitsbedingungen in Klein- und Mittelbetrieben. *WSI-Mitteilungen,* 1982, *35,* S. 296–305.

Brown, S. H.: Long-term validity of a personal history item scoring procedure. *Journal of Applied Psychology,* 1978, *63,* S. 673–676.

Bruder, W.: Öffentliche Verwaltung. In: Schmidt, M. G., 1983, S. 266–274.

Bruggemann, A.: Zur empirischen Untersuchung verschiedener Formen von Arbeitszufriedenheit. *Arbeit und Leistung,* 1976, *28,* S. 181–184.

Bruggemann, A., Groskurth, P. & Ulich, E.: *Arbeitszufriedenheit.* Bern: Huber, 1975.

Bruner, J. S.: *Toward a theory of instruction.* Cambridge, Mass., 1966.

Bruner, J. S. & Postman, L.: An approach to social perception. In: Dennis, W. & Lippitt, R. (Eds.): *Current trends in social psychology.* Pittsburgh: Univ. Press, 1951, S. 71–118.

Brunsson, N.: The irrationality of action and action irrationality: Decisions, ideologies and organizational actions. *Journal of Management Studies,* 1982, *19,* S. 29–44.

Brunswik, E.: *Perception and the representative design of psychological experiments.* Berkeley, Cal.: University of California Press, 1956.

Bryman, A.: Organization studies and the concept of rationality. *Journal of Management Studies*, 1984, *21*, S. 391–408.

Buchanan, P. C.: Crucial issues in OD. In Hornstein, H., Bunker, B. B., Burke, W. W., Gindes, M. & Lewicki, R. J. (Eds.): *Social intervention*: A behavioral science approach. New York: Free Press, 1971, S. 386–400.

Büchtemann, Ch. F.: Erwerbskarrieren im Anschluß an Arbeitslosigkeit. *Mitt. AB*, 1982, *2*, S. 120–130.

Budde, A., Child, J., Francis, A. & Kieser, A.: Corporate goods, managerial objectives, and organizational structures in Bristish and West German Companies. *Organization Studies*, 1982, *3/1*, S. 1–32.

Bugenthal, D. E., Kaswan, J. W. & Love, L. R.: Perception of contradictory meanings conveyed by verbal and nonverbal channels. *Journal of Personality and Social Psychology*, 1970, *16*, S. 647–655.

Bühl, W. L. (Hrsg.): *Konflikt und Konfliktstrategie*. München: Nymphenburger, 1972.

Bühler, Ch.: *Der menschliche Lebenslauf als psychologisches Problem*. Leipzig: Hirzel, 1933.

Buiren, v., S.: Einleitung. In: Hauff, V. (Hrsg.): *Argumente in der Energie-Diskussion*. Villingen, 1980, S. 1–10.

Bundesanstalt für Arbeit: *Gutachtenerstellung*. Nürnberg: Autor, 1985.

Bundesinstitut für Berufsbildungsforschung/Institut für Arbeitsmarkt- und Berufsforschung der Bundesanstalt für Arbeit: *Qualifikation und Berufsverlauf*. Berlin, 1981.

Bundesminister für Bildung und Wissenschaft (Hrsg.): *Berufsbildungsbericht*. Bonn, 1980.

Bungard, W.: *Sozialpsychologische Forschung im Labor*. Göttingen: Hogrefe, 1984.

Bungard, W. & Wiendieck, G. (Hrsg.): *Erfolgreich im Qualitätswettbewerb*. – Quality Circles als Instrumente zeitgemäßer Betriebsführung. Landsberg: Moderne Industrie, 1986.

Bungard, W. & Wiendieck, G.: Zur Problematik der Effizienzanalyse von Quality-Circles. In: Bungard, W. & Wiendieck, G. (Hrsg.): *Erfolgreich im Qualitätswettbewerb* – Quality Circles als Instrumente zeitgemäßer Betriebsführung. Landsberg: Moderne Industrie, 1986.

Bunz, A. R., Jansen, R. & Schacht, K.: Qualität des Arbeitslebens. Soziale Kennziffern zu Arbeitszufriedenheit und Berufschancen. In: Bundesministerium für Arbeit und Sozialordnung (Hrsg.): Bonn: Bundesministerium für Arbeit- und Sozialordnung, 1973.

Burgdorf, S. (Hrsg.): *Wirtschaft im Untergrund*. Reinbek, 1983.

Burgoyne, J.: Management education, the behavioural sciences and management. In: Thomson, A. & Warner, M. (Eds.), 1981, S. 161–172.

Burkart, R.: *Kommunikationswissenschaft.* Wien: Böhlau, 1983.

Burke, M. J., Raju, N. S. & Pearlman, K.: An empirical comparison of the results of five validity generalization procedures. *Journal of Applied Psychology*, 1986, *71*, S. 302–310.

Burke, P. J.: Leadership role differentiation. In: McClintock, C. G. (Eds.): *Experimental Social Psychology.* New York: Holt, 1971.

Burke, R. J.: Methods of resolving superior-subordinate conflict. *Organizational Behavior and Human Performance*, 1970, *5*, S. 393–411.

Burke, R. J.: Psychologists consult with organizations: Alternative strategies of involvement. *The Canadian Psychologist.* 1971, *12*, S. 482–487.

Burke, W. W.: *Organization development.* Principles and practices. Boston: Little Brown and Company, 1982.

Bürli, A.: Computer-unterstützte und verzweigte Testdurchführung. *Diagnostica*, 1975, *21*, S. 130–141.

Burns, T. & Stalker, G. M.: *The Management of innovation.* London 1961.

Burnstein, E.: Persuasion as argument processing. In: Brandstätter, H., Davis, J. H. & Stocker-Kreichgauer, G. (Eds.): *Group Decision Making.* London: Academic Press, 1982, S. 103–124.

Burrell, G. & Morgan, G.: *Sociological paradigms and organizational analysis.* Elements of the sociology of corporate life. London u. a.: Heinemann, 1979, 1982.

Burton, A.: Begegnung. Existenz und Psychotherapie. In: Horn, v., K. (Hrsg.): *Gruppendynamik und der „subjektive Faktor“.* Frankfurt/Main: Suhrkamp, 1972, S. 182–204.

Busch, D. W.: *Berufliche Wertorientierung und berufliche Mobilität.* Stuttgart: F. Enke, 1973.

Büschges, G.: Betriebsuntersuchungen, soziologische. In: Gaugler, E. (Hrsg.): *Handwörterbuch des Personalwesens.* Stuttgart: Poeschel, 1975, S. 704–714.

Büschges, G.: *Einführung in die Organisationssoziologie.* Kurseinheit 2. Organisationen als Gegenstand der Sozialwissenschaft. Hagen: Fernuniversität, 1981.

Büschges, G. & Lütke-Bornefeld, P.: *Praktische Organisationsforschung.* Reinbek: Rowohlt, 1977.

Buss, D. M.: Sex differences in the evaluation and performance of dominant acts. *Journal of Personality and Social Psychology*, 1981, *40*, S. 147–154.

Büssing, A.: Arbeitssituation und Arbeitszufriedenheit. *Kölner Zeitschrift für Soziologie und Sozialpsychologie*, 1983, *4*, S. 680–708.

Bunz, A. R., Jansen, R. & Schacht, K.: *Qualität des Arbeitslebens.* (Soziale Kennziffern zu Arbeitszufriedenheit und Berufschancen). Bonn, 1973.

Burnstein, E.: Fears of failure, achievement motivation, and aspiring to prestigeful occupations. *Journal of Abnormal and Social Psychology*, 1963, *61*, S. 189–193.

Butera, F. & Thurman, J. E. (Eds.): *Automation and work design*. Amsterdam: North Holland, 1984.

Byrne, D. & Nelson, D.: Attraction as a linear function of proportion of positive reinforcements. *Journal of Personality and Social Psychology*, 1965, *1*, S. 659–663.

Cacioppo, J. T. & Petty, R. E.: Effects of Message and Position on Cognitive Response, Recall, and Persuasion. *Journal of Personality and Social Psychology*, 1979, *1*, S. 97–109.

Calder, B. J.: An attribution theory of leadership. In: Staw, B. M. & Salancik, G. R. (Eds.): *New directions in organizational behavior*. Chicago, Ill.: St. Clair Press, 1977, S. 179–204.

Caldwell, D. F. & O'Reilly, Ch. A.: Task perceptions and job satisfaction: A question of causality. *Journal of Applied Psychology*, 1982, *67*, S. 361–369.

Campbell, D. T. & Fiske, D. W.: Convergent and discriminant validation by the multitrait-multimethod matrix. *Psychological Bulletin*, 1959, *56*, S. 81–105.

Campbell, D. T. & Stanley, J. D.: *Experimental and quasi-experimental designs for research*. Chicago: Rand McNally, 1966.

Campbell, J.: Personnel training and development. *Annual Review of Psychology*, 1971, *22*, S. 565–602.

Campbell, J. J. & Pritchard, R. D.: Motivation theory in industrial and organizational psychology. In: Dunette, M. D. (Ed.): *Handbook of industrial and organizational psychology*. Chicago: Rand McNally, 1976, S. 63–130.

Campbell, J. P., Dunnette, M. D., Arvey, R. D. & Hellervik, L. V.: The development and evaluation of behaviorally based rating scales. *Journal of Applied Psychology*, 1973, *57*, S. 15–22.

Campbell, J. P., Dunnette, M. D., Lawler, E. E. & Weick, K. E.: *Managerial Behavior, Performance and Effectiveness*. New York: Mc Graw, 1970.

Campbell, M.: Group incentive payment schemes: The effect of lack of understanding and group size. *Occupational Psychology*, 1952, *26*, S. 15–21.

Campbell, R. E. & Heffernan, J. M.: Adult vocational behavior. In: Walsh, B. W. & Osipow, S. H. (Eds.): *Handbook of Vocational Psychology*. Hillsdale: Erlbaum Associates, 1983, 1, S. 223–262.

Cantor, N. & Mischel, W.: Traits as prototypes. Effects on recognition memory. *Journal of Personality and Social Psychology*, 1977, *35*, S. 34–48.

Caplan, R. D.: Person-environment fit: past, present, and future. In: Cooper, C. L. (Ed.): *Stress research*. Chichester: Wiley, 1983, S. 35–78.

Caplan, R. D., Cobb, S., French, J. R. P. Jr., Van Harrison, R., Pinneau, S. R. Jr.: Udris, I. (Hrsg.): *Arbeit und Gesundheit*. Streß und seine Auswirkungen bei verschiedenen Berufen. Bern: Huber, 1982.

Caplow, T.: *Principles of Organization*. New York: Harcourt, Brace & World, 1964.

Carey, A.: The Hawthorne studies: A radical criticism. *American Sociological Review*, 1967, *32*, S. 403–416.

Carroll, S. J. & Schneier, C. E.: *Performance appraisal and review systems*. Glenview, Ill.: Scott, Foresman and Company, 1982.

Cartwright, D. & Zander, A. (Eds.): *Groups Dynamics*. Research and Theory. London: Tavistock, 1962.

Cascio, W. F.: *Applied psychology in personnel management*. Englewood Cliffs: Prentice Hall, 1987 (3rd ed.).

Cascio, W. F. & Ramos, R. A.: Development and application of a new method for assessing job performance in behavioral/economic terms. *Journal of Applied Psychology*, 1986, *71*, S. 20–28.

Casey, J. T., Gettys, C. F., Pliske, R. M. & Mehle, T.: A partition of small group predecision performance into informational and social components. *Organizational Behavior and Human Performance*, 1984, *34*, S. 112–139.

Cassel, D. (Hrsg.): *Wirtschaftspolitik im Systemvergleich*. München 1982.

Castore, C. H. & Murnighan, J. K.: Determinants of support for group decisions. *Organizational Behavior and Human Performance*, 1978, *22*, S. 75–92.

Cezanne, W. & Franke, J.: *Volkswirtschaftslehre*. München, Wien, 1983.

Chaberney, A., Permentier, K. & Stooss, F.: Berufswahlvorbereitung innerhalb der Arbeitslehre – Möglichkeiten und Grenzen einer Zukunftsorientierung. In: Dedering, H. (Hrsg.): *Lernen für die Arbeitswelt*. Reinbek: Rowohlt, 1979.

Chapman, L. J. & Chapman, J. P.: Illusory correlation as an obstacle to the use of valid psychodiagnostic signs. *Journal of Abnormal Psychology*, 1969, *74*, S. 271–280.

Chase, S., Wright, J. H. & Ragade, R.: Decision making in an interdisciplinary team. *Behavioral Science*, 1981, *26*, S. 206–215.

Checkland, P.: *Systems thinking, systems practice*. New York: Wiley & Sons, 1981.

Cherns, A. B.: Can behavioral scientists help managers improve their organization? *Organizational Dynamics*, 1973, *1*, S. 52–67.

Cherns, A. B.: Culture and Values: The reciprocal influence between applied social science and its cultural and historical context. In: Nicholson, N. & Wall, T. D. (Eds.): 1982, S. 19–35.

Chi, M. T. H., Feltovich, P. & Glaser, R.: Categorization and representation of physics problems by experts and novices. *Cognitive Science*, 1981, *5*, 121–152.

Child, J.: Organization structure and strategies of control: A replication of the Aston Study. *Administrative Science Quarterly*, 1972, *17*, S. 163 – 177.

Child, J.: Strategies of control and organizational behavior. *Administrative Science Quarterly*, 1973, *18*, S. 1–17.

Child, J.: Predicting and understanding organization structure. *Administrative Science Quarterly*, 1973, *18*, S. 1–17.

Child, J.: Managerial and organizational factors associated with company performance. In: Pugh, D. S. & Hinings, C. R. (Eds.): *Organizational structure–extensions and replications*. Westmead, England, 1976, S. 139–160.

Child, J. & Kieser, A.: Organization and managerial roles in British and West German companies. In: Lammers, C. & Hickson, D. J. (Eds.), 1979, S. 251–271.

Chmielewicz, K. & Inhoffen, A. O.: Mitbestimmung nach dem Betriebsverfassungsgesetz 1972 aus organisatorischer Sicht. *Die Betriebswirtschaft*, 1977, *37*, S. 591–613.

Chorherr, T.: *Der Freizeitschock*. Leben in der Urlaubsgesellschaft. Wien: Molden, 1980.

Christensen, J. M.: Ergonomics: Where habe we been and where are we going: II. *Ergonomics*, 1976, *19*, S. 287–300.

Christensen-Szalanski, J. J. J. & Bushyhead, J. B.: Physicians' use of probabilistic information in a real clinical setting. *Journal of Experimental Psychology*. Human Perception and Performance, 1981, *7*, S. 928–935.

Clark, B. R.: The Study of Educational Systems. In: Sills, D. L., 1968, Vol. IV, 509–517.

Clark, B. R.: The Organizational Saga in higher education. *Administrative Science Quarterly*, 1972, *17*, S. 178–184.

Clark, M. S. & Fiske, S. (Eds.): *Affect and cognition*. Hillsdale, N. J.: Erlbaum, 1982.

Clark, P. A.: *Organizational Design*. London: Tavistock Publications, 1972.

Clegg, Ch. W.: Psychology of employee lateness, absence and turnover: a methodological critique and an empirical study. *Journal of Applied Psychology*, 1983, *68*, S. 88–101.

Cleveland, J. N. & Landy, F. J.: The effects of person and job stereotypes on two personnel decisions. *Journal of Applied Psychology*, 1983, *68*, S. 609–619.

Cleverley, G.: *Managers and magic*. Harmondsworth: Penguin, 1973.

Cobb, A. T.: Informal influence in the formal organization: Perceived sources of power among work unit peers. *Academy of Management Journal*, 1980, *23*, S. 155–161.

Cobb, S.: Rollenbezogene Verantwortung: Die Differenzierung eines Konzepts. In: Frese, M., Greif, S. & Semmer, N. (Hrsg.): *Industrielle Psychopathologie*. Bern: Huber, 1978, S. 34–41.

Coch, L. & French, J. R. P.: Overcoming resistance to change. *Human Relations*, 1948, *1*, S. 512–532.

Cohen, M. D., March, J. G. & Olsen, J. P.: A garbage can model of organizational choice. *Administrative Science Quarterly*, 1972, *17*, S. 1–25.

Cohen, R.: *Systematische Tendenzen bei Persönlichkeitsbeurteilungen*. Bern: Huber, 1969.

Cohen, S.: After effects of stress on human performance and social behavior. A review of research and theory. *Psychological Bulletin*, 1980, *88*, S. 82–108.

Cohen, S. & Wills, T. A.: Stress, socialsupport, and the buffering hypothesis. Psychological Bulletin, 1985, 98, 2, S. 310–357.

Cohn, R. C.: *Von der Psychoanalyse zur themenzentrierten Interaktion*. Stuttgart, 1975.

Colarelli, S. M.: Methods of communication and mediating process in realistic job previews. *Journal of Applied Psychology*, 1984, *69*, S. 633–642.

Cole, R. E.: *Work, mobility, and participation*. Berkeley: University of California, 1979.

Coleman, J. S.: Loss of power. *American Sociological Review*, 1973, *38*, S. 1–15.

Collett, P.: The Rules of Conduct. In: Collett, P. (Ed.): *Social Rules and Social Behavior*. Oxford: Basil Blackwell, 1977, S. 1–27.

Collier, J.: United States Indian administration as a laboratory of ethnic relations. *Social Research*, 1945, *12*, S. 265–303.

Collins, B. E. & Guetzkow, H.: *A social psychology of group processes for decision making*. New York: Wiley, 1964.

Comanor, W. S., Kofer, A. J. & Smiley, R. H.: Advertising and its consequences. In: Nystrom, P. C. & Starbuck, W. H. (Eds.): *Handbook of organizational design*. Vol. 2. Oxford, 1981, S. 429–439.

Comelli, G.: Die Rolle des Betriebspsychologen und seine Beziehungen zur Unternehmensleitung. In: Neubauer, R. & Rosenstiel, v., L. (Hrsg.), 1980, S. 52–64.

Commelli, G.: *Training als Beitrag zur Organisationsentwicklung*. Wien, München: Carl Hanser, 1985.

Commer, H. & Rindermann, R.: *Der Krieg im Betrieb*. Spielanweisung für Chefs und Mitarbeiter. München: Langen-Müller/Herbig, 1977.

Conrad, P. & Sydow, J.: *Organisationsklima*. Berlin: de Gruyter, 1984.

Conradi, W.: *Personalentwicklung*. Stuttgart, 1983.

Cook, J. D., Hepworth, S. J., Wall, T. D. & Warr, P. B.: *The Experience of Work*. (A compendium and review of 249 measures and their use.) London: Academic Press, 1981.

Cook, T. D. & Campbell, D. T.: The design and conduct of quasi-experiments and true experiments in field settings. In: Dunnette, M. D. (Ed.): *Handbook of industrial and organizational psychology*. Chicago: Rand McNally, 1976, S. 223–326.

Cook, T. D. & Campbell, D. T.: *Quasi-experimentation*. Design and analysis issues for field setting. Boston: Houghton Mifflin, 1979.

Cooley, W. W. & Lohnes, P. R.: *Multivariate data analysis*. New York: Wiley, 1971.

Cooper, C. L. & Levine, L.: Implicit values in experimental learning in groups: Their functional and dysfunctional consequences. In: Cooper, C. L. & Alderfer, C. (Eds.): *Advances in Experiential Social Processes*. New York, 1978, S. 1–27.

Cooper, C. L. & Payne, R.: *Stress and work*. New York: Wiley, 1978.

Cooper, W. H.: Ubiquitous halo. *Psychological Bulletin*, 1981, *90*, S. 218–244.

Cooper, W. H.: Internal homogeneity, descriptiveness, and halo. *Personnel Psychology*, 1983, *36*, S. 489–502.

Cornelius, E. T., Schmidt, F. L. & Carron, R. J.: Job classification approaches and the implementation of validity generalization results. *Personnel Psychology*, 1984, *37*, S. 247–260.

Corwin, R. G.: Patterns of organizational conflict. *Administrative Science Quarterly*, 1969, *14*, S. 507–520.

Cory, C. H., Rimland, B. & Bryson, R. A.: Using computerized tests to measure new dimensions of ability: An exploratory study. *Applied Psychological Measurement*, 1977, *1*, S. 101–110.

Coser, L.: *Theorie sozialer Konflikte*. Neuwied, Berlin: Luchterhand, 1972 (engl. 1956).

Cox, T.: *Stress*. London: McMillan, 1978.

Cox, T. & Mackey, C.: A transactional approach to occupational stress. In: Cortleff, E. N. & Richardson, J. (Eds.): *Stress, work design and productivity*. Chichester: Wiley, 1981, S. 91–113.

Cranach, v., M., Kalbermatten, U., Indermühle, K. & Gugler, B.: *Zielgerichtete Handlungen*. Bern, 1980.

Crites, J. O.: Work and careers. In: Dubin, R. (Ed.): *Handbook of work, organization and society*. Chicago: Rand McNally, 1976.

Cronbach, L. J. & Furby, L.: How we should measure „change"–or should we? *Psychological Bulletin*, 1970, *74*, S. 68–80.

Cronbach, L. J. & Gleser, G. C.: *Psychological tests and personnel decisions*. Urbana: University of Illinois Press, 1965 (2nd ed.).

Crott, H. W.: Gruppenentscheidung unter verschiedenen Motivationsbedingungen. *Archiv für die gesamte Psychologie*, 1965, *117*, S. 113–130.

Crott, H. W., Müller, G. F.: Der Einfluß des Anspruchniveaus und der Erfahrnung auf Ergebnis und Verlauf dyadischer Verhandlungen bei vollständiger Information über die Gewinnmöglichkeiten. *Zeitschrift für experimentelle und angewandte Psychologie*, 1976, *4*, S. 548–568.

Crott, H. W., Kutschker, M. & Lamm, H.: *Verhandlungen*. 2 Bde. Stuttgart: Kohlhammer, 1977.

Crott, H. W. & Müller, G. F.: Interessenskonflikte und ihre Lösung durch Verhandlung. In: Crott, H. W. & Müller, G. F. (Hrsg.): *Wirtschafts- und Sozialpsychologie*. Hamburg: Hoffmann & Campe, 1977, S. 99–112.

Crott, H. W., Zuber, J. A. & Schermer, T.: Social decision schemes and choice shift. An analysis of group decisions among bets. *Journal of Experimental Social Psychology*, 1986, *22*, S. 1–21.

Crott, H. W.: *Soziale Interaktion und Gruppenprozesse*. Stuttgart: Kohlhammer, 1979.

Crozier, M.: *Le Phénomène Bureaucratique.* Paris: Edition du Seuil, 1963.

Crozier, M.: *The bureaucratic phenomenon.* London: Tavistock, 1964.

Crozier, M. & Friedberg, E.: *Macht und Organisation.* Königstein: Attenäum, 1979.

Cummin, P. C.: TAT correlates of executive performance. In: *Journal of Applied Psychology*, 1967, *51*, S. 78–81.

Cummings, L. L.: Organizational Behavior. *Annual Review of Psychology*, 1982, *33*, S. 541–579.

Cyert, R. M., Kalman, J. & Cohen, M. D.: *Theory of the firm.* 1975.

Cyert, R. M. & MacCrimmon, K. R.: Organizations. In: Lindzey, G. & Aronson, E. (Eds.): *The handbook of social psychology.* Vol. 1. Reading, Mass.: Addison Wesley, 1968, S. 568–611.

Cyert, R. M. & March, J. G.: *A behavioral theory on the firm.* Englewood Cliffs, N. J.: Prentice Hall, 1963.

Czayka, L.: *Systemwissenschaft.* Uni-Taschenbücher, Nr. 185, 1974.

Czerwenka-Wenkstetten, G.: Freizeitpädagogik. In: *Psychologie des 20. Jahrhunderts.* Bd. XII. Konsequenzen für die Pädagogik. Zürich: Kindler, 1982.

Dachler, H. P. & Wilpert, L.: *On the theoretical dimensions and boundaries of the concept of praticipation within organizations.* Implications for research and practice. Berlin, 1976.

Daheim, H. J. *Der Beruf in der modernen Gesellschaft.* Versuch einer soziologischen Theorie beruflichen Handelns. Köln, Berlin, 1970 (2. Aufl.; 1. Aufl.: 1967).

Daheim, H. J.: Berufssoziologie. In: Daheim, H. J. u. a.: *Beruf; Industrie; Sozialer Wandel in unterentwickelten Ländern.* Handbuch der empirischen Sozialforschung. Stuttgart: Enke, 1977, 8, S. 1–100.

Dahrendorf, R.: *Homo Sociologicus.* Köln, Opladen: Westdeutscher Verlag, 1959.

Dahrendorf, R.: *Sozialstruktur des Betriebes.* Wiesbaden: Gabler, 1959.

Dahrendorf, R.: Elemente einer Theorie des sozialen Konflikts. In: Dahrendorf, R. (Hrsg.): *Gesellschaft und Freiheit.* München: Piper, 1961, S. 197–235.

Dale, E.: *Planning and developing the company organization structure.* New York: American Management Association, 1952.

Dalkey, N.: An experimental study of group opinion: The Delphi method. *Futures*, 1969, *1*, S. 408–426.

Dalton, D. R., Todor, W. W., Spenolini, M. J., Fielding, G. J., Porter, L. W.: Organizational structure and performance: A critical review. *Academy of Management Review*, 1980, *5*, S. 49–64.

Dalton, D. R., Krackhardt, D. M. & Porter, L. W.: Functional turnover. An empirical assessment. *Journal of Applied Psychology*, 1981, *66*, S. 716–721.

Dandridge, Th. C.: Symbols' function and use. In: Pondy, L. R., Frost, P. J., Morgan, G. & Dandridge, T. C. (Eds.): *Organizational Symbolism*. Greenwich, Conn. & London: JAI-Press, 1983, S. 69–79.

Danet, B.: Client-organization relationships. In: Nystrom, P. C. & Starbuck, W. H. (Eds.): *Handbook of Organizational Design*. Vol. 2. London: Oxford University Press, 1981, S. 382–427.

Daniel, O.: Beschreibung des Vorgesetztenverhaltens. Erfahrungen mit der Vorgesetzten-Beurteilung durch die Mitarbeiter. In: Schuler, H. & Stehle, W. (Hrsg.): *Psychologie in Wirtschaft und Verwaltung*. Stuttgart, 1982, S. 101–114.

Dansereau, F., Jr., Graen, G. & Haga, W. J.: A vertical dyad linkage approach to leadership within formal organizations: A longitudinal investigation of the role making process. *Organizational Behavior and Human Performance*, 1975, *13*, S. 46–78.

Dave, R. H.: Eine Taxonomie pädagogischer Ziele und ihre Beziehung zur Leistungsmessung. In: Ingenkamp, K. & Marsolek, Th. (Hrsg.): *Möglichkeiten und Grenzen der Testanwendung in der Schule*. Weinheim, 1968.

Daumenlang, K. & Sauer, J. (Hrsg.): *Aspekte psychologischer Forschung. Festschrift zum 60. Geburtstag von Erwin Roth*. Göttingen: Hogrefe, 1986.

Däumling, A. M., Fengler, J., Nellessen, L. & Svensson, A.: *Angewandte Gruppendynamik*. Selbsterfahrung – Forschungsergebnisse – Trainingsmodelle. Stuttgart: Klett-Cotta, 1974.

Davis, J. H.: *Group performance*. Reading, Mass.: Addison Wesley, 1969.

Davis, J. H.: Group decision and social interaction: A theory of social decision schemes. *Psychological Review*, 1973, *80*, S. 97–125.

Davis, J. H.: Social interaction as a combinatorial process in group decision. In: Brandstätter, H., Davis, J. H. & Stocker-Kreichgauer, G. (Eds.): *Group decision making*. London: Academic Press, 1982, S. 27–58.

Dawis, R. V. & Lofquist, L. H.: *A psychological theory of work adjustment*. Minneapolis: University of Minneapolis Press, 1984.

Day, R. A. & Day, J. V.: A review of the current state of negotiated order theory. *Sociologic. Quarterly*, 1977, *18*, S. 126–142.

Deal, T. E. & Kennedy, A.: *Corporate cultures*. The rites and rituals of corporate life. Reading, Mass.: Addison-Wesley, 1982.

Deci, E. L.: *Intrinsic motivation*. New York: Plenum, 1975.

Deci, E. L.: *The psychology of self-determination*. New York: Lexington, 1980.

Deci, E. L. & Ryan, R. M.: *Intrinsic motivation and self-determination in human behavior*. New York: Plenum, 1985.

Delbecq, A. L. & Van de Ven, A. H.: A group process model for problem identification and programm planning. *Journal of Applied Behavioral Science*, 1970a, *7*, S. 466–492.

Delbecq, A. L. & Van de Ven, A. H.: Nonimal group techniques for involving clients and resource experts in program planning. *Academy of Management Proceedings*, 1970b, S. 208–227.

De Nisi, A. S., Cafferty, T. P. & Meglino, B. M.: A cognitive view of the performance appraisal process: A model and research propositions. *Organizational Behavior and Human Performance*, 1984, *33*, S. 360–396.

Deppe, F.: Gewerkschaften. In: *Sowjetsystem und Demokratische Gesellschaft*, Bd. II, Freiburg, 1968, S. 1030–1065.

Detweiler, R.: Intercultural interaction and the categorization process. A conceptual analysis and behavioral outcome. In: *International Journal of Intercultural Relations*, 1980, *4*, S. 275–295.

Deutsch, M.: *Konfliktregelung*. München, Basel: Reinhard, 1976 (engl. 1973).

Deutsch, M.: Fünfzig Jahre Konfliktforschung. In: Grunwald, W. & Lilge, H.-G. (Hrsg.): *Kooperation und Konkurrenz in Organisationen*. Bern, Stuttgart: Haupt, 1982, S. 15–49.

Deutsche Gesellschaft für Freizeit (Hrsg.): *Die Stadt für den Menschen*. 2. europäische Biennale für Freizeit in Krefeld. Düsseldorf: Edition Freizeit, 1973.

Deutsche Gesellschaft für Freizeit (Hrsg.): *Freizeitkongreß*. Düsseldorf: Edition Freizeit, 1978.

Deutscher, J.: *What we say / what we do*. Glenview, Ill.: Scott, Foresman & Co., 1973.

Deutscher Bildungsrat: *Empfehlungen der Bildungskommission*. Strukturplan für das Bildungswesen. Stuttgart, 1970.

De Wolff, C. & Shimmin, S.: The domain of work psychology. In: De Wolff, C., Shimmin, S. & De Montmollier, M. (Eds.): 1981, S. 3–53.

De Wolff, C., Shimmin, S. & De Montmollier, M.: *Conflicts and Contradictions*. London, New York: Academic Press, 1981.

DFVLK-Projektträger Humanisierung des Arbeitslebens: *„Forschung zur Humanisierung des Arbeitslebens"*. Projektergebnisse – kurz gefaßt. Bonn: DFVLK-Projektträger Humanisierung des Arbeitslebens, 1984.

Dickinson, T. L., Hassett, C. E. & Tannenbaum, S. I.: *Work performance rating*: A meta-analysis of multitrait – multimethod studies. Brooks Air Force Base, TX: Air Force Human Recources Laboratory (AFHRL-TP-86-32), 1986.

Diehl, M. & Stroebe, W.: Productivity loss in brainstorming groups: Toward the solution of a riddle. *Journal of Personality and Social Psychology*, 1987, *53*, S. 497–509.

Dienel, P. C.: Die Bearbeitung von Langfristproblemen in der parlamentarischen Demokratie. In: Horn, H. (Hrsg.): *Entscheidung und Solidarität*. Wuppertal, 1978, S. 119ff.

Dienel, P. C.: Frühzeitige Bürgerbeteiligung bei der Planung von Verkehrsanlagen. In: Blümel, W. (Hrsg.): *Frühzeitige Bürgerbeteiligung bei Planungen*. Berlin, 1982, S. 191–218.

Dierkes, M. (Hrsg.): *Künftige Beziehungen zwischen Unternehmen und Gesellschaft.* Köln: Hanstein, 1976.

Dierkes, M.: Gesellschaftsbezogene Berichterstattung. *Zeitschrift für Betriebswirtschaft*, 1984, *54*, S. 1210–1235.

Dierkes, M. & Antal, A.: Changing business values and management concepts - the German experience. In: Dlugos, G. & Weiermair, K. (Eds.): *Management under differing value systems.* Berlin, 1981, S. 759–783.

Dlugos, G.: Mitbestimmung. In: Grochla, E. (Hrsg.): *Handwörterbuch der Organisation.* Stuttgart, Poeschel, 1980, S. 1343–1356.

Dlugos, G.: Beziehungen zwischen Wertwandel, Konflikt und Konflikthandhabung im Unternehmenssektor. In: Stachowiak, H. (Hrsg.): *Bedürfnisse, Werte und Normen im Wandel.* Band II. München, 1982, S. 293–320.

Dobrick, M.: Mißverstehen: Eine experimentelle Untersuchung. *Zeitschrift für Sozialpsychologie*, 1984, *15*, S. 211–223.

Dodd, W. E.: Attitudes toward assessment center programs. In: Moses, J. L. & Byham, W. C. (Eds.): *Applying the assessment center method.* New York: Pergamon, 1977, S. 161–183.

Doderer, v., H.: *Die Dämonen.* München: Biederstein, 1979.

Dohrenwend, B. S. & Dohrenwend, B. P. (Eds.): *Stressful life events.* Their nature and effects. New York: Wiley, 1974.

Doise, W.: Actions and judgements: Collective and individual structuring. In: Brandstätter, H., Davis, J. H. & Schuler, H. (Eds.): *Dynamics of group decisions.* Beverly Hills: Sage, 1978, S. 75–86.

Dolch, N. A. & Heffernan, W. D.: Applicability of complex organization theory to small organizations. *Social Science Quarlerty*, 1978, *59*, S. 202–209.

Dollase, R.: *Soziometrische Techniken.* Weinheim: Beltz, 1973.

Domsch, M.: Qualitätszirkel – Baustein einer mitarbeiterorientierten Führung und Zusammenarbeit. *Zeitschrift für betriebswirtschaftliche Forschung*, 1985, *5*, S. 428 –441.

Domsch, M. & Gerpott, T. J.: Verhaltensorientierte Beurteilungsskalen. *Die Betriebswirtschaft*, 1985, *45*, S. 666–680.

Domsch, M. & Reineke, P.: Mitarbeiterbefragungen als Führungsinstrument. In: Schuler, H. & Stehle, W. (Hrsg.): *Psychologie in Wirtschaft und Verwaltung.* Stuttgart: Poeschel, 1982, S. 127–148.

Dörner, D.: *Die kognitive Organisation beim Problemlösen.* Bern: Huber, 1974.

Dörner, D.: *Ut desint vires...* Scheidewege 9. Stuttgart: Klett-Cotta, 1979.

Dörner, D.: *Problemlösen als Informationsverarbeitung.* Stuttgart: Kohlhammer, 1979.

Dörner, D.: Denken, Problemlösen und Intelligenz. *Psychologische Rundschau*, 1984, *35*, S. 10–20.

Dörner, D., Kreuzig, H. W., Reither, F. & Stäudel, T. (Hrsg.): *Lohausen*. Bern: Huber, 1983.

Dörner, D., Reh, H. & Stäudel, T.: Die Erklärung des Verhaltens. In: Dörner, D., Kreuzig, H., Reither, F. & Stäudel, T. (Hrsg.): *Lohhausen*. Vom Umgang mit Unbestimmtheit und Komplexität. Bern, Stuttgart, Wien: Huber, 1983, S. 397–448.

Dörner, D. & Reither, F.: Über das Problemlösen in sehr komplexen Realitätsbereichen. *Zeitschrift für experimentelle und angewandte Psychologie*, 1978, *24*, S. 527–552.

Dörner, D., Reither, F. & Stäudel, T.: Emotionen und problemlösendes Denken. In: Mandl, H. & Huber, G. L. (Hrsg.): *Emotion und Kognition*. München. Urban & Schwarzenberg, 1983, S. 61–84.

Dorow, W.: *Unternehmenspolitik*. Stuttgart: Kohlhammer, 1982.

Dorow, W. & Grunwald, W.: Konflikte in Organisationen. In: Neubauer, R. & Rosenstiel, v., L. (Hrsg.): *Handbuch der Angewandten Psychologie*. Bd. 1: Arbeit und Organisation. München: Moderne Industrie, 1980, S. 509–530.

Dorsch, F.: *Geschichte und Probleme der Angewandten Psychologie*. Bern: Huber Verlag, 1963.

Dostal, W.: Der Einsatz flexibler Fertigungssysteme in der Bundesrepublik Deutschland. In: Lutz, B. & Schultz-Wild, R. (Hrsg.): *Flexible Fertigungssysteme und Personalwirtschaft*. Frankfurt: Campus, 1982, S. 73–83.

Dovidio, J. F. & Ellyson, S. L.: Decoding visual dominance: Attributions of power based on relative percentages of looking while speaking and looking while listening. *Social Psychology Quarterly*, 1982, *45*, S. 106–113.

Downs, A.: *An Economic Theory of Democracy*. New York, 1957.

Downs, S.: *Trainability testing*. 21. Congress of Applied Psychology, Jerusalem. 1986.

Downs, S., Farr, R. M. & Colbeck, L.: Self appraisal: A convergence of selection and guidance. *Journal of Occupational Psychology*, 1978, *51*, S. 271–278.

Dozentenfachgruppe Arbeits- und Organisationspsychologie: Zur Rolle der Arbeits- und Organisationspsychologie. *Psychologie und Praxis*. Zeitschrift für Arbeits- und Organisationspsychologie, 1983, *27*, S. 58–69.

Drenth, P. J. D.: Personnel appraisal. In: Drenth, P. J. D., Thierry, H., Willems, P. J. & de Wolff, C. J. (Eds.): *Handbook of work and organizational psychology*. Chichester: Wiley, 1984, S. 197–233.

Drenth, P. J. D. & Kopman, P. L.: Participative decision making: A comparative study. *Industrial Relations*, 1979, *18*, S. 295–309.

Dreyfus, H.: *Die Grenzen künstlicher Intelligenz* – Was Computer nicht können. Königstein/Ts.: Athenäum, 1985.

Dubin, R.: Industrial Workers' World: A Study of the „Central Life Interests" of Industrial Workers. *Social Problems*, 1956, *3*, S. 131–142.

Dubin, R., Champoux, J. E. & Porter, L. W.: Central Life Interests and Organizational Commitment of Blue Collar and Clerical Workers. *Administrative Science Quarterly*, 1975, *20*, S. 411–421.

Dubin, R., Hedley, R. A. & Taveggia, T. C.: Attachment to Work. In: Dubin, R. (Ed.): *Handbook of Work, Organization, and Society*. Chicago: Rand McNally, 1976, S. 281–342.

Duell, W. & Frei, F. (Hrsg.): Arbeit gestalten – Mitarbeiter beteiligen. Eine Heuristik qualifizierender Arbeitsgestaltung. Frankfurt: Campus, 1986.

Duell, W. & Frei, F. (Hrsg.): Arbeit gestalten – Mitarbeiter beteiligen. Eine Heuristik qualifizierender Arbeitsgestaltung. Frankfurt: Campus, 1986.

Dukes, J.: A businessman's perspective. In: Thomson, A. & Warner, M. (Eds.), 1981, S. 177–180.

Dunckel, H.: *Mehrfachbelastung am Arbeitsplatz und psychosoziale Gesundheit*. Europäische Hochschulschriften. Frankfurt/Main: Lang, 1985.

Duncker, K.: *Zur Psychologie des produktiven Denkens*. Berlin: Springer, 1935.

Dunham, R. B. & Smith, F. J.: *Organizational surveys*. An internal assessment of organizational health. Glenview: Scott, Foresman and Company, 1979.

Dunkel, D. (Hrsg.): *Lernstatt*. Modelle und Aktivitäten deutscher Unternehmen. Köln: Deutscher Institutsverlag, 1983.

Dunnette, M. D. (Ed.): *Handbook of Industrial and Organizational Psychology*. Chicago: Rand McNally College Publ. Comp., 1976.

Dunnette, M. D.: Aptitudes, abilities, and skills. In: Dunnette, M. D. (Ed.): *Handbook of industrial and organizational psychology*. Chicago: Rand McNally, 1976, S. 473–520.

Dunnette, M. D. & Borman, W. C.: Personnel selection and classification system. *Annual Review of Psychology*, 1979, *30*, S. 477–525.

Dunnette, M. D., Hakel, M. D. & Campbell, J. P.: Factors contributing to job satisfaction and jobs dissatisfaction in six occupational groups. *Organizational Behavior and Human Performance*, 1967, *2*, S. 143–174.

Dunteman, G. & Bass, B. M.: Supervisory and egineering success associated with self, interaction, and task orientation scores. *Personnel Psychology*, 1963, *16*, S. 13–22.

Dürr, E.: Innovationen unter wirtschaftlichen Aspekten. In: Franke, J. (Hrsg.): *Betriebliche Innovation als interdisziplinäres Problem*. Stuttgart: Poeschel, 1984.

Dyer, J. S., Miles, R. F.: An actual application of collective choice theory to the selection of trajactories for the Mariner Jupiter/Saturn 1977 Project. *Operation Research*, 1976, *24*, S. 220–244.

Dyllick, T.: Management als Sinnvermittlung. *gdi impuls*, 1983, S. 3–12.

Dyllick, T. & Probst, G. J. B.: Lebensgrundlagen und Werthaltungen im Wandel. In: Siegwart, H. & Probst, G. J. B. (Hrsg.): *Mitarbeiterführung und gesellschaftlicher Wandel*. Stuttgart, 1983, S. 17–48.

Feger, H.: Zum gegenwärtigen Stand der psychologischen Entscheidungsforschung. In: Brandstätter, H. & Gahlen, B. (Hrsg.): Entscheidungsforschung. Tübingen: Mohr, 1975, S. 15–50.

Feger, H.: Kooperation und Wettbewerb. In: Heigl-Evers, A. (Hrsg.): *Psychologie des 20. Jahrhunderts*. Bd. VIII. Zürich: Kindler, 1979, S. 290–303.

Feger, H.: Konflikterleben und Konfliktverhalten. Psychologische Untersuchungen zu alltäglichen Entscheidungen. Bern: Huber, 1978.

Feger, H. & Bredenkamp, J. (Hrsg.): *Messen und Testen*. Enzyklopädie der Psychologie. Bd. B/I/3. Göttingen: Hogrefe, 1983.

Feger, H. & Sorembe, V.: Konflikt und Entscheidung. In: Thomae, H. (Hrsg.): Enzyklopädie der Psychologie. Bd. 1: *Theorien und Formen der Motivation*. Göttingen: Hogrefe, 1983, S. 536–711.

Fein, M.: Motivation for work. In: Dubin, R. (Ed.): *Handbook of work, organization and society*. Chicago: Rand McNally, 1976, S. 465–530.

Feldman, J. M.: Beyond attribution theory: Cognitive processes in performance appraisal. *Journal of Applied Psychology*, 1981, *66*, S. 127–148.

Ferber, v., L.: Psychosoziale Hintergründe des Schlaganfalls. Arbeits- und berufsspezifische Belastungen als auslösende und verstärkende Bedingungen chronisch-degenerativer Erkrankungen. *Medizin, Mensch, Gesellschaft*, 1977, *2*, S. 36–44.

Ferge, S. (Ed.): Statistical Appendix to „The use of time". In: Szalei, L. A. (Ed.): *The use of time*. Den Haag, 1972.

Fessler, P. & Kölbl, W.: *Österreichisches Vereinsrecht*. Wien: Hollinek, 1984 (5. Aufl.).

Festinger, L.: Laboratory Experiments: the role of group belongingness. In: Miller, J. G. (Ed.): *Experiments in Social Process*. New York, 1950, S. 31–46.

Festinger, L.: Die Lehre von der kognitiven Dissonanz. In: Schramm, W. (Hrsg.): *Grundfragen der Kommunikationsforschung*. München, 1963.

Fiedler, F. E.: A contingency model of leadership effectiveness. In: Berkowitz, L.: *Advances in experimental social Psychology* (V. 1). New York: Academic Press, 1964.

Fiedler, F. E.: *A theory of leadership effectiveness*. New York: McGraw Hill, 1967.

Fiedler, F. E., Mitchell, T. & Triandis, H. C.: The culture assimilator. An approach to cross-cultural training. *Journal of Applied Psychology*, 1971, *55*, S. 95–102.

Field, G. A.: A critique of the Vroom-Yetton contingency model of leadership behavior. *Academy of Management Review*, 1979, *4*, S. 249–257.

Field, R. H. G.: A test of the Vroom-Yetton normative model of leadership. *Journal of Applied Psychology*, 1982, *67*, S. 523–532.

Field, R. H. G. & Abelson, M. A.: Climate: A reconceptualization and proposed model. *Human Relations*, 1982, *35*, S. 181–201.

Filipp, S. H. (Hrsg.): *Kritische Lebensereignisse*. München: Urban & Schwarzenberg, 1981.

Filley, A. C.: *Interpersonal conflict resolution*. Glenview, Ill.: Scott, Foresman, 1975.

Filley, A. C., House, R. J. & Kerr, S.: *Managerial process and organizational behavior*. Glenview, Ill.: Scott, Foresman, 1976.

Fine, G. A.: Negotiated orders and organizational cultures. *Annual Review of Sociology*, 1984, *10*, S. 239–262.

Fink, C. F.: Some conceptual difficulties in the theory of social conflict. *Journal of Conflict Resolution*, 1968, *12*, 4, S. 413–458.

Firth, R.: The Study of Values by Social Anthropologists. *Man*, 1953, S. 146–153.

Fischer, G. H.: *Einführung in die Theorie psychologischer Tests*. Bern: Huber, 1974.

Fischer, G.: Entwurfsrichtlinien für die Software-Ergonomie aus der Sicht der Mensch-Maschine-Kommunikation. In: Balzert, H. (Hrsg.): *Software-Ergonomie*. Stuttgart: Teubner, 1983, S. 30–48.

Fischer, L.: *Strukturen der Arbeitszufriedenheit und die Bedeutung des individuellen Bezugssystems*. Köln, 1985 (Habilitationsschrift).

Fischer, L. & Lück, H. E.: Entwicklungen einer Skala zur Messung von Arbeitszufriedenheit (SAZ). *Psychologie und Praxis*, 1972, *16*, S. 64–76.

Fisher, R. J.: Third party consultation as a method of intergroup conflict resolution. *Journal of Conflict Resolution*, 1983, 12, 4, S. 413–458.

Fischhoff, B.: Reconstructive criticism. In: Humphreys, Svenson & Vari, 1983, S. 515 –523.

Fishbein, M.: Attitude and prediction of behavior. In: Fishbein, M. (Ed.): *Readings in attitude theory and measurement*. New York: Wiley, 1967, S. 477–492.

Fishbein, M. & Ajzen, J.: *Belief, attitude, intention, and behavior*. Reading, Mass.: Addison-Wesley, 1975.

Fishburn, P. C.: *The theory of social choice*. Princeton, N. J.: Princeton University Press, 1973.

Fiske, D. W.: On understanding our methods and their effects. *Diagnostica*, 1987, *33*, S. 188–194.

Fiske, S. T.: Attention and Weight in Person Perception: The Impact of Negative and Extreme Behavior. *Journal of Personality and Social Psychology*, 1980, *6*, S. 889 bis 906.

Fitting, K., Auffahrt, F. & Kaiser, H.: *Betriebsverfassungsgesetz*. München: Vahlen, 1984.

Fittkau-Garthe, H. & Fittkau, B.: *Fragebogen zur Vorgesetzten-Verhaltensbeschreibung*. (F-V-V-B). Göttingen: Hogrefe, 1971.

Flamholtz, E. G.: *Human resource accounting*. Encino: Dickinson, 1974.

Flamholtz, E. G.: Toward a psycho-technical systems paradigm of organizational measurement. *Decision Sciences*, 1979, *10*, S. 71–84.

Flanagan, J. C.: The critical incident technique. *Psychological Bulletin*, 1954, *51*, S. 327–358.

Flanagan, J. C. & Burns, R. K.: The employee performance record: A new appraisal and development tool. *Harvard Business Review*, 1955, *33*, S. 95–102.

Fleiner-Gerster, Th.: *Grundzüge des Allgemeinen Schweizerischen Verwaltungsrechts*. Zürich: Schulthess, 1980.

Fleishman, E. A.: Attitudes versus skill factors in work group productivity. *Personnel Psychology*, 1965, *19*, S. 253–266.

Fleishman, E. A., Harris, B. F. & Burt, H. E.: *Leadership and supervisory in industry*. Ohio: State University Press, 1955.

Fleishman, E. A. & Quaintance, M. K.: *Taxonomies of human performance*. Orlando: Academic Press, 1984.

Fleishman, E. A. & Stephenson, R. W.: *Development of a taxonomy of human performance*. A review of the third year's progress. Washington, 1970.

Flessner, H.: *Arbeitsbedingungen und innovatorisches Verhalten von Führungskräften*. Dargestellt an Unternehmungen der Nahrungs- und Genußmittelindustrie. München: Universität, 1977, (unveröffentlichte Diplomarbeit).

Floretta, H. & Strasser, R. (Hrsg.): *Die kollektiven Mächte im Arbeitsleben*. Wien: Manz, 1963.

Flugel, J. C.: *Probleme und Ergebnisse der Psychologie*. Stuttgart: Klett Verlag, o. J.

Föderation Deutscher Psychologenvereinigungen: Richtlinien für den Einsatz und Vertrieb psychologischer Testverfahren. Richtlinien für den Einsatz elektronischer Datenverarbeitung in der psychologischen Diagnostik. *Psychologische Rundschau*, 1986, *37*, S. 162–165.

Ford, J. D.: Institutional versus questionnaire measures of organizational structure: A reexamination. *Academy of Management Journal*, 1979, *22*, S. 601–610.

Ford, J. K. & Wroten, S. P.: Introducing new methods for conducting training evaluation and for linking training evaluation to program redesign. *Personnel Psychology*, 1984, *37*, S. 651–665.

Forehand, G. A. & Gilmer, v., H. B.: Environmental Variations in Studies of Organizational Behavior. *Psychological Bulletin*, 1964, *62*, S. 361–382.

Forster, W.: *Das Konzept und die Dimensionen des Organisationsklimas*. Zürich, 1978, Dissertation.

Forsthoff, E.: *Lehrbuch des Verwaltungsrechts*. München: Beck, 1973 (10. Aufl.).

Fox, W. M.: *An experimental study of group reaction to two types of conference leadership*. Columbus: Ohio State University. 1954, Doctoral Dissertation.

Frad, H.: Gewerkschaften in der Krise? *Der öffentliche Dienst*. Zentralorgan der Gewerkschaft des Öffentlichen Dienstes, 1985, *40*, S. 3.

Franke, J.: *Psychologie als Hilfsmittel einer personenorientierten Unternehmungsführung*. Berlin: Neue Wirtschafts-Briefe, 1976.

Franke, J.: *Sozialpsychologie des Betriebes*. Stuttgart: Enke, 1980.

Franke, J. & Frech, H.: *Die Mitarbeiterbeurteilung*. Wiesbaden: Gabler, 1968.

Franke, J. & Kühlmann, T. M.: Erkunden: Zur Handhabung einer variantenreichen Führungsaufgabe. *Zeitschrift Führung und Organisation*, 1985, *54*, S. 337–341.

Franke, H.: *Das Lösen von Problemen in Gruppen*. München: Goldmann, 1975.

Franke, H.: *Problemlösen als soziale Interaktion*. Berlin: Duncker & Humblot, 1976.

Franke, H.: Organisationspsychologie als wissenschaftliche Disziplin. In: Mayer, A. (Hrsg.): *Organisationspsychologie*. Stuttgart: Poeschel, 1978, S. 332–350.

Franke, R. H. & Kaul, J. D.: The Hawthorne experiments: First statistical interpretation. *American Sociological Review*, 1978, *43*, S. 623–643.

Frankenhaeuser, M. & Gardell, B.: Underload and overload in working life: Outline of a multidisciplinary approach. *Journal of Human Stress*, 1976, *2*, S. 35–46.

Freedman, J.: *Crowding and behavior.* San Francisco: Freeman, 1975.

Freimuth, J.: Betriebspädagogik als akademischer Studiengang. *Personal*, 1986, *38*, S. 76–78.

Freizeitpädagogik. Zeitschrift für kritische Kulturarbeit, Freizeitpolitik und Tourismusforschung. Bielefeld: Verlag Kleine.

French, E. G.: Effects of the interaction of motivation and feedback on task performance. In: Atkinson, J. W. (Ed.): *Motives in fantasy, action and society*. New York, 1958, S. 400–408.

French, J. R. P. (jr.): Field experients: Changing group productivity. In: Miller, J. G. (Ed.): *Experiments in social process*. New York, 1950.

French, J. R. P. (jr.): Person–Umwelt–Übereinstimmung und Rollenstreß. In: Frese, M., Greif, S. & Semmer, N. (Hrsg.): *Industrielle Psychopathologie*. Bern: Huber, 1978, S. 42–51.

French, J. R. P. (jr.), Israel, J. & As, D.: An experiment on participation in a Norwegian factory. *Human Relations*, 1960, *13*, S. 3–19.

French, J. R. P., Kay, E. & Meyer, H. H.: Participation and the appraisal systems. *Human Relations*, 1966, *19*, S. 3–20.

French, J. R. P., Rodgers, W. L., Cobb, S.: Adjustment as personenvironment fit. In: Welho, G., Hamburg, D., Adams, J. C. (Eds.): *Coping and adaption*. New York: Basic Books, 1974.

French, W. L. & Bell, C. H. (jr.): *Organisationsentwicklung*. Bern: Haupt, 1977.

Frese, E.: *Grundlagen der Organisation*. Wiesbaden: Gabler, 1980.

Frese, M.: *Psychische Störung bei Arbeitern*. Zum Einfluß von gesellschaftlicher Stellung und Arbeitsplatzmerkmalen. Salzburg: Müller, 1977.

Frese, M.: Arbeit und psychische Störungen. In: Baumann, U. et al. (Hrsg.): *Klinische Psychologie*. Trends in Forschung und Praxis. Bern: Huber, 1981, 4, S. 48–77.

Frese, M. (Hrsg.): *Streß im Büro*. Bern: Huber, 1981.

Frese, M.: *Stress at work and psychosomatic complaints*. A causal interpretation. 1985.

Frese, M., Greif, S. & Semmer, N. (Hrsg.): *Industrielle Psychopathologie*. Bern: Huber, 1978.

Frese, M., Saupe, R. & Semmer, N.: Streß am Arbeitsplatz von Schreibkräften: Ein Vergleich zweier Stichproben. In: Frese, M. (Hrsg.): *Streß im Büro*. Bern: Huber, 1981, S. 225–251.

Frew, D. R.: Transcendential meditation and productivity. *Academy of Management Journal*, 1974, 17, S. 362–368.

Frey, J. P.: *Die „Wissenschaftliche Betriebsführung" und die Arbeiterschaft*. Eine öffentliche Untersuchung der Betriebe mit Taylorsystem in den Vereinigten Staaten von Nordamerika. Leipzig: Lindner, 1920 (2. Aufl.).

Frey, B. S.: Wie groß ist die Schattenwirtschaft? *Wirtschaft und Recht*, 1980, *3*, S. 81–96.

Frey, D.: Die Theorie der kognitiven Dissonanz. In: Frey, D.: *Kognitive Theorien der Sozialpsychologie*. Bern: Huber, 1978.

Frey, D. & Irle, M. (Hrsg.): *Theorien der Sozialpsychologie*. Bd. II: Gruppen und Lerntheorien. Bern, Stuttgart, Toronto: Huber, 1985.

Fricke, R.: *Kriteriumsorientiete Leistungsmessung*. Stuttgart: Kohlhammer, 1974.

Fricke, R. & Treinies, G.: *Einführung in die Metaanalyse*. Bern: Huber, 1985.

Fricke, W.: *Arbeitsorganisation und Qualifikation*. Bad Godesberg: Neue Gesellschaft, 1975.

Friedel-Howe, H.: Arbeitsstrukturierung durch teilautonome Gruppen. In: Neubauer, R. & Rosenstiel, v., L. (Hrsg.): *Handbuch der Angewandten Psychologie*. München: Verlag Moderne Industrie, 1980, S. 550–567.

Friedlander, F. & Brown, L. D.: Organization development. *Annual Review of Psychology*, 1974, *25*, S. 313–341.

Friedmann, G.: *Zukunft der Arbeit*. Köln: Bund-Verlag, 1953.

Friedrichs, G. & Schaff, A. (Hrsg.): *Auf Gedeih und Verderb*. Mikrotechnik und Gesellschaft. Wien: Europaverlag, 1982.

Friedrichs, G. & Schaff, A.: *Bericht an den Club of Rome*. Wien: Europaverlag, 1982.

Friedrichs, J.: *Methoden empirischer Sozialforschung*. Reinbek: Rowohlt, 1973.

Friedrichs, P.: Die Rolle des Psychologen im Unternehmen. In: Neubauer, R. & Rosenstiel, v., L. (Hrsg.), 1980, S. 22–43.

Frieling, E.: *Psychologische Arbeitsanalyse*. Stuttgart: Kohlhammer, 1975.

Frieling, E.: Die Arbeitsplatzanalyse als Grundlage der Eignungsdiagnostik. In: Triebe, J. K. & Ulich, E. (Hrsg.): *Beiträge zur Eignungsdiagnostik*. Bern: Huber, 1977, S. 20–90.

Frieling, E.: Arbeitsplatzanalyse. In: Mayer, A. (Hrsg.): *Organisationspsychologie*. München, 1978, S. 72–104.

Frieling, E & Hoyos, C. Graf: *Fragebogen zur Arbeitsanalyse (FAA)*. Bern: Huber, 1978.

Frisby, J. P.: *Seeing, illusion, brain and mind*. Oxford: Oxford University Press, 1979. Deutsch: *Sehen*. München: Heinz Moss, 1983.

Fröhlich, D.: Innerbetriebliche Arbeitssituation und Teilnahme an freiwilligen Vereinigungen. *Zeitschrift für Soziologie*, 1978, *I*, S. 56–71.

Fruhner, R. & Schuler, H.: Bewertung eignungsdiagnostischer Verfahren zur Personenauswahl durch potentielle Stellenbewerber. *14. Kongreß für Angewandte Psychologie des Berufsverbandes Deutscher Psychologen*, Mainz, 1987.

Fuller, F. F. & Manning, B. A.: Self-confrontation reviewed: A conceptualisation for video playback in teacher education. *Review of Educational Research*, 1973, *43*, S. 469–528.

Funke, J.: Diagnose der westdeutschen Problemlöseforschung in Form einiger Thesen. *Sprache und Kognition*, 1984, *3*, S. 159–172.

Funke, J.: *Komplexes Problemlösen*. Kritische Bestandsaufnahme und weiterführende Perspektiven. Trier, 1984 (Dissertationsdruck).

Funke, J.: Problemlösen in komplexen computersimulierten Realitätsbereichen. *Sprache & Kognition*, 1985, S. 32.

Funke, U.: Die Validität verschiedener eignungsdiagnostischer Verfahren bei Lehrstellenbewerbern. *Psychologie und Praxis*. Zeitschrift für Arbeits- und Organisationspsychologie, 1986, *30 (N. F. 4)*, S. 92–97.

Funke, U., Krauß, J., Schuler, H. & Stapf, K.-H.: Zur Prognostizierbarkeit wissenschaftlich-technischer Leistungen mittels Personenvariablen: Eine Metaanalyse der Validität diagnostischer Verfahren im Bereich Forschung und Entwicklung. *Gruppendynamik*, 1987, *18*, S. 407–428.

Funke, U. & Schuler, H.: Personalauswahl im Bereich industrieller Forschung und Entwicklung – Forschungsstand und Perspektiven. *Psychologie und Praxis*. Zeitschrift für Arbeits- und Organisationspsychologie, 1986 a, *30 (N. F. 4)*, S. 34–51.

Funke, U. & Schuler, H.: Weiterentwicklung biographischer Fragebogen durch Konstruktaufklärung: Grundlagen und erste empirische Ergebnisse. In: Schuler, H. & Stehle, W. (Hrsg.): *Biographische Fragebogen als Methode der Personalauswahl*. Stuttgart: Verlag für Angewandte Psychologie, 1986 b, S. 114–139.

Gabele, E., Kirsch, W. & Treffert, J.: *Werte von Führungskräften in der deutschen Wirtschaft*. München: Kirsch Barbara, 1977 (Planungs- und organisationswiss. Schriften 23).

Gabriel, K.: *Analysen der Organisationsgesellschaft.* Ein kritischer Vergleich der Gesellschaftstheorien Max Webers, Niklas Luhmanns und der phänomenologischen Soziologie. Frankfurt: Campus, 1979.

Gagné, R. M.: *Die Bedingungen menschlichen Lernens.* Hannover, 1980.

Gahlen, B., Herdes, H.-G., Rahmeyer, F. & Schmid, A.: *Volkswirtschaftslehre* – Eine problemorientierte Einführung. Tübingen, 1982 (13. Aufl.).

Galliker, M.: Arbeitszufriedenheit: Schein und Wirklichkeit. *Psychologie heute*, 1979, *6*, S. 46–52.

Gandz, J. & Murray, V. V.: The experience of workplace politics. *Academy of Management Journal*, 1980, *23*, S. 237–251.

Ganster, D. C., Mayes, B. T., Sime, W. T. & Tarp, G. D.: Managing occupational stress. A field experiment. *Journal of Applied Psychology*, 1982, *67*, S. 533–542.

Gasser, P. & Singer, P.: *Kooperative Einführung in die Gruppenarbeit.* Weinheim, 1977.

Gasser, P. & Singer, P.: *Angewandte Lernpsychologie.* Eine Einführung für Lehrer. Basel, 1979.

Gässler, I.: *Partizipation und Mitbestimmung bei der Unternehmensplanung.* München: Universität, 1985, Inaugural-Dissertation.

Gassner, M.: Bildungsbedarfsermittlung. Grundsätze und Methoden. In: Neubauer, R. & Rosenstiel, v., L. (Hrsg.): *Handbuch der Angewandten Psychologie.* Bd. I. München, 1980.

Gauderon, E.: The autonomus production island. In: Martin, T. (Ed.): *Design of work in automated manufacturing systems.* Oxford: Pergamon Press, 1984, S. 79–83.

Gaugler, E.: Mitbestimmung I: im Betrieb. In: *HdWW, 16. Lfg.*, S. 251–261.

Gaugler, E., Kolb, M. & Ling, B.: *Humanisierung der Arbeitswelt und Produktivität.* München, Mannheim: Forschungsstelle für Betriebswirtschaft und Sozialpraxis, 1976.

Gaugler, E., Weber, W., Gills, G. & Martin, A.: *Ausländerintegration in deutschen Industriebetrieben.* Eine empirische Untersuchung. Königstein/Taunus, 1984.

Gaulke, K. P.: Bestimmungsgründe für Berufswünsche und Berufswahlentscheidungen. *Mitt. AB*, 1976, *9*, S. 525–537(b).

Gauthier, D.: The social contract as ideology. *Philosophy and Public Affairs*, 1977, *6*, S. 131–164.

Gebert, D.: *Gruppendynamik in der betrieblichen Führungsschulung.* Berlin: Duncker & Humblot, 1972.

Gebert, D., Gawlik, R. & Herzig, U.: *Organisationsentwicklung.* Stuttgart: Kohlhammer, 1974.

Gebert, D.: Vom Sensitivity-training zum Organizational Development. In: Macharzina, K. & Rosenstiel, v., L. (Hrsg.): *Führungswandel in Unternehmung und Verwaltung.* Wiesbaden: Gabler, 1974, S. 91–109.

Gebert, D.: *Zur Einführung und Erarbeitung einer neuen Führungskonzeption*. Berlin: Duncker & Humblot, 1976.

Gebert, D.: Innovation und Verwaltungsorganisation. In: Institut für Kommunalwissenschaften (Hrsg.): *Partizipation und Verwaltungsorganisation*. Bonn, 1977.

Gebert, D.: Zur Beziehung zwischen Führungsverhalten und Führungserfolg unter besonderer Berücksichtigung des Kontingenz-Ansatzes. *Problem und Entscheidung*, 1977, *19*, S. 33–59.

Gebert, D.: *Organisation und Umwelt*. Stuttgart: Kohlhammer, 1978.

Gebert, D.: Organisation. In: Mayer, A. (Hrsg.): *Organisationspsychologie*. Stuttgart: Poeschel, 1978, S. 16–42.

Gebert, D.: Förderung von Kreativität und Innovation in Unternehmungen. *Die Betriebswirtschaft*, 1979, *39*, S. 317–326.

Gebert, D.: Organisationsentwicklung. In: Hoyos, C. Graf, Kroeber-Riel, W., Rosenstiel, v., L. & Strümpel, B. (Hrsg.): *Grundbegriffe der Wirtschaftspsychologie*. München: Kösel, 1980, S. 282–292.

Gebert, D.: *Belastung und Beanspruchung in Organisationen*. Ergebnisse in der Streß-Forschung. Stuttgart: Poeschel, 1981.

Gebert, D.: Genossenschaftsdemokratie aus organisationspsychologischer Sicht. *Zeitschrift für das gesamte Genossenschaftswesen*, 1983, *33*, S. 176–182.

Gebert, D.: Motivation und Führung – Fragen und Lösungsansätze motivationaler Probleme der Führung von morgen. *Zeitschrift für Organisation*, 1983, *1*, S. 12–18.

Gebert, D.: Organisationsentwicklung – Kritische Bestandsaufnahme und zukünftige Entwicklung. In: Schuler, H. & Stehle, W. (Hrsg.): *Organisationspsychologie und Unternehmenspraxis*: Perspektiven der Kooperation. Stuttgart, 1985, S. 73–82.

Gebert, D.: Mechanismen der Aufnahme bzw. Abwehr von Umwelteinflüssen durch die Organisation. Im vorliegenden Band.

Gebert, D. & Rosenstiel v., L.: *Organisationspsychologie*. Person und Organisation. Stuttgart: Kohlhammer, 1981.

Geller, M. M.: Evaluation of feedback sources as a function of role and organizational level. *Journal of Applied Psychology*, 1980, *65*, S. 24–27.

George, C. S.: *The History of Management Thought*. Englewood Cliffs: Prentice Hall, 1972, 1979.

Georgiu, P.: The goal paradigm and notes towards a counter paradigm. *Administrative Science Quarterly*, 1973, *18*, S. 291–310.

Gerpott, T. J.: Training von Beurteilern zur Verbesserung von Leistungsbeurteilungsprozessen in Organisationen. *Psychologie und Praxis*. Zeitschrift für Arbeits- und Organisationspsychologie, 1985, *29*, S. 116–127.

Gershuny, J.: *Die Ökonomie der nachindustriellen Gesellschaft*. Produktion und Verbrauch von Dienstleistungen. Frankfurt: Campus, 1981.

Gerum, E.: *Grundfragen der Arbeitsgestaltungspolitik*. Stuttgart: Poeschel, 1981.

Gerwin, D.: Arbeitnehmerreaktionen auf flexible Fertigungssysteme und Folgerungen für die Arbeitsorganisation. In: Lutz, B. & Schultz-Wild, R. (Hrsg.): *Flexible Fertigungssysteme und Personalwirtschaft*. Frankfurt: Campus, 1982, S. 57–72.

Gesellschaft für Organisationsentwicklung (GOE) e. V.: *Leitbild und Grundsätze für Organisationsentwicklung*. Langenfeld: GOE, 1980.

Ghiselli, E. E.: *The validity of occupational aptitude tests*. New York: Wiley, 1966.

Ghiselli, E. E.: *Exploration in managerial talent*. Pacific Palisades, Calif.: Goodyear Publ. Co., 1971.

Ghiselli, E. E.: The validity of aptitude tests in personnel selection. *Personnel Psychology*, 1973, *26*, S. 461–477.

Ghiselli, E. E. & Siegel, J. P.: Leadership and managerial success in tall and flat organization structures. *Personnel Psychology*, 1972, *25*, S. 617–624.

Gibb, C. A.: Leadership. In: Lindzey, G. (Ed.): *Handbook of social psychology*. IV. Reading, Mass.: Addison-Wesley, 1969, S. 205–282.

Gibson, M.: Rationality. *Philosophy and Public Affairs*, 1977, *6*, S. 193–225.

Giese, F.: Die Arbeitsprobe in der Psychodiagnostik. *Zeitschrift für Angewandte Psychologie*, 1924, *23*, S. 3–4.

Giesen, B.: Makrosoziologie. Eine evolutionstheoretische Einführung. Hamburg: Hoffmann & Campe, 1980.

Gil, P. P. & Bennis, W. G.: Science and management: Two cultures? *Journal of Applied Behavioral Science*, 1968, *4*, S. 75–108.

Gilb, C. L.: Public or private governments? In: Nystrom, P. C. & Starbuck, W. H. (Eds.): *Handbook of organizational design*. Vol. 2. Oxford, 1981, S. 464–491.

Gilbert, T. F.: *Human competence*. New York: McGraw-Hill, 1978.

Giles, H.: Interpersonale Akkomodation in der verbalen Kommunikation. In: Scheerer, K. R. (Hrsg.): *Vokale Kommunikation*. Weinheim: Beltz, 1982.

Gill, T. G.: A trainability concept for management potential and an empirical study of its relationship with intelligence for two managerial skills. *Journal of Occupational Psychology*, 1982, S. 139–147.

Gillet, R.: Complex social decision scheme models. *British Journal of Mathematical and Statistical Psychology*, 1980, *33*, S. 71–83.

Ginzberg, E., Ginsburg, S. W., Axelrad, S. & Herma, J. C.: *Occupational Choice*. New York: Columbia University Press, 1951.

Gioia, D. A. & Poole, P. P.: Scripts in organizational behavior. *Academy of Management Review*, 1984, *9*, S. 449–459.

Glasl, F.: *Konfliktmanagement*. Bern, Stuttgart: Haupt, 1980.

Glasl, F. & de la Houssaye, L.: *Organisationsentwicklung*. Bern: Haupt, 1975.

Glass, G. V., McGraw, B. & Smith, M. L.: *Meta-analysis in social research*. Beverly Hills: Sage, 1981.

Goerke, W.: *Organisationsentwicklung als ganzheitliche Innovationsstrategie*. Berlin: de Gruyter, 1981.

Goffman, E.: *Wir alle spielen Theater*. Die Selbstdarstellung im Alltag. München: Piper, 1969.

Goldstein, I. L.: Training in work organizations. *Annual Review of Psychology*, 1980, *31*, S. 229–272.

Goldstein, I. L., Macey, W. H. & Prien, E. P.: Needs assessment approaches for training development. In: Meltzer, H. & Nord, W. R. (Eds.): *Making organizations more productive*. New York, 1981.

Golembiewski, R. T.: *Renewing organizations*. Ithaca, 1972.

Golembiewski, R. T., Billingsley, K. & Yeager, S.: *Measuring change and persistence in human affairs*. Types of change generated by OD designs. 1976, Bd. 12, S. 133–156.

Golembiewski, R. T. & Munzenrider, R.: Social desirability as an intevening variable in interpreting OD reffects. Journal of Applied Behavioral Science, 1975, 11, S. 317–332.

Gomez Caffarena, J.: Religion, A. In: *Sowjetsystem und Demokratische Gesellschaft*, Bd. V. Freiburg, 1972, S. 585–591.

Goodman, P. S. & Atkin, R. S.: *Absenteeism*. New approaches to understanding, measuring, and managing employee absences. San Francisco: Jossey-Bass, 1984.

Goodstein, L. D. & Shrader, W. J.: An empirically-derived key for the California Psychological Inventory. *Journal of Applied Psychology*, 1963, *47*, S. 42–45.

Gordon, W. J. J.: *Synectics*–The development of creative capacity. New York: Harper & Row, 1961.

Görs, D.: *Zur politischen Kontroverse um den Bildungsurlaub*. Köln, 1978.

Gorz, A.: *Abschied vom Proletariat*. Frankfurt, 1982.

Gorz, A.: Wege ins Paradies. *Rotbücher*, 1983, S. 279.

Gottfredson, L. S. & White, P. E.: Interorganizational agreements. In: Nystrom, P. C. & Starbuck, W. H. (Eds.): *Handbook of organizational design*. Vol. 1. Oxford, 1981, S. 471–486.

Gough, H. G.: A managerial potential scale for the California Psychological Inventory. *Journal of Applied Psychology*, 1984, *69*, S. 233–240.

Gouldner, A.: *Patterns of Industrial Bureaucracy*. Glencoe: Free Press, 1954.

Gouldner, A.: Organizational analysis. In: Merton, R. K., Broom , L. & Cotrell, L. S. (Eds.), 1959, S. 400–428.

Gouldner, A.: The norm of reciprocity: a preliminary statement. *American Sociological Review*, 1960, *25*, S. 161–178.

Graen, G. B.: Instrumentality theory of work motivation: Some experimental results and suggested modifications. *Journal of Applied Psychologie* (Monograph 53, whole No. 2, Part 2), 1969.

Graham, W. K.: Comparison of job attitude components across three organizational levels. *Personnel Psychology*, 1969, *22*, S. 33–40.

Graham, W. K.: Commensurate characterization of persons, groups and organizations. Development of the Trait Ascription Questionaire (TAQ). *Human Relations*, 1976, *29*, S. 607–622.

Grandori, A.: A prescriptive contingency view of organizational decision making. *Administrative Science Quarterly*, 1984, *29*, S. 192–209.

Gransow, B. & Gransow, V.: Disponible Zeit und Lebensweise. – Freizeitforschung und Freizeitverhalten in der DDR. *Deutschland Archiv*, 1983, *16*, S. 729–749.

Granzow, H., Meyer, K. & Kernig, C. D.: Hochschulwesen. In: *Sowjetsystem und Demokratische Gesellschaft*, Bd. II. Freiburg, 1968, S. 1272–1292.

Grass, R.-D. & Stützel, W.: *Volkswirtschaftslehre* – Eine Einführung auch für Fachfremde. München, 1983.

Graumann, C. F.: „Social perception". Die Motivation der Wahrnehmung in neueren amerikanischen Untersuchungen. *Zeitschrift für experimentelle und angewandte Psychologie*, 1955, *3*, S. 605–661.

Graumann, C. F.: Interaktion und Kommunikation. In: Graumann, C. F.: *Sozialpsychologie*. 2. Halbband. Göttingen: Hogrefe, 1972.

Graumann, C. F.: Psychology and the World of Things. *Journal of Phenomenological Psychology*, 1974, *4*, S. 389–404.

Gray, D. E. & Greben, S.: Future perspectives. *Parks and Recreation*, 1974, *9*, S. 26–33.

Green, S. B., Sauser, W. I., Jr., Fagg, J. N. & Champion, N.: Shortcut methods for deriving behaviorally anchored rating scales. *Educational Psychological Measurement*, 1981, *41*, S. 761–775.

Greenberg, J., Folger, R. G.: Procedural justice, participation and the fair process effect in groups and organisations. In: Paulus, P. B. (Eds.): *Basic group process*. New York: Springer, 1983.

Greenberg, J.: Approaching equity and avoiding inequity in groups and organizations. In: Greenberg, J. & Cohen, R. L. (Eds.): *Equity and justice in social behavior*. New York: Academic Press, 1982, S. 369–435.

Greene, C. N.: Limitations of cross-lagged correlational designs and an alternative approach. In: Hunt, J. G. & Larson, L. L. (Eds.): *Leadership frontiers*. Kent, Ohio: Kent State University Press, 1975, S. 121–126.

Greenfield, T. B.: Leaders and schools: Willfulness and nonnatural order in organizations. In: Sergiovanni, T. & Carbally, J. (Eds.): *Leadership and organizational culture*. Urbana & Chicago: Univ. Illinois Press, 1984, S. 142–169.

Greenhalgh, L.: A process model of Organizational turnover: The relationship with job security as a case in point. *Academy of Management Review*, 1980, *5*, S. 299 bis 303.

Greeno, J. G.: Hobbits and orcs: Acquisition of a sequential concept. *Cognitive Psychology*, 1974, *6*, S. 270–292.

Greeno, J. G.: Natures of problem-solving abilities. In: *Estes*, 1978, S. 239–270.

Greeno, J. G.: Trends in the theory of knowledge for problem solving. In: Tuma & Reif, 1981, S. 9–23.

Greenwood, J. M.: *Group attitudes and organizational performance*. Paper presented at 78th Annual Convention of the APA, Miami, 1971.

Gregg, L. W. & Simon, H. A.: Process models and stochastic theories of simple concept formation. *Journal of Mathematical Psychology*, 1967, *4*, S. 246–276.

Gregory, K. L.: Native view paradigms: Multiple cultures and culture conflicts in organizations. *Administrative Science Quarterly*, 1983, *28*, S. 259–276.

Greif, S.: Entwicklung einer systemtheoretischen Definition des Begriffs der Organisation. *Zeitschr. f. Sozialpsychol.*, 1978, *9*, S. 206–221.

Greif, S.: *Konzepte der Organisationspsychologie*. Eine Einführung in grundlegende theoretische Ansätze. Bern: Huber, 1983.

Greif, S., Bamberg, E., Dunckel, H., Frese, M., Mohr, G., Rückert, D., Rummel, M., Semmer, N. & Zapf, D.: *Psychischer Streß am Arbeitsplatz* – hemmende und fördernde Bedingungen für humanere Arbeitsbedingungen. Bundesministerium für Forschung und Technologie: Forschungsbericht, 1983.

Greiner, L. E.: Patterns of organizational change. *Harvard Business Review*, 1967, *45*, S. 119–128.

Greiner, L. E.: Evolution and revolution as organizations grow. *Harvard Business Review*, 1972, *50*, S. 37–46.

Grochla, E. (Hrsg.): *Handwörterbuch der Organisation*. Stuttgart: Poeschel, 1973, (2. Aufl.: 1980).

Grochla, E. (Hrsg.): *Organisationstheorie* (1. Teilband). Stuttgart: Poeschel, 1973.

Grochla, E.: Entwicklung und gegenwärtiger Stand der Organisationstheorie. In: Grochla, E. (Hrsg.): *Organisationstheorie*. 1. Teilband. Stuttgart: Poeschel, 1975, S. 2–33.

Grochla, E. (Hrsg.): *Handwörterbuch der Organisation*. Stuttgart: Poeschel, 1980.

Grochla, E.: *Grundlagen der organisatorischen Gestaltung*. Stuttgart: Poeschel, 1982.

Groeben, N.: *Leserpsychologie*: Textverständnis – Textverständlichkeit. Münster: Aschendorff, 1982.

Groffmann, K.-J. & Michel, L. (Hrsg.): *Grundlagen psychologischer Diagnostik*. Enzyklopädie der Psychologie, Bd. B/II/1. Göttingen: Hogrefe, 1982.

Gronemeyer, R.: *Integration durch Partizipation?* Arbeitsplatz/Wohnbereich: Fallstudien. Frankfurt: Fischer, 1973.

Gross, P.: Wir können alles – aber nichts dafür. Individuelle Selbstverantwortung zwischen dem Allmachtsglauben an die Technik und der Bevormundung durch die Sozialwissenschaften. *gdi impuls*, 1984, *1*, S. 3–12.

Harding, J., Kutner, B., Proshansky, H. & Chein, I.: Prejudice and Ethnic Relations. In: Lindzey, G.: *Handbook of Social Psychology*, vol. 2. Cambridge, Mass.: Addison Wesley, 1954, S. 1021–1061.

Harkins, S. G. & Petty, R. E.: Effects of Source Magnification of Cognitive Effort on Attitudes: An Information-Processing View. *Journal of Personality and Social Psychology*, 1981, *3*, S. 41–413.

Harragan, B. L.: *Games mother never taught you*. Corporate gamesmanship for women. New York: Warner Books, 1977.

Harre, R.: The dramaturgical model. In: Furnham, A. & Argyle, M. (Eds.): *The Psychology of social situations*. Selected Readings. Oxford u. a.: Pergamon, 1981, S. 363–376.

Harris, G., Begg, I. & Upfold, D.: On the role of the speaker's expectations in interpersonal communication. *Journal of Verbal Learning and Verbal Behavior*, 1980, *19*, S. 597–607.

Harris, R. J.: Pinning down: the equity formula. In: Messick, D. M. & Cook, K. S. (Eds.): *Equity-theory*. New York: Praeger, 1983, S. 207–239.

Harris, Th. A.: *Ich bin o. k., Du bist o. k.* Reinbek: Rowohlt, 1975.

Harrison, van, R.: Person–environment fit and job stress. In: Cooper, C. L. & Payner, R. (Eds.): *Stress at work*. Chichester: Wiley, 1978, S. 175–205.

Hartfiel, G.: *Wirtschaftliche und soziale Rationalität*. Untersuchungen zum Menschenbild in Ökonomie und Soziologie. Stuttgart: Enke, 1968.

Hartmann, H.: Gesellschaftliche Bedingungen der angewandten Organisationssoziologie. *Soziale Welt, Sonderband 1* (hrsg. v. Beck, U.), 1982, S. 477–510.

Hartmann, H. A.: Personalentscheidung. In: Hoyos, C. Graf, Kroeber-Riel, W., Rosenstiel, v., L. & Strümpel, B. (Hrsg.): *Grundbegriffe der Wirtschaftspsychologie*. München: Kösel, 1980, S. 168–177.

Hartmann, H. A.: Zur Ethik gutachterlichen Handelns. In: Hartmann, H. A. & Haubl, R. (Hrsg.): *Psychologische Begutachtung*. München: Urban & Schwarzenberg, 1984, S. 3–32.

Hartmann, H. A. & Haubl, R. (Hrsg.): *Psychologische Begutachtung*. München: Urban & Schwarzenberg, 1984.

Hartmann, H. A., Haubl, R., Neuberger, O., Peltzer, U. & Wakenhut, R.: *Diagnostische Probleme psychologischer Begutachtung*, in: Hartmann, H. A. & Haubl, R. (Hrsg.): Psychologische Begutachtung. München: Urban & Schwarzenberg, 1984, S. 75–126.

Hartmann, H. & Wakenhut, R.: Zur Dimensionalität gesellschaftspolitischer Attitüden bei unterschiedlichen Gruppen. *Zeitschrift für Sozialpsychologie*, 1972, S. 96–115.

Härtner, M., Mattes, K. & Wottawa, H.: Computerunterstützte Hypothesenagglutination zur Erfassung komplexer Zusammenhänge. *EDV in Medizin und Biologie*, 1980, *11*, S. 53–59.

Harvey, E.: Technology and the structure of organization. *American Sociological Review*, 1968, *33*, S. 247–259.

Haslinger, F.: *Volkswirtschaftliche Gesamtrechnung*. München, 1978.

Hassebrauck, M.: *Emotionale Konsequenzen distributiver Ungerechtigkeit*. Regensburg: Roderer, 1984.

Hättich, M.: *Lehrbuch der Politikwissenschaft, 1. Grundlegung und Systematik*. Mainz, 1967a.

Hättich, M.: *Lehrbuch der Politikwissenschaft, 2. Theorie der politischen Ordnung*. Mainz, 1967b.

Hauff, V. (Hrsg.): *Argumente in der Energie-Diskussion*. Villingen, 1980.

Haug, P.: Kernenergie-Berichterstattung aus der Sicht der Konflikt-Beteiligten. In: Hauff, V. (Hrsg.): *Argumente in der Energie-Diskussion*. Villingen, 1980, S. 41–52.

Hauschildt, J.: *Entscheidungsziele*. Tübingen: Mohr, 1977.

Hausser, D. L.: Comparison of different models for organizational analysis. In: Lawler, E. E., Nadler, D. A. & Cammann, C. (Eds.): *Organizational assessment*. New York: Wiley, 1980, S. 132–161.

Hautaluoma, J. E. & Gavin, J. F.: Effects of organization. *American Sociological Review*, 1975, *33*, S. 475–496.

Havelock, R. G.: *Agents quide to innovation in education*. New Jersey: Englewood Cliffs, 1973.

Havighurst, R. J.: *Development tasks and education*. New York: Longmans, Green & Company, 1952, (2nd ed.).

Havighurst, R. J.: Die Freizeitaktivitäten der Personen mittleren Alters. In: Schmitz-Scherzer, R. (Hrsg.): *Freizeit*. Frankfurt: Akademische Verlagsgesellschaft, 1974.

Havighurst, R. J. & Feigenbaum, K.: Leisure and life style. *American Journal of Sociology*, 1959, *64*, S. 396–404.

Hawes, F. & Kealey, D.: *Canadians in development*. Ottawa: Canadian International Development Agency, 1980.

Hawley, K. E. & Nichols, M. L.: A contextual approach to modelling the decision to participate in a political issue. *Administrative Science Quarterly*, 1982, *27*, S. 105–119.

Hayes, J. R. & Simon, H. A.: The understanding process. Problem isomorphs. *Cognitive Psychology*, 1976, *8*, S. 165–190.

Hayes-Roth, F.: *Building expert systems*. Mass.: Addison Wesley, 1983.

Hecker, K. & Grunwald, W.: Über die Beziehung zwischen Arbeits- und Freizeitzufriedenheit. *Soziale Welt*, 1981, *3*, S. 353–368.

Heckhausen, H.: Förderung der Lernmotivierung und der intellektuellen Tüchtigkeiten. In: Roth, H. (Hrsg.): *Begabung und Lernen*. Stuttgart, 1968, S. 193–228.

Heckhausen, H.: Bessere Lernmotivation und neue Lernziele. In: Weinert, F. E., Graumann, C. F., Heckhausen, H. & Hofer, M. (Hrsg.): *Pädagogische Psychologie*, Bd, 1. Frankfurt, 1974, S. 575–601.

Heckhausen, H.: Motive und ihre Entwicklung. In: Weinert, F. E., Graumann, C. F., Heckhausen, H. & Hofer, M. (Hrsg.): *Pädagogische Psychologie*, Bd. 1. Frankfurt, 1974, S. 133–181.

Heckhausen, H.: Achievement motivation and its constructs: A cognitive model. *Motivation and Emotion*, 1977, *1*, S. 283–329.

Heckhausen, H.: Motiv und Motivation. In: Herrmann, Th., Hofstätter, P. R., Huber, H. P. & Weinert, F. E. (Hrsg.): *Handbuch psychologischer Grundbegriffe*. München, 1977, S. 296–313.

Heckhausen, H.: *Motivation und Handeln*. Lehrbuch der Motivationspsychologie. Berlin: Springer, 1980.

Heckhausen, H.: Ein kognitives Motivationsmodell und die Verankerung von Motivstrukturen. In: Lenk, H. (Hrsg.): *Handlungstheorien – interdisziplinär*. Bd. 3.1. München: Fink, 1981, S. 283–352.

Hedberg, B.: How organizations learn and unlearn. In: Nystrom, P. C. & Starbuck, W. H. (Eds.): *Handbook of organizational design*. Oxford: Oxford University Press, 1981, S. 3–27.

Heeg, F. J.: *Phänomen Japan*. Japanische Organisationsformen und ihre Übertragbarkeit auf deutsche Unternehmen. Köln: Deutscher Wirtschaftsdienst EFAL, 1983.

Hegner, F.: Organizational studies and public administration: A problematic relationship? In: Klages, H. (Hrsg.), 1979, S. 57–67.

Hegner, F.: Historisch-gesellschaftliche Entstehungsbedingungen und politisch-soziale Funktion von Bürgerinitiativen. In: Hauff, V. (Hrsg.): *Bürgerinitiativen in der Gesellschaft*. Villingen, 1980, S. 11–118.

Heibey, H. W., Lutterbeck, B., Rohlfs, S. & Schüler, U.: *Auswirkungen der Datenverarbeitung auf den einzelnen Anwender und Organisationen, die die Datenverarbeitung anwenden*. Hamburg: Mitteilung Nr. 20 des Instituts für Informatik der Universität Hamburg, 1975.

Heigl-Evers, A. & Streek, U.: Psychologie des 20. Jahrhunderts. Bd. 8: *Lewin und die Folgen*. Zürich: Kindler, 1979.

Heintel, P.: Institutions- und Organisationsberatung. In: Heigl-Evers, A. & Streek, U. (Hrsg.), 1979, S. 956–965.

Heinz, W. R.: Berufliche Sozialisation. In: Hurrelmann, K. & Ulich, D. (Hrsg.): *Handbuch der Sozialisationsforschung*. Weinheim, Basel: Beltz, 1980, S. 499–519.

Heinzel, F. & Heinzel, H.: Ich – Gruppe – Aggression – Leistung. In: Neubauer, R. & Rosenstiel, v., L.: *Handbuch der Angewandten Psychologie*. München: Verlag Moderne Industrie, 1980, S. 487–509.

Heise, W. & Quattrocci, P.: *Informations- und Codierungstheorie*. Heidelberg: Springer, 1983.

Heller, F. A. & Clark, A. W.: Personnel and human resources development. *Annual Review of Psychology*, 1976, *27*, S. 405–435.

Heller, F. A., Drenth, P. J. D., Koopman, P. & Rus, V.: A longitudinal study in participative decision making. *Human Relations*, 1977, *30*, S. 567–587.

Heller, F. A. & Wilpert, B.: *Competence and Power in Managerial Decision Making*. Chichester: Wiley, 1981.

Heller, F. A. & Yukl, G.: Participation, managerial decision-making, and situational variables. *Organizational Behavior and Human Performance*, 1969, *4*, S. 227–241. (In deutscher Übersetzung „Partizipation, betriebliches Entscheidungsverhalten und Situationsvariablen." In: Crott, H. W. & Müller, G. F. (Hrsg.): *Wirtschafts- und Sozialpsychologie*. Hamburg, Hoffmann & Campe, S. 212–224).

Hellpach, W.: *Kulturpsychologie*. Stuttgart: Enke, 1953.

Hellriegel, D. & Slocum, J. W. Jr.: Organizational climate: Measures, research and contingencies. *Academy of Management Journal*, 1974, *17*, S. 255–280.

Helmreich, R.: *Strategien zur Auswertung von Längsschnittdaten*. Stuttgart: Klett, 1977.

Helmreich, R., Aronson, E. & Lefan, J.: To err is humanizing – sometimes: Effects of self-esteem, competence, and a pratfall on interpersonal attraction. *Journal of Personality and Social Psychology*, 1970, *16*, S. 259–264.

Helmreich, R., Bakeman, R. & Radloff, R.: The life history questionnaire as a predictor in navy diver training. *Journal of Applied Psychology*, 1973, *57*, S. 148–153.

Helson, H.: *Adaptation level theory*. New York: Harper & Row, 1964.

Henemann, H. G. & Schwab, D. P.: Evaluation of research on expectancy theory predictions of employee performance. *Psychological Bulletin*, 1972, *78*, S. 1–9.

Heneman, R. L.: The relationship between supervisory ratings and results-oriented measures of performance: A meta-analysis. *Personnel Psychology*, 1986, *39*, S. 811–826.

Herberger, J.: *Partizipation und Eignungsdiagnostik*. Ein empirischer Beitrag zum Konzept der sozialen Validität. Universität Erlangen–Nürnberg, 1984 (unveröffentl. Diplomarbeit).

Herbst, P. G.: *Socio-technical Design*. London: Tavistock, 1974.

Herkner, W.: *Attribution – Psychologie der Kausalität*. Bern: Huber, 1980.

Herkner, W.: *Einführung in die Sozialpsychologie*. Bern: Huber, 1983.

Herman, J. B. & Hulin, C. L.: Studying organizational attitudes from individual and organizational frames of reference. *Organizational Behavior and Human Performance*, 1972, *8*, S. 84–108.

Hermes, H.: *Einführung in die mathematische Logik*. Stuttgart: Teubner, 1976.

Herr, E. L. & Cramer, S. H.: *Career Guidance and Counseling through the life span*. Boston: Little Brown, 1984.

Herriot, P.: Social process. In: Smith, M. & Robertson, I. (Eds.): *Advances in personnel selection and assessement*. New York: Wiley, in press.

Herrmann, Th.: Zur Geschichte der Berufseignungsdiagnostik. *Archiv für die gesamte Psychologie*, 1966, *118*, S. 253–278.

Herrmann, Th.: *Lehrbuch der empirischen Persönlichkeitsforschung*. Göttingen: Hogrefe, 1969.

Herrmann, Th.: *Persönlichkeitsmerkmale*. Stuttgart: Kohlhammer, 1973.

Herrmann, Th.: *Die Psychologie und ihre Forschungsprogramme*. Göttingen, Toronto, Zürich: Hogrefe, 1976.

Herrmann, Th.: *Psychologie als Problem*. Herausforderungen der psychologischen Wissenschaft. Stuttgart: Klett-Cotta, 1979.

Herrmann, Th.: Wertorientierung und Wertwandel. Eine konzeptuelle Analyse aus dem Blickwinkel der Psychologie. In: Stachowiak, K. H., Stapf, K. H. & Herrmann, Th. (Hrsg.): *Bedürfnisse, Werte und Normen im Wandel*. München: Schöningh, 1982.

Hersey, P. & Blanchard, K. H.: *Management of organizational behavior*. Englewood Cliffs, N. J.: Prentice Hall, 1977 (3rd ed.; 2nd ed.: 1972).

Herskovits, M. J.: *Man and his works*. New York: Knopf, 1948.

Herzberg, F.: *Work and the nature of man*. Cleveland, 1966.

Herzberg, F., Mausner, B., Peterson, R. V., Capwell, D. F.: *Job attitudes*. Review of research and opinion. Pittsburgh: Psychological Service of Pittsburgh.

Herzberg, F., Mausner, B. & Snyderman, B.: *The Motivation to Work*. New York: Wiley, 1959.

Herzlich, C.: Die soziale Vorstellung. In: Moscovici, S. (Hrsg.): *Forschungsgebiete der Sozialpsychologie 1*. Frankfurt/Main: Athenäum, 1975, S. 381–406.

Hespe, G. W. A. & Wall, T.: The demand for participation among employees. *Human Relations*, 1976, *29*, S. 411–428.

Hespe, G. W. A. & Warr, P. B.: *Do employees want to participate?* Paper for the 17th International Congress of Applied Psychology. Lüttich: U. S. A. P., 1971.

Hesse, K.: *Grundzüge des Verfassungsrechts der Bundesrepublik Deutschland*. Heidelberg: C. F. Müller, 1984 (14. Aufl.).

Hesser, A.: Leisure and career development: For adults. *Journal of Career Development*, 1984, *11*, S. 129–144.

Hettinger, T., Kaminski, G. & Schmale, H.: *Ergonomie am Arbeitsplatz*. Ludwigshafen: Kiehl, 1980.

Hetzler, H.: Technologische Faktoren. In: Endruweit, G., Gaugler, E., Staehle, W. H. & Wilpert, B. (Hrsg.): *Handbuch der Arbeitsbeziehungen*. Berlin, New York: de Gruyter, 1985.

Heydebrand, W. V.: The study of organizations. Social Science Information. *Information sur les Science Sociales*, 1967, *6*, S. 59–86.

Heydebrand, W. V. (Ed.): *Comparative organizations*. New York, 1973.

Heymann, H. & Seiwert, L.: *Sozialbilanzen – eine gesellschaftsbezogene Berichterstattung des Unternehmens*. Taylorix, 1984.

Heyns, R. W.: *Effects of variation in leadership on participant behavior in disarssion groups*. Ann Arbor: University of Michigan, 1948, Doctoral Dissertation.

Hickson, D. J.: A convergence in organization theory. *Administrative Science Quarterly*, 1966, *11*, S. 224–237.

Hickson, D. J., Hinings, C. R., Mc Milan, C. J., Schwitter, J. P.: The Culture–Free Context of Organisation Structure. A Tri-national Comparison. In: Weinshall, T. D. (Ed.): *Culture and Management*. New York: Penguin Books, 1977, S. 354–382.

Hickson, D. J., Pugh, D. S. & Pheysey, D. L.: Operations technology and organization structure. An empirical reappraisal. *Administrative Science Quarterly*, 1969, *14*, S. 378–397.

Hill, B. J.: An analysis of conflict resolution techniques. *Journal of Conflict Resolution*, 1982, *26*, 1, S. 109–138.

Hill, G. W.: Group versus individual performance: Are N + 1 heads better than one? *Psychological Bulletin*, 1982, *91*, S. 517–539.

Hill, W., Fehlbaum, R. & Ulrich, P.: *Organisationslehre*. Bern, Stuttgart: Paul Haupt, 1974 (2. verb. Auflage 1976).

Hillgruber, A.: Fortlaufende Arbeit und Willensbestätigung. *Untersuchungen zur Psychologie und Philosophie*, 1912, *1*, Heft 6.

Hines, G.: Achievement motivation Levels of immigrants in New Zealand. *Journal of Cross-Cultural Psychology*, 1974, *5*, S. 37–47.

Hines, G. H.: Sociocultural influence on employee expectancy and participative management. *Academy of Management Journal*, 1974, S. 334–339.

Hinrichs, J. R.: Personnel training. In: Dunnette, M. D. (Ed.): *Handbook of industrial and organizational psychology*. Chicago, 1976, S. 829–860.

Hinrichs, P.: *Um die Seele des Arbeiters*. Köln: Pahl-Rugenstein, 1981.

Hinterhuber, H. H.: *Innovationsdynamik und Unternehmensführung*. Wien: Springer, 1975.

Hirokawa, R. Y. & Pace, R.: A descriptive investigation of the possible communication-based reasons for effective and ineffective group decision making. *Communication Monographs*, 1983, *50*, S. 363–379.

Hirsch, P. M. & Andrews, J. A. Y.: Ambushes, shootouts, and knights of the roundtable: the language of corporate takeovers. In: Pondy, L. R. et al. (Eds.): *Organizational Symbolism*. Greenwich u. a.: JAI, 1983, S. 145–156.

Hirschhorn, L. & Gilmore, T.: The application of family therapy concepts to influencing organizational behavior. *Administrative Science Quarterly*, 1980, *25*, S. 18–37.

Hirschmann, A. O.: *Exit, voice and loyalty*. Cambridge, Mass.: Harvard University Press, 1970.

Hirschmann, A. O.: *Abwanderung und Widerspruch*. Reaktion auf Leistungsabfall bei Unternehmungen, Organisationen und Staaten. Tübingen: Mohr, 1974.

Hirschmann, A. O.: *Leidenschaften und Interessen*. Politische Begründungen des Kapitalismus vor seinem Sieg. Frankfurt: Suhrkamp, 1980.

Hobbensiefken, G.: *Berufsforschung*. Einführung in traditionalle und moderne Theorien. Opladen: Leske & Budrich, 1980.

Hobson, C. J., Mendel, R. M. & Gibson, F. W.: Clarifying performance appraisal criteria. *Organizational Behavior and Human Performance*, 1981, S. 164–188.

Hoefert, H.-W.: *Der Mensch in der Organisation*. Gießen: Schmidt, 1985.

Hoefert, W. & Schmidt-Hieber, E.: Handlungsmöglichkeiten und -bedingungen für Psychologen bei Maßnahmen zur Streßprävention. In: Seeger, F. & Stadler, M. (Hrsg.): *Die gesellschaftliche Verantwortung der Psychologen II*. Darmstadt: Steinkopff, 1982.

Hofbauer, H. & König, P.: Berufswechsel bei männlichen Erwerbspersonen in der Bundesrepublik Deutschland. *Mitt. AB*, 1973, *1*, S. 37–66.

Hoff, A.: Die Sozialbilanz als gesellschaftspolitisches Instrument. In: Haedrich, G., Barthenheier, G. & Kleinert, H. (Hrsg.): *Öffentlichkeitsarbeit*. Berlin, 1982, S. 53–66.

Hoff, A. & Strümpel, B.: Unternehmen und Gesellschaft. In: Haedrich, G., Barthenheier, G. & Kleinert, H. (Hrsg.): *Öffentlichkeitsarbeit*. Berlin, 1982, S. 35–52.

Hoff, E. H., Lappe, L. & Lempert, W.: *Arbeitsbiographie und Persönlichkeitsentwicklung*. Bern, Stuttgart, Toronto: Huber, 1985.

Hoffmann, D. D. & Richards, M.: Parts of recognition. *Cognition*, 1984, *18*, S. 65–96.

Hoffmann, F.: *Entwicklung der Organisationsforschung*. Wiesbaden: Gabler, 1976 (2. überarb. Auflage; 1. Aufl.: 1973).

Hoffmann, L. R., Burke, R. J. & Maier, N. R. F.: Participation, influence among members of problem-solving groups. *Psychological Reports*, 1965, *16*, S. 661–667.

Hoffmann, L. R., Harburg, E. & Maier, N. R. F.: Differences and disagreements as factors in creative group problem solving. *Journal of Abnormal and Social Psychology*, 1962, *64*, S. 206–214.

Hoffmann, L. R. & Maier, N. R. F.: Valence in the adoption of solutions by problem-solving groups: II Quality and acceptance as goals of leader and members. *Journal of Personality and Social Psychology*, 1967, *6*, S. 175–182.

Hofstätter, P. R.: *Psychologie der Öffentlichen Meinung*. Wien: Wilhelm Braumüller, Universitätsverlagsbuchhandlung GmbH., 1949.

Hofstätter, P. R.: *Gruppendynamik*. Hamburg: Rowohlt, 1957, 1971.

Hofstätter, P. R.: Psychologie und Gesellschaft. In: Hermann, Th., Hofstätter, P. R., Huber, H. P. & Weinert, F. E. (Hrsg.): *Handbuch psychologischer Grundbegriffe*. München: Kösel, 1977, S. 7–13.

Hofstede, G.: *Culture's Consequences*. National Differences in Thinking and Organizing. Beverly Hills, Cal.: Sage, 1980 a.

Hofstede, G.: Kultur und Organisation. In: Grochla, E. (Hrsg.): *Handwörterbuch der Organisation*. Stutgart, 1980 b, S. 1168–1182.

Höhn, R. & Böhme, G.: *Führungsbrevier der Wirtschaft*. Bad Harzburg: Wirtsch. Wissensch. und Techn., 1969.

Hollstein, W.: *Die Gegengesellschaft*. Alternative Lebensformen. Reinbek: Rowohlt, 1981.

Holland, J. L.: *The psychology of vocational choice*. Waltham: Ginn, 1966.

Holland, J. L.: *Making vocational choices*. Englewood Cliffs: Prentice Hall, 1973, 1985.

Holland, J. L. & Gottfredson, G. D.: Using a typology of persons and environments to explain careers: Some extensions and glorifications. In: Montross, D. H. & Shinkman, Ch. J. (Eds.): *Career development in the 1980s*. Theory and practice. Springfield: Thomas, 1981, S. 28–42.

Holm, K.: Zum Begriff der Macht. *Kölner Zeitschrift für Soziologie und Sozialpsychologie*, 1969, *21*, S. 269–288.

Holmes, T. H. & Rahe, R. H.: The social readjustment rating scale. *Journal of Psychosomatic Research*, 1967, *11*, S. 213–218.

Holter, H.: Attitudes towards employee participation in company decision-making processes. *Human Relations*, 1965, *18*, S. 297–321.

Holzkamp, K.: *Grundlegung der Psychologie*. Frankfurt, 1983.

Homans, G. C.: Commentary to Huesmann, L. R. & Levinger, G. Incremental exchange theory: A formal model for progression in dyadic social interaction. In: Berkowitz, L. & Walster, E. (Eds.): *Advances in Experimental Social Psychology*. Vol. 9. New York: Academic Press, 1976, S. 231–244.

Hondrich, K. O.: *Menschliche Bedürfnisse und soziale Steuerung*. Reinbek: Rowohlt, 1975.

Hoppock, R.: *Job satisfaction*. New York: Harper & Row, 1935.

Horan, J.J.: *Counseling for effective decision making*. North Scituate, Mass.: Duxbury Press, 1979.

Horn, W.: *Leistungs-Prüf-System (LPS)*. Göttingen: Hogrefe, 1962.

Hornke, L.F.: Testdiagnostische Untersuchungsstrategien. In: Groffmann, K.J. & Michel, L. (Hrsg.): *Grundlagen psychologischer Diagnostik*. Enzyklopädie der Psychologie: Bd. B/II/I. Göttingen: Hogrefe, 1982, S. 130–172.

Hotchkiss, C. & Borow, H.: Sociological perspectives on career choice and attainment. In: Brown, D., Brooks, L. & Associates: *Career Choice and Development*. San Franzisco: Jossey Bass, 1984, S. 137–168.

House, J.R.: *Work, stress and social support*. Reading, Mass.: Adison-Wesley, 1981.

House, R.J. & Dessler, G.: The path goal theory of leadership: Some post hoc and a priori tests. In: Hunt, J. & Larson, L. (Eds.): *Contingency approaches to leadership*. Carbondale: Southern Illinois University Press, 1974.

House, R.J. & Mitchell, T.R.: Path-goal theory of leadership. *Contemporary Business*, 1974, *3*, (Fall), S. 81–98.

House, J.R. & Rizzo, J.R.: Role conflict and ambiguity as critical variables in a model of organizational behavior. *Organizational Behavior and Human Performance*, 1972, *7*, S. 467–505.

Howard, G.S., Ralph, K.M., Gulanick, N.A., Maxwell, S.E., Nance, D.W. & Gerber, S.K.: Internal validity in pretest-posttest self-report evaluations and a re-evaluation of retrospective pretests. *Applied Psychological Measurement*, 1979, *3*, S. 1–23.

Hovland, C.I. & Janis, I.L. (Eds.): *Personality and persuasability*. New Haven: Yale University Press, 1959.

Hoyos, C. Graf: Zur Professionalisierung des Psychologenstandes. *Schweizerische Zeitschrift für Psychologie*, 1972, *31*, S. 197–206.

Hoyos, C. Graf: *Arbeitspsychologie*. Stuttgart, 1974.

Hoyos, C. Graf: Die Rolle der Anforderungsanalyse im eignungsdiagnostischen Prozeß. *Psychologie und Praxis*. Zeitschrift für Arbeits- und Organisationspsychologie, 1986, *30*, S. 59–67.

Huber, G.P. & Delbecq, A.: Guidelines for combining the judgements of individual members in decision conferences. *The Academy of Management Journal*, 1972, *15*, S. 161–174.

Huber, J.: Bunt wie der Regenbogen. In: Huber, J. (Hrsg.): *Anders arbeiten – anders wirtschaften*. Frankfurt/Main: Campus, 1975, S. 111–121.

Huber, J. (Hrsg.): *Anders arbeiten – anders wirtschaften*. Dualwirtschaft. Frankfurt: Fischer, 1982.

Huber, L.: Sozialisation in der Hochschule. In: Hurrelmann, K. & Ulich, D. (Hrsg.): *Handbuch der Sozialisationsforschung*. Weinheim: Beltz, 1980, S. 521–550.

Huber, O.: *Entscheiden als Problemlösen*. Bern: Hans Huber, 1982.

Huber, O.: Restricted information-processing capacity and rational decisions. In: Neumaier, 1984, S. 24–30.

Huber, O. & Potocnik, R.: Entscheidungstheorie und Praxis der Berufs- und Laufbahnwahl. In: Daumenlang & Sauer, 1986.

Hübl, L., Meyer, W. & Ströbele, W.: *Grundkurs in Volkswirtschaftslehre*. Berlin, 1975 (2. Aufl.).

Hübner, H.: *Allgemeiner Teil des Bürgerlichen Gesetzbuches*. Berlin: de Gruyter, 1985, S. 101–150.

Huck, G.: *Sozialgeschichte der Freizeit*. Untersuchung zum Wandel der Alltagskultur in Deutschland. Wuppertal: Hammer, 1980.

Hueck, G.: *Gesellschaftsrecht*. München: Beck, 1983 (18. Aufl.).

Hulin, C. L., Drasgow, F. & Parsons, C. K.: *Items response theory*. Application to psychological measurement. Homewood: Dow Jones-Irwin, 1983.

Hull, C. L.: *Aptitude testing*. New York: Harcourt, 1928.

Humphreys, P.: Use of problem structuring techniques for option generation: A computer choice case study. In: Humphreys, Svenson & Vari, 1983, S. 253–279.

Humphreys, P. & Berkeley, D.: Problem structuring calculi and levels of knowledge representation in decision making. In: Scholz, 1983, S. 121–157.

Humphreys, P., Svenson, O. & Vári, A. (Eds.): *Analysing and aiding decision processes*. Amsterdam: North Holland, 1983.

Hunt, J. G. & Osborn, R. N.: A multiple influence approach to leadership for managers. In: Stinson, J. & Hersey, P. (Eds.): *Leadership for practicioners*. Athens, Ohio: Center for Leadership Studies, 1978.

Hunt, J. G., Sekaran, U. & Schriesheim, C. A. (Eds.): *Leadership*. Beyond Establishment Views. Carbondale: Southern Illinois University Press, 1982.

Hunter, J. E.: A causal analysis of cognitive ability, job knowledge, job performance, and supervisor ratings. In: Landy, F., Zedeck, S. & Cleveland, J. (Eds.): *Performance measurement and theory*. Hillsdale: Lawrence Erlbaum, 1983, S. 257 – 266.

Hunter, J. E. & Hirsch, H. A.: Applications of meta-analysis. In: Cooper, C. L. & Robertson, I. T. (Eds.): International Review of industrial and organizational psychology. New York: Wiley, 1987, S. 321–357.

Hunter, J. E. & Hunter, R. F.: Validity and utility of alternative predictors of job performance. *Psychological Bulletin*, 1984, *96*, S. 72–98.

Hunter, J. E. & Schmidt, F. L.: Fitting people to jobs: The impact of personnel selection on national productivity. In: Dunnette, M. D. & Fleishman, E. A. (Eds.): *Human performance and productivity*. Vol. 1: Human capability assessment. Hillsdale: Lawrence Erlbaum, 1982, S. 233–284.

Hunter, J. E., Schmidt, F. L. & Jackson, G. B.: *Meta-analysis*. Cumulating research findings across studies. Beverly Hills: Sage, 1982.

Hurrelmann, K.: *Sozialisation und Lebenslauf*. Reinbek: Rowohlt, 1976.

Hurrelmann, K. & Ulich, D. (Hrsg.): *Handbuch der Sozialisationsforschung*. Weinheim: Beltz, 1980.

Huss, H. & Schmidt, E. (Hrsg.): *Kooperation und Mitbestimmung*. Frankfurt/Main: Europäische Verlagsanstalt, 1972.

Hussy, W.: Komplexes Problemlösen – Eine Sackgasse? *Zeitschrift für experimentelle und angewandte Psychologie*, 1985, *32*, S. 55–74.

Huston, T. L. & Levinger, G.: Interpersonal attraction and relationships. *Annual Review of Psychology*, 1978, *29*, S. 115–156.

Iaffaldano, M. T. & Muchinsky, P. M.: Job satisfaction and job performance: A Meta-analysis. *Psychological Bulletin*, 1985, *97*, S. 251–273.

Ilgen, D. R., Barnes-Farrell, J. B. & McKellin, D. B.: *Performance rating accuracy*. 21. International Congress of Applied Psychology, Jerusalem. 1986.

Ilgen, D. R. & Feldman, J. M.: Performance appraisal: A process focus. In: Staw, B. M. & Cummings, L. L. (Eds.): *Research in Organizational psychology*. Greenwich: JAI Press, 1983, S. 141–197.

Ilgen, D. R., Mitchell, T. R. & Frederickson, J. W.: Poor performers: Supervisors' and subordinates' responses. *Organizational Behavior and Human Performance*, 1981, *27*, S. 386–410.

Ilgen, D. R., Nebeker, D. M. & Pritchard, R. D.: Expectancy theory measures: An empirical comparison in an experimental simulation. *Organizational Behavior and Human Performance*, 1981, *28*, S. 189–223.

Indik, B. P.: The scope of the problem and some suggestion towards a solution. In: Indik, B. P. & Berrien, F. K. (Eds.), 1968.

Indik, B. P. & Berrien, F. K. (Eds.): *People, groups and organizations*. New York, 1968.

Indik, B. P. & Seashore, S. E.: *Effects of organizational size on member attitudes and behavior*. Ann Arbor, 1961.

Industrial Democracy in Europe (IDE)–International Research Group. Industrial democracy in Europe. London: Oxford University Press, 1981.

Ingham, G. K.: *Size of industrial organization and worker behaviour*.Cambridge, 1970.

Inglehart, R.: *The silent revolution*. Princeton, N. J.: University Press, 1977.

Inglehart, R.: Wertwandel in westlichen Gesellschaften: Politische Konsequenzen von materialistischen und postmaterialistischen Prioritäten. In: Klages, H. & Kmieciak, P. (Hrsg.): *Wertwandel und gesellschaftlicher Wandel*. Frankfurt, New York: Campus, 1981 a.

Inglehart, R.: Value change in the uncertain 1970's. In: Dlugos, G. & Weiermair, K. (Eds.): *Management under differing value systems*. Berlin, 1981 b, S. 75–108.

Inkeles, A. & Smith, D. H.: *Becoming modern*. Individual change in six developing countries. Cambridge, Mass.: Harvard University Press, 1974.

International Commission on Advancement of Leisure Leadership (Intercall). Framework for the development of education for recreation. In: Intercall. *The Intercall Papers*. New York: World Leisure and Recreation Ass. (WLRA), 1980, S. 1–34.

Intriligator,, M. D.: Research of conflict theory. *Journal of Conflict resolution*, 1982, *26*, 2, S. 307–327.

Irle, M.: *Berufs-Interessen-Test (BIT)*. Göttingen: Hogrefe, 1955.

Irle, M.: Führungsverhalten in organisierten Gruppen. In: Mayer, A. & Herwig, B. (Hrsg.): Handbuch der Psychologie. Bd. IX: *Betriebspsychologie*. Göttingen: Hogrefe, 1970, S. 521–551.

Irle, M.: Zur Sozialpsychologie der Solidarität. In: Kurzrock, R. (Hrsg.): *Ideologie und Information* (Bd. 13 von: Forschung und Information), Berlin, Colloquium Verlag, 1973.

Irle, M.: *Lehrbuch der Sozialpsychologie*. Göttingen: Hogrefe, 1975.

Irle, M. (Ed.): *Studies in decision making*. Berlin: Gruyter, 1982.

Irle, M.: *Macht und Entscheidungen in Organisationen*. Frankfurt: Akademische Verlagsgesellschaft, 1971.

Irle, M. (Hrsg.): Marktpsychologie. Handbuch der Psychologie in 12 Bänden. 1. Halbband: *Marktpsychologie als Sozialwissenschaft*. Göttingen, Toronto, Zürich: Hogrefe, 1983.

Irle, M.: Konvergenz und Divergenz in Gruppen. In: Frey, D. & Irle, M. (Hrsg.): *Theorien der Sozialpsychologie*. Bd. II: Gruppen und Lerntheorien. Bern: Huber, 1985, S. 39–62.

Isen, A. M. & Means, B.: The influence of positive affect on decision-making strategy. *Social Cognition*, 1983, *2*, S. 18–31.

Isen, A. M., Means, B., Patrick, R. & Nowicki, G.: Some factors influencing decision-making strategy and risk taking. In: Clark & Fiske, 1982, S. 243–261.

Isenberg, D. J.: Group polarization: A critical review and meta-analysis. *Journal of Personality and Social Psychology*, 1986, *50*, S. 1141–1151.

Ivancevich, J. M.: Perceived need satisfactions of domestic, versus overseas managers. *Journal of Applied Psychology*, 1969, *53*, S. 274–278.

Ivancevich, J. M.: Longitudinal study of the effects of rater training on psychometric error in ratings. *JAP*, 1979, *64*, S. 502–508.

Ivancevich, J. M.: Subordinates' reactions to performance appraisal interviews. *JAP*, 1982, *67*, S. 581–587.

Kantzenbach, E.: Einzel-, Struktur- und Niveausteuerung der Wirtschaft in einer freiheitlichen Gesellschaftsordnung. In: Hamburger Jahrbuch für Wirtschafts- und Gesellschaftspolitik, 1966, S. 67–75.

Kaplan, M.: *Leisure in America*. New York, 1960.

Kappler, E.: Partizipation. In: Grochla, E. (Hrsg.): *Handwörterbuch der Organisation*. Stuttgart: Poeschel, 1980, S. 1845–1855.

Karg, P. W. & Staehle, W.: *Analyse der Arbeitssituation*. Verfahren und Instrumente. Freiburg: Haufe, 1982.

Kasper, H.: Der Innovationsprozeß in Abhängigkeit von der psychosozialen Konstellation von Managern und deren Arbeitszufriedenheit. *Psychologie und Praxis*. Zeitschrift für Arbeits- und Organisationspsychologie, 1985, *29*, S. 52–61.

Kassem, S.: Organization Theory. American and European Styles. *Management International Review*, 1977, *17*(3), S. 11–18.

Kastner, W.: *Grundriß des österreichischen Gesellschaftsrechts*. Wien: Manz, 1983 (4. Aufl.).

Katona, G.: *Psychological Economics*. New York: Elsevier, 1975.

Katschnik, H. (Hrsg.): *Sozialer Streß und psychische Erkrankung*. Lebensverändernde Ereignisse als Ursache seelischer Störung. München: Urban & Schwarzenberg, 1980.

Katz, D.: Survey research center; an overview of human relations programme. In: Guetzkow, H. (Ed.): *Groups, leadership and men*. New York, 1963.

Katz, D. & Kahn, R. L.: *The Social Psychology of Organizations*. New York: Wiley, 1966, 1978.

Katz, D., Maccoby, N. & Morse, N.: *Productivity, supervision and morale in a office station*. Ann Arbor: University of Michigan, 1950.

Katz, E.: Epiloque: Where do we stand? In: Katz, E. & Szecskö, T. (Eds.): *Massmedia and social change*. London, 1981, S. 265–268.

Katz, E. & Szecskö, T. (Eds.): *Massmedia and social change*. London, 1981.

Katzell, R. A.: Personal values, job satisfaction, and job behavior. In: Borow, H. (Ed.): *Man in a world of work*. Boston: Houhgton Mifflin, 1964.

Katzell, R. A., Yankelowitch, D., Fein, M., Ornati, O. & Nash, A.: *Work, productivity, and job satisfaction*. An evaluation of policy-related research. New York: Psychological Corporation, 1975.

Katzell, R. A., Miller, C. E., Naomi, G. & Venet, T. G.: Effects of leadership and other inputs on group processes and outputs. *Journal of Social Psychology*, 1984, *80*, S. 157–169.

Kaufmann, F. X. (Hrsg.): *Bürgernahe Sozialpolitik*. Frankfurt/Main: Campus, 1979.

Kavanagh, M. J.: The content issue in performance appraisal: A review. *Personnel Psychology*, 1971, *4*, S. 653–668.

Kavčič, B., Rus, V. & Tannenbaum, A. J.: Control, participation, and effectiveness in four Yugoslav industrial organizations. *Administrative Science Quarterly*, 1971, *16*, S. 74–86.

Kayser, E., Schwinger, T. & Cohen, R. L.: Layperson's conceptions of social relationships: A test of contract theory. *Journal of Social and Personal Relationships*, 1984, *1*, S. 433–458.

Keeley, M.: Organizational analogy: A comparison of organismic and social contracts models. *Administrative Science Quarterly*, 1980, *25*, S. 339–362.

Keeney, R. L.: Decision analysis: State of the field. *Operations Research*, 1982, *30*, S. 803–838.

Keeney, R. L. & Raiffa, H.: *Decisions with multiple objectives*. Preferences and value tradeoffs. New York: Wiley, 1976.

Keil, T.: Social structure and status in career development. In: Watts, A. G., Super, D. E. & Kidd, J. M.: *Career Development in Britain*. Cambridge: Hobsons Press, 1981, S. 155–192.

Kellay, H. H. & Michela, J. L.: Attribution theory and research. *Annual Reviews of Psychology*, 1980, *31*, S. 457–501.

Kelley, H. H. & Thibaut, J. W.: Group problem solving. In: Lindzey, G. & Aronson, E. (Eds.): *The Handbook of Social Psychology*. Reading, Mass.: Addison Wesley, 1969, S. 1–101 (2nd ed.).

Kelly, G. A.: The psychology of personal constructs. New York: Norton, 1955 (2 vols.).

Kelly, J.: The study of executive behavior by activity sampling. *Human Relations*, 1964, *17*, S. 277–287.

Kelly, J. R.: *Leisure identities and interactions*. London: Allen & Unwin, 1983.

Kelly, L. & Reeser, C.: The persistence of culture as a determinent of differentiated attitudes on the part of american managers of japanese ancestry. *Academy of Management Journal*, 1973, *16*(1), S. 67–76.

Kemm, R.: Japanisches Management – Version Europa. *Agogik*, 1983, *1*, S. 3–9.

Kenny, D. A.: Cross-lagged panel correlation: A test for spuriousness. *Psychological Bulletin*, 1975, *82*, S. 887–903.

Kepner, C. H. & Tregoe, B. B.: *Problemanalyse und Entscheidungsfindung*. Princeton, New Jersey: Kepner-Tregoe Inc., 1974.

Kerber, H. & Schmieder, A. (Hrsg.): *Handbuch Soziologie*. Zur Theorie und Praxis sozialer Beziehungen. Reinbek, 1984.

Kerber, W.: Eigentum, III. In: *Staatslexikon*, Bd. II. Freiburg, 1986, S. 166–171.

Kern, H. & Schumann, M.: *Industriearbeit und Arbeiterbewußtsein*. Frankfurt: Europäische Verlagsanstalt, 1970 a, 1977.

Kern, H. & Schumann, M.: Soziale Voraussetzungen und Folgen des technischen Wandels. In: Rationalisierungskuratorium der Deutschen Wirtshaft (Hrsg.): *Wirtschaftliche und soziale Aspekte des technischen Wandels in der Bundesrepublik Deutschland*, Band 1. Frankfurt: Europäische Verlagsanstalt, 1970b, S. 277–352.

Kern, H. & Schumann, M.: *Das Ende der Arbeitsteilung?* Rationalisierung in der industriellen Produktion. München: Beck, 1984.

Kern, H. & Schumann, M.: Neue Produktionskonzepte haben Chancen. *Soziale Welt*, 1984, *35*, S. 146–158.

Kerr, C., Dunlap, J., Harbison, F. & Myers, C.: *Industrialization and Industrial Man*. New York: Oxford University Press, 1964.

Kerr, N. L.: Motivation losses in small groups: A social dilemma analysis. *Journal of Personality and Social Psychology*, 1983, *45*, S. 819–828.

Kerr, S. & Jermier, J. M.: Substitutes for Leadership: Their meaning and measurement. *Organizational Behavior and Human Performance*, 1978, 22, S. 375–403.

Keßler, B. H.: Biographische Diagnostik. In: Groffmann, K. J. & Michel, L. (Hrsg.): *Persönlichkeitsdiagnostik*. Enzyklopädie der Psychologie: Bd. B/II/3. Göttingen: Hogrefe, 1982, S. 1–56.

KGSt: *Funktionelle Organisation*. Delegation von Entscheidungsbefugnissen, Bericht Nr. 3/1971, 3.

Khandwalla, P. N.: Mass output orientation of operations technology and organizational structure. *Administrative Science Quarterly*, 1974, *19*, (1), S. 74–97.

Khandwalla, P. N.: Unsicherheit und die „optimale" Gestaltung von Organisationen. In: Grochla, E. (Hrsg.), 1975, S. 140–156.

Kidd, J. A. & Christy, R. T.: Supervisory procedures and work-team productivity. *Journal of Applied Psychology*, 1961, *45*, S. 388–392.

Kiefer, K.: *Die Diffusion von Neuerungen*. Tübingen: Mohr, 1967.

Kiefer, M. L.: Massenkommunikation 1964–1980. Trendanalyse zur Mediennutzung und Medienbewertung. *Media-Perspektiven*, 1981, *4*, S. 261–286.

Kieser, A.: Innovationen. In: Grochla, E. (Hrsg.): *Handbuch der Organisation*. Stuttgart: Poeschel, 1969, S. 741–750.

Kieser, A.: Zur wissenschaftlichen Begründbarkeit von Organisationsstrukturen. *Zeitschrift für Organisation*, 1971, *40*, S. 239–249.

Kieser, A.: Der Einfluß der Umwelt auf die Organisationsstruktur der Unternehmung. *Zeitschrift für Organisation*, 1974, *43*, S. 302–314.

Kieser, A.: Organisationsstruktur und Individuum. In: Reber, G. (Hrsg.): *Personal- und Sozialorientierung der Betriebswirtschaftslehre*, I. Stuttgart: Poeschel, 1977.

Kieser, A.: *Der strukturale Ansatz der Organisationsentwicklung aus betriebswirtschaftlicher Sicht*. Erfstadt: Universitätsseminar der Wirtschaft, 1979.

Kieser, A.: *Zur Evolution von Organisationsformen I*. Zunft, Verlag, Manufaktur. Mannheim: Lehrstuhl für Allg. BWL, 1983.

Kieser, A.: *Zur Evolution von Organisationsformen II.* Fabrik. Mannheim: Lehrstuhl für Allg. BWL, 1983.

Kieser, A.: *Von asketischen zu industriellen Bravourstücken.* Die Organisation der Wirtschaft im Kloster des Mittelalters. Mannheim: Lehrstuhl für Allg. BWL, 1984.

Kieser, A. & Kubicek, H.: *Organisation.* Berlin: de Gruyter, 1977 (2. Aufl.: 1983).

Kieser, A. & Kubicek, H.: *Organisationstheorien I und II.* Stuttgart: Kohlhammer, 1978.

Kieser, A., Krüger, M. & Röhrer, M.: Organisationsentwicklung. Ziele und Techniken. *Wirtschaftswissenschaftliches Studium* (WiSt), 1979, *4*, S. 149–155.

Kieser, A., Reber, G. & Wunderer, R. (Hrsg.): *Handwörterbuch der Führung.* Stuttgart: Poeschel, 1986.

Kimberly, J. R.: Issues in the design of longitudinal organizational research. *Sociological Methods & Research*, 1976, *4*, S. 321–347.

Kimberly, J. R. & Nielsen, W. R.: Organization development and change in organizational performance. *Administrative Science Quarterly*, 1975, *20*, S. 191–206.

King, L. M., Hunter, J. E. & Schmidt, F. L.: Halo in a multidimensional forced-choice performance evaluation scale. *Journal of Applied Psychology*, 1980, *65*, S. 507–516.

King, N.: Classification and evaluation of the two factor theory of job satisfaction. *Psychological Bulletin*, 1970, *74*, S. 18–31.

Kipnis, D.: Does power corrupt? *Journal of Personality and Social Psychology*, 1972, *24*, S. 33–41.

Kipnis, D., Schmidt, S. & Winlinson, I.: Intraorganizational influence tactics: Explorations in getting one's way. *Journal of Applied Psychology*, 1980, *65*, S. 440–452.

Kirchgässner, G.: Size and development of the West German Shadow Economy, 1955–1980. *Zeitschrift für die gesamte Staatswissenschaft*, 1983, *139*, S. 197–214.

Kirchler, E.: Einstellungsänderung von Frauen und Männern in Abhängigkeit vom Diskussionsstil des Gesprächspartners. *Archiv für Psychologie*, 1984, *136*, S. 167–180.

Kirsch, W.: Die Idee der fortschrittsfähigen Organisation – über einige Grundlagenprobleme der Betriebswirtschaftslehre. In: Wunderer, R. (Hrsg.): *Humane Personal- und Organisationsentwicklung.* Berlin: de Gruyter, 1979, S. 3–24.

Kirsch, W.: *Wissenschaftliche Unternehmensführung oder Freiheit vor der Wissenschaft.* Planungs- und organisationswissenschaftliche Schriften. München: Kirsch, 1984, 32.

Kirsch, W. & Esser, W. M.: Konflikthandhabung im Betrieb. In: Gaugler, E. (Hrsg.): *Handwörterbuch des Personalwesens.* Stuttgart: Poeschel, 1975, S. 1125–1134.

Kirsch, W., Esser, W.-M. & Gabele, E.: *Das Management des geplanten Wandels von Organisationen.* Stuttgart: Poeschel, 1979.

Kirsch, W. & Gabele, E.: Aktionsforschung und Echtzeitwissenschaft. In: Bierfelder, v., W. (Hrsg.): *Handwörterbuch des öffentlichen Dienstes*. Berlin: E. Schmidt, 1976, S. 9–30.

Kirsch, W. & Scholl, W.: Demokratisierung – Gefährdung der Handlungsfähigkeit organisatorischer Führungssysteme? *Die Betriebswirtschaft* (DBW), 1977, *69*, S. 235–246.

Kirsch, W. & Scholl, W.: Was bringt die Mitbestimmung: Eine Gefährdung der Handlungsfähigkeit und/oder Nutzen für die Arbeitnehmer? Ergebnisse einer empirischen Untersuchung. *Die Betriebswirtschaft*, 1983, *43*, S. 541–562.

Kirsch, W., Scholl, W. & Paul, G.: Mitbestimmung in der Unternehmenspraxis. Eine empirische Bestandsaufnahme. *Planungs- und organisationswissenschaftliche Schriften*. München: Kirsch, 1984, *32*.

Kitzmann, A. & Zimmer, D.: *Grundlagen der Personalentwicklung*. Weil der Stadt, 1982.

Klages, H. (Hrsg.): *Beiträge der Organisationsforschung zur Analyse industrieller Gesellschaften*. Berlin: Duncker & Humblot, 1979.

Klages, H.: Wertwandel und Gesellschaftskrise in der sozialstaatlichen Demokratie. In: Matthes, J. (Hrsg.): *Krise der Arbeitsgesellschaft?* Frankfurt: Campus, 1983.

Klages, H.: *Wertorientierungen im Wandel*. Rückblick, Gegenwartsanalyse, Prognosen. Frankfurt: Campus, 1984.

Klages, H. & Kmieciak, P.: *Wertwandel und gesellschaftlicher Wandel*. Frankfurt, New York: Campus, 1979.

Klages, H. & Schmidt, R. W.: Organisationsanalyse als Vorbedingung der Organisationsentwicklung. In: Trebesch, K. (Hrsg.): *Organisationsentwicklung in Europa*. Band 1 A: Konzeptionen. Bern: Haupt, 1980, S. 563–589.

Klages, H. & Schmidt, R. W.: *Messung und Bewertung der Organisationsqualität*. Baden-Baden: Nomos, 1983.

Klapper, J. T.: *The effects of masscommunication*. Glencoe, 1960.

Klaus, G. & Liebscher, H.: *Wörterbuch der Kybernetik*. Berlin: Dietz, 1976.

Klauss, R. & Bass, B. M.: Group Influence on Individual Behavior Across Cultures. *Journal of Cross-Cultural Psychology*, 1974, *5*, S. 326–346.

Klebl, A.: Stellung und Aufgaben des Psychologen in der betrieblichen Praxis. *Psychologie in Österreich*, 1985, *5*, S. 200–207.

Kleene, S.: *Introduction to metamathematics*. Amsterdam: North-Holland, 1964.

Klein, L.: *Sozialwissenschaftliche Beratung in der Wirtschaft*. Stuttgart: Klett-Cotta, 1983.

Kleinbeck, U.: *Motivation und Berufswahl*. Göttingen: Hogrefe, 1975.

Kleinbeck, U.: Berufserfolg – Berufszufriedenheit – Berufliche Entwicklung. In: Seifert, K. H. (Hrsg.): *Berufspsychologie*. Göttingen: Hogrefe, 1977.

Kleinbeck, U.: Arbeitsmotivation. In: Hoyos, C. Graf, Kroeber-Riel, W., Rosenstiel, v., L. & Strümpel, B. (Hrsg.): *Handbuch wirtschaftlicher Grundbegriffe*. München: Kösel-Verlag, 434–445.

Kleinbeck, U.: *Arbeitspsychologische Beiträge zur motivationalen Beeinflussung von Bewegungsleistungen*. Düsseldorf: KDI-Verlag, 1985.

Kleinbeck, U. & Schmidt, K.-H.: Die Analyse leistungsbezogener Verhaltenssequenzen: Der Instrumentalitätsaspekt. In: Schmalt, H. D. & Meyer, W. W.: *Leistungsmotivation und Verhalten*. Stuttgart: Klett, 1976, S. 61–70.

Kleinbeck, U., Schmidt, K.-H. & Rutenfranz, J.: Handlungshilfen für den Einsatz neuer Arbeitsstrukturen in der Montage. In: *Neue Arbeitsstrukturen in Teilefertigung und Montage*. Teil II: Montage, Schriftenreihe und Humanisierung des Arbeitslebens (Bd. 49). Hrsg.: Der Bundesminister für Forschung und Technologie. Frankfurt, Campus-Verlag, 1983, S. 227–246.

Kleinbeck, U., Schmidt, K.-H., Donis, R. & Balle, W.: Untersuchungen über den Zusammenhang zwischen leistungstheoretischen Motivationen und betrieblichen Fehlzeiten. *Zeitschrift für Experimentelle und Angewandte Psychologie*, 1983, *30*, S. 425–441.

Kleinbeck, U., Schmidt, K.-H. & Carlsen, H.: Veränderungen von Zielsetzungswirkungen auf die Leistung durch leistungsthematische Einflußfaktoren. *Zeitschrift für Experimentelle und Angewandte Psychologie*, 1985, *42*, S. 263–280.

Kleps, K.: Verbände als Träger von Wirtschaftspolitik. In: *HdWW*, 1979, *17. Lfg.*, S. 177–178.

Klimoski, R. J. & Rafaeli, A.: Inferring personality qualities through handwriting analysis. *Journal of Occupational Psychology*, 1983, *56*, S. 191–202.

Klix, F.: *Information und Verhalten*. Bern: Huber, 1971.

Klix, F. & Meer, van der, E.: Intelligent performance under the aspect of the microanalysis of cognitive processes. *Zeitschrift für Psychologie*, 1978, *186*, S. 39–47.

Kluckhohn, F. & Strodtbeck, F.: *Variations in Value Orientations*. Evanston, Ill.: Harper, 1961.

Kmieciak, P.: *Wertstrukturen und Wertwandel in der Bundesrepublik Deutschland*. Schriftenreihe der Kommission für wirtschaftlichen und sozialen Wandel. Bd. 135. Göttingen: Schwartz, 1976.

Kmieciak, P.: Der gegenwärtige Stand der Wertforschung. In: Hartmann, K. D. & Koeppler, K.-F. (Hrsg.): *Fortschritte der Marktpsychologie II*. Darmstadt: Fachbuchh. für Psychologie, 1979.

Knauth, R., Kylian, H., Klimmer, F. & Rutenfranz, J.: Erfassung und Beurteilung der Schichtsysteme einer Rundfunk- und Fernsehanstalt. In: Landau, K. & Rohmert, W.: *Fallbeispiele zur Arbeitsanalyse*. Bern, Stuttgart, Wien: Huber, 1981.

Knoblauch, R.: Die Auswahl von Außendienstmitarbeitern in der pharmazeutischen Industrie mit Hilfe eines biographischen Fragebogens. In: Schuler, H. & Stehle, W. (Hrsg.): *Biographische Fragebogen als Methode der Personalauswahl*. Stuttgart: Verlag für Angewandte Psychologie, 1986, S. 91–113.

Knowles, H. P. & Saxberg, B. O.: Human Relations and the Nature of Man. *Harvard Business Review*, 1967, S. 22–178.

Kobi, J.-M. & Wüthrich, H. A.: So beurteilen und gestalten wir die Unternehmenskultur. *Management-Zeitschrift JO*, 1985, *54*, S. 9–13.

Koch, G. A. & Hackenberg, W.: *Technisch-organisatorische Umstellungen in der industriellen Produktion*. Frankfurt: Europäische Verlagsanstalt, 1971.

Koch, S.: Psychology as Science. In: Brown, S. C. (Ed.): *Philosophy of Psychology*. London: McMillan Press, 1974, S. 3–41.

Köcher, R.: Zum Unternehmerbild der deutschen Bevölkerung. *Die Betriebswirtschaft*, 1982, *42* (3), S. 331–339.

Kock, S. E.: Företagsleding och motivation. *Nordish Psychologi*, 1974, *26*, S. 211–219.

Kocka, J.: *Die Angestellten in der deutschen Geschichte 1850–1980*. Göttingen: Vandenhoeck, 1981.

Koenigs, F.: *Grundsatzfragen der betrieblichen Mitbestimmung*. Hamburg: Cram, de Gruyter & Co., 1954.

Kohl, H.: *Freizeitpolitik*. Frankfurt–Köln, 1976.

Kohli, M.: *Studium und berufliche Laufbahn*. Stuttgart: Enke, 1973.

Kohli, M.: Die berufliche Laufbahn. In: Lange, E. & Büschges, G.: *Aspekte der Berufswahl in der modernen Gesellschaft*. Frankfurt: Aspekte, 1975.

Köhler, W.: *The Place of Value in a World of Facts*. New York: Liveright, 1938.

Kohn, M.: Social Class and Parental Values. *American Journal of Sociology*, 1959, *64*, S. 337–351.

Kohn, M.: Social Class and Parent-Child Relationships: An Interpretation. *American Journal of Sociology*, 1963, *68*, S. 471–480.

Kohn, M. L. & Schooler, C.: The reciprocal effects of the substantive complexity of work and intellectual flexibility. A longitudinal assessment. *American Journal of Sociology*, 1978, *84*, S. 25–53.

Kohn, M. & Schooler, C.: *Work and Personality*. An Inquiry into the Impact of Social Stratification. Norwood, N. J.: Ablex, 1983.

Komaki, J., Waddell, W. M. & Pearce, M. G.: The applied behavior analysis approach and individual employees: Improving performance in two small businesses. *Organizational Behavior and Human Performance*, 1977, *19*, S. 337–352.

Komaki, J., Heinzmann, A. T. & Lawson, L.: Effect of training and feedback: Component analysis of a behavioral safety program. *Journal of Applied Psychology*, 1980, *65*, S. 261–270.

Komorita, S. S. & Kravitz, D. A.: Coalition formation: A social psychological approach. In: Paulus, P. B.: *Basic Group processes*. New York: Springer, 1983.

Kompa, A.: *Personalbeschaffung und Personalauswahl*. Stuttgart: Enke, 1984.

König, R.: Das Recht im Zusammenhang der sozialen Normensysteme. In: Hirsch, E. & Rehbinder, M. (Hrsg.): *Studien und Materialien zur Rechtssoziologie*. Opladen: Westdeutscher Verlag, 1971, S. 36–53.

König, R.: Organisation, soziale. In: Grochla, E. (Hrsg.): *Handwörterbuch der Organisation*. Stuttgart: Poeschel, 1973, S. 1103–1109.

Korf, R. E.: Macro-operators: A weak method for learning. *Artificial Intelligence*, 1985, *26*, S. 35–77.

Korinek, K.: *Wirtschaftliche Selbstverwaltung*. Wien: Springer, 1970.

Kornadt, H.-J.: Zur Lage der Psychologie. *Psychologische Rundschau*, 1985, *36*, S. 1–15.

Kornhauser, A.: *Mental health of the industrial worker*. A Detroit Study. New York, 1965.

Korthals-Beyerlein, G.: *Soziale Normen*. Begriffliche Explikation und Grundlagen empirischer Erfassung. München: Fink, 1979.

Kosiol, E.: *Die Unternehmung als wirtschaftliches Aktionszentrum*. Reinbek: Rowohlt, 1972. (2. Aufl.).

Kotthoff, H.: *Betriebsräte und betriebliche Herrschaft*. Frankfurt, 1981.

Koziol, H. & Welser, R.: *Grundriß des Bürgerlichen Rechts, Bd. 1*. Wien: Manz, 1983 (6. Aufl.).

Kramer, W. & Winter, H.: *Die Entwicklung von Qualitätszirkeln*. Entstehung, Formen, Erfahrungen. Köln: Deutscher Institutsverlag, 1984.

Krathwohl, D. R., Bloom, B. S. & Masia, B. B.: *Taxonomy of educational objectives*. The affective domain. New York, 1964.

Kraut, A. I.: Predicting turnover of employees from measured job attitudes. *Organizational Behavior and Human Performances*, 1975, *13*, S. 233–243.

Krauth, J. & Lienert, G. A.: *KFA - Die Konfigurationsfrequenzanalyse und ihre Anwendung in Psychologie und Medizin*. Freiburg: Alber, 1973.

Krech, D. & Crutchfield, R. S.: *Theory and Problems of Social Psychology*. New York: McGraw Hill, 1948.

Kreibig, J. C.: *Psychologische Grundlegung eines Systems der Werttheorie*. Wien, 1902.

Kreutz, P.: Arbeitsrecht. In: *HdWW*, 1976, *1. Lfg.*, S. 297–300.

Kroeber-Riel, W.: *Konsumentenverhalten*. München, 1980.

Kroeber-Riel, W. & Meyer-Hentschel, G.: *Werbung – Steuerung des Konsumentenverhaltens*. Würzburg, 1982.

Krömer, H.: Die technischen Grundlagen der Automatisierung. In: Rohmert, W. (Hrsg.): *Arbeitswissenschaft und Automatisierung*. Schriftenreihe Arbeitswissenschaft und Praxis, Band 5. Berlin: Beuth, 1968, S. 7–16.

Krüger, F.: Der Strukturbegriff in der Psychologie. In: Bühler, K. (Hrsg.): *Bericht über den 8. Kongreß für experimentelle Psychologie in Leipzig 1923.* Jena: Fischer, 1924, S. 31–56.

Krüger, M.: *Bestand und Wandel von Erwartungen bei Angestellten in neuen Tätigkeitsfeldern.* Eine empirische Studie zum Verständnis von Erwartungsenttäuschungen. Mannheim: 1982 (Dissertation).

Krüger, W.: *Grundlagen, Probleme und Instrumente der Konflikthandhabung in der Unternehmung.* Berlin: Duncker & Humblot, 1972.

Krüger, W.: *Macht in der Unternehmung.* Stuttgart: Poeschel, 1976.

Krysmanski, H. J.: *Soziologie des Konflikts.* Reinbek: Rowohlt, 1971.

Kubicek, H.: *Empirische Organisationsforschung.* Konzeption und Methodik. Stuttgart: Poeschel, 1975.

Kubicek, H.: Glasfasernetze als Autobahnen zum elektrischen Büro und zum elektrischen Heim. In: DGB Landesbezirk Rheinland Pfalz. Medientag 1982 (Hrsg.), *DGB, 1983* (Bd. 15, S. 30).

Kubicek, H. & Kieser, A.: Organisationsforschung. Vergleichende. In: Grochla, E. (Hrsg.), 1980, S. 1533–1557.

Kubicek, H. & Welter, G.: *Messung der Organisationsstruktur.* Stuttgart, 1985.

Kubicek, H., Wollnik, M. & Kieser, A.: Wege zur praxisorientierten Erfassung der formalen Organisationsstruktur. Konfektionsware, Selbstgestricktes oder Maßschneiderei. In: Witte, E. (Hrsg.): *Der praktische Nutzen empirischer Forschung.* Tübingen, Mohr, 1981, S. 79–114.

Kübler, H. D. & Würzberg, H. G.: Fernsehen. In: Kagelmann, H. J. & Wenninger, G. (Hrsg.): *Medienpsychologie.* München, 1982, S. 35–44.

Kübler, H. D. & Würzberg, H. G.: Medienforschung. In: Kagelmann, H. J. & Wenninger, G. (Hrsg.): *Medienpsychologie.* München, 1982, S. 96–117.

Küchler, J.: *Theorie und Praxis der Qualitätszirkel.* Köln: DIV im Wuppertaler Kreis e. V., 1981.

Kudera, S.: Organisationsstrukturen und Gesellschaftsstrukturen. *Soziale Welt,* 1977, *28,* S. 16–38.

Kuderer, W., Mangold, W., Ruff, K., Schmidt, R. & Wentzke, T.: *Gesellschaftliches und politisches Bewußtsein von Arbeitern.* Eine empirische Untersuchung. Frankfurt: Europäischer Verlag, 1979.

Kuehn, J. L. & Crinella, F. M.: Sensitivity training. *American Journal of Psychiatry,* 1969, *126,* S. 840–845.

Kuhn, T. S.: *The structure of scientific revolutions.* Chicago, University of Chicago Press, 1962.

Kühlmann, T. M.: *Beanspruchung und Erholung.* Wissenschaftliche Bestandsaufnahme und Erkundung alltagstheoretischer Vorstellungen zur Differenzierung des Erholungsbegriffs. Freiburg: Hochschulverlag, 1982.

Kühlmann, T. M.: Zur erlebten Arbeitsbeanspruchung und Ursachenzuschreibung bei Fahrern im öffentlichen Personenverkehr. *Zeitschrift für Arbeitswissenschaft*, 1985, *4*, S. 208–213.

Kühlmann, T. M.: Psychologische Aspekte des Widerstands gegen Innovationen. In: Franke, J. (Hrsg.): *Betriebliche Innovation als interdisziplinäres Problem*. Stuttgart: Poeschel, 1985, S. 93–100.

Kühlmann, T. M. & Franke, J.: Organisationsdiagnose. Im vorliegenden Band.

Külp, B. & Müller, R.: *Alternative Verwendungsmöglichkeiten wachsender Freizeit*. Ökonomische und sozialpolitische Implikationen. Göttingen, 1973.

Külp. B.: *Außenwirtschaftspolitik*. Tübingen, Düsseldorf, 1978.

Kumpf, M.: Bezugsgruppen und Meinungsführer. In: Irle, M. (Hrsg.): *Marktpsychologie als Sozialwissenschaft*. Göttingen, 1983, S. 282–343.

Kunczik, M.: *Massenkommunikation*. Köln, 1977.

Kurzrock, R. (Hrsg.): *Systemtheorie*. Berlin, 1972.

Kuß, A.: Konsumklima als Einstellung zur Wirtschaftslage. In: Hoyos, C. Graf, Kroeder-Riel, W., Rosenstiel, v., L & Strümpel, B.: *Grundbegriffe der Wirtschaftspsychologie*. München: Kösel, 1980, S. 101–110.

Kussau, J.: Bürgerinitiativen und Investitionsstau. In: Schriftenreihe „Städtebauliche Forschung" des Bundesministers für Raumordnung, Bauwesen und Städtebau, Nr. 03.077. Bonn, 1979.

Kyriacou, C. & Sutcliffe, J.: A note on teacher stress and locus of control. *Journal of Occupational Psychology*, 1979, *52*, S. 227–228.

Lacey, J. I.: Somatic response pattering and stress: Some revisions of activation theory. In: Appley, M. H. & Grumbull, R. (Eds.): *Psychological stress*. New York, 1967, S. 14–37.

Lacoursiere, R. B.: *The life cycle of groups*. Group development stage theory. New York, 1980.

La Follette, W. R. & Sims, H. P.: Is satisfaction redundant with organizational climate? *Organizational Behavior and Human Performance*, 1975, *13*, S. 257–278.

Lahner, M. & Ulrich, E.: Analyse von Entwicklungsphasen technischer Neuerungen. *Mitteilungen des Instituts für Arbeitsmarkt- und Berufsforschung*. Erlangen, 1969, *6*, S. 417–446.

Lamborgini, B.: Die Auswirkungen auf das Unternehmen. In: Friedrich, G., Schaff, A. (Hrsg.): *Bericht an den Club of Rom*. Wien: Europa Verlag, 1982, S. 131–168.

Lamm, H., Myers, D. G.: Group-indiced polarization of attitudes and behavior. In: Berkowitz, L. (Ed.): *Advances in Experimental Social Psychology*. Vol. 11. New York: Academic Press, 1978.

Lamm, H. & Trommsdorff, G.: Group versus individual performance on tasks requiring ideational proficiency: A review. *European Journal of Social Psychology*, 1973, *3*, S. 361–388.

Lampert, H.: Die Wertgrundlagen der sozialen Marktwirtschaft. In: Becker, J., Liechtenstein-Rother, I. & Stopp, H. (Hrsg.): *Wertepluralismus und Wertewandel heute*. München, 1982, S. 31–40.

Lampert, U. & Widmer, J.: *Wie gründe und wie leite ich einen Verein?* Vereine und Verbände im Schweizerischen Vereinsrecht. Zürich: Schulthess, 1981 (7. Aufl.).

Landis, D. & Brislin, R. W. (Eds.): *Handbook of Intercultural Training*. Vol. I–III. New York, 1983.

Landsberg, v., G.: Traineeprogramme. Berufsstart für Hochschulabsolventen. Köln, 1980.

Landsberger, H. A.: *Hawthorne revisited*. Management and the Worker, its critics and development in human relations in industry. Ithaca, New York: State School of Industrial and Labor Relations, 1958.

Landsberger, H. A.: A framework for the cross-cultural analysis of formal organizations. In: Landsberger, H. A. (Ed.:) *Comparative Perspectives on formal organizations*. Boston: Little, Brown and Company, 1970, S. 1–17.

Landy, F. J.: An opponent process theory of job satisfaction. *Journal of Applied Psychology*, 1978, *63*, S. 533–547.

Landy, F. J.: Models of man: Assumptions of theorists. In: Nicholson, N. & Wall, T. D. (Hrsg.), 1982, S. 103–121.

Landy, F. J. & Farr, J. L.: Performance rating. *Psychological Bulletin*, 1980, *87*, S. 72–107.

Landy, F. J. & Farr, J. L.: *The measurement of work performance*. New York: Academic Press, 1983.

Landy, F. J., Farr, J. L. & Jacobs, R. R.: Utility concepts in performance measurement. *Organizational Behavior and Human Performance*, 1982, *30*, S. 15–40.

Lange, E.: *Berufswahl*. München: Fink, 1978.

Langfeldt, F.: *Ursachen der Schattenwirtschaft und ihre Konsequenzen für die Wirtschafts-, Finanz- und Gesellschaftspolitik*. Gutachten im Auftrag des Bundesministers für Wirtschaft, 1983.

Lanzetta, J. T. & Roby, T. B.: The relationship between certain group problem-solving efficiency. *Journal of Social Psychology*, 1960, *52*, S. 135–148.

Larbig, W. & Birbaumer, N.: Angst. In: Wittling, W. (Hrsg.): *Handbuch der Klinischen Psychologie*. Bd. 4. Hamburg: Hoffmann & Campe, 1980, S. 182–243.

Larenz, K.: *Allgemeiner Teil des deutschen Bürgerlichen Rechts*. München: Beck, 1980 (5. Aufl.).

Larkin, J., McDermott, J., Simon, D. P. & Simon, H. A.: Expert and novice performance in solving physics problems. *Science*, 1980, *208*, S. 1335–1342.

La Rocco, J. M.: Job attitudes, intentions, and turnover: An analysis of effects using latent variables. *Human Relations*, 1983, *36*, S. 813–816.

Laske, M.: *Kognitionspsychologische Erklärungen von Urteilsfehlern.* Salzburg: 1985, (Dissertation).

Latané, B., Williams, K. & Harkins, S.: Many hands make light the work: The causes and consequences of social loafing. *Journal of Personality and Social Psychology*, 1979, *37*, S. 823–832.

Latham, G. P.: Job performance and appraisal. In: Cooper, C. L. & Robertson, I. (Eds.): *International review of industrial and organizational psychology 1986.* Chichester: Wiley, 1986, S. 117–155.

Latham, G. P., Fay, C. H. & Saari, L. M.: The development of behavioral observation scales for appraising the performance of foremen. *Personnel Psychology*, 1979, *32*, S. 299–311.

Latham, G. P., Mitchell, T. P. & Dossett, D. L.: Importance of participative goal setting and anticipated rewards on goal difficulty and job performance. *Journal of Applied Psychology*, 1978, *63*, S. 163–171.

Latham, G. P., Saari, L. M., Pursell, E. D. & Campion, M. A.: The situational interview. *Journal of Applied Psychology*, 1980, *65*, S. 422–427.

Latham, G. P. & Yukl, G. A.: A review of research on the application of goal setting in organizations. *Academy of Management Journal*, 1975, *18*, S. 824–845.

Latham, G. P. & Wexley, K. N.: Behavioral observation scales for performance appraisal purposes. *Personnel Psychology*, 1977, *30*, S. 255–268.

Latham, G. P. & Wexley, K. N.: *Increasing productivity through performance appraisal.* Reading, Mass.: Addison-Wesley, 1981.

Latham, G. P., Wexley, K. N. & Pursell, E. D.: Training managers to minimize rating errors in the observation of behavior. *JAP*, 1975, *60*, S. 550–555.

Lattmann, Ch.: *Das norwegische Modell der selbstgesteuerten Arbeitsgruppen.* Bern: Haupt, 1972.

Lattmann, Ch.: *Leistungsbeurteilung als Führungsmittel.* Bern, 1975.

Lattmann, C.: Führung durch Zielsetzung. In: Schuler, H. & Stehle, W. (Hrsg.): *Psychologie in Wirtschaft und Verwaltung.* Stuttgart: Poeschel, 1982, S. 221–237.

Laughlin, P. R. & Barth, J. M.: Group-to-individual and individual-to-group problem-solving transfer. *Journal of Personality and Social Psychology*, 1981, *41*, S. 1087–1093.

Lauschmann, E. (Hrsg.): *Schattenwirtschaft.* Dokumentation ausgewählter Beiträge in Zeitungen und Zeitschriften. Kehl, 1983.

Laux, L.: Psychologische Streßkonzeptionen. In: Thomae, H. (Hrsg.): *Theorien und Formen der Motivation.* Göttingen: Hogrefe, 1983, S. 453–535.

Lawler, E. E. III: The multitrait-multirater approach to measuring managerial job performance. *Journal of Applied Psychology*, 1967, *51*, S. 369–381.

Lawler, E. E.: *Motivation in work organizations.* Monterey, Calif.: Brooks / Cole, 1973.

Lawler, E. E.: *Motivierung in Organisationen.* Bern: Paul Haupt, 1977.

Lawler, E. E. III & Drexler, J. A. Jr.: Participative research: The subject as coresearcher. In: Lawler, E. E. III, Nadler, D. A. & Cammann, C. (Eds.): *Organizational assessment*. New York: Wiley, 1980, S. 535–547.

Lawler, E. E. III, Nadler, D. A. & Cammann, C. (Eds.): *Organizational assessment*. Perspectives on the measurement of organizational behavior and the quality of work life. New York: Wiley, 1980.

Lawler, E. E. & Porter, L. W.: Antecedent attitudes of effective managerial performance. *Organizational Behavior and Human Performance*, 1967, *2*, S. 122–142.

Lawler, E. E. & Suttle, J. L.: Expectancy theory and job behavior. *Organizational Behavior and Human Performance*, 1973, *9*, S. 482–503.

Lawrence, L. C. & Smith, P. C.: Group decision and employee participation. *Journal of Applied Psychology*, 1955, *39*, S. 334–337.

Lawrence, P. R. & Lorsch, J. W.: *Organization and environment*. Boston, 1967.

Lawshe, C. H. Jr., Kephart, N. C. & McCormick, E. J.: The paired comparison technique for rating performance of industrial employees. *Journal of Applied Psychology*, 1949, *33*, S. 69–77.

Lazarsfeld, P.: *Jugend und Beruf*. Jena: Fischer, 1931.

Lazarsfeld, P. F., Berelson, B. & Gaudet, H.: *Wahlen und Wähler*. Neuwied, 1969; zuerst 1944.

Lazarus, R. S.: *Psychological stress and the coping process*. New York: McGraw-Hill, 1966.

Lazarus, R. S.: A strategy for research on psychological and social factors in hypertension. *Journal of Human stress*, 1978, *4*, S. 35–40.

Lazarus, R. S., DeLongis, A., Folkman, S. & Gruen, R.: Stress and adaptional outcomes. *American Psychologist*, 1985, *40*, S. 770–779.

Lazarus, R. S. & Folkman, S.: *Stress, appraisal, and coping*. New York: Springer, 1984.

Lazarus, R. S. & Launier, R.: Streßbezogene Transaktionen zwischen Person und Umwelt. In: Nitsch, J. R. (Hrsg.): *Streß. Theorien, Untersuchungen, Maßnahmen*. Bern: Huber, 1981, S. 213–258.

Leana, C. R.: Power relinquishment versus power sharing: Theoretical clarifiation and empirial comparsion of delegation and partizipation. *Journal of Applied Psychology*, 1987, *72*, S. 228–233.

Leavitt, H. J.: Some effects of certain communication patterns on group performance. *Journal of Abnormal and Social Psychology*, 1951, *46*, S. 38–50.

Leavitt, H. J.: *Managerial Psychology*. Chicago, 1964.

Leavitt, H. J.: Applied organizational change in industry: Structural, technological, and humanistic approaches. In: March, J. G. (Ed.): *Handbook of organizations*. Chicago: Rand McNally, 1965, S. 1144–1170.

Ledvinka, J., Markos, V. H. & Ladd, R. T.: Long-range impact of „fair selection“ standards on minority employment. *Journal of Applied Psychology*, 1982, *67*, S. 18 – 36.

Lee, W.: *Decision theory and human behavior*. New York: Wiley, 1971. Deutsch: *Psychologische Entscheidungstheorie*. Weinheim: Beltz, 1977.

Leffler, A., Gillespie, D. L. & Conaty, J. C.: The effects of status differentiation on nonverbal behavior. *Social Psychology Quarterly*, 1982, *45*, S. 153–161.

Lefkowitz, B.: *Breaktime*. Living without work in a nine-to-five world. New York: Hawthorn, 1979.

Lehmann, H.: Organisationslehre I (Entwicklung im deutschsprachigen Raum). In: Grochla, E. (Hrsg.): *Handwörterbuch der Organisation*. Stuttgart: Poeschel, 1973, S. 1150–1168.

Lehr, U.: *Freizeit aus psychologischer Sicht*. Der Mensch und seine Freizeit. Berlin: Berliner Landesausschuß für gesundheitliche Volksbildung, 1961.

Lehr, U.: *Die Frau im Beruf*. Eine psychologische Analyse der weiblichen Berufsrolle. Frankfurt/Main: Akademische Verlagsgesellschaft, 1969.

Leiter, R., Runge, Th., Burschik, R. & Grausam, G.: *Der Weiterbildungsbedarf im Unternehmen*. Methoden der Ermittlung. München, Wien, 1982.

Lempert, W.: *Berufliche Bildung als Beitrag zur gesellschaftlichen Demokratie*. Frankfurt: Suhrkamp, 1974.

Lempert, W.: *Untersuchungen zum Sozialisationspotential gesellschaftlicher Arbeit*. Material aus der Bildungsforschung 12. Berlin: Max-Planck Institut für Bildungsforschung, 1977.

Lempert, W.: Technische und soziale Handlungsfähigkeit und Handlungsbereitschaft. *Zeitschrift für Pädagogik*, 1978, *24*, S. 447–465.

Leumann, G.: Mittelständische Betriebe. Herausforderung für Unternehmer und Politiker. *Wirtschaftspolitische Mitteilungen*, 1984 *40*, Heft 12.

Levi, L. (Ed.): *Stress and distress in response to psychosocial stimuli*. Oxford: Pergamon Press, 1972.

Levine, M. D.: *Vision in man and machine*. New York: McGraw-Hill, 1985.

Levinger, G.: Kurt Lewin's approach to conflict and its resolution. *Journal of Conflict Resolution*, 1957, *1*, S. 329–339.

Levinson, D. J., Darrow, C. N., Klein, E. B., Levinson, M. H. & McKee, B.: *The seasons of a man's life*. New York: Knopf, 1978.

Levinson, H.: *Organizational diagnosis*. Cambridge: Harvard University Press, 1972.

Lévy-Leboyer, C.: La psychology des organisations. *Révue de Psychologie Appliquée*, 1976, *26*, S. 257–270.

Lewin, K.: Die Sozialisierung des Taylor-Systems. *Schriftenreihe Praktischer Sozialismus*, 1920, *4*, S. 3 – 36.

Lewin, K.: *Principles of topological psychology*. New York, London: McGraw-Hill, 1936.

Lewin, K.: Some social-psychological differences between the United States and Germany. *Character and Personality*, 1936, *4*, S. 265–293.

Lewin, K.: Action research and minority problems. *Journal of Social Issues*, 1946, *2*, S. 34–43.

Lewin, K.: *Resolving social conflicts*. New York: Harper, 1948.

Lewin, K.: *Die Lösung sozialer Konflikte*. Bad Naumheim: Christian, 1953 (3. Aufl.: 1968).

Lewin, K.: Group decision and social change. In: Maccoby, E. E., Newcomb, T. M. & Hartley, E. L. (Eds.): *Readings in social psychology*. New York: Holt, 1958, S. 197–211.

Lewin, K., Lippitt, R. & White, R. K.: Patterns of aggressive behavior in experimentally created social climates. *Journal of Social Psychology*, 1939, *10*, S. 271–299.

Lewis, M. W. & Anderson, J. R.: Discrimination of operator schemata in problem solving: Learning from examples. *Cognitive Psychology*, 1985, *17*, S. 26–65.

Leyhausen, P.: *Katzen – Eine Verhaltenskunde*. Berlin-Hamburg: Parey, 1982 (6. Aufl.).

Libby, R., Trotman, K. T. & Zimmer, J.: Member variation recognition and expertise and group performance. *Journal of Applied Psychology*, 1987, *72*, S. 81–87.

Lichtman, C. & Hunt, R. E.: Personality and organization theory: A review of some conceptional literature. *Psychological Bulletin*, 1971, *76*, S. 271–294.

Liebel, H. & Oechsler, W. A.: Personalbeurteilung. Bamberg: Bayerische Verlangsanstalt, 1987.

Liebermann, M., Yalom, I. D. & Miles, M. B.: Die Wirkung von Encounter-Gruppen auf ihre Teilnehmer. *Gruppendynamik*, 1974, *5*, S. 231–248.

Lieberson, S. & O'Connor, J. F.: Leadership and organizational performance: A study of large corporations. *American Sociological Review*, 1972, *37*, S. 117–130.

Lienert, G. A.: *Mechanisch-technischer Verständnis-Test (MTVT)*. Göttingen: Hogrefe, 1964.

Lienert, G. A.: *Testaufbau und Testanalyse*. Weinheim: Beltz, 1969.

Lienert, G. A.: *Schulnotenevaluation*. Frankfurt/Main: Athenäum, 1987.

Lievegoed, B. C. J.: *Organisationen im Wandel*. Bern: Haupt, 1974.

Likert, R.: *New Patterns of Management*. New York, 1961.

Likert, R.: *The human organization: Its management and value*. New York: McGraw-Hill, 1967.

Lilge, H.-G.: Wertgrundlagen partizipativer Führung. In: Grunwald, W. & Lilge, H.-G. (Hrsg.): *Partizipative Führung*. Bern, Stuttgart: Paul Haupt, 1980, S. 50–72.

Lilli, W.: Perzeption, Kognition: Image. In: Irle, M. (Hrsg.): *Marktpsychologie als Sozialwissenschaft*. Göttingen, 1983, S. 402–471.

Lindsay, P. H. & Norman, D. A.: *Einführung in die Psychologie*. Berlin: Springer, 1981.

Lindskold, S.: Die Entwicklung von Vertrauen, der GRIT-Ansatz und die Wirkung von konziliantem Handeln auf Konflikt und Kooperation. In: Grunwald, W. & Lilge, H.-G. (Hrsg.): *Kooperation und Konkurrenz in Organisationen*. Bern, Stuttgart: Haupt, 1982, S. 241–274.

Linstone, H. A. & Turoff, M.: *The Delphi Method*. Techniques and Applications. Reading, Mass., Addison-Wesley, 1975.

Linville, P. W. & Jones, E. E.: Polarized Appraisals of Out-Group Members. *Journal of Personality and Social Psychology*, 1980, *5*, S. 689–703.

Linz, J. J.: Totalitarian and Authoritarian Regimes. In: Greenstein, F. I., 1975, S. 175 bis 411.

Lipmann, O.: *Lehrbuch der Arbeitswissenschaft*. Jena: G. Fischer, 1932.

Lippitt, G. & Schmidt, W. H.: Crisis in a developing organization. *Harvard Business Review*, 1967, *45*, S. 102–112.

List, K.-H.: Menschenführung: Was ist der beste Führungsstil? *Personal*, 1986, *38*, S. 94–96.

Litwin, G. H.: Climate and motivation: An experimental study. In: Kolb, D. A., Rubin, J. M., McIntyre, J. M. (Eds.): *Organizational Psychology*. Englewood Cliffs, 1979, S. 109–122.

Lock, A. R.: Applying decision analysis in an organizational context. In: Humphreys, Svenson & Vari, 1983, S. 145–166.

Locke, E. A.: The relationship of task success to task liking and satisfaction. *Journal of Applied Psychology*, 1965, *49*, S. 379–385.

Locke, E. A.: Toward a theory of task motivation and incentives. *Organizational Behavior and Human Performance*, 1968, *3*, S. 157–189.

Locke, E. A.: What ist job satisfaction? *Organizational Behavior and Human Performance*, 1969, *4*, S. 309–336.

Locke, E. A.: The nature and causes of job satisfaction. In: Dunnette, M. D. (Ed.): *Handbook of industrial and organizational psychology*. Chicago: Rand McNally, 1976, S. 1297–1349.

Locke, E. A.: Job satisfaction: In: Grunneberg, M. & Wall, T. (Eds.): *Social Psychology and Organizational Behavior*. New York: Wiley, 1984, S. 93–117.

Locke, E. A.: *Goal setting theory and research*. Present and future. 21. International Congress of Applied Psychology. Jerusalem: 1986.

Locke, E. A., Carledge, N. & Kneer, C. S.: Studies of the relationship between satisfaction, goal setting, and performance. *Organizational Behavior and Human Performance*, 1970, *5*, S. 135–158.

Locke, E. A., Feren, D. D., McCalub, V. M., Shaw, R. N. & Denny, A. T.: The relative effectiveness of four methods of motivating employee performance. In: Duncan, K. D., Gruneberg, M. M. & Wallis, D. (Eds.): *Changes in Working Life*. New York: Wiley, 1980.

Locke, E. A. & Latham, G. P.: *Goal Setting: A motivational technique that works*. Englewood Cliffs: Prentice Hall, 1984.

Locke, E. A. & Schweiger, D. M.: Participation in decision making: One more look. *Research on Organizational Behavior*, 1979, *1*, S. 265–339.

Locke, E. A., Shaw, K. N., Saari, L. M. & Latham, G. P.: Goal setting and task performance: 1969–1980. *Psychological Bulletin*, 1981, *90*, S. 125–152.

Locke, J.: *Two treatises of government*. London, 1690.

Lofquist, L. & Dawis, R.: *Adjustment to work*. New York: Appleton Century Crofts, 1969.

Logan, G. D.: On the use of a concurrent memory load to measure attention and automaticity. *Journal of Experimental Psychology*. Human Perception and Performance, 1979, *5*, S. 189–207.

Loher, B. T., Noe, R. A., Moeller, N. L. & Fitzgerald, M. P.: A meta-analysis of the relation of job characteristics to job satisfaction. *Journal of Applied Psychology*, 1985, *70*, 2, S. 780–789.

Lohmann, U.: Arbeitsrecht. In: Nohlen, D., 1985, S. 40–42.

Long, N.: The local community as an ecology of games. *American Journal of Sociology*, 1958, *44*, S. 251–261.

Lonner, W. J.: The search for psychological universals. In: Triandis, H. C. & Lampert, W. W.: *Handbook of Cross-Cultural Psychology*. Vol 1. Boston: Allyn & Bacon, 1980, S. 143–204.

Lord, F. M.: The measurement of growth. *Educational and Psychological Measurement*, 1956, *16*, S. 421–437.

Lord, F. M. & Novick, M. R.: *Statistical theories of mental test scores*. Reading, Mass.: Addison-Wesley, 1968.

Lord, R. G.: Accuracy in behavioral measurement: An alternative definition based on raters' cognitive schema and signal detection theory. *Journal of Applied Psychology*, 1985, *70*, S. 66–71.

Lorenz, G. & Rosenstiel, v., L.: *Die Wirksamkeit von Interventionstechniken der Organisationsentwicklung*. München, 1986 (unveröffentl. Manuskript).

Lorenzo, R. V.: Effects of assessorship on managers' proficiency in acquiring, evaluating, and communicating information about people. *Personnel Psychology*, 1984, *37*, S. 617–634.

Lorge, I. & Solomon, H.: Two models of group behavior in the solution of heureka-type problems. *Psychometrika*, 1955, *20*, S. 139–148.

Lorsch, J. W.: *Product innovation and organization*. New York, 1965.

Lorsch, J. W. & Morse, H. J.: *Organizations and their members – a contingency approach*. New York: Harper & Row, 1974.

Lössl, E.: Streß, insbesondere arbeitsbezogener Streß – Konzeptualisierungen und Forschungsergebnisse über Meßverfahren und Daten neuerer Literatur. *Zeitschrift für Arbeitswissenschaften*, 1983, *37*, S. 69–76.

Lössl, E.: Ergebnisse der Zielsetzungsverfahren (goal setting) – Literaturzusammenfassung. *Psychologie und Praxis*. Zeitschrift für Arbeits- und Organisationspsychologie, 1983, *27*, S. 126–135.

Louis, M.: Surprise and sense making: What newcomers experience in entering unfamiliar organizational settings. *Administrative Science Quarterly*, 1980, *25*, S. 226–251.

Loveridge, R.: Change: The usefulness of behavioural science approaches to industrial relations. In: Thomson, A. & Warner, M. (Eds.), 1981, S. 136–154.

Lowin, A.: Participative decision making. A model, literature, critique and presciptions for research. *Organizational Behavior and Human Performance*, 1968, *3*, S. 68–106.

Lübbe, H.: Probleme der transparenten Gesellschaft. In: Ludwig-Erhard-Stiftung e. V. (Hrsg.): *Informationstechnik und Liberalität*. Stuttgart, 1980, S. 71–86.

Luchins, A. S.: Privacy-recency in impression formation. In: Hovland, C. I. (Ed.): *The order of presentation in persuasion*. New Haven: Yale University Press, 1957.

Luckmann, T.: *Das Problem der Religion in der modernen Gesellschaft*. Freiburg i. Br., 1963.

Lüdtke, H.: *Freizeit in der Industriegesellschaft*. Opladen: Leske Verlag, 1972.

Lüer, G.: *Gesetzmäßige Denkabläufe beim Problemlösen*. Weinheim: Beltz, 1973.

Luhmann, N.: *Funktionen und Folgen formaler Organisationen*. Berlin: Duncker & Humblot, 1964.

Luhmann, N.: *Zweckbegriff und Systemrationalität*. Tübingen, 1968.

Luhmann, N.: *Soziologische Aufklärung*. Aufsätze zur Theorie sozialer Systeme. Opladen, 1971 (2. Aufl.).

Luhmann, N.: *Rechtssoziologie*. 2 Bde. Reinbek, 1972a.

Luhmann, N.: *Funktionen und Folgen formaler Organisation*. Berlin: Duncker & Humblot, 1972b (2. Aufl.).

Luhmann, N.: Interaktion, Organisation, Gesellschaft. In: Luhmann N. (Hrsg.): *Soziologische Aufklärung 2*. Aufsätze zur Theorie der Gesellschaft. Opladen: Westdeutscher Verlag, 1975a.

Luhmann, N.: Allgemeine Theorie organisierter Sozialsysteme. In: Luhmann, N. (Hrsg.): *Soziologische Aufklärung 2*. Aufsätze zur Theorie der Gesellschaft. Opladen: Westdeutscher Verlag, 1975b.

Luhmann, N.: *Funktion der Religion*. Frankfurt/Main, 1977.

Luhmann, N.: Öffentliche Meinung. In: Langenbucher, W. R. (Hrsg.): *Politik und Kommunikation.* Über die öffentliche Meinungsbildung. München, 1979, S. 29 – 61.

Luhmann, N.: Komplexität. In: Grochla, E. (Hrsg.): *Handwörterbuch der Organisation.* Stuttgart: Poeschel, 1980, Sp. 1064–1070.

Luhmann, N.: *Politische Theorie im Wohlfahrtsstaat.* München, 1981.

Lukesch, H.: *Elterliche Erziehungsstile.* Stuttgart: Kohlhammer, 1976.

Lundberg, C. C. & Glassman, A. M.: The informant panel: A retrospective methodology for guiding organizational change. *Group & Organization Studies*, 1983, *8*, S. 249–264.

Lutte, G.: *Leitbilder und Ideale europäischer Jugend.* Ratingen: Henn, 1970.

Lutter, M.: Gesellschaftsrecht. In: *Staatslexikon*, Bd. II. Freiburg, 1986, S. 985–996.

Lyons, Th. F.: Turnover and absenteeism: A review of relationships and shared correlates. *Personnel Psychology*, 1972, *25*, S. 271–281.

Maanen, van, J.: Breaking In: Socialization to Work. In: Dubin, R. (Ed.): *Handbook of Work, Organization and Society.* Chicago: Rand McNally, 1976, S. 67–130.

Mabe, P. A. III & West, S. W.: Validity of self-evaluation of ability: A review and meta-analysis. *Journal of Applied Psychology*, 1982, *62*, S. 280–296.

Maccoby, M.: *Die neuen Chefs.* Reinbek: Rowohlt, 1977.

Machiavelli: *Der Fürst.* Stuttgart: Kröner, 1972 (4. Aufl.); (Original: *Il Principe.* Rom: Blado, 1532.)

Mack, R. W. & Snyder, R. C.: The analysis of social conflict – toward an overview and synthesis. *Journal of Conflict Resolution*, 1957, *1*, S. 212–248.

Mackenzie, K. D.: *A Theory of Group Structures.* Vol. I + II. New York: Gordon, 1976.

Mackinnon, A. J. & Wearing, A. J.: Complexity and decision making. *Behavioral Science*, 1980, *25*, S. 285–296.

Maconi, V.: Religion, E. In: *Sowjetsystem und Demokratische Gesellschaft*, Bd. V. Freiburg, 1972, S. 622–629.

Macy, B. A. & Mirvis, P. H.: Assessing rates and costs of individual work behaviors. In: Seashore, S. E., Lawler, E. E., Mirvis, P. H. & Camman, C. (Eds.): *Assessing organizational change.* New York: Wiley, 1983, S. 139–177.

Madge, J.: *The tools of social science.* London: Longmans, Green & Co., 1953.

Madison, D. L., Allen, R. W., Porter, L. W., Renwick, P. A. & Mayes, B. T.: Organizational politics. An explanation of managers' perceptions. *Human Relations*, 1980, *33*, S. 79–100.

Maehr, M. L.: Sociocultural origins of achievement motivation. *International Journal of Intercultural Relations*, 1977, *1*, S. 81–104.

Mager, R. F.: *Lernziele und Programmierter Unterricht.* Weinheim, 1969.

Maher, J. R. (Hrsg.): *Job enrichment – Motivierung durch Arbeitsgestaltung*. Zürich, 1976.

Mahone, C. H.: Fear of failure and unrealistic vocational aspiration. *Journal of Abnormal and Social Psychology*, 1960, *60*, S. 253–261.

Mahoney, T. A., Frost, P., Crandall, N. F. & Weitzel, W.: The conditioning influence of organization size upon managerial practice. *Organizational Behavior and Human Performance*, 1972, *8*, S. 230–241.

Maier, N.: *Teilautonome Arbeitsgruppen*. Meisenheim / Glan: Hain, 1977.

Maier, N. R. F.: The quality of group decisions as influenced by the discussion leader. *Human Relations*, 1950, *3*, S. 155–174.

Maletzke, G.: *Psychologie der Massenkommunikation*. Hamburg, 1978.

Malik, F.: Zwei Arten von Managementtheorien: Konstruktion und Evolution. In: Siegwart, H. & Probst, G. (Hrsg.), 1983, S. 1–32.

Malik, F. & Probst, G.: Evolutionäres Management. *Die Unternehmung*, 1981, *35*, S. 121–140.

Malinowski, B.: *Argonauts of the western pacific*. New York: E. P. Dutton, 1922.

Malinowski, B.: *Die Dynamik des Kulturwandels*. Wien, Stuttgart: Humblodt, 1951.

Mandel, E. (Hrsg.): *Arbeiterkontrolle – Arbeiterräte – Arbeiterselbstverwaltung*. Frankfurt: Europäische Verlagsanstalt, 1971.

Mangham, J. & Cooper, C. L.: The impact of T-groups on managerial behavior. *Journal of Management Studies*, 1969, *6*, S. 53–72.

Mann, F. C. & Baumgartel, H.: *Absenses and employee attitudes in an electric power company*. Ann Arbor: University of Michigan, 1952.

Mann, F. C. & Dent, J. K.: *Appraisal of supervisors and the attitudes of their employees in an electric power company*. Ann Arbor: University of Michigan Press, 1954.

Mann, G. & Heuss, A. (Hrsg.): *Hochkulturen des mittleren und östlichen Asiens. Propyläen Weltgeschichte*. 2. Band, 2. Halbband. Frankfurt, Berlin, Wien: Ullstein 1976.

March, J. G. (Ed.): *Handbook of Organizations*. Chicago: Rand McNally, 1965.

March, J. G. & Olsen, J. P. (Eds.): *Ambiquity and choice in organizations*. Bergen u. a.: Universitetsforlaget, 1976.

March, J. G. & Simon, H. A.: *Organizations*. New York: Wiley, 1958 (deutsche Übersetzung, 1976).

March, J. & Simon, H. A.: *Decision-making theory*. In: Grusky & Miller, 1970.

March, J. G. & Simon, H. A.: *Organisation und Individuum*. Wiesbaden: Betriebswirtschaflicher Verlag, 1976. 1977.

Margerison, Ch.: The adviser's role in organization change. In: Warr, P. (Ed.), 1978 (2nd ed.), S. 324–348.

Margerison, Ch. & Glube, R.: Leadership decision-making: An empirical test of the Vroom and Yetton model. *Management Studies*, 1979, *16*, S. 45–55.

Mariott, R.: Size of working group and output. *Occupational Psychology*, 1949, *23*, S. 47–57.

Marr, D.: *Vision*. San Francisco: Freeman, 1982.

Marr, R.: Innovation. In: Grochla, E. (Hrsg.): *Handwörterbuch der Organisation*. Stuttgart: Poeschel, 1980, S. 947–959.

Marr, R. & Stitzel, M.: *Personalwirtschaft – ein konflikttheoretischer Ansatz*. München: Moderne Industrie, 1979.

Marrow, A. J.: *Kurt Lewin – Leben und Werk*. Stuttgart: Klett, 1976.

Marrow, A. J., Bowers, D. G. & Seashore, S. E.: *Management by climate for personal and organizational development*. New York: Harper & Row, 1967.

Marsh, R. M. & Mannari, H.: Organizational commitment and turnover: A prediction study. *Administrative Science Quarterly*, 1977, *22*, S. 57–75.

Martin, A. R.: Idle hand and giddy minds. *American Journal of Psychoanalysis*, 1969, *29*, S. 147–156.

Martin, J.: Stories and scripts in organizational settings. In: Hastorf, A. H. & Isen, A. M. (Eds.): *Cognitive social psychology*. New York: Elsevier, 1982, S. 255–305.

Martin, J., Feldman, M. S., Hatch, M. J. & Sitkin, S. B.: The uniqueness paradox in organizational stories. *Administrative Science Quarterly*, 1983, *28*, S. 438–453.

Martin, J. & Powers, M. E.: Truth or corporate propaganda: The value of a good war story. In: Pondy, L. R., Frost, P. J., Morgan, G. & Dandridge, T. C. (Eds.): *Organizational Symbolism*. Greenwich, Conn. & London: JAI Press, 1983, S. 93 – 107.

Martin, J. & Siehl, C.: Organizational culture and counterculture: An uneasy symbiosis. *Organizational Dynamics*, 1983, *12*, S. 52–64.

Martin, N. A.: A contextual model of employee turnover intentions. *Academy of Management Journal*, 1979, *22*, S. 313–324.

Martin, T.: *Design of work in Automated Manufacturing Systems*. Oxford: Pergamon, 1984a.

Martin, T.: *Manless factory: The Wrong Alternative*. International Federation of Automatical Control, Newsletter 2, 1984b.

Maslow, A. H.: A theory of human motivation. *Psychological Review*, 1943, *50*, S. 370 – 396.

Maslow, A. H.: *Motivation and Personality*. New York: Harper & Row, 1954.

Mason, J. W.: A historical view of the stress field. *Journal of Human-Stress*, 1975, *1*, S. 6–12 u. 22–36.

Massie, J. L.: Management Theory. In: March, J. G. (Ed.): *Handbook of Organization*. Chicago: Rand McNally, 1965, S. 387–422.

Matsurbara, H.: Die klugen Japaner – Spiegel Essay. Nachrichtenmagazin *Der Spiegel*, 1983, *37*, S. 76–77.

Matthes, J. (Hrsg.): *Krise der Arbeitsgesellschaft?* Frankfurt: Campus, 1983.

Mauch, H.: *Werkstattzirkel*. Wie Arbeiter und Meister an der Lösung betrieblicher Probleme beteiligt werden. Quickborn, 1981.

MAUD 4: *Kurzbeschreibung des Programmes, Bestellmöglichkeiten für Lieferbedingungen*. Bericht 3/1983. Berlin: Institut für Psychologie, Technische Universität (H. Jungermann), 1983.

Maukisch, H.: Einführung in die Eignungsdiagnostik. In: Mayer, A. (Hrsg.): *Organisationspsychologie*. Stuttgart: Poeschel, 1978, S. 105–136.

Maukisch, H.: Erfolgskontrollen von Assessment Center-Systemen. *Psychologie und Praxis*. Zeitschrift für Arbeits- und Organisationspsychologie, 1986, 30 (N.F.4), S. 86–91.

Maurer, H.: *Allgemeines Verwaltungsrecht*. München: Beck, 1983 (3. Aufl.).

Mayer, A. (Hrsg.): *Organisationspsychologie*. Stuttgart: Poeschel, 1977. 1978.

Mayer-Tasch, P. C.: *Die Bürgerinitiativbewegung*. Reinbek, 1981 (4. Aufl.).

Mayo, E.: *The social problems of an industrial civilization*. Boston, Mass.: Harvard University, Graduate School of Business, 1933, 1945.

McClelland, D. C.: Some social consequences of achievement motivation. *Nebraska symposium on motivation*, 1955, *3*, S. 41–64.

McClelland, D. C.: *The achievement motive*. Princeton, N. J.: Van Nostrand, 1961.

McClelland, D. C.: Toward a theory of motive acquisition. *American Psychologist*, 1965, *20*, S. 321–333.

McClelland, D.: *Power: The inner experience*. New York: Irvington, 1975.

McClelland, D. C. & Winter, D. G.: *Motivating economic achievement*. New York: Free Press, 1969.

McCormick, E. J. & Sanders, M. S.: *Human factors in engineering and design*. Tokyo: McGraw-Hill, 1983.

McCormick, E. J. & Tiffin, J.: *Industrial psychology*. Englewood Cliffs: Prentice-Hall, 1974 (6th ed.).

McCormick, M. B., Lundgren, E. F. & Cecil, E. A.: Group search and decision making process: A laboratory test of Soelbergs's confirmation hypothesis. *The Journal of Social Psychology*, 1980, *110*, S. 79–86.

McCurdy, H. G. & Lambert, W. E.: The efficiency of small human groups in the solution of problem requiring genuine cooperation. *Journal of Personality*, 1952, *20*, S. 478–494.

McDaniels, C.: The role of leisure in career development. *Journal of Career Development*, 1984 a, *11*, S. 64–70.

McDaniels, C.: The work/leisure connection. *Vocational Guidance Quarterly*, 1984b, *33*, S. 35–44.

McEvoy, G. M. & Cascio, W. F.: Strategies for reducing employee turnover: A metaanalysis. *Journal of Applied Psychology*, 1985, *70*, S. 342–353.

McGrath, J. E.: *Social and psychological factors in stress*. New York: Holt, Rinehart & Wilson, 1970.

McGrath, J. E.: *Group, interaction and performance*. New Jersey: Prentice-Hall, 1984.

McGrath, J. E.: Stress and behavior in organizations. In: Dunnette, M. D. (Ed.): *Handbook of Industrial and Organizational Psychology*, Chicago: Rand McNally, 1976.

McGrath, J. E.: Methodological problems research of stress. In: Krohne, H. W. & Laux, L. (Eds.): *Achievement, stress, and anxiety*. Tokyo: McGraw-Hill, 1982, S. 19–48.

McGregor, D.: An uneasy look at performance appraisal. *Harvard Business Review*, 1957, *35*, S. 89–94.

McGregor, D.: *The human side of enterprise*. New York: McGraw-Hill, 1960.

McGregor, D.: *Der Mensch im Unternehmen*. Düsseldorf: Econ, 1970.

McGuire, W. H.: The Nature of Attitudes and Attitude Change. In: Lindzey, G. & Aronson, E. (Eds.): *The Handbook of Social Psychology*, Vol. III. Reading, Mass.: Addison Wesley, 1969, S. 136–314.

McKeithen, K. B., Reitman, J. S., Rueter, H. H. & Hirtle, S. C.: Knowledge Organization and skill difference in computer programmers. *Cognitive Psychology*, 1981, *13*, S. 307–325.

McNemar, Q.: On Growth Measurement. *Educational and Psychological Measurement*, 1958, *18*, S. 47–55.

Mead, G. H.: *Mind, Self, and Society*. Chicago, University of Chicago Press, 1934.

Meade, R. D.: *Leadership Studies of Chinese, Chinese-American and American Indians*. Western Washington State College, Bellington Center for Cross-Cultural Research, 1970a.

Meade, R. D.: *Effect of Authoritarian and Democratic Leadership on Productivity and Morale of Chinese Boys Groups*. Western Washington State College, Bellington Center for Cross-Cultural Research, 1970b.

Meadows, D. & D., Zahn, E. & Milling, P.: *Die Grenzen des Wachstums*. Bericht des Club of Rome zur Lage der Menschheit. Stuttgart: DVA, 1972.

Mechanic, D.: Some problems in developing a social psychology of adaption to stress. In: McGrath, J. E. (Ed.): *Social and psychological factors in stress*. New York: Holt, Rinehart & Winston, 1970, S. 104–123.

Meffert, H.: Marketing und Konsumerismus. *Zeitschrift für Betriebswirtschaft*, 1975, *2*, S. 69–90.

Megargee, E. I., Bogart, P. & Anderson, B. J.: Prediction of leadership in a simulated industrial task. *Journal of Applied Psychology*, 1966, *50*, S. 292–295.

Mehrabian, A.: *Nonverbal communication*. Chicago: Aldine, 1972.

Mehrabian, A. & Ferris, S. R.: Inference of attitudes from nonverbal communication in two channels. *Journal of Consult. Psychology*, 1967, *31*, S. 248–252.

Meier-Hayoz, A. & Forstmoser, P.: *Grundrisse des schweizerischen Gesellschaftsrechts*. Bern: Stämpfli, 1981 (4. Aufl.).

Meichenbaum, D.: A self-instructional approach to stress management: A proposal for stress inoculation training. In: Spielberger, C. D. & Sarason, J. G. (Eds.): *Stress and anxiety*. Vol 1. Washington: Hemisphere, 1975, S. 237–263.

Meichenbaum, D., Henshaw, D. & Himel, D.: Coping with stress as a problem-solving process. In: Krohne, H. W. & Laux, L. (Eds.): *Achievement, stress and anxiety*. Washington (DC): Hemisphere, 1982, S. 127–142.

Meichenbaum, D. & Novaco: Stress inoculation: A preventive approach. In: Spielberger, C. D. & Sarason, J. G. (Eds.): *Stress and anxiety*. Vol V. New York: Wiley, 1978, S. 317–328.

Meimberg, R.: *Zum rationalen Gehalt gesellschaftlicher Leitbilder und Zielvorstellungen*. Berlin: Duncker & Humblot, 1979.

Meinhold, H.: Mitbestimmung III: überbetriebliche. In: *HdWW*, 1978, *16. Lfg.*, S. 271 –280.

Meinong, A.: *Psychologisch-ethische Untersuchungen zur Werttheorie*. Graz, 1894.

Meissner, M.: The long arm of the job: a study of work and leisure. *Industrial Relations*, 1971, *10*, S. 239–260.

Meißner, W.: *Innovation und Organisation*. Die Initiierung von Innovationsprozessen in Organisationen. München: Universität, 1987 (Inaugural Dissertation).

Mende, M.: *Die Wahrnehmung sozialer Interaktion*. Wien: 1984 (Dissertation).

Melikian, L., Ginsberg, A., Cuceloglu, D. M. & Lynn, D. M.: Saudi Arabia, and Turkey. *Journal of Social Psychology*, 1971, *83*, S. 183–184.

Melman, S.: The rise of administrative overhead in the manufacturing industries of the United States. *Oxford, Economic Papers*, 1951, *3, 62*, S. 112.

Melman, S.: *Profits without production*. New York: Knopf, 1983.

Mendius, G., Sengenberger, W. & Weimer, S.: Anmerkungen zu: Wolfgang J. Steinle: Der Beitrag kleinerer und mittlerer Unternehmen zur Beschäftigungsentwicklung. *Mitteilungen aus der Arbeitsmarkt- und Berufsforschung*, 1985, *18*, S. 153–154.

Mercer, D. C.: Motivational and social aspects of recreational behavior. In: Altman, I. & Wohlwill, J.: *Human Behavior and Environment*. New York, London: Plenum Press, 1976.

Mertens, D.: Schlüsselqualifikationen. Thesen zur Schulung für eine moderne Gesellschaft. *Mitteilungen aus der Arbeitsmarkt- und Berufsforschung*, 1974, S. 36–43.

Mertens, D.: Von der Beharrlichkeit struktureller Trends. *Mitteilungen aus der Arbeitsmarkt- und Berufsforschung*. 1980, *13*, S. 319–321.

Merton, R. K.: *Social Theory and Social Structure*. Glencoll, Ill.: The Free Press, 1957. 1968.

Merton, R. K., Broom, L. & Cotrell, L. S. (Eds.): *Sociology today: Problems and prospects*. New York, 1959.

Messer, A.: *Psychologie*. Stuttgart, Berlin: Deutsche Verlagsanstalt, 1914.

Mey, H.: Konflikt. In: Ritter, J. & Gründer, K. (Hrsg.): *Historisches Wörterbuch der Philosophie*. Stuttgart: Schwabe, 1976, S. 947f.

Meyer, A.: How ideologies supplant formal structures and shape responses to environments. *Journal of Management Studies*, 1982, *19*, S. 45–61.

Meyer, J. W. & Rowan, B.: Institutionalized organizations: Formal structure as myth and ceremony. *American Journal of Sociology*, 1977, *83*, S. 340–363.

Meyer, J. W. & Rowan, B.: The Structure of Educational Organizations. In: Meyer, W. M., 1978, S. 78–109.

Meyer, J. W. Scott, W. R.: *Organization Environments*. Beverly Hills, 1983.

Meyer, H., Kay, E. & French, J. R. P.: Split roles in performance appraisal. *Harvard Business Review*, 1965, *43*, S. 123–129.

Meyer, M. & Associates (Eds.): *Environments and Organizations*. San Francisco, 1978.

Meyer, M. W.: Leadership and organizational structure. *American Journal of Sociology*, 1975, *81*, S. 514–542.

Meyer, W. H.: *Arbeitszufriedenheit*. (Ein interessiertes Mißverständnis). Opladen: Westdeutscher Verlag, 1982.

Michaelis, W. (Hrsg.): *Bericht über den 32. Kongreß der DGfP in Zürich 1980*. Bd. 1. Göttingen: Hogrefe, 1981.

Michaels, Ch. E. & Spector, P. E.: Causes of employee turnover: A test of the Mobley, Griffeth, Hand and Meglino Model. *Journal of Applied Psychology*, 1982, *67*, S. 53–59.

Michel, E.: *Sozialgeschichte der industriellen Arbeitswelt*. Frankfurt: Knecht, 1953 (3. Aufl.).

Michel, L. & Conrad, W.: Theoretische Grundlagen psychometrischer Tests. In: Groffmann, K.-J. & Michel, L. (Hrsg.): *Grundlagen psychologischer Diagnostik*. Enzyklopädie der Psychologie: Bd. B/II/1. Göttingen: Hogrefe, 1982, S. 1–129.

Michels, R.: *Zur Soziologie des Parteiwesens in der modernen Demokratie*. Stuttgart (Nachdruck Kröner, 1970), 1925.

Miksch, J.: *Jügend und Freizeit in der DDR*. Opladen: Leske, 1972.

Mikula, G.: Untersuchung zur Reliabilität soziometrischer Erhebungen. *Zeitschrift für Sozialpsychologie*, 1972, *3*, S. 51–54.

Mikula, G. & Schwinger, T.: Intermember relations and reward allocation: Theoretical considerations of affects. In: Brandstätter, H., Davis, J. H. & Schuler, H. (Eds.): *Dynamics of group decisions*. Beverly Hills: Sage, 1978, S. 229–250.

Miles, R. E.: Human Relations or Human Resources? *Harvard Business Review*, 1965, *43*, S. 148–163.

Miles, R. E.: *Theories of management*. New York: McGraw-Hill, 1975.

Miles, R. E., Porter, L. W. & Craft, J. A.: Leadership attitudes among public health officials. *American Journal of Public Health*, 1966, *12*.

Miles, R., Snow, Ch. & Pfeffer, J.: Organization – Environment: Concepts and Issues. *Industrial Relations*, 1974, *13* (3), S. 244–264.

Miller, C. H.: Career development theory in perspective. In: Herr, E. L. (Ed.): *Vocational Guidance and Human Development*. Boston: Houghton Mifflin, 1974.

Miller, D. C. & Form, W. H.: *Industrial sociology*. New York: Harper & Row, 1951.

Miller, D. & Friesen, P.: Archetypes of organizational transition. *Administrative Science Quarterly*, 1980, *25*, S. 268–299.

Miller, E. J. & Rice, A. K.: *Systems of organization*. London: Tavistock, 1967.

Miller, G. A.: Professionals in bureaucracy: Alientation among industrial scientists and engineers. *American Sociological Review*, 1967, *32*, S. 755–768.

Miller, H. E., Katerberg, R. & Hulin, C. L.: Evaluation of the Mobley, Horner, and Hollingworth model of employee-turnover. *Journal of Applied Psychology*, 1979, *64*, S. 509–517.

Miner, F. C. Jr.: Group versus individual decision making: An investigation of performance measures, decision strategies and process losses / gains. *Organizational Behavior and Human Performance*, 1984, *33*, S. 112–124.

Miner, J. B.: The uncertain future of the leadership concept: An overview. In: Hunt, J. G. & Larson, L. L. (Eds.): *Leadership frontiers*, Kent, Ohio: Comparative Administration Research Institute, Kent State University, 1975.

Miner, J. B.: Twenty years of research on role motivation theory of managerial effectiveness. *Personnel Psychology*, 1978, *31*, S. 739–760.

Miner, J. B.: *Theories of organizational behavior*. Hillsdale, Ill.: The Dryden Press, 1980.

Miner, M. G. & Miner, J. B.: *Employee selection within the law*. Washington: Bureau of National Affairs, 1978.

Minor, C. & Neel, R. G.: The relationship between achievement motive and occupational preference. *Journal of Counseling Psychology*, 1958, *5*, S. 39–43.

Mintzberg, H.: *The nature of managerial work*. New York: Harper & Row, 1973.

Mintzel, A.: Gewerkschaften, I. In: *Staatslexikon*, Bd. II. Freiburg, 1986, S. 1035 bis 1045.

Mirvis, P. H.: Assessing physical evidence, documents, and records in organizations. In: Lawler, E. E. III, Nadler, D. A. & Cammann, C. (Eds.): *Organizational assessment*. New York: Wiley, 1980, S. 418–443.

Mirvis, Ph. & Berg, D. N. (Eds.): *Failures in organization development and change*. Cases essays for learning. New York: Wiley & Sons, 1977.

Mirvis, P. H. & Lawler, E. E. III.: Measuring the financial impact of employee attitudes. *Journal of Applied Psychology*, 1977, *62*, S. 1–8.

Mirvis, P. H. & Macy, B. A.: Human resource accounting: A measurement perspective. *The Academy of Management Review*, 1976, *1*, S. 74–83.

Misumi, J. & Shirakashi, S.: An experimental study of the effects of supervisory behavior on productivity and morale in a hierarchical organization. *Human Relations*, 1966, *19*, S. 297–307.

Misumi, J. & Tasaki, T.: A study on the effectiveness of supervisory patterns in a Japanese hierarchical organization. *Japanese Psychological Research*, 1965, *7*, S. 151 bis 162.

Mitchell, T. R.: Expectancy models of job satisfaction, occupational preference and effort: A theoretical, methodological, and empirical appraisal. *Psychological Bulletin*, 1974, *81*, S. 1053–1077.

Mitchell, T. R. & Biglan, A.: Instrumentality theories. Current uses in psychology. *Psychological Bulletin*, 1971, *76*, S. 432–454.

Mitchell, T. R. & Kalb, L. S.: Effects of job experience on supervisor attributions for a subordinate's poor performance. *Journal of Applied Psychology*, 1982, *67*, S. 181 bis 188.

Mitroff, I. I.: Archetypal social systems analysis: On the deeper structure of human systems. *Academy of Management Review*, 1983, *8*, 387–397.

Mitroff, I. I. & Kilman, R. H.: Stories Managers tell: A new tool for organizational problem solving. *Management Review*, 1975, 18–28.

Mitscherlich, A.: *Aggression und Anpassung*. Bis hierher und nicht weiter. München: Piper, 1969.

Mitscherlich, A.: *Die Unwirtlichkeit unserer Städte*. Frankfurt: Suhrkamp, 1970.

Mobley, W. H.: *Employee turnover: causes, consequences and control*. Reading, Mass.: Addison-Wesley, 1982.

Mobley, W. H. & Locke, E. A.: The relationship of value importance to job satisfaction. *Organizational Behavior and Human Performance*, 1970, *5*, S. 463–483.

Mobley, W. H., Griffeth, R. W., Hand, A. H. & Megglino, B. M.: Review and conceptual analysis of the employee turnover process. *Psychological Bulletin*, 1979, *86*, S. 493–522.

Mobley, W. H., Horner, S. O. & Hollingworth, A. T.: An evaluation of precursors of hospital employee turnover. *Journal of Applied Psychology*, 1978, *63*, S. 408 bis 414.

Möbus, C.: Zur Fairness psychologischer Intelligenztests: Ein unlösbares Trilemma zwischen den Zielen von Gruppen, Individuen und Institutionen? *Diagnostica*, 1978, *24*, S. 191–234.

Moch, M. & Seashore, S.: How norms affect behaviors in and of corporations. In: Nystrom, P. & Starbuck, W. (Eds.): *Handbook of Organizational Design*. Vol. 1. New York: Oxford University Press, 1981, S. 210–237.

Moede, W.: Die Richtlinien der Leistungs-Psychologie. *Industrielle Psychotechnik*, 1927, *4*, S. 193–209.

Moldenhauer, P. & Grunwald, W.: Menschenbild. In: *Personalenzyklopädie*, Bd. 2. München: Moderne Industrie, 1978, S. 577–582.

Möller, Ch.: Techniken der Klassifizierung und Hierarchisierung von Lernzielen. In: Frey, K. (Hrsg.): *Curriculum-Handbuch*, Bd. II. München, 1975, S. 411–420.

Montesquieu, Ch.: *De l'esprit des lois*. Paris, 1748.

Montgomery, H.: Decision rules and the search for a dominance structure: Towards a process model of decision making. In: Humpreys, Svenson & Vari, 1983, S. 343–369.

Moore, W. E.: Occupational Socialization. In: Goslin, D. A. (Ed.): *Handbook of socialization theory and research*. Chikago: Rand McNally, 1969, S. 861–883.

Moore, J. C., Johnson, E. B., Arnold, M. S. C.: Status congruence and equity in restricted communication networks. *Sociometry*, 1972, *5*, S. 519–537.

Moosbrugger, H.: *Multivariate statistische Analyseverfahren*. Stuttgart: Kohlhammer, 1978.

Morena, J. L.: *Who shall survive?* Washington: Beacon House, 1934.

Moreno, J. L.: *Psychodrama*. Vol. 1. New York, 1946.

Morgan, G.: Paradigms, metaphors, and puzzle solving in organization theory. *Administrative Science Quarterly*, 1980, *25*, S. 605–622.

Morgan, G., Frost, P. J. & Pondy, L. R.: Organizational symbolism. In: Pondy, L. R., Frost, P. J., Morgan, G. & Dandridge, Th. C. (Eds.): *Organizational symbolism*. Greenwich, Conn. & London: JAI Press, 1983, S. 3–35.

Morgan, L. & Herman, J.: Perceived consequences of absenteeism. *Journal of Applied Psychology*, 1976, *61*, S. 738–742.

Morley, I. F. & Stephenson, G. M.: *The Social Psychology of Bargaining*. London, 1977.

Morris, J. L.: Propensity for risk-taking as a determinant of vocational choice. *Journal of Personality and Social Psychology*, 1966, *3*, S. 328–335.

Morrison, P.: Evaluation in OD: A review and assessment. *Group and Organization Studies*, 1978, *3*, S. 42 ff.

Morse, J. J. & Wagner, R. R.: Measuring the process of managerial effectiveness. *Academy of Management Journal*, 1978, *21*, S. 23–35.

Morse, N. C.: *Satisfaction in the white-colar job*. Ann Arbor: University of Michigan, 1953.

Morse, N. C. & Reimer, E.: The experimental change of a major organizational variable. *Journal of Abnormal and Social Psychology*, 1956, *52*, S. 120–129.

Moscovici, S.: *Sozialer Wandel durch Minoritäten*. München: Urban & Schwarzenberg, 1979.

Moscovici, S.: Toward a theory of conversion Behavior. In: Berkowitz, L. (Ed.): *Advances in Experimental Social Psychology.* Vol. 13. New York: Academic Press, 1980.

Moscovici, S. & Mugny, G.: Minority influence. In: Paulus, P. B. (Ed.): *Basic group processes.* New York: Springer, 1983, S. 41–64.

Moser, K.: Methoden der Aktionsforschung. München, 1977.

Mount, M. K.: Psychometric properties of subordinate ratings of managerial performance. *Personnel Psychology,* 1984, *37,* S. 687–702.

MOW – Meaning of Working International Research Team, 1981. The Meaning of Working. In: Dlugos, G. & Weirmeier, K. (Eds.): *Management under Differing Value Systems.* Berlin, New York: de Gruyter, 1981, S. 565–630.

MOW – Meaning of Working International Research Team, 1985. *The Meaning of Working in International Perspective.* In Vorbereitung.

MOW – International Research Team (1987): The Meaning of Working. London: Academic Press, 1987.

Mowday, R. T., Porter, L. W. & Steers, R. M.: *Employee-organization linkages.* The psychology of commitment absenteeism, and turnover. New York: Academic Press, 1982.

Muchinsky, P. M.: Personnel selection methods. In: Cooper, A. & Robertson, I. T. (Eds.): *International review of industrial and organizational psychology 1986.* Chichester: Wiley, 1986, S. 37–70.

Muchinsky, P. M. & Morrow, P. C.: A multidisciplinary model of voluntary employee turnover. *Journal of Vocational Behavior,* 1980, *17,* S. 263–290.

Muchinsky, P. M. & Tuttle, M.: Employee turnover: An empirical and methodological assessment. *Journal of Vocational Behavior,* 1979, *14,* S. 43–77.

Muckler, F. A.: Evaluating productivity. In: Dunnette, M. D. & Fleishman, E. A. (Eds.): *Human performance and productivity.* Human capability assessment. Hillsdale: Lawrence Erlbaum, 1982, S. 13–47.

Mugny, G.: Negotiations, image of the other and the process of minority influence. *European Journal of Social Psychology,* 1975, *5,* S. 209–228.

Mugny, G.: *The Power of Minorities.* London, Academic Press, 1982.

Mulder, J.: Communication structure, decision structure and group performance. *Human Relations,* 1960, *13,* S. 1–14.

Mulder, M.: *The daily power game.* Leiden: Martinus Nijhoff, 1977.

Müller, E.-P.: *Der Sozialpartner.* Verbandsorganisationen, Verbandsstrukturen. Köln: Deutscher Institutsverlag, 1980.

Müller, G. F.: Anbieter-Nachfrager-Interaktionen. In: Irle, M. (Hrsg.): *Marktpsychologie als Sozialwissenschaft.* Toronto, 1983, S. 626–735.

Müller, G. F. & Crott, H. W.: Gerechtigkeit in sozialen Beziehungen: Die Equity-Theorie. In: Frey, D. (Hrsg.): *Kognitive Theorien der Sozialpsychologie.* Bern: Huber, 1978.

Müller-Fohrbrodt, G., Häfele, A., Häfele, M., Kaden, W., Wandel, I. & Wiecken, W.: *Analyse des Fragebogens zur Erfassung sozialer Werte.* Übertragung des Survey of Interpersonal Values von L. V. Gordon. Arbeitsbericht aus dem Sonderforschungsbereich 23 der Universität Konstanz. Konstanz, 1975.

Müller-Rommel, F.: Die Postmaterialismusdiskussion in der empirischen Sozialforschung: Politisch und wissenschaftlich überlebt oder immer noch zukunftsweisend? *Politische Vierteljahresschrift*, 1983, *24*, S. 218–228.

Müller-Wenk, R.: *Die ökologische Buchhaltung.* Frankfurt, 1978.

Müller-Wichmann, C.: Weniger Arbeit heißt noch lange nicht mehr Freizeit. In: Psychologie Heute – Redaktion (Hrsg.): *Geschafft. Über Arbeit, keine Arbeit und Freizeit.* Weinheim: Beltz, 1985.

Mumford, E.: Participative system design. Practice and theory. *Journal of Occupational Behaviour*, 1983, *4*, S. 47–57.

Mummendey, A. (Ed.): *Social psychology of aggression.* From individual behavior to social interaction. New York: Springer, 1984.

Mummendey, A., Bornewasser, M., Löschper, G. & Linneweber, U.: Aggressiv sind immer die anderen. Plädoyer für eine sozialpsychologische Perspektive in der Aggressionsforschung. *Zeitschrift für Sozialpsychologie*, 1982, *13*, S. 177–193.

Münch, R.: *Theorie sozialer Systeme.* Eine Einführung in Grundbegriffe, Grundannahmen und logische Struktur. Opladen, 1976.

Münch, R.: Politischer Partizipationsbedarf und politische Partizipationskrisen – Ursachen und Lösungsmöglichkeiten. In: Institut für Kommunalwissenschaften (Hrsg.): *Politische Beteiligung im repräsentativen System.* Band 21. Bonn, 1979, S. 1–72.

Münch, R.: *Basale Soziologie: Soziologie der Politik.* Opladen, 1982.

Mündelein, H. & Schönpflug, W.: Regulation und Fehlregulation im Verhalten. *Psychologische Beiträge*, 1983, *25*, S. 71–84.

Mündelein, H. & Schönpflug, W.: Ökologische Validierung eines im Laboratorium nachgebildeten Büroarbeitsplatzes mit Hilfe des Fragebogens zur Arbeitsanalyse (FAA). *Psychologie und Praxis*, 1984, *28*, S. 2–10.

Münsterberg, H.: *Psychologie und Wirtschaftsleben.* Ein Beitrag zur angewandten Experimentalpsychologie. Leipzig: J. A. Barth, 1912.

Murnigham, J. K.: Models of coalition behavior: Game theoretic, social psychological, and political perspectives. *Psychological Bulletin*, 1978, *85*, S. 1130–1153.

Murphy, K. R. & Balzer, W. K.: Systematic distortions in memory-based behavior ratings and performance evaluations: Consequences for rating accuracy. *Journal of Applied Psychology*, 1986, *71*, S. 39–44.

Murphy, K. R., Balzer, W. K., Lockhart, M C. & Eisenman, E. J.: Effects of previous performance on evaluations of present performance. *Journal of Applied Psychology*, 1985, *70*, S. 72–84.

Murphy, K. R., Martin, C. & Garcia, M.: Do behavioral observation scales measure observation? *Journal of Applied Psychology*, 1982, *67*, S. 562–567.

Murphy, L. R.: Occupational stress management: A review and appraisal. *Journal of Occupational Psychology*, 1984, *57*, S. 1–15.

Murray, J. L., Powers, E. A. & Havighurst, R. J.: Personal and situational factors producing flexible careers. *The Gerontologist*. 1971, *11*, 4, Part II.

Musgrave, P. W.: Towards a sociological theory of occupational choice. *The Sociological Review*, 1967, *15*, S. 33–46.

Mutius, v., A.: Frühzeitige Bürgerbeteiligung bei der Planung von Verkehrsanlagen. In: Blümel, W.: *Frühzeitige Bürgerbeteiligung bei Planungen*. Berlin, 1982, S. 157 – 190.

Myers, D. G.: Polarization effects of social interaction: In: Brandstätter, H., Davis, J. H. & Stocker-Kreichgauer, G. (Eds.): *Group Decision Making*. London: Academic Press, 1982, S. 125–161.

Naase, Ch.: *Konflikte in Organisationen*. Stuttgart: Enke, 1978.

Nachreiner, F.: Zur Artefaktproblematik in der Arbeits- und Betriebspsychologie. In: Bungard, W. (Hrsg.): *Die „gute" Vp denkt nicht*. München, 1980.

Nachreiner, F., Baer, K., Diermann, A. & Ernst, G.: *Some new approaches in the analysis of the Interference of shift work with social life*. Vortrag auf dem International Research Workshop on Psychological Approaches to Night & Shift Work, Edinburgh, 1982.

Nadler, D. A.: *Feedback and organization development*. Using data based methods. Reading: Addison–Wesley, 1977.

Nadler, D. A.: Using organizational assessment data for planned organizational change. In: Lawler, E. E. III, Nadler, D. A. & Cammann, C. (Eds.): *Organizational assessment*. New York: Wiley, 1980a, S. 72–90.

Nadler, D. A.: Role of models in organizational assessment. In: Lawler, E. E. III., Nadler, D. A. & Cammann, C. (Eds.): *Organizational assessment*. New York: Wiley, 1980b, S. 119–131.

Nadler, D. A. & Tushman, M. L.: A model for diagnosing organizational behavior. *Organizational Dynamics*, 1980a, Aut., S. 35–51.

Nadler, D. A. & Tushman, M. L.: A congruence model for organizational assessment. In: Lawler, E. E. III., Nadler, D. A. & Cammann, C. (Eds.): *Organizational assessment*. New York: Wiley, 1980b, S. 261–278.

Nahrstedt, W.: *Die Entstehung der Freizeit*. Göttingen: Vandenhoek & Rupprecht, 1972.

Nahrstedt, W.: *Freizeitpädagogik in der nachindustriellen Gesellschaft*. Neuwied, 1974.

Nahrstedt, W.: Die Zukunft von Bildung, Arbeit und Freizeit: Berufsarbeit wird knapp – Chance für gesellschaftliche Arbeit? In: *Zeitschrift für Psychologie*, 1983, *18* (Beiheft), S. 250–258.

Nahrstedt, W.: Freizeitpädagogik. In: Hierdeis, H. (Hrsg.): *Taschenbuch der Pädagogik*. Baltmannsweiler: Schneider, 1986.

Nahrstedt, W., Hey, I. Stehr, I. & Theros: *Selbstorganisierte Freizeitkultur im Wohnumfeld*. Bielefeld, 1984.

Naschold, F.: *Organisation und Demokratie*. Stuttgart: Kohlhammer, 1972 (3. Aufl.).

Nash, A. N., Muzyk, J. P. & Vittori, F. L.: The relative practical effectiveness of programmed instruction. *Personnel Psychology*, 1971, *24*, S. 397–418.

Nathan, B. R. & Alexander, R. A.: The role of inferential accuracy in performancerating. *Academy of Management Review*, 1985, *10*, S. 109–115.

Nathan, B. R. & Lord, R. G.: Cognitive categorization and dimensional schemata: A process approach to the study of halo in performance ratings. *Journal of Applied Psychology*, 1983, *68*, S. 102–114.

Nave-Herz, R.: Ausgewählte Probleme der beruflichen Reaktivierung bei Frauen. In: Sarges, W. & Haeberlin, F. (Hrsg.): *Engpässe in der beruflichen Weiterbildung*. München, 1984, S. 145–160.

Nebecker, D. M. & Mitchell, T. R.: Leader behavior: An expectancy theory approach. *Organizational Behavior and Human Performance*, 1974, *11*, S. 355–367.

Negandhi, A. R. & Prasad, S. B.: *Comparative Management*. New York: Appleton-Century-Crofts, 1971.

Neidhardt, F.: Das innere System sozialer Gruppen. *Kölner Zeitschrift für Soziologie und Sozialpsychologie*, 1979, *31*, S. 639–660.

Nell-Breuning, v., O.: Zielhorizont des Unternehmens und Mitbestimmung. *Die Betriebswirtschaft*, 1978, *38*, S. 265–271.

Nelles, W. & Beywl, W.: Bürgerinitiativen und Selbsthilfegruppen. In: Irle, M. (Hrsg.): *Methoden und Anwendungen in der Marktpsychologie*. Göttingen, 1983, S. 769 – 834.

Nerb, G.: *Konjunkturprognose mit Hilfe von Urteilen und Erwartungen der Konsumenten und der Unternehmer*. Berlin: Duncker & Humblot, 1975.

Neubauer, R.: Die Assessment Center Technik. Ein verhaltensorientierter Ansatz zur Führungskräfteauswahl. In: Neubauer, R. & Rosenstiel, v., L. (Hrsg.): *Handbuch der Angewandten Psychologie*. Bd. 1. Arbeit und Organisation. München, 1980, S. 122–158.

Neubauer, R. & Rosenstiel, v., L. (Hrsg.): *Handbuch der Angewandten Psychologie*. Bd. 1: Arbeit und Organisation. München: Moderne Industrie, 1980.

Neubauer, W.: Implizite Führungstheorien und Führungserfahrung bei Vorgesetzten. In: Daumenlang, K. & Sauer, J. (Hrsg.), 1986, S. 75–90.

Neuberger, O.: Experimentelle Untersuchung von Führungsstilen. *Gruppendynamik*, 1972, *3*, S. 191–219.

Neuberger, O.: *Messung der Arbeitszufriedenheit*. Stuttgart: Kohlhammer, 1974 b.

Neuberger, O.: *Theorien der Arbeitszufriedenheit*. Stuttgart: Kohlhammer, 1974 a.

Neuberger, O.: *Führungsverhalten und Führungserfolg*. Berlin: Duncker & Humblot, 1976.

Neuberger, O.: *Der Arbeits-Beschreibungsbogen*. Ein Verfahren zur Messung von Arbeitszufriedenheit. Problem und Entscheidung. 1976, 15.

Neuberger, O.: *Organisation und Führung*. Stuttgart: Kohlhammer, 1977.

Neuberger, O.: Führung. In: Mayer, A. (Hrsg.),1978, S. 272–304.

Neuberger, O.: Führungsforschung: Haben wir die Jäger und Sammlerzeit schon hinter uns? *Die Betriebswirtschaft*, 1980, S. 40.

Neuberger, O.: Organisationsklima als Einstellung zur Organisation. In: Hoyos, C. Graf, Kroeber-Riel, W., Rosenstiel, v., L. & Strümpel, B. (Hrsg.): *Grundbegriffe der Wirtschaftspsychologie*. München: Kösel, 1980, S. 128–137.

Neuberger, O.: *Miteinander arbeiten – miteinander reden!* München: Bayer. Staatsministerium für Arbeit und Sozialordnung, 1982 (3. Aufl.).

Neuberger, O.: Führen als widersprüchliches Handeln. *Psychologie und Praxis*, 1983, *27*, S. 22–32.

Neuberger, O.: *Führung, Ideologie, Struktur, Verhalten*. Stuttgart: Enke, 1984.

Neuberger, O.: *Arbeit*. Stuttgart: Enke, 1985.

Neuberger, O. & Allerbeck, M.: *Messung und Analyse von Arbeitszufriedenheit*. Bern: Huber, 1978.

Neuloh, O.: Wandel der Arbeitsbeziehungen – eine Trendanalyse. In: Endruweit, G., Gaugler, E., Staehle, W. & Wilpert, B.: *Handbuch der Arbeitsbeziehungen*. Berlin, New York: de Gruyter, 1985.

Neumaier, O. (Hrsg.): *Mind, language and society*. Wien: VWGÖ, 1984.

Newcomb, T. M.: *Sozialpsychologie*. Meisenheim a. Glan: Hain, 1959.

Newman, J. E. & Beehr, T. A.: Job stress, employee health, and organizational effectiveness: a facet analysis, model, and literature review. *Personnel Psychology*, 1978, *31*, S. 665–699.

Newell, A., Shaw, J. C. & Simon, H. A.: *The process of creative thinking*. The Rand Corporation, 1958, S. 1320.

Newell, A. & Simon, H. A.: *Human problem solving*. Englewood Cliffs, N. J.: Prentice-Hall, 1972.

Nicholson, N.: Absence behavior and attendance motivation: A conceptual synthesis. *The Journal of Management Studies*, 1977, *14*, S. 231–252.

Nicholson, N., Brown, C. A. & Chadwick-Jones, J. K.: Absence from work and job satisfaction. *Journal of Applied Psychology*, 1976, *61*, S. 728–737.

Nicholson, N., Brown, C. A. & Chadwick-Jones, J. K.: Absence from work and personal characteristics. *Journal of Applied Psychology*, 1977, *62*, S. 319–327.

Nicholson, N. & Wall, T. D. (Eds.): *The theory and practice of organizational psychology*. London: Academic Press, 1972. 1982.

Niebur, R.: Qualitätszirkel in den Unternehmen. Auch eine neue Qualität der Mitbestimmungsdiskussion? *Die Mitbestimmung*, 1983, *5*, S. 201–205.

Niemi, R. G. & Riker, W. H.: The choice of voting systems. *Scientific American*, 1976, *234*, S. 21–27.

Nieschlag, R., Dichtel, E. & Hörschgen, H.: *Marketing*. Berlin, 1981 (12. Aufl.).

Nitsch, J. R.: Die Eigenzustandsskala (EZ-Skala). In: Nitsch, J. R. & Urdris, I. (Hrsg.): *Beanspruchung im Sport*. Bad Homburg, Limpert, 1976, S. 81–102.

Nitsch, J. R. (Hrsg.): *Streß. Theorien, Untersuchungen, Maßnahmen*. Bern: Huber, 1981a.

Nitsch, J. R.: Zur Gegenstandsbestimmung der Streßforschung. In: Nitsch, J. R. (Hrsg.): *Streß. Theorien, Untersuchungen, Maßnahmen*. Bern: Huber, 1981b, S. 29–51.

Nitsch, J. R.: Streßtheoretische Modellvorstellungen. In: Nitsch, J. R. (Hrsg.): *Streß. Theorien, Untersuchungen, Maßnahmen*. Bern: Huber, 1981 d, S. 51–141.

Nitsch, J. R.: Zur Problematik von Streßuntersuchungen. In: Nitsch, J. R. (Hrsg.): *Streß-Theorien, Untersuchungen, Maßnahmen*. Bern: Huber, 1981d, S. 142–160.

Nitsch, J. R. & Hackfort, D.: Streß und Schule. In: Nitsch, J. R. (Hrsg.): *Streß-Theorien, Untersuchungen, Maßnahmen*. Bern: Huber, 1981, S. 263–311.

Noelle-Neumann, E.: *Werden wir alle Proletarier?* – Wertewandel in unserer Gesellschaft. Zürich: Interfrom, 1978.

Noelle-Neumann, E.: *Die Schweige-Spirale*. München, 1980.

Noelle-Neumann, E.: Massmedia and social change in developed societies. In: Katz, E. & Szecskö, T. (Eds.): *Massmedia and social change*. London, 1981, S. 137–166.

Noelle-Neumann, E. & Strümpel, B.: *Macht Arbeit krank? Macht Arbeit glücklich?* München: Piper, 1984.

Nohlen, D. & Schultze, R.-O. (Hrsg.): *Politikwissenschaft: Theorien, Methoden, Begriffe*. (Pipers Wörterbuch zur Politik, Bd. I.). München, 1985.

Nollen, S. D.: *New work schedules in practice*. Managing time in a changing society. New York: Van Nostrand Reinhold, 1982.

Noller, P.: Misunderstandings in Marital Communication: A Study of Couples Nonverbal Communication. *Journal of Personality and Social Psychology*, 1980, *6*, S. 1135–1148.

Nord, W. R.: Job satisfaction reconsidered. *American Psychologist*, 1977, *32*, S. 1026 bis 1035.

Norman, D. A.: Toward a theory of memory and attention. *Psychological Review*, 1968, *75*, S. 522–536.

Norman, D. A. & Bobrow, D. G.: On data-limited and resource-limited processes. *Cognitive Psychology*, 1975, *7*, S. 44–64.

North, D. C.: Markets and other allocation systems in history: the challenge of Karl Polanyi. *Journal of European Economic History*, 1977, *6*, S. 703–717.

Novotny, E.: Das System der „Sozial- und Wirtschaftspartnerschaft" in Österreich – gesamtwirtschaftliche und einzelbetriebliche Formen und Effekte. *Die Betriebswirtschaft*, 1978, *38*, S. 273–285.

Nunner-Winkler, G.: Normen. In: Kerber, H., 1984, S. 398–408.

Oberender, P. (Hrsg.): Marktstruktur und Wettbewerb in der Bundesrepublik Deutschland. München, 1984.

Oberndörfer, D. (Hrsg.): *Systemtheorie, Systemanalyse und Entwicklungsländerforschung*. Berlin, 1971.

Obert, S. L.: Developmental patterns of organizational task groups: A preliminary study. *Human Relations*, 1983, *36*, S. 37–52.

Obert, S. L.: Archetypical social systems analysis: A reply to Mitroff. *Academy of Management Review*, 1984, *9*, S. 757–762.

O'Connell, L.: An exploration of exchange in three social relationships: Kinship, friendship, and the market place. *Journal of Social and Personal Relationships*, 1984, *1*, S. 333–345.

O'Connor, E. F. Jr.: Extending classical test theory to the measurement of change. *Review of Educational Research*, 1972, *42*, S. 73–97.

Odaka, K.: *Gruppenarbeit in Japan*. Die japanische Form der Arbeiterselbstverwaltung. Personal-Mensch und Arbeit, 1981, Bd. 27, S. 50–53.

O'Day, R.: Intimidation rituals: Reactions to reform. *Journal of Applied Behavioral Science*, 1974, *10*, S. 373–386.

Odiorne, G. S.: *Management by objectives*. A system of managerial leadership. Belmont: Fearon Pitman, 1965.

Oerter, R.: *Struktur und Wandlung von Werthaltungen*. München: Oldenbourg, 1978 (2. Aufl. 1970).

Oesterreich, R.: *Handlungsregulation und Kontrolle*. München: Urban & Schwarzenberg, 1981.

Oldemeyer, E.: Zum Problem der Umwertung von Werten. In: Klages, H. & Kmieciak, P. (Hrsg.): *Wertwandel und gesellschaftlicher Wandel*. Frankfurt, New York: Campus, 1979, S. 381–409.

Oldham, G. R., Kulik, C. T., Ambrose, M. L., Stepina, L. P. & Brand, J. S.: Relations between Job Facet Comparisons and Employee Reactions. *Organizational Behavior and Human Decision Processes*, 1986, *38*, S. 28–47.

O'Leary, B. S.: College grade point average as an indicator of occupational success. An update. *Personnel Research Report 80–23*. Washington: US Office of Personnel Management, 1980.

Oliver, L. W.: Outcome measurement in career counseling research. *Journal of Counseling Psychologie*, 1979, *3*, S. 217–226.

Olson, M.: *Die Logik des kollektiven Handelns*. Tübingen, 1968.

O'Morrow, G. S.: Recreation counseling, a challenge to rehabilitation. *Rehabilitation Literature*, 1970, *31*, S. 226–233.

Opaschowski, H. W.: Freizeitprobleme und Freizeitpädagogik. In: Dt. Ges. f. Freizeit (Hrsg.): *Freizeitpädagogik*. Düsseldorf: Dt. Ges. f. Freizeit, 1972, S. 41–60.

Opaschowski, H. W.: *Pädagogik der Freizeit*. Bad Heilbrunn: Klinkhardt, 1976.

Opaschowski, H. W.: *Arbeit, Freizeit, Lebenssinn*. Orientierungen für eine Zukunft, die längst begonnen hat. Opladen: Leske, 1983.

O'Quinn, K. & Aronoff, J.: Humor as a technique of social influence. *Social Psychology Quarterly*, 1981, *44*, S. 349–357.

O'Reilly, A. P.: Skill requirements: Supervisor-subordinate conflict. *Personnel Psychology*, 1973, *26*, S. 75–80.

Orpen, C.: An environmental theory of job satisfaction. *Journal of Psychology*, 1974, *87*, S. 3–8.

Orpen, C.: Relationship between job satisfaction and job performance among Western and tribal black employees. *Journal of Applied Psychology*, 1978, *63*, S. 263–265.

Orpen, C.: Demand for Participation Research Among Black and White Clerical Employees in South Africa. *Journal of Cross-Cultural Psychology*, 1980, *11*, 4, S. 469–484.

Orthmann, W. (Hrsg.): *Der alte Orient. Propyläen Kunstgeschichte. Band 18*. Berlin: Propyläen Verlag, o. J..

Osborn, A.: *Applied imagination*. New York: C. Scribner & Sons, 1957. 1963.

Osborn, R. N. & Hunt, J. G.: An adaptive-reactive theory of leadership: The role of macro variables in leadership research. In: Hunt, J. G. & Larson, L. L. (Eds.): *Leadership frontiers*. Kent, Ohio: Kent State University Press, 1975.

Osburn, H. G., Timmreck, C. & Bigby, D.: Effect of dimensional relevance on accuracy of simulated hiring decisions by employment interviewers. *Journal of Applied Psychology*, 1981, *66*, S. 159–165.

Osgood, C. E., Suci, G. J. & Tannenbaum, P.: *The Measurement of Meaning*. Urbana, Ill.: University of Illinois Press, 1957.

Osgood, C. E., May, W. H. & Miron, M. S.: *Cross-cultural universals of affective meaning*. Urbana, Ill.: University of Illinois Press, 1975.

Osipow, S. H.: *Theories of Career Development*. Englewood Cliffs: Prentice Hall, 1973. 1983.

Österreichisches Statistisches Zentralamt: *Mikrozensus 1975*.

Ostrom, T. M.: The relationship between the affective, behavioral, and cognitive components of attitude. *Journal of Experimental Psychology*, 1969, *5*, S. 12–30.

Oswald, M. & Gadenne, V.: Wissen, Können und künstliche Intelligenz. *Sprache & Kognition*. 1984, *3*, S. 173–184.

Otto, J.: Regulation und Fehlregulation im Verhalten VI. Anforderungen und Kapazität beim Warten und beim Ausführen von Tätigkeiten. *Psychologische Beiträge*, 1982, *24*, S. 478–497.

Ouchi, W. G.: Markets, bureaucracies, and clans. *Administrative Science Quarterly*, 1980, *25*, S. 129–141.

Ouchi, W.: *Theory Z. Reading*. Mass.: Avon, 1981.

Owens, W.: Background data. In: Dunnette, M. D. (Ed.): *Handbook of industrial and organizational psychology*. Chicago: Rand McNally, 1976, S. 609–644.

Owens, W. A. & Schoenfeldt, L. F.: Toward a classification of persons. *Journal of Applied Psychology*, 1979, *65*, S. 569–607.

Pareek, U. & Keshote, K. K.: Preference of Motivator and Hygienic Factors in Jobs in two cultures. *Indian Journal of Industrial Relations*, 1981, *17*, S. 231–237.

Parker, S. R.: Work and nonwork in three occupations. *Sociological Review*, 1965, *13*, S. 65–75.

Parker, S. R. & Smith, M. A.: Work and leisure. In: Dubin, R. (Ed.): *Handbook of work, organization, and society*. Chicago: Rand McNally, 1976.

Parsons, T.: *Economy and society*. London: Routledge & Kegan Paul, 1959.

Parsons, T.: Some ingredients of a general theory of formal organization. In: Parsons, T. (Ed.): *Structure and process in modern societies*. Essays. Glencoe, Ill.: The Free Press, 1960, S. 59–96.

Parsons, T.: Social Systems. In: Sills, D. L., 1968, Vol XV, S. 458–473.

Parsons, T.: Grundzüge des Sozialsystems. In: ders.: *Zur Theorie sozialer Systeme*. Opladen: Westdeutscher Verlag, 1976.

Pascale, R.: Fitting new employees into the company culture. *Fortune International*, 1984, May 28, S. 62–69.

Patchen, M.: Models of cooperation and conflict: A critical review. *Journal of Conflict Resolution*, 1970, *14*, 3, S. 389–407.

Patrick, J. & Stammers, R.: Computer assisted learning and occupational learning. *British Journal of Educational Technology*, 1977, *8*, S. 253–267.

Paul, G.: *Bedürfnisberücksichtigung durch Mitbestimmung*. Planungs- und Organisationswissenschaftliche Schriften 22. München: Kirsch, 1977.

Paulson, S. K.: Causal analysis of interorganizational relations – an axiomatic theory revised. *Administrative Science Quarterly*, 1974, *19*, S. 319–337.

Pawlik, K.: Modell- und Praxisdimensionen psychologischer Diagnostik. In: Pawlik, K. (Hrsg.): *Diagnose der Diagnostik*. Stuttgart: Klett-Cotta, 1982, S. 13–43 (2. Aufl.).

Pawlow, I. P.: *Conditional reflexes*. An investigation of the physiological activity of the cerebral cortex. London, 1927.

Payne, J. W.: Task complexity and contingent processing in decision making: An information search and protocol analysis. *Organizational Behavior and Human Performance*, 1976, *16*, S. 366–387.

Payne, J. W.: Contingent decision behavior. *Psychological Bulletin*, 1982, *92*, S. 382 bis 402.

Payne, J. W.: Psychology of risky decision. In: Wright, 1985, S. 3 – 23.

Payne, R. L., Fineman, S. & Wall, T. D.: Organizational climate and job satisfaction. A conceptual synthesis. *Organizational Behavior and Human Performance*, 1976, *16*, S. 45–62.

Payne, R. L. & Pheysey, D. C.: Stern's organizational climate index: A reconceptualization and application to business organizations. *Organizational Behavior and Human Performance*, 1971, S. 77–98.

Payne, R. & Pugh, D. S.: Organizational structure and climate. In: Dunnette, M. D. (Ed.): *Handbook of industrial and organizational psychology*. Chicago, Ill.: Rand McNally, 1976, S. 1125–1174.

Peevy, E. S.: Leisure counseling: Some emerging approaches. *Journal of Career Development*, 1984, *11*, S. 81–89.

Pelinka, A.: *Gewerkschaften im Parteienstaat*. Berlin: Duncker & Humblot, 1980.

Pelz, D. C. & Andrews, F. M.: *Scientists in organizations*. New York: Institute for Social Research, 1966.

Pennings, J. M.: Measures of organizational structure: A methodological note. *American Journal of Sociology*, 1973, *79*, S. 686–704.

Penrod, S. & Hastie, R.: Models of jury decision making: A critical review. *Psychological Bulletin*, 1979, *86*, S. 462–492.

Perridon, L.: Soziale Verantwortung der Unternehmung. In: Becker, J., Liechtenstein-Rother, I. & Stopp, H. (Hrsg.): *Wertepluralismus und Wertewandel heute*. München, 1982, S. 41–50.

Perrow, C.: A framework for the comparative analysis of organizations. *American Sociological Review*, 1967, *32*, S. 194–208.

Peter, G.: Das ungeliebte Kind – 10 Jahre Humanisierungsprogramm. *Management-Wissen*, 1984, Heft 12, S. 90–96.

Petermann, F.: *Veränderungsmessung*. Stuttgart: Kohlhammer, 1976.

Petermann, F. (Hrsg.): *Einstellungsmessung – Einstellungsforschung*. Göttingen: Hogrefe, 1980a.

Petermann, F.: Einstellungsmessung und -forschung: Grundlagen, Ansätze und Probleme. In: Petermann, F.: (Hrsg.): Einstellungsmessung – Einstellungsforschung. Göttingen: Hogrefe, 1980b, S. 9–36.

Peters, T. J. & Waterman, R. H.: *In search of excellence*. New York: Harper & Row, 1982.

Peters, T. J. & Waterman, R. H. (jr.): *Auf der Suche nach Spitzenleistungen.* Was man von den bestgeführten US-Unternehmen lernen kann. Landsberg/Lech: Moderne Industrie, 1983.

Peterson, H. G. & Bownas, D. A.: Skill, task, structure, and performance acquisition. In: Dunnette, M. D. & Fleishman, E. A. (Eds.): *Human performance and productivity.* Vol. 1: Human capability assessment. Hillsdale: Lawrence Erlbaum, 1982, S. 49–106.

Peterson, R. B.: A Cross-Cultural Perspective of Supervising Values. *Academy of Management Journal,* 1972, *15,* S. 105–118.

Pettigrew, A. M.: *The politics of organiziatonal decision making.* London: Tavistock, 1973.

Pettigrew, A. M.: On studying organizational cultures. *Administrative Science Quarterly,* 1979, *24,* S. 570–581.

Petty, R. E., Harkings, S. G., Williams, K. D.: The effects of group diffusion of cognitive effort on attitudes: An information processing view. *Journal of Personality and Social Psychology,* 1980, *38,* S. 81–92.

Petty, R. E., Cacioppo, J. T. & Heesacker, M.: Effects of Rhetorical Questions on Persuasion: A Cognitive Response Analysis. *Journal of Personality and Social Psychology,* 1981, *3,* S. 432–440.

Pfeffer, J.: The ambiguity of leadership. In: McCall, M. W. Jr. & Lombardo, M. M. (Eds.): *Leadership: Where else can we go?* Durham, North Carolina: Duke University Press, 1978.

Pfeffer, J.: Management as symbolic action: the creation and maintenance of organizational paradigms. In: Cummings, L. & Staw, B. (Eds.): *Research in Organizational Behavior.* Greenwich, Conn.: JAI Press, 1981.

Pfeffer, J. & Salancik, G. R.: Determinants of supervisory behavior: A role set analysis. *Human Relations,* 1975, *28,* 139–153.

Pfeffer, J. & Salancik, G. R.: *The external control of organisations.* A resource dependence perspective. New York: Harper & Row, 1978.

Pfeiffer, D. K.: Organisation als System. In: Wöhler, K. (Hrsg.): Organisationsanalyse. Stuttgart: Enke, 1978, S. 3–19.

Pheysey, D. C. & Payne, R. L.: *The Hemphill group decisions description questionnaire.* Birmingham: University of Aston, 1970.

Pheysey, D. C., Payne, R. L. & Pugh, D. S.: Influence of structure at organizational and group levels. *Administrative Science Quarterly,* 1971, *16,* S. 61–73.

Phillips, A. F.: Computer conferences: success or failure. In: Bostrom, R. N. (Ed.): *Communication Yearbook 7.* Beverly Hills: Sage, 1983.

Picot, A. & Brandt, S.: Neuere Entwicklungen im Bereich der Bürokommunikation. In: *RKW-Handbuch Führungstechnik und Organisation.* München, 1984.

Pinker, S.: Visual cognition: An introduction. *Cognition,* 1984, *18,* S. 1–63.

Pitz, G. F.: Human engineering of decision aids. In: Humphreys, Svenson & Vari, 1983, S. 205–221.

Pitz, G. F. & Harren, V. A.: An analysis of career decision making from the point of view of information processing and decision theory. *Journal of Vocational Behavior*, 1980, *16*, S. 320–346.

Pitz, G. F., Heerboth, J. & Sachs, N. J.: Assessing the utility of multiattribute utility assessments. *Organizational Behavior and Human Performance*, 1980, *26*, S. 65–80.

Pitz, G. F. & Sachs, N. J.: Judgement and decision: Theory and application. *Annual Review of Psychology*, 1984, *35*, S. 139–163.

Pizam, A. & Reichel, A.: Cultural determinants of managerial behavior. *Management International Review*, 1977, *17*, 2, S. 65–93.

Pleitner, H. J.: *Die Arbeitszufriedenheit von Unternehmern und Mitarbeitern in gewerblichen Betrieben*. Berlin: Duncker & Humblot, 1981.

Pöchhacker, F. & Lackinger, K.: Organisation autonomer Gruppen unter Einbeziehung von NC-Maschinen. In: Österreichisches Forschungszentrum Seibersdorf (Hrsg.): *Automatisierungstechnik in Österreich*. Wien: ÖFZS, 1984, S. 298–312.

Poensgen, O. H.: Koordination. In: Grochla, E. (Hrsg.): *Handwörterbuch der Organisation*. Stuttgart: Poeschel, 1980, Sp. 1130–1141.

Pondy, L. R.: Organizational conflict: Concepts and models. *Administrative Science Quarterly*, 1967/68, *12*, S. 296–320.

Pondy, L. R.: The role of metaphores and myths in organization and in the facilitation of change. In: Pondy, L. R., Frost, P. J., Morgan, G. & Dandridge, T. C. (Eds.): *Organizational symbolism*. Greenwich & London: JAI Press, 1983, S. 157–166.

Pondy, L. R., Frost, P. J., Morgan, G. & Dandridge, T. C. (Eds.): *Organizational symbolism*. Greenwich, Conn. & London: JAI Press, 1983.

Popper, Sir K. R.: *Auf der Suche nach einer besseren Welt*. München: Piper, 1984.

Porras, J. I. & Berg, P. O.: An evaluation methodology in organization development: An analysis and critique. *Journal of Applied Behavioral Science*, 1978, *14*, S. 151 bis 176.

Porras, J. I. & Berg, P. O.: The impact of organization development. *Academy of Management Review*, 1978, *2*, S. 249–266.

Porras, J. I. & Roberts, N.: Toward a typology of organization development research. *Journal of Occupational Behavior*, 1980, *1*, S. 163–179.

Porras, J. I. & Wilkins, A.: Organization development in large systems: An Empirical assessment. *Journal of Applied Behavioral Science*, 1980, *16*, S. 506–534.

Porter, L. W. & Lawler, E. E.: The effects of „Tall“ vs. „Flat“ organization structures on managerial job satisfaction. *Personnel Psychology*, 1964, *17*, S. 134–148.

Porter, L. W. & Lawler, E. E.: Properties of organizational structure in relation to job attitudes and job behavior. *Psychological Bulletin*, 1965, *64*, S. 23–51.

Porter, L. W. & Lawler, E. E.: *Managerial attitudes and performance.* Homewood, Ill.: Irwin-Dorsey, 1968.

Porter, L. W. & Steers, R. M.: Organiziational, work, and personal factors in employee turnover and absenteeism. *Psychological Bulletin*, 1973, *80*, S. 151–176.

Porter, L. W., Steers, R. M., Mowday, R. T. & Boulian, P. V.: Organizational commitment, job satisfaction, and turnover among psychiatric technicians. *Journal of Applied Psychology*, 1974, *59*, S. 603–609.

Porter, L. W., Lawler, E. E. & Hackman, J. R.: *Behavior in Organizations.* New York: McGraw Hill, 1975.

Poser, G.: *Wirtschaftspolitik.* Stuttgart, 1984 (2. Aufl.).

Posner, M. I. & McLeod, P.: Information processing models – in search of elementary operations. *Annual Review of Psychology*, 1982, *33*, S. 477–514.

Postman, L., Bruner, J. S. & McGinnies, E. M.: Personal values as selective factors in perception. *Journal of Abnormal and Social Psychology*, 1948, *43*, S. 142–154.

Powell, G. N. & Butterfield, D. A.: The case for subsystem climates in organizations. *Academy of Management Review*, 1978, *3*, S. 151–157.

Powell, R. L. & Schlachter, J. L.: Participative management – a panacea? *Academy of Management*, 1971, *14*, S. 165–173.

Predovic, M.: *Das Verstehen von emotionalem Gesichtsausdruck und das soziale Verhalten bei Schulkindern.* Wien: Dissertation, 1985.

Preiser, S.: Problemorientiertes Verhaltenstraining als praxisnahe Aus- und Fortbildungsmethode. *Psychologie und Praxis*, 1975, *19*, S. 49–62.

Preiser, S., Gasch, B. & Kugemann, W. F.: Training von Frührungskräften in Personalbeurteilung. *Psychologie und Praxis*, 1973, *17*, S. 1–15.

Premack, S. L. & Wanous, J. P.: A meta-analysis of realistic job preview experiments. *Journal of Applied Psychology*, 1985, *70*, S. 706–719.

Preyer, K.: *Berufs- und Betriebspädagogik.* München, 1978.

Preyer, K.: Strafvollzug und berufliche Resozialisation. In: Sarges, W. & Haeberlin, F. (Hrsg.): *Engpässe bei der beruflichen Weiterbildung.* München, 1984, S. 177–194.

Price, J. L.: *Handbook of Organizational Measurement.* Lexington, Mass.: Heath & Co., 1972.

Price, J. L.: *The study of turnover.* Ames: Iowa State University Press, 1977.

Price, J. L. & Mueller, C. W.: *Professional turnover.* The case of nurses. New York: SP Medical and Scientific, 1981.

Probst, H.: Immer mehr Genüsse, immer weniger genießen. *Psychologie heute*, 1982, S. 23–38.

Prose, F.: Abgelehnte und Unbeachtete: Zur Differenzierung von Außenseitern in Gruppen. *Zeitschrift für Sozialpsychologie*, 1974, *5*, S. 30–47.

Pross, H. & Boetticher, K. W.: *Manager des Kapitalismus.* Frankfurt, 1971.

Pruitt, D. G.: Methods of resolving differences of interest: A theoretical analysis. *Journal of Social Issues*, 1972, *28*, S. 133–154.

Pruitt, D. G. & Kimmel, M. J.: Twenty years of experimental gaming; Critique, synthesis and suggestions for the future. *Annual Review of Psychology*, 1977, *28*, S. 363–392.

Pugh, D.: Modern Organization Theory: A Psychological and Sociological Study. *Psychological Bulletin*, 1966, *166*, S. 235–251.

Pugh, D. S. & Hickson, D. J. (Eds.): *Organizational structure in its context*. The Aston Programme I. Westmead & Lexington, 1976.

Pugh, D. S., Hickson, D. J., Hinings, C. R., McDonald, K. M., Turner, C. & Lupton, T.: A conceptual scheme of organizational analysis. Administrative Science Quarterly, 1963, *8*, S. 289–315.

Pugh, D. S., Hickson, D. J., Hinings, C. R. & Turner, C.: Dimensions of organization structure. *Administrative Science Quarterly*, 1968, *13*, S. 65–105.

Pugh, D. S. & Hickson, D. J.: Eine dimensionale Analyse bürokratischer Strukturen. In: Mayntz, R. (Hrsg.): *Bürokratische Organisationen*. 1971, S. 82–93 (2. Aufl.).

Pugh, D. S. & Hickson, D. J.: *Organizational structure in its context*. London: Saxon House, 1976.

Pugh, D. S. & Hinings, C. R. (Eds.): *Organizational structure*. Extensions and replications. The Aston Programme II. Westmead: Lexington, 1976.

Pugh, D. S. & Payne, R. L. (Eds.): *Organizational behaviour in its context*. The Aston Programme III. Westmead: Saxon House, 1977.

Pulakos, E. D. & Schmitt, N.: A longitudinal study of a valence model approach to the prediction of job satisfaction of new employees. *Journal of Applied Psychology*, 1983, *68*, S. 307–312.

Pulakos, E. D. & Wexley, K. N.: The relationship among perceptual similarity, sex, and performance ratings in manager-subordinate dyads. *Academy of Management Journal*, 1983, *26*, S. 129–139.

Pulver, U., Lang, A. & Schmid, F. W.: *Ist Psychodiagnostik verantwortbar?* Bern: Huber, 1978.

Pümpin, C.: Unternehmenskultur, Unternehmensstrategie und Unternehmenserfolg. *gdi impuls*, 1984, S. 19–30.

Puppe, F.: Expertensysteme. *Informatik-Spektrum*, 1986, *9*, S. 1–13.

Putz-Osterloh, W.: *Problemlöseprozesse und Intelligenztestleistung*. Bern: Huber, 1981.

Putz-Osterloh, W. & Lüer, G.: Über die Vorhersagbarkeit komplexer Problemlöseleistung durch Ergebnisse in einem Intelligenztest. *Zeitschrift für Experimentelle und Angewandte Psychologie*, 1981, *28*, S. 309–334.

Qinn, J. B.: Innovationsmanagement: Das kontrollierte Chaos. *Harvard Manager*, 1985, Heft 4, S. 24–32.

Quinn, R. P. & Kahn, L.: Organizational Psychology. *Annual Review of Psychology*, 1967, S. 437–466.

Quinn, R. P. & Staines, G. L.: *The 1977 quality of employment survey*. Ann Arbor, Mich.: Institute for Social Research, 1979.

Rabbie, J. M & Horwitz, M.: Arousal of ingrup-outgroup bias by a chance of win or loss. *Journal of Personality and Social Psychology*, 1969, *13*, S. 269–277.

Radcliffe-Brown, A.: *Structure and function in primitive society*. London: Cohen & West, 1952.

Raffee, H. & Fritz, W.: Informationsüberlastung des Konsumenten. In: Hoyos, C. Graf, Kroeber-Riel, W., Rosenstiel, v., L. & Strümpel, B. (Hrsg.): *Grundbegriffe der Wirtschaftspsychologie*. München, 1980, S. 83–90.

Raiffa, H.: *Decision analysis*. Introductory lectures on choices under uncertainty. Reading, Mass.: Addison-Wesley, 1968. Deutsch: *Einführung in die Entscheidungstheorie*. München: Oldenbourg, 1973.

Rambo, W. W., Chomiak, A. M. & Price, J. M.: Consistency of performance under stable conditions of work. *Journal of Applied Psychology*, 1983, *68*, S. 78–87.

Ranson, S., Hinings, B. & Greenwood, R.: The structuring of organizational structures. *Administrative Science Quarterly*, 1980, *25*, S. 1–17.

Raschpichler, R.: *Lernstatt*. Eine empirische Analysierung der Aktivierung von Problemlösungspotentialen in Arbeitsgruppen. Universität München, 1983 (unveröffentl. Diplomarbeit).

Rausch, E. et al.: Kommunikationsstruktur und Gruppenleistung. *Psychologische Forschung*, 1965, *28*, S. 598–615.

Rawls, J. R. & Rawls, D. J.: Recent trends in management selection. *Personnel Journal*, 1974, *53*, S. 104–109.

Reber, G. (Hrsg.): *Personal- und Sozialorientierung der Betriebswirtschaftslehre*. 1. Bd. Stuttgart, 1977.

Reber, G.: Individuelle Voraussetzungen von Kooperation und Konflikt. In: Grunwald W. & Lilge, H.-G. (Hrsg.): *Kooperation und Konkurrenz in Organisationen*. Bern, Stuttgart: Haupt, 1982, S. 108–124.

Recktenwald, H. C.: *Adam Smith*. Sein Leben und Werk. München: C. H. Beck'sche Verlagsbuchhandlung, 1976.

Redden, W.: *Culture shock inventory*. New Brunswick, Canada: Organizational Texts, 1975.

Reddin, W. J.: The 3-D management style theory. *Training and Development Journal*, 1967, (April), S. 8–17.

Redel, W.: *Kollegienmanagement*. Bern, Stuttgart: Haupt, 1982.

Rehm, S.: *Quality Circle in Japan – Vorbild für Deutschland?* Düsseldorf: Deutsch-Japanisches Wirtschaftsförderungsbüro, 1983.

Reichwald, R.: *Zur Notwendigkeit der Akzeptanzforschung bei der Entwicklung neuer Systeme der Bürotechnik.* München: Band 1 der Arbeitsberichte aus dem Forschungsprogramm: „Die Akzeptanz neuer Bürotechnologien.“, 1978.

Reigrotzki, E.: *Soziale Verflechtungen in der Bundesrepublik.* Tübingen: Universitäs-Verlag, 1956.

Reilly, R. R., Brown, B., Blood, M. & Malatesta, C. Z.: The effects of realistic previews: A study and discussion of the literature. *Personnel Psychology*, 1981, *34*, S. 823 bis 837.

Reilly, R. R. &Chao, G. T.: Validity and fairness of some alternative employee selection procedures. *Personnel Psychology, 1982*, *35*, S. 1–62.

Reimann, B. C.: Strukturdimensionen bürokratischer Organisationen. Eine empirisch fundierte Würdigung. In: Türk, K. (Hrsg.), 1975, S. 18–31.

Reitman, J. S.: Skilled Perception in Go: Deducing memory structure from interresponse times. *Cognitive Psychology*, 1976, *8*, S. 336–356.

Reitman, W. R.: *Cognition and thought*, New York: Wiley, 1965.

Remer, A.: *Personalmanagement.* Berlin, New York, 1978.

Renn, H.: *Die Messung von Sozialisierungswirkungen.* München: Oldenbourg, 1973.

Renn, O., Albrecht, G., Kotte, U., Peters, M. & Stegelmann, H. U.: *Sozialverträgliche Energiepolitik.* Ein Gutachten für die Bundesregierung. München: High Tech Verlag, 1985.

Retzlaff, G.: *Verwaltungsorganisation.* Köln: Heymanns, 1979.

Rhodes, S. R.: Age-related differences in work attitudes and behavior: A review and conceptual analysis. *Psychological Bulletin*, 1983, *93*, S. 328–367.

Rice, A. K.: *Productivity and social organisation.* The Ahmedabad Experiment. London: Tavistock, 1958.

Rice, A. K.: *The Enterprise and its Environment.* London: Tavistock, 1963.

Rice, R. W.: Construct Validity of the least preferred co-worker score. *Psychological Bulletin*, 1978, *85*, S. 1199–1237.

Richards, M. D., Slocum, D. J. Jr., Sheridan, J. E. & Altimus, C.: Cultural Modernity, Leadership and Job-Satisfaction. *Academy of Management Proceedings*, 1973, S. 113–118.

Rickards, T.: *Problem solving through creative analysis.* Epping, Essex: Gower Press, 1974.

Ridgeway, V. F.: Dysfunctional consequences of performance measurements. *Administrative Science Quarterly*, 1956, *1*, S. 240–247.

Rieff, P.: Freud: *The mind of the moralist.* New York: Doubleday, 1961.

Riegger, M.: *Lernstatt erlebt.* Praktische Erfahrungen mit Gruppeninitiativen am Arbeitsplatz. Ein Modell aus der Produktion. Essen: Windmühle, 1983.

Riley, P.: A structurationist account of political culture. *Administrative Science Quarterly*, 1983, *28*, S. 414–437.

Rinderspacher, J.: Der Feierabend, der keiner ist. *Psychologie heute*, 1984, *11*, S. 38–41.

Ringel, E. (Hrsg.): *Selbstmordverhütung*. Stuttgart: Huber, 1969.

Risse, W.: Organisation, Begriff. In: Grochla, E. (Hrsg.): *Handwörterbuch der Organisation*. Stuttgart: Poeschel, 1973, S. 1091–1094.

Rizzo, J. R., House, R. J. & Lirtzman, S. I.: Role conflict and ambiguity in complex organizations. *Administrative Science Quarterly*, 1970, *15*, S. 150–163.

Robbins, S. P.: *Managing organizational conflict*. Englewood Cliffs, N. J.: Prentice-Hall, 1974.

Roberts, K.: The sociology of work entry and occupational choice. In: Watts, A. G., Super, D. E. & Kidd, J. M. (Eds.): *Career Development in Britain*. Cambridge: Hobsons, 1981, S. 279–399.

Roberts, K.: *Youth and leisure*. Verlag Allan & Unwinn, 1983.

Roberts, K. H.: On Looking at an Elephant. An Evaluation of Cross-Cultural Research Related to Organizations. In: Weinshall, Th. D. (Ed.): *Culture and Management*. New York: Penguin Books, 1977, S. 56–104.

Roberts, M. C.: On being imitated: Effects of levels of imitation and imitator competence. *Social Psychology Quarterly*, 1980, *43*, S. 233–340.

Robertson, I. T. & Kandola, R. S.: Work sample tests: Validity, adverse impact and applicant reaction. *Journal of Occupational Psychology*, 1982, *55*, S. 171–183.

Robinson, J. P., Athanasiou, R. & Head, K. B. (Eds.): *Measures of occupational attitudes and occupational characteristics*. Michigan: Institute for Social Research, 1969.

Roby, T. B., Nicol, E. H. & Farrell, F. M.: Group problem solving under two types of executive structure. *Journal of Abnormal and Social Psychology*, 1963, *67*, S. 550–556.

Roethlisberger, F. J. & Dickson, W. J.: *Management and the worker*. Cambridge, Mass.: Harvard University Press, 1939.

Rogers, C. R.: The nondirective method as a technique for social research. *American Journal of Sociology*, 1944/45, *50*, S. 279–283.

Rogers, C. R.: Interpersonal relationship. USA 2000. *Journal of Applied Behavioral Science*, 1968, *4*, S. 265–280.

Rogers, E. M.: *Diffusion of innovations*. New York: The Free Press, 1962.

Rogers, E. M. & Shoemaker, F. F.: *Communication of innovations*. New York: The Free Press, 1971.

Rohmert, W. & Rutenfranz, J.: *Arbeitswissenschaftliche Beurteilung der Belastung und Beanspruchung an unterschiedlichen industriellen Arbeitsplätzen*. Bonn: Bundesminister für Arbeit und Sozialordnung, 1975.

Rohmert, W., Rutenfranz, J. & Ulich, E.: *Das Anlernen sensumotorischer Fertigkeiten.* Frankfurt, 1974.

Rohrbaugh, J.: Improving the quality of group judgement: Social judgement analysis and the Delphi – technique. *Organizational Behavior and Human Performance,* 1979, *24,* S. 73–92.

Rohrbaugh, J.: Improving the quality of group judgement: Social judgement analysis and the Nominal Group Technique. *Organizational Behavior and Human Performance,* 1981, *28,* S. 272–288.

Rojek, Ch.: Emancipation and demoralization: Constrasting approaches in the sociology of leisure. *Leisure Studies,* 1983, *2,* S. 83–96.

Rokeach, M.: *Beliefs, attitudes and values.* San Francisco: Jossey-Bass, 1968.

Rokeach, M.: *The Nature of Human Values.* New York, London: Free Press, 1973.

Rollett, B.: Kriterienorientierte Prozeßdiagnostik im Behandlungskontext. In: Pawlik, K. (Hrsg.): *Diagnose der Diagnostik.* Stuttgart: Klett, 1976.

Rombouts, R. & Ferstl, R.: Ein psychophysiologisch kontrolliertes Streßmanagementtraining. In: Brengelmann, J. C. & Bühringer, G. (Hrsg.): *Therapieforschung für die Praxis.* Themen der 10. Verhaltenstherapiewoche 1983. München: Röttgerverlag, IFT-Texte, 1983, *4,* S. 72–103.

Ronan, W. W.: Individual and situational variables relating to job satisfaction. *Journal of Applied Psychology Monograph,* 1970, *54,* S. 1–31.

Ronge, V. & Schmieg, G.: *Restriktionen politischer Planung.* Frankfurt/Main, 1973.

Ronneberger, F.: Hauptprobleme der Wirkungsforschung – 13 Thesen. In: Konrad-Adenauer-Stiftung (Hrsg.): *Wie wirken die Medien?* Melle, 1981, S. 6–14.

Rosch, M.: Verhalten im sozialen Kontext: Soziale Förderung und Unterdrückung von Verhalten. In: Frey, D. & Irle, M. (Hrsg.): *Theorien der Sozialpsychologie,* Bd. II Bern: Huber, 1985.

Rosen, B. & Jerdee, T. H.: Effects of decision permanence on managerial willingness to use participation. *Academy of Management Journal,* 1978, *21,* S. 722–725.

Rosenberg, R. & Rosenstein, E.: Participation and productivity: An empirical study. *Industrial and Labor Relations Review,* 1980, *33,* S. 355–367.

Rosenstiel, v., L.: *Motivation im Betrieb.* München, 1972.

Rosenstiel, v., L.: *Die motivationalen Grundlagen des Verhaltens in Organisationen – Leistung und Zufriedenheit.* Berlin: Duncker & Humblot, 1975.

Rosenstiel, v., L.: Arbeitsleistung und Arbeitszufriedenheit. *Zeitschrift für Arbeitswissenschaft,* 1975, *29,* S. 72–78.

Rosenstiel, v., L.: Führungspsychologie. In: *Personalenzyklopädie, II.* München: Moderne Industrie, 1978, S. 113–118.

Rosenstiel, v., L.: Die Ermittlung personaler Eigenschaften motivationaler Art. In: Reber, G. (Hrsg.): *Personalinformationssysteme.* Stuttgart: Poeschel, 1979, S. 51 –73.

Rosenstiel, v., L.: *Grundlagen der Organisationspsychologie*. Stuttgart: Poeschel, 1980a.

Rosenstiel, v., L.: Organisationspsychologie. In: Hoyos, Graf C., Kroeber-Riel, W., Rosenstiel, v., L. & Strümpel, B. (Hrsg.): *Grundbegriffe der Wirtschaftspsychologie*. München: Kösel, 1980b, S. 41–57.

Rosenstiel, v., L.: *Betriebsklima geht jeden an*. München: Bayer. Staatsmin. für Arbeits- und Sozialordnung, 1983.

Rosenstiel, v., L.: Wertewandel und Organisationsentwicklung. Organisationsentwicklung. *Zeitschrift der Gesellschaft für OE* e. V., 1983, *2*, S. 29–44.

Rosenstiel, v., L.: Karrieremotivation beim Führungsnachwuchs. *Bildungswerk der Bayerischen Wirtschaft*, 1983, *9*.

Rosenstiel, v., L.: *Partizipative Veränderungsstrategien*. Erfstadt: Universitätsseminar der Wirtschaft, 1984.

Rosenstiel, v., L.: Wandel der Werte – Zielkonflikte bei Führungskräften? In: Blum, R. & Steiner, M. (Hrsg.): *Aktuelle Probleme der Marktwirtschaft in gesamt- und einzelwirtschaftlicher Sicht*. Berlin, 1984, S. 203–234.

Rosenstiel, v., L.: Messung des Betriebsklimas. In: Schuler, H. & Stehle, W. (Hrsg.): *Organisationspsychologie und Unternehmenspraxis*. Perspektiven der Kooperation. Stuttgart: Verlag für Angewandte Psychologie, 1985, S. 25–44.

Rosenstiel, v., L.: Das Betriebsklima. Zur Praxis der Diagnose und Intervention in Organisationen. Wirtschaftswissenschaftliches Studium (WiST). *Zeitschrift für Ausbildung und Hochschulkontakt*, 1986, *15*, S. 83–91.

Rosenstiel, v., L., Einsiedler, H., Streich, R. & Rau, S.: *Motivation durch Mitwirkung*. Stuttgart: Schäffer, 1987.

Rosenstiel, v., L. & Ewald, G.: *Marktpsychologie I und II*. Stuttgart: Kohlhammer, 1979.

Rosenstiel, v., L. & Ewald, G.: Methoden und Ergebnisse labor- und feldexperimenteller marktpsychologischer Forschung. In: Irle, M. (Hrsg.): *Methoden und Anwendungen in der Marktpsychologie*. Göttingen, 1983, S. 174–270.

Rosenstiel, v., L., Falkenberg, Th., Hehn, W., Henschel, E. & Warns, I.: *Betriebsklima heute*. München: Bayerisches Staatsministerium für Arbeit und Sozialordnung, 1983.

Rosenstiel, v., L. & Gebert, D.: *Unveröffentlichte Daten zum HdA-Projekt Nr. 01 HF 118*. Düsseldorf, 1981.

Rosenstiel, v., L., Molt, W. & Rüttinger, B.: *Organisationspsychologie*. Stuttgart: Kohlhammer, 1972, 1983.

Rosinger, G., Myers, L. B., Levy, G. W., Loar, M., Mohrmann, S. A. & Stock, J. R.: Development of a behaviorally based performance appraisal system. *Personnel Psychology*, 1982, *35*, S. 75–88.

Rosner, M. M.: Administrative controls and innovations. *Behavioral Science*, 1968, *13*, S. 36–43.

Ross, D.: Medien in der Kontroverse – Beispiel: Fernsehen und Kernenergie. In: Hauff, V. (Hrsg.): *Argumente in der Energie-Diskussion.* Villingen, 1980, S. 101–111.

Ross, L. L. & Hall, R. I.: Influence diagrams and organizational power. *Administrative Science Quarterly*, 1980, *25*, S. 57–71.

Ross, P. F.: Innovation adaption by organizations. *Personnel Psychology*, 1974, *27*, S. 21 – 47.

Roth, E.: *Einstellung als Determination individuellen Verhaltens.* Göttingen: Hogrefe, 1967.

Roth, E.: *Der Werteinstellungs-Test.* Eine Skala zur Messung dominanter Interessen der Persönlichkeit. Bern, Stuttgart: Huber, 1972.

Roth, E.: Zur Lage der Psychologie. In: Michaelis, W. (Hrsg.), 1981, S. 1–14.

Roth, E.: Allgemeine Forschungsstrategien. In: Roth, 1984, S. 86–104.

Roth, E. (Hrsg.): *Sozialwissenschaftliche Methoden.* München: Oldenbourg, 1984.

Roth, E., Oswald, W. D. & Daumenlang, K.: *Intelligenz.* Stuttgart: Kohlhammer, 1980.

Rothschild-Whitt, J.: The Collectivist Organization: An Alternative to Rational – Bureaucratic Models. *American Sociological Review*, 1979, *44*, S. 509–527.

Rotter, J. B.: Generalized expectancies for internal versus external control of reinforcement. *Psychological Monographes*, 1966, *80*, S. 1–28.

Rubenowitz, S.: Job-oriented and person-oriented leadership. *Personnel Psychology*, 1962, *15*, S. 387–396.

Rubin, J. Z.: Experimental research on third-party intervention in conflict: Toward some generalizations. *Psychological Bulletin*, 1980, *87*, S. 379–391.

Rubin, J. Z. & Brown, B. R.: *The social psychology of bargaining and negotiation.* New York: Academic Press, 1975.

Rubinstein, M. F.: A decade of experience in teaching an interdisciplinary problem-solving course. In: Tuma & Reif, 1980, S. 25–38.

Rudloff, W.: Öffentlichkeitsarbeit in der Investitionsgüterindustrie am Beispiel der Kraftwerkunion AG. In: Haedrich, G., Barthenheier, G. & Kleinert, H. (Hrsg.): *Öffentlichkeitsarbeit.* Berlin, 1982, S. 287–298.

Rudzinski, K.: Diskussionsteilnehmer in der Video-Aufzeichnung zur Problematik der Kernenergie-Berichterstattung aus der Sicht der Presse. In: Hauff, V. (Hrsg.): *Argumente in der Energie-Diskussion.* Villingen, 1980, S. 11–23.

Ruedi, A. & Lawrence, P. R.: Organizations in two cultures. In: Lorsch, J. W. & Lawrence, P. R. (Eds.): *Studies in organization design.* Homewood, Ill.: Irwin, 1970, S. 54–83.

Rüegsegger, R.: *Geschichte der Angewandten Psychologie 1900–1940.* Bern: Huber, 1986.

Ruiz Quintanilla, S. A.: *Bedeutung des Arbeitens.* Entwicklung und empirische Erprobung eines sozialwissenschaftlichen Modells zur Erfassung arbeitsrelevanter Werthaltungen und Kognitionen. Berlin: Selbstverlag, 1984.

Ruiz Quintanilla, S. A. & Wilpert, B.: Zur subjektiven Bedeutung der Arbeit. In: Lempert, W., Hoff, E. & Lappe, K. (Hrsg.): *Arbeit und Persönlichkeit.* Bern: Huber, 1985.

Rulon, P. J., Tiedemann, D. V., Tatsuoka, M. M. & Langmuir, C. R.: *Multivariate statistics for personnel classification.* New York: Wiley, 1967.

Rumelt, R. P.: *Strategy, structure and economic performance.* Cambridge, Mass.: Harvard University Press, 1974.

Runyon, K. E.: Some interactions between personality variables and management styles. *Journal of Applied Psychology*, 1973, *57*, S. 288–294.

Rus, V.: Influence structure in yugoslav enterprise. *Industrial Relations*, 1970, *9*, S. 148–160.

Rusbult, C. E. & Farrell, D.: A longitudinal test of the investment model: The impact on job satisfaction, job commitment and turnover of variations in rewards, costs, alternatives and investments. *Journal of Applied Psychology*, 1983, *68*, S. 429 – 438.

Rush, H. & Wikstrom, W.: The reception of behavioral science in industry. In: Luthans, F. (Ed.): *Contemporary readings in organizational behavior.* New York: McGraw-Hill, 1972, S. 70–86.

Rushing, W. A.: Organizational size and administration: The problems of causal homogenity and a heterogenous category. *Pacific Sociological Review*, 1966, *9*, S. 100 – 108.

Rushing, W. A.: The effects of industry size and division of labor on administration. *Administrative Science Quarterly*, 1967, *12*, S. 273–295.

Rutenfranz, J.: Arbeitsmedizinische Aspekte des Streßproblems. In: Kollmeier, H. (Hrsg.): *Streß am Arbeitsplatz.* Schriftenreihe Arbeitsschutz Nr. 31. Dortmund: Bundesanstalt für Arbeitsschutz und Unfallforschung, 1981, S. 11–20.

Rüttinger, B.: *Konflikt und Konfliktlösen.* München. Goldmann, 1977.

Rüttinger, B., Rosenstiel, v., L. & Molt, W.: *Motivation des wirtschaftlichen Verhaltens.* Stuttgart, 1974.

Rynes, S. L., Heneman, H. G.III & Schwab, D. P.: Individual reaction to organizational recruiting: A review. *Personnel Psychology*, 1980, *33*, S. 529–542.

Saal, F. E., Downey, R. G. & Lahey, M. A.: Rating the ratings: Assessing the psychometric quality of rating data. *Psychological Bulletin*, 1980, *88*, S. 413–428.

Sackett, P. R.: Assessment Centers and content validity: Some neglected issues. *Personnel Psychology*, 1987, *40*, S. 13–26.

Sackett, P. R. & Dreher, G. F.: Constructs and assessment center dimensions: Some troubling empirical findings. Journal of Applied Psychology, 1982, *67*, S. 401–410.

Sackett, P. R., Harris, M. M. & Orr, J. M.: On seeking moderator variables in the meta-analysis of correlational data. A Monte Carlo investigation of statistical power and resistance to type I error. *Journal of Applied Psychology*, 1986, *71*, S. 302–310.

Sackett, P. R. & Wilson, M. A.: Factors affecting the consensus judgement process in managerial assessment centers. *Journal of Applied Psychology*, 1982, *67*, S. 10 – 17.

Sackett, P. R., Zedeck, S. & Fogli, L.: Relationships between measures of typical and maximum performance. *95th Annual Convention of the American Psychological Association*, New York, 1987.

Sackmann, S.: Organisationskultur: Die unsichtbare Einflußgröße. Gruppendynamik, *Zeitschrift für Angewandte Sozialwissenschaften*, 1983, *14*, S. 393–406.

Sader, M.: *Psychologie der Gruppe*. München: Juventa Verlag, 1976.

Sader, M., Schäuble, M., Theis, W.: *Verbesserung von Interaktion durch Gruppendynamik*. Münster, 1976.

Sadler, G.: Neuordnung des Zeichnungsrechts in Hamburg. *Mitteilungen für die Verwaltung der Freien und Hansestadt Hamburg*. Nr. 6 / 1971, 1–8 (Sonderdruck).

Sageder, J. (Hrsg.): *Die Optimumhypothese*. Neue Aspekte der angewandten Sozialpsychologie. Wien, New York: Springer, 1982.

Salaman, G.: *Work organizations*. Resistance and control. London: Longman, 1979.

Salaman, G.: *Class and corporation*. London: Fontana, 1981.

Salancik, G. R. & Pfeffer, J.: An examination of need-satisfaction models of job attitudes. *Administrative Science Quarterly*, 1977, *22*, S. 427–456.

Saleh, S. D. & McNeil, W. J. D.: The psychologists role in modern organizations. *Studies in Personnel Psychology*, 1973, *5*, S. 47–52.

Salkever, St. G.: Virtue, obligation, and politics. *American Political Science Review*, 1974, *68*, S. 78–92.

Salomone, R. R. & Slaney, R. B.: The applicability of Holland's theory to nonprofessional workers. *Journal of Vocational Behavior*, 1978, *13*, S. 63–74.

Samson, G. E., Graue, E. M., Weinstein, T. & Walberg, H. J.: Academic and occupational performance. A quantitative synthesis. *American Educational Research Journal*, 1984, *21*, S. 311–321.

Samson, H.: Lernstatt – eine deutsche Antwort. *Dokumentation erster deutscher Quality Circle Kongreß der DGfP und RKW*. Düsseldorf: Eigenverlag, 1983, S. 43 – 57.

Sarges, W.: Führungskräfte-Training in der Sackgasse? In: Sarges, W. & Haeberlin, F. (Hrsg.): *Engpässe in der beruflichen Weiterbildung*. München, 1984, S. 97–127.

Saterdag, H.: *Die Bedeutung regional-struktureller Rahmenbedingungen für die Ausbildungs- und Berufsentscheidung*. Beitr. AB 55. Nürnberg: Bundesanstalt für Arbeit, 1982.

Saterdag, H.: Zielsetzung und Ergebnisse im Bereich der beruflichen Weiterbildung. In: Sarges, W. & Haeberlin, F. (Hrsg.): *Engpässe in der beruflichen Weiterbildung.* München, 1984, S. 9–23.

Sathe, V.: Institutional versus questionnaire measures of organizational structure. *Academy of Management Journal*, 1978, *21*, S. 227–238.

Sauermann, H. & Selten, R.: Anspruchsanpassungstheorie der Unternehmung. *Zeitschrift für die gesamte Staatswissenschaft*, 1962, *118*, S. 577–597.

Saupe, R. & Frese, M.: Faktoren für das Erleben und die Bewältigung von Streß im Schreibdienst. In: Frese, M. (Hrsg.): *Streß im Büro.* Bern: Huber, 1981, S. 199 – 223.

Sauter, E. & Schweyer, G.: *Der eingetragene Verein.* München: Beck, 1983 (12. Aufl.).

Sauter, F.: *Transaktionskostentheorie.* Darstellung des Ansatzes und Anwendung auf die Analyse von Organisationsformen der Ressourcenzusammenlegung. Mannheim, 1984 (Dissertation).

Savage, A. W.: Biographische Fragebogen: Neuere Ergebnisse aus England. In: Schuler, H. & Stehle, W. (Hrsg.): *Biographische Fragebogen als Methode der Personalauswahl.* Stuttgart: Verlag für Angewandte Psychologie, 1986, S. 69–79.

Sbandi, P.: *Gruppenpsychologie.* München: Pfeiffer, 1975.

Schachter, S.: Deviation, rejection and communication. *Journal of Abnormal and Social Psychology*, 1951, *46*, S. 190–207.

Schaeffer, G. H. & Patterson, M. L.: Intimacy, Arousal, and Small Group Crowding. *Journal of Personality and Social Psychology*, 1980, *2*, S. 283–290.

Schäfer, W. (Hrsg.): *Schattenökonomie.* Göttingen, 1984.

Schaff, A.: Beschäftigung kontra Arbeit. In: Friedrich, G. & Schaff, A. (Hrsg.): *Auf Gedeih und Verderb – Mikroelektronik und Gesellschaft.* Bericht an den Club of Rome. München, 1982.

Schaffer, R. H.: Job satisfaction as related to need satisfaction. *Psychological Monographs*, 1953, *67* (whole no. 364).

Schallberger, U., Haefeli, K. & Kraft, U.: Zur reziproken Beziehung von Berufsausbildung und Persönlichkeitsentwicklung. *Zeitschrift für Sozialisationsforschung und Erziehungssoziologie*, 1984, *2*, S. 197–210.

Schaller, S. & Schmidtke, A.: Verhaltensdiagnostik. In: Groffmann, K. J. & Michel, L. (Hrsg.): *Verhaltensdiagnostik.* Enzyklopädie der Psychologie: Bd. B/II/4. Göttingen: Hogrefe, 1983, S. 489–701.

Scharmann, T.: *Arbeit und Beruf.* Tübingen: Mohr, 1956.

Scharmann, T.: Wesen, Entstehung und Wandlung der Berufe. In: Mayer, A. & Herwig, B. (Hrsg.): Handbuch der Psychologie. Bd. 9: *Betriebspsychologie.* Göttingen: Hogrefe, 1961, S. 293–304.

Scharmann, T.: *Teamarbeit in der Unternehmung.* Bern: Haupt, 1972.

Scharmann, T.: Überprüfung der Optimumhypothese nach Scharmann im Rahmen des programmierten Gruppenunterrichts. In: Sageder, J.: *Optimumhypothese.* New York: Springer, 1982, S. 102–154.

Scharmann, T.: Homo oeconomicus. Eine psychoökonomische Studie. In: Daumenlang, K. & Sauer, J. (Hrsg.), 1986, S. 42–74.

Schein, E. H.: *Organizational psychology.* Englewood Cliffs, N. J.: Prentice Hall, 1965 (3rd ed.: 1980).

Schein, E. H.: Attitude change during management education. *Administration Science Quarterly*, 1967, *11*, S. 601–628.

Schein, E. H.: *Process consulation.* Its role in organization development. Reading/ Mass.: Addison Wesley, 1969.

Schein, E. H.: Individuum, Organisation und Karriere. *Gruppendynamik*, 1972, *3*, S. 139 – 156.

Schein, E. H.: Organizational Psychology: Problems and prospects for the future. *Training and Development Journal*, March, 1973, S. 43–49.

Schein, E. H.: Das Bild des Menschen aus der Sicht des Management. In: Grochla, E. (Hrsg.): *Management.* Düsseldorf, Wien: Econ, 1974, S. 69–91.

Schein, E. H.: Wie vollziehen sich Veränderungen? In: Bennis, W. C., Benne, K. D. & Chin, R. (Hrsg.): *Änderung des Sozialverhaltens.* Stuttgart: Klett-Cotta, 1975, S. 128–139.

Schein, E. H.: The individual, the organization and the career: A conceptual scheme. *Journal of Applied Behavioral Science*, 1971, *7*, S. 401–426.

Schein, E. H.: *Career dynamics.* Matching individual and organizational needs. Reading: Addison-Wesley Publishing Company, 1978.

Schein, E.: *Organisationspsychologie.* Wiesbaden: Betriebswirtsch. Verlag, 1980.

Schein, E. H.: Coming to a new awareness of organizational culture. *Sloan Management Review*, 1984, S. 3–16.

Schein, E. H.: *Organizational culture and leadership.* London, 1985.

Scheller, R.: *Psychologie der Berufswahl und der beruflichen Entwicklung.* Stuttgart: Kohlhammer, 1976.

Scheller, R.: Laufbahnentwicklung im Spannungsfeld von Arbeit und Freizeit. *Psychologische Rundschau*, 1987, *38*, S. 125–136.

Schelsky, H.: *Die skeptische Generation.* Düsseldorf, Köln: Diederichs, 1957.

Schenk, M.: *Publikums- und Wirkungsforschung.* Tübingen, 1978.

Scherer, K. R. (Hrsg.): *Vokale Kommunikation.* Weinheim: Beltz, 1982a.

Scherer, K. R.: Die vokale Kommunikation emotionaler Erregung. In: Scherer, K. G. (Hrsg.): *Vokale Kommunikation.* Weinheim: Beltz, 1982b.

Scherer, K. R. & Wallbott, H. G. (Hrsg.): *Nonverbale Kommunikation*. Forschungsberichte zum Interaktionsverhalten. Weinheim: Beltz, 1979.

Scherhorn, G.: *Verbraucher-Interesse und Verbraucher-Politik*. Göttingen, 1975.

Scherhorn, G.: Die Funktionsfähigkeit von Konsumgütermärkten. In: Irle, M. (Hrsg.): *Marktpsychologie als Sozialwissenschaft*. Göttingen, 1983, S. 45–150.

Scheuch, E. K.: Soziologie der Freizeit. In: König, R. (Hrsg.): *Handbuch der empirischen Sozialforschung*. Bd. 2. Stuttgart: Enke, 1969.

Scheuch, E. K. & Scherhorn, G.: *Freizeit-Konsum*. Stuttgart: Enke, 1977.

Scheuch, K. & Schreinicke, G.: *Streß: Gedanken – Theorien – Probleme*. Berlin: Volk und Gesundheit, 1983.

Scheuner, U.: Grundbegriffe der Selbstverwaltung. In: Püttner, G. (Hrsg.): *Handbuch der kommunalen Wissenschaft und Praxis*, 1. Berlin: Springer, 1981, S. 7–23.

Schick, W.: Öffentlicher Dienst I: Rechtsfragen. In: *HdWW*, 1979, *21. Lfg.*, S. 528; 25. Lfg., S. 529–532.

Schierenbeck, H.: *Grundzüge der Betriebswirtschaftslehre*. München, Wien: Oldenbourg, 1981 (6. Aufl.).

Schiff, W.: *Perception: An applied approach*. Boston: Houghton Mifflin Company, 1980.

Schlaffke, W. & Vogel, O.: *Industriegesellschaft und technologische Herausforderung*. Köln: Deutscher Institutsverlag, 1981.

Schleicher, R.: Die Intelligenzleistung Erwachsener in Abhängigkeit vom Niveau der beruflichen Tätigkeit. *Probleme und Ergebnisse der Psychologie*, 1973, *44*, S. 25 bis 55.

Schlenker, B. R. & Bonoma, T. V.: Fun and games. The validity of games for the study of conflict. *Journal of Conflict Resolution*. 1978, *22*, S. 7–38.

Schlesinger, L., Jackson, J. M. & Burmann, J.: Leader-member interaction in management committees. *Journal of Abnormal and Social Psychology*, 1960, *61*, S. 360 – 364.

Schlicksupp, H.: *Kreative Ideenfindung in der Unternehmung*. Methoden und Modelle. Berlin: Gruyter, 1977.

Schlicksupp, H.: *Innovation, Kreativität und Ideenfindung*. Würzburg: Physica, 1980.

Schluchter, W.: *Aspekte bürokratischer Herrschaft*. München: Paul List, 1972.

Schmale, M.: *Psychologie der Arbeit*. Stuttgart: Klett-Cotta, 1983.

Schmedtper, W.: Zur Kritik einer eigenständigen Freizeitsoziologie. In: *Freizeit in Theorie und Forschung*. Düsseldorf, 1980 (Schriftenreihe Edition Freizeit, Heft 32).

Schmid, K. H.: *Psychologische Testverfahren im Personalbereich*. Köln: Müssener, 1971.

Schmidt, F. L., Greenthal, A. L., Hunter, J. E., Berner, J. G. & Seaton, F. W.: Job samples versus paper and pencil trades and technical tests: Adverse impact and examinee attitudes. *Personnel Psychology*, 1977, *30*, S. 187–197.

Schmidt, F. L. & Hunter, J. E.: Development of a general solution to the problem of validity generalization. *Journal of Applied Psychology*, 1977, *62*, S. 529–540.

Schmidt, F. L. & Hunter, J. E.: Employment testing. Old theories and new research findings. *American Psychologist*, 1981, *36*, S. 1128–1137.

Schmidt, F. L. & Hunter, J. E.: Individual differences in productivity: An empirical test of estimates derived from studies of selection procedure utility. *Journal of Applied Psychology*, 1983, *68*, S. 407–414.

Schmidt, F. L., Hunter, J. E., McKenzie, R. C. & Muldrow, T. W.: Impact of valid selection procedures on work-force productivity. *Journal of Applied Psychology*, 1979, *64*, 609–626.

Schmidt, F. L., Hunter, J. E. & Pearlman, K.: Task differences as moderators of aptitude test validity in selection: A red herring. *Journal of Applied Psychology*, 1981, *66*, S. 155–185.

Schmidt, F. L., Hunter, J. E. & Pearlman, K.: Assessing the economic impact of personnel programs on workforce productivity. *Personnel Psychology*, 1982, *35*, S. 333 – 347.

Schmidt, F. L., Hunter, J. E., Pearlman, K., Hirsch, H. R., Sackett, P. R., Schmitt, N., Tenopyr, M. L., Kehoe, K. & Zedeck, S.: Fourty questions about validity generalization and meta-analysis. Commentary on fourty questions about validity generalization and meta-analysis. *Personnel Psychology*, 1985, *38*, S. 697–798.

Schmidt, J.: *Lernstatt*. Ein mitarbeiterorientiertes Führungskonzept. München: Universität, 1983 (unveröffentl. Diplomarbeit).

Schmidt, K. H., Kleinbeck, U. & Brockmann, W.: Motivational control of motor performance by goal-setting in a dual-task-situation. *Psychological Research*, 1984, *46*, S. 129–146.

Schmidt, K. H., Kleinbeck, U. & Schmitz, A.: Zur Wirkung von Zielsetzungen auf Bewegungsleistungen. *Psychologie und Praxis*. Zeitschrift für Arbeits- und Organisationspsychologie, 1985, *29*, S. 62–70.

Schmidt, M. G.: *Westliche Industriegesellschaften*: Wirtschaft, Gesellschaft, Politik. (Pipers Wörterbuch zur Politik, Bd. 2). München, 1983.

Schmidt, R.: Wirtschaftsaufsicht. In: *HdWW*, 1980, *23. Lfg.*, S. 34–44.

Schmidt, S. M. & Kochan, T. A.: Conflict: Toward conceptual clarity. *Administrative Science Quarterly*, 1972, *17*, S. 359–370.

Schmidt-Jartzig, E.: *Kommunale Organisationseinheit*. Staatliche Organisationsgewalt und körperliche Selbstverwaltung. Göttingen: Schwartz, 1979.

Schmidtchen, G.: *Neue Technik. Neue Arbeitsmoral*. Eine sozialpsychologische Untersuchung über die Motivation in der Metallindustrie. Köln: Deutscher Institutsverlag, 1984.

Schmidtke, H. (Hrsg.): *Lehrbuch der Ergonomie*. München, Wien: Hanser, 1981 (2. Aufl.).

Schmiel, M.: Lernverhalten und Lernförderung in der Umschulung. In: Sarges, W. & Haeberlin, F. (Hrsg.): *Engpässe in der beruflichen Weiterbildung*. München, 1984, S. 129–144.

Schmitt, N.: Social situational determinants of interview decisions: Implications for the employment interview. *Personnel Psychology*, 1976, *29*, S. 79–101.

Schmitt, N., Gooding, R. Z., Noe, R. D. & Kirsch, M.: Metaanalysis of validity studies published between 1964 and 1982 and the investigation of study characteristics. *Journal of Personnel Psychology*, 1984, *37*, S. 407–422.

Schmitt, N. & Noe, R. A.: *Final validation results*. NASSP Assessment Center. East Lansing: Michigan State University, Department of Psychology, 1982.

Schmitt, N. & Noe, R. A.: Personnel selection and equal employment opportunity. In: Cooper, A. & Robertson, I. T. (Eds.): *International review of industrial and organizational psychology*. Chichester: Wiley, 1986, S. 71–115.

Schmitt, N., Noe, R. A. & Gottschalk, R.: Using the lens model to magnify raters consistency, matching, and shared bias. *Academy of Management Journal*, 1986, *29*, S. 130–139.

Schmitt, N. & Ostroff, C.: Operationalizing the „behavioral consistency" approach: Selection test development based on a content-oriented strategy. *Personnel Psychology*, 1986, *39*, S. 91–108.

Schmitz, F.: „Recurrent education", „Lifelong education", „education permanente". In: Dahm, G., Gerhard, R., Graeßner, G., Kommer, A. & Preuß, V. (Hrsg.): *Wörterbuch der Weiterbildung*. München, 1980, S. 285–289.

Schmitz-Scherzer, R.: *Sozialpsychologie der Freizeit*. Stuttgart: Kohlhammer, 1974.

Schmitz-Scherzer, R.: Psychologie der Freizeit. In: *Psychologie des 20. Jahrh., Bd. XIII. Anwendungen im Berufsleben*. Zürich: Kindler, 1981.

Schneewind, K. A.: Learning on the job. In: Neubauer, R. & Rosenstiel, v., L. (Hrsg.): *Handbuch der Angewandten Psychologie*, Bd. 1. München, 1980, S. 460–486.

Schneider, B.: Organizational Behavior. *Annual Review of Psychology*, 1985, *36*, S. 573 –611.

Schneider, B. & Schmitt, N.: *Staffing organizations*. Glenview: Scott, Foresman & Co., 1986 (2nd edition).

Schneider, B. & Snyder, R. A.: Some relationships between job satisfaction and organizational climate. *Journal of Applied Psychology*, 1975, *60*, S. 318–328.

Schneider, H.: *Die Interessensverbände*. München: Olzog, 1975 (4. Aufl.).

Schneider, J. & Locke, E. A.: A critique of Herzberg's incident classification system and a suggested revision. *Organizational Behavior and Human Performance*, 1971, *6*, S. 441–457.

Schneider, W., Heim, H. & Wacker, P. A.: *Tätigkeitsspezifische Eignungstests*. Göttingen: Otto Schwarz, 1975.

Schneider, W. & Shiffrin, R. M.: Controlled and automatic human information processing: I. Detection, search and attention. *Psychological Review*, 1977, *84*, S. 1–66.

Schnelle, E.: *Entscheidung im Management*. Wege zur Lösung komplexer Aufgaben in großen Organisationen. Quickborn: Schnelle, 1966.

Schnelle, E. (Hrsg.): *Neue Wege der Kommunikation*. Spielregeln, Arbeitstechniken und Anwendungsfälle der Metaplan-Methode. Veröffentlichungen der Stiftung Gesellschaft und Unternehmen, Heft 10. Königstein/Ts.: Hanstein, 1978.

Schnorr, G.: *Öffentliches Vereinsrecht*. Köln: Heymanns, 1965.

Schnorr, G.: *Die für das Arbeitsrecht spezifischen Rechtsquellen*. Wien: Manz, 1969.

Schöber, P.: Berufswahl als gesellschaftlicher Allokationsprozeß. In: Lange, E. & Büschges, G.: *Aspekte der Berufswahl in der modernen Gesellschaft*. Frankfurt: Aspekte-Verlag, 1975.

Schoemaker, P. J. H.: The expected utility model: Its variants, purposes, evidence, and limitations. *Journal of Economic Literature*, 1982, *20*, S. 529–563.

Schoenfeld, H. M. W.: Die Rechnungslegung über das betriebliche „Human-Vermögen". Eine kritische Betrachtung des Entwicklungsstandes. *Betriebswirtschaftliche Forschung und Praxis*, 1974, *26*, S. 1–33.

Scholl, W., Gerl, K. & Paul, G.: Bedürfnisartikulation und Bedürfnisberücksichtigung in Unternehmen – Theoretische Ansätze zur Analyse der Mitbestimmungsregelungen. In: Bartölke, K., Kappler, E., Laske, S. & Nieder, P. (Hrsg.): *Arbeitsqualität in Organisationen*. Wiesbaden: Gabler, 1978, S. 157–172.

Scholl-Schaaf, M.: *Werthaltung und Wertsystem*. Bonn: Bouvier, 1975.

Scholz, H. G.: Entwicklungstendenzen der Informationstechnologie. *VOP*, 1985, *1*, S. 7–12.

Scholz, R. W. (Ed.): *Decision making under uncertainty*. Amsterdam: North Holland, 1983.

Scholz, T.: Schweigepflicht der Berufspsychologen und Mitbestimmung des Betriebsrates bei psychologischen Einstellungsuntersuchungen. *Neue Juristische Wochenschrift*, 1981, *37*, S. 1987–1991.

Schon, D.: *Beyond the Stable State*. London: Smith, 1971.

Schönpflug, W.: Regulation und Fehlregulation im Verhalten. I. Verhaltensstruktur, Effizienz und Belastung – Theoretische Grundlagen eines Untersuchungsprogramms. *Psychologische Beiträge*, 1979, *21*, S. 127–202.

Schönpflug, W.: Coping and the Generation of stress. In: Bachmann, W. & Udris, I. (Eds.): *Mental load and stress in activity*. Amsterdam: North Holland Publishing Company, 1982, S. 18–23.

Schönpflug, W.: Coping efficiency and situational demands. In: Hockey, R. (Ed.): *Stress and fatique in human performance*. Chichester: Wiley, 1983, S. 299–330. Göttingen: Hogrefe, 1, S. 435–440.

Schönpflug, W.: Beanspruchung und Belastung bei der Arbeit – Konzepte und Theorien. In: Kleinbeck, U. & Rutenfranz, I. (Hrsg.): Arbeitspsychologie. Enzyklopädie der Psychologie, III, 1, Göttingen: Hogrefe 1987, S. 130–184.

Schöpfer, G. (Hrsg.): *Phänomen Sozialpartnerschaft*. Festschrift für Hermann Ibler zum 75. Geburtstag. Wien: Böhlau, 1980.

Schott, G.: Betriebsgröße. In: *Management-Enzyklopädie*, Band 1. München: Moderne Industrie, 1969, S. 1010–1016.

Schreiber, E.: *Repetitorium Kommunikationswissenschaft*. München: Ölschläger, 1980.

Schreyögg, G.: Zur Transferierbarkeit von Management-Know-How-Anmerkungen zum Comparative Management unter besonderer Berücksichtigung des Modells von Neghandi und Prasad. *Management International Review*, 1976, *16*, 3, S. 79 – 87.

Schreyögg, G.: *Kontextbedingungen als Determinanten der Organisationsstruktur*. Nürnberg, 1978 (Dissertation).

Schriesheim, C. A.: *Development, validation, and application of new leadership behavior and expectancy research instruments*. Ohio State University, 1978, unpublished doctoral dissertation.

Schuler, H.: *Das Bild vom Mitarbeiter*. München: Goldmann, 1972.

Schuler, H.: Die Mitarbeiterbeurteilung. In: Macharzina, K. & Oechsler, W. A. (Hrsg.): *Personalmanagement*. Bd. II: Organisations- und Mitarbeiterentwicklung. Wiesbaden: Gabler, 1977, S. 161–199.

Schuler, H.: Leistungsbeurteilung in Organisationen. In: Mayer, A. (Hrsg.): *Organisationspsychologie*. Stuttgart: Poeschel, 1978, S. 137–168.

Schuler, H.: *Ethische Probleme psychologischer Forschung*. Göttingen, Toronto, Zürich: Hogrefe, 1980.

Schuler, H.: Beurteilen als Messen und als Interpretieren. In: Schuler, H. & Stehle, W. (Hrsg.): *Psychologie in Wirtschaft und Verwaltung*. Stuttgart: Poeschel, 1982, S. 83–100.

Schuler, H.: Liking and influence in group decision making. In: Brandstätter, H., Davis, J. H. & Stocker-Kreichgauer, G. (Eds.): *Group Decision Making*. London: Academic Press, 1982, S. 257–277.

Schuler, H., Barthel, E. & Fünfgelt, V.: Erfolg von Mädchen in gewerblich-technischen Ausbildungsberufen: Ein Modellversuch. *Psychologie und Praxis*. Zeitschrift für Arbeits- und Organisationspsychologie, 1984, *28*, S. 67–78.

Schuler, H. & Berger, W.: Physische Attraktivität als Determinante von Beurteilung und Einstellungsempfehlung. *Psychologie und Praxis*, 1979, *23*, S. 59–70.

Schuler, H. & Schmitt, N.: Multimodale Messung in der Personalpsychologie. *Diagnostica*, 1987, *32*, S. 259–271.

Schuler, H. & Stehle, W. (Hrsg.): *Psychologie in Wirtschaft und Verwaltung*. Stuttgart: Poeschel, 1982.

Schuler, H. & Stehle, W.: Neuere Entwicklungen des Assessment Center-Ansatzes – beurteilt unter dem Aspekt der sozialen Validität. *Psychologie und Praxis.* Zeitschrift für Arbeits- und Organisationspsychologie, 1983, *27*, S. 33–44.

Schuler, H. & Stehle, W. (Hrsg.): *Assessment Center als Methode der Personalentwicklung*. Stuttgart: Verlag für Angewandte Psychologie, 1987.

Schuler, R. S.: Definition and conceptualization of stress in organization. *Organizational Behavior and Human Performance*, 1980, *25*, S. 184–215.

Schultz, J. H.: *Das autogene Training*. Konzentrative Selbstentspannung. Stuttgart: Thieme, 1970.

Schulz, C., Schuler, H. & Stehle, W.: Die Verwendung eignungsdiagnostischer Methoden in deutschen Unternehmen. In: Schuler, H. & Stehle, W. (Hrsg.): *Organisationspsychologie und Unternehmenspraxis*. Perspektiven der Kooperation. Stuttgart: Verlag für Angewandte Psychologie, 1985, S. 126–132.

Schulz, P.: Regulation und Fehlregulation im Verhalten II. Streß durch Fehlregulation. *Psychologische Beiträge*, 1979, *21*, S. 597–621.

Schulz, P.: Regulation und Fehlregulation im Verhalten V. Die wechselseitige Beeinflussung von mentaler und emotionaler Beanspruchung. *Psychologische Beiträge*, 1980, *22*, S. 633–656.

Schulz, P.: Mental und emotion in goal-directed actions. In: Bachmann, W. & Udris, I. (Eds.): *Mental load and stress in activity*. Amsterdam: North Holland Publishing Company, 1982 a, S. 69–78.

Schulz, P.: Regulation und Fehlregulation im Verhalten VII. Entstehungsbedingungen und Erscheinungsweisen der emotionalen Belastung in Leistungssituationen. *Psychologische Beiträge*, 1982b, *24*, S. 498–522.

Schulz, P. & Schönpflug, W.: A general conception of stress and an experimental paradigm. In: Krohne, H. W. & Laux, L. (Eds.): *Achievement, stress and anxiety*. Tokyo: McGraw-Hill, 1982, S. 51–73.

Schumacher, D. & Schumacher-Merz, I.: Rechtsbedingungen psychologischer Diagnostik. In: Groffmann, K.-J. & Michel, L. (Hrsg.): *Grundlagen psychologischer Diagnostik*. Enzyklopädie der Psychologie: Bd. B/II/1. Göttingen: Hogrefe, 1982, S. 538–567.

Schumer, H.: Cohesion and leadership in small groups as related to group productivity. *Dissertation Abstracts*, 1962, *22*, S. 3735 ff.

Schumpeter, J. A.: *Kapitalismus, Sozialismus und Demokratie*. München, 1950.

Schumpeter, J. A.: *Theorie der wirtschaftlichen Entwicklung*. Berlin: Duncker & Humblot, 1984 (5. Aufl.).

Schwab, D. P. & Heneman, H. G. III.: Relationship between interview structure and interinterviewer reliability in an employment situation. *Journal of Applied Psychology*, 1969, *53*, S. 214–217.

Schwäbisch, L. & Siems, M.: *Anleitung zum sozialen Lernen für Paare, Gruppen und Erzieher*. Reinbek bei Hamburg: Rowohlt, 1974.

Schwartz, D. & Jacobson, E.: Organizational communication network analysis. The liaison communication role. *Organizational Behavior and Human Performance*, 1977, *18*, S. 158–174.

Schwatlo, U.: Untersuchung der Arbeitszufriedenheit bei einem Unternehmen der Druckindustrie. *Problem und Entscheidung*, 1977, *19*, S. 59–61.

Schweiger, D. M.: Is the simultaneous verbal protocol a viable method for studying managerial problem solving and decision making? *Academy of Management Journal*, 1983, *26*, S. 185–192.

Schwetz, R.: Eine Voraussetzung für die Produktivität im Büro – Schulung der Führungskräfte. In: Tenzer, G. (Hrsg.): *Büro – Organisation – Büro-Kommunikation*. Heidelberg, 1984, S. 117–156.

Schwind, H. F.: *The development and evaluation of a new performance and training evaluation instrument*. The Behavior Description Index. University of British Columbia, 1977 (unveröffentl. Doktorarbeit).

Schwippert, H.: *Freizeit in diesen Wohnungen?* Hg. von der Deutschen Gesellschaft für Freizeit. Düsseldorf, 1973.

Scott, B. R.: The industrial state: Old myths and new realities. *Harvard Business Review*, 1973, *2*, S. 133–148.

Scott, P. B.: *The robotics revolution*. New York: McGraw-Hill, 1985.

Scott, W. H.: *Technical change and industrial relations*. Liverpool: University Press, 1956.

Scott, W. R.: Organizational structure. *Annual Review of Sociology*, 1975, *1*, S. 1–20.

Seafors, D. G. & Monczka, R. M.: Perceived participation in the budget process and motivation to achieve the budget. *Academy of Management Journal*, 1973, S. 541 – 554.

Sears, S.: A definition of career guidance terms. *Vocational Guidance Quarterly*, *1982*, *31*, S. 137–143.

Seashore, S. E. & Bowers, D. G.: Durability of organizational change. *American Psychology*, 1970, *25*, S. 227–323.

Segler, T.: *Die Evolution von Organisationen*. Ein evolutionstheoretischer Ansatz zur Erklärung der Entstehung und des Wandels der Organisationsformen. Mannheim, 1984, Dissertation.

Seibel, H. D. & Lühring, H.: *Arbeit und psychische Gesundheit*. Göttingen: Hogrefe, 1984.

Seidel, E.: *Betriebliche Führungsformen*. Stuttgart: Poeschel, 1978.

Seidel, E. & Redel, W.: *Führungsorganisation*. München, Wien: Oldenburg, 1987.

Seifert, K. H.: Theorien der Berufswahl und beruflichen Entwicklung. In: Seifert, K. H. (Hrsg.): *Handbuch der Berufspsychologie*. Göttingen: Hogrefe, 1977, S. 173–279.

Seifert, K. H. (Hrsg.): *Berufspsychologie*. Göttingen: Hogrefe, 1977.

Seifert, K. H.: *Die Bedeutung der Beschäftigungsaussichten im Rahmen des Berufswahlprozesses.* Nürnberg: Institut für Arbeitsmarkt- und Berufsforschung der Bundesanstalt für Arbeit, 1982, Beitr. AB 67.

Seifert, K. H.: Berufswahlreife. Konzepte und Befunde der Berufwahlforschung. *Berufsberatung und Berufsausbildung*, 1983, *68*, S. 233–252.

Seifert, K. H.: *Berufswahlreife.* In: Bundesanstalt für Arbeit: Handbuch der Berufswahlvorbereitung, 1984.

Seifert, K. H.: Evaluation of vocational guidance in Austria. *Journal for the Advancement of Counseling*, 1985, *8*, S. 55–73.

Seifert, K. H.: *Findings and problems of career maturity research.* University of Minnesota, Minneapolis, 1985 (Unveröffentl. Manuskript).

Seifert, K. H.: Trends der Laufbahnforschung in den USA. Schweiz. Nationalfonds zur Förderung der wiss. Forschung (Hrsg.): *EVA-Spezial 1986*, 4 (im Druck).

Seifert, K. H. & Bergmann, Ch.: Deutschsprachige Adaptation des Work Values Inventory von Super. *Psychologie und Praxis.* Zeitschrift für Arbeits- und Organisationspsychologie, 1983, *27*/(4), S. 160–172.

Seifert, K. H., Bergmann, Ch. & Eder, F.: Struktur, Entwicklung und Bedingungen der Berufswahl- und Studienwahlreife von Gymnasiasten. *Bericht über den 34. Kongreß der Deutschen Gesellschaft für Psychologie in Wien.* Göttingen: Hogrefe, 1985.

Seifert, K. H. & Eder, F.: Der Fragebogen zur Laufbahnentwicklung. *Zeitschrift für Differentielle und Diagnostische Psychologie*, 1985, *6*, S. 65–77.

Seifert, K. H. & Stangl, W.: *Einstellungen zu Körperbehinderten und ihrer beruflich-sozialen Integration.* Bern: Huber, 1981.

Seifert, K. H. & Stangl, W.: Der Fragebogen. Einstellungen zur Berufswahl und beruflichen Arbeit. In: *Diagnostica*, 1986, *32*, S. 153–164.

Seifert, M. J.: *Indikatoren zur quantitativ-vergleichenden Organisationsforschung.* Eine Dokumentation von Meßinstrumenten. (2 Bände). Speyer: Speyerer Forschungsberichte, 1978.

Selvini Palazzoli, M., Anolli, P., Di Blasio, P., Giossi, L., Pisano, J., Ricci, C., Sacchi, M. & Ugazio, V.: *Hinter den Kulissen der Organisation.* Stuttgart: Klett-Cotta, 1984.

Selye, H.: *The stress of life.* New York: McGraw-Hill, 1956.

Selye, H.: Geschichte und Grundzüge des Streßkonzepts. In: Nitsch, J. R. (Hrsg.): *Streß, Theorien, Untersuchungen, Maßnahmen.* Bern: Huber, 1981, S. 163–184.

Selznick, P.: *T. V. A. and the grass roots.* Berkeley: Univ. of California Press, 1949.

Selznick, P.: *Leadership in administration.* A sociological interpretation. New York: Harper & Row, 1966.

Semmer, N.: *Streßbezogene Tätigkeitsanalyse.* Psychologische Untersuchungen zur Analyse von Streß am Arbeitsplatz. Weinheim: Beltz, 1984.

Sen, A. K.: Rational fools: A critique of the behavioural foundations of economic theory. *Philosophy and Public Affairs*, 1972, *6*, S. 317–344.

Senghaas, D.: Konflikt und Konfliktforschung. *Kölner Zeitschrift für Soziologie und Sozialpsychologie*, 1969, *21*, 1, S. 31–59.

Sewell, W. H. & Hauser, R. M.: *Education, occupation and earnings*. New York: Academic Press, 1975.

Sharit, J. & Salvendy, G.: Occupational stress: Review and reappraisal. *Human Factors*, 1982, *24*, S. 129–162.

Shaw, M. E.: Communication networks. In: Berkowitz, L. (Ed.): *Advances in Experimental Social Psychology*, Vol. I. New York: Academic Press, 1964.

Shaw, M. E.: *Dynamics of small group behavior*. New York: McGraw-Hill, 1976 (2nd ed.).

Shaw, M. E.: *Group Dynamics*. Psychology of small group behavior. New York: McGraw-Hill, 1981 (3rd ed.).

Shaw, M. E. & Blum, J. M.: Effects of leadership style upon group performance as a function of task structure. *Journal of Personality and Social Psychology*, 1966, *3*, S. 238–242.

Shell, Jugendwerk der Deutschen Jugend in Europa. Bearbeitet von Blücher, V. G. und Schöppner, K. R., 1977.

Sheridan, J. E. & Abelson, M. A.: Cusp catastrophe model of employee turnover. *Academic Management Journal*, 1983, *26*, S. 418–436.

Sherif, M.: *The Psychology of Social Norms*. New York: Harper and Bros, 1936.

Sherif, M.: Social psychology: problems and trends in interdisciplinary relationships. In: Koch, S. (Ed.): *Psychology: a Study of a Science*. Vol. 6. New York: McGraw, 1963, S. 30–93.

Sherif, M. et al.: *Intergroup conflict and cooperation*. Norman, Okl.: University of Oklahoma Book Exch., 1961.

Sherif, M.: Group formation. In: Sills, D. L. (Ed.): International Encyclopedia of Social Sciences. Vol. 6, New York: McMillan, 1968, S. 276–283.

Shiffrin, R. M. & Schneider, W.: Controlled and automatic human information processing: II. Perceptual learning, automatic attending, and a general theory. *Psychological Review*, 1977, *84*, S. 127–190.

Shiflett, S.: Toward a general model of small group productivity. *Psychological Bulletin*, 1979, *86*, S. 67–79.

Shils, E.: *Tradition*. London: Faber and Faber, 1981.

Shimmin, S.: The future of organizational psychology. In: Nicholson, N. & Wall, T. D. (Eds.), 1982, S. 237–247.

Sieferle, H.-P.: *Der unterirdische Wald*. München: Beck, 1982.

Siegel, A. I.: Miniature job training and evaluation as a selection/classification device. *Human Factors*, 1978, *20*, S. 189–200.

Siegel, A. L. & Ruh, R. A.: Job involvement, participation in decisionmaking, personal background and job behavior. *Organizational Behavior and Human Performance*, 1973, *9*, S. 318–327.

Siegwart, H. & Probst, G. (Hrsg.): *Mitarbeiterführung und Gesellschaftswandel.* Festschrift zum 70. Geburtstag von Prof. Dr. Charles Lattmann. Bern-Stuttgart: Haupt, 1983.

Sievers, B. (Hrsg.): *Organisationsentwicklung als Problem.* Stuttgart: Klett, 1977.

Sievers, B. (Hrsg.): Organisationsentwicklung als Aktionsforschung. *Zeitschrift für Organisation*, 1978, *47*, S. 209–218.

Sievers, B.: Das Phasenmodell der Organisationsentwicklung. *Industrielle Organisation*, 1980, *49*, S. 5–8.

Sievers, B. & Lauterburg, Ch.: „Die Geister die man ruft..." Oder: Demokratisierung ist unvermeidlich. *Psychologie Heute*, Juni 1980, S. 38–44.

Sigl, H.: Unternehmenskultur: Ist sie für die Praxis von Bedeutung? *Personalführung*, 1986, *7*, S. 290–294.

Silberer, G.: *Warentest – Informations-Marketing – Verbraucher-Verhalten.* Die Verbreitung von Gütertest-Informationen und deren Verbreitung im Konsumentenbereich. Berlin, 1979.

Silberer, G.: Dissonanz bei Konsumenten. In: Hoyos, C. Graf, Kroeber-Riel, W., Rosenstiel, v., L. & Strümpel, B. (Hrsg.): *Grundbegriffe der Wirtschaftspsychologie.* München, 1980, S. 344–350.

Silberer, G.: Einstellungen und Werthaltungen. In: Irle, M. (Hrsg.): *Marktpsychologie.* Handbuch der Psychologie, Band 12, 1. Halbband. Göttingen: Hogrefe, 1983, S. 533–625.

Silbermann, A.: Wirkungsforschung wirkungslos – Zur Zukunft der Wirkungsforschung. In: Konrad-Adenauer-Stiftung (Hrsg.): *Wie wirken die Medien?* Melle, 1981, S. 17–24.

Sills, D. L.: *The volonteers.* New York: Free Press, 1957.

Sills, D. L. (Ed.): *International Encyclopedia of the Social Sciences.* 17 vols., New York, 1968.

Silverman, D.: *The theory of organizations.* London: Heinemann, 1970.

Simmel, G.: *Soziologie.* Berlin: Duncker & Humblot, 1958 (Orig. 1908).

Simon, H. A.: *Administrative behavior.* A study of decision-making processes in administrative organization. New York: Free Press, 1947.

Simon, H. A.: A behavioral model of rational choice. *Quarterly Journal of Economics*, 1955, *69*, S. 99–118.

Simon, H. A.: *Das Verwaltungshandeln.* Stuttgart, 1955.

Simon, H. A.: *Models of man.* New York: Wiley, 1957.

Simon, H. A.: The architecture of complexity. *Proceedings of the American Philosophical Society*, 1962, S. 467–482.

Simon, H. A.: Organization man: Rational or self-actualizing? *Public Administration Review*, 1973, *33*, S. 346–353.

Simon, H. A.: Information processing theory of human problem solving. In: Estes, 1978, S. 271–295.

Simon, H. A.: Information processing models of cognition. *Annual Review of Psychology*, 1979, *30*, S. 363–396.

Simon, H. A. & Gilmartin, K.: A simulation of memory for chess positions. *Cognitive Psychology*, 1973, *5*, S. 29–46.

Simon, H. A.: Wie lösen wir schlecht strukturierte Probleme? *Die Betriebswirtschaft*, 1980, *40*, S. 337–345.

Simon, W.: Qualitätszirkel: Fragen und Antworten. *Personal*, 1983, *5*, S. 190–192.

Sisson, E. D.: Forced choice: The new army rating. *Personnel Psychology*, 1948, *1*, S. 365–381.

Six, B.: Die Relation von Einstellungen und Verhalten. *Zeitschrift für Sozialpsychologie*, 1975, *6*, S. 270–296.

Six, B.: Das Konzept der Einstellung und seine Relevanz für die Vorhersage des Verhaltens. In: Petermann, F. (Hrsg.): *Einstellungsmessung – Einstellungsforschung*. Göttingen: Hogrefe, 1980, S. 55–84.

Six, B.: Effektivität der Werbung. In: Irle, M. (Hrsg.): *Methoden und Anwendungen in der Marktpsychologie*. Göttingen, 1983, S. 341–395.

Six, B. & Schäfer, B.: *Einstellungsänderung*. Stuttgart: Kohlhammer, 1985.

Six, B., Krahe, B. & Eckes, Th.: *Prognosemodelle für prototypische Verhaltenssituationen*. Ein multitheory – multibehavior Ansatz. DFG-Projekt – Abschlußbericht, Landau, 1985.

Skinner, B. F.: *Science and human behavior*. New York, 1953.

Slavson, S. R.: *Analytische Gruppentherapie*. Frankfurt: Fischer, 1977.

Slocum, J. W. Jr. & Topichak, P. M.: Do cultural differences affect job satisfaction? *Journal of Applied Psychology*, 1972, *56*, 2, S. 177–178.

Slovic, P., Fischhoff, B. & Lichtenstein, S.: Behavioral decision theory. *Annual review of Psychology*, 1977, *28*, S. 1–39.

Smircich, L.: Concepts of culture and organizational analysis. *Administrative Science Quarterly*, 1983, *28*, S. 339–358.

Smith, A.: *An Inquiry into the Nature and Causes of the Wealth of Nations*. London: Strahan and Cadell, 1776.

Smith, C. G.: Consultation and decision processes in a research and development laboratory. *Administrative Science Quarterly*, 1970, *15*, S. 203–215.

Smith, J. C.: Meditation as psychotherapy. A review of the literature. *Psychological Bulletin*, 1975, *82*, S. 558–564.

Smith, P. C.: Behaviors, results, and organizational effectiveness: The problem of criteria. In: Dunnette, M. D. (Ed.): *Handbook of industrial and organizational psychology*. Chicago: Rand McNally, 1976, S. 745–776.

Smith, P. C. & Kendall, L. M.: Retranslation of expectations: An approach to the construction of unambiquous anchors for rating scales. *Journal of Applied Psychology*, 1963, *47*, S. 149–155.

Smith, P. C., Kendall, L. M. & Hucir, Ch. L.: *The measurement of satisfaction in work and retirement*. A strategy for the study of attitudes. Chicago: Rand McNally, 1969.

Soden v., W.: Sumer, Babylon und Hethiter bis zur Mitte des zweiten Jahrtausends v. Chr. In: Mann, G. & Heuss, A. (Hrsg.): *Vorgeschichte. Frühe Hochkulturen. Propyläen Weltgeschichte*. 1. Band, 2. Halbband. Frankfurt, Berlin, Wien: Ullstein, 1976, S. 523–612.

Sodhi, K. S. & Bergius, R.: *Nationale Vorurteile*. Berlin: Duncker und Humblot, 1953.

Soliman, H.: Motivation-hygiene theory of job satisfaction. An empirical investigation and an attempt to reconcile both the one- and two-factor theories of job attitudes. *Journal of Applied Psychology*, 1970, *54*, S. 452–461.

Söllheim, F.: *Taylor = System für Deutschland*. München: Oldenbourg, 1922.

Solomon, R. L.: An extension of control group design. *Psychological Bulletin*, 1949, *46*, S. 137–150.

Sombart, W.: *Der moderne Kapitalismus*. 2. Bd.: Das europäische Wirtschaftsleben im Zeitalter des Frühkapitalismus, vornehmlich im 16., 17. und 18. Jahrhundert. Berlin: de Gruyter, 1916.

Sommer, G. & Ernst, H. (Hrsg.): *Gemeindepsychologie*. München: Urban & Schwarzenberg, 1977.

Sonntag, W.: *Instrumentalität als Erklärungskonzept von Berufspräferenzen*. Bochum: Psychologisches Institut der Ruhr-Universität, 1975 (unveröffentl. Diplomarbeit).

Sorenson, J. R.: Group member traits, group process and group performance. *Human Relations*, *26* (5), S. 639–655.

Spector, P. & Suttel, B. J.: *Research in the specific leader behavior patterns most effective in influencing group performance*. Washington: American Institute for Research, 1957.

Spelke, E., Hirst, W. & Neisser, U.: Skills of divided attention. *Cognition*, 1976, *4*, S. 215–230.

Sperber, W., Wörpel, S., Jäger, A. O. & Pfister, R.: *Praktische Intelligenz*. (Untersuchungsbericht aus dem Forschungsprojekt „Produktives Denken / Intelligentes Verhalten".) Berlin: Freie Universität, Institut für Psychologie, Fachbereich Erziehungs- und Unterrichtswissenschaften, 1985.

Spielberger, C. D.: Anxiety as an emotional state. In: Spielberger, C. D. (Ed.): *Anxiety: Current trends in theory and research.* Vol. I. New York: Academic Press, 1972, S. 23 – 49.

Spinas, P., Troy, N. & Ulich, E.: *Leitfaden zur Einführung und Gestaltung von Arbeit mit Bildschirmsystemen.* München: CW-Publikationen; Zürich: Verlag Industrielle Organisation, 1983.

Spindler, G. D.: *Education and Culture.* New York: Holt, 1963.

Spitznagel, A.: Die diagnostische Situation. In: Groffmann, K. J. & Michel, L. (Hrsg.): *Grundlagen psychologischer Diagnostik.* Enzyklopädie der Psychologie: Bd. B / II / 1. Göttingen: Hogrefe, 1982, S. 248–294.

Spranger, E.: *Lebensformen.* Halle / Saale: Niemeyer, 1966 (9. Aufl.).

Sproull, L. S.: Believes in organizations. In: Nystrom, P. C. & Starbuck, W. H. (Eds.): *Handbook of organizational design.* Vol. 2. Oxford, 1981, S. 203–224.

Staehle, W.: *Organisation und Führung soziotechnischer Systeme.* Grundlagen einer Situationstheorie. Stuttgart: Enke, 1973.

Staehle, W. H.: Die Stellung des Menschen in neueren betriebswirtschaftlichen Theoriesystemen. In: *Zeitschrift für Betriebswirtschaft,* 1975, S. 713–724.

Staehle, W. H.: Menschenbilder in Organisationstheorien. In: Grochla, E. (Hrsg.): *Handwörterbuch der Organisation.* Stuttgart: Poeschel, 1980a (2. Aufl.), S. 130 – 1313.

Staehle, W. H.: *Management.* München: Franz Vahlen, 1980b (2. Aufl. 1985).

Stehle, W.: *Zur Konzeption eines Personalauswahlverfahrens auf der Basis biographischer Daten.* Hohenheim, 1983 (unveröffentl. Dissertation).

Stehle, W.: Personalauswahl mittels biographischer Fragebogen. In: Schuler, H. & Stehle, W. (Hrsg.): *Biographische Fragebogen als Methode der Personalauswahl.* Stuttgart: Verlag für Angewandte Psychologie, 1986, S. 17–57.

Staines, G. L.: Spillover versus compensation: A review of the literature on the relationship between work and nonwork. *Human Relations,* 1980, *33,* 2, S. 111–129.

Stammen, T.: Wertewandel in der gegenwärtigen Gesellschaft. In: Becker, J., Liechtenstein-Rother, I. & Stopp, H. (Hrsg.): *Wertepluralismus und Wertewandel heute.* München, 1982, S. 173–188.

Stapf, K. H.: Einstellungsmessung und Verhaltensprognose. Kritische Erörterung einer aktuellen sozialwissenschaftlichen Thematik. In: Stachowiak, H. (Hrsg.): *Bedürfnisse, Werte und Normen im Wandel.* Bd. II. München: W. Finke / F. Schöningh, 1982, S. 73–130.

Starbuck, W. H.: *Organizational growth and development.* Harmondsworth: Penguin, 1971.

Starbuck, W.: Organizations and their Environments. In: Dunette, M. (Ed.): *Handbook of Industrial and Organizational Psychology.* Chicago: Rand McNally, 1976, S. 1069–1123.

Staudt, E.: Entkoppelung im Mensch-Maschine-System durch neue Technologien als Grundlage einer Flexibilisierung von Arbeitsverhältnissen. In: Meyer-Abich, K. & Steger, U. (Hrsg.): *Mikroelektronik und Dezentralisierung. Angewandte Innovationsforschung* (Hrsg.: E. Staudt), Band 4. Berlin: E. Schmidt, 1982, S. 53–68.

Staudt, E.: Innovation und Unternehmensführung. *Zeitschrift Führung und Organisation*, 1985, *2*, S. 75–79.

Staudt, E. & Hüsch, H.-W.: Einfluß der künstlichen Intelligenz auf Betriebsstruktur und Rationalisierung. *Technische Rundschau*, 1984, *76*, 48, S. 18–21.

Staw, B. M. (Ed.): *Research in organizational behavior*. Vol. 1. Greenwich, Connecticut: JAI Press, 1979.

Staw, B. M.: Organizational behavior: A review and reformulation of the field's outcome variables. *Annual Review of Psychology*, 1984, *35*, S. 627–666.

Steeb, R. & Johnston, S. C.: A computer-based interactive system for group decision making. *IEEE Transactions on Systems, Man & Cybernetics*, 1981, *11*, S. 544 – 552.

Steers, R. M.: Task-goal attributes, achievement, and supervisory performance. *Organizational Behavior and Human Performance*, 1975, *13*, S. 392–403.

Steers, R. M.: *Organizational effectiveness*. Santa Monica: Goodyear, 1977.

Steers, R. M.: Antecedents and outcomes of organizational commitment. *Administrative Science Quarterly*, 1977, *22*, S. 46–56.

Steers, R. M.: Introduction to organizational behavior. Glenview, Ill.: Scott, Foresman & Co., 1984 (2nd ed.).

Steers, R. M. & Mowday, R. T.: Employee turnover and post-decision accomodation process. In: Staw, B. M. & Cummings, L. L. (Eds.): Research in Organizational behavior. Vol. 3. Greenwich, Conn.: JAI Press, 1981, S. 235–282.

Steers, R. M. & Porter, L. W.: The role of task-goal attributes in employee performance. *Psychological Bulletin*, 1974, *81*, S. 434–451.

Steers, R. M. & Porter, L. W.: *Motivation and work behavior*. New York: McGraw Hill, 1983 (3rd ed.).

Steers, R. M. & Rhodes, S. R.: Major influences on employee attendance. A process model. *Journal of Applied Psychology*, 1978, *63*, S. 391–407.

Steffenhagen, H.: Entscheidungsverhalten unter Zeitdruck. *Die Betriebswirtschaft*, 1978, *38*, S. 595–607.

Stein, B. & Wenig, A.: The Economics of the Shadow Economy. *Zeitschrift für die gesamte Staatswissenschaft*, 1983, *139*, S. 690–707.

Steinbuch, K.: *Maßlos informiert*. Die Enteignung unseres Denkens. München, 1978.

Steinbuch, K.: Informationstechnik und Liberalität. In: Ludwig-Erhard-Stiftung e. V. (Hrsg.): *Informationstechnik und Liberalität*. Stuttgart, 1980, S. 3–22.

Steiner, I.: *Group process and productivity*. New York: Academic Press, 1972.

Steinle, C.: *Führung*. Stuttgart: Poeschel, 1978.

Steinle, W.: Der Beitrag kleiner und mittlerer Unternehmen zur Beschäftigungsentwicklung. *Mitteilungen aus der Arbeitsmarkt- und Berufsforschung*, 1984, *17*, S. 257 – 266.

Steinmann, H.: *Das Großunternehmen im Interessenskonflikt*. Stuttgart, 1969.

Steinmann, H., Heinrich, M. & Müller, H.: Idee und Wirklichkeit des Porst-Modells. *Die Betriebswirtschaft*, 1979, *39* (2), S. 289–302.

Steinmann, H., Heinrich, M. & Schreyögg, G.: *Theorie und Praxis selbststeuernder Gruppen*. Köln: Hanstein, 1976.

Steinmüller, W.: Soziale Auswirkungen und Gestaltungen der Informationstechnologie. In: Ludwig-Erhard-Stiftung e. V. (Hrsg.): *Informationstechnik und Liberalität*. Stuttgart, 1980, S. 87–128.

Stengel, M. & Rosenstiel, v., L.: Identifikationskrise? Wertkonflikte beim Berufseinstieg. *Psychologie und Praxis*. Zeitschrift für Arbeits- und Organisationspsychologie, 1985, *4*, S. 142–152.

Stephens, D. B.: Cultural Variation in leadership Style. A Methodological Experiment in Comparing Managers in the US and Peruvian Textile Industries. *Management International Review*, 1981, *21*, 3, S. 47–55.

Stephenson, B. Y., Michaelson, L. K. & Franklin, S. G.: An empirical test of the nominal group technique in state solar energy planning. *Group & Organization Studies*, 1982, *7*, S. 320–334.

Stephenson, G. M., Brandstätter, H. & Wagner,W.: An experimental study of social performance and delay on the testimonial validity of story recall. *European Journal of Social Psychology*, 1983, *13*, S. 175–191.

Sternberg, R. J.: *Intelligence, information processing, and analogical reasoning*. Hillsdale, N. J.: Erlbaum, 1977.

Sternstein, W.: Öffentlichkeitsarbeit von Bürgerinitiativen. In: Haedrich, G., Barthenheier, G. & Kleinert, H. (Hrsg.): *Öffentlichkeitsarbeit*. Berlin, 1982, S. 327–340.

Stewart, R.: *Managers and their jobs*. London: Macmillan, 1967.

Stiefel, R. Th.: Welche Bedürfnisse haben Teilnehmer von Management-Kursen? *Industrielle Organisation*, 1974, *43*, S. 443–447.

Stiefel, R. Th.: Übertragung von Lernerfolgen in die betriebliche Praxis. *Personal*, 1978, *2*, S. 62–64.

Stiefel, R. Th., Mühlhoff, W. R., Nieder, P., Sattler, P., Schmidt-Barthmes, H.-G. & Vogel, H.-Ch.: *Überbetriebliche Weiterbildung besser nutzen*. Schnellerer Lerntransfer in den Betrieb. Berlin, Köln, 1979.

Stiegler, B.: Die Zusammenarbeit des Diplom-Psychologen mit dem Betriebsrat. In: Neubauer, R. & Rosenstiel, v., L. (Hrsg.), 1980, S. 44–51.

Stiksrud, A.: Zur Operationalisierung von Wertpräferenzen. In: Klages, H. & Kmieciak, P. (Hrsg.): *Wertwandel und gesellschaftlicher Wandel*. Frankfurt, New York: Campus, 1979, S. 463–479.

Stinchcombe, A. L.: Bureaucratic and craft administration of production. *Administrative Science Quarterly*, 1959, *4*, S. 168–187.

Stinchcombe, A.: Social Structure and Organizations. In: March, J. (Ed.): *Handbook of Organizations*. Chicago: Rand McNally, 1965, S. 142–193.

Stirn, H.: *Arbeitswissenschaft*. Opladen: Leske Verlag & Budrich, 1980.

Stocker-Kreichgauer, G.: Ausbildung und Training in der Unternehmung. In: Mayer, A. (Hrsg.): *Organisationspsychologie*. Stuttgart, 1978, S. 170–200.

Stocker-Kreichgauer, G. & Rosenstiel, v., L.: Attitude change as a function of the observation of vicarious reinforcement and friendliness / hostility in a debate. In: Brandstätter, H., Davis, J. H. & Stocker-Kreichgauer, G. (Eds.).

Stogdill, R. M.: *Handbook of leadership*. A survey of theory and research. New York: Free Press, 1974.

Stoll, F. (Hrsg.): *Psychologie des 20. Jahrhunderts. Band 13: Anwendungen im Berufsleben*. Zürich: Kindler, 1981.

Stoll, F., Schallberger, U., Kraft, U. & Haefeli, K.: Die Beeinflussung der Persönlichkeit durch die Berufsausbildung. *Bericht über den 34. Kongreß der Deutschen Gesellschaft für Psychologie in Wien*. Göttingen, Toronto, Zürich: Hogrefe, 1985.

Storey, A. W.: A study of member satisfaction and types of contribution in discussion groups with responsability – sharing leadership. *Dissertation Abstracts*, 1954, *14*, S. 737.

Straka, G. A. & Macke, G.: *Lehren und Lernen in der Schule*. Eine Einführung in Lehr-Lern-Techniken. Stuttgart, Berlin, Köln, Mainz, 1979.

Strauss, A., Schatzmann, L., Ehrlich, D., Bucher, R. & Sabshin, M.: The hospital and its negotiated order. In: Freidson, E. (Ed.): *The hospital in modern society*. New York: Free Press, 1973, S. 147–169.

Strauss, G.: Managerial practices. In: Hackman, J. R. & Suttle, J. L. (Eds.): *Improving life at work*. Santa Monica, Cal.: Goodyear, 1977.

Strauss, G. & Rosenstein, E.: Workers participation: A critical point of view. *Industrial Relations*, 1970, *9*, S. 197–214.

Street, R. L. Jr.: Noncontent speech convergence and divergence in adult-child interactions. In: Bostrom, R. N.: *Communication Yearbook 7*. Beverly Hills: Sage, 1983.

Streit, M.: *Theorie der Wirtschaftspolitik*. Tübingen, 1982 (2. Aufl.).

Streit, M. E., Umbach, D. G. & Bartlsperger, R.: *Wie funktioniert das?* Die Wirtschaft heute. Mannheim, Wien, Zürich, 1980 (2. Aufl.).

Streufert, S. & Streufert, S. C.: *Behavior in the complex environment*. New York: Wiley, 1978.

Stroebe, W.: Group products as public goods. An economic theory of group productivity. In: Brandstätter, H. & Kirchler, E. (Eds.): *Economic Psychology*. Linz: Trauner, 1985, S. 171–185.

Strombach, M. E. & Johnson, G.: *Qualitätszirkel in Unternehmen*. Ein Leitfaden für Praktiker. Köln: Deutscher Institutsverlag, 1983.

Strümpel, B.: *Die Krise des Wohlstands*. Stuttgart: Kohlhammer, 1977.

Strümpel, B.: Arbeitsmotivation im sozialen Wandel. DBW, *Die Betriebswirtschaft*, 1985, *45*, 1, S. 42–50.

Strümpel, B. & Klipstein, G.: *Der Überdruß am Überfluß*. Analysen und Perspektiven. Bd. 18. Olzog, 1984.

Strunz, C. M.: Modell zur Verbesserung der Traineeauswahl: Konzeption eines Assessment Centers mit integrierter realistischer Tätigkeits-Information. In: Schuler, H. & Stehle, W. (Hrsg.): *Assessment Center als Methode der Personalentwicklung*. Stuttgart: Verlag für Angewandte Psychologie, 1987, S. 159–181.

Stumpf, S. A. & London, M.: Capturing rater policies in evaluating candidates for promotion. *Academy of Management Journal*, 1981, *24*, S. 752–766.

Süllwold, F.: Theorie und Methodik der Einstellungsmessung. In: Graumann, C. F. (Hrsg.): *Handbuch der Psychologie. Sozialpsychologie*. 1. Halbband. Göttingen: Hogrefe, 1969, S. 475–514.

Sumner, W.: *Folkways*. A Study of the Sociological Importance of Usages, Manners, Customs, Mores and Morals. Boston: Ginn, 1940 (2nd ed.).

Sung-Jo-Park: *Mitbestimmung in Japan*. Frankfurt: Campus, 1982.

Super, D. E.: *Psychology and careers*. New York: Harper & Row, 1957.

Super, D. E.: *Work Values Inventory*. Boston, Houghton Mifflin, 1970.

Super, D. E.: Vocational maturity theory. In: Super, D. E.: *Measuring vocational maturity for counseling and evaluation*. Washington: National Vocational Guidance Association, 1974, S. 9–23.

Super, D. E.: *Career Education and the meanings of work*. Washington, 1976.

Super, D. E.: A life-span, life-space approach to career development. *Journal of Vocational Behavior*, 1980, *16*, S. 282–298.

Super, D. E.: Approaches to occupational choice and career development. In: Watts, A. G., Super, D. E. & Kidd, J. M. (Eds.): *Career Development in Britain*. Cambridge: Hobsons, 1981 a, S. 7–51.

Super, D. E.: A developmental theory: Implementing a self-concept. In: Montross, D. H. & Shinkman, Ch. J. (Eds.): *Career development in the 1980s*. Springfield: Thomas, 1981 b, S. 28–42.

Super, D. E.: The relative importance of work. *The Counseling Psychologist*, 1982, *10*, S. 95–103.

Super, D. E.: Career and life development. In: Brown, D. & Brooks, L. & Associates: *Career choice and development*. San Franzisco: Jossey Bass, 1984, S. 192–234.

Super, D. E.: Leisure: What it is and might be. *Journal of Career Development*, 1984, *11*, S. 71–80.

Super, D. E.: Coming of age in middletown: Careers in the making. *American Psychologist*, April, 1985.

Super, D. E. & Bohn, M. J. Jr.: *Occupational Psychology*. Belmont, Cal.: Wadsworth Publishing, 1970.

Super, D. E. & Hall, D. T.: Career Development: Exploration and Planning. *Annual Review*, 1978, *29*, S. 333–372.

Super, D. E. & Kidd, S. M.: Vocational maturity in adulthood. Toward turning a model into a measure. *Journal of Vocational Behavior*, 1979, *14*, S. 255–270.

Super, D. E., Kowalski, R. S. & Gotkin, E. H.: *Floundering and trial after High School*. New York: Teachers College, Columbia University, 1967.

Super, D. E. & Nevill, D. D.: Work salience as a determinant of career maturity in High School students. *Journal of Vocational Behavior*, 1984, *25*, S. 30–44.

Super, D. E., Starishevsky, R., Matlin, N. & Jordaan, J. P.: *Career development*. Self concept theory. New York: College Entrance Examination Board, 1963.

Susmann, G.: *Autonomy at Work*. A Sociotechnical Analysis of Participative Management. New York: Praeger, 1976.

Sussmann, M. & Vecchio, R. P.: Conceptualizations of valence and instrumentality: A fourfold model. *Organizational Behavior and Human Decision Processes*, 1985, *36*, S. 96–112.

Svenson, O.: Process descriptions of decision making. *Organizational Behavior and Human Performance*, 1979, *23*, S. 86–112.

Swann, H. V.: Decision making in organizations: The effective use of personnel. In: Wright, 1985, S. 207–231.

Sweetland, R. C. & Keyser, D. J.: *Tests*. Kansas City: Test Corporation of America. 1983.

Sydow, J.: Zum Stellenwert der Organisationsklimaforschung für die Organisationstheorie. *Die Betriebswirtschaft*, 1983, *43*, S. 295–308.

Sydow, J. & Conrad, P.: Organisationsklima und Arbeitszufriedenheit. Zum Verhältnis zweier Ansätze zur Erklärung von Verhalten in Organisationen. *Die Unternehmung*, 1982, *3*, S. 203–228.

Sykes, A. J.: Economic interest and the Hawthorne research. *Human Relations*, 1965, *18*, S. 253–263.

Sypher, B. D. & Ray, E. B.: Communication and job stress in a health organization. In: Bostrom, R. N. (Ed.): *Communication Yearbook 8*. Beverly Hills: Sage, 1984.

Szalai, A. (Ed.): *The use of time*. Paris: Mouton, 1972.

Szilagyi, A. D., Sims, H. P. & Keller, R. T.: Role dynamics, locus of control and employee attitudes and behavior. *Academy Management Journal*, 1976, *19*, S. 259–276.

Szilagyi, A. D. & Wallace, M. J.: *Organizational behavior and performance*. Glenview, Ill.: Scott & Co., 1983.

Szyperski, N.: Kritische Punkte der Unternehmensentwicklung. *Zeitschrift für betriebswirtschaftliche Forschung*, 1975, *27*, S. 366–383.

Tache', J. & Selye, H.: On stress and coping mechanismus. In: Spielberger, C. D. & Sarason, I. G. (Eds): *Stress and anxiety*. Vol. 5. New York: Wiley, 1978, 3–23.

Tagiuri, R.: Person perception. In: Lindzey, G. & Aronson, E. (Eds.): *The handbook of social psychology*. Vol. 3. Reading: Addison-Wesley, 1969, S. 395–449 (2nd ed.).

Taino, R. & Santaleinen, T.: Some evidence for the cultural relativity of organizational development programs. *Journal of Applied Behavioral Science*, 1984, *20*, S. 93 bis 111.

Tajfel, H.: Value and the perceptual judgement of magnitude. *Psychological Review*, 1957, *64*, S. 192–204.

Tajfel, H.: Social psychology of intergroup relations. *Annual Reviews of Psychology*, 1982, *33*, S. 1–39.

Tannenbaum, A. S.: Control and effectiveness in a voluntary organization. *American Journal of Sociology*, 1961, *67*, S. 33–46.

Tannenbaum, A. S.: Organizational Psychology. In: Triandis, H. C. & Brislin, R. W.: *Handbook of cross-cultural psychology*. Vol. 5: Social Psychology. Boston: Allyn & Bacon, 1980, 281–334.

Tannenbaum, R. & Schmidt, W. H.: How to choose a leadership pattern. *Harvard Business Review*, 1958, *36*, S. 95–101.

Tanzi, V. (Ed.): *The Underground Economy in the United States and Abroad*. Lexington, 1982.

Task Force on the Practice of Psychology in Industry: Effective Practice of Psychology in Industry. *American Psychologist*, 1971, *26*, S. 974–991.

Taylor, F. W.: *Principles of scientific management*. New York: Harper & Row 1911. (Deutsch: München, Oldenbourg. Neu herausg. und eingel. von Volpert, W. & Vahrenkamp, R., Weinheim: Beltz, 1977).

Taylor, H. C. & Russel, J. F.: The relationship of validity coefficients to the practical effectiveness of tests in selection: Discussion and tables. *Journal of Applied Psychology*, 1939, *23*, S. 565–578.

Taylor, C. L. & Jodice, D. A.: *World Handbook of Political and Social Indicators*, Vol. I, London, 1983 (3rd ed.).

Taylor, J. C. & Bowers, D. G.: *Survey of organizations*. A machine-scored standardized questionnaire instrument. Ann Arbor: Institute for Social Research, 1972.

Teichgräber, H. D.: Freizeit-Animation als Aufgabe von Sozialarbeit und -pädagogik. In: *Theorie und Praxis der sozialen Arbeit*, 1983, *33* (I), S. 19–25.

Tennant, H.: *Natural language processing*. New York: Petrocelli, 1981.

Tenopyr, M. L. & Oeltjen, P. D.: Personnel selection and classification. *Annual review of psychology*, 1982, *33*, 581–618.

Terborg, J. R., Howard, G. S. & Maxwell, S. E.: Evaluating planned organizational change: A method for assessing alpha, beta, and gamma change. *Academy of Management Review*, 1980, *5*, S. 109–121.

Terhune, K. W.: The effects of personality in cooperation and conflict. In: Swingle, P. (Ed.): *The structure of conflict*. New York: Academic Press, 1970, S. 193–234.

Teriet, B.: *Neue Struktur der Arbeitszeitverteilung*. Möglichkeiten, Voraussetzungen und Konsequenzen. Göttingen, 1976.

Terret, B.: Die Wiedergewinnung der Zeitsouveränität. In: *Technologie und Politik*. Reinbek: Rowohlt, 1977, S. 75–111.

Terrien, F. W. & Mills, D. L.: The effect of changing size upon the international structure of organizations. *American Sociological Review*, 1955, *20*, S. 11–13.

Tesser, A. & Rosen, S.: The reluctance of transmit bad news. In: Berkowitz, L. (Ed.): *Advances in Experimental Social Psychology*. Vol. 8. New York: Academic Press, 1975.

Thibaut, J. W.& Kelley, H. H.: *The social psychology of groups*. New York, 1967.

Thibaut, J. & Kelley, H.: *The Social Psychology of Groups*. New York: Wiley, 1959.

Thiele, L. D.: *Konflikte im Entscheidungsprozeß der Unternehmungsorganisation*. München, 1968, Dissertation.

Thielscher, P.: *Des Marcus Cato Belehrung über die Landwirtschaft*. Berlin: Duncker & Humblot, 1963.

Thiemeyer, T.: Gemeinwirtschaft. In: *HdWW*, 1981 a, *34./35.* Lfg., S. 525–540.

Thiemeyer, T.: Gesundheitswesen I: Gesundheitspolitik. In: *HdWW*, 1981b, *34./35.* Lfg., S. 576–591.

Thiemeyer, T.: Gemeinwirtschaft. In: Nohlen, D., 1985a, S. 271–272.

Thiemeyer, T.: Genossenschaften. In: Nohlen, D., 1985b, S. 278–279.

Thierry, H. & Koopman-Iwema, A. M.: Motivation and satisfaction. In: Drenth, P. J. D., Thierry, H., Willemse, P. J. de Wolff, C. J. (Eds.): *Handbook of Work and Organizational Psychology*. New York: Wiley, 1984, S. 131–174.

Tholey, P.: *Zur Einzel- und Gruppenleistung unter eingeschränkten Kommunikationsbedingungen*. Frankfurt/Main: Kramer, 1973.

Thom, N.: *Zur Effizienz betrieblicher Innovationsprozesse*. Köln: Hanstein, 1976.

Thom, N.: *Grundlagen des betrieblichen Innovationsmanagements*. Königstein, 1980.

Thom, R.: *Structural stability and morphogenesis*. An outline of a general theory of models. Reading, Mass.: Benjamin Cummings, 1982.

Thomas, A.: Zur Beziehung zwischen psychologischer Forschung und der Anwendung ihrer Ergebnisse in der arbeits- und betriebspsychologischen Praxis. *Psychologie und Praxis*, 1983, *27*, S. 87–93.

Ulrich, E.: Differentielle Arbeitsgestaltung – ein Diskussionsbeitrag. *Zeitschrift für Arbeitswissenschaft*, 1983, *37*, S. 12–15.

Ulich, E.: Rationalisierung – wo bleibt der Mensch? *Planung und Produktion*, 1983b, *31*, Heft 6, S. 19–22.

Ulich, E.: Arbeitspsychologische Konzepte und neue Technologien. In: Zink, K. (Hrsg.): *Personalwirtschaftliche Aspekte neuer Technologien*. Berlin: E. Schmidt, 1985a, S. 135–159.

Ulich, E.: Arbeitspsychologische Konzepte für computerunterstützte Büroarbeit (Mit einem Beitrag von P. Spinas). Österreichische Gesellschaft für betriebliche Ausbildung: *Spectrum Nr. 14*, 1985b.

Ulich, E. & Ulich, H.: Über einige Zusammenhänge zwischen Arbeitsgestaltung und Freizeitverhalten. In: Leuenberger, Th. & Ruffmann, K. H.: *Bürokratie*. Bern, Frankfurt, Las Vegas: Peter Lang Verlag, 1977.

Ulich, E. & Baitsch, Chr.: *Schicht- und Nachtarbeit*. Betrieb. Probleme und Lösungsansätze. Zürich: GDI-Verlag, 1979.

Ulich, E. & Baitsch, C.: Arbeitsstrukturierung. In: Kleinbeck, U. & Rutenfranz, J. (Hrsg.): Arbeitspsychologie. Enzyklopädie der Psychologie, III, 1, Göttingen: Hogrefe, 1987, S. 493–531.

Ulich, E., Groskurth, P. & Bruggemann, A.: *Neue Formen der Arbeitsgestaltung*. Frankfurt/Main: EVA, 1973.

Ulich, E. & Wunderli, R.: Ausbildung und Training. In: Hoyos, C. Graf, Kroeber-Riel, W., Rosenstiel, v., L. & Strümpel, B. (Hrsg.): *Grundbegriffe der Wirtschaftspsychologie*. München, 1980, S. 292–302.

Ulrich, H.: Management – eine unverstandene gesellschaftliche Funktion. In: Siegwart, H. & Probst, G. (Hrsg.), 1983, S. 133–152.

Ulrich, H. & Probst, G.: *Werthaltungen schweizerischer Führungskräfte*. Bern: Haupt, 1982.

Ulrich, P.: *Die Großunternehmung als quasi-öffentliche Institution*. Stuttgart: Poeschel, 1977.

Umbach, E.: Die Schule als Einflußfaktor bei der Entwicklung von Werten im Erziehungsprozeß. In: Klages, H. & Kmieciak, P. (Hrsg.): *Wertwandel und gesellschaftlicher Wandel*. Frankfurt, New York: Campus, 1979, S. 706–720.

Ungar, S.: The effects of status and excuse on interpersonal reactions to deviant behavior. *Social Psychology Quarterly*, 1981, *44*, S. 260–263.

Upshaw, H. S.: Die Anwendung der konformatorischen Faktorenanalyse in der Einstellungsmessung. In: Petermann, F. (Hrsg.): *Einstellungsmessung – Einstellungsforschung*. Göttingen: Hogrefe, 1980, S. 195–215.

Vagt, G.: Zum Kumulationseffekt im Freizeitverhalten. In: *Kölner Zeitschrift für Soziologie und Sozialpsychologie*, Bd. *28*, 1976, S. 724–727.

Vanberg, V.: *Markt und Organisation*. Individualistische Sozialtheorie und das Problem korporativen Handelns. Tübingen: Mohr, 1982.

Vance, R. J., Winne, P. S. & Whright, E. S.: A longitudinal examination of rater and rater effects in performance ratings. *Personnel Psychology*, 1983, *36*, S. 609–620.

Vandersleyen v., C.: *Das alte Ägypten. Propyläen Kunstgeschichte*. Band 17. Berlin: Propyläen, 1985.

Van de Ven, A. H.: *Group techniques for program planning*. Glenview, Ill.: Scott & Foresman, 1975.

Van de Ven, A. H. & Ferry, D. L.: *Measuring and assessing organizations*. New York: Wiley, 1980.

Van de Ven, A. H. & Morgan, M. A.: A revised framework for organization assessment. In: Lawler E. E. III, Nadler, D. A. & Cammann, C. (Eds.): *Organizational assessment*. New York: Wiley, 1980, S. 216–260.

Van Fleet, D., Al-Tuhaih, S.: A Cross-Cultural Analysis of Perceived Leader Behaviors. *Management International Review*, 1979, *19*, 4, S. 81–87.

Van Maanen, J. & Schein, E. H.: The fact of fiction in organizational ethnography. *Administrative Science Quarterly*, 1979, *24*, S. 539–550.

Veen, P.: Characteristics of organizations. In: Drenth, P., Thierry, M., Willems, P. & de Wolff, C. (Eds.): *Handbook of Work and Organizational Psychology*. Chichester, New York: Wiley, 1984, S. 677–711.

Vilmar, F. (Hrsg.): *Industrielle Demokratie in Westeuropa – Menschenwürde im Betrieb II*. Reinbek b. Hamburg: Rowohlt, 1975.

Vilmar, F.: Wirtschaftsdemokratie. In: Nohlen, D., 1985, S. 1147–1149.

Vinokur, A., Burnstein, E., Sechrest, L. & Wortman, P. M.: Group decision making by experts: Field study of panels evaluating medical technologies. *Journal of Personality and Social Psychology*, 1985, *49*, S. 70–84.

Vitouch, P.: Psychologische Aspekte neuer Telekommunikationstechniken. In: Theuer, G. & Schiebel, W.: *Tele-Selling*. Landsberg: Moderne Industrie, 1984.

Volpert, W.: *Handlungsstrukturanalyse als Beitrag zur Qualifikationsforschung*. Köln: Pahl-Rugenstein, 1974.

Volpert, W.: *Beiträge zur psychologischen Handlungstheorie*. Bern: Huber, 1980.

Volpert, W.: *Die Zauberlehrlinge*. Die gefährliche Liebe zum Computer. Weinheim: Beltz, 1985.

Voss, J. F., Greene, T. R., Post, T. A. & Penner, B. D: Problemsolving skill in the social sciences. In: Bower, 1983, S. 165–213.

Vredenburgh, D. J. & Sheridan, J. E.: Individual and occupational determinants of life satisfaction and Alienation. *Human Relations*, 1979, *32*, S. 1023–1038.

Vroom, V. H.: Some personality determinants of the effects of participation. *Journal of Abnormal and Social Psychology*, 1959, *59*, S. 322–327.

Vroom, V.: Organizational Choice: A Study of Pre- and Postdecision Processes. *Organizational Behavior and Human Performance*, 1960, *1*, S. 212–225.

Vroom, V.: *Work and motivation*. New York: Wiley, 1964, 1974.

Vroom, V.: Führungsentscheidungen in Organisationen. *Die Betriebswirtschaft*, 1981, *41*, S. 183–193.

Vroom, V. H. & Jago, A. G.: On the validity of the Vroom-Yetton model. *Journal of Applied Psychology*, 1978, *63*, S. 151–162.

Vroom, V. & Yetton, P.: *Leadership and decision making*. Pittsburgh: University of Pittsburgh Press, 1973.

Wacker, G. J.: Toward a cognitive methodology of organizational assessment. *The Journal of Applied Behavioral Science*, 1981, *17*, S. 114–129.

Wagner, R.: Führungstraining durch Computereinsatz. *Harvardmanager*, 1985, *1*, S. 105 – 109.

Wagner, W., Glatz, W. & Brandstätter, H.: Zur Wirkung verbaler Aggression in Diskussionen. *Archiv für Psychologie*, 1982, *134*, S. 237–256.

Wahba, M. A. & Bridwell, L. G.: Maslow reconsidered: A review of research on the need hierarchy theory. *Organizational Behavior and Human Performance*, 1976, *15*, S. 212–240.

Wainer, H. W. & Rubin, J. M.: Motivation of research and development entrepreneurs. *Journal of Applied Psychology*, 1969, *53*, S. 178–184.

Wall, T. D. & Lischeron, J. A.: Zum Begriff der Partizipation. In: Grunwald, W. & Lilge, H.-G. (Hrsg.): *Partizipative Führung*. Betriebswirtschaftliche und sozialpsychologische Aspekte. Bern: Haupt, 1980.

Wallon, H.: *Grundzüge der angewandten Psychologie*. Meisenheim / Glan: Westkulturverlag Hain, 1948.

Wallsten, T. S.: The theoretical status of judgemental heuristics. In: Scholz, 1983, S. 21 bis 37.

Wälser, R.: *Erfahrungen mit Arbeitskreisen*. Vortrag auf dem 2. Kongreß der DGfP / RKW Nordrhein-Westfalen. Düsseldorf, 1983.

Walsh, R. M. & Birkin, St. J.: *Job satisfaction and motivation*. An annotated bibliography. Corp. and ed. by Walsh, R. M. and Birkin, St. J., Westport, Conn.: Greenwood Press, 1979.

Walster, E., Berscheid, E. & Walster, G. W.: New directions in equity research. *Journal of Personality and Social Psychology*, 1983, *25*, S. 151–176.

Walter, G. A.: Psyche and symbol. In: Pondy, L. R., Frost, P. J., Morgan, G. & Dandridge, Th. C. (Eds.): *Organizational symbolism*. Greenwich, Conn. & London: JAI Press, 1983, S. 257–271.

Walter, R. & Mayer, H.: *Grundriß des österreichischen Bundesverfassungsrechts*. Wien: Manz, 1982 (4. Aufl.).

Walter-Busch, E.: *Arbeitszufriedenheit in der Wohlstandsgesellschaft.* Bern: Haupt, 1977.

Waltert, A.: Zur Formalisierung eignungsdiagnostischer Entscheidungsprozesse. Entwicklung und Evaluation eines Modells. In: Triebe, J. K. & Ulich, E. (Hrsg.): *Beiträge zur Eignungsdiagnostik.* Bern: Huber, 1977.

Walton, R. E.: *Interpersonal peacemaking.* Reading, Mass.: Addison-Wesley, 1969.

Walton, R. E.: How to counter alienation in the plant. *Harvard Business Review*, 1972, *50*, S. 70–81.

Walton, R. E.: *Social choice in the development of advanced information technology*, Graduate School of Business Administration, Harvard University: Working Paper HBS 82–18, 1982.

Wanous, J. P.: *Organizational entry.* Reading: Addison-Wesley, 1980.

Wanous, J. P., Kron, Th. L. & Latack, J.: Expectancy theory and occupational/organizational choices: A review and test. *Organizational Behavior and Human Performance*, 1983, *32*, S. 66–86.

Wanous, J. P. & Lawler, E. E.: Measurement and meaning of job satisfaction. *Journal of Applied Psychology*, 1972, *56*, S. 59–105.

Warnick, D. H. & Sanders, G. S.: The effects of group discussion on eyewitness accuracy. *Journal of Applied Social Psychology*, 1980, *10*, S. 249–259.

Warr, P. (Ed.): *Psychology at work.* Harmondsworth: Penguin, 1978 (2nd ed.).

Waschke, H.: *Gewerkschaften in Westeuropa.* Köln: Deutscher Institutsverlag, 1975.

Watrin, C.: Eigentum, IV. In: *Staatslexikon.* II. Bd. Freiburg, 1986, S. 171–176.

Watson, J. B.: Psychology as the behaviorist views it. *Psychological Review*, 1913, *20*, S. 158–177.

Watson, K. W. & Barker, L. L.: Listening behavior: Definition and Measurement. In: Bostrom, R. N. (Ed.): *Communication Yearbook 8.* Beverly Hills: Sage, 1984.

Watson, T. J.: Group ideologies and organizational change. Journal of Management Studies, 1982, *19*, S. 259–275.

Watts, A. G.: Career patterns. In: Watts, A. G., Super, D. E. & Kidd, J. M. (Eds.): *Careerdevelopment in Britain.* Cambridge: Hobsons, 1981.

Weaver, Ch. V.: Job satisfaction in the United States in the 1970. *Journal of Applied Psychology*, 1980, *65*, S. 364–367.

Webb, E. J., Campbell, D. T., Schwartz, R. D. & Sechrest, L.: *Unobtrusive measures.* Non-reactive research in the social sciences. Chicago: Rand McNally, 1966.

Webb, E. & Weick, K. E.: Unobstrusive measures in organizational theory: A reminder. *Administrative Science Quarterly*, 1979, *24*, S. 650–659.

Weber, J.: Gefährdung der parlamentarischen Demokratie durch Verbände? In: Oberreuter, H. (Hrsg.): *Pluralismus – Grundlegung und Diskussion.* Opladen, 1980, S. 163–201.

Weber, M.: *Gesammelte Aufsätze zur Soziologie und Sozialpolitik.* Tübingen: Mohr, 1924.

Weber, M.: *Gesammelte politische Schriften.* Tübingen: Mohr, 1958 (2. Aufl.).

Weber, M.: *Wirtschaft und Gesellschaft.* Tübingen: Mohr, 1972. (1. Aufl. 1921).

Weber, M.: Gesammelte Aufsätze zur Wissenschaftslehre. Hrsg.: Winckelmann, J., Tübingen: Mohr, 1973 (4. Aufl.)

Weber, W.: *Staats- und Selbstverwaltung in der Gegenwart.* Göttingen: Schwartz, 1967 (2. Aufl.).

Webster, E. C.: *The employment interview.* Schomberg, Ontario: SIP Publications, 1982.

Weck, H.: *Schattenwirtschaft.* Eine Möglichkeit zur Einschränkung der öffentlichen Verwaltung? Frankfurt/Main, 1983.

Weck, H., Pommerehne, W. W. & Frey, B. S.: *Schattenwirtschaft.* München, 1983.

Weeks, D. & Whimster, S.: Contexted decision making: A socio-organizational perspective. In: Wright, 1985, S. 167–188.

Wegner, P. (Ed.): *Research directions in software technology.* London: The MIT Press, 1979.

Wehner, E. G. & Durchholz, E.: *Persönlichkeits- und Einstellungstests.* Stuttgart: Kohlhammer, 1980.

Weick, K. E.: Cognitive processes in organizations. In: Staw, 1979, S. 41–74.

Weick, K.: Educational organizations as loosely coupled systems. *Administrative Science Quarterly*, 1976, *21*, S. 1–19.

Weick, K.: *Der Prozeß des Organisierens.* Frankfurt: Suhrkamp, 1985.

Weigand, G.: Rolle und Beratung in Organisationen. *Supervision*, 1985, *7*, S. 41–61.

Weihe, U.: Systemtheorie. In: Nohlen, D., 1985, S. 1009–1013.

Weinert, A. B.: Der Mensch in der Unternehmung. *Zeitschrift für Betriebswirtschaftliche Forschung*, 1983, *37*, S. 222–243.

Weinert, A. B.: Menschenbilder als Grundlagen von Führungstheorien. *Zeitschrift Führung und Organisation.* 1984 a, *53*(2), S. 117–123(a), S. 30–62(b).

Weinert, A. B.: Menschenbilder in Organisations- und Führungstheorien: Erste Ergebnisse einer empirischen Überprüfung. *Zeitschrift für Betriebswirtschaft*, 1984b, *54*, 1, S. 30–62.

Weinert, A. B.: *Lehrbuch der Organisationspsychologie.* Menschliches Verhalten in Organisationen. München: Urban & Schwarzenberg, 1981. 1987 (2. erw. Aufl.).

Weinert, A. B.: Wirtschafts- und Organisationspsychologie. In: Frey, D. & Greif, S. (Hrsg.): *Sozialpsychologie.* München: Urban & Schwarzenberg, 1985 (2. Aufl.).

Weinert, A. B., Streufert, S. C. & Hall, W. B. (Hrsg.): *Deutscher CPI.* Bern: Huber, 1982.

Weinshall, T. D. (Ed.): *Culture and Management*. New York: Penguin Books, 1977.

Weisbord, M. R.: Organizational diagnosis: Six places to look for trouble with or without a theory. *Group & Organization Studies*, 1976, 1, S. 430–447.

Weiss, D. J.: Multivariate procedures. In: Dunnette, M. D. (Ed.): *Handbook of industrial and organizational psychology*. New York: Wiley, 1976, S. 327–362.

Weiss, D. J.: *New horizons in testing*. New York: Academic Press, 1983.

Weiss, D. J., Dawis, R. V., England, G. W. & Lofquist, L. H.: *Manual for the Minnesota Satisfaction Questionnaire*. Minnesota Studies in Vocational Rehabilitation. Vol. 22. Minneapolis. University of Minneapolis, 1967.

Weitzig, J. K.: *Gesellschaftsorientierte Unternehmenspolitik und Unternehmensverfassung*. Berlin, 1979.

Weizenbaum, J.: *Computer power and human reason*. San Fracisco: Freeman & Co., 1976.

Welge, M. K.: *Profit-Center-Organisation*. Wiesbaden: Gabler, 1975.

Wellenreuther, H.: *Aktionsprogramm*. Innerbetriebliche Leistungsverbesserung durch Wertanalyse. Landsberg: Moderne Industrie, 1982.

Weltz, F. & Lullies, V.: *Innovation im Büro*. Das Beispiel Textverarbeitung. Frankfurt, New York: Campus, 1983.

Wendt, D.: Entscheidungsverhalten in Gruppen. In: Witte, E. H. (Hrsg.): *Beiträge zur Sozialpsychologie*. Festschrift für Peter R. Hofstätter. Weinheim: Beltz, 1980.

Wendtland, G.: *Soziale Fähigkeiten bei Führungskräften*. Königstein/Ts.: Hanstein, 1980.

Wernimont, P. E. & Cambbell, J. B.: Signs, samples and criteria. *Journal of Applied Psychology*, 1968, *52*, S. 372–376.

Werth, M. & Stevens, W.: *Mobilität in den Ländern der Europäischen Gemeinschaft*. Ergebnisse einer vergleichenden Analyse. Mitt. AB 2, 1976.

Wertheimer, M.: Some Problems in the Theory of Ethics. *Social Research*, 1935, *2*, S. 353–367.

Westerlund, G. & Sjöstrand, S.-E.: *Organisationsmythen*. Stuttgart: Klett-Cotta, 1981.

Westmeyer, H.: *Logik der Diagnostik*. Grundlagen einer normativen Diagnostik. Stuttgart: Kohlhammer, 1972.

Westmeyer, H.: Grundlagenprobleme psychologischer Diagnostik. In: Pawlik, K. (Hrsg.): *Diagnose der Diagnostik*. Stuttgart: Klett, 1976, S. 71–101.

Westmeyer, H.: Wissenschaftstheoretische Grundlagen klinischer Psychologie. In: Baumann, U., Berbalk, G. & Seidenstücker, G. (Hrsg.): *Klinische Psychologie*. Trends in Forschung und Praxis. Band 1. Bern: Huber, 1978. S. 108–132.

Westmeyer, H.: Methodologische Probleme der Wertforschung in der Psychologie. In: Stiksrud, A. (Hrsg.): *Jugend und Werte*. Dokumentation über den Fünften Workshop „Politische Psychologie“ (BDP-IAPP), Berlin, November 1983.

Wettstein, E.: Die Berufsausbildung. In: Stoll, F. (Hrsg.): *Psychologie des 20. Jahrhunderts. Bd. 2: Arbeit und Beruf.* München, Basel: Kindler, 1983, S. 1–64.

Wexler, M. N.: Pragmatism, Interactionism and dramatism: Interpreting the symbol in organizations. In: Pondy, L. R., Frost, P. J., Morgan, G. & Dandridge, Th. C. (Eds.): *Organizational symbolism.* Greenwich, Conn. & London: JAI Press, 1983, S. 237–253.

Wexley, K. N.: Personnel training. *Annual Review of Psychology*, 1984, *35*, S. 519–551.

Wexley, K. N. & Klimoski, R.: Performance appraisal: An update. In: Brief, A. P. (Ed.): *Managing human resources in retail organizations.* Lexington, Mass.: Heath, 1984, S. 75–93.

Wexley, K. N. & Pulakos, E. D.: Sex effects on performance ratings in manager-subordinate dyads. A field study. *JAP*, 1982, *67*, S. 433-439.

Wheeler, D. D. & Janis, I. L.: *A practical guide for making decisions.* New York: The Free Press, 1980.

Wherry, R. J. & Bartlett, C. J.: The control of bias in ratings. A theory of rating. *Personnel Psychology*, 1982, *35*, S. 521–551.

White, J. K. & Ruh, R. A.: Effects of personal values on the relationship between participation and job attitudes. *Administrative Science Quarterly*, 1973, *18*, S. 506–514.

Whitehead, T. N.: *The industrial worker.* London: Oxford Univ. Press, 1938.

Whitely, W. & England, G.: Managerial values as a reflection of culture and the process of industrialization. *Academy of Management Journal*, 1977, *20*, S. 439–453.

Wickens, C. D.: *Engineering psychology and human performance.* Columbus, Ohio: Merrill, 1984.

Wickens, C. D. & Kessel, C.: Processing resources demands of failure detection in dynamic systems. In: *Journal of Experimental Psychology*: Human Perception and Performance, 1980, *6*, S. 564–577.

Wickens, C. D. & Kramer, A.: Engineering psychology. *Annual Review of Psychology*, 1985, *36*, S. 307–348.

Wicker, A. W.: Attitudes versus Actions: The Relationship of Verbal and Behavioral Responses to Attitude Objects. *Journal of Social Issues*, 1969, *25*, S. 41–78.

Wiegand, E., Zapf, W. (Hrsg.): *Wandel der Lebensbedigungen in Deutschland.* Wohlfahrtsentwicklung seit der Industrialisierung. Frankfurt, New York: Campus, 1982.

Wiendieck, G.: Arbeitszufriedenheit. Ein Kunstprodukt der Sozialforschung. In: Bungard, W. (Hrsg.): *Die gute Versuchsperson denkt nicht.* München: Urban & Schwarzenberg, 1980, S. 191–216.

Wiendieck, G.: Handlungsspielraum und Führungsphilosophie. Zur Organisationspsychologie der Entscheidungsdezentralisierung. *Gruppendynamik*, 1986, *2*, S. 26–37.

Wiersma, V. & Latham, G.: The practicality of behavioral observation scales, behavioral expectation scales, and trait scales. *Personnel Psychology*, 1986, *39*, S. 619–628.

Wiggings, J. S.: *Personality and prediction.* Principles of personality assessment. Reading: Addison-Wesley, 1973.

Wild, J.: Management-Konzeptionen und Unternehmensverfassung. In: Schmidt, R. B. (Hrsg.): *Probleme der Unternehmensverfassung.* Gedanken zum 70. Geburtstag von Martin Lohmann. Tübingen: Mohr, 1971, S. 57–95.

Wildgrube, W.: Neue Entwicklungen zum „Computergestützten adaptiven Testen" CAT. In: Methner, H. (Hrsg.): *Psychologie in Betrieb und Verwaltung.* Bericht über die 28. Fachtagung zur arbeits- und betriebspsychologischen Fortbildung, Wiesbaden. Bonn, Deutscher Psychologen Verlag, 1986, S. 103–107.

Wilkins, A. L.: Organizational stories as symbols which control the organization. In: Pondy, L. R., Frost, P. J., Morgan, G. & Dandridge, Th. C. (Eds.): *Organizational symbolism.* Greenwich, Conn. & London: JAI Press, 1983, S. 81–92.

Wilkins, A. L. & Ouchi, W. G.: Efficient cultures: Exploring the relationship between culture and organizational performance. *Administrative Science Quarterly*, 1983, *28*, S. 468–481.

Williamson, O. E.: *Markets and hierarchies.* Analyses and anti-trust implications. New York: The Free Press, 1975.

Williamson, O. E.: The organization of work. *Journal of Economic Behavior and Organization.* 1980, *1*, S. 5–38.

Wilpert, B.: *Führung in deutschen Unternehmen.* Berlin: Springer, 1977.

Wilpert, B.: *Wertpsychologische Beiträge zur Entwicklungsländerforschung.* Tübingen: 1965, Dissertation.

Wilpert, B. & Rayley, J.: Nationale Mitbestimmungssysteme und ihre Wirkungen auf Partizipationsverhalten. *Psychologie und Praxis.* Zeitschrift für Arbeits- und Organisationspsychologie, 1983, *27*, S. 31 f.

Wilpert, B.: Zu einer Psychologie der Partizipation. Positionsreferat. In: Amelang, M. (Hrsg.): *Bericht über den 35. Kongreß der Deutschen Gesellschaft für Psychologie in Heidelberg 1986.* Göttingen: Hogrefe 1986.

Wilpert, W. & Quintanilla, A. R.: The German humanization of work programme. Review of its first twenty publications. *Journal of Occupational Psychology*, 1984, *57*, S. 185–195.

Wilson, B. R.: Religious Organization. In: Sills, D. L., 1968, vol. XIII, S. 428–437.

Wilson, J. Q.: Innovation in organization: Notes toward a theory. In: Thompson, J. D. (Ed.), 1966, S. 193–218.

Wimmer, H. & Perner, J.: *Kognitionspsychologie.* Stuttgart: Kohlhammer, 1979.

Winnubst, J. A. M.: Stress in organizations. In: Drenth, P. J. D., Thierry, H., Willems, P. D. & de Wolff, C. J. (Eds.): *Handbook of work and organizational psychology.* Chichester: Wiley, 1984.

Winograd, T.: *Language as a cognitive process*. Vol. 1: Syntax. Reading, Mass.: Addison-Wesley, 1983.

Winterfeldt, v., D.: Structuring decision problems for decision analysis. *Acta Psychologica*, 1980, *45*, S. 71–93.

Winterfeldt, v. D.: Pitfalls of decision analysis. In: Humphreys, Svenson & Vari, 1983, S. 167–181.

Wippler, R.: *Sociale determinanten van haet vrijetijedsgedrag*. Groningen, 1968.

Wiskoff, M. F.: Computer adaptive testing (CAT) applications: An international military perspective. *Symposium at the 21th International Congress of Applied Psychology*. Jerusalem, 1986.

Wisudha, A. D.: Design of decision-aiding systems. In: Wright, 1985, S. 235–256.

Wiswede, G.: *Motivation und Arbeitsverhalten*. München: Reinhardt, 1980.

Witte, E.: *Organisation für Innovationsentscheidungen*. Göttingen, 1973.

Witte, E.: Kraft und Gegenkraft im Entscheidungsprozeß. *Zeitschrift für Betriebswirtschaft*, 1976, S. 319–326.

Witte, E.: Der Einfluß der Arbeitnehmer auf die Unternehmenspolitik. *Die Betriebswirtschaft*, 1980, *40*, S. 541–559.

Witte, E. H.: *Das Verhalten in Gruppensituationen*. Ein theoretisches Konzept. Göttingen: Hogrefe, 1979.

Witte, E. H.: Extremitätsschübe bei Gruppenentscheidungen in Kooperations- und Konkurrenzsituationen. In: Grunwald, W. & Lilge, H. G. (Hrsg.): *Kooperation und Konkurrenz in Organisationen*. Bern: Haupt, 1981.

Witte, E. H.: *Ziele deutscher Medienpolitik*. München, 1982.

Witte, E. H.: Konformität. In: Frey, D. & Greif, S. (Hrsg.): *Sozialpsychologie. Ein Handbuch in Schlüsselbegriffen*. München: Urban & Schwarzenberg, 1983.

Witte, E. H.: *Neue Fernseh-Netze im Medienmarkt*. Heidelberg, 1984.

Witte, E. H.: Kommunikation als Organisationsproblem. *Zeitschrift Führung und Organisation*, 1984, *5*, S. 291–294.

Witte, E. H.: Theoretische Ansätze zur sozialen Macht. In: Frey, D. & Irle, M. (Hrsg.): *Theorien der Sozialpsychologie*. Bd. II. Bern: Huber, 1985.

Witte, E. H. & Lutz, D. H.: Choice-shift as a Cognitive Chance? In: Brandstätter, H. et. al. (Eds.): *Group Decision Making*. London: Academic Press, 1982.

Witte, W.: Struktur, Dynamik und Genese von Bezugssystemen. *Psychologische Beiträge*, 1960, *IV*, S. 218–252.

Wohinz, J.: *Wertanalyse – Innovationsmanagement*. Würzburg: Physica, 1983.

Wohlgemuth, A. C.: *Das Beratungskonzept der Organisationsentwicklung*. Neue Form der Unternehmensberatung auf Grundlage des soziotechnischen Systemansatzes. Bern: Haupt, 1982.

Wolff, H. G.: *Stress and disease*. Springefield: Thomas, 1953.

Woll, A.: *Allgemeine Volkswirtschaftslehre*. München, 1978 (6. verg. u. erg. Aufl.).

Wollert, A. & Bihl, G.: Wertorientierte Personalpolitik. *Personalführung*, 1983, *8*, S. 1 bis 4.

Wollnik, M.: Systemtheoretische Ansätze. In: Kieser, A. & Kubicek, H.: *Organisationstheorien II*. Stuttgart: Kohlhammer, 1978, S. 77–104.

Wollnik, M.: Einflußgrößen der Organisation. In: Grochla, E. (Hrsg.): *Handwörterbuch der Organisation*. Stuttgart: Poeschel, 1980, Sp. 592–613.

Wollnik, M.: Organisation in der Praxis. Untersuchungen zur Meßbarkeit betrieblicher Organisationsmerkmale. *Abschlußbericht zum Forschungsprojekt „Messung der Organisationsstruktur"*. Trier, 1984.

Wolpin, J. & Burke, R. J.: Relationships between absenteeism and turnover: A function of the measures? *Personnel Psychology*, 1985, *38*, S. 57–74.

Wood, M. J.: Power relationships and group decision making in organizations. *Psychological Bulletin*, 1973, *79*, S. 280–293.

Woodman, R. W. & King, D. C.: Organizational climate: Science or folklore. *Academy of Management Review*, 1978, *3*, S. 816–826.

Woodward, J.: *Industrial organization*. Theory and practice. London, 1965.

Worchel, S. & Teddlie, C.: The experience of crowding: A two-factor theory. *Journal of Personality and Social Psychology*, 1976, *34*, S. 30–40.

Worchel, S. & Yohai, S. M. L.: The role of attribution in the experience of crowding. *Journal of Experimental and Social Psychology*, 1979, *15*, S. 91–104.

Work in America. *Report of a special task force of health, education, and welfare*. Cambridge: MIT Press, 1973.

Wos, L. et al.: *Automated reasoning*. Englewood Cliffs: Prentice Hall, 1984.

Wossidlo, P. R.: Zum gegenwärtigen Stand der empirischen Entscheidungstheorie aus mikroökonomischer Sicht. In: Brandstätter, H. & Gahlen, B. (Hrsg.): *Entscheidungsforschung*. Tübingen: Mohr, 1975, S. 98–133.

Wottawa, H.: *Grundriß der Testtheorie*. München: Juventa, 1980.

Wottawa, H.: HYPAG/Structure als Mittel zur Erfassung impliziter Entscheidungsstrukturen. In: Albert, D. (Hrsg.): *Bericht über den 34. Kongreß der Deutschen Gesellschaft für Psychologie in Wien 1984*. Göttingen: Hogrefe, 1984, S. 176 bis 178.

Wottawa, H. & Amelang, M.: Einige Probleme der „Testfairness" und ihre Implikationen für Hochschulzulassungsverfahren. *Diagnostica*, 1980, *26*, S. 199–221.

Wunderer, R. (Hrsg.): *Führungsgrundsätze in Wirtschaft und Verwaltung*. Stuttgart, 1984.

Wunderer, R., Boerger, M. & Löffler, H.: *Zur Beurteilung wissenschaftlich-technischer Leistungen*. Baden-Baden: Nomos, 1979.

Wunderer, R. & Grunwald, W.: *Führungslehre*. Bd. I u. II. Berlin, New York: de Gruyter, 1980.

Wunderlich, H.: *Die Auswirkung einförmiger zwangsläufiger Arbeit auf die Persönlichkeitsstruktur*. Schriften zur Psychologie der Berufseignung und des Wirtschaftslebens (Hrsg.: O. Lipmann & W. Stern), Heft 31. Leipzig: J. A. Barth, 1925.

Yankelovich, D.: Wer hat noch Lust zu arbeiten? In: *Psychologie heute*, 1978, Nov., S. 15–21.

Yankelovich, D. & Lefkowitz, B.: Work and American expectations. *National Forum*, 1982, *62* (2), S. 3–5.

Yenal, A.: Infrastruktur. In: Nohlen, D., 1985, S. 366–367.

Yetton, P. W. & Bottger, P. C.: Individual versus group problem solving. An empirical test of a best-member strategy. *Organizational Behavior and Human Performance*, 1982, *29*, S. 307–321.

Yetton, P. W. & Bottger, P. C.: The relationships amongst group size, member ability, social decision schemes, and performance. *Organizational Behavior and Human Performance*, 1983, *32*, S. 145–159.

Youngblood, St. A., Mobley, W. H. & Meglino, B. M.: A longitudinal analysis of the turnover process. *Journal of Applied Psychology*, 1983, *68*, S. 507–516.

Yukl, G. A.: Toward a behavioral theory of leadership. *Organizational Behavior and Human Performance*, 1971, *6*, S. 414–440.

Yukl, G. A.: Effects of situational variables and opponents concessions on a barpainer's perception, aspirations and concessions. *Journal of Personality and Social Psychology*, 1974, *29*, S. 227–236.

Yukl, G. A.: Effects of situational variables and opponents concessions on a bargainer's perception, aspirations, and concessions. *Journal of Personality and Social Psychology*, 1974, *29*, S. 227–236.

Zald, M. N.: Politics and symbols: A review article. *Sociological Quarterly*, 1966, *7*, S. 85–91.

Zaleska, M.: The stability of extreme and moderate responses in different situations. In: Brandstätter, H., Davis, J. H. & Stocker-Kreichgauer, G. (Eds.): *Group Decision Making*. London: Academic Press, 1982, S. 163–184.

Zapf, D., Bamberg, E., Dunckel, H., Frese, M., Greif, S., Mohr, G., Rückert, D. & Semmer, N.: *Psychischer Streß am Arbeitsplatz*. Hemmende und fördernde Bedingungen für humanere Arbeitsplätze. Bundesminister für Forschung und Technologie: Dokumentation des Forschungsberichtes, 1983.

Zedeck, S. & Cascio, W. F.: Psychological issues in personnel decisions. *Annual Review of Psychology*, 1984, *35*, S. 461–518.

Zedeck, S., Imparato, N., Krauß, M. & Oleno, T.: Development of behaviorally anchored rating scales as a function of organizational level. *Journal of Applied Psychology*, 1974, *59*, S. 249–252.

Zepf, G.: *Kooperativer Führungsstil und Organisation*. Wiesbaden: Gabler, 1972.

Ziegler, R.: *Kommunikationsstruktur und Leistung sozialer Systeme*. Meisenheim: Hain, 1968.

Ziegler, R.: Organisation, informale. In: Grochla, E. (Hrsg.): *Handwörterbuch der Organisation*. Stuttgart: Poeschel, 1973, S. 1094–1103.

Zigler, E. & Child, I.: Socialization. In: Lindzey, G. & Aronson, E. (Eds.): *The Handbook of Social Psychology*. Vol. III. Reading, Mass.: Addison Wesley, 1969, S. 450 bis 589.

Ziller, R. C.: Toward a theory of open and closed groups. *Psychological Bulletin*, 1965, *64*, S. 164–182.

Ziller, R. C., Behringer, R. D. & Goodchilds, J. D.: Group creativity under conditions of success or failure and varations in group stability. *Journal of Applied Psychology*, 1962, *46*, S. 43–49.

Zink, K. J.: *Begründung einer zielgruppenspezifischen Organisationsentwicklung auf Basis von Untersuchungen zur Arbeitszufriedenheit und Arbeitsmotivation*. Köln: Schmidt, 1979.

Zink, K. J. & Schick, G.: Zur Übertragbarkeit japanischer Konzepte der Qualitätsforderung. *FB/IE*, 1981, *30*, S. 360–365.

Zinterhof, P.: Mathematische Systemtheorie. In: Roth, E. (Hrsg.): *Sozialwissenschaftliche Methoden*. München, Wien: Oldenbourg, 1984, S. 105–121.

Zorn, R. (Hrsg.): *Machiavelli. Der Fürst*. Stuttgart: Kröner, 1972 (4. Aufl.).

Zucker, L.: The role of institutionalization in cultural persistence. *American Sociological Review*, 1977, *42*, S. 726–742.

Zündorf, L.: Forschungsartefakte bei der Messung der Organisationsstruktur. *Soziale Welt*, 1976, *27*, S. 468–487.

Zündorf, L. & Grunt, M.: *Hierarchie im Wirtschaftsunternehmen*. Frankfurt, New York: Campus, 1980.

Zurcher, L. A., Meadow, A. & Zurcher, S. L.: Value orientation, role conflict and alienation from work. A cross cultural study. *American Sociological Review*, 1965, *30*, 539–548.

Zwick, J.: Einsatz eines integrierten Personalinformationssystems unter besonderer Berücksichtigung qualitativer Daten. In: Schuler, H. & Stehle, W. (Hrsg.): *Psychologie in Wirtschaft und Verwaltung*. Stuttgart: Poeschel, 1982, S. 221–237.

Autoren-Register

Hinweis: die *kursiv gedruckten* Seitenangaben beziehen sich auf das Literaturverzeichnis.

Sach-Register